主　　编　徐勇　李学通　罗存康
本册主编　刘萍

卢沟桥事变史料全编

◇ 第 一 册 ◇

中华书局

图书在版编目(CIP)数据

卢沟桥事变史料全编/徐勇,李学通,罗存康主编. —北京:中华书局,2021.10
ISBN 978-7-101-15018-6

Ⅰ.卢… Ⅱ.①徐…②李…③罗… Ⅲ.七·七事变-史料 Ⅳ.K265.406

中国版本图书馆 CIP 数据核字(2020)第 268447 号

书　　名	卢沟桥事变史料全编(全八册)
主　　编	徐　勇　李学通　罗存康
执行主编	刘　萍　郭　鑫
分册主编	刘　萍　卞修跃　古为明　郭　鑫　徐　勇　张　展
责任编辑	张荣国
出版发行	中华书局
	(北京市丰台区太平桥西里38号　100073)
	http://www.zhbc.com.cn
	E-mail:zhbc@zhbc.com.cn
印　　刷	北京虎彩文化传播有限公司
版　　次	2021年10月北京第1版
	2021年10月北京第1次印刷
规　　格	开本/787×1092 毫米　1/16
	印张 473½　插页16　字数8850千字
印　　数	1-300 册
国际书号	ISBN 978-7-101-15018-6
定　　价	3800.00元

本书为国家社会科学基金抗日战争专项工程"世界反法西斯战争史（含中国抗战史）档案资料收集整理与研究"（16KZD020）项目所属子课题"战时日本档案资料收集整理及研究"阶段性成果

《卢沟桥事变史料全编》编委会

学术顾问

胡德坤　高士华　刘一皋　臧运祜　张　皓　陈奉林　刘晓峰　刘建业
李宗远　谢荫明　安井三吉（日）　西村成雄（日）　纐缬厚（日）

项目策划

罗存康　徐　勇

主　　编

徐　勇　李学通　罗存康

执行主编

刘　萍（中文史料）　郭　鑫（日方史料）

编辑委员会（拼音序）

卞修跃　曹艺　都　斌　古为明　关　康　郭　鑫　李　鑫　李学通
刘　萍　罗存康　徐　勇　要秋霞　张淑贤　张　展　赵玲燕

中文史料

第一册：主编刘　萍，编者李学通、关　康、张淑贤
第二册：主编卞修跃、古为明，编者关　康、张淑贤

日方史料

第三册：主编郭　鑫，编者张　展、赵玲燕、徐　勇
第四册：主编郭　鑫，编者张　展、赵玲燕、徐　勇
第五册：主编郭　鑫，编者张　展、赵玲燕、徐　勇
第六册：主编徐　勇，编者郭　鑫、张　展
第七册：主编张　展，编者郭　鑫、徐　勇
第八册：主编张　展，编者郭　鑫、徐　勇

总序

　　发生在1937年7月7日夜晚的卢沟桥事变，是日本军国主义在侵占中国东北地区之后，进而发动全面战争的新起点。日本发动事变相关史料的发掘与整理，一直是学术与社会各界甚为关注的课题。

　　日本在战败投降前夕，无论是东京的军政总部还是各战场部队，都曾全力焚毁档案，极为重要的一批极富机密性质的决策文件，包括侵略平津地区的日军各部相关档案资料，大概是永远地消失了。不过，历史真相总有多种方式的保存，经过战后官民各界多方向的努力发掘，在中日两国都有相当丰富的史料被重新发现并整理面世。特别是改革开放以来的大陆研究界，先后有满铁史料、南京大屠杀史料及日本侵华决策史料等大型史料丛书的出版，极大推动了各类史料工作的持续与深化发展。技术领域的信息传播方式、学术交流路径等诸多方面的改善，也有利于资料工作的持续推进。

　　在这样的环境中，历来备受关注的卢沟桥事变研究，自然应该有新的发展气象。迄今中日两国学界在该方面出版物数量不少，总体上可谓成就显著，却也有不少空阙以及诸多认识分歧。研究者们仍然面对核心史料的缺失、散乱以及辨识歧见等问题。史料工作是卢沟桥事变研究深入发展的制约因素，理当受到研究界更多重视，作出更扎实的发掘与整理工作。为此，我们全面梳理研究界动态，努力发掘并整理中日两种文字各类资料，注意辨识其核心、关键性史料，力求最大限度地还原基本史实，为学界的研究与讨论服务。

　　在中文史料方面，海峡两岸既有史料整理与出版颇为丰富。如史料汇编类成果有章伯锋、庄建平主编的《抗日战争》，中共中央党校党史资料室编《卢沟桥事变与平津抗战》，中国第二历史档案馆编《中华民国史档案资料汇编》（第五辑第二编），秦孝仪主编的《中华民国重要史料初编：对日抗战时期》、《卢沟桥事变史料》（《革命文献》第一〇六、一〇七辑）等；回忆录方面，有中国人民政治协商会议全国委员会文史资料研究委员会编《七七事变——原国民党将领抗日战争亲历记》等；近年又有不少影印史料出版，如杨奎松主编的《抗日战争战时报告初编》等。

　　本书的中文史料由中国社会科学院近代史研究所近代史史料学研究室编纂。起讫时间为1933年3月热河事变至1937年7月底平津沦陷，为体现史事的完整性，部分内容在时限上略有延伸。重点关注以下四方面的史料：一是台北"国史馆"部分重要档案，包括来往函电、命令、情报、会谈记录等；二是民国时期出版的相关史料集，如前导书局的《卢沟桥》(1937年版)，谢汇东、田体仁编《全民抗战汇集》(初集)(1937年版)，白水编《中国的抗战》(1938年版)，华美出版公司出版的《中国全面抗战大事记》(第1辑)(1938年版)等等；三是收集整理了卢沟桥事变时期国内主要报刊的相关报道和言论；四是补充整理了部分私人日记，如《徐永昌日记》等。所选史料按照专题分为"事变前的华北局势"、"事变爆发及平津沦陷"、"国共两党对事变的态度和抗战方针"、"国民政府的外交努力"、"社会舆论与各界反应"、"中国全面抗战大事记"六个部分。所选取的报刊资料，主要是当时具有代表性的六种国内报纸，即《北平晨报》、《大公报》、《申报》、《新闻报》、《中央日报》、《新中华报》(延安)，将其中自七七事变发生至平津沦陷这一时段的相关报道，以原版影印的图片形式刊布，反映当时媒体及社会对事件的关注与报道，并补充现有文献史料的局限和不足。

中文文献汗牛充栋，本书虽以"全编"为宗旨，但并非有文即录，也不可能不加选择。如当时的新闻报道极为丰富，然消息来源有限，故报道雷同现象较为严重，编纂中虽已尽量剔除重复，但也难免有未尽之处。加之编者的目力与见解所限，遗漏之处在所难免。诸多不足，期待在今后能补充修订。

日方史料收集主要由北京大学团队担任，是团队专家多年间往返日本访学、调研，还有会议之余的资料收集累积而成。资料来源主要是日本防卫厅（现防卫省）战史部、外交史料馆、国立公文书馆及国会图书馆、国际日本文化研究中心、各大学图书馆、各相关研究机构收藏，以及亚洲历史资料研究中心网站资料，各类非卖品文献、旧报刊资料、人物专辑等。可参考的战后日本各界成果，资料长编性质的有"官史"《战史丛书》共102卷，其编纂者主要由防卫厅防卫研修所战史室室长西浦进等旧军人出身的战史专家担任，直接关系到卢沟桥事变的《北支の治安戦》(1)，《大本営陸軍部》(1)，《支那事変陸軍作戦》(1)等卷。研究类著作数量庞大，具代表性意义的有井上清的多种专著，江口圭一《盧溝橋事件》，安井三吉《柳条湖事件から盧溝橋事件へ——一九三〇年代華北をめぐる日中の対抗》，秦郁彦《盧溝橋事件の研究》，臼井胜美《日中外交史研究・昭和前期》等。本书分别选录其中部分内容。

卢沟桥事变是日本军国主义大陆侵略政策的必然产物，也是华北日本驻军挑动战争的谋略结果。追本溯源，其资料门类众多，在战时多为机密件，也是战败之际日本各级军政机构与战场部队全力销毁的对象，其发现与收集多属不易。战后，经由各种渠道、各种方式发现日方国家政策与战略层面的方针纲要，现地日军各级部队的企划与行动史料，含宣传大纲、部队战斗详报等各类档案文献，还有驻屯军各级部队史，战后旧军人"战友"团体的非卖品印刷品,当事人回忆录,旧报刊的战时集中报道,或分散性的新闻资料等,载体多样、数量庞大,大都具有不可替代的史料价值。

日本于1931年发动九一八事变,完全侵占中国东北地区。继于1933年初兵锋转向华北,占据山海关至古北口长城一线。日军交替使用谋略与战争手段推进扩张,直至1937年发动卢沟桥事变,袭夺平津两大城市并全面进攻中国,中日两国关系进入了历史上最黑暗的时期。与纳粹德国的闪击战攻击相比较,日本侵略战争的实战推行具有渐进性、阶段性特征,同时又与其决策表现的计划性、完整性与好战性完全一致。日本的对外侵略特别是侵华战争,无论其全局决策还是局部性、阶段性实战,都有许多课题值得各界给予持续而深入的关注与研究。

梳理日军上述战争轨迹,本次所选史料编序为:第一部分,日军在华北扩张及其驻屯军增强(1933年1月—1936年6月);第二部分,从丰台事件到卢沟桥军演(1936年6月—1937年7月6日);第三部分,七七之夜资料(1937年7月1日—7月8日);第四部分,事变扩大及日本全面侵华(1937年7月9日—8月31日);第五部分,日本发动全面战争相关史料(1937年8月—1945年);第六部分,战后审理、回忆等资料(1946年至今),共六大部分。

史料的编序原则,是依据其内容主题,关注其背景因素,兼顾其制作和发现的时间,参考各方研究者的评价和运用,努力从多种角度多量地选用资料,以便于读者的阅读与研究。所选资料均为影印原件,加以中文标题,注明出处,并作内容简介,以方便阅读与利用。由于人力、物力的限制,本次编纂未进行日文资料的翻译工作,但是愿意在今后继续推进翻译工作的展开,以适应更多研究者的需求。

对于既有资料的发现与解读而促成的有关卢沟桥事变真相的研究,中日两国出版的论著已经数量惊人,也存在有多方向的、程度不一的差异与分歧。归纳既有论点,大体有如下几类:第一类是中方及日本良心派学者多确认是日本炮制的阴谋事件;第二类是日本右翼方面指责中国军队打第一枪挑起战争,例如1987年秦郁彦提出的"蒋决心开战"那样的论点;第三类是强调当晚枪声事件可能是偶发的,但战争原因植根于日本侵略扩张政策,如安井三吉等人的论述;第四类是强调中日双方都没有大战的计划与准备,但双方都不妥协导致战争,该类说法在当今中日两国及海峡两岸研究界都有存在。

相信上述讨论与分歧还将长期存在下去。希望本书的出版,能够有助于上述以及其他相关问题的解决。全书共8册,近8000页。对于资料原件具体文字的误漏衍舛,处理如下:1.原刊缺字或漫漶无法识别之处,以□标识;2.对错字,随文更正,改正字置于〔 〕内;3.增补的脱字,置于< >内;4.衍文,置于[ ]内;其他问题,以编者注的方式加以说明。

　　本书筹议阶段，中国社会科学院近代史研究所近代史史料学研究室主任刘萍研究员全力支持，李学通研究员、卞修跃研究员盛意加盟，承担了中文史料的收集与编排工作。本书的编纂团队，以中国人民抗日战争纪念馆、中国社会科学院近代史研究所、北京大学历史学系为主体，同时有辽宁师范大学、南开大学等单位的研究者加入。

　　本书得到武汉大学胡德坤教授的支持，并成为国家社会科学基金"世界反法西斯战争史（含中国抗战史）档案资料收集整理与研究"（16KZD020）项目的子课题。日文资料收集工作获得北京市社会科学基金项目的支持。

　　本书还获得《抗日战争研究》杂志主编高士华研究员，北京师范大学历史学院张皓教授、陈奉林教授，清华大学人文学院刘晓峰教授，北京大学历史学系刘一皋教授、臧运祜教授，中国人民抗日战争纪念馆历任馆长刘建业先生、李宗远先生，北京市社会科学院谢荫明先生等的多方关照。

　　在日文资料方面，日本大阪大学名誉教授西村成雄先生，明治大学教授纐纈厚先生曾给予诸多指导。特别是日本资深学者、神户大学名誉教授安井三吉先生，多年来一直在史料的收集方向、资料复制、史料辨识方法诸方面伸出援手，特表诚挚谢意！

　　史家通常强调，史学就是史料学。本书工作展开之际，定名为"全编"，盖出自全面收集战争双方史料的考量，并决心在力所能及的范围内防止遗漏。在多年的实际工作之中，我们有所努力。但是，史料搜集整理是一项永无止境的工作，不断发现，不断补充，始能臻于完善。本书工作虽然暂告一段落，今后的史料发掘与研究任重道远，殷切期望业内各位朋友、专家继续支持，期盼各位读者、各位方家的批评、指正与合作研究。

徐勇

2021年10月

总 目 录

第二册

报刊选录

第三册

日方史料

第五册

中文史料

壹　事变前的华北局势

一、热河事变与《塘沽协定》

（一）国民政府对热河事变的处置

汤玉麟撤职查办令

1933年3月8日

热河省政府主席汤玉麟，身膺边疆重任，兼统军旅，乃竟于前方军事紧急、忠勇将士矢志抗敌之时，畏葸弃职，贻误军机，深堪痛恨。著即先行褫职，交行政院、监察院会同军事委员会彻查，严缉究办，以肃纲纪。此令。

主席林森

行政院院长宋子文代

《国民政府公报》，1933年，1074号

蒋介石致张群佳电

1933年3月9日

上海亚尔培路五百二十号。张岳军先生：抵石庄后，众意皆准汉卿辞职。本日赴保，决劝其退休。平军分会决定取消，请兄北来一叙。倭方有否消息，盼电告。中正。佳申。行辕。印。

中国社会科学院近代史研究所中华民国史研究室编：

《长城抗战资料选辑》，中华书局1989年版，第40页

蒋介石致叶楚伧转林森等灰电

1933年3月10日

限即刻到。南京。中央党部叶楚伧先生转林主席、政治会议、军委会：请即明令准张学良辞职，令尾加几句温慰之语，勿使其过去拥护中央与统一之功抹煞。是否，请斟酌。准辞后，一面将北平军事委员会分会取消，所有部队归军事委员会直接统辖。中正。灰。

中国社会科学院近代史研究所中华民国史研究室编：

《长城抗战资料选辑》，中华书局1989年版，第40页

蒋介石致张学良灰电

1933年3月10日

北平。张代委员长勋鉴：别后公私交感，凄怆不堪言状。兄行后，各机关必一如旧状，毫不变更。惟中未到平以前，由敬之兄以部长名义暂代分会委员长职权。部队除照兄意编配外，所有补充团可否拨归寿山①部先行补充。昨提戒严司令一职，无设立之必要，仍以平津卫戍司令名义行之。请嘱各机关办事人员照常办公，勿稍更张为要。中正叩。灰。行辕。

《申报》号外，1933年3月11日

张学良辞职通电

1933年3月11日

各报馆转全国同志钧鉴：余父与余历以保持中国在东北之主权为己任，余父以身殉焉。迨余就任以后，仍本先父遗志，始终以巩固中央、统一中国为职志，兢兢业业，未尝或渝，即如不顾日本之公开恫吓而易帜，辅导国民党在东北之活动，与夫民国十九年秋余奉命入关，拥护中国统一。凡此种种，事实俱在。盖余深信，惟健全政府，然后可以御外侮也。"九一八"之变发生，余正卧病在平，初以诉诸国联，必主张公道。及今日军侵热，余奉命守土，乃率师整旅，与敌周旋。接战以来，将士效命者颇不乏人，无论事之成败若何，然部下之为国牺牲者，已以万计。此次蒋公北来，会商之下，益觉余今日之引咎辞职，即所以效忠党国，巩固中央之最善方法，故毅然下野，以谢国人。惟眷恋多年袍泽、东北之健儿，孰非国家之将士。十九年奉命率兵入关，援助中央，于今国难未已，国土未复，无家可归者数万人。但盼中央俯察彼等劳苦，予以指导，并请社会人士加以援助。彼等为国为乡，皆抱热诚，并熟悉东北情形，倘遇报国之机，加以使用，俾得为收复东北之效命，遂其志愿，免于飘泊，于愿斯足。并盼国人鉴余诚悃，谅余庸愚，虽愆尤丛脞，而余本心只知为国，余皆不复自计也。张学良叩。真。

《申报》号外，1933年3月11日

国民政府令

1933年3月12日

北平政务委员会常务委员兼代军事委员会北平分会委员长张学良呈请辞职，应即准予免职。此令。

---

① 冯占海，字寿山。——编者

特派军政部部长何应钦兼代执行军事委员会北平分会委员长职权。此令。

主席林森

行政院院长宋子文代

《国民政府公报》，1933年，1077号

黄慕松等调查汤玉麟委弃承德经过情形呈文

1933年4月12日

呈。为呈复遵令会同查明业经褫职之热河主席兼第五军团长汤玉麟委弃承德一切经过情形，仰祈鉴核事：窃慕松、鸿基、本仁奉军政部部长何令，转行政院、监察院院长于、军事委员会委员长蒋电训令，案奉国民政府训令饬派，对于轻将热河委弃、遗误军机、业经明令褫职之热河主席汤玉麟会同彻查具复，以凭核办等因。慕松遵即会同鸿基、本仁向各方面彻底调查，谨将调查情形分析陈之：

一、汤玉麟主持热政将近八年，遇事以其子汤佐辅之言是从，故佐辅得以一身兼热河财政厅长、热河兴业银行总办、军需处长、军政训练副监、盐务局长、垦务总办、经界委员会委员长、烟酒局长、印花税局长、财政整理委员会委员长等十余要职，卖官种烟，苛细杂捐，种种弊政，不堪枚举。汤所部军队，计一师四旅一特务队，号称三万余人，实则层层侵吞空额，确数不满二万人。欠饷六七个月，且所发之饷，均本省兴业银行钞票，按二十五元作现一元，而市价则须五十余元始能折现一元。是以各军队分防各处，所领之饷不敷给养之用，专恃武力就地征发，民怨沸腾，一旦有事，地方民众欢迎敌军，官兵则毫无斗志。此汤玉麟失败之远因也。

二、此次抗日，汤所有部队确已开赴前方布防，董福亭旅驻朝阳、南岭等处，崔兴武旅分驻开鲁、林东、林西，赵国增旅驻阜新，石香亭旅〈驻〉赤峰，其主力一师、骑兵一旅驻建平，所余特务队、工辎营随汤玉麟驻承德。迨热河战事将起，北平军委分会则划分由朝阳、朱录科、建平以南为第一集团军作战区，朝阳、朱录科、建平迤北为第二集团军作战区。第一集团军总司令系军委分会张代委员长自兼，实际则由万军团长福麟率领第四军团担任，所部队伍于兆麟师及王永胜、孙德荃等旅，分驻凌源、凌南、平泉一带。第二集团军总司令为张作相，汤玉麟副之，所属队伍除汤部热军外，余为孙魁元部张廷枢旅，并原在开鲁一带之冯占海、李海青、刘震东、李芳亭等部义勇军。张作相于热河失守之前四日，奉到委令关防，赶即组织，稍事筹备，以前方吃紧，于三月一日驰赴热河就职。按军委分会划分之作战区域，北票、朝阳应由第一集团军接防，乃事实尚未办到。二月二十二日敌军进逼南岭、开鲁，汤部崔旅由开鲁退林东（三月八日左右降敌）；董旅汤玉山团由南岭先退北票，继退桃花图〔吐〕。该处距北票、朝阳各四十五里。伪国前方指挥为汤团前任

团长邵本良，因事被汤玉麟撤差投敌者。该团官兵闻邵本良到，不愿与战，乃投降焉。又该旅他团之一营，亦同时哗变，有投邵者，有散去者，行动不一。至是董旅所余不过数百人，二十六日退叶柏寿。董旅长用电话向汤玉麟报告前情，并请求增援。汤乃令该旅长就近商请驻凌源之万福麟部师长于兆麟拨队援助，于以未奉万令拒之。三月一日午后，敌之装甲车四辆、汽车十余辆，冲入叶柏寿。董旅残部立时溃退，凌源各机关闻警亦即向平泉退走。二日午前，敌之装甲车四辆、汽车十余辆进入凌源，于师长兆麟乃绕道向平泉退却。时王永胜旅驻平泉，见前方部队纷乱后退，亦随之经宽城子向喜峰口溃退。三月二日晚，承德与平泉电话电报皆不通，冯庸又由凌源乘汽车狼狈逃来。张作相、汤玉麟以为平泉已失，商议退却，张作相当晚即赴古北口。时承德城内警察及民众闻讯，即组织团体，派人往迎敌军，汤玉麟不知也。三月三日下午二时，汤率特务队、工辎营约共一千余人退出承德城，至距承德三十里之广仁岭。正向队伍训话间，忽据报告赤峰克复，平泉未失，汤当率辎重营仍回承德城。是晚敌之装甲车、汽车已达距承德九十里之六沟。四日早七时，汤以前方各部仍无电话电报，复率辎重营离承德西退。午前八时，敌飞机到承德，乃向西飞，在滦平抛掷炸弹追汤，因汤退走时带有多数乘马，目标显著故也。十时，敌之装甲车汽车到距承德三十里之红石岚，下午一时入承德城，敌兵约一百二十八人。汤率领残部先退安匠屯，继退丰宁，旋复退驻大阁镇、上黄旆一带。闻陆续集合溃兵及收编之零星义勇军，约共万余人，但素乏教育，纪律废弛，若不特加整顿，仍恐难以应战。此汤玉麟放弃承德之一切经过情形也。综合上述情形观之，汤玉麟治热数年，绾理军民两政，平时措施不善，结怨于民，致令战时军事受一部分影响，固有应得之咎，至按此次热河全部军事失败论，似又不能单独责汤。奉令前因，理合将会同调查情形详为呈复，伏乞俯赐鉴核。至应如何办理之处，政府自有权衡，非慕松、鸿基、本仁等所敢擅议也。除分呈外，谨呈行政院院长汪。

参谋本部次长黄慕松
监察院监察委员邵鸿基
军事参议院上将参议方本仁
中华民国二十二年四月十二日
中国社会科学院近代史研究所中华民国史研究室编：
《长城抗战资料选辑》，中华书局1989年版，第43—44页

国民政府任命行政院驻平政务整理委员会人员令

1933年5月4日

特派黄郛、黄绍竑、李煜瀛、张继、韩复榘、于学忠、徐永昌、宋哲元、王伯群、王揖

唐、王树翰、傅作义、周作民、恩克巴图、蒋梦麟、张志潭、王克敏、张伯苓、刘哲、张厉生、汤尔和、丁文江、鲁荡平为行政院驻平政务整理委员会委员，并指定黄郛为委员长。此令。

主席林森

行政院院长汪兆铭

《国民政府公报》，1933年，1123号

何应钦命作战各部队向白河撤退电令

1933年5月21日

限即到。于总指挥：抄送万总指挥、何军长、王军长。军密。我第三军团主力，已移在白河之线，其右翼在马头镇。兹为整理战线计，变更部署如下：（一）何柱国军改隶于第一军团指挥，第一、第四两军团作战地境为黑娘口镇、大口屯、庞家湾、小营、四百户、小王庄、武清、安次之线，线属第四军团。（二）第四军团及何军，除客〔各〕以一部维持现阵地外，其主力即移于白河岸上既设阵地，以便与第三军团联络。何应钦。马未令战。

《榆关抗日战史》附录，转录自中国社会科学院近代史研究所中华民国史研究室编：

《长城抗战资料选辑》，中华书局1989年版，第79—80页

于学忠遵令撤军致所属各军电

1933年5月25日

顷奉军分会电令，各部撤至延庆、昌平、高丽营、顺义、通州、香河、宝坻、林亭口、宁河以南以西之线。仰即按照〈此〉意，将在此线之部队撤回，以免资对方口实为盼，并将撤退情形具报。

《榆关抗日战史》附录，转录自中国社会科学院近代史研究所中华民国史研究室编：

《长城抗战资料选辑》，中华书局1989年版，第80页

（二）国民政府的外交应对

外交部致日本驻华公使照会

1933年1月4日

为照会事：选据报告，日本军队在此次榆关事变发动前，先由其宪兵队自将其室门炸毁，并在他处投弹，遂于一月一日下午九时三十分，令其便衣队在榆关南门实行向城内

开枪射击。同时，车站日步哨放炸弹一枚，日警亦放枪十余发，日宪兵亦放枪数发。经我驻军派员向日方诘问真相，未获满意答复。而日方反提出无理要求，经我方拒绝。此时日军已将我南门外警察缴械，将马分局长监视。二日午前八时许，日方由前卫开来兵车三列，步炮兵约三千余名、大炮十余门、飞机八架、甲车三列，占据南关车站及李家沟、五眼城、吴家岭之线。十时许，即向我开始轰击，发炮约三百余发，并以飞机向城内投掷炸弹，约十余枚。三日上午十时，日军又以飞机向临榆城内作大规模之爆击，并联络甲车、山野重炮连合之炮兵及海面炮舰，向我南门猛烈射击，致城内起火，破坏甚巨。同时，日军坦克车又在其炮火掩护之下，向我南门猛攻。我军为自卫计，竭力抵抗，至下午三时许，将南门冲破，我军退出城外各等语。查此次日本军队在榆关之种种行动，显系预定之计划，实属有意扩大事态，违反贵国代表迭次在国际联合会之诺言。为此提出严重抗议，照会贵公使查照，转电贵国政府，迅饬该处日军即刻退出榆关，嗣后不得再有此种举动；对于此次肇事者，加以严重处罚。至我方之一切损失，本国政府保留提出要求之权。并希见复为荷。须至照会者。

中国社会科学院近代史研究所中华民国史研究室编：
《长城抗战资料选辑》，中华书局1989年版，第14页

外交部致日本驻华公使照会

1933年1月22日

为照会事：关于山海关事件，准本月十一日贵公使来照，业已阅悉。查此事本部为求真确起见，曾经再饬详查，其所得结果如下：本月一日上午，日本守备队已有战斗准备，北宁铁路山海关外正在运兵。下午一时余，南关外有轰炸及枪声，查系日方自己到处发射。嗣日方向我南门外步哨射击，哨兵退入城内，彼复向城门开枪两排。经我驻军派陈秘书向日本宪兵队诘问，彼反诬为我军所为。是晚日本守备队已出动，南关关外日军铁甲车及兵车已停站外。翌晨二时，日军反向我提出无理条件，并要求立即承认，否则开始夺取，当经我军拒绝。而日军此时竟将南门公安分局马局长扣留，二日午前十时起，竟开始海陆空军联合攻击。三日下午，日军占据临榆城。此乃事变之真确事实，并无所谓协定。根据以上事实，当时掷弹开枪者，确系日方，中国驻军与日本军队并无任何协定，已属毫无疑义。至临榆地方并非通商口岸，日本人民原无在该处侨居之权，纵日侨不遵约章而至该处，保护一节亦应由该管中国官厅办理，日军何得越俎代庖？而日方竟又滥引所谓弹压治罪权，为调集大批军队攻击中国领土之借口，其背情违理，尤为显然。总之，日本军队此次攻占山海关城，始而自加破坏工作，继而诬指中国方面予以挑衅，以掩饰其预定之计划。此种

沿用之惯技，早为举世所共知，所有一切责任，自应完全由日方负担。来照所称各节，既非事实，尤多附会，本国政府万难承认。再，日本军队最近占据山海关后，复在九门口、石门寨等处，攻袭我国驻军[①]，威胁关内治安，并在北平等处，时于人烟稠密地方持械游行及举行作战演习[②]。凡此举动，不独违反国际公法及中国迭次指出之重要国际条约，即对于一九〇一年各国约定之条款，日方亦复积极破坏。兹特并案提出抗议，照会贵公使，即希查照本部本月四日去照，转电贵国政府，迅饬现在占据山海关及其附近之日军即行撤退，嗣后不得再有此种举动，严重处罚此次之肇事者，并对于北平等处之日军严加约束，勿令再有妄动。统希见复为荷。须至照会者。

中国社会科学院近代史研究所中华民国史研究室编：
《长城抗战资料选辑》，中华书局1989年版，第22—23页

国民政府致日本驻华公使抗议照会

1933年1月27日

为照会事：日军自非法占据东三省后，时向热河边境侵扰，日本飞机更任意到热掷弹轰炸。兹据报告：本月二十二日，日本飞机六架到开鲁掷弹二十余枚。二十三日，先后又来日机九架，共掷炸弹七八十枚，炸毙人民数十名，伤者尤众；骡马死十余匹，毁房屋四五十幢，器物无算等语。查日本军队按照预定计划，积极向我侵略，此次于非法强占榆关之后，更肆无忌惮进扰热河。日机对于无辜民众，竟肆意轰炸，以致死伤枕藉，财产损失无数。此种残暴行为，不独为法律所不许，亦为人道所不容。兹特提出严重抗议，应请转电贵国政府对于日本飞机此种不法行为，立予制止。至开鲁因日机轰炸所受生命财产之损失，并保留一切要求之权。相应照会贵公使，即希查照办理并见复为荷。须至照会者。

中国社会科学院近代史研究所中华民国史研究室编：
《长城抗战资料选辑》，中华书局1989年版，第27—28页

罗文幹为日领上村面交节略致蒋介石漾电

1933年2月23日

南昌。蒋委员长赐鉴：天密。今日下午五时，日领上村来部面交节略，大意谓：（一）

---

① 1月10日，日军田中、三宅部队侵占九门口；1月15日侵犯石门寨。——编者

② 1月8日，驻平日军200余名在东长安街演习战术，驻津日军举行大检阅；1月9日，沪、汉等地日军举行阅兵。——编者

张学良及其他反满军队在热河省内，不但与"满洲国"主权抵触，且与热河治安、税收不能两立。故"满洲国"肃清该省内匪贼及兵匪余党，日军按照《日满议定书》应协助该国军队。"满洲国"屡向张学良军队等要求撤回关内，未能容纳，故引起"满洲国"军队及日军与张学良军队等冲突，其责任应由不接受"满洲国"要求之中国方面负担。（二）日本军队协助"满洲国"军队在热河之行动，其目的在确保该省之治安，原则上仅限"满洲国"领埠以内。惟张学良军队等若采取积极行动，则难保战局不及于华北方面，若因此发生任何事态，其责任悉在中国。（三）汤玉麟军等若于此时归顺"满洲国"，则仍将照从来之方针，予以宽大办理等语。现本部正备文痛驳，一面将节略连同本部复文于今晚电日内瓦公布。除本部复文再另行电达外，谨先奉闻。罗文幹。漾。印。

中国社会科学院近代史研究所中华民国史研究室编：

《长城抗战资料选辑》，中华书局1989年版，第30—31页

国民政府致日本驻华公使照会

1933年3月2日

为照会事：二月二十三日准贵公使派二等参赞上村伸一面交节略，以中国政府派兵驻防热河，抵触所谓"满洲国"主权，为攻热之借口。业经本部略复以所谓"满洲国"系日本政府以武力侵占东三省在该地所设之傀儡伪组织，及其所谓《日满议定书》，均为中国政府迭次抗议所决不承认。热河为中国领土，与东三省之为中国领土相同，日本政府要求中国政府撤退在热河自卫守土之驻防军队，显系扩大侵略范围，破坏中国领土主权，日本政府应绝对担负攻热责任在案。查日本政府不顾世界公论与中国政府迭次去文，继续肆意侵略，不惟不立即撤退东省驻兵，将东三省归还中国，近反调集大批军队，对热河各地进攻不已，并用飞机任意轰炸各该城镇，以致无辜人民之生命财产惨被损害，实属违背正义人道，专恃武力侵略之非法举动。中国政府特再提严重抗议，并保留一切正当要求之权。相应照请贵公使转电贵国政府查照为荷。须至照会者。

中国社会科学院近代史研究所中华民国史研究室编：

《长城抗战资料选辑》，中华书局1989年版，第33页

刘崇杰致外交部漾电

1933年4月23日

南京。外交部。极密。昨晚沈司长[①]在北京饭店遇及蓝使，已将部长私函面交。据称当

---

① 外交部亚洲司司长沈觐鼎。——编者

即报告政府。蓝使迭与蒋君①所谈之事，本日密告美使，意见相同，已各电本国政府。沈云：关于蒋君接洽一事，未接本部训示，惟个人以为部中或尚有意见②，不日刘次长当与贵使晤谈。至日方果有诚意停止侵犯，似无须要有文字协定，且万不可因此影响及东亚全部问题。蓝云，日方似确欲停止进攻，本人所欲斡旋亦限于现在战局，决非涉及东亚全局，至商议停战，如无文字，恐对方不同意，且恐日后易起争执。沈云：停战提议，似宜由英、法、美等第三国出面。蓝使云，此正在研究，将来法公使想亦可参加，至今贵方如拟有停战草案，希见示。沈云当回明刘，一面又询华府谈话会有效讨论远东问题之可能。蓝答恐成数不多。沈将部长日前对美馆参议所谈意见陈述，蓝谓宋部长似可相机提出。谨闻。杰。漾。九号。

罗家伦主编：《革命文献》第38辑，《日本侵华有关史料》（八），

（台北）中国国民党中央委员会党史委员会1965年版，第2173页

罗文幹、徐谟致刘崇杰电

1933年4月23日

北平。刘次长子楷兄密鉴：亲译。密。六号电均悉。弟等一再讨论，大致意见如下：（一）不论外交或军事当局，均不宜向任何方面乞怜求和。（二）不论外交或军事当局，不能签订任何停战协定。因一签此项协定，在法律上永不能以自己力量收复失地。（三）我方与第三国接洽时，只可晓以利害，动以情感，请其警告日方，阻止再行进攻。（四）如第三国问我愿否停战，可密告就我方现在实力，只可坚守未失领土，倘敌犯平津，决与周旋。如彼不来，则拟集中力量，专心整理华北民政。至整个中日问题，仍听国联及根据国际条约为适当之解决。（五）现在我军既无反攻力量，只得坚守现有阵地，不向敌人挑战。如敌人不前进，则可知日方确无必取平津之意。如此可暂时造成事实上之休战状态，静待华盛顿谈话之发展，或其他国际间之机会。（六）如我方不攻而日军仍节节进逼，则可证明日方必取平津，纵与约定停战，亦属无效。以上系弟等熟商后所归纳之个人意见，特电达参考，姑勿向外宣泄，明日拟提国防会讨论。当续告。幹、谟。第四号。

罗家伦主编：《革命文献》第38辑，《日本侵华有关史料》（八），

（台北）中国国民党中央委员会党史委员会1965年版，第2174—2175页

---

① 指蒋梦麟4月20日受何应钦派遣往访英使蓝普森，请其安排中日停战谈判。蓝表示：英国调停淞沪停战曾引起中国人"误解"；停战谈判应严加限制内容；中方代表必须由政府任命等。何应钦将蓝使意见电告蒋介石、汪精卫。汪复电称：中国对英调停淞沪停战至为感激，保证以后不发生任何影响；停战谈判范围限于军事，不涉及东三省及其他问题；建议只作口头协议而不形诸文字；指派外交部次长刘崇杰为中国官方代表（汪原电缺，内容转引自吴相湘著《第二次中日战争史》）。——编者
② 蒋梦麟与蓝普森接洽事遭外交部长罗文幹、政务次长徐谟等反对。参见罗文幹、徐谟4月23日致刘崇杰电。——编者

刘崇杰致罗文幹、徐谟有电

1933年4月25日

南京。外交部。密。部长、徐次长勋鉴：极密。本日约蓝使午饭，蓝云：顷接应格兰谒罗部长谈话报告，阅后对于中国方面究竟是否希望停战，或其他办法，觉欠明了。现在局势若任延宕，日方恐复乘机前进。如系停战，中国政府应将希望要点明白见示，以便探询对方意旨。为避免种种误会及足以妨碍根本问题者，当然亦应预先言明或书明。此事本人只可从中斡旋，不愿自动提议。杰当将国防委员会第二十五次会议录所定方针及历次部电意旨，演译告之，请其对日方最少程度有劝告之举，并谓日方一面宣言不再前进，一面仍继续战事，如侵犯平津，我方惟有尽力抵抗，盼友邦自动的出面。在停战一事，只须做到事实，不能有任何文字，汪院长来电亦是如此主张。蓝云：各国对日劝阻一节，目前恐难做到，如中国政府欲令电伦敦，自当照办，但于未充分了解中国希望以前，只好静候消息，等语。彼亦认此情形与上海不同，又以为斡旋停战较劝阻为易，但恐须用文字。杰言何妨先电告伦敦，彼仍执前说，当答以即报告罗部长云。谈话中，彼未明提与梦麟接洽各节，杰亦未便明提。再，沈司长与蓝使谈话业已电闻不赘。杰。有。第十七号。

罗家伦主编：《革命文献》第38辑，《日本侵华有关史料》（八），

（台北）中国国民党中央委员会党史委员会1965年版，第2176页

刘崇杰致外交部宥电

1933年4月26日

南京。外交部。蓝使约美詹使便餐，当将政府意见详婉告之。詹言当报政府，并与英使接洽。杰询有可能性否，答：且看华盛顿回电。彼对我方希望事实上停战之理由，甚为了解。杰意此事关健，仍在蓝使。应格兰昨今有无来谒，如何措词？至念。詹又言，宋到华盛顿时，英法两代表已回欧，宋到美如希望谈及远东问题，当并电告政府云。崇杰。宥。第十八号。

罗家伦主编：《革命文献》第38辑，《日本侵华有关史料》（八），

（台北）中国国民党中央委员会党史委员会1965年版，第2177页

杨永泰致黄郛鱼电

1933年5月6日

上海祁齐路四号。黄膺白先生勋鉴：密。总座顷致黄（绍竑）、何（应钦）电，要领四则，文曰：（1）敌军全线业已撤退，当不致独向古北口一路深入，惟中央各师之在该方面

者，连日苦战不停，又无单独反攻驱敌出口之实力。此种无企图之兵力消耗，殊属不宜，似应相当隔离，俾便得暂整理。如此路长此纠缠不清，甚或惹起全线战事之再发，亦难预料，请兄等特加注意，亟谋适当之处理。（2）多伦既失，全察动摇，该地屯兵七八万，竟为伪军张海鹏、刘桂堂辈所攻陷，不胜诧异。欲图挽救，自以统一该路之指挥为最急最要。阎（锡山）、徐（永昌）既不允就，仍请（黄）季宽兄以参谋长代行委员长职务，速赴张北负责指挥，以图恢复。（3）此次敌兵自动撤退，本非我军战胜之结果，中外共知。我军乃据为通电报捷之资料，如雪片纷飞，内长国人之虚妄，外召友邦之嗤笑，致外报竟有我国军人奇不知耻之讥，实可痛心，应即切实纠正。一切口号标语之政策，徒增倭寇之敌忾心，于我毫无实益，亦应概予停止、撤销。（4）我军实力不充，只能妥择阵地抵抗。此种战略策定，宜使全线一体恪遵，怯者固不得擅退，勇者亦不许轻进。论者每恃以攻为守之说，欲乘敌人薄弱之点，贪图小利，轻于突击，徒为局部一时之快意，固于事无济，且最易牵动全线。请兄等与各将领分别面谈，切实声明此言，共同注意为要。即希查照办理并盼确复等语。特录全文密达参考。弟永泰叩。鱼申。

罗家伦主编：《革命文献》第38辑，《日本侵华有关史料》（八），
（台北）中国国民党中央委员会党史委员会1965年版，第2112—2113页

黄郛致蒋介石元电

1933年5月13日

特急。南昌。蒋总司令勋鉴：德密。极密。本日得关东某要人致沪友回电，略谓：承询〈日〉军之行动，全属机密，恕未能告；惟可明言者，决无进展平津之本意，但务盼华军能撤至离日军守备区域炮程不及之地点为要等语。此间复研究所谓守备区域线究何所指？由战略地形推测，金谓必指前次所述密云、玉田、滦州、滦河之线，证以文（十二）日荒木在内阁之宣言，谓必须待华军确实反省后再撤回长城之语，似与关东复电大意相符。兄意锐锋应避，我军经苦战之余，亟待补充整理，不如仿欧战时兴登堡在东普鲁士对俄作战之故事，由尼缅撤至瓦萨。敌锋虽锐，而因后方接济、兵力配备关系，不能不止，故古北方面之中央军，若能撤至密云后方牛栏山前一带，或可减少巨大牺牲，而于华北政局亦有裨益。弟如谓然，务盼共同负责，切实主持，庶几军事、外交，两可立于不败之地。除摘要另电敬之、精卫外，特闻，盼复。兄准明晚入京，勾留半日，即渡江北行，决不改期，希释念。郛。元午。

罗家伦主编：《革命文献》第38辑，《日本侵华有关史料》（八），
（台北）中国国民党中央委员会党史委员会1965年版，第2115页

黄郛致蒋介石、汪精卫养电

1933年5月22日

南昌蒋总司令、南京汪院长勋鉴：密。抵平五日，危疑震憾，不可言喻。自美国申请书发表后，日方态度骤变，既往工作，尽付流水。赵敬时案又适逢其会而发生。昨晚，敬之兄召集军事会议，已决定在白河线作最后抵抗。但平津若动摇，则前在沪商定之六百万，事实上又成空话。财政如无新途径以资接济而维军心，则全部华北情形将不知纷乱至何程度，应请中央预为注意。郛等进止，尤须请示。北平既入战区范围，政整会自无工作余地，现虽尚未成立，拟至必要时即随军事机关转进，或即南旋面陈经过，如何？盼复。郛叩。养。

李云汉编：《抗战前华北政局史料》，（台北）正中书局1982年版，第251页

黄郛致汪精卫养电

1933年5月22日

南京。汪院长：密。马亥电奉悉。近日对方态度骤变，本晨已另电详告，想蒙钧阅。连日专制造小问题迫我，并无条件提出。略取平津，虽尚未必，而包围平津，迫我接受严酷之条件，不可不防，现正慎重应付中。电稿未毕，闻天津日司令要求北宁路备车一列，明日要运兵五百名来平护侨[1]。按《辛丑条约》，无法拒绝。敬之兄约晚间召集会议，商筹应付，附闻。郛叩。养。

李云汉编：《抗战前华北政局史料》，（台北）正中书局1982年版，第250页

汪精卫致黄郛养电

1933年5月22日

北平。黄委员长膺白先生：密。马亥电计达。欲谋停战，须向对方问明条件，由负责长官决定其可答应与否。弟以为除签字于承认伪国、割让四省之条约外，其他条件，皆可答应。且弟决不听兄独任其难，弟必挺身负责。乞速与敬之、季宽、岳军诸兄切实进行为盼。弟兆铭。养。

李云汉编：《抗战前华北政局史料》，（台北）正中书局1982年版，第250页

---

[1] 5月20日，北平爱国青年持利刃在北平日驻华使馆刺伤日卫兵，当场为日兵逮捕。日本即以此事为借口，对停战谈判取强硬态度，并以"护侨"为名，23日由天津派日军500名来北平。北平地方当局为之提供车辆运输。——编者

何应钦等致汪精卫、蒋介石漾电

1933年5月23日

限二小时到。南京军事委员会并译转汪院长、南昌蒋委员长：密。亲译。极密。关于最近前线军事部署，昨电已详。惟各部队兼月作战，将士伤亡甚多，疲敝之余，战意已不坚决。就昨晚情形观测，方成不战自退之势，经职等再三筹计，若竟任其自行崩溃，华北局面将至不可收拾。当即召集重要将领，多方激励，众人意志稍转坚定。同时日本中山代办及永津武官与郭约定晤谈，结果由日方提出如下之四项条件：（一）中国军撤退延庆、昌平、高丽营、顺义、通州、香河、宝坻、林亭口、宁河以南以西，今后不准一切之挑战行为。（二）日本军亦不越上述之线进击。（三）何应钦派正式任命之停战全权员往密云，对日本军高级指挥官表示停战之意志。（四）以上正式约定后，关东军司令官指定之日本军代表与中国方面军事全权代表定某日某时，于北宁线上某地点作关于停战成文之协定。比由职等就此条件详密商议，金以此时前线情形如彼，而日人复以多金资助齐燮元、孙传芳、白坚武等失意军阀，有组织华北联治政府之议。熟权利害轻重，与其放弃平津，使傀儡得资以组织伪政府，陷华北于万劫不复，何若协商停战，保全华北，徐图休养生息，以固党国之根基，较为利多害少。众意既归一致，于是遵照汪院长迭电指示之意旨，由应钦答复日代办，对其所提四项条件完全接受，并拟于今日派上校参谋徐燕谋为停战代表，偕同日本武官前赴密云表示停战之意。嗣后进行协议情形，自当一秉钧旨，随时密呈核示。职等为党国、为地方人民着想，惟有牺牲个人，以求顾全大局，是非毁誉所不计也。肃电奉闻，伏乞鉴核。职何应钦、黄绍竑、黄郛。漾辰行秘。印。

罗家伦主编：《革命文献》第38辑，《日本侵华有关史料》（八），（台北）中国国民党中央委员会党史委员会1965年版，第2122—2123页

汪精卫致何应钦等漾电

1933年5月23日

北平居仁堂。何部长敬之兄、黄部长季宽兄、黄委员长膺白兄勋鉴：密。漾辰行秘电敬悉。弟决同负责，请坚决进行为要。弟兆铭。漾未。印。

李云汉编：《抗战前华北政局史料》，（台北）正中书局1982年版，第254页

黄郛致蒋介石梗电

1933年5月23日

南昌。蒋总司令勋鉴：密。时局至昨日极险，军心不固，士气不振，内幕尤不堪问。日

方决定本晨拂晓大举进攻，故一时不得已预备军政两机关移驻平汉线。兄思平津一失，中央政局亦必动摇；财政无办法，粮饷之源绝；平汉、平绥、北宁、津浦各线之交通枢纽尽落敌手；溃军且将波及豫鲁；种种不堪设想之后患均意中事。且昨日得精卫电略称："只要不涉及承认伪国、割让四省问题，一切条件，均可商订"，并称"决不使兄独任其难，弟必挺身而出，共同负责"等语。故于临出发移驻之前，思为最后之努力，于昨午夜十二时赴一私友处，不露声色，与中山代办、永津陆军武官、藤原海军武官彻夜讨论，天明始归。商定结果，已与敬（之）、季（宽）二兄联名另电详达。事机迫切，间不容发，未及事先电商，至为惶惧，好在交涉仅以停战为范围，条文上能加意审慎，当不致受大指摘。兄泪内流，兄胆如裂，想吾弟亦必能想像也。特闻。盼复。郛叩。梗。

罗家伦主编：《革命文献》第38辑，《日本侵华有关史料》（八），
（台北）中国国民党中央委员会党史委员会1965年版，第2121—2122页

汪精卫致何应钦、黄郛漾电

1933年5月23日

何部长敬之兄、黄委员长膺白兄勋鉴：密。今晨国防会议议决如下：（1）外交方面，近日英美意见日益接近，对日斡旋，俾我得较有利之解决当可做到，但恐缓不济急，于我目前平津之危恐来不及解救。惟外交既有此希望，子文兄今日来电力请注意，不必灰心。（2）军事方面，江西军队不能调开，其他军队则不听调，例如两广高谈抗战，但至今迄未出兵。中央对于华北各军苦战三月，不能不急筹援应，但能做到若干，诸兄已不难洞悉。（3）财政方面，子文兄赴美赴英，正在接洽，即使有望，亦缓不济急。平津若失，则海关收入骤形短缩，其他一切筹款办法，亦惟有更形拮据。根据以上外交、军事、财政情形，对于应付平津危局，决定原则如下：（甲）如日本来攻平津，我将士惟有尽力应战，不可轻易放弃。盖平津情形，适与去春淞沪相同，极系世界之观听。我若示怯，从此国家人格更不堪问。且战事愈烈，愈易引起各国之干涉也。（乙）如暂时休战，希望尚未完全断绝，仍希继续进行。即在交战中，此种接洽仍不妨并用。以上两项原则，切盼两兄根据办理，中央当共负责任也。以上决议，谨达，乞鉴察为荷。弟兆铭。漾。

罗家伦主编：《革命文献》第38辑，《日本侵华有关史料》（八），
（台北）中国国民党中央委员会党史委员会1965年版，第2123—2124页

汪精卫致何应钦、黄郛敬电

1933年5月24日

北平。何部长敬之兄、黄委员长膺白兄：今日国防会议议决："与对方商洽停战，以不

用文字规定为原则,如万不得已,只可作为军事协定,不涉政治,其条件须经中央核准"
等语。此为中央自负责任,俾不致有第二伯力协定发生,请查照为荷。兆铭。敬午。

李云汉编:《抗战前华北政局史料》,(台北)正中书局1982年版,第254页

蒋介石致黄郛有电

1933年5月25日

限即刻到。北平丰泽园。黄委员长膺白兄:梗电敬悉。密。忍辱周旋,为国苦心,实深
感佩!惟弟始终不信倭寇有休战诚意,尤在威胁吾人,使之自动撤退,俾其唾手而得北平
也。至于协定一节,总须避免文字方式,以免将来引以为例,其端由吾人而开也。否则万
不得已,最多亦不可超过去年淞沪之协定,绝不能涉及伪国事实之承认,以及东四省之
割让与界限问题。故其内容及字句,必须加意审慎。鄙见所及,于昨复兄等漾电业已详述
之,惟赖兄匠心独运,使之得当耳!以后周折必多,应付甚难,故于谈判时期城防设备,尤
应加紧,最高无上之决心,不可须臾或忘。弟以为不有一北平死战,决不能满倭寇之欲,
亦不能得国人谅解也。中正。有申机。

李云汉编:《抗战前华北政局史料》,(台北)正中书局1982年版,第258页

何应钦等致汪精卫、蒋介石有电

1933年5月25日

限二小时到。南京军政部陈次长译呈汪院长、南昌蒋委员长:亲译。密。极机密。今日
徐参谋燕谋与日本永津武官签定之觉书原文如下:

觉书。昭和八年五月二十五日,日本公使馆附代理武官永津中佐。

北平军事分会委员长何应钦阁下:关东军司令官之意志如次:(1)承诺经上校参谋
徐燕谋推出之停战交涉。(2)贵军应撤退延庆、昌平、高丽营、顺义、通州、香河、宝坻、
林亭口、宁河、芦台之线以西及以南,尔后不仅不越该线前进,并不为一切之挑战行为。
(3)日本军为认识诚意,第一步随时以飞行机侦察及其他方法视察中国军之撤退状况,
但中国方面对此予以保护及一切之便宜。(4)有以上之确认后,关东军司令官之正式最高
全权代表与何委员长之正式最高全权代表在北宁路上之某一地点会合,相互承认正式委
任状之后,作关于停战成文之协定。(5)成文协定成立为止,中国军不挑战之限度内,日
本军队不越前记撤退线追击之。

右五个条件,系关东军司令官之意旨,由永津武官传达前来,兹以北平军事分会委员
长何应钦之代理资格负责承诺。中华民国二十二年五月二十五日,北平军事分会陆军上校

参谋徐燕谋。

又,其附件如下:觉书。昭和八年五月二十五日,日本公使馆附代理武官永津中佐。北平军事分会委员长何应钦阁下:关东军司令官之意志如次:(1)五月二十五日觉书第三项第二行及派必要人员约定,改为依其他之方法。(2)其他方法之意,虽非直接派遣日本军检查,但日本军于必要时得贵方之谅解,可选定适当之方法。(3)本件永津武官确实声明负完全责任等。谨闻。职应钦、郛、绍竑。有戌行秘二。印。

罗家伦主编:《革命文献》第38辑,《日本侵华有关史料》(八),
(台北)中国国民党中央委员会党史委员会1965年版,第2128—2129页

汪精卫致何应钦等有电

1933年5月25日

特急。北平居仁堂。何部长敬之兄、黄部长季宽兄、黄委员长膺白兄钧鉴:密。今日国防会议议决如下:现在前方停战谈判已经开始,逆料对方进行方针不出两种:(甲)对方以强力迫我屈服,承认伪组织及割让东四省,如果出此,我方必毅然拒绝,无论若何牺牲,均所不避。(乙)对方鉴于我牺牲之决心,与列强之环视,此种停战目的,在对方军队退出长城以北,我军不向之追击,保留相当距离,以免冲突。如果出此,则我方鉴于种种情形,可以接受,惟以不用文字规定为原则。若万不得已,只限于军事,不涉政治,并须留意协定中不可有放弃东四省、承认伪组织之疑似文句等语。谨闻。汪兆铭。有。印。

李云汉编:《抗战前华北政局史料》,(台北)正中书局1982年版,第258页

黄郛致蒋介石感电

1933年5月27日

南昌。蒋总司令勋鉴:密。有申电奉悉。停战协定,岂兄所愿?因二十一晚开军事会议,听各将领所表示,知危机已间不容发。二十二晨日使馆又由津增兵两连,而前线各路急报频来,城内反动团体复跃跃欲试,津埠暴动,相应而起,一时人心恐慌,秩序大乱。其时环境之险恶,较之当年在济南退城时之程度,有过之无不及。在平同人见大势已去,认弟电所称最后关头已至,决定一面守城,一面将军政最高人员暂移驻长辛店。然犹虑离平以后,华北局面必至不堪设想,故迟迟未发。延至晚间十时,得汪院长养电略称:欲谋停战,须向对方问明条件。其可答应与否,弟以为除签字于承认伪国、割让四省之条约外,其他条件,皆可答应。且弟决不听兄独任其难,弟必挺身负责,乞速与敬之、季宽、岳军诸兄切实进行等语。得电时,敬之兄正与徐军长(庭瑶)研究城防,岳弟未在侧,乃与季宽兄密

商。时已深夜一时，不容有踌躇之余地，遂决然偕李择一君，电约中山代办、永津武官至某私人宅会谈，直至次晨二时始散。彻夜周旋，心酸胆裂，勉获缓和，重留北平。今后谈判进行，自当遵嘱认定以停战条件为范围。伪国承认问题，双方均非疯狂，深信决不至涉。盖局部军事长官所派代表，其资格并不足以代表国家，何得议此有关领土完整之政治问题？所当注意者，条款文句之间，彼等或用偷关漏税之狡猾手段，插入"满洲国境线"等之字句，为将来交涉东北问题之伏笔，此则当时时防范耳！总之，弟既强我以肩此重任，弟必给我以同等信用。兄山居六载，虽不敢谓已达悲智双修之域，然自信悲愿决不至卖国，智慧决不致误国，深盼彼此把握既定之方针，勿为外来蛊惑之词所蒙蔽，更勿为南来之消息所动摇。盖国际援助一层，以兄平素所具之国际常识判断，敢断不过一片空言，让百步言之，其实际之援助，为时必甚迂缓，远水不救近火，为量必甚微薄，杯水无补车薪者也。至南部情形，彼等早已决策，所谓"你东我西"，无论如何，无可避免，惟有用种种方法，以图应付。至尊电所谓应下最高无上之决心，以求得国人之谅解一语，则兄尤不能不辩。两年以来，国事败坏至此，其原因全在对内专欲求得国人之谅解，对外误信能得国际之援助，如斯而已矣。最高无上之决心，兄在南昌承允北行时早已下定，无待今日。兄至今尚未就职，弟如要兄依旧留平协赞时局者，希望今后彼此真实的遵守共尝艰苦之旧约，勿专为表面激励之词，使后世之单阅电文者，疑爱国者为弟，误国者为兄也。赤手空拳，蹈入危城，内扰外压，感慨万端，神精刺乱，急不择言，惟吾弟其谅之，并盼电复。郊叩。感。印。

李云汉编：《抗战前华北政局史料》，（台北）正中书局1982年版，第259—261页

汪精卫致何应钦俭电

1933年5月28日

限即刻到。北平居仁堂。何部长敬之兄、黄委员长膺白兄勋鉴：密。本日下午偕哲生、钧任诸兄在牯岭与蒋先生会商结果[1]，对于河北停战，弟等本不主张文字规定，惟前方万不得已之情形，已签定觉书，弟等自当共负责任。关于成文协定，自关重要，能避免最好，若不能避免，祈参照国防会议决议：（1）限于军事，不涉政治；（2）不可放弃长城以北领土之类似文句；（3）先经中央核准。弟等因知前方情形紧张，但觉书签定后，我方不挑战，对方自不进攻，则时间稍宽，从长讨论，宁迟勿错，实为必要，尚祈裁察为荷。弟兆铭。俭亥。印。

李云汉编：《抗战前华北政局史料》，（台北）正中书局1982年版，第262页

---

[1]　5月28日，汪兆铭偕孙科、罗文斡、马超俊、曾仲鸣、王世杰、陈绍宽、梁寒操等于下午抵牯岭，蒋委员长偕杨永泰继至，当即举行会商，由汪、孙、罗报告中央军事、外交各情。晚，汪兆铭电告何应钦、黄郛。——编者

蒋介石致何应钦、黄郛艳午电

1933年5月29日

急。北平。何部长敬之兄、黄委员长膺白兄：密。据戴笠电称：一、关东军电各部属云：现深悉中国不敢出全力以对帝国作战，对日军之继续威胁，亟求作局部谋和，以维持平津。顷我决定之对策：①使华军在北宁线作工事布置，并划滦东为缓冲区，我可借此向各国宣言，中国已默认"满洲国"界。②使中国彻底取缔一切排日运动。二、日陆军省电驻津日军云：傅作义军现仍不改顽强态度，对日军有显著之挑战行为，已电令关东军对该部除用飞机爆炸外，即断然予以攻击。三、驻津日军电陆省云：据密报，蒋介石对日之不即妥协，实因受西南及反对派之牵制，倘使对日立即妥协，必致促成反蒋运动具体化。就此形势观察，倘我将蒋之苦衷不谅解，则必演成蒋之容共，出全国力以对日。四、关东军电云：中国急收徐水至廊房〔坊〕一段铁路，我不可忽视，已令前方部队由香河占廊房〔坊〕，以截断于学忠部之联络及威胁平汉线为目的。五、又电云：凡不退却平汉线之中央军密集队收容地点，皆宜派飞机扑灭，对东北军暂不可轰击，留作反蒋之用，但王以哲除外等语。特电转达，以供参考。中正。艳午行机。

　　李云汉编：《抗战前华北政局史料》，（台北）正中书局1982年版，第263页

汪精卫致何应钦、黄郛艳辰电

1933年5月29日

北平。何部长敬之兄、黄委员长膺白勋鉴：俭亥电计达。协定条件须经国防会议核准，此为中央负责之表示，决非对于两兄有掣肘之意。权衡轻重缓急，存于两兄之运用。弟无论如何必与两兄共进退，决不致使两兄有后顾之忧，乞坚决进行为荷。弟兆铭。艳辰。印。

　　李云汉编：《抗战前华北政局史料》，（台北）正中书局1982年版，第262—263页

汪精卫致何应钦、黄郛艳午电

1933年5月29日

北平居仁堂。何部长敬之兄、黄委员长膺白兄：密。承示代表已派定，明日在塘沽开始谈判，请两兄查照国防议决坚决进行。倘因此而招致国人之不谅，反对者之乘间抵隙，弟必奋身以当其冲，绝不令两兄为难。区区之诚，祈鉴察为幸。弟兆铭。艳午。

　　罗家伦主编：《革命文献》第38辑，《日本侵华有关史料》（八），

　　（台北）中国国民党中央委员会党史委员会1965年版，第2132页

蒋介石致何应钦、黄郛卅电

1933年5月30日

北平居仁堂。何部长敬之兄、黄委员长膺白兄勋鉴：艳酉电悉。密。自汪先生偕（孙）哲生、（罗）钧任、（王）雪艇各人到牯，初对协定形式、内容及手续，均多怀疑，嗣经一再讨论，并充分告以前方之实情，（黄）季宽兄昨夜复赶到牯岭，面报兄等之孤诣苦心，众意均已谅解。今晨汪、王、罗已回京。明日下午国防会议，季宽、哲生当由此间乘机飞京出席。经此多番接谈之后，但求能确守国防会有日决议之原则，中央内部当可一致。惟盼文字斟酌打磨干净，不可有影射。纵属同一意义，而用语必须堂皇，则电呈核准，自亦可不成问题也。中正。卅亥行机。

李云汉编：《抗战前华北政局史料》，（台北）正中书局1982年版，第264页

汪精卫致何应钦、黄郛世电

1933年5月31日

北平。何部长敬之兄、黄委员长膺白兄勋鉴：艳酉行秘电敬悉。密。请两兄负责进行，弟当负责报告国防会议，请其追认。弟兆铭。世辰。

罗家伦主编：《革命文献》第38辑，《日本侵华有关史料》（八），
（台北）中国国民党中央委员会党史委员会1965年版，第2134页

罗文幹致何应钦、黄郛世电

1933年5月31日

北平。刘次长勋鉴，并转何委员长、黄委员长勋鉴：密云所签条款，分电顾（维钧）、郭（泰祺）、施（肇基）、颜（惠庆）各使后，兹陆续接到复电。施谓：政府目前政策，基未能表示同情。顾谓：停战之议，既由我方首先提出，日方所开一切条件，内容与字面均片面口气，令我难堪，原属意中事，且因直接向日要求，无第三者居间作证，是以日本要求觉书上签字，此层亦所难免。现观重要者，即成文协定，万不宜牵涉政治问题，或直接间接承认日本因侵占而造成之任何事实。此间国联与各国代表团议及，亦以日方乘胜迫我承认政治条件，如承认伪国、河北省中立、不扰乱伪国治安、取缔义军、放弃抵贷等为虑。且谓如中国承认政治条件，无异甘自对国联与各国违约失信，此后彼等对本案尽可置之不理云云。总之，日军所占之线，距平津仅咫尺，如我对协定之条件拒而不受，或条件不能遵守，日军随时可以进攻，是结果平津仍不能保。此层亦不得不虑及。郭谓：一、敌方不惟逼我认错，且撤退亦属我方片面义务，而敌撤退地点与时间则无规定。二、觉书第三项敌

以飞机迫我撤兵，既许其破坏我领空权，更须予以保护与便宜，未免太虐。三、关东军司令系兼驻"满洲国"大使，认渠为对手方，恐含有承认组织之嫌。但以上各点，比之任何方针条件，固又较轻矣各等语。谨闻。罗文幹叩。世。

李云汉编：《抗战前华北政局史料》，（台北）正中书局1982年版，第265—266页

（三）《塘沽协定》的签订

塘沽协定

1933年5月31日

关东军司令官元帅武藤信义，于昭和八年五月二十五日，在密云与国民政府军事委员会北平分会代理委员长何应钦所派军使该分会参谋徐燕谋，正式接受停战提议。依此，关东军司令官元帅武藤信义，关于停战协定委任全权于该军代表关东军参谋副长陆军少将冈村宁次，在塘沽与国民政府军事委员会北平分会代理委员长何应钦所委任停战全权华北中国军代表北平分会总参议陆军中将熊斌，缔结左列之停战协定：

（一）中国军即撤退至延庆、昌平、高丽营、顺义、通州、香河、宝坻、林亭口、宁河、芦台所连之线以西以南之地区，尔后不越该线而前进，又不行一切挑战扰乱之行为。

（二）日本军为确认第一项之实行情形，随时用飞机及其他方法以行视察；中国方面对之，应加保护及与以各种便利。

（三）日本军如确认第一项所示规定中国军业已遵守时，即不再越该线追击，且自动概归还于长城之线。

（四）长城线以南及第一项所示之线以北以东地域内之治安维持，以中国警察机关任之。右述警察机关，不可用刺激日本感情之武力团体。

（五）本协定盖印之后发生效力。以此为证据，两代表应行记名盖印。

关东军代表冈村宁次（印）

华北中国军代表熊斌（印）

昭和八年
中华民国二十二年　五月三十一日

李云汉编：《抗战前华北政局史料》，（台北）正中书局1982年版，第273—274页

中日塘沽会谈记录

1933年5月31日

（一）午后二时两方代表入席。

（二）熊代表提出节略第一项（如附纸第一）。

此项双方辩论至三时许，提议休息，最后双方之案（如附纸第二），双方认为接近，即照日方之案通过。

（三）午后三时二十分再入席，双方盖印于觉书上。再，日方有希望四点声明，不用觉书之形式，另行文件送达（如附纸第三）。

（四）午后三时，双方代表致词（如附纸第四），并用香槟后，在庭园摄影。

（五）四时十分我方代表退出。

附纸第一：协定节略[①]

停战协定已经双方签订，为恢复东亚和平计，自应确实履行，但有应注意者如下：

（一）中日两方履行协定第三、第四两项后，该区域内万一发见有妨碍治安之武力组织团体，非警力所能制止者，得依临时与贵军方面之协商，为必要之处置。

（二）中国军当然依协定第一项，无挑战扰乱行为，希望日本军对于有刺激中国人民感情之一切行动亦竭力避免。

（三）中国军队已退至本协定第一项之远后方者，依本协定之规定，略有移动时，希望日本军勿生误会。

附纸第二之一

熊：节略第一项因敝国最感痛苦之事，不能不开陈于贵代表之前，并希望贵代表概予接受。

冈：贵代表所提节略第一项，敝方认为重要，但敝代表之判断，撤兵地区内，匪类之出没，用警察之力足可处置，决不致有有力之武力组织存在。

熊：如丁强等即其一例。如吾方以武力处置，恐引起贵方误会，故应先声明。

冈：丁强之部队内〈有〉不少与日军作战过之分子，日、满二方均难收容，依敝人之见，请贵方收编为最妙。如贵方能照办，敝方愿尽推挽之力。

熊：丁强所部之处置能否如贵代表所示，尚须请示当局。但敝人以为，协定成后，华北军队过剩，且该部之纪律不佳，当局亦未必愿意收编，况反动之组织尚有较丁部强大

[①] 这一节略是中国军代表熊斌于5月31日上午会谈时书面提出的，日代表冈村宁次表示中方对停战协定草案只有"诺"与"否"的答复，一切声明必经等待停战协定签字以后再行商议。当日下午会谈时熊再次提出。——编者

者，如进入该地区内，恐将促成中日两方之误会。

　　冈：贵方警察当然应有相当力量，即有稍大武力之组织[1]，若系正式军队，则依本协定第一项所示，凡有进入该区域内者，无论是否何委员长所部，敝方均可认为违反协定，取适当之处置。

　　熊：为适合协定第一项计，兹将"中国军队"改为"中国方面"如何。

　　冈：如不与日军商量而中国随意处置，仍恐易生误会。

　　熊："中国军队……"以下更改如下：

　　"得依临时与贵军方面之协商，中国方面为必要之处置。"

　　冈：如于"协商"之下再添"得其谅解"为善。

　　熊：可以增加。

　　喜多：此条不妥，不能中国一方处置，日本亦应保有处置之自由。

　　冈：是……

　　熊代表意以为，中国如保有自由处置该区域以内匪类讨伐之权，则协定第一项即成具文，故不惜迁就冈村之意见。不幸于将得胜利之际，为喜多一语所颠覆。此时双方辩论已一时余，我方坚欲自由处置，而日方坚持须双方同行处置，各不相下，乃不得已而请暂行休息。休息之间，我方代表集一室讨论，金以节略第一条固认为最重要，但协定已签字，自不能因此条而推翻。况冈村之语中，并未限制我警察之数量及组织，即默认我于该地区内可有强大之警察力，则所争执者，已不成问题。但为限制彼方退至长城以后随意进出计，以两方协商以后再行处置于我亦属有益，乃决定如次：

　　（一）中日两国履行协定第三、四两项后，该区域内如发见有妨害治安之武力组织团体非警力所能制止者，经协商后再取必要之处置。同时日方亦提出一案如下：

　　一、万一中间地域有妨碍治安之武力团体发生而以警察力不能镇压时，双方协议之后再行处置。

　　我方认为与我所提之案原则相似，但"中间地域"因我主权所在，且恐外界误解为"中心地带"、"缓冲地域"等，故请改为"撤兵地域"。

　　日方亦同意，仅此条用觉书之形式以成文表示，余二条则冈村代表口头认诺。

　　附纸第二之二：觉书译文[2]

　　万一撤兵地域有妨碍治安之武力团体发生，而以警察力不能镇压之时，双方协议之

---

① 据日关东军参谋本部第二课机密作战日志记载，熊斌所指的较丁强部强大的"反动组织"，即为冯玉祥领导的察哈尔民众抗日同盟军。——编者

② "觉书"作为《塘沽协定》附件，当时国民政府未予公布。——编者

后,再行处置。

昭和八年五月三十一日

关东军代表冈村宁次

中国军代表熊斌

附纸第三: 译文

恳谈之际,关东军代表希望事项:

(一)丰宁西南方大黄旗一带有骑兵第二师进入,应即撤退至限制线以南。

熊答:调查之后即行处置。

(二)北平、天津一带之中国军不下四十师,速将此等军队他移,尤以刺激日本方面之中央军应移往南方。

熊答:日军撤退,则吾方决不能于如此狭隘之处集合如此大军,自然有适当之处置。

(三)白河河口之防备,实违背案约,速即撤去,以示诚意。

熊答:协定实行后即无问题。

(四)取缔排日不在协定范围之内,但此问题实为中日争执之源,希望华北当局速结第二次协定,厉行取缔,以示诚意。

熊答:本职军人,不能直接处置,当代转达。

附纸第四(略)

罗家伦主编:《革命文献》第38辑,《日本侵华有关史料》(八),

(台北)中国国民党中央委员会党史委员会1965年版,第2228—2232页

汪精卫报告与日本在塘沽订立停战协定经过情形①

1933年6月3日

二十二年一月三日榆关失陷后,我军约三十万众布防于长城、热河间。越二月热河陷落,日军复以主力猛攻我长城各口及滦东方面。自三月上旬以迄五月上旬两个月中,幸赖我将士奋勇,勉力撑持,惟敌恃利器,我凭热血,各部伤亡极重,而阵地工事,几为敌炮火飞机轰炸毁坏无遗。截至五月中旬,各军疲敝之余,应付极为艰难。延至五月二十二日,滦东、冷口、喜峰口方面,我军已退至通州及富豪庄,经通县至马头镇、白河之线;古北口方面,已撤至九松山、牛栏山一带,日军迫近北平不过四五十里。当时我军事情形如彼,而石友三、白坚武等失意军阀正获得资助,有组织华北联治政府之阴谋,形势极为恶劣。适日使馆代办中山详一及日使馆陆军武官辅佐官永津佐比重,与黄委员长膺白晤谈,

---

① 此件系汪精卫在国民党中央政治会议第三十二次临时会上的报告。——编者

由日方提出休战之接洽。经何代委员长、黄委员长膺白、黄部长季宽、张委员岳军、蒋委员伯诚等详密商议，佥以就实际情形而言，若在平津附近背城一战，其结果平津亦终难保守，彼时日人必助叛逆组织又一傀儡政府，其结果所及，收拾益难。经熟权轻重利害，遵照中央意旨，与日方进行休战之谈判。

罗家伦主编：《革命文献》第38辑，《日本侵华有关史料》（八），

（台北）中国国民党中央委员会党史委员会1965年版，第2236—2238页

（四）有关回忆录选编

日军侵热和张学良下野

王卓然

一

一九三二年，日本帝国主义树立了伪满政权以后，又谋进取热河。它的办法首先是利诱，企图使汤玉麟自己上钩。如利诱不成，就作出威胁姿态，想不战而取，要汤玉麟自己投降。若再无效，才以武力夺取。九一八事变第二天，汤玉麟在沈阳的一部分家属携带细软，跑到沈阳小南关的法国天主堂避难。日本驻沈特务机关，原想派宪兵到汤家去"保护"，作为拉拢的开始。听说他们已经跑到天主堂，就叫一个台湾籍汉奸谢履西（也就是以后做伪满外交大臣谢介石的族弟）到天主堂向汤家人说，他是汤家二少爷的朋友，可以保护汤的全家生命财产的安全，并可护送他们到天津日本租界内的住宅。就这样，由汤玉麟的妹子带着全家大小和细软东西，在谢履西的陪同和日本宪兵队的保护下，乘南满火车去大连，搭船到天津。到一九三二年四月伪满在长春成立后，就特命汤玉麟为热河省长兼热河军区司令。据说当时的汤玉麟还未失掉绿林豪气，大骂来人说："张雨亭是我拜把子弟兄，你们害死他；我没有那么混蛋，去作你们的官！"又由邮局退还了伪满的委任状。

这年冬天，日军占领了锦州，进窥热河的门户北票，于是用伪满名义通知汤玉麟派代表到北票开会。日方代表有武部六堂，外加关东军参谋长代表和锦州日本驻军代表各一人。汤玉麟派公安管理处处长张舜卿前往参加。会上日方向张提出了三条要求：第一，说汤是"满洲国"委任的热河省长兼军区司令，必须派亲信负责的人为代表常驻长春，加强联络。第二，为了满、热一体的关系，要汤同意把铁路由北票延长修建到承德。第三，为了

加强联系，要汤同意日本军部在承德设无线电台。这三条由张舜卿电告汤玉麟，并直接电告在北平的张学良。张学良复电令张舜卿断然拒绝。

日寇这时企图用中国人打中国人，编组了不少伪军，一部分是招募土匪，另一部分是强拉农民。内中不少爱国人民，不甘心为虎作伥，常把日军的军情通知我方；有的还倒戈投诚。就因这种关系，一个日本军官松井大佐坐飞机侦察，被我义勇军用步枪打下，落地后松井被俘。经报告北平张学良，张命就地处死。指挥伪军的寺内长雄大佐，发现了伪军与我军有联络，松井因而致死，乃借召集会议为名，集合伪军旅、团、营长数十人于新立屯，令日兵用机枪包围，全部被活埋惨死。

当时统治热河八年的汤玉麟，别号"汤大虎"，这个绰号可以代表他的性格。头脑简单、性情粗暴，固然是他的本色；而不学无术、贪污虐民，却是他的本质。他自己兼任三十六师师长，用他的三弟玉山作该师五十八团团长，四弟玉铭任师属炮兵团团长，五弟玉书任师属骑兵团团长。他的大儿子佐荣任禁烟局局长，二儿子佐辅任省政府委员兼财政厅厅长。这简直是把热河变成汤家的私产。热河的禁烟局根本不是禁烟，而是指派老百姓种烟纳税。热河种烟也是请得南京蒋政权许可的，名义是筹措军饷，实际上禁烟局每年收多少烟税和怎样开支，全是汤氏父子的秘密，别人没法知道。至于军饷，还是常常拖欠数月不发。据说汤氏父子有这样一句信条，说什么："雄兵百万，发饷就散。"这样养兵，怎能卫国保民！

汤玉麟常怕人民"造反"，特别是在朝阳地带。那地方百姓为了自卫，在羊山和二十家子等几个山村，盛行红枪会的组织。汤为了镇压，派他五弟领骑兵团驻守朝阳，假禁烟之名，对老百姓横征暴敛。老百姓纠集红枪会数千人围攻朝阳。时朝阳有个中学校长是地方有名的举人，名沈鸣诗，平时对汤家父子兄弟的暴政，常表不满。此时传言，说沈与围城的红枪会有关系，汤老五为了镇压示威，"杀一警众"，把这位沈校长黄夜抓来，不容分说，立地枪决。但是朝阳之围仍是未解，反而加甚。老汤看着没办法，真是众怒难犯，才把他的五弟调走，派了被民众信仰的杨子仁的儿子杨仲山去当县长，城围始解。据说杨子仁以前曾在朝阳作了几年县长，清廉爱民，深得人民的爱戴；后来调充热河烟酒公卖局局长，因病死去。他的儿子杨仲山此时是滦平县长，老汤调他去朝阳解围。他挺身而出，向老百姓说："我是杨子仁的儿子，请你们大家回家安心种田，有什么不平事，我都可以负责解决。"这说明热河政治的黑暗，可惜象杨子仁父子这样〈的〉好官当时太少了。

二

日寇图谋热河和汤玉麟不可靠的情形，天天载在报上，惊动了上海爱国人士，主要是上海的一些民族资产阶级。以黄炎培为首的上海地方协会内，有穆藕初、刘鸿生、钱永铭等，与东北爱国人士杜重远共同努力，推动了当时代理行政院长兼财政部长宋子文，要他急急设法挽救热河和华北危局。

宋子文为了表示关心热河防务，增加自己政治资本，于二月十一日偕秘书周象贤、顾问端纳飞到北平，与张学良商谈热河防守问题。杨杰以军事专家身份先到，代表上海爱国人士的黄炎培、穆藕初等也先到。他们会同当时北平爱国人士朱庆澜、熊希龄及东北的杜重远、王化一等，积极组织东北热河后援协进会，于二月十六日下午假东城外交大楼举行成立会，出席人还有张伯苓、蒋梦麟、胡适、周诒春、张嘉森、章元善、汤尔和、丁文江、阎宝航等六十多人，公推张伯苓为主席。宋子文与张学良亲临致词。会上通过章程并决议：（一）通电全国人民，报告热河后援会之成立，要求全国一致起来援助；（二）通电全国军政官兵，请一致团结御侮，并推定朱庆澜等数人为常务理事。又决定朱等次日同宋子文等去热河，察看情形，进行援助。

二月十六日八时，张学良在顺承王府官邸召集有关将领会议，分配防务，作去热河的准备。宋子文、杨杰均出席，到有万福麟、宋哲元、商震等将领十数人。张学良将热河地图铺在地板上，手执红蓝铅笔俯伏地上要划防地，首先仰面向宋哲元说："明轩你可把守这一线（指长城冷口、喜峰口一线）。"宋哲元当时厉声拒绝说："我的兵力太薄，装备又差，怎能担当了这么一个大面。"张说："不要紧，你的右翼有何柱国，他可以支援你。"宋又很不客气地说："何柱国是败军之将，靠不住，我怎能信他，我不干！"张听了这样不客气的回答，极感难堪，约有几分钟没有抬起头来，后来说："再商量吧！"杨杰在旁，看见这种情形很着急，用手拉胡若愚到外边说："你劝汉卿不要勉强宋哲元，因为作战时，如将领不服，心中有问题，是很危险的。"

至于宋哲元为什么说何柱国是败军之将呢？因为在锦州失守后，何柱国任临永警备司令，山海关为临榆县治之所在，是关内外的门户，何的责任即守卫山海关。日军在一九三三年一月一日借词向山海关进攻，用猛烈炮火打毁城的东南角，守城的何部第九旅营长安德馨浴血抗战，壮烈牺牲。但接着第九旅即撤出山海关，致使华北门户洞开。宋哲元的那番话，实系有意挖苦。

当时张已与宋子文商定发表张作相为保卫热河的统帅，任第二集团军总司令，汤玉麟任副司令。张作相原是张作霖、汤玉麟的老"把兄弟"，对于张学良是父执，素有"浑厚"之名。他原是吉林省的省主席，九一八事变时，他正在锦州原籍为父治丧。张学良怕汤玉麟疑心，用他以安汤心，以利指挥，也算煞费苦心。受张作相指挥的部队按编制应有六七万人。但张作相也是不学无术，既无威以制人，也无智以服人，无信心，无决心，也毫无准备。在热河危急的当头，被临时"拉夫"上台，统率腐朽的封建军阀雇佣兵，去抵御日本帝国主义训练出来的法西斯强盗，胜败之数已注定了。

二月十七日晨四时许，宋子文与张学良、杨杰偕同随员卫兵数十人，分乘汽车、卡车三十余辆为一路，朱庆澜、黄炎培等乘车十余辆为一路，浩浩荡荡向热河进发。据说事先汤玉麟闻讯，怕对他不利，大骂说："小六子（张学良小名）是不是勾结宋子文等来打我的主意！"经左右人说："宋子文是代表中央，张汉卿是华北直接指挥的长官，因热河防务吃紧，前来观察，阁帅（汤玉麟字阁臣）可趁机向他们要些钱，要些东西，是有利的，应当表示欢迎。"汤这才无话，于十七日下午率文武官员数十人至郊外二十里处广仁岭迎接。宋、张、朱等于当日下午五时到达承德，分别宿于都统公署和地方机关。张学良这时因有烈性毒品瘾，去热河的路上每走三十里，停车一次，必注射毒品针，到热河已疲劳不堪。当晚只与汤玉麟稍谈，定次日举行会议。

承德是满清皇帝行宫之所在，有避暑山庄，风景美丽，有里八景、外八景之称（即行宫内外各有八处地方，景色宜人）。十八日晨，宋子文偕秘书、侍从等，先看内外风景，中午是汤玉麟同地方各界预备的欢迎午宴，计主客共六十余人。主客当然是宋子文、张学良、张作相、杨杰和后援会的朱庆澜、黄炎培、穆藕初、杜重远等，还有一个天主教法国人敏司铎也参加。宋子文首先说话，表示南京与全国皆非常关怀热河的安危，要大家保国卫土，所需饷械，他当负责，并与张学良随时接头办理。他说的是广东调的官话，在座的人多有听不明白的，于是由杜重远起为翻译说明一遍。张学良接着致词，勉励大家誓守热河，准备反攻，以雪"九一八"之耻。继由汤玉麟起来答词，表示"决心"与日寇周旋。这样这个礼节上的欢迎会历时二小时完毕。按理张学良、张作相应带一些高级参谋人员与汤玉麟举行一次详细会议，就抵御日寇作一些知己知彼的估计和攻击防守上的安排。但这样的会没有开，就把由北平带来的两电稿由承德发出。一个是由宋子文、张学良署名，致日内瓦中国驻国际联盟代表团，大意说中国政府和人民决心抵抗日寇的侵略，现集中兵力，保卫热河，请向国联和全世界声明；另一电由张学良、张作相、汤玉麟、万福麟、宋哲元等二十七名守卫热河有责的将领，向南京及全国通电，表示决心抗战，呼吁全国一致支援。张作相听说发出这样一个通电，叹气说："一点没有准备，发出这样一个电报，岂不是惹祸吗？"他的意思是说日本人看见这样一个通电，会恼火起来，加速进攻热河。宋、张于下午三时带领全部随员离开承德，夜宿古北口，于十九日下午一时许返抵北平。

在二月二十二日，距宋、张热河之行仅四日，日军即大举攻热。由日本关东军司令率领约三个日本师团，以锦州为大本营，分兵三路：一路由绥中攻凌源，一路由锦州攻朝阳，一路由通辽攻开鲁，并配有张海鹏和于芷山的伪军。防守主将张作相原计划配备的兵力有一半以上尚未到达防地，根本未构成一个防御体系；又加士气低落，真是将无决心，兵乏斗志。日本人用飞机扔了几个炸弹，用机枪扫射了几下，又出动几部坦克车。就这样，开鲁一线，汤部的崔兴武旅即首先投降。万福麟的第四军团守凌源一线，闻风溃退，朝阳亦即不守，三条阵线同时溃败。复有平时受日军收买的汉奸作为向导，因此日军如入无人之境。汤玉麟于三月四日晨先撤出热河，日军于四日午后一时以一百二十八人先行，由承德商界代表迎接入城。汤玉麟带领他的文武官员及家属退走时，从未看见过一个日本兵，更不用说有什么抵抗了。这样，压在当地人民头上的封建军阀大山倒了，换上了日本帝国主义大山。中国人民是不甘心的。以东北民众抗日救国会为代表的新生力量，和以民族资产阶级为后盾的热河后援会，此时在唤起民众支援抗战上，曾起了很大作用。例如张学良曾接受他们的建议，决定把汤玉麟捉住正法，以振士气，而励人心。但汤玉麟畏罪逃往察哈尔，竟得幸免。

三

热河失陷后，全国舆论哗然，同声谴责南京的军事和外交。张学良更被国人攻击得体无完肤，于三月八日电南京辞职，略谓："……自东北沦陷之后，效命行间，妄冀戴罪图功，勉求自赎。讵料热河之变，未逾旬日，失地千里。……要皆学良一人诚信未孚，指挥不当，以致负政府督责之殷，及国民付托之重，庋愆丛集，百喙莫辞。……应恳迅赐命令，准免各职，以示惩儆；一面迅派大员接替，用伸国纪。转圜之机，在此一举。"此时全国舆论攻击的矛头主要落在蒋介石的身上。他派军政部部长何应钦先用视察名义来北平，自己也作北上督师、筹划反攻的虚伪宣传，偕宋子文北来。先止于石家庄，与阎锡山、徐永昌等会晤，并电约张学良在保定会晤。三月八日晚十二时，张学良轻车简从，偕端纳、汤国桢、王卓然等由西便门登上早备好的一列专车，并对王卓然说："我与蒋先生约会在保定见面，我要与他商讨反攻热河，主要条件是必须补充枪炮弹药。我想要求补充一二千挺轻重机枪和二三百门迫击炮，再就是要充足的弹药，能加些高射炮更好。若是中央有决心抗日，应向日本宣战，动员全国力量与日本一拼。我是有决心亲临前线的，干死了比活着受全国人唾骂好得多，人反正有一死，你晓得我是不怕死的，就怕南京假抵抗，真谋和，那我就没办法了。你看我想的是不是？听说南京有一些亲日和恐日派，正同日本人拉拢讲交情。我已于今日发出辞职电，南京可能牺牲我，以平息国人愤怒。同时外交上，因为国联靠不住，要与日本谋和。你看我想的对不对？"次早（三月九日）五时到达保定。蒋、宋等原约定同时到达，此时尚未到来，车站上也无消息。张学良亲到站长室向石家庄要电话，宋子文接电话说："蒋先生有一项重要意见，要我先来保定与你商谈。因为太重要，电话中不便谈。我即来，见面再详细商量。"张放下电话回到车上，面色阴沉。端纳忙问："替·未（T.V.，宋子文英文名简称）怎说的？他们怎还不来？"张说："我的预料果然不差，替·未先来传达蒋先生重要意见，这里大有文章。我估计绝不共谋反攻热河，更谈不到全面向日本宣战了。老王（王卓然）你好好译给端纳听。"于是大家猜测纷纷，并共劝张上床休息，静观事变。

约十时，宋子文的专车到保定。张立时登车与他接谈，约二三十分钟，张匆匆下车，神情紧张。我与端纳趋前急问，他说："蒋先生认为热河失守之后，我守土有责，受到全国人的攻击。中央政府更是责无旁贷，他首当其冲。正如同两人乘一只小船，本应同舟共济，但是目前风浪太大，如先下去一人，以避浪潮，可免同遭沉没；将来风平浪静，下船的人仍可上船，若是互守不舍，势必同归于尽，对自己对国家皆没有好处。我已干脆告诉了宋子文，当然我先下去，正好趁机会休息休息，要他急告蒋先生不必烦心。"张与我们谈话时，宋子文已去车站向石家庄打电话给蒋，大意说："汉卿态度很好，一切服从委员长的命令和安排，请委员长速来见面。"下午四点蒋的专车到保定，进入张的专车站台另一边。张的卫兵吹接官号。张学良戎装立正，行军礼恭迎。车停后，张与宋子文立刻登上蒋的专车进行商谈。蒋不待张开言，首先很庄严地向张说："我接到你的辞职电报，很知道你的诚意。现在全国舆论沸腾，攻击我们两人。我与你同舟共命，若不先下去一人，以息全国愤怒的浪潮，难免同遭灭顶。所以我决定同意你辞职，待机会再起。子文传达你慷慨同意，这是好的，好的。一切善后问题，可按照你的意见办理。有什么问题与子文商量，他可以代表我。"张唯唯说："我感谢委员长的苦心。我身体不好，精神萎靡，东北丢失，我早就想引咎辞职。这次热河之变，我更是责无旁贷。免去我的本兼各职，正所以申张纪律，振奋人心。我想日军必很快进攻华北，以遂其并吞整个中国的阴谋。国联列强各怀心事，决不可靠。我看委员长应考虑动员全国与日本宣战。目前应急调中央劲旅与东北军配合反攻热河，以阻止日军前进。"蒋闻张语，连说"是的是的"。这样相谈不过十几分钟，张看蒋似不愿多谈，即行退出。张退回自己的专车约有五分钟，蒋偕宋来到张的专车回拜。无非用好言安慰张，并劝他次日（即十日）即飞上海，免部下夜长梦多，并说到上海后赶快出洋治病，出洋名义和手续，当妥为安排。约有十来分钟，蒋即出来。张随下车，送蒋上了他的专车，立于车门之外。蒋连说："汉卿，再见吧，再见吧。"并且目视宋子文说："子文你留在后面，多与汉卿谈谈。"话说完，蒋车即向石家庄开行。

蒋去后，宋来到张的专车。张吩咐预备晚饭，即与宋商谈善后。大致是将东北军编组为四个军，由于学忠、万福麟、何柱国、王以哲四个人分别统率。北平军分会由何应钦任代理委员长，原参谋长鲍文樾调为办公厅主任，并调中央军第二师黄杰和第二十五师关麟徵开赴古北口，以抵抗日军的前进。至于张建议动员全国全面开战，以关系太大，留待中央从长计议。宋的专车和张的专车挂在一起。到夜十时半抵长辛店，宋车与张车分开。宋辞回自己专车，连说"汉卿，一两天内上海再见"。他也就开回石家庄向蒋会面报告。

四

宋子文走后，我们的专车即向北平进发。我在客厅，正与端纳闲话，忽然副官谭海跑来说："王老师，副司令大哭，你快与端纳过去劝劝。"我急同端纳进张的卧室，见他正伏枕大哭，非常沉痛。端纳说："Young marshal，be a man，brave and strong." 意即"要作一个大丈夫，勇敢与坚强"。我说："副司令，你还记得老子的话吧，福兮祸所伏，祸兮福所倚。你正好借机休息，恢复健康。若是真要责成你反攻热河，你的身体精神皆不胜任，那时失败，不如这时痛痛快快一走，把病治好了，留得青山在，不患无柴烧。"我与端纳正待他的反应，他突然一跃而起，仰天狂笑，急拉端纳和我坐在他的床上。此时汤国桢与谭海皆在旁呆立。他说：我是闹着玩，吓你们呢！刚才听替·未说蒋先生对日本仍以外交为主，并想用黄郛到北平来主持政务，专办对日外交。使我想起一个笑话，让我们开开心。话说有一个财主，土匪夜里来抢，持刀要杀人。财主跪地求饶，边叩头边说要什么都行，就请饶他一命。土匪一眼看见财主的老婆还好，说"这样办吧，我玩你的老婆，罚你跪在旁边叩头，头叩得好就饶你的命"。财主连声答应。及土匪尽兴席卷而去，财主老婆起身整衣哭骂财主说："哪有你这样无耻的人！我被贼作践，你应拼命救我，怎么还在旁边跪着叩头？"财主说："你别哭，你哪知我们还占了他便宜呢！"妇人大哭说："老婆被贼奸污，你有什么便宜好占？"财主说："当你们最紧张的时候，他顾不得看我，我少叩了很多头，岂不是占了便宜！"张说完对我说："老王！你好好翻译给端纳听，问他若有这样便宜交涉，他干不干？我看这位财主最好当外交部长，好与黄郛唱双簧。"端纳很仔细地听我翻译后，也说了一个讽刺故事，他们彼此一笑。这时谭副官进来报告说，已到西便门车站，请副司令下车。于是我伴张学良驱车回顺承王府，到达时已午夜十二时。张学良在下汽车时，我问他："蒋要副司令马上飞上海，你想想我可帮你作些什么准备工作。"他沉思一下说："老王，你看我放弃兵权和地盘，象丢掉破鞋一样。别的军人能办得到吗？但是中日问题，蒋先生以和为主，还不知演变到什么地步。人骂我不抵抗，我也不辩。但是下野后，天知道我这不抵抗的罪名要背到哪天呢？我记得仿佛林肯有几句话，说人民是欺骗不了的，你替我查查原文，最好能马上译出送给我。"我进屋翻参考书，查出原文是这三句话，译文是："你可欺骗全体人民于一时，或欺骗部分人民于永久，但不能欺骗全体人民于永久。"我送交他时，已是午夜二时，他还在阅读文件。

一九六〇年十月二十九日

《文史资料选辑》第14辑，中华书局1961年版

长城抗战概述

黄绍竑

一、长城抗战前的国内外形势

九一八事变后，蒋介石始终坚持"攘外必先安内"的不抵抗政策。他把中国共产党历次团结抗战的宣言封锁了。他认为与中国共产党的关系是个不可调和的你死我活的斗争，但对日本帝国主义者倒是可以忍让妥协的，把中国共产党剿灭之后再行抗日。那时国内军阀由于宁粤的和谈合作表面上虽然是统一了，但有些地方仍然处于半独立状态，不论两广、四川、云南、山西都是由军阀统治着，本质上一点没有改变。

蒋介石政府的外交政策，唯一是向帝国主义者所利用的国际联盟呼吁，希望用国际联盟的力量，压迫日本，交还东北，把中国的命运完全寄托在国联的身上。中国驻国联代表施肇基声称："中国将其国家完全听命于国联，毫无保留的余地。"当时被蒋介石、张学良打倒避居山西汾阳的冯玉祥有电说："日本大肆屠杀，不闻有备战之举，反以镇静为名，徒然日日哀求国联。试问宰割弱小民族的国联能代中国求独立，能代中国打倒该会常务理事之日本乎？与虎谋皮，自欺欺人，仍甘为帝国主义之工具而不悔。"这颇能代表当时社会上的呼声。但南京政府充耳不闻。

由于中国的呼吁，国联派出李顿调查团到东北调查。李顿调查团先到日本，"秉承"日本政府的意旨之后才到中国来。

南京政府就好似救星一样殷勤谄媚地来欢迎它，希望它说中国的好话，主持公道。参加调查团的唯一的中国代表顾维钧随调查团到东北后，日本关东军就不让他与指定之外的任何中国人接触。不但他，就是中国名记者戈公振作某些访问也被拘捕。据顾维钧回来报告的时候说，有些重要的场合他都无法参加；他唯一见到的中国人是火车上、旅馆里的侍役。有一个侍役秘密地流着眼泪对他说："我们不愿意做亡国奴，东北人民都不愿意做亡国奴。我们希望政府抗战，我们在里面尽力帮助政府。如果政府不抗战，我们自己也去参加义勇军抗战。"顾并说义勇军在东北各地声势很大，日本鬼子很害怕。

李顿调查团的报告书发表了，它承认日本在满洲的特殊地位，但不承认"满洲国"。蒋介石政府认为是可以接受的，但日本政府却还认为不满意。因此日本南陆相声明称：国际盟约不能适用于有特殊情形之地方协定，决不能接受国联的决议的调停与裁判，否则日本退出国联亦在所不辞。果然日本不久就退出国联，继续进行对中国肆无忌惮的侵略。

当时东北义勇军真是如火如荼，马占山、冯占海、苏炳文、李杜、丁超等的大名几乎妇孺皆知。爱国人士既对蒋介石的抗战失望，就把希望寄托在义勇军的身上。但蒋介石对于义勇军非常冷淡,不但没有丝毫物质上的支援,也没有一些精神上的鼓励。蒋介石在一个义勇军代表的报告里批示:"已据转交部汇报编录增光史册矣。"他并下令禁止组织义勇军,镇压人民的爱国运动。义勇军孤军奋斗,经不起日军的压迫,到了一九三二年的下半年,马占山、苏炳文、李杜各部都退入苏联境内,解除武装。冯占海等部则退入热河境内。

剩下来的义勇军,就在中国共产党领导之下进行更艰巨、更深入、更持久的抗战。关东军就趁此进兵热河、进攻长城。

二、蒋介石迫张学良下野

一九三三年初,日本帝国主义为了完成建立"满洲国"的侵略计划,开始向热河进攻。一月六日,日本军进攻山海关,何柱国部队予以还击,是为长城抗战的开始。

日军进攻热河的计划是:(一)由绥中沿北宁铁道向山海关正面进攻;(二)由朝阳、凌源、平泉之线进攻;(三)由开鲁向赤峰进攻;(四)由林西向多伦进攻。(三)、(四)各路皆会师承德,然后再分兵进攻长城各口。

张学良既放弃了东三省,犹冀保留热河、河北,苟延残喘,静候南京国民党中央同日本交涉。山海关的炮声响了,他知道再不抵抗,连热河、河北都保不住,就把驻在长城以内的东北军开始进入热河布防。那时他名义上是北平军事委员会分会(以下简称北平军分会)的代理委员长(委员长仍是蒋介石),可以指挥华北各省军队。但华北军队如阎锡山集团、冯玉祥集团,在一九三○年内战的时候,都是由于他帮助蒋介石而致失败的,他怕阎、冯宿怨未消,不听指挥,不肯协助。单独东北军抗战是无把握的,他唯一的办法还是求援于蒋介石。

蒋介石却想利用这个机会,进行引诱两广参加"剿共"的阴谋。这年一月二十一日,他叫我同训练副监徐景唐赴广州,同陈济棠、李宗仁等商量,要两广出兵江西,帮助"围剿",他好抽调中央军北上抗日。在此稍前的时候,陈济棠驻沪代表杨德昭曾经谈过:如果中央决心抗日,则广东愿意负江西"剿匪"的责任。蒋介石就抓住这个机会,使两广军队到江西参加"剿共"。不料陈济棠揭破了他的阴谋,同时也暴露了陈自己的抗日的假面具。我和徐景唐到了广州,陈召开军事会议,所有两广的高级将领及高级党政人员都参加。他们表面上不肯说不出兵,而是用要求军费和要求械弹来拒绝。陈次日邀我单独到他家里谈话,他说:"季宽,我们是十几年共过患难的老朋友,我们要讲真心话。老蒋要我出兵江西,系唔系(是不是)想利用共产党把我们的军队钳着,好抽出他的军队来搞我们呀?我想一定是的,他的抗战是假的。你睇(看)系唔系啰?"我笑笑不答,也就是表示同意他的看法。他又说:"不但日军占领北平,就是占领南京,我也不肯调兵到江西。"我回到南京把这种情形向蒋介石报告了。蒋就以此为借口，仅调尚未参加"剿共"的中央军黄杰的第二师、关麟徵的第二十五师、刘戡的第八十三师北上，敷衍张学良。其实未参加"剿共"的中央军还多，如胡宗南的第一师，驻在河南闲着没事。我当时在报上发表两广团结抗战，都是一些鬼话。

二月下旬的某日，蒋介石召见了我，要我去当北平军分会参谋团参谋长。我说："我与汉卿（张学良号）未曾见过面、处过事，而且军事也非我所长，恐怕将来要误事。还请委座（指蒋）另行考虑吧。"其实我心里对参加抗战是愿意的，但我以内政部部长的地位去当张学良的参谋长，心里总有些不愿意。蒋明白我的意思，他说："北平军分会仍然是我的名义，你就是我的参谋长；而且敬之（何应钦号）同去，他以后要在那里主持，你不但要在军事上帮帮敬之的忙，尤其在政治上要帮帮他。"我知道他已决心要张学良下野，由何应钦来代替；我和何应钦还合得来，就答应了。

接着财政部部长宋子文、军政部部长何应钦、外交部部长罗文幹、内政部部长黄绍竑、参谋部次长杨杰、军政部厅长王伦、参谋部厅长熊斌、还有宋子文的朋友银行家胡六（胡筠庄）的老婆胡六嫂，一行人浩浩荡荡专车北上。表面上看，好似南京国民党中央很重视长城抗战，全力支持张学良，内容却各有各的作用。宋子文表面上似乎是作财政上的支援，其实是用来对张学良说私话，并为他出国作布置；此外还走一些英美外交路线，不久就回去了。何应钦表面上似乎是作军政上的支援，其实是要取张学良而代之。罗文幹则是要与北平各国外交团打交道，看看风色，为一面抵抗、一面交涉的外交方针摸摸底；不久也回去了，由次长刘崇杰代替。我虽然是参谋长，但主要是供以后各方面政治上的奔走，因为蒋认为我还有些"肆应"之才，可以做"安内"的工作。专车到了徐州，不敢经天津到达北平，恐怕天津的日本兵知道了出来为难。其实日本人对这些人去北平，是欢迎的。专车由徐州转陇海路经郑州，再转平汉路北段到北平西站下车。大约是二月二十八日的早晨，张学良并没有到站迎接，因为他还在黑甜乡里起不来，派人招待。我同何应钦住在中南海的居仁堂；宋子文另有他的秘密住所。

当日下午两点多钟，我同何应钦去顺承王府（即现在全国政协秘书处）拜访张学良，听取前方的情况。他骨瘦如柴，病容满面，精神颓丧。他把热河及山海关方面的情况告诉我们，那时听他的口气，对战局好象还有把握。坐谈久了，他就要到里面去打吗啡针。这是我第一次和这位"少帅"见面的情形。我们每日下午都得到那里商谈，我心里想：这样的情况怎能长久相处下去。闲了没事，也和一些北平上层人士接触，都为这位"少帅"的精神体力和指挥威望担忧，恐怕要误了国家大事。

日军于二月二十四日向热河进攻，先后占领了开鲁、凌南以东各地，继续向赤峰、建平、凌源等地进攻。热河主席汤玉麟闻赤峰、建平、凌源等地失守消息，即在承德作撤退准备，先把所有的汽车装载他私人的财产，向古北口撤退，因而影响了前方的士气，号称险要的平泉以北承德以东的黄土梁子主要阵地也自动放弃不守。日军既占领黄土梁子，即分兵两路：以一部南向平泉攻喜峰口，以主力西向承德攻古北口。日军于三月四日占领承德，汤玉麟已于早一日退逃滦平。

张学良闻讯大为震惊，当即下令通缉汤玉麟。张学良那时对我们曾作出要亲率王以哲等军去恢复热河、与日本鬼子拼到底的豪语，但迫于舆论，不得不向南京政府引咎辞职。

驻在南昌专心致力进行"围剿"红军的蒋介石，知道热河失守，张学良引咎辞职，即于三月六日乘飞机到汉口，改乘火车到石家庄，宋子文也同来。何应钦和我接到电报后，就先到石家庄去迎候，同行的还有山西阎锡山的代表徐永昌。蒋介石在车上召见了我们，听我们把情况报告之后，问我们对于张学良辞职的意见。蒋介石在南京早已决定要何应钦来取张学良而代之的，现在为什么还要问呢？因为对于东北军的底子还没有摸清楚，还有些顾虑。我们说：第一，如果还让张学良干下去，不但全国舆论不满，而且北方军队如山西阎锡山的军队，西北军宋哲元的部队，以及商震、孙殿英等部队都会不服。我们以后就指望这些军队继续抗战，中央军是不能多调出来的。第二，张学良虽有亲率未曾作战的东北军去收复热河、与日本鬼子拼到底的表示，但以他的精神体力是做不到的；而且拼下去也不会有好结果。第三，即使准张学良辞职下野，东北军也不会有什么顾虑。蒋介石根据我们的报告，就决心准张学良辞职下野，由何应钦来接替。

张学良知道蒋介石来石家庄，也打电报去，想和何应钦等一同去石家庄迎候。但蒋介石还没有得到何应钦和我的报告，主意没有打定之前，不便就与他见面，就复电说："前方军事吃紧，调度需人，不必就来，有必要时再约地见面。"蒋介石同我们见面商量的次日，就约张学良到保定见面。张学良先到车站迎候，蒋介石后到，在蒋介石的专车上见面，仅有宋子文一人在座。何应钦和我在另一专车上，没有参加，怎样谈的，我们都不知道。他们会谈仅仅个把钟头，张学良就很颓丧地辞了出来。蒋介石走后，我们和张学良各乘各的专车回北平。次日张学良就发出辞职下野的通电，不日离开北平到上海去了。

三、何应钦的作战部署

何应钦继张学良任北平军分会代理委员长，负华北军事的责任；我当了参谋长，都在居仁堂办公。参谋团设在府右街南口右侧的大楼，除由南京带来几个高参——侯成、陶钧、徐祖诒、徐佛观等外，其余都是东北军的原班人马。何委东北军参谋长鲍文樾为军分会办公厅主任。原任张学良参谋处处长的金元铮（前清贵胄，陆军小学、保定军官三期毕业）是满洲族人，恐怕他靠不住，就加设了一个作战处，由徐祖诒任处长，也在居仁堂办公。何应钦和我秉承南京政府一面抵抗、一面交涉的既定国策，倚靠两千多年来秦始皇遗留下来的万里长城作为防御的唯一工事，想守住长城各口——独石口、古北口、喜峰口、冷口，阻止日军进入关内。独石口方面的防务调傅作义部队担任，傅作义本人进驻张家口。古北口方面把溃下来的东北军王以哲等部撤下整理，而以由南方调来的中央军徐庭瑶的十七军（辖第二师黄杰、第二十五师关麟徵、第八十三师刘戡）担任。

喜峰口方面的防务以宋哲元的第二十九军担任。冷口方面的防务以商震所部第三十二军担任。由长城撤下来的东北军整理后，调北宁线天津以东及冷口以东担任防御，同时令孙殿英部坚守多伦以东地区，作敌后的威胁，使日军不能不有一些后顾。这是完全防御性的到处挨打的作战计划，根本谈不到进攻和收复热河、收复失地。

日本关东军既占领了黄土梁子，即分兵一部（大约一个旅团）南下占领平泉，向喜峰口进攻。东北军万福麟所部直溃口内，日军先头于三月九日占领喜峰口。调往该方面增防的原西北军二十九军宋哲元所部主力方到达遵化，先头冯冶安师黄昏后到达喜峰口。冯部乘敌人不备进行逆袭，黑夜里不用火器射击，而用大刀砍杀，用刺刀混战，杀死杀伤敌人不少，也有所虏获，把喜峰口夺回。这是长城抗战唯一的胜利。捷报传来，振奋全国的人心；大刀队的威名几乎把现代的精良火器都掩盖了。日军遭此意外的挫折，重新部署进攻，该方面一时成为对峙的状态。

日军主力（约一个师团以上）占领承德后，即向古北口进攻。东北军王以哲部节节败退，企图固守古北口，等待中央军徐庭瑶部的增援。徐庭瑶军先头关麟徵第二十五师，于三月九日夜到达古北口城，而王以哲已被日军击败，急于退走，十一日就把古北口关口丢了。关麟徵亲率所部增援，企图夺回古北口，不幸中弹受伤，不能达到目的，乃据守南天门阵地。黄杰的第二师到达增防后，该方面也成了对峙的状态。刘戡的八十三师也调到该方面，由参谋次长杨杰任总指挥。

这时我们觉得榆关方面防守石门寨的何柱国军过于突出，不能不顾到冷口万一被敌人突破，敌人就可以占领迁安下滦州；喜峰口万一被敌人突破，则敌人可以占领丰润下唐山，截断榆关方面何柱国的归路。为了缩短战线，把何柱国军调驻滦河西岸，破坏滦河铁桥，依靠滦河作为防御，同时增强冷口方面的防御兵力。我们于三月二十日给何柱国撤退的命令，平津日本报纸次晨就清清楚楚地刊登了出来。这当然是由于汉奸或电报密码泄漏出来的，可见我们作战的一切计划敌人是清清楚楚的。国内报纸则攻击这次的撤退是受日本的要求，因此何应钦不得不向记者声明："我军此次对于滦东的军事调动完全是为了战略上的关系，绝无政治上的关系。"

孙殿英所部大约有三万余人，在三月以前即进达赤峰、围场地带，支援那方面的东北义勇军。日军进攻热河，同时以骑兵一个旅团附飞机、坦克向孙部进攻，孙部溃退多伦以东地区。何应钦原要孙固守多伦以东的山岳地带，以减轻日军对长城进攻的压力。但孙经不起日军的压迫，于三月上旬放弃多伦，继续向沽源溃退。孙部军纪极坏，沿途骚扰不堪，外间并有谣言，说孙已接受伪满的委任，并没有与日军接触，就向后撤退。何应钦大为惊疑，因而对他的军饷、给养扣而不发。他的驻平办事处处长找我诉说经过，我想这样总不是办法，于是自告奋勇，到沽源、多伦前方去视察以明真相，好作处理。我乘火车到张家口，会同傅作义坐汽车向沽源前进，路经张北县与傅部的将领们见面。在沽源以北的平地脑保（蒙语，泉水的意思）碰到了孙殿英。他向我叙述经过说："多伦在地图上虽是个大地方，但人烟稀少，给养困难，而且四面都是荒漠平沙。虽有些山，但是与南边的山完全两样，寸草不生，山势平延，很难阻止敌人坦克车的冲击和飞机的轰炸。即使没有敌人到来，我这三万多人也不能久驻那里，既没有兵站补给，又没有积储，一切都要就地想办法，所以军纪太坏，事实就是这样，我是承认的。至于说我不见敌人就溃退，请部长你去看看，我那些伤兵是哪里来的呢？又有人造谣说我受了"满洲国"的委任。部长你知道，全国都知道，我孙殿英挖了小溥仪的祖坟，即使我去投他，他肯容我吗？岂不是把我这麻子脑袋往刀上送？我孙殿英虽然是土匪出身，混了几十年，也还知道一些民族大义，即使至愚也知道自己与小溥仪有不共戴天的仇恨。那些造谣的人无非是想栽我，请部长转报何部长，并且妥为处理。我一定服从命令，绝无二心。"

我心里想他后面这段话，倒是实情，他所以不投伪满的关键就在这里。于是我答应即发欠款四十万元和面粉四万袋，并指定他在沽源、独石口、镇岭口一带向东面北面布防，好抽出傅作义部队作为机动使用。

在这期间，北平的古物正在南运。古物在北平的有两部分：一是属故宫博物院的，一是属于内政部古物陈列所的。当本年一月山海关失陷时，南京政府行政院决议设立中央古物保管委员会，并以榆关陷落、平津危险，决将古物南运保存。北平各团体反对政府迁移古物，一月二十三日北平各界组织保护古物协会，通电反对南运，谓政府须全力守北平，若虑古物资敌，则华北数千万方里数千万人民应先保护，不应只顾古物等语。这个义正词严的通电，南京政府不加理睬和反省，仍然用军警保护运出，直到四月间尚未运完。我到北平的时候，内政部押运人员向我请示，那时我正忙于军事，就说："整个河北和北平正处在危险状态，守护之不暇，还有工夫顾那些东西吗？你尽量地运，运出多少算多少吧。"有一天，我到古物陈列所去看看，那位所长问我："部长要不要一两件东西？"我听了很惊异地说："所里陈列的古物，可以任由长官来要的吗？可以由你送人的吗？"他听见我的话有责备的意思，就转口说："并不是所里已经陈列的东西，那都是顶好的编了号的。库里还有许多次等的东西，没有编号，没有登帐的，拿一两件也不要紧。"其实这个弊病已经是公开的秘密了，在那些所谓"古物保管专家"的手里，即使已经编号登记的珍品，他们也可以用假的换了出来。后来故宫盗宝案的发生，不就是这样的吗？可惜我那时候对字画古董不感兴趣，不然的话，尽可以大大捞它一把。

四、在交际花家里处理军国大事

大约是三月二十三四号，前方比较平静，蒋介石曾秘密来到北平。当时虽说是秘密，后来报纸也知道了。蒋来北平是听取各方的报告并作指示，在居仁堂开了一个军事会议，各方面的高级将领都出席作了报告。古北口方面总指挥杨杰在席上大谈其后退配备的战略，他要把南天门阵地（古北口以南的阵地）向后撤退到密云县以东地区，引敌人深入，而在两侧配备两个军同时出击，一举就可以歼灭敌人的主力，长城战事就可以转移为攻势，不致坐着挨打。他并且报告前方敌人不断增加，战事如何激烈，要求增援。何应钦素与杨杰不睦，素来都把杨杰叫作杨大炮，听了很不高兴，就说："前方没有什么激烈战事吧！"杨杰说："我刚才由前方回来，难道还不清楚？"何应钦就叫："王厅长（伦）你立刻打电话去问问徐军长（庭瑶），前方的情形怎样？"王伦打电话问徐庭瑶，回话说前方很平静。弄得杨杰当场下不了台，满面通红，一言不发。不久杨杰的总指挥也撤消了，由徐庭瑶代理。杨杰从此就反对蒋介石。不过日军增加确是事实，正在部署尚未攻击，原来是第八师团，后又增加了第六师团一个旅和一个骑兵旅团，是由多伦方面转移过来的[①]。

蒋介石作了最后指示，肯定地说，要以现有兵力竭力抵抗，不能希望再增加援军。会后随往西山碧云寺拜谒孙中山衣冠冢，并同何应钦、杨永泰和我在香山饭店吃了一顿不饱的晚饭，他就回南昌去了。交下一些问题，留杨永泰在北平与各方商量处理。当晚我即邀杨永泰到北平著名交际花杨惜惜家里去玩，顺便同各方的代表商量处理问题。到有东北军方面的于学忠、万福麟、鲍文樾，山西方面的徐永昌，宋哲元驻平代表萧振瀛。杨惜惜是以前平汉铁路局会计科王科长的小老婆，王某贪污了十几万元，死后这些钱都归了杨惜惜。

她有自己的漂亮汽车、华丽的公馆（缎库胡同五号）。那里有酒、有色、有财，经常有些"要人"出入。我们这些人在那里真是乌烟瘴气，蒋介石交下来的所谓军国要事，就是在那里商量处理的。

长城战事日形紧迫，北平也不能不有些军事布置。我们调了一些部队布置城防，主要

---

① 关于日军在长城各口的兵力配备，据符昭骞补充材料说：山海关方面一个旅团，冷口方面有里氏旅团，喜峰口方面有铃木旅团，古北口方面有川岸旅团，另有一个旅团正向古北口增援，共计兵力约两个半师团。——编者

是东城和北城。驻军在驻守地区，入夜是戒严的。在东城区苏州胡同一带素来是外侨尤其日侨活动的地方，他们不守驻军的戒严令东窜西窜。驻军哨兵要他们站住加以盘问，也是很平常的事。日本武官酒井隆也受到了哨兵的盘问。次日酒井隆就带了两个全副武装的日本步兵，要到居仁堂见何应钦当面抗议。新华门守门的宪兵要武装的日兵停在门外，请酒井隆单独进去。酒井不答应，大闹起来。宪兵请示，何应钦也只好让他带着武装士兵到居仁堂。会见的时候，两个武装日本兵就站在跟前。何应钦抗议他这种无礼貌的举动，他的回答是，因为在北平他的生命没有保障，因此不能不带同武装进行自卫。何应钦问他原故，酒井就说昨天晚上被哨兵盘问，并诳言哨兵要他跪下，拿大刀想杀他；因此他要带武装保护前来抗议。还说他与何应钦是旧相识、是同学，才来当面抗议，否则就会自由行动起来了。何应钦除一面向他解释道歉之外，还下令驻城部队以后对外国人要客气、要礼貌。

尽管长城战事如何紧张，何应钦和我还摆出好整以暇的姿态。有时去玩玩哥尔夫球，有时去打打猎。有一天，他同我去游颐和园，那时泮水初解，浮冰绿水之间，有上百成千的野天鹅浮游。我们问管园的可不可以打，他说从来没人打过，所以它才年年敢到这里来快乐地游玩，一过春天，它就飞去，一到冬天，它又回来，是颐和园的天然美景。也就是说虽然没有禁令，可是从来没有人打过，以免破坏这天然的美景。他说话的用意，无非是想阻止我们去打。但我们猎兴大发，莫说没有禁令，就是有，我们一个是军政部部长代理北平军分会委员长，一个是内政部部长兼北平军分会参谋长，莫说是要打几只野天鹅来玩玩，就是要打三贝子花园里（即现在的动物园）养的老虎和狮子，又有谁敢来阻止呢？于是我们居然开枪打了。后来听说天鹅从此就不来了。"始作俑者其无后乎！"

冯玉祥这时在张家口开始酝酿组织抗日同盟军。我同冯是一九二七年"四一二"事变后在徐州第一次见的面。九一八事变后，他一度到南京，又见了一次面。三月二十八日我以私人名义，同高参陶钧到张家口去访问他，并看看情形。他请我吃一顿粗劣的晚饭，席间他说明了他抗日的宗旨，并力诋张学良、蒋介石的不抵抗主义的误国卖国。我心里想：现在长城不是正在抗战吗？何必另立旗帜。但我又想到抗战人人有责，多一方面的号召，壮壮声势总是有益的。那时他还是一个光杆。让他搞去吧，横直搞不出甚么名堂。因此我没有同他辩论甚么，也没有劝他到南京去，我就回北平向何应钦汇报。但何却对冯十分重视，他说："老冯这个家伙野心很大，抗战不过是用来掩护的名词，以后如何发展，如何收拾，很成问题。"长城战事正在吃紧，只好暂时不管。

四月下旬，方振武的部队响应冯玉祥的号召，由山西介休县开到了河北邯郸。北平军分会要他在邯郸候命，不拨火车给他北上，他就步行到了定县。我与方振武以前也有一面之交,何应钦要我去定县,同方商量,改编后参加抗日,拟改编为两个旅,以鲍刚、张人杰为旅长。他不同意,继续步行北上,到达徐水、满城附近。后方军队这样自由行动,何应钦大起恐慌,于是借口统一军令,饬将所有在察哈尔及河北两省的抗日救国军及义勇军等名目一律取消,其有人马充足的部队准改编为正规军参加抗战。这个命令的用意是想破坏冯玉祥抗日同盟军的计划,但不发生什么作用。方振武、鲍刚等的部队仍继续徒步向张家口集中从事抗日,精神是令人钦佩的。

五、消极抵抗节节撤退

北宁线方面自何柱国军退守滦河西岸,日军即进占抚宁、昌黎、卢龙等地,与我军隔河对峙。喜峰口方面因宋哲元的二十九军防御相当坚固,敌人避免正面攻击的牺牲,找到冷口方面的弱点。那里原是东北军缪澄流师担任,后来商震部的黄光华师增加上去,虽然努力抵抗,但经不起日军的攻击,冷口遂告失陷。日军占领冷口后,分兵占领滦河上游的迁安,威胁滦河西岸阵地的侧背,主力则绕到喜峰口的后面,向防守喜峰口的二十九军形成前后夹击的姿态。因此防守喜峰口的宋哲元军不能不撤退,北平军分会乃令何柱国、王以哲、万福麟等军撤至宁河、宝坻之线,宋哲元军撤至三河、平谷以东地区。敌人继续前进,先后占领遵化、玉田、丰润,向我军压迫。我为了布置津东防御去天津走了一趟。据说溃退的东北军纪律很不好,他们有一句话:"妈拉个巴子是个碟吃饺子。"当时我不懂这句话的意思,问人说是见到女人,不论老少都要奸淫。因此津东难民纷纷逃集天津。我在天津还去拜访了亲日分子张志潭(已由南京任为北平政务整理委员会委员),据说他们对日本人有什么活动。其实汉奸石友三、张敬尧已在天津、北平开始活动了,与他多少有关系。我在言语之中表示要他顾全大局,听候中央处置,不可单独行动。他表示这个仗打不下去了,首先军队纪律太坏,人心恐慌,甚至有些人宁愿欢迎日军之到来。他的话可说是代表了他自己,也代表了某些人。我在天津想与前方联络,但联络不上。因为那条线(即宁河宝坻之线)并不是预先构筑好的阵地,而是临时征些民工挖了一些土壕,更未架设通信网。前方情形十分混乱,眼见那线也守不住,我转回北平把情形报告何应钦。

古北口方面是敌人进攻的主力。自古北口失守,我军就坚守南天门。南天门地形险要,不能使用很大的兵力。日军以全力进攻,战事很剧烈,进展甚慢。徐庭瑶的中央军三个师,起初是关麟徵第二十五师在第一线,被打得残了,黄杰的第二师顶上去,换下二十五师,第二师又被打得残了,刘戡的第八十三师又顶上去,换下第二师。由南天门而石匣镇而密云,节节抵抗,节节撤退,就是这样挨了两个多月,是长城抗战作战的时间最长、战事最剧烈的地方。三月间因喜峰口二十九军大刀队一次的胜利,上海妇女界组织妇女慰劳队到喜峰口慰劳二十九军，对古北口方面则没有去。我对她们的代表王孝英、沈慧莲说，古北口方面的战事比喜峰口方面激烈得多，她们都不相信。可见当时报纸把大刀队捧得天那样高，把对日抗战最激烈的部队都忘了。东北军方面更没有人理睬。

徐庭瑶军退到密云附近，既无险要的地形，部队又皆已残破，不能作有效的抵抗。北平军分会事先把傅作义的部队调到昌平附近向怀柔、顺义出击。但经日军的攻击，作战不利，退守顺义、怀柔以北山地。日军进至顺义附近，距北平仅五十多里。而京东方面的日军既占领三河进迫通州，宝坻日军进迫香河，对北平形成三面包围的姿势。这是五月二十四日的情形。当日军迫近顺义的时候，日军飞机九架飞过北平上空，飞得很低。机上的太阳敌徽及驾驶员的面目都看得清楚。那时既没有防空警报，也没有防空洞设备。我和何应钦听到了机声，才跑出居仁堂到假山下去躲避。我们的高射炮队也咯咯放了几响。但敌机并未投弹就飞回去了。事后英、美外交人员深不以我们的高射炮的射击为然。他们说："日机不是来轰炸的，向他们射击，就会引起他们的轰炸或扫射。"但敌机不轰炸、不扫射，只有天晓得，也许他们外交人员事先知道吧。

这个期间，德国总顾问费而采，也同在北平参加我们作战的计划。他是第一次世界大战德国总参谋长鲁登道夫的作战处长。他每天都到居仁堂听听情报、看看地图，或同我们谈谈。但我觉得他只有一般的战略见解，尤其对中国部队的情形根本就不清楚。东北军自滦西撤到宁河、三河之线，又被敌人突破。他问我，那方面既不是敌人的主力，东北军的番号又那样多，为什么守不住？这个很容易答复的问题，弄得我很难答复，只好耸耸肩膀。五月二十四日上午他仍然到居仁堂，见办公室的作战计划地图都揭下来了，就大惊失色。

我们把情况告诉了他，请他回南京以保安全，随后就调回国去了。蒋介石后来又聘请德国鼎鼎大名的塞克特将军当总顾问，他在德国当了很久的国防部部长，是《凡尔赛条约》后第二德国陆军的保育者。我曾参加他与蒋介石的座谈，蒋介石问他对日国防的意见。他说："最危险的是这条扬子江，必须沿江建设要塞，并沿江构筑游动炮兵阵地，沿江布置游动炮兵。否则一旦开战，日本舰队就可直捣汉口，把中国分为两下。"

我觉得他的意见也很平常，难道这种平常道理我们也不懂得，要请教外国顾问吗？不过在蒋介石实行法西斯统治的时候，德国顾问是很吃香的。

六、北平被包围后何应钦乞求停战

南京政府既抱定一面抵抗一面交涉的方针，除了消极的军事抵抗之外，交涉的活动是积极的。外交部部长罗文幹、财政部部长宋子文二月底来北平就是做这个活动的。罗、宋回南京后，又派外交部次长刘崇杰来继续进行。他们希望通过英国驻华大使蓝浦森、美国驻华大使詹森，由英美出面调停，把上海停战协定重演。但英美在华北的利益关系并不大，不似上海那样积极，蓝浦森只是向日方要求维持《辛丑条约》，秦皇岛附近不发生战事。

南京政府不但在外交方面对英美进行活动，作交涉的准备，同时也在内政方面调整华北的人事，为以后的妥协作准备。蒋介石曾要我兼任北平市市长，我没有同意；又叫我征求地质学家丁文江的意见，要他当北平市市长应付日本人，丁文江也不同意。五月三日南京行政院设立北平政务整理委员会，以黄郛、黄绍竑、李煜瀛、张继、韩复榘、于学忠、徐永昌、宋哲元、王伯群、王揖唐、王树翰、傅作义、周作民、恩克巴图、蒋梦麟、张志潭、王克敏、张伯苓、刘哲、张厉生、汤尔和、丁文江、鲁荡平为委员，并指定黄郛为委员长。

从这个委员会名单来看，包括有代表国民党中央和华北地方各方面的人物，也就是想用这个委员会作为第一步"华北特殊化"，与日本进行直接交涉。黄郛是亲日派的头子，用他来当委员长，很显然是对日本表示妥协。黄郛被任命后，并不即时就职，而是在上海和北平与日本人秘密接洽，等待时机的到来。

军事上，到了五月二十四日，日军迫近顺义、通州、香河，北平成了三面被包围的形势，日机复在上空飞翔。前方的部队正在溃退，无法收容整理。后方又肯定没有增援的部队，即使蒋介石肯调援兵，也是远水救不了近火。北平只有刘多荃东北军的几个团和蒋孝先的中央宪兵第三团。白天我到城内各地去看看城防的布置，到晚上八点多钟才回到居仁堂，看见办公室里已经不象往日的样子，我的铺盖也已经捆好了。我问何应钦怎么一回事，他说："前方情形你是知道的，军分会现在决定撤到长辛店以南，打算十一点钟上火车，火车已经预备好，在西便门外跑马厂小车站上车。你回来得正好，我们等你作最后的商量。"在那里有黄郛、张群、李择一、王伦，连我一共六个人。我问撤退有没有请示得到蒋的许可，何说："时机太紧急，来不及请示。"我说："北平呢？"何说："交给徐庭瑶防守，他的司令部设在广安门外的白云观。"

我说："敌人已占领顺义以南地区，还来得及由前方调回来布防吗？"何说："这就很难说了，只好尽力地作去。"

黄郛自被任命为行政院北平政务整理委员长之后，就在上海、北平与日方进行秘密接洽，他什么时候到北平我不知道，这次何应钦邀他来参加会议，自然有作用。黄郛说："由驻北平日本武官方面得到的消息，如果中国方面肯派军使向关东军要求停战，便可停止对北平的进攻，用外交的方式结束此次战事，并希望在夜里两点钟给他们答复。否则关东军即向北平进攻。"黄郛、李择一自不必说，张群的意见是同黄、李一致的，但他不说话。王伦则主张守北平，并且要立刻调炮兵到天安门、中华门，向东交民巷轰击，先肃清城内的日本驻军，不管他日本人也好，美国人也好，英国人也好，一概把他轰完，横直也不过丢了一个北平；使英美旁观者吃一些亏，然后他们对日本有所责难，谁叫他们同日本人住在一起呢？他这些激奋的话，大家都不赞成。何应钦没有主意，仍然想撤退。我说："调兵增援肯定不可能，前方部队正在溃退，未必就能调来北平，从容布防，而我得到的消息已经有人从事伪组织，运动某些部队参加。如果我们军分会一撤退，伪组织可能就立刻出现，敌人就利用伪组织作为对手与它签订协定，作为这次战事的收场；将关东军撤回关外，并不占领平津，而平津已成为一个特殊化的第二'满洲国'。这样河北就非我国所有了，损失岂不是更大。因此我主张一面布置北平的城防，一面派军使去商量停战，万一停战不可能，然后把北平交由徐军长作背城借一。我们那时候仍有从容退出的时间，现在又何必这样急呢？"大家都以我的说法为然，但何应钦仍以未曾得到蒋介石的指示为顾虑，因为事情太重大了。那时北平和牯岭长途电话还不通，打电报去请示万万来不及。我说："委员长要我们来主持这方面的事，我们要为他负一些责任。古人说将在外君命有所不受，况且现在是君命来不及的时候呀，我们应该把责任负起来吧。如果以后委员长不同意，我们愿共同受国家法律的处分就是了。"我说完这番话，张群支持我的意见。何应钦才决定派军使去与关东军商量停战。由黄郛、李择一去答复北平日本武官。王伦见这样决定，遂愤愤地上楼睡去了。后来王伦在中南海骑马，堕马触树，脑破身死。他在那时算是北平军分会参谋人员中主张抗日最激烈的分子。

五月二十四晚上的秘密会议开到一点钟以后，才决定派军使到顺义关东军第八师团司令部与西义一师团长商量暂时停战办法，其实就是战败了作城下之盟。派什么人当军使呢？

这是一个忍辱负重的差使，既要有相当的官阶，又要有相当的仪表，最主要的还要会讲日本话。于是选派军分会作战处处长徐祖诒（燕谋）去充这个脚色。他是日本陆军大学毕业、精通日语、相貌魁伟的少将，是很适合上述要求的。他当初不肯去，恐怕到那里受凌辱及以后还要受全国人民的责难。经我们多方的劝勉才答应了。他同北平日本使馆武官于二十五日上午五点钟乘汽车由东直门出城，抵达顺义某一个村子关东军第八师团司令部，同师团长西义一商量停战办法。路程不过五十多里，个把钟头就到了。我们就好象热锅里的蚂蚁一样，静待他的回音。我们的行李已经捆好，不再打开，我只好到北京饭店去睡觉休息。早晨我又回到居仁堂，当我跨出饭店大门的时候，听到后面一个人很惊讶地说："他们为什么还不走呀！"由他的口气里可以想到，当时北平某些人已知道我们已经准备火车要走了。他那句话到底是希望我们留在北平，还是希望我们早些离开北平呢？

只有他自己才知道了。

　　大约十二点钟的时候，徐祖诒回来了，他作了经过的报告。他说：在顺义某个村关东军第八师团司令部里作了接待军使仪式，并签定请求停战的觉书后，西义一师团长就提出了暂时停战的办法，内容概要是：（一）华军撤至延庆、昌平、高丽营、顺义以北等地，通州、香河、宝坻、林亭、芦台以南一带，以表示华军停战的决心，请日军不再前进。（二）于五日内日方（指关东军）派遣代表与华方军事当局（指军分会）讨论停战条款。（三）正式谈判地点须在日军占领地内。这个结果的下一步文章就更多了，首先是派谁当正式谈判代表，他的地位要比徐祖诒高一些，又要懂得日本话。

　　我们再三商量，决定派参谋部厅长熊斌充当，另加上一个军分会总参谋的名义。熊斌也是日本陆军大学毕业生，过去同日本人有过一些往来。熊斌当时也不愿意充当首席代表，经我们勉励他作《马关条约》的李鸿章，何应钦并许了交换条件才答应的。其次是要派人到庐山向蒋介石作报告，因电报是不能弄得很详细。于是推我于二十五日下午四时专车回南京转庐山（当时报载黄绍竑二十八日回南京是错误的）。

　　我在二十五日午后六点多钟到了天津，在河北省政府主席于学忠处匆匆吃了一顿晚饭，我把前方情形及临时停战的办法告诉了他。他自然是同意的。随即专车南下，事先约好山东省主席韩复榘在济南车站见面，半夜里车到了济南，韩复榘已经候在那里；我们在车上谈了二十多分钟，无非是把情形告诉他，他更是赞成停战。济南以后一直都没有停过车，那条路上就是我那个专车行走，其他的车都停了。第二日三点多钟到达浦口，走了二十二个钟头，据说是那时候津浦路最快的火车了。本想即乘飞机到南昌，但时候已经晚了。二十七日上午九时乘军用飞机到南昌，在行营参谋长贺国光家里吃了一顿午饭，随即乘火车于下午三点多钟到了牯岭。事先蒋介石已经把汪精卫、孙科等南京要人召集到庐山来，在庐山饭店那里等候我的到来。我把以前长城各方面的战况和前天晚上（即五月二十四晚上）军分会所作的决定作了详细的报告。最后我并代表何应钦面请越权专擅的处分。早在我的意料之内，因为我们是本着中央一面抵抗、一面交涉的方针处理的。他们完全同意，没有一句责备的话。蒋介石说："好！好！你们处理得对。以后的问题我另有电报给敬之（何应钦号）。季宽先生你很累了，你去休息休息吧。"至此我的千斤重担算是放下来了。索性住在庐山休息一个时候。《塘沽协定》于三十日在塘沽签字，怎样情形我就不知道了。长城抗战就此结束了。

《文史资料选辑》第14辑，中华书局1961年版

黄郛与《塘沽协定》

陶尚铭

一九三三年黄郛到华北以前，日本东京方面曾派人到上海向黄郛说："倘蒋介石找您办理华北对日交涉事项，日本因为您的关系，愿意让步，先处理长城以里的战区，可以停战，并可将日军占据的地方交与华方。至于'满洲国'的溥仪，我们既能请他来，也可以请他走。"黄郛得此底蕴，故敢毅然接受蒋介石命令，到北方来办理华北对日的交涉。

黄郛所带来的人，都是当时所谓日本通，如殷同、袁良、李择一、刘石荪、殷汝耕等，与日本都有历史关系。殷同是日本军需学校出身，在北洋军阀时代当过陆军部科长。袁良在日俄战争时曾在日本鸭绿江军川村大将部下，充任陆军少尉翻译，改姓清水。李择一经手买过日本军舰，与日本海军方面颇为熟习。黄郛未到华北前与日本海军来往，都是通过李择一的关系。刘石荪是日本洋行买办。殷汝耕幼年就在日本读书，归国后与日本关系甚密，故郭松龄反奉时，请他办日本外交。

黄郛启程到华北时，即派殷同去大连，与伪军头子李际春接头，又去长春与关东军副参谋长冈村宁次接洽，就停战预备工作，交换意见。

这年五月二十二日上午，北平军分会参事陶尚铭接到驻北平日本大使馆原田参赞电话说："中山代办拟今日拜访何应钦军政部长谈要事，请联系，确定会见时间。"陶尚铭先找何应钦由南京带来的陈楚雄科长，不料陈拒绝传达。陶又找何的随从王副官，才约定当日午后三时会见。中山代办见何时，陶也在场。中山首先发言说："我早就接到我政府训令，如华方来人言和可以接受。前此贵国有几位来我方谈和的，都是以个人身份，并非代表中国任何方面的。现在事态紧急，日军东至通州，北至密云。若是我们谈和，请问阁下：我应找贵国哪一位去谈？"何应钦说："请你就找黄郛委员长去谈，我请他随即与你联系。"中山走后，何立刻与黄郛打电话，说明中山代办来访之意，请黄抓紧时间办理。黄即命李择一联系，约定当晚在丁香胡同日本海军武官官舍与中山代办会晤，在场的人还有日本大使馆海陆军辅佐官，直谈到深夜方散。商谈的结果，就产生了五月三十日关东军代表副参谋长冈村宁次与中国军代表熊斌在塘沽仓库楼上的会谈，次日便谈判具体停战的条件——所谓《塘沽协定》。

因为二十二日夜间黄郛与中山谈的很好，把原定将中国军队退出北平撤赴保定的紧张情况，无形打消。可是二十三日何应钦忽接北平日本大使馆卫队长粟饭原亲自送来天津日本驻屯军五月十九日发出的抗议书一件，其内容大意为："蒋介石派军官赵京时，把日本驻北平大使馆卫队门岗刺伤，有意威胁，使我军忍无可忍，将取断然行动"云云。昨夜黄郛与中山谈的已有结果，今日忽发生这样的枝节，使何应钦莫名其妙，把陶尚铭找去，将抗议书交陶，并问此事应如何处理。陶详细阅后说："此抗议书若在黄委员长与中山会谈以后发出，无异最后通牒。查其发出日期为十九日，乃在会谈以前，无甚关系。按一般外交惯例，此项抗议应通过天津总领事馆交给河北省交涉员或省公署，今既送到部长这里来，也不能不理它，但不必由部长直接办理，可交给北平军事当局去办，如平津卫戍司令王树常最相宜；一则他是地方武职官，二则他与粟饭原在日本陆大同学又是同班，可以向粟饭原说私话。"何应钦说："昨夜彼此谈的很好，今日又有此举，意义何在？并且由日方得来传闻，粟饭原屡想与老同学王树常见面。"时黄郛也在场，连说："陶参事说的对，这事就交给王司令办吧。"王树常也来中南海见何，何就把陶的建议告知他，并说："这事就请你来办吧。"王树常叫陶立刻给粟饭原打电话联络，粟饭原复电话，约王二十四日早九点到日本大使馆他的官舍晤谈，但请王不可走兵营大门。次晨王树常带陶尚铭往访粟饭原，解释说："赵京时实非蒋的军官，乃个人行动，把贵军门岗守卫刺伤，不胜遗憾。"而粟饭原仍本驻屯军抗议书，妄说赵某是蒋指使出来的，语时辞色严厉。王、陶见情形不对，不能再继续谈下去，只好告辞。粟饭原请王、陶等稍坐，令人重献茶点，顿改前态。粟饭原接着说："今把两国置于最恶劣的场合之下是很不幸的事。若能将原因消灭，这类小问题都可迎刃而解的。"粟饭原所说的意思是倘能停战言和，这件交涉案件，是不成问题的。这件抗议书的交涉，就如此结束了。

黄郛因赵京时是一个爱国青年，叫殷同找日本大使馆柴山武官要求引渡，柴山回答遇有机会即行引渡。过了几天，日本皇后产生太子，柴山给殷同来电话说：请他去引渡赵京时。赵京时见到殷同时说道："我见日本在我国横行，气愤已极，遂到打磨厂王麻子刀铺买了一把尖刀。当时又看见日本飞机在空中乱飞，一时感情冲动，雇了一辆汽车，跑到东交民巷日本兵营，向门岗日兵拼命刺去，当即被擒"云云。

黄郛与中山谈和停战，在原则上已达成协议，应通知双方军队停止活动，免把事态扩大。中国军队由中国方面通知，在通州的日军由日本大使馆通知。但在密云的日军须经周转，方能通知。黄郛为了赶快停止战争，于二十四日派李择一随军分会高级参谋徐祖诒通过中国军队防区，到达密云，与铃木美通①旅团长见面，传达中日双方已经商妥停战之事，请他的军队暂停活动待命。

---

① 铃木旅团乃朝鲜军所属部队，因朝鲜军司令林铣十郎对于侵略中国极为热心，临时编了一个混成旅，令铃木率领来华协助关东军作战；在日本方面有人讥讽林铣十郎，称他为越境将军。铃木美通曾充奉天日本特务机关辅佐官，素为张作霖所赏识。后来张作霖拟请他作顾问，可是那时他正在参谋部充某要职，未能前来，过了不久，他终被派到吉林充当顾问，以符合张作霖的要求。——编者

　　《塘沽协定》签字后,黄郛即令河北省政府在天津组织了一个战区接收委员会,以河北省主席于学忠为委员长,民政厅长魏鉴和殷同、陶尚铭、殷汝耕、刘石荪等为委员。殷同在去长春与冈村宁次接洽时,曾往大连与李际春晤谈,李要求在河北省归他委派十个县长、二十个县公安局长。殷同回答说:"假若当初您成功,您便是河北省主席,全省县长和公安局长都归您委派。按现在的事实就不然了,连何部长和黄委员长关于河北人事问题,完全由河北省当局主持,决不保荐一人。"因为李际春有过这样的要求,并且李是日本关东军别动队的头子,殷同为敷衍李和整理这些杂乱队伍,就在战区成立了一个杂军编遣委员会,以李际春为委员长。所谓杂军即帮助关东军侵略中国的别动队,号称一万人,实际上仅有四千余人,其余五千余人的编遣费都归李际春包干来办。李原想当东北战区保安司令,却在此时被冈村宁次把他召回伪满,仅给了他一个银行董事,使他下台。这些别动队经过此次的编遣,缩为四千人,称为保安队,分成两个总队,每队二千人,队长为刘佐周和赵雷。赵雷是东北讲武堂第五期毕业生,原为东北军缪澄流独立十六旅的营长,因长城抗战失职降为上尉,赵便把队伍拉出关外当了胡匪;后经李际春拉拢,作了李的基本队伍。刘佐周是东北讲武堂第七期毕业生,也在东北军当过中下级军官,并且当过东北义勇军,后来投降于日本。

　　这个所谓战区接收委员会自成立后从未开过一次会,对于接收事项,从未讨论研究,只有殷同和陶尚铭一面与日本驻屯军参谋长菊地办理一切接收的交涉,一面与河北省主席于学忠商洽派队伍和派县长的问题。根据《塘沽协定》不得将正规军派入战区,惟有把东北军两个步兵团连夜换上警察服装,称作保安队。一个团准备开入昌黎,把赵雷和刘佐周与关外的日本军隔开;另外一团预备开赴蓟密一带驻札。六月间殷同率该保安队两个团和县长十一名赴榆关以西接收各地方。陶尚铭率县长十名、卫队二十名先与驻密云日军铃木旅团长商洽妥协,定七月一日接收各县。都山县和兴隆县皆未接收过来,因该两县都在长城以外;临榆县这次只接到海阳镇,山海关仍在日军之手。

　　因战区新收回的各县还同日本有关系,与河北省其余各县情形不同,黄郛与河北省主席于学忠商妥,设立两个专区,一个是滦榆区,一个是蓟密区,各设专员一人。原拟的人选:蓟密专员派陶尚铭,滦榆区专员派殷同,殷还想兼两个专区的保安司令;黄郛不允,拟派袁良为两专区的保安司令,黄郛自兼北平市市长。李择一向黄郛建议说:"北平市长不能比上海市长,不如给袁良吧。"因此,把原定人事计划推翻,蓟密专员派了殷汝耕,滦榆专员派了陶尚铭。因为陶尚铭与驻山海关的日本特务机关长仪我有旧关系,彼此可以说私话,并且赵雷和刘佐周与东北有关系,陶尚铭也是东北系的人,作滦榆区专员比较适当。后来派殷同为北宁铁路局长。这年一二月间,经陶尚铭与仪我几经交涉,直到一九三四年春才把临榆县所属的山海关接收过来。但是山海关突出的瓮城圈，日本方面始终不肯交出。它说："这瓮城圈是在长城以外。"

一九三四年春，黄郛为整理战区内未了的事项（如都山县和兴隆县尚未接收），特别设立了一个战区善后委员会。黄很盼望冈村宁次来北平作一次进一步的恳谈。冈村倒是来了，先到外交大楼拜会黄郛；黄也到扶桑馆回拜了冈村，可是没达到黄郛的愿望。中日双方只在日本大使馆武官室举行了三天的会议，而黄郛和冈村均未出席。中国方面以殷同为首，陶尚铭和殷汝耕参加，日本方面以喜多大佐为首，根本博中佐、柴山兼四郎中佐参加。双方每日会议情形分别汇报各方长官，中国方面汇报给黄郛和何应钦，日本方面汇报给冈村。第一日开会关于双方谈判记录，有"先把日军撤至长城以外"的字句，日本要求把"先"字去掉，为此"先"字双方辩论了有两小时之久，结果还是把"先"字去掉。黄郛指示殷同等无论谈什么，以不承认"满洲国"为原则。中国方面提出通车、通邮两项问题；日本方面提出通商、通航空两项问题。通车、通邮问题是这样解决的：因为中国决不承认"满洲国"，不能与伪"满洲国"的机关打交道，由中国北宁铁路局和满铁在山海关共同成立一个转账转运中间机构，名东方旅行社，一切通车的事宜由该旅行社承办。中国方面说，通邮问题，邮票上的"满洲国"字样是惟一的问题，如果入关的信件贴有"满洲国"字样的邮票，可以引起全中国邮政罢工的可能。对方听到如此的议论，答应把通关内的邮件，将邮票上的"满洲国"字样去掉；倘有去关内信件，贴上有"满洲国"字样邮票，由发信局扣留。故伪满邮票有两种：一种是"满洲国邮政"字样，通行于伪满和日本；一种是"邮政"两字通行于关内。日本提出通商问题是这样解决的："满洲民间所需要的商品，商人可以自由到关内来买，运输机关应与普通货运同等待遇，不得留难。"日本提出的通航空的问题被中国拒绝了。后来天津日本驻屯军司令梅津还说："中国太小心了，怕我们空中照像，但中国重要地形图，我们早就有了。"

黄郛聘根本博充他私人的顾问，根本每日与黄郛见面，彼此处的很好。黄常对根本说："黄埔这些小弟弟们迟早与你们少壮派要冲突的。此时我还能与蒋介石讲话，到了紧要的关头，告知蒋介石设法能制止得住。"（黄郛死后，这话根本也曾向人说过。）黄郛到华北两年多，感觉到日本的欲望无止境，遇事棘手；南京各方面对他不谅解，华北地方当局也不与他合作。因此他无法再干下去，就在一九三五年春天托病到莫干山休养，把华北政务整理委员会的事交与总参议王克敏代理，从此就一去未回。（周大文整理）

《文史资料选辑》第14辑，中华书局1961年版

《塘沽协定》经过①

熊斌

中华民国二十二年春，日本关东军发动侵略，由山海关、喜峰口、古北口向河北省进攻。军事委员会北平分会代理委员长何应钦上将指挥东北、西北各军及中央之徐庭瑶军（关麟徵、黄杰两师编成）②应战。除宋哲元之二十九军于喜峰口大挫敌军外，山海关正面之东北军节节后退，情况殊不利。

余时任参谋本部总务厅兼第二厅厅长，奉委员长兼参谋总长蒋公命，赴平佐何代委员长筹策，并周旋各将领间。

五月中旬，忽报日使馆卫兵值岗时，被一中国青年砍伤。该卫队长率枪兵八名，乘汽车赴居仁堂，向何上将提出质问，气势汹汹。何命余赴日使馆与日武官永津佐比重交涉。永津虽素识，此时表情严肃，谓"皇军被杀伤，事态严重"。导余往视伤兵，隔窗望见一人以绷带裹头，仰卧兵营内疗养室中。所谓凶手者则为一着白布短裤褂之光头青年，盘足于另室席地坐，大刀置其旁，禁余问话。是否为日人伪装，殊属可疑。请其交我带回讯办，遭拒绝。只好以事态不宜扩大，我政府方面绝不知情，望慎重处理说之。

五月二十四日午后二时，何电约到居仁堂，告以通州失守③，溃兵纷纷西来，拟于当夜一时自西便门上车，先开良乡，再迁保定，嘱准备同行。如来不及，可于一时前径往西便门登车，否则到居仁堂同走等语。询以是否完全放弃北平，据答：留王纶〔伦〕（参谋本部第一厅副厅长）带兵一团，最后守紫禁城云。

当即回寓，略事安排。幸已先期送先父母及眷属往太原，寓中仅仆役留守。四时许，至道德学社，将行止禀告师尊段正元夫子，承示："日军气已停止，不会攻平，不必走。"当对："军事既经决定，我个人不得独留。"师曰："必要走，也无妨，一二日后，仍将转来。"

十时许，私事料理完毕，到居仁堂。入则见何上将及张岳军（群）、俞樵峰（飞鹏）、黄季宽（绍竑）等在座。何告我曰："晚饭后，日本海军武官电话约膺白（黄郛）往谈，不知谈些什么。"等至十一时，黄未来，何令副官电话询黄宅，知黄未回。又电日海军武官室，无人应。有疑黄被日方扣留者。何要起身走，我曰："黄现无职守，日人扣他无作用，不如再等等。"何曰："此时不走，明日拂晓，敌机若将卢沟桥炸断，则我辈都成俘虏也。"余曰："平西有公路通长辛店，曩在陆大参谋旅行时曾走过，万一铁路桥断，乘汽车

① 本文为熊斌1958年所著《卅年回忆》手稿的一部分，发表于1968年6月台湾出版之《传记文学》第12卷第6期，文中夹注为原文所有，（下略）为《传记文学》编者删节。——编者
② 还有第八十三师刘戡部，共三个师。——编者
③ 时日军只逼进通州，失守说不确。——编者

仍可南行，姑再等等。"

十二时许，闻汽车笛声，果系黄归。入室时，状极疲惫，于怀中取出一纸交何，并说："这是数小时谈判的结果。你是军事负责人，要干^①，马上我给他（指日本海军武官）打电话，制止明晨之攻击，否则就走。"何看后交张、黄传观，皆未发言。及余阅后，觉可接受。原所列三条，第一条，中国军队须退至……一线；第二条，日本飞机侦察时不得予以妨害^②；第三条，何应钦派遣军使向密云日本司令部提出和平意见。余谓："第一、二条都已不成问题。事实上，我军已退至该线以西；日本飞机侦察时，我既无飞机，复无高射武器，何从予以妨害？惟第三条似属面子难看，但北平为文化旧都，应予保全，倘轻放弃，责任太大，似拟忍辱负重，姑派员前往一试。"何当谓委员长曾有电示说：万一与日方谈判时，不可涉及政治及领土问题。嘱副官取公事包找此原电，仓卒未得。余曰："有此指示更好，原电不必找，假使我派员去，彼提有关政治、领土问题，再走不迟。"语甫毕，张岳军起曰："我赞同哲明兄意见。"黄膺白促何曰："你应快下决心。"何曰："请你打电话给日本海军武官，照办就是。"

翌日，派参谋本部第二厅处长徐祖诒，以北平军分会上校参谋徐燕谋名义赴密云日本军司令部接洽，下午带回条件，仍是三条^③。前两条与原提者同，第三条为双方派遣全权代表至唐山开停战会议。余主张改在天津，经膺白交涉结果，改在塘沽，以该处为我军防地，日人有运输支部在海岸，并有兵舰驻在，彼此皆有保障。

二十六日午后，何在中南海丰泽园（膺白办事处）约余往，至则张群、黄郛、黄绍竑、俞飞鹏、钱大钧已先在。余到后，何即约就会议桌会议。首言："膺白先生得日方通知，彼方代表人选已定，除全权代表外，另有代表四人，我亦应派同等人数，名单至迟今晚提出。现拟请慕尹（钱大钧字）兄或哲明兄以一位担任全权代表。"钱首谓："我乃保定行营办公厅主任，无委员长命令，我不能去。"余则曰："我乃参谋本部厅长，无总长（委员长兼）命令，我亦不便去。"盖明知任务艰巨，不易达成也。岳军再三恳劝，未敢接受。相持约半小时，忽一参谋持红卷夹送呈何阅，阅后即说："这个问题解决了，请复座。委员长有复电开，以哲明兄为宜。"因彼与膺白曾举余与慕尹，专电请示也。至此只好慨然接受。遂以军事委员会北平分会总参议名义任全权代表。商定提出代表名单为钱宗泽、徐祖诒、张熙光^④、殷汝耕，以雷寿荣、李择一为顾问。请军分会训令指授原则范围。决定后，电呈

---

① 要干：湖北地方方言，指"同意"。——编者
② 熊回忆有出入，据何应钦、黄绍竑辰电记载，第二条没有列飞机侦察内容，可能与《塘沽协定》第二条混淆。——编者
③ 三条不确。据何应钦、黄郛、黄绍竑致汪精卫、蒋介石有戌电，应为五条。——编者
④ 原文为张〇〇，根据《黄膺白先生年谱长编》添补。——编者

委座请训。奉复："临危不避，具见公忠。望商陈敬之、膺白慎重处理。"

二十九日晨，率代表团，由日使馆陆军武官永津佐比重陪同，专车前往塘沽①。午，过天津，下车径赴日本驻屯军司令部，向其司令官梅津美治郎中将，为日使馆卫兵被刺事致歉。梅津以茶点招待，尚客气。旋往塘沽。午后四时，于日军运输支部开第一次会。双方换阅全权代表证书。日方以北平分会委员长系蒋委员长兼任，何以由何应钦署名？何系代理委员长，抑委员长代理？余意识到是有意挑剔，当答以系代理委员长，始无异议。日方全权代表为关东军参谋副长冈村宁次少将。约翌日午前九时开第二次会。

会后回驻专车，默念训令所授原则，不得涉及领土及政治问题，万一日方提出此等有关条件，则无法谈判，特先提备忘录，托永津武官转致日代表团。大意言："中日两国，同种同文，本是兄弟之邦，竟以兵戎相见，实堪遗憾。今得聚会一堂，举行停战会议，顾名思义，自应完全以军事为范围，不宜涉及政治，以期圆满结果，迅速解决，请注意"等语。

翌晨九时举行第二次会议。日方首先提出印刷之停战协定草案，当经翻阅，纯属有关军事条文，主要中国军队撤至芦台……以西，日本军队退至滦河以东。余谓双方撤退以后，中间地区万一有匪徒破坏交通和秩序，无力镇压，殊属危险，主张以武装警察进驻。日方全权代表冈村宁次认为值得顾虑，而其代表喜多诚一（关东军作战课长）则起而反对，身〔声〕色俱厉。余起反驳，相持不下。冈村提议休息十分钟，余表赞同。双方代表各回休息室。复会后，冈村发言，谓："贵方顷间所提，事实上确堪顾虑。兹拟一折衷办法：必要时，中国武装警察为镇压非法分子蠢动，维持秩序，得进入撤退区，但须先通知日方。如荷同意，作为备忘录，列入附件。"当觉可行，遂予同意。

翌日上午九时举行第三次会，签订停战协定。签约后，日方代表同车至津。车中以香槟酒招待之，情绪融洽。

彼等下车后，余即返平，当至居仁堂复命。何、黄等已约集军政各首长相候。当经详细报告，咸认为满意。

《传记文学》第12卷第6期，（台北）传记文学出版社1968年6月

---

① 应为30日上午8时专车离平往塘沽。——编者

二、"何梅协定"及日本华北"特殊化"图谋

(一) 河北事件

河北事件交涉记录①

第一件

民国二十四年五月二十九日，天津日本驻屯军参谋长酒井隆，偕驻华日本大使馆武官高桥坦，到居仁堂访见何代委员长。

酒井谓，渠代表天津驻屯军、高桥代表关东军作口头之通知（其大要如下）：

（甲）

①平津现为扰乱日满根据地，中国政府是否知情？

②天津发生胡、白暗杀事件，查与中国官厅确有关系，政府是否知情？

③中满国境仍有义勇军受中国官厅委任接济，近如孙永勤曾受遵化县接济，并指示逃走途径，政府是否知情？

（乙）因此提出下之质问：

①反日集团究为蒋委员长指导，或何部长指导，或中国政府指导？

②此种责任究由何人负责？

（丙）特预先通告两点，请中国方面注意：

①对日满之扰乱行为，如仍以平津为根据地，继续发生，日方认为系破坏停战协定及《辛丑条约》，停战区域或将扩大至平津。

②对于军之关系者，白、胡之暗杀，军认为系中国之排外举动及向驻屯军挑战行为，如将来预知或有类此事件之情事，日军为自卫上取断然之处置，或再发生庚子事件，或九一八事件亦不可知。

又照停战协定，须中国方面无扰乱日满行为，日军始自动撤退长城之线。如再发生扰乱日满行为，日军可随时开入战区，中方不可不知也。

（丁）酒井个人意见：

①蒋委员长对日之二重政策，即对日阳表亲善，暗中仍作种种抗日之准备，如此政策不根本改变，以后演至何种程度，殊不可知。

②于学忠为扰乱日满之实行者，张汉卿之爪牙，仅迁保定，于事无补，中国政府应自

---

① 原标题作《河北事件双方口头交涉全卷》。——编者

动撤调。

③宪兵第三团、河北省市党部、军分会政训处、蓝衣社,似以撤退为宜。

④最好将中央军他移。

如上项诸点能办到,中日关系或能好转。

第二件

六月四日酒井、高桥到居仁堂访见何代委员长。

何代委员长口头答复酒井等(其要点如下):

①天津发生胡、白暗杀事件,其地点在日租界,系地方临时发生事件,我政府何从知情?但因租界毗连天津市,此间已严令河北省政府转饬津市政府协同缉凶。

②孙永勤匪部窜扰遵化、迁安附近,我政府当时即令警团协同围剿,业已将其击溃。至谓曾受遵化县接济一层,此间已严令河北省政府转饬严查,如果查有实据,自当照律惩处。

③于主席已经中央决定他调,现正斟酌调后之位置,稍缓数日即可发表。

④宪兵团团长蒋孝先、政训处处长曾扩情,已于六月一日免职。宪三团之特务处亦已令其撤销。天津市党部将由中央令其停止工作。蓝衣社根本无此组织,如有妨害中日国交亲善之团体,即予取缔。

酒井等对于此项答复,表示仍希望优先办到以下各项:

①于学忠之罢免;

②河北省、市党部之撤退;

③军分会政训处及宪兵第三团之他调;

④类似蓝衣社组织之抗日团体之撤废;

⑤五十一军他调。

并谓至于中央军他调与否,视蒋委员长之对日方针如何而定,如蒋委员长确定以日为友,则一切问题均可迎刃而解;否则不仅中央军撤退之问题,军部方面对华北及全中国,均有最大之决意及充分之准备也等语。

最后又问何委员长个人今后对日之根本方针及上述五项如何解决。何委员长当答以:中日亲善提携,为我中央既定方针,本人当本此方针努力进行。过去各地如有注意不周之处,当尽力改善。至上述一、四两项业已决定办法,其二、三、五三项可向中央报告,加以考虑等语。

酒井又谓,总之中日问题之关键,全在蒋委员长是否真正与日亲善,抑系阳作亲善,暗中仍准备抗日,华北近日问题不过其枝节等语。

第三件

六月九日酒井、高桥到居仁堂访见何代委员长。

何代委员长口头答复酒井等谓：

①对于日方希望之点截至昨日止已完全办到。

（a）于学忠、张廷谔之免职。

（b）军分会政训处已结束，宪三团已他调。

（c）河北省党部已移保，天津市党部已结束。

（d）日方认为有碍两国国交之团体（如励志社、军事杂志社）已结束。已严令平津地方当局负责取缔一切有害国交之秘密组织。

（e）五十一军已决调防。

②蒋委员长对于中日问题之见解，于其今年二月十四日对大阪《朝日新闻》记者之谈话可以见之。中日必须亲善提携，方足互维东亚大局之和平，此乃我中央既定之方针，亦即蒋委员长之方针，迄今并未变更。凡此皆有事实可以证明，非仅言语所能掩饰者也等语。

酒井等表示，对于我方已办诸事，认为尚未满足，并提出以下四点：

①河北省内一切党部完全取消（包含铁路党部在内）。

②五十一军撤退并将全部离开河北日期告知日方。

③中央军必须离开河北省境。

④全国排外排日行为之禁止。

谓希望即日办理，否则日军即采断然之处置，并谓一、二、三项均系决定之件，绝无让步可言，并请于十二日午前答复等语。

同时酒井并交来缮写之件一份，照录如次（译文）：

第一，至今中国方面依据交涉所承诺之事项：

①蒋孝先、丁昌、曾扩情等之罢免。

②于学忠及张廷谔一派之罢免。

③第二十五师学生训练班之解散。

④天津市党部之解散。

⑤宪兵第三团之撤回。

⑥军事分会政治训练处解散。

⑦蓝衣社类似机关之撤废。

⑧励志社北平支部之撤废。

⑨所撤除各组织及可能再对中日关系造成妨害之人物或组织皆不得进入。

⑩省市职员之人物之件。

⑪约束事项监视纠察手段。

第二,未着手事项:

①河北省内党部之撤退。

②五十一军之撤退。

③中央军之撤退。

④全中国排外排日行为之禁止。

酒井等谈毕即去,俄顷又复返,谓:中央军调离河北系日军部之决意,万难变更等语。

第四件

节录汪院长蒸巳电:

急。北平。何部长:今晨中央紧急会议,对于河北省内党部已有决议,由秘书处电达,对于全国排外排日之禁止,已由国府重申明令,对于五十一军及中央军之撤退无异议。特闻。兆铭。蒸巳。印。

第五件

六月十日下午高桥到居仁堂访见何代委员长。

何代委员长口头告高桥:

①河北省内党部之撤退,已于今日下令,即日起开始结束。

②五十一军已开始移动,预定自十一日起用火车向河南省输送,大约本月二十五日输送完毕。但如因车辆缺乏,或须延长数日。

③第二十五师、第二师已决定他调(预定一个月运毕)。

④关于全国排外排日之禁止,已由国民政府重申明令。

第六件

六月十一日高桥以所拟觉书稿一件交军分会朱副组长式勤,托朱副组长转交何代委员长,请照缮一份,盖章送交日方。何代委员长当即派朱副组长转告高桥,加以拒绝。

照录高桥交来所拟觉书稿如下:(原件存北平军分会)

觉书(译文)

①中国方面对于日军所承诺实行之事项如左(下):

(a)于学忠及张廷谔一派罢免。

(b)蒋孝先、丁昌、曾扩情、何一飞等之罢免。

(c)宪兵第三团之撤去。

(d)解散军分会政治训练处及北平军事杂志社。

（e）对日方所称妨害中日两国邦交之秘密组织如蓝衣社、复兴社等，加以取缔，并且不容许其存在。

（f）撤退河北省内一切党部，撤除励志社北平支部。

（g）第五十一军撤出河北省。

（h）第二师、第二十五师撤出河北省，第二十五师学生训练班解散。

（i）禁止中国国内全面性之排外及排日。

②为以上诸项之实行，下列附带事项亦须并予承诺：

（a）与日方所约定之条款，应于所规定之时间内完全履行。对于有再度渗入之嫌疑或有妨害中日关系之虑之人物或组织，不得重新进入。

（b）日本希望中国于任命省市等职员时，应选择不致妨害中日关系之人物。

（c）对于约定事项之履行，日方得采取监视及纠察之手段。

为以上诸项之实施，以书面送致。

昭和十年六月十日。

国民政府军事委员会代委员长〇〇〇

北平日本陆军武官高桥坦殿

何代委员长派朱式勤口头向高桥表示：

①此次关于中日事件，矶谷、酒井与高桥晋谒部长面谈，均希望中国方面自动处理和平解决，中国方面业已照贵方所希望之各点，分别办理多项，其余诸项现正在积极办理中，故无须再用书面表示。

②此次事件并非悬案性质，已克日解决，其未办结者，在约定之期间定可办到，今贵方又续行要求书面表示，似无必要。

③觉书第二款之事项中，多关于政治方面，非部长权限内之事。且此事昨日何部长答复高桥武官时，高桥表示满意，当将经过呈报中央等语。当时因高桥已由平赴津，此项表示系托日武官室职员渡边转达。

第七件

六月二十一日高桥访见军分会办公厅主任鲍文樾，面交第二次代拟之通告稿一件。照录原文如下：

军分会何委员长所提对梅津司令官之通告

六月九日酒井参谋长所提出之约定事项，以及有关履行此等事项之附带条款，吾人一概加以承认，并可望将此等事项及附带条款自动付诸实现。特此通告。

第八件

七月一日高桥以第三次代拟之通知稿一件，交军分会周副组长永业，托其交鲍主任转呈何代委员长。照录原文如下：

六月九日酒井参谋长所提出之各项期望，均予承认，且自动加以实施。

特此通知。此致

梅津司令官宛〔阁〕下

何应钦

第九件

照抄上汪院长支申电

上海。汪院长钧鉴：密。关于河北问题，日方请用书面通知事，冬日有壬兄曾经面禀钧座。兹由鲍文樾转来高桥交来最后之稿，译文如下："径启者：六月九日酒井参谋长所提各事项，均承诺之，并自主的期其遂行。特此通知。此致梅津司令官阁下。何应钦。"等语。可否？乞示。职应钦。支申秘。印。

照抄汪院长歌辰电

南京。何部长：支申秘电悉。密。稿文与前次吾辈所商定者大致相同，弟同意发出。弟兆铭。歌辰。印。

第十件

照抄致梅津函

径启者：六月九日酒井参谋长所提各事项均承诺之，并自主的期其遂行。特此通知。此致

梅津司令官阁下

何应钦

民国二十四年七月六日

右件于七月六日用打字机誊正，盖章，寄由北平鲍主任派员送交高桥转交梅津。

第十一件

照抄鲍文樾庚十九时电

南京。何委员：密。致梅津函已于本月派周副组长永业送交高桥，高桥已照收，谓河北事件告一段落，颇表满意。职鲍文樾叩。庚十九时。印。

　　按：此次河北事件，中日双方自始即系口头交涉，并无文字记载。中间酒井所交来其所书之件，并非正式文件，且何代委员长并未承诺签字。最后虽经高桥坦自拟觉书稿件，请照缮盖章送去，当亦经正式明白拒绝。迨日本梅津司令官及有吉大使于6

月28日正式发表声明书，声明无扩大事态干涉内政之意。日方复表示，希望我方对于此次事件之解决，有所表示，以作结束。乃由何代委员长请示中央，以军分会委员长权限内，自主办理之事项，予以承诺之书面。该函所云，6月9日酒井参谋长所提各事项，即指下列二事：①五十一军之移防；②第二师、第二十五师之移防两项而已。至于其余两项：①河北省内党部之撤退；②全国排外排日行为之禁止，为军分会委员长权限所不及，系由我中央自动办理，何代委员长实无权表示诺否。事后，日本报纸往往宣称所谓"何梅协定"，乃系有意造作之名词。总之，此次事件，除军分会委员长在其权限内办理事项有一书面外，别无任何文件也。

李云汉编：《抗战前华北政局史料》，（台北）正中书局1982年版，第427—438页

何应钦谈"何梅协定"①
日人制造河北事件

自从民国二十二年我秉承中央指示，忍痛签订《塘沽停战协定》后，日方即认为冀东撤兵区域为缓冲地区。凡此地区内，一切政治设施莫不存越俎代庖的欲望，遇事加以干涉，使我行政官署，无法行使职权。同时日本陆军部认为日本对华政策，应有更强硬的措施，才能获致更大的利益，图将缓冲区扩至冀察全境，一方面可以保证"伪满"的安全，一方面欲使冀察特殊化，进而策动华北独立，达成征服中国的梦想。于是一再寻觅借口，制造事端。在河北事件之前，二十四年一月，即有"大滩"事件之发生，经口头和平解决。同年五月，日军借口以下两事端，制造成轰动全国的河北事件。

第一件事端，是二十四年五月上旬，天津日租界发生《国权报》社长胡恩溥及《振报》社长白逾桓被暗杀事件。胡、白两人，都是接受日军津贴的亲日报人，白逾桓更兼任伪满洲国中央通讯社记者。这两人的身份，虽然在战后被揭穿，据说暗杀事件就是当时天津日本驻屯军（司令官为梅津美治郎）参谋长酒井隆所设计，但在当时两案的凶手为谁，却不得而知。日军则认为案发在日租界，系中国的排外举动，并为我特务人员所为，是向日本驻屯军的挑战行为。

第二件事端，是出入在热河省南部的孙永勤"义勇军"部队，为日军所攻击，逃入长城以南之遵化一带，日军认为系中国官厅予以庇护，因而借口将日军开入《塘沽协定》停战线以内，予以追击。

这两宗事件，差不多同时发生。五月十九日，我适由北平前往太原，访晤阎锡山先

---

① 标题为编者所加。原作《河北事件中绝无所谓"何梅协定"——请史学家及出版界重视历史真实性》（何应钦），本文略去前言及最后《"何梅协定"绝无其事》一节。——编者

生，商讨清剿华北残匪方策。五月二十日，驻北平日本大使馆附武官高桥坦以书面通知一件送达北平军分会，转达关东军为遵化县长何孝怡庇护孙永勤部事，提出要求如下：

（1）此次遵化县长等确有庇护孙永勤股匪之事实。从来国境附近，贵国方面之官吏，均有此庇护扰乱热河匪徒之事，此为不可容许者也，故该军问其责任。

（2）关东军数月来，虽施行扫除扰乱热河之孙永勤股匪，然因贵国官方之庇护，辄向贵国领土内逃遁，因而不得消灭之。故不得已拟自动将所需兵力进入遵化一带，以期彻底消灭之也。

我在太原接到军分会办公厅主任鲍文樾电告后，遂于二十三日返平，当即将高桥来文函送河北省政府主席于学忠，并请他电报孙永勤部情况。于主席报告到达后，遂即据此答复高桥，但是他竟不表满意，显然是借此挑衅。日本驻屯军遂于二十四日在天津开始扰乱行为，威胁于主席和天津市长张廷谔。二十九日，日军更在河北省政府门前示威。

河北事件遂在此时爆发，我一方面极端严肃的予以周旋，一方面与在成都亲自指挥"追剿共匪"军事的蒋委员长以及行政院、外交部密切联系，注视事态的发展。

下面我要说明事件发展的经过，以及当时我秉承政府指示，所采取肆应的措施。

酒井初提无理要求

上述两事端发生后，我于二十三日由太原返平。二十四日将孙永勤事件函复高桥坦。二十五日，于主席函复有关孙部进入遵化一节，实系日军驻马兰峪警备队长岩永大尉通知我方，谓日军在长城一带"剿匪"，为避免误会，要求我团队须退至长城南二十五里遵化城以南。经再三交涉，商定退至长城南十五里。此后日军东进，我军换防，孙部即乘隙入关。此项报告，我一方面转知高桥，并将详情于二十六日电呈蒋委员长及行政院。二十八日，我已获悉日军借口胡、白被刺事件，剑拔弩张，必欲挑起事端，遂于是日致电行政院及黄膺白先生，先行计议。原电文称：

特急。上海。汪院长，并请转膺白兄：亲译。○密。迹来因津日租界两报社长被刺事件，日方剑拔弩张，张大其词。据闻曾拟于皓日发动第二次津市暴动，便衣队之组织，准备均已完成，以梅津力持稳健，临时中止，但随时均有发动之可能。河北问题，不能有一妥善办法，则华北之隐忧，亦终无已时也。如何，祈赐指示。应钦。感申。行秘。

五月二十九日，天津日本驻屯军参谋长酒井隆及日本大使馆副武官高桥坦，前来居仁堂我的办公处所，向我提出口头通知，说是转达关东军的意见。口头通知的要点如下：

（1）

①平津现为扰乱日、"满"根据地，中国政府是否知情？

②天津发生胡、白暗杀事件，查与中国官厅有关，政府是否知情？

③中、"满"国境仍有义勇军受中国官厅委任接济，如孙永勤部曾受遵化县接济，并指示逃走之途径，政府是否知情？

（2）因此提出以下之质问：

①反日集团究由蒋委员长指导，或何部长指导？或中国政府指导？

②此种责任究由何人负责？

（3）特预先通知两点，请中国方面注意：

①对日、"满"之扰乱行为，如仍以平津为根据地继续发生，日方认为系破坏停战协定及《辛丑条约》；停战区域，或将扩大至平津。

②对于军之关系者，白、胡之暗杀，军认为系中国之排外举动，及向驻屯军之挑战行为。如将来预知或有类此事件之情事，日军为自卫上取断然之处置；或直接发生庚子事件，或九一八事件，亦不可知。

又照停战协定，须中国方面无扰乱日、"满"行为，日军始自动撤退长城之线；如再发生扰乱日、"满"行为，日军可随时开入战区，中方不可不知也。

（4）酒井个人意见：

①蒋委员长对日之二重政策，即对日阳表亲善，暗中仍作种种抗日之准备，如此政策不根本改变，以后演至何种程度，殊不可知。

②于学忠为扰乱日、"满"之实行者，张汉卿之爪牙，仅迁保定，于事无补，中国政府应自动撤退。

③宪兵第三团、河北省党部、军分会政训处、蓝衣社，似以撤退为宜。

④最好将中央军他移。

如上诸点能办到，中日关系，或能好转。

我于接到此项口头通知后，即于当日以"艳酉行秘"电，将详情报告在成都之蒋委员长及行政院，请示如何应付。次日，接行政院电复称：

特急。北平。何部长勋鉴：艳酉行秘电诵悉。○密。（一）弟前已电雨岩①，促即往晤广田外相，告以胡、白暗杀事件在日租界发生，为我方警权所不及，自无何等责任。即使暗杀凶徒由内地来，我方亦只能尽协缉之谊。至于孙永勤事件，更与政府无涉。乃日方武官有此无理之要求，殊非双方努力亲善之时所宜有此，盼其设法制止。本日又加急电，促雨岩前往交涉。（二）该武官等口头各项要求，全属有意挑衅，

---

① 蒋作宾，字雨岩，时任国民政府驻日大使。——编者

但其症结所在，仍为对付孝侯①。关于此问题，正候蒋委员长复电。如孝侯能以大局为重，自动辞职最好，政府必鉴其公忠，特予倚畀也。其他各项，有绝对不能答应者，有即使可行亦宜由我方自动行之，绝不可作为妥协条件者，容分别续复。（三）该武官等固只系口头要求，但我方如应付失宜，亦不难造成九一八事件，总盼吾兄镇静沉着以处之。仅先奉复。弟兆铭。卅。印。

在此时间内，行政院迭令我驻日大使蒋作宾先生，与日方商洽此一事件循外交途径解决，未被接受。而日本外务省又表示，对酒井、高桥的蛮横态度无法予以约制。日本天津驻屯军又于三十日展开示威行动，日本飞机也在平津两市上空飞行。酒井隆又公开向外界宣告：“日军一切已准备完毕，随时均可动作。昨对政整会、军分会之通告，系先礼后兵之意。如中国政府置之不理，旬日后日军即自由行动。”我于获知各种情况后，当即电报蒋委员长及行政院，并说明日军之布置，虽系一种威胁，但或许由威胁变为真面目之动作，亦未可知。

关于河北省政府迁保定事及河北省主席易人经过如下：冀省府迁保，原经上年即民国二十三年十二月四日行政院会议之决议，但于主席孝侯鉴于二十四年春中日关系渐趋稳定，未遵照院会迁移。及至五月三十日，日军在河北省府门前示威，于主席始于三十一日仓促迁往保定。酒井二十九日口头意见所谓“仅迁保定，于事无补”者，系事先闻得省府迁保的说法。于主席未能早日遵照院会迁移，颇引起汪精卫之不满，汪在六月五日给我的电报中，曾录上蒋委员长的电文，请我参考。电文中有说：

　　……此次之事固不能专怪孝侯，然去冬迁保之令既下，孝侯有鉴于春来中日关系之好转，及惑于一二人之言，遂不复以迁保之令为意。直至最近日军在省府门前示威，始张皇迁保，中央命令，不若强邻恫吓之有效，思之可为痛心……

汪氏复于原电中，请求蒋委员长速定河北省主席人选，以接替于学忠，并于六月一日两电与我研商于之调职事。前电略称：

　　……蒋委员长复电未到，而形势迫切如此，弟拟提出院议，于学忠另有任用，以张厚琬暂行兼代。张廷谔另有任用，以政整会秘书长俞家骥暂行兼代。

次电则请我婉劝于氏，自动提请辞职。经我与于商谈结果，于以来去均秉中央命令而行，只要中央有令，彼即绝对服从，但绝不自动辞职。当时我亦颇壮其所为，遂于当日电复行政院，代达于氏之意，并于六月二日再电行政院，并建议蒋委员长，主张河北省主席继任人选，以择一北方人中资望相当者充任为宜。

不料六月三日，又接汪电，谓连接蒋委员长三电，主张河北省主席由我暂行兼代，商

---

① 于学忠，字孝侯。——编者

震任天津警备司令，王克敏任天津市长，于氏之出处则另行想定，同时发表。我当即于同日电复，坚却暂代河北省主席的拟议，仍请汪照原来的过渡办法，提请由张厚琬暂代，以便我有时间，专心致力于军分会工作。

再度威胁　临之以兵

六月四日，酒井及高桥又来居仁堂见我。在此之前，我已奉准在职权范围内已将宪兵第三团他调及军分会政训处结束事已作预先安排。先将宪三团团长蒋孝先、团附丁昌，以及政训处处长曾扩情予以免职。并接到行政院于六月二日之萧未电，由汪告知，关于河北党务，业经与叶秘书长楚伧商定：（1）河北省党部〔政府〕偕省党部同时迁移保定；（2）天津市党部停止工作，预备解散；（3）将来以天津县党部兼办市党部工作。但对酒井作口头答复时，仍采取保留态度，以作讨价还价的基础。我的答复大意如下：

①天津发生胡、白被暗杀事件，其地点在日租界，系地方临时发生事件，我政府何从知情？但因租界毗连天津市，此间已严令河北省政府转饬津市政府协同缉凶。

②孙永勤部窜扰遵化、迁安附近，我政府当即令警团围剿，业已将其击溃。至谓曾受遵化县接济一层，此间已严令河北省政府转饬严查，如果查有实据，自当照律惩处。

③于主席已经中央决定他调，现正斟酌其调后之位置，稍缓数日即可发表。

④宪兵团团长蒋孝先、政训处处长曾扩情，已于六月一日免职。宪三团之特务处亦已令其撤销。天津市党部将由中央令其停止工作。蓝衣社根本无此组织，如有妨害中日国交亲善之团体，即予取缔。

酒井等对于此项答复，表示仍希望尽先办到以下各项：

①于学忠之罢免；

②河北省、市党部之撤退；

③军分会政训处及宪兵第三团之他调；

④类似蓝衣社组织之抗日组织之撤离；

⑤五十一军他调。

至于中央军之他调与否，酒井谓："端视蒋委员长之对日方针如何而定。如蒋委员长确定以日为友，则一切问题均可迎刃而解；否则不仅中央军撤退之问题，军部方面对华北及全中国，均有最大之决意及充分之准备。"

最后酒井又问应钦个人今后对日之根本方针及上述五项如何解决。我则答以："自当本中央既定方针，努力进行。至上述第①、④两项，业已决定办法，其②、③、⑤各项，可向中央报告，加以考虑。"

酒井又谓："总之，中日问题之关键，全在蒋委员长是否真正与日亲善，抑阳作亲善，暗中仍准备抗日，华北问题，不过其枝节耳。"其继续挑衅之意，溢于辞表。我遂于当日将谈话全文，电报蒋委员长及行政院。

就在同一天，酒井向美联社记者发表谈话称："如平津亦变为非战区时，在华北美国及外国侨商，无须惧其利益蒙损失。……扫除平津之中国军队，商务定可增进"；以及"彼亟应换用一真正首领，如仍不适宜时，即应变更国策，接受日本之携助"等等狂言。我也于六月五日电呈成都蒋委员长，作为肆应日方进一步挑衅之参考。

果然，在酒井发表谈话的第二天——六月六日，日本多伦特务机关人员四人，均着便衣过张家口，为我驻军赵登禹扣留检查。日方认为有意污辱，乃由关东军代表土肥原贤二，向我提出交涉，要求撤免察哈尔省主席宋哲元，并处罚责任者，否则出兵占领察省。一时事态极为严重，所谓"察北事件"，遂在河北事件正在交涉中同时发生。同日，国民政府特派于学忠为川陕甘边区"剿匪"总司令，张厚琬代理河北省政府主席。

日本军方，此时更以十分严重的态度，计划逼迫我国就范的阴谋。六月七日晨，日本驻华大使馆首席武官矶谷廉介少将，为与华北驻屯军商讨所谓最后手段之决心，特由南京北上。抵达天津后，即于同日上午八时，在日租界日军司令部会议厅举行扩大军事会议，由梅津司令官主席。与会者除矶谷外，尚有酒井、高桥、关东军参谋长棠胁、驻榆关特务机关长仪我、华北驻屯军高级参谋石井、伪满总务厅驻津特务机关长青朽，及宪兵队长池上逦等军事人员多人。该次会议内容，经我方情报人员完全侦知，向我以"华密"电详报。其要点如下：

①梅津首先致词，并报告日本陆军省之训令。此训令之大意为：

甲、依目前情势的演变，恐难避免不祥事件之酿成；在华日军，应有粉身碎骨之准备。

乙、米潭之中国东北舰队，有乘虚出击之可能；天津华方保安队实力强大，如战争发生，可一举消灭天津驻屯军，占领日租界。

丙、华北驻屯军应有采取断然手段之处置及必要之准备。

②酒井隆报告河北事件交涉之经过：

甲、声称何应钦不只否认蓝衣社之存在，而且口出强硬之言，令人愤慨。

乙、并谓何应钦蓄意侮辱军部，轻视日军负责代表，至感不满。

③池上宪兵队长有关最近情报之报告：

甲、国民政府行政院长汪兆铭不能支持全局，蒋委员长又有意回避于四川山中，避不负责，日方绝不认可华方之拖延。

乙、华北在调防期间，秩序变乱，尤以东北军走头〔投〕无路，恐真应验陆军部之训令。

丙、华北驻屯军似应根据军部之训令,采取断然手段。

④对华方交涉方式及军事准备之决议:

甲、由华北军部负责向南京政府提出严重抗议,华北排日问题,决非更换一二官吏即可解决;尤以于学忠免一省主席职务,而竟任三省职务,实无诚意。

乙、准备万一之计划,为以华北驻屯军为主体,占领津浦线黄河北岸及天津。

丙、关东军出榆关,维持战区治安,监视灰色军之战区保安队刘佐周诸部。

丁、热河驻军迅速出古北口,占领北平,同时下张家口及察东,压迫驻北平之中央军徐庭瑶、黄杰、关麟徵诸部队。

⑤上述各项军事准备完成后,由华北驻屯军提出哀的美敦书,限二十四小时内答复左列全部要求:

甲、根据《辛丑》、《天津条约》,要求严惩暗杀案祸首,及接济义勇匪军孙永勤而破坏战区治安之祸首;

乙、取消华北蓝衣社;

丙、撤退华北党部;

丁、扩大非武装地带;

戊、凡系抗日部队即时实现离开华北。

事件演变至此,已至非以极端审慎应付不可之境地,尤以此时突然发生"察北事件",情势更为复杂。我除分电蒋委员长及行政院密报所获各项重要情报外,又迅急采取应付日方的策略。此时酒井隆与高桥坦已根据上述日方天津会议的决定,约期与我会见,乃约定六月九日在居仁堂与之作第三度的会议。

秉持决策　审慎因应

六月九日,我在居仁堂第三次接见酒井隆及高桥坦。在此之前,我已秉承中央决定原则,自动于六月七日将军分会之政治训练处裁撤,下令将宪兵第三团调防,并下条谕给军分会办公厅,着即严令平津两市长、平津卫戍司令部、天津警备司令部及北平宪兵司令部,对于有碍中外邦交之秘密结社及秘密团体严加取缔。以上各项,均于八日送中央社发表新闻,九日见报,借以堵塞酒井等扩大事端的借口。

酒井等到了居仁堂,我当即向他们口头答复各项要求大致都已接受,并口头说明中央对日的方针,其要点如下:(略,见《河北事件交涉记录》第三件)

当天,日军便在古北口、山海关增加步、骑、空各部队的行动,作出向平津地区推进的态势,以示威胁。酒井又于同日托人向我再度催告。我遂于九日连电蒋委员长及行政院报告第三次会谈经过外，并于当日晚七时上电在成都之蒋委员长及行政院，报告酒井再度催逼之经过。略称：

> 酒井隆顷托人来告，彼接军部电，河北省内党部取消及中央军撤离冀境两事，必须办到，并须于文日以前答复。又云如将今日所提各项办到，则河北问题，即可告一段落。又谓，此事完全由驻屯军负责办理；如我方直向外交界进行接洽或其他策动，则恐事态益致扩大，不易办理等语。

行政院长汪兆铭，在连接我各电后，即日以两电复我，大意谓：第（一）（四）两项非中央命令不能生效（按即党部撤退及全国排日行动之禁止两项），第（二）（三）两项请我即办（按即五十一军及中央军之撤退两项）。但蒋委员长九日复电指示，则坚主中央军撤退一节决不能接受。原电称：

> 北平。何部长：阳酉行密电悉。○密。中央军南移问题，决难接受。应一面暗中布置固守，以防万一；一方面多方设法，尽力打消其要求。其余各节，准可速办。事机急迫，一切仍请兄相机处理。至中央军不能南移，及南移后不特不能消弭祸患，反增棘手之理由，另详复汪先生电中，已另录奉达矣。中正。泰未行秘。十四点三十分发。

此时中央各有关方面，亦频频集议会商，详加研讨。十日晨，中央临时紧急会议，基于忍痛维持和平的方针，决定了接受日方要求以避免战争的决议。除由国民政府发布禁止全国排日、排外的《敦睦邦交令》外，并由行政院致电给我。原电略称：

> 今晨中央紧急会议，对于河北省内党部已决议，由秘书处电达。对于全国排日、排外之禁止，已由国府重申明令。对于五十一军及中央军之撤退，无异议；惟撤退后如日军仍进迫不已，则只有出于一战，不能不战而放弃河北。

中央执行委员会秘书处十日来电略称：

> 在河北省境内各党部，经决议一律即日起卸牌撤退，乞即分别饬知。

这种为国家民族命脉而忍辱负重的决定，确实是当年政府决心于适当时期抵抗日军阀以报仇雪耻的大政方针，使我感动不已。我即秉持此项决定，等候酒井等来访，以此决定答复，看他们有何反应。

觉书争议　便函解决

酒井隆及高桥坦，果然不等到十二日的限期届满，听到了中国政府发布《敦睦邦交令》的消息，遂于十日下午五时三十分，由高桥坦四度来居仁堂见我。当由我口头答复：

①河北省内党部之撤退，已于今日下令，即日起开始结束。

②五十一军已开始移动，预定自十一日起，用火车向河南省输送，大约本月二十五日输送完毕。但如因车辆缺乏，或须延长数日。

③第二十五师、第二师已决定他调，预定一个月运毕。

④关于全国排外、排日之禁止，已由国民政府重申明令。

高桥对我的答复，表示满意，无异词而去。我即于同时上电蒋委员长报告并电知行政院，并即日发布将中央军第二十五师调往陕西"剿匪"、第二师调往豫皖边疆"剿匪"之命令，及河北事件和平解决之新闻。

此事到此本已告一段落，不料第二天，六月十一日，高桥坦忽又到军分会，会见我办公厅副组长朱式勤，送来所拟的觉书稿，请我照缮一份，盖章送交日方。这个荒谬的觉书，除不合口头解决的原则外，更增加了附带事项，其原文如下：

觉书：

（1）中国方面，对于日本军曾经承认实行之事项如左：

①于学忠及张廷谔一派之罢免。

②蒋孝先、丁昌、曾扩情、何一飞之罢免。

③宪兵第三团之撤去。

④军分会政治训练处及北平军事杂志社之解散。

⑤日本方面所谓之蓝衣社、复兴社等有害于中日两国国交之秘密机关之取缔，并不容许其存在。

⑥河北省内一切党部之撤退，励志社北平支部之撤废。

⑦五十一军撤退河北省外。

⑧第二师、第廿五师撤退河北省外，及第廿五师学生训练班之解散。

⑨中国境内一般排外、排日之禁止。

（2）关于以上诸项之实行，并承认左记附带事项：

①与日本方面约定之事项，完全须在约定之期间内实行；更有使中日关系不良之人员及机关，勿使从新进入。

②任命省市等职员时，希望容纳日本方面之希望，选用不使中日关系成为不良之人物。

③关于约定事项之实施，日本方面，采取监视及纠察之手段。

以上为备忘起见，特以笔记送达。

昭和十年六月十日

国民政府军事委员会代委员长何应钦

北平日本陆军武官高桥坦

像这样一个不伦不类、狂妄至极的文书，我当然坚决反对。尤其高桥坦竟妄图以我为他的对手方，借此制造他在河北事件中的功劳，这种野心，显然可见。当时我真满腔怒火，激动不已，于是严词拒绝，命朱式勤同志将原觉书稿退还高桥，并向他说明，以前日方所希望各点，均由我自动实行，无须再以书面表示等语；并将此一新情况，向蒋委员长及行政院电告。次日及十三日，行政院及蒋委员长先后复电，同意我拒绝在觉书上盖章送还的决定。

六月十三日，我因急须赴京，向中央报告河北事件交涉经过，以及关东军阴谋成立"华北国"计划，俾对抗日御侮军事作切实有效的准备，乃于是日晨乘专车由平汉路南下，转陇海路东行，十四日薄暮抵徐州。在徐州旅次，即接到军分会办公厅主任鲍文樾的来电报告，高桥又于十三日午后五时到军分会见鲍，仍提出书面文件，文字与前同，但改"觉书"为"备忘录"，要求高桥代表梅津，由鲍代表我分别签字。经鲍婉拒，高桥初颇坚持，继则请鲍向我转达。我于十五日到达南京后，遂即出席国防会议临时会，将来电提出报告，当经讨论决议："此事始终口头交涉，且酒井隆参谋长、高桥坦武官一再声明，由中国自动办理。现中国均已自动办理，且必能如期办妥，是日方意见已完全达到，实无文字规定之必要，我方难以照办，应请日方原谅。"我将此决议文上电蒋委员长请示，蒙复电指示，"答复措词甚妥"，遂即电告军分会办公厅照此决议答复高桥。

高桥坦鉴于我方态度之严正与坚持，情急之下，乃找我外交部驻平人员一再纠缠，一面出言威胁，一面谓此一备忘录，是奉在东京的参谋总长闲院宫载仁之命办理的，如不能实现，则无法复命。但由于我方仍然坚决拒绝，高桥终于自知其难以强迫手段达成其目的，遂放弃索取备忘录，而只是央请中国方面至少请给予一个表示承认的书面通知，并拟就通知稿一件，措词如下：

由北平军分会何委员长送致梅津司令官之通告：六月九日由酒井隆参谋长所提出之约定事项，并关于实施此等事项之附带事项，均承诺之；并拟自动的使其实现。特此通告。

高桥并谓："此为梅津表示好感，最后让步，希望承认，作一结束。"鲍文樾同志将此通告稿转至南京后，经与中央各方面会商，最后由行政院决定，为求事件免致僵持日久生变，仍命军分会办公厅与日方继续交涉，能不出此通知最好，实不得已，必须删除所谓"附带事项"。当军分会办公厅在平与高桥交涉时，政府方面亦在京与日方人员折冲。最后高桥终于让步，不再提"附带事项"问题。于七月一日托军分会副组长周永业，说明河北问题，前经酒井向我提出之各事项，业已施行完了，最近雨宫武官曾与唐次长有壬洽商，为使此事件告一结束，由我方出一书面通知，并交付周副组长通知参考稿一件，删除我所坚决反对之附带事项。此稿经鲍文樾于同日电京告我，经请示行政院，于是在行政院研商后，略为更易文字，核定由我电知军分会办公厅在七月六日以便函纸打字，给予日方一个通知。其全文如下：

径启者：六月九日酒井参谋长所提各事项，均承诺之，并自主的期其遂行。特此通知。

此致

梅津司令官阁下

何应钦

这项通知，既未由我签字，更未盖章，既无前稿中"约定"字样，又删去了所谓"附带事项"。高桥为了自下台阶，也就予以接受。于是，河北事件的余波，到此乃告终止，并无任何文字协定。

《中国论坛》第6卷第7期，转引自李云汉编：《抗战前华北
政局史料》，（台北）正中书局1982年版，第442—462页

新闻报道
何应钦手谕
1935年6月8日

何委员长为谋中外邦交之敦睦，八日亲下一手谕，饬军分会办公厅严令平津军政宪警各机关，严密取缔有害邦交之秘密团体。令云："国家交邻之道重亲睦。平津两市为各国人士荟萃之区，应使中外感情融洽无间，以得增进中外之邦交。着即严令平津两市长、平津卫戍司令、北平宪兵司令注意严查，如有有害于邦交之秘密结社及秘密团体，务予严加取缔，务使遵照，并将办理情形具报为要"云。

天津《大公报》，1935年6月9日
何应钦对日记者的谈话
1935年6月8日

何委员长八日下午四时接见大阪《朝日新闻》驻平记者本乡，兹志谈话如次。本乡问：为打开华北时局之纠纷，阁下如何措置。何委员长答：中日两国亲善提携，为我中央既定方针，鄙人始终本此方针，以互尊互谅之精神，真诚无伪之态度，对于一切问题，务希得到圆满之解决，以增进两国国交之敦睦。本乡问：截至今日止，日本之希望已履行到如何之程度。何委员长答：鄙人所采之措置，截至今日止，可说者已如贵方之所希望，凡此皆有事实证明，勿待再言。本乡问：蒋委员长对此事取如何对策，对此阁下有何进言。何委员长答：蒋委员长之根本方针，在达到中日亲善提携，互谋东亚大局之和平，所有中

央诸领袖,亦均抱此同一之主张。鄙人对此项问题处理,随时均呈报蒋委员长及汪院长,并供献处理之意见,蒋委员长与汪院长颇能采纳。蒋委员长并主张凡于中日两国国交有碍之情事,必须一律加以改善,以谋中日亲善提携之实现。

天津《大公报》,1935年6月9日

邦交敦睦令

1935年6月10日

国府十日命令。我国当前自立之道,对内在修明政治,促进文化,以求国力之充实;对外在确守国际信义,共同维持国际和平,而睦邻尤为要着。中央已屡加申儆,凡我国民,对于友邦,务敦睦谊,不得有排斥及挑拨恶感之言论行为,尤不得以此目的组织任何团体,以妨国交。兹特重申禁令,仰各切实遵守,如有违背,定予严惩。此令。

天津《大公报》,1935年6月11日

国民党中央宣传委员会致各省市党部电令

1935年7月7日

上海《新生》周刊登载文字欠妥,业经分别处分,此案刻已解决。中央宣传委员会为防止将来再有同样事件发生起见,已再令各省市党部,转饬当地出版界及报社、通讯社,嗣后对此类记载评论,务须严行防止。兹录原电如次:

> 各省市党部鉴:本年五月,上海《新生》周刊刊载对日本皇室不敬文字,引起反感。按日本国体以万世一系著称于世,其国民对于元首皇室之尊崇,有非世人所能想像者,记载评论,稍有不慎,动足伤日本国民之感情。一年以来,本会曾迭次告诫,所幸尚能恪守,不意该《新生》周刊有此意外之记载。除业经另案处分外,并为防止将来再有同样事件发生起见,兹特再行切实告诫。着即转饬当地出版界及各报社、通讯社,嗣后对于此类记载或评论,务须严行防止。再,关于取缔排日运动,中央迭经告诫,应遵照本年六月十日国府明令,转告各级党部同志,并随时劝导人民切实遵守。是为至要。中央宣传委员会。印。

记者今日因上海《新生》周刊案,特访中央宣传委员会主任委员叶楚伧氏,承叶氏将处理该案之经过详细说明,并云:"自蒋委员长及汪院长于二月一日及二十日次第发表谈话及报告以后,对日主张已为全党所一致赞助。中央于当时且曾分别召集各省市党部负责人员,予以充分之说明,各省市党部亦具有深切之领会。间有少数地点,未及尽喻,其言动偶有出入者,亦已由地方党部秉承中央意旨,逐渐纠正矣"云云。

《北平晨报》,1935年7月8日

北平军分会关于再次取缔妨碍中日邦交团体令
1935年11月1日

中日邦交自本年六月十日国府颁布睦邻令后,关系已渐臻好转,迩来谣诼繁兴,人心浮动,军分会甚为注意,又已通令各军政机关,严加侦查取缔。令文如下:

　　查取缔妨碍中日两国邦交之团体,迭经令行遵照。此项团体现时是否尚有变名易形、潜伏存在、继续活动者,仰即严行侦查。如查有存在确据者,应即严加取缔,以重邦交云云。

天津《大公报》,1935年11月2日

宋哲元等答复日方抗议文
1935年10月31日—11月4日

十月二十九日津日总领事川越,认平津仍有反日分子活动,曾向平津卫戍司令部、河北省政府、北平市政府、天津市政府提出抗议,要求取缔,现四机关负责长官,已分别答复。兹将全文录下:

商震复文

河北省政府公函。秘平字第五十一号。

案准贵总领事第二二六号公函略开:关于贵国方面取缔排日分子一案,未见何等实绩,请以迅速彻底之手段方法,将辖境内各种排日机关之存在及其活动,一律禁绝为荷等因。查此案前准贵总领事函请核办到府,当经通饬所属特别注意,对于排日分子详密彻查,以敦睦谊而维治安在案。同时迭据各县报告,并无排日机关之存在及其活动。惟本省辖境辽阔,容恐或有疏漏,准函前因,当再严饬所属,限期清查,一经发现,讯明确据,立即严予惩处,以期绝迹。除通饬办外。相应函复,即希查照。此致驻津日本总领事川越(十一月一日)。

宋哲元复文

平津卫戍司令部公函。

敬复者:接准贵总领事十月二十九日公函及附件二纸,以关于妨碍贵我两国邦交之团体,尚有变名易形、潜伏存在、依然继续活动者,嘱即迅速彻底取缔等因。准此。查关于此项团体,现正从事侦察,如实在敝管辖区域内查有存在确据者,自当严加取缔,以增进两国邦交。相应函复,即希查照。司令宋哲元(十一月一日)。

程克复文

敬启者:十月二十九日接到第二二七号来函,聆悉一切。当即令饬公安局,严密取缔在案。或蓝衣社等非法团体，秘密乘机活动，实属违反睦邻之主旨，前曾屡严令公安局随时严重查拿。顷又严饬公安局从速彻底逮捕，对于重要分子，悬赏追缉，以期肃清，而敦邦交。相应函复，即希台查为荷。顺颂时祉。民国二十四年十一月四日。程克拜启。

袁良复文

北平市政府公函。政字第一二〇号。

敬启者：本月二十九日接奉贵总领事第二二九号公函暨附件，均敬阅悉。查本市长莅任以来，对于敦睦邦交之道向极重视，凡市民之言论行为，有足以妨碍贵我两国邦交者，在职权所及范围，无不尽力取缔，既往事实当为贵国在平官宪及侨民所共见闻。且我中央政府亦曾有明令，禁止国民对于友邦有排斥及挑拨恶感之言论行为，本市长既奉有此令，尤为职责所应尽之事，故特对于所属饬令切实查禁，且更为深切之注意。兹准函开各节，自当饬所属特加查察，倘发现有排外行为妨碍贵我亲善者，定必严加取缔，可请贵总领事释念。惟亲善之道，须赖双方国民互有深切之了解，侨居平津一带之贵国人民，或亦无不有足为亲善前途之障碍者，亦请贵总领事随时加意查察，予以同样之取缔，则于两国邦交前途，尤多利赖。准函前因，相应函复，即请查照为荷。此致。驻津日本总领事馆川越总领事。北平市长袁良。十月三十一日。

《国闻周报》第12卷第44期，1935年11月11日

（二）丰台事件

军事委员会北平分会为丰台事件呈行政院文

1935年7月9日

武昌委员长行营，南京行政院、军事委员会、参谋本部：密。据北平宪兵司令部最近逐次报告石、白诸逆反动情形，兹综合摘要如下：

（一）六月二十九日，由某国军部主动，在天津召开秘密会议，议决华北反动军事工作：1.某国因嫌白坚武对于丰台事变独断专行，事前未予通知，致遭失败。更不满于石、白之意见不合，故对白驱逐出境，不准在华北再有反动工作。白之部属，统归石指挥。2.转饬反动军队，急速集合，并调查反动实力之确数。3.反动军兵力分配：①平汉方面，以大名、内黄之杨荣斋、白兆祥等匪部二万余为基干，沿平汉线北进取北平；②北平附近以平谷、密云一带崔天化、贾少卿、周秀峰各匪部进袭北平；③察东方面，以李守信统率张东阁、石凌阁、朱礼门等匪部，及热河各股匪，侵占察省；④战区方面，以赵雷、刘佐

周、冯寿彭各部与李际春旧部等相联合。4.以上各部，须于五日之内能在各该区域内集合完毕，以便将来发动时同时一致行动。

（二）丰台事变起因：缘石友三联络北平市城郊及平谷、密云等处潜伏匪部，于六月二十八日夜与该丰台叛兵同时起事，但因我方警戒严密未逞。某国为避免世界注意，亦未便公然应援。

（三）丰台事变反动者之计划：1.请某国空军示威援助，使中国军队不敢抵抗；2.各反动军队同时发动，使华军首尾不能兼顾；3.各反动军事计划，皆有要图及计划书并兵力分配草册，俾资参考；4.对平、津、保军警有相当条件之勾结；5.对夺取平津由白坚武负责，对夺取察东由石友三负责；6.大名、内黄一带民团约三万余名，首领白兆祥，受白坚武委为第八军军长兼第一路总指挥，待机发动等情。除摘要密令有关部队要严密查防外，特抄同该反动军事计划及要图各一份（要图从略）电陈。北平军委分会。佳令总。印。

附：军事计划

宗旨

现在之国民政府冥顽不灵，以蒋介石任军事委员长，而蒋之志愿不在治国，而在攫取中国大权，实行独裁，往〔枉〕措国事，甘为公敌，飞扬跋扈，蹂躏民生。国事已矣，民命何堪，长此以往，中国势将陷入衣〔式〕微之悲运。我军为维持东亚和平，保障人道，使东亚人民皆得安居乐业，不相倾轧之目的，现于大名、内黄集合民团三万问罪，以期迅速倾覆国民政府，占领华北，挥东亚民族之直诚精神。我军现于河南北部有三万余人，该部历属直系，均为有〔组织之民团，已由本军〕司令白兆祥训练中。

作战计划

我军兵力所在地及部署

现在直隶南部大名、河南北部内黄，约三万人。该部历属直系，现均为有组织之民团，已由本军司令白兆祥训练中。

方针

以乘敌不备，或各个击破沿平汉、津浦两铁路附近之敌，占领天津，然后白兆祥推进。

作战指导要领

以兵力集中大名、内黄一带地区，然后分两个梯队：一沿津浦临清、清河、枣强、武邑、沧州；一沿平汉附近广平、威县、广宗、南宫、冀县、武强、献县、河间，向天津前进。为准备集中完了迅速前进，预先组织一部警卫队，临时于所在地掩护我军集中。各梯队行军，自行派遣警戒队，以防经过道路上之保安队障碍行进。各梯队与敌遭遇时，取连击连所之方式（以一梯队对峙，以一梯队包）①，梯队组织两骑兵连，一连担任前方之敌情。梯队部任联络之责。

部署

各梯队长按情况临时部署。

通信

各梯队各派军官二员、兵十名，担任梯队之互相联络。

兵站放〔设〕施及补给

一、各梯队设特别征发总队，随队施行部队征发。

二、患者之治疗，由梯队经过之城镇所在地医院临时抽用。

情况判断

现在调查所得华北军之兵力及驻军地大体如左：

平汉铁路线石家庄步兵一旅（欠一团），石家庄以南高邑有骑兵一部约二百，保定有步兵一师（三团，师长黄杰），良乡有炮兵一旅（二团，旅长黄大定），津浦铁路线附近东光有骑兵一团（二车〔连〕，郭锡朋所部），沧州有特警一旅（约一千五百），马厂有步兵一师（三团，师长陈冠群），唐官屯、陈官屯辎重，〈静〉海独流有炮兵一旅（二团，旅长王和华）。

以上之华北军，观察平时专以教练为主眼。关于我军，只有人数三万，枪三万之劣，为不可掩饰之事。故我军欲占优（原件此处缺）中及迅速行军，在华北尚无准备之时到达战□□氏，尔后以两个梯队合并占领天津，然后依状况之变化，再策定占领后之方略。

军政计划

1.设战地政务委员长一名，委员十名，担任交通、卫生、患者处置及宣传事项。

2.各梯队自行派遣治安队。

作战地兵要地志之拔萃（研究事项）。

我军不能利用铁路。

3.行军路根据河北省现行地图。

4.津浦、平汉以内附近之河川，除阴雨连绵时，徒涉处所，随地皆有。

5.天候气象之月〔风〕向一般风调多南风，利于北进。

原编者注：此件多缺略，系照原件打印。

《国民政府行政院档案》（二），中国科学院历史研究所第三所南京史料整理处编：《中国现代政治史资料汇编》第3辑第29册，1958年版，无页码

---

① 原文如此，疑有脱漏。——编者

"九一八"后日寇制造"华北国"的阴谋

邹立敬

"正义社"的成立和活动

一九三三年五月间，长城战役结束后，日本帝国主义为了进一步分裂中国，阴谋制造"华北国"。他们嗾使汉奸张志潭、齐燮元、王克敏、王揖唐、郝鹏、张璧、白坚武、石友三等，成立"正义社"，专司联络失意的官僚、政客、流氓以及国民党在职的军政界亲日分子，促成"华北国"的建立。内中以白坚武、石友三等活动最为积极。日本组织华北伪政权的头子，最初属意于段祺瑞，而段被蒋介石迫往上海；只得拉拢吴佩孚，而吴又闪烁其辞，最后才拉拢齐燮元、王克敏、白坚武、石友三等。日寇亦认为白、石两人最忠实可靠，所以对他两人的栽培扶植不遗余力。

白坚武过去曾任吴佩孚的政务厅长，是认贼作父、卖国求荣的老牌汉奸。在于学忠任河北省主席时，他受日本人的嗾使，几次派人刺于，企图夺取政权，成立华北伪组织，但都没有成功。白坚武后又收买、鼓动于学忠的部下叛变，结果亦都告失败。最后在日人嗾使下，白又在沈阳成立"正义社"，拟在北平策动叛乱，成立"华北国"。

一九三五年四月间，白坚武派遣曾在张宗昌部任师长的李瑞清（山东人）到丰台，收买北平军分会所属铁甲车大队的第五中队长沈锡之和第六中队长段春泽，加入了他们的"正义社"。段春泽曾任石友三的铁甲车上校大队长，一九三一年七月间，石率部由平汉路向北平袭击张学良失败后，段即被改编为东北军铁甲车中校中队长。张学良在一九三三年三月间下野后，铁甲车即隶属于北平军分会。段春泽由大队长改为中队长，由上校降为中校，内心颇有牢骚，经常暴露不满情绪。经李瑞清的勾引，又加石友三系段的老长官，所以一拍即合，段就得到伪华北军第二路总指挥的名义。

铁甲车大队辖六个中队，第一、二、三、四中队分驻在琉璃河、南口、西直门及长辛店等地，第五、六中队和大队部驻丰台。少将大队长曹耀章，经常住在北平。大队部的事务，多半由大队附邹立敬代为处理。李瑞清已将五、六两个中队收买好了，还希望把铁甲车整个收买过去，以便由四面八方向城内进攻，一举成功。

段春泽向李说，大队长曹耀章经常驻北平，生活非常优裕，嗜好很多，性情迟钝，遇事非常马虎，没有争取的必要；而大队附邹立敬精明能干，对部下也有相当的号召力，如能把他说服，率全部铁甲车参加战斗，届时定能很快成功。李要段先向邹试探，看他的表示如何再作决定；或者由段介绍邹同李见面直接谈商。段说这都不合适，他根本不能出头，万一在未举事前暴露出去，影响了整个大局，和邹见面最好另找他人介绍。最后李瑞清想到大队部内有一个挂名的上士田润丰，可以由他向邹介绍见面，段亦认为很合适。这样，李瑞清即来到我的家里见面。李先极力恭维我一番，说我青年有为，精明能干，为一般部下所钦仰，随即转到国内时局。他说："蒋介石自私自利，不用人才，排除异己；而对东北人更为仇视，不仅压迫张汉卿下野，还要利用机会继续消灭东北军。现在不仅东北军、西北军以及其他各杂牌军队等对他特别反对，即蒋介石的嫡系部队，如关麟徵、黄杰等内部，也有许多军官对他不满，将来一旦爆发，势必成燎原之火，不可遏止。"我明白了他的意思，就故意问道："李先生说的很对，蒋介石确实是排除异己，不是他嫡系的部队就被消灭，不是黄埔出身的学生他不重用。他这样的做法，将来一定会失败的。但他现在势力庞大，无论在军事、政治以及经济方面，都有相当的基础和雄厚的力量，不是简单随便就能把他打倒的。"李说："现在有许多重要人物和部队已联合起来了，打算打倒蒋介石，在华北开辟新局面，我相信一定能成功。"我说："不要把这事看的太容易。要想打倒蒋介石，不仅本身须有足够的力量，还须有些外力支援，同时要有声望显著的人来负责领导，才能有成功的希望。"李说："这当然必须有足够的力量。我们除了有武装力量以外，还有许多庞大的潜伏力量。只要导火线一点着，四面八方就会群起响应。同时，日本人也赞成我们把蒋介石推倒，准备在华北另外成立一个自治的局面，和蒋介石的独裁政府比较一下，究竟谁好谁坏。"

　　接着，李又说："必要时，日本并愿作有力的支援，使我们迅速成功。这完全是出于友好的行为，决不是想侵略我们。至于最高领导的人选，白坚武先生拟请吴玉帅（吴佩孚）负责；如果玉帅不愿出山，可由张志潭、齐燮元、王克敏、王揖唐、白坚武等负责。另外还有张璧、郝鹏、石友三等，这些人都有相当的力量，而尤以石友三的实力更比较充足，日本人也愿意大力支持他。这完全是为拯救国家、挽救华北而作出的正义决定。老弟你是东北人，又是东北有为的青年，不能坐视东北军的消灭和华北的危机，更不能使蒋介石一意孤行，排除异己，置国家人民利益于不顾。我们已成立一个'正义社'，现在社内负责的白坚武先生，由各方面知道老弟青年有为，关怀国事，拟聘请老弟任铁甲车司令，无论为国家、为人民和为自己，都应大力帮忙。将来成功后，会有更多的借重，倍加酬劳。"李瑞清见我似已入其彀中，于是进一步向我说："第五、六两中队长已加入'正义社'了，希望老弟也加入，共襄义举。"我说："李先生介绍我入'正义社'，我感觉非常荣幸，这是我救国的好机会。我希望李先生把五、六两中队找到一起，我们共同对将来的工作好好研究一下。"李说："段中队长根本不愿露面，其他的各部队长稍过一个时期，绝对给老弟介绍，以便彼此协力进行。"这时李又要给我留下一万元，被我婉辞谢绝了。

李瑞清的被逮捕

李瑞清走后，我反复思索：依靠日本的力量来建立华北伪政权，反说日本是善意帮忙，这样丧心病狂出卖国家民族的利益，是不折不扣的汉奸行为。他所举出的那些负责人都是头号大汉奸，如果和他们同流合污，真是丧尽天良，失去人性。我考虑的结果不仅不应参加他们的卖国集团，而且必须检举这些汉奸们，予以严厉的制裁。

第二天，我将李瑞清来谈的情况报告了大队长曹耀章。曹认为这是不可能的事，第五、六两中队长也不会受他们的收买。曹又说他对他们不坏，为什么要当汉奸呢？我说："这不是你对他们坏不坏的问题，而是利欲熏心的问题。大队长对他们虽好，也不会给他一个第二路总指挥，使他一步登天。这个问题关系国家和整个华北的安全以及我们铁甲车大队本身命运的问题，绝不能忽视。"曹说："你看应怎样办才合适呢？"我说："我的意思，第一步，大队长亲自到军分会见何代委员长（应钦），把经过的情形详细报告他，或者写一件秘密的公函报告他，看他如何指示。第二步，我们对五、六两中队严加注意和警备，最好在每队内找出一两个官长和班长，让他们注意并经常保持联系。"曹同意先写秘密公函报告何应钦，但对五、六两中队，他认为不会发生什么事情，所以根本也未进行适当的布置。

何应钦接到曹的报告后，认为这事相当严重，当即转令宪兵司令邵文凯和我接头，研究逮捕李瑞清的办法。他叫我明天到李家，假意和李商谈争取整个铁甲车大队的问题。我们约定，我辞出李家时，李必送到大门，事先埋伏便衣，予以逮捕。邵文凯遂派宪兵第四大队长和我接头，由该大队长派中队长刘焕然带八名便衣队和我到西直门内新街口斗鸡坑八号李的住宅。我和刘队长事前约定，如果李送我出门后，我对他行举手礼时，那就是李瑞清本人，马上即可逮捕；我如行点头礼时即非本人，不能逮捕。同时又讲明，最好连我同李一齐抓去，以免他们对我怀疑。我们安排妥当之后即行出发，我进入李的院内，八名便衣队和刘队长即潜伏在大门外附近。

李瑞清住的是一个大院内的三间北房小独院。我进屋后，李表示非常高兴，即开始研究争取铁甲车一、二、三、四各中队的办法，并谈到将来行动时的计划。他说："除我们本身的力量外，日本绝对予我们以有力的支援。将来'华北国'成立后，老弟在军事上可称第一功。"此时在门外潜伏的便衣队，不时向院内探头探脑地看，正遇到李的太太想出门买东西，看见有几个便衣东张西望，行动诡祟，便赶快回屋向李说："外边有几个人不断向院内探视，怕出什么事情。"李说："怕他什么，我们家里任何东西也没有，他能找着什么根据。"我假装沉着，又和李谈了一阵话，然后告辞。我走出房门，请李留步，不要再送。李说："初次到舍，哪有不送之理。"走出大门时，我向李行一个举手礼，潜伏的便衣立刻上前把李逮捕了。刘队长同时也要我到大队部去，就把我和李都押上事先准备好的汽车，开到宪兵第四大队部。我当时从后门走出，李被邵文凯送到监狱。直到七七事变后，邵文凯自己当上了汉奸，才把李瑞清释放。

永定门事变的发生

白坚武等对李瑞清被捕的原因，已知是由于我的检举。因当李瑞清和我同时被捕押解到宪兵大队部时，汉奸方面即派人随后探视，见我由前门进去不多时，旋即由后门出来了，就明白这是故作圈套。因此白坚武和石友三等，对我痛恨入骨。这时日本方面对白、石等再三催促，令其早日发动，他们遂决定于六月二十六日晚开始行动。

第六中队分队长范明书，和我是东北讲武堂同期的同学，私人关系很好。我已事先嘱咐他对段春泽的行动特别注意。在二十五日晚十时许，范见有两个人鬼鬼祟祟地和段密谈有一小时之久。二十六日早，段又检查各分队的枪炮和弹药，范认为有可疑之点，同时见段的举动显得特别紧张，就将这些情形立即向我报告。这天早上我和段见面时，也发现他有些神色慌张，又加范的报告，我判断白坚武、石友三等恐怕就要在当天晚上发动叛乱。我把这情形赶快报告大队长曹耀章，同时建议：当天晚上由曹耀章邀请五、六两中队长吃饭，吃完饭后就留他们打牌，一直打到夜深两三点钟再散。我带着队伍在车站附近担任警戒。曹耀章听了我的意见，根本就未当作一回事。他说一两个中队能怎样，他们根本也不敢，仍说我们对他们很好，他们不好意思这样做，还关照我不要捕风捉影。我最后警告曹说，这不是单纯我们铁甲车大队的问题，是整个华北和北平的问题，事情一旦发生，铁甲车队要负严重责任。随后我就到琉璃河去了。

二十六日晚十时许，有六十多名日本人（内中有一部分汉奸伪装日本人）西服革履由天津坐快车到丰台，引起天津车站警宪的注意，认为向来到丰台下车的人很少，这次为什么有西服革履的六十多名日本人到丰台下车，其中必有原故，当即通知丰台车站警宪注意。快车十一时许到丰台后，这六十多名日本人，随即到第六中队部。大队部的副官长刘崇基看见了，即用电话报告大队长，刚说出有日本人六十多名到第六中队部这一句话，电话线即被截断了。这时曹耀章才认识到叛变真要发生了，遂即报告平津卫戍司令王树常。王立即派一一六师师长缪澄流率部用麻袋装土先将永定门城门缺口堵住，并派兵协同警宪对东交民巷出入口加以警戒。

原来在事变未发动前，石友三已秘密派便衣三千多人，潜伏在东交民巷，和日军采取密切联系，准备在铁甲车开进前门，炮击在西长安街的军分会时，潜伏在东交民巷的便衣队即行出动，占领军分会和其他的重要机关。同时在东交民巷的日本军队也出动示威，如此大功即可告成。

丰台方面那六十多名日本人到第六中队部后，白坚武等即主张先把我抓住，同时把大队部的官长共有五六十人全都监禁了，并准备将给曹打电话的副官长刘崇基也绑起来立即枪决。段春泽遂派八名士兵到我家和我常去的地方抓我，但始终没有找到我。这样，就耽误了有两三个小时，已到二十七日上午一时多了。他们不敢再事耽误，赶快让第六中队的铁甲车向前门车站开动。而第五中队却观望不前，未即行动。

第六中队的铁甲车开到永定门，因缺口已被麻袋堵住，无法前进。车上的日本人知道当局已有戒备，遂向西长安街军分会所在地射击了六炮，意在通知隐藏在东交民巷的便衣队出来响应。但四面已被军警宪包围封锁，无法出动。日本人和白坚武等见潜伏东交民巷的便衣队没有响应，同时已近拂晓，不敢再事逗留，遂令铁甲车退回黄村。段春泽见大势已去，不敢再返回丰台，乃率三百多人逃到冀东找他的老长官石友三去了。（据事后了解，第六中队向西长安街军分会射击的六炮，炮弹都落在西交民巷了。据该队刘分队长说，当时发射的炮弹，他没有装引信头，所以都没有爆炸。因为这种举动他实在不愿意，但又不敢公开反抗，只好暗中抵制。）

二十八日，段春泽所带的铁甲车士兵三百多人逃到香河县城。县长事前接到王树常的密令，让他设法把段春泽等扣起来。县长假装欢迎，亲自出城把段队长、贾队附和另外一个姓李的汉奸共三个人接进城内，部队一律在城外驻扎。他们三个人进城后当即被县长逮捕了。城外的部队听说队长、队附等被捕，无形中都自动地解散了。我听到这消息后急到香河，将该部收容回来约有一百多名。段春泽等三人解到北平后严加审讯，因内中牵扯的人太多，不敢再继续审问，过了四五天即把他们三个人枪决了。第五中队长沈锡之虽然没有正式参加叛变，但他态度暧昧，事前既未检举第六中队的叛变行为，事变当时，命令他出动截击，他又越趄不前。大队长曹耀章接受了我的意见，把沈扣押起来。他并表示，以前对这事过于麻痹大意，非常后悔，幸而发现尚早，始得及时制止，使制造"华北国"的阴谋终成泡影。（李上林整理）

《文史资料选辑》第37辑，中华书局1963年版

（三）冀东伪政权的建立

冀东防共自治委员会成立

1935年11月25日

殷汝耕于昨（二十五日）晨八时在通县蓟密专员公署召开冀东防共自治委员会成立

会，到该会外交处处长霍实、民政处处长张仁蠡、财政处处长赵从义、保安处处长董凤翔、秘书处处长张仁蠡（兼）、教育处及建设处处长王厦才，委员张庆余、张砚田、李海天、赵雷、李允声、池宗墨、殷体新等。未举行仪式，由委员长殷汝耕主席首先报告宣布组织冀东防共自治委员会经过，由即日起开始办公。所有蓟密、滦榆两区行政专员公署同时停止办公，限月底结束完毕，并将蓟密专员公署牌额撤销，改换冀东防共自治委员会。旋议决：一、组设监理处，监理冀东二十二县之交通事宜；二、组设冀东二十二县税款接受委员会，接收各县税收；三、在唐山设立冀东防共自治委员会办事处；四、派霍实赴北平日大使馆及武官室，殷体新赴天津日驻屯军部及领事馆，说明：（一）报告成立经过；（二）脱离中央党治，宣布自治，非脱离中国；（三）尽力维持地方治安；（四）负责保侨等四点。最后对冀东各县治安详加讨论后，至十时许散会。霍（实）、殷（体新）午间即分赴平津，殷汝耕拟长期住通，主持一切。

　　殷于会后对中外记者发表谈片如下：一、该会所属区域未考虑易帜；二、所属二十二县税收，县方每年二百八十余万，省方三百余万，国方五百万，该会特组接收委员会从事接收。惟对关、盐两税，因外交关系，不予过问；三、所属境内之币制，顷尚未研究，将来当有办法，各县之现银，于一星期以前即分别封存；四、现有之警团力量，足维持地方治安；五、组铁路监理处，监督区内铁道事业，北宁路榆关、塘沽间，即由该处派员监督。至于昌平县之平绥路及通县、北平间之平通路，路线均短，决暂不派员监督；六、所属人口，据最近统计，共四百六十七万余；七、保境实力，现有保安队一万四千人，民团（常备团一万二千人、散在团十万人）共十余万人；八、该会为办公便利起见，在唐山设立办事处，派委员殷体新为处长；九、古北口、榆关间之日军各有一个师团，因有停战协定规定，故日军在各口往返无从限制；十、该会成立后对所属各县长并不更动；十一、滦、蓟两区专员公署，前（二十三日）即已停止办公，预定于本月底结束完竣；十二、该会设于通州之理由，一方〈面〉因与北平距离较近，另一方面因前专员公署即在通县设立；十三、《塘沽停战协定》之废除，顷尚谈不到；十四、各方对该会如不响应，该会决贯彻主张，不问其他；十五、该会经常费预算，因成立伊始，一切布置均忙，尚未讨论；十六、所属各机关，是否即延聘日籍顾问，顷未决定；十七、现驻通州之二十九军计有一团，前（二十四）又开到一部；十八、将来"满洲国"如派代表来所属境内，是否将予接待，开会决定之；十九、开滦煤矿，该会不准备干预；二十、该会对国际方面，暂无作表示必要云。

天津《益世报》，1935年11月26日

冀东防共自治政府致日本大使馆武官函

1935年12月25日

冀东防共自治政府公函　外字第一号

径启者：案查冀东防共自治委员会于上月二十五日组织成立，宣布自治，曾经函达查照在案。成立以来，时已匝月，深获民众热烈欢迎，一切施政俱臻顺利。惟是为增进施政效力，坚固人民信仰起见，兹经集议一致表决，即于十二月二十五日改组本会为冀东防共自治政府，并公推本会委员长殷汝耕为冀东防共自治政府政务长官，总揽全区军政事宜，业于即日就任。嗣后对于管辖境域之治安行政，仍负全责，保护外侨安全，尊重国际信义。除分函外，相应检同改组宣言及政府组织大纲，函请发照为荷。此致日本大使馆桑原武官。

附宣言一份、组织大纲一份（略）

南开大学马列主义教研室中共党史教研组编：《华北事变资料选编》，河南人民出版社1983年版，第354页

冀东防共自治委员会改称冀东防共自治政府

1935年12月25日

伪冀东防共自治委员会自去年十一月二十五日成立以后，即强占各机关，霸夺北宁路新榆段路政，并截留关、盐各项税款。十二月二十六日忽又发表宣言，将"冀东防共自治委员会"改为"冀东防共自治政府"。二十六日晨公布组织大纲十四条。该伪政府设通县，辖滦东战区二十二县。设政务长官一人，殷逆汝耕自任长官，总揽军政。下设参政八人，为池宗墨、王厦材、张庆余、张砚田、赵雷、李海天、李允声、殷体新，并设秘书、保安、外交三处及民政、财政、教育、建设四厅，其人选为保安处长董凤祥，秘书兼外交处长池宗墨，民政厅长张仁蠡，财政厅长赵从懿，建设兼教育厅长王厦材。并将战区保安队改编为伪政府军队，换着正式军服及有伪组织字样肩章。张庆余、张砚田、李海天、赵雷、李允声部，皆改称为"冀东防共自治政府"第一、二、三、四、五师，张等五人分充师长。

中外记者十余人，二十六日晨赴通访殷汝耕。殷发表谈话云：本府决修明庶政，贯彻初衷，但不脱离中华民国，故不自制国旗，仅于二十六日通告各国，宣布成立，不要求他国承认，亦不拟承认他国；唯"满洲国"因接壤故，事实上不能不发生外交关系。本区军备仍为保安队，不加扩充。税收除关、盐正接洽接收外，余各税均已接收。为体恤商艰，统税暂缓征收。本府年需四百余万，收支可抵。北宁监理处不能取消，惟为便利交通，暂不接收塘榆段，仅监视该段内各站收入，除该处开支外，未截留路款。近拟设冀东银行与《冀东日报》，正筹备中。中央法币，仅禁本区财政机关收用，人民仍可照常行使。本人一

月来未离通,今后亦不他往。凡宗旨相合者,皆可无条件合作,否则无商洽余地。

《外交评论》第6卷第1期,1936年1月

程锡庚①世电

1936年1月31日

南京。外交部。部、次长钧鉴:极密。连日冀察当局,在津向日方交涉取消冀东防共自治政府。日方乃仍以北五省自治为前提,宋委员长应付为难,即由津赴济与韩主席晤商。谨闻。锡庚叩。世。

李云汉编:《抗战前华北政局史料》,(台北)正中书局1982年版,第750页

程锡庚元电

1936年2月13日

南京。外交部。○密。情报司李司长钧鉴:四十八号。土肥由津来平已一周,预定住平一月,如新年之酬酢,意在与政会委员周旋,促进中日亲善工作。今晨谒宋,谈约两小时。宋极盼取消冀东组织。土谓当努力设法,必使办到等语。窃查殷正在与关东、天津两军协商,积极充实该组织各项办法,土肥所云,不过表面敷衍,真意仍在宋与殷同流。但宋表示决对不能脱离中央,坚持前议。华北外交仍在混沌中,报载已有办法,殊非事实。外传土任顾问事,当局有此意,尚未实现,双方仍在考虑。昂叩。元。

李云汉编:《抗战前华北政局史料》,(台北)正中书局1982年版,第750页

(四)日本图谋华北"特殊化"

1.外交档案

方唯智②致李迪俊③有电

1936年3月25日　上海

南京。外交部。李司长迪俊兄勋鉴:密。(一)矶谷自华北返沪,曾电呈陆军大臣云:

---

① 时任国民政府外交部驻北平特派员。——编者

② 国民政府外交部驻沪特派员。——编者

③ 国民政府外交部情报司司长。——编者

宋哲元唯听从南京，我方之威命完全不能行使，我方之自治工作亦未能依照预定进展，事态诚可寒心。而为欲使我方之自治工作恢复轨道之故，有压迫宋哲元使彼听从吾人之必要。因此之故，天津军先有增兵之必要。天津军之增兵，务请将时期提前，必求于四月中实现。冀察及冀东两政权合并，时期尚早。某种场合，有驱逐宋哲元而代以其他人物之必要。（二）天津军司令官致参谋本部电云：设共产军侵至山西北部，则拟援助宋哲元将其击退。又为讨伐共产军之故，中央军向山西进出，对于将来我方在山西之工作有妨碍，应极力阻止，不能阻止之时，我方似亦有出兵山西，与其对抗必要。乞裁决。弟方唯智叩。有。

秦孝仪主编：《革命文献》第106辑，《卢沟桥事变史料》（上），
（台北）中国国民党中央委员会党史委员会1986年版，第89—90页

方唯智呈李迪俊元电

1936年5月13日　上海

南京。外交部。李司长迪俊兄大鉴：密。日现压迫冀察完全自治，逼宋仅负军事责任，政治由吴佩孚、萧振瀛或殷汝耕担任，冀东取消，宋部具有反日情绪之将领均须撤换。惟去秋日曾向吴活动，吴提不干涉行政、不占领土、不借兵，仅允经济提携等条件，致谈判停顿。此次当不易受利用。弟方唯智叩。元（十三日）。

秦孝仪主编：《革命文献》第106辑，《卢沟桥事变史料》（上），
（台北）中国国民党中央委员会党史委员会1986年版，第90页

程锡庚致李迪俊寝电

1936年5月26日

南京。外交部。密。七号。情报司李司长钧鉴：探闻田代[①]司令携来日军部改造华北方案如下：（一）冀东政府取消，畀殷以伪满相当地位。（二）驱逐宋、萧，排去二十九军系统，由曹锟另组华北政府。（三）关、盐税、统税均脱离中央，外债担保继续有效。（四）曹锟如不适当，拟令陆宗舆、齐燮元、李厚基等组织多头政权，受日驻军监督。（五）迫晋阎、绥傅势力退汾河以南，此项办法即由松室向宋间接表示。宋日来称病，纯为外交紧张所致。殷仍在活动，拟代宋主华北，但日方认渠资望过浅。又闻宋决拟让出冀主席予张自忠，以师长刘汝明继察主席，已向中央密保。日方在丰台占用北宁货栈，并收买附近民地百余亩，拟建飞机场。昂叩。寝。

秦孝仪主编：《革命文献》第106辑，《卢沟桥事变史料》（上），
（台北）中国国民党中央委员会党史委员会1986年版，第91页

---

① 田代皖一郎，时任天津日本驻屯军司令官。——编者

许世英[①]致外交部电

1936年6月21日　东京

南京。外交部。四九四号。二十日三九八号电敬悉。日本中央军部似渐有统制，对华主张并无派别或个人意见之表现。原拟在华北造成事实，因宋等不能尽如其意，又未到实力驱去之机运，故一面欲先由中央承诺增强所谓华北政权，一面先由交通经济入手，使成为张作霖时代之东北，相机进展，如此则冀东取消不成问题。闻交通计划，计胶徐、顺济、道济、济彰、沧石等铁路，石津、芝潍、承平、承津、奉津等公路，经济注重棉、煤、铁、羊毛。并闻。余续详。英。

附注：三九八号去电，电告喜多来京与院部长等谈话内容，以作参考。观察如何？盼切实探复由。电报科谨注。

秦孝仪主编：《革命文献》第106辑，《卢沟桥事变史料》（上），

（台北）中国国民党中央委员会党史委员会1986年版，第91—92页

军事委员会参谋本部第二厅致张群情报抄件

1936年7月22日

据报，（天津报告）上月十三日田代、板垣、永见、松室、河边、杉山等在天津驻屯军司令官邸，举行关东、华北驻屯军部联席会议，关防甚形严密。经竭力探讨，得其重要之议决案如后：

一、冀察与冀东合并问题，暂不谈判，仍任其维持现状。

二、长城在冀境内者，由华北日军驻防，在察境内者，由关东军驻防。

三、完成内蒙自治雏形组织，以德王为主体，尽三个月内实现。由关东、华北两军部共同派员负责主持之。

四、华北明朗化之目前重要前提，即为彻底肃清华北境内抗日、反满、亲蒋、联共分子，并扶助石友三成立华北自治军，以平津为根据地，一遇机会，应即发展。

五、拟修筑下列各公路：（一）济顺线（济南——顺德）；（二）沧石线（沧州——石家庄）；（三）秦天线（秦皇岛——天津）；（四）平清线（平阳——清化）；（五）延平线（延长——平清）；（六）承平线（承德——北平）；（七）烟潍线（烟台——潍县）；（八）大潼线（大同——潼关）。

右件除抄送唐总监、何部长、朱主任外，此致张部长。

---

① 时任国民政府驻日大使。——编者

第二厅第一处启

七月二十二日

秦孝仪主编:《革命文献》第106辑,《卢沟桥事变史料》(上),

(台北)中国国民党中央委员会党史委员会1986年版,第92—93页

方唯智致李迪俊篠电

1936年8月17日　上海

南京或牯岭。李司长勋鉴:密。日对华北有大小两计划,其目的则一,即如何防止中央对华北之进出。大计划为进取的,从政治上实现华北明朗化,一面完成内蒙傀儡组织,并压迫晋、绥、鲁组成华北高度自治,关税、财政独立;小计划为保守的,从经济上实现日满华北经济布洛克集团,政治方面维持表面和平以示亲善,以吸引财阀之投资,并表示从国防见地开发华北,以饵军人。支持大计划者为关东军暨各武官,外交官僚则主小计划。据弟观察,两计划的同时并进,以既成事实对付我方。至王克敏北行与否无关重要,日方固愿分化宋之一元政权,但亦惧王之接近中央也。弟智叩。篠(十七日)。

秦孝仪主编:《革命文献》第106辑,《卢沟桥事变史料》(上),

(台北)中国国民党中央委员会党史委员会1986年版,第93—94页

程锡庚致情报司号电

1936年8月20日

南京。外交部。密。三二号。情报司陆帮办勋鉴:川越在津与我方在野名流谈话谓,中日经济提携,希望由经济方面达到华北明朗化,双方合作一切建设、交通、开港、开矿等事业。王克敏北来办理华北经济,中日深表同情,不意为宋氏左右所阻。华北走私机关实为中国浪人买串日浪人所为,日方可以协助办理,不难解决。绥东土匪扰乱,日方实未援助,余素抱两国亲善心理,不愿有伤感情云。闻川越此来所携方案,最要者为扩张警察权限及领事范围。昨访宋所谈关于防止国际共党活动一节,较为重要,对平津过去学生潮,认为国际共党指挥,似嫌当局取缔不严,劝宋防共再加努力,日不惜任何援助。此外,并无重要提议。对华北具体办法,须俟养日在津召开领事会议后,始能决定。昂叩。号。

秦孝仪主编:《革命文献》第106辑,《卢沟桥事变史料》(上),

(台北)中国国民党中央委员会党史委员会1986年版,第94页

方唯智致李迪俊支电

1936年9月4日　上海

南京。外交部。李司长大鉴：密。一、据津方报告日方消息，最近日积极策动华北将领反蒋，驻屯军向宋、韩活动，关东军向察、绥、晋活动。闻已有详细办法，现正探查。二、津日军据报谓，中央近派大批蓝衣社员潜入天津，组织工人、学生，总机关设于英租界，特委松室向宋交涉，严予取缔。三、米星如主办之神州通讯社发英文稿，其编辑为英人Thomasdunn，系前Observer主办人，为著名日人走狗，请严予注意。弟唯智叩。支（四日）。

秦孝仪主编：《革命文献》第106辑，《卢沟桥事变史料》（上），

（台北）中国国民党中央委员会党史委员会1986年版，第95页

方唯智致李迪俊微电

1936年9月5日　上海

南京。外交部。李司长大鉴：○密。据津方报告，日人对王克敏之态度日变，军部方面放出空气谓，华北局面日人决不放松，致与中央合流，华北在外交及经济上无处非特殊情形，果王氏此来希图造成蒋系势力之膨胀，则将与日人以极大刺激，不得不取断然处置。日方对经济开发一节，系对事问题，而非对人问题，王氏有否此雄浑之魄力，颇为怀疑云。方唯智叩。微（五日）。

秦孝仪主编：《革命文献》第106辑，《卢沟桥事变史料》（上），

（台北）中国国民党中央委员会党史委员会1986年版，第95—96页

军事委员会参谋本部第二厅致张群报告

1936年10月11日

关于冀察自治政府事，田代连日积极催促成立，在原则上宋哲元本已同意，但因宣言经田代四次修改，宋部多不以为然，昨日全体干部会议决延缓时日，以观南京交涉之开展。同时，要求驻屯军以先取消冀东政府为成立冀察自治之条件。今晚消息，关东军对于冀东组织颇为袒护，以致驻屯军不能遂意进行，此于宋部对冀察自治政府延缓成立之政策将发生效力，故双十节前后数日可以平安渡过，前途如何演变，自以南京之对日态度为转移。按驻屯军及关东军对于冀东组织之意见原不一致，田代到任时，即主张同意冀东政府之取消。数月前华北盛传将有五省保安组织出现时，冀东政府曾一度发生动摇之恐慌，但不久以前关东军参谋长板垣由绥返津，赴通州视察，发表谈话，盛赞殷之能干，谓

冀东一切设施无一不合日方口胃。此不啻与驻屯军主张针锋相对。盖殷汝耕平常摇尾乞怜于关东军，而对驻屯军殊少联络，所以遭驻屯军之忌也。

又据教育界消息，北平学联会决定明晚举行提灯大会，庆祝双十节，今日推举代表向负责交涉，担保无其他轨外行动，现当局以事关重要，正在考虑之中云。

右件除已抄呈各长官外，特抄呈外交部张部长。

参谋本部第二厅第一处启
十月十一日

秦孝仪主编：《革命文献》第106辑，《卢沟桥事变史料》（上），
（台北）中国国民党中央委员会党史委员会1986年版，第96—97页

河北省公民李镜湖等呈行政院电

1936年11月2日

南京。行政院钧鉴：连日报载中日交涉经过以华北特殊化问题为主要症结之一，公民等闻之不胜愤慨。华北为中华民国之一部，华北人民为中华民国人民之一部，种族、宗教、语言、文化、经济与中华民国其他部分同气连枝，毫无特殊可言。华北人民爱护国家与中华民国其他部分同一热烈，衷心愿在中华民国统一政府之下发展其生活，绝对不受任何外力劫持诱煽以自取分裂。公民等请政府坚决拒绝侵略者特殊化之要求，誓与全国民众以全力为政府后盾，保持领土与主权之完整。河北省公民李镜湖等同上。

秦孝仪主编：《革命文献》第106辑，《卢沟桥事变史料》（上），
（台北）中国国民党中央委员会党史委员会1986年版，第97页

天津方面致外交部电

1937年1月24日　天津

南京。外交部。〇密。华北共同防共一事，因陕事紧急，津日军部复执此为压迫冀察政权实行特殊化、明朗化工具。宋在平虽与松井晤谈数次，表示自力防共，到津后并为先事抵制，发表告冀察同志书，以自力防共，并阐明剿匪不能视同内战两项意义，以昭示于日方冀察当局之态度，免日方来扰。但日方迄不甘心。支田代曾派和知参谋晤宋，拟为一显明要求。宋知来意不善，称病拒见。但下周内，势须接见日军部中人。慎。六九。

秦孝仪主编：《革命文献》第106辑，《卢沟桥事变史料》（上），
（台北）中国国民党中央委员会党史委员会1986年版，第98页

天津方面致外交部电

1937年2月6日　天津

密。宋微午后三时偕觉生、宗舆访田代于张园官邸。桥本、饭田、和知、池田等重要幕僚均在座。谈约四十分钟。田代对陕事解决，一再指为中央业已容共，日本不能忽视，应由冀察开始防共组织，同时并谓中央已决定于三全会时决议取消冀察政会组织，调宋充豫皖绥靖主任，另简何应钦或刘峙北来主持冀察，削韩、宋势力，分化二十九军。田代并云，渠对此种未来演变极度关心，希望宋勿再犹豫，应速自决，日方决全力予以支持，虽有用武力时，亦不惜。宋对此未辩，盖此为近一周来日方屡向宋聒絮之词。宋虽觉其近于挑拨，但又以其言之近理，不能不信。其次则谈经济开发事件，田代对于资金筹办，仍嗾宋照其所嘱仿冀东办法，偷漏关税，接收芦盐，则一切兴办事业资金即有着。宋谓此事须俟戈定远由南京探询意见归后再谈。最后关于冀东四县交还事，田代对宋言，目前中央已拟将冀察取消，是冀察本身存在否已有疑问，何庸再谈此事。宋临作别时约定，离津前再晤商一次。铁。

秦孝仪主编：《革命文献》第106辑，《卢沟桥事变史料》（上），
（台北）中国国民党中央委员会党史委员会1986年版，第98—99页

程锡庚致李迪俊篠电

1937年2月17日

南京。外交部。○密。总四一号。情报司李司长钧鉴：溪报十三号。日方派麦田中尉率日兵四十名，本月删日早六时半，由榆关日兵营用骡驼十头、大车八辆、载重汽车六辆，分载大炮四尊、机枪十六挺、小钢炮八门、大枪约二千枝、子弹二十四箱、手枪及零件军器甚多，押运嘉卜寺，转交德王。现在德王处新由关东军部派来日军事顾问二人，一名米村四郎，一名田谷邱木。容报八号。日方对戈定远接近中央不满已久，戈知难安于位，且不欲宋为难，向宋坚辞，故昨令派政务处长杨兆庚兼代。戈虽未开缺，事实上已不能回任。又秦德纯代宋出席三全会消息传出后，日方要员纷往探询并加讯劝。秦因赴津谒宋请示。宋意坚决，故毅然南下。雷嗣尚本预定随往，亦因之中止。又长芦盐斤运售日本事，李思浩赴津谒宋商议。关于吨数及价格，宋不让步，兴中公司亦坚持前议，已中止续商。昂叩。篠。

秦孝仪主编：《革命文献》第106辑，《卢沟桥事变史料》（上），
（台北）中国国民党中央委员会党史委员会1986年版，第99—100页

东京丁绍伋呈《现时日本各派之对华意见》

1937年3月8日

现今日本各派对华意见渐形接近，似有均主暂时静观之趋势。绥远战事以前，各派因内政上之见解不同，其对华政策亦不能一致。元老重臣、政党、财阀、实业界及其他政府派，因顾虑列强，不欲日本在国际间陷于孤立，且不欲激动中华民族全体之忿怒，均主张对于中国采取和缓手段，压迫中国之程度，以中国俯首求和为止。除伪国不许中国过问外，对于东四省以外之中国领土，无意侵略。但求中国在经济上接受日本之条件，则于愿已足。而青年将校、右翼团体及其他欲革新政治、改良经济之反政府派，则以中国团结不固，内政不修，武力不强，急欲趁此世界经济恐慌，欧洲局势不定，列强自顾不暇之时，对于中国以种种方法侵略破坏，使其一蹶不振。且实行此种计划，则彼等在内政上之势力随之增加。若赞成政府派之主张，使中日关系安定，则政府派之力量依然巩固，彼等革新政治、改良经济之企图万难成功。关于对华政策，有与政府派背道而驰之必要。近年反政府派之力量，较政府派为大，政府派之对华政策，不能见诸实行。南京、东京如有妥协之意思，华北方面必有正相反之策动。前年王亮畴博士与广田商议三原则，引起河北纠纷，缔结"何梅协定"。去岁南京调整中日关系之谈判不调，又发生绥远战争，促进华北恶剧，可为例证。盖日本反政府派以为中国政府无力对日开战，官吏无意死守疆土，日本只由关东军、平津驻屯军，以威胁态度，表示强硬意思，再援助中国汉奸肆行扰乱，则华北官吏自然屈服，日人之所计划无事不成，故决计对于华北实行种种策动，不允停止。而政府派见此辈反政府分子不易节制，若不许其在中国继续捣乱，则必在日本滋生事端。为求日本内政安宁计，不如暂以邻国为壑。且其对华策动成功，亦与日本帝国主义相同。日本不调动大军正式作战，不致引起世界战争。若此辈分子之举动不惹起国际纠纷，亦不加以禁止。又日本政府不能得各派之一致拥戴，即有与中国谋和之诚意，亦无使军人服从命令之实力。日军在华北之自由行动，日商在各处之公然走私，鲜人在平津之扰乱暴动，种种违法，层出不穷。日政府因其皆有军人之关系，不惟熟视无睹，且往往为之辩护。近三年来日本军人在华北策动，猛进不已，通邮、通车、"何梅协定"、冀东独立、平津增兵，一波未平，一波又起。近又要求五省缓冲，援助蒙匪叛逆，得陇望蜀，无有止境。皆由于日本有内政纠纷，其军人之对华政策，与政府相左所致也。

然最近二旬以来，日本各派对于中国，似有均持暂时静观主义之趋势。其原因颇多，可大别为三种：

一、军人之暂时静观，由其对华认识之改变。日本军费膨胀过大，舆论早有反对，在备战时期，人民负担已近极点，若再有大战，闾阎疾苦更不待言。军人亦知日本财政不能持久，乃欲强逼中国屈服，以避战争。以为中国人不知爱国，有远心力，无求心力，若日本仇视国民党，压迫南京政府，再对于其他方面，施以威胁利诱，则中国必将顺从日本之意，其避战之目的，可以达到。及见绥远战事，中国有相当充实之武备，且举国忿怒，将士效死，攻守皆能如意。加以□□声浪，弥漫全国，已觉形势不利。而西安事变后，中国因恐日本侵略，各方团结益固，金融安定如常，又出其意外，始知中国人爱国观念之深切，希望统一之真挚，仇日思想之普及。日本仇视国民党，压迫南京政府，及其他以华制华之手段，决不能消灭中国人仇视日本之心，且适得其反，深悔从前之对华认识完全错误。此时若不停止绥远战争、华北策动，则中国仇日愈甚，势必与苏俄携手。倘又与共党妥协，结成对日联合战线，则局势完全一变，在中国关内外之日军，有腹背受敌之虞。故其对于中国之举动，不得不出以慎重。此军人主张暂观形势之最大原因也。

二、日本外交之失败，亦于军人对华政策大有影响。关于最近之外交问题，政府派以为惟和华和俄，可免大战。日俄不侵条约，俄方既屡有提议，宜允其请，速行缔结。一面对于中国以温和方法，使其承认日本所提联结中日经济之条件，则日本在军事上经济上，均能有备无患。日本外交，此为上策。而青年将校及其他反政府派，则以为方今中国战备未成，外援未至，日本先与德义缔结协定，再乘势压迫中国，则华北缓冲、共同防共两条，可望实现。广田、有田，志在恋栈，乃照军人意思办理。孰知德义两国之援助日本，仅有虚声。俄、英、美三国之反对日本，先成事实。日俄渔业条约，已通过枢密院而不能签字；南京数次会商，因绥远战事而根本推翻，以致日本在国际间之体面，完全坠地。其所以演此对华对俄之丑态者，皆因此辈反政府军人之干涉外交。责难之声，到处可闻。军人亦知日本因此已陷于中、俄、英、美之四面重围，如不暂改方针，必遭打击，故对于华北不得不暂停策动，以观中国今后之动向。

三、内阁根基之不固，亦有影响于其对华政策。现内阁见中国从前对于日本事事隐忍，处处迁就，以为华北缓冲、共同防共两条，亦不妨以威胁手段，提出一试。不料中国急于备战，致日本陷于自行退让之穷境。有田提出辞表，内阁已将瓦解，因中国之西安事变而延命。各方至今对有田犹猛攻不已，甚至有责外务省不懂外交者。今春议会提出不信任案与否，是一疑问。加以拘留真崎案，为全国所注视，判罪，则二二六事件[①]即时有再演之虞；释放，则陆相违法，内阁有连带之责。此为现内阁当面之最大难关，不敢轻于解决。而反政府各派拥戴继任总揆之运动，早已开始。宇垣、近卫，俱有呼声。现尚形势混沌，未知谁占胜利。在此运动未成熟以前，各派亦有不欲真崎案之迅速决定者。或者此案发表之日，即现内阁告退之时，亦未可知。照现在形势，现内阁可延长两三月，然预算案

---

① 1936年2月26日，日本少壮派军人在东京暴动，杀大藏相高桥是清等，袭击首相冈田官邸，是为二二六事件。——编者

经国会修正通过后，内阁去留问题，必又发生，则为一般所共信。现内阁既无日不在风雨飘摇之中，虽犹欲在外交方面与中国解决细微事件，表现若干成绩，以为延命之计。而关于调整中日关系之根本问题，则因有前次之失败，似不易得各派之一致援助，纵有解决之心亦无解决之力，故对于中日交涉亦不能按照原定计划，迅速进行。

有此三种原因，故日本各派之对华意见，渐趋一致。日来日本各派有力有识人士，因恐中国联俄，提议对于中国改取温和态度，阻止中国与苏俄携手，并以若干交换条件，使中国承认日本所提联结中日经济之要求，用以消弭大战者，逐渐加多。此议已为军部稳健派所首肯，现正向各方运动对华外交一元化。能否得军部完全一致之同意，不无疑问，以目下情形推之，军部对华政策之强化或软化，必视中国能否极力备战，是否预备联俄以为断。如中国内部团结坚固，联络英美成功，且备战工作愈急，联俄声浪愈高，则日本军人之对华政策必愈趋软化。然若中国实行联俄，则彼为制机先计，即与中国开战，亦未可知也。

秦孝仪主编：《革命文献》第106辑，《卢沟桥事变史料》（上），

（台北）中国国民党中央委员会党史委员会1986年版，第100—104页

程锡庚致情报司元电

1937年4月13日

南京。外交部情报司：密。总一〇二号。汉报三十三号。前儿玉在津时，日方教以威胁手段试探宋氏，要求组织华北自治政府。宋坚予拒绝。嗣日方表示急盼华北经济提携，按照预定计划早日实现，宋当予默许，并要求取缔冀察境内走私及一切非法组织，日方亦允可。此为近来彼此接洽之经过情形也。陈中孚奉宋派赴日观光，系以冀察外交代表资格，遇事与日方随时商洽，在日将有较长时间之勾留云。程伯昂叩。元。

秦孝仪主编：《革命文献》第106辑，《卢沟桥事变史料》（上），

（台北）中国国民党中央委员会党史委员会1986年版，第104页

方唯智致李迪俊咸电

1937年4月15日　　上海

南京。外交部。李司长大鉴：密。极密。据苏联方面消息，日方（一）鉴于我方态度坚决，强硬论者已抬头，如再让步，无异诱致中国之更强硬。（二）军部谓西斯派认此次总选举法西失败成份较多，多主张废除议会或使其延期召集而拴制政党活动，在对外关系恶化军部发言权力增大时较易奏效。（三）宋哲元、韩复榘近来对中央态度较好，有日益中央化之危险，因此在最近将来日方有随地寻衅可能，至少在外交上做出盘马弯弓姿

态，地点将在内蒙或冀东，时间约在五六月之交云。弟智叩。咸。

　　　　　秦孝仪主编：《革命文献》第106辑，《卢沟桥事变史料》（上），

　　　　　（台北）中国国民党中央委员会党史委员会1986年版，第105页

程锡庚致李迪俊虞电

1937年5月7日

　　外交部。情报司李司长钧鉴：总一二八号。壁报十号。〇密。日军部经济参谋池田回国，游说财阀投资华北，结果圆满。东洋拓殖会社及其他各方面均允帮助政府。池田返津后，日方为促进实行起见，前和知来平谒宋，要求表明态度；宋表示在政治问题未解决前，一切均暂不谈。刻日军部正连日讨论。田代拟乘宋在津商谈此事，以冀达到目的。又前传伪满总理郑孝胥来平秘密活动说，近探悉，系其次子炎佐来平主持其女婚事之误，郑逆将于六月间来平小住。昂叩。虞。

　　　　　秦孝仪主编：《革命文献》第106辑，《卢沟桥事变史料》（上），

　　　　　（台北）中国国民党中央委员会党史委员会1986年版，第105—106页

程锡庚致李迪俊马电

1937年5月21日

　　情报司李司长钧鉴：总一四三号。汉报六十号。日驻屯军司令田代文日召集市民僚属会议，议决阐明日本在华北之立场，而以冀察政权为对象，进行筑路、开矿等事。又德王近以受日方种种压迫，派其亲信周海鸣与此间当局接洽投诚，在察北、内蒙设察蒙行政督察署，由德王负责，现正在接洽中。又此次张自忠在日商谈收回冀东、察北问题，闻日方所提出条件，一部分为日在华北驻军三万，分配山海关、北平、津浦路等地，津石路由日方修筑，龙烟矿归日人承办，余容续查。又天津海光寺日兵营新挖地道，分南北二大干线，北至美以美会以东，南过火葬场，劳工华人不准外出与人接近，天津海河发现之浮尸，即系此类工人。昂。马。

　　　　　秦孝仪主编：《革命文献》第106辑，《卢沟桥事变史料》（上），

　　　　　（台北）中国国民党中央委员会党史委员会1986年版，第106页

程锡庚致李迪俊微电

1937年6月5日

　　南京。总一五八号。情报司李司长钧鉴：汉报六五号。据绥靖公署消息，日方近向宋要

求,对于修筑津石路、开采龙烟矿,及冀察境内划出大部植棉区等项,限短期内圆满答复,宋因感受威胁,决定短期内暂不返平,现正赶装自津市府、平政治委员会及保定省政府通东陵之专用电话。所有军政,宋责令秦德纯、冯治安、张自忠分别处理,对日方暂守缄默态度。又殷逆日前在伪政府例会发表谈话谓:外传冀东政权将由中日外交折冲实行取消之消息,完全无稽,本府连奉关东军密令,已作扩大发展之准备。李宝章之梯队兵力现约七百余人,将于短期内增三倍,凡住北平之本府各机关职员眷属,限三星期内一律移住通县。昂叩。微。

秦孝仪主编:《革命文献》第106辑,《卢沟桥事变史料》(上),

(台北)中国国民党中央委员会党史委员会1986年版,第107页

程锡庚致李迪俊虞电

1937年6月7日

南京。外交部。〇密。总一六〇号。情报司李司长钧鉴:汉报六六号。关于收复冀东事,顷自津市府探出消息,因日方要求太苛,碍难办到。至要求之交换条件如下:一、撤消冀东,应承认日本在华北既得及在计划中之善后权利。二、须在华北划防共缓冲区。三、保障冀东政府各官员之安全与自由。四、华北各项问题愿就地谈判,但中央须承认所谈各项为有效。张自忠曾向人表示,外力决不可恃,愿华北官民觉悟,精诚团结,致力寻出路云云。昂叩。虞。

秦孝仪主编:《革命文献》第106辑,《卢沟桥事变史料》(上),

(台北)中国国民党中央委员会党史委员会1986年版,第108页

2.新闻报道

日驻屯军侵略华北计划

第一桩我们先来谈冀东问题。今春日本经济使节儿玉谦吉等来华考察,回国之后,盼望政府能取消冀东伪组织,铲除这一个政治障碍,以免中国上下为这事对日感觉不快,驯至拒绝一切经济事项的谈判。他这样主张,军部虽满怀的不愿,却为他的理由正当所慑,不能驳诘。那时冀东伪组织的主持者殷汝耕等,莫不深为恐慌,忧虑着朝不保夕。殷为其自身计,准备在伪组织不可维持或者于被取消前,自动反正,率领一般伪官吏发表悔悟宣言,重返青天白日旗帜下。假使日本政潮不起,这种事实,有十分之九被儿玉一派间接促成的可能。不料机运竟转瞬间过去了,伪组织为努力挣扎图存,乃有汉奸

池宗墨、张仁蠡伪民政厅长等组织的赴日考察团，在四月中旬，先后去东渡，辇巨金，向日本朝野间积极活动。其中收效最大的，当是东京五大新闻纸的政变论调，一反儿玉取消冀东之议，一为强化伪组织，作成日"满""冀"联合阵线的宣传。池宗墨在未赴日本前，本与殷汝耕暗斗甚烈。池逆布置倒殷的工作，几臻百分之九十成熟，只因事机紧迫，特放弃了内讧，而为延续冀东伪组织生命而奔走。池逆到东京后，于广岛见着土肥原，经土肥原大大的训斥了一番，斥他倒殷逆的不当，迫他写一张悔过书，自此以后永远尽忠于殷逆，不然则对他必不甘休。池逆经过这种训斥回来后，乃自□对殷逆表白以往的不当，和以后绝对的服从。伪政府外得日本舆论的翊赞，内弭反侧的□忧，于是军部也跟着透出永久支持伪组织的意向。在这三种原因烘托上，伪政府冒了很大风险，才得转危为安。

最近期间，伪组织因为渐臻稳固，汉奸殷汝耕属下诸人意气扬扬，不只无伪组织存废的顾虑，反因基础坚牢，有进而向冀察政权逆袭的趋势。华北日驻屯军部，近来所予伪组织的强化暗示极多。军部少壮派幕僚，大唱其对华准备论，□华北为既得权益，并谓有被摧毁的危险。为防止某国势力的北来，应当支持冀东明朗化政权，保育扶植，借以促华北五省整个的明朗化政权出现。除此以外，少壮派的意见，觉得中国愈是统一，对日外交将愈有办法。外交上有了办法，侮日抗日的事件必定紧跟而来。为不使中国国运抬头，不使中国得到侮日排日的机会，须施方策阻碍中国中央政权的集中，与中国全国实际的统一。这种思想，差不多是华北日人每个必具的心理。现今他们觉得可供他们利用的，只有冀东伪组织。所以军部少壮派武人，自从其国内取消冀东论被压服后，即公开的着手于伪政府的加强组织，使他成为侵略华北的策源地，分裂中国吸收冀察政权等活动的大本营。少壮派武人的行动与思想，几占据华北日驻屯军部的全部，统帅的意□常为他们所左右。少壮派既如此主张，统帅遂也"人云亦云"的俯从。六月六日乃有田代司令官秘密赴长春之举。

他这次是假校阅军队之名，离津赴山海关，转乘飞机去长春的。到了长春他即会晤关东军司令官植田、参谋长东条。这还是两司令官自从去年到任后的初次觌面。会见的意义，是冀东伪组织管辖问题。我们还可想起，今春华北日驻屯军部第二课长和知鹰二回国活动，经最高军部核定，冀东伪组织划为华北驻屯军部管辖。但关东军部在通州设有特务机关，由细木繁中佐充该机关的首脑，仍对伪政府取监视态度，事无巨细，必得经他核准。华北驻屯军部，仍不能直接向伪组织发挥权能。田代到长春的目的，第一是想划冀东实际归于华北驻屯军部管辖，关东军驻通州特务机关须撤退。第二是如果前项目的不达，那末关东、华北两部应该划分界限，将全〔权〕责认真的清分一下，关东军通州特务机关必得缩小，抛却已往包办方法，而容纳华北驻屯军的意见。说得动听一些，华北特殊化希望渐鲜，关东军对华北区域鞭长莫及，不如根据去年绥边战事初发时的议定，察北、绥蒙由关东军负责，冀东及华北由华北驻屯军来办理，俾华北军部因就近的便利，随时可运用冀东实现侵略华北。

田代的说词，结果全获得关东军部的谅解，而得双方折衷的议决案。即关东军部从七月一日起，除却山海关为因伪满境界所在地关系，特务机关仍旧存在外，通州特务机关即缩小范围，名义虽然存在，但仅派一大尉级的武官充任联络员，办理冀东、伪满和关东军军部间有关事项。其对伪军事政治上的活动，完全停止。关东军部所以如此，其实并非退让。盖关东军部今春以来，觉得对华北既无力□进任何图谋，同时又看出华北驻屯军部不甘低头，有着"独往独来"的野心，若不容纳其主张，则一切一切将来总是要归咎到关东军部在内掣肘的。论起冀东，华北军部四月内即径自派参谋甲斐厚少佐，驻在通州与关东军部特务机关"分庭对抗"，互争权限。华北军部驻平特务机关长松井大佐，有时也跑到通州协助甲斐，干涉伪组织设施。因此关东军特务机关长细木的信用与地位，在伪政府方面日就减低。倘不及时让步，细木终归是与松井、甲斐争竞不过的，最后还是权限日坠，地位愈低。关东军部为此慨然许诺，而田代也于六月八日欣欣然返津了。

华北驻屯军部既取得直辖伪组织的实际，乃规定两个步骤，使冀东本身强化起来，供他们将来运用的工具。两个步骤是：（一）改组伪政府各机构，使成一自上而下纵的政体，置重心于华北驻屯军部，而以通州华北驻屯军特务机关长甲斐厚为枢纽，殷汝耕为傀儡；（二）扩编保安团队，增强军事力量，为扩大运动时使用。关于第一项步骤，通州华北驻屯军特务机关于七月一日正式成立，由现驻通州联络员甲斐少佐任机关长。（通州原有华北驻屯军特务机关，去冬□撤。）关于第一、二两步骤实施前，尚有一个先决问题，那就是裁汰伪组织骈枝机关，减小领轻薪的冗员。这一件事，是从整饬收入、编查新预算、节省靡费、存贮财力入手。六月廿一日，田代召集关于此事会议，殷汝耕、池宗墨特由通州前来参加。早九时起始讨论，午间休息，午后三时续议，六时休会。军部里参加的有参谋长桥本，第一、第二、第三课长大木、和知、池田，参谋部附冢田、长岭、专田、浅井、安达、铃木等人。田代认为冀伪组织全年各种收入，连同北宁长芦的路盐协款，共有一千二百万元之多，廿五年度的总支出要达一千四百万之巨。其间临时费用，冒滥开支，和不必要的咨议、顾问挂名干薪支出要有六七百万。去年决算共亏空二三百万元，遂使财政"捉襟见肘，剜肉补疮"。今年海滨、北戴河、昌黎、滦河口走私，税收锐减，渐感支绌，结果不得不发行伪冀东银行钞票，借以维持。但因行使范围过狭，准备基础不牢，信用渐不能维持。发行愈多，价格愈是毛荒，财政愈陷紊乱。最近为建公路，竟不得不另行发行六厘建设库券。此种库券名"冀东政府六厘建设库券"，共发行额五十万元，分五元、十元、五十元、百元四种。七月发出，规定三年内陆续摊还本息，每月由会计特别费拨万六千元为基金，由伪冀东银行为发行付息机关。在这样情形之下，若不实行紧缩，则入不敷出，□伪纸币复滥发无度而自趋覆亡。故田代主张由廿六年度起，预算力求缩编，最多不能超过全年九百万元之数。节□所得，将用发行钞券的准备金，以及扩充保安队化的预备费。殷汝耕当场□感觉万分困难，只因言出田代之口，他是不敢稍表示异议的。廿二日本定续议，临时田代突然患病，遂改为谈话会，在日租界须磨街殷的私宅召集。除桥本外，和知、大木、池田等人亦均前往。殷以无田代在座，始放胆述衷曲，请和知等代为疏解，求准增加预算数目。他的理由是冀东既准备扩大，临时费用自然开支要多，并谓欲成大事，不能吝啬小费。而且收买各种组织，□给某种人活动，皆得由临时费用项下支出，故临时费必须增多的。这些理由，颇能引起和知等的同情。于是嘱照一千万编造预算，俟田代病愈再为转请核准。廿三日，殷、池两逆即挟此项意志，飞回通州，从事预算的编造了。

由以上的事因而展望，我们不必待川越到南京开口谈判，即可断定取消华北政治障碍一层，前途是十分黯淡的了。

第二桩要谈的是华北日驻军部的强化和经济开发最近的动向。华北日军部，由田代来充司令，内部组织已经较前扩大。按以现时的制度言，参谋长以下，分一、二、三课办事。第一课办军事、战斗、风纪、军纪等事；第二课办情报、新闻、宣传、特务等事；第三课办经济开发、资源调查等事。规模已经够大了，但军部意思还不满足，以为冀东既归该部直辖，事务不但增繁，假如伪组织扩大机构，进行各种图谋，则预先的布置、准备，和秘密团体的组织运用，更不能不设一专部负责，企划一切。因此田代拟议将军部的组织略加变更，使他较前扩大，而增设第四课，专办控制伪冀东政府和其他操纵，和一切前进策动的事情。大约七月内，日陆军定期异动时，可由陆军省颁令实现。驻屯军部的少壮派幕僚，为人择职关系，也要同时更动。据现时听到的，刻任第一课课长大木少佐、第二课课长和知中佐，将行对调。第三课长池田中佐，原职不动。新增的第四课则部附长岭少佐担任。第一课长原为大佐阶级，在军部的地位，称副参谋长，也可称作参谋处长，职权仅略逊参谋长，而高于其他课长。和知担任第一课长后，将晋级为大佐。此人为军部内有数的"中国通"，并为津地少壮派首脑，在前充任过太原特务机关长。田代的改组驻屯军部计划，固已邀得陆军省的内许，但他绝没料到本身会出一个问题。这一个问题，便是陆军省以华北未来的纠纷是不能免的。中国中央政府力量逐步北进，他们所持以限制我们的至宝的《塘沽协定》，有为我们废弃的危险。同时保留冀东的伪组织，运用《塘沽协定》以阻室中央势力的北进，非田代的才干能以胜任，必得换一位手段辣、心鬼密的角色担当此任，方为适宜。因属意驻仙台步兵第二师团长冈村宁次中将。陆军遴选到此人的用心，乃由于《塘沽协定》是他经手所签订，关于条约的运用自能灵活。此外冈村的为人"泼辣沉笃"，适合陆军省选材的宗旨。今春本有此意，后来未即实行，是因和知回国活动的结果。而最高军部顾全田代的声望，并恐不到任期，遽行更换，惹起中国方面以后对日驻军司令官的轻视，故遂将此事搁起。但到了七月一日，田代莅任已满一年，在陆军定期异动中调换，自没甚痕迹的。所以此事七月内定可实现，冈村八月初约可到任。由这件事的推测，又可知道日方对华北的进取心，与中国调整中日国交的希望，是完全相背而驰的。

华北经济开发，在安川东拓总裁来华北考察后，华北驻屯军部所持反对兴中公司挟着大满铁主义向华北投资的心理，已完全变化，以前对兴中的"拒"，现在对兴中的"迎"，几乎前后大相径庭。其中原因，殆因东拓不肯与兴中共同投资。军部所期望急切成功的矿山开发、铁道建筑，复不能拉出其他财团出而合作。而一般财团并皆怀疑军部的行险政策，即使军部再自行出头，回国活动，也感觉绝无成效，于是不得不放弃已往成见，欢迎兴中投资开发。上月兴中社长十河信二，不断和李思浩、陆宗舆接洽。六月廿二日获有结论，特赴大连访松冈铁道总裁接洽，然后回国，拉致资本。唯东拓、兴中最近已成立了谅解，对开发华北经济将划分界区。这恰合安川来华北考察后的目的。以后兴中除却电汽、棉产、化学工业，为东拓留些机会外，其余统归口来负责经办。兴中缺乏资金，东拓则允许救助二千至四千万。十河归国，首先要接洽的只是东拓方面的资金援助问题。龙烟铁矿恢复，在十河未回国前，已经商定采中日合办制度，资本共一千四百万元，旧日财产，作价四百万，另筹现款一千万元。中国缺乏现款，由兴中代为借垫，付给利息。平西汤山炼钢厂，刻已着手修理。龙关烟筒山铁道，下月运送材料铺修。至于正式开工的日期，那是要看十河回国活动的结果，和东拓筹借款项如何而定的。

这一件事业的举办，日方完全是以冀察为交涉对手而办理的。他们认为如遵循中日外交正轨，经济提携原则去办，若不协助取消华北政治障碍，那么即使交涉到明年，也没有成功希望。举一反三，凡是有关华北经济开发事项，自以循此途前进，较为便捷。所以川越回任时，已和军部唱和，相互喊出"华北经济开发，仍以华北政权为对象，直接进行交涉"的口号。由此，复可窥测中日未来国交调整谈判，华北经济问题是要被除外的。（廿六年七月十日《港报》）

《卢沟桥》，前导书局1937年版，第47—54页

卢案发生前之酝酿

冀察自河北事件爆发后，党部与中央军相继撤退，屈指至今，恰满二年。二年来的冀察局面，始终在风雨飘摇之中。溯自"九一八"变起非常，东北四省先后沦陷，长城一役，缔结了后患无穷的《塘沽协定》，平津两市在严重威胁下，遂呈极度不安的状态。大连会议之后，又把权利断送了不少，冀察乃成国防的最前线，这就是日本人和一般人所谓的"特殊情形"。在"特殊情形"下，丑剧怪剧不断演出，直到今日，依然疮痍满目！回首前尘，不觉惘然！

一、走私问题　华北走私现已成为举世注目的重大问题，但其演进是由渐而入，慢慢的猖獗日甚，直到今日才演成极难收拾的局面。日韩浪人贩运私货，显然有所仗恃，但最初我们不能防微杜渐，以致主权丧失、取缔困难，实也是最堪痛心的一件事。

浪人走私，远在《塘沽协定》以前，那时可称为"练习时期"，其方式是挟藏携带，偷过管卡，数量并不甚多。《塘沽协定》以后，才有大批私货装船由海面运来。冀东伪组织成立，伪财厅设检验所，按正税四分之一征收伪税，关政始被破坏。近三年来，海关受走私损失达数千万元，在冀察始终没有可认为防止走私的完善而有效的办法！

私货来源，最初如上述只是私藏挟带，物品以日本哔叽及人造丝为最多。北宁铁路线因冀东伪组织之成立而遭切断后，私货才得明目张胆由大连转运秦皇岛、北戴河、南大寺等处，沿铁路运入。货品种类，也逐渐增加，除人造丝以外，砂糖、布匹、煤油、汽油、杂货玩具，凡二十二种，无不走私。海关方面，为查缉来源费尽心思，东、总两车站设有分卡，结果车站不能入站检查，分卡便也形同虚设。站外检查，困难更多。北宁路不肯协助，固为缉私失败主因之一；但海关方面力量薄弱，兼且不能发挥权能，也不无关系。本年春季因检查过严，日本浪人穷凶极恶，竟施以劫夺！海关仓库曾被浪人闯入，殴辱关员抢去运私汽车，东车站也曾发生浪人数百名殴击关员、抢走私货事件。在这种情形下，无法清其来源，便只有在"去路"上想办法。

津市虽为通商口岸，但私货源源不绝而来，销在当地者，为数实并不甚多。最先的私货路出山东、山西、河南、陕西，各有销场。山东周村人造丝织工厂萃集，私货麻丝销售尤多。廿五年夏，大批私糖麻丝强装津浦车不给运费南运者，最远曾到徐州、西安各处！自财政部防止路运走私稽查总处成立，平汉、津浦、陇海、胶济各线，逐步封锁。至廿五年冬，鲁豫边境已无踪迹。浪人因路运不便，乃改用长途汽车。当时日租界专代转运私货之日鲜浪人，称曰××洋行者，凡二十余家，备有大汽车十余辆以至数十辆，不分昼夜，沿津保、津沧等公路，往来运输，经高阳、沧县以深入内地各县。津海关便自那时起，开始布置缉私网，在市境周围，遍设分卡。一方面请得冀察当局的协助，得在内地各处会同军警施行武装缉私，所以在沧县有截获私货，浪人开枪警队还击之事。这就是冀察当局协助缉私的结果。

　　废历端阳、中秋、年关三节，为农村购买力最盛时期，也就是私货外运最猖獗时期。今年五月十二日（端阳节前），浪人因关卡堵截严密，遂竟悍然不顾一切，武装强占小西门分卡，一连三夜，私货流出不少。私商在津有大规模仓库、货栈，可以在日本银行作抵押。日本官方始曰"密输"，继则讳言"密输"而曰"特殊贸易"。其视"走私"，殆成一种特殊方式之营业；浪人则已在"冀东"纳税而愈无忌惮。经营私货的商家，或为日鲜浪人独资；或与不肖的中国人合资；或中国人资本而借用日鲜人招牌，在日租界者总计三百余家。（传八百余家，非是。）现在的情形，因端节已过，正在短期休止。

　　冀察当局去年秋天设立"稽查处"一事，当时曾予海关打击不轻。动机是北宁路警察署长王锡三，怂恿宋哲元在沧县祁口设立沧县稽查处，对私货按正税八分之一征收检验费。表面好像可以扰乱冀东伪组织的走私政策，其实不啻给走私开方便之门。王本人则勾结一二日本浪人，居然填发检验证，允许私货出境。事经财政部参事李青选和津海关监督几番向宋哲元痛陈利害，幸而悔悟得早，冀察稽查处不过如昙花一现，便行结束，关政才得维持了尊严。从那时起，直到三中全会闭幕，冀察当局终于和中央商妥关于缉私的条件，于是开始协缉，开始办理私货登记。现在平津两市私货登记补税，虽不无波折，但大体顺利，最近日本领事馆也向海关方面表示愿意帮忙的意思。私货暂按三成补税，七成记账，外运则纳正税。关方之所以这么宽大，无非盼望私商自新，以后不再买卖而已。最近津市学生发起抵私运动，劝导各界□用私货，□收相当效果。

　　二、通航与经济问题　日人喧嚷开发华北经济，为时甚久。但结果除几个纱厂是凭巧取强夺，可称成功外，所谓修筑沧石路、恢复龙烟矿、塘沽筑港、华北植棉等问题，擘划虽甚积极，实际只落得一场空话，原因是资金无着。只有关内外通航，表面上好像已成事实，其实何尝不是军用机乱飞的变相，而且最近营业亦十分冷落。日本新阁成立后，资金外流，将加更严厉的限制，将来开发经济的困难，正不知要演到甚么程度。

　　当去年十月前后，有一时期冀察当局与日方感情异常恶劣，空气也非常紧张。丰台二十九军与日军冲突事件发生后，当时有一触即发的决裂现象。于是有人重提经济提携之说，以为折冲之道。果然在去年十月宋哲元与田代在天津有所谓"经济提携协定"以后，事态才渐渐地和缓了。事后据冀察当局说，与田代所决的，实以"平等互惠"为原则，经济问题列出修路、筑港、通航、植棉……等八项，并无协定文件，只是口头允许。但日方报纸，则扩大宣传，谓宋与田代确曾交换文件。以后不时催促我方履行诺言，冀察当局便也只得应付兑现。

开发华北经济的主要机关为兴中公司，而策动者则为军部。按兴中公司最初系关东军冈村宁次、板垣征四郎等人所组织，内容空虚，并无充实资金。原意利用满铁为投资之后援，故兴中公司号称资本一千万元，实际只有二百五十万元。满铁权衡利害，自然不愿轻于被人利用。当时满铁与兴中的合作条件，兴中股本二百五十万元由满铁保管，满铁则给兴中月费三万元，倘有投资事宜，兴中须自筹措。其后兴中扬言将扩充资本至一万万元，亦只东京方面少数有关军人散布空气。到今日，冀察地方大部分经济事业，是日财阀纱厂自行投资。兴中所办发电厂（特区电厂）亦只在建筑房屋，以外则替代几家工厂在海河下游租地若干而已。日本驻屯军经济参谋池田，曾两度回国向财阀游说，并无结果。直到东洋拓殖会社社长安川来华，才决定了兴中、东拓分别投资的计划。但此种计划，是否毫无障碍，仍待研究。

就宋哲元与田代所谈八项经济问题而言，除植棉、开矿外，如修路筑港，名为开发经济，其实处处关系着政治、军事。从种种观点来判断，日人口头上所谈开发经济，骨子里殆无时不在实施其"大陆政策"与对俄的"军事准备"。所以有关军事的，无不在积极进行，其不图重要者，则说说作陪衬。主持各项经济事宜的人，也不能丝毫没有私心。譬如龙烟矿因有人想借此恢复汇业银行，结果停顿。沧石路问题比较复杂，日人之意，拟在塘沽筑港接连到天津，再若接连津石路，则可由塘沽一直长驱深入石家庄，这就是"津石路"之说的由来。中央对此，当然不能许可；冀察当局也觉得不能率然答应。修筑津石路，因此耽搁。但我方对于沧石路，则因计划有年，如外人情愿投资，不妨修筑；于是日人又有在沧县海口筑港的企图，这么一样可以由山海关而直驱内地。后因中央严令冀察当局不得贸然作丧权举动，同时想借此博日人欢心的某路当局，也因有所顾忌，不大积极，终于暂时停顿。

关内外通航，为日人认为开发经济成功之一事，实则通航谈判，自《塘沽协定》签字后，即屡有接洽。交通部方面派由天津电报局长王若僖与欧亚航空公司经理李景枞负责交涉，对方则为前日驻军山海关特务机关长仪我诚也。交涉的结果，因日人要求太奢，有南至徐州、郑州等处，暨华北五省航空特殊便利之企望，我方认为不可，遂告决裂。其后日军用机，乃不时在华北各地设站起飞，如太原、包头等地是。宋哲元与田代会议决定关内外通航原则后，惠通公司于去年十一月成立，未经中央核准，即将军用机草草改装，正式起飞。张允荣为董事长，形同傀儡。未几，张不能满足日人的欲望而辞职，津市长张自忠代之，名为董事长，其实等于虚设。

不过，惠通公司的营业，也不能如日人理想那样发达。已经开航的"津锦"（锦州），几乎没有乘客，"平承"（承德）、"津连"（大连）各线，搭者寥寥，近因中央对此拟加干涉，遂暂停航。吃亏的是冀察政委会，在开班时垫出资本五十万元，而日人只把旧军用机来抵债。所谓华北通航，实际不过如此。（《国闻周报》十四卷廿八期）

《卢沟桥》，前导书局1937年版，第55—60页

卢沟桥事件的前奏

由于新的卢沟桥事件，不禁使我们想起了去年"六二六"的丰台失马事件，与"九一八"的丰台中日两军的冲突。本"前事不忘，后事之师"之义，追述过去，惕励来兹，我们把过去在丰台发生的这两件事述写一下，也许不会是多余的。

先说丰台失马事件。去年六月廿六日晨九时许，廿九军第卅八师冯治安部一部，由张垣调驻丰台。因火车鸣放汽笛，致有军马五匹相惊奔逸，窜入正在建筑中之日兵营内，当被日军扣留。看马士兵追至，向值岗之日兵交涉，当被拒绝，旋日军大尉副官小川原野出面干涉，并将马夫殴伤，同时日兵多人，竟持械出营，如临大敌。经华军军官竭力制止，事态始免扩大。翌日，华军马厩中忽来一韩人，自称此马厩系本人所买，不能作马厩，须立即移出。华军以事出离奇，置之不理。讵该韩人竟出短刀动武，旋有武装日兵到来助威帮打，双方乃发生械斗，各有负伤。出事后，中日双方均派员前往调查。日方调查的军官竟谓华兵入日兵营房，实属"侮辱日本国家"，但不知日人对华人的无理取闹，是否侮辱中国国体？冀察当局以此事责在日方，为不愿扩大计，经多次之交涉，不惜委曲求全，以撤兵了事，才算解决。廿九军冯治安部卅七师一〇九旅二一七团第三营崔蕴秋部队约六百人，于七月一日晨由丰台撤退，调驻平西颐和园之营房，而以同师二二〇旅第二营蒋华延部队约六百人移驻丰台。宋哲元并于二日晨赴丰台对该营士兵训话，勉以忍辱负责，顾全大局，以后力避发生事端。于是，丰台失马事件，在有利于日人的条件下，总算"完满解决"。从此，日军不但在丰台可以建兵营，而且积极从事于筑炮垒了。

其次，我们再说"九一八"之夕的丰台事件。九月十八日下午六时许，中日双方军队列队行军，相遇于丰台正阳街。均因彼此不肯让步，日骑马军官三人，突向华军队伍冲下，华军士兵数人被马踏伤，连长孙香亭，亦被日军掳去，日军并包围华军，企图缴械。于是形势颇趋严重，双方均增加军队，形成对峙状态。平丰电话，亦暂时中断。中日两军相遇于丰台大井村地方，日军即开枪射击，华军亦还击，旋各自退去。丰台各重要街衢及宛平县驻丰台公安局，当为日军占据，丰台华军营房亦为日军包围。故当时之丰台，实已形成恐怖世界。事后，宋哲元派卅七师副师长许长林、廿九军参谋周恩敬，日方亦由田代派英井，前往丰台。经数小时之交涉，双方始于十九日晨十时撤兵。旋由卅七师副师长许长林、日军联队长牟田口，各率军队交换敬礼，互表歉意，并各发以后"亲善"训话而散，华

军连长孙香亭亦被日方释出。丰台事件，至此始告解决。至于解决的条件，是驻丰台的华军二营五连调驻丰台迤南之赵家村，以避免两军再发生冲突。于是驻丰台日军附近已无华军踪迹，而丰台几成为日军所有矣。

记者已把上列二事，作一扼要的追溯。若把上列二事与今次事件作一对照，则今次事件发生的原因，已不言可喻。明白点说，日方又欲以此事为借口，向华方有所要求，不过日方这种无理的要求，是没有止境的。如果华方步步退让，则无异给日人造机会。中国之前途，将有不堪设想者矣。（廿六年七月十七日《港报》）

《卢沟桥》，前导书局1937年版，第60—62页

三、冀察政务委员会成立及中日交涉

(一) 事变前的华北时局

河北时局

1935年12月2日

河北时局，近来特别严重。本栏齐稿时，以北平为中心的形势，正在紧张。

某方原来计划为三省宣布自治，其后因韩（复榘）、商（震）不来，遂改而为专盼宋司令（哲元）单独宣布，本星期的问题重心在此。但宋之立场，自然也不能那样模糊，所以先发生殷汝耕据战区为脱离中央的一幕。同时天津接连几日，有请愿的示威。最激烈的一幕，是占据东马路宣讲所，但当日已解散，这几天安静一点。

日本有吉（明）大使，有即日再入南京之讯。中央对河北时局下了几道命令，撤军分会，以宋为冀察主任，何部长（应钦）为驻平长官。但宋已电辞，何也不能即来。现时情形，日本一方对中央进行正式外交，而在华北之局部工作，依然继续着。就形势上看，在一星期内，一定要到达一种段落，我想日政府在伦敦海军会议开幕以前，想看见河北问题的决定。

关联而起的新事件自然不少。如日方在天津东局子自筑飞机场，如在天津、丰台检查车辆之类。土肥原现时在北平，一切的一切，都象征着紧张。至于结果如何，据我们观察，问题的解决，毕竟看南京的交涉。天津这几天，大约还不会变动。

《国闻周报》第12卷第47期，1935年12月2日

机微状态之河北局势

1935年12月2日

本周中日局势，在最机微状态中。自有吉大使谒蒋回沪后，传局势有缓和消息，东京方面得有吉报告后，决令有吉再与蒋晤面，务得中国政府关于对日政策之具体表示，并须按照日方所提出之三原则处理。至于河北局势，蓟密区行政督察专员殷汝耕忽于二十四日在通县组织冀东防共自治委员会。行政院当决议特派何应钦为驻平长官，派宋哲元为冀察绥靖主任，并将殷汝耕免职拿办。蓟密、滦榆两区行政督察专员公署撤销，当由国府明令发表，天津市亦有人出面骚扰，旋即平息。惟日军忽在天津车站及丰台车站阻止火车南下，其意可知。宋哲元前周来津后，本周回平，并向中央恳辞新职，同时邀商震、韩复榘

来平,会商河北局势。商一时不能去,韩复电亦不来。日方除在京沪与当局谈判外,同时日军方面仍在北平与宋哲元进行,截至齐稿时,尚无若何进展。一周来河北局势之紧张,匪特全国人人注意,即欧美亦在关切之中也。兹将各情分述于左:

中央处理河北办法

河北蓟密区行政专员殷汝耕突于二十四日发表宣言,二十四日在通县成立冀东防共自治委员会,殷自称委员长。宋哲元、商震均电京请示办法;行政院于二十四日晨十时开会,决议如下:

(一)北平军分会应即撤销,其职务由军委会直接处理。

(二)特派何应钦为行政院驻平办事长官。

(三)特派宋哲元为冀察绥靖主任。

(四)令冀省府将滦榆区专员殷汝耕免职拿办。

(五)决议:滦榆、蓟密两区专员公署着即撤销,其职务由冀省府直接处理。

(六)决议:电令宋主任、商主席等负责维持地方治安。

国府即日明令发表,并下令缉拿殷汝耕,原令为:

殷逆汝耕,在通州组织伪自治会,宣布独立,背叛国家,罪大恶极,自绝人类,国府特于二十六日晚发表明令,着行政院迅饬冀省府,即予免职拿办,以遏乱萌。原令如下:现年以来,国家多难,忧患频仍,所恃全国人心一致团结,含辛茹苦,共济艰难,凡属血气之伦,无不深明此义。河北为形胜之区,关系尤重,各界人士,均能坚忍自持,力谋支柱,风声所树,动系安危,矧在公务人员,职有专属,更应如何激发天良,竭智效忠,共图捍卫。乃查有河北省滦榆区行政督察专员殷汝耕,于25日妄自宣言,组织冀东防共自治委员会,自为委员长,勾结奸徒,企图叛国,于国家危难之中,为乘机扰乱之举,丧心病狂,自绝人类,一至于此。该逆殷汝耕,着由行政院迅饬河北省政府,迅予免职,严行缉拿,依法惩办。所有滦榆、蓟密两区行政督察专员,着即撤销,其一切职务,由河北省政府直接处理,迅遏乱萌,以固群志。此令。

自殷汝耕发表宣言后,监察院呈国府请采取有效方法紧急处置,沪市商会并电宋哲元、商震、程克,请以全力维持领土完整。关于平津治安,宋哲元已表示维持,惟对冀察绥靖主任一职已电京请辞,原电云:

南京。军政部部长何钧鉴:昨奉宥来电,承示中央任命宋哲元为冀察绥靖主任,闻命之下,曷胜惶悚。窃维樗栎之材,不足以当大任,平津两市,尚难策划安全,绥靖冀察,更恐不胜艰巨,伏乞钧座体念微忱,转请收回成命,以免遗误,重为公忧,是所企祷。宋哲元叩。感(二十七日)。

何应钦于二十八日复电慰留。宋又电山东韩复榘、保定商震请来平商河北问题，韩复电谓中央已任命何部长为驻平长官，地方负责有人，本人暂缓来平，商震亦复电，因病不能赴平。至何应钦是否即行北来，据京电，尚未决定，惟当局连日集思于应付北方大局，用力安排，煞费苦心。因京沪间中国当局与日使之接洽，尚见良好，认为对北方尚有希望，但据萧振瀛于二十八日语往访新闻记者，谓何部长虽来电慰留宋司令，但宋仍无就职意。目前时局依然甚紧，某方催促颇急，中央电嘱继续苦撑，但无具体办法，宋之驻京代表戈定远谒孔代院长请示方针，亦无若何办法云云。中央现实除由张群、陈仪留沪与有吉接洽外，并电北平宋哲元继续撑持。

孔祥熙与须磨谈话

日总领事须磨二十七日午后九时访问财政部长孔祥熙，关于华北时局交换意见，席上孔部长称：华北之情势极为重大，一旦处置错误，中日两国之关系将有全盘发生纠纷之虞，希望日本政府慎重考虑。须磨总领事对于上项之请恳，阐明日本政府之立场如下：华北自治运动，乃系中国之内政问题，非日本政府所能干与。然而若国民政府采取无视舆论之手段，例如逮捕殷汝耕之行动，则日本政府将至不得已而出于何项之处置，事态将反陷于恶化。行政院会议之决定，与蒋委员长、有吉大使会见时蒋氏所提议者，有相当之距离，国民政府之态度既如此，即使何应钦北上，谋时局之安定，亦属困难云。次孔部长对于币制改革要求日本政府谅解，尤特恳请上海现银输出之缓和。须磨总领事对此诘难国民政府，并率直陈述对于币制改革案之实行，抱甚大之悬念。会谈达一小时。

日使决再入京商谈

日使有吉自上周入京谒蒋委员长，二十三日回沪后，当将与蒋晤谈情形电告外交部。二十二日日本内阁会议，以蒋氏与有吉谈话，虽赞成日方所提调整中日关系之方针，但无若何具体案提示，讨论结果，日政府决坚持四省会议之方针。据日本发表蒋委员长与有吉会见内容：

蒋委员长于二十二日与有吉大使会议席上，提议如左，二十二日已有电到外务省：

①以取消华北自治运动、中止自治宣言为条件，全面的承认广田外相之对华三原则。

②国民政府则考虑包括该项三项原则之华北解决办法。

③因此最近将派遣有充分权限之人赴日本，以资披诚交换意见，以上请转达于贵国政府云云。

然而派遣之人物及交涉地点、日期均未言及，且解决办法亦未提示，日方对此，将俟外务、陆军协议后，再训电有吉办理。（一）日方以华北如认为华北民众由于日本唆使者，此诚错认,殊难期解决,此点更有明白之必要;(二)所谓承认包括广田三原则之华北问题解决,然华北与满洲国接壤,在共产党防止宣言之见地上,当然包含于三原则之主旨,且此为最初之具体表现,则殊无取缔华北自治运动之理由;(三)日本政府要不外认为华方拆开华北,故事态之迁延,实不能许,当要求其从速提示解决办法。(东京新联社二十二日电)

日外相广田训令有吉再往谒蒋委员长,根据日政府所定方针交涉:

①日本政府对华根本政策,业经广田外相向蒋作宾大使说明,已通达南京政府。

②南京政府立于东亚安定维持之大业的见地,如全般的承认日本对华根本政策,确信其必能提出提携之具体案。

③华北自治运动,诚属中国之国内问题,然而华北地带之特殊认识,当然为日本对华基本政策之一重要项目,日本政府对于南京政府行将采取之华北处理办法具体案,实可为对日诚意之一试验。

④南京政府对于有吉大使,除说明对日根本方针之具体政策外,对于华北现状,以此为中日满关系之调整及赤化共同防御而树立最适切有效之方策,以展开中日共存共荣之具体的事实为第一要义。(东京新联社二十三日电)

至日本军方面对政府解决河北时局办法之态度,据东京二十七日新联电云:日本军部方面对此,因尚未接何项报告,故尚未至开陈意见之时期,将取审慎之态度,以静观事态之推移。关于华北重要新事态,在有吉与蒋会见时,该大使即严重警告,谓国府应一扫其对于华北事态之错误认识,出以适切妥当之解决手段,而再度唤起其注意,正确认识现实之事态,以善处其治安归于平静。然而国府此次决定之时局解决办法,仅为撤换从前之机关,代以外观整齐之新机关而已,若徒持该种观望主义,以不彻底之方法,而使事态纠纷时,则事态更必恶化,对华北有密切关系之日本,实难默过云。

《国闻周报》第12卷第47期,1935年12月2日

何应钦到北平后的河北局势

1935年12月9日

本周河北局势,自中央明令何应钦为北平办事长官后,何即由京偕熊式辉北上,先到保定晤冀省主席商震后即来平,连日与宋哲元等见面会商。同时陈仪由京过津赴平,陈在津曾访日本驻屯军司令官多田,到平后分访日方土肥原及高桥垣。何与宋哲元等晤商结果,宋表示绝对听命中央,而东京电称:日陆相川岛发表谈话,亦谓"最近或将见到一转换亦未可知",一时颇有乐观空气。至五日宋哲元忽赴西山休息,并发表书面谈话,谓此

后一切困难问题，当悉听命何部长负责处理云云，同日下午忽有所谓自治请愿代表赴居仁堂请愿事件。兹分述如次：

宋哲元催示办法

宋哲元自奉冀察绥靖主任新命后，即电中央请辞，二十九日又二次电中央辞职，并请指示办法。而日方催促甚紧，三十日为预定之第二次限期，宋二十九日晚与秦德纯、萧振瀛等会商后，决定再电蒋委员长，报告北平实情。原电为：

南京。委员长蒋钧鉴：密。忧患叠乘，情势危迫，屡经电陈，计邀钧察。刻下民情愈益愤昂，城乡市镇议论纷纭，倡导自治者有之，主张自决者有之，一一遏抑，既有所不能，徒欲苦撑，亦绝非空言所能奏效。哲元德薄能鲜，抚驭无方，综衡情势，似非因势利导，别有以慰民望定民心之有效办法，纵外患不计，亦内忧堪虞。哲元职司兹土，见闻较详，心所谓危，不敢不告，谨电披陈，不胜悚惶待命之至。职宋哲元叩。卅。

天津市长程克、北平市长秦德纯、天津市商会等均致电中央，兹录程克、秦德纯电文如下：

程克电　南京。行政院钧鉴：近来北方危迫情形，业经宋绥靖主任电陈在案，默察天津附近，危机四伏，一触即发。克忝绾市政，处此危急存亡之秋，苦无抚驭之策，窃观大势所趋，恐非俯顺舆情无以挽狂澜于既倒，心所谓危，不敢缄默，谨以上陈，不胜惶恐待命之至。天津特别市市长程克叩。东（一日）。印。

秦德纯电　（衔略）国家多事，北方尤急，困厄情形，屡经电陈。自战区突变，津市惊扰，危疑震撼，民心动摇，自治自决，议论纷起，空言苦撑，难挽危局。德纯抚驭无方，因应已穷，切盼中央早定大计，因势利导，以奠北方。临电不胜惶悚待命之至。职秦德纯叩。东（一日）。

何应钦由京来平

何应钦奉中央新命后，三十日晨谒蒋请示，即于晚动身由津浦专车北上，同行有赣主席熊式辉及随员等。一日，过徐转陇海路开封晤刘峙，一日晚由汴北上，二日晚八时三十分抵保定。商震力疾出医院至车站欢迎，宋哲元并派代表门致中往迎，下车后同赴商宅休息。何发表书面谈话谓："本人奉命北来视察，此外并无任务，至就任行政院驻平长官一职，现尚未考虑及此。"与何同行之熊式辉、何竟武等则于二日晚赴平。三日午，何在商宅接迎日本新闻记者。何发表谈话云："本人奉中央命令，北上视察，就近与宋司令、商主席及各地负责当局协商处理一切临时发生之问题。至于行政院驻平办事长官一职，就否尚未考虑。现中日两大民族，不论就历史地理言，必须和平亲善，相互提携，本共存共荣之精神，以维持东亚及世界和平。此吾人所朝夕祝祷者，亦为两国国民所迫切盼望者，尤望新闻界本其天职，努力促成，注意东亚繁荣，使世界大同早日实现。"旋答记者问，谓："宋司令来电迎余赴平，河北事件想不难解决。北平为重要都市，本人此来，抱有甚大决心，希望北平能为一和平之城市"云云。

何氏于午后二时乘专车来平，六时到平，赴居仁堂行辕。据传何氏此来，有代表中央解决河北时局问题之广泛的权限，当由京启行前，中央有具体训令，交付何氏。又陈仪亦由京北上，过津时曾赴日本驻屯军司令部与多田司令官晤谈，到平后并分访日方要人土肥原、高桥垣等。三日晚十时，宋哲元、秦德纯、萧振瀛赴居仁堂谒何应钦氏，陈仪、熊式辉亦在座。宋氏对由察哈尔至北平交涉经过，详细报告后并表示三点：

（一）不屈服他人。

（二）绝对听命中央。

（三）对外无丝毫秘密协定。

何氏对宋之负责苦撑，甚表嘉许，直至夜深始散。熊、陈、秦、萧等四人四日晨再晤面商谈，研究解决时局方案。据宋哲元氏四日对记者谈话，华北时局于无办法中已有一些办法，何部长北来后，个人责任可减轻。本人绝对听命中央，本中央意旨做去。相信亡中国者中国人，救中国者亦中国人，将来如何部长能常驻北平负责处理一切，本人甚愿在何部长领导之下努力一切，绥靖主任亦可就任云云。

自何到平与宋哲元会商后，阴霾密布之北平局势忽有开展，据传北平将组织一机关，其名称或为政务委员会。五日晨八时，宋哲元忽赴西山休息，并发表书面谈话如下：

> 危疑震荡的华北大局，自何部长来平，统筹大计，已有转危为安的希望，且何部长与韩、商两主席均经晤面，对华北实际情形，既有真切的了解，当然可以得到真正的解决。本人卫戍平津以来，中央曾有令责成商主席负津市治安之责，本人则仅担任平市方面，而卫戍司令部，近又有令准备撤销，本人责任，从此当可减轻，此后一切困难问题，当悉听命何部长负责处理也。

自宋离平赴西山后，何应钦于午间召集秦德纯、萧振瀛等会商一切。何氏表示，在未得具体办法以前，绝不离平。何到平以来，所商洽者，多系解决内部问题，对外尚未开始交涉。惟北平市因宋赴西山，谣言甚盛。五日晚七时许，中南海门前突到自用汽车十二辆，载来三十余人，当在门前下车，当时守中南海之卫兵，即将门半闭。该代表等自称为北平市民众代表请愿团，当出一名单，内列代表二十七人，为朱哲子、潘树声、高星辅、田愚如等，要求晋谒何部长。谓请愿目的，因何来平后，尚未就行政院驻平长官职，现宋司令复表示辞职，北平市将无人负责，人民失去保障，兹为治安起见，请何部长早日就职，如今日无结果,明日即全体请愿云。卫兵当将名单送入居仁堂请示。至八时四十五分,何派参议侯成出见,答复允将意见转达,九时代表等均退走。当时并传转赴武衣库宋司令宅,内四区即派警前往警备,直至十二时并未见去。平市军警当局对彼等毫未加以干涉。请愿代表散去后,对何部长补上一呈文,长千余言,呈中具名为"北平市各自治区民众代表",列举八点,请何于三日内实施:一、实行民众自卫;二、自治自决;三、从民所好;四、勿空言支撑;五、断行自治;六、宋(哲元)商(震)万(福麟)三氏负华北重责,中央如以其不胜任,可另简贤能,或请何在平坐镇;七、请何速就驻平长官职;八、请何早向日方交涉,取消《塘沽协定》。

《国闻周报》第12卷第48期,1935年12月9日

(二)冀察政务委员会成立

组织冀察政务委员会
1935年12月16日

组织冀察政会经过

自何应钦到平后,迭与宋哲元、秦德纯、萧振瀛等商洽,上周末宋哲元赴西山休息,萧振瀛于六日晨来津,往晤日驻屯军司令官多田及参谋长酒井,晤谈甚融洽。萧当晚即返平。七日晨萧赴居仁堂谒何应钦,报告经过。何并邀秦德纯、陈仪、熊式辉商谈后,即决定解决方案,当电中央请示,中央即复电照准。秦德纯等赴颐和园和宋哲元举行最后协商,何应钦即赴汤山休息。熊式辉即于十日返京报告,国府遂于十一日明令发表冀察政务委员会委员,原令如下:

　　国民政府十一日令:特派宋哲元、万福麟、王揖唐、刘哲、李廷玉、贾德耀、胡毓坤、高凌蔚、王克敏、萧振瀛、秦德纯、张自忠、程克、门致中、周作民、石敬亭、冷家骥为冀察政务委员会委员,并指定宋哲元为委员长。此令。

省府各委员辞职

河北省政府主席商震及各委员,自河北时局解决后即电中央辞职,九日即由保赴平。兹将其辞职电录下:

　　商震电　震以菲材,受命于艰难之际,数月以来,心力交疲,虽委曲求全,终鲜尺寸之效,国权日削,已救挽之无方,因循尸位,更深违乎素志,筹维再四,惟有仰企钧座,准予免去本兼各职,俾早卸仔肩,以让贤路。临电感激,不胜迫切待命之

至。商震叩。齐（八日）。

各省委电　南京。国民政府主席、行政院院长钧鉴：培基等受命艰危，原冀群竭愚忱，勉图补救，讵意险象环生，变化益极，智尽能缺，成效难期。惟有恳请准予开去本兼各职，另简贤能，以免贻误。临电惶悚，伏候钧裁。委员兼民政厅长李培基，委员兼财政厅长李竟容，委员兼教育厅长何基鸿，委员兼建设厅长吕咸，委员张荫梧、南桂馨、刘逸南、梁子青同叩。灰（十日）。

商震电辞冀主席后，即来谒何。十二日国府明令调商为河南省政府主席，原豫主席刘峙为豫皖绥靖主任，宋哲元继任河北省政府主席，代察主席张自忠改任主席，原主席萧振瀛调天津市长，原任津市长程克改任冀察政务委员⋯⋯

宋哲元畅谈时局

宋哲元（十二月）十二日在颐和园发表谈话云：

冀察政委会委员名单仅见报纸，尚未接到明令。余对委员长新任命，如何部长能就任行政院驻平长官，驻平负责，全在何部长领导下，当可勉任艰巨。余认为现在环境下，欲保存华北领土，政府应想办法，华北人民亦应想办法，共同进行，方有希望，其责任决非一二人所能负起。政委会委员人选，余曾有三项意见：（1）无卖国嫌疑者；（2）在社会上未留有污点者；（3）有经验且品行端正者。过去委员人数本有三十六人，且有在职者不兼任委员之拟议。前数日余出城时，曾致函何部长，表示甚为恳切，凡余所能负起之责任，决担负之，负不起之责任，则决难勉强担任。余自民国十四年任职，即抱定不争权不夺利之主张，在华北时局无办法时，无论好办法、坏办法，余总出而担任。今何部长毅然北来，余则望担负较小责任。冀察绥靖主任职与地方治安有关，如冀察政委会无问题，或何部长能在平，领导向前进行，余当可就职。关于华北对外交涉问题，过去错误，多失败于秘密。余自六月二十日交卸察省府主席职，至九月二十日就任平津卫戍司令后，仅以拜会性质晤多田一次外，对外绝对无丝毫秘密协定。即将来中日交涉，余亦主张开诚公开讨论，解决一切，因虚伪足以亡国，余曾向何部长建议采择施行。关于察东事件，对方要求将张北六县驻扎蒙古保安队，为时已有一年，过去东栅子事件均因此而起。宝昌因仅驻保安队一百余，且城池不甚坚固，恐已失守。二台子方面已发现我方溃退部队，沽源驻保安队二百余，相持达三昼夜之久，伪军现又增加，拟继续猛攻。另有伪军人数约一团，有前进康保模样，甚为危急。察省除冀省划入之各县外，张家口以外原有十一县，除五县划入绥省，所余六县拟以驻蒙古保安队名义一并吞入，此则无异吞并察哈尔全省。且此事关系绥省者甚为重要，对方屡次要求，迄未允许。此六县原为特准游牧地，并非蒙地，亦均为汉人所居，旗名均为牛羊群、大马群等，前曾屡次要求改盟，因不合理由，迄未允准云云。

何应钦离平返京

军政部长何应钦，刻以任务终了，昨晚八时十分搭平汉专车离平转陇海路返京。宋哲元、秦德纯、萧振瀛、鲍文樾等二百余人到站欢送，车站有卫戍部卫队宪兵警察等担任戒备。行前宋在武衣库设宴欢送，与何随行者有副官王国忠、陈楚雄等随员，随员十余人，沿途并不下车。据何之秘书叶国元对记者表示，何对驻平行政长官一职绝对请辞。据萧振瀛语记者，宋在月半可就任冀察政务委员会委员长职。又陈仪、殷同，昨晚八时专车返津，陈抵津下车与日武官团会晤后再返京。

冀察政务委员会成立

1935年12月23日

冀察政务委员会原定十六日正式宣告成立，因故改期，是日开谈话会议。北平外交部街一带，因学生请愿，戒备甚严，预备会议决定改定十八日开成立会。十八日晨八时在北平外交大楼宣告成立，同时委员长宋哲元及在平各委员等举行就职典礼。晨起，外交部街及东单牌楼一带，加紧戒备，军警林立，委员中除周作民、王克敏在沪未能北来，程克在德国医院卧病未能出席外，委员长宋哲元及委员万福麟、王揖唐、李廷玉、胡毓坤、高凌霨、萧振瀛、秦德纯、张自忠、门致中、石敬亭、冷家骥等均出席，刘哲、贾德耀两委员前电中央请辞，业经复电慰留，辞意打消，亦准时到会。因开会时间事前并未发表，开会时仅到有少数来宾及该会职员与新闻记者等三十余人，其余来宾则多于会后赶到。先后计到有何应钦代表严宽、冯玉祥代表李炘、韩复榘代表程希贤及军政各界等七十余人。八时二十分行礼，仪式简单，委员、来宾等入礼堂后即在主席台前环立，首先奏乐，继向党国旗行三鞠躬礼。礼毕，由委员长宋哲元致词，报告成立经过及今后内政外交之主张。词毕，由李廷玉代表全体委员致词，继由来宾代表邹泉荪致词。八时四十分礼成，摄影散会。旋继续举行首次委员会议，到会各委员均出席，决议两项：

（一）推定秦德纯、刘哲、王揖唐等三人为常委。

（二）规定每星期五下午四时举行委员会议。

散会后，宋氏当即邀宴各委员及来宾等，至午始尽欢而散。

天津市长萧振瀛于十九日就职，由孙润宇代表前市长交印。

（三）事变前的中日外交

蒋作宾致外交部电

1935年9月8日

南京。外交部。二四一号。七日。极密。呈阅。今日与广田第二次谈话历二小时之久，兹略陈之，详以书面报告。宾先以蒋、汪两公所指示大意，痛切申述，即日本应取之态度、应有之诚意，言之极详。对于吾国党部须明了其历史及主义，不得置喙。且两国应以政府为对象，不得涉及国内各组织。其结论倘日本能履行前对王博士所允诺之三基本原则，即（一）中日两国彼此尊重对方在国际法上之完全独立，即完全立于平等地位，如对于中国取消一切不平等条约是也。（二）中日两国彼此维持真正友谊，凡非真正行为，如破坏统一、扰乱治安或毁谤诬蔑等类之行为，不得施于对方。（三）今后中日两国间之一切事件及问题，均须以平和的外交手段从事解决。再，《上海停战协定》、《塘沽停战协定》以及华北事件等须一律撤销，恢复"九一八"以前状态。日本承认上述各条件，吾国设法停止排日排货，并置满洲问题不谈，中日两国经济在平等互惠贸易均衡原则下可商量提携，凡于两国有利者固当为之，于日本有利于中国无害者亦可商量。倘经济提携成绩良好，两国之民互不猜疑，并可商量军事。广田谓：贵国此意见关系至为重要，当报告政府详细研究，再行奉答。但欲决定以上各条件时，须研究各具体办法，如满洲问题中国纵不能即时解决，然满洲与中国商务及其他各方面均有密切关系，亦须有切实妥当之办法，否则虽取消停战协定，亦难收圆满之效果。顷闻阁下所言，余深信贵国政府确有诚意，但今日报载贵国仍有联俄之议，对于英经济顾问来东，特派两人来日欢迎，日人仍有怀疑中国以夷制夷之意。宾谓，报载各节，请勿置信。广田又谓，国民党前曾容共，日人仍不免猜疑，中日两国应极力发扬东方文化，消灭共产思想。宾谓，吾国政府早已具此决心。以上所谈，相约互守秘密。宾。

秦孝仪主编：《中华民国重要史料初编——对日抗战时期》，绪编（3），

（台北）中国国民党中央委员会党史委员会1981年版，第640—641页

蒋作宾致外交部电

1935年10月8日

南京。外交部。二五六号。八日。呈阅。昨与广田谈多田事，后又及中日亲善问题，兹撮要电呈如下：广田谓：月余来与各方商讨对华政策，并将贵国所提意见一并征询，现已大致决定。对于贵国所提三大原则，认为应当照办，惟实行顺序，贵国须先同意下列三

点：第一点，中国须绝对放弃以夷制夷政策，不得再借欧美势力牵制日本，如仍旧阳与日亲善，阴结欧美以与日仇，绝无亲善之可能。第二点，中、日、满三国关系须常能保持圆满，始为中日亲善之根本前提，欲达此目的，先须中日实行亲善。在日本方面，中国能正式承认满洲，方认中国确有诚意；在中国方面，或有种种关系有不能即时承认之苦，然无论如何对于"满洲国"事实的存在，必须加以尊重。（一）须设法使"满洲国"与其接近之华北地位不启争端。（二）须设法使"满洲国"与其接近之华北地位保持密切之经济联络。第三点，防止"赤化"，须中日共商一有效之方法。"赤化"运动发源某国，在中国北部边境一带，有与日本协议防止"赤化"之必要。以上三点，中国政府如能完全同意，日本对于贵国所提三大原则即逐渐商议实行。宾答，第一点请观以后事实，不必怀疑；第二点关系复杂，当报告政府加以研究；第三点中国将来或不至绝无商量之意。广田又谓，以上所谈系两国政府意见，今后须本此意见引导国民使之同意，此时希望勿向外公表，以免惹起实行上之障碍。宾又谓，为实行两国亲善起见，在外官吏人民所有言论行动，须切实注意，免惹起误会，致生障碍。广田又谓，果能速解决若干问题，使两国人民均了解其诚意，则此误会自少。又请宾在归国前多谈数次云云。详当面陈。宾。

秦孝仪主编：《中华民国重要史料初编——对日抗战时期》，绪编（3），

（台北）中国国民党中央委员会党史委员会1981年版，第641—642页

张群与有吉^①会谈记录

1935年12月20日

部长会晤有吉大使谈话纪录

时间：民国廿四年十二月廿日下午五时卅分

地点：部长会议室

事由：调整中日关系

寒暄毕。

部长：自"九一八"以来，迄今四年有余，中日问题始终未能圆满解决，究其原因，不外每遇一事，辄为一时之解决，未作根本之打算，故迁延迄于今日。贵方未能认识我方之诚意，我方则感觉贵方要求无厌，太难应付。此后吾人如不求两国关系根本的调整，将所有纠纷告一段落，则中日前途不堪设想。此种意思本人历次以私人之资格，曾屡与阁下言之，想在洞悉。故今日欲以外交当局之立场，向贵大使表示者有两点：（一）本人愿以最大之努力，商讨中日间整个关系之调整。（二）用何种方式进行商谈，亦愿交换意见。

① 日本驻华大使。——编者

有吉大使：两国关系现因许多小问题尚未解决，欲求整个问题之解决恐非易事。日政府所提三项原则，蒋委员长已于上月廿日会议时表示无条件的赞同。贵部长之意见如何？

部长：蒋委员长言无对案，系对三原则之实施而言，绝非无条件的赞同。今年九月七日及同月十九日、十月七日及同月廿日，蒋大使与冈田首相及广田外相谈话纪录，余已阅悉。

我政府之意见业由蒋大使转达，希望贵方提出更具体之意见，以便商谈。

有吉大使：大使答复广田外相之意见，本人认为甚属空泛，如第一原则所答，中国本无以夷制夷之政策等等皆太空。

部长：贵方对我方认为不满者，可更提出具体意见。简单言之，我方希望不外扫除一切障碍，恢复原状，以便进行真正亲善工作。至于讨论方式，或照重光次官与丁参事所谈之方式，或由双方各组代表团加以有关系之军事、经济等专门家会同商讨，均无不可。三原则与外交、军事、财政三者俱有关系也。

有吉大使：若举行此种会议，则非有准备工作不为功，否则，即开大规模之会议，弄成〈僵〉局不易挽救。

部长：总之，与其谈抽象之原则，不如谈具体之办法。贵方之希望可尽量说出，我方可以接受者，自予接受，其不能接受者，自不接受。即双方意见相差太远，亦不妨由讨论而求接近。

有吉大使：我人希望先决定原则，然后谈具体问题，若原则不决定，一谈具体问题必致发生冲突而无所成。前者，广田外相与蒋大使所谈之三原则保留之点仍多，今若骤谈具体问题，似非上策。

部长：我国所最希望者，中日问题有一根本解决之方法，借使两国纠纷得以解决，经济提携得以实践，三原则自可继续商讨。如前之一波未平，一波又起，决非两国之福。换言之，解决中日之纠纷与调整中日之关系，为吾人之最大使命。

有吉大使：中日问题求一根本解决，在理论上自无反对之理，但事实上非常困难，若论根本解决，则"满洲国"之承认问题将包括在内。以中日关系之复杂，即费三年五年工夫，恐亦难以解决耳。

部长：百年大计，固非一朝一夕所可解决，然最切要者，最低限度亦须使目前中日纠纷告一段落，若如今日之枝枝节节，决非两国之幸。此吾人之所以暂搁东北四省问题不谈，而先谋调整两国之关系也。

有吉大使：贵方是否有具体方案？

部长：目的既同，方案自不甚难。但在进行商讨解决中日双方问题时，日方在华北一切行动务须停止，否则，不良影响之所及，一切问题将无从解决。此点极盼贵大使明了，并特别注意。

有吉大使：本人名义上虽为特命全权大使，实非全权。贵部长所谈根本解决中日纠纷之意甚为赞同，当即转达广田外相。

部长：此点最为重要，希望共同努力，打开难局。

有吉大使：冀察自治委员会已告成立，未知贵方能授何部长之六项权限转授宋哲元氏，予以就地解决中日问题之全权？否则，北方问题或有再生枝节之可能。倘于《塘沽协定》签订后，中央方面即予黄委员长以较大之权限，则中日问题或不至于如今日之困难也。

部长：关于此事有四点务请注意。（一）给何部长之六项指示乃中央之方针，并非给何部长之权限。（二）六项中有大半关系内政问题者，其有关三项原则者，自应由此间作整个之商讨，焉可分割？（三）地方权限与中央权限不能相混。（四）此种方针系对中央驻平办事长官而发，现在何部长既因贵方关系不能到任，业已返京，情形自与从前不同。

有吉大使：不论是权限或方针，总之，此六项内容为解决华北问题所必备者，希望中央照旧授予宋委员长，以求华北问题得具体之解决。

部长：贵方认为华北问题之发展，因为我中央未肯负责接洽之故，现余既允与贵方开诚商讨一切，自无分别进行之必要。俟商谈有结果后，如须华北地方当局执行者，将来由中央命宋委员长执行可也。

有吉大使：学生运动逐渐扩大，殊堪忧虑，拟请注意。

部长：请阅今日王教育部长之谈话，可知政府十分注意。学生何以有此举动，应请贵方亦特别加以认识。

有吉大使：本人今晚有事返沪，当将尊意转达政府。本人不常在京，有时或嘱须磨前来商谈。

部长：此问题只限阁下与本人商谈，恕不与须磨接洽。

有吉大使：本人或因事不能来京。

部长：如此重大问题，须彼此共同努力方有成功之希望。总之，本人不愿与须磨或其他第三者谈判。

有吉大使：敬遵台命。

谈至此，遂兴辞而去。时已七时半。

选自《有关张群出任南京国民政府外交部长期间中日交涉的一组史料》
（以下简称《交涉史料》），《民国档案》，1988年第2期

张群与根本会谈记录

1936年1月7日

部长会晤根本大佐谈话纪录

时间：民国二十五年一月七日下午三时卅分

地点：部长会客室

事由：以私人资格交换调整中日关系意见

寒暄毕。

部长：两年不见，不料今日时局日趋严重，实属遗〈憾〉。

根本：时局之严重诚如阁下之言。一九三六年或为中日间最严重之一年，原来中日问题因彼此未谋根本解决，以致中国方面以为日本贪得无厌，日本方面以为中国毫无诚意。由是问题日趋复杂，以后非利用时机设法解决不可。

部长：本人对此完全同感，且此意去冬已与有吉大使言之。

本人来长外交之最大使命即为调整中日之关系，但其中最重要者，莫如彼此开诚相见。譬如所谓中日间之三原则系贵国所提议，中国予以答复，而贵方谓中国之答复过于空泛，希望中国再提具体之方案，本人殊为惊异。因事实上中国人不能推测日本所提原则之真意何在？包括哪种具体问题？以本人观察，若论三原则之具体方案，应先由贵方提出，中国方面方可商量。

根本：诚然三原则自有其具体之内容，今日在座者皆系当局者，故敢以私人资格老实奉告。自中日使节升格问题发生后，日本军部与外务省之裂痕颇深。一日，外务省东亚局第一科科长守岛五郎来访，商谈外务、军部合作问题，于是始有三原则之出现。至每原则所包含之具体问题，当时亦曾决定。守岛前次来华，可谓为传达此种意见而来，例如，放弃以夷制夷政策之意义，并非希望贵国与其他国家绝缘而专与日本合作。其出发点乃由日本方面预想之十年或十五〈年〉后，国际间发生之变局所希望中国之要点。有吉大使非不知之，或因种种关系不便奉告，即本人亦甚详悉。今日部长阁下既已询及，容俟本月廿〈日〉左右返东京后，设法由今日在座之雨宫中佐另用别种方式奉告大略，以便贵方可以推测。

部长：甚善。盖原则既为贵方所提议，具体案亦应由贵方提示也。

根本：希望贵国对日本不必过于畏惧，例如航空问题，欧洲各国彼此通航乃极普通之事，未闻有通航而丧失国权者。但贵国之对外通商皆系战败之结果，此乃过去不幸历史上之教训，自属难怪，吾人颇为同情。去年孙中山先生十周年忌辰，当时中日两国有互相交换广播之计划，但结果以中日间未通电话为交换广播技术上所不许，不能实践。而日德间反可以交换广播，因日德两国已通电话，而中日两国如此邻近反未通电话。如此种种，皆值得吾人注意。总之,日本所希望者,无非为其国家本身安全之打算,决不作过分与不必要之要求。此点希望贵方加以明了之认识。

部长:中国因有过去不幸之历史,一般对〈日有〉畏惧之心理,此点确难否认。但吾人相信,双方若有诚意,亦自无不能解决之理。此余之所以欲用最大之努力来调整中日关系也。

谈至五时,兴辞而去。

《交涉史料》,《民国档案》,1988年第2期

张群与须磨会谈记录

1936年1月22日

张部长会晤须磨秘书谈话纪录

时间:民国廿五年一月廿二日下午三时卅分

地点:部长会客室

寒暄毕。

须磨:今晨方自敝国回任,因有数事须报告部长者,故来奉扰。本人此次返国时,曾遵命将贵部长调整中日问题之抱负转达敝国朝野,敝国人士甚为赞同。兹有一重大事件即须奉告者,即敝国驻华大使已定有田八郎氏。此次本人动身时,广田外务大臣特命本人于到达南京时,正式向贵部长征求同意,未悉阁下之意如何?

部长:有田系余旧友,个人甚表赞同,容报告政府决定后,再行奉告。敝国驻日大使亦已决定许世英氏,并亦已电令丁参事向贵政府征求同意,未悉贵总领事已闻知否?

须磨:在船上由无线电讯得此消悉〔息〕,抵沪后有吉大使亦曾谈及。关于有田大使之同意事,甚望贵部长早日决定通知,是所至盼。此次本人回国时,各界人士皆已晤及,即对军部亦曾交换意见。总括各方意见,皆认为制造良好之空气,实为中日调整会议前所必要之工作。例如上海、福冈间之联航问题,若能及早解决,裨益必非浅鲜。敝国故递信大臣床次对两国间联航问题非常注意,现递信大臣望月尤具热心,此次亦曾与本人谈到,甚盼此四年来中日之悬案早日解决云云。

部长:对有田大使同意事,俟政府决定后即行通知。上海、福冈间之联航问题,与华北贵国飞机之侵犯我国领空事件有连带关系,若贵国飞机在华北之不法举动不早解决,则上海、福冈间之联航问题殊难谈到。

须磨:华北方面近来闻似很安定。

部长:事实上仍危机四伏。

须磨：总合敝国各方面对贵国问题最关心者，为华北问题与财政问题。例如财政问题，此次李滋罗斯之来华，在本人虽甚明了，但敝国国民总觉得贵国对于财政金融只与英美商量，不与日本商谈。而日本之财政专家亦颇不乏人，若能约其前来谈谈，空气自然不同。总之，制造良好空气，实为要图。顷谈之上海、福冈间之联航问题，实以早日解决为好，此本人之所以不厌再言？未卜贵部长之意若何？

部长：中日间之困难问题，在联航问题之上者甚多，若能根本解决，此事自非难办。不过，此事与华北侵犯领空问题有连带关系，若此刻即谈此问题，本人认为尚早。此点特请注意。中日贸易协会业已成立，倘能由双方专家多多交换意见，自有益处。

须磨：将来有田大使来华时，当常驻南京，上海办事处亦当搬到南京，房子现已觅到。关于中日会商事，广田外务大臣之意，希望事先多多交换意见，若有必要，即另组专门委员会亦无不可。不过，为避免各方误解及引人注意起见，似以勿取正式或特殊会议之方式为妥。未知贵方对此已有具体方案否？对于三原则问题，客冬有吉大使会晤蒋院长时，贵部长亦在座。蒋院长表示，原则完全赞同，但无对案。云云。

部长：蒋院长之所谓原则赞同，乃希望贵方提出具体之方案，因为该三原则实过于……①

《交涉史料》，《民国档案》，1988年第2期

张群关于调整中日关系之演讲词

1936年5月25日

中国之于邻国，愿以最大之努力辑睦邦交，乃势所必然。而中日两国间，以同种族同文化之关系，亟应互相提携，共谋发展，更不待言。乃自"九一八"以还，历史上罕见之国际风云，纷至沓来，致两国国民间之感情，渐形疏远，刺激愈多，而疑虑愈深，其情势错综复杂，往往不能衡之以常规。两国有识之士，莫不引为深忧，而亟欲设法恢复两国政府与人民间应有之情感。自日本广田前外务大臣于六十八届议会创导对邻国不侵略不威胁主义，年余以来，虽其实施改善之计划未见十分明确，实际上亦未收若何成效，而其维持和平之苦衷与努力，一般人士深为了解。月前广田大臣升任首相，驻华有田大使调任外相，日本对外政策似未有根本变更。最近有田外相在第六十九届议会揭橥之策略，乃欲确保东亚之安定，以贡献于世界之和平，由国际信义之确立，以增进人类之福祉，不独为日本帝国之国策，亦为我东亚人民共同之愿望。

中日两国处于今日之情势，若不速谋国交之彻底调整，不独为两国本身之不利，即东

---

① 原文至此，下脱。——编者

亚和平亦将受其影响。故本人受任外交部长以来，即具有充分决心，主张由外交途径，调整中日关系。日本对此主张，似具有同样决心，惜乎调整之方法与调整之问题，两方迄未进行具体讨论。就中国方面言，任何问题，苟以增进两国福利、巩固东亚和平为目的者，均在设法调整之列；任何方法，苟以互惠平等互尊主权为基础者，均得认为调整之良策。总之，所谓调整，以地言不限一隅，以事言不限一事，以时言非为目前之苟安，而为双方万世子孙谋永久之共同生存。中日间纵不幸而有嫌怨，则世上无百年不解之仇，其间自有恢复和好之道。而解仇修好，其责任在于今日双方之具有远大眼光与富有毅力之实际政治家，深望双方负责当局，就大处远处着想，各用最大之努力，树立善意的谅解，祛除敌意的祸根。尤须相互明了其立场与困难，迅速经由正当途径，开诚协议。若仅指陈空泛原则，互相评论，或以威胁报复之手段，互相倾轧，于事必无裨益；不若就互有利益之具体问题，从长计议，以谋适当而公平之解决。

日本对外贸易之愿望，非欲打开现代所谓经济集团与经济武装而谋日本国民经济之发展乎？日本既以发展自国国民经济为目的，则对于经济上唇齿相依之中国，遇有可以摧残其经济基础之情势，自必深感同情，而乐见此种情势之改善。比如现在中国北部，因受大宗漏税货物输入之影响，中外正当商人无法从事贸易，致市场日渐衰落，经济基础为之动摇，而国库之重大损失，犹其余事。我国海关当局虽已尽其全力防止私运，而阻碍横生，未能收效。倘日本真欲与中国提携，则一转念之间，一举手之劳，此种情势，立可改善。

中国一部分地方受"共匪"之侵扰，日本常引为关心之事。以近代国交之密切，一国安宁之变动，其影响每及于邻国，是为我人所深切了解者。故数年以来，中国政府已竭其全力，从事"剿共"，现大部分"共匪"已告肃清，所余"残匪"为数无几。中国自信此项"残匪"，稍假时日，必可完全消灭。中国处于任何情形之下，决不能须臾放弃"剿共"政策，亦决不能容忍主义相反而欲以暴力推翻现有政体之任何组织，在国境内任何地方从事活动。

最近数年内，我国人之努力，亦惟于自救自助中，谋国家之更生与民族之发展而已。我人不谈合纵连横之说，不图远交近攻之策，在本国求自存，在国际求共存。我人不独欲以最大之努力谋自身之安全，并愿有关系各国共同努力，确保东亚之和平。

秦孝仪主编：《中华民国重要史料初编——对日抗战时期》，绪编（3），

（台北）中国国民党中央委员会党史委员会1981年版，第668—670页

张群外交报告
——1936年7月10日在国民党五届二中全会上的讲话

自去年十二月五全大会以后，兄弟奉命担任外交。半年以来秉承蒋院长意旨，厘定外

交方案,所有工作经过,已详书面报告中,共分甲、乙、丙、丁、戊、己、庚、辛、壬九项,兹不具赘。惟关于对日交涉问题比较复杂,除书面报告外,兹将对日本半年来的外交动向与半年以前过去的情形,相互比较,供各位作审查外交问题时的参考。自蒋委员兼行政院后,对外交悉采公开方针,故一切外交事件在原则上均可以公开方式出之。但外交总是与国际有关系的事件,性质上有时有相对的秘密性,所以本件无论书面报告或口头报告,仍请各位注意对外秘密。这一点是特别声明的。

自九一八事变以来,五年间的中日关系,始终在"不正常"的状态中。在事变之初,中国信赖国联,认国联能主持正义,对侵略国实施相当制裁,使中日问题得到国际公理的解决。所以我国当时主张避免直接交涉,如果日本不撤兵,我们是没有交涉可言的。后来"一·二八"淞沪战役继续发生,我们虽然抱着抵抗态度,可是在国联方面,还是博得文字与舆论上的赞助,并没有实施军事或经济的制裁。这时候,我们就感觉靠国联是没有希望的,同时日本方面的态度,也异常强硬,声称不愿接受任何第三国的调解意见。在这情形下我们靠国联既无办法,所以就决定采取一面抵抗一面交涉的策略。可是自长城作战到《塘沽协定》,感到这策略也做不通,所以政府毅然决然,采取自力更生的政策,确信攘外必先安内,故一面尽力"剿匪",巩固统一;一面努力建设,增进国力。自此项政策确定后,救亡图存之大计,渐有成效,但日本对我压迫,仍是有加无已。至去年正月,日本广田外相在议会演说声明"愿以不侵略不威胁的精神进行邻国邦交",日本对华态度始稍有转变。在日本外交空气转变的时候,我们当然也很愿意进行改善两国的关系,使国交得上轨道。所以在去年二月间,王委员宠惠赴欧回任时,道经日本,中央曾托其转达具体意见于日政府。王委员到东京后,便向广田外相提出原则两点,希望日政府能够接受。这两个原则,已载书面报告中,就是:

第一,中日两国互相尊重对方国际间之完全独立,故日本应首先取消对华一切不平等条约,尤应先取消在华领判权。

第二,凡一切非友谊行为,破坏统一治安及妨害人民卫生等,中日两国皆不得施之于对方;又中日外交方式应归正轨,绝对不应用和平手段以外之压迫或暴力。

这两个原则,广田当时对我光明正大之主张,虽则没有拒绝可也没有接受。其后王委员赴欧,这个问题就由驻日蒋公使继续交涉。广田又提出所谓三原则作对案,要我国先承认。这当然是我们做不到的,所以这交涉没有成功。虽然日本曾一度宣传我们接受三原则,其实我们的立场始终未变。五月间,两国使馆升格,国交曾一度好转,但不幸六月间华北事件发生。

日本人要分离我们华北,使华北政权独立起来,这是去秋以来他们的积极方针。所以一方面以三原则要挟中央予以承认，一方面又行种种策动分离地方，不独华北为然，对两广也有同样的策动。

日本要控制中国，当然不仅对中国施行种种压迫与阻力，并且对于中国有关系各国在华的势力，莫不尽力排挤。其对两广的策动，一面是分割中国内政，一面是排除英国势力，进行华南的发展。这是去年十二月以前的情形，造成中日间最严重的形势。

当时日本在中国所以敢这样猛力进行侵略的，究竟有甚么凭借呢？我们研究起来，不外下列五个原因：

第一，因为我们"剿匪"军事逐渐向西进展，中央军队次第向四川、西康、青海、甘肃一带移动，"剿匪"工作功亏一篑之际，决无余力再来御侮，所以它便想乘虚而入。

第二，去年年底，我国因受到美国提高银价与世界经济衰落的影响，财政经济几遭破产，所以它可以在这个严重的时期，加紧压迫。

第三，自苏俄出售中东路于伪满政府以后，北满的俄人势力已完全退出，加之那时苏俄对日事事取忍让态度，日本认为不足顾虑，所以对中国侵略益无忌惮。

第四，意阿战争去年年底时形势十分严重，英国主张对意制裁，而法国态度依违，国联决议未能彻底实行，反使欧洲局势陷于混乱状态。各国自顾不暇，当然无暇东顾，日本乘这个机会为所欲为，自少顾虑。

第五，去年下半年，正是日本少壮军人气焰方张的时候，日本政府对外不得不采取积极态度，想在对外极度发展情势之下，维持他们自身的政权。所以，当我们五全大会开会时，日本对我的压迫异常猛进，我们的外交途径，差不多已经绝望了。所以，那时五全大会决定通过对外政策，即和平未至绝望时期，决不放弃和平；牺牲未到最后关头，亦决不轻言牺牲。但和平有一定之限度，过此限度，即不惜牺牲。

在这个严重的时候，我们不幸发生了行政院院长汪先生被刺的事件，使中央政治顿陷于无人主持的状态，这是我们感到很痛心的。蒋先生在此政局严重的时候，出膺艰巨，就任行政院院长。本人也在这时候，辞不获已，来担任外交的责任。兄弟就任以后，看到我们的外交情形异常困难。过去希望国联帮助，我们失望了；又希望一面交涉一面抵抗的办法来寻求出路，我们也没有达到目的；最后才觉悟到不得不反求诸己，埋头苦干，安内攘外，以求自力更生。而日本这时候又起了二重外交政策，一方面用武力来压迫我们，一方面却又高唱调整邦交，因此感到我们的应付方略，不能不有具体的改变。所谓具体的改变，就是不理枝枝节节的交涉，不采取地方交涉的办法，凡两国外交事件，概由两国外交官用外交方式办理。这是对于交涉方式的主张。在两国关系上，也有一种具体的主张，就是中日两国的关系，要有一个整个的调整，不能今天这个问题，明天又是那个问题，支离错综一无准绳。中日两国应站在东亚和平基础之上，根本求出一个共同可行的办法，彼此本于平等的原则，互谅互助，求其实现。枝枝节节的交涉，为我们所根本反对的。

当去年十二月行政院改组开始的时候，日本对我们有种种非常的策动，后来因为我们始终抱定这个方针，不稍改变，并通知地方当局，把所有外交事件都推到中央来办。同时在军事上作积极的准备，做外交的后盾。所以这半年来的外交政策，一本五全大会决议的原则：一方面固为和平尽最大之努力，一方面亦不辞牺牲作积极之准备。

我们为求达到中日邦交调整的目的起见，在这半年来中间与日本驻华大使作过多次的谈话。但是在这半年中，日本大使更迭三次，其初是有吉明，其次是有田八郎，现在是川越茂。当有田八郎来京就任之后，曾到外交部来谈过四次话，交换意见。这几次谈话事前经约定双方系依友谊的、非正式的、不作结论的谈话。经此四次谈话之后，形式上虽无结果可言，而有田对于我方实际情形，确有进一步的了解。所以当他回国就任外相之后，在议会演说外交方针，已一改从前的口吻，对广田三原则，亦有不拘泥形式之说；对华北地方问题所持态度，也和以前不同。这可证明，日本对华外交方针，已因对华了解之增进而确有转变了。新近川越茂来华，虽然还没有正式谈话，但他的态度比较稳健；就是使馆武官的态度也和去年不同。

我们回想起去年日本对华外交，是要我们接受三原则，而自有田来华回国之后，已不坚持。其次华北问题，日人向来看作地方问题，向地方谈判，但是我们却认为这是国家的责任，不能由地方去办的。现在川越来了，也预备与中央谈判。再以前，日人对华北问题，只注意政治军事问题之解决，经济其次，现在是说要从经济问题入手。彼邦朝野，正在高呼中日经济提携，姑不问其内容如何，可见一般日人的态度也转变了。这个转变态度的结果如何，固难悬断，不过拿半年以前的情形来比较，现在已较为合理，或许可以走上外交的途径了。究竟日本近来对外交何以有这种转变呢，据我们看来，也有五个原因：

第一，半年以来我们对日政策很明白，一切交涉，都要取一定的外交方式，不作枝节谈判，同时在军事上，自己竭力准备。有田来时，我们和他说得很清楚，两国交涉途径，应怎样调整，怎样互谅，以及我们的决心和准备，都纤毫无隐的和他说个明白，如果能够调整，固然是我们的希望，否则惟有一战以求解决。我们这种坚定明白的表示，或许是他们转变态度的一个原因。

第二，我们知道今年日本的二二六事变，当然是军人干政的结果。这不但于日本对外政策转变有关系，即于日本内政前途也有很大的影响，这是值得我们注意的。在这个事变中，日本有一部分重臣元老牺牲了，但是后来广田弘毅的组阁，仍出于元老西园寺公的推荐，所以元老的势力，依然存在，因此形成对外政策的转变。在军部本身，一方面有"肃正军纪"、"强化统制"的口号；一方面对于外交，也有"统一国论"、"外交一元化"的运动。由这两种新情势的推动，对华政策也随之而转变了。

第三，是由于苏俄的关系。在去年苏俄对日差不多处处退让，以求避免冲突，不但中东路让了，其他种种问题无一不让。但是近数月来，苏俄的态度也转变了，如俄伪边境，在今年已发生了数十次的冲突。这种冲突，处处有引起重大纠纷的可能。在日本也知苏俄态度已和去年不同，处处加以忍耐，所以结果没有发出重大问题。同时苏俄与外蒙新订协定，由我国而言，却是苏俄违法侵权的行为，所以我们已向俄国提出抗议；但由日本人看来，便认为俄蒙向日本的威胁，形势紧张起来了。

第四，现在太平洋方面，有英美两个经济集团，与日本的经济利害冲突，一天一天的尖锐化。日本工业上所需的原料如棉花、羊毛、小麦、煤油及铁等等，每年仰给于印度、埃及及澳洲、美洲等地的总数达千万元以上，而工业产品，仍须向他们求市场。因此冲突的尖锐化，逼使日本只有向我国来求发展，而以维持和平来做达到这个目的的手段。

第五，日本自退出国联与退出伦敦海军会议之后，在国际间虽仍维持各国的外交关系，然已陷于孤立的形势。近来外间曾盛传日本与德国及意国订立协定之说，但迄无确实证据可资证明，所谓"个别进行"、"多角外交"，终无实效。加之列强各国对日本利害冲突的尖锐化，在在足以促日本对华政策的转变。

现在作一简单的结论：就是我们推测日本对中国外交动向，半年以前和半年以后的今日不无改变。以后我们在外交方面，还是要尽我们的力量作适当的因应。现在华北方面，虽然仍继续在大规模的走私，与非必要的增兵，足以增加两国交涉的困难。但是和平一日不绝望，即外交尚不无运用的余地。这种观察是否有当？略述梗概，借供各位同志讨论之参考。

秦孝仪主编：《中华民国重要史料初编——对日抗战时期》，绪编（3），
（台北）中国国民党中央委员会党史委员会1981年版，第660—665页

程锡庚致外交部俭电

1936年8月28日

南京。外交部。〇密。三十号。情报司陆帮办勋鉴：篠电敬悉。川越大使今午十一时半到津，住长盘旅馆，发表谈话称：本人此次北来为视察性质，巧日（十八日）下午赴平访

晤各方，再行返津召集领事会议，听取各方情形，定月底返京，乘便晤韩。对华北经济提携事，首重建设交通网及觅适当港口，以华北当局为交涉对象；日方由军部、领事馆或商民随时接洽。至中日国交调整上须由经济方面入手，惟以关系复杂，极愿与华方接洽，希望华方预作准备。国家相交亦如友人同处，舍短取长，在互利原则下求得融洽，日本希望中国农村复兴，商场繁荣，并极愿尽力帮助。关税减低事，日方已准备随时均可谈判。王克敏何时北上尚不知，惟日方仍希望王氏来平办理经济提携。绥东问题，华方难免误会，须知防御苏俄为日本君民极为注意者，本人志愿在努力解除双方误会，如误会消除，自能臻于真正亲善之境云。又，冀察政委会在津成立冀察缉私稽查处，拟在北平、张垣等处设分所，对走私货物征收消费税，关税率仍较低于冀东伪府。昂叩。俭。印。

秦孝仪主编：《革命文献》第106辑，《卢沟桥事变史料》（上），

（台北）中国国民党中央委员会党史委员会1986年版，第70页

张群与川越部分会谈记录

1936年9月15日

张部长会晤川越大使谈话纪录

高司长、邵科长、周专员、清水秘书、须磨秘书在座

时间：民国二十五年九月十五日下午四时至六时四十分

地点：本部

事由：三、调整问题

川越：如前所述，为真正调整中日邦交起见，敝方甚望贵国政府能自动的有所措置，此对大局最有裨益。

部长：余就任外部以来，即主张积极调整邦交。惟以双方均有种种内部关系，一时空气未能好转，致未能有积极之开展。我方一般空气，均以贵国自"九一八"以来，一切行动均系侵略，不知野心有无止境，对于贵国之态度，咸抱有绝大之疑虑与不安。此实为进行调整之最大障碍。余就任以来，即注意和缓空气，无非欲尽速进行调整工作耳。我方对于排日行动当经严厉加以取缔，惟方法最宜慎重，如措施不得其法，难免引起反动结果，反将阻碍调整工作之前途。贵方主张自动的措置，我方并不反对，但为避免引起反动起见，方法不得不十分慎重，现在我方已在积极设法之中。

川越：得闻其详否？

部长：现在已向国内各方面发出通令，务使彻底明了政府之意思矣。

川越：未见发表，恐不能使一般国民周知。

部长：已经公布，并已载入公报。

须磨：为使一般周知起见，似宜广登各种报纸。

高司长：法律上无此规定，但既由行政院布告全国，各省、各县、各村均有张贴。

部长：政府载入公报，地方政府更载入地方政府公报，既经通令各地，自可遍达全国。但我国地广人众，难免不能彻底。政府如认为有讲求方法之必要，自当注意也。

川越：取缔排日为我方希望之一，敝方认为事件之根本原因一在排日。向来贵方取缔排日之命令未能使一般人民彻底周知，此点最关重要，甚冀贵方注意此点。又有进者，不仅消极的取缔排日，更望积极的指导舆论制造良好空气。苟能由国民政府表示调整邦交之具体的意向，自信最为有效。

部长：余以为与其徒事辩论，不如讲求实际的善后办法。我方指导言论机关不遗余力，事实可以证明，只要将前后之情形一比较之，便可知晓。我方甚愿早日调整邦交，迟则空气恶化，双方均属不利。

川越：空气不好转，调整亦难有进展，故希望首先改善空气。

部长：尊意甚为明了，但欲改善空气，双方均须努力，尤须排除前途之障碍。

川越：日方空气紧张，甚望贵方注意及之。

部长：余甚注意贵方空气，甚望贵大使亦注意我国之舆论。

川越：成都空气现仍不佳，责任既在国府，则希望国府妥为改善之。依照形式而论，敝方当可提出十分公正之要求，但为敦睦邦交而促进调整关系起见，敝方甚愿考虑手段与方法。

部长：甚冀早日解决成都事件。

川越：是否按照普通事件同样办理？

部长：然。

川越：此层实难办到，日本一般情势实亦有所不容，尤其自北海事件发生以来，空气更形恶化，于是为缓和空气起见，贵方实亦有表示诚意之必要。对于排日问题，敝方甚重视国民党部之指导精神。在敝方政府有力人物之中，竟有主张撤废党部之议论，但政府训令之中并未列入此项要求，仅设党部之行为应由国民政府自身负责，此对调整邦交前途关系非常重大。苟双方诚心欲调整邦交，则不得不涉及此项问题。

部长：其实党部并无指导排日之事，殊属误解。

川越：日方均如此看法，个人亦不能不信。当然，贵方之努力，本人甚为知晓。关于排日教育问题，据闻贵方已着手改订或改编排日教材。现况如何，愿闻其详。盖以中日调整邦交，须从高处远处着想，则势非涉及本问题不可。

部长：此事须磨君知之颇详，余与有田君亦曾谈及。据余调查所知，在"九一八"及

"一二八"事件当时发生后,刊物中反日文字确实不少。至教科书均由商务、中华等书局出版,并非政府发行,或亦有之。但其后教部实行审查,已经遵照政治会议决定方针,只许陈述事实,不得有煽动及谩骂等之言词。现用教科书经审查者皆无问题。坊间有无旧书本流传,余固不得而知,但学校中所用之新教本,概已经遵此项审查矣。

川越:教科书之种类多否?

部长:前甚复杂,今则书局之数既减,且对书版附有年限,故简单多矣,详容调查可也。

川越:本人有一意见可供参考,窃以为教科书之统一化似最有益。

高司长:早经计划,拟由国家发行,惟一时未能实现耳。

川越:既从高处远处设想,而决心为真正之邦交调整,则实不能仅以局部的事件为限,尤其排日团体,务请早日撤销。

部长:政府早有明令禁止。

川越:表面上或已不复存在,但秘密里似仍有存留,希望事实上亦不复存在。

部长:如有秘密集社,政府发现自必实行取缔,希望勿对于此类事以要求之方式提出。

川越:不以要求之方式出此,但不得不要求。盖根本精神无非欲中日两国从高处远处着想,推诚提携故也。蒋委员长何日返京?

部长:一俟广西当局十六日宣誓就职及北海事件处理完毕后,谅可返京。

川越:希将此根本精神代为转达蒋委员长。

部长:尊意均悉。

川越:前经由须磨君向部长陈述之各项问题,在此重为一谈何如?

部长:甚善。可请须磨君一陈述之。

须磨:本人于本月八日与十日两次晋谒部长之际,曾谈及成都、北海两事件,以为不可延宕不决,对于自动的措置问题,宜迅速进行商谈。

川越:对于贵国今后之态度,敝国甚抱疑虑与不安,所以,贵方苟能自动的有所措置,自能消除此种不安心理而增加对于贵国之信赖,裨益调整前途当非浅鲜。

须磨:前曾述及七项问题,其中一项,部长表示不能考虑。兹就其余各项问题开诚一谈何如?

部长:可以商谈。余以为华北问题最为重要,先就华北经济合作问题进行商谈何如?贵方对于华北问题之意见何如?愿闻其详。

须磨:前曾谈及防共设施为华北问题之重心,贵方希望由敝方提出具体方案。本人以为,贵方首宜决定意思,细目不妨另组委员会商定之。同时,并希望以去年十月何应钦氏赴北平时所拟定之六项目为商谈之基础,其他如航空问题、顾问问题、关税问题等,亦希望积极坦白的迅速进行商谈。

部长：余以为首宜尽速商谈华北问题。贵方对华北欲达到何项目的？原则如何？希望坦白见示。余以为，可以不必斤斤于六项目或八项目。贵方目的是否注重：（一）排除经济合作之障碍及（二）对俄备战之便利。请明有以告。

须磨：防共与废除经济合作之障碍问题确甚重要，但纵不以六项为基础方案，行政问题（包括财政金融在内）依然为问题之重要部分，何况所设六项目者，系由蒋委员长决定者乎。本人曾于去年十一月三十日睹该六项目，且有抄件，当时唐有飞、殷同、雨宫等氏均在座。

部长：当时余未在京，不知有此事，嗣后调查亦无此决定，故不作为商谈之根据。贵方意见如何，尽可提出重新商谈。总之，调整邦交一以不侵害我方领土主权及行政之完整为原则。至于日俄战争之际，贵方如希望我方能取善意之中立一层，我方当可加以考虑，务使贵国能在华北放心。故余以为，贵方实无斤斤于六项目之必要也。

须磨：此事在调整邦交上十分重要，最近报纸插画中排日思想日见浓厚，如《南京朝报》即其一例，务请注意。再者，航空问题，敝方甚望能迅速解决。

部长：航空问题虽已久悬未决，但在原则上可无问题，只要贵方决心解决华北自由飞行问题，一切当可迎刃而解也。

须磨：去年因此决裂，希望不要牵连自由飞行问题。

部长：甚冀贵方迅速解决自由飞行问题。

川越：希望不要牵连自由飞行问题。

部长：容再商谈。开成都为商埠一项，与我方废除不平等条约之方针相背驰，有违我国立国精神及国民政府政策，绝对不能考虑。顾问问题，我方并不反对，惟须待关系得着相当调整时机到来时方可办理，不能作为要求，况现在海军及华北方面已经聘有贵国顾问，是其明证。

须磨：贵方需要敝国顾问甚殷，此对贵国亦甚有利，务请设法解决。

部长：关税问题今晨已经与孔部长谈及，财部反对协定关税之方式，只允自动酌予调整，现已在计划之中。

须磨：曾与孔部长谈过数次，有两次允为考虑，视协定之品目如何，亦可避免最惠国条款之均沾，何况贵国对法属安南关于米、煤两项已有其例乎。

部长：不能商谈。朝鲜人问题较为简单，请与高司长谈可也。

须磨：已向高司长详述之矣。

川越：关于北海事件，希望迅为设法，俾能早日进行调查。

部长：已命十九路军撤退矣。但以该军情形特殊，尚望贵方稍待。

川越：中山水兵事件，敝方海军方面非常重视，务请尽力早谋解决。

部长：事属法律问题，余实无权干与，但外部甚为重视，能力所及，当请关系方面注意。

须磨：该案早可解决而故意延宕。

部长：如判决无罪，则将如之何？不能早为判决者，正为慎重考虑也。

高司长：此案非常复杂，今日余愿以个人资格直率言之。本人曾为此事数往上海，与佐藤武官亦已详细谈过，我司法当局非常重视此案。本来我国法院对此类案件处理推事多仅一人，惟对本案则增为三名，其重视本案仅此一点已足以证明。据处理本案之某推事面称，工部局所提之证据，可以视为有罪之证据者不及十之一二，且本案之嫌疑犯对在工部局所供之口供一律否认，任何国家之法官不能妄科人罪，但法院当局仍在努力审查中。

川越：此种情形已与佐藤武官言之否？

高司长：已与在京之中原武官言之。总之，我国法官对本案之嫌疑犯，虽欲加之以罪，而苦无证据也。此中内情本不便奉告，但今日大使既已询及，又不能不详细言之。

川越：下次会谈时期可否另约乎？

部长：当再奉约。

《交涉史料》，《民国档案》，1988年第2期

蒋介石致张群篠电

1936年9月17日

外交部张部长勋鉴：各电悉。前函所述乃为我最大让步之限度，如逾此限度，即具最后牺牲决心，望一本此意向前进行。此时外交应目无斗〔全〕牛以视之，不可以蓉、北二案自馁其气，彼既不欲先解决蓉案，则我亦以应作无蓉案时方针与态度处之。须知其本题固不在蓉、北二案也。中正。篠午机粤。

秦孝仪主编：《中华民国重要史料初编——对日抗战时期》，绪编（3），
（台北）中国国民党中央委员会党史委员会1981年版，第673页

蒋介石致张群巧电

1936年9月18日

急。南京。张外交部长勋鉴：据厚甫部长电称：日本有派及川与中在粤直接解决消息，此事请斟酌应付。中意可由我外部间接通报川越，如果及川要求在粤与中直接解决北

海案,中必拒绝,以中国既有正式政府,决不允其有此例外之要求,望其不提为要。中正。巧酉机粤。印。

秦孝仪主编:《中华民国重要史料初编——对日抗战时期》,绪编(3),
(台北)中国国民党中央委员会党史委员会1981年版,第673—674页

外交部致各驻外使节电

1936年9月24日

Sinodelegate Geneva, Sinoembasy Moscow, Sinodelegate Washington,并转电驻欧各使馆(俄馆除外):昨日午后,川越晋谒部长,以蓉案及北海案相继发生,均因党政机关未尝诚意取缔排日,要求:(甲)党部一切排日行动应由政府负责。(乙)修改排日教科书。(丙)解散一切抗日团体。部长答以:日方认中国抗日为两国邦交障碍,中国则认日方之侵略行动为恢复邦交之障碍,故政府虽已尽力取缔排日,而仍不免发生事故。上述三项,我方已自动办理,但决不能接受日方要求。川越旋谓,为免除局势恶化起见,调整整个问题虽非解决蓉案之条件,但较蓉案尤为重要,爰就关税及华北等问题探询我方意见。今日川越为北海事件再来部传达政府意旨,希望能速往调查,未及其他。续谈日期未定。

秦孝仪主编:《革命文献》第106辑,《卢沟桥事变史料》(上),
(台北)中国国民党中央委员会党史委员会1986年版,第70—71页

蒋介石与川越茂谈话纪要

1936年10月8日

蒋委员长接见日本驻华大使川越茂,告以"就东亚大局着眼,两国国交之根本调整,在今日实有必要,我方所要求者,重在领土之不受侵害,及主权与行政完整之尊重。故中日间一切问题,应根据绝对平等及互尊领土、主权与行政完整之原则,由外交途径,在和平友善空气中从容协商,则国交之调整必可有圆满之结果"。继之,并对在各地所发生之不幸事件表示:"此等事件,虽因有些地区中国政府不能充分行使警察权,未便一概而论;但在中国领土内发生此等不幸事件,则不能不引为憾事。对于业经调查之成都与北海事件,中国政府准备依照国际惯例,即时解决。关于其他问题,仍应由外交部张部长与川越大使继续商讨。张部长之意见,即系政府之意见。"临别,蒋委员长复郑重表明:"华北之行政必须及早恢复完整。"

秦孝仪主编:《中华民国重要史料初编——对日抗战时期》,绪编(3),
(台北)中国国民党中央委员会党史委员会1981年版,第675—676页

蒋介石接见中央社记者谈话

1936年10月8日

今日与川越大使接谈，所谈者虽均为中日两国之前途与东亚大局之关系，而未及交涉中之具体问题，但双方谈话精神完全立于平等基础之上。川越大使之精神与态度，其诚挚坦白，实足欣佩。盖完全本于广田首相去年在彼国会议中所发表之方针——即在"不威胁、不侵略"之原则下，力谋调整国交之实现是也。以今日川越大使所表现之精神，推而言之，则中日两国间问题，皆可不采外交正当途径以外之方式，而依外交常轨以平等基础解决一切困难，一扫过去之纠纷与暗淡之阴霾。盖人类本富于感情，惟有精诚可以感召一切，如一方果能以精诚相示，则彼方必有以精诚相应之一日。深信余之抱负与期望，不难贯彻始终。

秦孝仪主编：《中华民国重要史料初编——对日抗战时期》，绪编（3），

（台北）中国国民党中央委员会党史委员会1981年版，第676页

张群与川越会谈纪要

1936年10月19日

部长会晤川越大使谈话撮要

时间：民国二十五年十月十九日下午三时至六时半

地点：外交部长官舍

1.关于东亚大局论

张部长首先发言谓，我人彼此为东亚大局计，皆有远大之抱负，但彼此立场各有不同。换言之，两国外交官各为其国家意见，未免有不同之点，希望彼此努力折冲，以成有终之美。

我人承认，日本政府及广田首相与有田外相对调整中日邦交皆具热心，故甚愿日本政府努力使中日邦交调整可以成功。同时，我人亦希望日政府认识，现在中国政府为调整中日邦交为最有诚意、最有力量之政府。此实双方难逢之机会，如此时不能达到调整之目的，则前途将更感困难。川越大使谓，现在日本政府力量比不到中国政府，因中国政府在蒋院长指导之下能主持一切，而日本政府目前虽无更动趋向，但明年度之预算问题、行政机构改革问题、外交问题，处处有使政府为难者，而外交问题尤为重要。敢问贵部长对日方提案意见如何？部长询以究谈何种问题，川越答以先从防共问题谈起。

2.关于防共问题者

川越大使分作华北防共问题与一般防共问题，其对一般防共办法说明如左：

（一）有关"赤化"情报之交换，系普通的而非仅限于中日两国关系的。

（二）关于启发人民如何防止"赤化"之意见及其办法的交换。

（三）关于取缔、防压"赤化"运动之意见及办法的交换。

以上办法由两国订一协定，其执行机关可由上海市公安局与驻上海日本总领馆担任。

张部长对川越大使之提案答复如左：

当兹中日间一切疑虑尚未冰释，彼此信用尚未恢复，而人民因仇日之故，倾向联俄容共之思想日见增高之时，如谈此项问题，必引起国民更大之疑惑，增加仇日之情绪，徒使我政府运用外交政策感到困难，而于中日邦交之调整亦无益处，且徒增加问题，易使问题之复杂化。故本人意见，此次交涉应先就上月二十三日所谈问题设法解决，此项问题请不必讨论，如将来事实上在上海有交换情报之必要时，再行研究可也。

川越大使谓，日本政府所提办法，既不妨碍中国之主权，又不干涉中国之内政，且于中国有益。若连此种程度之事亦不能办，则中日间空气实无从明朗化。如虑中国人民对日本所提议之任何问题都有作用，则此项办法作为中国提议亦无不可；如认"协定"二字不大妥当，即易其他方式亦无不可。张部长始终未予允诺。

关于华北防共问题，川越大使发表意见如左：

日本政府对华北之防共区域，原拟定者为五省，现已让至三省。此事若据驻在地之日军部意见，本想采自由行动，不愿外交交涉。我人今日之所以提出交涉者，一则使华北问题渐上轨道，此实于中国有利。如交涉无效，则驻在地之日军部将行其素志，结果必至徒增纠纷。至于办法内容，事属专门，俟委员会组织成功，一切由专家进行商讨，自可圆满解决。至于冀东问题，原与防共无关，不能并提讨论，但个人认为，解决此事之方式，可有种种之考虑，改善现状，殊有必要，本人当尽力进行。第恐此事之解决，尚有待日本政府多大之努力。"匪军"问题，可由委员会讨论解决，如中国对于此事必须并为一谈，则谈判唯有破裂耳。

张部长答以：防共地区，中国主张只有一线，而日本要求二省，此种问题均未商定，一旦贸然组织委员会讨论，则委员会亦将无所适从。日方如必须讨论此项问题，请提示内容计划，再行研究。

川越谓，若照中国所提之线，日方认为无此必要。日方所提三省，其与内地较近之处，可不必包含在内。军人意见，应延至雁门关方可以应付。

张部长谓，雁门关属于山西，如此谈法似有超出范围，更加困难。即仅就地区一事而言，彼此意见有如此之大出入，委员会焉能讨论。其他对中国之主权及行政如何尊重、防共目的属消极或积极、两国军队如何配置，在在均关重要，如不预先商定，委员会必无法进行。故我方主张，须先知日方意见之内容，然后再考虑委员会之组织。故此事唯有待日方意见明白提出之后，再行商讨。但冀东及察北、绥东杂军问题必须同时解决。

川越大使谓，如中国坚持此项主张，谈判只有破裂。

张部长乃郑重声明谓，此为中国政府既定之方针，务请多加考虑。无论日方对我方所提问题如何看法，如何解释，于防共有关、无关，总希能于此次交涉并案解决。前提之《塘沽协定》、《上海协定》等，为调整两国邦交起见，中国亦甚盼能早日解决，若不如此，中国立场十分困难，无法商讨。

川越大使谓，前谒蒋院长时，本人曾提及中国所提各点有待将来方可解决者，蒋院长亦示意赞同，请不必坚持。

张部长谓，未闻蒋院长曾作此表示。

川越大使谓，可询院长或高司长。

张部长谓，亦未据高司长报告期〔其〕意。

嗣谈到联航问题。川越谓，日方甚盼无条件解决。至于实行日期，可以延迟，在此时期解决与其他有关问题。高司长所提办法，日方未肯同意。

张部长又提出两事，请川越大使注意：

甲、根据情报，近日察北、绥东之形势又见紧张，如再发生纠纷，则将影响全局，妨碍交涉，关系甚大。

乙、我人在此以外交途径谈判两国问题，但驻华北之日军部仍与地方当局谈经济合作及联航问题。中国国民皆视为日本仍继续其分化政策，连日一般空气因此等问题之反响而渐形紧张，此实妨碍两国外交谈判甚大，故请贵大使特别注意，并请报告贵政府。

川越大使谓，此乃因南京交涉失败而产生之事实。谈至此，双方意见不能一致而散。

《交涉史料》，《民国档案》，1988年第2期

张群与川越会谈纪要

1936年10月21日

张部长会晤川越大使谈话撮要

十月二十一日下午三时至五时二十分于部长官舍

今日谈话仍以防共问题为中心。

川越大使先询张部长有无新意见，并谓一般之防共办法实极简单，自属易行。

张部长答以我方并无新意见，并告以历次日方之所云，我方实尚未明了其真意之所在，请其再行说明。

川越大使谓，一般共同防共内容系取缔共产思想、交换共产情报及如何启发人民与防压共产主义之意见，办法可由上海市政府会同日本驻沪领馆执行，双方订一协定，若嫌协定名义不妥，即不用协定方式亦无不可。

张部长告以无此必要，且徒使问题复杂化，尚以勿谈为要。在此中日关系尚未好转之时，若再订此类不必要之协定，不但贻反对者之口实，且将因此引起纠纷，即于日本亦有不利。去年中央摄影场与日本《朝日新闻》社订一交换新闻影片之合同，嗣中国方面责难日本不肯上映，日本方面责难中国方面尚未上映，结果由本人勉强设法，始得在新都电影院试映，足见不自然之诺言在实际上无甚效果也。换言之，即今日我人皆认为，作此类事件将来徒增双方彼此之不满，故再三考虑，尚以勿谈此问题为妥。

川越大使谓，关于华北之防共问题，先组织一委员会如何？

张部长谓，须先由我人商好内容，然后再谈办法，否则争执必多。譬如，我方之华北防共线系自山海关至包头，日本则要求至雁门关，仅此一点，双方所见如此相差之远。

川越大使谓，山海关至包头无防共必要，故军人主张至雁门关，此乃根据广田三原则而来。

张部长谓，所谓北境者，乃指外蒙而言，如何又延至雁门关？本人意思认为，在此线上主权之如何尊重、内政之如何不干涉、军队之如何配置，均须预先商定，然后再谈办法，否则即交专门家去办，专门家亦无办法。故请日方先详示内容，一面以便商量，一面以解中国对日方之猜疑心。

川越大使对此表示可以先提大纲。

张部长谓，绥东问题前闻交委员会处理，冀东问题其将如何？

川越大使谓，此问题与防共无关，不能提出讨论，若提则交涉决裂。

张部长谓，无论作条件或不作条件，此乃另一问题，但中国政府总期日政府容纳我政府之愿望，将此问题同时解决。

川越大使谓，非正式交换意见时并未提及，现在则坚持此问题，是乃非法且无诚意。

张部长谓，非正式交换意见时已再三表示我方亦有要求，须磨亦已谅解。数日前，贵大使在沪时曾有高司长转请注意绥东问题。因此事有关大局，最近绥东局面闻又恶化，且有日本浪人在内，日方自难推为不知。此外，本部长与贵大使正在谈判中日问题时，而华北通航问题闻已与地方当局解决，此类举动诚足以增进中国政府之怀疑，使此交涉更感困难，请贵大使特别注意。

川越大使谓，此实因与中央交涉不成功而发生之结果也。

张部长问，贵大使对此次交涉如何看法？

川越大使答云,中国对防共原则既赞成,但冀东问题不能并为一谈。

张部长云,我人现在且作一结论,对防共问题留为后谈如何?

川越大使谓,不可。此点关系重大,请考虑。

张部长谓,冀东及绥东、察北等问题务请同时解决。

川越大使谓,此点实办不到,请考虑。

谈至此,双方意见不能一致,相约改期再谈。

《交涉史料》,《民国档案》,1988年第2期

刘田甫致程潜等电

1936年10月23日

总长程,次长杨、熊钧鉴:据密报,前日张部长与川越大使举行第五次会谈以后,日外务省认为中日交涉尚有妥协之余地,此时不必急图解决,仍以外交方式进行。但为威服中国起见,将有利用报纸行恫吓之宣传。又日本外、陆、海三省对于中日交涉决裂后之对策业已决议,其内容大致如下:其一方针:日支交涉决裂后,为压迫南京国民政府计,以对支示威运动与冀察政权之独立宣言为主,至万不可行则诉诸武力,以期贯彻主张,此时假造口实,使支那为挑衅者,以免失国际之同情。其二第一段之处置:(一)令川越大使离开南京,日本政府向中外发表日支交涉经过;(二)上海、汉口、福州、广州等处增派陆战队或军舰;(三)派有力之军舰数艘驻泊青岛,旅顺置海军陆战队,遇必要时派驻青岛方面;(四)以关东军之一部集中于山海关方面,并增添天津驻军;(五)以朝鲜军之一部派往"满洲国"以防俄国。其三第二段之处置:(一)促冀察政权在事实上与南京分离,并宣言对于该政权加以独裁而以文治派统治之;(二)促内蒙古采同样之处置;(三)促山东实行日支亲善并与南京分离;(四)扩大北支方面之密输;(五)通告英国特别保护英国之权利;(六)对于俄国外交,力求妥协,并阻止俄支提携。其四第三段之处置:(一)在北支引起自治运动;(二)增加北支驻军;(三)如中央军挑衅,则击退至黄河以南等情。除转报大使外,谨以奉闻。职刘田甫叩。二十三日。

秦孝仪主编:《革命文献》第106辑,《卢沟桥事变史料》(上),
(台北)中国国民党中央委员会党史委员会1986年版,第71—72页

张群与川越会谈纪要

1936年10月26日

张部长会晤川越大使谈话撮要

十月廿六日下午四时至六时廿分于部长官舍

寒暄毕。

川越大使谓，前据高司长面称，许大使曾奉部令往见有田大臣，未知已得报告否？

张部长谓，此次谈判之一切情形想贵大使必已一一报告政府。此次我政府之所以命许大使往晤有田大臣者，无非说明我政府对此次交涉所持之立场，使得贵国政府能彻底谅解我政府之立场，为此次交涉之一助。本人今日未接政府之新训令，故无新意见可以表示，甚盼贵大使多发表贵方之意见。同时，张部长将许大使报告约略告知川越大使，并询以所谓交换情报之程度，若据中国解释，则仅限于交换情报，未知日本如何看法。

川越大使谓，日方解释不仅限于此，所有取缔、启发、防压等办法均包括在情报之内，并谓有田大臣所谓可延迟实行之说，是乃大让步。

部长谓，日方何以一定要与中国共同防共？是否意在诱导中日两国之一致？

川越大使谓，一因日本一向重视防共，若能与贵国共同防共，则有种种便利。二则因为在此调整两国邦交时，两国间应树立一共同之目标。

张部长谓，关于第一点本人无甚意见。关于第二点则中国方面决不如此看法。数年来中日关系欠佳，故反政府者皆欲借反日问题造成人民阵线，现在若强作此事，则徒刺激中国人民之情绪，于日本亦无甚益处。

川越大使谓，中国政府一方面固须顾到中国人民对政府之疑虑，而另一方面亦须顾到，中国政府若连如此程度之事亦作不到，则亦将引起日本对中国之疑虑，若能作到此事，则中日间事得一共同之目标，将来两国关系自能好转。

张部长谓，彼此看法既然不同，故此事当以勿谈为妥。须磨屡次谈话既未及此点，即九月二十三日贵大使虽曾提及，亦未提出办法。故本人意见，在此次交涉中当以勿谈此问题为妥。

川越大使谓，无论如何，总希望并为一谈。至于将来实施，可由日本外务省与中国外交部办理，不必交给军人去办。

张部长谓，请以勿谈此问题为妥。在贵大使初发表为驻华大使时，我国朝野实不知日本意向如何，嗣见各报登载贵大使之谈话，似皆以经济合作问题为中心。故外交部所准备与贵大使商讨者，皆是经济问题。亚洲司研究室亦皆以此问题为中心而从事工作，不料贵方意见今竟相差如此之远。

川越大使谓，此乃成都事件有以致之。在成都事件以前，两国间空气较好，今则不及从前矣。

张部长谓，蒋院长对中日邦交之调整颇具决心，但日方必须顾到我方立场，否则，即生困难。

川越大使谓，余亦如此看法，但有骂余认识错误者。

张部长谓，贵大使此种认识并无错误。

川越大使谓，华北防共问题，日方希望延至雁门关，委员会之任务在商讨交通与通信之联络事项。

张部长谓，延至雁门关一层决作不到。有田大臣曾报告许大使云，防共内容驻南京武官知之甚详，何妨详细说明。

川越大使谓，本人不甚清楚，可否下次带雨宫武官来谈。

张部长谓，不必。

川越大使谓，当命雨宫武官与高司长详谈。

张部长谓，冀东问题如何解决？

川越大使谓，此事本人从头即说十分困难，此时仍难答应。

张部长谓，然则无法谈下去。

川越大使谓，蒋院长对此点已有谅解，希望贵方不必坚持。

张部长谓，此事前曾询蒋院长及高司长，皆谓并未谈过。

川越大使谓，不必查究，此事只望事件本身之解决。

张部长谓，须磨回去后，贵政府有无变更方针？

川越大使谓，尚未接着报告。

张部长谓，希望贵大使多多努力。

川越大使谓，希望贵部长亦多多努力。

谈至此时，双方相约再谈而别。

《交涉史料》，《民国档案》，1988年第2期

张群报告拟答复日使馆秘书须磨谈话内容电

1936年11月4日

昨日须磨访晤高司长所述要点……兹拟命高司长答复须磨如下：（一）一般防共问题，务望日方撤回勿谈；（二）北部边境防共问题，须日方提出具体内容后，方可商讨。但冀东及察绥匪伪军问题，务须同时解决。若日方坚持冀东等问题只能作为绅士协定，则我方对北部边境防共问题，亦只有俟日方履行此绅士协定时，再行商讨。并告以此系我政府之最后意见，下次川越大使见张部长时，若能搁置防共问题不谈，而就其他问题续

行商讨，则张部长随时可接见；倘仍如前数次之会议，以防共问题为中心，则我方对此问题之最后意见既然如此，继续谈判，亦属无益，等语。钧座对上述各节，有何指示，尚乞迅电祗遵。

附：须磨访晤高宗武司长谈话要点

日使馆秘书须磨访晤我外交部高宗武司长，传述日方强横无理之意见如下："（一）一般防共问题，务望中国接受日方要求，此乃广田首相与有田外相之重要主张，若不能解决，则日本政府不能不重行考虑其对华之态度。（二）华北防共问题，如指定地区发生困难，则可先由双方各指定委员从长研究。此乃日方视为华方所谓国策变更之最低限度。至于冀东、绥东、察北等问题，仅能作为日方对华之绅士协定，不能作为解决本问题之交换条件，否则交涉只有破裂。（三）关于华北问题，华方对维持冀、察两省之现状既有困难，则此次交涉可勿谈及。但对晋、绥、鲁三省，希望中国中央政府遇有必要时，就事论事，指定各该省当局对日本予以经济合作之便利。（四）联航问题，希望华方无条件答应。但实行日期可以延长，以便在此时期中解决与此事有关之问题。其他如顾问问题、关税问题等与历次所谈者无异，并谓此乃日方最后之意思。总之，此次交涉现已达最后阶段，不容再事迁延"云云。

秦孝仪主编：《中华民国重要史料初编——对日抗战时期》，绪编（3），

（台北）中国国民党中央委员会党史委员会1981年版，第678—679页

蒋介石致张群微电

1936年11月5日

张外交部长勋鉴：支电悉。一切请照来电之意进行，惟航空与关税等实行日期，必须待走私与自由飞行切实停止三个月后另定。实施日期，须事前订明勿忌为盼。中正。微午机洛。

秦孝仪主编：《中华民国重要史料初编——对日抗战时期》，绪编（3），

（台北）中国国民党中央委员会党史委员会1981年版，第679页

蒋介石致张群灰电

1936年11月10日

张外交部长勋鉴：破裂时宣言须预拟定，望先行电商为要。其中应以完整华北行政主权为今日调整国交最低之限度，否则非特无调整诚意，且无外交可言。须知今日完整华北之主权，乃为中国生死存亡惟一之关键，故须准备一切，以期国交早日之调整。

虽至任何牺牲，亦所不恤之意，须特详明，并可预告英使以此意也。中正。灰巳机洛。

秦孝仪主编：《中华民国重要史料初编——对日抗战时期》，绪编（3），

（台北）中国国民党中央委员会党史委员会1981年版，第680页

张群与川越会谈摘要

1936年11月10日

张部长会晤川越大使谈话摘要（第七次）

民国廿五年十一月十日下午三时至五时廿分

川越大使晋谒张部长时，先询我方有无新意见，并询我方对此次交涉有无使其告一段落之意思。

张部长答以，此则全视谈判之经过如何方能决定。

川越大使谓，高司长与须磨之谈话情形，想贵部长必已知悉。对于一般防共问题，日本甚谅解中国之困难，答应将来有机会时再行缓谈，此乃日本之大让步。故中国方面亦须相当让步，对其他问题加以解决，不能再行坚持。例如华北防共问题，贵部长第一次与本人晤谈时即称，中国变更国策，与日本共同防共，此时想亦不致于变更也。

张部长云，迄今并未变更。关于防共问题，今年三月，本人曾向有田大使连谈三次，皆谓非满洲问题解决，则不能谈共同防共问题。故此次我方所提之变换条件，实最低限度之条件，亦即我方之最大让步。

川越大使谓，贵方所提之变换条件中，察北尚有可说，冀东问题则与防共完全无关，自不能并为一谈。中日共同防共，乃互利之事。日本因对俄关系在远东责任非常重大，故对北境一带之共同防共甚为重视，此实根据广田之三原则而来。若中国连此问题亦不肯谈，则日本将发表中国业已答应变更国策，与日本共同防共之谈话内容。

张部长云，即发表亦无不可。若贵方发表，我方亦可将一切情形发表之，但此种举动于双方皆无益处。故想来想去，尚以勿谈为上策。

川越大使谓，北部边境一带之防共问题，可先指定专家商讨，不必组共同委员会，冀东问题亦可于此委员会中提出讨论。

张部长云，贵大使熟悉中国情形，现在中国能否办理此事想亦明白。故本人想来想去，仍以留待将来再谈为妥。

川越大使谓，中国意见本人十分明了，无非希望日本给点面子，但日本面子中国亦须顾到。

张部长云，日本有何困难？总之，防共问题以勿谈为好。日本常说中国没有让步，但

蒋院长曾云，中国自知其国力，不合理之事决不会提。故对我方所提之最重要问题，如取消《塘沽停战协定》、《上海停战协定》两问题概都不谈，此可谓已经大让步矣。

川越大使云，容高司长与须磨再谈一具体办法可也。

此时，川越大使复提及关税、顾问、华北、上海—福冈间联航、取缔朝鲜人等五问题。

张部长应付内容〈同〉与须磨所谈者无异。嗣川越大使复要求将历次谈话作成文书，张部长即予拒绝，主张各自纪录最后结论。详细问题由高司长先与须磨商谈。

《交涉史料》，《民国档案》，1988年第2期

"廿五年中日南京交涉案"节略①

1936年9月15日—11月10日

（一）时间：二十五年九月十五日

事由概要：川越以蓉案及北海事件均因我党政机关未能诚意取缔排日而发生，要求：①党部抗日行动由政府负责；②修改排日教科书；③解散一切抗日团体。部长答以中国之排日乃日本侵略行为所引起，我可自动办理，不能作为日本之要求。川越更提出下列要求：①共同防共；②沪福联航；③成都开埠；④减低关税；⑤聘请日籍顾问；⑥捕逐反日韩人。

（二）时间：二十五年九月二十三日

事由概要：川越仍不提蓉案条件。部长力言我方准备依照国际惯例先行解决蓉案，次就上次谈话时川越所提各问题逐一答复，相当容纳彼方意见，最后提出我方希望一并商谈之问题，如取消上海、塘沽两协定及冀东伪组织、停止非法飞行与走私、消灭察绥匪军等事。而川越坚持防共与经济合作应包括中国全部，对于我方提出之问题拒绝商谈。无结果而散。

（三）时间：二十五年十月十九日

事由概要：此次会谈以防共问题为中心。关于防共区域，部长力主限于内蒙一带，并须以取消冀东伪组织及整理绥东现状为交换条件。川越仍要求交换公文，约定取缔共党、交换情报等。双方意见相差甚远。华北问题未详谈。

（四）时间：二十五年十月二十一日

事由概要：此次谈话仍以防共问题为中心。日方意见除华北防共推及晋省，组织委员会商讨办法外，并要求我政府与日方另订一般共同防共办法。部长仍坚持防共区域应

---

① 此标题为原件所有。——编者

限于内蒙一带。双方意见未见接近，无结果而散。

（五）时间：二十五年十月二十六日

事由概要：此次谈话仍侧重防共问题。关于边境防共一层，川越主西至雁门关，非至必要时不进驻军队，但与交通及通讯有关之事项，均在防共范围之内，至冀东问题拟暂不谈。部长仍主一并谈之，于是又无结果。

（六）时间：二十五年十一月十日

事由概要：此次谈判焦点仍在防共问题。川越对一般防共问题表示可以缓谈，惟对于华北防共，则主无条件解决。最后仍无结果。

《交涉史料》，《民国档案》，1988年第2期

驻日大使馆致外交部电

1936年11月15日　东京

南京。外交部。六四九号。十四日。本日《朝日新闻》社论谓，今之交涉，原以调整中日关系为目标，交涉中途复屡屡发生不祥事件，益足证两国关系有调整之必要。但中日国交之恶化，已非一朝一夕，故仅凭一时之折冲，即期待国交之好转，自为不可能之事。末复谓吾人所最为遗憾者，我国对华交涉，始则其调甚高，终乃遗尾大不掉之诮，为国际间计，无宁将事态还原于交涉以前之状况，暂行中止交涉，以期待于他日之为善，盖如无理强迫中国为城下盟，谓对方无实行之诚意，其结果除一纸空文外，必别无所获。要之如忽视中国之归向，则中日国交之调整将永不可期。东京《日日新闻》社论谓，此次对华交涉在出发的时候即估计错误，不应将防止不祥事件和调整国交混为一谈。调整国交乃是一件非易判定事业，决不是一时兴奋或咄嗟之间所能解决。且提出国交调整案时，外务当局被国内情势所牵掣，并未慎重考虑，即贸然提出。将恐交涉愈深，则中国抗日风潮愈炽烈。时至今日，可采取之唯一方法即将南京会商断然停止。华北问题、防共问题，以及其他与抗日和不祥事件无直接关系之一切问题，均留待他日再作计较，现在应注全力绝灭当前之抗日运动，及彻底解决防止不祥事件之发生。至外交当局所抱之不先调整国交，不祥事件将无由防止，此种外交丛生之理想论列应即抛弃云云。谨闻。驻日大使馆。

秦孝仪主编：《革命文献》第106辑，《卢沟桥事变史料》（上），

（台北）中国国民党中央委员会党史委员会1986年版，第72—73页

外交部关于解决成都事件之对策草案

1936年11月

一、责任问题

欲明本案之责任，必先探讨其原因。此次事件完全由于走私与设领二事所激成，原因极为简单。换言之，即日方如不以私货运销入川及对成都设领不操切从事，则本案自无由发生。日方以此为排日思想之发动，实属倒果为因。盖自"九一八"以后，日方所加于我之暴行更仆难数，川中民气虽极激昂，从未闻有任何越轨行动，此足证明川民绝不至以一时意气之冲动而作无意识之排日行为也。讵本年春夏以来，私货大量输川，正当商业大受打击，纷纷倒闭，川民正临切肤之痛，日方复于此时有非法于蓉设领之举。成都既非商埠，又无日侨，不容设领，自不待言。而日方又于此问题未经正式解决以前，贸然遣岩井赴蓉。川民经此刺激，情绪自更紧张也。其开会、游历〔行〕，要亦人民爱国应有之表示，不能认为不合理之行为。特以当局防范稍有未周，遂致反动分子乘机煽成暴动，为可憾耳。但此种突发事件根本不易预防，而在事变当时，当地官厅亦已尽弹压救护之力量，事后除缉凶法办外，在国际法上本不负任何责任。不过中日关系特殊，我方为辑睦邦交、顾全友谊起见，对于日方正当办理之要求，似亦不妨撇开责任问题酌予考虑。

二、事变真相

（一）事件非出于排日

川省民众对于走私、设领之反感虽烈，然行动颇有秩序，官厅亦采取防止越轨之措置。重庆市民本定八月十八日夜游行示威，经官厅劝阻而打消，所以，岩井留渝多日，曾未发生意外，成都民众运动秩序亦佳。渡边、深川、濑户、田中等四人由渝到蓉，并无嫉视之者。该日人等二十四日上午漫游名胜，并沿途购物、收债。倘民众有排日之意思，则在当时反对走私、设领激昂情绪之下，该日人等历半日之时间游遍东、西、南三城，岂能无一人与之为难，发生纠纷？变前，民众代表经向濑户等询明，并与设领无关，即行退走，即可以证明，民众之目标纯在合理的反对走私与设领，而非反对日人到蓉游历及含有排日之意义也。

（二）反动阴谋之论证

四川"共匪"虽渐就消灭，各处潜伏之反动分子仍在暗地活跃，进行破坏工作不遗余力。此次事件，初时民众代表经濑户等说明，业已退去，而反动分子却又鼓动民众再度前来滋事，在傍晚时高呼反动口号，扩大暴动，其目的在使中日关系恶化，陷政府于困境，以牵制剿匪工作之进行。至于交通公司等商店贩卖私货，民众知之甚稔，若以武力制裁之意，早已实行，固不必在事变当时发动。盖川省对防私工作已有严密布置，如有走私行为，不难依法处置。此种行为实系反动分子企图扩大暴动，分散军警力量，造成恐怖状态，嫁祸民众之毒辣阴谋也。

（三）党部政府指使说之无稽

我国对外方针，政府与党部原属一致，向以增进中日两国亲善为主旨。去年以来，鉴于各地人民对于日人隔阂未能尽除，一再明令宣示敦睦邦交，所有稍涉反日性质之组织一律查禁。上年七月中央宣传委员会亦通电全国各级党部，切实取缔排日运动，事实俱在，不难复按。日方谓为政府或党部从中指使，实属辱诬。中国当此多事之秋，力谋安内睦外之不逸，岂有反使构成事变以自窘之理。此就理论言之，亦所必无之事也。

（四）军警救护之努力

渡边等四日人由渝乘车到蓉时，警备司令部即派侦缉队干员刘榆先、曾春明到车站随护入城，公安局亦派有暗探数名跟随保护。及该日人下榻旅舍后，警备部复加派侦缉员邝丕承等十人，由刘、曾二人督率，会同公安局人员明密守护。二十四日下午五时事件发生之初，警备部立派王排长率兵一班前往大川饭店镇压。公安局长范崇实率同科长周植宗、会计主任赵福辉、国术教官冯恩和、司法队长王月明、侦缉队长孙岳军、督察长刘揭、分局长康振等警士三十人赶到时，已发生暴动，电线被断，电话不通。军警寡不敌众，因日人等已杂在混乱群众之中，投鼠忌器，不敢实弹制止，所以只放其枪示威。范局长亲身于激斗丛中，将日人田中武夫挟持出险，复率警贾治平等将濑户尚救出。嗣警备部得讯，立令营长曹午堃率第五、第七两连武装兵跑步驰援，警备司令蒋尚朴亲率副官张子宜继至。而大川饭店业被捣毁，乃一面调派营长邓吉亨等率队制止暴动，一面督寻失踪两日人。是役，范局长左肩受伤，蒋司令汽车击坏，警士刘世清伤亡，其他军警员兵受伤不少，民众亦伤亡数人。军警当时救护之努力，可以想见。此种情形有田亲笔所记，足以证明。濑户亦对军警之救护表示谢意。

三、日方要求条件

蓉案系突发事件，我方本不负法律上之责任，且在事变当时及事后，当地官厅亦已致其最大之努力。故若就事论事，充其量不过惩凶、抚恤，初非重大问题也。惟在中日目前情势之下，此事依常轨解决，恐绝不可能。照最遭〔糟〕情形观察，彼确有利用机会，贯彻计划，解决各项重要问题之野心。如此，则超越本案范围，牵涉中日全部问题，复杂严重，似非通盘考虑决定对策，不足以资应付。兹将报传日方要求条件签注如次：

（一）南京政府应彻底制止排日运动，并使将来不再发生类似事件。

查取缔排日运动，应先明白排日之原因。日本一面不断的侵略中国，一面强入〔迫〕中国取缔排日，此与缘木求鱼何异。纵中国政府不惜对人民施行高压，然原因不除，压迫愈甚,则反感愈烈,其结果将与所期待者完全相反,危险实甚。

此事关键完全操之日本,倘日方停止在华一切非法行动,使华人发生好感,则排日之风无须取缔,自归消灭。且中国政府对于此事亦已尽力消弭,上年六月十日颁发敦睦邦交明命,此次蓉案发生,复重申前令,并饬主管机关妥为处理。行政院于事件发生之第二日,亦经严令各省市政府切实保护外侨。日方如提出此项要求,似可照此坦白直言,促其反省。

(二)改编排日教科书,停止排日教育。

查我国教科书系由教育部审定,内容并无排日意义,亦无所谓排日教育。惟历史上我国所受之外侮,关系国家史实,自应据事直书,不能抹煞。日方此项要求,干涉我国教育,应予拒绝。且此事势必引起教育界重大反响,发生种种风波,使政府陷于困境,影响全部问题不能解决。日本倘有调整中日关系之诚意,必须了解中国政府立场,撤回此项要求,否则,结果亦无所利于日本也。我方如为情势所迫,万不得已,似可明令出版界,嗣后刊物遇有涉及国际关系者,务须以善邻为主,不可插入影响邦交之文字或图画,但须绝对避免为接受要求之办法也。

(三)禁止排日性质之集合〔会〕,解散排日团体。

排日团体为反日会、抗日救国会等等,早经在禁,现已不复有此团体之存在。至关于民众集会结社,政府过去一禀《敦睦邦交令》取缔办理,不使有涉及排日之行为,现又重申前令,严厉执行,各地方长官自能切实遵办。

(四)地方党部之排日活动由南京政府负责。

党部与政府方针原属一致,年来关于排日活动早经停止。中央宣传委员会在去年国府发布《敦睦邦交令》之后,亦经通令各省党部,饬遵照该令,转告各级党部同志,并随时劝导人民切实遵守,自不至有此种活动。惟日人不察,对于党部始终认为排日之根源,此项要求恐不易放松。应付之法,似不特再由中央党部训令各省市党部,切实告诫。至于此次成都事件,川省党部领导民众运动之无方,殊不能辞其咎。在交涉开始后,观察情形,如有必要,似亦可自动的将川省党部改组,以资应付,免演成类似河北之事实。

(五)停止一切足以阻碍日本驻成都领馆重开之行为。

日本在成都设领,我方原则上已予同意,所争者仅岩井赴蓉迟早之问题耳。此层似可设法使其早日前往,以示成都方面已无阻力之存在。惟设领既经承认,则日人居住、营业诸问题必随之发生。而成都既非商埠,以后是否仍作为内地办理抑视同开放,此种畸形状态无例可援,似不能不预筹办法,使地方有所率循。

(六)南京政府正式道歉。

蓉案既归中央交涉,此项似可酌予接受。

（七）惩办凶手以及负责者。

本案凶犯苏德胜、刘成先业经拿获，明正典刑，现仍搜捕余凶，务获归案。惩治处罚负责者一层，四川省政府对成都市政府、警备司令部、省会、公安局、华阳县政府已下令严加申斥，并以公安局长范崇实防范未周，难辞其咎，着其应候查办，中央亦正查明失职轻重，分别惩戒。

（八）赔偿死伤者之损失。

此项我方业经明白表示，在适当数目之下，自无问题。

《交涉史料》，《民国档案》，1988年第2期

张群与川越会谈记录

1936年12月3日

部长会晤川越大使谈话纪录

高司长、董科长、须磨秘书、清水秘书在座

时间：民国廿五年十二月三日下午七时三十分至十时五分

地点：本部

事由：关于日海军陆战队在青岛登陆，以及其他不法行为事

寒暄毕。

部长：因绥远问题发生，致调整国交问题发生阻碍，殊为遗憾。

川越：绥远问题对于调整国交问题之进行似无关系。

部长：今日因青岛发生日本海军陆战队登陆事件，故请贵大使来部详谈。

川越：今日请将我方所拟重要事件先行商谈。关于青岛日海军陆战队登陆事，今日实为第一次听到。

须磨：两星期前川越大使已要求会晤贵部长。

部长：拟将青岛事件一谈，至其他问题，本部长因今晚尚拟赴沪一行，探视黄膺白先生，故不预备与贵大使详谈。顷接青岛地方官厅电称：该地日本纱厂工人，近因要求增加工资，一部分发生工潮，虽经当地官厅极力调解，一面将嫌疑分子予以逮捕，工潮有消弭可能，而怠工工人亦无越轨行动。乃日方突于二日将全部纱厂无故一律停闭，并于本日午前三时派海军陆战队七百余人登陆，全副武装，分途前往包围青岛市党部、铁路党部、胶济路警务处等处，任意入室搜查各项重要文件，并捕去公务员多人。此种不法行动，不独足以激动风潮，实属侵害我国主权。特要求贵大使迅速转电青岛日本海军当局，立将派驻各处陆战队撤退，恢复纱厂原状，即日分别释放送还不法逮捕之人员及擅取之文件，并

保留将来我方合法之要求。至于劳资纠纷，应静候青岛地方官厅调处，持平解决。若不将陆战队即时撤退，任其迁延，恐将酿成两国重大事件，故今晚特招请贵大使来部面谈。

川越：关于停闭日本纱厂事，驻青日领曾有来电报告谓，中国方面未曾以诚意取缔工潮，为自卫计，不得已乃命陆战队登陆保护日侨利益。今贵部长既将上述情形见告，当将要求各点报告政府。

部长：目下务必先使空气转好，恢复常态，实为紧要之事。关于绥远事件，据调查报告，匪伪军中确有日本军人、日本飞机以及日本各种新式武器，此事并已获得确凿证据。

川越：（朗读其携来之所谓备忘录）（备忘录全文见下件——编者）

川越：（朗读完毕）再者，关于成都、北海、上海、汉口各事件，已由须磨总领事向高司长提出条件，要求早日解决。

部长：本部长今日不预备与贵大使商谈此种问题，前已言之，况贵大使刻所朗诵之文件，其内容与历次会谈情形显有不符之处，不特有为我方向未谈及之记载，且对我方重要意见遗漏甚多。其中更有贵大使从未提及之事项，无论如何不能接受此种文件。总之，双方始终须以友好态度开诚会谈，实为必要条件。今贵方文件中毫未提及我方重要意见，如此，则可谓非友谊的态度，本部长万万不能接受。

川越：并非提出公文。

部长：双方须互相尊重对方意见，以谋解决。

须磨：本人对川越大使所言略有数语补充，即关于防共问题，日方已表示大让步，华北问题，亦不主张组织委员会，仅谈经济合作，希望贵方充分谅解。

部长：我方当然希望早日解决，但如川越大使今日所谈，似不能谅解。总之，双方须顾到彼此立场，如塘沽、上海两协定之取消，冀东伪组织之取消，华北非法飞行之终止，察绥伪匪军之消灭以及走私之停止等等问题，系我方最低限度之要求，均应同时解决。

高司长：本人希望将此事与须磨总领事作成文书。

须磨：许大使对有田外相曾谓，除防共问题外，其余均无问题（云两次奉有部长训令）。所以对今日川越大使所述各点，谅贵部长无不同意之处。

部长：川越大使今日所言各点，与历次会谈情形颇多出入。譬如，关于招聘顾问问题，本部长系谓其实行之期，俟两国空气好转时，由我方自动酌聘日籍专家数人充任技术顾问。关于取缔非法鲜人事，本部长主张，此事既无条约根据，又背国际惯例，纯系出于自动的友谊，不能认为永久的谅解或一种协定。日方如指明事实及确实地点，我方可协助缉捕，但此事应为互相取缔，即中国人犯逃至日本势力庇护下者，贵方亦应担任协缉。

其在中国各地（尤其华北一带）之非法日籍人民（尤其是鲜人及台人），日方官宪尤须从严惩办。关于上海、福冈间之航空联运问题，本部长系谓中日两国须互为领空主权，并谓日方尤应先行停止一切华北非法飞行，俟此次会谈各问题获有相当结果后，开始实行。

贵大使今日如此作法，徒使问题复杂，故本部长今日不预备加以讨论。总而言之，双方向来以友好精神，苦心设法，使问题得以早日解决。自前次会谈后，迄今已有廿余日。其所以不晤谈者，实因发生绥远问题，形势异常恶化，已属无可奈何。现在又发生青岛问题，更增加困难。切望将障碍外交进行之状态早日消灭，仍转到原来友好态度，由正当途径进行合理之圆满解决。至于不必要之文字记载，徒使问题复杂，妨碍殊多，务请贵大使收回。本部长仍希望下次与贵大使从长讨论。

须磨：自成都事件发生以来，继续发生北海、上海、汉口等事件，日方已无可再忍，若不及早解决，恐将引起全面冲突。贵部长何不接受此文件？

部长：因其内容与历次会谈情形颇多出入，且对我方重要意见置之不提，前已详言之矣。所以该文件实无接受之可能，容俟将来继续会谈，今日务请贵大使原谅，不必勉强。

《交涉史料》，《民国档案》，1988年第2期

川越致张群备忘录

1936年12月3日

（一）

一　以成都事件为中心之此次中日交涉，自九月八日贵部长与须磨总领事间作初步交涉以来，迄至今日，贵部长与本大使间已有七次会议，又高亚洲司长与须磨总领事间亦已有十数次会谈，每次会谈皆在贵部长与本大使之谅解下行之。所以此等屡次会谈之结果，彼此意见谅均阐明无余，彼此间谅亦已明了双方意见之所在。即在日本方面认为，成都事件是在吾人正着手谋调整中日国交，同时，中日两国国民亦在诚恳的期待其成效之时所突然发生者，于中日双方俱为极不祥之事件，其责任当然须由国民政府负之。在贵方当然应迅速容纳日方之要求，谋圆满之解决。此种事件发生之最大根源，实为排日尚未根绝。是以希望国民政府对此点深切反省，自觉根本的并且具体的以诚意，谋禁止排日之善后措置。又因成都事件之发生，其结果有悖华方调整国交之要望。故从大局着想，进行会谈，以期国民政府能自动的举出具体事项，以示调整国交之实效。右述日本方面之要望是极妥当，且为国交调整上之所绝对必要，想此当为贵方所充分谅解。

一　关于右述会谈对象之各事项,双方意见于会谈当初即已相当接近,在今日大体上已趋一致,更无别种不同之意见,不过为反复重述曾经商讨之事项而已。其所以反复重述者,实不外为关于彼此对于各个问题所怀之希望,而此等希望即使再重复之,在眼前是处于无可如何之状态。(原批:希望是否指我方提出之塘沽及上海两协定取消等而言之?)①

再者,交涉开始以来,于北海、上海、汉口等地继续发生日人被害事件,日本国论甚为硬化,谅所深知。我政府力持自重,努力指导国论,信赖贵方之诚意,期待贵方能自动的从速解决议题的全般。(原批:调整议题抑成都等事件议题?)而最近贵方提出与本交涉无关系之事项,(原批:是否指绥远及各协定而言?!)使会谈坠入无从进行之状态。诚如上述,再不能比今日为止所谈的更作进一步之谈商。然如此放任,荏苒时日,有给予外部以中日双方在对峙中,交涉陷于停顿之一种感触,实违反两国政府愿望调整国交之本旨,且使两国国民怀抱种种误解,使第三者又从而利用之为无聊之策动之余地,甚为悬念。因此,提议举行本日之会谈,希望将至今日止贵部长与本大使间,及在吾人之谅解下高司长与须磨总领事间之意见,取其一致之点加以整理,使之明显,并且明白表示对本大使之态度。

一　兹将至今日止商谈之结果分题逐次朗读,并将所读者作成书册,依照外交惯例,以其抄本奉上。

(1)关于共同防共。本大使表明,以鉴于由外蒙及其西邻方面(原批:苏俄乎?)而来"赤化"势力之传播,不仅对中国,即对东亚全般之安全亦受威胁。中日两国政府为协力防止起见,有决定共同方策之必要。因此希望中日两国渐次能达到军事同盟,并尽先组织中日共同委员会,使之协商华北方面之具体办法。贵外交部长认为,防止赤化势力之传播中国,中日两国有协同树立共同方策之必要,同时,并申述国民政府将变更从来之国策,决定与日本采取共同防共措置之原则。而蒋行政院长亦绝对排斥共产主义,断不与苏联提携云云。(原批:有无如此切实表示,待考。)双方关于本案之会谈,尚未达到结论,今后应继续详加讨论。(原批:参看下段,则此段即系中日共同对俄矣。)

关于防止赤化思想。本大使因鉴于共产国际(International)之活动,足以破坏及扰乱现在国家组织与社会制度,故认为中日两国为防卫起见,实有密切协力之必要,因欲对共产国际之活动彼此互相提供情报,并对共产国际之启发及防止之办法,随时开诚交换意见。根据此种旨趣,提议此时应缔结完全互惠平等之协定而公布之,使中日两国国民得以明了彼此共同利益及共同目标,借以增进两国之关系。贵外交部长对于本大使提议之旨趣,虽深加谅解,但答以即时缔结反共产主义协定一节,因中国目前内政上之错综

---

① 此类批语系以铅笔书写,批者何人,待考。——编者

情形，此时难以立即接受本大使之提议，一俟上项情形消灭后，再行协议等语。故时机一至，本大使仍望从事协议。

（2）关于华北问题。本大使鉴于有使华北五省中日间特殊关系更加紧密之必要，希望中日两国互相协力，努力期其实现。就中由于图谋该方面之交通及资源之开发等经济的发展，互相增进其福利以资改善两国关系一节，日本政府当尽力援助使之成功。国民政府应从速在华北五省创设彻底之特殊行政机构，例如特政会之类，对于是项组织赋予广泛之权限。

万一中国方面有困难情形，应使现在该地方当局尽先与日本共同采取为完成上项目的（原批：何项目的？）必要上之各种处置，例如，对该地方当局授与必要之权限或采取在该方面调整财政金融之措置等等。贵方（原批：何人？）答以国民政府鉴于华北方面与日本关联紧密，（原批：承认中日在华北方面有特殊关系？）对上项希望允即为讲求必要之措置，使冀察两省能实现其顺利之发达。至与冀察毗连之邻省，其地方经济之开发，以中日协力为前提，其具体事项，今后当由国民政府随时训令关系地方当局指导等语。本大使表明，当本此旨，热心促成该方面之中日密切关系。此处特再申明。

（3）关于航空联运。本大使鉴于中日交通关系之紧密，希望仿照中国及欧亚两航空公司之例，设立中日合办航空会社。中国方面对于该会社除能经营中日航空联运外，并当许其得从事全中国航空路之开发，贵方（原批：何人？）当允可照去年十月廿三日所决定之合约草案中于本案中载明"明年五月一日施行"字样，即时签字，对于上述日期无条件履行。惟签字同时，贵方以该合约中关于无协定之航空当向日方提出异议，虽日方对此曾表示并无答复之意思，但本大使对于上项提议，根据贵方内部关系上之必要加以考虑，因将公文接受。特此声明。（原批：是否即承认中国提议停无协定之航空？）

（4）关于设法改善中日两国国民经济关系一层。为两国计，增进中日两国通商经济关系极为重要。中国进口税率以对由日本输入之货物课以过重之负担为主，故希望中国政府同意减低进口税率，以轻日货负担而缔结互惠协定，（原批：协定税率？）并组织以全中国中日经济合作为目的之投资团（Syndiacate）。贵外交部长答以，国民政府当参照九月廿一日日方提出之进口税率减低案，于可能范围内依照日方希望从事改订，并于三四个月以内实行云云。日方以此事之迅速实现于中日两国经济关系上极为重要，特再唤起国民政府之注意。

（5）关于不逞朝鲜人。本大使以国民政府庇护不逞朝鲜人一事影响中日国交甚大，要求从速改正。贵外交部长言明，国民政府对于此项要求在条约上虽无允议义务，但为对日本表示好意起见，对于有不逞行为或不稳计划之朝鲜人而现在居住于中国管辖区域以内者，国民政府此后不加以庇护，（原批：以前亦无庇护事实。）倘经日本官宪告以实情，并当逮捕引渡之云云。因此，本大使信赖此种言词。再，此等不逞鲜人中并包含关于皇室罪之犯人，即在国民的感情上言之，帝国政府亦最着重于本项之实行。特再声明。

（6）关于日本人顾问。本大使鉴于中日两国关系之密切，希望国民政府于所聘之外国顾问中使有相当多数为日本人。贵外交部长表明，国民政府之行政院各部及现在聘有外国人顾问之各机关，设法聘请日本人顾问并无异议，明年三月以前当可实行等语。（原批：非事实。）本大使希望国民政府关于聘请之各部及人数，在上述明年三月以前连同各种希望迅速通知日方。

一　此次事件之惹起极不祥结果者，完全由于贵国排日所致，故帝国政府关于此点认为有唤起国民政府之反省及自觉之必要。兹本大使请贵部长注意下列各事，采用适当有效方法，彻底取缔排日行动，并努力排除阻碍两国国交之根本原因，实为必要。（原批：所谓根本原因何在？）关于此事，认为系国民政府自动的措置。今后（一）国民政府须尽心竭力彻底取缔一切排日行动。因此，（二）国民政府不问其为国民党部或其他任何团体，对于一切排日策动应负禁止责任。（三）国民政府今后之方针，应尽力指导中国民众，努力改善中日两国关系，但与以上有关具体的措置，除国民政府业于八月廿九日发表《睦邻令》，九月十日由行政院发表关于彻底实行该项之命令，以及九月十四日军事委员会委员长对于各军事当局所发之禁止排日命令，暨设立教科书审查委员会实行检查教科书外，拟于最近将来应采取后列之措置：

（一）彻底实施禁止排日命令。

（甲）中央党部常务委员会副主席应在最近期内对各级党部（各地方党部、各海外党部、各职业特别党部、各军队特别党部及其他各党部机关）及党员发出禁止排日命令。

（乙）蒋介石氏应在最近期内，向国民声明禁止排日。

（二）改订排日教科书。

现已有教育部当局设立委员会促进改订教科书，应于短期间内将各学校所用之教材中凡带有排日色彩之课本一律删除。

（三）取缔排日言论。

关于取缔报纸（包含小报）、杂志（包括儿童用）及其他出版物、意匠、绘画、映画、演剧等一切带有排日彩色者，应特别注意，同时应指导以增进中日关系为宗旨。

（四）向来为保护日本人民在中国内地旅行起见，常有束缚自由行动之嫌，故今后为确保日本人民旅行之自由与安全计，应对于中国民众严加取缔（？）。

因有此种提议，（原批：何人提议？）故本大使当予以谅解，并希望国民政府能开诚实行上述各项。

一　依上述之情形及本大使所述说之理由，结束至今日止之正式会谈。关于未达如会谈开始当初所预期之具体的结束〔果〕者，留待将来交涉。关于其他事项，（原批：何事项？）此后则为完成其必要的事务上的手续，遇必要时，本大使当亲自出面，大体上是由须磨总领事与贵方接洽，希望从速完成其手续。深信贵方对此必无任何异论之理。对于已结束之事项，（原批：何事项？）大致是贵方所必须实行者，本大使期待国民政府以诚意实行之，深信中日国交之调整，将因此更进一步。

一　关于取缔排日，如屡次所申述，要之是以获得实绩为主眼，我方对此点亦极重视，期待贵方对前记各项不断的注意，采取适当有效之措置。我方为监视此等措置之实绩，特设一常设的机关（原批：日方内部之组织？）而彻底调查监视之，遇必要时得向贵国方面提出警告。若贵国方面有不顾我方基于调查而发之警告，回避其责任之场合，我方为自卫计，不得已将采用必要的手段。兹为声明。

一　再者，成都事件以来，继有北海事件、上海事件、汉口事件等不祥事件之发生，曾每次向贵方提议。再则，日前由须磨总领事对高司长所提出之各个解决条件，本日兹再向贵部长提议，对此等事件应迅速解决。

为迅速解决此等事件计，希望继续进行交涉。乞为知照。

昭和十一年十二月三日

（二）

一　关于成都事件业已送交解决办法在案，贵国方面似无何等异议，但对于四川省政府主席之谢罪，因为有困难之处，提议改为该主席之处罚及将来之保障，本大使并无异议。其次，对于赔款金额谅亦无何异议，故希望迅速采取解决本案之必要手续。为慎重计（解决案俟重新整理后送交），（原批：即此一点可知，日方之所谓解决案从未预备齐全，其尚待商讨，自不待言。）在贵方此项手续完成后，依照贵方数次承认之声明，（原批：何时声明？为何声明？）即刻进行成都总领事馆再开所必要之准备。

昭和十一年十二月三日

《交涉史料》，《民国档案》，1988年第2期

行政院致外交部密令

1936年12月5日

查关于冀察政务委员会与日方商谈中日经济提携四原则、八要项一案，业据实业、铁道、交通、外交、财政五部先后呈复审核意见，同时并准全国经济委员会及建设委员

会函复意见到院，综其要义如下：（一）十九年四月九日中央政治会议第二二二次会议决定之利用外资方式三种，应切实遵守。（二）凡合资事业，皆应先与中央各主管部会洽商。（三）凡中央政府定有具体办法者，皆应遵照办理，例如余盐输出办法。（四）交通、水利事业，与全局或其他各省有关者，应由中央统筹核办。（五）中央已有成案规定范围者，不得因投资人之要求任意变更，例如沧石铁路，即不应改道津石。（六）合资事业，应以投资人为契约之对方，无庸军人居间。（七）合资事业必须具体指定，不能笼统包括，如拟合资办矿，应指定某矿，例如龙烟铁矿，不能牵及其他各矿。（八）合资事业必须确定地点，例如龙烟铁矿，仅指该地该矿，不能泛言各铁矿。除电令冀察政务委员会切实遵照暨分别函令外，合行令仰知照。此令。

附件1：宋哲元致蒋介石感电

1936年9月27日

南京。行政院院长蒋钧鉴：〇密。中日经济提携，日方提出已久，迄未与议，职上月在津与田代司令官面谈，关于开发经济互换意见，在平等互惠共存共荣之原则上，曾有彼此谅解，为将来企办之事项，并无如外传协定等事。兹将所谈四原则、八要项列呈于后。文曰：（甲）中日经济提携之原则：（一）遵据共存共荣之原则，以收中日均等之利益。（二）中日经济提携，中日应以平等的立场规律一切。（三）各种经济开发之事业，或由中国方面向日方借款，而以中日合办之企业体型行之，日本军为援助此种事业，愿从中斡旋，由日本方面招致莫大之资本与优秀之技术。（四）以谋民众之福祉增进，而得安居乐业为主眼。（乙）经济开发要项：（一）航空：开始经营定期航空事业。（二）铁路：敷设应为产业根干之铁路，因此首先新设津石铁路。（三）炭矿：开发优良之炭矿，因此先与矿权者协商，促进井陉、正丰炭矿之增产。（四）铁矿：探查与采掘铁矿以振兴钢铁事业，目下当着手开发龙烟铁矿。（五）筑港：为使华北物资易于输出计，于塘沽附近先选定地点，经探查研究之下，随铁路及矿山之开发，继续进行于该地点开始筑港。（六）电力：扩充电业并举行水力资源之开发。（七）农渔村之振兴：为涵养民力以谋农渔村之福祉增进，因此首先促进棉花、盐、羊毛等之对日输出，并举行治水及水利事业。（八）通信：实行改善与统合既存之施设，为此如需要资本、技术人员时，应依日本之助力等语。谨电奉闻，伏乞鉴核。职宋哲元叩。感。印。

附件2：外交部呈行政院文

1936年11月21日

案奉钧院第六八一四号训令开：冀察政务委员会委员长宋哲元感电所陈与日方商谈中日经济提携一案，前经饬交交通、外交、财政、铁道、实业五部核议具复在卷。该部意见如何，应即迅速呈复，以凭核办。除分行外，令仰遵照等因。查所陈四原则、八要项，前者极为空泛，后者所包甚广，而对于适用之地域，则均无明白规定。此应注意者一也。依照第三原则，中日经济合作以日本军为居间人，如此协定，世所罕见。此应注意者二也。八要项内，列举航空、铁路、煤矿、铁矿、筑港、电业、农业、渔业、水利、交通等项，无一非中央政府统制之事业，而绝无一字提及中央。此应注意者三也。来电谓无协定，但既有具体条款，又称"文曰"，显已作成文书，何得谓非协定？此应注意者四也。根据以上各节，中央断无承认该项文件之理，但究应如何表示，并于若何适当时机确切表示之处，应请钧院裁夺。是否有当，理合呈请鉴核施行。

谨呈

秦孝仪主编：《革命文献》第106辑，《卢沟桥事变史料》（上），

（台北）中国国民党中央委员会党史委员会1986年版，第73—76页

外交部发言人谈调整中日关系之交涉经过

1936年12月7日

中国政府曾迭次表示调整中日关系之愿望，而深信为维持东亚和平起见，中日两国必须以平等互惠与互尊领土主权完整之原则为基础，始可为真正之调整。此项原则，原为维持现代国际关系必不可少之因素，国际间舍此原则，即无以立信义，无以谋和平。中国以为国际间之所谓有无诚意，应以是否认识此不变之原则为断。日本对于中日邦交，既亦屡次表示有进行调整之必要，中国政府认为日本亦必同情于上述原则，并准备使其完全适用于中日关系。

张部长就任后，本年三月中，即与日本现任外务大臣、前驻中国大使有田氏迭次会谈，剀切说明调整中日邦交之必要，其最正当之办法，应自东北问题谈起，庶中国领土之完整得以恢复。彼时有田大使认为东北问题之解决尚非时机，张部长遂主张第一步至少限度，亦须先行设法消灭妨碍冀察、内蒙行政完整之状态。虽经一再讨论，终以日方并未准备为彻底之调整，未见效果。

近年来，中国人民情感，虽因种种事实日益激奋，中国政府为保持两国之和平，以期待发现正当的外交解决之途径，故力为诰诚取缔，幸得人民了解，相安无事。不意八月间，成都事件突然发生，中国政府当局即表示准备依照国际惯例，予以解决之意。日方则于开始谈判之时，提出若干问题，要求先解决其中一部分。中国固愿随时进行国交之调整，惟不欲徒有调整之名，而不能收调整之实，且恐转贻纠纷，更增困难。中国当局迭向日方说明各地发生之日侨不幸事件，政府当然引为遗憾。然自"九一八"以来，引起中国

人民之不安与反感之事，不知凡几。中国政府处此情形，仍竭尽其力，以敦睦邦交，诰诫人民，并施以合法之取缔，且收得相当之效力，已如上述。但为正本清源计，深信中日两方必须努力恢复人民情感于自然，而恢复之道，首在铲除足以引起恶感之原因。否则，理智之士，虽欲修好睦邻而不得，且恐有人利用机会，以逞其私。中国政府此项见解，至今未变。

日方既提出若干问题要求解决，我方外交当局，始终以诚恳坦白精神，与之讨论，并对于各问题逐一说明中国之立场。而中国所处立场，始终以平等互惠互尊领土完整之原则为其出发点。同时我方依据此同样原则，在最小而可能之范围内，亦曾提出若干事项，要求合理之解决。而日方看法未能尽同，双方交涉两月有余，各项问题中之数点意见，已比较接近。不幸张部长屡次谈话中提起日本政府应严重注意取缔之绥远事件发生，致障碍外交进行。截至今日，讨论中之各问题未得结果，殊为可惜。本月三日张部长约川越大使晤谈时，张部长先以青岛日兵登陆搜捕事，向川越大使提出抗议；次述绥远事件之调查事实，请日本政府迅予制止日籍军民之参加策动。川越大使复提及交涉中之事项，诵读一预拟之备忘录。张部长当声明，关于交涉事项，改日约谈，故是晚未加讨论。至川越大使之备忘录系叙述过去讨论情形，但非正确记录，外交部已函日使馆声明之。此自九月中旬起，因成都事件之起，张部长与川越大使折冲之大概情形也。

吾人所切望者，现时障碍外交进行之状态早日消灭，深信一切问题，于中国不感受威胁之空气中，可由正当途径，进行合理之解决。且张部长对于川越大使为两国邦交诚恳努力之精神，非常钦佩，尤希望于最短期中，依川越大使之努力，得以消除障碍，顺利进行也。

秦孝仪主编：《中华民国重要史料初编——对日抗战时期》，绪编（3），
（台北）中国国民党中央委员会党史委员会1981年版，第688—690页

张群致行政院呈文

1936年12月14日

案查此次中日交涉开始，我方主张先行解决成都事件，而后再谈邦交调整问题，日方力持异议。最近日方以各项问题经两月余之商讨，尚无结果，对于先解决成都、北海两案已表示同意。关于成都事件，几经磋商，日方最后让步如下：（一）道歉。由外交部长代表政府在本部去照内表示。（二）处分。除警备司令、公安局长免职外，其他关系人员任我方视情节之轻重而处分之，亦在去照内说明。（三）赔偿。要求给予死者渡边洸三郎财物损失一千八百元，抚恤金四万元；深川经二财物损失八百元，抚恤金三万六千元。给

予伤者田中武夫医药费一千一百五十五元，财物损失五千八百五十二元；濑户尚医药费一百七十六元一角，停业损失一千二百元，财物损失一万一千六百零四元。死者、伤者合计九万八千五百八十七元一角。并约明商定后可俟青岛事件完全解决后，再行发表。按上述办法尚不愈〔逾〕越国际惯例范围，日方表示不能再有让步。究竟应否照此办理以资了结，理合具文呈请鉴核训示祗遵。

　　再，北海事件日方要求与成都事件同时解决。本部拟俟成都事件商妥后与之继续商谈北海事件。敬祈一并核示，实为公便。谨呈

行政院

外交部部长张群

日使馆致外交部复照

1936年12月30日

　　径启者：接准本年十二月三十日贵部长照会内开：关于本年八月二十四日日本人四名在成都遭遇变故，其中二名受伤，二名身死一事，本部长兹代表政府以诚恳态度，对贵国政府深致歉意。当事变时，地方当局曾弹压救护，但省会警备司令蒋尚朴及公安局长范崇实究属疏于防卫，中国政府已将该二员免职。又警备司令部营长曹午堃、连长刘尧古、公安局科长邓介雄、队长孙岳军、分局长康振等，亦均已分别予以处分。本事件之首犯刘成先、苏得胜业已处以死刑，其他凶犯岑群、王述清、彭定宅、刘子云等亦已分别处以徒刑。中国政府对于死者渡边洸三郎及深川经二之遗族，各给予实在损失费及相当抚恤金，对于受伤者田中武夫及濑户尚二人，各给予实在医药费及实在损失费，其数目另文通知。本事件既照上开办法予以处理，中国政府当认为业已解决。相应照达贵大使查照见复等因。业已阅悉。中国政府给付死者之遗族及伤者各费，合计中国国币九万八千五百八十七元一角，亦已由本大使馆收到。现日本政府认为本事件已经解决。相应照达贵部长查照为荷。

　　本大使顺向贵部长重表敬意。

　　此致

中华民国外交部长张群阁下

昭和十一年十二月三十日

外交部关于成都事件的节略

1936年12月

（一）案由

民国二十五年，适当中日两国进行调整邦交之际，四川成都忽于八月二十四日发生殴毙日人事件，局势顿形紧张，后经数度交涉，始告解决。

（二）成都事件发生之原因

（1）私货运销。二十五年六七月间，日本在我国各地强行走私，致成都市面亦为私货所充斥，正当商业大受影响。因此，商民皆怀恨在心。

（2）成都设领问题。成都本非商埠，但于民国七年日本曾派员赴蓉驻扎、活动，后因九一八事变发生，日本特将该项活动暂停。洎二十五年夏又图恢复，并发表岩井英一为驻成都总领事，自八月二十日起，曾一再与本部部、次长商谈，我终未允，而日外务省竟贸然训令岩井入川，成都人民既苦于私货之运销，后又闻日本将非法在蓉设领，以致群情激昂。

（三）成都事件发生之经过

八月下旬，岩井入川之消息传出后，成都舆论激昂。八月二十三日下午，适有四日人田中武夫、深川经二、渡边洸三郎及濑户尚等由渝抵蓉，住大川饭店，当由警备司令部及省会公安局分派人员前往保护。廿四日，该四人遍游全城各处，不意下午六时即被乱民由大川饭店拥出，结果渡边、深川毙命，田中、濑户负伤。

（四）成都事件交涉概要

八月二十六日，日本大使馆秘书须磨特为成都事件进谒张部长，提出交涉。张部长当表示歉意，并希望该事件勿影响正在进行中之中日调整问题，须磨亦表同感。

自九月八日以迄十二月三日，张部长与川越大使为成都事件会谈七次，高亚洲司长与须磨总领事间为此亦有十余次之交涉。日力主成都事件应与调整中日国交同时商讨，我方提议分别解决，经一再榷商，日方始提出成都事件解决办法，而告一段落。

（五）成都事件之解决办法

1. 道歉。（1）张部长照会川越大使表示歉意；（2）刘主席致函岩井领事示歉，并保护将来。

2. 处罚责任者。

3. 严办犯人、关系者及煽动者。

4. 赔偿。四人共计九万八千五百八十七元一角。

（六）北海、汉口、上海各案

1.北海事件（与蓉案同时解决）

（1）发生日期：二十五年九月三日。

（2）死亡日人姓名：中野顺三，在广东北海遇害。

（3）解决条件：

甲、道歉：（子）国民政府（外交部长致川越大使）；（丑）广东省政府（主席黄慕松致中村总领事）。

乙、处罚责任者。

丙、赔偿抚慰金三万元。

2.汉口事件

（1）发生日期：廿五年九月十九日。

（2）死亡人姓名：汉口日本总领馆警察署署员吉冈廷二郎被害。

（3）解决条件：

甲、道歉：（子）国民政府道歉（外交部长致川越大使）；（丑）湖北省政府道歉（代主席卢铸致三浦总领事）。

乙、处罚责任者。

丙、赔偿抚慰金二万元。

3.上海各次事件

（1）发生日期及死亡负伤之日人姓名：二十四年十一月九日，日本特别陆战队水兵中山秀雄遇害；二十五年七月十日，日人萱生矿作被害；又二十五年九月二十三日，日本军舰"出云号"一等水兵田港朝光被害、八幡良卿及二等水兵出利叶我已重伤。

（2）解决条件：

甲、道歉：（子）国民政府道歉（外交部长致川越大使）；（丑）上海市长道歉（吴市长致若杉总领事）。乙、处罚责任者。丙、赔偿：（子）中山及田港抚慰金各二万元；（丑）八幡及出利叶慰问金各四千元；（寅）萱生抚慰金二万七千元。

《交涉史料》，《民国档案》，1988年第2期

外交部关于中日外交问题节略

1936年12月

查中日两国南京交涉调整邦交一案，实源于民国二十四年春王亮畴博士与日本广田外相之会晤。洎张部长岳军就任之后，亦深感中日国交有调整之必要，特于二十五年三月

中与日本驻华大使有田氏剀切说明此意。有田返国升任外相之后，亦曾讨论及此，但终以日本未准备为彻底之调整而未见效果。

八月二十七日成都事件突然发生，日人死二伤二，我国政府即表示准备依照国际惯例予以解决之意。日本大使川越则于开始谈判之时，提出若干问题，要求先行解决一部，于是南京中日交涉乃于焉开始。本可从容谈判，不意十一月十六日绥东战事忽然爆发，我乃于十一月十八日正式通知川越，告以日本如继续暗助匪伪扰乱绥远，则中日交涉势将无法继续进行，因之交涉中断。

自九月十五日张部长首次会晤川越大使，以迄于十一月十日之会谈，历时约两阅月，晤商达七次之多，终因双方之意见相离甚远而难以接近，故结果对中日邦交并无若何改进。兹将此次交涉中我方之具体意见及态度略述之：

甲、关于取缔排日运动

我方于交涉结束之后，拟自动履行左列两项：

（一）中央党部命令下级党部，切实指导实行政府《邦交敦睦令》。

（二）由蒋院长发表促进两国邦交之演说或谈话。

乙、其他具体问题

（一）共同防共问题

一般防共问题，无论如何希望日方勿谈。北部边境防共问题，须日方提出具体内容后方可商讨，但冀东及察绥区伪军问题，务须同时解决。

（二）华北问题

对冀察两省当时之状况，我方甚为不满，日方至少应设法逐渐改善。对晋、绥、鲁三省，中央政府遇有必要时，可酌量就事论事，指令各该省当局对日本予以经济上合作之便利。

（三）上海福冈间联航问题

我方可以答应签订合同，但实行日期须视华北日本自由飞行之能否停止而定。此项调解须经双方确认。

（四）减低关税问题

我政府愿自动调整关税，但日方九月二十一日所交之方案，只能作为参考之用。同时，日本须严厉取缔华北之走私，并不应妨碍我海关缉私之自由。

（五）顾问问题

我政府准备自动酌聘日本专家数人充任技术顾问。

（六）取缔朝鲜人问题

日方如指明不法事实及确实地址，我方可协助缉捕，但此事纯出于自动的友谊，不能认为永久的谅解或协定。

《交涉史料》，《民国档案》，1988年第2期

张群与日驻华大使馆秘书须磨谈话记录

1937年1月20日

专员周隆庠在座

时间：民国二十六年一月二十日下午四时

地点：部长室

事由：调整中日邦交

须磨先向部长辞行，略谓：此次奉调返国，准备明晨离京赴沪，候轮返国，今日特来向贵部长辞行，任内诸承贵部长好意，至深铭感。部长对此表示惜别之意。

须磨：本人奉派来华，辗转贵国南北各地，已十一载于兹矣。此次归国，拟将过去观察所得，尽量报告敝国当局，对于军令部及参谋本部方面，亦拟陈述管见，直言不讳，以期改善中日邦交而贡献东亚大局。最近敝国一般舆论对于日本外交之失败，啧有烦言。但本人以为外交当局实已尽其最善之努力，任何人当此难局，结果亦必尔尔，时势使然，无所谓失败不失败。舆论之责难，殆原因于真相之未明。现在国会重开，本人此次返国，或将负起说明外交真相之责任。故愿趁此机会敢请贵部长赐教二点。第一、共同防共问题姑置勿论，贵国是否与第三国际斗争到底？第二、西安事变以来，一般之抗日对日抵抗情绪日见强化，今后贵国政府是否仍能一本蒋委员长向来之对日方针，贯彻始终而继续不变？

部长：关键全在贵国，未悉贵国政局之动向如何？

须磨：自客岁六月之特别会议以来，政党方面之反军部思想公然抬头。政党常以政权旁落，引为不满，如民政党之町田氏即其一例。町田氏为本人之前辈，故本人知之甚详。此次政党之攻击外交，目的即在夺取政权。但广田内阁对此抱有绝大之决心，不辞解散议会，以相周旋。反之，在政党方面，似无此项决心。因此广田内阁，或能渡过本届议会亦未可知。但其在外交上财政上之困难正多，纵使能安渡本届议会，前途荆棘尚多，将来仍将倒台亦非不可能事。果尔，则何人继任组阁，虽舆论之推测不一，要不外近卫、平沼、宇垣等诸人。但综合各方情报，后继内阁要不外为军部或军部支持下之内阁，质言之，即以军部势力为背景之傀儡内阁，可以无疑。届时日本之对华政策，自将以军部之对

华认识为基础而推进，难免不无相当之改变。近卫不愿出长傀儡内阁，前虽坚辞，今后恐亦暂无出马之决心，故本人以为广田内阁在对华问题上言，实为一最良好之内阁。

部长：前曾向川越大使谈及，我方亦希望广田内阁能继续维持下去。万一政局变动而出现军部或军部支持下之内阁，亦甚望其能深切的改变对华认识。至若贵国外交成败之论，各人见解不同，观点自异，政党政客之用为政争工具，初亦无足为怪，自当别论。过去调整工作之未能尽如人意者，其间固不无未尽人事之处，但亦要属大势所趋，非人力之所能及。年来经中日双方努力之结果，调整邦交之根本方针业已渐趋一致，故本人相信苟能再假以相当时日，必能好转无疑。惟尚有数点，过去已经屡次谈过，而贵方似尚未能彻底了解者，拟请贵方重加注意。按我国调整邦交，主在收复国权，故凡由于非法手段所造成之事实，务请贵国从速取消，同时对于足以引起未来纠纷之策动，今后务请严予避免。华北问题为调整工作之中心问题，满洲问题虽暂可缓谈，但华北现状急须改善。此为我方最低限度之调整工作，此项工作具有成效，然后始能考虑互为平等而合法之提携。贵方如能切实做到此项初步的调整工作，则我方民众军队方面，对于贵国侵略之疑虑可除，而抵抗之观念自消。然后进行第二步第三步之调整，事甚易耳。故希望贵国能以事实表示无侵略之企图，最为紧要，不然则反日情绪无以消除。至于我国政府之“剿共”政策，当无任何变更。但自西安事变以来，西北情势大变，中央虽仍继续进行武力之剿讨，而一般对于政府之此项牺牲，深抱戒心，以为万一日本侵略其后，将如之何？以此责问政府者，颇不乏人。此为“剿匪”工作最大之障碍，甚望贵国能早日表明态度，以消除此种障碍，实为中日调整邦交当前之要图。同时我方最大之忍耐，亦有相当之限度，万一局势恶化，则由消极的抗日，进而为积极的斗争，恐亦将无法避免矣。是我国政府一方面以最大之努力从事调整工作，而他方面依然不能放弃抗日之准备者，其理由即在乎此。关键全在日本之对华态度如何耳。蒋委员长从事“剿共”工作，前后已将八年，始终一贯，不辞任何牺牲，纵使抗日，亦决不致停止“剿共”，盖“剿共”与抗日同等重要，不容偏废。故既不能联共抗日，亦不致联日“剿共”也。在此中日邦交尚未完成调整之际，苟联日“剿共”，则适足以恶化抗日之空气，而助长“赤匪”之发展，中日未能共同防共之理由，亦即在此。希望贵国能切实认识此点。

须磨：三中全会开会在即，届时对于外交政策当有讨论，未悉贵国各方面之主张如何？可请见告一二否？

部长：大体言之，约可分为三派：一为西安方面容共抗日之主张。支持此项议论者，在舆论方面即为人民阵线之一派。二为不容共，不内战，而主张一致对日之论调。支持此项议论者，在民众及地方政府方面颇不乏人。三为现在政府当局之意见，对匪主张彻底剿讨，对日则主张以外交的途径用和平的方法，在不侵略不威胁原则之下，调整邦交。故视日本对华方针之如何，可为转移。此项主张夙在蒋委员长领导之下，业已深得人民一般之信赖。但情势之演变莫测，其他二派之势力，亦有不容忽视者。

须磨：现在西安方面与"共匪"之关系如何？

部长：闻已与"共匪"沆瀣一气矣。但中央对此，迄仍希望其能悬崖勒马，悔悟自新，故一方面准备讨伐，而一方面尚未放弃政治解决之办法。

须磨：因西安事件之关系，行政院机构是否将有所变更？

部长：据个人观察，当不致有所变更。现在蒋院长指导之下，纵使有局部的人事移动，亦决不致影响政策。

须磨：对俄关系有变更否？

部长：无。中苏通商条约问题，亦迄在搁置之中。

须磨：对华北问题之方针如何？有无改变？

部长：无改变。事甚简单，约言之，不外：（一）取消非法造成之事实；（二）停止足以引起纠纷之策动而已。

须磨：对于冀察政委会是否亦须调整？

部长：冀东、冀察、察北等事例，均为行政主权之分立或破坏。事关行政主权之完整与统一，自须尽速加以改善。贵国少数军人之非法行动，层出不穷，实为憾事。（须磨唯唯）甚望贵国外交能早日一元化而纳入正轨。

须磨：尊见均悉。关于使馆馆址问题，最近觅有基地二处，拟请设法早日解决。

部长：可以。

须磨：关于成都问题，可否即使糟谷及岩井前往？

部长：最近情势不佳，而四川又系情形特殊之区，务请慎重将事，万勿冒险。俟局势安定后再商。

须磨：务请于三中全会终了后即准予前往。

部长：情势不佳之时，现设者尚有撤退必要，如郑州、宜昌、沙市、重庆过去之事例。如无把握，暂缓前往有何关系？请不必亟亟。

须磨：郑州文化研究所事件，最近器传报端，扣留日人，没收财物，侵入日人住宅等等，公安局员之行为，不无有违条约而行动过火之处。希望将来不再作此种行动，并盼勿将本事件过事扩大，致碍邦交之调整。

部长：郑州文化研究所云者，文化研究所其名，而特务机关其实，如收买汉奸、图谋不轨等等工作，足以引起地方民众之反感，地方政府当亦不能视若无睹。条约以平等为原则,彼此均有遵守之义务,在此进行邦交调整之际,务请贵国注意及之。

须磨:希望勿将事态扩大,致碍邦交前途。

部长:当本化大为小化小为无之意处置之。有田大臣当此外交难局,请代致意问候。

须磨:谢谢贵部长盛意。

秦孝仪主编:《革命文献》第106辑,《卢沟桥事变史料》(上),

(台北)中国国民党中央委员会党史委员会1986年版,第76—81页

董道宁、邵毓麟与雨宫巽[①]谈话记录

1937年1月27日

时间:民国二十六年一月二十七日上午十时二十分〈至〉十一时五十分

地点:阴阳营日武官室

事由:查日使馆驻南京副武官雨宫巽,此次奉令调任陆军省新闻班,专管中国问题之新闻发表及情报搜集,其任务似颇重要。职等为使该雨宫于临行前,对我认识获得深刻印象起见,特往访交换意见,兹作成谈话纪录,谨乞钧阅。

会晤记录

邵:过去我们很少长谈的机会,所以趁你临走以前,特邀董科长同来,大家痛谈一下。今天我们的来访,完全是出于自动的,并且完全是以私人资格,愿意来和你很坦白的谈谈中日两国的问题,如果话说得太露骨的地方,请你原谅。现在让我把中国一般民众对于日本的态度来说明一下。日本自从"九一八"以来,什么上海事件、察哈尔事件、河北事件以及冀东政府、冀察委员会的分化策动,无一不使中国民众感到极度的愤慨。老实说,中国的民众,除了汉奸以外,恐怕没有一个不是抗日的。就是从日本回来的朋友,或许有人说是比较和日本人接近,可是这决不是无条件的,日本对华的态度如果依旧不改,恐怕连我们都要站在排日的第一线也说不定。事实上,日本回来的学生,不排日的可以说是少数,所以我们以为要改善中日关系,第一当然是要坦白的认识中国民众为什么要排日。换一句话说,排日的原因是什么? 在哪里? 我们要根本铲除这些原因,我们才能希望排日运动的解消。这个问题固然很难,不过我们不妨从容易的着手做起。譬如冀东政府的成立,明明是破坏中国的统一。日本在华北的种种策动,明明是侵犯中国的主权。再如最近绥远事件,报上虽很客气不写日本,而写"某方"、"某国",而实际上谁都知道是日本在那里策动。再譬如举几个例子,日本浪人、朝鲜浪人的公然走私,横行不法等等,没有不是足以使中国民众极度愤慨,而成为排日的原因。这种种问题,如果不赶快设法解决或取缔,

---

① 日驻华大使馆武官。——编者

我想抗日的情绪、抗日的风潮，只有一天增高一天，甚至或许会引起中日间最不幸的事件也说不定。第二我们要求日本要认识现在真正的中国，这件事，尤其你这次调任陆军省新闻班的工作，更加重要。现在的中国，已经不是数年前的中国了，例如去年西南事变的解决、西安事变的解决，这都是明明白白的事实。去年十二月二十五日蒋院长回南京的时候，那种全国一致的热烈的情景，你在南京当然是很明白的。中国现在已经是统一了，中国的民众的目标，正在集中在中国的国际地位，所以日本如果一天不改变对华态度，那末民众的抗日运动亦只有一天增加一天。同时如果中国的统一事业一天不停止，那末对于日本的压迫政策的抵抗，当然也只有一天增强一天。这样下去万一引起了中日间的危机，中国固然不利，日本亦不见得幸福，所谓两败俱伤。所以究竟你的中国观，你对于中日关系的前途怎样观察？（话至此，适交际科徐君因公来访雨宫，略谈后辞去，仍继续谈话）

雨宫：你方才所谈的要点都已明了，现在让我来说明一下。我以为中日间的问题所以会弄到这样一塌糊涂的，可以说，是因为认识不足。你所说的华北问题等等，老实说，军部并没有想照这种方式推行到中国全国。前年下半年，华北的危机到了十二分危险，当时如果没有我们和唐故次长的努力，恐怕当时早已发生了更严重的问题。我个人曾向关东军、天津军几次的表示在南京的我们的见解，可是那时终因一时的气势，而成立了冀东政府。这种组织，和你所说一样，是于中国不利的，可是军部现在亦没有想维持这种组织的意思，所以现在的问题，不是在取消不取消这种组织，而是在怎样去取消这种组织。走私的问题，我亦以为不对，再如最近的绥远问题，都可以说是因为认识不足而发生的。你们知道，在北伐的当时，现在华北以及在关东军和与中国有关的许多军人，都受过贵国的虐待，例如永见、和知、田中、根本等等。在当时一面受贵国的虐待（我个人亦如此），一面看到那时毫无力量的中央军队，根本就没有看清楚最近几年来尤其是现在的中国。再如在南京方面所看到的中国，和在北方所看到的中国完全不同。前几天和知到南京来，我和他谈了两晚，或者去年我到北方去，和军司令官以及其他幕僚，亦曾告诉他们现在的中国。所以第一因为认识不足，第二因为感情问题，以致许多事情，也因为这两种原因而产生出来，这在你们很感到愤慨亦是不是无理的事。不过中国方面亦有中国的错处，譬如西南事变、西安事变，都拿日本来做幌子，打起排日的招牌，而来解决本身的问题，这在我们亦是不满的。再如最近的绥远事件，经我们的努力，现在可以说是完全解决了，而贵国的报纸，还是夸张事实，刺戟民众。所以一方面日本极力隐忍，而贵国的气焰却是日高一日，照这样下去，今年年末，日本看到这种情势，或许我们的主张要被别人打倒，或许他们一定以为尽管隐忍下去，不是妥善的办法，会改变隐忍的态度，强硬起来。这样一来，那末明年中日的关系，岂不是又要恶化起来。所以日本退让一步，中国最好不要立刻就进逼一步，中日双方都应该反省一下。我今年时常对新闻记者说，今年是中日两国的"反省年"。如果中日都不反省，或许会像你所说发生乱子，那末结果，得渔翁之利的还是欧美诸国。所以冀东政府、走私问题，以及绥远问题等等，双方都要反省一下，不对的应该一步一步的改善，这是我们彼此应该努力的。

董：譬如郑州的特务机关案，都是刺戟中国民众的事，如果这种案子时常发生，决不是中日两国的幸事。

雨宫：郑州的事情我也以为不对，不过过去的事，亦没有办法，我们的目标应该摆在将来。

邵：我倒要说一句笑话，如果日本的特务机关，果真能够认清中国的情形，把中国民众为什么要抗日的真正原因，报告到本国去，这倒是另一回事，现在只知道如何破坏中国，当然是不对的。

雨宫：军部所以要派驻在员到中国来的原因，亦因为要他们报告中国的真正的姿态。

董：如果这样还好。不过挂着文化研究所的招牌，实际来做坏事，那就不对。

邵：总之，我以为中日问题，虽则是中日两国的问题，而实际上是日本握有决定的地位，日本如果能改变对华的态度，中日问题就比较容易解决。譬如关税的问题，如果日本肯好好的和中国商量，并不是没有商量的余地，现在日本用非法的手段，尽管走私，这决不是解决问题的办法。国与国的事情和私人与私人间的事情差不多，譬如有一个穷朋友向我说明他的苦况，我当然可以替他设法，借钱给他，如果他用强硬手段要来抢劫，那我当然要拒绝抵抗的。通航问题亦然。再如防共问题，国民政府的立场，谁都知道是反共的，这是事实，可以证明的。现在假定中日两国完全平等，日本不用武力来压迫，我想这个问题，亦有商量的余地。其余的问题，亦是这样。所以如果日本能够改变态度，排日运动不但能够解消，真正的中日亲善，亦会实现的。这几年来日本对华的政策，即使我站在日本国民的立场，亦觉得拙劣极了。你看英国如何？北伐当时五卅惨案发生以后，中国只看见民众排英，只听见民众呼喊打倒英国帝国主义，日本毋宁是站在旁观的立场，但是英国的外交官，就比日本的外交官高明得多了。我们记得当时英国驻华蓝伯逊公使，一看情势不对，为转换中国民众的目标起见，立刻就向本国建议退还汉口的英国租界。当时英国《太晤士报》还揭载了一幅漫画，攻击蓝伯逊，漫画上面画了蓝伯逊公使，前胸挂了一幅汉口的地图，下面标明"For Sale"两个字，极力攻击他出卖英国租界，可是结果如何？！方才你说中国人拿日本来做幌子去解决本身的问题，可是我可以说至少日本是有被做幌子的资格，这是日本的弱处……

雨宫：这是英国狡猾无比，同时中日地理上比较接近的关系。不过中日间的问题，总是互为因果，以致纠纷重重，所以我说今年中日两国应该彼此自己反省，看看过去，看看将来，然后一步一步的做去，才能改善。我相信中日一定能够合作，不，中日两国本来应该合作的。

董：过去中日两国的努力，虽还不够，而实际上日本要负的责任比中国要大得多了。足下此次回去负的使命很大，尤其是有关于中国的，所以希望你能努力设法使日本的民众，认识真正的中国，改变日本对华认识，然后根据正确的认识来改善中日的关系。

邵：正如董科长所说的一样，你我彼此虽都是人微力薄，但希望彼此努力做去。

雨宫：两位的意思我已经明白了，这次回国后还可把两位的意思转告友人，希望此后多多指教……

秦孝仪主编：《革命文献》第106辑，《卢沟桥事变史料》（上），

（台北）中国国民党中央委员会党史委员会1986年版，第81—86页

张群与雨宫巽谈话记录

1937年1月27日

专员周隆庠在座

时间：民国二十六年一月二十七日下午三时至三时五十分

地点：部长室

事由：调整中日邦交

雨宫向部长辞行，部长对此表示惜别之意。毕。

雨宫谓：前周滨田议员在议会攻击军部，致引起意外之波折，而广田内阁亦因此崩溃。此次本人奉调返国，实亦出乎意料之外。本人在任二年有奇，所见所闻，得益殊多，痛感敝国对于贵国政府及一般民众之动向，不无认识不足之处。本人微力所及，当极力设法加以改正。此次调任陆军省新闻班，职责所在，当更努力做去。后任大城户君，现正在由欧归国途中，下月初旬计可到京履新。

部长问：大城户君之性格、其对华认识何如？

雨宫谓：大城户君为人甚沉默，而富于思考力，作事甚勤奋，以优等之成绩卒业于陆军大学。卒业后曾在满蒙班及支那课任职，对于贵国国情已有相当之研究与理解，但尚缺乏实地之体验，故对于贵国政府及一般人民之实情，恐不无隔膜之处。本人返东京后可与大城户君晤面，当为详细加以说明。本人向主张调整中日邦交，日本应信赖国民政府而以国民政府为对象。客岁调整邦交而与成都问题并为一谈，实属错误。

部长谓：高见极是。上次已与须磨秘书谈及我国政府对日主张调整邦交，决根据既

定方针努力继续做去，决不致有所变更。但日本之对华态度如何，影响至巨，故我国一方面决由外交途径进行调整交涉，而同时在他方面又不能放弃抗日之准备也。至于如何调整邦交一层，约言之，不外二端：一为取消过去非法造成之事实；二为避免今后足以引起纠纷之行动。华北问题为调整邦交之中心问题，故满洲问题纵可暂置勿谈，但华北现状，则急须加以改善，此为我方最低限度之调整方针，做到此点，然后始可以言其他积极的调整工作。"剿共"政策为我国一贯之方针，决不因西安事件而有所变更，贵国可以放心。

雨宫谓：改善华北事态，实甚重要。本人以为，日本应信赖国民政府，一切应与国民政府开诚商谈，则华北问题当可迎刃而解。惜敝国一般人士，尚未能了解此意。本人返国后，当本职责所在，尽力对各方说明，务求一般人士能彻底明了此意。但同时还须贵国加以援助。盖敝国军人之中，过去曾饱受国民政府排日之痛苦者颇不乏人，即本人亦有此种经验。此种先入观念，铭心刻骨，牢不可破，影响彼等之对华观念者甚巨，故首须设法解除此项先入观念，最为紧要。本人虽极力主张日本应信赖国民政府，但去年与国民政府谈判之结果，却毫无成绩之可言，各方常以此质问本人。故甚望贵国能具体的表示调整之事实，给以事实的证明，则彼等过去之先入观念始易消除，而本人之意见亦可得到一般人士之谅解也。田代司令官之意见亦然。

部长谓：去年调整邦交之未能即行得到良好结果者，实由于空气恶劣所致，贵方提出七项要求，而更以成都问题为要挟，实为最大错误。

部长问：贵国政局如何？宇垣内阁能成立否？

雨宫答：甚难。继宇垣而起者或为南次郎大将，亦未可知。但不论何人出任组阁，日本之国策，大体上当不致有何变改。

部长谓：君归国后甚望能为中日邦交继续努力。

雨宫谓：甚望贵部长亦多多加以援助。

秦孝仪主编：《革命文献》第106辑，《卢沟桥事变史料》（上），

（台北）中国国民党中央委员会党史委员会1986年版，第87—89页

中国国民党五届三中全会外交报告（中日关系部分）

1937年2月

一、张部长与日本川越大使交涉之经过

政府鉴于近年来中日纠纷之复杂与情形之严重，乃根据五全大会与二中全会先后决议，迭次表示调整两国国交之愿望，并认为中日两国，必须以平等互惠，与互尊领土主权完整之原则为基础，始可为真正之调整。外交部张部长依据此项政策，曾向前驻华有田大

使提议,调整中日国交,应先以解决东北问题为始。乃日方认为解决东北问题绝非其时,坚拒商谈。迨川越茂继任驻华大使后,我方仍本此方针,继续进行。而日方不独未尝准备为彻底之调整,且辄以有利于彼方之问题,提请商讨,致无结果。八月间,成都事件突然发生,日方扩大宣传,两国关系顿陷紧张。我方则处于镇静,表示准备依照国际惯例解决不幸事件。九月十五日,川越大使向张部长开始谈判,我方主张先谈蓉案,不与调整问题混为一谈。而彼则以为蓉案不难解决,但仅解决蓉案,仍不能缓和日方空气,须先解决若干政治问题,始可商谈蓉案,遂提出所谓:(1)取缔排日问题;(2)华北问题;(3)共同防共问题;(4)减低入口税问题;(5)上海福冈间民用航空联络问题;(6)聘用日籍顾问问题;(7)取缔鲜人问题等,要求即时一并解决,以表示中国方面之诚意。张部长经与政府商洽后,向川越大使尽量阐述我国立场;对于日方要求之问题,并分别说明我方见解,其要点约略如下:

1.取缔排日问题　在中国方面,凡政府力之所及,原可引导人民之对日观感,借以增进中日人民之关系。惟情感发于自然,出自环境,为正本清源计,日方应一面消极地除去恶感,一面积极地树立新国交。消极方面,应即停止在华种种策动,废弃武力干涉与高压态度。积极方面,须表示尊重中国主权与行政统一之诚意,否则政府虽日发一令,仍不能改变人民之心理。

2.华北问题　中国北部本无问题,惟因年来日方造成之种种特殊状态,遂有所谓华北问题。倘日方之真意,不在平等互惠之经济合作,而在华北之政治及财政方面,甚至欲造成独立或半独立之政权,则此种计划,显系破坏中国领土与主权之完整,绝无商讨之余地。

3.共同防共问题　防共纯系内政问题,无待与任何第三者协商,且数载以来,中国政府竭尽全力剿灭"共匪",目下"残匪"无多,不足为患。中国政府始终恃自力应付,毋庸外国之协助。

4.减低入口税问题　入口税之改订,为我国内政上之事。政府所定关税,本可斟酌国家财政状态与商业情形,随时为适宜之调整,惟在研究关税之调整时,所有走私现状自应首先予以考虑。

5.上海福冈间中日民用航空联络问题　此事日方提议原在"九一八"以前。民国二十四年,日本递信省曾与我交通部数度商议,本平等互惠之精神,拟有草约。嗣以日本飞机在我国各地未经合法手续,任意飞行,影响我国领空主权甚大。我方认为在此种事态未终止以前,碍难实行沪福联航。

6.聘用日籍顾问问题　中国政府聘用外国顾问,胥视政府需要与被聘人员之技能而定，初无国籍之分。中日邦交果已好转，中国自动酌聘日籍技术人员为专家，非不可行，但决非可由外国政府要求之事。

7.取缔鲜人问题　关于取缔朝鲜人之非法行动，中国政府固不愿任何外国人在我领土内有何非法行为。惟同时朝鲜人、台湾人及其他日本国籍人民，在日本势力庇护之下为非法行为者，日方当局自亦应加以取缔。

同时我方仍认为，中日关系之调整，应合乎平等及互尊领土与主权完整之原则，若仅就有利于一方之问题进行商讨，是不得谓为国交之调整。因将我方认为最迫切之问题，提请日方切实答复，迅予解决。所提问题为：（一）取消塘沽、上海两协定；（二）取消冀东伪组织；（三）停止不法飞行；（四）停止走私并不得干涉缉私；（五）消灭察绥伪军及匪类。上开问题提出后，日方认为出乎意外，坚请撤回，态度强硬，谈判几濒破裂。嗣经赓续折冲，计前后商谈七次，历时两月有余。其间虽日方方案迭有变更，而双方所提各问题，始终未能获得结论。至十一月间，张部长屡次谈话中提起日本政府应严重注意取缔之绥远局势，突然扩大。我方认为，在此种局势之下进行商讨，无补实际，交涉遂无形停顿。此为九月中旬起，因成都事件之起因，外交部张部长与日本川越大使折冲之经过情形也。

二、成都、北海及各处突发事件

1.成都事件　二十五年八月二十四日，成都因反对设领突然发生事故，日人田中、濑户二人身死，深川、渡边二人受伤。政府于事发后，立即表示严正之态度，主张依照国际惯例，持平解决。乃日方欲利用时机，故不商谈该事件之解决，而提出与日侨安全毫无关系之种种要求，时历数月，始终未遂其愿，始转而谋本事件之解决。该案遂于十二月三十日经外交部张部长与日本川越大使换文解决。内容为：（一）外交部向日本政府表示歉意；（二）中国政府给予死者遗族及伤者抚恤损失医药各费共计国币九万八千余元；（三）事变时当地负责人员分别予以处分；（四）凶犯依法惩办。川越大使复文称：日本政府认为该案业已解决。

2.北海事件　二十五年九月三日，广东之北海发生暴徒击杀日商中野事件。日方以保侨为名，调动海军，情形异常严重。嗣经外交部与日方多次之折冲，于十二月三十日，用解决成都事件之同样方式，换文解决。其内容为：（一）外交部向日本政府表示歉意；（二）当时该地负责人员业经遣散或去职，无从另予处分；（三）凶犯依法惩办；（四）中国政府给予中野遗族抚恤金三万元。川越大使复文称：日本政府认为该案业已解决。

3.其他突发事件　除成都、北海事件外，突发事件之重要者，尚有上海之中山、田港、萱生及汉口之吉冈各凶杀案。中山、田港、萱生等案逮捕之各犯，尚在法院审讯中，而吉冈案凶犯，则尚未就捕。上海各事件发生时，日本海军陆战队乘机武装出动闸北一带，往来梭巡,侵犯我警权,威胁地方,均经我方据理抗议。上述各事件,俱为普通杀人案,与成都、北海事件性质不同。且除萱生案外,均发生于我警权不及之地域,当地官厅已尽力协助缉凶,凶犯既已缉获,应由法院依法审讯。此外,我政府自不负其他责任也。

秦孝仪主编:《中华民国重要史料初编——对日抗战时期》,绪编(3),

(台北)中国国民党中央委员会党史委员会1981年版,第690—692页

张群与川越谈话记录

1937年4月19日

专员周隆庠、日使馆秘书清水董三在座

时间:民国二十六年四月十九日下午四时至四时五十五分

地点:部长室

事由:调整中日邦交

川越谓:此次奉召返国,拟于二三日内离京赴沪,在沪与日高参事官晤面后,月底或下月初即将由沪启程返日。日高参事官于本月二十七八日计可抵沪,在沪稍作勾留,即行来京代办敝使馆职务,届时务请贵部长多多照拂。

部长谓:日高参事官即可来京,甚好。未悉贵大使返国后何时可以返任?

川越谓:现尚未定。贵部长对于调整中日邦交问题如有高见,本大使可为转达佐藤外务大臣。

部长谓:本人甚望中日双方能互相顾全对方之立场而努力开辟一具体共同之途径。于贵国无益而于我国有害之事,务请设法力避。对于华北问题与经济提携问题,宜同时加以全盘之研究,不必分前别后。双方如能满意此项原则,则更能进行具体的商议,此点请代转达佐藤外务大臣。

川越问:贵部长有何更具体的办法否?

部长答:贵方如能同意此项原则,而后进行具体的商讨,本人相信不难寻觅一具体的办法。至若进行商谈之方法,本人以为尽可先行非正式交换意见,不取会议方式,俟意见接近,再提具体办法较为适当。

川越答:高见当为转达佐藤外务大臣。

部长谓:佐藤外务大臣对于中日邦交深具抱负,本人甚望佐藤外务大臣能贯彻初衷,以贡献东亚和平。

川越答:佐藤外务大臣信念坚强,本大使相信必能努力迈进,贯彻始终。

部长问:目前贵国正在进行总选举,情况如何?

川越答:本月三十日举行投票,投票之结果如何,下月二三日前后即可分晓。至于国会之召集,则须延至七月。

部长问:据报载贵大使此次返国将有六项目之建议,未悉实情如何?

川越答:纯系朝日新闻社驻南京记者推测之词。

川越问:报端时见中苏通商条约之消息,未悉现情如何?

部长答:中苏通商条约商谈已久,但以意见不能一致,迄在停顿之中。

川越问:已有成案之条文否?

部长答:双方仅存草案,尚未成案。

川越问:双方意见未能一致之点,可否见告一二?

部长答:本人现尚未知其详。但其中如商品交换之种类及数量等等标准之规定,双方意见甚不一致。良以中苏贸易均衡,苏联居出超地位,故为防止苏联商品之对华倾销起见,亦有明确规定之必要。此层对于我国市场方面,关系至巨。

川越谓:此层对于敝国,关系亦甚重大。

秦孝仪主编:《中华民国重要史料初编——对日抗战时期》,绪编(3),

(台北)中国国民党中央委员会党史委员会1981年版,第694—696页

严宽致何应钦微电

1937年7月5日

重庆。探呈军政部部长何钧鉴:基密。1.津函:川越将来津集议华北各问题,寻解决途径,协津日军于年内解决各悬案。谈判对象,决不变更。2.秦谈:宋俟川越佳前后飞平转津,宋删左右可回平。3.田代病甚,倘返日疗治,即由板垣来津暂代。4.平津谣诼刻稍静。5.卢沟桥、长辛店、回龙桥、平汉线上附近日军实弹演习约一周,乡民甚恐。职宽叩。微。印。

中国第二历史档案馆编:《七七事变至平津沦陷蒋何宋

等密电选》,《历史档案》,1985年第1期

贰 事变爆发及平津沦陷

一、中方对事变的处置和应对

（一）来往函电、命令、情报

宋哲元致蒋介石齐辰电

1937年7月8日

特急。委员长蒋、行政院长蒋：治密。日军驻丰台部队炮四门、机枪八挺、步兵五百余人，自阳夜十二时起，借口夜间演习，向我方射击，企图占领我卢沟桥城（即宛平县城），向该城包围攻击，轰炸甚烈。我驻卢沟桥之一营，为正当防卫计，不得已不能不与之周旋，现仍在对峙中。除以在事态不扩大可能范围内沉着应付中，如何之处，请示机宜。职宋哲元。齐辰参战。印。

　　　　　　秦孝仪主编：《革命文献》第106辑，《卢沟桥事变史料》（上），

　　　　　（台北）中国国民党中央委员会党史委员会1986年版，第119页

严宽致何应钦庚晨电

1937年7月8日

特急。重庆。军政部部长何钧鉴：请转委员长蒋。〇密。日军在卢沟桥实弹演习，示威多日。阳夜，日军强迫入市，遂与我冯师驻卢一营发生冲突，现正在对峙中。职宽叩。庚晨。印。

　　　　　　秦孝仪主编：《革命文献》第106辑，《卢沟桥事变史料》（上），

　　　　　（台北）中国国民党中央委员会党史委员会1986年版，第120页

严宽致何应钦庚辰电

1937年7月8日

急。重庆。军政部部长何钧鉴：〇密。请转委员长蒋。庚晨电计呈钧察。（一）绍文、治安谈：昨夜日军强迫侵入卢沟桥镇，遂与我驻卢部队发生冲突。现检查我军死伤一八〇余名。刻日军企图侵入卢镇，要求我军退出。秦谓："卢镇绝不能退出。"刻正在对峙中。（二）秦谈：日军示威多日，此次在卢发生冲突，系日军有计划行动。（三）我军士气极盛。职宽叩。庚辰。印。

　　　　　　秦孝仪主编：《革命文献》第106辑，《卢沟桥事变史料》（上），

　　　　　（台北）中国国民党中央委员会党史委员会1986年版，第120—121页

蒋介石复宋哲元庚电

1937年7月8日　牯岭

有线。限即到。北平。宋主任明轩兄：齐辰参战电悉。密。宛平城应固守勿退，并须全体动员，以备事态扩大。此间已准备随时增援矣。中正。庚侍参牯。

秦孝仪主编：《革命文献》第106辑，《卢沟桥事变史料》（上），

（台北）中国国民党中央委员会党史委员会1986年版，第121页

宋哲元报告前线情形电

1937年7月8日

庚侍参牯电及熊次长传谕敬悉，遵即一一办理。本晚敌将战线调整，集中兵力向卢沟桥城猛攻，并用梯爬城。我守城营长金振中督战受伤。谨闻。

秦孝仪主编：《革命文献》第106辑，《卢沟桥事变史料》（上），

（台北）中国国民党中央委员会党史委员会1986年版，第120页

冯治安致何应钦等齐申电

1937年7月8日

巴县。部长何钧鉴：治密。(1)庚夜十二时，日军中队在卢沟桥城外演习间，借口闻有枪声，当经收队点名发现缺少一名。(2)日本武官松〈井〉认为枪声系由卢沟桥城边所起，要求率队进城搜查。(3)我驻卢部队以值深夜，日兵入城足引起地方不安，且我方官兵正在睡眠，枪声非我方所发，当经拒绝。该武官以我方不允，即令日军向卢沟桥城取包围形势。与日方商定双方派员前往调查。(4)日方所派之寺平副官佐到达卢沟桥城后，仍坚持日军入城搜查，我方不允。正商议间，忽东门外枪声、炮声大作，继西门外炮声及机枪声继起，我方均未还击。少顷炮火更烈，我方为正当防卫计始行抵抗。我方当时伤亡七八十人，对方亦有伤亡。(5)刻下，彼方要求须我方撤出卢沟桥城外方免事态扩大，但我以国家领土主权所关未便轻易放弃，现仍在对峙中。(6)倘对方一再压迫，为正当防卫计，不得不与〈之〉竭力周旋。敬祈赐予指导，俾资遵循为祷。除嗣后情形续报外，谨先奉闻。冯治安、张自忠、秦德纯叩。齐申。印。

中共中央党校中共党史资料室编：《卢沟桥事变和

平津抗战》，1986年版，第141—142页

宋哲元致外交部齐戌电

1937年7月8日

南京。外交部勋鉴：密。篠电敬悉。昨夜卢沟桥日军与我军冲突实有其事。昨夜十二时日本松井武官忽以电话向我方声称，日军昨在卢沟桥郊外演习，突闻枪声，当即收队点名，发现缺少一兵，疑放枪者系我驻卢军队所为，并认为该放枪之兵已入城，要求立即入城搜查。我方以时值深夜，日兵入城恐引起地方不安，且我驻卢城内军队昨日并未出城，婉词拒绝。不久松井复来电话，谓我方如不允许，即将以武力强行进城等语。同时我方亦接得报告，谓日军对县城（即卢沟桥城）已取包围前进形势。于是我方再与日方交涉，商定协同派员前往调查制止。双方共五人于今晨四时许到达宛平县署，彼方去员仍坚持须入城搜查，我方未允。正交涉期间，县城东门外及西门外，日军遽以大炮、机枪向我射击。我军力持镇静，初未还击，终以日军攻击甚烈，连续不止，我军为正当防卫计，不得已始出以抵抗，伤亡颇众。但为避免事态扩大起见，仍极力交涉促其将该演习部队调回原防，彼方要求我军先行撤退，再谈其他。截至本晚，交涉尚无结果。顷据报，彼方又增兵五六百名，正在前进中。特此奉复，详情续报。宋哲元叩。齐戌。

秦孝仪主编：《革命文献》第106辑，《卢沟桥事变史料》（上），

（台北）中国国民党中央委员会党史委员会1986年版，第122页

俞飞鹏致何应钦等齐亥电

1937年7月8日　牯岭

急。巴县行营。何部长、顾主任：更密。据平津报话局电，略称：（一）驻丰台日军约五百人，昨晚开卢沟桥演习，因附近驻有二十九军部队，日军于演习完时，有一部分冲入二十九军驻地，致起冲突。旋日军派森田中佐要求停战，遂停止。□时炮声又作，至十时止。日死准尉一，伤少尉一。日并占领卢沟桥北千米之龙王庙。二十九军尚占住卢沟桥。（二）庚晨一时，日军至卢演习，声称上次演习日走失一人，并借口我驻军有向彼射击事，要求进宛平城搜查，我未允。五时彼先射击，至十时双方停战，我驻军一面防御，一面由冀会派林耕宇赴当地交涉。我要求日军撤退原防再交涉，迄未撤退。（三）齐午津日军出动（有大批坦克车等），由平津公路向平方开去各情。除委座已指示明轩及京方以方针外，谨电闻。余续报。俞飞鹏叩。齐亥牯秘。印。

秦孝仪主编：《革命文献》第106辑，《卢沟桥事变史料》（上），

（台北）中国国民党中央委员会党史委员会1986年版，第123页

蒋介石令徐永昌转示程潜庚电

1937年7月8日　牯岭

即到。南京。军委会徐主任并转参谋本部程总长：机密。据宋主任明轩齐辰参战电称：日军驻丰台部队炮四门、机枪八挺、步兵五百余人，自阳夜十二时起，借口夜间演习，向我方射击，企图占领我卢沟桥城（即宛平县城），向该城包围攻击，轰炸甚烈。我驻卢沟桥之一营为正当防卫计，不得已不能不与之周旋，现仍在对峙中。除以在事态不扩大可能范围内沉着应付外，如何之处，请示机宜等语。除复宛平应固守勿退，并须全体动员，以备事态之扩大，此间已准备随时增援矣等语。应即准备向华北增援，以防事态扩大为要。中正。庚侍参牯。印。

秦孝仪主编：《革命文献》第106辑，《卢沟桥事变史料》（上），
（台北）中国国民党中央委员会党史委员会1986年版，第209—210页

程潜、唐生智、徐永昌致蒋介石电

1937年7月8日

限即到。海会寺。委员长蒋钧鉴：庚侍参牯电奉悉。雷密。职等召集重要干部在军委会详加讨论，谨建议如下：（1）宋部炮兵缺乏（二十九军全部野炮兵约仅四十门），拟请将原驻彰德之炮七团迅照复员令，由华岳庙先开回到防，以便向战场应援，并恳一面知照阎副委员长，亦准备炮兵一部，以便增援。（2）宋部无高射兵器，拟将奉准拨给之小炮十二门，速由洛阳向保定方面输送。（3）华北无空军，拟请饬令航委会迅作应援之准备。（4）陆军方面亦有增援之必要，拟请中央有力部队（如10D、83D等），及与宋部有渊源之部队（如孙连仲、庞炳勋）中，先选四五师，饬令准备开拔。（5）令由会密令全江、沿海及重要都市之负责长官，严行戒备，以防挑隙，并严督承办国防工事人员，将安设炮位、筑设掩体重要工作一律限期完成。（6）顷与北平秦市长绍文通电话，已将钧座固拱极城及全军动员，并此间准备应援各情详细告知。旋据报告，刻日军退向衙门口隐匿，至卢沟桥附近已不见日军踪影。又，日本方面提出一条件云，华方如退出拱极城，则日军退回到防（即丰台），当即断然加以拒绝矣。谨闻。职程潜、唐生智、徐永昌叩。庚高一。印。

台北"国史馆"档案：蒋中正总统文物/特交文电/对日抗战/卢沟御侮

蒋介石致刘峙电

1937年7月8日　牯岭

限即到。开封。刘主任：密。希由开封以西部队中先派一师，开赴黄河以北。开封以东部队，可暂勿开动。其余再准备两师可随时出动为要。并在开封、郑州集中车辆，俾两

师以上部队可随时开动。又庞炳勋部，可令由正太路方面开赴石家庄策应。如何部署？派遣何师？希速电复。中正。侍参牯。

秦孝仪主编：《革命文献》第106辑，《卢沟桥事变史料》（上），

（台北）中国国民党中央委员会党史委员会1986年版，第210页

蒋介石致徐永昌等庚电

1937年7月8日　牯岭

限即到。南京。徐主任、程总长：密。陇海路开封以东部队，可暂缓开动。由开封以西部队中先派一师，开赴黄河以北，其余准备两师，可随时出动为要。派遣何师，希与刘经扶一商之。中正。庚侍参牯。

秦孝仪主编：《革命文献》第106辑，《卢沟桥事变史料》（上），

（台北）中国国民党中央委员会党史委员会1986年版，第211页

徐永昌复庚侍参牯电

1937年7月8日

复庚侍参牯电：职等召集重要干部讨论，谨建议如下：

（一）拟请将原驻彰德之炮七团，迅由华岳庙回防，以便应援；并恳一面知照阎副委员长，亦准备炮兵一部增援。

（二）拟将奉准拨给之小炮十二门，速由洛阳向保定方面输送。

（三）拟请饬航委会迅作应援之准备。

（四）拟请中央有力部队（如10D、83D等），及与宋部有渊源之部队（如孙连仲、庞炳勋）中，先选四五师，饬令准备开拔。

（五）令由会密令沿江沿海及重要都市之负责长官严行戒备，并严饬各地重要工事，限期完成。

蒋介石批示：复。照办，并限华岳庙炮团二日内十一日前集中彰德在车上候令。中正。

顷与北平秦市长通电话，已将固守拱极城及全军动员各情详告。据告：日军已退衙门口，卢沟桥附近已不见日军踪影。又日方提出条件，华方如退出拱极城，则日军退丰台，当即断然拒绝矣。

蒋介石批示：此节通告暑训团布告。

秦孝仪主编：《革命文献》第106辑，《卢沟桥事变史料》（上），

（台北）中国国民党中央委员会党史委员会1986年版，第211—212页

蒋介石致何应钦齐戌电

1937年7月8日　庐山海会寺

限即到。重庆。何部长勋鉴：倭寇在华北扰乱，事将扩大。请兄即刻飞京。中正。齐戌机海。印。

秦孝仪主编：《革命文献》第106辑，《卢沟桥事变史料》（上），

（台北）中国国民党中央委员会党史委员会1986年版，第212页

蒋介石致宋哲元齐戌电

1937年7月8日　庐山海会寺

限即到。乐陵。宋主任勋鉴：请兄从速回驻保定指挥，此间决先派四师兵力增援。中正。齐戌机海。印。

秦孝仪主编：《革命文献》第106辑，《卢沟桥事变史料》（上），

（台北）中国国民党中央委员会党史委员会1986年版，第212—213页

蒋坚忍致蒋介石电

1937年7月8日

牯岭。委员长蒋钧鉴：〇密。石友三顷密派其参谋处长王君培来杭晤职，嘱转禀钧座两点：（1）彼此次倾向中央，全出为国诚意，但求钧座恕其既往，予以自新之路，决无一兵一弹或地位要求。（2）华北形势，有随时发生变故可能，彼愿随时听命钧座调遣，为国效命，目前并愿去秘密原则之下，接受中央指派之工作。以上两点，所述尚诚，谨此电禀。职蒋坚忍叩。齐未。印。

台北"国史馆"档案：蒋中正总统文物/特交档案/一般资料

蒋锄欧、陈广忠致蒋介石等电

1937年7月8日

急。牯岭。委员长蒋、铁道部长张：〇密。据平汉警署长马青苑齐午政电称：据长辛店第一分段代段长李盛章、护店警察所长吴冠英齐巳电称：查丰台日军三百余名，携带大炮、机枪等，于齐晨三时许赴卢沟桥打靶，至五时与我护桥军队发生冲突。闻我方兵力约一团。截至现在止，枪声不绝，与平方电报、车次均暂不通等情，除饬联络军警注意站防并续探情形译报，及通令严防汉奸及不准请假等情，除饬严密注意并续报外，谨电禀闻。

警道队警总局局长蒋锄欧、副局长陈广忠。齐酉公。印。

台北"国史馆"档案：蒋中正总统文物/特交文电/对日抗战/卢沟御侮

秦德纯等电

1937年7月9日

齐晚由津方增来敌之大部,集结卢沟桥附近,迭次猛攻,均经我军沉着击退,迄未得逞。彼方连次前来接洽并声述不欲事态扩大,希望和平了结。经议商结果,双方先行停战,部队各回原防,恢复原来状态。前线兵力在各自撤收中。除仍妥慎戒备,尔后交涉决以不丧主权、不失国土〈为〉原则。

蒋介石批示:复。奖勉。应先具决死与决战之决心,及继续准备,积极不懈,而后可以不丧主权之原则,与之交涉,才能贯彻主张,完成使命。惟我军以应战而不求战之方针,使全体官兵明了遵守一致。谈判之时,尤应防其欺诈,刻刻戒备,勿受其欺,北平城使内外不能任意出入为要。

秦孝仪主编:《革命文献》第106辑,《卢沟桥事变史料》(上),

(台北)中国国民党中央委员会党史委员会1986年版,第124页

严宽致何应钦佳子电

1937年7月9日

急。重庆。军政部部长何钧鉴:○密。(一)卢事在对峙中。至庚亥后,炮声又作。(二)日方口气,不想事态扩大,但要求我方中日部队同时退开卢城。其企图有和中取巧、袭丰台故技。(三)秦、冯主张对卢城绝不能退出。(四)我方仍按计定步骤应付。(五)据报:日青年党森田等亟欲将此间局面造成混沌与恐怖。田代等意见,不到万不得已时,不准其乱干。职宽叩。佳子。

秦孝仪主编:《革命文献》第106辑,《卢沟桥事变史料》(上),

(台北)中国国民党中央委员会党史委员会1986年版,第124页

严宽致何应钦佳巳电

1937年7月9日

重庆。军政部长何:○密。(一)中日部队现已停止冲突。(二)我方态度镇静与强硬,日鉴是况,因之情势稍转和缓。(三)我、日双方商讨同时撤兵,另派保安一大队入城填防(名虽保安,实是陆军)。该队此刻在五里店准备入城换防中。(四)日方刻虽表示不愿

扩大并现缓和,而此间仍按步骤准备,以防意外。(五)平市已形戒备状态。(六)仍〔尔〕后究竟如何再报。职宽叩。佳巳。印。

秦孝仪主编:《革命文献》第106辑,《卢沟桥事变史料》(上),

(台北)中国国民党中央委员会党史委员会1986年版,第125页

俞飞鹏致何应钦等青酉电

1937年7月9日　牯岭

急(二份)。重庆行营。何部长、顾主任:更密。齐戌电谅达。兹再将就平津所得情况录陈:(一)日军久谋长辛店、卢沟桥我国不得驻军,虞晚,日军演习经我军阻止,致起冲突,显有预谋。(二)自虞晚起,开火数次,双方各有伤亡,现各增兵。日军要求路局备车两列运兵。平方为阻日军进城,闭城戒严。(三)双方在平谈判,日军并托人向在津某当局斡旋。现冯主席在长辛店,张市长留平。以上为本日四时前消息。(四)本日十时半起,双方部队向永定河东西岸后撤,候谈判解决。现平方秦市长等态度颇强硬。津方由李公安局长等与日接洽。日方驻屯军及使馆,均有人向我接洽。窥其情形,似有牵就我方,不愿事态扩大之意。截至下午谈判结束,尚无闻,但无冲突。(五)日要求长辛店、卢沟桥我方不得驻军一层,宋明轩绝对拒绝。余容续闻。俞飞鹏叩。青酉牯秘。印。

何应钦批复:牯岭。俞部长樵蜂兄:青酉、牯秘航两电均悉。○密。弟定今晨飞京,并闻。弟应钦。蒸秘。渝。

秦孝仪主编:《革命文献》第106辑,《卢沟桥事变史料》(上),

(台北)中国国民党中央委员会党史委员会1986年版,第125—126页

宋哲元致蒋介石佳戌电

1937年7月9日

急。牯岭。委员长蒋钧鉴:○密。齐戌、蟹巳机参海电均奉悉。此间战事,业于今晨停息,所有日军均已撤退丰台,似可告一段落。一切情况,业由秦市长电告熊次长,想已转达钧座。华北部队守土有责,自当努力应付当前现况。职决遵照钧座"不丧权、不失土"之意旨,誓与周旋。倘中枢大战准备完成,则固围民心理,夙夜祷企者也。谨此奉复。职宋哲元叩。佳戌。印。

秦孝仪主编:《革命文献》第106辑,《卢沟桥事变史料》(上),

(台北)中国国民党中央委员会党史委员会1986年版,第126页

蒋介石致程潜等电

1937年7月9日

电程总长、徐主任，并分电各该主管：令平汉路孙仿鲁第二十六路两师，向石家庄或保定集中；并先电商宋明轩，令庞炳勋部与高桂滋部，皆向石家庄集中。中正。二十六年七月九日。

秦孝仪主编：《革命文献》第106辑，《卢沟桥事变史料》（上），

（台北）中国国民党中央委员会党史委员会1986年版，第213页

蒋介石致孙连仲佳晨电

1937年7月9日　庐山海会寺

限即到。孙总指挥仿鲁兄：〇密。希即由平汉路方面派两师，即向石家庄或保定集中。至车辆等事，径与经扶主任商洽可也。中〇。佳晨侍参海。印。

秦孝仪主编：《革命文献》第106辑，《卢沟桥事变史料》（上），

（台北）中国国民党中央委员会党史委员会1986年版，第213页

蒋介石致宋哲元佳晨电

1937年7月9日　庐山海会寺

北平。乐陵。宋主任：治密。此间已派孙仿鲁两师向石家庄或保定集中，及庞炳勋部与高桂滋部先向石家庄集中，希兄速回保定指挥可也。中〇。佳晨侍参海。

秦孝仪主编：《革命文献》第106辑，《卢沟桥事变史料》（上），

（台北）中国国民党中央委员会党史委员会1986年版，第214页

宋哲元致蒋介石电

1937年7月9日

特急。分送牯岭委员长蒋、行政院长蒋：更密。卢沟桥方面，迄午刻止在休战对峙中。对方提出条件五项，无商酌余地，致不得要领。目下情况：一、敌军三百余包围卢沟桥城，其一部约二百余在长辛店以北地区。我驻卢沟桥之吉团三营，固守城关及附近桥梁，誓死不屈，驻长辛店吉团部队亦与当面之敌对峙中。二、我何基沣旅长率二二〇团全部附炮工兵各一连，进占衙门口及其以东地带，其余部队准备完定，严密戒备。北平市城郊已宣布临时戒严，派冯师长为司令。三、河边旅团长率武装兵五十余名，并枪、炮弹两

车及卫生材料,已抵丰台。四、汽车二十余辆满载武装兵并坦克车七辆、重炮二门,于午后二时四十分由津向北平急进。五、通州日部队约四百名到朝阳门后未准入城,旋即向丰台方向转进。除分电外,谨电鉴核。冀察绥靖主任宋哲元叩。齐西参战。印。

台北"国史馆"档案:蒋中正总统文物/特交文电/对日抗战/卢沟御侮

蒋介石致徐永昌转程潜等青巳电

1937年7月9日　庐山海会寺

徐主任,转程总长、唐总监、军政部何部长。倭寇挑衅,无论其用意如何,我军应准备全部动员。各地皆令戒严,并准备宣战手续。除前令各部开动外,第二十一、第二十五各师,亦令动员候调为要。中正。青巳侍参海。印。

秦孝仪主编:《革命文献》第106辑,《卢沟桥事变史料》(上),

(台北)中国国民党中央委员会党史委员会1986年版,第214页

宋哲元致蒋介石电

1937年7月9日

急。牯岭。委员长蒋钧鉴:更密。庚侍参牯电及熊次长电话传谕敬悉。遵即一一办理。本晚敌人复将其战线调整,集中兵力向卢沟桥城猛烈进攻,并用梯爬城,战斗甚烈。我守城营长金振中督战受伤。谨闻。职宋哲元叩。庚亥参。

台北"国史馆"档案:蒋中正总统文物/特交文电/对日抗战/卢沟御侮

何应钦致冯治安等佳申电

1937年7月9日　重庆

特急。北平。冯主席仰之兄、张市长荩忱兄、秦市长绍文兄:齐申电奉悉。三一一二密。兄等应付适宜,至为佩慰。川、康整军各事业,已会商决定。关于实施事宜,由顾主任墨三兄在渝负责办理。弟定明日飞京,嗣后情形祈续示。弟应钦。佳申秘渝。

秦孝仪主编:《革命文献》第106辑,《卢沟桥事变史料》(上),

(台北)中国国民党中央委员会党史委员会1986年版,第215页

郭殿丞致刘君实电

1937年7月9日

南京。副主任刘鉴:〇密。虞夜十二时日军一中队在卢沟桥郊外演习,忽有枪声,随

收队，点名少一人，认为发枪者入城，要求率队入城搜查。我方以时值深夜，婉为拒绝。日松井武官电话，如不允，将以军力包围宛平城。旋包围前进。双方复派员前往查阻。迄今早四时许，煤门外忽枪炮声大作，我方未予还击。西门外枪炮声继起，炮火更烈。我方为正当防卫，始加还击。我方受伤尚重。交涉似在停顿。双方正在调动部队。职郭殿丞。庚未。印。

台北"国史馆"档案：蒋中正总统文物/特交文电/对日抗战/卢沟御侮

刘峙致蒋介石电

1937年7月9日

牯岭。委员长蒋：泰密。极密。此次卢沟桥事件似为日军预定计划，我国虽欲避免，势恐未能，但若各就原地为自卫，而抗战亦难持，恐被各个击破，甚或沧石线以北地区为日军实行保障占领，以后交涉更于我国和平〈有碍〉。本年三中全会议决收复冀东、察北，未知可乘此机实行否？如决定乘机收复察北、冀东，拟请订定整个作战计画，密讯部队乘势大举进攻，期一举占领榆关，沿长城至多伦之线，以张国威而便尔后之防战。惟部队调动及进攻时，对内部之控制及沿河之防备不能不加严耳。当否，乞核查为祷。职刘峙呈。佳。印。

台北"国史馆"档案：蒋中正总统文物/特交文电/对日抗战/卢沟御侮

戴笠致蒋介石电

1937年7月9日

急。牯岭。委员长蒋钧鉴：○密。据北平来电称：阳晚十二时，日方驻县部队前往卢沟桥（宛平县辖境），作攻取演习，已近我军营房。我军鸣枪七响，阻止入城，日军还击甚烈。此时平日特务机关长松井用电话通知秦德纯谓，中日军已起冲突，系华方先行开枪，并谓日方有一军官失踪。秦答尚不知情。当即约双方派员前往调查，并制止两方军事冲突。及抵肇事地点，已将午夜三点。当时日方驻丰台部队已开出五百名，行抵卢沟桥，欲入宛平县城搜查失踪军官。我驻宛平部队答以并无此人，拒绝入城。日军当即炮击（计野炮四尊、重机枪八挺），我军迄未还击，拟俟日军逼近始行射击，盖我军仅有一营驻扎该城也。秦派员前往调查后，即与冯治安、邓哲熙、张自忠、刘汝明、赵登禹及齐燮元等，在张自忠宅研讨应付方策，各人情绪异常紧张。时将四时，两军仍坚持原有阵线，日军亦不敢冒险进城。迄五时许，据报告失踪日军官业已觅获，但日军仍然炮击。至本晨（齐日）七时，宛平损失甚大，死伤数目不详，惟卢沟桥及宛平县城仍在我军手中。五时许，秦、冯、刘、张、赵、齐及邓哲熙、熊少豪等，又在冯治安宅集议，讨论战和办法。席间以邓哲熙、冯治安态度较为激烈。邓谓，日方以宋委员长倾向中央，举办国选集训，中止通航、筑路、开矿等事，且延不回平，乃策动汉奸便衣队在平、津、保等处暴动，结果该项计划宣告失败。近又以蒋委员长曾电召宋偕鲁韩及冯师长赴庐，因此对廿九军人员已告失望，即决计驱逐，不惜直接由日军引起中日冲突。前次丰台事件，我方将丰台放弃，此次若仍放弃卢沟桥与宛平，则平津咽喉握诸人手，不久将迫我放弃北平，得寸进尺，势无宁日，与其屈辱求和，毋宁挺抗。并问冯有否奉召赴庐事。冯答，事诚有之，但去否即本人亦难预知。日方何竟鲁莽如此，若太恃强，惟有一干。并问熊关于外交团态度若何。熊谓，自最近一般中日交涉视之，各国外交人员对我方异常同情。齐燮元谓，时机已迫，战和即希决择，尤须先有充分准备。秦主目前暂从最小范围从事交涉，并将昨晚实情分电宋委员长、何部长，并请示办法。如日方苛求无厌，即行一干。结果以秦说为最后决定办法，现正循交涉途径处理，两军仍持对峙状态。据另息，我军伤亡约七八十名等情。查上项消息系据生处北平区通讯员熊少豪（冀察外交委员会委员）所报，合并陈明。谨闻。生笠扣。庚申。印。

台北"国史馆"档案：蒋中正总统文物/革命文献/敌伪各情

陈仪致刘君实电

1937年7月9日

特急。南京。军委会办公厅刘副主任君实兄：齐酉高一电敬悉。〇密。承示，自当注意。惟度日本国内现在问题正多，此役似系偶发的冲突，而非有计画的启衅，如能沉着应付，事态谅不致扩大。今日情形若何，盼电示为荷。弟陈仪。佳秘。印。

台北"国史馆"档案：蒋中正总统文物/特交文电/对日抗战/卢沟御侮

沈鸿烈致刘君实电

1937年7月9日

特急。南京。军委会办公厅刘〈副〉主任君实兄勋鉴：〇密。齐酉高电奉悉。昨接北平公私各方电述前情，业经饬属戒备，万一事态扩大，想中央已有统筹全局之办法。倘荷择要密函见示，俾资遵循，至为感荷。目下青市尚极安谧，并以奉闻。弟沈鸿烈叩。佳晨。印。

台北"国史馆"档案：蒋中正总统文物/特交文电/对日抗战/卢沟御侮

孔令侃情报提要

1937年7月9日

报告地点：上海

（1）平电：卢沟桥事，闻双方已商妥，先停战，再商条件，暂依河界，定今晨九时停战。另讯，我军已退出宛平，纠纷完全解决。

（2）津行来电：今日天津火车不通，北平在永定门撤轨一段。昨日两方折冲结果，先行撤队，再为交涉。今晨八时半开始撤退。

台北"国史馆"档案：蒋中正总统文物/特交档案/一般资料

耿宽致蒋介石电

1937年7月9日

南京。军委员会刘主任，请转委员长蒋：桧密。1.卢中日军正撤退中，现又商定改派三十八师一营接防。2.日方现态似无扩大模样，今后有无变化，此间对之颇注意，故仍按计划备防意外。3.秦等意谓，卢事现到解决阶段，中央不必调兵北来，到必要时，自当电请派军北上。4.平城已闭两日，人心极恐。职宽叩。佳申。印。

台北"国史馆"档案：蒋中正总统文物/特交文电/对日抗战/卢沟御侮

何应钦蒸亥电稿

1937年7月10日

〇密。本日下午九时半，接北平秦市长电话云：1.中日军双方昨日约定各回原防，宛平县城由我保安队填防，日军退回丰台。但回至丰台之日军约步兵一营，炮廿六门，今日上午十时，又忽由丰台向卢沟桥前进，意欲夺取该桥。我军得报后，即派兵一营在卢沟桥北附近拒止该敌之前进。下午五时，日军向我军炮击，现正在战斗中。2.闻日军有十列车由辽宁向关内开拔，已有两列车过山海关等情。特闻。应钦。蒸亥秘。

中国第二历史档案馆编：《中华民国史档案资料汇编》第5辑
第2编《军事》（二），江苏古籍出版社1998年版，第5页

韩复榘致蒋介石电

1937年7月10日　济南

探报卢沟桥日军及冯治安部队均已撤退，但日方虽表面撤兵，实际尚增加一队。目下双方虽停战，戒备形势仍严重，平、保及北平至乐陵电话线，均被日方破坏。平、保间军

事交通亦被日方破坏。冯部自保定北开,甚感不便。平市今早四时尚闻枪声等语。

蒋介石批示:鲁东国防工事,应星夜赶筑,积极准备,但勿令所属声张。近日工事进度如何?盼详复。真侍参牯。

秦孝仪主编:《革命文献》第106辑,《卢沟桥事变史料》(上),

(台北)中国国民党中央委员会党史委员会1986年版,第127页

蒋介石电示祝绍周等手令

1937年7月10日

电祝绍周及徐次辰:催洛阳高射机枪队,速即运往保定,归二十九军指挥。中正。

秦孝仪主编:《革命文献》第106辑,《卢沟桥事变史料》(上),

(台北)中国国民党中央委员会党史委员会1986年版,第215页

蒋介石致宋哲元灰电

1937年7月10日　牯岭

特急。北平。乐陵。宋主任明轩兄:务望在此期间从速构筑预定之国防线工事,星夜赶筑,如限完成为要。中正。灰机牯。印。

秦孝仪主编:《革命文献》第106辑,《卢沟桥事变史料》(上),

(台北)中国国民党中央委员会党史委员会1986年版,第216页

蒋介石致各地灰电

1937年7月10日　牯岭

(衔略):日军挑衅,齐日与我第二十九军部队相持于宛平附近,当经通饬一体戒备,准备抗战;并调第二十六路两师、第四十军及第八十五师各部,迅开保、石,以备应援。另,令第二十一、二十五两师,继续开拔各在案。顷据报双方撤兵,为听候谈判;但日人诡诈,用意莫测,我全国各地方各部队,仍应切实准备,勿稍疏懈,以防万一,是为至要。中正手启。灰牯。印。

秦孝仪主编:《革命文献》第106辑,《卢沟桥事变史料》(上),

(台北)中国国民党中央委员会党史委员会1986年版,第216页

蒋介石致宋哲元蒸电

1937年7月10日　牯岭

北平。乐陵。宋主任明轩兄:佳申、佳戌两电均悉。治密。至慰。守土应具决死决战之决

心与积极准备之精神应付。至谈判，尤须防其奸狡之惯技，务期不丧丝毫主权为原则。吾兄忠直亮节，中所素稔。此后尚希共为国家民族前途互勉。特复。中〇。蒸侍参牯。

秦孝仪主编：《革命文献》第106辑，《卢沟桥事变史料》（上），

（台北）中国国民党中央委员会党史委员会1986年版，第216—217页

严宽致何应钦蒸寅电

1937年7月10日

重庆。部长何：一〇一五密。极秘。卢事现阶段概况如下：（一）我军冯师一营退往长辛店。（二）日军步兵撤出五里店，炮兵撤丰台。（三）卢仅由冀北保安队一五〇员名改服警装，入城接防（查其原商改派张师一营，现未能实行）。（四）日惯会取巧，以现状观之，似有取巧模样。现由保安队改服警装填防，将使卢区等于非武装区矣。前途殊可虑，乞钧注。职宽叩。蒸寅。印。

秦孝仪主编：《革命文献》第106辑，《卢沟桥事变史料》（上），

（台北）中国国民党中央委员会党史委员会1986年版，第127页

秦德纯致钱大钧蒸午电

1937年7月10日

牯岭。钱主任慕尹兄勋鉴：生密。蒋委员长致宋主任电派四师北上，统归指挥，业由宋公经复遵办。惟此间形势已趋和缓，倘中央大战准备尚未完成，或恐影响，反致扩大，可否转请暂令准备北上各部，在原防集结待命，以后果有所需，再为电请之处，务乞察酌为祷。弟秦德纯叩。蒸午。印。

秦孝仪主编：《革命文献》第106辑，《卢沟桥事变史料》（上），

（台北）中国国民党中央委员会党史委员会1986年版，第128页

严宽致何应钦灰亥电

1937年7月10日

南京。部长何：一〇一五密。（一）日沙冈村及五里阁之部队得增兵后，因报复及其他条件，忽于灰酉又起重大恶化。（二）据报榆关灰由锦开到日兵约一旅团。（三）丰台灰增日步炮一大队。（四）此间在和平折冲外，仍按计划备防非常。（五）平市各门关闭，各路口亦置沙包，防御周密。（六）市民轰传中央有整个应付之办法，市面泰然如常。职宽叩。

灰亥。印。

秦孝仪主编:《革命文献》第106辑,《卢沟桥事变史料》（上）,

（台北）中国国民党中央委员会党史委员会1986年版,第128—129页

秦德纯等致参谋本部等蒸亥电

1937年7月10日　北平

急。南京。参谋本部、外交部、军政部钧鉴:密。蒸申电计呈。(一)日军大部千余人,炮二十余门,机枪三十余架,在集结于卢沟桥东北三里许之大瓦窑后,即向我卢沟桥阵地数次猛烈攻扑,并以一部强夺卢沟铁桥,均经我军沉着击退。(二)战至午后六时三十分,枪火渐稀。谨闻。秦德纯、冯治安、张自忠叩。蒸亥参。

秦孝仪主编:《革命文献》第106辑,《卢沟桥事变史料》（上）,

（台北）中国国民党中央委员会党史委员会1986年版,第129页

秦德纯致熊斌、刘君实电

1937年7月10日

分送京参谋本部熊次长哲明兄、刘厅长君实兄勋鉴:生密。佳酉电敬悉。佳晚日军尚有一部约二百人,在卢沟桥东北约二里许之地,借口有彼两名尸体未获,尚须搜查。刻下我正与之交涉,令其撤退中。特复。秦德纯叩。蒸。印。

台北"国史馆"档案:蒋中正总统文物/特交文电/对日抗战/卢沟御侮

戴笠情报提要

1937年7月10日

报告地点:南京

据北平齐申电称:

(1)华北日军决于齐日下午六时前全部集于平市近郊,总数一万,另有化学、航空、战车等队。

(2)关东军一部向榆关开拔。

(3)日要求取消冀察政会,另组华北防共自治政府。如宋表示屈服,可免军事行动。

(4)日方要求太苛,现况尤见严重,城门均于午后关闭,平津已断绝等语。谨闻。

台北"国史馆"档案:蒋中正总统文物/特交档案/一般资料

戴笠致蒋介石电

1937年7月10日

急。牯岭。蒋委员长钧鉴：○密。据天津佳亥电称：关于卢沟桥事件之日方措置情形：一、日中央军部于八日晚十时已有训令到驻平军部，内容勿使事态扩大而影响外交步骤，现陆军省对增援事已有必要措置之准备，以防华军之反攻。二、日驻军军部于九日上午九时接步兵第一联队长牟田口电称，廿九军抗日情绪已深入各士兵之心中，前线时闻呼杀日本声，意志极为激昂，殊出意外，对此宜特别加以检讨。三、日驻平军部于八日下午三时所派遣赴丰台之战车队，被廿九军卅八师之一旅阻于杨村一带，于九日上午九时另派装甲汽车十五辆，由东局子出发，经天津开赴杨村，以壮声势及观察情形，并决向冀察政委会提出严重抗议。四、汉奸刘大同、王津忠企图于卢沟桥事件扩大时乘机组织天津自治市政府，实行防共，反对中央及廿九军，并曾于八日向津日特务机关呈意见书，自称对津市民有号召能力，并建议由日方力量速即组织自治政府。五、驻平军部于八日照会北宁路局长陈觉生，准备扣车十二列备用，由军部派日司机十二人专任司机及司炉（按：陈觉生如接受日方意，以重要交通工具为日本占用，将来事件扩大，影响军事全局至大）等语。谨闻。生笠叩。灰午律。印。

台北"国史馆"档案：蒋中正总统文物/特交文电/对日抗战/卢沟御侮

宋哲元致外交部真未电

1937年7月11日

急。南京。外交部勋鉴：灰电敬悉。密。（一）虞夜十二时日军在卢沟桥城内〔外〕演习，借口闻有枪声，并云缺少一兵，要求率队进卢桥城搜查，我未允，即发炮火向我射击。我驻军一再隐忍，彼节节进攻，我军为正当防卫计，始行抵抗。（二）日军齐晚又率兵五百余人，炮二十余门，迭次向我卢桥猛攻，均经击退。彼方遂派人与我接洽，希望和平。经议商先行停战，再各回原防，恢复原来状态。（三）佳晚我部已回原防，日军借口搜查战尸，留置五里店，兵力约二百余人。蒸晨复于天津开至丰台六百余人，附炮十余门，下火车后即向卢沟桥前进，蒸午后向卢沟桥城及铁桥猛扑，均经我军击退。自昨晚迄今，战况忽紧勿缓，而呈对峙状态。（四）数日来我军伤亡一百余名，民房损毁百余间，人民伤亡及禾稼损失正在随时调查中，卢沟桥城、铁桥仍由我军占守。（五）孙、杨两先生到来，再当面洽。特复。宋哲元叩。真未参。

秦孝仪主编：《革命文献》第106辑，《卢沟桥事变史料》（上），

（台北）中国国民党中央委员会党史委员会1986年版，第130页

秦德纯等致参谋本部等真电

1937年7月11日　北平

南京。参谋本部、外交部、军政部钧鉴：密。蒸申、蒸亥参电计呈。（一）昨晚七时，日军复向我龙王庙阵地来犯，战至九时半，枪火稍缓，双方互有伤亡，仍持对峙状态。（二）截至今午，日军由大瓦窑、五里店，逐渐向丰台撤退。（三）彼方以企图未遂，又有和平之议。除仍饬部属严加戒备以观其动止外，余情续报。职秦德纯、冯治安、张自忠叩。真。十一日。参。

秦孝仪主编：《革命文献》第106辑，《卢沟桥事变史料》（上），

（台北）中国国民党中央委员会党史委员会1986年版，第130—131页

严宽致何应钦真二电

1937年7月11日

三二二八四。南京。部长何：〇密。一、闻日军对卢案，利以军事威胁后之和平希望，概要如下：（一）撤退卢华军。（二）严惩责任者。（三）根绝华北一切抗日行动。（四）共同反共及其他等项。二、据报，日对卢案最后军事计划，初期概略如下：（一）决定扩大准备，以武清、丰台、宛平、昌平为第一线侵略出发点，对平市取包围形势，兵力以河边及韩则信伪部为主。（二）以通、唐等为第二线，以入关日军及张庆余、张砚田等伪部之一部及海光寺日军为进犯天津主力。（三）以榆、葫、连、锦等为第三线。（四）以继续入关之日军及伪军为预备。（五）秦岛、北戴河、塘沽口等要隘，由日海军负责，葫岛为日军集点。（六）到必要时，以空军作威胁。（七）以白坚武、郝鹏等率便衣队作骚扰活动。三、观察各方情况，似非简单即可了事，倘从容就范，则汉奸胜利，恐此间形成冀东之二。职宽叩。真二。印。

秦孝仪主编：《革命文献》第106辑，《卢沟桥事变史料》（上），

（台北）中国国民党中央委员会党史委员会1986年版，第131页

蒋介石致秦德纯等侍参牯电

1937年7月11日　牯岭

限即到。北平。秦市长、张市长、冯主席：蒸申参、蒸亥参两电均悉。密。我军非有积极决战之充分准备，与示以必死之决心，则不能和平了结。卢沟桥、长辛店万不可失守，望兄等时时严防为要。又孙、庞各部及炮团今已北开，均归宋主任指挥调遣，请随时

直接与各该部接洽为盼。中正。〈真〉侍参牯。

秦孝仪主编:《革命文献》第106辑,《卢沟桥事变史料》(上),

(台北)中国国民党中央委员会党史委员会1986年版,第217页

钱大钧致秦德纯真电

1937年7月11日

北平。秦市长绍文兄:蒸午电敬悉。四八七三密。卓见极佩,当经转陈。如情况和缓,可饬令停止也。情况如何?盼速电示。弟钱大钧。真。

秦孝仪主编:《革命文献》第106辑,《卢沟桥事变史料》(上),

(台北)中国国民党中央委员会党史委员会1986年版,第217—218页

秦德纯等致蒋介石真亥电

1937年7月11日

限即到。牯岭。委员长蒋钧鉴:真侍参牯电奉悉。更密。自应遵照钧命办理。现我官兵均具有与敌拼死之决心。至卢沟桥我军防线,甚为巩固,纵敌顽强,亦万无一失。知劳谨注,谨先复。职秦德纯、张自忠、冯治安叩。真亥。印。

秦孝仪主编:《革命文献》第106辑,《卢沟桥事变史料》(上),

(台北)中国国民党中央委员会党史委员会1986年版,第132页

军事委员会调查统计局呈日军干部会议之内容电

1937年7月11日

日军干部会议之内容:

津日军部于九日晨开紧急会议,对卢沟桥事件,决定如次:

(甲)卢沟桥事件在不损帝国军威信之条件下,可和平解决;

(乙)华北驻屯军与关东军迅取紧密联络,以应非常事变;

(丙)关东军一部增防北宁路线,保护日韩侨民;

(丁)积极强化冀东伪府力量,以供驱策;

(戊)防止平汉路南段中国军增防平郊,以免抗日军力之强化。

又日军参谋长桥本群,于十日晚在平扶桑馆开会,今井、松井、池田等均参加,决定如次:

(甲)华北抗日情绪高张,即请增兵一师团;

（乙）要求撤换冯治安；

（丙）要求廿九军撤退至平津以外；

（丁）平津治安由石友三保安队维持。

　　秦孝仪主编：《中华民国重要史料初编——对日抗战时期》，第2编《作战经过》（二），（台北）中国国民党中央委员会党史委员会1981年版，第41页

钱大钧转天津电话局关于日方提出无理条件便笺
1937年7月11日

天津电话（俞部长转天津电话局长报告）

现在空气较为和缓。

日方提出三条件：一、惩办肇事部队；二、取缔反日分子；三、永定河正面不许二十九军驻扎。

对一、二已允许，对三正在磋商中。

据该局消息，所传关东军十列车开入关内消息不确，现只有两列车在关外云。

职钱大钧呈

七、十一正午

中国第二历史档案馆编：《中华民国史档案资料汇编》第5辑

第2编《军事》（二），江苏古籍出版社1998年版，第7页

刘健群致蒋介石函
1937年7月11日

委座钧鉴：

职观察卢沟桥事件，当不出下列三种结果：

一、因廿九军固守，日军不能得逞，遂见风转舵，由地方交涉，暂告结束（此在我为最美满之结果，但敌军既二次进攻，恐不易轻于放手也）。

二、因阵地失守，廿九军与日军继续战斗，非完全恢复阵地不肯中止。如至此种情况，廿九军必渴望中央军为其后援，将有由局部战争化为华北及中日全般战之可能。中央此时均宜先为考虑，备万不得已时先发制人。（宋平时对关、黄两师一类之中央军，认为比廿九军强，余则认为不如廿九军，故钧座遣调声援时宜注意。）

三、卢沟桥失陷后，如丰台事件，在吃亏之下暂求苟安。（此种办法廿九军必遭人讥讪，宋最好体面，对中央必失望，则华北之大势去而全国政治之波动将不易收拾。）

根据以上推断，职意钧座此时首宜调动部队，使宋心安，且知感奋，能得第一项之结果，则宋心永为钧座所克服。若为第二项之情况，职意钧座宁以实力助宋收复阵地，在外交方面可发动《塘沽协定》废除之要求，则全国意志集中，胜败皆有立场。若出于第三种之结论，则由政治观察，恐内外多事，中央之重心力必大遭损害也。一得之愚，谨陈钧座，以供参考。

又，职在桂与李、白及其干部谈话，多且切实，请钧座早日召见，俾得详陈为祷。肃此。敬叩钧安。

职刘健群谨肃（印）

七月十一日

台北"国史馆"档案：蒋中正总统文物/特交档案/分类资料/中日战争

何成濬致蒋介石电

1937年7月11日

急。牯岭。委员长蒋钧鉴：雷密。综合各方面情报：一、灰夜双方又在卢沟桥冲突，至真晨二时许较为激烈，现仍在对峙中。二、北宁车现均停驶，西便门至卢沟桥电话不通。三、佳日我军既遵约撤防，日军不但不退，反阻我路工修路，阻碍交通。灰午由丰台增日步炮兵约五百名至卢沟桥。午后三时半，其炮兵向宛平城开始射击，我方一面交涉，一面竭力增防，应可无虑，但事态恐将扩大。四、闻由关外开来兵车十列，已过山海关者两列，绥署已令北宁扣留。又传闻殷汝耕被软禁，因日方拟发日军装数千交冀东保安队着用，向北平进攻，殷不同意，故有此举各等语。谨闻。职何成濬叩。真鄂参战。印。

台北"国史馆"档案：蒋中正总统文物/特交文电/对日抗战/卢沟御侮

戴笠致蒋介石电

1937年7月11日

即到。牯岭。蒋委员长钧鉴：仙密。据天津灰申电称：唐山日方情形如下：一、本月八日下午三时，唐山日居留民会因卢沟桥事件发生召集紧急会议，首由该会顾问高桥赖治（兼日在乡军人会长）报告卢沟桥事件，出席代表继即议决要案如下：甲、自九日起实施非常时期警备计划；乙、请驻唐山守备队发给步枪七十枝；丙、车站来往之军队由国防妇女会预备茶水，随时招待迎送。二、唐山日警察署亦于九日上午八时由部长加藤健武召集所属训话，略谓中日局势日趋紧张，现双方均积极备战，顷接天津领馆命令，自即日起实行戒备，对一切工作务希努力，以应付此非常时期等语。并即派阿布小川、野井刚野等四出巡查，分班调查唐山市民之一切言行。又，唐山日宪兵队之工作亦极紧张等语。谨闻。生笠叩。真未。印。

台北"国史馆"档案：蒋中正总统文物/特交文电/对日抗战/卢沟御侮

程潜、杨杰、熊斌致蒋介石电

1937年7月11日

特急。牯岭。委员长蒋钧鉴：雷密。顷接驻日陆军武官章鸿春灰日电称：卢沟桥事件，断定或出日军少壮派之行动，政府首领事前未与闻。目前日政府确以不扩大为主旨，且恐因谈判迟缓，再生枝节，故深望由地方迅速谈判解决之。此为日方之意旨，并谓如不迅速解决，殊多危险。又，真日电称：顷接陆军省电报，永定河附近我廿九军又向日军攻击，并后方陆续增援飞机加入助战。何部长已由川飞京，请速电请何部长设法制止，并令廿九军遵约撤退，以防军事扩大等语。五部深夜召集，情形严重各等语。谨电奉闻。职程潜、杨杰、熊斌同叩。

台北"国史馆"档案：蒋中正总统文物/特交文电/对日抗战/卢沟御侮

秦德纯、张自忠、冯治安致蒋介石电

1937年7月11日

牯岭。委员长蒋钧鉴：〇密。灰侍参牯电奉悉。荷蒙钧座指示，与敌抗战及进行谈判时应准备注意事项，谨当遵命办理。刻下双方军队已陆续撤回原防，卢沟桥仍为我军驻守。谨复。职秦德纯、张自忠、冯治安同叩。真亥。印。

台北"国史馆"档案：蒋中正总统文物/特交文电/对日抗战/卢沟御侮

秦德纯致钱大钧文亥电

1937年7月12日

特急。牯岭。钱主任慕尹兄勋鉴：生密。顷据交通确悉：（一）日兵车十列分载各种部队，附战车、汽车、弹药等项，由山海关陆续西开，迄至本日午后八时止，已有五列到达天津附近。（二）日军三百余名，附战车八辆、炮车七辆、载重汽车二十余辆，于本日午后由通县经广渠门外观音坛往平市南郊运动。（三）由通县二次运朝阳门外苗家地之日军，约有三百余人。又日骑兵二百余人，正由通县向北平行进中。（四）卢沟桥附近之日军，截至现在止，大部仍未撤退等情。除饬部属严加戒备外，谨闻。秦德纯叩。

文亥。印。

秦孝仪主编：《革命文献》第106辑，《卢沟桥事变史料》（上），

（台北）中国国民党中央委员会党史委员会1986年版，第132—133页

秦德纯等致蒋介石文电

1937年7月12日

特急。牯岭。委员长蒋、副委员长冯：生密。真参电计呈。卢沟桥战事复经磋商解决办法，规定双方会同派员，监视前方部队于现状下各撤原防，刻下正在进行。惟彼不顾信义，能否履行，尚不敢必〔信〕。卢桥城及铁路桥仍为我军驻守。谨先电闻。秦德纯、冯治安、张自忠叩。文电参。印。

秦孝仪主编：《革命文献》第106辑，《卢沟桥事变史料》（上），

（台北）中国国民党中央委员会党史委员会1986年版，第142页

严宽致何应钦文电

1937年7月12日

南京。部长何：〇密。极秘。一、闻日方要求：（一）撤退卢、龙（王庙）华军。（二）惩办责任者（最低限度处分营长），治安与河边晤面道歉。（三）严厉取缔华北一切排日抗日。（四）反共等项。闻该条件，真戌由自忠、省三书面签字送达日方矣。二、商定监视撤退员，我三、日三，并定午后六七时开始撤退。我军先撤，日军后撤。三、卢案最后阶段如何，能否和缓下去，亦在此举。职宽叩。文。印。

秦孝仪主编：《革命文献》第106辑，《卢沟桥事变史料》（上），

（台北）中国国民党中央委员会党史委员会1986年版，第140—141页

宋哲元致蒋介石文辰电

1937年7月12日

迭奉电谕，本拟驰赴保定，嗣因情势所趋和缓，特于昨晚来津，察看情形，以决定今后应付之方策。知注谨闻。文辰。印。

秦孝仪主编：《革命文献》第106辑，《卢沟桥事变史料》（上），

（台北）中国国民党中央委员会党史委员会1986年版，第141页

蒋介石复宋哲元文电

1937年7月12日　牯岭

天津。宋主任明轩兄：文辰电悉，先到津甚慰。惟中意兄似仍应从速进驻保定，不宜驻津也。如何？盼复。中正。文机牯。印。

秦孝仪主编：《革命文献》第106辑，《卢沟桥事变史料》（上），

（台北）中国国民党中央委员会党史委员会1986年版，第218页

秦德纯致钱大钧文午电

1937年7月12日

特急。牯岭。钱主任慕尹兄勋鉴：真电敬悉。更密。卢沟桥经蒸日战斗后，彼方又提议和平解决，双方首脑部曾一度会晤。对此不幸事件，同表惋惜，尔后不愿再有类此事件发生。刻日军大部已逐次撤回丰台原防，卢沟桥防务仍为我军驻守。此事能否告一段落，以观演变如何耳。余容续闻。弟秦德纯叩。文午参。印。

秦孝仪主编：《革命文献》第106辑，《卢沟桥事变史料》（上），

（台北）中国国民党中央委员会党史委员会1986年版，第141—142页

蒋介石致秦德纯电话手令

1937年7月12日

电话。秦市长：倭寇内定十五日起总攻击，此报极确，望勿再为其缓兵之计所欺。北平城门，即使徒手倭兵亦不许其入城；否则彼入城一人，即多增一兵之力。我军在城内，对倭寇兵营，无论防攻，皆增障碍；我军解决倭兵营，应从速预定计画，以便临时实施，以彼寇此时在其兵营者，人数不多，当易为力也。何如？中正手启。

秦孝仪主编：《革命文献》第106辑，《卢沟桥事变史料》（上），

（台北）中国国民党中央委员会党史委员会1986年版，第218页

钱大钧致秦德纯文申电

1937年7月12日　牯岭

北平。秦市长绍文兄：四八七三密。极密。顷电话中所言，恐不明了，特再奉达。此刻如日兵尚在对峙而不肯撤退，则彼必待其关东部队到后积极进攻，决无疑义，望从速切实加紧备战，万勿受欺。特此电闻。弟钱大钧。文申牯。

秦孝仪主编：《革命文献》第106辑，《卢沟桥事变史料》（上），

（台北）中国国民党中央委员会党史委员会1986年版，第219页

秦德纯等复外交部文酉电

1937年7月12日

南京。外交部勋鉴：真电奉悉。密。承示机宜，自应遵办。昨日情况业经真未参电陈报在案。嗣经协议，双方派员会同监视前方部队各回原防。日军已于今晨由前方撤回北平约二百余人，其他各部正在监视撤退中。惟今后有无变化，殊难预料。特复。秦德纯、张自忠、冯治安。文酉参。

秦孝仪主编：《革命文献》第106辑，《卢沟桥事变史料》（上），

（台北）中国国民党中央委员会党史委员会1986年版，第142—143页

何应钦致宋哲元文亥电

1937年7月12日

特急。天津。宋主任明轩兄：三九三密。顷闻大旆抵津，至慰驰系。惟卢事日趋严重，津市遍布日军，兄在津万分危险，务祈即刻秘密赴保，坐镇主持，无任盼祷。盼复。弟应钦。文亥秘。

秦孝仪主编：《革命文献》第106辑，《卢沟桥事变史料》（上），

（台北）中国国民党中央委员会党史委员会1986年版，第219页

俞鸿钧致蒋介石电

1937年7月12日

特急。牯岭。蒋委员长钧鉴：治密。（1）今晨曾分别与英美领密谈，彼等以为此刻日政府仍无将卢沟桥事件扩大之态，但该事件之发生不能谓非系华北日驻军之原定计划，因日方近尝据报谓，廿九军近日包含有太多数中央分子，因猜疑而感觉刺激，因刺激而愈益猜疑，故有最近之举动。又，华北日驻军思在保定、天津、北平之间谋得一驻军永久根据地，亦属动机之一。惟际此日英谈话尚未结晶，日苏关系尚属暗昧之时，日政府不致遽将事件扩大，今年秋后应特别注意云云。（2）今午与日总领事及日陆战队司令谈话，告以我方已在极力镇定人心，维持治安。但据报，有大批日浪人潜来沪上，应请防范，免生事端。彼等表示尚好。（3）今晨公债跌停拍，但一般人心尚属安定。（4）市府政策：一以严密戒备镇定人心为主，务使一切措施能与中央政策符合，不敢懈怠，但决不张皇。谨电奉

闻。代理上海市市长俞鸿钧叩。文申。印。

台北"国史馆"档案：蒋中正总统文物/特交文电/对日抗战/卢沟御侮

张樾亭致钱大钧电

1937年7月12日

急。牯岭。钱主任钧鉴：治密。卢沟桥事件昨午后五时谈判结果，双方撤兵，卢沟城内已由冀北保安队接防。该队系由卅七师干部编成者。日军今晨一部退回北平兵营，大部仍在大瓦窑、大屯、五里店及卢沟桥北回龙庙一带与我军对峙，尚未撤退。昨夜十时及今晨零时十分，仍有向我军行扰乱射击情形，旋即停止。惟日人居心叵测，有无变化，容续禀闻。职张樾亭叩。文午参谍。印。

台北"国史馆"档案：蒋中正总统文物/特交文电/对日抗战/卢沟御侮

阎锡山复蒋介石电

1937年7月12日

复佳侍参牯电。遵即饬属准备严防。山意，对方利用形势，野心暴发，我方必须有抗战之决心，或可有和平之希望。

台北"国史馆"档案：蒋中正总统文物/革命文献/抗战时期/卢沟桥事变

蒋介石致周至柔电

1937年7月12日

南京航委会。周主任至柔兄：佛。我空军准备情形及计画，盼详告。中正。文机牯。

台北"国史馆"档案：蒋中正总统文物/革命文献/抗战时期/卢沟桥事变

杨开甲致外交部电[①]

1937年7月12日

南京外交部。〇密。部、次长钧鉴：浦平车停天津西站，改乘北宁路车，八时抵平，适入戒严时间。明早谒孙。开甲叩。文。

台北"国史馆"档案：外交部/亚东太平洋司/日本/七七卢沟桥事变

---

① 七七事变发生后，外交部为便于协助冀察政委会办理对日交涉，于7月11日派孙丹林、杨开甲赴北平担任联络员。——编者

沈鸿烈致蒋介石电

1937年7月12日

急。牯岭。蒋委员长钧鉴：治密。顷据随川越到青之清水通译官向其知友我国余某密称：卢沟桥事变中日确已签字，其中以卢沟桥不驻兵为主要条件，余皆无足轻重。又，此间陆军谷荻少佐发表谈话，亦谓昨晚八时中日确已签字，中国承认道歉、保证取缔抗日等事。又据北平本日午后二时谍报，中日双方已于今晨五时签订书面协定，内容为撤兵、道歉、惩凶，及宛平县改归石友三保安队与武装警察维持治安等四项，并有谓卢沟桥划为非武装区者。惟官方尚无只字公布。日方签字者为桥本、松井、今井，中国为张允荣、张自忠、陈觉生，而以自忠、觉生为主动云云。适与清水所谈颇多相似，恐非无因。详情续陈。职沈鸿烈叩。文亥。印。

台北"国史馆"档案：蒋中正总统文物/特交文电/对日抗战/卢沟御侮

秦德纯致外交部电

1937年7月13日　北平

特急。南京。外交部钧鉴：密。顷据交通确息：（一）日兵车十列分载各种部队，附战车、汽车、弹药等项，由山海关陆续西开，迄至本日午后八时止，已有五列到达天津附近。（二）日军三百余名，附战车八辆、炮车七辆、载重汽车二十余辆，于本日午后由通县往广渠门外观音坛，往平市南郊运动。（三）由通县两次运朝阳门外苗家地之日军，约有三百余人。又日骑兵二百余人，正由通县向北平行进中。（四）卢沟桥附近之日军，截至现在止，大部仍未撤退等情。除饬部属严加戒备外，谨先电闻。

秦孝仪主编：《革命文献》第106辑，《卢沟桥事变史料》（上），

（台北）中国国民党中央委员会党史委员会1986年版，第133页

严宽致何应钦元卯电

1937年7月13日

南京。部长何：○密。（一）卢、龙等处日军，文晚仅撤少数。（二）日军文戌向广安门外财神庙轰击，文亥方停。（三）日军继续入关，文先头到津步兵约一联队、空军一联队，通州亦增日军，密云到日军一大队。（四）日在丰、通、密云、顺义赶筑工事。（五）日军在平西四郊随便活动，极可虑。（六）市民极感不安，甚盼中央军北上，以安大局。职宽叩。元卯。印。

秦孝仪主编：《革命文献》第106辑，《卢沟桥事变史料》（上），

（台北）中国国民党中央委员会党史委员会1986年版，第133—134页

严宽致何应钦元亥电

1937年7月13日

南京。部长何：一〇一五密。（一）平东南郊元午、晚发生战事，均旋停旋起，并以南苑为目标。元日机开始空中活动。（二）长城口增入伪区日兵约一旅团，通、密、顺三伪区一带，均换日军布防。（三）日军入关仍继续不已。（四）平市中外人士甚惊恐。（五）此间仍和平进行。（六）此间情势，日方迭以昼和夜袭，渐转恶化，绝非简单即可了事。职宽叩。元亥。印。

秦孝仪主编：《革命文献》第106辑，《卢沟桥事变史料》（上），

（台北）中国国民党中央委员会党史委员会1986年版，第134页

蒋介石致宋哲元元未电

1937年7月13日　牯岭

宋主任勋鉴：卢案必不能和平解决，无论我方允其任何条件，而其目的则在以冀察为不驻兵区域，与区内组织用人皆得其同意，造成第二冀东，若不做到此步，则彼必得寸进尺，决无已时。中早已决心，运用全力抗战，宁为玉碎，毋为瓦全，以保持为我国家与个人之人格。平津国际关系复杂，如我能抗战到底，只要不允任何条件，则在华北有权利之各国，必不能坐视不理，而且重要数国外交皆已有把握。中央决宣战，愿与兄等各将士共同生死，义无反顾。总之，此次胜败，全在兄与中央共同一致，无论和战，万勿单独进行，不稍与敌人以各个击破之隙，则最后胜算，必为我方所操。请兄坚持到底，处处固守，时时严防，毫无退让余地，今日对倭之道，惟在团结内部，激励军心，绝对与中央一致，勿受敌欺则胜矣。除此之外，皆为绝路。兄决心如何？请速详告。中正手启。元未机牯。

秦孝仪主编：《革命文献》第106辑，《卢沟桥事变史料》（上），

（台北）中国国民党中央委员会党史委员会1986年版，第220页

戴笠致蒋介石电

1937年7月13日

即到。委员长蒋钧鉴：〇密。据保定文申电称：一、五三军参谋长赵锡庆真酉由平来电，日方和平谈判系欺骗手段，我方已窥破，决与日方一拼，事态已渐扩大，我军（五三军）物质方面应从速准备。二、五三军各师团已奉万福麟令，严整待命，并电前方，决取

一致行动。谨闻。生笠叩。元。印。

台北"国史馆"档案:蒋中正总统文物/特交文电/对日抗战/卢沟御侮

张樾亭致钱大钧电

1937年7月13日

牯岭。钱主任钧鉴:治密。文参各电谅邀垂鉴。刻间敌于大瓦窑、五里店、郭庄子、大井一带集结作工。我军仍驻卢沟桥城内及河西岸,何旅在衙门口、护国寺一带集结作工,与敌对峙中。天津方面由昨日起至本日午前十时止,前后共由山海关方面开到十余列车,兵二千三百余人,野山炮卅余门,电信、架桥、铁道各材料均运入津日兵营。此后情形容再禀闻。职张樾亭叩。元参谍巳。印。

台北"国史馆"档案:蒋中正总统文物/特交文电/对日抗战/卢沟御侮

秦德纯致蒋介石电

1937年7月14日

急。牯岭。委员长蒋钧鉴:两文侍参牯电均奉悉。更密。已派员将钧座德意向受伤官兵宣达矣。一、卢沟桥附近我军作战部队已向后撤至八宝山一带,但日军尚未尽撤,和平之议决非诚意。二、通南苑之大红门附近有日军一小部,与我军发生冲突,正在驱逐中。三、日军十二列车今早已由山海关开抵天津。谨电禀。职秦德纯叩。覃午参。印。

台北"国史馆"档案:蒋中正总统文物/特交文电/对日抗战/卢沟御侮

严宽致何应钦寒电

1937年7月14日

南京。部长何:一〇一五密。(一)空军仍活动,惟未轰炸。(二)财神庙至卢桥各村满驻日军。(三)寒丑日军向大井村一度轰击,寒寅始止。(四)平郊日军甚嚣张,形势与我军犬齿相错。职宽叩。寒。印。

秦孝仪主编:《革命文献》第106辑,《卢沟桥事变史料》(上),
(台北)中国国民党中央委员会党史委员会1986年版,第134—135页

严宽致何应钦寒亥电

1937年7月14日

南京。部长何:一〇一五密。(一)据报入关日军、伪满之靖安军不少。(二)汉奸极

活跃。（三）川越寒午抵津，香月亦由长飞津。（四）寒戌日军又在落垡轰击，旋停止。职宽叩。寒亥。印。

秦孝仪主编：《革命文献》第106辑，《卢沟桥事变史料》（上），
（台北）中国国民党中央委员会党史委员会1986年版，第135页

熊斌呈蒋介石寒亥电

1937年7月14日　保定

急。牯岭。委员长蒋钧鉴：符密。（一）职本日午后八时抵保定，寓省政府。（二）此间士气甚旺，外传妥协之说，绝对不确。但日来天津方面或有接洽。（三）中央决心及准备情形，此间当局似未能完全明了，已代为解说矣。（四）日方飞机连日在保定、石家庄一带侦察，此间因无防空设备，恐大部队集中保定，不免危险。希望中央能派一部分空军部队及防空部队来保。（五）明轩因平汉线上队伍不少，而津浦线上较为空虚，故电孙仿鲁，嘱其北上部队到沧州以南集结。但冯师先头业抵正定，现经商定在保定郊外下车，分驻铁路两旁森林中。（六）前方昨晚小有接触，本日平静。（七）丰台日军集结二千余人，向大瓦窑、五里树〔店〕、卢沟桥方面警戒。又有日军千余人由天津开出，经杨村向通州前进。冀东伪组织之保安队已开赴密云一带。（八）冯治安主席在北平任戒严司令，指挥平郊作战。张市长病痢甚剧，亦在北平。宋明轩主任大约暂无来保意，已函促之，托由阎百川主任所派，现张荫梧带去矣。（九）经新乡晤庞军长更陈〔臣〕，托转恳委座准其驻新乡，现两团一并开赴前方，以厚兵力。又，特费一万五千元，请仍照发，可否？乞径示。谨先电呈，余续报。职熊斌叩。寒亥。印。

秦孝仪主编：《革命文献》第106辑，《卢沟桥事变史料》（上），
（台北）中国国民党中央委员会党史委员会1986年版，第135—136页

秦德纯等致钱大钧寒亥电

1937年7月14日

特急。牯岭。委员长侍从室钱主任慕尹兄勋鉴：生密。情报：（一）敌军步炮兵约二千余名、重炮三十六门、军马二百五十四、弹药给养车四十几辆，由津沿平津大道向北平方面行进。（二）日机三架在卢沟桥一带上空侦察，上午十时降落丰台南之造家村空地，旋飞起南去。（三）据报，密云方面开到日军五百余名。（四）团河到日骑兵二百余名，曾与我驻军互相射击。丰台设有日军指挥部，并有重炮四门对我南苑方面。（五）平市四郊有日坦克车三四辆，四出窜扰，与我驻军到处小有冲突。综合情况观察，当系大战前之准备

也。除分电外，余情续陈。秦德纯、冯治安叩。寒亥。印。

秦孝仪主编：《革命文献》第106辑，《卢沟桥事变史料》（上），
（台北）中国国民党中央委员会党史委员会1986年版，第136—137页

宋哲元致何应钦寒电

1937年7月14日

急。南京。部长何：三九三二密。文亥电敬悉。因兵力大部在平津附近，且平津地当冲要，故先到津部署，俟稍有头绪，即行赴保。辱蒙关切，至为感谢。谨复。职宋哲元叩。寒。印。

秦孝仪主编：《革命文献》第106辑，《卢沟桥事变史料》（上），
（台北）中国国民党中央委员会党史委员会1986年版，第143页

杨开甲、孙丹林致外交部电

1937年7月14日

南京外交部。部长钧鉴：此间当局，彻宵办公。昨晚晤秦市长，经将尊旨转达后，渠谓：此次事件全为日方有计划的阴谋，数日来双方虽口头约定撤兵，退回原防，而日方终始无诚意。近且大举增兵，预料数日后大兵集齐，即为局面展开之日。本日下午四时，日顾问加藤来访，谓日方为拥护冀察政权起见，不惜与破坏"何梅协定"之中央军一战。窥其用意，在缓和廿九军心，离间中央地方感情。总之，誓当秉承中央意旨办理一切，外间所传种种，概不足信，嘱为转达等语。谨闻。孙丹林、杨开甲同叩。寒午。

台北"国史馆"档案：外交部/亚东太平洋司/日本/七七卢沟桥事变

孙丹林致外交部电

1937年7月14日

南京外交部。王部长亮畴兄勋鉴：杨君到此，借悉一是。昨晤秦少〔绍〕文市长，面洽关于经过情形，已有公电，勿事赘述。谨就所见推测将来之趋势，以备参考。（一）双方无条件撤回原防，恢复原状。（二）彼方目前故示缓和，拟俟大军调齐，提出条件，迫我就范。（三）双方势均力敌，交涉停顿，如近中黑河日苏状态。以上所测是否有当，仍希卓裁。倘有关于解释及转达事项，当与杨君敬候指示遵办。弟丹林叩。寒。

台北"国史馆"档案：外交部/亚东太平洋司/日本/七七卢沟桥事变

外交部致杨开甲电

1937年7月14日

北平中央饭店。杨开甲先生：密。闻二十九军干部派别颇多，倾向不一，仰即设法缜密探查该军及委员会各主要分子对此次事件所主张之意见。部又纷传十一日，冀察当局与日军问答有谅解，其条件内容究竟若何，仰详查并电部。此时不必前往天津为要。外交部。盐。

台北"国史馆"档案：外交部/亚东太平洋司/日本/七七卢沟桥事变

严宽致何应钦寒二电

1937年7月14日

南京。部长何：○密。极密：（一）此间外交工作，元起转津，自元燮元、允荣、治洲、觉生等均往津。（二）灰色者极力软化仰等，但仰甚硬。（三）形势如此，惟张等口气，尚怕中央军北上。（四）和平仍在进行中。职宽叩。寒二。印。

秦孝仪主编：《革命文献》第106辑，《卢沟桥事变史料》（上），

（台北）中国国民党中央委员会党史委员会1986年版，第144页

宋哲元复蒋介石电

1937年7月14日   北平

宋哲元复手启元未机牯电：敬遵钧旨，一定本中央之意旨处理。惟军队系驻防性质，集结须时日。天津以东大沽、小站一带之军队亦不易，且天津地当冲要，在目前对之应否放弃，统乞示遵。北平。寒午。参。

蒋介石批复：北平。宋主任明轩兄：寒午参电悉。天津绝对不可放弃，务望从速集结兵力应战。近情盼详复。中正。戌机牯。

秦孝仪主编：《革命文献》第106辑，《卢沟桥事变史料》（上），

（台北）中国国民党中央委员会党史委员会1986年版，第144—145页

秦德纯致参谋本部等电

1937年7月14日   北平

南京。参谋本部、外交部、军政部钧鉴：密。（一）路局密称：天津附近昨今两日先后到达榆关开来之日军兵车共十二列。（二）平郊本日辰有日兵四百余名，载重汽车三十二辆，弹药车十一辆，大小坦克车十余辆，由永定门外向二郎庙、丰台方面运动。（三）又由

通县方面开来之日军百余名，乘载重汽车六辆，上午十时行抵大红门欲期通过，被我军阻拦，稍有冲突。其弹药车一辆，因疾驶被树木冲撞，自行爆炸。（四）据报昌平方面开到日军约一营。（五）卢沟桥坝及铁路桥，我军把守严密。大井村、大小屯之日军向东西管头集中，五里店、大小瓦窑等处之敌，在各该山沟筑阵地。余容续陈。

秦孝仪主编：《革命文献》第106辑，《卢沟桥事变史料》（上），

（台北）中国国民党中央委员会党史委员会1986年版，第168—169页

蒋介石致何应钦寒电

1937年7月14日　牯岭

何部长勋鉴：一、请即抽调二公分高射炮六连运往保定，以备分发各部阵地；二、速运子弹三百万颗，交宋明轩兄领用；三、准备在石家庄设行营，以次辰为主任，浩生或哲民为参谋长，何如？四、应即派员到石家庄设仓库与防空；五、戈定远在何处？催其飞庐山一谈。中正。寒机牯。

秦孝仪主编：《革命文献》第106辑，《卢沟桥事变史料》（上），

（台北）中国国民党中央委员会党史委员会1986年版，第220—221页

何应钦致秦德纯并转冯治安等寒辰电

1937年7月14日

机急。北平。秦市长绍文兄并转冯主席仰之兄、张市长荩忱兄：文亥电奉悉。三一一二密。现全国均渴望前方消息，故传达真实情报，最为重要，而报馆及通信社消息，不可为凭，望兄等每日将确实情形，至少电告三次（早、午、晚）为盼。何应钦。寒辰参。

秦孝仪主编：《革命文献》第106辑，《卢沟桥事变史料》（上），

（台北）中国国民党中央委员会党史委员会1986年版，第221页

戴笠呈日军动向之情报

1937年7月14日

青岛元辰电：

一、真夜青日领电呈日海陆当局，决定设立海军警备司令部于青岛武定路日本第一小学内，由下村正助（日海军第十战队司令官）兼司令官，倘中国有排日行为，即指挥天龙、龙田两舰陆战队登陆。

天津元酉寒巳电：

一、日关东军原驻锦州之入江旅团（即二十三旅团），已抵天津者计有：步兵二联队，骑兵一大队，野炮兵一大队，战车队一队。

二、寒日上午三时，津日军步骑炮兵一千五百名，炮三十六门，战车五十辆，沿河北东马路步行前进。

厦门寒丑电：

一、日军部灰日下令征调陆军步兵第二十、三八、四五、五九、七五、七六、八五，高射炮第六，航空第七等联队，及工兵第四、辎重第六两大队，编成一师团，由马关出发华北。

天津寒午电：

日第五师团板垣征四郎部之国崎旅团，已由日本广岛登轮待发，将直航塘沽，日第十师团步兵计九团，准备组成混合制之部队，候命出发华北。

秦孝仪主编：《中华民国重要史料初编——对日抗战时期》，第2编《作战经过》（二），（台北）中国国民党中央委员会党史委员会1981年版，第45—46页

孔祥熙致蒋介石电

1937年7月14日

美对华北事件同情于我，今晨《泰晤士报》社论对日指责，且含警告意。惟美对国外战事不愿实力参加，仅能予我以道义上之援助；英虽有意，但因欧洲内部关系，恐亦难成事实；所恃者，惟利害较切之俄耳。目前情形，如能转圆固佳，否则惟有竭力抗战。弟决于今晚搭轮赴英，以便在财政间有所活动，免我陷于孤立。

台北"国史馆"档案：蒋中正总统文物/革命文献/抗战时期/卢沟桥事变

徐永昌致何应钦函

1937年7月14日

敬之先生勋鉴：

宛平事件，日人声言不期扩大。今先肯定敌情，日军部之暴戾举动，果出整个日政府之意乎？抑非整个日政府之意乎？如出整个日政府之意，而犹声言不期扩大，是以欺骗言论激励其国民，并求得世界之谅解；如非出整个日政府之意，则其声言似属可信。就昨日求见我参部某科长之日武官所云，其要求尚不甚奢，似有和平之望。今更肯定我国果以及时抗战为利乎？抑最小限尚须一年或半年之准备方较有利乎？若以及时抗战为利无论矣。倘尚须一年或半年之准备，则此时以努力忍耐为宜。顺日武官之绪而寻之，亦

未始非计。果能维持和平以达我由忍耐求准备之目的,我固有利,即无结果,我又何尝不可以求和平不得益重日人之暴而博世界之同情耶?总之,今日之事,似宜以小屈求大伸。我公谋国公忠,必有安危至计。弟以全国利害,不忍不竭其愚,借资裁择,乞亮察焉。敬颂勋绥。

弟徐永昌手启　即刻

中国第二历史档案馆编:《中华民国史档案资料汇编》第5辑
第2编《军事》(二),江苏古籍出版社1998年版,第61—62页

宋哲元致蒋介石函

1937年7月15日

总座钧鉴:

　　顷张锋伯先生来津,奉到钧谕,并蒙惠赐家慈厚贶,感激仁施,无有涯涘。手谕指示各节,在里时已尽力举办数项,将来遇机,当再继续努力。此次卢沟桥事件,谅钧座必十分关心,哲元夙蒙教导,尚知奋励,定当以整个国家利益为目的,兼筹并顾,以应付此时局。惟望政府速定大计,华北究已准备兵力若干,对冀、察、平、津究竟准备固守或放弃,对大战之结局是否仍如上海及长城之役?凡此种种,均未蒙中央指示。钧座以全局为重,窃望转请中央,速予决定,以便有所遵循筹划也。兹因张先生遄返之便,谨此禀陈,伏乞鉴察为祷。专此。敬请钧安。

职宋哲元谨呈
廿六、七、十五

台北"国史馆"档案:蒋中正总统文物/特交档案/名人书翰

熊斌呈何应钦并转程潜等删辰电

1937年7月15日

　　急。南京。何部长敬公并转颂、孟、次诸公钧鉴:○四六七密。派往天津之方高级参谋贤,昨酉自津来保,略悉天津方面见解与此间似不一致,并知其暂不来保。职深虑其受人所欺,已商由李处长炘今晨前往,代达一切。宛平城附近昨晚敌人虽有活动形势,但未实行进攻。谨闻。参谋次长熊斌叩。删辰。印。

秦孝仪主编:《革命文献》第106辑,《卢沟桥事变史料》(上),
(台北)中国国民党中央委员会党史委员会1986年版,第137页

严宽致何应钦删电

1937年7月15日

南京。部长何：一〇一五密。极密。津宋寓会议，意见稍有出入：（一）张等力主和，日对张等由陈、马居中拉拢，故张等对日外交处处让步，借巩地盘。（二）冯等力主战，对日绝不让步。陈等对外企图仍恃华北特殊，主张地方与日媾和，力谋在外施其伎俩，并以收复失地及中央军北上之利害，极力挑拨与包围宋氏。是以近来此间闲言甚多也。职宽叩。删。印。

秦孝仪主编：《革命文献》第106辑，《卢沟桥事变史料》（上），

（台北）中国国民党中央委员会党史委员会1986年版，第145页

杨开甲致外交部删电

1937年7月15日　北平

南京。外交部。密。部、次长钧鉴：二十九军内部秦表示全体一致。外传冯治安、秦德纯、赵登禹、刘汝明等态度强硬，张自忠、张允荣与委员会之齐燮元、潘毓桂、陈觉生、石友三等则主和缓。十一日冀察当局与日军间传只有口头约定，其内容为：（一）双方撤兵退回原防；（二）表示遗憾；（三）保障以后不发生类似事件；（四）取缔共产。质之秦，亦称有口头约。昨晚日方又提出北平解严与停止中央军北上二项。交涉中心已移天津。谨闻。杨开甲叩。删。印。

台北"国史馆"档案：外交部/亚东太平洋司/日本/七七卢沟桥事变

严宽致何应钦删二电

1937年7月15日

南京。部长何：〇密。据报汉奸申振林、张亚龙、邢照堂等，企图促成伪大北方人民自卫政府，该等鉴于卢案之突起，乘机大肆活动，并受日方利诱，故在力图进展。现彼等议定梦想之步骤，大要如下：（一）于政治转变后、二十九军退出时，即由大北方人民自卫集团出为收拾，以维治安。（二）由李金城等负责编组两万之基本保安队。该伪团体现密设通州。（三）与友三实行合作，到必要时，拟推戴子玉出来号召。（四）经济，日伪负责。（五）日韩浪人与汉奸已组恐怖团，设东单三条居留民房，促成自卫伪府等云。职宽叩。删二。印。

秦孝仪主编：《革命文献》第106辑，《卢沟桥事变史料》（上），

（台北）中国国民党中央委员会党史委员会1986年版，第146—147页

熊斌呈蒋介石删申电

1937年7月15日

急。牯岭。委员长蒋钧鉴：符密。报告各事如下：（一）今早与在津之邓哲熙通话，将关于交涉应注意之事及英美将有协商情形，请其转告明轩，并请将交涉经过见告。顷据电话复称，业经转达明轩，极以为是，当以不损领土主权为原则，正由张慕〔荩〕忱折冲。外传五条，完全不确，约有三项，尚未决定，今晚或明早，当以见告。至英美协商之说，彼亦有所闻。（二）平郊今日无冲突，仅有日兵五百余名，由津徒步到杨村。（三）沧保工事正督促进行。参谋次长熊斌叩。删申。印。

秦孝仪主编：《革命文献》第106辑，《卢沟桥事变史料》（上），

（台北）中国国民党中央委员会党史委员会1986年版，第147页

何应钦致宋哲元等删酉电

1937年7月15日

机急。天津宋主任明轩兄，北平秦市长绍文兄、冯主席仰之兄：三一一二密。顷据确报，丰台之日军现正集中包围南苑一带，首先消灭南苑一万二千之我军，将为日军机动之第一目标；虽自昨晨三时半以来，当地形势稍现和缓，谈判亦已重开，中外富有眼光之观察者，以为现下之混沌沉闷状态，实有诡谲欺诈性质；众人以为日军当局，现仅等待增援完竣，然后发动，以驱二十九军于河北省境外耳等语。查日人效一二八故事，先行缓兵，俟援军到达，则不顾信义，希图将我二十九军一网打尽，形势显然，最为可虑，望即切实注意，计划应付为祷。弟何应钦。删酉参。印。

秦孝仪主编：《革命文献》第106辑，《卢沟桥事变史料》（上），

（台北）中国国民党中央委员会党史委员会1986年版，第221—222页

蒋介石致何应钦删戌电

1937年7月15日　牯岭

何部长勋鉴：济南、青岛方面增援部队，应即规定两师，并令集中待命。究以何部为宜，盼规定详复。税警团可否再派一团由赣榆、日照向青出发，亦希酌办。中正。删戌机牯。

秦孝仪主编：《革命文献》第106辑，《卢沟桥事变史料》（上），

（台北）中国国民党中央委员会党史委员会1986年版，第222页

刘健群致蒋介石函

1937年7月15日

委座钧鉴：

日前见宋哲元去津，职恐其受人包围，即去一电。顷得复，谨将来电并呈钧鉴。当此时期，与宋之联络，宜切实使知中央决心及彼之责任与荣誉，但钧座派往之人，宜亲信，宜大方坦直，西北旧人并不相宜，必要时命李世军回去亦佳也。敬叩钧安。

职刘健群谨肃

十五日

附：宋哲元致刘健群电

1937年7月14日

刘健群兄勋鉴：寒电敬悉。〇密。辰承明教，深感关切。此间诸事，悉以中央之意旨为主。知注特复。弟宋哲元叩。寒。印。

台北"国史馆"档案：蒋中正总统文物/特交档案/一般资料

陈诚致蒋介石签呈

1937年7月15日

一、卢沟桥战事，以职愚见，我军应即毅然采取攻势，解决其一部或大部。

理由：（一）卢沟桥事件迄今已一星期，虽一再言和，而日人不顾信义，迭施攻击，其别有所图，昭然若揭，谁为戎首，中外已有定评。（二）我军既有不屈服之决心，则应攻击前进，坐以受击，静候敌人之增援，无异待毙，实兵家之大忌。淞沪战役之失败，即为殷鉴。（三）此次事变，敌如为预定计划，则我虽不攻，敌必贯彻其目的，我如攻之，或反可挫折其企图。若敌无作战决心，必不因我一击而改变其计划。若果激而出此，则已非其本意，而我反立于主动地位矣。

二、敌如出兵扰我长江，则我国应即整个发动，先肃清其各地租界及海陆驻屯军。

理由：（一）我国对日作战，其唯一之有利时机厥在制敌机先，予以奇袭，消灭其驻军，巩固我腹地。最初之胜利既得，斯最后之胜利可期。故在此时，我军应即完全主动，出其不意，先予敌以歼灭。（二）日本政府根基不固，而政党、财阀情况复杂，颇有困于因应之感。然在关东军人为抵抗彼邦人事异动起见，亟思乘机造成恐怖，一以缓和国内情形，一以延长关东军人之寿命。若一旦遭中国之奇袭，必将穷于应付，则我政府或将纯立于主动矣。

总之，今日我国只有以决战之准备与牺牲之决心，方可挫敌之凶焰，不然敌人得寸进尺，终无止境，且恐长此以往，民心发生变化，更将无法维持也。

台北"国史馆"档案：陈诚副总统文物/文件/军事国防/对日作战

俞鸿钧致蒋介石电

1937年7月15日

特急。牯岭。蒋委员长钧鉴：治密。(1)昨日东京海军省电沪海军武官室，略谓：对于卢沟桥事件，不愿扩大之方针仍无变更，万一事态扩大，其范围只限于华北，谅中国方面意思当亦如是，但此时上海方面若发生类似事件时，则可认为已入正式战争云云。(2)驻沪日海陆军方面决定，万一上海发生冲突，将采取前定封锁租界内各中国银行、邮政局，及其他交通机关之扰乱政策。(3)第八舰队已奉命满载陆战队集中佐世堡、吴军港候命。除加意防范戒备外，谨闻。又，因连日上海各日文报滥事宣传，日侨方面非常紧张，故一方面与日总领事接洽，要求取缔，并定于今日下午约集日海陆军及使领馆方面高级官长，讨论双方协力维持地方治安及安定人心、免除误会办法。并闻。职俞鸿钧叩。删午。印。

台北"国史馆"档案：国民政府/国防(军事)/日本侵华情报

第二十九军作战命令

1937年7月16日

陆军第二十九军作战命令　战字第一号

一、军为确保北平重点及其附近地区对敌抗战，同时以一部迅速捕灭卢沟桥、丰台方面之敌，以使后方兵团之进出容易。

二、部署：

(一)总指挥官　第三十七师师长冯治安。

(二)区分：

右地区队：

指挥官　骑兵第九师师长郑大章。

副指挥官　第三十八师副师长王锡町。

军官团团长徐以智。

第三十八师特务团　第二二五团(欠第一营)。

第二二六团　第二二七团　教导大队。

特务旅(欠第一团团部及第一营)。

　　骑兵第九师第二旅（欠第五团）。

　　军官团。

　　军士训练团。

　　左地区队：

　　指挥官　冀北保安司令石友三。

　　副指挥官　独立第三十九旅旅长阮玄武。

　　　　　　　冀北保安第一旅。

　　　　　　　冀北保安第二旅。

　　　　　　　独立第三十九旅。

　　城防守备队：

　　指挥官　第一一一旅旅长刘自珍。

　　第三十七师第一一一旅。

　　第三十八师第二二五团第一营。

　　特务旅第一团（欠第二营）。

　　河北省保安第一旅第二团。

　　右侧支队：

　　指挥官　独立第二十七旅旅长石振纲。

　　独立第二十七旅。

　　总预备队：

　　指挥官　总指挥官兼任。

　　第三十七师（欠第一一一旅）。

　三、指导要领：

　　（一）右地区队对各方向所来之敌，须均能抗战。应占领由永定门附近起，经平苑大道——南苑营房——亘团河附近。并于通敌方各道路附近，利用地形，对各方向配置所要之兵力。以主力集结于中间要点，待敌接近，即依机动夹击及逆袭等手段击灭之。对南苑至北平城之交通线，应特别注意保护。第二二六团附工兵一部，先在廊坊附近竭力妨害敌前进，并相机破坏敌人之交通，至不得已时，退归地区队。

　　为使地区守备部队之战斗容易起见，应以骑兵主力，在地区守备部队前方广行活动，并破坏被敌利用之交通线，随时随地牵制扰害之。

　　（二）左地区队占领由北平城东北角经北苑亘昌平车站附近，应在通敌方道路，利用地形，于第一线配置所要之兵力。以主力集结于后方各要点，诱敌进至不利之位置，即以机动夹击之手段击灭之。对于怀柔、昌平方向前进之敌,应与南口附近守备部队确保连系,协力歼灭之。

(三)北平城防守备队按城防计画固守之。

(四)右侧支队确实占领黄村、庞各庄至固安大道之各要点,并以黄村附近铁路线为活动基线,对于天津方向之敌,掩护我右侧,对于丰台方面之敌,协同总预备队歼灭之。

(五)南口驻军应负责掩护左地区队之左侧。

(六)总预备队协同各地区队及右侧支队,由各方面包围卢沟桥、丰台附近之敌,应于最短时间迅速捕灭之。

(七)各部在作战期间,应多派有力小组便衣游击队,尽力扰害敌之行动。

(八)各部应即完成准备,候令开始行动。

军长 宋哲元(印)

第三十七师师长 冯治安(印)

下达法:召集命令受领者印刷交付

蒋介石批示:存。

秦孝仪主编:《革命文献》第106辑,《卢沟桥事变史料》(上),
(台北)中国国民党中央委员会党史委员会1986年版,第148—151页

蒋介石致刘峙等铣电

1937年7月16日 牯岭

急。开封。刘主任、商主席勋鉴:启予军应速抽调在河北境内四团兵力,星夜赶程,集中石家庄候令。最快何时可集中?盼复。中正。铣机牯。

秦孝仪主编:《革命文献》第106辑,《卢沟桥事变史料》(上),
(台北)中国国民党中央委员会党史委员会1986年版,第222页

蒋介石致宋哲元等谏亥电

1937年7月16日 牯岭

天津宋委员长明轩兄、北平秦市长勋鉴:连日对方盛传兄等已与日军签订协议,内容大致为:(一)道歉;(二)惩凶;(三)卢沟桥不驻兵;(四)防共及取缔排日等项。此时协议条款,殆已遍传欧美。综观现在情势,日方决以全力威胁地方签订此约为第一目的;但日方所欲者,若仅止于所传数点,则其大动干戈,可谓毫无意识。推其真意,签订协定为第一步,俟大军调集后,再提政治条件,其严酷恐将甚于去年之所谓四原则、八要项。

观于日外次崛内告我杨代办已签地方协议为局部解决之基础一语,益足证明其基础之外,另有文章也。务望兄等特别注意于此,今事决非如此易了。只要吾兄等能坚持到底,则成败利钝,中愿独负其责也。如何?盼复。中正手启。谏亥机牯。印。

秦孝仪主编:《革命文献》第106辑,《卢沟桥事变史料》(上),

(台北)中国国民党中央委员会党史委员会1986年版,第222—223页

宋哲元致何应钦铣午电

1937年7月16日

特急。南京。军政部部长何钧鉴:二五七七密。删西参电敬悉。自卢事发生以来,哲元即首先顾虑到全局之如何发展,周详审慎,以期万全。兹奉电示各节,倘不幸而真成事实,则是现在已陷绝境,应请中央作第二步准备,以待非常之变也。谨复。职宋哲元叩。铣午。印。

中国第二历史档案馆编:《中华民国史档案资料汇编》第5辑

第2编《军事》(二),江苏古籍出版社1998年版,第82页

卢沟桥事件发生以来日军行动节略[①]

1937年7月16日

七月十六日送外交部稿

(甲)事变经过

(1)七月七日十二时,日军一中队在卢沟桥外演习间,借口闻有枪声,当经收队点名,发现缺少一兵。

(2)日本武官松井认为枪声系由卢沟桥城所起,要求率队进城搜查。

(3)我驻卢沟桥部队以值深夜,日兵入城,足引起地方不安。且我方官兵正在睡眠,枪声非我方所发,当经拒绝。该武官以我方不允,即令日军向卢沟桥城取包围形势。经与日方商定,双方派员前往调查。

(4)日方所派之寺平副官到达卢沟桥后,仍坚持日军入城搜查,我方未允。正商议间,忽东门外枪炮声大作,继西门外炮声及机枪声继起,我方均未还击。少顷,炮火更烈,我方为正当防卫计,始行抵抗。

(乙)事变后日本国内及朝鲜驻军动员情形

(1)第二十师团文日由鲜出动开华北,该师预备军由神户到鲜。

---

① 此件系战史会抄件照录外交部稿,发文机关未详,沿用原标题。——编者

（2）第十二师团亦有开华北消息，闻将由大连登陆。

又讯：该师团已由佐世保用船舶输送，其登陆地点未明。

（3）在韩之第二十工兵联队、第二十六炮兵联队、第二十七骑兵联队，均自文日起，由韩分批向天津出动。

（4）在韩之预备役已行召集。

（5）日本第十师团已准备出动。

（6）日本第五师团已上船出动，向天津输送，其预备役亦均经召集。

（7）日本在天津之在乡军人，均已发给武器，随时召集。

（8）朝鲜军在京畿道征集在乡军人万人补充部队。京城方面医学生数百，邮务员四十，汽车夫三百，日、鲜民夫二千。大汽车征发殆尽，铁路集中车辆，十二日起供军运五天。

（9）日本大批飞机出动，到丰台者已四五十架，并在造家村设飞机场。天津飞机数十架。

（10）神户自十二日起扣商船十四艘。大坂码头因装运军械，不准外轮靠岸。川崎职工多被征调。

（11）安东、沈阳各地十三日晚起，宣布防空令，军需用品运输忙碌。

（丙）事变后日本关东军向关内输送及包围平津强迫车辆之情形

（1）自卢沟桥事变发生以来，日关东军纷纷入关，截至十五日止，由榆开天津兵车共二十列，每列挂车自二十七八辆至四十余辆不等，所有迭次强行开车时间及到达天津时间，以及迭次机车号数，路局均有详细登记。

（2）日军到津下车后，均陆续循平津公路及津保公路向北平及保定方向行军，对北平取包围形势。

（3）元日，有日军军官等在天津东站，强用该路二二八号机车及三等客车、马车、货车、□车多辆，组成专车一列，于十三点开行，运军及马，正赴丰台。又驻塘沽日军，将该站仓库强行占驻，并将该库内电话交换室原设机件一并占用，仍迫该站电话生代任接线工作。

（4）元日上午二点卅分，日军官一员，带兵十余名，将天津东站下行站台女候车室，占作该军临时警备办公处。

（5）寒日日军在天津东站成立天津停车站司令部，占用该站贵宾室办公。

（6）日军约二千名，现仍在瓦窑、五里店、邮店子、大井村、七里店、东管头之线，与我对峙，以少数部队占领并构筑工事，大部集结于造家村及丰台日兵营内。

（7）由山海关运津十余列车，人员三千余，马约三百匹，重野山炮卅余门，高射炮六门，载重汽车百余辆，唐克车四辆，铁甲车十三辆，电信、架桥、铁道、建筑等材料甚多。

（8）十五日，日步炮兵约二千，炮二三十门，由津徒步出发，向北平方面增援。午后六时到杨村宿营。十六日早一时向通县前进。

（9）津海光寺日兵三百人于十五日早一时出发，徒步往丰台。

（10）伪冀东保安队第一、二两总队及教导总队，刻集结于顺义、高丽营、怀柔等地，将通城内防务让于日军。

（11）高丽营新到日步骑兵百五十人，密云驻日军一大队。

中国第二历史档案馆编：《中华民国史档案资料汇编》第5辑
第2编《军事》（二），江苏古籍出版社1998年版，第83—85页

顾祝同致蒋介石铣午电

1937年7月16日

特急。牯岭。委员长蒋：寒辰渝电谅邀钧鉴。○密。顷据刘甫澄咸秘电称：潘仲三旋省，转述奉委座电询川省出兵事，敬悉。在此国难当前，正我辈捍卫国家报效领袖之时，弟昨已径谒委座，陈明丹悃，并通电各省，主张于委座整个计划之下，同德一心，共同御侮。自当漏夜整军方案赶速改编，以期适于抗敌之用。拾师之数，决当遵办。川省应负责任，不惟不敢迟误，且思竭尽心力，多所贡献也。耿耿此心，尚乞代陈等语。查整军会后，甫澄心理确已较前好转，出兵事当可做到。谨先电呈。职顾祝同叩。铣午渝。印。

中国第二历史档案馆编：《中华民国史档案资料汇编》第5辑
第2编《军事》（二），江苏古籍出版社1998年版，第85—86页

何应钦致蒋介石铣未电

1937年7月16日

机密。牯岭。委员长蒋：一三四四密。据西安行营侯厅长成删申电称：关于第三者调出参战[①]事，曾与叶剑英洽询，叶并将此意转告肤施。顷得复电如下：（一）蒋委员长及政府决心抗日，我们竭诚拥护，愿在委员长指挥下努力杀敌。（二）红军主力，准备随时调动抗日，并已下令各军十天内准备完毕，待命出动。（三）同意担任平绥线作战任务，并愿以一部深入敌后方，打击敌后。（四）惟红军特长在运动战，防守非其所长，最好能与善于防守之友军配合作战，更能顺利的完成国家所给予的使命等语。职意该军之使用，

---

① "参战"二字，原稿为"抗日"，系何应钦所改。——编者

俟正式战事发动时，似可照办。除复电转知前途予以慰勉外，谨电参考。职应钦。铣未。
参。印。

中国第二历史档案馆编：《中华民国史档案资料汇编》第5辑

第2编《军事》（二），江苏古籍出版社1998年版，第86页

徐永昌致蒋介石电

1937年7月16日

　　急。牯岭。委员长蒋钧鉴：内密。据俞市长鸿钧删午电节开：一、昨日东京海军省电沪海军武官室，略谓：对于卢沟桥事件不愿扩大之方针仍无变更，万一事态扩大，其范围只限于华北，谅中国方面意思当亦如此。但此时上海方面若发生类似事件时，则可认为已入正式战争云云。二、驻沪日海陆军方面决定，万一上海发生冲突，将采取前定封锁租界内各中国银行、邮政局，及其他交通机关之扰乱政策。三、第八舰队已奉命满载陆战队集中佐世保军港候命等情。谨闻。职徐永昌叩。铣未。印。

台北"国史馆"档案：蒋中正总统文物/特交文电/对日抗战/卢沟御侮

黎明致徐永昌等电

1937年7月16日

　　南京。○密。副主任刘转呈主任徐、部长何、总长程钧鉴：一、敌在卢沟桥东环大瓦窑、大井村、丰台、五里店各处构筑工事，形成坚固据点。二、冯师驻卢沟桥、衙门口及丰台东北各一团，平市、南苑各控制一旅，对敌包围，惜为和平空气所误。三、宋惑于陈觉生、张允荣等，对中央意旨误会。又因孙部未遵命开沧县，北上各师战斗力薄，为牺牲该军。四、日方宣传卢沟桥事件由地方和平解决，现增兵系应付中央军。宋受包围，深信，坐令敌大，平津益危。五、宋坚不赴保，环境太坏，恳迅电熊次长、鹿瑞伯莅津，劝解纠正，免受人愚，贻误大局，一面分向平津、绥东充分增援，应付将来局面。当否，乞钧裁。职黎明。铣。印。

台北"国史馆"档案：蒋中正总统文物/特交文电/对日抗战/卢沟御侮

蒋坚忍致蒋介石电

1937年7月16日

　　牯岭。蒋委员长钧鉴：○密。查北洋旧军人刘凤梧前特由津来杭，表示政治上之觉悟，并向职面述华北情况。经由职面加慰勉，并嘱仍回平津相机活动各情，曾由函电呈报

在案。顷据刘君文日航快密报略称：卢沟桥事件之发生，系华北亲日分子预为安排之毒计，其目的在压迫一般反日分子及要挟中央。真日战事扩大声中，陈觉生借言无法解决，即与日方在津密议，并接受日方所提苛刻条件。同日，宋哲元亦到津，对陈所为表示默许。其条件主要部分为：一、日方增兵三联队于华北；二、修筑沧石路；三、沧州驻兵；四、卢沟桥驻兵；五、察省矿产之开采等。又查宋哲元现完全受左右亲日分子所包围，部属中有作抗日言论或举动者，群目之为勾结中央，多方压迫之，内部抗日、亲日两派日见显明等语。查所报尚具相当价值，谨电参阅。职蒋坚忍叩。铣巳。印。

台北"国史馆"档案：蒋中正总统文物/特交文电/对日抗战/卢沟御侮

戴笠情报提要

1937年7月16日

天津删酉电称：日驻屯军自元日起积极完成战时组织，除驻屯军部及各守备队、炮队、野战队、飞行队、战车、化学、机械、坦克车队外，并成立临时派遣军第一司令部（日内地第五师团部队）。日第五师团约三千五百人，定删夜到津，师团长坂垣即来津。北平铣午电：日在丰台飞机场现已能降落飞机，二十九军未制止，亦未呈报。

台北"国史馆"档案：蒋中正总统文物/革命文献/抗战时期/卢沟桥事变

戴笠致蒋介石电

1937年7月16日

牯岭。蒋委员长钧鉴：仙密。据北平寒亥电称：省市左倾各团体自卢沟桥事件发生后即极活跃，连日集会，组织华北抗战后援会。官方有华北农业合作事业委员会主席刘治洲等参加，意在发动大规模抗战，扩大全民救亡运动。其重要决议事项为：一、促中央与地方合力抵抗；二、宣布日军行为违反《辛丑条约》；三、请中央明白否认任何协定；四、吁请华北各省当局联合抗日；五、电请川、桂当局督师北上等情。谨闻。生笠叩。铣。印。

台北"国史馆"档案：蒋中正总统文物/特交文电/对日抗战/卢沟御侮

解堪致蒋介石电

1937年7月16日

急。牯岭。蒋委员长钧鉴：宾密。据津海关税务司梅维亮删下午电称：日本军事当局现与宋委员长进行交涉，惟日大使并未参与，同时［及］大批作战品每日由公路运往北平一带地方，日方或利用交涉假造空气，以资迁延时日，将军队布置完竣，得向我方要挟条件。现时局表面上虽力图和缓，但形势甚为严重等语。谨闻。职解堪叩。铣未。印。

台北"国史馆"档案：蒋中正总统文物/特交文电/对日抗战/卢沟御侮

铁道部情报提要

1937年7月16日

天津铣电，陈党生复各事如次：一、与日谈判无所谓条件，及签字代表为张自忠、张允荣等。二、宋拟日内返平。三、政委会无变动。四、冯治安队伍南调一节，虽非谈判条件，因冯军时与日军冲突，故颇希望改调如张自忠、赵登禹等队伍接防。五、日方希望取缔共党、蓝衣社，形势紧张，近稍呈缓和。日增调大军，闻系为应付中央军北上之讯。又闻，同时有窥伺冀察方面态度之意。总之，目前华北无甚问题，但危象尚未脱离。

台北"国史馆"档案：蒋中正总统文物/革命文献/抗战时期/卢沟桥事变

何应钦复侯成铣未电

1937年7月16日

机密。西安行营侯厅长天士兄：删申电悉。（一一三一）密。第三者之使用，俟正式战争发动时，可以照办。除转电委座参考外，希转告前途，予以慰勉。何应钦。铣（未）参。印。

中国第二历史档案馆编：《中华民国史档案资料汇编》第5辑
第2编《军事》（二），江苏古籍出版社1998年版，第86页

韩复榘呈第三路军总指挥部对日军作战准备情形

1937年7月16日

第三路军总指挥部密呈军队部署

顷奉钧座删戌机牯电开：日本第五与第十两师团已准备待发，其目的地必在青岛、济南，务望两兄从速准备。如何，盼复等因。敬悉。除铣电呈复外，谨将准据部颁作战计画，现拟采取之方式，条列如左，恭请鉴核。

职韩复榘（印）谨呈

甲、军队部署

一、胶东海岸守备

1.牟平、即墨以东地区，归张保安司令骧伍指挥所属部队及地方武力，严加防守并

担任游击。

2.羊角沟海口,归寿光县地方武力担任守备。

二、胶济路(在内)以北潍县以东地区,由七十四师担任守备,烟台一团,蓬莱、黄县、掖县共一团,其余部队,在胶州、潍县间竭力防守。

三、胶济路以南地区,由二十二师担任守备,诸城、日照共一团,景芝镇一团,安丘一团,临朐一团,其余部队由师长率领在博山集结,任七十四师侧面之掩护,及敌侧背之袭击。

四、抵抗地带在潍河西岸亘诸城、日照附近构筑工事地区,集结七十四、二十二、八十一及二十师之一部,顽强抵抗。

五、其余部队,除担任鲁北方面警备及胶济路连络线保护外,均集结济南为总预备队。

乙、粮秣之筹备

一、定以济南为总仓库,并在周村、益都、潍县等处分设仓库,共储积三路全军三月之粮。

二、随情况之转移,再在东阿、泰安、兖州、济宁、菏泽等处购存三月之粮秣。

丙、武器弹药之补给

第三路军各部之器械,多年久失效,轻重机枪、平高射炮等武器极为缺少,弹药存储量亦不充分,均须仰赖军政部之补充接济。

丁、地方武力之组织

一、全省设游击总司令一,由省主席兼。

二、全省划分九游击区,区设游击司令官一。第一至第七游击区之划分,同第一至第七行政督察区,由专员兼游击司令官。广饶、寿光、昌乐、潍县、安丘以东十三县,为第八游击区,由潍县县长兼游击司令官。其余济南附近二十六县为第九游击区,由济南市长兼游击司令官。

三、每县设游击支队一,由县长、警察局长兼支队长、副支队长。支队辖若干中队,以乡校长或区队长兼中队长。班长、队兵以乡校自卫班受训学生或受训壮丁、联庄会员征充之。

四、每县曾受三个月训练之学生壮丁,二千至四千不等。

蒋委员长批示:阅。

秦孝仪主编:《中华民国重要史料初编——对日抗战时期》,第2编《作战经过》(二),(台北)中国国民党中央委员会党史委员会1981年版,第47—48页

蒋介石致宋子文谏电

1937年7月16日

上海。宋子文先生、徐次长鉴：切属各处海关，对日本一切行动，应即时电告。秦皇岛、山海关、天津、烟台、龙口等关，尤应注重。十一日以来详情令详报。中正。谏机牯。

秦孝仪主编：《中华民国重要史料初编——对日抗战时期》，第2编《作战经过》（二），（台北）中国国民党中央委员会党史委员会1981年版，第53页

外交部复杨开甲电

1937年7月16日

北平崇文门大街德国饭店。杨开甲先生：密。删电悉，交涉中心既已移津，可商同孙顾问赴津就近办理。宋委员长前有复电，允予面洽。再，电话不甚清楚，嗣后重要报告以用电报为妥。统仰遵照。外交部。

台北"国史馆"档案：外交部/亚东太平洋司/日本/七七卢沟桥事变

俞鸿钧致蒋介石电

1937年7月16日

牯岭。蒋委员长钧鉴：治密。沪市人心镇定沉着，地方安谧，今日市场亦属稳定，请释厪注。今午曾分别召集各日本报记者及居留民团团长谈话，告以我方为维持地方治安，正在设法抑制民众激昂情绪之时，彼等亦应约束侨民，力持慎重态度，庶免激起事件，影响大局。又，为增强对外宣传计，连日将所得中央传来消息，摘送驻沪各友邦使馆，请其电告各该国政府，庶明真相。除随时注意防范严密戒备外，谨电奉闻。职俞鸿钧叩。铣。印。

台北"国史馆"档案：国民政府/国防（军事）/日本侵华情报

严宽致何应钦篠二电

1937年7月17日

南京。部长何：一〇一五密。（一）闻铣亥吴家庄、郭庄子一带，中日军发生猛烈冲突，篠寅始停。篠卯又冲突，旋停。（二）汉奸之伪团体即欲企图暴动，我方连日严防更紧。（三）日军仍陆续入关。（四）平郊日军所驻之处，均建坚固永久工事。职宽叩。篠二。印。

秦孝仪主编：《革命文献》第106辑，《卢沟桥事变史料》（上），（台北）中国国民党中央委员会党史委员会1986年版，第138页

张樾亭致何应钦篠电

1937年7月17日

特急。南京。部长何钧鉴：三一一二密。铣子、午两电奉悉。前定通话时间甚适宜，余遵办。丰台方面，日军大部及炮兵均集结于丰台附近，前线只留少数部队警戒。通州于今晨到日军千余名、炮二十余门，大部入城，少数在南门外布防。第二批由天津经杨村向通县增加部队，尚未到达。此后情况，容续禀闻。职张樾亭叩。篠参谍午。印。

秦孝仪主编：《革命文献》第106辑，《卢沟桥事变史料》（上），
（台北）中国国民党中央委员会党史委员会1986年版，第138页

熊斌致何应钦等篠戌电

1937年7月17日

急。南京。何部长、程总长、唐总监、徐主任钧鉴：〇四六七密。顷据南苑电话：本日顺义、昌平各有日兵百余人到达。在顺义有日载重汽车七十余辆，满载防御工作器具。昌平日军在城上构筑工事。截至本日止，丰台、通州各有兵四千余名。谨电呈闻。职熊斌叩。篠戌。印。

秦孝仪主编：《革命文献》第106辑，《卢沟桥事变史料》（上），
（台北）中国国民党中央委员会党史委员会1986年版，第138—139页

秦德纯转呈蒋介石电

1937年7月17日　天津

奉委座谏亥电，遵已转拍宋公。弟详读原电，默察现局，既佩委座筹维之远，尤感委座曲谅之诚，私衷感奋，匪可言喻。窃以为日方对我未敢轻视，尤以在委座领导之下，举国一致之抗战，更不无戒心。因此，用尽挑拨离间之手段，分化我中央与地方之情感，以达其不战而胜之狡计。今日之事，最紧要者：

一、中央地方结成一团，声息贯通，动作一致。

二、地方听命中央，中央曲谅地方。

三、调整北来各部队之指挥系统，以尽指臂之效。

四、卢事如能在实际上不丧权不辱国之原则下告一段落，请中央示以宽大，国人勿过责难。

五、迅即准备整个抗战，以哀矜必死之心，定能得最后胜利也。谨贡悃诚，请转呈核示。天津所谈，当不外委座电示各节。知念并闻。

蒋介石批示：应复慰。

秦孝仪主编：《革命文献》第106辑，《卢沟桥事变史料》（上），

（台北）中国国民党中央委员会党史委员会1986年版，第151—152页

冀察当局①致何应钦篠电

1937年7月17日

南京。部长何：外部派孙丹林、杨开甲来平晤当局，谓外交严重，应由中央办理。此间对彼等不满，并谓军事时期非外交所能了事，此间口气仍不望中央派员北来。叩。篠。印。

秦孝仪主编：《革命文献》第106辑，《卢沟桥事变史料》（上），

（台北）中国国民党中央委员会党史委员会1986年版，第152页

熊斌致何应钦等篠未电

1937年7月17日

急。南京。何部长、程总长、唐总监、徐主任钧鉴：〇四六七密。据由津来保之张荫梧君言，宋对中央决心及准备，似仍不免隔阂与误会，为图运用圆滑计，实有此间情形向委座报告之必要；而此中曲折，又有非电报、电话所能确切表示者。经商请鹿瑞伯、张荫梧二君即夕赴郑转飞牯岭，面陈一切。又：前日赴津之李处长炘约明日回保，已切嘱其商请明轩尽量发抒意见，并开具具体办法带来，以便转呈核夺。谨闻。职熊斌叩。篠未。印。

秦孝仪主编：《革命文献》第106辑，《卢沟桥事变史料》（上），

（台北）中国国民党中央委员会党史委员会1986年版，第153页

宋哲元致蒋介石篠申电

1937年7月17日　天津

特急。牯岭。委员长蒋钧鉴：更密。奉谏亥机牯电，蒙示种切，仰见钧座顾虑周到，观察透彻，将见如二十四年之往事，日本企图侵占华北之表现，已无可讳言。哲元向以国家为重，以民族利益为旨归，一定本中央之意旨处理一切，丧权辱国之事决不去作，谅钧座亦能见信也。现在情形复杂，电报文字未便一一陈明，因而报告甚少，伏乞鉴谅是幸。谨复。职宋哲元叩。篠申。印。

秦孝仪主编：《革命文献》第106辑，《卢沟桥事变史料》（上），

---

① 原文如此，疑误。应为驻平之情报人员。——编者

（台北）中国国民党中央委员会党史委员会1986年版，第153—154页

何应钦致宋哲元等篠电

1937年7月17日

机急。天津宋主任明轩兄、张市长荩忱兄，北平秦市长绍文兄、冯主席仰之兄、张参谋长樾亭兄：○密。综合近日情报，日本国内已动员及出动之部队，有第五、第六、第十、第十二、第十六等五个师团及朝鲜之第二十师团。日军部共征发邮船会社、大坂会社及国际山下、三井等社商船，共三十余艘，调兵遣将，未稍停止；而关东军陆续输送至天津者，截至删日止，已二十列车，当已在一个师团左右，并有数千人沿平津公路及津保公路前进中。其在卢沟桥正面者千余人，正构筑工事及在造家村设飞机场。窥其用意，显系对北平及南苑取包围形势。而近日则派小参谋数人与我方谈判和平，希图缓兵，以牵制我方，使不作军事准备，一俟到达平郊部队较我二十九军占优势时，即开始攻占北平，先消灭我二十九军。此项诡计，最为可虑。一·二八之役，可为前车。兄等近日似均陷于政治谈判之圈套，而对军事准备颇现疏懈。如果能在不损失领土主权之原则下和平解决，固所深愿，弟恐谈判未成，大兵入关，迨时在强力压迫之下，和战皆陷于绝境，不得不作城下之盟，则将噬脐无及。望兄等一面不放弃和平，一面应暗作军事准备，尤其防止敌军奇袭北平及南苑，更须妥定计划。弟意宜以北平城、南苑及宛平为三个据点，将兵力集结，构筑工事，作持久抵抗之准备。如日军开始包围攻击时，我保定、沧州之部队及在任丘之赵师，同时北上应援，庶平津可保，敌计不逞。如何？希酌夺见复。弟何应钦。篠参。印。

秦孝仪主编：《革命文献》第106辑，《卢沟桥事变史料》（上），
（台北）中国国民党中央委员会党史委员会1986年版，第223—224页

蒋介石致宋哲元篠未电

1937年7月17日　牯岭

北平。天津。宋主任：三一一二密。兹调商震部原驻黄河以北之四团开赴石家庄集中待命。希知照。中○。篠未侍参牯。

秦孝仪主编：《革命文献》第106辑，《卢沟桥事变史料》（上），
（台北）中国国民党中央委员会党史委员会1986年版，第225页

蒋介石致徐永昌篠申电

1937年7月17日　牯岭

南京。军委会徐主任：二八九四密。兹致宋哲元、熊斌、孙连仲、庞炳勋一电，文曰：第二十六路孙总指挥连仲所部、第四十军庞军长炳勋所部，统归冀察绥靖主任宋哲元指挥，并派熊次长斌驻保联络，仰各遵照等语。希查照。中〇。篠申侍参牯。

秦孝仪主编：《革命文献》第106辑，《卢沟桥事变史料》（上），
（台北）中国国民党中央委员会党史委员会1986年版，第225页

蒋介石致宋哲元等篠戌电

1937年7月17日　牯岭

天津宋主任明轩兄、北平秦市长勋鉴：昨电谅达。倭寇不重信义，一切条约皆不足为凭。当上海一·二八之战，本于开战以前，已签订和解条约，承认其四条件；乃于签字八时以后，仍向我沪军进攻，此为实际之经验，故特贡参考，勿受其欺为要。中正。篠戌机牯。

秦孝仪主编：《革命文献》第106辑，《卢沟桥事变史料》（上），
（台北）中国国民党中央委员会党史委员会1986年版，第226页

戴笠致蒋介石电

1937年7月17日

即到。牯岭。委员长蒋钧鉴：〇密。据北平删申电称，日方对华北增兵计划早已决定，近日卢事一驰一促，全系日方配置未妥，故示缓和。其进兵路线除由天津直趋来平外，更由秦岛经通县对北平取包围。其在平市城内者，有正规军千四百人、铁甲车十二辆，侨民在乡军人可立即集合千二百人，以供内应。鲜人凡十九岁以上者，自十一日起在总督驻平办事处注册，领取枪支。此辈多拟用以扰乱后方。至其收买汉奸组织便衣队，地点在西单洋溢胡同，由日宪兵特务班长阮陵海茂主其事等情。谨闻。生笠叩。洽未。印。

台北"国史馆"档案：蒋中正总统文物/特交文电/对日抗战/卢沟御侮

戴笠致蒋介石电

1937年7月17日

限即到。牯岭。委员长蒋钧鉴：仙密。据青岛铣戌电称：卢沟桥事件发生后，青市中日双方均积极准备，昨今两日特别紧张。删午青沈拒绝日方海军武装登陆要求后，晚间突有日海军将在今晨上午三时武装登陆空气，幸未成事实。今晚港务局所得消息谓：有日商轮

二艘，载日陆军停劳山附近海面，将在筱日上午三时入港登陆。该局已派小轮前往侦探，确否待证。总之，目前青岛局势实有一触即发之可能等情。谨闻。生笠叩。筱巳。印。

台北"国史馆"档案：蒋中正总统文物/特交文电/对日抗战/卢沟御侮

杨开甲致外交部电

1937年7月17日

南京外交部。部长钧鉴：铣电奉悉，孙顾问意以悉。津方各派云集，包围宋者大有人在，进言匪易，责任重大，而职责未明，未敢冒昧从事。如须请孙顾问同行，部似应另有专电。再，刻下情形与奉派时迥异，谒宋时应候洽，乏项应用，如何，均乞电示祗遵。杨开甲叩。筱。

台北"国史馆"档案：外交部/亚东太平洋司/日本/七七卢沟桥事变

外交部复杨开甲电

1937年7月17日

北平崇文门大街德国饭店。杨开甲先生：密。筱电悉。暂时毋庸赴津，仰仍留平严密探听各方消息，随时报部。外交部。

台北"国史馆"档案：外交部/亚东太平洋司/日本/七七卢沟桥事变

严宽致何应钦巧电

1937年7月18日

南京。部长何：一〇一五密。（一）榆关日军续增。（二）由长城各口侵入伪区之日军，现移集伪边区各县。（三）日军集结平、通、丰一带，约一万二千。空军、坦克在外。（四）北平市谣甚，特加戒备。（五）津函，宋晤香月，缓和似有望。又，汉奸之怪企图，绝不会实现。（六）据报小汤山一带，便衣队大活动，我方已戒备。职宽叩。巧。印。

秦孝仪主编：《革命文献》第106辑，《卢沟桥事变史料》（上），
（台北）中国国民党中央委员会党史委员会1986年版，第139页

秦德纯等致外交部电

1937年7月18日　　北平

南京。外交部。密。情报：（一）津方续到敌军兵车四列，装载多量军用品及汽车等并铁甲车数辆。（二）由津开到丰台敌军兵车一列，兵三百余名，丰台东南赵家村附近农田，

日方建筑飞机场，并有飞机四架翔空侦察。（三）通县西方八里桥一带，由冀东保安队赶筑工事，平津线之杨村由津开到敌军五百余名，炮数门。（四）丰台四周敌军筑有工事，并拟埋设地雷，附近树木禾稼均被敌方砍伐。（五）卢沟桥方面无变化，我军仍驻守卢沟坝及铁路桥，无大战斗性，昨有小冲突。除分电外，余续报。

秦孝仪主编：《革命文献》第106辑，《卢沟桥事变史料》（上），

（台北）中国国民党中央委员会党史委员会1986年版，第170—171页

熊斌致何应钦等巧巳一电

1937年7月18日

南京。何部长、程总长、唐总监、徐主任钧鉴：〇四六七密。职抵保后，觉意志未尽统一，原因在前后情况不甚明了，特托李处长炘赴津说明中央意旨及准备各情况。明轩已有了解，刻亲由津电话告知数事请为转陈：（一）战争恐不能免。（二）彼现在津，不能有明白表示。（三）决不作丧权辱国之事，请勿听谣言。（四）应作第二步计划，即召张维藩赴津转保与斌商洽。谨电奉闻。参谋次长熊斌叩。巧巳一。印。

秦孝仪主编：《革命文献》第106辑，《卢沟桥事变史料》（上），

（台北）中国国民党中央委员会党史委员会1986年版，第171页

钱大钧汇报戴笠等呈日军情报

1937年7月18日

戴笠天津篠巧电：

（一）日驻屯军司令香月系中将，故日军部将派现役大将寺内寿一来津，担任日军总司令，指挥各部作战。

（二）榆关开来日军十九师团（驻朝鲜），于删夜改由唐山下车，经通县转赴平郊，决于篠日至晳日间布置完竣，准备进攻北平。

（三）河边旅团长以攻卢三次未下，受平津日民责难。已于寒晚在丰台自杀。

秦德纯、冯治安北平巧未电：

（一）昨晚迄今开来日兵车十三列，除一列停秦皇岛、二列停唐山外，计到十列，均载运兵员，人数未详。

（二）由津开通县日军千余，轻重机枪八十余挺，山野炮二十余门，载重汽车六十余辆。

（三）日兵六十余，押汽车二十余辆，满载油弹，由杨村开丰台。

（四）日机六架在卢沟桥上空侦察。

（五）宛平东大井村一带，日炮兵及障碍物已撤去，赵家村日机场守兵数百人已撤去大部。

蒋介石批示：阅。

秦孝仪主编：《中华民国重要史料初编——对日抗战时期》，第2编《作战经过》（二），（台北）中国国民党中央委员会党史委员会1981年版，第58—59页

杨开甲致外交部皓电

1937年7月19日　北平

南京。外交部。密。部、次长钧鉴：宋十时抵平，午走谒未晤，可约期会见。据代见所谈，昨午宋、香月见面，仅表示和平愿望，并未接受任何条件，并言会见情形已呈报中央。又据市府周秘书长谈，宋、张于昨午向香月表示歉意后，日方已可撤兵等语。外传解决条件仍如另电所报四项，又传有直接责任者，冯治安之处罚与三十七师之移防，及赔偿损失二项，诸无从证实。田代闻系自杀致死。杨开甲叩。皓。

秦孝仪主编：《革命文献》第106辑，《卢沟桥事变史料》（上），

（台北）中国国民党中央委员会党史委员会1986年版，第154页

杨开甲致外交部电

1937年7月19日

南京外交部。部、次长钧鉴：综合各方消息，自宋、香月会见后，和平前提已定，现在谈判焦点，似为日军撤兵时期与抗日分子等之取缔事。由张自忠、张允荣在津折冲。杨开甲叩。皓。

台北"国史馆"档案：外交部/亚东太平洋司/日本/七七卢沟桥事变

熊斌致何应钦等皓午电

1937年7月19日

南京。何部长敬公并转颂、孟、次诸公钧鉴：〇四六七密。职铣日电明轩，以挑拨离间为某方惯技，当此严重时期，应请格外注意。兹据巧电复称：铣电敬悉。当此多事之秋，外间谣言，决不能置信。现在危机四伏，将见如二十四年之往事，日本企图侵占华北之表现，已无可讳言。弟向以国家为前提，以民族利益为依归，本中央意旨办理，丧权辱国之事，决不去作，谅我兄亦能见信。此间情形复杂，非文电所能尽述，请原谅之等语。谨闻。

职熊斌叩。皓午。印。

秦孝仪主编:《革命文献》第106辑,《卢沟桥事变史料》(上),

(台北)中国国民党中央委员会党史委员会1986年版,第155页

严宽致何应钦皓午电

1937年7月19日

南京。部长何:一〇一五密。一、宋皓已回平。与其谈话,摘要如下:(一)遵照中央意旨应付现局。(二)保卫国土,拥护人民,以尽天职。并谓"不卑不亢,折冲一切"。对国民方面,省悉平津方面,绝不能发生问题。二、补充如下:林耕宇密谈,现在形势,大体可以缓和。缓和方案,仍实行真日之条件及其他若干另碎。但能否实现目前之缓和,系在日方撤兵如何也。职宽叩。皓午。印。

秦孝仪主编:《革命文献》第106辑,《卢沟桥事变史料》(上),

(台北)中国国民党中央委员会党史委员会1986年版,第155页

宋哲元致何应钦皓午电

1937年7月19日

特急。南京。部长何钧鉴:三一一二密。哲元今日上午十时由津返平。昨日下午一时,在天津与香月彼此会晤,除普通寒暄外,彼此希望早日恢复本月八日以前状态。哲元决本中央之意旨处理一切,并请钧座千忍万忍。知关钧注,谨此电陈。职宋哲元叩。皓午。印。

秦孝仪主编:《革命文献》第106辑,《卢沟桥事变史料》(上),

(台北)中国国民党中央委员会党史委员会1986年版,第156页

熊斌致何应钦等皓未电

1937年7月19日

南京。何部长、程总长、唐总监、徐主任钧鉴:六九一二。顷接明轩由北平电斌称:(一)今晨十时由津返平。(二)皓〔巧〕午后一时,与香月在某俱乐部见面,双方表示不愿事态扩大,早有〔日〕恢复卢沟桥事变前之和平状态。(三)本人始终站在国家立场、国民地位,本中央意旨处理,希望中央忍耐。以上三项,嘱为转呈,并谓待面商之事尚多,希望职赴平一行。谨闻。职熊斌叩。皓未。印。

秦孝仪主编:《革命文献》第106辑,《卢沟桥事变史料》(上),

(台北)中国国民党中央委员会党史委员会1986年版,第156页

秦德纯、冯治安致钱大钧皓亥电

1937年7月19日

即到京。委员长侍从室钱主任慕尹兄：更密。(一)榆开出陆续到津日军兵车三列，共载步兵千余名，骑兵一百六十余名，马百六十余匹。(二)由津开至丰台兵车一列，系载多量军用品。(三)高丽营到日兵四百余名，抓民夫拟作工事。(四)宋主任今晨到平，昨在津与香月晤谈，除寒暄外，双方希望恢复卢事件发生前之和平状态，未涉其他。谨电奉闻。秦德纯、冯治安叩。皓亥。印。

秦孝仪主编：《革命文献》第106辑，《卢沟桥事变史料》(上)，

(台北)中国国民党中央委员会党史委员会1986年版，第157页

秦德纯致参谋本部等电

1937年7月19日　北平

参谋本部、军政部。特急。南京。外交部。密。(一)昨晚迄今，由冀外开来日军兵车十三列，除一列停秦皇岛、两列停唐山外，计到津十列均系载运兵员，人数未详。(二)由榆关、通县〈开来〉日军千余名，轻重机枪八十余挺，野炮二十余门，载重车六十余辆。(三)日兵六十余名押汽车二十余辆，满载弹药、汽油等由杨村开丰台。(四)日机六架在卢沟桥上空侦察，旋即南飞。(五)宛平县城以东，大井村一带，日军炮兵及障碍物已撤去。赵家村日机场守兵数百人已撤去大部。除仍饬我军严行戒备外，余容续报。

秦孝仪主编：《革命文献》第106辑，《卢沟桥事变史料》(上)，

(台北)中国国民党中央委员会党史委员会1986年版，第172页

秦德纯、冯治安致参谋本部等皓亥电

1937年7月19日　北平

特急。南京。参谋本部、外交部、军政部：密。(一)榆关开出陆续到津日军兵车三列，共载步兵千余名，骑兵一百六十余名，马百六十余匹。(二)由津开至丰台兵车一列，系载多量军用品。(三)高丽营到日兵四百余名，抓民夫拟作工事。(四)宋主任今晨到平，昨在津与香月晤谈，除寒暄外，双方希望早日恢复卢事件发生前之和平状态，未涉其他。谨电奉闻。秦德纯、冯治安叩。皓亥。

秦孝仪主编：《革命文献》第106辑，《卢沟桥事变史料》(上)，

(台北)中国国民党中央委员会党史委员会1986年版，第172—173页

何应钦复秦德纯皓电

1937年7月19日

急。北平。秦市长绍文兄：巧子电奉悉。〇密。极密。明轩兄与兄等支撑危局，艰苦备尝，委座极为明了，此间同人，亦极能体谅。承示复慕尹兄各点，愈见忠忱谋国，荩虑周详，尤为佩慰。国危至此，实惟有举国一致，内外相维，有牺牲之准备，作折冲之后盾，然后可谋挽救。刻下全国意志，极为齐一，整个抗战计划，此间亦正积极统筹进行中，还望兄等本既定之方针，坚苦撑持，则最后胜利，当能我属也。明轩兄闻已返平，最近情形并祈随时详以见示，无任盼祷。弟应钦。皓。秘。

秦孝仪主编：《革命文献》第106辑，《卢沟桥事变史料》（上），

（台北）中国国民党中央委员会党史委员会1986年版，第226—227页

黎明、郭殿丞致刘君实电

1937年7月19日

南京。副主任刘钧鉴：衡密。日方所提出条件：1.华北经济提携，如沧石路、龙岩矿等。2.丰台建筑日营房及飞机场，驱逐中央势力。3.卢沟桥之二十九军撤退永定河以东，划归日驻军。4.共同防共。以上条件迄无结果。顷趋决裂，又入严重时期。宋效午到平，冯治安未到站，亦未到宋宅。职黎明、郭殿丞。效申。印。

台北"国史馆"档案：蒋中正总统文物/特交文电/对日抗战/卢沟御侮

宋哲元书面谈话

1937年7月20日

本人向主和平，凡事以国家为前提，此次卢沟桥事件之发生，决非中日两大民族之所愿，盖可断言。甚望中日两大民族彼此互让，彼此相信，彼此推诚，促进东亚之和平，造人类之福祉。哲元对于此事之处理，求合法合理之解决，请大家勿信谣言，勿受挑拨，国之大事，只有静听国家解决也。

上海《大公报》，1937年7月21日

严宽致何应钦号电

1937年7月20日

南京。部长何：〇密。极秘。（一）此间口气，似不愿孙部到京，并谈必要时，亦不望商部北调。（二）仰等皓晚密往西苑视防，仰云无论如何坚持到底。（三）日对此间在希望缓

和中施行陆、空威胁，并由今井、松井从旁迫促，企图实行谈判各件，并提出我平、卢防军撤退，我未理。（四）张等仍在和平进行中。职宽叩。号。印。

秦孝仪主编：《革命文献》第106辑，《卢沟桥事变史料》（上），

（台北）中国国民党中央委员会党史委员会1986年版，第158页

严宽致何应钦哿申电

1937年7月20日

南京。部长何：一〇一五密。（一）津函，日利用张等求和弱点，乘之使用军事威胁。（二）皓夜日军轰卢百余炮始停。哿午后又开始轰击。（三）据报，日对平西企图先占蓝靛厂、万寿山、八里庄、西苑，然后扼我平绥路之平昌段。查日便衣队已在小汤山一带活动，我方严备矣。（四）闻日方致当局通牒颇嚣张。职宽叩。哿申。印。

秦孝仪主编：《革命文献》第106辑，《卢沟桥事变史料》（上），

（台北）中国国民党中央委员会党史委员会1986年版，第159页

严宽致何应钦哿电

1937年7月20日

南京。部长何：一〇一五密。（一）皓午后，平市工事多撤除，一时顿现缓和，惟市民以防卫忽弛忽紧，颇不安。（二）平、津郊、丰台日军续增，仍企图暴举，冯等部仍严备。（三）平郊皓夜仍有枪炮声。（四）据报，皓辰北仓、杨村间二十二号桥后，突有小型地雷爆炸。职宽叩。哿。印。

秦孝仪主编：《革命文献》第106辑，《卢沟桥事变史料》（上），

（台北）中国国民党中央委员会党史委员会1986年版，第173页

冯治安、秦德纯致参谋本部等号亥电

1937年7月20日　北平

特急。参谋本部、外交部、军政部：密。今日下午二时半，日军又以猛烈炮火及机枪，向我宛平县城及铁路桥轰击，经我军沉着应战，日军迄未得逞，冲突至晚八时半始止，双方互有伤亡。谨电奉闻，余容续报。冯治安、秦德纯叩。号亥。

秦孝仪主编：《革命文献》第106辑，《卢沟桥事变史料》（上），

（台北）中国国民党中央委员会党史委员会1986年版，第173页

熊斌呈蒋介石等号戌电

1937年7月20日

急。南京。委员长蒋、何部长、程总长、唐总监、徐主任钧鉴：二五七七密。（一）据长辛店戴旅长电话：本日午后三时，有炮兵掩护之日步兵连（约）千余向我卢沟桥东门攻击前进，约发炮二百余响，炮弹有落在长辛店街市者，我方死伤兵民十余人。大井村方面，对北亦有炮声，交战约一小时，旋即停止，傍晚复来攻，现仍在对峙中。吉团长受伤甚重。（二）据南苑张参谋长电告：杨村续到日兵约二千人，在通州之敌兵千余人，经顺义向高丽营移动。又敌骑千余，由狼筏渡河，已被击退。（三）职今晨二时乘火车赴长辛店，改乘汽车赴平，行抵卧龙岗，因新辟道路泥滑，又适逢大雨，车辆陷入泥中，无法前进，遂折回保定。谨闻。职熊斌叩。号戌。印。

何应钦部长批示：呈阅。并转吉团致慰问之意。

秦孝仪主编：《革命文献》第106辑，《卢沟桥事变史料》（上），
（台北）中国国民党中央委员会党史委员会1986年版，第179页

何应钦致宋哲元哿辰电

1937年7月20日

急。北平。宋主任明轩兄：皓午电奉悉。二五七七密。大旆返平坐镇，闻之至深欣慰。吾兄为国守土，备历艰辛，中枢同人，靡不感念。惟日人谋我，野心未戢，观其着着部署，用意难测。嗣后情形，务祈随时赐示，俾得密切联系，共策应付也。弟应钦。哿辰秘。

秦孝仪主编：《革命文献》第106辑，《卢沟桥事变史料》（上），
（台北）中国国民党中央委员会党史委员会1986年版，第227页

戴笠呈日军兵力情报

1937年7月20日

日军集中前线一万八千人。

截至十九日上午十二时止，日军到津、到通、到丰台等处前线者，共一万二千人。计第一派遣军七千人，第二派遣军五千人。其中有入江旅团、松井旅团、铃木旅团之一部骑兵，连同原有之部队，共计一万八千六百三十二人。

日军续向丰台集结。

二十日上午一时半，有日官兵一千八百名，携小钢炮二十八门，机关枪四十六挺，给

养子弹六十八小车，由津沿平津大道赴丰台。上午五时有日骑兵二百二十名，由天津出发丰台。又六时有日载重汽车三十一辆，满载军用品，日军一百二十名护送，由津赴丰台。

　　　　秦孝仪主编：《中华民国重要史料初编——对日抗战时期》，第2编《作战经过》（二），（台北）中国国民党中央委员会党史委员会1981年版，第59—60页

孙连仲致蒋介石电

1937年7月20日

　　京。委员长蒋：须密。午后卢沟桥方面敌军两次向我猛攻，黄村方面发现敌军两千企图南进，高丽营亦发现两千，拟向昌平进行，情况至为紧张。廿九军兵力分散，殊为可虑。除职正多方促成宋下决心外，请钧座急电宋速下决心为祷。职孙连仲。号。印。

　　　　台北"国史馆"档案：蒋中正总统文物/特交文电/对日抗战/卢沟御侮

蒋介石致沈鸿烈电

1937年7月21日

　　青岛。沈市长勋鉴：张参谋等来庐详述青情，甚慰。一、敌以武装部队登陆，应用武力拒止，并事前相机声明，最好先使对方闻之。二、对各国外侨，应预先通过保护办法，余皆照办勿念。中正。马午侍参京。

　　　　秦孝仪主编：《中华民国重要史料初编——对日抗战时期》，第2编《作战经过》（二），（台北）中国国民党中央委员会党史委员会1981年版，第61页

宋哲元复何应钦马电

1937年7月21日

　　南京。部长何钧鉴：哿辰秘电敬悉。二五七七密。我公所见深远，极为敬佩。战争之事，将来恐不能免。刻下方在合法合理之原则下，本中央之意旨处理一切，如有具体办法，即行报告。谨复。职宋哲元叩。马。印。

　　　　秦孝仪主编：《革命文献》第106辑，《卢沟桥事变史料》（上），（台北）中国国民党中央委员会党史委员会1986年版，第159页

孙丹林等致何应钦等马电

1937年7月21日

　　部长、次长钧鉴：哿电奉悉。昨日冲突，我方颇受损失。现闻三十七师防地，已开始

由赵登禹师接防,但赵态度亦强硬。外传日方已提出抗日分子名单。谨闻。孙丹林、杨开甲同叩。马。

台北"国史馆"档案:外交部/亚东太平洋司/日本/七七卢沟桥事变

孙连仲致蒋介石马申电

1937年7月21日

京。委员长蒋:○密。报告:(一)职到保分别与各厅处长谈话,该员等对敌欺我,统甚愤慨。(二)到保后知宋主任已于巧卯由津抵平,以与宋一时不克晤谈,遂赶派警务处长李炘赴平代表谒宋,适阻雨,乃返。嗣当仍派前往。(三)闻二十九军在不丧权、不辱国条件下与日谋和,乃虚与委蛇,借作充分准备。(四)自宋到平,即传出改组冀察政委会为自治会之消息,惟宋未赞同。(五)宋在津发表谈话,另有作用,请免予顾问。(六)嗣后凡宋上钧座电,请不予发表,免敌方对宋质难。(七)钧座每予宋函电,最好指示中兼寓奖赖之意。(八)职正多方进行,必期婉达钧意旨,俾能上下明澈情通。职孙连仲。马申秘。印。

蒋介石批示:所见甚是,当留意照办。

秦孝仪主编:《革命文献》第106辑,《卢沟桥事变史料》(上),
(台北)中国国民党中央委员会党史委员会1986年版,第160页

严宽致何应钦马申电

1937年7月21日

南京。部长何:一○一五密。(一)此间昨夜今晨讨论,决将卢沟桥前线一带之冯部吉团及平防之冯部何旅,限本午前后撤退。吉团已退长辛店,由友三保安队接防,何旅移西苑,由赵师王旅换防,企求对日示诚和平。(二)是否和平,似在日军明日是否撤退。(三)本日无战事,只大队敌机飞旋平空示威。职宽叩。马申。印。

秦孝仪主编:《革命文献》第106辑,《卢沟桥事变史料》(上),
(台北)中国国民党中央委员会党史委员会1986年版,第161页

孙连仲致蒋介石马戌电

1937年7月21日

急。京。军委会委员长蒋:领密。报告:(一)本日卢沟桥方面无动作。(二)原驻北平冯治安师一部调离北平,以赵登禹师一旅接防,明早开始交接。赵、张两师为主和者。(三)谋和条件,要为取缔反日分子及宣传、道歉、撤惩挑衅主官冯治安及经济协调等四

条，以最末一条为主要。（四）凡职报告、电报，请密不发表。职孙连仲叩。马戌秘。印。

秦孝仪主编：《革命文献》第106辑，《卢沟桥事变史料》（上），

（台北）中国国民党中央委员会党史委员会1986年版，第161—162页

严宽致何应钦马辰电

1937年7月21日

南京。部长何：〇密。（一）日军号午后开始轰卢，申稍停。号戌，日军又开始轰卢，马子稍停。闻宛城建筑被毁甚多。是晚丰台附近又发生冲突。（二）平市马晨日机成队低飞威胁。（三）平市极惊恐。职宽叩。马辰。印。

秦孝仪主编：《革命文献》第106辑，《卢沟桥事变史料》（上），

（台北）中国国民党中央委员会党史委员会1986年版，第180页

蒋介石致秦德纯转示宋哲元马酉电

1937年7月21日　南京

急。限即刻到。北平。秦市长密转宋主任明轩兄勋鉴：项日方派员间接来说明，彼方对所提条件实与中演说所发表四点立场并不抵触，究竟彼与兄在天津所谈各项办法，望即详细电告，以便中审核。如果能与中所发表之立场无抵触，则应可了即了。当此最后关头，万勿稍存客气，中当负责一切也。中正手启。马酉机京。

秦孝仪主编：《革命文献》第106辑，《卢沟桥事变史料》（上），

（台北）中国国民党中央委员会党史委员会1986年版，第227页

宋哲元复何应钦养电

1937年7月22日

急。南京。何部长钧鉴：二四九四密。马秘电承示与日本喜多武官谈话各节敬悉。此次事件发生后，哲元始终本中央之意旨处理。关于交涉经过，曾于本月十一日概略协商，拟定下列三条：即（一）二十九军代表对于日本军队表示遗憾之意并责任者处分，以及声明将来负责防止再惹起此类事件。（二）中国军为日本在丰台驻军，避免过于接近易于惹起事端起见，不驻军于卢沟桥城郊及龙王庙，以保安队维持其治安。（三）此事件认为多胚胎于所谓蓝衣社、共产党、其他抗日系各种团体之指导，故此将来对之讲求对策，并且彻底须取缔等语。查该条件内容，均甚空洞，本拟早日电陈请示，因双方屡次冲突，故未即报告。

刻下虽较有进步，然尚无把握，就今日情形观察，此事或可暂告一小段落。所有以上三条，已分陈委座并请我公赐予指示。惟此后枝节仍恐不免，祈我公垂注为祷。谨复。职宋哲元叩。养。印。

秦孝仪主编：《革命文献》第106辑，《卢沟桥事变史料》（上），

（台北）中国国民党中央委员会党史委员会1986年版，第162页

严宽致何应钦养电

1937年7月22日

南京。部长何：一〇一五密。极密。贾谈：（一）北局关键在今后日军撤退如何，日内可初步分晓。（二）卢案后，处处示弱，处处表〔被〕动。目前到转苟安，将来被人压迫愈甚，罪更难受。（三）和平人皆赞同，惟齐等主和，系有企图。（四）宋虽有主张，其左右如齐等之奸险，从旁挑激，影响不少。（五）此间外交，魏不懂，误事甚大。倘卢案不能和缓，宜责成宋全权，俾其从容应付，于前途或多裨补。职宽叩。养。印。

秦孝仪主编：《革命文献》第106辑，《卢沟桥事变史料》（上），

（台北）中国国民党中央委员会党史委员会1986年版，第163页

严宽致何应钦养电

1937年7月22日

南京。部长何：一〇一五密。极密。（一）卢桥交通，今日可恢复。（二）日军仍驻卢东关外高岗及瓦窑，大部集五里店、大小井一带。（三）军事布置仍如旧。（四）据一般观察，卢案即便和平有望，断非如此简单，且演进问题，既重大化及复杂化，前途危机是否合理解决与转到真正和平，乞钧注。职宽叩。养。印。

秦孝仪主编：《革命文献》第106辑，《卢沟桥事变史料》（上），

（台北）中国国民党中央委员会党史委员会1986年版，第163—164页

杨宣诚致何应钦报告

1937年7月22日

窃职此次随熊次长赴保定工作，所有北方情形，均已由熊次长随时报告，无待赘述。惟电报电话中，有未能尽者，谨遵熊次长面谕，再概略报告如次：

一、宋与中央仍不免隔阂，而最大原因，不外宋之部下恐中央军北上，渐次夺其地

盘。此种错觉，似甚普遍，虽经熊次长详加解释，仍不能免。至谓宋已中日人之宣传，谓中央军之北上另有企图，此层并不确实也。

二、宋个性倔强，本人绝不至为日人所屈服。不过宋之部下，实乏见识远到之人才，宋是否不为所愚，自属另一问题。

三、宋及宋之部属，似均视事太易，即中央所转报之日本动员出师情报，冯治安主席曾电问究竟是否确实，即此可知。

四、宋暂时与日方谋妥协之唯一理由，则因其部队始终未集结，闻三十八师迄今仍分驻八处，宋欲缓和一时，以便集中军队。就目下形势而论，一旦战事爆发，宋部实有被日人各个击破之虞。

五、中央北上之师，宋初均令其止于河北南境，意谓大军北上，必刺激日人。且保定防空设备全无，大军云集时，如遭日人空军轰炸，必不免重大损失。经熊次长与各部队长官商定配置地点（沿漕河在沧保线上布防），宋似意不谓然。迄今对孙总指挥禀到之电尚未复，孙、万均极感困难。

六、据北平谍报员报告，日人此次欲使华北脱离中央，曾有种种计划，仍以宋为华北政府首领，齐燮元、陈觉生、何其巩辈均在罗致之列。此时所谓之条件，大约不过表面上文章，随后必有一极严酷之条件提出，届时宋究竟如何应付，熊次长已嘱李处长炘秘询之宋。宋答云："我有决心，决不屈辱，将来即令与日人成立何种协定，必较以往之'何梅协定'为佳"等语。

七、宋头脑较简单，个性较强，而部下无人才，环境又恶劣。中央此时似不能操之过激，仍以敷衍罗致为宜。此点，熊次长命当面报告。

八、宋颇忌昔日西北军首领北上，如鹿委员钟麟此次赴保，宋颇不悦。鹿去电请其来保，宋竟复以"作战应在前线，后退何为者"。鹿与通电话，宋竟不接。诸如此类，可概其他。

九、宋对中央虽不免牢骚，然仍怀畏惧之念。熊次长原拟请鹿委员飞牯岭，代向委座报告一切，宋闻之，即多方阻其行，即其明证。

十、据闻所谓和平接洽条件，桥本群（日驻屯军参谋长）所提者与和知鹰二（驻屯军参谋）所提者不一，日方之无诚意如此，其别有用意，事实显然。

右报告谨呈部长何

参谋本部第二厅第一处处长　职杨宣诚

秦孝仪主编：《革命文献》第106辑，《卢沟桥事变史料》（上），

（台北）中国国民党中央委员会党史委员会1986年版，第164—165页

蒋介石致秦德纯转宋哲元养未电

1937年7月22日

万急。秦市长转宋委员长勋鉴：昨电至今尚未见复，甚念！闻三十八师阵地已撤北平城内，防御工事亦已撤收，如此则倭寇待我北平城门通行照常后，将其部队与兵员乔装入城，充分布置，或待我城内警戒松懈时，彼必有进一步之要求，或竟一举而占我平城，思之危急万分！务望刻刻严防，步步留神，勿为所算。故城内防范，更应严重，万勿大意。与倭所商办法，竟为如何？盍不速告，俾便综核，而慰愁虑。中正手启。养未。

秦孝仪主编：《革命文献》第106辑，《卢沟桥事变史料》（上），
（台北）中国国民党中央委员会党史委员会1986年版，第228页

陈布雷致蒋介石电

1937年7月22日

牯岭。即到。南京委员长蒋钧鉴：〇〈密〉。胡适之、陶希圣两君意见：（1）宋签字如不显与中央指示四点相违，中央应负起和平解决责任，以示我战则全战、和则全和之姿势，决不宜推责于宋，内生隔膜。（2）同时退兵，虽有确认所谓"何梅协定"之嫌，然此次已开彼进兵则我亦进兵之好例。（3）中央负起和平解决责任，在外交上为一进步，亦可使彼方认识华北问题已非与中央交涉不可。（4）如能于同时退兵之中，再开一要求丰台撤兵之端，则更为一大进步，但此点须俟外交、军事全局有无贯彻主张可能，尚应郑重考虑。以上四点，敬转呈钧察。职陈布雷叩。养酉。印。

台北"国史馆"档案：蒋中正总统文物/特交文电/对日抗战/卢沟御侮

汪精卫致蒋介石电

1937年7月22日

南京。蒋委员长赐鉴：〇密。顷希圣、适之等谈话如下：（1）宋签字如不显然与中央所指示之四项原则相违，中央应负起和平解决责任，以示战则全面战、和则全面和之姿态。（2）同时撤兵，虽有确认所谓"何梅协定"之嫌，但此次进兵保定，已明示政府于领土内认为有驻兵之必要时，决不受任何拘束。（3）中央负起和平解决之责任，虽为屈辱，但已能使日方认识此后地方问题有非与中央交涉不可之势。（4）如在同时撤兵交涉中提出丰台撤兵之交涉，虽只开其端，亦可为一种进步等语。谨备参考。弟兆铭。养。印。

台北"国史馆"档案：蒋中正总统文物/特交文电/对日抗战/卢沟御侮

德国顾问嘉罗尼呈蒋介石建议

1937年7月22日

常务委员会第二次临时会议决议：

一、原则上接受总顾问之建议，交第一厅拟具统盘作战计划，呈请委员长核示。

二、空军前敌总司令部组织，交第一厅速即详细拟具，连同顾问意见，一并呈请委员长核示。

华北前线空军分配之拟议

一、自奉委座手令，我空军全部，将以石家庄、德州之线为根据，经详细研究，认为我空军各队，应分配如下：

石家庄：驱逐机一队，侦察机一队；

大名：驱逐机一队，攻击机二队；

济南：侦察机一队，驱逐机二队；

新乡：重轰炸机二队，驱逐机一队；

济宁：轻轰炸机三队。

二、亨克机现既无炸弹，即开赴前线，亦无补于事，故留在南昌。

三、此外另指拨侦察机三队，归陆军直接指挥，随时由陆军总司令部调遣。

四、各队分配于上述华北各场，系根据下列四点研究所得：

（1）空军所负最重要之轰炸目标；

（2）目前可用各场之数量与其面积；

（3）调赴各机场飞机之数量；

（4）我军所有飞机之特性。

五、一俟新令开辟之各机场修筑完竣，则上述布置，当向前方推进。

六、现时能用机场，既属太为向后，故在石家庄、德州线所指定四五处机场之限期完成，实为急不容缓之事。

七、上述各队分配办法，就战略上而言，自不能称为尽善，但在目前情况之下，实无其他更善方法可供采择。盖吾人实受现有机场地形所限制，就数量言，仅有五处，在此五处机场，须分置一百四十架飞机之多，而其中如石家庄、济南等最前线之机场，其面积实甚狭小也。

八、事实上，除酌留队部以防御南京（驱逐二队）、南昌（一队）、广州（一队）之外，开赴前敌者，计有十七队，共有飞机一百四十架。

九、委座既命空军全部开赴华北前线（除南京、南昌、广州防御各队外），上项建议，就愚见所及，实属最为妥善。

十、故请常委会对于上项建议迅予核准，俾可立即从事于站场之准备，即将油、弹运赴各场，以应各机之需用也。

十一、上项各机场，应立即备妥充分之炸弹、枪弹、汽油，至少可供每机五次作战之用。

总顾问嘉罗尼谨拟

蒋介石旁批注：应照此限期修筑所指定三各机场。又西安、太原、大营、阳明堡与大同及平汉路附近各机场，亦应从速充实油弹，以备使用。但各机向各场集合时期，则应另候命令。现在积极训练，务于奉令时能立时集中也。中正。廿三日。

台北"国史馆"档案：蒋中正总统文物/革命文献/抗战时期/卢沟桥事变

张自忠发表谈话

1937年7月23日

中央社天津二十三日电：张自忠二十三日发表谈话云：此次卢沟桥不幸事件发生，适予卧病在平，当即力疾会同秦市长、冯主席，本素主不丧权、不辱国之精神，与之周旋，所有经过，业会同秦、冯通电各方。迨宋委员长到津，予始来津，一切均遵照宋委员长之指示办理。当知中国是整个的国家，中华民族是整个的民族，如属国家整个问题，应由中央统筹处理，若仅系地方事件，当唯冀察政委长之命令是从。予分属军人，兼绾市政，只知服从命令，捍卫地方，自信爱国尤向不后人。至连日情形，已散见各报。刻以宋委员长返平，故一切均由宋委员长在平处理，予以病犹未愈，各位记者未能多所延见，故简谈经过如此云。

《武汉日报》，1937年7月24日

严宽致何应钦漾电

1937年7月23日

南京。部长何：一○一五密。（一）大井村、五里店一带日军仍未撤退，且增炮兵一大队。文字山日军集中甚多。（二）卢事超〔起〕于谈判途径后，我军已遵约后撤，日军亦退距平汉路线一二里许。（三）续到平、津、丰台日军是否即退，此间颇注。（四）今井表示，撤兵问题，须俟陆省命令奉到后方决定，并云：须我中央军是否撤退。（五）宋谓关于卢事解决办法甚多，刻在研讨应付中。职宽叩。漾。印。

秦孝仪主编：《革命文献》第106辑，《卢沟桥事变史料》（上），
（台北）中国国民党中央委员会党史委员会1986年版，第167页

孙丹林等致王宠惠漾电

1937年7月23日　北平

南京。外交部。部长钧鉴：今午宋约会谈，谓卢案和平已有七成希望，今后交涉中心，端在中日两政府。末谓外传谣言蜚语，不宜轻信等语。谨闻。孙丹林、杨开甲同叩。漾。

台北"国史馆"档案：外交部/亚东太平洋司/日本/七七卢沟桥事变

蒋介石指示徐永昌手令

1937年7月23日

徐主任：

一、高桂滋部现到何处？

二、石家庄附近工事，应照原定计画，由军委会派员负责指挥，令商部构筑，限期完成，派人与日限详呈报。

三、石家庄应派定高级参谋，前往主持一切，或令熊次长驻石家庄，另派一得力人员辅佐亦可。

四、沧保线工事，应由孙仿鲁部负责建筑，并限期完成。其材料由中央拨发，但仍须受宋主任之指挥。

中正

秦孝仪主编：《革命文献》第106辑，《卢沟桥事变史料》（上），

（台北）中国国民党中央委员会党史委员会1986年版，第228—229页

蒋介石致熊斌转宋哲元漾午电

1937年7月23日　南京

北平。熊次长密转宋委员长明轩兄勋鉴：祃电诵悉。中央对此次事件，自始即愿与兄同负责任，战则全战，和则全和，而在不损害领土主权范围之内，自无定须求战、不愿言和之理。所拟三条，倘兄已签字，中央当可同意与兄共负其责；惟原文内容甚空，在我愈宜注意；第二条之不驻军，宜声明为临时办法，或至某时间为止，并不可限定兵数；第三条之彻底取缔，必以由我自动处理，不由彼方任意要求为限。至此事件真正结束，自应以彼方撤退阳日后所增部队为重要关键，务希特别注意。再，〈所〉拟三条如未签订，则尚有改正与讨论之点。究已签订否？盼复。中正。漾午机京。

秦孝仪主编：《革命文献》第106辑，《卢沟桥事变史料》（上），

（台北）中国国民党中央委员会党史委员会1986年版，第229页

何应钦致宋哲元漾亥电

1937年7月23日

北平。宋主任明轩兄：养电奉悉。三一一二密。吾兄应付事变之苦衷，中央同人靡不感念。委座于接兄电后，业已电复，计当达览。今日国危至此，惟有向外一致，密切连系，方足以策万全。兄处有何困难及嗣后一切情形，亦盼随时示知。弟棉力所及，自当竭尽维助也。弟应钦。漾亥秘。

秦孝仪主编：《革命文献》第106辑，《卢沟桥事变史料》（上），

（台北）中国国民党中央委员会党史委员会1986年版，第230页

蒋介石致邹琳等手令

1937年7月23日

财政部邹、徐二次长：先拨发战费二千万元，交信托局专备购买军用品之用。中正。

秦孝仪主编：《中华民国重要史料初编——对日抗战时期》，第2编《作战经过》（二），（台北）中国国民党中央委员会党史委员会1981年版，第63页

蒋介石致熊斌转宋哲元电

1937年7月24日

北平。熊次长哲民兄密转明轩主任：据确报，日本自二十二日起，其机械化部队及大量重汽车皆极秘密向华北输送。朝鲜、大连前昨日皆有大部队登陆，向关内输送。预料一星期内，必有大规模之行动，务望时刻防备，并积极布置，勿为所欺。至要。中正手启。

秦孝仪主编：《革命文献》第106辑，《卢沟桥事变史料》（上），

（台北）中国国民党中央委员会党史委员会1986年版，第230页

蒋介石致熊斌转示宋哲元未电

1937年7月24日　南京

北平。熊次长哲民兄转明轩主任勋鉴：据报前昨两日，日本内地军队向韩、满运输者甚多。彼方在前线部队究有撤完否？以中判断不久彼必有进一步之动作，我北平城内及其附近，尤应严防；若我能积极准备，示人以无机可乘，并随时作以抗战时之势，则或可消弭战端，戢其野心也。兄意何如？有否准备？盼详复。中正手启。未机京。印。

秦孝仪主编：《革命文献》第106辑，《卢沟桥事变史料》（上），

（台北）中国国民党中央委员会党史委员会1986年版，第231页

严宽致何应钦敬巳电

1937年7月24日

南京。部长何：一〇一五密。极密。(一)闻此间养、漾开始查禁爱国抗日文字报纸、书籍、杂志等类，计六十余种。查封《观察》报社及逮捕该社长，并严查日人所谓蓝社员行动及其他密团。(二)拟肃正日人所谓中央残留机关。(三)漾增派大批警察，分驻各大中学，制止学生对时局集团表示。(四)津日人随意捕人。职宽叩。敬巳。印。

秦孝仪主编：《革命文献》第106辑，《卢沟桥事变史料》(上)，
(台北)中国国民党中央委员会党史委员会1986年版，第168页

宋哲元呈蒋介石函

1937年7月24日

委员长钧鉴：

敬肃者。目前局势敌已实行一部动员，想其必有所收获，方肯罢休。倘中央此刻决心一战，职分属军人，自当效命前驱，义无反顾；但恐无胜他之可能，不能达到任务，有误国家大局。刻下拟请钧座千忍万忍，暂时委曲求全，将北上各部稍为后退，以便和缓目前，俾得完成准备。钧座深谋远虑，庙算周全，倘稍假时间，必可达到复兴民族之目的，不计暂时之毁誉，求最后之成功。所有一切，请熊次长哲民兄代陈。敬祈鉴察。

关于此后之准备，当积极筹划，　一面严密戒备，以防意外，并请赐予训示，俾资遵循。专肃。敬请钧安。

职宋哲元谨禀
二十六、七、二十四

蒋介石批示：保存。

秦孝仪主编：《革命文献》第106辑，《卢沟桥事变史料》(上)，
(台北)中国国民党中央委员会党史委员会1986年版，第174页

吉星文致何应钦敬电

1937年7月24日

部长何钧鉴：马戌参电敬悉。星文前在京高教班第五期受训期间，蒙委座及我公之朝夕训诲，深知国势危急已若累卵，军人职责，至深且巨，矢志决本委座爱好和平之旨，并我公所指示之救亡图存大道，向前奋斗。乃倭寇抱侵略之野心，复逞其占据东北四省之故智，一再来卢沟桥无端挑衅，用机枪重炮向我驻地猛攻，横施射击。星文守土有责，

此种无理之侮,殊难容忍,不能不作正当之防卫,遂督率部属予以痛击。幸赖各官兵均能深明大义,不惜牺牲,奋勇冲锋,肉搏三四次,将倭敌击退,现在静待当局诸公和平交涉。在此未获圆满解决以前,星文等只有抱定牺牲到底之决心,荷枪实弹,以待誓与卢城共存亡,决不以寸土让人。目前抗战之际,头部受微伤,现在前方医院治疗,不久即可告痊,祈勿以此为念。星文不才,并祈时加指示为盼。职吉星文叩。敬。中华民国二十六年七月二十四日。

秦孝仪主编:《革命文献》第106辑,《卢沟桥事变史料》(上),
(台北)中国国民党中央委员会党史委员会1986年版,第175页

严宽致何应钦敬二电

1937年7月24日

南京。部长何:〇密。据报:(一)香月漾密飞长春访植田,商华北时局,外传抱病沉重,恐不确。(二)日中央对华北伎俩,企图一劳永逸。(三)日军仍续增,平郊仍伏危机。职宽叩。敬二。印。

秦孝仪主编:《革命文献》第106辑,《卢沟桥事变史料》(上),
(台北)中国国民党中央委员会党史委员会1986年版,第176页

冯治安、秦德纯致参谋本部等敬亥电

1937年7月24日　北平

南京。参谋本部、外交部、军政部:密。情报:(一)本日上午六时半有日载重汽车四十余辆,押车兵约百人,陆续由津向通县输送军用品。(二)通县面粉缺乏,津运已断,全赖秦皇岛运来。(三)每次由榆开津、丰时之日军,均有自杀者十余人,该项死者均运到塘沽。(四)五里店、大瓦窑、大井村一带有日军七八百名,昼间均隐于庄稼地内,夜间即潜入阵地。(五)平汉路漾午业已通车,平市安谧如恒,人心亦极安定。余容续报。谨电奉闻。冯治安、秦德纯叩。敬亥。

秦孝仪主编:《革命文献》第106辑,《卢沟桥事变史料》(上),
(台北)中国国民党中央委员会党史委员会1986年版,第176页

熊斌致何应钦等有申电

1937年7月25日

南京。何部长、程总长、唐总监、徐主任钧鉴:二五七七密。明轩派其参谋长张樾亭同

职到京报告,并请示一切。职今午抵保,即夕南下。谨闻。职熊斌叩。有申。印。

　　秦孝仪主编:《革命文献》第106辑,《卢沟桥事变史料》(上),

(台北)中国国民党中央委员会党史委员会1986年版,第177页

冯治安、秦德纯致蒋介石有戌电

1937年7月25日

　　特急。南京。委员长蒋、副委员长冯:〇密。情报:(一)昨晚十二时,日军专车一列,载工人百名,木梯四车,由榆抵津。(二)午前十时,日军铁甲车一列(六辆),日兵八十余名,由津开到丰台。(三)下午一时,通县日军步炮兵五百余名举行演习,并向我驻通部队加以威胁,经交涉后,已渐撤退。余续报。谨电奉闻。冯治安、秦德纯叩。有戌。印。

　　秦孝仪主编:《革命文献》第106辑,《卢沟桥事变史料》(上),

(台北)中国国民党中央委员会党史委员会1986年版,第177页

严宽致何应钦有亥电

1937年7月25日

　　南京。部长何:一〇一五密。(一)有丑、有酉,日军又与我廊房附近驻军发生冲突,炮轰甚烈。(二)五里店、大小井一带日军,时有攻击宛城姿势。(三)据报日企图促成新要求,又施威胁。职宽叩。有亥。印。

　　秦孝仪主编:《革命文献》第106辑,《卢沟桥事变史料》(上),

(台北)中国国民党中央委员会党史委员会1986年版,第180页

宋哲元致何应钦寝电

1937年7月26日

　　限即到。南京。部长何:三一一二密。今日下午七时,敌用载重车三十余辆,载兵约五百名之谱,由广安门强行入城,经我守兵阻挡,不服制止,以致互相冲突。刻正在对峙中。似此情形,敌有预定计划,大战势所不免。除饬各部即日准备外,谨闻。职宋哲元叩。寝。印。

　　秦孝仪主编:《革命文献》第106辑,《卢沟桥事变史料》(上),

(台北)中国国民党中央委员会党史委员会1986年版,第180—181页

宋哲元呈蒋介石等宥辰电

1937年7月26日

限即刻到。南京。委员长蒋、军政部长何钧鉴：〇四六七密。日兵三百名于有未陆续开抵廊房，当夜十二时，突向我廊房驻军袭击。今晨又派轰炸机六架向我军轰击。刻下仍在对峙中。除令固守原防竭力抵抗外，谨闻。宋哲元叩。宥辰参。印。

何应钦部长批示：呈阅。拟复：日军狡诈莫测，请饬属严密防范，并随时将情况电告。钦。

秦孝仪主编：《革命文献》第106辑，《卢沟桥事变史料》（上），

（台北）中国国民党中央委员会党史委员会1986年版，第181页

严宽致何应钦宥午电

1937年7月26日

南京。部长何：一〇一五密。（一）宥午前，日军对廊房及其附近我军轰击甚惨。（二）闻日方借口冯师撤移数少，赵师开进数多，由松井提出抗议。（三）日军各驻地连日加筑工事。职宽叩。宥午。印。

秦孝仪主编：《革命文献》第106辑，《卢沟桥事变史料》（上），

（台北）中国国民党中央委员会党史委员会1986年版，第181页

宋哲元呈何应钦宥申电

1937年7月26日

南京。部长何：宥辰参电计达。三一一二密。今早八时，日军又由天津开抵廊房千余名，同时并以飞机十四架、装甲车数辆，向我当地驻军猛烈轰袭。我军四面受敌，现已撤出阵地。平津交通已被切断，战事恐不可免。将来北平尚可支持，天津方面兵力单薄，危险万分。拟请速饬庞军集结沧县，以作总援。查日方此次发动，纯对冀、察，乃职部防务辽远，战端一启，处处堪虑。即祈速示机宜，以备遵循为祷。职宋哲元叩。宥申。参。

蒋介石批复：寝、宥申各电〇。此时先应固守北平、保定、宛平各城为基础，切勿使之疏失。保定防务，应有确实部队负责固守。至平津增援部队，可直令仿鲁随时加入也。此时电报恐随时被阻，请与仿鲁切商办法，中央必以全力增援，勿念。

秦孝仪主编：《革命文献》第106辑，《卢沟桥事变史料》（上），

（台北）中国国民党中央委员会党史委员会1986年版，第182页

冯治安、秦德纯致参谋本部等宥酉电

1937年7月26日　北平

特急。南京。参谋本部、外交部、军政部：密。情报。(一)昨午后三时有日兵车一列，由津开到廊坊，计步兵二百名，拟驻车站附近。我驻军刘旅长为避免发生冲突计，曾数次交涉，制止该日军下车，至深夜未得结果。今晨一时，该日军即向我驻军射击。六时续到日轰炸机十七架，向我军投弹轰炸，破坏甚巨，同时更由津增援铁甲车两列，兵千余名，向我军猛攻，经我沉着应战，互有伤亡，至午刻我军即退出廊坊。(二)日兵车两列共千余名，今日由榆到津。(三)下午六时日军百余名，由丰台往大井村增防。(四)下午八时有日军汽车二十余辆，载兵百余名，由丰台向广安门来强行进城，经我守城军警制止，遂即(脱字)与日特务机关交涉中。余容续报。谨电奉闻。冯治安、秦德纯叩。宥酉。印。

秦孝仪主编：《革命文献》第106辑，《卢沟桥事变史料》(上)，

(台北)中国国民党中央委员会党史委员会1986年版，第178页

严宽致何应钦宥戌电

1937年7月26日

南京。部长何：〇密。(一)闻廊房站与我防地悉被日军侵略，官兵伤亡甚重，营房、车站炸毁。我方仍由齐、陈等在威胁之下谋和。(二)据报，我通县驻军，亦在日包围核心，随时可发生冲突。(三)我广安门外，宥酉又发生炮击，旋停止。职宽叩。宥戌。印。

秦孝仪主编：《革命文献》第106辑，《卢沟桥事变史料》(上)，

(台北)中国国民党中央委员会党史委员会1986年版，第183页

附录：香月清司致宋哲元最后通牒

1937年7月26日

二十五日夜间，我军为保护廊坊通信所派士兵，曾遭贵军非法射击，以致两军发生冲突，实深遗憾。查此事发生之原因，实由于贵军对于我军所订之协定，未能诚意履行，而缓和其挑战的态度。如果贵军有使事态不趋扩大之意，须将卢沟桥及八宝山附近配备之第三十七师(附注：师长冯治安)于二十七日正午以前撤至长辛店，并将北平城内之三十七师撤出城外，其在西苑之第三十七师部队，亦须于二十八日正午以前，先从平汉路以北地带移至永定河以西之地，并陆续撤退至保定方面。如不实行，则认为贵军未具诚

意,而不得不采取独自之行动以谋应付。因此,所有一切责任,并应由贵军负之。

第二十九军军长宋哲元阁下

日本军司令官、陆军中将香月清司

昭和十二年七月二十六日

秦孝仪主编:《革命文献》第106辑,《卢沟桥事变史料》(上),
(台北)中国国民党中央委员会党史委员会1986年版,第189页

蒋介石致宋哲元宥戌电

1937年7月26日　南京

电话、电报并发。北平。宋主任勋鉴:此刻兄应决心如下:甲、北平城防立即准备开战,切勿疏失。乙、宛平城防立即恢复戒备。此地点重要,应死守勿失。丙、兄本人立即到保定指挥,切勿再在北平停留片刻。丁、决心大战,照中昨电对沧保与沧石各线从速部署。中正手启。宥戌机京。

秦孝仪主编:《革命文献》第106辑,《卢沟桥事变史料》(上),
(台北)中国国民党中央委员会党史委员会1986年版,第232页

蒋介石致钱大钧手令

1937年7月26日

钱主任:

一、沧保与德石两线之工事材料应速定购,限期运往规定地点。何日运完?最快何时可完成?望详报。

二、前项工事材料经费,可由军需署先拨一百万元,或一百五十万元可也。

三、该两线部队配备实在现状及计画,再催报。

四、八·八公分腰击炮位究竟何日可安定?望即查报。

五、闻所到德国军械,有存积甚久尚未开箱检出者,果有此事否?望兵工署军械司详报。

六、前电德国拟订各种车辆及武器,有否回音?催合步楼公司限期(本星期内)答复。

中正

七月廿六日

附：军事委员会参谋总长程潜呈复购办沧保与德石两线工事材料等签

1937年7月30日

案奉钧座宥侍参京代电，略为：

沧保与德石两线工事材料，应定购，限期运往。何时可运完？最快何时可完成？望详报。

秦孝仪主编：《中华民国重要史料初编——对日抗战时期》，第2编《作战经过》（二），（台北）中国国民党中央委员会党史委员会1981年版，第68页

杨开甲致外交部电

1937年7月26日

南京外交部。部长钧鉴：（一）今早七时，日方要求我撤退廊房驻军，张自忠未允。十时，日军以飞机轰炸居民，损失甚巨，现闻我军已退驻黄村，双方开始磋商和平解决办法。二、闻日方昨又有新要求，内容不详。（三）北宁路各站闻均为日军占据。杨开甲叩。宥。

台北"国史馆"档案：外交部/亚东太平洋司/日本/七七卢沟桥事变

孙丹林致外交部电

1937年7月26日

南京外交部。部长勋鉴：顷宋约谈云：廊房又起冲突，战事恐不能免。至于外交大计，仍应由中央主持等语。再，尔和新由日归，据云日方对我系整个计划，非华北局部问题。彼已动员五师团，决不空回等语。丹林。宥。

台北"国史馆"档案：外交部/亚东太平洋司/日本/七七卢沟桥事变

蒋介石致何应钦手令

1937年7月27日

何部长：石家庄防空高射炮须即运二连（十二门）前往布防，限三日内运到为要。中正。二十七日。

秦孝仪主编：《革命文献》第106辑，《卢沟桥事变史料》（上），（台北）中国国民党中央委员会党史委员会1986年版，第232页

22.2 .

蒋介石致宋哲元感辰电

1937年7月27日　南京

限即到。北平。宋主任明轩兄：偃密。此时先应固守北平、保定、宛平各城为基础，切勿使之疏失。保定防务应有确实部队负责固守。至平津增援部队，可直令仿鲁随时加入也。此时电报恐随时被阻，请与仿鲁切商办法，必以全力增援，勿念。中○。感辰侍参京。

秦孝仪主编：《革命文献》第106辑，《卢沟桥事变史料》（上），
（台北）中国国民党中央委员会党史委员会1986年版，第233页

蒋介石致宋哲元沁酉电

1937年7月27日　南京

北平。宋主任勋鉴：偃。请兄静镇谨守，稳打三日，则倭氛受挫，我军乃易为力。务望严令各部，加深壕沟，固守毋退，中央必星夜兼程，全力增援也。中正手启。沁酉机京。

秦孝仪主编：《革命文献》第106辑，《卢沟桥事变史料》（上），
（台北）中国国民党中央委员会党史委员会1986年版，第233页

宋哲元通电

1937年7月27日

委员长蒋、各院会钧鉴：各部、各省市政府、各绥靖主任、各总司令、各总指挥、各军长、各师旅长、各法团、各报馆钧鉴：哲元自奉命负冀察军政之责，两年来以爱护和平为宗旨，在国土主权不受损失之原则下，本中央意旨处理一切，以谋华北地方之安宁，此国人所共谅，亦中日两民族所深切认识者也。不幸于本月七日夜日军突向我卢沟桥驻军袭击，我军守土有责，不得不正当防御。十一日双方协议撤兵，恢复和平。不料于二十一日炮击我宛平县城及长辛店驻军，于二十五日夜突向我廊坊驻军猛烈攻击，继以飞机大炮肆行轰炸，于二十六日晚又袭击我广安门驻军，二十七日早三时又围攻我通县驻军，进逼北平，南北苑已均在激战中。似此日日增兵，处处挑衅，我军为自卫守土计，除尽力防卫听候中央解决外，谨将经过事实掬诚奉闻。国家存亡，千钧一发，伏乞赐教，是所企祷。第二十九军军长宋哲元叩。感。印。

上海《大公报》，1937年7月28日

宋哲元感申电

1937年7月27日

敌以全力围攻北平,情势实堪危虑,拟请中央速作第二步之准备,并速派大军由平浦线星夜兼程北进,以解北平之围。如派飞机队到河间、任丘一带,则于战局更有裨益。

蒋介石批示:急。北平。宋主任明轩兄:感巳午各电悉。第二步计画已早有准备,当照来电派大军全力增援,并派大员到保策应,请兄稳扎稳打,最后胜利,必归于我也。中正。感申机京。

秦孝仪主编:《革命文献》第106辑,《卢沟桥事变史料》(上),(台北)中国国民党中央委员会党史委员会1986年版,第183页

严宽致何应钦感寅电

1937年7月27日

南京。部长何:○密。(一)闻日致此间通牒,限我军俭前撤退(并未指明何处部队),我方仍在和平进行中。(二)平市宥夜炮声时起时停,人民极惶恐。(三)廊房我军宥未向黄村集结。职宽叩。感寅。印。

秦孝仪主编:《革命文献》第106辑,《卢沟桥事变史料》(上),(台北)中国国民党中央委员会党史委员会1986年版,第184页

宋哲元呈蒋介石感辰电

1937年7月27日

限即刻到。南京。委员长蒋、军政部长何钧鉴:三一一二密。感晨一时,通县日军两千余人,将我驻该县之傅鸿恩营包围,拟令交械,经傅营长严词拒绝,遂于今晨三时发生冲突,战斗非常激烈,迄早七时尚未停止。惟该营四面受敌,除饬沉着应付外,谨闻。职宋哲元叩。感辰参。印。

秦孝仪主编:《革命文献》第106辑,《卢沟桥事变史料》(上),(台北)中国国民党中央委员会党史委员会1986年版,第184页

宋哲元致何应钦感辰电

1937年7月27日

南京。部长何:三一一二密。有亥参电承示情报两条,敬悉。现在平津已危,请密示机宜,以便遵循为祷。谨复。职宋哲元叩。感辰。印。

何应钦部长批示：呈阅。汇复悉。并告以委座已定增援平津之大计。

秦孝仪主编：《革命文献》第106辑，《卢沟桥事变史料》（上），

（台北）中国国民党中央委员会党史委员会1986年版，第186页

宋哲元致蒋介石感辰电

1937年7月27日

急。南京。委员长蒋钧鉴：〇密。宥戌机京电，蒙示决心四条，谨悉。北平为华北重镇，人心所系，大势所关。现在已成四面皆敌之形势，通县于今晨三时起，亦正在激战中。职受国家人民付托之重，已决心固守北平，以安人心，而作士气，决不敢稍有畏避也。谨复。职宋哲元叩。感辰。印。

秦孝仪主编：《革命文献》第106辑，《卢沟桥事变史料》（上），

（台北）中国国民党中央委员会党史委员会1986年版，第186页

宋哲元致蒋介石等感戌电

1937年7月27日

急。南京。委员长蒋、军政部长何钧鉴：三一一二密。（一）我驻通县之傅鸿恩营，自今晨三时，被敌围攻，战斗异常激烈，迄十一时，由傅营长率部冲出重围，敌复以飞机跟踪轰炸，刻已撤抵南苑收容整理。（二）今日下午三时，敌步、骑约四百名，附坦克车数辆，向我团河驻军猛攻，经我向其两翼绕击，敌伤亡甚众，刻仍在激战中。（三）敌四百余名，今早八时，向我小汤山之商镇夏营攻击，同时以飞机轰炸，经我沉着应战，敌未得逞，刻仍在对峙中。（四）本日敌机屡在平市上空侦察，并在城外投弹轰炸。下午四时以后，复来敌机四五架，盘旋侦察甚久，并在各郊投弹数十。除饬各部详侦敌情主动应战外，谨闻。职宋哲元叩。感酉参。印。

秦孝仪主编：《革命文献》第106辑，《卢沟桥事变史料》（上），

（台北）中国国民党中央委员会党史委员会1986年版，第187页

秦德纯、冯治安致参谋本部等电

1937年7月27日　北平

急。南京。参谋本部、外交部、军政部：密。（一）日军以联合兵种二千余名，于今晨三时将我驻通县之傅鸿恩营包围攻击，激战至十一时，我傅营始猛冲突围，撤至南苑，伤亡甚重。（二）下午六时，日机七架在南苑上空投弹轰炸，敌军一部在南苑附近与我接触。（三）我团河驻军一团，与约步兵两千、山陆炮四十余门之敌，于今下午三时开始战斗，

极为剧烈，至八时半稍停，刻仍在对峙中。（四）高丽营、小汤山、沙河镇、清河镇等处，敌我均已先后接触，正在对战中。除积极应战外，谨电奉闻。秦德纯、冯治安。

秦孝仪主编：《革命文献》第106辑，《卢沟桥事变史料》（上），

（台北）中国国民党中央委员会党史委员会1986年版，第185页

杨开甲致外交部电

1937年7月27日

南京外交部。部、次长钧鉴：昨晚九时日方通牒我，要求撤退二十九军。闻今日日方通知驻平各使馆云，今已允撤退冯师至保定以南。杨开甲。沁。

台北"国史馆"档案：外交部/亚东太平洋司/日本/七七卢沟桥事变

严宽致何应钦感戌电

1937年7月27日

特急。南京。部长何：一〇一五密。秦托电告如下：（一）日致我通牒，限我二十九军俭午前撤退，我方已将该通牒送回。（二）和平已绝。宋及二十九军将领已决心与城共存亡。至城外各方面，俟布置完毕，即行应战。望转电何公速派大量飞机及军队来北等情。谨报。乞复转达。职宽叩。感戌。印。

秦孝仪主编：《革命文献》第106辑，《卢沟桥事变史料》（上），

（台北）中国国民党中央委员会党史委员会1986年版，第188页

蒋介石官邸会报决定事项记录

1937年7月27日

1.我军应仍照原定计划，在沧保、沧石二线上集中，构成阵地，期在此线上与敌作整齐之战斗。

2.电告宋哲元：（军委会办）中央军以援助平津，期与敌在永定河地区作战之目的，先以主力集结于沧州、保定之线。第二十九军应固守北平、卢沟桥、长辛店、涿县之线，与保定方面保持确切联络。为增援二十九军，令孙连仲部二十六路军即向永定河地区线前进。此后该路军归该主任指挥，该路军之行动，即由该主任妥为规定。至该路军原防地保定、任丘一带，另令万福麟部五十三军推进接防。

3.令孙连仲部二十六路军即向永定河地区前进，该路军之行动，此后归宋主任哲元指挥。所遗保定、任丘、〈河〉间、献县防地，已令万福麟部五十三军接防。（刘副主任11:

30电话：河间、献县另令曾万钟部接防）

4.令万福麟部五十三军，即推进于保定、任丘之线，接二十六路军防地，在该线上构成阵地。

中国第二历史档案馆编：《中华民国史档案资料汇编》第5辑

第2编《军事》（二），江苏古籍出版社1998年版，第127页

戴笠情报提要

1937年7月28日

卢变后朝鲜之备战情形：

一、军事调动。自七月十三日始，鲜第十九师团及廿师团之一部，共有兵力约一师团，均沿北宁路集中榆关、唐山待命。同时平壤及会宁之飞行联队，已有一部飞长春。

二、征集预备军。自卢变发生后，全鲜在乡军人及入伍新兵，已抽调第一批约一万余人，规定之年龄系自二十六岁至四十岁，预计全鲜可征集三万人以上。

三、集中粮食。最近朝鲜物价大涨，米谷及面粉因储供军用，均已停市。

四、管理金融。朝鲜银行已停止放款，华北驻屯军拟以该行钞票作为军用券，以防战时不至影响日本自身之金融机构为原则，故不用日本银行兑换券。

台北"国史馆"档案：蒋中正总统文物/革命文献/抗战时期/卢沟桥事变

蒋介石致何应钦手令

1937年7月28日上午11时

何部长：现存防毒面具尚有几何？查报。应先运二万个发交二十九军。中正。廿八日。

台北"国史馆"档案：蒋中正总统文物/革命文献/抗战时期/卢沟桥事变

蒋介石致钱大钧手令

1937年7月28日

钱主任：石家庄防空设备与高射炮，何日可运到布置完成？查报。中正。廿八日。

台北"国史馆"档案：蒋中正总统文物/革命文献/抗战时期/卢沟桥事变

宋哲元致蒋介石俭电

1937年7月28日 北平

限即刻到。南京。委员长蒋钧鉴：密。查两日来敌积极以全力向我北平四郊压迫，钧

座如令三十二军选有力之一师由火车输送至涿州,转向廊房挺进,遮断敌人后方交通,最为有利。该项部队到达,如能令归李师长杏村指挥,尤可收运用自如之效。如何?请示遵。职宋哲元叩。俭。印。

秦孝仪主编:《革命文献》第106辑,《卢沟桥事变史料》(上),
(台北)中国国民党中央委员会党史委员会1986年版,第188页

宋哲元致蒋介石等俭电

1937年7月28日

南京。委员长蒋、军政部长何钧鉴:二五七七密。二十六日,日方向我提出通告,限于二十七日午十二时以前,将八宝山、卢沟桥等处之我军撤至长辛店以南,并限于二十八日之〈正午以前〉,我军撤至永定河以西。此种要求,实属无理之甚,均已严词拒绝矣。谨禀。宋哲元叩。俭。印。

秦孝仪主编:《革命文献》第106辑,《卢沟桥事变史料》(上),
(台北)中国国民党中央委员会党史委员会1986年版,第187—188页

严宽致何应钦俭子电

1937年7月28日

急。南京。部长何:一〇一五密。(一)团河战极烈。高丽营、汤山、通县西、南北苑、平西一带,均与日军冲突。(二)战事甚烈。大井村一带,日军又以重炮向我宛平轰击。(三)日已通告各国,决定对华用兵,战局难免,希钧注。职宽叩。俭子。印。

秦孝仪主编:《革命文献》第106辑,《卢沟桥事变史料》(上),
(台北)中国国民党中央委员会党史委员会1986年版,第190页

宋哲元致蒋介石等俭辰电

1937年7月28日

特急。南京。委员长蒋、军政部长何钧鉴:三一一二密。报告:(一)今早敌约万余人,飞机数十架、炮百余门及装甲军,向我平郊各防地轰炸猛火〔烈〕,正在激战中。(二)要断我平绥路及平汉路各处交通。(三)派队绕敌之后攻其丰台,成功与否尚不敢定。特此报告。职宋哲元叩。俭辰。印。

秦孝仪主编:《革命文献》第106辑,《卢沟桥事变史料》(上),
(台北)中国国民党中央委员会党史委员会1986年版,第190页

宋哲元致蒋介石俭巳电

1937年7月28日　北平

即到。南京。委员长蒋钧鉴：俭。顷据庞军长更陈俭子参电称：奉钧座电令担任沧县防务，及构筑该线工事任务，势难北进等情。查今晨敌以全力进攻南苑、北苑，战斗异常激烈，恐天津方面战事亦将发生，拟请钧座电令庞军迅即集结于唐官屯、静海，一则保持津浦交通，一则声援天津，万勿迟延为祷。谨闻。职宋哲元。俭巳参。印。

秦孝仪主编：《革命文献》第106辑，《卢沟桥事变史料》（上），

（台北）中国国民党中央委员会党史委员会1986年版，第191页

严宽致何应钦俭巳电

1937年7月28日

急。南京。部长何：一〇一五密。综合今晨情报及秦谈如下：（一）俭卯日对平郊实行总攻。（二）敌以连合兵力约三千、炮约四十门，向我南苑攻击；并以步、炮连合约二千，向北苑攻击，刻正在激战中。同时敌以飞机四十架向黄寺、北苑、西苑轰炸甚烈。（三）敌人在平津兵力约三万。（四）我赵师尚未集结完毕，即在团河遭遇，此时尚在对战中。（五）秦谈：中央部队最好由津浦北上，出冀东截敌后路，同时令绥出兵察北，必收奇效。（六）中央航空队请速到保定应用，如能破坏北宁路铁桥断敌输送尤佳。（七）宋谈：决定坚守北平城，三五日内当可无虞。（八）察蒙伪军约三四师，待我军进攻反正，冀东亦有十二大队可用。职宽叩。俭巳。印。

秦孝仪主编：《革命文献》第106辑，《卢沟桥事变史料》（上），

（台北）中国国民党中央委员会党史委员会1986年版，第191—192页

严宽致何应钦俭午电

1937年7月28日

特急。南京。部长何：一〇一五密。（一）仰之电话，廊房昨夜我刘旅由武清厮杀敌二百余员名，廊房敌人肃清，并破坏该处铁路。（二）我军返攻丰台，正在激战中。职宽叩。俭午。

秦孝仪主编：《革命文献》第106辑，《卢沟桥事变史料》（上），

（台北）中国国民党中央委员会党史委员会1986年版，第192页

蒋介石致宋哲元俭辰电

1937年7月28日　南京

北平。宋主任明轩兄：希速离北平，到保定指挥。勿误，如何？盼立复。中正手令。俭辰机京。

秦孝仪主编：《革命文献》第106辑，《卢沟桥事变史料》（上），

（台北）中国国民党中央委员会党史委员会1986年版，第233页

蒋介石致秦德纯并转刘健群等勘辰电

1937年7月28日　南京

特急。北平。秦市长勋鉴：缄。并转健群、卓超兄：接此电时，如平保线尚有汽车路小道可通，不论如何，应即硬拉宋主任离平到保，此非然为一身安危计，乃为全国与全军对倭作战之效用计也。望以此意转告明轩主任，对中命令更应服从毋违为要。近情盼时时详告。中正手启。勘辰机京。

秦孝仪主编：《革命文献》第106辑，《卢沟桥事变史料》（上），

（台北）中国国民党中央委员会党史委员会1986年版，第234页

蒋介石致宋哲元俭辰电

1937年7月28日　南京

限即到。北平。宋主任明轩兄：感未参电悉。偃密。孙部应即前进勿延，庞部现尚未集中，应令在沧州待后方部队到后向前推进。此时应敌，先要巩固现有阵地，然后方易出奇制胜，所谓先求稳定，次求变化，请兄切记之。中〇手启。俭辰侍参京。

秦孝仪主编：《革命文献》第106辑，《卢沟桥事变史料》（上），

（台北）中国国民党中央委员会党史委员会1986年版，第234页

蒋介石致庞炳勋俭辰电

1937年7月28日　南京

限即到。沧州。庞军长勋鉴：感巳参电悉。六九七二密。兄部应尽力在沧、献一带，星夜赶筑工事，先固该线防务，务于三日内，完成第一期初步工事，完成后，继续加强为要。至静海方面，待后方部队集中后，再令推进。除电宋主任外，特复。中〇手启。俭辰待参京。

秦孝仪主编：《革命文献》第106辑，《卢沟桥事变史料》（上），

（台北）中国国民党中央委员会党史委员会1986年版，第235页

蒋介石致徐永昌手令

1937年7月28日

请徐主任往晤冯副委员长，告其中央准备及河北方面之战斗序列大略可也。中正。

秦孝仪主编：《中华民国重要史料初编——对日抗战时期》，第2编《作战经过》（二），（台北）中国国民党中央委员会党史委员会1981年版，第71—72页

戴笠呈报北平战事及损失情报

1937年7月28日

今晨四时至八时，平郊战事极烈，日机五十余架，轰炸南、西、北各苑，损失惨重，我南苑、北苑驻军，均被迫退出。北平城尚安。

蒋委员长批示：阅。

秦孝仪主编：《中华民国重要史料初编——对日抗战时期》，第2编《作战经过》（二），（台北）中国国民党中央委员会党史委员会1981年版，第73页

军事委员会参谋本部呈日军在北平及绥远情报

1937年7月28日

据北平廿七日夜十二时电：日方令侨民于廿七日十二时前退集东交民巷；因日方有条件限十二时答复，想系要求我军退出北平。

据北平廿七日夜十二时半电：（一）廊房事，日军在阻止中央军，并维护后方交通。（二）一面似有声东击西，以炮空掩护，使战车由通州高丽营方面进袭北平企图。

据绥远褚特派员廿七日电：（一）承德方面现积极向各军区征集壮丁，准备成立关东军第一、第四混成旅。（二）日伪限察北各县于八日内各成立自卫队，人数各五百名。

秦孝仪主编：《中华民国重要史料初编——对日抗战时期》，第2编《作战经过》（二），（台北）中国国民党中央委员会党史委员会1981年版，第73—74页

何应钦呈蒋介石报告

1937年7月29日于军政部

奉钧座手谕开：现存防毒面具尚有几何？查报。应先运二万个发交二十九军等因。奉此，遵查是项面具现库存仅三万二千一百七十四个，已遵运保定二万个，请徐主任接收，酌情支配。理合报请鉴核。再，防毒面具自八月份起，每月宁、巩两厂共可造缴二万具，合

并附陈。谨呈委员长蒋。职何应钦。

台北"国史馆"档案：蒋中正总统文物/革命文献/抗战时期/卢沟桥事变

李文田等艳电

1937年7月29日

（衔略）钧鉴：自卢案发生后，我宋委员长、张市长始终为爱护东亚和平，维持人类福祉，一再容忍，乃日人日日运兵，处处挑衅，除无端分别袭击我平郊各处外，竟于今晨复强占我特四分局，分别袭击我各处。我方为国家民族图生存，当即分别应战，誓与津市共存亡，喋血抗战，义无反顾。敬祈各长官、各父老迅予援助，共歼彼虏。临电神驰，无任惶悚。天津市各部队临时总指挥李文田、副指挥刘家鸾、市政府秘书长马彦翀同叩。艳。

秦孝仪主编：《革命文献》第106辑，《卢沟桥事变史料》（上），

（台北）中国国民党中央委员会党史委员会1986年版，第185页

宋哲元呈蒋介石艳一电

1937年7月29日

南京。委员长蒋钧鉴：密。哲元身受国家重托，自主持冀察军政以来，日夜兢兢于国权保持，乃自卢案发生，终不能达到任务，实有亏于职责，并负钧座之属望。拟请予以处分，以免贻误而挽国威。谨此电陈。职宋哲元叩。艳一。印。

秦孝仪主编：《革命文献》第106辑，《卢沟桥事变史料》（上），

（台北）中国国民党中央委员会党史委员会1986年版，第192—193页

宋哲元通电

1937年7月29日

分送各省市、各绥靖、各总司令、总指挥、各军师长、各院部会钧鉴：哲元奉令移保，所有北平军政事宜统由张师长自忠负责处理。特电奉闻，诸祈鉴察。宋哲元叩。艳。印。

秦孝仪主编：《革命文献》第106辑，《卢沟桥事变史料》（上），

（台北）中国国民党中央委员会党史委员会1986年版，第193页

宋哲元致何应钦艳电

1937年7月29日

南京。军政部长何钧鉴：二五七七密。我驻津三十八师部队，自本早二时起，与日军

发生激战，情形如下：（一）三时，东局子机厂被我攻下，并烧毁敌机六十余架。（二）海河大铁桥及金钢桥，均已炸断，市内交通断绝。（三）所有天津东西两车站、特别四区之日军均被击退。（四）敌以飞机、坦克车轰炸冲击，河北一带遂入混战状态。海光寺日兵营上空，敌以飞机五十余架，盘旋掩护，迄未攻下，现仍在激战中。（五）查我驻津部队仅有一旅，其他部队，亦均在与敌接触，现正激烈挠战，恐难久持，拟请中央速派大队增援。谨禀。职宋哲元叩。艳。印。

秦孝仪主编：《革命文献》第106辑，《卢沟桥事变史料》（上），

（台北）中国国民党中央委员会党史委员会1986年版，第193—194页

严宽致何应钦艳电

1937年7月29日

限即刻到。南京斗鸡闸四号。何部长：一〇一五密。极密。（一）演进日久之复杂化，俭晚实现。（二）闻俭晚战争，张、石等部有参加日军行动之说，冯部伤亡极惨，艳丑全部撤退。宋、秦亦走，平津形同失守。（三）日人提出此间要员更动，艳实现。自忠、燮元、允荣、毓桂、张璧、仲孚、觉生将主要政，汉奸全获胜利。（四）据报此间现状，仅敷过渡，前途演变，不知胡底。中央若不予制裁，国事前途，更多荆棘。（五）此间人士对宋等侥幸大位，不忠诚、不坚决之误国唾骂。（六）艳子南海枪声费〔过〕后，退入居仁堂之二十九军部员兵及特务团、军训团忽然乱溃，行辕所有物件悉被掠去。（七）居仁堂已被张部进占。（八）职等今晨始避居西什库教堂。职宽叩。艳。印。

秦孝仪主编：《革命文献》第106辑，《卢沟桥事变史料》（上），

（台北）中国国民党中央委员会党史委员会1986年版，第194页

宋哲元呈蒋介石等艳寅电

1937年7月29日

分送。即到。京。委员长蒋、军政部部长何钧鉴：锋密。职今晨三时转保，秦市长德纯、张局长维藩偕来，所有北平军政事宜，统由张师长自忠负责处理。昨日日军以全力向我南北苑驻军进攻，猛烈轰击，我官兵伤亡甚重，副军长佟麟阁阵亡，师长赵登禹踪迹不明。南苑营房被炸，已成一片焦土。三十八师驻南苑之一部，截至今日下午八时，尚据守围墙之一隅，与敌挣扎。似此情形，殊难有胜算把握也。谨此电陈。职宋哲元叩。艳寅。印。

秦孝仪主编：《革命文献》第106辑，《卢沟桥事变史料》（上），

（台北）中国国民党中央委员会党史委员会1986年版，第195页

严宽致何应钦艳戌电

1937年7月29日

南京。部长何：〇密。(一)艳晨通县及其附近伪保安队约五个大队反正，与日军激战终日，并将通县要区火焚。至午后，被日军轰炸甚惨，现向西南撤退中。(二)津郊我保安队亦与日军冲突，旋被日机轰炸，南开、女师、工院等校亦被轰炸。(三)佟麟阁阵亡。赵舜城、郑大章均有身殉说，尚待证。职宽叩。艳戌。印。

秦孝仪主编：《革命文献》第106辑，《卢沟桥事变史料》(上)，
(台北)中国国民党中央委员会党史委员会1986年版，第195—196页

孙连仲致钱大钧转呈蒋介石艳戌电

1937年7月29日

即到。南京。委员长侍从室钱主任呈委员长蒋：领密。报告：(一)本日早二时，李副师长文田率李、刘两旅及保安队分随〔集〕天津日租界兵营、飞机场、津浦总站，情形甚好。后敌兵增加，势渐不支。午后一时，奉宋命撤退。八时大部始退炒米店，小部尚在纷战，连同北苑、通州各役，均属无计划的失败。(二)二十九军各师虽尚有力量，惜高级将领精神不振，宋谓二十九军不克再战，拟赴河间收容部队。(三)沧保线工事，宋拟不构筑，政府即筑，亦无济于事等语。(四)职为鼓励二十九军士气，并阻敌直入，且使后方充裕准备，特派一旅在琉璃河附近占领阵地，必要时用作收容其余部队，开赴任丘构筑沧保线中段工事。(五)宋到河间或将作下野表示，请钧座对平汉、津浦两方面指挥人员，早为选定。(六)本路北上以来，虽处境困难，但本钧座意旨，对二十九军力为宣慰鼓励，期必在钧座指导之下，为国效命抗战。职孙连仲。艳戌参。印。

蒋介石批示：兄能派一旅在琉璃河附近阻止敌军直入，竭尽职责，足慰我怀矣。

秦孝仪主编：《革命文献》第106辑，《卢沟桥事变史料》(上)，
(台北)中国国民党中央委员会党史委员会1986年版，第196—197页

蒋介石致宋哲元等手令

1937年7月29日

急。保定。宋主任、秦市长、冯主席勋鉴：昨今各电均悉。兄等离平抵保，甚慰！平津得失不足为虑，战争胜败，全在最后努力，务望兄等鼓励全军，再接再厉，期达歼灭倭寇目的。雪耻图强，完成使命，此其时也。兹特先汇伙食洋五十万元，以资接济，已令军政部

照发。前方布防，望勿稍疏为要。中正手启。

秦孝仪主编：《革命文献》第106辑，《卢沟桥事变史料》（上），

（台北）中国国民党中央委员会党史委员会1986年版，第235页

蒋介石致宋哲元等手令

1937年7月29日

电话。宋明轩、秦绍文、孙仿鲁：应先赶筑沧保线野战工事，连成一线，然后逐渐加强。保定、河间城防，更为重要。如何？详复。中正。

秦孝仪主编：《革命文献》第106辑，《卢沟桥事变史料》（上），

（台北）中国国民党中央委员会党史委员会1986年版，第236页

蒋介石致钱大钧条谕

1937年7月29日

一、电话。保定。问孙仿鲁或宋明轩：北平退出时实在详情，是否有计画撤退？现归何人维持？

二、请各军事高级主管与王外交部长定于九时来会。

另约熊主席同来。

秦孝仪主编：《革命文献》第106辑，《卢沟桥事变史料》（上），

（台北）中国国民党中央委员会党史委员会1986年版，第236页

蒋介石致宋哲元转秦德纯等艳戌电

1937年7月29日　南京

保定。宋主任，并请转秦市长、冯主席，并转徐主任次辰兄勋鉴：天津终日激战，至晚未息，务望设方应援。我在永定河西岸及平津线各部落伍散兵，应从速多派专人负责，前往就地组织小部队，用小动作到处扰乱、夜袭、拆轨、放空枪等，使其占领区域不能有一时安定，以便我军集中后之反攻，万望从速进行。此为今后最重要之战术，亦制敌死命惟一之要道。如何？盼复。中正手启。艳戌机京。

秦孝仪主编：《革命文献》第106辑，《卢沟桥事变史料》（上），

（台北）中国国民党中央委员会党史委员会1986年版，第237页

陈诚致蒋介石电

1937年7月29日

（衔略）顷接毛参谋长俭艳子并电称：顷据汤军长俭申电称：顷接北平秦德纯俭午电开：敌我双方大战业于今晨开始，其步炮连合部队约三千向南苑进攻，另有约五千之敌向北苑进攻，我军复派队进攻丰台，战况至为剧烈。南北苑、丰台等处敌飞机四十架，对战地轰炸，刻正在激战中，务盼派队进出察北、冀东，侧击敌人后方，必可收奇效也等语。职部可否即向察推进，乞速电遵等语。除报阎副座请示并复电候令行动外，应如何处置之处，翘盼示遵等情。依现在情况判断，我虽不欲扩大战事，但事实上敌必令我屈服而后已，我军除应遵钧座在牯训示意旨外，为顾虑战事之演变，似应在可能范围处，以主动而收先制之利。查绥军出动察北，正千载一时之好机：（一）可以枬敌侧背，予以莫大之威胁；（二）察省乃中、日、俄三国军事上毗连要区，我军若能急速占领，则将来如中俄协同作战之时方易连系；（三）察省目前系敌之弱点而为敌我军事上必争之地，我不占领，敌必进兵由察向我包围；（四）开战初期，宜先扩大战场，所谓"与其严守国门，不如战于国门之外"是也；（五）察省伪军急待反正，义军亦颇活跃，我宜乘时而动；（六）即速出动，可以使敌应付不暇，首尾不能兼顾，使居被动，最小限度亦可牵制敌军大部，以使热河敌军不能向平北增援。又，可否即电朱、毛等部，相机推进察、绥，以固我国防线之左翼。统乞鉴核。

台北"国史馆"档案：陈诚副总统文物/文件/军事国防/对日作战

蒋介石致商震手令

1937年7月30日

商主席勋鉴：兄致敬之部长电已悉，如豫省部署已经完妥，请兄速到石庄协助蔚文兄构筑沧石与德石两线工事。以蔚文人地生疏也，并请兄襄助一切，以期事事迅捷。中正手启。

秦孝仪主编：《革命文献》第106辑，《卢沟桥事变史料》（上），

（台北）中国国民党中央委员会党史委员会1986年版，第237—238页

蒋介石致何应钦手令

1937年7月30日

何部长：各战区各集团军部如韩向方、刘经扶等，应准备事项与其人员组织及必须之准备经费，照昨日会报，请速规定发给，以利进行。中正。

秦孝仪主编：《革命文献》第106辑，《卢沟桥事变史料》（上），

（台北）中国国民党中央委员会党史委员会1986年版，第238页

蒋介石致徐永昌等电

1937年7月30日

保定徐主任、冯主席，石庄林参谋长，保定孙总指挥，沧县庞军长转各军师旅长：通令前方各军师旅长，凡到达目的地，应星夜赶筑强固野战工事，如有二日以上之停留部队，若再为敌所乘，应即以纵敌违命论罪。希各懔遵毋违。

秦孝仪主编：《革命文献》第106辑，《卢沟桥事变史料》（上），

（台北）中国国民党中央委员会党史委员会1986年版，第238页

蒋介石致孙连仲转冯治安陷巳电

1937年7月30日 南京

保定。孙总指挥仿鲁兄，并转冯主席勋鉴：此时要着在从速完成沧保线强固工事，凡掘沟筑沟，均应就地鼓励各县乡村长，召集民工，指定线路，分段分期作工。一面派员督促，一面奖赏。如某段先成，或某段工作早好，应即给奖赏。平时每工给以茶水钱。如此昼夜轮班兴工，不到十日，必能造成强固工事数线，乃可与敌作持久战，我军进攻退守，皆有余裕，平津必可如计收复也。民工奖金有限，准由中央发给也。如何进行，盼详复。中正。陷巳侍参京。

蒋介石批示：另电徐次长、林蔚文，对沧石、德石两线工事，亦应速雇民工致给赏金。

秦孝仪主编：《革命文献》第106辑，《卢沟桥事变史料》（上），

（台北）中国国民党中央委员会党史委员会1986年版，第239页

蒋介石致林蔚条谕

1937年7月30日

林厅长蔚文兄：此时急应完成沧石线强固工事，并限五日内完成。第十七师应令随到随时就近加入深晋各县等地区，限令作工，不必集结献县与河间。全线监工人员应多派为要。中正。

秦孝仪主编：《革命文献》第106辑，《卢沟桥事变史料》（上），

（台北）中国国民党中央委员会党史委员会1986年版，第239页

蒋介石致傅作义电

1937年7月30日

绥远。傅主席勋鉴：平汉与津浦线之正面作战，若不从察绥方面向敌侧背进击，则战

无了局。现情势紧急,不能不抽调汤军急进,务请兄就近设法抽队填汤军之防;万一一时无如许部队可调,则中意只要察省有我军部队进出,则绥东防务自不重要,防守兵力自可减少也。请兄详拟速办。中正手启。

秦孝仪主编:《革命文献》第106辑,《卢沟桥事变史料》(上),

(台北)中国国民党中央委员会党史委员会1986年版,第240页

蒋介石致宋哲元三十申电

1937年7月30日

宋主任明轩兄勋鉴:此次伤亡之将士姓名,希即查明详报,得明令抚恤奖慰。中正。三十申机。印。

秦孝仪主编:《革命文献》第106辑,《卢沟桥事变史料》(上),

(台北)中国国民党中央委员会党史委员会1986年版,第240页

蒋介石指示钱大钧手令

1937年7月30日

钱主任:二十五师与陈铁师部队,令到沧州下车,担任自沧州至献县间防务与工事可也。自献县至吕公堡间工事,先电庞军长察定详报。该师列车已到何处,查报。中正。

秦孝仪主编:《革命文献》第106辑,《卢沟桥事变史料》(上),

(台北)中国国民党中央委员会党史委员会1986年版,第241页

宋哲元呈蒋介石等三十卯电

1937年7月30日

南京。委员长蒋、部长何钧鉴:二五七七密。哲元刻患头痛,亟宜休养。当此军事吃紧之际,恐于大局有误,所有二十九军军长职务,已委冯师长治安代理,并请中央明令发表。谨禀。职宋哲元叩。三十卯。印。

秦孝仪主编:《革命文献》第106辑,《卢沟桥事变史料》(上),

(台北)中国国民党中央委员会党史委员会1986年版,第197页

宋哲元呈蒋介石三十辰电

1937年7月30日

南京。委员长蒋钧鉴:手启艳戌电奉悉。更密。谨遵谕办理。惟天津方面,日方又增

厚兵力，且取有大批飞机飞至。至我驻津各部因受日方压迫，已撤至马厂。谨复。职宋哲元叩。三十辰。印。

秦孝仪主编：《革命文献》第106辑，《卢沟桥事变史料》（上），
（台北）中国国民党中央委员会党史委员会1986年版，第197页

宋哲元呈蒋介石等三十辰电

1937年7月30日

南京。委员长蒋、军政部长何钧鉴：二五七七密。据报：通州保安队二十九日午反正，将日、韩人杀了很多，并将弹药焚烧。现保安队被迫退出城外等语。谨电报告。职宋哲元叩。三十辰。印。

秦孝仪主编：《革命文献》第106辑，《卢沟桥事变史料》（上），
（台北）中国国民党中央委员会党史委员会1986年版，第198页

张庆余、张砚田等联名反正通电

1937年7月30日

（衔略）日寇暴虐，天祸中华，庆余、砚田于长城战后，敌人迫我签立《塘沽协定》后，受命于危难之际，成立战区特警保安第一、二两总队，为统一指挥，便利剿匪计，暂归蓟密区行政督察专员殷汝耕指挥调遣，原期协力同心，奠安地方，抚绥民众。不意殷逆利欲熏心，甘作傀儡，供敌驱策，背叛党国，神人共弃。在当时原不难擒彼巨憝，献俘中枢，徒以国家多故，策在睦邻，重以未奉命令，顾虑地方，不得已始虚与委蛇，含垢待机。近者敌焰愈炽，国难愈深，卢沟桥事变时，不过吞并整个华北之发轫，而殷逆汝耕等丧心病狂，搜括地方，竭泽而渔，特设供给委员会，为敌人筹划给养，维持后方。二十八日敌以一联队之众，益以飞机大炮，轰炸我二十九军驻通部队，敌炮一鸣，全军泪下。斯何时也，殷逆竟率贴身群小，登城作壁上观，引以为乐。庆余、砚田以为敌人谋我，具有决心，非群策群力，听命领袖，不足收救国御侮之效。藩篱岂任久据，报国已愧后人。爰于二十九日拂晓，挥泪誓师，一鼓粉碎伪组织各机关，暨暴日驻通守备队、特务机关、警察署，巨憝汉奸，一体俘获，当时竟日均与日机血肉相拼中。除已派敝部总务处长刘鸿廉驰赴保定，面谒上峰，请示机宜外，此后一切行动，均惟蒋、宋两委员长命令是从。所望国内先进，各处国军，时赐南针，多予协助，不胜企祷。特闻。河北省特种保安队第一总队长张庆余、第二总队长张砚田，率同教导总队第一区队长渡步青、第二区队长沈维干暨全体官兵二万余

人同叩。三十日。

《中国全面抗战大事记》第1辑，1937年7月份，

华美出版公司1938年版，第55—56页

徐永昌、熊斌致蒋介石卅未电

1937年7月30日

　　限即刻到。南京。委员长蒋钧鉴：○密。顷与明轩、绍文等晤谈，得知情况如下：一、俭日午后，我军在南苑、团河等处受敌爆炸炮击，伤亡甚众，佟副军长麟阁、赵师长登禹均阵亡，情况逆转。明轩因钧座屡令来保，遂委张自忠代理其委员长及北平市长职务，离平南下。平市秩序现尚安定，电话可通。二、赵师两团留北平城内，阮玄武部三团除作战略有损失外，亦均留平北郊。三、冯师除驻保一团外，余在长辛店至保定间行进中。四、赵师有步一旅、骑一团在固安；王旅及师直属部队明日可到任丘；蔡旅在河间、大名间。五、张德顺骑兵旅在永清、安次一带；郑大章率骑兵一部及教育团学生二千余原在南苑，现不知退至何处。六、张师黄旅在大沽一带，情况不明；刘旅一部由安次向天津附近移动中；董旅残部由固安向津浦北段移动，另一旅经马厂师部直属二千余人向房山退却中。七、石友三部四团除激战伤亡千余外，已退抵良乡，转赴房山、涞水整顿。八、各师弹药多运后方。九、孙部冯师一旅在琉璃河，一旅在保定附近；池师及炮十团开高阳，均作工事。十、□□部主力在保定附近构筑工事。十一、明轩偕绍文已赴任丘收容并整顿张、赵两师，军长职务委冯治安代理。十二、本日午间，敌机十五架分炸保定一带，城内无大损害，其他地方损害情形，尚未据报。余另电禀。职徐○○、熊○叩。卅未。

中国第二历史档案馆编：《中华民国史档案资料汇编》第5辑

第2编《军事》（二），江苏古籍出版社1998年版，第127—128页

徐永昌、熊斌致蒋介石卅申电

1937年7月30日

　　限即刻到。南京。委员长蒋钧鉴：○密。卅未电谅荷垂察。目前应付办法，条陈如下：一、廿九军平津激战，虽有大损失，总计人数尚不在少，仍宜付明轩以重责，使之整顿，一星期后犹可应战。二、明轩一再声述，不能负平汉、津浦全线指挥之任，但其名义，似又不宜过低，职意或令其指挥平汉至任丘一段，津浦方面则派一与其资望相当之人负责，或委一总指挥隶经扶或向方之下，全其颜面，或令启予前往指挥。三、平汉铁路正面仅琉璃河有孙部一旅，刻令酌派少数部队到良乡警戒，并以铁甲车一列属其指挥。四、沧、保

工事，暂令万、孙、庞各部加工赶筑，冀早完成。是否有当，敬乞钧裁。职徐○○、熊○叩。
卅申。

中国第二历史档案馆编：《中华民国史档案资料汇编》第5辑
第2编《军事》（二），江苏古籍出版社1998年版，第128—129页

陈诚致蒋介石电

1937年7月30日

（衔略）查青纱幛为秘匿军队行动之良好遮蔽物，且战车行动亦受阻碍，拟请通令近接战区各省府，本年对于成熟之五谷只准收穗，不得出秸，以便军队利用。当否，谨乞钧裁。

台北"国史馆"档案：陈诚副总统文物/文件/军事国防/对日作战

蒋介石致陈诚电

1937年7月31日

（衔略）艳未参电悉。所呈各点已在分别办理中。

台北"国史馆"档案：陈诚副总统文物/文件/军事国防/对日作战

宋哲元致蒋介石函

1937年7月31日

委座钧鉴：

敬肃者。兹派秦绍文、石筱山两同志晋京，趋谒钧前，报告一切，敬乞赐予指示为祷。专此奉禀，敬请钧安。

职宋哲元谨呈（印）
廿六、七、三一

附报告节略。

报告节略

一、此次之战，因二十四年之经过，二十九军本不丧权不辱国之精神，不能接受日方要求，因此日方非驱逐二十九军不可。

二、平津附近驻军以及保安队，自敌向我压迫以来，无一部不奋起抗战，且无一战不空前激烈，是兵气、民气均有同仇敌忾之心。只因敌我器械悬殊，且我为平时驻军姿势，

敌为预有作战准备部队,我实已处处居于被动地位,所以不能持久战也。

三、我军伤亡约五千余人,副军长佟凌阁、师长赵登禹均阵亡,官兵阵亡者另报,拟请中央优予抚恤,以慰忠魂,并资激劝。

四、北平为华北文化重心,且居民约在一百五十万以上,为保持元气计,故极力设法维持,留张自忠带兵一旅,令其权宜处理。但张自忠痛苦万分,经大义相勉,为人民牺牲,仅允维持短时,以后如何出张于危难,尚无良策。

五、如中央决战,则宜星夜分路向战略线集中,以期挽回机先之利。倘仍为枝节应战,恐愈战愈不可为,终被各个击破,除徒消耗兵力外,别无理由。因我器械不如人,所恃者仅为以多为胜也。

六、按目下情形,如中央决定继续作战,则拟请如左之规定,以资振作士气:

1.平汉路出生力军进出永定河左岸,收复北平。

2.津浦路出生力军进出天津以东地区,收复天津。

3.二十九军集结于津、保之间作为中路军,待平汉、津浦两路前进时相机进出,为最得策。

七、如中央决采现在状况作战,则请允许组织义勇军,与敌人作消耗战,或亦可有效,但须巨款。

八、倘上述均未能采纳,则应请取和的办法,或可缓和一时,否则,既不决战,又不言和,则国家前途真不堪设想矣。

九、此次平津战役,哲元处置无方,深自愧怍,拟请政府予以处分,以振国威。

台北"国史馆"档案:蒋中正总统文物/革命文献/抗战时期/卢沟桥事变

秦德纯呈蒋介石世电

1937年7月31日

京。委员长蒋钧鉴:偄密。查平津战役,二十九军防线由大沽口至察边,兵力尚未集结完毕即与敌接触,而天津一战,尤为壮烈,功败垂成,深堪惋惜。二十九军现在冀南各地整饬,虽兵员略有损失,而士气尚堪一战。为今之计,只有战和两途,如决战则拟请将大兵分为三路,平汉、平浦及中间各一路,二十九军任一路,由钧座统一指挥,则一举而平津可下,直捣长城沿线,则冀东各处保安队等必群起响应矣。若节节抵抗,零星消耗,则抗战愈久,损失必愈大。如不战而和,则拟请中央派员到平津与日方直接交涉,或亦可敷衍一时。倘不和不战,则国家前途实不堪设想矣。冒昧直陈,敬请鉴察。职秦德纯叩。世。印。

蒋介石批复：拟复。所见甚佩。现已到最后牺牲关头，已无和之可言。除已积极准备外，希我二十九军一面从速整理，一面占领阵地，构筑强固工事，以赴事机。中正。

秦孝仪主编：《革命文献》第106辑，《卢沟桥事变史料》（上），
（台北）中国国民党中央委员会党史委员会1986年版，第199—200页

冯治安复蒋介石世电

1937年7月31日

急。南京。委员长蒋：陷未参电谨悉。〇密。此间昨与徐主任、熊次长、孙总指挥议定，平汉前线由二十六路负责。平津退下部队，正在集结分别整顿之中。敌机连日在涿州、徐水、漕河、保定侦察轰炸。今后军事重点，要在北守察、绥，南扼沧、保，对平津取监视控制之姿态。宋主任昨亲赴任丘视防，职暂驻保定，地方秩序安定。至钧谕深沟宽壕严防敌军坦克车突进扰乱一节，即已严令各部遵办。谨电奉复。职冯治安叩。世。印。

蒋介石批复：世电甚慰。务望激励将士再折〔接〕再厉，期达雪耻报仇之目的。对于二十九军此次平津详报及南苑布防实情与阵亡官长姓名与武器损失之数，希详报为盼。

秦孝仪主编：《革命文献》第106辑，《卢沟桥事变史料》（上），
（台北）中国国民党中央委员会党史委员会1986年版，第200—201页

严宽致何应钦世电

1937年7月31日

南京。部长何：一〇一五密。（一）平市异动后，市面未复常，每日士兵横行闾巷，人心极不安。（二）张部入城之部队，多已改为保安队，每日晨昏，日人训话。（三）张等已无主持能力，诸事均由汉奸操纵。此间现况，恐难久待。（四）闻市民维持会将要实现，前途演进不知如何。（五）人民极盼中央军早到，排除万难。职宽叩。世。印。

秦孝仪主编：《革命文献》第106辑，《卢沟桥事变史料》（上），
（台北）中国国民党中央委员会党史委员会1986年版，第201页

蒋介石致汤恩伯转刘汝明电

1937年7月31日

汤军长，转察哈尔刘主席勋鉴：今平津失陷，冀察交通断绝，兄孤军在张，无任忧

虑。兹将应注意各点速办如下：一、青龙桥及八达岭一带铁路务速尽量炸毁，勿使为敌利用。二、已构成之国防工事，应尽量加强，星夜赶成。三、决派第八十四师高桂滋部先到张家口，协助兄固守张垣，并赶筑附近工事，勿使敌战车侵入我阵地。四、张垣应死守勿失，务尽守土之责。五、倭寇既占我平津，正式战争已经开始，对在张之日人，一律驱逐，切勿再与之敷衍，应即先行断绝其往来。六、兄部给养，以后可由中央供给勿念。七、对青龙桥一带铁路易毁否？八、已构国防工事阵地构筑程度与地点？九、张垣如何布防？皆请详复。十、以后兄部后方，应以绥远为基础，请与阎主任、傅主席切实联系。十一、汤军长恩伯在绥东，亦可切实联络；如有必要，可约其到张垣面商一切也。中正手启。

秦孝仪主编：《革命文献》第106辑，《卢沟桥事变史料》（上），

（台北）中国国民党中央委员会党史委员会1986年版，第241—242页

蒋介石致徐永昌世辰电

1937年7月31日　南京

徐主任次辰兄：现在河北政治最急要者，为各乡村社会组织与其战时准备及民众训练，务请兄与冯主席详细指示，并协助其进行；并令各部队：凡我军队所到之处及驻地，皆由其师、旅、团、营长亲自训练民众与组织保甲，明定其简单战时实施条规，激发其国家意识，使敌寇不能安驻我土地。务望迅速督促实施，并多派员监察指示。又，张家口与北平交通既断，刘师孤军可危，请与明轩兄切商善后办法。中意最好明令刘汝明归阎主任或傅总司令之指挥，则其察绥可打成一片，刘师后方亦可安全，并拟即派高桂滋部先到察省增防。如何？详复。中正手启。世辰机京。

秦孝仪主编：《革命文献》第106辑，《卢沟桥事变史料》（上），

（台北）中国国民党中央委员会党史委员会1986年版，第242页

蒋介石致程潜手令

1937年7月31日

程总长：现在因平津失陷，战斗序列急应重新规定，最好察省刘部归阎或傅指挥。请妥商决定，详报。中正。

秦孝仪主编：《革命文献》第106辑，《卢沟桥事变史料》（上），

（台北）中国国民党中央委员会党史委员会1986年版，第243页

蒋介石致军委会条谕

1937年7月31日

军委会：佟麟阁、赵登禹阵亡消息究竟确否，速电问宋明轩、冯治安详报，务于今晚发表抚恤褒奖明令为要。中正。

秦孝仪主编：《革命文献》第106辑，《卢沟桥事变史料》（上），

（台北）中国国民党中央委员会党史委员会1986年版，第243页

蒋介石致沈鸿烈世午电

1937年7月31日 南京

青岛。沈市长勋鉴：敌必向胶东上陆进攻，现在一切重要工事与准备，似可不必十分秘密，应积极防备为盼。中正手启。世午机京。

秦孝仪主编：《革命文献》第106辑，《卢沟桥事变史料》（上），

（台北）中国国民党中央委员会党史委员会1986年版，第243—244页

宋哲元致蒋介石等东电

1937年8月1日

即到。南京。委员长蒋、部长何、总长程钧鉴：更密。此次职军平津各区混战后，亟应重加整备。谨将各部队集结地点报告如下：（一）第三十七师除陈春荣旅仍驻保定外，其余各部集结于安新、高阳、肃宁一带，师部及特务团暂驻高阳。河北保安旅移驻涿县、徐水、望都一带，旅部驻保定。（二）第三十八师沿津浦线部队，以一部扼守静海，其余集结于马厂、大城、青县、沧县一带，沿平汉线各部集结于蠡县后，即归还该师。（三）一三二师集结于固安、任丘、河间一带，师部暂驻任丘。（四）骑兵第九师以一部仍担任固安、永清一带防务，师部及其余部队集结于新镇、霸县附近。（五）军特务旅集结于张登镇（保定南）附近，旅部暂驻张登镇。（六）冀北保安司令部所属各部集结于涞水、易县附近，司令部暂驻涞水。除令各部即速移动完成整备外，谨禀。职宋哲元叩。东参战。印。

秦孝仪主编：《革命文献》第106辑，《卢沟桥事变史料》（上），

（台北）中国国民党中央委员会党史委员会1986年版，第201—202页

张樾亭致钱大钧转呈蒋介石东电

1937年8月1日

南京。军事委员会钱主任译呈委员长蒋、军政部长何钧鉴：司密。（一）平津城郊

二十九军部队与敌混战,我军被敌飞机炮火猛力轰击,伤亡奇重,佟副军长麟阁及一三二师赵师长登禹,在南苑、团河之役阵亡。现在第三十七师师部及独立第二十五旅在涿县,三十七师刘、何两旅到达高碑店、史家镇一带,预定在安新、高阳、肃宁附近整备。三十八师黄旅一团在固安,黄、刘两旅及独立第二十六旅到达静海、马厂、大城一带,预定在静海、大城、青县一带整备。一三二师石旅一部仍在北平,刘、柴两旅在任丘、固安一带,即在该地整备。一四三旅仍在察省守备中。骑九师第一旅在永清、安次一带警戒。郑师长率第二旅到达涿县,预定第二旅在霸县附近整备。石友三部陈、吴两旅到达房山、涞水之间,预定在涞水、易县附近整备。在静海、固安、涿县各部队,派游击队分向天津、廊房、宛平游击。(二)天津保安队与警察一部及勇敢爱国之民众,与日军刻仍在混战相持中。长辛店方面日军,借铁甲车之掩护,在南岗凹构筑工事中。(三)张市长奉宋主任命,留平维持治安,宋主任偕秦市长现在任丘。谨电奉闻。职张樾亭叩。东。

秦孝仪主编:《革命文献》第106辑,《卢沟桥事变史料》(上),

(台北)中国国民党中央委员会党史委员会1986年版,第202—203页

孙连仲致蒋介石东子电

1937年8月1日

南京。委员长蒋:○密。情报:(一)今午敌五六百名、坦克车二三十辆到长辛店,在南岗洼构筑工事中。(二)敌装甲汽车四辆、摩托车二十余辆,载步兵百余名,今午后进占良乡城。(三)我二十七师黄樵松旅,现在琉璃河占领阵地,抵御南下之敌,其先头便衣队在良乡南五里许与敌遭遇激战后,敌退入城内,现在对峙中。谨闻。孙连仲。东子参谍。印。

秦孝仪主编:《革命文献》第106辑,《卢沟桥事变史料》(上),

(台北)中国国民党中央委员会党史委员会1986年版,第203—204页

蒋介石致庞炳勋等条谕

1937年8月1日

沧州。庞军长、八十五师陈师长、徐主任次辰、林厅长蔚文:辰第八十五师已到沧州,昨经指定应即令其加入沧保线最右段之阵地,指定地区构筑(工事)沧州(不含)至赵官营(不含)之阵地;该师应并暂归庞军长之指挥,其事亦由庞军长负责督筑,限该地区三日内将(其所属)工事完成第一步工程为要。中正。

秦孝仪主编:《革命文献》第106辑,《卢沟桥事变史料》(上),

(台北)中国国民党中央委员会党史委员会1986年版,第244页

蒋介石致徐永昌转冯治安冬亥电

1937年8月2日 南京

保定。徐主任次辰兄,请转冯主席:静海、马厂非固守不可,该处有否部队?工事如何?甚念。由马厂经大城至文安,须赶筑工事。又由文安至雄县,亦应赶筑工事。该处地形可利用湖沼,甚易为力,务望冯主席速办。又由雄县经新安镇、安新县至徐水,亦应利用沼泽构筑工事。该线如能筑成,则我军进攻更易也。中意以后前进分为津浦与平汉两个军团,其中间地区由文安经史各庄至雄县,构成强固阵地,则两路前进乃可安全。津浦路军团,以二十九军全部任之,由明轩兄指挥。平汉路军团归中央军任之,由刘经扶指挥。万寿山军任文安至雄县中间地区之防守工事。请以此意即商之宋、秦、冯、孙、万诸兄,如同意希即速实行,限一星期内完成。届时中当亲来指挥也。盼复。中正手启。冬亥机京。印。

秦孝仪主编:《革命文献》第106辑,《卢沟桥事变史料》(上),
(台北)中国国民党中央委员会党史委员会1986年版,第245页

张樾亭致钱大钧转呈蒋介石等江电

1937年8月3日

南京。军委会钱主任请转呈委员长蒋、军政部部长何钧鉴:生密。(一)日来平津方面日敌情无甚变,惟封交通至为严密,出入甚感困难。(二)据刘主席电称:察东、察北日伪军日见增加,情势日渐严重。(三)沧保线工事正在构筑中。(四)孙司令殿英部约千余名,皆系勇敢善战之民军,刻以主力在房山大灰厂沟附近山地集结潜伏,余部尚在召集中,已令该部相机向坝沟桥、长辛店之敌游击强袭。(五)此次平津战役,高级指挥官决心不坚定,日人乘机运用其强大炮火、飞机之威力,致我军伤亡奇重,部队之指挥运动均甚困难,遂遭挫败。谨闻。职张樾亭叩。江。印。

秦孝仪主编:《革命文献》第106辑,《卢沟桥事变史料》(上),
(台北)中国国民党中央委员会党史委员会1986年版,第204页

宋哲元通电

1937年8月3日

南京。国民政府主席林、军事委员会委员长蒋、各院长钧鉴,各都会、各省市政府、各总司令、各绥靖主任、各总指挥、各军长、各师旅长勋鉴,各团体、各报馆钧鉴:哲元受命主持冀察军政以来,自维责任重大,日夜兢兢,原期为华北巩固主权,为中央掩

护建设，是以对平津两地之保持，曾不稍遗余力，乃不幸我军事准备未完，兵力集结未毕，而日人已先发制我。自七月七日卢沟桥事变发生，我三十七师自卢沟桥以迄八宝山一带，与日抗战二十余日，我团长吉星文受伤不退，我兵伤亡在千名以上。至二十六日廊坊事变复起，我三十八师刘振山旅驻防该地，与敌抗战，屡进屡退者数次，官兵伤亡约五百余名，同时敌复向我广安门袭击，经我守兵击退。至二十七日，我通州及团河驻军，均受敌压迫，伤亡亦甚众。至二十八日，敌以大量飞机、战车及各种机械化部队，分向我南苑、北苑、黄寺及沙河等处进犯。南苑为我军部与其他各部队及三十八师三团，由副军长佟麟阁、师长赵登禹并力指挥，与敌激战终日。是役我官兵伤亡在二千名以上，副军长佟麟阁、师长赵登禹同以身殉国。北苑、黄寺一带驻军，为我石友三、阮玄武两部，伤亡亦在千名以上。至二十九日敌犯我天津，我三十八师驻津部队，与敌抗战两日，伤亡一千余名。综计各战役，我官兵伤亡约五千余名，其余军需品损失无算。以上为本军此次作战之概要情形，固为敌人之蓄久计划，亦为哲元之处置失当，实应受国家严重处分。刻下二十九军军事已委冯师长治安代理，并已蒙中央照准。哲元近日以来精神不振，拟稍事休养，再图报国。诚恐国人不明真相，特此掬诚报告，伏希亮察。宋哲元叩。江。

《中国全面抗战大事记》第1辑，1937年8月份，

华美出版公司1938年版，第4—5页

何应钦致冯治安江亥电

1937年8月3日

机急。保定。冯主席仰之兄：二五七七密。据东京同盟电，日军铃木部队于世日在北平已将第三十九旅约三千名之武装解除等语。现阮旅在何处？日电所传确否？盼速查复。何应钦。江亥参。印。

中国第二历史档案馆编：《七七事变至平津沦陷蒋何宋

等密电选》，《历史档案》，1985年第1期

严宽致何应钦江电

1937年8月3日

南京。部长何：一〇一五密。(一)阮旅等冬在北苑及西苑缴械。(二)平郊晚仍有枪声，系孙等别动队及反正军游击活动。(三)冀察政会照常办公。(四)平市维持会江朝

宗力辞主席。(五)各城门均由日军监视,居民甚恐。职宽叩。江。印。

秦孝仪主编:《革命文献》第106辑,《卢沟桥事变史料》(上),

(台北)中国国民党中央委员会党史委员会1986年版,第206页

蒋介石致程潜电

1937年8月3日

程总长勋鉴:现在派在河北各师督战参谋,应即派定,最好现在陆大较优学员,皆派其任务,使之督战或联络;但须经一度之训练,应将作战注意之点及其任务与纪律职责,皆应详明订定为要。中正。

秦孝仪主编:《革命文献》第106辑,《卢沟桥事变史料》(上),

(台北)中国国民党中央委员会党史委员会1986年版,第245页

蒋介石指示钱大钧条谕

1937年8月3日

钱主任:昨令战车、防御炮两营,分运石家庄与保定二处。现可令其暂时集中于石家庄附近地区,但须疏散为要。该营何日可运到目的地?查报。中正。

秦孝仪主编:《革命文献》第106辑,《卢沟桥事变史料》(上),

(台北)中国国民党中央委员会党史委员会1986年版,第246页

蒋介石致徐永昌江巳电

1937年8月3日　南京

徐主任次辰兄勋鉴:昨晚电谅达,如前方各将领同意,则请即命令如下:一、二十九军即就自马厂经大城、韩村集至文安(含)一线阵地。二、万寿山军全部就文安(不含)以西右接二十九军经史各庄、雄县(含)之线。三、二十六路军由雄县经新安镇、安新县、徐水至安家村或满城之线。以上各部阵线未构成之先,应即各就该所定线之据点,先筑据点强固工事,限三日内完成,然后逐渐展长扩充完成全线;但二十九军与二十六路军须集结有力部队于相当扼要地点,以备随时出击。又高汤、清苑、任丘、大城、河间线防,皆应指定就近各军部队担任。希详报。如何?盼复。中正。江巳机京。印。

秦孝仪主编:《革命文献》第106辑,《卢沟桥事变史料》(上),

(台北)中国国民党中央委员会党史委员会1986年版,第246页

陈诚致蒋介石电

1937年8月3日

（衔略）密。国防会议开会在即，谨将管见所及，择要陈明如次，敬乞钧察。

甲、对敌作战，即钧座所示，必须有一贯的方针、明确的步骤，与整个的计划。而归纳其内容，不外应付现在与准备将来两者。

乙、关于应付现在，即目前的抗战，又可分为四个要点：（一）中央统帅部之机构必须力求健全，并实行改造（可用大本营名义），以奠定抗战之坚实基础。（二）此次作战，非同泛泛，纯系国运之存亡，对于各路负责人选应严格注意其精神、能力、年龄、身体等关系，绝对为事择人，不能因人设位，以重事权而发挥其效力。（三）任人课责以专一为原则，前方后方任务各别，不能以一人而兼数职。又，各省疆吏，地方责任重要，亦不能兼掌军事、政治，以免顾此失彼。（四）如有特殊原因非兼任他职不可时，则其本职应由政府明令派员代理，以专责成而免贻误。

丙、关于准备将来即长期的国防经济的建设。过去北洋军阀时代，政府未有计划，各省便宜行事，情形自有不同，今后则应集中人力、财力，推进整个计划，合中央、地方、人民三者之力为一体，分工合作，以完成整个性的国防经济建设。

丁、至于北平，为我八百年故都，文物重心，又外国使节馆舍所在，关系国内国际观感向背至巨，必须分由平绥、平汉方面，速出大军反攻，虽明知重大牺牲，亦不能顾。当早在钧座荩筹之中，不赘。

以上甲、乙、丙三项，如钧座认为有当，可否恳请酌量提出会议，或另行指定人员提议之处，伏乞钧裁为祷。

台北“国史馆”档案：陈诚副总统文物/文件/军事国防/对日作战

何应钦关于中央军事准备报告稿

1937年8月7日

中央之军事准备（部长在国防会议之报告稿）。八、七。

（一）卢沟桥事件发生后，中央之准备工作。

七月七日晚，卢沟桥事件发生，我卅七师开始抗战后，本人适在重庆主持川、康整军会议。于九日奉委座电令，即日返京。遵即将整军会提前于九日下午闭幕，于十日下午飞返南京，遵照委座意旨，准备一切。

I、委座之紧急处置。七月九日手令：

（1）令驻平汉路南段孙连仲第二十六路两师，向保定集中，并电商宋明轩，令庞炳勖部与高桂滋部，皆向石家庄集中。

（2）徐主任转程总长、唐总监、何部长：倭寇挑衅，无论其用意如何，我军应准备全部动员，各地皆戒备，并准备宣战手续。如前令各部开动外，第二十一、二十五各师及第三军，亦令动员候调为要。

Ⅱ、本人返京后之准备工作。

本人返京后，遵照委座准备全部动员，整个抗战之意旨，邀请在京各军事长官及参战军各主管负责人员，每日下午九时至十二时，举行会报，分别将一切军事准备，均由平时状态转移为战时状态，并详细研讨作战上之方针与策略，呈委座核定。所有积极准备情形，均有详细记录，可作将来抗战之文献。此项准备工作之比较重要者如下：

（1）战斗序列草案之规定。将全国军队列入抗战序列者，第一线约一百个师，预备军约八十师，已呈委座核定，不日当可颁布。而依照序列，使用于河北者，共约五十师，正源源向沧州、保定、石家庄一带集中。

（2）弹药之整备。将军政部年来存储之弹药（约可供全军作战六个月之需），拟定计划，依作战之要求，分设弹药总库若干及分库若干。约计在长江及黄河以北屯积三分之二，江南屯积三分之一，现已按计划搬运完毕。又为准备长期抵抗，我兵工厂万一被敌机炸毁，为求弹药可以源源接济，已与法、比两国商洽购办。第一步由香港入口，如香港不能入口，则由海防经安南入广西。其沿途运输状况，已与李总司令会商，可望打通此条国际交通线，使军械与弹药，可以源源接济。

（3）粮秣。准备购办一百万人、十万匹马之六个月份粮秣。

（4）防空及新兵器之分配。所有防空高射炮、高射机关枪、三·七战车炮、八·八高射炮及各要塞之新炮，均已分配妥当，分别配置及限期装置。

（5）总动员之筹划。已呈准设立总动员建设委员会，办理全国总动员事宜，由本人担任主任委员，各关系部、次长，皆为当然委员，现正积极进行中。

（6）交通通讯之整备及器材之购办，正积极办理，如在沪上新购卡车在三百辆以上。

（7）兵员之补充及民众之组织训练。已成立补充兵三十营，其民众之组织、壮丁之训练，均已拟有详细计划。

（二）平郊战事发动后，中央之增援准备。

卢事发生后，中央之准备，其大致已如上叙。而自宋主任到天津后，平津和平空气甚为浓厚。中央派入河北之先头部队孙连仲、庞炳勋两部，共三师一旅，指定到达沧保后，归宋主任指挥。惟至二十二日又来电，陈明与日方协定之三条件，并谓就今日情形观察，此事或可暂告一小段落，陈明三条，请委座指示之养电。故自十一日起，至廿四日止之两星期中，完全在日方和平欺骗手段中而度过。本人于十五日已见到日方之狡计，曾有删电致宋主任，内有"查日人效一二八故智，先行缓兵，供〔待〕援军到达，即不顾信义，希图将我二十九军一网打尽。形势显然，最为可虑，望即切实注意，计划应付"等语。嗣后果不幸而言中，殊堪浩叹。至二十五日起，日方果开始向我廊房进攻，至二十六、二十七两日，竟大举包围北平四郊。南苑、北苑、西苑、丰台、廊房、团河等处，皆有激烈之战争。宋主任俭电呈明，拒绝日方最后通牒，决心抗战。并谓固守北平，三五日可无虑，请中央速派大军增援等语。本人乃于廿八日上午，奉委座谕，约集程总长、唐总监、徐主任、陈院长及有关诸幕僚开紧急会议。当决定迅速增援北平，一面令已到保定之孙连仲二师，星夜向永定河推进，归宋主任指挥，并令五十三军推进至保定，亦作增援北平之准备。一面令内地动员各部队迅速输送，向沧州、保定之线集中。比经呈奉委座裁可，于二十八日正午下令照办。孙部当即用火车输送，其二十七师预定至长辛店下车，卅一师预定至涿县下车，向固安集结。乃该部于当晚行至中途，而宋主任已离开北平，该部乃中途下车，在琉璃河占领阵地，收容二十九军。因时间仓卒，中央增援部队不能依计划参加北平战争，此不能不引为遗憾者也。

至中央空军，亦已全部准备出动，并已与阎主任商定，以太原为根据地（请绝对秘密）。惟因河北境内，平时无飞行场及油弹之准备，在飞机性能上，无法飞往平津参战，虽经派员前往积极准备与部署，然已不及矣。

中国第二历史档案馆编：《中华民国史档案资料汇编》第5辑
第2编《军事》（二），江苏古籍出版社1998年版，第103—106页

陈诚致蒋介石电

1937年8月7日

（衔略）密。卢案发生后，钧座两次谈话，所以昭示于中外者，实为国民党与钧座最明确之决心与态度，而所得国际之同情、国民之拥护，亦已获最大之反应。目前最要者，厥为政府本身战时机构人选及战争范围之决定。兹分述所见：

（一）在应战方针中不免有人怀取和平之途径，因此整个决心与部署即遭阻碍。职以为，只抱积极战之目的、全面战之方针，始可得万一之和平与一部之胜利，否则无法言战，更无法言和。

（二）华北局部战为敌之企图，若我亦以局部应之，则我全陷于被动且无胜算可操。职以为，我军主力在华北应采取歼灭战，在大牺牲之下，能消灭敌二三师，即足寒敌

胆、振民气，而最大把握仍在发动全面战，主动的肃清腹地，如长江一带敌人，减小我处处设防、牵制兵力之顾虑。盖与日本战争求局部之胜利把握甚小，如全部同时动作，则必互有胜负，否则无法应战取胜也。

（三）利用大规模战争，调遣各省区部队，因而减去割据之成分，为最良好时机，亦只有发动战争始能实行。

（四）目前民气、士气均属可用，但无健全组织以提挈之，不能发挥力量并作持久之斗争。即以最高统帅部言，至今尚无决定而部队曾源源北上，到达前线，但迭接前方将领来电，颇以系统不明，部署未定为念。查历年作战曾有战斗序列，而实际各师仍直接萃于钧座一身。此次国际战争，时间、空间均难预定，必须健全机构，慎重人选，一洗过去因应人事、叠床架屋之弊。而最高统帅部之重要军械人员，必须才略威望兼备者充之，庶足以分钧座之勤劳，新民众之耳目。愚虑所及，贡陈参考。

台北"国史馆"档案：陈诚副总统文物/文件/军事国防/对日作战

孙连仲致何应钦删亥电

1937年8月15日

南京。部长何：〇四〇七密。据报：（一）北平政会江发表开除石友三、石敬亭等八委员职，支发表常委齐燮元、贾景〔德〕耀、张允荣、潘毓桂等八员委员负责，绥署富双英负责，全市警察歌改换黑制服。鱼潘毓桂讲演，痛责南京中央之非，并招待新闻界，不得有反日言论。（二）日兵灰入城，在长安街集合后，分驻城内。全城共约五千余人，南苑及西苑各驻一联队至一千四百余。上黄村车站约二百人驻守。每日仅开城门四次，日、鲜民人照常。谨闻。孙连仲。删亥参谍。印。

秦孝仪主编：《革命文献》第106辑，《卢沟桥事变史料》（上），
（台北）中国国民党中央委员会党史委员会1986年版，第206—207页

宋哲元、张自忠呈蒋介石报告

1937年10月9日

一、宋哲元十月九日报告：张自忠抵济，会经电陈，谅蒙钧览。张自忠此次转道南来，外间对之多抱怀疑态度，兹特令其晋京觐谒钧前，面陈经过，职对其平日之为人，知之甚切，决不至如外间之所传，以负国家数十年培养之厚也。兹并派秦德纯与之偕行，报告此间近况，伏乞钧座赐予指示，是所至祷。

二、张自忠十月九日报告：窃自忠于七月二十八日奉宋委员长命令留守北平，代理冀

察军政事宜。奉命之下，诚恐材具弗胜，一再坚辞，经宋委员长责以大义，不得已泣涕受命，允为维持十日，由宋委员长自保率队来平接应，以解北平危急。自宋委员长离平赴保后，职一面令驻城内石旅确保北平秩序，阻止日军入城；一面派员与宋委员长妥取连络，并电令在津李副师长文田督率所部，努力杀敌，并诰诫官兵勿忘为中国国民，不必以交通梗阻为虑。嗣以平保连系断绝，而日军大部逼迫城郊，职当令石旅突围赴察，职亦率手枪队出城。不意石旅甫出得〔德〕胜门，敌人预设伏兵，三面袭击，以致石旅长与其部队失却连络，职亦中途折回城内。从此职困处孤城，一日数迁，居处被日人查封，形同囚虏，屡次冒险出城，均未办到。迟至九月三日，职不得已化装只身离平赴津，在途三日，始抵天津，寓于英籍友人家中，至十日乘英商海口船赴烟台转济南来京。此经过之大概情形也。自忠受国家培植与钧座训诲，誓以至诚效命国家，倘有丝毫不忠实于国家及钧座之处，甘受最严历之处分。至于自忠有负任务，贻误大局一节，应如何惩处之处，敬惟钧座之命是听。披沥陈情，恭候钧裁。

秦孝仪主编：《革命文献》第106辑，《卢沟桥事变史料》（上），

（台北）中国国民党中央委员会党史委员会1986年版，第207—208页

（二）卢沟桥事变后历次军事会报
 记录（1937年7月11日—8月12日）

卢沟桥事件第一次会报

时间：七月十一日下午九时

地点：部长官邸大客厅

出席人员：唐总监　陈院长　刘副主任　周主任至柔　曹次长　熊次长　周署长俞署长　项厅长　王司长　陈代司长　端木委员　佘参事　罗科长　谭科长道平

主席：部长

会商事项：

（一）罗科长宣读情报。

（二）委座谕：在熊、曹二次长中派一人赴北平。部长意，以熊次长为宜。

（三）已到新武器之使用。

1.3.7战车炮，就已到者，限十五日以前分发指定之部队；其未完成之车辆，由军务司长与交通司洽商，速拨载重汽车代用。

2.3.7高射炮及2cm高射炮，亦速按已定计划编成，以便随时分发使用。

3.8.8高射炮已到者，决定装于江阴，限星夜赶筑。

（四）弹药检讨。

俞署长报告：长江北岸各地存储共约六千万发，武昌约四千万发，南京约一万万发；步机枪弹共有五万万发，其中三万万为库存，二万万分在各部队。

步炮弹药五十万发，3.7战车炮弹约三千〔十〕万发，山野炮弹、卜福式山炮弹约十二万发，克式野炮弹约十万发。

合计以二十个师计算，可供作战三个月之用，应先将一部运过黄河，分散屯储。

（五）航空。

周主任报告：现在可使用于第一线之飞机约二百架，航空根据地拟设在太原。

（六）粮秣。

现存五十万人、十万匹马粮秣一个月份，应速购二月份，一面将一部粮秣推进至黄河北岸存储。

（七）燃料。

汽油现存三百万加仑。

飞机汽油现存二百五十万加仑。

（八）部队。

1.各部速就国防位置，解除其勤务最为重要。

2.十六师调至芜湖、宣城一带，并换发其枪支。

3.韩部之74D，先发汉造新枪二千支。

4.可使用之部队，由军委会再加检讨。

5.陕西孙蔚如部可调一师。

6.57D应否回嘉兴原防。

7.刘建绪部应准备抽调一部，随时可以接延平3D之防务。

8.另拟动员计划。

（九）通信兵团调一营至新乡，一营至徐州待命。

（十）防空兵器统属于军政部或航委会。部长意，以属于军政部为宜，因必与陆军连系作战也。

（十一）医院应调一部过黄河准备。

卢沟桥事件第二次会报

时间：七月十二日下午九时

地点：部长官邸大客厅

出席人员：部长　程总长　唐总监　徐主任　曹次长　熊次长　刘副主任　林厅长　周主任　周署长　俞署长　项厅长　王司长（文宣）　王司长（景录）　陈代司长　佘参事　端木委员　罗科长　谭科长　张署长健

会商事项：

（一）派赵部附巽于明（十三日）乘飞机将卢沟桥工事图送往保定，交冯主席治安转送前方应用，并携公函及密电本，以后即留保定作连络参谋。

（二）熊次长北上案。

1.到达地点：先乘飞机到郑州，再换乘火车赴保定。

2.随行人员：杨处长宣诚同行，并派方高级参谋径赴天津，促宋主任即日到保定，与熊次长会面。

3.任务：宣达中央意旨，即本委座所示不挑战、必抗战之旨。如宋主任环境关系，认为需要忍耐，以求缓兵，但仍须作全般之准备，卢沟桥、宛平城不可放弃。如廿九军需要子弹与军实，中央可以源源补充。

（三）以后情报及新闻之发表，由佘参事负责审查，另由参部派人协助。

（四）部队准备案。

1.照刘副主任拟案，另加检讨修正。

2.15D王东原部，先令开武汉待命。

3.第一次使用于第一线部队，不可全用调整师，应将稍差部队夹用。

4.令各边区主任就目前各边区情况，可以抽调部队若干，迅速具报，以凭统筹计划。

5.令各部队于奉到命令后几小时可以出动，速具报备查。

6.令各省保安团队，演习维护后方交通之勤务。

7.津浦路车北上之开行，应不露痕迹，将车辆逐渐南移。

8.可通知粤、桂、川省等部队，准备必要时抽调部队北上；其正在整编者，迅速整编。

9.必要时发动绥东之战争及察北伪军之反正。

10.必要时令第三者出绥东侵内蒙，以扰敌之侧背。

（五）后方勤务事项。

1.医院应准备推进，由军医署速拟计划。

2.弹药之推进，照军械司所拟办法办理。

3.粮秣之推进,照军〈需〉署所拟办法办理。

卢沟桥事件第三次会报

时间:廿六年七月十三日下午九时

地点:部长官邸大客厅

出席人员:何部长　程总长　唐总监　徐主任　刘副主任　俞部长　俞署长　周署长　张署长　林厅长　曹次长　项厅长　王司长(务司)　王司长(交司)　陈代司长　佘参事　端木委员　尹处长　吴副主任思豫　罗科长　谭科长

会商事项:

(一)部队调动之检讨。

1.战斗序列照刘副主任拟案,由四长官加以指正,于明(十四日)修改后再提出决定。

2.调2D补充旅(钟松)至江南,并以一团防守上海。又龙华飞机场,须另筹拨军队二个营防守。

3.调57D回嘉兴原防。

4.95D罗奇部,已由刘主任调至郑、汴集结待命,将来拟调津浦南段守备,并将现在滁县之教总队一团归还建制。

(二)情报之通电与通报。

仍由部长办公厅名义,每日汇集发表一次,重要者随时通报。(行政院各部部长,行院秘书、政务处,亦须送一份。)

(三)兵站准备事项。

1.战时各部队经费标准案(军需署拟)与战斗序列攸关,留待战斗序列确定,再审核决定。

2.米津以第一线部队为限,并以现品为宜,不可用代金,亦俟战斗序列决定再定。

(四)外交谋略。

日武官大神户请见部长,先由次长代见,探其意向,如确有诚意,亦可与之谈判。

卢沟桥事件第四次会报

时间:廿六年七月十四日下午九时

地点:部长官邸大客厅

出席人员:何部长　程总长　唐总监　徐主任　刘副主任　曹次长　吴副主任　林厅长　周署长　俞署长　项厅长　王司长(务司)　王司长(交司)　陈代司长　尹

处长　端木委员　佘参事　罗科长　谭科长

会商事项：

（一）罗科长报告今日所得各方情报。

（二）曹次长报告：顷接熊次长电话云：已于一小时前到达保定，寓省政府。得天津方面电话，知方高级参谋亦已到天津，孙连仲部已过石家庄。据保定军事长官云，因保定无防空设备，希望中央军缓开保定。现天津日本飞机甚多，如中央军仓卒开到，恐被其不意之轰炸。又，津浦路北端甚空虚，甚愿中央军能由津浦路北上到沧州等处云云。

（三）部长报告：委座有电到外交部，嘱发表申明书，顷研究甚久，但觉颇难着笔。因据外交界确实消息，十一日晚，宋已签字承认日方条件。现中央并非申明宣战，仍须说明和平愿望，而地方已与对方签订和平条件，中央尚不知底蕴，仍在调兵遣将，准备抗战，是中央与地方太不连系，故发表宣言，甚难措辞。研究结果，以电话告钱主任，请转陈委座核示。

又据北平消息：日方及汉奸对宋部大肆挑衅，谓日军此次行动，系拥护冀察利益，拒止中央军来占冀察地盘。又对张自忠部下则谓，仅打冯治安部，不打张部等语。

又英国领事及一新闻记者曾见宋。宋发表谈话谓，代表所签字承认之条件，系敷衍日方面子，日方兴师动众，非得一点凭据，面子不好看。现在，日本全国仅二十师人，用于平津者，不过五六万人。现中央交四个师归我指挥，决不怕日军之压迫等语。

但据北平私人电话，宋为亲日分子齐燮元、张〇〇、张允荣、陈觉生四大金〈刚〉所包围，确已于十一日晚签字，承认日方之条件如下：

1.道歉并惩办此次事变责任者。

2.取缔共产党、蓝衣社激烈分子排日抗日等运动。

3.永定河以东、西山以西，不驻中国军队。（按此条有南北二百余里，东西百余里地方，又形成冀东状态。）

但秦德纯致牯岭电话，不承认上叙事实，谓并未签订任何条件。

（四）关于战斗序列。

1.照刘副主任案，尚须再加研究与检讨。

2.各级主官名称，可分二案，请委座核定。

A.陆海空军大元帅

各方面军总司令

各集团军司令官

以下军长、师长

B.陆海空军总司令

各方面军司令长官

各集团军司令官

以下军长、师长

3.大元帅幕僚长,仍称参谋总长。

4.预备军中李宗仁与方面军同等称呼,其他各预备军则与集团军同等。又第五预备军以何成濬为司令官,陈辞修副之。

5.炮兵及机械化官,须妥为分配。

6.空军以直属大元帅为原则,依其必要,可分属于各方面军。

7.素质不良部队,宁可列入后方警备部队之中,以便在后方整理,不宜列入第一线,以免耗费。

8.后方警备部队,须同时拟定计划。

9.从新检讨战斗序列时,最好先列出立案之原则与纲领,如作战计划内第一线预计使用若干师为合理,及重点使用于何方、集中于何方面为适当。先有此种前提,方可产生细节之战斗序列也。(按昨晚之战斗序列,多违反此前提,且与以前曾经委座批准之作战计划,大有出入。)

10.大本营编制,亦应检出拟定。

11.平汉、津浦之间空隙甚大,中央军不可置于第二线,宜用一部于第一线,而填补空隙,并免韩、宋等之怀疑。(曹次长所提。)

(五)关于长江封锁。

1.注意不失时机撤除长江之灯塔航标。

2.与陈季良次长接洽,请其妥定海军使用计划。

3.张教育长主张巩固吴福阵地,且在南通刘海沙设堡垒。

4.决定将镇江圖台旧炮移装刘海沙。

5.江阴新炮限期完成,并先使能单炮射击。

6.另到之八·八炮四门,本拟装于海州,但目下主炮未到,仅装八·八炮四门,无甚效力,可先将此四门装于南通或刘海沙,或汉口,以任腰击及防空之用,由小组会议研究之。

(六)关于谋略与外交方针。

1.徐主任意见:现在我准备未周,开战难操胜算,必在此最困苦关头,能忍耐渡过。若日方真如其宣传,确不欲事态扩大,则我似应抓住其意向,表示可以妥协,最好由中央给予宋明轩以妥协标准,使其便于商谈。

2.程总长意见：现在我们希望缓兵，以完成我方准备。所谓完成准备，即对长江设备完成，可以确实控置长江之安全，而保长江之枢纽，则无论实行持久战或歼灭战，乃有把握。但目下之准备与军队之动员，仍不可忽。

3.唐总监之意见：现在宋明轩已在中央许可范围以外，从事妥协之运动，如中央再给以和平妥协之意图，则前途将不可问，冀察必非我有。故目前中央宜表示强硬，而任宋明轩之妥协运动之进行，如结果不超出中央期望之外，则中央可追认之，否则，中央仍予以否认。至军事准备，尤不可忽。

（七）晋阎、川刘之表示。

1.熊次长电话云：阎主任派张荫梧赴天津，有最恳切函致宋明轩，劝其接受中央军之援助，协同抗战，不可妄听汉奸之挑拨。并谓如前岁"赤匪"入晋，中央派军援晋，彼时持反对论者甚多，余（阎自称）力排众议，决定欢迎中央军入晋，结果始能击退"赤匪"，而中央军在晋，并无其他作用，可为例证云云。

2.川刘湘顷有通电，请缨抗日，并谓遵令整军待命等语。已嘱中央新闻检查所缓三日再决定发表与否。

卢沟桥事件第五次会报

时间：廿六年七月十五日下午九时

地点：部长官邸大客厅

出席人员：何部长　唐总监　蒋主任鼎文　俞部长飞鹏　徐主任　刘副主任　何参议竞武　吴副主任思豫　林厅长　谷司令　曹次长　张教育长治中　黄校长镇球周署长　俞署长　张署长　端木委员　项厅长　王司长（务司）　王司长（交司）尹处长呈辅　佘参事　罗科长　谭科长

（一）罗科长报告本日情报。

（二）防空计划。

1.黄校长报告现有防空兵器及所拟分配使用计划。

2.现在牯岭之二公分高射炮十门，速电调返京，控置使用。

3.各要地防空处及监视所，应速令成立。

4.首都防空司令部秘密成立，以谷司令兼任防空司令，黄校长与王厅长兼任副司令。

5.3.7高射炮，至少须控置二门，随航空根据地行动。（刘副主任报告：阎主任同意在太原设航空根据地，请航委会全权办理。）

6.洛阳不必派3.7炮,武汉则分配3.7炮四门。

7.石家庄可少派二公分炮一连,将此连控置于南京。石家庄之一连,先在开封待命。

8.保定派二公分炮三连(36D仅抽二连)。

9.到保定三连,先开彰德,归10D控置之。

10.下命令节约高射炮子弹,可定一简单规则。

11.明日下午,由林厅长召集兵工及防空有关人员,商讨防空兵器之分配及子弹库设置地点。(子弹库须分区设置,并合于作战要求之地点。)

(三)部队之调动及战斗序列,明日军委会长官会报时再研讨。

卢沟桥事件第六次会报

时间:廿六年七月十六日下午九时

地点:部长官邸大客厅

出席人员:部长　程总长　唐总监　徐主任　刘副主任　吴副主任　林厅长　龚厅长浩　徐厅长祖贻　曹次长　黄教育长　周署长　俞署长　张署长　项厅长　王司长(务)　王司长(交)　陈司长(械)　端木委员　尹处长　佘参事　罗科长　谭科长

会商事项:

(一)情报报告。

(二)电北平绥署及宋、秦等,告以日军动员及输送情形,廿九军在平之危险态度,请速拟日军奇袭时之应付计划见复。

(三)江宁要塞区Mg作高射用,仍用在要塞内。

(四)31D之Mg,据云均无高射架,兵工署查明发给。

(五)李及兰师长云,该师所领汉造步枪弹,无弹夹,兵工署查明原委,并研讨各种步枪弹可否通用于各种枪。

(六)德Hapro公司索付一千万马克案,再电委座请示。

(七)今日行政院会议提出,对日作战是否全部化或局部化,及绝交或宣战之手续与步骤如何,定于昨〔明〕(十七日)上午八时在外交部会商,研究其利害得失。派参谋本部第二厅徐厅长燕谋出席,并带明了国际公法者一人同往。

(八)普通医院之征用,已由军医署、卫生署及全国红十字总会会同组织一机关,统筹办理中。

(九)弹药库之存储及数量,照林厅长审定案办理。

（十）炮七团仍令在彰德待命。（委座之意，仍须北开。）

（十一）战斗序列，呈委座核定，不必再研究。

附录战争全部化或局部化之意见：

陈院长：按实际，一经开战，则侨民下旗归国，未有所谓局部化。

程总长：依现在实际状况，仅能局部化。第一步似不能谈绝交，但如青岛、海州发生战争，则我在上海方面，似应先有所动作。

唐总监：绝交则长江腹地到处开炮，我甚不利，但仅局部化，则敌仍可处处自由行动，敌亦有利。

现在最宜考虑者，如宋被奸人包围，签字撤兵，廿九军内部分化，中央如何办理。（程总长主张中央应严申纪纲。）

部长：

1.如局部化，日军对廿九军攻击时，中央军当然参加，此时其他地方均不动。

2.敌如在青岛上陆，则我拒止之，又发生战争。惟此时是否仍仅限于北平与青岛，其他各处仍如"九一八"时，官民照常往返，照常通商。或此时全部化，实行绝交宣战。

3.如全部化，则绝交宣战，对敌之租界、兵舰、商船、居留民等，如何处置。

4.现我须全部准备，但究竟局部化与全部化，何者于我有利，在国际公约上手续如何，均须详为研究。

卢沟桥事件第七次会报

时间：廿六年七月十七日下午九时

地点：部长官邸大客厅

出席人员：何部长　程总长　唐总监　徐主任　俞部长　刘副主任　吴副主任　曹次长　林厅长　周署长　俞署长　黄校长　龚厅长　徐厅长　项厅长　王司长（务）　王司长（交）　陈司长　尹处长　佘参事　端木委员　谭科长道平　罗科长泽闿

会商事项：

（一）情报报告（罗科长报告）。

（二）部长报告：

1.今日日高见王处长，谓日方对卢沟桥事件不愿扩大，只要中政府将外交权交与冀察自行交涉，而冀察当局能忠实履行十一日晚所签定之条约，即可和平解决等语。其目的在使冀察特殊化。

2.本日大诚户武官到部,请正式谒见何部长,经派曹次长代见。大城户提出书面意见,略谓:如中央派兵北上及派飞机北上,则日本将有适当处置,以资应付,因此而引起之事端,应由中国方面负其责任等语。除已抄送外交部及呈报委座外,拟置之不理。

(三)刘副主任报告:

1.已令炮七团开保定,归孙连仲指挥。

2.已令商震部抽四个团编为一师,星夜进驻石家庄。

3.本日小组会议,从新决定各要塞即须装置之炮位,如刘海沙、兔耳矶、湖口等处。

4.第五连之八·八炮四门,拟仍装于海州。惟海州工事未筑成以前,拟将炮先置于后方安全地点,俟该处工事及炮座筑成,再运往装置。(部长云:可先置于滁州。)

5.航路标志委员会曾开会,对于长江航标之撤除,谓须商请海政局执行,甚为麻烦,且难适应时机,请分段责成各要塞司令、警备司令负责办理。

6.拟派袁德信赴平津,为廿九军之联络参谋。(袁此次巡察工事,成绩颇好,且与廿九军有渊源。)

7.日方警告民用商用飞机,不许飞至北平;如飞到,即以敌机看待。我欧亚及中航机,应否停飞北平。(仍继续飞行。)

8.富贵山地下室,八月底可完成,其垂直通风孔应否堵塞。

9.通信兵团请充实,或将各行营电话排调回。(已令在陕西者集中西安,在川黔者集中重庆。)

10.各部、院、会,拟另觅小房屋,为机密办公处。(可照办。)

(四)吴副主任报告:

陈绍宽由北平来电,率海军人员回国,枕戈待命。(转呈委座。)

(五)交通司王司长报告:

1.现即需支付购买汽车及燃料费二百五十万元,燃料费一百五十万。原有预算汽车费一百万元,请另行筹拨,因已订购汽车一百辆,二三星期即可交货。(先在截扩项下垫付。)

2.中国汽车公司(曾次长养甫主办)现存有柴油汽车一百四十辆,请电曾次长拨归本部应用,价款请记帐,每辆约四千余元。(可照办,仍在上海装配成若干,即随时由沪杭、京杭路开驶来京。)

(六)徐厅长报告:

今日上午与外交部徐次长等商讨开战后之绝交、宣战等手续及其利害,所得结论如下:

1. 正式冲突后，外交部即发表一正式宣言，叙明日本对我压迫，我不能不自卫之理由。（宣言稿现已准备。）

2. 关于断绝国交，如绝交后双方即具有交战国资格，现日本海军绝对优势，日本即可以交战国地位通告各国，禁止一切军需品及军需原料输入中国，其范围甚广，现我国一切军用品能否自给自足，大有问题。又绝交后，日本居留民及日租界之日人，仍可迁入英法等国租界居住，依然可以作造谣、扰乱、谍报等工作，英法租界必加以保护，我无法驱逐及拘捕之。但我国在日本之侨民，则无法保护，将被驱逐，甚至拘捕，而我亦无如许船只装载侨民归国。故两相比较，绝交后日方可以行使交战国之权利，我方则不能享此交战国权利。因之，交战后不宜绝交，仍以如"九一八"时之状况为宜。

3. 我不表示绝交，仍有一补救办法，即由军部将作战地划为一军事区域，所有区内之日本居留民，可以驱逐出境，或请各国侨民撤退。且此区域，无妨放大区划。如在河北作战，即后方要点如武汉、浦口等处，均可划入军事区内。

4. 上海公共租界作战时，可以提出书面要求，禁止日人以公共租界为护符而行扰乱。如公共租界当局不接受此要求，则可收回之。不过此事因英人权力较大，最初先向英方疏通，总可办到。

5. 北平东交民巷之使馆区，战时亦可请其退去。

以上各项，由徐厅长用书面录出，报告委座，以供参考。

（七）熊次长云：宋明轩因总司令名义未发表，或对中央不无误会。此次颁布战斗序列时，可否将宋列为方面军总司令，与阎平等地位，电告钱主任，陈委座核定。

（八）刘副主任报告：本日小组会议时，周主任报告空军现状，对空军颇表示菲薄之意，谓前年飞机已到退伍时期，去年飞机其精华时期已过，明年飞机尚未补充到达，且北方燃料、炸弹、飞行场等，均无准备，故目前为我空军最不利时期，须到明年一至三月，新飞机补充齐全，方为我空军有利时期云云。周主任明（十八）日飞庐山谒委座报告一切。

卢沟桥事件第八次会报

时间：廿六年七月十八日下午九时

地点：部长官邸大客厅

出席人员：何部长　徐主任　刘副主任　吴副主任　曹次长　林厅长　周署长　张署长　黄校长　龚厅长　徐厅长　项厅长　王司长（务）　王司长（交）　陈司长（械）　端木委员　余参事　谭科长　罗科长

会商事项：

（一）罗科长报告情报，并提出意见二项如下：

1.依庞军长电告，遵令由石庄向沧县前进，先头由篠晚出发，预定六日行程可到等语。可见我军集中已甚迟缓，实因最高统帅部无整个计划所致。如前此决定庞部开沧县，则令由运城经茅津渡渡河，经陇海转津浦路车，运至沧州下车，既便利而迅速，且免六日行军之劳。

2.敌机扫射列车，必须低飞，我军高射Mg应可在车上射击，恐各部队运输时未作防空准备，以后无论运输、行军、宿营、战斗间，均有危险，似宜通令注意，切实防空准备。

（二）目下最重要者，为部队迅速集中与配置妥当，在战斗序列未奉委座颁行以前，军委会调遣部队，切实注意。

（三）弹药照前日决定办法，迅速配置妥当。

（四）通令各部队尤其出动部队，告以炮七团及32A本日兵车被敌机扫射之教训，以后无论在运输间、行军间、驻军间、战斗间，对于防空、防毒及防战车、装甲汽车等之准备与动作，须切实注意与演练。（军委会办。）

（五）战时各部队给与，应特别节约，在未正式作战以前，尤不能发给许多特别费用，即较剿匪时给与尚须节省。因大战发生后，财政及经济之统制，能有饭吃，即属幸事，不可另发许多杂费也。

（六）林厅长提出，宋所谓第二步计划，究竟是何用意？现在不知廿九军第一步计划，则第二步计划实难策定，是否则任廿九军被敌缴械，我军仅作退一步之防御计划，或须作应援廿九军之计划，均须确定。

卢沟桥事件第九次会报

时间：廿六年七月十九日下午九时

地点：部长官邸大客厅

出席人员：何部长　程总长　唐总监　徐主任　刘副主任　吴副主任　曹次长　陈会计长　周署长　俞署长　林厅长　张署长　黄校长　龚厅长　徐厅长　尹处长　端木委员　佘参事　王司事（务司）　王司长（交司）　陈司长（械司）　谭科长　罗科长

会商事项：

（一）罗科长报告今日情报。

（二）部长报告：

1.今日与喜多会见情形。（另有谈话记录。）

2.日高向外部送备忘录及外交答复后，日高又提出质问各情。

3.委座对暑训团训话内容。

（三）程总长报告：

1.喜多今日见我谈话与见部长所谈相同，我意现既决意作战，但应掩蔽我之企图，故我对喜多仍表示极端和平。

2.现最可顾虑者，为我军队之质量与训练，尚不够现有武器之地位。

（四）部长结论：

1.明日上午十一时，在军委会长官会报研究具体办法后，请程总长与徐主任赴牯岭谒委座（军政部并着曹次长、王司长、罗科长参加），请各位先拟好书面意见，以便研讨。

2.林厅长建议后方准备各项，通知各机关照办。（建议如另纸。）

3.重要文件，另易地保存。

卢沟桥事件第十次会报

时间：廿六年七月二十日下午九时

地点：何部长官邸

出席人员：何部长　程总长　唐总监　徐主任　俞部长　钱主任　刘副主任　吴副主任　曹次长　谷司令　林厅长　龚厅长　徐厅长　俞署长　周署长　张署长　陈会计长　王司长　王司长　陈司长　黄校长　项厅长　端木委员　尹处长　佘参事　谭科长　罗科长

（甲）报告情报。

（乙）会商事项。

（一）黄校长报告：委座既已返京，本京三公分七及两公分高射炮，应否进入阵地。

部长：先将飞机场、兵工厂、军委会三处高射炮进入待机阵地。

（二）刘副主任报告：

1.刘主任以95D另有任务，请调郑、汴一带。至津浦南端之护路，请另调沈克师或杨渠统师担任。

部长：该师纪律稍差，不可靠，仍调95D。

2.刘主任请保留豫省保安团七团，并请有事时至少留三师在豫、皖境内，协同保安队维持治安。

部长：在全国警备计划内注意及之。

（三）敌机飞我内地，外交部均拟提抗意〔议〕。令各警备司令部，如发现敌〈机〉，即报告中央。军委会专派一人清查日人在华不法诸案之统计，如走私、犯〔贩〕毒、强查邮件、自由拘人等等。并电各省，自本年一月起，将此类案件清查见复。

（四）欧亚、中航机自明日起，停飞平津两处。

（五）廿九军作战命令（七月十六日正午于北平所发）。

谭参谋宣读。

（六）海琛舰长请示，如敌舰先开一炮，是否还击？现下关敌我军舰皆装弹对峙，随时有冲突可能。

（七）张司令文伯请给欧阳格以江防司令名义。

卢沟桥事件第十一次会报

时间：廿六年七月廿一日下午九时

地点：何部长官邸

出席人员：何部长　唐总监　熊主席　曹次长　刘副主任　吴副主任　林厅长　龚厅长　徐厅长　周署长　俞署长　张署长　黄校长　陈会计长　项厅长　王司长（务）　王司长（交）　陈司长（械）　尹处长　端木委员　佘参事　谭科长　李参谋崑岗（侍从室）　罗科长

会商事项：

（一）情报报告。

（二）部长报告本日会商总动员实施之决议各项。（另有记录，从略。）

通知各关系部，限文到一日内，即召集商讨，迅速实施，并将办理情形见复。

（三）作战计划之研究。

1.蒋百里先生之意见。（呈委座函之原文。）

2.军委会所拟战斗序列，已奉委座核定并改正。

3.尚有细部须再加检讨，如102D、103D宜联合使用，杨德亮旅宜留置甘肃。

遵委座改正各点，参照蒋百里意见，重加检讨修正。

（四）钟松旅之一团，不宜急遽开入上海，可将该旅驻松江附近待机。

（五）战法之研究。

熊主席主张：1.屡战屡败，屡败屡战；2.移民移物，坚壁清野；3.避实击虚，昼伏夜动。

（六）关于突击战术、阵地编成以及各级官兵必要之战斗知识与技能，如对炮兵、对骑兵、对战车、对装甲汽车、对飞机、对毒瓦斯等之战术及士兵之射击技能等等，由龚厅长摘要编纂。

卢沟桥事件第十二次会报

时间：廿六年七月廿二日下午九时

地点：部长官邸大客厅

出席人员：何部长　陈院长　熊主席天翼　张秘书长岳军　曹次长　林厅长　刘副主任　吴副主任　俞署长　周署长　张署长　林教育长柏森　黄校长　龚厅长　徐厅长　王司长（务）　王司长（交）　陈司长（械）　项厅长　端木委员　尹处长　佘参事　李参谋　罗科长

会商事项：

（一）罗科长报告情报。

（二）刘副主任报告。鹰屋总顾问云：连日日本用英语广播，将此次中日军冲突完全委过于中国，使世界各国均深信责任在中国，而不在日本。此种国际宣传战，中国不可忽略等语。

部长：由徐厅长注意与中央宣传部洽商，每晚增加对国际之广播，与日方对抗。

（三）交通司王司长报告。

1.机械化部队过江用轮渡，铁道部不肯免费，是否改用轮船运渡。

部长：可付价。仍用轮渡，以保秘密。

2.向中国汽车公司索拨之柴油汽车一百五十辆，已复电允许。惟须照付价款，每辆五千余元，共约七十余万元。如无现金，亦须信用担保。

部长：军需署将此款列入战费内。

（四）黄校长报告。

1.洛口高射炮已到达，军民均表欢欣。

2.接前方防空监视哨报告：本日上午九至十时顷，有日机二架在德州以北沧州、马厂一带侦察，约一小时始北飞。

3.如敌机来我阵地侦察，是否射击。

部长：

1.洛口、郑州之高射击炮阵地，是否适当及隐蔽，着派高级官前往视察指导。

2.敌单机高空侦察，不必射击，以免暴露我高射炮阵地；如结队低飞有轰炸企图时，则射击之，着用命令下达。

3.另准备小炮一连,往济南防空。

(五)军务司王司长报告。

防御战车炮,现南京一营,徐州一营,信阳一营。

部长:可准备抽一连赴济南控置。

(六)军械司明晨将库存枪炮数列表呈核。

以后每调整师,仅发步枪三千五百支。

(七)刘副主任报告部队调动。

遵委座指示:10D、83D开石家庄转往武强、献县一带集中。25D、17D开石家庄集中。

卢沟桥事件第十三次会报

时间:廿六年七月二十三日(星期五)

地点:部长官邸大客厅

出席人员:何部长　　唐总监　　曹次长　　项厅长　　刘副主任　　周署长　　林教育长　　林厅长　　龚厅长　　徐厅长　　俞署长　　张署长　　陈会计长　　王司长(务)　　王司长(交)　　陈司长(械)　　朱司长(役)　　尹处长　　端木委员　　佘参事　　徐主任　　谭参谋　李参谋　罗科长

会报事项:

(一)情报报告。

(二)周署长报告在实业部开会,吴部长对衣〔食〕粮统制意见。(另详书面报告。)

部长:可照办。

(三)项厅长报告:拟具总动员设计委员会之组织与人选。(另详书面报告。)

唐总监:1.设置此委员会,认为必要;2.当然委员中,加入训练总监部副监。

(四)罗科长报告:韩主席电告,截获日方关中〔东〕军侵华五大计划。

部长:请参谋本部研究。

(五)林教育长报告:

1.工兵器材缺乏。原定于六日前充实十一个营器材,但因经费关系,未能办到,而军械司已用去器材费三百余万,多系不应作之事。

陈司长申明,此事须查案方可答复,惟四、五、六月份器材费均未领到。

部长:军需署速将四、五月材料费筹拨。

2.现在最缺乏者为火药,请速补充,因战时爆破之物甚多。

3.作战时学校之任务与准备,请明白规定。

唐总监：由训练总监部召集各学校教育长会商决定。

4.工校学兵，为数不多，且以教育为主，但军委会用命令，源源调去作工及守护工事等勤务，于教育大有妨碍。

刘副主任：守备工事，已下令交要塞司令接替。

5.委座命令成立工兵四团，现虽一时不能实现，但干部之养成，与工兵之来源，应先为筹划，拟军士由士兵中挑选，工兵则于征兵时挑选志愿者充之。

朱司长申明，可以照办。

6.作战时公文手续，应请改良，平时购办器材、关于预算之公事，至少须五六个月，且往返驳诘，甚感困难。

陈会计长申明：照法令规定，凡用款在万元以上者，须呈军委会核准，故手续不免迟延。现自廿六年度起，凡重要公文到部，至多十天须办去，否则承办人受处分。如最重要公事，最好请派专人送到，则一二日内或数小时，可得结果。

7.所派到校会计人员十数人之多，而做事则乱，且主张将预算放大，足见派遣军需人员之坏。

部长：预算公事之迟缓乃为事实。在审计制度未废止以前，先谋补救办法，即在一定范围内由部负责核准以后，凡需要速办者，可先行申明。

（六）海琛舰长报告炮弹缺乏，6吋炮每门仅二十发，4吋炮每门仅八发，请转知海军部酌予补充为每门一百发（至今五十发）。

部长：函请军委会办公厅令海军部照办。

（七）28A（陶广）军部已到长沙，现所属师均已调出，对军部如何安置。

部长：设法在刘恢先边区内安置一军部（刘部共编四军）。

（八）江阴8.8炮位，已决定否？

刘副主任：江南岸均已决定，江北岸俟张炮兵监视察后再定。

（九）项厅长报告。

日人收买废铁，为我资源之损失，我国铁厂过少，不能吸收民间废铁，似应由公家另办铁厂，以资补救。

部长：兵工署与资源委员会会商收买废铁办法。

（十）刘副主任提出军法处所拟惩治汉奸法。

照呈。

（十一）余参事报告修正战斗序列。

（十二）中央应派大员赴石家庄，主持工事之构筑（如熊次长、曹次长、陈次长、卫督办等，择一人前往）。

部长：由铨叙厅拟定数人，呈委座核示。

卢沟桥事件第十四次会报

时间：廿六年七月廿四日下午九时

地点：部长官邸大客厅

出席人员：何部长　唐总监　徐主任　张司令官文伯　钱主任　熊主席天翼　钱秘书长昌照　曹次长　林厅长　林教育长　刘副主任　吴副主任　黄校长　周署长　俞署长　龚厅长　徐厅长　项厅长　徐秘书主任培根　尹处长　端木委员　王司长（务）　王司长（交）　陈司长（械）　佘参事　谭科长　李参谋　罗科长

会商事项：

（一）罗科长报告情报。

（二）徐厅长报告：综合连日情报，可作两种相反之判断，即：1.敌不愿事态扩大；2.敌将大举进攻。究竟实情如何，颇难断定。已饬在日本内地情报员，就其动员上，详为侦察。

（三）刘副主任报告：

1.冯副委员长建议，由长辛店至门头沟速修铁道，以打通平汉、平绥路之交通。（现时恐来不及，交执二组审查研究。）

2.上海报告，日海军司令函淞沪警备司令，谓我飞机飞日租界及日兵营，作轰炸状态，请注意制止等语，如何答复？（可答以已转航空机关矣。）

3.蒋主任铭三令其参谋长龚理明速返福州。龚本日到京，委座召见，嘱其速赴福州布置防务。龚请示第二军军长何人接替。（李延年代。）

（四）张司令官文伯报告：

1.请给欧阳格以江防司令名义。

部长：欧不能统辖海军，现海军方面正拟呈请整理海军，请委座兼海军部长，将来长江有第三舰队，欧不能指挥，故只可给以江阴区江防司令名义，请示委座。（此系秘密名义，不发表。）

2.现在亟须办者三事，即：（1）江岸工事；（2）通信网；（3）交通路。

城塞组拖延一年，迄未开工，且经费未发，请速示办法。

部长：经费早已发五十万，可责成张司令官负责办理，经费、材料、人员，皆由城塞组拨发应用，并规定：（1）江岸工事，秘密工作，用修筑警察所名义；（2）通信网限二星期完成；（3）交通路择其急要者，先筑一二条。

（五）钟松旅改为独立旅，给以新番号。

（六）钱秘书长昌照报告：汽车柴油已购得数百万加仑。

（七）部长结论（已分别通知）：

1.凡各主管机关应作之事，统于本月底加以检讨是否办到。

2.明晨九时，本部曹次长、项厅长、王司长、陈司长、徐秘书主任、罗科长等，来此开会，研讨现存军械之分配，佘参事说明战斗序列，以便有所准据。

3.军队集中照战斗序列，第一线兵团限本月底到达。

4.粮秣限期购办齐全。（先购一百万人半年用粮秣。）

5.弹药各总分库照计划于本月底完全搬运完毕。

6.装备补充，如第一线兵团之通讯器材、工作器具、行军锅灶、防毒面具及辎重车辆等，从速补充。

7.兵站于本月底开始设置（先干部）。

8.铁道运输司令部本月底秘密组成。

9.大本营及各级司令部编制迅速拟定，本月底秘密成立。

a.幕僚阶级提高；b.大本营须有海空军幕僚；c.海军部派一人在大本营任幕僚，但除海军事务外，不必参与；d.催海军部于一星期内将计划呈出。

（八）熊主席意见：

1.作战计划，须先决定采用持久战抑歼灭战。如采持久战，则空军不宜全部投入。

2.应同时注意民众之利用，可研究逃荒办法。凡我军退出一地，即将房屋建筑等完全毁灭，人民无论老幼，均逃荒转移于内地。

部长：十六岁以上，均须编队，随军行动。此条通知兵役司，注意研究。

3.民众不知自己为中国人，且不知当汉奸之耻辱，应速设法唤醒。

卢沟桥事件第十五次会报

时间：廿六年七月廿五日下午九时

地点：部长官邸大客厅

出席人员：何部长　唐总监　熊主席　张司令官文伯　曹次长　刘副主任　吴副主任　龚厅长　徐厅长　林教育长　黄校长　俞署长　周署长　张署长　陈会计长　徐主任秘书　端木委员　王司长（务）　王司长（交）　陈司长（械）　佘参事　谭科长　李参谋　罗科长

会商事项：

（一）罗科长报告情报。

（二）徐厅长报告。判断敌在华北及辽、热兵力概况如下：

1.卢沟桥、丰台附近为20D（川岸）之一部，约一旅，及原驻平津之牟田口联队。

2.通州及北平为河边旅之主力，约二个联队（即原平津驻屯军欠牟田口联队）。

3.天津、杨村为5D之一部，不及一旅。

4.以唐山为中心之平榆路为10D之大部或一部。

5.热河南部为4D一部及佐藤部队之一部，其另一部进入古北口，在密云、顺义、昌平等地。

6.榆关、锦州间约尚有一师，队号未详。

（三）罗科长宣读昨晚会报记录。（部长谕：重要者通知关系机关。）

（四）项厅长宣读顷间张司令与上海童参谋长通话记录。（大意沪上平安无事，日人抗议我飞机不得在日界飞行事，拟予以答复。）

部长谕：日人要求事项，我不可承认，尤不可有书面答复，只可口头答以已转航空机关矣。当经电话告知童参谋长。

（五）刘副主任报告：

1.海军部方面计划，迄未呈出，顷送来阻塞南通附近江面之办法，请准备器材如下：

民船　一百六十只（长一百尺，高六尺）

轮船　六只

石子　七五万立方公尺

洋灰　八百桶

现拟一面交城塞组计算需费若干，一面研究此项阻塞可否实行。

部长：如此，恐长江将成泛滥，恐难实行，姑留作一案。至海面方面，仍催其对我舰队如何使用，妥定计划。

2.俞部长条陈，在豫、鲁等省购办马骡大车数千，共约需一百万元，经委座批准，请饬军需署、马政司会同执二组派员购办。

部长：只可准备征发，不宜大量购买，此案可交军政部核办。

3.阎主任处台高级参谋寿民请求三事：（a）第一期工事费尚欠七十万元，请速发给；（b）不敷工事费四百万元，请筹发；（c）前李生达部剿匪费二万，请补发。（陈会计长云：照通案不发，已电复矣。）

4.孙连仲来电：奉令构筑沧保线工事，最少须五师兵力，已派人侦察，该部单独担任不了，请从保定起至以东某处止一范围。（已抄送林厅长就近指示规定。）

部长：（a）龚厅长检查沧保、德石两线工事旧案，再于图上加以研究，最好先就大道、公路等要点构筑据点工事；（b）通令该处民间收获时，只割禾颠，将禾干留存，以收青纱帐之利。

5.宋明轩电徐主任、冯副委员长，谓中央积极准备，似有把握，究竟此战如何打法，似系探询中央内情之意。

6.委座对于我军集中及作战诸处置，每日必有数次手令查询，此后拟每日作下列三项呈报委座：（a）情报组每日将敌军之行动及位置摘要列出，并作敌情判断；（b）作战组每日将我军集中及到达位置列表或制图；（c）作战组根据上列两项，作一情况判断，以检查过去处置有无不当，及尔后有无应补助之处。（由徐培根、罗泽闿负责。）

7.作战组加入侍从室李参谋崑岗。

（六）保定105D高射炮营名目不妥，应另给以名目。（军务司办。）

（七）平汉路黄河桥已配置高射炮，请交通部通知中航、欧亚两公司，勿由桥上飞过，以免误会。（军委会正式去公文通知。）

（八）黄校长报告：连日郑州、开封一带，皆有日机飞来侦察。

部长：军委会随时通知外交部。

（九）情报组加派陈焯为副主任，并报告委座。（呈明正主任陈立夫，仅负名义，实际由徐、陈二副主任负责。）

（十）原定装于海州之8.8cm高射兼邀击炮一连（四门），因主炮未到，拟改装于他处。有主张装于郑州任黄河桥之防空者。但武汉甚为重要，可改装武汉（龟山）。另调49A刘多荃部派双管13mm高射机关炮一连往郑州，协同已到之高射炮四门，担任黄河桥之防空。（办公厅签呈委座。）

（十一）北平张参谋长来时，嘱其以后对敌情须常常报告。

卢沟桥事件第十六次会报

时间：廿六年七月廿六日下午九时

地点：何部长官邸

出席人员：何部长　程总长　唐总监　徐主任　陈院长　俞部长　熊主席　熊次长　曹次长　钱主任　周主任至柔　刘副主任　吴副主任　龚厅长　徐厅长　张主任发奎　钱秘书长昌照　林教育长　黄校长　俞署长　陈会计长　杨司长继曾　周署长　张署长　项厅长　徐秘书主任　尹处长　王司长（务）　王司长（交）　陈司长

端木委员 李司长（外交部） 佘参事 谭科长 李参谋 罗科长

会商事项：

（一）罗科长报告情报。

（二）熊次长报告北行所得实情。

1.事变中廿九军将领之内情。

卢事发生后，八号及十号，冯治安、秦德纯决心反攻，宋亦由乐陵电令消灭当面之敌。当开会时，冯发表主战言论后，问张自忠意见如何，张答无意见。于是，于八日晚下反攻命令。殊日人方面，因兵力甚少，得此消息，即多方派人疏通，谓可无条件撤兵。因之，乃收回反攻命令。至十日，日军未撤，冯等又下令反攻。日人又向张自忠及许多亲日分子从事疏通，致反攻未成事实。宋到天津后，为许多亲日分子所包围，形势乃不佳。

熊次长到保后，乃派李处长炘赴津，告以：（1）中央军北上，乃为增援廿九军；（2）如能和平解决，亦可为廿九军助威。并向宋解释诸种误会。

宋在津被包围，结果乃派张自忠、张允荣与日方议定三条，系无头无尾之条约，原文如下：

解决之件：（1）道歉；（2）廿九军退出卢沟桥及龙王庙，以保安队接防；（3）取缔共产党、蓝衣社等。廿六年七月廿一日，张自忠、张允荣签名。

至外传许多条件，如撤换秦、冯，经济合作等，均未正式提出。

宋到平后，表示和战均听命中央。如主战，则因廿九军尚未集结，须有相当时间之拖延，以便集结兵力，并请中央亦作相当准备。

宋于廿三日将和平三条件电呈委座后，曾二次询问委座复电，可知宋对和平不敢自主。

和平条件成立后，廿二日由平开出一团，扬言系37D部队，实系保安队驻天坛之新兵。齐燮元于廿四日催宋撤兵，并谓如再不撤，日军将以飞机百架轰炸北平云云（燮元为一大汉奸）。

2.廿九军之官兵态度。

宋哲元态度无可疑虑，不过希望俟有准备后再抗战。且宋主张攻势作战，不主张守势作战，故对沧保线工事不主张构筑，主张以四师兵力由天津冲山海关。前中央所发工事费五十万元，以廿五万给刘汝明筑察省工事。至河北，则主攻，不主守。

秦德纯、冯治安则始终强硬主战，甚服从中央。

张自忠自赴日本以还，似害有二种病，即：（a）因日人给以许多新式武器之参观，以致畏日；（b）因日人对其优待而亲日。但廿九军将领一致主战，则张亦不致独持异议。刘汝明态度亦强硬。赵登禹则无成见，以众议为依归。

中下级干部及士兵，则完全情绪热烈，不惜一拼，士气大为可用。

3.敌方情形。

敌军入关者，共已四十五列车，每列最多者五六百人，少者一二百人、数十人不等。汽车、装甲汽车及其他军用品不少。现在统计平津一带，共约一万五千人，重炮廿余门，已到丰台。

此次作战，日军士气不旺。龙王庙一役，我仅二排，敌先以一连，旋复以一营进攻，不能成功，死伤甚多。现日军皆〈盼〉切实和平早日实现。

日伤兵以大刀、手榴弹、迫击炮伤为多，我则受炮弹伤为多。

4.我军位置。

廿九军之赵登禹师，已调至平郊一旅，驻南苑。

张师在天津、廊房、马厂一带。

冯师在西苑、卢沟桥一带。

石友三部保安队四团，现石态度甚好，无亲日意。

孙仿鲁部已到保定。

炮七团亦到保定，由27D掩护之。

高射炮营已入阵地，掩护保定防空。

（三）关于新闻发布及宣传，甚关重要。日方反宣传甚多，如今日廊房冲突，日方诬我军破坏其电线。我应说出种种理由，宣传其预谋侵略。（徐厅长与外交部情报司李司长会同办理。）

（四）作战之研究。

1.徐厅长判断敌情（另图）（略）。

关内第一线不过二师，第二线不过三师。

辽北有重兵，不能移动。国内输送来华部队，大连、釜山未见有大部队登陆，仅塘沽有军用品上陆。

山东方面，无敌情。

国内似尚未大规模出动，第一线之挑战，恐系少壮派之自由行动，尚非整个计划。

2.余参事报告我军集中情形（另图）（略）。

除廿九军在平津外，现我已集中沧保线五师，已下命令正向德石线输送者五师。

3.徐司长作情况判断。

（1）廿九军与敌之混战已开始，可知敌有先击灭廿九军之企图。

（2）现我军以德石线为主力集中地域，以沧保线为集中掩护线，距平津过远，增援廿九军不易。

（3）现在可采者，有下列二案：（甲）将沧保线部队推进至永定河岸，以便增援北平，而将主力之集中推进于沧保线。（乙）我中央军仍在沧保及德石线上集中，而指导廿九军退出北平，以保实力，免被各个击破。

4.诸长官均主张采用第一案，由作战组诸人拟具判决文及处置事项（限明早六时以前呈出），呈委座决定。（已于当晚拟妥，由刘副主任转呈。）

卢沟桥事件第十七次会报

时间：廿六年七月廿七日下午九时

地点：何部长官邸大客厅

出席人员：何部长　程总长　张秘书长岳军　熊主席天翼　邵部长力子　于主任孝侯　唐总监　徐主任　陈院长　俞部长　陈教育长武鸣　曹次长　刘副主任　吴副主任　欧阳教育长　张副监华辅　张主任向华　徐兵监月祥　周署长　俞署长　张署长　钱主任慕尹　熊次长　龚厅长　徐厅长　黄校长　陈会计长　项厅长　端木委员　徐主任秘书　尹处长　杨司长继曾　王司长（务）　王司长（交）　陈司长（械）　朱司长（役）　佘参事　李参谋　谭科长　罗科长

会商事项：

（一）罗科长报告情报。

（二）俞部长报告：今日沪市政府方面消息，日人拟破坏上海国际电台，已通知淞沪警备司令部防范。至万一被敌破坏，则南京与重庆之无线电台，亦可与国际通讯，已在准备中。

（三）项厅长报告：委座手令各院、部、会，实施动员演习及准备迁地办公，限三日具报。

经于今日在行政院会商结果如下：

（甲）关于动员演习。（1）动员演习之意义，以公务人员自卫勤务为主旨；（2）依平时已有之防空自卫组织而加以充实；（3）实施程序：今日检点原组织之人员名簿，指定负责人，明日检点器材，后日实施演习，星期五将演习成果具报。

（乙）关于迁地办公。（1）第一步各机关办公地点疏开，即假定敌机轰炸或敌舰开炮时，各机关在城内或城外准备民房，秘密办公，并先登记负责人及电话号数等，以资连络。（2）万不得已时，则迁移他处办公（如衡阳）。必须永久保存之重要文件，先行迁地保管。至各机关之实行迁移，则须候命实施。

（四）委座手令军政部所属之兵工厂、仓库等之疏散。

杨司长报告：（1）兵工厂凡造好之子弹，随即搬走，并不多存留，火药库亦仅存有一部分半成品。至危险炸药，均已搬走。（2）兵工厂机器，则无法疏散。如汉口厂欲行迁移，非停工三年不可，则弹药制造停工，无法补充。

部长：（1）炸药危险物等，尽量搬迁疏解，机器暂不动。（2）速派员乘飞机赴重庆接收火药厂，以便整理制造。（3）其他仓库及交通器材等之疏散，由总务厅督率速办。

（五）俞署长报告：（1）现有弹药如节约使用，勉可维持六至七个月。（2）战争一开，我制造厂必被敌机炸毁，故现计划与比、法接洽，购买欧洲成品及包购比、法之子弹制造（每月约一二千万元），则以后子弹可以源源接济。（另有详细签呈。）（3）国际交通线现取香港，如香港不通，只有由海防入口经安南入广西之一路，请交通部协助。

部长：先电李、白询海防经镇南关通内地交通情形。

（六）黄校长报告：今晚二至四时，本京二连高射炮演习防空。

（七）朱司长报告：各省壮丁动员演习计划。（另有签呈。）

卢沟桥事件第十八次会报

时间：廿六年七月二十八日下午九时

地点：何部长官邸大客厅

出席人员：何部长　程总长　于主任孝侯　徐主任　唐总监　陈院长　熊主席　陈教育长　熊次长　邵主席　曹次长　刘副主任　吴副主任　俞部长　钱秘书长　钱主任　龚厅长　徐厅长　项厅长　何委员竞武　周署长　俞署长　张署长　周主任　毛总队长　陈会计长　欧阳教育长　王司长（务）　王司长（交）　陈司长（械）　杨司长　黄校长　尹处长　佘参事　徐主任秘书　李参谋　谭科长　罗科长

会商事项：

（一）罗科长报告情报。

（二）徐厅长报告：本日日海军武官见参谋本部杨处长，询以赴保定之任务，是否策划作战事宜。杨答以到保定，系赞襄和平交涉，本人系海军出身，谈不到策划作战。因到保后，和平之路不通，故返京。

（三）邵部长力子报告：路透社记者见我，谓中国某外交当局言，中国将对日绝交，不知确否。我当答以现在中国不致如此，但若日本强占平津，中国不得不发动全部自卫战争时或将考虑行之。

（四）欧阳教育长报告：昨晚八时，日军舰"莲"在南通青天礁一带停泊梭巡，今早六时始开走。近来日舰在长江甚为活跃，已派舰往青天礁一带搜索并监视矣。

（五）熊次长报告：上海失踪之日水兵宫崎，已在江阴水面捕获，送外交部矣。据云，失踪之当日晚，系在沪冶游未归。旋在沪匿居二日，乘小船至江阴，失足落水，被人救起，送苏省府转送外交部，经多方审问，始自认为宫崎。

（六）周主任报告：

1.中国飞机并无在上海日租界编队飞行之事。

2.据报：日本飞机一架，系二发动机，曾飞往洛阳，又由洛飞郑，仅廿分钟，可知其速度颇大，且必系轰炸机。

（七）熊主席报告：南京防空兵器缺乏，请发高射机关枪若干。

（八）徐主任明日赴石家庄，熊次长赴保定。

（九）本日之敌情判断与情况判断（另纸）。

卢沟桥事件第十九次会报

时间：廿六年七月廿九日下午九时

地点：部长官邸大客厅

出席人员：何部长　钱秘书长　陈教育长　黄次长　刘副主任　吴副主任　周署长　俞署长　林教育长　黄校长　项厅长　尹处长　陈司长　杨司长　王司长　王司长　徐主任秘书　端木委员　龚厅长　徐厅长　陈会计长　朱司长（役司）　佘参事李参谋　谭科长　罗科长

（一）罗科长报告情报及宣读日海军武官所送第二舰队备忘录。

（二）部长谕：现在须计划办理者，尚有下列各项：

1.民食问题。

2.沿江各重镇居民之疏散。如南京市百万余人口，战时甚感不便，亦可先将妇孺迁移他处。此事虽不免使人民稍有恐慌，但终久必归实现，故可着手办理。尤其机关职员之眷属，尤宜先秘密移动。（此项关系重大，须由军委会召集各院、部、会开秘密会商议，妥拟方案，请委座核示后，再逐渐办理。）

3.间谍之防止。

4.各省地方长官现在应准备之事项，并由中央给以大政方针。

5.兵员补充。

朱司长：兵员补充，已拟有方案，先成立三十营，即将开办。

部长：现有失业黄埔学生八百余人，可分派充任训练补充兵之干部。

6.粮食统制。

（三）钱秘书长报告：现在资源委员会已统计而取得联络之技术人员共有四万余人，分为矿冶、化学、土木、机械、电气五部分，彼等皆愿为国服务，但不明需要之所在，无从投效。请通知各部队、学校、机关，就上叙五部分各就需要之人才加以检点，以便随时延引。此四万余技术人员可以即刻组织起来，以供应用。

部长：兵工署、交通司、城塞组等各就需要，拟定延揽及补充计划。

朱司长：现正拟国民劳役规则，其性质与此相仿佛。

（四）朱司长报告壮丁动员演习办法（另有签呈）。

林教育长：民众动员训练，最好预想各重要战区就民众所应做之事拟定方案，如破坏敌人交通路、通信网等工作，不必工兵担任，使民众亦能担任为宜。

朱司长：已拟订民众义勇队战区服务规则，即系此意。

项厅长：原计划文字上拟修改二点：（1）课目内注意应用课目；（2）各省酌量集中演习者，加以限制，以节省经费。

部长：总务厅、兵役司会同再加修正后，呈军委会通令实施。

应办理事项，分别函请各主管机关拟办。钦。

卢沟桥事件第二十次会报

时间：廿六年七月三十日下午九时

地点：部长官邸大客厅

出席人员：何部长　程总长　唐总监　陈院长　熊主席　郭司令（忏）　邵部长　力子　钱秘书长昌照　陈教育长武鸣　曹次长　刘副主任　吴副主任　林教育长柏森　黄校长　周主任至柔　龚厅长　徐厅长　周署长　俞署长　张署长　陈会计长　项厅长　王司长（务）　王司长（交）　陈司长（械）　杨司长（制）　尹处长　徐主任秘书　余参事　李参谋　谭科长　罗科长　端木委员

（一）罗科长报告情报。

（二）部长：委座手谕：各战区各集团军编制及经费，从速规定。

龚厅长：编制已拟就，明日拟召集有关人员开会检讨，即可呈出。

（三）刘副主任报告。

陈会计长提山西阎主任请补发国防费案，如何办理？

部长：签请委座核示，并陈明财部未拨款情形。

（四）龚厅长：民食问题，除军粮设仓库外，民间富商似亦应屯储。

（五）刘副主任报告：（1）委座手令：军委会设总动员处，各部设动员科，每日会报商办总动员事。拟签请即以前日决定之总动员设计委员会为主体机关，不另设动员处。（2）汤部已调张家口，平地泉空虚，是否将何柱国骑兵军开往接防，及令朱、毛部队出动赴绥东（签呈委座）。（3）平汉路无负责指挥官，拟请派卫立煌前往（签呈委座）。

（六）郭司令报告：（1）武汉对租界之炮兵已足用，惟对兵舰，则缺乏炮兵，故请调十五榴重炮。如能发给七七野炮，以着发信管之破甲弹，则重炮不调亦可。杨司长申明：七七野炮造破甲弹，系新设计，有无把握，尚属问题。（调十五榴赴武汉命令，暂缓发表，俟郭司令返汉，与何主任、黄主席商洽后再定。）（2）为增强武汉兵力，请调77D到武汉（签呈委座核示）。（3）汉租界日人表示决不退出。现武汉居留民共二千余人，且汉口以上日人，均已集中汉口，九江以下日侨，集中上海。至汉口日侨妇孺，现已走八十余人。

（七）黄校长：现首都防空兵器不够，如军校搬至庐山，则请将高射炮留下应用。又特务团，原定廿余门高射Mg，现仅六门可用，应请补发。（列入新计划内，以新出品之Mg补充。）

（八）李主任复程总长电，说明南宁通安南交通情形。（交兵工署。至请补助加强公路桥经费一节，俟桂省所派韦厅长到京再商办。）

附卅日晚各长官商定事项：（1）对上海日陆战队之应付计划；（2）对汉口日租界之扫荡计划；（3）长江上下游各要塞之阻塞及对日舰之扫荡计划；（4）黄河铁桥被破坏后渡河办法；（5）大本营之秘密组织；（6）南京防空统一办法之实施；（7）各地日居留民之处置；（8）南宁—安南之道路，桂邕公路及湘桂公路与江西各公路桥梁之加强。

卢沟桥事件第二十一次会报

时间：廿六年七月卅一日下午九时

地点：何部长官邸

出席人员：何部长　程总长　熊主席　邵部长　唐总监　陈院长　钱秘书长　陈教育长　俞部长　曹次长　刘副主任　吴副主任　龚厅长　徐厅长　周主任　周署长　俞署长　张署长　黄校长　项厅长　徐兵监　陈会计长　袁处长　王司长　王司长　陈司长　朱司长　杨司长　端木委员　尹处长　佘参事　石科长　谭科长　罗科长

（一）罗科长报告情报。

（二）徐厅长报告敌情之综合及判断（如另纸）。

部长：速印刷通知各方，尤其河北、晋、绥、山东等处各将领，速用航邮分送。

（三）部长：韩主席向方来电，态度良好，主张抗战到底。

（四）刘副主任报告。（1）徐主任、熊次长等商妥沧保线各部队之新部署（如另图）（略）。（2）3A及23D改开顺德、彰德间，防守既设阵地，并加强工事。刘茂恩部两师开顺德集结。（3）关于其他各部队之调动，签呈委座请示（如另签）。

卢沟桥事件第二十二次会报

时间：廿六年八月一日下午九时

地点：何部长官邸

出席人员：何部长　邵部长　程总长　唐总监　陈院长　钱秘书长　熊主席　刘主任经扶　钱主任　袁处长　周主任　曹次长　吴副主任　刘主任恢先　周署长　陈会计长　黄兵监琪翔　张司令官文白　黄校长　龚厅长　徐厅长　徐主任秘书　端木委员　尹处长　项厅长　王司长（务）　王司长（交）　杨司长（制）　陈司长（械）　佘参事　石科长祖黄　谭科长　罗科长

（一）罗科长报告情报。

（二）防空检讨。

（三）张司令官请发京沪区工事经费。

卢沟桥事件第二十三次会报

时间：廿六年八月二日下午九时

地点：何部长官邸

出席人员：何部长　邵部长　俞部长　程总长　唐总监　陈院长　陈教育长　钱主任　钱秘书长　曹次长　刘副主任　吴副主任　龚厅长　徐厅长　俞署长　周署长　张署长　黄校长　黄兵监琪翔　徐兵监庭瑶　刘耀扬　陈会计长　项厅长　袁处长　徐主任秘书　姚副主任琮　王司长　杨司长　陈司长　尹处长　佘参事　石科长祖黄　谭科长　罗科长

（一）罗科长报告情报。

（二）战区内学校处置办法（教育部拟）。

（三）黄校长报告：报载杭州有敌机编队飞行事，不确。查系我国飞机。（请邵部长转饬中央社更正。）

（四）部长说明八·八炮急装事：

江阴区二连，限于八月底完成（永久炮位则限于四个月完成）。

南京区二连，限于八月底完成（永久炮位则限四个月完成）。

武汉一连,限于八月底完成。

又江阴区15cm四门,九月初可到,限四个月完成。

(五)通知中央社及新闻检查所,以后旅长以上军事长官行动及所属部队之番号与行动,不得在报上发表。

卢沟桥事件第二十四次会报

时间:廿六年八月三日下午九时

地点:何部长官邸大客厅

出席人员:何部长　程总长　唐总监　陈院长　朱主任一民　蒋主任铭三　何主任芸樵　熊主席天翼　余主任幄奇　曹次长　周主任至柔　刘副主任　吴副主任　姚副主任维新　俞署长　周署长　张署长　袁处长守谦　陈教育长武鸣　龚厅长　徐厅长　项厅长　陈会计长　徐主任秘书　尹处长　王司长(务)　朱司长(役)　陈司长(械)　杨司长(制)　佘参事　石科长　谭科长　罗科长

会商事项:

(一)罗科长报告情报,其内容如下:(1)前线情况;(2)敌机活动情况;(3)上海情况;(4)青岛情况;(5)国际对中日战争论调。

(二)徐厅长报告敌国对作战之判断。

(三)部长对各署、司指示各项:(1)重要命令、通报、报告之传达,尚嫌迟缓,如敌机活动及战报等电报,往往至次日始到。着交通司将前此发电手续再加检讨,另行规定,何项电报应提前拍发,用何种符号。其有将符号误用或顺序颠倒者,应加处罚。又最重要者,可先译成密码,由电话传达。(2)无线电密码,应妥为规定,以免被敌窃取。现资源委员会有一种机器密码,可以不致泄露。着交通司询问接洽,并于明晚取来试验。(3)华北防空情报,着防空处妥为部署,务使严密、迅速。(4)我军出动部队,由刘副主任加以检讨。(5)军械司补充56D轻机关枪。

以下各署、司退席后,秘密会商所得知各项。

(四)部长向余主任、何主席等说明平津作战经过。

(五)与徐厅长谈,得知所拟情报组之组织如下:(略)

(六)与谭科长谈,得知部队新部署如下:

(甲)委座核定(在四长官签呈上批定):(1)骑兵第三师由邻县开大同,与骑七师合编为骑兵军(军长何柱国),使用于察北。骑兵第十师使用于津浦路以东之侧翼,任掩护。(2)77D调田家镇,封锁武汉。(3)即令陕北朱、毛所部开绥东,出察北,向热河挺进

（红军现编为三师，其番号115D、120D、129D）。（4）55D、独立5B、独立45B，使用于沪杭；61D、15D，使用于京沪，令经赣浙开拔。（5）首都警卫部队，稍缓再调36D。（6）王东原15D调粤汉路集结，驻黔部队调一师填湘西王师防，再调二师至粤汉路待命。

（乙）委座手令已发表各项：（1）84D、21D合编为军，高桂滋任军长，与刘汝明所部合编为察省守备军团，为〔以〕刘为总指挥，即负责收复绥东、察北。汤军即向宣化、怀来集结为预备军。以上各军，统归傅作义指挥。（2）令朱、毛秘密由察北向热河挺进。（3）32A酌留一部守大名飞机材料。30D开保定。47D开石家庄。56D开蚌埠。2D开海州。（4）第一战区原为四个集团军，兹改为五个集团军：（a）津浦北段（刘峙）；（b）平汉北段（宋哲元）；（c）胶济路（韩复榘）；（d）浦口以北、兖州以南、砀山以东至海州（白崇禧）；（e）鲁西之运河以西至黄河南岸（顾祝同）。

卢沟桥事件第二十五次会报

时间：廿六年八月四日午后九时

地点：何部长官邸

出席人员：何部长　程总长　唐总监　陈院长　熊主席　邵部长　何主席芸樵俞部长　白副总司令健生　蒋主任　朱主任一民　刘维章　黎行恕　曹次长　刘副主任　龚厅长　徐厅长　姚副主任琼　钱主任慕尹　周主任至柔　徐兵监庭瑶　陈教育长　项厅长　黄校长　袁处长　周署长　俞署长　王司长　陈司长　尹处长　佘参事　端木委员　石科长　谭科长　罗科长

（一）罗科长报告情报。以下各署、司退席。

（二）徐厅长报告平津作战经过。

（三）佘参事报告战区划分及部队调动集中概要。

（四）部长询白副总司令桂省可出若干师？白答：桂省现有七师，有六团正在开矿，故约有五师兵力可用。俟第二次征兵实行，可望增加若干。

（五）部长谕示各项：（1）战时政府所在地应加研究（是否以武汉为宜）。（2）外国新闻记者要求赴前线采访新闻，如美国合众社已派来六人，并已向外交部申请。此事由徐厅长研究办法，与外交部接洽，似宜派员引导，一面招待，一面监视，并妥为保护，使其对我有好感，可为我宣传。（3）秦市长云：奉委座谕：廿九军应照中央颁布之编制改编。又云：该军除损失外，现有者计132D七个团，37D九个团，38D六个团，保安队三个团，共廿五个团等语。由曹次长与秦接洽商办。（4）上海工厂迁移内地，是否以移武汉为宜，先加研究，再呈委座核示。（5）冀、鲁等省各村寨，应挖掘外壕，使各村寨连络，以阻敌战车事，应下令办理（刘副主任先询钱主任已否下令）。

卢沟桥事件第二十六次会报（缺）

卢沟桥事件第二十七次会报

时间：廿六年八月六日下午九时

地点：何部长官邸

出席人员：何部长　顾主任（祝同）　　何主任（成濬）　邵部长（力子）　　熊主席（式辉）　　朱主任（绍良）　　钱主任（大钧）　　钱秘书长（昌照）　曹次长（浩森）周主任（至柔）　刘副主任（光）　吴副主任（思豫）　　姚副主任（琼）　　陈教育长（继承）　黄校长（镇球）　　黄兵监（琪翔）　　徐兵监（庭瑶）　　龚厅长（浩）　　徐厅长（祖诒）　　袁处长（守谦）　　周组长（斌）　　周署长（骏彦）　　陈会计长（良）　　徐司长（培根）　　项厅长（雄霄）　　王司长（文宣）　　王司长（景录）　　杨司长（继曾）陈司长（东生）　谭科长（道平）　　石科长（祖黄）　　罗科长（泽闿）

（一）罗科长报告本日情报。

（二）徐厅长报告：目下绥远、察哈尔情况，似较严重。

（三）部长问：敌在察、绥部队多少？徐答：约二万余人。

（四）部长问：檀自新师之枪械发否？陈代司令答：已发。

（五）部长谕：（1）第一期出动部队，七月底到达；第二期出动部队，八月初到达。（2）仓库之位置应分散（陈代司长注意）。（3）学兵队预算应早核定（陈会计长注意）。（4）31D轻机关枪太少，应即补充，每连二挺（陈司长办）。

（六）袁处长报告：汉口电话：据平汉路消息，日本东西京同时发生重大变故（不确）。

（七）部长问：炮八团之15H已否开往武汉。王司长答已下命令，尚未开动。（决定改派一连前往。）

（八）部长：（1）明日国防会议时，航空事件由周主任至柔报告。（2）每日情报材料印刷否。徐司长答未印刷。（拟自本日起照谭科员所摘录之情况表印刷，用部长办公厅名义分送。当否，乞示。）（用军政部总务厅名义。）

（九）部长报告今日与阎主任谈话经过。

（十）徐司长报告：敌集中相当兵力于大阁、丰宁（如12B、4D），有经独〈石〉口及永宁、延庆直拊南口之背之企图。

（十一）国防会议各部应出席人员通知。

附录：阎主任之谈话　八月六日下午五时

1. 政略：抵抗日本之侵略。

2. 战略：实行持久战，放弃土地，无关重要。在持久战中应研究减少敌人三种力量，即：（1）飞机；（2）战车；（3）大炮。

3. 战术：现敌军甚为骄傲，香月说中国军队若干师，均等于一师；又说中国军队师长以上，不知有国家，只知有个人。最好在敌傲慢之下，第一次会战须求得胜利，以正世界观听。尔后，再将军队疏散，实行持久战。

4. 战斗：日军除运用火力外，他无所恃。其军官士兵，一生活优裕，二感觉战争无意义，故在战斗上，只要避开其火力，使其火力不能充分发扬，必可取得胜利。故我宜在有利之地形与之作战，使其飞机、战车、大炮皆失作用。又，我非支持一年，不能得苏俄之援助。

卢沟桥事件第二十八次会报（缺）

卢沟桥事件第二十九次会报

时间：廿六年八月八日下午九时

地点：何部长官邸

出席人员：何部长　程总长　俞部长　陈院长　黄主席（季宽）　熊主席　卫督办（俊如）　朱主任（一民）　钱秘书长　刘副主任　吴副主任　邵部长（力子）　袁处长　项厅长　龚厅长　徐厅长　黄校长　张署长　徐兵监（月祥）　周署长　陈会计长　王司长　王司长　徐司长　陈司长　谭科长　石科长　罗科长

（一）罗科长报告情报。

（二）徐厅长报告敌情判断：（1）平汉路未增兵力，该方部队有向昌平、古北口移动模样。（2）海上输送之部队，有约一师之兵力到达塘沽，队号未详。（3）第十二预备师有向承德移动消息。（4）由国内开来之骑兵第一旅（13KR、14KR），现在沽源。发现骑兵第四师有向赤峰、多伦移动消息。（5）热河伪军向察北、热西移动。

（三）黄主席意见：（1）对上海应作积极之准备，如敌人增兵上陆，应先以空军轰炸之。因之，我空军应推进至上海附近，随时至海上行侦察。敌虽有航空母舰，但不能同时起飞，其空军必较我为劣势。（2）对敌兵舰，最好用小电船，置以多量炸药，藏于吴淞口一带，俟敌舰驶入，出其不意，直闯近而爆炸之，较鱼雷艇尤为有效。（3）在河北战场，应令前线部队派出挺进队（每师一营），密入敌之后方北宁路一带扰乱侦察。

（四）熊主席意见：大本营宜从速成立，方可各负责任。惟目前未正式宣战，日方现仍以关东军及驻屯军名义指挥，并无作战军司令部之新组织，我大本营似亦不宜公开，惟大本营所属各部宜速秘密成立。

（五）朱主任之意见：大本营所在地，第一步在南京，则大本营人员虽至开炮及敌机轰炸时，亦不许离京。

（六）部长：

1.余汉谋请求各项：（1）燕塘分校学生，请分散在韶州、肇庆（可照办）；（2）广东暂分为十个师管区（可暂准照办）；（3）广东向义大利所订购之水雷，何日可到？（军械司查明。）（4）粤军请编为五军及二独立旅。军长：张逵、张瑞贵、李汉魂、李振球、叶肇。独立旅长：罗梓材、李江（交刘副主任核办）。

2.宣读军律草案（项厅长再审核）。

3.函宋明轩，恢复政治训练，派宣介溪负责，请予接洽（已告谢主任照办）。

4.查明已训练之河北特工人员五百人（袁处长查）。

5.电阎主任，告以察绥敌情及敌人有先击破察省部队企图，请推进二三师至平地泉。如需部队填防，请指定地点，以便派队入晋接防（已办）。

卢沟桥事件第三十次会报

时间：廿六年八月九日下午九时

地点：何部长官邸

出席人员：何部长　程总长　唐总监　陈院长　龙主席（云）　顾主任　黄主席　熊主席　邵部长　白副司令　卫督办　朱主任（一民）　何主任（雪竹）　曹次长　刘副主任　陈教育长　黄兵监　姚处长　黄校长　徐厅长　陈会计长　钱秘书长　周署长　王司长　袁处长　周主任　尹处长　陈代司长　陈劲节　吴副主任　王司长　项厅长　徐司长　王教育长（达天）　徐兵监　谭科长　石科长　罗科长

（一）罗科长报告情报。

（二）徐厅长报告：上海方面之敌情判断：敌在沪陆战队仅三千人，由汉口来者千余人，连同在乡军人，亦不过六千人，在未增兵到沪以前，似不致发动事变。惟现在既已发生虹桥机场事故，则日方或将借口保侨，向上海增兵一二师。

（三）部长：注意秘密（如飞机及炮弹等，中央党部人员多知其内容）。

（四）程总长提出，现市面发生谣言甚多，应由警备司令部注意其真伪：（1）中央军校纪念周时，有日人混入，不知确否？陈教育长：恐系误传，因军校有461号汽车入内，或系卫兵误认为481号,盖481号车为日本新闻记者乘车也。(2)飞机场汉奸扰乱及射伤卫兵事,确否?周主任:确有其事,现正查究中。(3)熊主席:南昌破获汉奸机关,捕女犯二名,已在九江枪毙。

(五)刘副主任报告:德总顾问法肯豪森往前线视察返京,先用口头提出下列报告:(1)敌方中级以上军官愿意作战,下级官及士兵则甚恐惧,我方适相反,士兵奋勇,高级官恐惧。各部队一般士气旺盛,惟间有枪枝窳劣者,如万福麟部。(2)敌机轰炸保定,系侦察机,其所投炸弹不过十二磅。由于我方不善用高射兵器,故敌机如此活跃。又观击落之敌机,系旧式。如我空军出动,必占优势。(3)工事线似注意沧石线,实嫌过于落后,即沧保线,亦嫌其落后,最好推进至大清河。(4)我军如在一星期前采取攻势,必可将平津敌人歼灭。但目下再准备攻势,尚未为晚,因集中部队已不少也。(5)我方情报工作太不良,不独敌情不明,即自己兵力位置、前方负责将领,无一人完全明了者。此为最危险之事。以后应特别注意情报之搜集与整理,每日至少有二次将敌我情况作图对照。(6)取攻势时,卢沟桥及其以西地区,地形良好,永定河亦便于渡过,选为攻势地区最为相宜,应派各级官长前往该地区,认识地形。(7)廿九军不可担任一方面之作战,宜调至后方整理;如仍使其担任一方面之作战,将必引起大不幸。此事关系太大,虽牵涉人事,故亦直言之。(8)我方高级官过于怯懦,如万福麟即其一也。余(顾问自称)曾向万建议击退当面敌人之少数部队,推进至永定河,但万云其部队不行,故不敢实行等语。但考察其部队,士气甚旺,实系其本人不行。

(六)汉奸之严厉处置:公开枪毙。谷司令报告:现拘押汉奸甚多,拟于数日内审问清楚,严切处置。

(七)电前线各部队,敌用于第一线者,皆系装甲汽车,并非战车,对此种装甲汽车,即步枪亦可用钢心弹射击之,毫不足畏(已办)。

(八)电刘主任经扶,速赴保定组织集团军指挥部,部署一切(已办)。(查卫俊如系平汉方面集团军副司令官,是否促其赴前方,乞示。)

卢沟桥事件第三十一次会报

时间:廿六年八月十日下午九时

地点:何部长官邸

出席人员:何部长 程总长 唐总监 陈院长 白副司令 黄主席 朱主任 卫督办 熊主席 顾主任 熊次长 曹次长 邵部长 刘副主任 周署长 姚处长 陈教育长 徐兵监 张署长 袁处长 王教育长 龚厅长 黄校长 钱秘书长 徐

厅长　欧阳教育长　陈会计长　项厅长　王司长　徐司长　陈代司长　尹处长　石科长　谭科长　李参谋　罗科长

（一）罗科长报告情报。

（二）项厅长报告国家总动员建设〔设计〕委员会成立经过及经办事项。

（三）曹次长：各国动员法，下级机关无向上级机关请示之权，只能遵照命令实施。现我国许多事情，下命令后，往往申述困难，及请示以后关于总动员事项，应禁止申述及请示，方可奏效。又凡呈委座尚未奉批之事项，应仍照所拟实行；其有不必请示者，则先做再呈报备案。

（四）唐总监：兵工署对防毒面具之检查不可过严。黄主席：对于毒气及飞机之威力宣传过甚，而对地下室、防毒面具等之要求亦过严，似应注意。

（五）熊主席提惩治汉奸法，交项厅长，限三日内审查完竣。

（六）张署长报告医院筹备情形：准备成立三十个后方医院、三十个临时医院，连同原有医院共一百〇六个医院。现在已成立者，后方医院十个（每个可容一千人），临时医院二十个（每个可容五百人），合计约有八万人之收容量。成立X光组、手术组、防疫组等游动工作。另有卫生视察队，每军或每师派四五人参加。六个卫生列车，每列可容一百〇五人，专在各铁道线任伤病兵之运输。卫生汽车组，每组可运四十三人。卫生仓库，用船舶输送。重伤医院四个。卫生材料，已准备一百师人及所有医院六个月所需之材料。民众方面，由红十字会、卫生署、军医署合组非常时期卫生事项连合办事处，正积极进行中。各教会医院，约可收容五千人，于不得已时使用之，每日每人需纳费五角。

（七）部长谕示各项：（1）各路运煤车，设法开行，不得扣留。（2）委座手谕：（a）已制成防毒面具成品几何，以后每五日，须有五千具送石家庄（兵工署遵办）。（b）本月份德国运来货物，何日可以到港，查明呈复（兵工署）。（3）粮食须有船舶输送。（4）教育部文件，应准其由差轮运输。

卢沟桥事件第三十二次会报（缺）

卢沟桥事件第三十三次会报

时间：廿六年八月十二日下午九时

地点：何部长官邸

出席人员：何部长　唐总监　顾主任　陈院长　刘副主任　钱秘书长　邵司令王司长　陈会计长　徐司长　俞署长　陈代司长　吴兵监　杨司长　黄兵监　张署

长　黄校长　林教育长　尹处长　袁处长　王教育长　邵部长　陈局长　陈教育长　卫督办　姚处长　朱主任一民　吴副主任　项厅长　王司长　邹次长　曹次长　朱司长　谷司令　周署长　谭科长　李参谋　石科长　罗科长

（一）罗科长报告情报。

（二）邵司令报告江宁要塞8.8炮装置情形，并拟试射及实弹射击。

（三）吴兵监和宣报告江阴8.8炮装置情形，依原来计划，于八月底完成，现已电令设法提早完成。

（四）部长谕：以后京汉间江轮，酌配高射机枪防空。

以下各署、司退席。

（一）大本营位置暂在南京。

（二）冯副委员长：速组第三战区司令部，赴苏沪前线指挥，参谋长人选，以熊次长担任。

（三）第三者路线速决定。

人事方面，派参谋长三人前往，先称联络参谋。

子弹补充，着先将武器种类、口径造册呈报，酌予补充。

朱等宣言，暂缓发表（有日有半通电式之电报，有国共合作之语，亦不发表）。

（四）孙殿英名义问题（候委座核定）。

中国第二历史档案馆编：《中华民国史档案资料汇编》第5辑
第2编《军事》（二），江苏古籍出版社1998年版，第7—60页

（三）卢沟桥事变后相关会议记录
及附件（1937年7月—9月）

7月14日会议①

七月十四日

曹：熊已于一小时前到保，寓省府。据云：方已到天津，孙部已过石家庄，在保军事长官，希望中央军不到保定，因天津日飞机甚多，保定无防空设备。

部长：委座电外部发表申明书，但甚难着笔。据确息，十一日晚，宋已签字，承认日方条件。现中央并非宣战，既求和平，而地方政府已和平了结，而中央不知，尚调兵遣将，中

---

① 除《实施总动员谈话会记录》和《武器整备会议记录》外，其余小标题均为编者所加。——编者

央地方太无连系，结果电话告钱主任转陈委座核定。日方及汉奸挑拨，谓日军系拥护冀察利益，拒止中央军占冀察地盘。对张自忠部下，则谓仅打张〔冯〕治安，不打张部。又英国领事及一新闻记者见宋，宋发表谈话，谓代表所签字，因日军兴师动众，非得一点凭据，面子不好看。现日本仅二十师人，用于平津者不过五六万人，中央有十师归我指挥等语。

7月20日会议

七月廿日上午十一时

于〔与〕会：何 程 唐 徐 刘 吴 林 曹 龚 徐 王 罗

部长：大战准备，须先有具体方案，昨已请诸位考虑，现请尽量发表，以便电委座采择。

一、总顾问案（如另纸）；二、罗案；三、龚□举乌尔摩会战。宋之态度不外：一被敌先解决，二灰色，故我增援军宜增至十师左右，以求能击破入关之五万敌人。山东韩之态度，如与宋同，则战略大不利，宜先行注意绥东，宜进攻张家口及[①]；四、佘案，先集中大军于沧保线；五、王案。

1.入关者，不过一师一旅，合计五万人计算。

2.日本国内非大损失，不致生变化。

3.日经济，俄国少，而以美为最多，英次之。英之经济封锁难能。美国中立法案于我不利，应行外交，使不行中立法案。俄国非在三条件之下，必不参战，惟仍应外交上尽力，希其在边境摇旗呐喊，以牵制F军不入关。1.中败日；2.中国持久甚久，日则精疲力竭；3.中俄政治发生关系，如同盟或走入第三国际路线。

唐：应依目前状况最低限，赤裸裸说，我是弱国，故抗战须迟〔持〕久，凡一重要城池，非流血不放弃。但以大兵力白白牺牲，则不可。长城、上海战事，可为殷鉴。我集中甚缓，且铁道受敌机妨害，故大本营幕僚须注意弱国之作战，故全国动员最为重要，即以持久战消耗敌人为目的。以此决心，应付此局面，一切事体顾虑现实状况，一切事，就实际取办法，可以做到办法。又情报统一、国际宣传（各国大使、公使，一致动员）。

部长：电熊次长、廿九军参长，随时将敌人到达数目及位置，详侦电告。

曹：其时平津作战为必要，最好集中部队，不仅平汉，由山西至滦口亦可进兵。

部长：应付非常事变之准备各项方案，交几人以冷静态度研究成案，不局部准备，应全部准备，在全部未准备完成以前，仍以外交周旋，不可挑战。

程：整个计划，现是否容许我从容准备，即目前如何达到此准备之目的，敌系对多国准备，我系对一国准备，敌如得到小利，即行停止，以行蚕食，故我应达到集中能应付

① 原文如此，似有脱漏。——编者

之，使敌不知之准备。

部长：1.应付非常时期各项方案，由参一厅、军委员高一组，加林厅长、罗科长、余参事，由刘副主任负责。2.总动员实施计划，以俞部长为主任，项厅长为副主任，俞署长、高二组长、参四处长、程高级参谋泽润、李兵监国良、军务司长、行政院何处长、资委会钱秘长、秦秘书汾。3.情报，陈立夫为主任，徐副，由外交部李司长统筹办理，并成立新闻处。

......

实施总动员谈话会记录

时间：廿六年七月廿一日下午四时

地点：何部长官邸大客厅

出席人员：何廉（行政院）　周骏彦（军需署）　沈静（参谋部）　俞飞鹏（交通部）陈良（会计处）　王文宣（军务司）　竺鸣涛（军委会高二组）　陈东生（军械司）俞大维（兵工署）　钱昌照（资源委员会）　项雄霄（军政部）　曹浩森（军政部）秦汾（赵祖康代，经济委员会）　程泽润（交通部）

主席　何部长

记录　罗泽闿

决议事项：

（甲）全国总动员之机构与组织，将来另行研究。

（乙）就目前即须实施事项，决定如下：

（一）粮食统制　由实业、财政、内政、军政四部计划实施，由实业部召集。

（二）民众组织与训练（包括壮丁训练、技术训练、防空防毒训练）　由中央党部、民众训练委员会、训练总监部、教育部、内政部、军政部主办，由训练总监部召集。

（三）资源统制　由资源委员会，经济委员会，实业、军政、财政、交通、铁道各部会同主办，由资源委员会召集。

（四）交通统制（包括国际交通线）　由交通部、铁道部、军政部、资源委员会、经济委员会会同主办，由交通部召集。

（五）各地卫生机关及人员、材料之调查统制　由军政部、卫生署、内政部会同主办，由军政部召集。

（六）财政金融之筹划　由财政、军政、实业三部研究，由财政部召集。

（丙）将决议各项通知各部，迅速召集研讨实施。（已由项厅长拟办部稿通知中。）

武器整备会议记录

时间：廿六年七月廿五日上午九时

地点：部长官邸大客厅

出席人员：项厅长　　王司长（务）　　王司长（交）　　陈司长（械）　　程高级参谋
徐主任秘书　　佘参事

主席　部长

记录　罗科长

决议事项：

（一）旧枪七八万支，迅速修理及添设修械所。

1.将旧枪移一部分于华阴修械所，从事修理。

2.在湖南衡阳南方东阳渡旧兵工厂址设修械所，并将旧枪先移一部前往。

（二）佘参事说明修正之战斗序列。大约四个战区军，第一线兵团合共约一百师，五个预备军合共约八十师。

（三）依据战斗序列，库存兵器之分配：

1.现有哈乞开斯高射机关枪之分配（约共存三百挺）。（a）韩向方五个师，每师发四挺，共计廿挺；（b）第三线之调整师，每师发八挺或十挺；（c）第一线部队现无高射兵器者，每师酌发四或八挺。以上原则，由军务、军械两司将部队番号、分配数目，于一日内列表呈核。

2.现有斯来得山炮，轻者十六门，重者十二门。如何支配使用，亦由军务、军械两司计划呈核。

3.现有8·2迫击炮约一百廿门，尽第一线部队先行支配，由军务、军械两司计划呈核。

4.现存步枪数及应发部队，亦妥为计划呈核。第一线部队应补充武器者计有：（a）韩部74D已发二千支，另一千支已通知来领，八月可发，并令该师将原有枪支并为二团使用；（b）孙部31D已补充Mg，尚须补充步枪；（c）15D、62D之武器，查明现状如何，应否酌予补充；（d）121D、新8D，须换发新枪。

（四）节省弹药办法。节省弹药，防空、防毒、防战车、防装甲汽车等项，由项厅长会商训练总监部，作为简明军歌印发各部队。

（五）钟松旅之充实：

1.另给独立旅番号。

2.成立一通信连、一特务排。

3.该旅经费自八月份起,直接向军需署领取,人事以后亦直接呈报(通知军需署及钟旅)。

(六)现有工作器具及通信器材,查明数量,并拟定支配于第一线部队办法。

(七)各省旧有兵工厂之调查(如华阴、开封、长沙、东阳渡等处),通知兵工署派员调查,以便利用。

(八)3.7战车炮,迅速编成,准备随时可以出动。(交通司王司长云:该炮所需汽车,约三星期可以到齐。)

(九)委座令交,将税警总团改编为装甲师(即系意大利轻快车之意)。

王司长报告务司审核及编制检讨意见。

部长:1.呈请委座先购7.5野炮一团(约需六百余万元);2.税警总团存款先购汽车,先准备以一团机械化。

战车防御炮分配使用计划

(甲)要领

一、现有之战车防御炮共一百廿四门,以大部分配于第一线兵团,以一部控置于后方要点,留待尔后机动使用。

二、分配于第一线兵团者,以沧保、沧石、德石线上之部队为主,而绥东、胶东、京沪、汉口方面,亦各分配一部。

三、控置于后方者,以南京、徐州为主。

四、分配于第一线兵团者,以分配于军部(或总指挥部)为原则,各该军部(或总指挥部)应就战区内交通状况,预想敌方战车可以使用之方面,如铁道、公路、大道各要点,随时配属于所所〔在〕之师。

(乙)火炮现情

新购三公分七战车防御炮共一百廿四门(教导总队所有者不在内),其所属单位及地点如下:

1.绥东4D、89D各一连,共十二门(马挽曳)。

2.京沪区87D、88D各一连,共十二门(马挽曳)。

3.装甲兵团所属一营计三连,共十八门(机械化在南京)。

4.炮一旅负责训练一营计四连,共廿四门(机械化在汤山)。

5.第一军负责训练一营计四连,共廿四门(机械化在徐州)。

6.武汉分校负责训练一营计四连,共廿四门(机械化在信阳)。

7.军校、步校、交辎校各一排(二门),共六门。

8.库存四门（三门已不堪用）。

（丙）分配办法

一、绥东4D、89D各一连，共十二门，仍旧属之。

二、京沪区87D、88D各一连，共十二门，仍旧属之。

三、军校、步校、交辎校及库存者，共十门，多已损坏，暂仍旧。

四、武汉分校负责训练之一营廿四门，分配如下：

1.二十六路孙连仲，一连，计六门（使用于沧保线之平汉路附近）。

2.十四军李默庵，一连，计六门（使用于沧石线之平汉路附近）。

3.53A万福麟，二排，计四门（使用于沧保线平汉路以东地区安新、任丘附近）。该军所担任地区，多湖泊（白洋淀），大道较少，故仅分配二排。

4.29A宋哲元，一排，计二门（使用于沧保线之吕公堡附近）。该军之37D在满城附近，无使用战车炮之必要。至38D及132D，在沧保线上，正面甚狭，故分配一排。

5.汉口警备司令郭忏，一连，计六门（使用于汉口日租界，将来任务完成后，再分配于第一线兵团）。

五、炮一旅负责训练之一营，分配如下：

1.40A庞炳勋，一连，计六门（使用于沧保津浦路附近）。

2.?A① 关麟徵，一连，计六门（使用于沧保线、德石线之津浦路方面）。

3.三路韩复榘，一连，计六门（使用胶东方面）。

4.3A曾万钟，一连，计六门（暂控置于彰德）。

六、第一军负责训练之一营（廿四门），暂不分配，仍控置于徐州，以备尔后之机动。

7月27日会议

七月二十七日上午8：30，在委座官邸会报决定事项。

一、我军应仍照原定计划在沧保、沧石二线上集中，构成阵地，期在此线上与敌作整齐之战斗。

二、电告宋哲元（军委会办）：中央军以援助平津，期与敌在永定河地区作战之目的，先以主力集结于沧州、保定之线。第二十九军应固守北平、卢沟桥、长辛店、涿县之线，与保定方面保持确切连络。为增援二十九军，令孙连仲部二十六路军即向永定河地区前进，此后该路军归该主任指挥，该路军之行动，即由该主任妥为规定。至该路军原防地保定、任丘一带，另令万福麟部五十三军推进接防。

---

① 其旁注有（25D、85D）字样。——编者

三、令孙连仲部二十六路军即向永定河地区前进，该路军之行动，此后归宋主任哲元指挥。所遗保定、任丘、河间、献县防地，已令万福麟部五十三军接防（刘副主任11∶30电话：河间、献县另令曾万钟部接防）。

四、令万福麟部五十三军即推进于保定、任丘之线，接二十六路军防地，在该线上构成阵地。

唐　徐　蒋鼎文　俞　王　刘　何部长　王　项　吴　林　谷司令　曹端　尹佘　谭　张鉴　张治中　王　黄镇球　陈　周　俞

（一）黄校长报告防空情形（如另表）（缺）。

1.牯岭2cm炮共十门，速电调返京，控置使用。

2.各处防空司令部及监视所应速成立，首都防空司令署暗中成立，以谷司令为司令，另设副司令二人。

3.另须控置2万3·7高炮，随航空根据地以行动。洛阳不必派3·7炮，武汉则加多〔增加〕3·7炮四门。

4.石家庄少派一连，留一连控置之于南京。石家庄一连，先在开封待命前进。保定三连（卅六师仅抽二连）。

5.置子弹要点：青龙山、武昌、信阳、蚌埠。俞署长主张置于火车上活动使用。

6.明日由林厅长召集有关人员，商讨其位置及子弹分散。根据作战计划，下命令节省高射炮子弹及□一简单守则。

7.到保定之三连，先开彰德，□10D控置之。

（二）调动部队事，明日会报再研讨。

8月7日会议

抗战会议　七日在何部长官邸

报告主题

一、平津作战经过（以部长与宋主任往返电文为根据）。

二、敌军动态及敌情判断（以搜集所得之情报及参谋本部七月卅一日止之判断为根据）。

三、以后作战计划（徐报告）。

（一）平津作战经过

1.七月七日卢沟桥事变发生时，部长在渝，于八日奉委座电令返京，乃于十日飞京，遵照委座意旨，为全般抗战准备。此时开赴前线部队：二十六路二师，四十军庞部一师一旅，五十三A万部之推进；10D、83D，已令集结；准备动员者：二十五D、十七D、八十四D、廿一D、三A。

此时前方部队一面输送，后方如：1.弹药仓库之设置，国外交通线之筹划；2.粮食，十万人半年□；3.防空及新兵器之分配；4.总动员之筹划。

…………

2.宋到津后，希望和平，着孙部在河北境外停止。及部长催其赴保，宋又来电，以和平尚有希望，请千忍万忍，及报告和约内容（自十一日至廿二日止），为文、寒、皓、铣、马、养各电（宋皓晨到平）。

3.宋到平后，和平希望益微（自廿五日起发生冲突，至廿九日晨三时宋离平止）之情形，为宋之宥、感、俭、艳各电。俭日上午，秦、冯电，谓宋决心守北平，三五日内当可无虞。是日部长与各长官紧急会商之结果，决增援平津，一面令孙部迅速推进至永定河，归宋指挥，令万部推进至保定，接孙防后方集中部队□，决定迅速输送，逐次推进，并令庞部照宋意集中沧州。孙部于俭晚以火车输送，27D拟在长辛店下车，31D拟在涿县下车，再转进至固安一带永定河之线。艳晨宋退北平，致孙部在中途停止，未得参加平郊作战，引为遗憾。

4.现在我军部署：

A.沧涿线（平汉以琉璃河、涿县、高碑店三线为掩护，津浦以静海、马厂、青县为掩护）

B.沧石线

C.德石线

（二）敌军动态及敌情判断

1.七月十六日止所〔逐〕日之情况（如送外交部节略乙项）。

2.廿六日止之敌方情况（如阵中日记所列表）。

3.卅一日止之敌情判断（如参部所印）。

8月11日会议

八月十一日下午四时谈话会

何部长　唐总监　白副司令　黄主席　朱　周　叶　卫督办　陈教育长

一、徐司长报告敌我情况。

二、白：情报太不灵，似可派人携无线电至平津，潜伏侦察。

三、黄：平汉路部队过于拥挤，宜推进至保定以西地区，以太行山为根据。

四、周：大部均在：115D在淳化、顺义一带，贺龙部在耀县，其余大部在甘肃正宁一带。奉命后集中需时，且令集中榆林一带，较之指定集中日期相差过远，故此次来京第一问题，即在请指定捷近路线，最好沿渭河北岸经韩城渡黄河。

五、部长报告：上海电话，日方请求二项：1.保安队军事设备撤除；2.为保侨，有三千陆战队上登〔岸〕，请谅解。

周：敌之主要者为吞并整个华北，他处则扰乱及武装挑衅，但仍以华北问题为中心。中央方针系全局布置，加紧华北抗战，委座决心，甚为正确。依此坚强决心，整个部署，动员全国军民，方可得最后胜利。外交拖延办法，亦可便利军事完成及民众动员及一切军事准备，但不可动摇抗战决心。

1.主战场在华北方面，不可因一部问题而牵及局部之发动，局部之持久，以争取全部作战之准备。他方面如上海，敌有武装威胁之可能。即福建方面及青岛、海州，皆有夺我海口之可能。惟主战场仍在华北，其局部扰乱，不过分散我兵力。故在坚定方针之下，可以采援兵，以完成动员之方案。又闻外交上可寻得妥协途径。在此情况之下，欲恢复卢沟桥事变以前状态（日军撤退平津，我军退出河北），此为不可能之事。作战方针上，为展开黄河北岸之抗战，则交通运输有被截断之可能，故第一第二战区须培养可独立持久之能力，因在华北由阵地战转为平原与山地之扩大运动战。正面防御，不可倚赖一线及数线之阵地，因兵力不如敌人，突破一线，则影响第二线，故正面宜以集团工事，虽被突破一点，不影响其他，而由侧面扰乱之。

2.其次，则用游击战术，交通大道则坚壁清野，在其侧面山地则不退，且组织民众，以军事人才指导。

3.派员连络组织敌后方民众。

概括言之，装备良好部队宜尽量用于山地及农田地，以行运动战。敌将用许多方法，先取得南口、张家口，而增加平绥线上。因道途过远，希望能早日出发。在察部队利于守，中央军及国军利于突击迂回。如南口、张家口不守，则无法迂回。

4.关于军制。

（1）国防会议希望在作战期间，成为委座有力辅助机关。

（2）中央机关重复多，而统制缺乏。

（3）预备军区宜即刻动员，以从事各种准备。惟军区划分，不必以历史关系，宜以每一军区可以独立予作战军以人力物力之供应为宜。（如陕甘与四川连成一区，即不相宜。）

（4）编制：利用北伐经验，为使运动战轻便灵活，则采三三制为利。如现一师二旅指挥单位较多，反不利于独立作战。

（5）动员方面，能将一切部队列入序列为佳，至地方守备部队，长江敌舰已退，与我有利，则可用保安队、民团担负之。

（6）军队政治工作须扩大及统一，使全国政治工作方针依北伐经验而统一施行，不外军队本身及民众之组织。

（7）西北方面，希望回民有一部分军队参加，以吸引民族之抗战，以便〔免〕发生回民之异动，如第二德王者。

朱：战略上，一面对峙，持久防御，但在物资条件上有相当困难。但事实上战略上又需要此持久防御。中国科学落后，武器只有相当，故不能不多拼人力，单靠正面持久不行，正面广大，彼方不能不以多兵对峙，亦为一利。但我既决心在华北作战，在背水之形势下，战术上应采攻势。战略持久，正面用相当兵力，工事坚固，虽飞机、大炮亦损失不大，以巩固正面。正面兵力拥挤，必受损失。必伸至侧翼以活动，因敌人作战不可离开道路，我则应离开道路，以行运动战。在运动战中，希望能零星解决之。

敌必固守其后方阵线，故我宜尽量破坏其后方。迨我动员完成，准备周到，仍应转取攻势，以恢复平津。最大活动方面，仍为第二战区，此区可用大兵力，策动于敌之后方，即出东三省，亦必由此前进。目前为巩固华北，固一时办不到，但南口、张家口须能固守。今日情况判断，敌将来攻上海，但必系声东击西，以吸引我之兵力。敌之目前主要战线，必系张家口，以除侧方顾虑。至长线攻绥，亦不至发生。彼得张家口后，仍必进兵华北。现据大军在黄河北岸，则正面打破不能退回，只有由侧面前进，以与之拼命。大军若无好后方，则顾虑甚大，故宜在民众中设法就地解决。有此计划，方可依靠，不与敌拼火力。第一第二战区为主战区，兵力已有相当多，但仍须准备兵力于该两战区，因敌必不以大兵在他方策动也。故在江长上海[①]，但先制以各个击破敌人，以各方面之胜利而巩固主战场之胜利。政治力量，甚为重要，因在整个抗战之下，民众完全一致，在此有力条件，必须应运用之，以发生力量。战区内居民之政治工作，即应开始，由上而下，由下而上，须组织之，方可发生力量。对日本之破坏，以政治工作亦必有效，因敌之侵略战争，矛盾甚大，欲战胜以消此矛盾，如不胜则矛盾更大。故抓住此弱点，将真理阐明，以使其下层消极，则政治之破坏，尤属必要，F虽不瓦解，必趋消极。

游击战为抗战中之重要者，破坏敌人后方，牵制敌人，不能不以大兵力守其后方，效果甚大。每一游击队长训练好，则破坏其输送等，可使其部队前方一半，后方一半。躲避战争，扰乱后方（另有具体建议），欲办此事，宜先开办一训练班。

后方划分，四川划入第一〈战〉区不相宜，似可划入第二战区，因陕、甘物资不足，需

---

① 原文如此。——编者

要相当补给也。一般之方针与计划，甚同意，惟第三、四区兵力，尚有加入第一区之必要。预备军已动员者，亦宜迅速开至相当地点，因我之动员系已成，军队只出动也，宜速至第一线为宜也。至后方治安，只要保安队维持，必无问题。

黄：防御方面，以交通路线为基点，采纵深点线防御攻击，用对流式攻击，敌向我点线攻击，我即以点线侧攻击之。现因守南口、张家口固甚重要，惟对平津之攻击问题，大可考虑，宜以少数兵力牵制敌对南口之攻击。战争开始，宜如何根绝和平妥协空气，因持久战之持久。

8月12日会议

八月十二日上午十一时三长官谈话记录

地点：部长官邸

出席人员：何部长　黄主席　白副司令　黎处长行恕　徐司长培根　罗科长泽闿

（一）十八军所属之11D、14D、67D，转运至津浦路南端，准备使用于江南，以应付上海之作战，经电话通知钱局长遵办（应否补发电令，乞示）。

又据钱局长云：十八军现在输送状况如下：1.14D先头已到安阳以北，尚有一小部在长江以南未运；2.11D过江部队，只有三分之一；3.67D过江者，不过五分之一（未过江部队，是否令由武昌改用船运来，乞示）。

（二）在衡阳之第九师，可准备调用。

（三）1.广西准备出兵四师（三团制师共十二团），先开至衡阳上车。又桂省现役为二十个团，拟令三个月内再增编三十个团，共准备五十个团之兵力（现已有四十团之武器、干部、军士等）。

2.广西兵工厂之扩充，经费、人员、机械等之整理，由中央派人前往检验后，统一办理。（今日下午三时，由黎处长与兵工署俞署长面洽，并拟定具体计划。又李总司令来电一件，已送俞署长。）

3.广西飞机场可容飞机百架，范围颇大。现航空高级人员约有六十人，第一期航空兵三十人，均可作战，第二期航空兵六十人，则仅受普通军事训练。

4.南宁分校可容三千人，为训练干部最完全之地点。

（四）拟令广东先调二师，并先成立五个预备师。

（五）98D在本日上午十二时以前，可以输送完毕，陆续到沪。张向华方面，应令57D推进至浦东及南市近郊。

（六）四川拟定出兵十师（四十团），须调精锐部队，或令准备五十团先出二十团，或先出三至四师,其余第二期再调。

（七）云南部队有三万八千支比造良好步枪,四十余门炮,每团有步兵炮六门,每营有重机关枪连,现共有二十五团,可先出二师。

（八）宁夏可先令出一师。青海亦令出一至二师。

（九）各省速筹办补充兵若干师,湘、豫、滇、黔等省,尤应速办。

（十）第三者部队最好集结长安,用火车输送至前方,或以一部使用于山东泰山山地,一部使用于平汉路以西山地,一部使用于察省。

（十一）本日下午五时,各长官赴委座官邸会商一切。

附记:以上各项系准备计划,均未正式下令。

8月30日会议

八月卅日下午八时会报

出席人:部长　曹次长　陈院长　胡军长　张副监　徐兵监　谷司令　项厅长钱秘书长　黄校长　邵司令　王司长　徐司长　陈司长　朱司长　罗科长

一、朱司长报告筹设补充兵经过。

1.各省拨保安团补充情形。

2.第一期野战补充营一〇营,后方补充营二〇营。第二期野战补充营七一,后方补充营七五。第三期野战补充营一九,后方补充营五五。共野战补充营一〇〇营,后方补充营一五〇营。

二、部长:分二种办法:1.每师一个补充团,由各师自行训练。2.本部另办补充营。

三、胡军长:十九军战争时,八日内死伤六千余人,因本师自办补充团,每团有三千人之多,自己招募,随时训练,仅三星期,即可作战,故损伤虽大,但始终可维持作战能力。

四、部长:将平汉、京沪路上作战部队均成立补充团,团长亦由各师自派,即在其作战后方由其训练。至何师应成立,视其作战情形而定,由军务司长、兵役司长、徐参事、罗科长等负责办理。

十五公分炮限期做临时炮位(曹次长催城塞组照办)。

部长:兵的来源:1.照管区名册征集;2.无管区之省,责成省政府照数送来;3.招集志愿兵(广事宣传,使人民乐于抗日,奋勇应募)。

应即成立补充团者如下:88D　36D　11D　14D　67D　20BS　57D　98D　教总
87D　56D　1D　6D　51D　58D　78D　27D　10D　83D　2D　25D　85D　21D　4D　89D

（甲）目前实际形势

一、自南口、张家口失守，我在北正面有利之态势已失。现晋军放弃大同，退守雁门关，我平西山地之卫纵队已处孤军突出之状态。目下由平西越永定河取攻势之企图，事实上已不可能。

二、沪战胶着，双方无限制增兵，我为确保江南腹心地，又不能不以精锐部队与敌周旋，因之我战略重点，无形中已转移于江南。此时北正面只有采守势作战，逐次抵抗，与敌持久，以待川、桂军集中完毕，或沪战告一结束，方可策划北正面之攻势。

三、敌以关东军沿平绥路进展，占领大同后，将囊括绥远全省，以组织所谓蒙古国。其驻屯军及新到部队，若以主力攻下沧县，再沿沧石大道以趋石家庄，以遮断我平汉路十余师部队之后方联络，则我军将被压迫于太行山地，此为最不利之形势。

（乙）今后作战要领

一、上海方面，暂时以阵地战之手段与敌持久，俟敌兵力疲惫，攻击顿挫，仍〔乃〕相进攻，以期可以转用兵力。

二、晋绥方面，以主力固守雁门既设阵地，一部守绥东逐次抵抗，并多采游击战以扰敌之侧背。

三、河北正面，以沧保、德石两线阵地为凭借，与敌持久抗战，待川、桂军集中完毕，或江南兵力可以转用时，再策划攻势。但沧保、德石两线上，应控置有力之机动部队于中央，以策应各方，并随时行战术上之攻势，以局部之包围歼灭敌人。

（丙）处置

一、将卫纵队之10D、83D、85D独、55B，再附以2D、25D，编为有力之机动兵团，撤至河间、献县、武强附近地区，为负下列任务：1.掩蔽石家庄根据地；2.作沧保、德石两线之总预备队；3.敌如越沧州南进，则侧击之，如由沧州向石家庄或保定西进，则迎击之。

二、平汉路以二十六路三师一旅、3A两师47D、94D及孙蔚如两师，共九师一旅，担任作战；以冯钦哉两师位置石庄附近，为预备队，但须以任丘、保定、满城为主阵地。其在琉璃河、徐水等线上，系警戒阵地性质，敌如以小部队来犯则击退之，如以大部队进攻，宜逐次抵抗至主阵地，再与决战。

三、万福麟部及商震部担任沧保、德石两线上中间地区之作战，须能与平汉、津浦切实连系。

四、津浦县〔线〕上，以40A、67A、49A共五师半，固守沧州。廿九军及刘汝明部队，除抽精良一部作津浦线预备队外，余抽出德石线上作工事。

五、敌如以主力攻下沧州而保定仍能撑持时，则可将沧保线变为德保线，而以卫纵队出击，以歼灭津浦之敌。

六、敌如以主力沿平汉路南下，则万一保定不守，则沧保线变为沧石线，或退守德石线，而以卫纵队向平汉路出击。

七、第八路军之使用有二案：1.用于平汉路以西山地，协同平汉路作战，而由山地绕攻敌侧背；2.用于绥远方面，使其独立作战，成功则直趋察热，不成功则在绥宁一带与敌持久，并保有与外蒙及苏联之联络。

八、晋军固守雁门，可能则规复大同。

汤指挥之84D、21D调石庄。

萧之楚、刘培绪二军，亦止于石庄，系总预备队，不必往大同。

9月5日会议

九月五日上午十一时

部长　次长　项厅长　徐参事

徐：现总动员设计委员长〔会〕对总动员业务尚不能总其成，最好在大本营设总动员部办事较好。

部长：唐总监意见，现中央力量已完全用于南北二方，最少须练成十至廿师以控置之，既可用于前方，亦可控置后方。

部务会议

预备师（正规军）

一、就指定各省成立预备师十个，以中央库存及新购武器（不足者则以各省保安团中优良武器选用）编成正规部队，控置后方，加紧训练。

二、补充军遵委座指定〔示〕动员各省（每省十万）为标准，成立若干补充团，并各省成立若干保安团（以壮丁队补充保安团），以源源补充。

三、民众武装组织，全国五百万人。

部长：现拟每省组织武装十万，全国预计二百万，以维持第一线百余万之战斗力。人员动员办法，已拟定送项厅长。

政略战略

一、中日战争估计一般以为敌至相当胜利后，即将进行谈判，以为可以利用谈判，以行拖延。此种意见固属正确，但事实上，中国空前之统一团结及国防力之增强，日人必另有一种估计，非给我以大打击，再一二年后，更不可侮。此为一因素。另一因素，即国际问题，我以为日人对象为苏联，既占我东四省，即可引日人刀尖以向苏联。但日人为对苏联，必先占中国。吾人观察托洛斯基派之破坏，其论调在缩短世界战之过程，以保存苏联之工业与经济，故苏联之肃清托派，即为扫清此障碍。但东方甚少此派军官，其肃军不致影响东方之防御力量，此力量一九三八年完成，为日本之大威胁。因此因素，日人必迅速侵略中国，亦在此。日人企图至少欲击破我主力及破坏我国防建设，最后占我华北，以使我多年不能恢复，彼可专心对俄，故日人乃大规模之破坏作战，决非不战而胜及小威胁而已。英人不可靠，或对此次日人行动已有默契，亦未可知。

日本战略展开，必先取得下列五点：上海、青岛、天津、北平、张家口。日人对我估计错误，现动员计划及经费预算，均须重新布置，现尚未完成其战略展开。

1.我之重点在上海，虽胜利不能转移全战局；如在平绥线置重点，则可转移全战局，而破坏敌人整个计划。

2.持久问题。真正助我者，只有苏俄，故保守平绥伸至察热，以保有与苏联之联系，乃最重要者，因其他海外交通，将被敌封锁也。

故当时应因应当时状况，或先击破攻南口之敌，或先击破承德南下之敌，配有大员，活用第一第二战区之兵力，以主力击破敌人，乃为得策。

二、(1)应有专门刊物，将十年内战"一·二八"上海及长城作战及阿比西利亚、西班牙以及此次南口、张家口、上海之经验，提供实际问题。(2)虽战略上持久，但战术上仍应攻势，以求速战速决。(3)战略上虽采内线，但战术上仍应取外线，随时包围敌人。

故集团防御战争、广大游击战争、广大民众之运动战，以此三原则，以行作战。

三、武装民众

军委会之下设有总动员部，省有省动员部，县有动员支局或动员科。(总动员部以军事政治混合组成。)

每县估计壮丁数，以不减地方生产力为限，将壮丁尽量动员，成立补充师、补充团。真正补充前线时，再来一次动员(双重动员)，经政治工作后再赴前线(以自愿为多)。在补充团内，不一定有枪，仅有刀矛、坏枪等。第二次动员后入某部队，再发武器。另以宣传鼓动，使动员容易。

动员后之巩固工作，则为儿童、妇女之鼓励监督等，并帮助被动员者之家庭工作等，以巩固动员之确实。有逃回者，积极监督，并禁止宣传入伍之苦。

战区工作则为大本营之政治工作。如预计敌人可侵入者，作坚壁清野工作(战区工作委员会)，规定清野区域、后方收容区域及后方收容办法。壮丁则事先编成游击队，在战区内扰乱敌之后方；其无游击兴趣者，则采其所长，而分配战区工作。故战区以参战为原则，后方以生产为原则。

粮食问题。政治部、经理部、地方绅士共同组织粮食委员会。在行军中,军队过境前一二日行程,派人与之接洽供给（或代价购买）,战区则以代价向各地粮食委员会嘱其集中于粮食补给点。补充前线部队时之出发时及沿途,应由地方举行热烈之欢迎欢送。

中国第二历史档案馆编：《中华民国史档案资料汇编》第5辑

第2编《军事》（二）,江苏古籍出版社1998年版,第62—81页

二、卢沟桥事变回忆录

七七卢沟桥事变经过

秦德纯

一、七七事变前日本侵略的阴谋

日本军阀于民国二十六年七月七日夜，借口日军在卢沟桥附近演习之一中队，在整队回防时，突被驻卢沟桥二十九军部队射击，因而走失士兵一名，指被二十九军官兵劫持进入卢沟桥城，要求率队入城检查。经我方峻拒后，至翌日拂晓前日方调集其丰台驻军，向我卢沟桥城进犯；我方为维护领土完整及主权独立遂奋起应战，掀起中日全面战争之序幕。

此一持续八年之久的战争，表面上虽导源于一偶发事件，实质上，日人早已处心积虑，进行侵略阴谋。溯自日本明治维新后，接受西方科学文明，革新内政，发展工业，军事装备趋于现代化，国势蒸蒸日上。嗣经日俄、中日两次战争胜利，日本武人，骄纵跋扈，不可一世，遂积极向外扩张。其侵略目标，一为北进占据满蒙，以阻遏苏俄之东进与南下；一为南进征服中国以驱除欧美势力于中国及亚洲之外，完成亚洲为亚洲人之亚洲，实际上即为日本人之亚洲，借以称霸世界。但无论日本之北进或南进，均以进占满蒙及中国大陆为第一步骤。

民国二十年"九一八"，是日本侵略我国的行动开始，侵占我东北辽、吉、黑三省。二十一年进据热河省，二十二年春又挥兵南下，进窥我长城沿线之古北口、喜峰口、冷口各要隘。在以上各地激战近三阅月，经谈判于是年五月三十日中日双方签订所谓《塘沽协定》。此时我平津及华北察、绥、晋、冀、鲁各省已陷于岌岌可危之势。

二、蒋委员长授命忍辱负重

二十四年秋夏之交，作者奉蒋委员长自庐山来电嘱令前往，遵即遄赴庐山，报告华北态势，并请示机宜。当时奉蒋委员长指示："日本是实行侵略的国家，其侵略目标，现在华北，但我国统一未久，国防准备尚未完成，未便即时与日本全面作战，因此拟将维持华北责任，交由宋明轩军长负责。务须忍辱负重，委曲求全，以便中央迅速完成国防。将来宋军长在北方维持的时间越久，即对国家之贡献愈大。只要在不妨碍国家主权领土完整大原则下，妥密应付，中央定予支持。此事仅可密告宋军长，勿向任何人道及为要。"旋即返报宋将军，慎密进行。之后与日方表面上之酬酢往还，较前增多。此时国内外人士不明真相，本爱国爱友之心情，函电纷驰，责难颇多，既不能向其说明真相，只有苦心孤诣，忍辱求全，以待事实之证明。主持其事者的精神痛苦确达极点。

经过一年余之艰苦折冲，我中央正在完成统一，充实国防，一本和平未到绝望时期，决不轻言放弃和平之旨，尽量虚与委蛇。因将北平军事委员分会撤销，何应钦将军调回南京，并将中央之黄杰、关麟徵两师调离平津，另调驻察哈尔境，宋哲元将军移防平津，并任命宋将军为冀察政务委员会委员长，兼北平绥靖主任。日方又肆其挑拨离间之手段，极尽威胁利诱之能事，以分化我中央与地方之团结，希望不费一兵一卒造成华北特殊化之地位，使在形式上虽隶属中央，而实际则完全受日方之操纵指使。迭经交涉，其和平侵占之狡计迄未得逞。其不得不以武力侵占之企图，已箭在弦上，待机发动。

三、七七前夕华北之军政态势

在七七事变前约两年的时间内，宋哲元将军以第二十九军军长兼冀察政务委员会委员长及北平绥靖主任，所有冀察两省、平津两市之政务及驻军统归宋将军节制指挥。当时因军政关系密切，所以行政长官多由军事首长兼任，如河北省政府主席由冯师长治安兼任；察哈尔省政府主席由刘汝明师长兼任；天津市长曾一度由萧振瀛担任，后由张自忠师长兼任；北平市长由作者兼任，时作者为二十九军副军长。事变前由于日阀之蛮横压迫，无理干预，我政府以正在积极准备国防，不愿过早惹起大战，因将中央部队黄杰、关麟徵两师由华北南调，防务完全交由二十九军负责，以二十九军一个军之力量分布于二省二市，又处于国防最前线，兵力颇感单薄。当时该军共有四个师，其分布情形：（一）冯治安的第三十七师分布在北平、南苑、西苑、丰台、保定一带。（二）张自忠的第三十八师分布在天津、大沽、沧县、廊房一带。（三）刘汝明的第一四三师分布在张家口、张北县、怀来县、涿鹿县及蔚县一带。（四）赵登禹的第一三二师分布在河北省南部大名、河间一带。

四、事变前之折冲及丰台中日冲突事件

丰台密迩北平，为交通枢纽，驻有我冯师混成部队一营。日军亦基于《辛丑条约》之规定，在该处驻一大队。曾于二十五年秋冬之交某日，我军因出发演习，适日军演习完毕回营，两军在马路上相遇，彼此不肯让路，致起冲突，相持竟日，双方均有伤亡。迭经交涉，终以误会了事。此后日军益趋骄横，屡向宋哲元将军提出华北特殊化之无理要求，同时依附日阀之汉奸潘毓桂、陈觉生等复为虎作伥，从中怂恿极尽威胁之能事，均经宋将军严词拒绝。但宋将军系一纯朴厚重热诚爱国之将领，迭经繁渎，精神苦闷已达极点，曾于二十六年二月上旬一日告我曰："日本种种无理要求，皆关系我国主权领土之完整，当然不能接受。而日方复无理取闹，滋扰不休，确实使我痛苦万分。日方系以我为交涉对象，如我暂离平津，由你负责与之周旋，尚有伸缩余地，我且相信你有适当应付办法。因此我想请假数月，暂回山东乐陵原籍，为先父修墓，你意见如何？"我当即表示不同意，并说：

"此事绝非个人的荣辱苦乐问题，实国家安危存亡所系，中央把责任交给你，不论你是否在平，责任总在你身上，因此我决不赞成你离开北平。"当时宋将军并未坚持，因把回山东的打算暂时搁置。但到了二月二十日以后，日方交涉益繁，压迫愈甚，宋将军以心情恶劣，决定请假回籍，把交涉责任落在我身上。宋将军临行告我两事："（一）对日交涉，凡有妨害国家主权领土之完整者一概不予接受。（二）为避免双方冲突，但亦不要谢绝。"我就在这不接受与不谢绝两种相反的原则下，忍辱负重委曲求全的应付了四个多月。

自宋将军二月底离平之后，每日均有日方人员前来接洽，平均每天最少一次，或二次。如日本之外交官、武官、特务机关人员，是谈外交的；新闻记者、贵族院议员及退役大将等，是来采访消息或考查华北形势的。我虽感觉不胜其扰，但抱定任劳任怨之决心，据理应付，使日方无借口余地。同时日方更利用离间分化手段，将二十九军分为抗日的中央派及和日的地方派，认为我是抗日中央派的中坚分子，千方百计的攻讦诋毁、恐吓威胁，必欲去之而后快。而日方收买之汉奸，且专伺察我的言论行动及我方军事部署作为处置依据。当此内奸外敌交相煎迫之下，我只有戒慎沉着，以静制动，深恐一言不慎，一事失当，俾日人有所借口，致陷交涉之困难。当即电陈中央请示机宜，旋奉复示，大意要在不丧权不辱国大原则下，妥慎交涉，中央定予以负责支持，当即遵照此原则相与周旋。到五六月间已达极度紧张阶段，日方使用武力侵略之企图，已成弯弓待发之势。

当事变当日下午，我在市政府邀宴北平文化界负责人胡适之、梅贻琦、张怀九、傅孟真等诸先生约二十余人。经报告局势紧张情形，交换应付意见，诸先生亦均开诚布公恳切指示。夜十时许散会后，不到两小时，象征我全民抗战的七七事变于十一时四十分即在卢沟桥开始爆发。

五、七七事变的经过与我方的应付

七七之夜，约在十一时四十分钟，我接冀察政务委员会外交委员会主任委员魏宗瀚及负责对日交涉的林耕宇专员电话，谓据日本特务机关长松井说："本日有日军一中队在卢沟桥附近演习，但在整队时，忽有驻卢沟桥之第二十九军部队向其射击，因而走失一名，并见该士兵被迫进入宛平县城（即卢沟桥城）。日本军官要求率队进城检查。"我答："卢沟桥是中国领土，日本军队事前未得我方同意在该地演习，已违背国际公法，妨害我国主权。走失士兵我方不能负责，日方更不得进城检查，致起误会，惟姑念两国友谊，可等天亮后，令该地军警代为寻觅，如查有日本士兵，即行送还。"

答复后夜晚二点，外交委员会又来电话，谓日方对我答复不满，强要派队进城检查，否则日军即包围该城。我即将此经过，以电话告知冯治安师长及驻卢沟桥之吉星文团长，要严密戒备，准备应战。同时并令吉团长，派官长侦探丰台方面敌人动态。到凌晨三时半，接吉团长电话报告："约有日军步兵一营，附山炮四门及机关枪一连，正由丰台向卢沟桥前进。我方已将城防布置妥当。"我当即对吉指示："保卫领土是军人天职，对外战争是我军人的荣誉，务即晓谕全团官兵，牺牲奋斗，坚守阵地，即以宛平城与卢沟桥为吾军坟墓，一尺一寸国土，不可轻易让人。"并以此处置通知冯师长。

八日拂晓约五点，日军已在宛平城之东面、东南面及东北面展开包围态势，先要求他的外交人员进城，继又要求武官进城，均经我吉团长与王冷斋专员（行政督察专员）拒绝。日方武力威胁之伎俩已穷，即开始向城内炮轰，并掩护其步兵前进。事前我曾告知吉团长，日军未射击前，我方不先射击；待他们射击而接近我最有效射击距离内（三百至四百公尺），我们以"快放"、"齐放"猛烈射击，因此日军伤亡颇重。

六、战争的持续与扩大

在八日对战时，卢沟桥铁桥上原驻我步兵一连防守，双方争夺铁桥，备极惨烈。曾被日军将铁桥南端占领，我军仍固守铁桥北端。彼此对峙至九日拂晓前，我方由长辛店调遣部队，协同我桥北端部队向铁桥南端日军予以夹击。是夜，细雨纷霏，敌人正疏戒备，我官兵精神抖擞，轻装持步枪、手榴弹、大刀，出敌不意，秘密接近桥南端将该敌悉数歼灭。当其被大刀队砍杀时，他们有的卑躬屈节，跪地求饶，所谓皇军威严，已扫地无余。

经过八、九两日的战事，双方均增援部队，战事逐渐扩大。到十日上午，日本特务机关长松井大佐派员向我洽商，认为事出误会，希望停战会商。结果为：（一）双方立即停战；（二）双方各回原防；（三）双方组织视察团监视双方撤兵情形。日方并要求我以保安部队接替吉团防务，于是我们又增加保安队一团至卢沟桥城内。当时视察日方撤兵情形，仅将其第一线部队撤至预备队之位置，反责我方未撤回原防。我的答复："所谓原防即战前原驻地点，日军原驻天津者，应回天津；原驻丰台者，应回丰台。我军原驻宛平城内，因应战移防城上，我军由城上撤至城下，即为原防。"当场日方亦无话可说。详察日方之要求停战，其目的在向其国内作虚伪宣传，说日本如何受中国军队之迫害残杀，作为调动大军侵略之口实，实为缓兵之计。

七月十六日，宋将军由鲁返平①，主持大计。最初仍拟作地方事件解决，避免事态扩大。但日军大部队已陆续由东北调至天津，势极嚣张，和平解决已不可能。此时，奉中央电令："应乘机围攻东交民巷日大使馆，以消灭其发号施令台。"几经考虑，认为东交民巷各国使馆林立，大举进攻，势将玉石俱焚。且东交民巷防御工事坚固，日军武器已较精良，战事旷日持久，恐将陷北平于紊乱，因之决定进攻丰台。二十五日拂晓，我派步兵一旅，附炮兵一营，向丰台进攻。上午，战事极为顺利。至午刻，我已占领丰台大部，顽

———————————

① 宋哲元由鲁返平日期应为七月十九日。——编者

敌仅据守丰台东南端一隅，誓死抵抗。午后四时，日方忽由天津调来大部援军，参加反攻，以致功败垂成。

二十六日，又与日军在廊房车站激战，双方伤亡均重。

二十八日拂晓，日军调集陆空优势兵力，约计步兵三联队、炮兵一联队、飞机三十余架，向南苑进攻。激战至下午四时，我军伤亡惨重，佟副军长麟阁、赵师长登禹均壮烈殉职；尤堪痛心的是在南苑受训的大学毕业学生，亦参加战斗，伤亡不少。

七、移防保定展开全面作战

是日下午宋将军、张自忠师长及作者等，在铁狮子胡同进德社商讨南苑战事。忽郑大章师长（骑兵师）服装不整仓皇来报："佟副军长、赵师长阵亡，我官兵伤亡特重，他所属骑兵伤亡一半，另一半退往固安，日军大有围攻北平之势。"我见郑师长态度惊惶，礼貌欠周，我说："彩庭兄（郑号彩庭），我们军人无论遇到任何艰苦情形，态度要稳重，礼貌要周到。"郑亦欣然接受。宋将军即同我们商量尔后的行动方针，决定了两个方案：（一）留四个团防守北平，由作者负责指挥。（二）留张自忠师长率所部在平津与日人周旋，宋将军、冯师长同作者到永定河南岸布防。正在研究采取何一方案尚未决定时，适奉蒋委员长电令，命宋将军移驻保定，坐镇指挥。宋将军遂决定将平津防务、政务交张自忠负责，而于二十八日晚九点，率同冯师长及德纯等由北平西直门经三家店至长辛店，转赴保定。到长辛店时，围攻卢沟桥之敌炮兵，集中向长辛店车站射击，我们到洋旗外面登火车赴保定。从此伟大的抗日战争，遂全面展开。

宋将军至保定后，奉中央电令任第一集团军总司令，着将所部开赴津浦铁路北段沧县、青县一带，阻敌南下。此时平汉铁路北段保定及其以北地区涿州、良乡一带，已由孙连仲将军所部防守。宋将军即派作者同石敬亭将军赴南京报告经过。抵京后，石至监察院列席会议，有一部分委员对宋将军失守名城，深致不满，应予从重惩处，空气颇为紧张。当经蒋委员长说明：宋将军在平津支持危局，任劳任怨，得保全国领土主权之完整，使中央有二年时间准备国防，这是宋将军对国家的贡献；否则，华北在二年前已非我政府所有，一场风波始烟消云散。蒋公又令作者转达宋将军，应特别努力作战，因此次战役，并非一城一地之得失，胜负亦非短暂时间所能决定，务望坚苦支撑，历久不懈，方是制胜要诀。宋将军感激领袖之伟大宽厚，温谕优渥，益激励所部奋勇杀敌，效忠领袖，以报国家。

八、日本岂能脱卸侵略罪责

自二十四年秋迄七七事变期间，日方在华北既不能以和平手段达成特殊化之目的，乃迭以武力寻衅，迫使就范，最著者为二十五年秋丰台事件，双方军队冲突对战竟日，彼此均有伤亡，结果以误会了事，亦未能完成其要求。至二十五年西安双十二事变突发，日方在平之松井特务机关长，以幸灾乐祸之心情，告作者曰："中国由蒋委员长领导已渐成统一，我日方站在睦邻立场，同感欣慰。惟陕西张学良、杨虎城勾结共党劫持蒋委员长，使之失去自由，日方深为惋惜。此后中国失却领导，势必陷于紊乱，且共党亦将乘机坐大，日方为反共大计，实不能坐视"云云。其狺然思逞之野心，已昭然若揭。迨同月二十五日张学良陪侍蒋委员长返京，我国军民欢声雷动，鞭炮庆祝彻日夜不绝，已确证全国人心拥戴之诚。日方震骇嫉忌，认为中国在蒋委员长领导之下，迅即完成国防准备，实日本侵华之最大障碍。因此，武力占领，必须提前实施，于是七七战役遂即爆发。

对于事变原因，日方为脱卸其侵略罪行，辄以共党挑拨煽惑相推诿，事实上我中央政策一向是反共、"剿共"。而华北当局，为贯彻中央决策，亦以"共同防共"与日本相约定。当时冀、察、平、津一带尚无"共匪"之一兵一卒。其潜伏各学校之少数秘密工作人员，亦无活动余地，仅有"共匪"外围之民族解放先锋队，利用爱国青年作抗日号召。我政府既决策抵抗侵略，并召集大专学生三千余人分在南苑、西苑，接受军事训练，作杀敌救国之准备。斯时"共匪"已无法施展其离间鼓动伎俩，证明当时在平津之大中学校青年百分之九十八以上，均系纯洁之爱国分子。观于每次学生游行，经当局向其恳切宣示我政府之坚决决策，嘱其安心向学，练习杀敌技能以作共赴国难之准备。全体游行学生无不欢欣鼓舞，拥护政府之救国主张，一致整队返校。是则日方希图脱卸侵略罪责之借口，并无事实之依据。

《传记文学》第1卷第1期，（台北）传记文学出版社1962年6月

卢沟桥事变回忆录

王冷斋[①]

震动全世界的卢沟桥事变，发生于二十六年七月七日，至今年今日，恰恰一周年。这一年中，我们抗战前线将士死伤达数十万，人民生命财产损失更不可以数计。这样的坚强御侮，重大牺牲，不特中国历史上数千年来所未有，即方之欧洲大战亦不遑多让。现在我们虽然失地数省，但我全国军民抗战之力愈益加强，而敌人则已精疲力尽，欲罢不能，长期消耗的目的总算达到，实出全世界人士意料之外。

卢沟桥事变发生的前后虽短短三星期间，而其交涉及抗战经过，实历史上之重要材料。现在值一周年纪念，根据我当时的笔记，作一个总括的报告，可知卢案并非偶然发生，敌人有计划有步骤的侵略野心，在卢沟桥事变时，即已暴露无遗了。

事变的远因，导源于"九一八"，敌阀不费一兵，不折一矢，将东三省攫到手中，六年

① 作者当时系河北省第三区行政督察专员兼宛平县县长。——编者

来仍思沿用故技控制华北，造成所谓华北五省明朗化，以政治经济侵略作前卫，以军事侵略作大本营，而以分化中央与地方为惟一手段。不料中央军队南调之后，二十九军开驻平津，当局抱定枪口不对内原则，一面虽审慎应付，一面仍丝毫不肯表示软弱。土肥原奔走两年，用尽心计，卒至劳而无功。土去后，继以高桥、松室、松井诸人，仍思努力，但锋劲已挫，仍然无所成就。敌阀之计已穷，乃不得不暴露狰狞面目，变更政治侵略而为军事侵略，二十五年九月十八日丰台事件，实军事上第一步之尝试，我方为顾全大局，始终保持和平态度，敌阀以为轻而易举，遂进一步作略取卢沟桥的计划。

　　卢沟桥的地势，扼平汉咽喉，当北宁、平绥两路冲要，不特为北平命脉，且亦冀察两省的屏障，在铁路未通以前，已为古昔兵争要地。当局知其重要，故将宛平县府移设此间，现在行政专员公署亦设在该处。北宁路之丰台，平汉路之卢沟桥，平绥之清河等重要车站，均在宛平辖境之内。平时驻军，宛平城内及丰台车站附近均有二十九军一营，清河则为冀保安队驻守。丰台事件发生后，我方驻军他调，敌人遂以一木清直所部之一大队（等于中国军队一营，惟人数较多，约七百余人）全驻该处，平时以演习为名，常常在卢沟桥附近活跃，侦察地形。其初演习不过每月或半月一次，后来渐渐增至三日或五日一次，初为虚弹射击，后竟实弹射击，初为昼间演习，后来竟实行夜间演习，且有数次演习部队竟要穿城而过，均为我严厉拒绝。如此者相处数月，因我方种种之应付及切实戒备，幸未发生严重事件。而敌人除一方以演习示威外，复托北宁路局长名义，将丰台至卢沟桥中间地带六千余亩实地测量，意图购买作为建筑兵营及飞机场之用，即当时各报所载之丰台圈地问题。该项地亩系于二十五年十月测量完毕，及我就事之后，日方即提出要求实行售与，一方并向地主们宣传，愿以最高代价购买该项地亩，松室且已将全部计划及地价报请日军部备案，决定事在必行。当时事件日见紧张，我奉令当折冲之责，在当局指示以不损领土主权为原则，同时须兼顾不至将事态扩大的方针之内，曲予周旋。在天津日驻屯军司令部与北平特务机关部双方交涉不下二十余次，日方计尽辞穷，乃以重利贿买该处少数地主，诱为民意自动愿卖，但该处全体地主均有不愿售卖之呈文与手印，报请专署及县府备案，真正民意如是，少数被诱者当然不敢出面。日方以此事极感棘手，知非实行军事侵略，终无法得我寸土，而演习乃逐渐加紧，遂有七月七日晚之变。

　　事变发生于二十六年七月七日夜间十时。日军一中队在卢沟桥附近实行夜间演习毕，集合回队时，突然扬言有日兵一名失踪，在宛平城外到处寻觅不见，意图进城搜索，并开枪数响示威。一方由北平日特务机关向我市政府及外交委员会交涉，谓日兵失踪定被卢沟桥驻军或该处土匪所害，应准日军进城搜索，如有其他情形，须由我方负责等语。我当时接到各方电话后，即通知驻军金营长对于城防切实戒备，一面并令警察保安队代为搜寻，历一小时毫无影响，乃亲赴市府及外委会报告，当奉命赴日本特务机关部向松井机关长交涉。到达日军机关部时已午夜二时左右，斯时外委会主席魏宗瀚、委员孙润宇、专委林耕宇、绥署交通副处长周永业、日特务机关长松井、顾问樱井均在座。当就本案与松井已得报告谓失踪日兵现已归队，惟须明了如何失踪情形以便谈判，我当反诘以如何失踪只须讯明该兵即可明了，即为周到起见由双方派员调查亦可，当即决定我与周、林、樱井，并日通译斋藤五人前往。正拟出发间，得报告驻丰日军数百人全部武装开赴卢沟桥，事态已见严重。同时日军联队长牟田口并请我同林耕宇前往一谈，当即同林赴日兵营与牟接洽。牟见我即询：王专员此去能否负处理事件之全责？我答云：顷间在机关部所商系负调查使命，事态未经明了，尚谈不到处理，且此事责任应由何方担负，此时亦不能臆断。牟复谓：假使事态明了总以当地处理为宜，日本方面现已决定由森田联队附全权处理，因为事机紧迫，势或不及请示，阁下为地方行政长官，发生事件系在贵辖内，自有权宜处理之权。我仍以先事调查再谈处理为原则，对牟所求坚决拒绝。如此谈判约半小时，牟见无法乃允先行调查。我同林出日兵营时，见日兵三百余人分载大汽车八辆，已向卢沟桥出动，乃急会同周永业、樱井、斋藤等出发。我与林二人在后一车中，当车抵宛平城东北角沙岗时（距城约一里），见该处已为日兵占据布防，士兵多数伏卧均作射击准备。斯时突有日特务机关部辅佐官寺平奔至车前，阻止前进，并手出地图向我云：现在事态已十二分严重，不及调查谈判，应请贵专员迅速处理，下令城内驻军向西门外撤退，日军进至东门城内数十米达地点，再行谈判。我答云：此来系在贵机关部商定先从调查入手，适间牟田口所求处理责任我已拒绝，贵辅佐官所云离题太远，究奉何方命令本人实未明了。寺平当谓：平日日军演习均可穿城而过已有先例，何以今日演习不能进城？我当反诘谓：恐尔来华不久，尚未明了此间情况（寺平系接滨田任不及三月），向来日军演习均在野外，从未有一次准其穿城而过，尔所谓先例请指出某月某日事实以为佐证。寺平语塞，遂恼羞成怒云：此项要求系奉命办理，事在必行，请君见机而作以免危险。同时森田即请我与林君下车，指示日军阵容，枪炮并列，意在对于手无寸铁的我示威。森田并向林云：要请王专员迅速决定，十分钟内如无解决办法，严重事件立即爆发，枪炮无眼，殊为君等危！我当时虽自揣身陷敌阵备受威胁，但责任所在，生死早置之度外，当即严词拒绝，谓仅奉命调查他无所知，危险更无所顾虑。且第一步调查办法系在特务机关部决定，前后方不应矛盾如是。此处非谈判之所，如君等（指森田、寺平）依照后方决定原则办理，即须在城内从容相商，否则一切责任应由君等负之。森田、寺平见威吓不成，乃自行商定，由寺平同我及林君进城谈判。

进城后，周永业、樱井、斋藤等已先至，当在专署会客室继续谈判，未五分钟（时为四时五十分)而城外枪声突发,枪弹纷纷掠屋顶而过,据报日军已开始向我射击。我当以电话向北平报告开火情形,一面仍同樱井等加紧谈判。双方射击约一小时,森田忽派人持剌来请求派员出城面谈,当经商定双方下令停止射击,由林耕宇君与寺平二人缒城而出与森田面商。旋据报告并无结果,林等即返平报告,而双方复继续射击,日军并以迫击炮轰击城内,双方均有死伤。迄午后四时,牟田口派人赍函由城外乡民绕道从西门转递进城,请我与吉团长星文或金营长振中出城亲商。我与吉同以未便擅离职守却之。五时牟复来函要求三事:(一)限即日下午八时止,我军撤退河东,日军撤退河西,逾时即实行以大炮攻城;(二)通知城内人民迁出;(三)在城内之日顾问樱井、通译官斋藤等请令其出城。我当答以:(一)本人非军事人员,对于撤兵一节未便答复;(二)城内人民自有处理办法,勿劳代为顾虑;(三)樱井等早已令其出城,惟彼等仍愿在城内谈商努力于事件之解决。斯时枪声已停,双方均抱沉静状态,以待事件之推演。至午后六时时钟甫鸣,我忽思及专署地点实为攻击目标,未便久驻,且樱井等均系辅助办理外交,并非军事人员,自当尽我力之所及,切实保护,勿令罹难,因就附近另觅民房一所办公,并请樱等同往。六时五分离开专署,各职员数十人亦同往,甫出大门约十余米达,而敌人大炮已连珠而至,每炮均落专署之内,自专员办公室起以及客厅职员房屋均被毁,墙屋倒塌,器具粉碎,炮弹破片累累,营长金振中受伤。敌人此次突于沉寂空气中,出我不意发炮轰击,其用心之刻毒可见。幸我等先两分钟离开,否则数十人立即粉身碎骨。自是而后,剧战达三小时,平卢电线为炮火摧毁已不能通,命令、报告均由丰台转达。斯时我西苑驻军一旅由何基沣率领,已开到八宝山,向五里店、大井村方面截断敌人后路。九时以后,我军战况甚佳,已将回龙庙及刘庄一带敌人驱走,敌军伤亡倍于我军。斯时接到北平命令谓已向日方提出交涉,限日军即晚向丰台撤退,否则我军即行进攻。同时牟田口复直接致函与我,请派员协商停战办法。我以北平方面已决定原则,对牟函不便答复。十时以后战况沉寂,惟时闻断续枪声而已。十二时我军实行夜袭,将铁桥附近日军歼灭殆尽,斩获甚多。

至九日晨三时由丰台转到冯主席治安、秦市长德纯电话,谓已与日方交涉妥协三项:(一)双方立即停止射击;(二)日军撤退丰台,我军撤回卢沟桥迤西地带;(三)城内防务由保安队担任,人数约二百名至三百名,定本早九时接防。我奉电后当即通知驻军吉团长知照。乃至六时,日军突以大炮攻城达百余发。此为妥协声中,日军背约弃信之第一次。我一面即电北平报告请向日军交涉,经电询日方,据云系为掩护退却,一切仍遵照北平所商三项原则办理,并云日军已开始撤退。我当派便衣队警赴城外侦察,据报五里店日军确已渐向大井村方面撤退,同时北平来电亦谓保安队已于晨六时向卢沟桥出发,计程九时可到。但至十时保安队仍无消息,经派员探明,谓该队到大井村后为日军所阻不能前进,致生冲突，我方阵亡士兵一名伤数名。我当即电平请向日方交涉制止并履行诺言，至午后三时仍无结果。斯时北平所派双方监视撤兵委员已到，计日方为中岛顾问，我方为绥署高级参谋周思靖，外委会专委林耕宇亦偕来。抵县后，即分两组实行监视撤兵，甲组担任回龙庙及铁桥一带，委员为周永业及樱井，乙组担任大井村、五里店及东北角沙岗一带，委员为周思靖及中岛。双方分途出发，至四时返城，均谓已监视撤退完毕，惟保安队迄未进城。我当请周思靖赴大井村与河边旅团长接洽，中岛亦同往，嗣由周等带进队兵五十名，请先行接防再议办法。此为日方背约弃信之第二次。我以北平双方所定三原则内，接防保安队人数系为二百名至三百名，今只到五十名，即连同本县队警亦不敷城防分配，当即拒绝接收，一面通知吉团长注意，一面并电话北平交涉。（此时电话线已修竣，平卢恢复通话。）约半句钟得北平复电，谓已与天津日驻屯军司令部交涉完妥，所有出发保安队仍可全数进城，惟所带机关枪则另派员押运回平。六时左右保安队全部进城，惟仍不足二百名之数。据云每架机枪系由原队兵三人运回北平，故人数减少。该队由团附王挥尘、营长贾朗义率领，我与王、贾面洽分配防务后，吉团全部移驻河西。斯时日军河边旅团长派笠井顾问、广濑秘书及爱泽通译官三人，携香槟酒来县向我面致慰劳，各人并面尽一杯，以祝此不幸事件之得以短期解决，并盼以后永远勿再发生。若按国际惯例，双方既饮香槟即属和好之表征，乃笠井等甫去未久，我即查明城外东北角沙岗日兵尚有若干未撤尽，且有去而复返者，数目约达三百余人。我是时大为疑虑，除电话北平报告外，并通知吉团长、王团附切实注意戒备。该处监视撤兵委员本为周思靖（现天津伪公安局长）与中岛，乃周已先返北平，中岛亦匆匆欲行，我以此事恐有余波，因坚留其在城内协助处理，且彼本系监视撤兵人员，今既发现日军尚未全撤，则彼之责任尚未尽，自有留县必要。中岛意虽不怿只得暂留，至翌晨二时二十分东北角日军忽开枪射击，复图攻城。此为日方背约弃信之第三次。幸我军事先已有戒备，我除电北平报告外，即向中岛交涉，令其询问实情并制止射击。经中岛电询北平旅团部及联队部后，答称日军旅团部亦已闻报，实系双方哨兵因误会开枪，日方绝无攻城企图等语。一小时后枪声已停，接北平电话，令与中岛同往，商决外交了事件。我即于晨间七时与中岛同车赴平，车过县城东北角铁路涵洞处，见日军步哨未动，且有哨兵三人阻止前进，经告以赴平接洽停战办法始放行。

七时半同中岛抵平，即与冯主席、秦市长面晤，当报告日军未肯全撤，非彻底交涉实不能视为了结。嗣樱井、中岛、斋藤等均到秦宅会商，我方为秦市长德纯、程旅长希贤、周参谋思靖及我四人，日方为樱井、中岛两顾问及斋藤秘书三人。我首即提出东北角沙岗日军未撤问题，请注意讨论。据斋藤云：未撤日军系为阵亡死尸两具尚未觅得，故留此项部队在附近搜索，并无他意。我当谓：搜索尸体无需许多部队，且更不必携带机关枪、迫击炮等兵器如临大敌。斋藤云，因恐我方射击，故不得不多留部队以资警戒。秦市长、程旅长均谓，倘系单纯搜索尸体，此事甚易，我方亦可帮同办理。当经商定组织搜索队，委员六人，我方由二十九军、冀北保安队及专员公署各派一人，日方为樱井、中岛、笠井三顾问共同组织，并由二十九军及保安队各派士兵十名，日军派二十名，均系徒手由六委员率领，就卢沟桥附近各地尽量巡觅，限定时间，无论发现与否，日军均应在限定时内撤尽。议定之后，双方均表同意，定于午后一时出发，乃樱井、中岛、笠井三人忽乘机离席往会客室说话，竟一去不返。同时各方报告接连而至，谓日军已由天津、通县、古北口、榆关等处陆续开到，且有飞机、大炮、坦克车、铁甲车等多辆开至丰台，已将大井村、五里店占领，平卢公路业已阻断，中外记者由平往卢者均半途折回。是日方之所谓搜索尸体，显系饰辞缓兵，至此已暴露无遗。此为日方背约弃信之第四次。我接各方报告后，愤激欲绝，益以三昼夜未眠，遂致咯血一口。傍晚徇友人之劝，入德国医院医治，经克礼大夫注射两药针，夜间稍能安眠，咯血亦止。翌日闻战端再启，自念守土有责，战中前后方事件均须亲自主持，不能遵医之嘱稍事休养，即日从间道由长辛店返县办理一切，并率本县队警协助守城。自十二日以后，与日军接触数次，但仅有小冲突，因北平方面仍在努力于事件之解决。乃至二十日午后三时于和平声浪正在弥漫之际，日军复突以大炮攻城，且轰击长辛店，共达数百发，宛平城内各机关及民房几全被毁，死伤多人，长辛店附近落数十弹，死伤平民二十余人。吉团长星文及县保安队大队附孙培武均于是役受伤，吉裹创后仍奋勇杀敌，始终不退。

次日接北平电话谓和平协商仍在进行，双方已令停止射击。二十二日起平汉路试行通车，但盘据卢沟桥车站及沙岗之日军始终未撤，我方仍加紧交涉。如此相持三日，我三十七师与一百三十二师正在换防中，佥谓换防之后事件即可解决。乃日军突于二十五日进占团河，二十六日日骑兵向南苑附近侦察，经我哨兵阻止无效，双方开枪，射死日兵一人。彼更有所借口，竟以哀的美敦书要求二十九军全部即日离开北平，限二十七日午前答复，经当局严加拒绝。二十六日晚，大井村附近日军约有二百余人声言回防，欲进彰义门，守城军警加以阻止，复发生冲突，势益严重，和平之望至此已绝。二十九军宋军长遂决定进攻，以赵登禹为南苑指挥官，并令三十八师董升堂旅袭丰台。二十八日经我奋勇猛攻，当将丰台克复，同时我卢沟桥、八宝山两处军队在何旅长、吉团长指挥下，亦将五里店、大井村附近敌人驱逐，猛向丰台推进。我正拟乘铁甲车赴丰台抚慰人民并慰劳军队，乃闻南苑方面敌以全力猛扑，并以敌机二十架轰炸，该处驻军无多，以致失利，副军长佟麟阁、师长赵登禹均于是役殉难。

因南苑失利之影响，致丰台战事功败垂成，卢沟桥亦岌岌危殆。二十八日晚自九时三十分起，敌复以大炮轰击宛平城及长辛店，至翌晨黎明止约达五百余发，宛平县城之东北角城墙尽毁，我军犹拼死撑持。当局为战略上便利起见，遂令平津军队均向良乡、涿州一带集中，另行布防。我于二十九日遂不得不忍痛向卢沟桥告别。当军队运动转进时，敌人以十六架飞机送行，沿途掷弹，死伤军民甚多。我在长辛店附近公主坟小村收容本县保安队及警察，被敌机九架认为目标，数次低飞狂炸，并以机枪扫射，该村并无防空设备，自分绝无幸免可能，乃竟不死，于是益加强我的意志，决定向石门营前进。因该处属宛平所辖，虽军队已向南转进，但我守土有责，未至全总放弃时期，不愿立即离开辖境。在向石门营的道中，经过大灰厂，适遇石友三、雷嗣尚二君由北平行抵此间。（石率保安队全部在大灰厂集合。）据云八宝山我军亦已撤退，日军已向门头沟方面出动，石门营密迩门头沟，不能停留，仅剩残余队警亦不易节节抵抗，劝我随军南行再定办法，遂同雷君折往良乡。当晚附搭军用列车抵保定，向各长官报告后奉命在军服务，我之本身责任至此暂告一段落。接着八一三沪战发生，已展开为全面的抗战，至今日整整一周年！

我此篇的记载，完全系当时的事实，记载的意义：一、使世界各国明了中日战事的责任，应由日方担负；二、使国人明了日阀对华侵略系有系统有计划有步骤，俾不得再受其欺绐；三、促醒全国坚强团结，彻底奋斗，必人人均具有牺牲的精神，方能谋取最后胜利。至我离开卢沟桥以后战地的生活，与目击的战况，因与此文无关，他日当别为之记。

《抗战建国第一年》，七七书局1938年编印，第1—12页

北平突围血腥录

刘汝珍口述　胡应信笔记

序

神圣的抗日民族革命战争，已经英勇的斗争了两个整年。虽然，敌骑纵横，铁蹄踏遍南北，敌机肆虐，轰炸无分西东，军事遭受暂时之失利，土地亦被部分之损失，然而军民合作的交流，已激起了民族抗战的怒潮，各党联结的阵线，已筑成了抵抗侵略的长城。

日本帝国主义的法西斯强盗，自从"九一八"不战而占东北，它便"夜郎自大"、"数典忘祖"，企图灭亡我国家，奴役我人民，迨七七事变，更暴露了日寇的狰狞面目。沈阳之血泪未干，卢沟之烽烟又起，狼子野心，无有底止。但卢沟桥畔的号炮，惊醒了东方的睡狮，发出了最后的怒吼，是中华民族求解放的起点，是中华民族划时代的界碑，而这为民族解放射出第一枪的射击手，便是我二十九军英勇的战士。我隶属于二十九军之二十七旅，当时尚布防于任丘一带，旋因平郊激战，奉令兼程进驻北平，警卫故都。七月二十八日下午二时南苑失守，副军长佟公麟阁、一三二师师长赵公登禹，皆于是役殉职。二十八

日晚军长宋公明轩奉令离平，视师保定，于是乎北平几等于弃守矣。然我二十七旅尚孤军困守城内，四外无援，困兽犹斗。暴敌始则施以利诱，继则加以威迫，我全旅官兵，抱定"富贵不能淫"、"威武不能屈"的崇高意志，不做亡国奴，不当汉奸，不妥协，不投降，以保持我军人应有的人格，粉碎了日寇以华制华的毒辣阴谋。

当时被敌围困城内，孤军无援，降则为民族之罪人，战则作无谓之牺牲，最后决定突围北平，赴察继续抗战，乃于八月一日下午十时率领我同患难共生死之三千战友，突破敌人围线，经昌平直趋居庸。但在暴敌大炮、铁骑与坦克车联合夹追之下，在二十余架敌机追踪轰炸之下，我全旅官兵因而死伤失踪者达千余人。山岳黯黯，谁归先轸之元，碧草凄凄，洒遍苌弘之血，至今思之，曷胜悲怆。然自"八·一"以后，千年古都，沦于敌手矣！

在我最高统帅坚决领导之下，抗战两年，长期消耗敌人，粉碎了敌人"速战速决"的战略。敌人以军事不能征服中国，于是变为政治的进攻，肆其"速和速结"的毒辣阴谋，企图制造汉奸政权，瓦解我国家的独立与生存，虽有一二民族败类，叛党卖国，时代渣滓，投降乞和，但我四万万五千万不愿当亡国奴的中华儿女，黄帝子孙，誓以热烈的鲜血，爆炸出中华民族解放之火花，钢铁的头颅，来奠定中华民国独立之基石，行见山岳陵丘，都是日寇自掘的坟墓，江河湖沼，都是日寇灭顶的深渊。最后胜利之神，一定张开两臂，欢迎我们，拥抱我们。

兹应胡君应信之请，将北平突围的事实，庄重地，诚意地，不加粉饰地，毫无吝啬地，贡献给民族解放战争中所创造出来的抗战史上去，使它得与天地同其长久，得与日月同其光辉，以之勉励生者之奋发，并慰死者之英灵。但因当时军书旁午，戎马仓皇，于这英勇的史料，未有文字的记载，现在只凭脑海中的记忆，坦白的口述出来，由胡君笔记之，以之就正于全国贤明人士，是为序。

刘汝珍于北平突围两周年纪念日

一、北平突围的意义

（一）和日寇清算总的血债

一部中国近百年史，简直是一部中日外交痛史，而这部中日外交痛史，是蘸着血和泪来写成的，殷红的血痕，斑斑可考。远之如琉球、台湾、高丽的被灭亡，拆毁了中国四周的藩篱，渐渐地伸其血手于中国内部，近之如"五·七"二十一条的提出，压迫袁世凯政府承认；"五·三"出兵济南，阻挠国民革命军的北伐，惨杀我山东交涉员蔡公时等及无辜平民；"五·卅"枪杀工人顾正红，造成"上海惨案"，以及蔓延到南京、芜湖、九江等地的大屠杀；尤其是民国二十年"九一八"沈阳事变，捕我官吏，杀我人民，占我土地，掠我财源，破坏东亚的秩序，造成世界的恐怖。接着便是二十一年"一·二八"侵略我东方巴黎的大上海，十九路军起而抗战，英勇的斗争了一个月零三天，结果是签订了《淞沪停战协定》；二十二年长城抗战，我二十九军虽然在喜峰口得了很大的胜利，但结果是于五月三十一日在塘沽签订了所谓《塘沽协定》。这些是比较大的事件，至于上海的"萱生事件"，南京的"藏本事件"，以及"……事件"、"……事件"等等，都是闹得满城风雨，像这类似的小小的血痕泪斑，真是数也数不清，太多了。

被强奸而私生的冀东伪政权，由准汉奸殷逆汝耕沐猴而冠的扮演于冀东二十二县，弄得河北半壁，乌烟瘴气。以混血儿出来，强争硬夺去的张北六县，也由叛逆德王和李逆守信认贼作父的拱手送给日寇，割得西蒙支离破碎，这是日寇准备演第二个"九一八"的前奏曲。到了"丰台事件"的发生，直是类乎"九一八"前夜的"万宝山事件"，所谓跛子上高山，一步紧一步了。

自从甲午之战，中国失败以后，近百年来的奇耻大辱，真是罄竹难书，旧痕新创真是体无完肤。被日寇强占的土地，等于三四个倭国本部的面积，被日寇杀害的军民同胞，流血成渠，要比三岛的日本海还要深，堆骨如山，要比三岛的富士山还要高。七七卢沟桥的号炮，虽是第二个"九一八"北大营的爆炸弹，日寇的野心，完完全全的暴露了于全中国、全世界的爱好和平人士之前，明白公开的要灭亡我国家，奴役我人民。可是于卢沟桥事变，神圣的首先回敬了第一枪，这便是中华民族要求解放的第一个信号，充分地表明了中华儿女到了民族生死的最后关头，是再不甘受侮辱，誓死不当亡国奴，要和日寇拼个他死我活，也就是中华民族近百年来被日寇造成了许许多多的血债，要在这个回敬第一枪的神圣射击之下，和日寇总的清算一下，替我们近百年来被日寇所杀害的死难同胞，报仇！雪耻！

"八·一"二十七旅北平突围，是紧接着卢沟桥事变二十五天后，出现于北平的最英勇的军事行动，是紧接着我二十九军亲爱的战友，跟日本帝国主义清算总的血债而独在孤城与敌清算的最艰苦的军事行动，索取了敌人偿还的数十条生命。这仅是清算的开始，等到取得了最后的胜利，才是清算的总结。

（二）树立军人应有的人格

当南苑失守，北平被围，天津吃紧，宋公离平的时候，我二十七旅已孤军困守城内凡七日，到了七月二十八日，日寇派中岛顾问向我们肆其如簧之舌，蛊惑利诱，无所不至，最所痛心的，是满清余孽的一般遗老和丧心病狂的一般遗少们，如江朝宗、齐燮元等辈，企图组织伪政权的所谓治安维持会，利用我们正在艰苦危急的时候，阴谋诱骗，企图使我们屈节投降，去做他们的爪牙。当时的城鼠社狐充满了封建的故都，情势十分险恶，内无援军，外无救兵。降则为民族之罪人，战则作无谓之牺牲，千钧一发，稍纵即逝，只得一方面虚与委蛇，一方面准备突围。如突围不能，则宁愿率我三千战友，同殉于千年古都的北平城，以留天地间的正气。

虽然当时的环境是十分恶劣，十分危迫，但我们所凭借的只是我们三千人所共有的一个大决心，决为民族利益、国家利益而奋斗，决为神圣的抗日事业而牺牲一切，不顾一切的艰苦危难，终于八月一日下午十时突破了敌人包围得像铁桶似的北平城，又于清河镇及马房突破敌之警戒线及主阵地，杀开了一条血路向我们神圣的伟大的民族解放战争的康庄大道上迈进。

二十七旅于八月一日突围北平，不仅单单的是军事上的英勇行动，博得全国人士的赞扬，实实在在是树立了中华民国革命军人所应有的人格，是保持了中国立国五千年以来悠久传统的天地间的正气，是发扬了中国五千年以来"富贵不能淫"、"威武不能屈"的宝贵道德，是光大了三民主义的创立者、国民革命的导师孙中山先生的革命军人"不妥协"、"不投降"的宝贵遗教，是继承了"只有断头将军，没有降将军"的千古不磨的全部遗产。

（三）加强南口抗战的形势

当时二十七旅被围在北平城内，弹尽援绝，战既不能，降又不可，于是最后决定，与其坐以待毙，不如起而杀条血路，突破敌人的包围线，赴察哈尔与我二十九军之刘师会合，继续为抗日事业而努力。

平津既告沦陷，察绥因而感受威胁，因为敌人必须攻占南口，控制北平外围，才能防我察绥国军的出击，同时进而略取山西，攫取西蒙，以断我中苏国际路线。这是敌人进兵察绥，军事上必然的趋势，所以敌人于攻陷平津的不久以后，便转其凶锋，在陆空联合的猛烈炮火之下，大举进犯南口。当时南口的形势十分危迫，我二十七旅突破北平包围以后，如取南路经大红门、南苑、固安、雄县而至保定，与我二十九军取得联络继续抗敌，则因南苑已失，琉璃河已发生战事，平汉北段的铁道，亦已被敌重兵控制，难以突破。于是，审时度势，暗渡陈仓，经太行山脉，直趋居庸背侧，与我二十九军之刘师（现在的×××军）会合，加强了南口抗战的形势。

二、北平突围的事实

（一）警备北平城

当七七卢沟桥事变的时候，我二十七旅布防于任丘一带，于七月十八日奉到军部电令：

"令该旅进驻固安，掩护平大公路，并掩护卢沟桥右侧之安全。"

于是十九日到达固安，部署一切。二十日又奉军部电令：

"令该旅为左地区右侧支队，以固安、庞各庄、黄村为据点，北宁路为轴线。左援协攻卢沟桥，另一部协攻丰台，右与廊坊取切实联络。"

先是三十七师之二二一团与二二二团担任北平城防，因为二十二年长城抗战，获得喜峰口大胜利，便是该两团。因此，日寇要求将该两团调离北平四十华里，以一三二师调至北平，担任城防。（这是日寇阴谋，企图分化二十九军——笔者）我方一面答应日寇的要求，一面将该两团换穿保安队军服，仍驻城内，仅将保安队调离北平，以缓和日寇无理的要求。我独立第二十七旅（当时拨归一三二师节制）奉令由固安以急行军进驻北平，石旅长振纲（八·一突围时，石行至马房，脱离部队，折回北平，即由六七九团团长刘汝珍氏继任——笔者）任北平警备司令。当时部署如左：

旅部及六七九团团部驻天坛，六七九团第一营警戒骡马市、广安门（通丰台公路）、右安门之线，第二营警戒东便门（通通州及北宁铁路）、永定门以东之线（主力配置于南缺口），第三营为预备队，随团部驻天坛；六八一团团部驻禄米仓，六八一团第一营警戒东直门、安定门之线，第二营警戒齐化门及东缺口之线，第三营为该团预备队，随团部驻禄米仓。至于阜成门、西直门、德胜门之线，仍由三十七师之二二一、二二二两团担任警戒。（临时归二十七旅节制。）

驻于北平城内东交民巷之敌兵，约有五百余人，附有坦克车等武器。

当时北平城内，汉奸充斥，四出扰乱，时闻枪声，既要警戒敌人的蠢动，又要防范汉奸的陷害，彰明昭著的敌人，尚易于应付，而神出鬼没的汉奸，则难于清除。因为民众未曾动员，不能帮助军队肃清汉奸，以致军事上的运动，反不如敌人的便利与灵活。这是抗战开始的时候，感觉最困难的问题。

（二）大战广安门

七月二十六日下午日寇派中岛顾问、樱井顾问、佐藤茂书记官等，到广安门，与我刘（汝珍）团第一营第一连守兵接洽，适遇刘团长巡视城防，佐藤茂等便向刘团长说："我们日本军只有七八十人，想来观光北平城，请你们开放城门，让我们到城里逛逛，并无别意。"刘团长一面暗自下令教弟兄们注意，准备厮杀，一面和佐藤茂说："我们中国军很欢迎你们贵军，请他们来逛北平城吧，来到了，再开城门。"佐藤茂等信以为真，马上跑回去引了一群兽兵来，约有五百余人，附有坦克三辆，载重汽车十二辆，坐车五辆，浩浩荡荡奔向广安门来，看见我们还没开城，有的竟爬起城来，刘团长便下令一齐射击，弹如雨下，只打得日本兽兵纷纷溃逃，佐藤茂书记官先受枪伤，后被我军斩首，樱井因逃跑失足陷落于粪坑中，后经熊少豪、周思靖（现均当汉奸）二逆将其领去，中岛则已鼠窜远去。敌兵死亡三十余人，受伤八十余人，夺获载重汽车三辆，坐车五辆，子弹十余箱，掷弹筒十余个，望远镜、照相机、文件等。击毁敌载重汽车一辆，坐车一辆。又击毁坦克车二辆，已被我夺获，惜我无人驾驶，无法运回，旋又被敌夺去。我阵亡七人，伤重殒命五人，负伤十余人，内有官长一员。残余的寇兵，溃不成军，纷纷逃到我民家，作摇尾乞怜状，口称爷爷，请你们保护我的性命，不要叫中国军把我的头砍掉了，我今生不能报答你的鸿恩，等到来世变猪狗也得报你们的恩。后因奉到绥靖公署的命令，不准扩大事态，并准许日寇领事，收容残兵。收容了三四个钟头，还没收容齐，可见寇兵怕死，躲在民宅，不敢出来，毫无战斗意志。敌伤兵亦准领回，并由日寇领事保证不再发生此等事件。我军人以服从为天职，只得含泪收军，忍痛复员。

日寇先拟攻下广安门，而占北平，因受我军严重打击，故于二十七日上午五时攻团河，由我一三二师之第四团猛烈抵抗，但敌机十八架，骑兵四五百名，步兵千余名，大炮十余门，联合进攻。我全团官兵生还者仅五百余人，余均作壮烈之牺牲。二十八日拂晓，敌步炮骑联合兵种共三千余人，敌机三十余架，攻我南苑，并先以大炮轰击，我佟副军长（麟阁）、赵师长（登禹）率步兵二团、骑兵一团坚苦抵抗，终因伤亡太多不支，佟、赵二公亦均于是役殉职。

（三）血泪话当年

七月二十八日，宋公明轩，奉令离平，视师保定。张公荩忱，忍辱负重，留平折冲。敌派中岛游说，以我二十七旅改为保安队，仍负北平治安之责。但日寇其言愈甘，其心必愈毒，一因当时敌尚无力统治北平，便本其以华制华的毒计，企图制造傀儡政权，以为过渡；一因二十七旅之刘团，曾于二十六日大战广安门（事实见前），予了打击者以严重的打击，敌人知我二十七旅不能以武力使我屈服。因此，欲以阴谋鬼计，甜言蜜语来软化我官兵，使我们屈节乞降，以达其以华制华的阴谋。可是当时为了环境的逼迫，又因已被敌人层层包围，如不延长空间，争取时间，以为充分准备，恐怕突围是不可能，如与敌作无谓之牺牲，于事无补，虽死奚益，于是饮恨吞声，虚与委蛇。然我三千官兵之赤胆忠心，都被民族解放的火炬，和国家独立的烈焰，燃烧得像热铁一般，准备以鼎沸的热血，来冲洗北平的城门——突围。

二十九日敌顾问中岛，率周逆思靖（现当汉奸）为翻译，以狞笑的面目，在旃坛寺讲话：

"大日本和你们支那是同文同种，应该共存共荣。这次卢沟桥发生了不幸的事件，是你们支那不认识大日本在东亚的主人地位，误解了大日本和你们支那提携合作的意思，真是遗憾之至。现在你们二十七旅负了北平治安的责任，我看你们都很忠实，想借重你们的力量，把你们改成保安队，继续维持北平的治安，保证对你们没有恶意，请你们大家放心。二十六日你们在广安门，把大日本的佐藤茂书记官打死了，还伤亡了许多日本弟兄，这不幸的误会，更是遗憾，可是你们的主官是哪一位，我要和他见见面，做个朋友。"

上面这些荒谬麻醉的鬼话，任何傻子都不会去相信他。当中岛贼追问到二十六日大战广安门部队主官姓名的时候，我六七九团第一营的官兵们，首先便发出忍无可忍的最后怒吼，当时有人大叫："是我们中华民国不愿当亡国奴的英雄们，起来打你们的。"有人便叫："你们打吃亏了，还想报仇吗？要干咱们马上就干。"声势汹汹，几乎马上要和他——中岛——拼个死活。官长们便都把暗藏在身上的手枪掏出来，士兵们也都把暗藏在身上的手榴弹掏了出来，一齐瞄准日贼中岛，将要发射和投掷，吓得中岛贼魂不附体，连忙作讨饶的口气说："我是钦佩你们的英雄行为，问出你们官长的姓名，想和他做个朋友，哪里敢想报仇呢，请你们不要误解了我的意思。"战栗抖颤的说完这几句话，狼狈得很，抱头鼠窜而去。我们的官兵，气愤得痛哭流涕，怒形于色，我（按即刘汝珍氏——笔者）便说："好男儿不要流泪，我们准备流血吧！"这是多么有力的一句话啊！

（四）突围中的战斗

八月一日下午四时，石旅长振纲、张参谋长传焘、刘团长汝珍、赵团长书文，四人开军事紧急会议，首由刘团长发言："日寇欺我太甚，北平环境太劣，改为保安队等于投降敌人，投降便是民族的罪人，我们宁死不屈。"张参谋长首先附议赞成，并以去就力争。刘团长继续又说："我们马上准备突围，在突围以前，先把北平城内的日寇杀个一干二净，杀一个够本，杀两个便是一双，杀尽以后，再拼着我们的头颅和热血，突围而出。"结果对于突围，全体赞成，不过对于先把城内日寇杀尽以后，再突围不但要毁坏千年以来的北平文化城，恐怕对于突围要受到更多的困难，于是前议作罢。最后议决突围的方向，是南（经大红门、南苑、固安、雄县到保定）不如北（经安定门、小关镇、羊房到南口），并决定分多路，走小径，由安定门、小关镇、报房、马房、清河镇，到羊房（距南口三十余里）为主要道路，官兵不准放枪，士兵一律上刺刀，准备白刃战。

散会后，即于下午十时开始突围，六七九团在前，由刘团长汝珍（河北人，俄国基辅军官学校毕业，曾于民国十七年任第二集团军总司令部卫队旅旅长，行至马房，石旅长脱离部队，折回北平，刘即继任旅长，现仍任本旅旅长）率领，六七九团第一营营长李延瓒留平未出，由营副张文宾（安徽人，第二集团军军官学校毕业，现任六七九团第三营营长）代领，第二营营长杜春堂留平未出，由营副梁学信（山西人，第二集团军军官学校毕业，后继杜任本营营长）代领，第三营由龚营长迺强（安徽人，西北陆军干部学校毕业，后继刘任六七九团团长，现任副旅长）率领；六八一团由赵团长书文（行至察省后，因病脱离部队）率领，六八一团第一营由张营长聿堂（山东人，后任本团团长，现仍在职，所遗营长缺，由营副张华斌继任）率领，第二营由营长田明祥（河北人，后任四二七旅副旅长）率领，第三营由营长陈瑞武率领；石旅长振纲（行至马房，脱离部队，折回北平）、张参谋长传焘（安徽人，安徽炮兵学校毕业，后任本旅副旅长，现任六七九团团长）随六七九团行进。

当时真是衔枚疾走，鸡犬不惊，雪亮的刺刀，上在崭新的捷克式枪上，更显得亮晶晶的比月亮还要光明。我们是朝着光明的大路上走，走向民族解放的战场，我们像怒潮巨浪般的冲出了安定门，到了小关镇，分路向目的地——羊房集结。在突围前已将平郊电线割断，障碍敌之消息，以迟缓敌之追袭。因北苑（为围阮旅置有重兵）四周，敌有重兵，如被发觉，便不易突过，如能突过，而损失必大。因电线已被我割断，城内敌人，四处通话，都因此而发生故障，所以西苑北的敌人，尚未发觉，我们已经小关镇、报房、冲过马房（石旅长到此，即脱离部队，折回北平，由刘汝珍氏继任旅长），越平绥铁道向羊房集结。

在马房南有小河一道，上架一独木桥，我先头部队当与敌在此发生战斗，被敌击毙及负伤十余人。我后续部队赶到后，敌兵纷向村中逃去，并无多大战斗能力，被我田明祥营长夺获战马四匹。小河上的独木桥，敌亦未及破坏。我们过河时，还隐约可以看见村的东头，架有机关枪，但是敌兵胆小如鼠，并不敢向我们发射，可见敌之战斗意志，甚为薄弱。到了清河机厂与敌发生战斗，我阵亡排长魏万清一员、兵三名，伤五名。到清河镇时又遇敌之主阵地，当又发生战斗，我伤亡百十人。被我夺获三八式步枪二十余支，子弹四千余粒，轻机关枪三挺，尚有汽车等笨重物品，无法运走。我由马房向西北沿铁道行进之部队，与敌警戒部队发生激烈战斗，敌之坦克车十余辆，飞机二十余架，追踪轰击，我伤亡五百余人。到羊房集结后，才脱离危险界线。我到察省后，旋敌拟由青边口（在宣化北三十余里）偷袭宣化，安冀不战而下南口。当派我六八一团把守青边口，机动出击，当发生青边口之激战，计我伤亡三百余人，敌伤亡约有千余人，击破敌之偷袭企图。总计北平突围，我全旅伤亡及失踪者一千二百余人。损失迫击炮四门，步枪二百余支，掷弹筒二十余个，骒马二百余匹。总计敌伤亡约有一千一百余人，夺获敌之步枪二十余支，子弹万余粒，轻机关枪三挺，战马四匹，载重汽车三辆，坐车五辆，掷弹筒十余个，望远镜、照相机、文件等，击毁敌之坦克车两辆，载重汽车一辆，坐车一辆。

敌攻我卢沟桥、广安门、团河、南苑及追袭我突围部队，均系敌寇河边旅团所属之牟田口、萱岛两联队。

陆军独立第二十七旅司令部印行，1939年8月1日，转引自秦孝仪主编：《革命文献》第106辑，《卢沟桥事变史料》（下），（台北）中国国民党中央委员会党史委员会1986年版，第39—51页

七七事变

刘汝明

从北伐完成到七七事变期间，日本军阀为能实现田中义一奏折中的侵略政策，曾在中国各地不断制造问题，借故侵略。他们不但希望中国政治上四分五裂，更不愿中国强盛。"九一八"、"一·二八"与长城战役都是日寇明目张胆的军事侵略，幸赖政府应付得法，使日寇不能达到目的。民国二十四年，二十九军驻防华北，日寇原以为可以欺骗利用，并妄想使华北脱离中央。二十六年春，日寇要求在丰台建营房，驻日军，并强行修筑沧石铁路，更以野外演习为借口，企图强行进入宛平城，我官兵以守土有责，坚拒日军无理要求。是时，二十九军共有四个步兵师，一个骑兵师。副军长佟麟阁率军部及一三二师赵登禹部驻南苑团河，骑兵师大部也在南苑，三十七师冯治安部驻西苑、卢沟桥，三十八师张自忠部驻天津、大沽附近，我率一四三师驻张家口、宣化及怀来一带。

七月七日夜十一时四十分，日军借口寻找一名失踪日兵，欲入宛平城搜查，遭守军拒绝，八日晨五时，日军包围宛平城东、东南及东北三面，六时开始炮击宛平城，守将吉星文即下令反击，神圣抗战于是爆发。

八、九两日双方均增援军，敌增一营，我增二营。当时日军在华北兵力不厚，自知非大事增援不能取胜，于是遣特务机关长松井与我方接洽，认为事出误会，希望停战，我方也有不少人士主张再忍受一段时期，俾中央有较多时间预作准备，双方遂各返原防。

七月十六日，宋由山东老家返回北平，十七日我由张家口赴平见宋，宋有事，我便先去看参谋长张樾亭，张邀约副军长佟麟阁、师长赵登禹、前二十九军参谋长张维藩（当时为平绥铁路局局长）共叙，并检讨日军动态。张樾亭认为二十九军目前过于分散，易遭敌各个击破，他主张二十九军应在平津铁路以南，固安县以北，选有利地点与敌决战，北平方面应将主力集结南苑、北苑、西苑三地，北平城内仅留少数部队为宜。我曾建议将察省地区交与友军，我将部队先集结在北平以北地区待命。我们五人，商定了五六点意见，由张樾亭送宋决定，但事隔多日未见批示，推究原因可能因宋甫自山东返平致政务羁身，或因想到如此调动军队关系很大，须得中央核准。七月二十一日下午三时许，我正与宋谈话，接获消息谓日军一部约千余人正由古北口向南口与北平间的沙河急进，似有截断平绥铁路的企图。宋当即命我速返张家口，并说回去准备作战，倘战事发生后万一联络中断及不得已时，可向蔚县撤退，再沿平汉路转进。我回住处后，宋又来电话催行。下午五时我乘火车离平，车过沙河站后约十分钟，日军即赶抵沙河，强行拆除路轨五百公尺，日军这一行动的目的，显在阻止我回张家口。

七月二十八日晨，日军以一个半师团配属炮兵三个团，战车百余辆，在空军掩护下向南苑我军部攻击。敌机首先轰炸我骑、炮及步兵营房，致我骡马伤亡大半。敌步兵与战车由东、南、北三面同时攻击，另有敌一部窜抵小红门，企图切断南苑与北平间公路。天明时，敌战车与步兵逼近军部，副军长佟麟阁、师长赵登禹奋战牺牲。

宋与随行人员于二十八日夜九时秘密离平，经由西直门、三家店，绕道长辛店南，到达保定。当时舍弟汝珍的步兵旅仍留北平担任城防，归张自忠指挥。两天后，步兵旅改着警察制服。

平津撤守后，察哈尔位置突出，形成三面受敌。我乃电请中央增援，中央命驻平地泉的十三军及二十一师师长李仙洲、八四师高桂滋师入察，归我指挥。汤恩伯军长于八月六日莅察，我率省府各厅、处长到三十里外的孔家庄车站欢迎。与汤军长同来的有二人，经介绍后，悉一位为苟参谋，另一位为《大公报》记者范长江。高师长一行住省府西九里的水母宫。水母宫南不远处有赐儿山，是张家口著名风景胜地。我请高师长等前来与汤军长共同商讨防务，判定日军攻察可能有三条路线：一、南口，二、独石口，三、张家口。高师长当即表示愿去防守独石口，我就将原在独石口的保安第二旅交他指挥，并建议汤军长接防张家口，我本人去守南口，因为民国十五年我曾在南口力拒直奉联军四个月，对该处地形十分熟悉。但汤军长认为我主持察政，不宜远离省会，并且他的部队由平地泉上车到南口下车很方便，他坚决要去守南口。于是，十三军于八月八、九两日由平地泉经张家口向南口输送。

八月九日有弹药数十万发运抵下花园。十日，我去视察弹药状况，客车甫抵下花园车站，日机四五架来袭，列车尚未停妥，已落弹数枚。我与随行人员遂到站台后掩蔽，见一便衣人为炸弹破片擦伤。此人自称亦为列车乘客，欲去南口，并出示名片，接看时，竟是十三军八九师师长王仲廉（介仁）。我因与王从未谋面，故虽同车而不识。我与介仁是在这种情况下相识的。七七事变以后，日机轰炸客车这是头一次；也许是日军知道我与介仁在车上，特来轰炸。我在张家口车站上车可能被日军便探发现，报给日机，日机追来正好到下花园车站追上，计算时间到不像专来炸弹药的。

敌机在车站附近低飞轰炸，并向我存放弹药处投弹，幸无大损失，仅车厢炸毁一节，路轨略有损坏，并伤亡十余人。警报解除后不久，路轨修复，王师长继续南下，我视察弹药后返回省府。

中央派鹿钟麟携款来察省劳军，鹿说要去给家母请安，我告诉他，家母已于一周前绕道大同、太原、石家庄去汉口，并谢谢他的心意。鹿遂询问敌军与友军的情形，我请鹿建议中央，将李、高两师拨归汤军长指挥，以利作战。我曾为此事向中央电呈两次，均未获复，鹿依我所请给中央上电后两天，中央复电照准。从此，汤军长指挥十三军及李、高两师守独石口与南口，我率一四三师两个保安旅守万全县、汗诺坝、张家口及常峪口。

　　　　　　《刘汝明回忆录》，（台北）传记文学出版社1966年版，第112—115页

抗战开始

孙连仲

　　日本蓄意侵略我国，阴谋日益显著，我国为积极准备抵御外侮，乃于民国二十六年六月间，开始办理庐山暑期训练，大规模训练干部，由蒋委员长兼任团长，陈诚任教育长，连仲担任团附兼第一总队总队长，黄绍竑任第二总队〈总〉队长，薛岳、吴奇伟、胡宗南、万耀煌、朱怀冰、刘茂恩、冯治安、李服膺、罗卓英等分任大队长。六月二十八日日本关东军司令部、朝鲜总督府、华北驻屯军司令部、满铁总裁等各关系方面人物，在大连举行重要会议，侵略我国形势益趋紧张。三十日我国外交部长王宠惠，向美国作广播讲演，呼吁其注视远东危机，将导源于中国之被侵略。迨至七月七日卢沟桥日本驻屯军河边旅团非法演习，借口日兵一名失踪，要求入宛平城内搜索，时在夜晚十一时四十分。经我军拒绝，日兵乃炮轰宛平县城，我驻军第二十九军三十七师冯治安部吉星文团长，即率部奋起抵抗。八日冀察政务委员会委员长兼冀察绥靖主任宋哲元，命令所部坚守卢沟桥，空前未有之神圣抗战揭开序幕。七月十六日敌军入关之部队，已达五师团之众，乃以迅雷不及掩耳之手段，先攻占丰台，以进取北平。十八日敌设最高司令部于丰台，司令官为香月清司，分三路进攻北平，我二十九军宋部，作坚强之抵抗。二十八日二十九军副军长佟麟阁、一三二师师长赵登禹，在南苑力战殉职。三十日北平、天津相继沦陷，连仲闻讯，义愤填胸，情难自已。此时适值训练期满，蒋委员长召见连仲，指示迅返防区，率队兼程北上，抵御外侮，并与宋哲元恳谈救国已至最后关头，必须发动全力，积极应战，决不可妥协自误。连仲奉命后乃即日起程，转道汉口，乘平汉线车赴信阳防地，召集全军高级军官，说明日本蓄意侵华已久，现国家已至最后关头，吾人必须以全力报效国家，挽救危局，以尽军人天职。全体军官至为感奋。八月二日率第三十军全部，计第二十七师冯安邦、第三十师张金照、第三十一师池峰城及第四十四旅张华堂等部，搭平汉线车北上。在行进途中，曾接宋哲元电报，劝暂缓北进，将部队停于彰德（河南省），以免刺激日军，致使战局更行扩大。经即电请蒋委员长指示，嗣奉复电饬仍继续北上。乃一面挥军前进，一面电告宋氏，说明日本侵华蓄意已久，敌既开始向我国军进攻，我军应毫不徘徊，积极应战，决不可中途妥协，致受其骗。八月四日第二十九军被迫南移，连仲闻讯益为焦急，乃积极北进。五日在保定与宋哲元晤面，说明日人阴谋已久，国家已至最后关头，请即依

照中央意旨奉行，统一军事命令，万勿受敌人欺骗，再行妥协，自乱步骤。六日军事委员会发表宋哲元为第一集团军总司令，指挥津浦线战事；刘峙为第二集团军总司令，指挥平汉线战事；连仲为第二集团军副总司令，兼第一军团司令。乃立即组织军团司令部，派王乃谋任参谋长，何章海任参谋处长，王寿如任秘书长，张振扬为军法处长，刘树栋任军务处长，邓德堂任军需处长，丁云亭任军医处长，黄任材任政治处长，陈凌霄任副官处长。十日指挥第二十七师冯安邦部，在良乡西南窦店与敌军河边旅团对峙。自十五日起战争愈趋激烈，乃指挥第三十军全部，在良乡城南及房山县西北高地，展开争夺战，迭予敌以重创。嗣以敌军炮火猛烈，我方阵地俱被摧毁，不得已乃行后退。八月二十七日转进至马头镇、琉璃河之线。此时敌军已攻占南口，并调第五师团及第二十师团之主力，转向平汉线进攻。敌指挥官为板垣征四郎，指挥三个师团之众，于九月十四日，以一部由固安方面渡永定河。十五日固安失守，十七日连仲乃率部由琉璃河转进，十八日在涿县与敌激战。嗣以关麟徵、万福麟等部，纷纷南退，连仲在涿县已处于突出地位，不得已乃率部向南转进，敌军跟踪压迫。九月二十日徐水东西两线之前进阵地，被敌突破，侵入我关麟徵军主阵地带，我军被迫转进。二十四日保定遂告失守。三十日第二集团总司令刘峙免职，任连仲为第二集团军总司令，而平汉线军事，改由第一战区长官程潜指挥。此时日军指挥官为土肥原，率其第十四师团、第二十师团之一部，及河边旅团主力，沿平汉路南下。时值晋北战事告急，连仲奉命守娘子关要隘。十月十日石家庄沦陷后，敌军第六师团之一部、河边旅团之一联队及第二十师团之全部，转攻娘子关。连仲乃严令各军，沉着应战，相机歼敌，击败来犯之日军。是役歼敌一千余人，获步枪一千三百余枝，机关枪三十余挺，重炮三门。嗣以敌人陆续增加，乃展开惨烈之拉锯战，迭创歼敌。激战两周，敌乃集中炮火猛轰我军阵地，掩体工事，俱被摧毁，加以左右友军均已转进，娘子关于二十六日被迫弃守。连仲奉命转进至赵城方面，嗣又移往临汾。十月三十日国民政府发表宣言，并电告前方将士，政府决迁都重庆，继续抗战，以争取最后胜利。十一月二十日国民政府正式迁移重庆，宣告中外，继续抗战。十二月九日日寇总攻南京，并向我提出最后通牒。十四日北平成立伪政府。民国二十七年一月二日，第三集团军总司令兼山东省政府主席韩复榘，一再擅自撤退，放弃要地。一月十一日蒋委员长在开封，召集将领会议，以韩复榘目无国法，擅弃守地，下令予以扣留，同月二十四日韩复榘在汉口，明正典刑，执行枪决。

《孙仿鲁先生述集》，（台北）孙仿鲁先生九秩华诞筹备

委员会1981年版，第49—51页

我与张自忠

秦德纯

张自忠将军,字荩忱,山东临清人。生于民国纪元前二十一年(一八九〇年),卒于民国二十九年(一九四〇年)。

我对张自忠将军的深切认识,是在民国十六年春天。那时我们都在开封服务,他担任西北军官学校校长,不久即调充二十五师师长;我由二集团军十四军军长调任该集团军副总参谋长,总参谋长是曹浩森先生。他品端学粹,耿介廉洁。我与他同住一个房间,房内布置简单,仅有一个办公桌、两把木椅及两个行军床。曹先生的行军床颇为脆弱,人坐床上,常吱吱作响,他曾写了几句话贴在床侧墙上:"此床甚弱,诸君注意,床坏事小,恐伤尊腿。"因此来访的客人均立谈完毕,即行辞去,确有利于我们的办公业务。北伐成功后调中央服务,历任陆军署长及军政部次长。三十三年任江西省政府主席。三十五年当选为监察院监察委员,来台后于一九五二年以癌病逝世。当火葬时老友如石筱山(敬亭)、熊哲明(斌)、黄少谷及作者等无不满面流涕痛哭失声。我对这位死别十年的患难朋友时刻萦怀。因借此机会,向读者附带介绍。

我到总司令部后,因业务关系与张自忠将军常常晤洽,知道他办学治军十分严格。对于违犯纪律损坏军誉的官兵,一律依法严惩,决不宽贷,因此他的部下给他一个绰号叫"张剥皮"。但遇有部下困难的事情,他都为他们一一解决,所以部属对他既惧怕他的威严,又感念他的恩厚,我当时即断定他的队伍一定能打硬仗。

革命军北伐,沿津浦铁路方面自徐州北进,节节胜利,下兖州、过泰安直捣济南。张宗昌、孙传芳等率其残部仓皇北窜。我先头部队李延年部已进入济南城,不意日本军阀突由胶济路调集陆空主力向济南炮击轰炸,且残杀我交涉使蔡公时先生(五三惨案),阻挠我革命军北上,以掩护张、孙残部的撤退。我革命军遭此顿挫,愤慨万分。蒋总司令电邀第二集团军总司令冯玉祥到前方视察,蒋公与冯氏会晤于党家庄(距济南约三十余里)。随蒋公前往者有杨杰等;我随同冯总司令前往,经会商决定:"不变更北伐计画,仍继续北进,对济南留少数部队监视,我大军由齐河渡黄河继续追击前进。"日阀的阻挠奸计终未得逞。

冯总司令自党家庄回开封后,即通电二集团军部队,痛述日阀侵略残暴罪行,应积极训练所部誓雪国耻。同时就近亲督张自忠的二十五师细针密缕的严格整饬部队(冯常说的纺细线),准备对日作战救国。

张将军痛感日阀的蛮横暴行,为贯彻救国主张,遂用其全付力量在整顿部队上苦下工夫。他夙夜匪懈的训练所部,时常集合部队,大声疾呼的宣布日军侵略罪行,要官兵一致认为日本是我国最大的敌人，必须誓死杀敌救国，又常把军队带到野外作实地演习，改进战术战斗上的细密动作。他这种准备，已非一朝一夕的工夫了。

二十年"九一八"日军侵占我辽、吉、黑三省。二十一年侵占我热河。二十二年复由热河南下，企图突破长城线窥伺我华北。宋哲元将军所部奉命编为第三军团，宋任总指挥，我任副总指挥，督率二十九军由北平近郊向喜峰口、罗文峪两地驰援。一日夜急行军一百八十里，军抵三屯营（喜峰口以南三十里）。适得日军逼近喜峰口情报，张自忠、冯治安两将军所部遂跑步急进。三月九日午刻抵喜峰口时，适我友军万福麟所属五十三军由热河退出。日军尾追跟进，我张、冯两师，即在喜峰口与敌遭遇。展开争夺战，各高地山峰，我军得而复失，失而复得者数次，战况至为惨烈。血战三日，敌我已成僵持态势。我与宋将军密商，改守势为攻势，变被动为主动之击敌计划。我即由蓟县总部驰赴喜峰口前线，与张、冯两将军会商，张、冯均极端赞成，张将军更主张即日实施，立即决定抽调有力部队由战线两翼夜袭敌人侧背。遂于当夜（十一日）派赵登禹、王治邦两旅从喜峰口两侧之董家口、潘家口攀越险峻山峰，抄袭日军侧背。是役计歼日军步兵两联队，骑兵一大队，并破坏其野炮十八门。从此日寇攻势顿挫，始终未能越过长城线各隘口，平津赖以安定。我最高统帅蒋公迭电嘉慰，并颁发立功将领以青天白日勋章。全国各界团体及各地侨胞，纷纷驰赴前线慰劳的络绎于途。此为自"九一八"日寇侵占我四省以来，所遭遇的第一次严重打击。事后得承德方面情报，敌在承德举行追悼阵亡将士大会席上声称，认为是日军侵华以来，所未遭遇的失败与耻辱。

二十四年七月底，我由庐山奉蒋委员长〈命〉传谕宋将军，以忍辱负重，维持华北危局返报宋将军，即遵此原则，妥为运用。同年十月中央发表宋将军任冀察政务委员会委员长及北平绥靖主任，并发表我任察哈尔省政府主席。我到察不久，以外交重心在平，中央又将我调去北平市，察省主席职务，由张将军自忠继任。宋将军即先将冯治安的三十七师调驻北平一带。

二十五年春，奉中央令张自忠将军调长天津市，继将所属三十八师调驻天津一带。此时我与张将军，一在北平，一在天津，负樽俎折冲的责任，忍辱含垢与敌周旋，在精神上是很痛苦的。

日方迭施狡计分化二十九军，阴谋宣传把张将军造成亲日傀儡，于二十六年春，坚邀张将军赴日参观，因此张将军更成了全国众矢之的。

冀察政务委员会成立之后，我全国爱国忧时人士，以及爱护我们的友好，纷纷函电交驰以大义相责，报章亦诋毁备至。我当时忧心如焚，深恐万一失足，百死莫赎。某日携带友好责勉我的函电十余通，晤宋将军痛陈利害，不觉失声痛哭。宋将军态度镇静，郑重相告曰："我们奉中央训示，委曲求全来支持此危局，此中内幕，不便向国人公开，当然难为人人所谅解。现在报上用五号小字骂宋哲元、秦德纯是汉奸；我绝对负责保证，将来一定有一天报上用头号大字，登载宋、秦是民族英雄，请你放心好了！"我经过这次宋将军开诚相告，也就安心与日人周旋。

当卢沟桥战争经过二十余日，七月二十八日我军在南苑失利后，宋将军即遵蒋委员长电令，赴保定坐镇指挥。当时宋将军写了三个手令：一、冀察政务委员会委员长由张自忠代理；二、北平绥靖主任由张自忠代理；三、北平市市长由张自忠代理。一面电呈中央核备。立即决定当晚九时由武衣库宋宅出发。临行张将军含泪告我曰："你同宋先生成了民族英雄，我怕成了汉奸了。"其悲痛情形已达极点。我却郑重向其劝勉说："这是战争的开端，来日方长，必须盖棺才能论定，只要你誓死救国，必有全国谅解的一日，请你好自为之。"遂黯然握手作别。

七月二十九、三十两日，张将军接收冀察政务委员会等三机关，他的精神沮丧，意志消沉。当时二十九军大部已离平南调，日方对他已失去利用价值。时三十八师参谋长李文田将军，复于此际督率部队向天津日兵营进攻，未能得手。日方对张将军亦认为是积极抗日分子，正拟进军北平，另制造真正傀儡组织，供其利用。张在北平已无法施行军政职权，悲愤之余，决计秘密离平南下。而同时全国舆论对他更是一致痛诋，不遗余力。张遂不动声色，秘密骑一脚踏车，由北平出朝阳门直驶天津。乘英轮转赴青岛，前往济南。此时我正随宋将军驻津浦线的泊头镇督战前方，宋将军即派我到济，嘱偕同张将军先到京，恭请蒋委员长训示，并坚嘱万不可先到前线部队，致招物议。我到济与韩复榘及张将军分别晤洽，见韩对张采取秘密监视态度，并嘱告张万不可随便他去，更不可赴前线军队，致生不利后果。张于此时已处于进退维谷的境地。我当即电呈何部长应钦，大意以我奉宋将军令偕同张自忠市长赴中央报告请罪，惟各方谣诼纷传，对张似有不利，可否前往，请电示等语。旋得复电"嘱即同张市长来京，弟可一切负责"云云。我即将此情形面告张将军会同赴京，韩派其省府委员张樾负监视任务共同前往。车到徐州站，突有学生三十余人要到车上搜查汉奸张自忠，来势颇为凶猛。我一面安排张将军暂避，一面请学生派代表四人到车上谈话，并到各房间查看，代表等未见张在车上，始下车而去。我们到京后，张住韩的驻京办事处，我住二十九军办事处，静候委员长召见。

张将军同我到京，次日由我陪同到四方城晋谒委员长，张将军首先起立请罪说："自忠在北方失地丧师辱国，罪有应得，请委员长严予惩办。"委员长训示："你在北方一切情形，我均明了。我是全国军事委员会委员长，一切统由我负责，你要安心保养身体，避免与外人往来，稍迟再约你详谈。"到第三天，我接待从室钱大钧主任电话云，委员长拟再接见张自忠将军，请你陪同于明早九时到四方城晋见。晋谒时逢日机轰炸，委员长镇静如常，对张慰勉有加，询问健康情形及所读书籍。张答以阅读郭沫若的日记，委员长告以应阅读有益心身的书籍，郭的日记不要阅读。最后告以一俟你身体恢复，我决令你重回部队，俾得再有机会报效国家，并可到前方看看你的长官、同僚及部下。态度诚恳温和，俨如家人骨肉的亲切。张将军深受感动，由四方城回寓时，在车上泪流满面对我说："如果委员长令我回部队，我一定誓死以报领袖，誓死以报国家。"足证蒋公认人的真切，感人的深刻。到了二十九年冬我奉召晋谒时，见委员长办公桌有张将军的生前照片，委员长很黯然的对我说："若荩忱（张将军字）尚在，宜昌不会陷落如此之快。"我即报告："荩忱的壮烈殉国，是受委员长的感召激励的结果。"即将当年在四方城，委员长对张将军的优渥温谕，及张感激涕零，誓言报效的经过，一一报告，委员长为之慨叹唏嘘良久。

二十七年春，随战事的进展，中央拟将二十九军扩编为七十七军及五十九军两军，五十九军军长一职，何部长应钦一再征我同意，令我担任，我认为该军干部多系张将军训练的学兵营出身，张将军对他们也知之甚深，为发挥作战威力，五十九军军长，似应由张将军出任为妥。不久中央任命张将军为五十九军军长。返部之日，张将军对部众痛哭失声地说："今日回军，除共同杀敌报国外，乃与大家共寻死所。"全体官兵泣不成声，誓死效命。此时正值日寇板垣第五师团长率其全部附以飞机、巨炮进窥鲁南，围击我庞炳勋将军于临沂，其锋甚锐。张将军奉命驰援，率部一日夜驰一百八十余里，举全力猛攻，鏖战七昼夜。敌军伤亡惨重，大溃，北窜七十里，造成抗战以来空前大胜利。我军得移师南向，奠定台儿庄大捷。

徐州会战后，我大军西移，张将军率部于疲敝之余，掩护大军突围，车马悉舁伤患，躬为殿后，而敌人不敢近逼。是年九月武汉会战，将军以孤军守潢川，敌至迭予痛创，我主力得以从容布署，厥功甚伟。十月将军任三十三集团军总司令，此时国人无不以民族英雄目将军，而将军仍时时以未得良机杀敌效死，而引以为憾。

二十八年三月鄂西钟祥战役，敌以三个师团进犯随枣，势极嚣张，张将军亲率两团健儿渡河截击，大破敌于田家集，毙敌联队长三，伤旅团长一，斩获无算，敌军狼狈溃退，遂有鄂北之捷。

二十九年夏，敌以重兵再犯襄樊，张将军以主力坚守襄河，亲率轻兵一部渡河截击，乃于五月七日夜临出发前，贻书副总司令冯治安将军："因为战区全面战事关系及本身之责任，均须过河与敌一拼，现已决定于今晚往襄河东岸进发，到河东后，如能与三八D、一七九D取得连络，即率该部与马师不顾一切向北进之敌死拼，设若与一七九D、三八D取不上连络，即带马之三个团，奔着我们最终之目标'死'往北迈进。无论作好作坏，一定求良心得到安慰,以后公私均得请我弟负责。由现在起,以后或暂别,或永离,不得而知。"
偏师既渡,屡与敌遇,连战皆捷。北窜之敌,归路切断,阵势动摇。五月十日,敌主力聚于
方家集,张将军率部进击。激战连日,歼敌盈野。十六日,敌援军万余人突至,张将军因陷
重围,自晨至晚,弹如雨下,左右请稍移指挥位置,不许,复往返冲杀十余次。部众已伤亡
殆尽,将军胸部已受敌机关枪伤六处,时距敌仅数百武,左右曳引之,嗔目叱之曰:"此吾
成仁日也,有死无退。"既被重创六处,犹振臂高呼杀敌,会创发仆地,于弥留之际,顾部
属曰:"吾力战而死,自问对国家对民族对领袖可告无愧,汝等当努力杀敌,毋负吾志。"
言毕遂壮烈殉职。

委员长闻讯深为震悼,当张将军灵榇到渝之日,即通电全军,电文情词恳切,所有将
士莫不为之感动。兹录其电文如下:

张总司令荩忱殉国之噩耗传来,举国震悼。今其灵柩于本日运抵重庆,中正于全军
举哀悲痛之余,谨述其英伟事迹,为我全体将士告。追维荩忱生平,与敌作战始于二十二
年喜峰口之役,迄于今兹豫鄂之役,无役不身先士卒。当喜峰口之役,歼敌步兵两联队、骑
兵一大队,是为荩忱与敌搏战之始。抗战以来,一战于淝水,再战于临沂,三战于徐州,
四战于随枣。而临沂之役,荩忱率所部疾趋战地,一日夜达百八十里,与敌板垣师团号称
铁军者鏖战七昼夜,卒歼敌师,是为我抗战以来克敌制胜之始。今兹随枣之役,敌悉其全
力,三路来攻,荩忱在枣阳之方家集,独当正面,断其归路,毙敌无算,我军大捷。假荩
忱不死,则此役收效当不止此。今强敌未夷,大将先陨,摧我心膂,丧我股肱,岂惟中正一
人之私痛,亦我三百万将士同胞之所同声痛哭者也。抑中正私心尤有所痛惜者,荩忱之勇
敢善战,举世皆知,其智深勇沉,则犹有世人未及者。自喜峰口战事之后,卢沟桥战事之
前,敌人密布平津之间,乘间抵隙,多方以谋我,其时应敌之难,盖有千百倍于今日之抗
战者。盖荩忱前主察政,后长津市,皆以身当樽俎折冲之交,忍痛含垢与敌周旋,众谤群
疑无所摇夺,而未尝以一语自明,惟中正自知其苦衷与枉曲,乃特加爱护矜全,而犹为全
国人士所不谅也。迨抗战既起,义奋超群,所向无前,然后知其忠义之性卓越寻常,而其
忍辱负重杀敌致果之概,乃大白于世。见危授命,烈士之行,古今犹多有之,至于当艰难
之会,内断诸心,苟利国家,曾不以当世之是非毁誉乱其虑,此古大臣谋国之用心,非寻
常之人所及知,亦非寻常之人所能任也。中正于荩忱信之尤笃,而知之特深,荩忱亦坚贞
自矢,不负平生付托之重。方期安危共仗,克竟全功,而乃中道摧折,未竟其志,此中正所
谓于荩忱之死重为国家前途痛悼而深惜者也。虽然国于天地必有与立,而三民主义之精
神,即中华民国之所由建立于不敝者也。今荩忱虽殉国,而三民主义之精神实由荩忱而发
挥之;中华民国历史之荣光,实由荩忱而光大之。其功虽未竟,吾辈后死之将士,皆当志

其所志，效忠党国，增其敌忾，歼此寇仇，以完成荩忱未竟之志，是荩忱虽死犹不死也。愿我全体将士其共勉之。蒋中正手启。中华民国二十九年五月二十八日。

张将军灵柩过宜昌时，军中未即公布，而民众不期集于东山寺吊祭者愈数万人，有的掩面流涕，有的悲伤嗟叹，还有些老太太夜起手制面食曰："我为张将军做北方饭也。"其感人之深如此。灵柩到渝后，在储奇门设奠，委员长亲临抚恸，政府各首长均缀纱亲登灵船致祭，各机关职员及民众，自动前往吊祭者，终日络绎不绝，均一致确认，张将军是我们抗战以来最伟大的民族英雄。是则张将军的躯壳虽死，他的精神是永垂不朽的了。

十一月十六日遗柩权厝北碚梅花山麓，从此一代忠骨长埋地下，永为世人所景仰凭吊。这是我们中华民族所以迭经磨难，终能屹立于天地，历久而愈光明的精神所在。

张夫人李敏慧女士因患病在沪，闻将军噩耗，拒绝医药治疗，绝粒七日而逝。遗子一廉珍，孙男三，均聪慧，惜均陷大陆。

《传记文学》第1卷第2期，（台北）传记文学出版社1962年7月

七七抗战与二十九军

刘汝明

自从去年秦绍文兄去世后，二十九军的老朋友已经没有几个人了。于兹又快到了七月七日，卢沟桥事变距今已是二十七周年。昔日的老友，一个个先我而去，回想几十年来，我们在一起当兵，一起带兵，一起折冲樽俎，一起出生入死，犹如一场幻梦。每念至此，不禁感慨系之，涕泪纵横。

二十九军是民国十九年冬天成立的。这时是中原战事结束，阎、冯失败，冯玉祥先生的旧部，逃过黄河，退入山西的只有宋明轩（哲元）指挥的第四路，和我指挥的第五路，合计起来不到一万人。此外冯仰之（治安）时任军长，带过来很少的人，再加上张荩忱（自忠）时任汾阳军官学校校长，原在山西所指挥的总部直属部队，约万余人合编而成。

因为宋先生资望较高，所以推定宋任军长，我任副军长。所有部队改编为三十七、三十八两师，和一个独立旅，由冯、张分任师长，那个独立旅由李金田任旅长。宋部师长赵舜诚（登禹）也编为旅长，列入三十七师，当时的参谋长是秦绍文（德纯），宋的智囊萧仙阁（振瀛）任总参议名义。

上述诸人都是军人，只有萧仙阁是文士。他是吉林人，因为十五年在南口作战期间，在绥远当临河设置局局长，办理后方勤务工作，有优越的表现，为宋所赏识，从此便进入宋幕，在宋任陕西主席时，曾担任过西安市长。他的口才极好，什么事到他嘴里都可以说得天花乱坠，顽石点头。有一段时期，萧代表二十九军，经常往来南京、太原、北平，周旋

于各方之间。因为他的能说会道，而又手面极大，所以和各方的政要都有好感。在二十一年八月间，成立军事委员会北平分会的时候，一共十八个委员，全是当时华北军长以上，省市首长等第一流人物。而萧以一个军的"清客"（那时一般人看参议、顾问之类，都是吃闲饭的）也能敬陪末座。秦绍文还是后来才加上去的。萧的活动能力由此可见一斑。因此有人说，二十九军后来的天下是萧仙阁打出来的，这话倒也颇有几分道理。

二十九军成立不久，便又增编了一个暂编第二师，我调任该师师长，副军长由秦绍文兄继任，参谋长则改由张维藩继任。

绍文是山东沂水人，军事教育受得非常完整。由陆军小学、陆军中学到陆军大学，一层未缺。他学问好，能力也好，尤其是一派儒者风度，使人激赏。他处人处世都很圆滑，人缘甚佳，因之颇得宋先生的敬重。那时萧仙阁在外边跑，绍文居中策划，他二人犹如宋的左右手，地位非常重要。有人问：秦、萧二人在二十九军，哪个比较重要？在表面上看他二人似无分轩轾，不过我们总觉得，宋对秦始终以客卿地位看，对萧则以部属待之。所以秦是较尊，萧是较亲，直到二十五年，萧离开天津市长职务，出国考察后，绍文才完全成了宋的"幕僚长"。

二十九军初成立，局处〔促〕在晋西南，处境非常艰苦，但是我们都咬紧牙关，埋头练兵。九一八事变后，二十二年日军进犯热河，进窥长城。这时候宋先生已发表为察哈尔主席，刚刚到差，部队还没有全部入察，便奉到命令向长城沿线的要隘喜峰口、罗文峪出发，拒止日军深入。二十二年三月上旬在喜峰口、罗文峪与日军发生剧战，赵舜诚力战负伤，赵部团长王长海夜袭敌人，获得丰硕战果，使日军大受创伤。由是二十九军大刀队得以名扬宇内。战后委员长派俞飞鹏部长亲来慰劳，各界慰劳团也络绎不绝，宋、秦和我都获颁青天白日勋章。

《塘沽协定》后，双方暂时休战。二十二年八月间，宋回任察哈尔主席，因为整编了在察省若干"抗日同盟军"留下的部队和汤玉麟的炮兵，二十九军的力量大为增强。

宋在冯玉祥先生部众中，是资望较高的，与张之江、鹿钟麟、李鸣钟、刘郁芬同列为五虎上将。我和他同在民元入伍，不久便一同升了官。民国四年前我们上下差不多，民国五年他当了十六混成旅一团一营营长，我在三营当营副（营长为李鸣钟），驻防在平津间的廊房。冯因为在四川和蔡松坡作战时和蔡连络，为北洋政府所忌，被调为直隶边防司令，旅长换为杨桂棠。六年七月间张勋复辟，杨旅长去北京见张勋，全旅军官在我们营部开会，决定欢迎冯玉祥回来。当时由我和孙良诚去天津见冯，部队同时准备出发。在这一战，宋的战功卓越，首先攻入北京，从此他便崭露头角。第一次直奉战争后，冯部五个旅，十三个团，宋与张、鹿、李、刘分任旅长。我和韩、石、二孙、吉鸿昌、门致中、冯仰之等人都是团长。至于张荩忱是学兵营长,他虽然比我大一两岁,但在当时还纯然是后起之秀。

宋是山东人,性情耿直,对于我国旧道德非常注意。二十九军的军官佐都要念四书五经,军部编译四书五经白话解说,印制成袖珍本,人手一册。又编了八德军歌,每日教士兵们演唱。

宋不喜欢说话,但对大问题非常坚定,能够择善固执。例如二十年七月,石友三在河北顺德叛乱,出兵攻击张学良,旬日之间,前锋到达高碑店,其锋甚锐。石函电交驰,又派了不少人来说宋先生,念在同为"西北同源",能助一臂之力,派兵占据娘子关和石家庄,不必加入战斗,只要掩护石军后防,则石独力即可驱逐张学良出关。但是宋始终不为所动,一是他认为石友三反复无常,二认为国家连年内战,人民元气大伤,不应该再有内战,即使石可以成功,但必兵连祸结,老百姓将无宁日。由于宋拒绝出兵,商震才得掩袭石的后路,这次叛乱得以很快的解决。

二十二年长城战后,二十九军集结于北平通州间,冯玉祥先生在察哈尔成立"抗日同盟军",号召武装抗日,北平当局以宋是察哈尔主席,催促我们回察接收省政。宋觉得一入察境便会和冯氏冲突,和老长官"交锋对垒"是不可思议的事,便婉转陈词,请求谅解。这时冯也派了张允荣来作说客,张向宋说了一段《三国演义》关羽在曹营的故事。张说:"关公在曹营,曹操对他,三日一大宴,五日一小宴,上马献金,下马献银,美酒红袍,可是他把曹操所赠的新袍穿在里面,仍把旧袍罩在外面,你说他为什么?"

宋听了默然半响,良久回答道:"你说的意思我懂得,我绝不打先生,但是也不跟着他胡闹。今天国家需要统一,要抗日也得大家一起来,不能再有内战。"后来冯自动取消了"抗日同盟军",宋的态度是不无影响的。

后来西安事变发生,张学良称兵犯纪,劫持统帅,蒋委员长西安蒙难,宋、韩的态度中央最为关切。那时宋已任冀察政委会委员长,他的态度也很坚定,不受任何影响,坚持不能联合共产党,应维护蒋委员长的安全。这项经过秦绍文兄在他的《海滢谈往》一书中说得很详细,孔庸之先生的回忆录上也有记载,我这里不再多所叙述。

宋先生的私生活很严肃,没什么嗜好,喝一点酒,但非酗酒,有时也打打牌,但绝非滥赌,更不搞女人。但是他在应该用钱的地方,手面颇大,可以说挥金如土,毫无吝色。记得二十五年秋天,日本举行秋季大演习,张荩忱应邀去参观,行前我们吃饭送他,宋和张说:"荩忱,你到了日本,住要住最大的旅馆,坐车要坐最好的汽车,不要小家子气,叫鬼子看不起。"

另有一件事就是汉奸殷汝耕的冀东自治政府设在通州,距北平只有五十里,因为日本人给他保镖，国家对殷只能通缉，而不能讨伐。二十五年绥东战役，傅作义、汤恩伯等部，击溃了汉奸李守信、王英等匪部，收复了百灵庙，日本虽然叫闹了一阵，但也未明目张胆对李、王等如何的支持。我们也就想趁势进攻通州，先把殷汝耕消灭了，造成既成事实。殷的下面有几个伪保安总队长，张庆余、张砚田、赵雷等人，宋派人连络他们，策动他们反正。这几位都秘密到北平来，见过宋，宋对他们每人送钱，数字很骇人。不幸西安事变发生，这计划虽搁置未行，但后来卢沟桥事变后，七月二十八日他们都反正了，并且把殷汝耕捆送到北平。可惜就在这天，北平局势逆转，二十九军就在这天撤离北平。

在二十二年秋天至二十四年冬天，这两年中我们都驻防在察哈尔，部队又增编了一个一三二师，由赵舜诚任师长，暂编第二师番号也改为一四三师，仍是我任师长。冯仰之的三十七师驻张家口，张荩忱的三十八师驻宣化，兼顾独石口、沽源一带。赵师驻张北，我这一师分驻怀来、涿鹿、蔚县。

我们回察后，"抗日同盟军"所留下的很多部队，番号复杂，组织散漫，政府叫二十九军予以整理收编。特别是汤玉麟自热河撤退入察的炮兵部队，有野炮三十余门，也编入了二十九军，每个师都成立了炮兵营。这时汤已被政府撤职查办，后来还是宋代为请求，免予查办仅仅撤职。

经过这一番整编，二十九军的人员装备，大为充实，战斗力也大为增长，在当时华北部队来说，以军为单位，要说算是最强也不为过。

在这两年当中，和日本人曾发生两次冲突，一次是"东栅子事件"，一次是"张北事件"。前者是日本人吃了亏，颇有伤亡，而他们这次行动，是属于试探性质，见我有备，也就看风转舵，说是"误会"。"张北事件"后来演变成《秦土协定》，这在绍文兄的《海澨谈往》上也记得很详细。

这段时间里，委员长成立庐山军官训练团，二十九军中级以上的军官都轮流分批去受训，我是和赵舜诚一起去的。到了二十四年五六月间，天津发生了"河北事件"，日人嚣张骄狂，达于极点。委员长在庐山召见秦绍文兄，面告他要把北方的责任交给二十九军，希望忍辱负重，掩护中央的抗战准备。秦回来后把委员长的指示，密告宋先生，当时知道的只有极少的几个人。以后冀察局面，颇有些不为外界谅解，但是终宋一生，他从未曾以此为自己辩解。

"河北事件"的结果，汪精卫命令何敬之上将，与日方梅津美治郎订立"何梅协定"。国民党及中央军黄杰、关麟徵两师均撤出河北，跟着河北省主席于学忠部也被迫离开。日人鼓动若干浪人和无业游民，在平津各地游行请愿，闹什么华北自治，一时要把华北划作"防共区域"，一时又要划成"缓冲区域"。

二十四年八月日本天津驻屯军司令，换了多田骏。多田骏在天津发表了一个小册子，题为《日本对支那的基础观念》，日本人侵略我国的野心，在这本小册里暴露无遗。不久又发生了"香河事件"，北平附近的一个县城叫香河，有几个浪人率领一伙乱民，借口反对收税办法，包围了县政府，后来又有日本宪兵参加。以后这种纠纷在这段时期更是层出不穷。

先是在"张北事件"发生后，汪精卫下令免除了宋先生的察哈尔主席职务，命秦绍文代理，绍文亦未就职。到了八月底，平津日益危殆，河北主席商震已经穷于应付。河北省只有万福麟和商的两个军，兵力也很薄弱。大约八月底，中央命令平津卫戍司令王树常（东北军）调任军事参议院副院长，宋先生继任平津卫戍司令，秦绍文真除察哈尔主席，北平政务整理委员会撤消。二十九军同时接防北平，原来驻防北平的万福麟移驻保定以北、北平以南。我们的部队立刻出发，冯仰之先向北平以东出发，我这师跟着也到了北平接替城防。到了九月底前后，宋就任北平卫戍司令。在就职的时候，他发表谈话，内容大意是："对内永远反对共产党，对外秉承中央意旨。"这时候日本人导演的许多流氓团体，在天津日租界所闹的"自救""自治"运动，更变本加厉，谣言四起。平津两地的正人君子也纷纷通电宣言，对这种荒谬行动加以责斥。记得天津《大公报》曾有过一篇社论，题目好像是《对宋司令进一言》，内容是劝宋先生不可独立。其实《大公报》不明真象，二十九军这时的决策，是遵照中央的密令，小事情可以商量，但决不脱离中央。

稍后，北平市长袁良辞职，中央命宋兼代，宋谦辞，中央改令秦绍文接任北平市长，察哈尔主席由萧仙阁继任。宋先生因为在平津和日本人办交涉多是由萧经手，所以不叫萧到职，察省主席由张荩忱代理。

到了十一月底，日本人的捣乱活动达于极点。天津又有"自治请愿团"出现，有日本浪人、流氓汉奸五六百人，要求"还政于民"，向天津市政府、公安局等地方机构骚扰。殷汝耕的汉奸"冀东自治政府"也同时成立。日本人积极策划他们的"华北五省自治"。中央为了缓和这种局势，来争取准备时间，便明令撤消军事委员会北平分会，成立冀察绥靖公署，特任宋为主任，从此华北的重责，便完全交在二十九军的身上。

日本人知道二十九军的力量，对宋于是威迫利诱，无所不用其极。外面各界对我们也不谅解，认为别人都撤走了，你们如何还能在天津存在，其非将与日本人"合作"为何？若干失意政客，认为这是他们"东山再起"的好机会，便运用各种关系来怂恿宋"自治独立"。此外更有一些无聊文人，如罗隆基者流，认为国民党既然退出平津，何妨由"我们"试试。青年学生爱国心切，也不断的游行主张抗日。在这种各方纷至沓来的困扰下，宋先生心情沉重，大动肝火。天津《大公报》于十二月三日又来了一篇社论，题目是《勿自促国家之分裂》，内容仿佛是劝勉宋哲元保障国家统一，此文据说是张季鸾的手笔。宋先生一时冲动，竟下令停止《大公报》邮递，后来觉得不妥，在十二日又下令恢复。

最初宋和北平的文化教育人士，关系颇不愉快。这些读书人生性率真，而当时和他们接触的人萧仙阁的政客作风，自然不为他们所喜。更加萧不能以诚恳态度相待，仍要耍弄权术，更招来他们的反感。他们都以为二十九军真要当汉奸，于是若干人（如傅斯年先生等）对我们大为攻击。这时的北平学生联合会，是由共产党所把持，从中推波助澜，更加深了误会。宋先生也犯了山东人的倔强脾气，爽性不加理睬。到后来陶希圣先生、吴鉴先生等，在二十五年所领导的新学生联合会成立，打出了"与二十九军合作抗日"口号（可能胡适之先生也如是主张）。这"合作"二字，感动了宋先生，便时时和教育文化界人士过从，与青年学生的关系也大为改善。知识分子与军政当局的步调，渐趋一致。

那种混沌局面，一直到二十五年底，商震终于被迫撤走，调任河南主席。河北主席由宋兼任，并成立了"冀察政务委员会"，由宋先生任委员长。天津市长也发表了萧仙阁，张荩忱真除察哈尔主席，局面才稳定下来。

冀察政委会的成立，固然是对日本人的让步，但是冀察政委会是国府明令发表的，受行政院管辖，奉中华民国正号，悬挂青天白日满地红国旗，在若干地方对日本人虽有忍让，但不脱离中央的原则是坚持到了。在这以后，我们知道局面会更加艰苦，为了准备最后一战，也都积极准备。绍文、仙阁，和日本人打交道，我们几个带兵官都埋头练兵。我们为了使士兵明白我们仍是拥护蒋委员长，服从中央，在我们的《士兵识字课本》上，第一课就是"委员长"。课文是："委员长蒋中正，从前叫做总司令，他是总理的信徒，他是革命的先进，他统一了中国，他完成了北伐的使命。"全军士兵，皆熟读背诵，为校阅考试成绩的主要课目。使来自农间的士兵，对领袖之伟大，深印不忘。

商震调到河南以后，冀察只有二十九军和万福麟军两部，赵舜诚师也自察哈尔开到河北，驻防在河北中部任丘、固安、河间一带，招兵训练。冯仰之师集中在北平的南苑、西苑，为控置的部队。我带的一师，分驻北平、大沽，担任城防。天津因为受《辛丑和约》的规定，市区由保安队防守。不过在这里声明一下，所谓天津的保安队，仍是正规部队。不过脱了灰色军衣，换上蓝色的保安队制服罢了。

这局面平静了没有好久，便发生了"朝阳门事件"。事件的经过是某一夜晚，有几个日本人要叫开城门放他们进来。守城的警察因为时间太晚不敢开城，经过一番电话请示，才开城放他们进来。哪知几个日本人因为开城迟缓，进了城不容分说，竟扭打这个警察。我所属守城的一个排长，见状不平，便上去制止。日本人掏出了手枪，这个排长没带武器，见对方有枪便向城上跑。日本人一面追，一面开枪，城上的士兵也开枪还击，便发生了冲突。日本人不敢上城，便打电话给东交民巷找援军。一时开来很多的日本兵，我接到报告也立即派兵增援。一直相持到次日上午，才交涉解决，由双方承认误会，宋先生表示遗憾了事。

又过了不久，又发生"大沽事件"，是我所属的另一个部队，和日本兵发生相互射击事件。事情虽然平息，一直到卢沟桥事变发生时，这种小冲突迄无间断。我记得的就有北宁路炸车事件、两次丰台冲突事件、天津中日警察冲突事件、张家口大境门事件等，不计其数。

到了二十五年夏天，萧仙阁在天津干不下去了，辞职出国。关于仙阁辞职，也有很多传说。当时最盛行的是说萧太接近日本人，有当汉奸的可能，被张荩忱打了两个耳光，不得不走。其次秦绍文在《海滢谈往》所记的，说萧跟将领们"拜把子"拉关系，为宋不满。这些都与实际情形有出入，仙阁之不能不走，是他跟日本人办交涉，开的空头支票太多，不能兑现，事实上萧也不想兑现。日本人见他屡屡"失信"，便向他大施压力，要他履行"诺言"，萧弄得无法应付。宋先生觉得叫萧离开出国，可以缓冲一下。日本人"讨债"时，可以说这是萧某人答应的，宋某不能代为负责，以为"挡箭牌"。至于绍文所说的萧跟将领们"拜把子"，实在不成理由，二十九军袍泽之间很多是盟兄弟，譬如说，绍文同我就曾换过帖，并不足以为奇的。

仙阁出国后，张荩忱调长天津市，由我接任察哈尔主席。我入察，张赴津，部队也跟着换防。这大约是二十五年六月间的事，因为有了行政责任，便也得和日人打交道了。

日本人在张家口有一个领事，一个特务机关长，领事叫中根，特务机关长叫大本，是个中佐，另外还有个日本顾问叫樱井。大本人还爽快，樱井却非常奸狡。有一次开会，他放言狂论，旁若无人。我便向他说："顾问，是顾而问之，我没问你，你不要说话。"他当时气得满脸通红，但从此不再乱说话。

绥远战事发生，傅作义、汤恩伯两部收复了百灵庙，我们也大为兴奋。日本人因为自热河补给伪军李守信部，不太便利，不如由天津用火车运到张家口，再转运张北方便，所以便把军火装箱伪装商货，由一家转运公司出面经运。先是小规模的运，后来竟大干起来。我得了情报，便下令截留。一日又运来一批，我便派人在张家口车站戒严，一面不接日本特务机关长电话，说是出门了。这批军火，一共有五百枝三八式步枪，四门沈阳兵工厂的一四式野炮。这四门炮比汤玉麟的炮还新一点，射程也远一点，抗战八年，我一直带着和日本人作战。次日，大本找我交涉，我坚不承认说："我从没有扣你们的军火，你也没有告诉过我要运军火，我只是得到了下边的报告，查扣了某某转运公司的一批商货。"大本虽纠缠数日，但自知理亏，终也无可如何。

　　二十五年十二月十二日发生了西安事变，委员长在西安被张学良劫持，我们颇为震动。二十九军的高级人员齐集北平，我自然也应召前往。宋先生在这事件上表现得非常坚定，拥护蒋委员长的决心毫不动摇。委员长自西安脱险之后，全国人民万众欢腾。日本人知道中国人已经紧密的团结在蒋委员长之下，二十九军也决不会当汉奸，于是促成了提前侵略中国的决心。

　　日本华北驻屯军司令在二十五年已经换为田代中将，部队也增加到一个混成旅团，旅团长河边少将。驻兵的范围已远逾《辛丑和约》规定的范围，至是更陆续增加兵力。二十五年冬天，在平津举行大演习，参加的有一万多人，以北平、丰台为假想争夺目标，规模之大前所未有。宋先生气愤之下，二十九军也举行大演习。参加的部队有三十七师、一三二师和若干特种部队，总兵力在五万人左右，向日本表示不惜一战的决心。

　　日本军力继续增加，到了二十六年二三月间，已在三四万人左右。这些都是在关东军一、三、五、十一几个师团中抽调出来的，一律采取战时编制。中日的外交交涉，我们虽也就"华北通航"、"开办龙烟铁矿"、"沧石铁路"等作了些让步，但是日本人志不在此，乃提出了"华北明朗化"，压迫宋先生表明态度。宋先生也相反的提出，要日本人先取消殷汝耕的伪政权，以示诚意。双方的条件，南辕北辙，自然无法谈拢。于是日本人不断的增兵，不断的制造事件，以为侵略的借口。宋受不了日本人的压迫，但又怕"小不忍，足以乱大谋"，便借省亲扫墓，回山东乐陵老家，使日人暂时失去交涉的对象。行前把交涉事务交给秦绍文负责，军事交给冯仰之代理。仰之这时已兼任河北省主席，但是因为三十七师负责北平防务，所以他常在北平。二十九军的副军长虽自绍文任北平市长以后，就换了佟捷三（麟阁），可是军长的公事，多由仰之代看，所以仰之等于代理着军长。

　　自从二十九军接防平津，因为局面扩大，昔日西北老友来帮忙的很多，诸如石汉章（友三）自济南来，任冀北保安司令。高建侯（树勋）自江西来，任冀南保安司令。石筱珊（敬亭）自泰山来，担任总参议名义等等。部队实力也急剧增加，除了我们旧有的四个师，每师辖四个旅以外，还有骑兵第三师（师长郑大章）、独立二十五旅（旅长阮玄武，为方振武旧部），还有独立四十旅、骑兵十三旅（均为"抗日同盟军"旧部，驻在察哈尔，由我指挥），另外还有个特务旅，一个军事教导团，再加上冀、察、天津的保安队，总兵力不下二十万人。二十万人兵力不可谓不大，可是要布防在两省、两市，尤其因为《辛丑和约》允许和约签字国，在山海关到北平驻兵的关系，日军已深入堂奥，所以也就备多力分。

　　到了五月间，日军进关部队已到三个师团左右，据北宁铁路的消息，后面还有两个师团待运。察北商都日军也有显著增加，天津海河，连续发生浮尸。事后证明是日本人在海光寺兵营修筑工事，然后把雇佣的工人杀之灭口。我们觉得事态严重，一面戒备，一面告诫部属镇静应付，免为借口。

果然七月七日，日军在卢沟桥附近演习，借口一个日兵失踪，进攻宛平。三十七师的吉星文团，起而抗战，惊天动地的卢沟桥事变遂乃爆发。

事变发生后，绍文、仰之以宋先生不在北平，而日本人这次又来势汹汹，觉得责任太大，便叫我和荩忱到北平来商量。这时中央的指示是要"应战不求战"，我们开会的结果，是先设法拖延时间，把分散的兵力集结，各据点决不放弃。所以便叫石友三的冀北保安队接替宛平防务，抽出三十七师来集中兵力。一三二师急自河北各地向北平以南集中待命，三十八师的刘振三旅和骑兵师的张德顺旅，固守廊房，并阻断平津交通，不叫日人继续增兵。刘振三旅长在二十九军中，与吉星文都属于"少壮派"，他以一种"不讲理"的态度，不理什么《辛丑和约》，以电话威胁北宁铁路局长陈觉生（亲日派）不准再为日军开兵车，否则出了事不负任何责任。

日军仍继续进攻宛平，我们便又命三十七师的何基沣旅，利用青纱帐（高粱田）向日军袭击了一次，使日军受了不小的伤亡，对宛平的攻击，乃暂停顿。我也回到张家口，部署察省防务。大约七月中旬，宋先生赶回北平，本来中央叫他先到保定，不必和日本人直接谈判。宋这个人的短处，就是过于自信，自信得有些刚愎。他认为在这种时期，不回北平和部下在一齐，是一种胆小的表现，所以仍然回到北平。

这时一三二师也在永定河以南集结完毕，宋先生命该师的石振纲旅接替北平城防。三十七师得以全部在城外集结活用，石旅的两个团长，一位姓赵，一个是舍弟汝珍。

宋先生回来后，又召我到北平，商量万一战事无可避免的作战计划。我们决定一三二师的一部守北平，其余的和三十七师进攻丰台和通州之敌，三十八师进攻天津海光寺，一四三师自南口出击，进攻昌平、密云、高丽营等地，遮断古北口到北平的通路。到了七月下旬，秦绍文和日本人的交涉，虽然舌敝唇焦，但日方不可理喻，丝毫不肯让步，坚持宋先生表明态度，一是脱离中央，一是离开北平。

这时有一部分日军，自卢沟桥徒步开来北平，要自广安门入城。舍弟汝珍的团担任城防，自然拒绝他们进来。有一个日本军官上城交涉，双方一言不合，一位张营副用刺刀把这个日本军官从城上"通"下城去，城上城下立刻发生战斗。因为我军居高临下，日军伤亡很大，不支退去。当晚在永定门外，也发生激战。于是日本人又得了"口实"，表示决定"强硬行动"。在北平的日侨在三千人以上，也武装起来，集合在东交民巷日使馆兵营。宋先生打了个电话给我说："子亮，你赶快回去，照计划做，八月一号行动。"这天是七月二十五日，我接了这个电话，便连忙回察。因为时间仓促，仅奉家母一人同行，其余妻、子均丢在北平，搭乘平绥路的特别快车回张家口。不知消息如何走漏，火车一进沙河车站，日军便起而袭击。所幸防军阮玄武旅竭力抵抗，才能通过，到了南口我的防地，才得到安全。

我回到张家口以后，便分命所部向南口集结。到了七月二十八日，接到北平的报告，日军大举进攻三十七师，三十七师也向丰台反攻得手。廊房的刘振三旅也向路过的兵车攻击，颇有斩获。一时士气民心极为振奋。我觉得战事提前爆发了，便命南口方面的部队准备出击。哪知当晚又接得报告，南苑陷落，佟副军长、赵师长阵亡。宋先生、秦绍文也辞职，所有冀察政务委员会委员长、冀察绥靖主任、北平市长等职务，全由张自忠代理。政委会也改组了，容纳了一批亲日分子。

晴天霹雳，使我大为困惑，荩忱决不致当汉奸，更不会出卖宋先生，可是事实如此，如何解说。一时部队也大为愤怒，把张荩忱的像片（二十九军部队都有旅长以上将领像片挂在各级本部）统统撕毁。大约二三日后，石振纲旅自北平突围到了察哈尔。我问他们，他们也莫名其妙。只知道南苑因为赵舜诚刚到，一三二师部队还没有进去，都是些军直属部队和一部分骑兵防守。日军以飞机大炮掩护着步兵猛攻，佟副军长、赵师长先后阵亡，部队溃散。宋先生离开北平后，张荩忱叫他们换军装改保安队，他们不愿意。又过了两天，召见石旅长和两个团长，见了面只说了一句话："不成了，你们赶紧走！"当晚他们就突围出来。我们对荩忱的误会，一直不解。后来在冀南作战，又见到宋先生，才知道荩忱当时完全是以"跳火坑"精神，自我牺牲，希望他在北平和日本人周旋，掩护宋先生离开，争取时间。以后仍有很多对荩忱不谅解的流言，但是看后来三十八师改编为五十九军以后，宋始终命副军长李文田代理，虚位以待荩忱回来。当时荩忱对得起国家，对得起长官，应该是绝对可信的。

平津失陷后，我进退失据，察哈尔的形势，已突出成了三面受敌之势。我向中央请示并请增援，委员长即命已集结在平地泉的十三军汤恩伯部，和另外的一个高桂滋师，兼程入察增援。汤、高两将军在八月三日先来会晤，我率领察省府各厅、处长到张家口以西三十里路的孔家庄去欢迎，就在车站开了个会，研讨当时状况，并分配防务。

首先我先把察省的态势报告说明，分析敌人犯察三条途径。一是由南口进犯怀来、涿鹿；二是由独石口进犯宣化；三是由张北直犯张家口，然后大家研究如何布防。

高桂滋因为兵力较弱，愿意担任独石口一路。我则希望任南口方面，因为这时我的部队大多在南口集结。而在民国十五年时，我曾以一师兵力独力抗拒张学良、张宗昌、吴佩孚等二十万之众，达四个月之久，地形非常熟悉。但是汤先生考虑了一下表示：他愿意守南口，因为我是省主席，应该守卫省垣。会议之后，部队分头用火车输送，八月五日，汤部已完全接替了南口防务。日酋板垣率第五师团八月七、八日就开始进攻南口，该方面立即发生激战。我们这面决定也向张北攻击，由傅作义协力我进攻，大约在十五日左右，南口陷敌，汤军在居庸关、八达岭等高地继续浴血苦战。傅部的陈长捷师，和一个马姓的独立旅，转移使用于那方面，张北便变成了我独力进攻。日军死守不退，关东军自热河大举增援，日酋东条英机，时任关东军参谋长，亲率两个独立旅团，一个汽车牵引炮兵联队，一个战车联队，向我反扑，我这一面被迫变攻为守。到了八月二十五日怀来已现敌踪，张家口亦陷重围，师长李金田受伤，旅长马玉田、团长刘田战死，部队伤亡达五六千人。二十七日我奉令"于必要时破坏铁路、桥梁和机车，向察西南转进"。当晚我们开始突围。这次战役何敬之上将在《八年抗战之经过》一书，和日本人战役所发表的《大东亚战史》上均有记载。

平绥战役之后，《大公报》记者范长江、孟克权等，对我大加诋毁。原因是范随汤先生来察，我因为看过他写的一篇有关内蒙的文章，觉得一个青年这样不惮劳苦，深入沙漠，见解也颇深入，对他很加敬重，曾谈过几次。他对我大谈统一战线理论，后来毛泽东派来一个叫周小舟的代表，由他引见，使我对他提高戒心。察省战事发生，他向我建议组织民间武力，并且毛遂自荐，要担任这项工作。"组织民间武力"自然是好主意，但是怎么能交给一个这样的人去作，当然就予以拒绝。哪知他不顾省方的拒绝，就直接向若干地方工作起来，我即下令制止，并令各县长说，他再有活动就"抓"起他来。范长江不能活动，又怕被"抓"，就离开了张家口，著文攻击我"不战而退"。张家口战斗经过事实俱在，不容侮蔑。

在张家口战役中，中央擢升我为第七集团军副总司令，兼察哈尔守备军团长，所部一四三师及察省保安队也扩编为一个军，番号是六十八军。说来很巧，由二十九军扩编的三个军的番号都和"七七"有关，冯仰之的三十七师改为"七七"军固不必论。张荩忱的五十九军，五、九加起来是"十四"。我的六、八加起来也是"十四"，而十四是"七七"的合数。不知是巧合，还是承办人员具有深心。

这时宋先生也就任第一集团军总司令，除我以外的二十九军其余部队，都集中到津浦路去作战，后来又增加了一个六十九军，军长是石友三，骑兵师也扩编为骑兵第三军。石后来在河北打游击，升任冀察战区总司令，兼察哈尔主席，国家对他不为不厚，可是他仍然不能克保大节，以致身败名裂，实在令人浩叹。

假如佟、赵二人不死，石是当不上军长的。佟捷三（麟阁）是河北人，在冯玉祥先生旧部中，和我、韩、石、孙等资历一样，他为人温文儒雅，性情也最平和。和我的私交笃厚有如兄弟。大小儿生时，就是佟夫人亲自天天喂食物所养大的，所以我们两家也是通家至好。在"察哈尔抗日同盟军"时，冯氏曾命他代理察哈尔主席，二十九军回察后，宋先生留他任警务处长，后来继秦绍文为副军长。南苑之役，他骑马往来指挥，被日人机枪打断了腿，流血过多不治。

赵舜诚（登禹）是山东菏泽人，一直都是宋先生的部下，勇敢善战，曾多次负伤，因而染上了嗜好，不过打起仗来仍然非常骠悍。喜峰口之役，他又受了伤。南苑之战，舜诚持刀督战，被日军机枪打在胸部，当场殉职。

二十七年初春，宋先生亲自指挥我们向平汉路侧击，一度收复邯郸、顺德，前锋且进抵任丘。日军自安阳向大名反攻，守军师长何基沣自杀未死，我们后路被截，便向鲁西转进。后来宋先生带着他们到道清路去作战，我则留在鲁西。不久宋先生因病辞职，辗转到四川绵阳去养病，二十九年病逝在绵阳。说起绵阳，对宋先生是个可纪念的地方。民国四年底，宋先生家里送他夫人常淑清女士到防地来结婚，可是部队奉命出发，婚期展延。部队一路走，家人一路追，直到民国五年在绵阳才有一段安定，宋先生和常女士便在绵阳匆匆的结了婚。抗战期中，我每逢去重庆述职，途经绵阳，在川陕公路上，都要去宋先生的墓上凭吊一回。

民国二十九年张荩忱在湖北襄河东岸的宜城县殉国。在抗战期中，我们二十九军的这些人，以荩忱的威望最隆，死事也最烈。如果今日仍有"谥法"，荩忱被"谥"为"忠武公"，或者"忠烈公"应该是毫无问题的。荩忱二十六年自北平潜行抵津，间关返回抗战阵营，即抱定以死报国的决心。二十七年回到五十九军，临沂之战，大挫强敌，以后所至有功，到他殉国时已官拜第五战区右翼兵团总司令，兼三十三集团军总司令，加陆军上将衔。殉国后灵榇运抵重庆，委员长一再亲临致祭，并颁长文悼念。文中有几句说："……抑中正私心尤有所痛惜者，荩忱之勇敢善战，举世皆知。其智深勇沉，则犹有世人未及者。自喜峰口战事之后，卢沟桥战事之前，敌人密布平津之间，乘间抵隙，多方以谋，我其时应敌之难，盖有千百倍于今日之抗战者。荩忱前主察政，后长津市，皆以身当樽俎折冲之交，忍痛含垢与敌周旋，众谤群疑无所摇夺，而未尝以一语自明，惟中正自知其苦衷与枉曲，乃特加爱护矜全，而犹为全国人士所不谅也。迨抗战既起，义奋超群，所向无敌，然后知其忠义之性卓越异常，而其忍辱负重杀敌致果之概，乃大白于世。见危授命，烈士之行，古今犹多有之，至于当艰难之会，内断诸心，苟利国家，曾不以当世之是非毁誉乱其虑，此古大臣谋国之用心，非寻常之人所及知，亦非寻常之人所能任也……"此文传至前方，二十九军袍泽捧读之余，无不感激泣下。

《刘汝明回忆录》，（台北）传记文学出版社1979年版，第175—191页

我与宋哲元将军的几次交往

刘健群

世间事大至天崩地裂、国家兴亡，小到一个平凡人的生死，正如《金刚经》所说"一切有为法如梦幻泡影如露亦如电"，转瞬间都只是过眼烟云，一恍即逝。人类照地质学的推证，动辄十几万万年。但如今真有历史可勉强记载得出的，不过四五千年。还有什么可说的？

所以多少年来，我个人确曾身经目睹参加过若干次可歌可泣的大事，但是我每次提起笔来总是"算了罢，有什么值得说的呢？"有时是懒，有时觉得没有意义，可能徒乱人意，徒生是非，一动不如一静，就是这样地混过了若干年。

七七是抗战救国的大事。首先奋起抗战的军队是二十九军。我和二十九军发生关系的经过，也就是二十九军和中央发生关系的经过，太令人感动了，所以每逢一年一度的七七纪念，我总觉心中耿耿不安！这样的好军人、好朋友，我为什么竟对他们不写一个字呢？当初参加华北政局变化了解内幕的人，实际只是宋哲元（明轩）、秦德纯（绍文）、萧振瀛（仙阁）三人。师长张自忠、冯治安可能稍微知道一点点，师长刘汝明、赵登禹，是奉命作战的勇将，但对政治方面很少过问，一切听宋军长哲元的指导，可能是知道的更少。但七七抗战前几件大事，知道一切内幕经过的除宋等三人外，只有一个我。

宋明轩、萧仙阁早已逝世，现在台湾还健在的仅有一个秦绍文兄，但除了我可以写出当时的内幕经过外，即绍文兄亦未必好提笔来写。真是责无旁贷了。

当日寇进攻长城各口的时候，现在的"总统"蒋先生，是当时军事委员会的委员长，我系军委会的政训处长。委员长在石家庄召我去见，要我去北方主持政训工作。当时北方各军包括东北军、西北军、山西军，孙殿英、沈克、冯占海等，对中央都说不上关系，有些军队过去是和中央作战的。所以这个时候如何团结北方各军一致御侮，不受敌人挑拨分化，确系迫切而重大的问题。

当时有人主张在北方军队中成立政治部，我不以为然。我向委员长建议，北方各军，对军中政治工作缺乏了解，疑虑多而信赖少，稍有不慎，如果首遭一部分军队的拒绝接受，中央威信与军队感情都将蒙不可补救的损害。所以我主张用最小的名义，做最大的工作。委员长同意了我的看法，因此成立了一个华北宣传总队，表面上只是到北方社会上去宣传工作，好像并不一定到军队里去似的，实际上当然不只于此。宣传总队的队员是军校政训班的学生，是由几千大学生中公开招考选拔出来的，他们不单是程度甚高，而且还是有思想有抱负的同志。我自任总队长，其余的大队长，都是军校先期同学，而且有政治素养的。后来为了与东北军设法联系，还曾经在党部东北籍同志中，借用三位为大队长。

记得是马愚忱、徐箴（胜利后任辽宁主席，在太平轮遇难）、王德溥。现在来台的只有一位王德溥兄了。我在北平时，曾向队中同志宣布，我说：人家说我们政治工作是卖膏药，现在我们来华北要卖的膏药，可分为三个时期：第一，沿街叫卖；第二，登门求售；第三，膏药贴在身上确实可以治病。后来我们宣传总队，从社会上转入军中，以后再改为军中政训处，使北方各军与中央建立起良好的关系。我预言的三个步骤，都完全按照计画实现了。其他各军的事，暂时不谈，现专谈二十九军。日本人方面对于华北宣传总队的北上，是非常敌视的。他们在各方面对中央及蒋委员长肆意污蔑，纯系虚构造谣，但又无法查究。所以华北宣传总队初到北平，处境是非常艰困的。二十九军是我们遭遇着最困难的部队，也是后来我们在工作上最为成功的部队。他们是西北军的基干。论数量虽是东北军比较多，论作战能力，大家都公认是二十九军要占第一位。军长宋哲元是山东人，下面有四位师长张自忠、冯治安、刘汝明、赵登禹等。秦绍文兄是参谋长，萧仙阁是总参议。总之，师长是四员大将。但实际参加机要兼划谋定策的以秦、萧二位为主。宋军长人最耿直，但脾气也可以说是非常的别扭。我到北平当然要先去拜访宋军长。连去两次，均说不在，第三次我干脆趁他驱车回家的时候，汽车跟在后面。他前脚进门我后脚便去递片拜访，结果还是答应不在家。这一个钉子碰得不算小，使得我束手无策。我派往随二十九军到通州前线去工作的一位大队长林树恩，是一位能干的同志（四川人，现在可能在台湾，好多年不见面了），到那边工作不久，当二十九军从通州连夜后撤的时候，宣传队就没有得到通知。这一下把林队长吓坏了，只好向我辞职，当然他一定不肯再去冒莫明其妙的危险。后来我将原派在东北军于学忠部的大队长宣介溪同志（安徽人）调去二十九军。我已经不是一个含蓄的人，但宣同志的心直口快，似乎比我更加大几倍。平素我很佩服他的热情和智慧，但对于他的率直，却是相当耽心的。因为二十九军没有人肯去，只好请他去接替。他的过分爽快，也许更合乎了山东老乡宋先生的口味。以后二十九军由拒见到了解，由了解到信托，到忧患大难之际彼此信守不渝，实出人意外。谋事在人，也许成事还是在天呀！宣同志与二十九军相处之委婉曲折，非言可尽。但他对国家贡献之大，确在我敬爱的回忆中永远不忘的。

　　事情以后忽然的急转直下了。第一个原因，我在军队工作一时不能急剧展开的时候，便专门去各大中学讲演，专讲如何抗日救国的道理和策略。青年同学们，对我似乎很欢迎。据说二十九军有几位重要人物的儿子，在学校听我讲演后回去向他们的爸爸说，刘某人不单不是流氓暴徒，而且颇有学问。他们的爸爸还曾经去听过我的讲演，觉得有许多谣言和成见，是不恰当和多余的顾虑。这件事我始终不曾问过秦绍文兄，因为太小了。依我知道最主要的，使我们的关系、情谊从零度一直升到一百二十度的原因，是为了"韩参赞"的事件。韩的名字我忘记了，只知道他是二十九军一个挂名不办事的参赞。听说韩过去与宋军长同在冯玉祥的部下，感情很好。韩抽大烟，冯玉祥有一天约韩去见。冯说："韩某某，一个军人只能扛一杆枪。你要扛长枪，便要丢短枪。要扛短枪，便要丢长枪。长短枪都要扛是很危险的，你去想想罢。"这位韩参赞听得不是苗头，大烟又戒不掉，干脆向冯玉祥表示丢掉了长枪吃大烟。韩虽然是这样的一个人，但同宋哲元的关系很好，西北军里如宋哲元、张自忠、冯治安，表面虽是长官部属，实际上是不是结义兄弟我们弄不清楚，最低限度，他们是患难与共的好友。这个时候，冯玉祥正在张家口，孤家寡人，高唱反蒋抗日，想号召旧部，混水摸鱼。这位韩参赞，从石家庄、保定来北平，大约烟瘾过足了，在火车上大骂中央，指责蒋委员长。同车的宪兵和便衣侦探，当然不能放过他。刚到北平下车，便把他捉到宪兵第三团去拘禁起来。但是这一切都被二十九军办事处派去接他的人看得清清楚楚。二十九军的办事处长刘实甫，平时和我们都不往来的，这时特来请求我，他们认为我有救出韩参赞的能力。

　　总算不错，宪兵第三团团长蒋孝先，确是和我相当友好的一位同志。我和他接了一个电话，问他是不是曾经捉了这样的一位姓韩的。他说，不错，这个人在车上的说话，实在不好；所以逮捕他。如果我觉得有用处，可以照我的意思去办。我说，既然如此，就让我来保他回去，送交二十九军，让他们去纠正管束他罢。当天下午，约好刘处长实甫，在中央公园来今雨轩见面。我到第三团去保出韩参赞，然后亲自送交与刘实甫。当时张自忠、冯治安几位都在。据说他们都有极深厚的交情。韩与刘、张诸人见面之下烟瘾大发，涕泗交流，他说："刘先生再来迟一步，不杀我，我也活不成了。"这一下二十九军的几位重要干部，陪我一同喝茶，亲热到不再把我当作外人了。过了一两天，刘实甫特别来约我去和宋哲元见面。我们从《三国演义》谈到孔子、孟子，谈到冯玉祥的假抗日，谈到二十九军对国家应负的责任，谈到二十九军今后和中央的关系及其应有的前途。一谈大半天，我固然感觉宋哲元说话不虚伪，有诚意，宋对我亦似乎有相见恨晚的感觉。从此云开见日，一切阴霾全扫荡干净。就公说政治路线彻底同意，就私说进入了如弟如兄的交谊范围。宋送了我一件玄狐皮袍，我不敢辞谢，转电委员长请示，委员长命我买书送给他。此后二十九军把宣传人员当作自己人，比其他各部队相处得更亲切。

　　日本人当时尚没有进占北平的计画，停止在通州，由黄郛出面交涉。到"何梅协定"签字，长城各口之战暂告一段落。日本人不容许我们留在北方，我遂被召回。当我向宋哲元辞行的时候，宋特别向我慎重表示。他说："健群兄，请你向蒋委员长保证，我宋明轩说的话，一切算数，如果有了反复，你随时可以派一个十二岁的小孩来掌我的嘴巴。就算是有朝一日我要造反，如果是你健群兄来，我至少为你缓三天。"现在我回想宋明轩兄说话的神情，我真想不到从七七以后，我同他竟连见面的机缘都没有了。

尤其令人感念的，当我回到南方时，日本人在北平已经是横行霸道无恶不作，日本宪兵公然拘留在二十九军的政训处长宣介溪和我的秘书黄伯英两同志。黄伯英不会说话，日本宪兵逼他们要供出蓝衣社的内幕，把黄伯英毒打灌水，弄得半死。对宣介溪疲劳审讯，苦不堪言。宣准备一死否定一切，因为他地位较高，除恐吓外还未遽下毒手。这时宋明轩派萧仙阁去交涉，他说：宣介溪是不是蓝衣社，我不知道，但他是我的朋友，如果你们立刻不放他出来，我不惜同你们破脸。这时日寇方面还想利用宋哲元，才将宣放了出来，驱逐回返南方。宣同志现在台湾。宋明轩这一份够朋友讲交情的表现，我们能够忘记吗？宋明轩说的话我一句一句的照原意向蒋委员长报告了。因为他说过：纵然造反，有我去还可以缓上三天。所以在七七事变之前，我曾经奉派两次去北平。第一次是中央获得消息，宋要成立华北自治政府，宣布独立。我当时在庐山，蒋先生召我到南京，要我劝阻宋哲元。记得当时我向北平挂一长途电话，我和宋已离开很多日子，我对他的心情，一点也不知道，这是没有把握的事情。北平来接电话的是秦绍文兄。我问："绍文兄，宋先生是不是要宣布一件大事？"秦说："是的。"我说："事要缓，等我来。"秦说："你明天就来，我到前门车站接你。"我第二天赶去了。绍文兄设法避开日本人的耳目，用汽车一直接我到宋的公馆。当晚谈论之下，才知道他们的真意所在。宋说："健群兄你说蒋先生是不是真要打仗，北方情形，你是彻底了解的。商震、傅作义能作战吗？只要蒋先生把关麟徵、黄杰两师调回来，我宋明轩和他们并肩作战，决不含糊；否则靠我孤军单独抗日，能撑几日呢？为什么不让我们尽可能设法应付，为中央保全华北？"萧仙阁在一旁痛哭流涕地说："人家说我勾结日本人，是汉奸，健群兄我若有此心，我妈七十多岁了，我算不是我父母所生的。"萧为人多主意，有担当，自以为一心替二十九军打算，大约和土肥原接洽，是他的杰作，但没有想到问题的严重性。我很了解他，决无安心出卖华北的动念。萧为人可批评之处虽多，但也还算是一条汉子。我听清楚了，真难过得很。此事已是箭在弦上，不得不发。在此情况之下，我说："宋先生我完全明白了。你们的意见，是要以苦肉计来保全华北。你要做挨打的黄盖，你心目中的周瑜，当然是蒋先生了。可是你要明白，东北领土，早已全部丧失。蒋先生无所作为，西南方面，正高唱反蒋，以为彼不抗日。如今你在华北，又在日本人指导之下宣布独立，脱离中央。中国疆土，丧失了一半以上。试问蒋先生何以自处？下令讨伐你吗？你原是为国家一片苦心。若是置诸不闻不问，在全国交相指责之下，蒋先生还能够不垮台吗？黄盖挨打全靠周瑜，才能火烧战船，赤壁破曹。若果周瑜先行垮台，你这黄盖岂不是白挨打一顿？还落得千古骂名吗？"宋惊异地问了我一句："真的吗？"我说："西南方面，早有代表在你这里，你试问问他们，华北独立后，蒋先生是不是只有在'讨伐你'、'下野'、'被打垮'三者之中,选择一条道路。但任何一条道路,于国家于你都不利。"宋默然!他内心里同意我的见解,不以为是虚伪和夸张的。当晚休息,第二天早晨我们(宋、秦、萧、我)四人商量,如何去向土肥原说明有改名与延期的必要。由萧、秦二人往来奔走交涉,从早晨一直到下午二三时。土肥原一点不放松,毫无结果。萧、秦等均以泪洗面。我们四人相对叹气痛苦,不知如何是好。正在这大家焦头烂额的时候,忽然侍卫送上一份油印的传单,仔细一看,原来是殷汝耕就任冀东防共自治委员长的通电。我不知是那里来的一份灵感,我说:"仙阁兄,你去向土肥原说,宋哲元说话算话,反蒋独立绝不变更。但宋在北方,绝不作第二人想。现在殷汝耕就职防共自治委员长的油印都到了北平,难道叫宋哲元去尾随殷汝耕之后作应声虫吗?宋哲元连一个殷汝耕都不如吗?这不是宋某人反悔,是你土肥原太瞧不起宋某人。现在事已至此,殷汝耕叫防共自治委员会,宋某人一定要另改名称,再行宣布。"萧去,土肥原听了之后,觉得其曲在彼,乃表示可以改名,由渠去电东京请示再定。我们如释重负,大大地松了一口气。我此行的任务,算是有了结果。委员长在南京等我的回信,绍文兄说:"日本人方面可能已知道南京来了人,飞机场四周,已有日本军队。我们派一营人保护内飞机场。"当天下午即送我上飞机。我飞到青岛,因气候不好,强迫降落,在青岛过夜。蒋先生急了,等不及我的回信,当天晚车派何应钦将军北上。我次晨回京,才将经过向委员长详细陈明。何将军北上后,换了一个华北政务委员会的名称,又混了一个时期。由此一行,充分证明宋明轩对国家、对蒋先生以及对朋友的交谊,都是百分之百的真诚。这些话我不说,谁可以说呢?

　　日寇对于华北,绝不如此便放松了结,狼子野心,得寸进尺,问题继续不断地在制造发生。又出了有名的丰台事件。此时在宋身边的,好像已不是萧仙阁,而有一个名叫陈觉生的人,倒是一个不折不扣的汉奸。而宋对中央的情形,是更比以前隔膜了。有一天大约是七月中旬,蒋先生约见我,要我和宋的驻京办事处长戈定远先生一同飞北平,劝宋即刻到保定,不必留平津与日本人纠缠。此时国内谣言叠起,但我在各大学讲演时,力言宋哲元、张自忠绝对爱国,绝不是汉奸。因为我知之甚深的原故。当时蒋先生的意思,是要宋明轩离开北平,先到保定,避开日本人的勒索和包围。宋不肯听。蒋先生先派熊斌去说宋,宋在冯玉祥部下任军长时,熊系参谋长,论资历关系,似无问题。但宋对熊之去似乎情绪欠佳,并无结果。蒋先生有点焦虑,又派高传珠去。高系宋的山东同乡,是军校教官,也是一位好同志。但宋认为高人微言轻,不足以代表蒋先生,也还是一点不得要领。因此蒋先生才召询二十九军驻京办事处处长戈定远,详询内情。戈系浙江人,据他同我说:他向蒋先生报告宋脾气刚愎,不喜欢的人,就是不喜欢。宋对中央去北方的人比较合得来的只有三个:刘健群、孔祥熙和俞飞鹏。但如果是谈政治大计,最好还是要刘健群去。因为宋对刘除情感外，还有一点佩服他的信心，刘的话他会肯听。本来日本方面最讨厌我去北方的，蒋先生不是真有需要，也不会要我再去。我见过蒋先生，蒋先生一再嘱咐我，这件事情的重要。我当时心中坦坦，倒似颇有把握似的。

我和戈定远君于次日下午飞抵北平。局势相当紧张，环境也不如从前的单纯。秦绍文兄先将我秘密招待在颐和园休息，到天黑后才派车接我入城去和宋见面。这时北平的城门已经掩门站岗，堆上沙包，有如临敌，不问而知问题的严重性了。

和宋见面时，好像只有秦绍文和张自忠两人在座。宋对我说："蒋先生要我去保定，不和日本人谈判，是不是已经准备和日本人打仗？为什么中央不派军队来？"言下对中央的准备作战是充分表示怀疑的。看宋公馆内的情形，和宋的脸色，都充分表示有些凌乱和绝对的不安详。我于是单刀直入的向宋说："蒋先生要你去保定，不是单纯的要和日本人决裂打仗，但也不是不打仗。"宋向我说："你说这话是什么意思呢？"我当时也是凭一时灵感想出了一个很巧妙的比方。我说："宋先生你会不会打扑克？"他说："也懂一点。"我说："日本人的牌，是货真价实的三筒。中国方面，顶多是表面的一大对。现在日本出了钱，蒋先生看牌是输，不看牌也是输。惟一的办法，是来一下反烘〔拱〕，让日本人有若干分之一的顾虑，也许会知难而退，以求得万一的和解。这叫做以战求和。"宋问："万一日本人真要看牌，蒋先生怎么办呢？"我说："这时人事已尽，只好推翻桌子打架，不计较输赢不问生死。所以我说，不是一定要打，不是一定不打，中央的宣言'和平未至最后关头，绝不放弃和平；牺牲未至最后关头，绝不轻言牺牲'。当时党中有人主张改'牺牲若至最后关头，定必断然牺牲。'但中央还是采用前句，足见一字一句都用尽了心血。蒋先生要你去保定，做出不畏战的姿态，也许由中央应付还有一线的希望。若果你老在北平，作焦头烂额的应付，太软了只有屈服，屈服的结果，是必然的一战；太强硬了，便只有一战，都不是最好的办法，成事不足，败事有余。蒋先生的用意和苦心，宋先生你明白了吗？"宋很兴奋地说："健群兄，你今天来说的，才是合乎人情的真话。他们对我说是蒋先生要我去保定，准备一战，不要我和日本人来往，所以我真是听得不耐烦。"接着他慨然的说："健群兄，现在话已说明，你先回去对蒋先生说，宋哲元绝不会卖国。现在北平城内无兵，是一个空城，我在三天之内，尽量和日本人敷衍，一面迅调三团兵入驻北平，交张自忠负责主持，我便照中央意旨到保定去。"我此行的任务算是达成了。但宋回顾了秦绍文和张自忠一眼之后，又向我说："健群兄，照目前情况，恐怕日本人不容许我们延宕，战事也许不可避免。我也不留你，此刻便请你们离平回去。如果幸而无事，三天之后我必到保定。若果不幸，已发生战事，请你通知孙仿鲁兄即刻过河援我，再报告蒋先生。"回想起来真令人感慨万千。

大约是晚上八九点钟，我和戈定远离开北平，经门头沟南返。只是灰沙路，天大雨，路泥泞，泥土深及尺。记得连同护送的人，共有小车四辆。沿途倒陷，到离卢沟桥四五里地的时候，所有的车都倒陷在路旁。我和戈定远只好下来步行。戈定远是个大胖子，走了不到半里路，坐在路旁喊天喘气。恰好有一辆人力车，送一个病妇由卢沟桥回家。他上前讨好作揖，请病妇小坐路旁，让他坐到卢沟桥去后再来接他〔我〕。我虽然也是胖子，但贵州胖子与浙江胖子不相同，我们贵州人，从小爬十里八里的山头，算是家常便饭的游乐，何况是平路。所以我一口气走到卢沟桥，算不了一回事。

到卢沟桥，已是早上六七点钟，士兵们在战壕里。戈定远兄同几位将官上前来和我打招呼。好像其中吉星文在内，我记不清楚了。仰首一看，天空中有日本飞机八架，戈定远说，我们不要再停留了，赶快过河去罢。别矣！我历史上永远留名的卢沟桥。

到了保定，我去孙仿鲁兄的司令部，才知道日本飞机已轰炸卢沟桥，华北战事将一发而不可收拾。我在司令部和石家庄总部的林主任蔚文接了一个电话，请他报告委员长，宋明轩对蒋先生的意旨虽然了解，但战事已爆发，一切都成过去，请准派孙连仲部过河援宋。

这一番心血等于白费。早一个月是不是还有一线的转机呢？不敢说，也用不着再想。在以战争姿态求和平的运用上是等于毫无意义了。但宋哲元、张自忠的用心和忠诚，我是彻始彻终知道的。若果我不说不写，不能不说是在我内心上有着无比的缺憾。秦绍文兄在宋幕中应付华北环境的风云诡谲，对长官、对国家、对中央，总算是用尽心机，委曲求是。我想他吃过的苦头，定不在少数。我只能在这里简单的提一笔，并谢谢他多年来的关顾。希望他长寿康健，有机会我们一同回到北平去好好的痛饮几杯纪念一番。

附带说一句，我的人生观是："尽其力之所能，行其心之所安。"大事小事，过即不留。所以一切的时间，我早已忘记，也不想去查明。只有七七这一次的北行，我勉强记得起。可是时间虽模糊，事实却绝无有一点不真实。这一篇文字算是我对逝世的好军人、好朋友一点聊尽其心的奉献。

《传记文学》第1卷第3期，（台北）传记文学出版社1962年8月

张克侠同志谈参加革命和二十九军抗日的经过（节选）

梁湘汉   赵庚奇整理

九一八事变后，蒋介石一直推行妥协投降的反动政策；在共产党的影响和全国人民要求抗日的浪潮推动下，冯玉祥积极主张抗日。一九三三年五月，我正在陆军大学学习的时候，我内弟李连山从张家口来信告诉我：冯玉祥正与共产党合作，组织察哈尔民众抗日同盟军。我决定利用放暑假的时机，前往参加。在这同一个时间里，蒋介石也利用暑假

在庐山开办一个包括陆大在内的各军事学校学员参加的训练班,研讨反共战争的战略战术。我不经请假,就到了张家口。我向冯玉祥表示,支持他爱国抗日。

抗日同盟军是由许多部分汇聚起来的,有宋哲元二十九军的一部,有方振武的队伍,有从东北退进关内的义勇军一部,也有原西北军军官召集旧部临时凑起来的。总司令部的多数成员,是跟冯玉祥过去一起工作的部下。政治部主任叫张慕陶,名义上是共产党介绍来的,后来发现是托派。最初,我任抗日同盟军的高级参谋,后来,各地前来张家口参加抗日的学生很多,为接纳他们,并为建立新军培养干部,开办了一个干部学校,由我任校长。

蒋介石对抗日同盟军十分仇视,一面封锁张家口,造成种种困难,一面百般破坏抗日同盟军组织,收买反冯的部队(如庞炳勋),拉拢中立部队(如孙殿英)。当时,孙殿英驻沙城一带,约有数万之众,有举足轻重之势。我曾为冯玉祥去联系孙殿英,宣侠父同志也作孙殿英的工作,然而,孙殿英看到无利可图,不肯合作,虽然晓以大义,也没能成功。但是,抗日同盟军在全国人民的声援下,士气很高,作战英勇,在方振武、吉鸿昌等指挥下,一度收复多伦、沽源,获得全国人民的赞扬。

到了八月间,在蒋介石反动势力和日本侵略军的双重压迫下,抗日同盟军面临困境,财源已近枯竭,武器弹药极端缺乏,轰动一时的抗日行动终于失败。冯玉祥被迫重赴山东泰山隐居。此时,由柯庆施主持的共产党前委决定将抗日同盟军主力一万多人向西撤退。在前委所在地张北的张存实,把这个消息告诉了我,我决定率领干部学校二百多人随同西去,我还联络同我熟悉的支应遴第一师,采取一致行动。主力走的北路,支师走南路。行军两天中,队伍不断遭到山西方面反动军队及地方反动武装的袭击。于是,主力在前委领导下突然改变计划,把部队又调转向东去,经龙关、赤城赴冀东。结果部队走到昌平小汤山一带,陷于敌军重围,在日军和国民党军队的夹攻下,被打散,吉鸿昌、方振武只身逃脱,潜往天津。听说柯庆施也到天津去了。在这种情况下,我们南路更为孤立无援,只得折回张北。由于这时候宋哲元奉命接管察哈尔省政权,受冯玉祥委托处理同盟军善后事宜,所以,支师(原系二十九军教导团)又归还原建制。我原是二十九军送往陆军大学的,此时陆大已开学多日,就由宋哲元给学校发出一份电报,说我因病须推迟返校。因此,我回到陆大后,校方未予深究。

由于混进抗日同盟军内部的蒋介石特务的告密,吉鸿昌、张存实等同志先后被捕。

一九三四年夏,我在陆大毕业后,仍回张自忠的三十八师任参谋长,驻军平津一带。不久,宋哲元调冯治安三十七师的参谋长张樾亭任二十九军参谋长,为了集团内部势力的平衡,又调我为军的副参谋长。由于冯治安是宋的亲信,因此,张樾亭在军内大权独揽，并负有与蒋介石、何应钦联系之责，时常去南京。一九三七年四月间，张樾亭根据南京国民党的旨意，拟定了一个消极的、单纯防御的对日作战计划，他将华北地区从东到西划成几条战线，以当时的主力师各分担一线，面向山海关，以阻止敌人进攻。这是一个分散兵力、处处被动挨打的作战计划，其总的精神是："必要时撤出北平，保存实力，以待全国抗战。"他拟定这个计划，未与我商量。因我反对，他答应修改，但总拖着不解决。我根据萧明同志对我讲的，党中央要二十九军不要妥协，要积极对日作战，要发动群众，支援抗战的指示精神，另行拟定了一个以攻为守的积极的作战计划，将二十九军十万兵力编成几个集团，根据当时部队驻扎情况，分为天津、北平、察哈尔三个战区，以保定地区作为总预备队集结地区，首先消灭区内日军分散部署的驻屯军，然后，随战况进展，全力向山海关前进，以二十九军十万之众的优势兵力，一举消灭在华北的约两万日军。我将这两个作战计划，交萧明同志报送党的领导同志，党的领导同志批示同意我拟的作战计划。后来，萧明同志将批件原文交还给我。解放后，刘少奇同志曾派当时在华北联络局工作的王世英同志来找我，要我交回这个批示的原件。可惜这个文件在二十九军撤出北平时已经烧毁了。据此，我认为当时批示同意作战计划的党的领导同志，就是当时北方局的书记刘少奇同志。

七七事变发生后，中国共产党发出了《为日军进攻卢沟桥通电》，要求宋哲元立刻动员全部二十九军开赴前线应战。当时，宋哲元正在山东乐陵老家休养，张樾亭又在南京，守宛平部队的团长吉星文（吉星文后随蒋军逃到金门，在我炮轰金门时被击毙）也在庐山受训，部队仍照平时一样分散驻在各地，这些情况对作战十分不利。因此，在北京的各负责人推举邓哲熙、赵登禹和我乘飞机到保定转往乐陵，接宋回来主持大计。我们到乐陵时，宋已到天津了，我们又坐火车追到天津。宋到天津后，何应钦由庐山打来长途电话，宋不接，让我来接，何应钦告诉我：接到中国驻日本大使电报，日本已颁布全国动员令，侵略已成定局，请宋即回北平准备作战。我向宋报告后，他态度犹豫，我便借此机会，说服宋哲元坚决抗战。我向他说：现在已到民族存亡关头，不战将成千古的民族罪人；战而不胜虽败犹荣。又告诉他：按现在敌我形势，我占优势，可以在敌人增援前抓住战机击败敌人。宋认为我讲的有道理，很兴奋地站起来说："你给我写个作战计划吧！"我连夜拟好了计划，大致与上次给党的计划相同。第二天凌晨，我将计划送去时，宋的态度突然变了。原来天津的汉奸及投降派包围了他。他决定与日军谈判，他先到日军司令部吊祭病故的日本驻屯军司令，然后乘日本为他准备的专车回北平，继续谈判。

宋哲元连日与日本代表谈判，不再搞军事准备，其原因是，他和他的一些主要将领及部分政府官员深恐战争打下去，冀、察、平、津地盘丢掉，个人的既得利益丧失。日军恰恰利用宋哲元与他们讨价还价的时机，一方面向关内运兵，一方面吃掉分散在丰台、廊房的驻军。眼看大好时机丧失，成旅的驻军被葬送，我实在痛心极了。为挽救危势，我感到二十九军军部仍在南苑，处于敌我双方的中间地带，已失去指挥作战的作用。因此再三向宋提出，将军队按作战要求重新部署，把军部移至便于指挥、便于作战的地位。但是，宋哲元深怕引起日本人怀疑我方准备打仗，一直不允许军队调动和军部转移。

七月二十七日傍晚，日军逼近南苑。当时二十九军在南苑的驻军，有三十八师师部及不到一旅的部队；有骑兵第九师师部和骑兵一团；有特务旅、教导团、参谋训练班等，单位很多，难以统一指挥。宋哲元住在北平城里不到南苑来，副军长佟麟阁指挥不动。我多次建议派一有威望的师长来南苑统一指挥，把军部移进城里，宋一直拖延不办。直到二十七日日军要发动进攻时，宋才匆匆下令军部移进北平城内怀仁堂，命令赵登禹去南苑指挥部队。晚六时许，赵到南苑，我向赵介绍了情况，他召集师、旅、团长开会，发布了口头作战命令，我就随军部进城了。夜间，日寇围攻南苑，由于事先准备不足，未构筑防御工事，仅以营地围墙作掩体，加之通讯设备被敌机炸毁，联络中断，指挥失灵，各部队之间无法配合作战，一时秩序大乱，纷纷突围。佟麟阁阵亡，赵登禹坐汽车到大红门时，被敌截击阵亡。整个驻南苑部队损失惨重。直到骑九师师长郑大章突围到永定门，城中才知道南苑失陷。这时，城防部队是冯治安三十七师的一部分，兵力不足，城中人心惶惶。杨秀峰、张申府、张友渔等三位教授奉党的指示来找我，谈到城防空虚，准备发动群众帮助守城。又因为传说我军收复了丰台，他们提出利用这一胜利，召开一个庆祝大会，借此来激发抗战的士气，动员群众支援抗日战争。他们怕城防司令不同意，所以让我去说。我认为这是党的指示，便答应照办。

二十八日下午二时，宋哲元召开军政首脑会议讨论撤退问题，宋知道我是力主作战的，所以没通知我参加。我为落实召开庆祝大会一事，到会场向宋报告情况，宋却说什么军队都不能打，老百姓又能何为。他不相信群众力量，表示不同意。我又找城防司令冯治安，他推说会后再谈。我就在休息室呆着等他。结果，会上情况又发生了突然变化。张自忠在会上向宋表示，和谈不成是由于日本人对宋有意见，并说："如果委员长暂时离开北平，大局仍有转圜的希望。"据说宋一听，脸色都变了，立即决定二十九军撤出北平，并马上写条子，委派张自忠代理冀察政务委员会委员长、冀察绥靖公署主任兼北平市市长。把三个职务一起交给了张，当晚即偕同冯治安、秦德纯等带领三十七师撤至保定。

那天散会后，冯治安还骗我说庆祝会可以开，闭口不提当夜撤退的决定。我很快用电话通知了杨秀峰等同志，要他们积极准备。不料，当我夜里回到怀仁堂时，张自忠用电话把我叫去，告诉我：宋哲元和部队已从西面绕过卢沟桥撤向保定了，要我通知军部及从南苑逃进城内的人员急速出城追部队，明天清晨日军就要进城，来不及走就快换便衣藏起来。我听了这些，犹如晴天霹雳，马上集合在城内的人员说明情况，并立即把这一突变打电话告诉杨秀峰及其他同志。接电话的是刘清扬同志，我告诉他们庆祝会不能开，人还要躲起来，速作另外打算。

面对着降临的民族灾难，眼看着大好河山不战而失，我怒火中烧，忍不住痛哭一场。

宋哲元带着部队撤退时，留下两个旅，一个是阮玄武旅，驻北苑，一个旅守天坛。日本侵略军知道宋哲元撤走，二十九日进城后，将两个旅缴械。日军认为瓦解二十九军的目的已经达到，对张自忠采取了置之不理的态度。由老牌汉奸殷汝耕等组织了伪政权。张自忠只得躲进东交民巷，设法逃到天津，乘船去山东。至此，这场抗日战争的序幕，由于蒋介石的不抵抗政策和亲日派的卖国求荣，就这样令人痛心地可耻地仓促结束了。

我在失陷了的北平隐蔽，一直到八一三上海抗战之后。我日夜盼望赶快逃出去，到南方去参加抗日战争。在天津经商的表弟房兆梁给我寄来很多做生意的证明，八月二十一日，我便与内弟李连山去天津。不料在天津火车站上遭到敌人大搜查，内弟被抓走，表弟把我送到英租界一位亲戚家中。次日，内弟才脱险回来。几天后，我们乘英国轮船到烟台，转往济南。听说冯玉祥先生在京沪线上，就前往南京。到南京得知冯在无锡任第三战区长官，随即前往。不久，冯改任第六战区长官，便随他到了山东。

宋哲元退出北平后，经过冀南转到津浦线沧州一带。二十九军已奉命改建为第一集团军，由宋任总司令，所辖张自忠师改为五十九军，冯治安师改为七十七军，刘汝明师改为六十八军。因为宋哲元去南京报告北平失陷经过时，把责任完全推到张自忠身上，所以，张自忠一到山东，蒋介石便命令韩复榘将张扣押起来。

蒋介石起用冯玉祥，要冯来山东指挥作战。根据当时情况分析，蒋是想以此扮出团结抗战的样子，并利用冯玉祥在西北军的威望来统一西北军作战，以牺牲非嫡系部队来换取他的抗战荣誉。其实蒋对冯是一直存有戒心的。

由于西北军将领间内部矛盾很大，其中又有不少将领企图以反对冯玉祥讨好蒋介石，因此，部队的步调很难统一。在这种情况下，宋哲元在河北连镇与冯玉祥见面以后，即向蒋介石请病假，韩复榘又不准宋的部队入山东，冯治安就率七十七军向平汉线转移，脱离第六战区而去。结果，只剩下五十九军孤军留在津浦沿线。宋哲元在离开第六战区时，向蒋介石保证，他离开冯玉祥，可以包打日本。实际上，宋到了冀南连吃败仗，就逃入太行山企图凭险固守，守又守不住，便想渡黄河去河南。第一战区长官部不准败兵过河，要过河先缴械。宋哲元只好辞职下野，军队交第一战区直接指挥。

《文史资料选编》第9辑，北京出版社1981年版

七七事变纪实

何基沣 邓哲熙 戈定远 王式九 吴锡祺

一

日本帝国主义者自从一九三一年以武力侵占我东北三省，又在一九三三年以武力侵占我热河省以后，暂时改变了对我国的侵略方式。它一方面利用国民党反动政府的屈辱外交，先后签订了《塘沽协定》[①]和"何梅协定"[②]，以攫得我国政治、军事和经济等各方面的主权；另一方面，积极扶植汉奸亲日派进行拼凑伪组织的活动，于一九三五年十一月嗾使汉奸殷汝耕成立了所谓"冀东防共自治政府"，以便把这一地区完全地、直接地控制在它的掌握之内。

在《塘沽协定》和"何梅协定"签订之后，特别是冀东伪组织出现以后，河北省和北平、天津两市，已经一步步地走向所谓"特殊化"。但是，日本帝国主义者并不以此为满足，它还要进一步使"特殊化"的范围不断扩大，"特殊化"的程度不断加深。正在这个时候，萧振瀛经二十九军军长宋哲元的同意，进行了倒黄（黄郛）拥宋的活动。

宋哲元在任察哈尔省主席期间，由于日寇的挑衅行为，在一九三五年一月间发生了察东事件（详附录一），同年六月间又发生了张北事件（详附录二）。在亲日派何应钦之流看来，宋哲元如果继续主持察政，对于贯彻他们的屈辱外交政策是极为不利的。当时何应钦是国民党政府军事委员会北平分会代理委员长，在张北事件发生后，日寇有意将问题扩大，何为谋解决这一问题，曾赴南京商讨对策，并向国民党政府行政院院长汪精卫

[①] 1933年2月底日寇侵占热河后，又大举进攻长城各口，我国驻长城沿线各部队曾进行抵抗。但由于蒋介石忙于进行"剿共"内战，不派主力部队北上援助，不久，日寇经滦东等地进逼平津。何应钦与北平政务整理委员会委员长黄郛遵照蒋介石指示，派熊斌于5月31日和日方代表冈村宁次签订《停战协定》五款于塘沽。根据这一协定，国民党政府实际上承认了日本占有东三省及热河省，划绥东、察北、冀东为日军自由出入的地区，并且把整个华北都置于日军监视之下，为日本进一步控制华北、策动华北"特殊化"准备条件。——原注

[②] 1935年5月29日，日本天津驻屯军参谋长酒井及日本使馆武官高桥，以中国当局援助东北义勇军孙永勤侵入非武装区域、破坏《塘沽协定》为借口，向国民党政府要求华北的统治权，并由东北调遣大军入关，威胁平津。6月9日，日本华北驻屯军司令官梅津美治郎正式向北平军分会代理委员长何应钦提出强硬觉书。何应钦根据国民党中央电令，于7月6日复函梅津，全部承认日本要求。这个协定规定取消河北省和平津两市的国民党党部，撤退驻河北省的中央宪兵、中央军和东北军，撤换河北省主席和平津两市市长，撤消北平军分会政训处，取消河北省的反日活动。这个协定为后来的"华北五省自治运动"、成立"冀东防共自治政府"等一系列的丧权辱国事件扫清了道路。——原注

建议，以宋在察省不断与日人发生摩擦，迟早终须易人，与其待日人提出而被动地撤换，不如由我主动撤换为宜。汪接受了这个建议，于六月十九日下令免去宋哲元察哈尔省主席职务，所遗察省主席一职，由察省民政厅厅长秦德纯暂行代理，同时，并准备将二十九军调离华北，以免与日寇发生冲突。宋事前对此毫无所闻，以事出意料，得悉之后，颇为愕然，当立即于二十日离张家口返回天津寓所。宋到津后不数日，蒋介石电召宋去重庆（蒋这时在四川视察），宋因免职事对南京颇怀怨望，故称病不往。

萧振瀛是一个颇有野心的政客，由于他对二十九军的建立和发展曾经出过力，故深得宋哲元的信任。这时，他正营谋在华北取得一个市长的位置（他的目的是北平市或天津市），宋既被免去察省主席职务，而二十九军又将撤离华北，这就直接影响了他的活动。他希望二十九军留在华北不动，但又不能违抗南京的命令。适于此时，在六月二十八日，北平城突然遭到汉奸白坚武便衣队的袭击（详附录三），引起了北平当局的惊慌失措。萧振瀛乃立即抓住这个时机，利用他的北平军分会委员的身份，以北平兵力单薄、防务空虚为词，向军分会建议将二十九军之一部移驻北平，以巩固城防。经军分会负责人鲍文樾同意后[①]，萧即以电话通知了张家口二十九军军部。二十九军三十七师得到开拔命令后，立即以紧急行军的动作，在数小时内就由察省开驻北平四郊，控制了北平市。萧振瀛造成了这一既成事实之后，就为他的进一步展开在华北的活动准备了有利的条件。但是，他又意识到，由"何梅协定"造成的华北驻军的限制，如果不与日本方面妥协，二十九军在华北仍然是站不住脚的。于是他就采取了假借日寇驻华北军人的声势向国民党政府施加压力的手法，借以为宋哲元要求更高的名义，为二十九军索取更大的地盘。他一方面径电蒋介石，申说日寇内侵，因见二十九军拼命抵抗，有所顾忌，才肯停战，如将军队撤走，华北岂不断送；并说黄郛甘心卖国，绝不容许，要保华北，必去黄郛。另一方面，他又由汉奸陈觉生的介绍，在天津与日本天津驻屯军参谋长酒井隆及日本关东军特务机关长土肥原贤二取得联系，说明前此相见以兵，彼此均系执行国家任务，现既签约言和，便当蠲弃前嫌，化敌为友；并说，黄郛不过是一个空头政客，遭到军人反对，他亦不能解决问题。日方亦知拉一黄郛，于事无济，不如利用宋、萧作为其统治华北的工具，遂同意支持萧的主张。

蒋介石闻宋、萧有联日活动，即派亲日分子张群以"局部妥协，不如全面妥协"为

[①] 时何应钦已与日寇签订了"何梅协定"，逃回了南京，蒋介石赖以在华北维持其血腥的法西斯反动统治的工具——中央军黄杰部第二师、关麟徵部第二十五师已撤离了北平；曾扩情主持的北平军分会政训处、蒋孝先部宪兵第三团和河北省及平津两市的国民党省市党部等，也都随之滚出了华北；河北省主席及平津两市市长均被撤职；东北军于学忠部五十一军也被迫撤离平津；北平军分会由办公厅主任鲍文樾代行。——原注

词，游说日本驻华大使有吉，要求日方压迫宋、萧接受撤军的命令。萧得此消息后，立即找酒井、土肥原，要他们警告有吉拒绝张群。有吉接到警告后，即不再与张群见面。蒋见计不获售，乃又派何应钦带同熊式辉、陈仪分途北上。何、熊先到北平，陈取道天津，向日驻屯军联系，仍企图实现张群的计划，又遭日军拒绝，不得已始由熊式辉、陈仪同往会晤宋、萧。萧对熊、陈表示："黄郛不去，一切都谈不到"；并说："中央如能相信我们，我们就可支撑这个危局，决心死守华北，一切听命中央。"同时，萧并建议改组行政院驻平政务整理委员会，以宋哲元代替黄郛为委员长，并按照该会原来建制，辖华北五省三市。熊等看到势已至此，别无解决途径，乃携萧方案向何复命，经何请示蒋介石后，缩小范围，只辖河北、察哈尔两省和北平、天津两市，并更名为冀察政务委员会，任命宋哲元为委员长。同时并任命宋哲元兼河北省主席，张自忠为察哈尔省主席，秦德纯为北平市市长，萧振瀛为天津市市长（后萧被宋免职，天津市长由张自忠接替，刘汝明接替察省主席；以后宋又让出河北省主席，由冯治安接替）。

　　冀察政委会虽然在名义上仍然隶属于南京国民党政府，但是，用人、行政的权利完全掌握在宋的手里，在财政方面，关税、盐税、统税和铁路等收入，也完全由冀察政委会截留支配，并且用这些收入来扩充军队，购买军械，实质上已经成了变相的自治。事后曾有人问萧："华北情况复杂而危险，决非长治久安之局，你们造成这个局面的目的究竟何在？"萧答："我们的目的是名利双收，有了地盘，大家就有官可作，有财可发，这就是利；如果日本人压迫我们，到了迫不得已的时候，就起来抗战，这就是名。"冀察政委会就是在这样投机取巧、行险侥幸的思想支配下产生的。

　　冀察政委会既然是在当时内外矛盾复杂交错情况下的产物，因此冀察政委会的本身和宋哲元的思想和行动也就表现了各种矛盾。表现在对外关系上，宋哲元对日寇的态度，是既有妥协的成分，又有不妥协的成分。他的对付日寇的办法，是"表面亲善，实际敷衍，绝不屈服"；他的口号是"不说硬话，不作软事"。他对依附于日寇的汉奸亲日派，是既不倚重他们，又不得罪他们，而是用羁縻笼络的办法，防止他们捣乱。表现在对内关系上，他对南京国民党政府的态度，是既要保持隶属的关系，又要行使自治的实权，而一旦遇到不能解决的重大问题时，便又推到南京去解决。他对中国共产党的态度，虽然一贯反共，但不赞成"剿共"，他的看法是，共产主义不适合中国国情，成不了大事，但主张"枪口不对内"，"中国人不杀中国人"。他对于在中共领导下的抗日救亡运动，虽不表示反对，不主张对游行的学生采取血腥镇压的办法，但也不同意在冀察范围内举行游行示威，认为游行示威不能救国，反而会招来麻烦。因此，他最初对学生游行示威也曾采取过捕人、打散等方式，但不久就转变为包围封锁和派人劝导的方式。

宋哲元为了使冀察这个局面能够在矛盾重重的环境中存在，他就不可能站稳坚定的政治立场，不可能表示鲜明的政治态度，不可能确定明确的政治方向，因而也就不可能决定应付非常局势的决策；他的思想情况，始终是矛盾的、动摇的。当然，他的这种态度也就遭到了日寇的极大不满，认为他没有与日本亲善合作的诚意。因此，在当时的情况下，冀察的出路只有两条：要么就是向日寇投降，要么就是与日寇决裂，敷衍是行不通的，更是不能持久的。

当时的矛盾情况也反映到冀察政委会内部，主要表现在两个方面：一个方面是，一小撮汉奸亲日派，如齐燮元、潘毓桂、张璧、陈觉生等人，在日寇的唆使下，尽力使冀察进一步地伪化，并且挑拨、分化二十九军内部的关系，从二十九军上层寻找可被利用的对象，作为效忠日寇主子的资本。他们窥伺到张自忠在一些名义、地位、权力等问题上对宋有所不满，于是乘机包围张自忠，并且在张与日寇之间拉上了关系，这就使得张自忠一步一步地陷入了他们的圈套，成了被他们利用的工具。这是一个方面。另一方面，二十九军绝大多数官兵都是有爱国思想的，特别是由于受到全国人民抗日救亡运动的影响，他们都有着不愿意当亡国奴和抵抗日本侵略的情绪和要求。但是，其中又有程度上的不同。在上层人物中，有的人虽然也有爱国思想，也要抗日，但是他们又留恋于个人的名义地位，他们的抗战意志并不坚决。惟有二十九军的中下层，抗日情绪的表现最为明显，他们不论在任何时候、任何场合，在日寇面前从来没有表示过畏缩和退让，他们曾经和日本军队发生过不少次大大小小的冲突。

总的说来，冀察这个局面，是在当时历史条件下形成的一个极其复杂、特殊的局面。它既不同于一般国民党的行政区域，又不同于当时在日寇卵翼下的冀东伪组织。因而它的政治态度和行动上的表现，有它一定的特点。

所有这一切，正是冀察当局在七七事变发生后，对抗战问题摇摆不定，终至因循坐误，造成军事上重大失败的历史根源。

冀察政委会成立后不久，汉奸潘毓桂、张璧等在日寇的唆使下，拟出一个所谓"自治方案"和"自治政府"旗帜图样，送给宋哲元，宋看过后立即焚毁。日寇看到这条计策行不通，以后就着手进行经济上的压迫，陆续地提出了一系列有关经济方面的问题，如：修筑津石铁路（天津到石家庄）问题、开发龙烟铁矿问题、修改海关税则问题、开辟航空线路问题、收购华北棉花问题、长芦余盐出口问题，等等。宋对于这些问题，既不敢明确地拒绝日寇的要求，又不敢悍然地出卖国家的主权和民族的利益，于是就采取了敷衍推诿的办法：首先是拖，到实在拖不下去的时候，就向南京国民党政府请示，借以减轻自己的责任。如对长芦余盐出口问题，就是经过南京财政部批准的。有的问题是采取了拖延的办法，如对于设立航空公司的问题，经过长时期的反复磋商，才委派了张允荣为惠通航空公司的总经理负责筹备工作，直至七七事变发生，亦并未正式开办。在收购棉花问题上，还引起了日寇的不满。日寇企图在压低收购价格的情况下，对华北棉花实行垄断。当时天津商品检验局向宋建议发放大量棉农贷款，以抵制日寇的贱价收购。这对于日寇的垄断政策，当然是不利的。此外，如开矿、修路等问题，因关系更为重大，都是一再推说须向南京请示后方能进行。以上这些问题，均系日寇以口头向宋提出而进行商谈的。宋对这些问题，是在既不敢拒绝、又不能同意的情况下，以模棱两可的态度把问题摆在那里。而日寇的企图是不达目的不止的，宋的这种做法，招致了日寇的责难。于是在一九三七年三月间，天津日本驻屯军司令田代皖一郎向宋提出了书面的所谓"经济提携"的条款。

　　当时日寇向宋提出这个条款的经过是这样的：某天，汉奸陈觉生来见宋，谓田代司令官邀宋赴宴，但并未说明商谈任何问题，宋即偕陈前往。宋到后，田代已预先备妥缮就的"经济提携"条款，请宋签字。宋看到当时情形已成实逼处此情势，于是就在这个条款上签了字。宋归后，在接见他的高级将领和幕僚时，神色异常，心情沉重。他说："我们负有军事责任的人，今后如赴日方的邀约，必须预先作好发生意外由何人来接替任务的准备，以免遭到要挟。"并说："日本人提出这个条款，在被迫的情况下签字，是完全无效的，我们对付的方法，就是拖而不办。"宋当时并向南京国民党政府报告了这一事实的经过。这个所谓"经济提携"的主要内容，都是过去已经提出过的问题，即修路、开矿、关税、通航和收购棉花等问题。这次日寇提出的目的，就是把问题用书面的形式使之条约化，迫使冀察当局不得不履行这个条约。条款提出之后，日寇即不断地逼促实现，特别是对修路、开矿两个问题催促更急。宋不敢自作主张，即派戈定远向蒋介石请示。蒋的答复是："如万不得已时，矿可开，路不能修。"第二次又派李思浩前往见蒋，蒋的答复仍然是："矿可开，路不能修。"宋因无法应付日寇的要求，而日寇对宋又愈逼愈紧，于是宋在穷于应付的情况下，于一九三七年五月十一日避往山东乐陵原籍，借以拖延一时，徐图应付之策。

二

　　在冀察政委会成立后，日寇对冀察当局不仅实行以上的压迫，而且在军事上也实行步步进逼。一九三五年冬，日寇指使刘桂堂匪部由察东向河北省窜扰，企图在房山县一带建立盘据的据点，以威胁北平的安全。经我二十九军三十七师何基沣旅击溃，向南逃窜。一九三六年九月十八日，日寇步兵一个中队在丰台演习，在中途与我军相遇，因让路发生争执，遂起冲突。经双方派员前往调停结果，我驻军由丰台撤出。事态虽未扩大，但日军竟以此为借口，增兵进驻丰台，并且进一步要求在丰台至卢沟桥的中间地带修筑营房及机场，均被拒绝。一九三七年二月，日寇又指挥冀东"民团"宁雨时部三千余人，企图通过昌平、南口之线向西活动，又由我三十七师何基沣旅包围歼灭，并捉获日人三名，供出他们企图包围北平西面和北面的阴谋。

在七七事变发生以前，北平外围的形势是：北宁路沿线，西起丰台，东至山海关，均有日寇军队驻防；北平的东面，有完全听命于日寇的冀东伪组织——"冀东防共自治政府"；北平的北面有在热河省集结的敌伪军；在西北面，有日寇收买的李守信和王英等土匪队伍。仅有北平的西南面，尚为我二十九军部队所防守。

当时，北宁铁路沿线既为日寇所控制，而位置在平汉路的卢沟桥就成了北平的唯一门户。在军事上，我军掌握了这个据点，就进可以攻，退可以守；而一旦为敌人所掌握，则北平就变成了一个孤立无援的死城。所以卢沟桥这一战略据点，就成为军事上必争之地。

日寇在当时的企图是：伺机占领卢沟桥，截断平汉路，使北平陷入四面包围的形势，以便加深冀察的"特殊化"，然后以平津作为后方，进一步发动大规模的军事侵略。

这时，二十九军共辖四个步兵师、一个骑兵师和一个特务旅，并且把地方保安部队编成两个保安旅，作为正规军训练使用，总兵力不下十万人，分驻于冀察两省和平津两市。各部队驻防的位置是：一四三师刘汝明部驻察哈尔省及平绥铁路沿线（河北省境内）。一三二师赵登禹部驻河北省任丘、河间一带。三十八师张自忠部驻天津附近韩柳墅、小站、廊坊、马厂和大沽各地，并以一部驻南苑。三十七师冯治安部，师部驻西苑；何基沣旅驻西苑、八宝山、卢沟桥和长辛店一带，刘自珍旅驻北平城内，陈春荣旅驻保定、大名等地。二十九军特务旅孙玉田部驻南苑，以一团驻城内。骑兵第九师郑大章部，师部和骑兵一团驻南苑，其余两团分驻固安、易县等地。石友三和阮玄武的两个保安旅，分驻于黄寺和北苑。

由于宋哲元一贯抱着与日寇相安无事、维持现状的幻想，在军事上始终处于毫无戒备的状态。但是，日本帝国主义者早已在《田中奏折》中确定了灭亡中国的国策，并且于一九三六年八月间，在日本首脑集团会议上又通过了一个叫作"基本国策"的文件，其中指出日本的意向是：对中国发动大规模的新的进攻，并且很快地就实行了国家规模的战时动员。在这样的情况下，日寇对冀察的压迫也就一天比一天加紧。

中国共产党在西安事变以后，建立了全国抗日民族统一战线，鉴于冀察形势的严重，对二十九军上中层也积极进行抗日争取工作。当时二十九军内部有不少人与北平中共地下组织建立了工作联系，如三十七师旅长何基沣、二十九军副参谋长张克侠等，当时均与中共建立了密切的工作关系，积极推动二十九军抗击日寇。宋哲元这时的处境，一方面是日寇对他施加种种压力，一方面是人民以民族大义对他进行督促，虽然他对抗战并没有决心，但形势逼着他不能不作抗战的准备。有一天（时间约在一九三七年四五月间），宋召集幕僚研究对日的对策，并要参谋人员提出方案。二十九军参谋长张樾亭（与南京接近）根据国民党的主张，提出了一个"必要时撤出北平，保存实力，以待全国抗战"的方案。副参谋长张克侠即向中共组织报告了此事的经过，中共组织立即决定由张克侠出名提出了"以攻为守"的方案，其主要内容是：

（一）日本进占华北、进一步灭亡全中国的国策，早已确定（详《田中奏折》），现正大量调集军队，准备向华北进军，我们除了抗战与投降二者择取其一而外，别无他法可以挽救我军之危机，应付只能是暂时的，决无法满足日寇之欲望。（二）我们的处境非常危险，日寇进逼，中央（指蒋介石国民党中央政府，以下同）不管。蒋介石并令关麟徵、黄杰等部集结新乡一带，扼守黄河北岸，意在与日寇夹击，消灭我军。如果我们撤退，将退到哪里去呢？黄河以北既由中央军驻守，不会叫我军退到河南；山西的阎锡山向来闭关自守，也不会让退到山西；绥远的傅作义也是如此。我军如果撤出平津，只有在保定、石家庄平原地区挨打受气，军民怨恨，后援不济，势必形成日寇、蒋军夹击之势，我军将不打自溃，这是最危险不过的。（三）我军爱国教育，素不后人，抗日士气，极为高涨。喜峰口之役，痛击日寇，被誉为抗战之民族英雄。现平津各界及全国军民，均希望我们能奋起抗战，为国争光，此我军报国立功之良机，决不可失。为今之计，不妨暂与日寇委婉应付，但必须作积极抗战之准备，必要时以攻为守，一举攻占山海关，缩短防线，扼守待援，号召全国军民奋起抗战，如此必能振奋士气，得到全国人民之同情和支持。中央在全国军民愤激情况之下，决不敢袖手旁观，不予支援，其夹击消灭我们之企图，必将不售。在我们发动抗战后，只要能坚持一个时期，最后就是失败了也是我们的胜利。如马占山在东北之抗战，十九路军之淞沪战役，虽败犹荣。在全国人民支援之下，我们还有重整旗鼓之可能。如不此之图，不战而退，必为全国军民所痛骂，将士离心，军心涣散，群情激愤，后援无济，我军此时将退无可退，守无可守，战不能战，和不能和，他人乘我之危，分化瓦解，将何以自存，此最危险不过之下策。

宋对此方案极表赞成，即命张克侠本此方案积极作抗战的准备工作。张即根据中共组织的指示，提出了如下的建议：第一，加强抗日思想教育。当时二十九军在南苑的军事教导团还讲授四书五经一类的课程，张建议在此非常时期，应加强抗日思想教育和国际时事教育，经宋同意，即聘张友渔（中共地下党员）和温健公（进步教授）担任教导团教官，他们的讲课，受到学员的热烈欢迎。同时，教导团内还有冯洪国、朱军（中共地下党员）等作组织工作，所以当时南苑的抗日空气极为浓厚。此外，中共组织还发动了一批进步的大学生(包括共产党员和党领导的民先队员)参加了在西苑举办的军事集训。大学生军事集训由何基沣负责,何对学生讲话表示抗战决心,有时讲的声泪俱下,全体学生抗战情绪极为高涨。第二,加强情报工作。当时宋对敌情了解很少,张建议成立情报处,深入敌后,到东北、热河等地了解敌人兵力的部署及其动向。经宋同意后,即派靖任秋(中共地下党员)任情报处长,积极进行情报人员的派遣工作。第三,争取伪军反正。当时辽西、冀东、热河及察、绥等地,有不少伪军到处活动,有的还想乘机反正,应派人联系,积极争取。此项建议,亦得到宋的同意。

所有以上这些措施,还是宋到冀察后第一次采取的在政治上、军事上有积极作用的活动。后来,宋在一个座谈会的场合,曾对他的将领和幕僚表示:"我们要好好地训练队伍,充实力量,加强装备,等到国际战争爆发的时候,我们就可以用一支兵力由察省向热河出击,拊敌侧背,以主力从正面打出山海关,收复东北失地,我们要在那里竖起一座高高的纪念碑。"宋之所以发出这样的豪言壮语,并不是无因的。惜为时已晚,不久七七事变发生,原计划即被打乱。

中共北平地下组织争取二十九军积极抗战的活动,除了通过二十九军内部人员直接地影响二十九军上层人物的抗战情绪外,并且发动和组织广大群众掀起轰轰烈烈的抗日救亡运动的高潮。当时在中共领导下的中华民族解放先锋队、北平学生救国联合会、华北各界救国联合会、东北各界救国联合会等团体,时常利用一切可以利用的时机,展开抗日救亡的宣传鼓动工作,他们响亮地高呼"拥护二十九军保卫华北"的口号,对二十九军表示大力的支持。他们还经常乘着二十九军部队演习的机会(当时日寇驻东交民巷的部队经常出城进行示威性的演习,二十九军部队亦不示弱,就在日兵演习的第二天在原地演习),派代表前往慰问,并讲述抗日的重要意义。这些爱国青年的热情,更加激发了二十九军官兵的抗日情绪。

我国抗日民族统一战线的形成,我国内部和平统一的实现,我国人民抗日救亡运动的空前高涨,使得日本帝国主义者在中国进行的分裂破坏活动遭到可耻的失败。但是它决不容许中国有一个休养生息的时间,它要断然地实行它的"国策",迅速地发动对我国的全面的军事进攻。特别是当它得到了德意法西斯主义者的支持以后,就越加暴露了它的法西斯主义者的疯狂面目。

华北的形势一天比一天紧张,人民群众抗日救亡的呼声,也一天比一天激昂。

卢沟桥的战争终于爆发了。

这时,二十九军驻卢沟桥的部队为三十七师何基沣旅的吉星文团,另一团驻八宝山一带,旅长何基沣的指挥所设在西苑。

一九三七年七月六日，日寇驻丰台部队要求通过宛平县城（县城在卢沟桥北端）到长辛店地区演习，我驻军不许，相持达十余小时，至晚始退去。七日我军接到报告说：日军今日出外演习，枪炮都配备了弹药，与往日情况不同。旅长何基沣当据以报告了正在保定的三十七师师长冯治安，并促其速返。冯立即赶回北平，听取了何基沣的情况报告，并与何布置了应战的准备。是日夜间，日军在卢沟桥附近演习，十一时左右，忽有枪声数响发于宛平县城的东方，我城内守军当即加以严密的注意。夜十二时，日使馆武官松井以电话向我冀察当局声称："有日本陆军一中队，顷间在卢沟桥演习，仿佛听见由驻宛平城内之军队发枪数响，致演习部队一时呈混乱现象，结果失落日兵一名，要求进入宛平县城搜索失兵。"我方因其所称各点不近情理，显系别有企图，当即拒绝了他的要求。少顷，松井又来电话，声称我方如不允许，彼方将以武力保卫前进，又为我方所拒绝。同时得报：谓日军对宛平县城已取包围形势。我军政当局为防止事态扩大，当与日方商定，双方立即派员前往调查阻止。我方所派为河北省第四区行政督察专员兼宛平县长王冷斋、冀察政委会外交委员会专员林耕宇及冀察绥靖公署交通处副处长周永业等三人，日方所派为冀察绥署顾问日人樱井、日军辅佐官寺平和秘书斋藤等三人，于八日晨四时许到达宛平县署。寺平仍坚持日军入城搜索失兵，我方不许。正交涉间，忽闻东门外枪声大作，顷刻间，西门外大炮机枪声又起。我军为正当防卫，乃奋起抵抗。我二十九军司令部立即发出命令，命令前线官兵坚决抵抗，并有"卢沟桥即为尔等之坟墓，应与桥共存亡，不得后退"之语。在战斗开始不久，我平汉线的铁路桥及其附近龙王庙等处曾被敌人攻占，至八日下午，我军从长辛店以北及八宝山以南齐向敌人反攻，并与敌实行白刃战，复将铁路桥及龙王庙等处夺回。

二十九军官兵由于受到全国人民抗日救亡运动的影响，特别是受到当时党领导下的北平各救亡团体慰劳和鼓励的影响，他们深刻地懂得了日本帝国主义是中国人民当前最凶恶的敌人，不把这个敌人打败，全中国人民就有当亡国奴的危险。在战争开始的第二天，中共地下组织即领导北平各界组织起北平各界抗敌后援会，发动广大群众援助二十九军抗战，并派人与吉星文团取得联系，鼓励他们英勇抗战，益加增强了他们至死不退的决心。因此，我军官兵在劣势装备的不利条件下与敌作战，士气旺盛，人人皆以大无畏精神顽强抵抗，有不少受伤官兵坚持不下火线。某天夜间，敌人以坦克向我阵地冲来，我军以一连的兵力，冒着敌人猛烈的炮火，冲锋前进，终于将敌人的九辆坦克全部打退。附近居民看到自己的军队英勇杀敌，在中共领导下的各救亡团体的发动下，纷纷地冒着敌人的炮火，参加救护工作，把受伤官兵送到医院，送水、送饭、搬运弹药的群众，更是往来不绝。有的群众，看到我军伤兵，就感动得落下眼泪。长辛店铁路工人为了协助军队作战和固守宛平县城，很快地就在城墙做好了防空洞和枪眼。所有这些生动感人的事迹，益加振奋了前线的军心。

我军对日寇的坚决回击，是出乎日寇意料之外的。他们见势不妙，乃诡称失踪日兵业已寻获，向我方提出和平解决的要求（实际是缓兵之计）。经双方谈判，于十一日商定停战办法三项：（1）双方立即停止射击；（2）日军撤退到丰台，我军撤向卢沟桥以西；（3）我方城内防务，除宛平原有保安队外，另由冀北保安队（即石友三部）派来一部协同担任城防。但在协议成立之后，日寇并未撤退，仍不时以炮兵轰击宛平县城及其附近地区，城内居民伤亡颇重，团长吉星文亦负伤。敌人并于是日占领大井村、五里店等处，截断了北平至卢沟桥的公路。

为了加强卢沟桥一带的兵力，乃于九、十两日先后将驻保定的陈春荣旅之一团、东北军五十三军万福麟部之骑兵团及钢甲车两列开到长辛店一带，计划在十日夜间袭击丰台之敌。九日晚七时左右，张自忠以电话询问何基沣前线情况后，对何说："你们要大打，是愚蠢的。如果打起来，有两方面高兴：一方面是共产党，符合了他们的抗日主张；另一方面是国民党，可以借抗战消灭我们。带兵不怕没有仗打，但是不要为个人去打仗。"何答以："现在的情况，不是我们要打日本人，而是日本人要打我们。"张感到何的意志坚决，不易说服，而自己又不是何的直接长官，于是就叫军部给何发布命令，严令"只许抵抗，不许出击"。

本来何已经商得冯治安的同意，决定乘敌人大部兵力尚未开到的时候，抓住这一有利时机，出其不意，予丰台之敌以歼灭性的打击，军部命令到达后，这一计划未能实行。从此，卢沟桥的战事和其它方面一样，就完全陷于被动。

三

事变发生后，中国共产党中央委员会立即向全国发表了号召抗战的宣言。宣言中说："全国同胞们！平津危急！华北危急！中华民族危急！只有全民族实行抗战，才是我们的出路。我们要求立刻给进攻的日军以坚决的抵抗，并立刻准备应付新的大事变。全国上下应立刻放弃任何与日寇和平苟安的打算。全国同胞们！我们应该赞扬和拥护冯治安部的英勇抗战，我们应该赞扬和拥护华北当局与国土共存亡的宣言。我们要求宋哲元将军立刻动员全部第二十九军开赴前线应战。我们要求南京中央政府切实援助第二十九军，并立即开放全国民众的爱国运动，发扬抗战的民气。立即动员全国陆海空军准备应战，立即肃清潜藏在中国境内的汉奸卖国贼分子和一切日寇的侦探，巩固后方。我们要求全国人民用全力援助神圣的抗日自卫战争。我们的口号是：'武装保卫平津华北！为保卫国土流最后一滴血！全中国人民、政府和军队团结起来，筑成民族统一战线的坚固的长城,抵抗日寇的侵略!国共两党亲密合作,抵抗日寇的新进攻!驱逐日寇出中国!'"接着,七月十三日在延安召开了有全市共产党员和革命机关工作人员参加的紧急会议。毛泽东主席号召:"每个共产党员与抗日革命者,应沉着地完成一切必须准备,随时出动到抗战前线。"

中共中央和毛主席的这些号召,大大地激励了全国军民敌忾同仇、坚决抗战的信心,全国人民一致要求坚决抵抗日本的进攻。从抗战开始的第二天起,北平中共地下组织立即动员中华民族解放先锋队、北平学联等救亡团体,组织战地服务团,出动到前线救护伤员;组织劳军团,携带大批的慰劳品,分赴前线及医院慰问;并进行了支援抗战的各方面工作,如募集麻袋供作防御工事等等。在这一时期,冀察军政当局每天都收到全国各地发来的声援抗战的电报和信件;还有许多社会团体和个人汇来一批批的款项,作为支援抗战和慰劳前线作战官兵之用;有不少国民党的将领发出通电,要求开赴前方参加抗战;海外华侨团体也纷纷电请南京国民党政府出兵保卫祖国。卢沟桥的炮声,已经激起了我国广大人民的民族义愤。

正当全国广大爱国人民一致声援二十九军、要求发动全面抗战的时候,在北平、天津的一小撮汉奸也大肆活动起来。在他们看来,这正是为他们的主子日寇效忠的大好时机。汉奸齐燮元(过去齐曾建议宋哲元恢复北洋军阀政府时代的五色国旗)亲到北平市市长秦德纯寓所劝降,他对秦说:"如果与日方进一步地合作,就可以化戈干为玉帛。"汉奸潘毓桂、张璧、陈觉生等,并且乘此机会秘密进行拥戴张自忠、逼走宋哲元、使冀察进一步伪化、以遂其卖国求荣之愿的阴谋活动。

这时,一贯执行不抵抗政策和妥协投降政策的蒋介石,由于看到中国共产党代表全国人民意志的团结救国的主张受到全国人民的拥护,由于在西安事变时被迫接受了联共抗日的条件,又由于日寇对中国的不断进攻日益威胁着英、美帝国主义在中国的利益,因而英美帝国主义也希望中国对日作战,他感到在这内外形势的逼迫下,如果再公然地反对抗战,就不能继续维持自己的统治地位。所以在七月十五日中共派代表与国民党当局举行庐山会议之后,蒋介石即于十七日发表了对日态度比较强硬的谈话。但是他仍然是动摇的,不坚定的,仍然表示"希望由和平的外交方法求得卢沟桥事件的解决",并没有真正的抗战决心。他在谈话中还表明了和平解决需要固守的四点最低限度的立场,即:(1)任何解决不得侵害中国主权与领土之完整;(2)冀察行政组织不容任何不合法之改变;(3)中央所派地方官吏不能任人要求撤换;(4)第二十九军现在所驻地区不能受任何约束。就是在这几点最低限度立场的涵义中,也仍然为和平谈判留有余地。

蒋在庐山发表谈话之后,先派熊斌到北平见宋,说明他的意图,随后又召戈定远传达命令给宋，大意都不出蒋在庐山谈话的范围，表示了对宋的信任和支持。至于是否准备抗战，在军事上应作如何布置，特别是对于正向保定方面开动的孙连仲与原驻保定的万福麟两部应如何与二十九军配合作战等具体问题，却一字未提。他依然抱着屈辱求和的幻想，一直到了非应战不可的时候，才被迫抗战。

当时宋哲元的态度，同样也是由祈求"和平"而发展到被迫抗战的。当他在乐陵原籍接到张自忠、冯治安、张维藩（二十九军总参议）、秦德纯等报告事变发生情况的电报时，虽然表现了惊讶与不安，但是他却认为事态不至扩大，有和平解决的可能。他在答复张等的电报中，说明必须镇定处之，相机应付，以挽危局。张、冯等在发出给宋的电报之后，并请邓哲熙前往乐陵，促宋速返，主持一切。宋对邓表示：目前日本还不至于对中国发动全面的战争，只要我们表示一些让步，局部解决仍有可能。这时，南京方面主张宋应先赴保定，看情况发展如何，再决定是否回平。但是，宋几经考虑之后，还是偕同邓哲熙等先到了天津。当然，他去天津的目的，不是抗战，而是求和。

宋于七月十一日到达天津。这时，日寇因后续部队尚未调齐，故在宋未到津之前，他们已向北平的军政负责人提出了四项要求，与我方进行谈判，借以摆出和平解决的姿态，作为缓兵之计。这四点要求是：（1）华军撤离卢沟桥；（2）严惩华方肇事官员，正式向日方道歉；（3）取缔抗日活动；（4）厉行反共。谈判的结果，于十一日双方协议撤兵，恢复和平状态。所以宋到天津的时候，从表面上看，情势似已趋向和缓，于是宋就在祈求"和平"的思想支配下，于十二日发表了如下的谈话："此次卢沟桥发生事件，实为东亚之不幸，局部之冲突，能随时解决，尚为不幸中之大幸。东亚两大民族，即是中日两国，应事事从顺序上着想，不应自找苦恼。人类生于世界，皆应认清自己的责任。余向主和平，爱护人群，决不愿以人类作无益社会之牺牲。合法合理，社会即可平安，能平即能和，不平即不能和。希望负责者以东亚大局为重。若只知个人利益，则国家有兴有亡，兴亡之数，殊非尽为吾人所能意料。"

宋到天津后，二十九军副参谋长张克侠接到何应钦自南京给宋打来的电话，何在电话中说："日方增兵，我方应有准备，现在已命令孙连仲、万福麟率部北开"等语。张克侠向宋报告后，建议集中兵力，断然采取主动的攻势作战，经宋同意，张即将作战计划拟出。张自忠适于此时由平到津，并发表谈话说：卢沟桥事件已和平解决，战事不至再起。故张克侠所拟计划未能下达实行。这时，天津日本驻屯军司令田代业已去职，接替田代的香月清司于十二日到津。宋为了对香月进行一些"摸底工作"，于是派张自忠偕同邓哲熙往见香月。会面时，香月对当时华北的问题不表示意见，只是由他的高级参谋和知以傲慢的态度对张等说："看看你们的历史，北平从来没有驻过兵。"意在威吓我方撤退北平的军队，以实现他们的侵略计划。十八日宋偕张自忠与香月作初次的会面，归后对人表示："和香月见面，谈得很好，和平解决已无问题。"实际上宋的"摸底工作"是失败了的，他受了日寇的愚弄。日寇真正的"底"是等待援军开到、部署就绪后，即展开大举进攻，并且在进攻的同时，迫使宋哲元离开冀察，并排除冀察内部一切不肯当汉奸的爱国分子，然后把冀察这个局面造成一个彻头彻尾的傀儡组织。但是，宋哲元却把问题看得很简单，他认为既然香月已经表示了态度，和平解决总不至有问题。不过他对汉奸包围张自忠的情况已耳有所闻，所以在他离津回平之前，叫张留在天津，不让他去北平。

宋于十九日回平后，看到北平城内通衢各要路口均设有准备巷战的防御工事，当命令立予撤除，将关闭数日的各城门也完全开启，并且在返平后的次日又发表了书面谈话，其内容是："本人向主和平，凡事以国家为前提。此次卢沟桥事件之发生，决非中日两大民族之所愿，盖可断言。甚望中日两大民族，彼此互让，彼此相信，彼此推诚，促进东亚之和平，造人类之福祉。哲元对于此事之处理，求合法合理之解决，请大家勿信谣言，勿受挑拨，国家大事，只有静听国家解决。"这时，各方已陆续汇来大批的抗战劳军捐款，由于宋认为和平解决已有可能，竟通电表示谢绝。

宋回到北平后的开始几天，尽量在言论上和行动上制造缓和的气氛，似乎战事不至再起。实际上，情况却在急剧地向恶化的方面发展。当时日本国内的情况是：七月十一日，日首相近卫文麿觐见了日皇，并且举行了紧急阁议。十六日即调派陆军十万来华。十七日，东京五相会议，又决议动员侵华日军四十万。日本帝国主义早已确定了迅速实现它的灭亡整个中国的"国策"，一时的所谓和平谈判，不过是掩护军事行动的烟幕。因此，在中国方面，纵然不惜以重大的牺牲条件，来换取所谓和平的解决，但已经是完全不可能的了。

从事变发生起，北宁铁路每天都有络绎不断的兵车自东北开进关内（北宁路局长是汉奸陈觉生，在运输上是完全为日寇服务的），同时还有从海运而来的大批敌军由塘沽登陆，热河省的敌军也经由古北口开至北平近郊。在敌空军方面，除了集结在天津东局子飞机场的飞机以外，还在塘沽附近修筑了空军基地，在这一时期内，每日派出飞机多架，轮番在北平上空和平汉路沿线进行侦察。当日寇援军调齐之后，复于二十一日炮击我宛平县城及长辛店一带驻军。二十五日晚间，廊坊敌人以修理军用电话为借口，与我军发生冲突，随即向我军射击，我军立即予以还击。二十六日晨，敌军以飞机十余架和猛烈的炮火向我廊坊驻军轰炸。二十六日晚，在北平广安门外有三十余辆汽车满载敌军，企图冲进城内，因我军奋勇抵抗，敌入城企图未逞。二十七日，冀东伪组织的保安队张砚田、张庆余率部反正，并将汉奸殷汝耕捉获（详附录四），于是立即遭到敌军大部兵力的围攻。敌军并于同日向我南苑、北苑进攻，并且在当天的上午，在以军事进攻的压力下，向我冀察当局提出了最后通牒，限我三十七师（即冯治安师）于二十八日正午以前自北平附近退尽。当日本特务机关长松井持通牒往见宋哲元时，宋派张维藩代为接见，张将通牒送交宋哲元看过后，宋立即命张予以拒绝，并将通牒退还松井。同时，宋将情况报告了南京，并且表示"决心固守北平，誓与城共存亡"，随即发出自卫守土的通电。电文是："自哲元奉命负冀察军政之责，两年来以爱护和平为宗旨，在国土主权不受损失的原则下，本中央意旨处理一切，以谋华北地方之安宁，此国人所共谅，亦中日两民族所深切认识者也。不幸于本月七日夜，日军突向我卢沟桥驻军袭击，我军守土有责，不得不正当防御。十一日协议双方撤兵，恢复和平。不料于二十一日炮击我宛平县城及长辛店驻军，于二十五日夜，突向我廊坊驻军猛烈攻击，继以飞机、大炮肆行轰炸，于二十六日晚，又袭击我广安门驻军，二十七日早三时又围攻我通县驻军，进逼北平，南、北苑均在激战中。似此日日增兵，处处挑衅，我军为自卫守土计，除尽力防卫，听候中央解决外，谨将经过事实推诚奉闻。国家存亡，千钧一发，伏乞赐教，是为至祷。第二十九军军长宋哲元叩。感。"同时，下令设立北平城防司令部，派张维藩为城防司令，并配备了城防部队，准备固守北平。在这天晚间，又派戈定远星夜驰赴保定，催促孙连仲、万福麟等督师北上，协同作战。

二十八日，敌军大举向我南苑进攻。当时，二十九军军部已移驻北平城内，驻在南苑的部队共有四个步兵团和一个骑兵团，兵力约七千人左右。这时一三二师赵登禹部已由河间、任丘北调，向北平增援。宋于二十七日派赵登禹为南苑方面的指挥官。赵于二十七日傍晚到南苑指挥部，以一三二师后续部队已过永定河，拟俟全部到达后再变更部署，不料敌军于二十八日拂晓即由西、南两面向南苑开始进攻，另以一部切断南苑至北平的公路，同时以飞机数十架低空轮番轰炸，由晨至午，片刻不停。南苑由于事先未构筑坚固的防御工事，仅以营围作掩体，在敌人空军的轰炸扫射之下，部队完全陷于不能活动的地步，且通讯设备又被炸毁，各部队与指挥部之间的联络完全断绝，指挥失灵，秩序混乱。敌人从营围东面冲入之后，南苑遂告失守。我二十九军副军长兼教导团团长佟麟阁、一三二师师长赵登禹向城内撤退时被敌人截击，相继阵亡。

当日寇节节向北平进攻的时候，我驻天津附近的三十八师，在副师长李文田和旅长黄维纲等的策划下，进行了作战的部署，因师长张自忠去北平未回，故尚在待命出击中。至二十八日，得到日寇大举进攻南苑的消息，同时看到报纸发出二十九军克复丰台和通州保安队张砚田、张庆余两部已反正的号外，随后又接到宋哲元发出的守土自卫的通电，于是，李文田、刘家鸾（天津警备司令）和马彦翀（天津市府秘书长）等，一面发出通电，响应宋的号召，一面调集天津保安队配合三十八师各路部队分向海光寺日寇兵营、北宁路天津总站、天津东站和东局子飞机场等处日寇进攻，自夜一时开始，先后与敌接触。此时忽接张自忠由北平发来电报，谓和平有望，但是各处已在激战中，亦无从制止。这时天津的战况是：海光寺已被我包围，因工事坚固，急切难于攻下；天津总站已经克复；天津东站，将敌人包围在一个仓库中；东局子飞机场仅攻占一部分。指挥部自接到张自忠电报后，即停止军事进攻，至二十九日晨，各方面进攻部队均纷纷撤退，敌军开始反攻，海光寺之敌以炮兵轰击河东，敌骑兵闯进南开大学校，将校舍全部焚毁。是役，我军民死伤极众，至午后战事始停。

当宋哲元初回到北平的时候，虽然抱着和平解决的幻想，但是，由于日本国内的大规模军事动员，由于日寇对二十九军不断的挑衅和进攻，由于二十九军内部中下层抗战情绪的高涨，由于广大人民的全民抗战的强烈要求，由于全国舆论对他的激励和督促，他的态度逐渐地由主和转变为摇摆不定，终至转变为决心固守北平。当他在摇摆不定的时候，一方面仍然希望战事不至扩大，以便继续维持冀察这个局面；另一方面，又感到局势的严重性，不能不作应战的准备，但仍然表现了犹豫不决，当他对部队发布命令的时候，并没有作出全面的作战计划。而且在要求部队"积极备战"的同时，还提出了"尽量避战"的附加条件。他虽然最后表示了守土自卫的决心，但是在仓猝应战的混乱情况下，已处处陷于被动挨打的地步。

宋哲元在通电表示了守土自卫的决心之后，一方面进行了守城的军事布置，一方面催促孙连仲、万福麟两部迅速北上。这时，孙、万两部已开至保定以北，先头部队且已到达距北平不远的良乡一带。在这个时机，如果采取紧急步骤，进行统一部署，集中兵力，相机出击，犹能予敌以重创。但是，冀察内部的矛盾，又引起了一个突然的变化。

七月二十五日，宋哲元忽然接到张自忠来平的报告，甚为愕然，并说："我叫他留在天津，他来北平干什么？"张到平后，受到汉奸张璧、潘毓桂等的包围，很少与外间接触，忽于二十八日下午三时许前往见宋，并对宋表示："如果委员长暂时离开北平，大局仍有转圜的希望。"至此，宋已明白了张的意图，于是立即决定离平，并派张自忠代理冀察政务委员会委员长兼北平市长。宋于当日夜间即偕同冯治安、秦德纯、张维藩等离平赴保定。

在宋决定了固守北平的时候，北平中共地下组织决定发动群众协助守城，当即通过张克侠向宋提出建议。因宋于这天晚间离开北平，这个发动群众守城的计划亦未能实行。

张自忠在宋离平的第二天，即到冀察政委会就职，将原冀察政委会委员秦德纯、萧振瀛、戈定远、刘哲、门致中、石敬亭、石友三、周作民等免职，并用冀察政委会名义派张壁、张允荣、杨兆庚、潘毓桂、江朝宗、冷家骥、陈中孚、邹泉荪等为委员，同时发表潘毓桂兼北平市公安局长。张就职后，日寇即直接指使潘毓桂、张壁等办事，而对张自忠则采取了置之不理的态度。紧接着，张又得到了三十八师在天津与日寇作战的消息，始知大势已去，全局皆非，乃立即隐匿于东交民巷，旋即化装逃出北平。从这时起，他才清醒地认识到受了日寇和汉奸的愚弄，对日寇恨之入骨，后来终于在抗日战争中英勇杀敌，以身殉国。

　　二十九军驻平各部队及保安部队，在宋离平之后，均陆续经门头沟向南撤退。因宛平至八宝山之线是掩护门头沟这条交通线的阵地，故驻在这一线的何基沣旅，在掩护各部撤退完毕之后，方于三十日晚间与当地人民群众洒泪而别，撤退到长辛店。从这一天起，整个北平就完全陷入敌人之手，天津市亦于同日沦陷。

　　卢沟桥的烽火，揭开了抗日战争的序幕，全面的抗日战争便从此开始。

附录一

　　一九三四年冬，热河省伪军一部侵入察东独石口，我驻军刘自珍团当即将其击溃，并缴获步枪三十余支、子弹千余发。一九三五年一月二日，热河日军飞机突向我龙关、赤城一带驻军投掷炸弹。十五日，黑河汛日军司令森一郎又向我赤城驻军提出警告，要求我龙门所驻军撤退。我军尚未答复，日军竟于十六日向我军进攻。因我军防守得力，敌未得逞。这时，热河境内大滩一带驻有日军千余名、伪军两千余名，并有一部向察东移动。宋哲元当即将情况报告给驻北平的何应钦，请其向日方交涉制止。二十四日，伪军两营向沽源县推进。因情况日趋严重，宋又分报北平和南京，候令办理。二十八、二十九两日，日机又在独石口、沽源一带散发传单，威吓我军撤退。经宋派萧振瀛、秦德纯在北平与日方交涉，日方提出双方在大滩会商解决办法。我方提出会商地点应在北平或张家口，日方则坚持在大滩会商。最后，终于接受了日方的要求，于二月二日在大滩举行了会商。我方所派为三十七师参谋长张樾亭、沽源县县长郭育恺及察省府科长张祖德等三人；日方所派为日军第七师团十三旅团长谷实夫、第二十五联队队长永见俊德及中佐松井等三人。会商在上午十一时举行，并口头约定解决办法如下：察东事件原出于误会，现双方为和平解决起见，日军即返回原防，二十九军亦不侵入石头城子、南石柱子、东栅子（长城东侧之村落）之线及其以东地区。所有前此二十九军所收缴之步枪三十七支、子弹一千五百粒，准于本月七日由沽源县长如数送到大滩，交与日方。

附录二

　　察省当局曾与日方商定，凡日人由热河省前来察哈尔省的，须持驻张家口日领事馆所发护照，经我方复验并加盖省府印信后始可通行。一九三五年六月某日，有多伦特务机关日人一名，三菱公司日人三名，经沽源县到张北县，我城门卫兵以其并未持有此项护照，不许通过。日人竟欲强入，双方发生争执，守军即将其送往一三二师司令部。经师部询明来历并电省府请示后始放行。该日人认为曾被侮辱，竟由驻张家口日领事桥本向我方提出抗议，并故意将事态扩大，更由天津日驻屯军土肥原和日使馆武官高桥向二十九军军长宋哲元提出无理要求。宋当即将情况报告何应钦，并经秦德纯与日方谈判多次。日方要求：（1）处罚事件责任者，撤换一三二师参谋长及军法处长；（2）张北等六县（张北、宝昌、宝康、商都、沽源、兴和）驻军撤出，以地方保安队维持秩序；（3）撤去察省国民党党部；（4）禁止排日行动。南京国民党政府令何应钦以通知方式答复日方，谓要求均办到，逾此，如再有要求，请向中央政府交涉。

附录三

一九三五年六月二十七日晚，由天津开往北平的火车驶抵丰台车站时，有匪徒百余人下车，于二十八日零时四十分匪徒突将车站占据，把守电报电话，声言组织"正义自治军"，推白坚武为总司令。匪徒嗣即胁迫停于该地的铁甲车向北平开动，一时许抵永定门东缺口，企图闯入城内，为城防部队所阻。匪徒即向城内发炮十余响，经城内及南苑驻军夹击，匪向通县方面退去。

附录四

冀东伪保安队张砚田和张庆余两部，原为河北省主席于学忠的两个团，在冀东伪组织成立以前，即在通县一带驻防。冀东伪组织成立后，于学忠有计划地将该两部留驻原地。于学忠与宋哲元为换谱弟兄，私交甚厚，于是张砚田、张庆余又通过张树声（与宋为西北军老友）帮会关系介绍前往见宋，宋勉励他们好好训练队伍，候有机会时再为国家出力，并发给每人两万元。后来他们看到日寇大规模的向北平进攻，故于七月二十七日在通县反正，杀了不少日人，并将汉奸殷汝耕捉送北平。不料二十九军已经撤退，情况已变，他们即率部撤退到西山一带，后转移南下。

《文史资料选辑》第1辑，中华书局1960年版

二十九军和冀察政权

戈定远

一　二十九军的成立

一九三〇年，阎锡山、冯玉祥与蒋介石的战争结束，阎、冯失败，冯部在河南一带的，如孙连仲、梁冠英、吉鸿昌等，都纷纷投降蒋介石，只有零星部队退入山西境内，散驻

晋南一带。这时蒋介石把华北交给张学良负责，张学良以陆海空军副司令的名义，由沈阳进驻北平。退到晋南一带的西北军，以张自忠、赵登禹、刘汝明等部比较整齐，其中又以张自忠部的人数较多，有几千人。宋哲元、孙良诚也都退到山西，他们已经没有直接掌握的部队了。张自忠等的资望浅，而且他们和东北军方面向无渊源，联系不上；宋哲元和孙良诚在西北军中间资望较高，但都已失去实力。在这种形势之下，张自忠就成了举足轻重的人物，他如拥护宋，宋就可以有军队做资本；他如拥护孙，孙便可以挟以自重。

　　在这里要叙述一个同二十九军的成立和发展有着极重要的关系的人物，就是萧振瀛。他是吉林扶余县人，民国初年在家乡经商，但并无多大资本，只是买空卖空。后因币制贬价，萧经营的商业因亏空太大停业，无法偿还债务，遂溜之大吉，逃进关内依附在西北军当高级军官的吉林同乡门致中和石友三门下。西北军的士兵和官佐，大多数是直、鲁、豫的人，关外人当将领的很少，文职人员也不多。萧由于门、石二人的推荐，在一九二四年当了临河设治局局长。等到一九二六年南口战役，西北军被张作霖和吴佩孚联合击败以后，萧随门致中到过苏联的西伯利亚。一九二六年秋，冯玉祥在五原誓师北伐时，萧振瀛被任为包临道道尹，在后方筹饷。以后萧随宋哲元当幕僚，到一九二八和一九二九年间，宋任陕西省主席时，他曾任西安市市长。当一九二六年西北军由南口撤退的时候，阎锡山在大同抄西北军的后路，西北军因而大败，纷纷向包头一带溃退。这时石友三和张自忠曾一度降阎，等到冯玉祥由苏联回国以后，石、张又复回到冯处。在此期间，石和张发生仇恨。后来北伐进行顺利，冯玉祥率部到达郑州，张自忠当了冯的总司令部副官长，石友三带兵当军长。石恐怕张自忠不忘前仇，在冯面前陷害他，就托萧振瀛代表他到郑州，送"兰谱"给张自忠，结为兄弟，以示和好。因此，萧和张也发生了较深的关系。

　　这时宋哲元和孙良诚都在晋南，他们凭借各人的旧关系，拉拢张自忠和赵登禹。宋、孙二人都想用张、赵做资本，来向张学良请求收编。替孙良诚在张学良方面奔走的是郑道儒（天津人，在冯玉祥西北边防督办署的外交处做过事，在蒋介石由大陆溃逃台湾的时候，做过国民党经济部部长）；替宋哲元奔走的，是萧振瀛。萧先从张自忠处取得拥宋的初步同意后，就来到北平走张学良的门子。他利用关外同乡的关系，找到了从前就认识的一个张学良的承启官（传达事务的人）。萧对他大加拉拢并送了他一千元钱，请求他让自己尽先见到张学良，面对于孙良诚的代表郑道儒，则希望他托词阻挡，不让郑先见张。由于这个承启官的协助，萧很快见到了张学良，收到了先入为主的效果。张学良允准宋哲元负责改编晋南的西北军为一个军，辖两个师。等到孙良诚的代表进见张学良时，宋哲元担任军长的命令早已下达，成为事实了。

宋编军之时，张自忠是主力部队，当然编为一师，由张当师长。还有一个师长，张自忠力主由冯治安担任。这其间又有一段经过。一九二六年冯玉祥由苏联回国后，对张自忠已不加信任，后来由于冯治安的力保，张自忠才慢慢地又得以重新带上队伍。冯治安在一九三〇年冯玉祥中原大战失败的时候，全军在河南被缴械，这时正在北平闲居。张自忠为了拉拢好友，扩大自己的势力，同时又因为冯治安是宋哲元的嫡系，容易得到宋的同意，就竭力主张把冯治安由北平叫去当师长。冯治安并无一兵一卒，他和赵登禹过去关系很好，于是就将赵登禹编在他的部下，作为一个旅，由赵当旅长，另外再拨一些队伍，编成一个师。二十九军成立了，宋哲元任军长，张自忠任三十八师师长，冯治安任三十七师师长。这时晋南的西北军，还剩下刘汝明一部分，刘的资格仅次于宋哲元，但刘自己没有别的出路，就依附于宋，后来通过张学良的允许，刘以暂编师师长的名义，隶属于二十九军。

二十九军的军部，设于山西的阳泉，实际掌握兵权的，为张自忠、冯治安、赵登禹、刘汝明等人。通过萧振瀛的秘密拉拢，他们商量决定，大家永远一致拥护宋哲元为"头儿"，张自忠为"二头儿"，依次以下，为冯治安，为赵登禹，为刘汝明。刘汝明的资望本来比张、冯、赵高，但是因为这次编成二十九军，由于张、赵拥宋出力最多，而刘汝明则是最后出于无奈，才依附二十九军的，因此，刘的名次落在赵后。他们大家商定，以后如有发展，除开宋哲元永远是首领以外，一定按照张、冯、赵、刘的次序，依次"升官"，决不变更。就在这种情形之下，二十九军在阳泉站住了脚，从事休整。

二 二十九军由山西到北平

二十九军既在阳泉得到立足之地，但是饷少兵多，经常闹穷，于是由萧振瀛出马，向蒋介石方面找路子。当时宋子文为财政部部长，孔祥熙为实业部部长。宋子文最当权，但是他喜欢留学英美的人，谁不会说英语，谁就得不到他的欢心。因此，萧振瀛对于宋子文的门路走不进去，只好走孔祥熙的门路。孔祥熙在一九二四年以后，曾跟着王正廷在冯玉祥处做过门客；北伐以后，孔和冯的往来更密。他和西北军的人都有些熟识，而且这时他在蒋介石处没有宋子文吃香，也很想和外边带兵的将领勾搭勾搭，作为他的政治资本，好在蒋介石面前挟以自重，增加身价。这样，萧走孔祥熙的门路就自然比较容易走得通了。二十九军很穷，但是为了走门路，特地挪借了两万元钱，买了些贵重物品送给孔祥熙。孔大为高兴，就在蒋面前说说宋哲元的好话，因而蒋对宋哲元就有了较好的印象了。但是，二十九军虽然有时候由蒋拨给几万元的补助费，仍旧解决不了问题。萧振瀛揣摩蒋介石的心思，知道蒋最恨阎锡山，因为历次华北反蒋活动，阎锡山总是操纵其间，而且阎闭关自固，蒋的军队开不进去，因而对山西无法直接加以控制。萧于是向蒋献策，表达宋哲元拥蒋的忠诚，并说明西北军与阎是世仇，官兵恨阎入骨，宋愿意率领部属，以阳泉做根据地来监视阎锡山，替蒋效忠。蒋听到此话，大加赏识，马上下条子拨给二十九军五十万元，并增加每月的军饷。二十九军得到这项接济，如同久旱之遇甘霖，从此添购军械，扩充队伍，一天壮大一天；宋哲元在华北的地位，也渐渐重要起来。

　　九一八事变以后不久，张学良离开北平，何应钦受蒋命到北平主持华北局面。这时蒋介石正在竭其全力对付在江西的人民武装力量，不肯把自己的嫡系部队开驻华北，同时，蒋卖国求荣，怕日本人不愿意，也不敢开军队到华北来。这时原来驻在华北而战斗力稍好一点的队伍，就只有二十九军了，于是一部分的二十九军，就由何应钦从山西调到北平附近，驻防通县、蓟县一带。

　　二十九军的一部分调驻平东以后，宋哲元跟着部队离开山西，经常驻在北平。一九三三年春天，日军在攻打热河得手以后，向长城各口进军，二十九军担任喜峰口方面的防务。日军从"九一八"以来，侵略中国从未遭到中国军队的抵抗，简直如入无人之境，气焰极高。攻喜峰口的日军，它的前头部队就在口外不远的地方扎营。在一个月黑风高的夜间，旅长赵登禹带着少数部队突袭日营，日军再也没有想到二十九军竟敢在夜间袭击，出其不意，仓卒溃退，死伤甚多。由于蒋介石以主力在江西对工农红军作战，华北兵力单薄，不久日军就突破长城各要隘，兵临北平城下，何应钦签订了臭名远扬的《塘沽协定》。从此宋哲元就以"抗日英雄"的姿态，出现在华北，当了察哈尔省的主席，而赵登禹也升为师长。这时二十九军辖四个师，师长是张自忠、冯治安、刘汝明和赵登禹。

三　二十九军取得冀察地盘

　　一九三三年间，在宋哲元当察哈尔主席的时期，冯玉祥由山东泰安北上到张家口，和共产党人合作，组织"民众抗日同盟军"，抗击日寇。宋哲元对于此事，左右为难，软硬不得。一方面，宋对同盟军在他的地盘内抗日，内心是不赞成的。因为蒋介石不愿抗日，同盟军若是在别处抗日，与他无关，现在偏偏在张家口发出号召，这一定会招致蒋介石对他的不满，在他看来，这不是替他惹祸吗？但是另一方面，冯玉祥是宋的老长官，宋是由冯一手提拔起来的，他们之间的封建关系极深，而且宋部下的重要军官，全是冯的旧部，他们对冯表面上都甚为尊敬，所以宋又不敢公开地制止冯的行动。于是宋只好避居北平，而叫他的二十九军副军长佟麟阁在张家口代理主席，与冯敷衍。蒋介石通过他的驻北平代理人何应钦，几次叫宋哲元约束冯的行动，不许冯在张家口抗日，宋始终拖延搪塞。后来何应钦一面叫宋哲元不要过问此事，一面命令驻北平附近的第四十军军长庞炳勋（庞曾受过冯玉祥的指挥，冯反蒋失败后，庞投降蒋介石，这时驻军北平附近），率部攻打张家口的同盟军。何应钦答应庞，只要他打下张家口，驱逐冯玉祥，便发表他为察哈尔主席。庞欣然受命，整军待发。但是，这事如果实现，二十九军就会失去察哈尔的地盘，所有全军的粮饷就会马上发生问题，这是关系二十九军生存的大事。于是就由宋部的师长冯治安出面，向庞警告，如果庞敢打张家口，二十九军就帮冯玉祥打庞。这时二十九军有四个师，人数在二万以上，而庞只有几千人，战斗力远不如二十九军，因此庞吓得不敢动兵。同时，宋向何应钦表示，请何不要派庞去打冯玉祥，由宋保证冯离开张家口。由于二十九军的军队驻在平绥路一带，直接控制着北平附近的形势，何应钦虽然不满意宋的做法，但仍不能不答应他的要求。在何应钦方面，只要冯玉祥离开张家口，同盟军不活动，日本人不逼他，也就如愿了。就在这种情形之下，由宋请冯停止军事行动，离开张家口，护送他仍回泰安居住，此事遂告一段落。

这时，日军在《塘沽协定》之后，对华北加紧侵略，勾结汉奸，伪造民意，派出所谓代表，向何应钦要求华北自治，吓得何应钦连夜逃回南京，北平军分会由办公厅主任鲍文樾负责。鲍眼看北平没有兵，无法维持秩序，他束手无策，只好商请宋哲元调一部分军队到北平驻防。宋得此机会，就把他二十九军的主力部队，迅速全部南开，控制了北平、天津的形势（经过详见《七七事变纪实》一文），于是平津一带，就成为二十九军的势力范围了。何应钦在北平呆了几年，很惧怕日军，而蒋介石的主力部队正在江西对红军作战，所有原来驻在华北的中央军关、黄两师和东北军也在"何梅协定"后调离了华北，因此，那时候除了一些零星部队外，华北力量最大的驻军，就算二十九军了。蒋介石自己在华北不能立足，只得叫宋哲元当平津卫戍司令，而由宋推荐他的副军长秦德纯任北平市长。不久，蒋介石在北平设立冀察政务委员会，辖河北、察哈尔两省和北平、天津两市，任命宋哲元为委员长。这个委员会，就在一九三五年十二月在北平成立。随后，平津卫戍司令部改组为冀察绥靖公署，由宋哲元兼任主任，原来的二十九军军长，仍由宋兼任。

宋哲元取得冀察政权后，以张自忠为察哈尔省主席，以萧振瀛为天津市长，秦德纯仍为北平市长，而由宋自兼河北省主席。所有华北较大的税收机关，如统税、关税、盐税等等，都由宋哲元一一派人接收过来，提用税款。南京政府管不了华北的事，在无可奈何的情况下，只得让出税收，因此冀察的军政各费，不愁支绌。

宋哲元在冀察政委会和冀察绥靖公署里，设置顾问、参议、谘议等一二百人，每人每月送车马费一二百元不等，还有送得更多的，凡是居住平津两地的政客和下台军阀以及依附日军的汉奸之类，差不多都网罗在内。宋哲元的意思，以为这样每月花点钱养着这批人，让他们有饭吃，有官做，不至于再去勾结日本人来反对他。这完全是采取收买的方法。但是事实上，宋这样做法只有助长这些人的气焰，让他们可以拿着官的头衔，来更方便地投靠日本人。

宋在军事方面，将二十九军所辖的四个师大加扩充，购买枪械，增募兵额，陆续把四个师扩充到五万人以上，另外还增编骑兵师、保安部队和独立旅等等。日本人也卖些陈旧的枪械给二十九军，二十九军也从欧洲国家买些枪械。至此，宋哲元攫取地盘、扩充兵力的野心，已经如愿以偿了。

这时摆在宋面前最紧迫的问题，就是对付日本人的问题。关于此事，最初是由秦德纯、萧振瀛秉承宋的意思，和日本人接触，而用汉奸陈觉生做翻译。后来日本人扶植陈觉生，陈就当了北宁铁路局局长。从此以后，日本人通过陈觉生直接和宋接触，但秦德纯还是参与其事。至于萧振瀛，则由于张自忠的反对，迫得离开华北，到国外去游历。萧的天津市长，由张自忠接任，另由刘汝明接任察哈尔主席。此外，宋把他自兼的河北省主席让给冯治安。于是，二十九军四个师长中，三个师长都有了地盘。

由于二十九军的编军，是在张学良手中办理的，所以宋哲元对张学良甚表恭顺。宋在冀察一段时期里，对于张学良留下来的东北军的军政人员，尽量予以维持。从前何应钦北平军分会的办事人员，都是张学良的旧底子，宋哲元组织冀察政委会和冀察绥署，接收了军分会，把东北军的军政人员全部容纳下来。当时东北军的刘哲（后来曾任国民党监察院副院长）在冀察政委会任常委，帮着宋办事，富占魁（现任吉林省政协副主席）任冀察绥靖主任公署参谋长，而莫德惠则经常往来于西安、北平之间。宋哲元和张学良之间的关系，保持得很好。张学良在西安发动双十二事变时，宋接张通电，感到惊异，复电中有"国事由国人解决"及"请保障委座（指蒋介石而言）安全"之语。宋不赞成张学良如此做，但没有显明地反对他。

四　冀察政权的内哄

上面说过，二十九军在山西阳泉成军的时候，内部带兵官张自忠、冯治安、赵登禹、刘汝明四人，曾经有过"分赃名次"的商定。大家约好，这四个人中间，无论何人，功劳再大，也必须按照这个次序，分别先后，享受"好处"。等到二十九军到了冀察以后，有了地盘，势力也扩大了，这时候，由于没有完全依照从前规定的"分赃名次"来办事，内哄就由此而起了。

冀察局面刚刚成立，在军队编制方面，就发生了问题。二十九军扩充队伍，拟定每师编制为六个团，但是张自忠自以为是"二头儿"，主张他这一师要多编两个团，就是要编八个团的兵力。冯、赵、刘三个师长都不愿意张的势力特大，但又不便面对面加以反对。由于这个"分赃名次"从前是由萧振瀛通过宋哲元的同意而向他们四人宣布规定的，萧是原来的经手人，因此，由刘汝明出面找萧，说明他和赵、冯等都不同意张自忠师多编两个团，但他们不便自己提出，希望萧在参加宋所召集的师长会议的时候提出反对，打消这个办法。结果，萧提出四个师应当一样编制的主张，就把张的企图给打消了。本来张自忠从前并不是宋哲元的嫡系，宋也不愿意张的势力太大，所以萧一提出四个师编制平等的主张，宋也就同意了。会议以后，张自忠以为这是违背"分赃名次"，不尊重"二头儿"，对萧振瀛非常愤恨，认为萧从前捧他为"二头儿"，是在愚弄他。不久，张自忠用其他理由，向宋提出撤换萧振瀛。宋向来对张有所顾忌，张每有要求，宋总是敷衍照办的，于是宋就把萧免职，萧随即出国去了。

二十九军的军部，设在北平的南苑，冯治安的一师，驻在北平附近一带，宋哲元有时去天津（宋的母亲住天津），就叫冯代理军长，这也是使张自忠不快的原因之一。因为张总是认定自己是"二头儿"，军长应当由他来代理，现在宋叫冯代理，看来还是嫡系吃香，因而大为不满。后来宋又把河北省的主席让给冯治安，张更不高兴，因为在冀察的两省、两市范围内，河北省的位置似乎居于首位，张当时任天津市长，天津虽然重要，但是地面小，不能和河北省比，从此张对宋更加不满了。

天津有日本租界，是华北汉奸政客和下台军阀集中之地，这些人想捧张自忠弄点好处。特别是汉奸们知道宋哲元不得日军的欢心，他们就凭借日本人的势力，包围张自忠，要抬他起来和日本人更妥协地办事。当时张虽有代宋之意，而力量不够，宋还有其他几个师长的拥护，他一个人推不倒宋。汉奸们如潘毓桂（曾任伪政权的天津市长，日本投降后被逮捕入狱）、张璧（已死）、齐燮元（汉奸，已处决）等等，和张的左右亲信互相勾结，打算仿照曹锟、吴佩孚的办法（曹当巡阅使时，诸事不大过问，全由吴孚佩主持，曹不过当傀儡而已），叫宋在名义上当冀察的负责人，而实际上由张自忠主持一切，总揽大权。他们曾经将此办法，由齐燮元、张璧借端向宋试探，宋置之不理。同时，张自忠也知道宋的个性刚强，不是甘于当傀儡的人，因而不敢贸然从事。但张不甘心久居宋下，他明白当时的南京国民党政府管不了宋，只有日本人，宋才有所顾忌，于是他便坠入汉奸的奸计，加紧和日本人联系，并应日本的邀请组织赴日参观团，由张自忠任团长，到日本参观，拜访日本当局。因此，当时天津亲日的空气异常浓厚，特别是在七七事变前几个月，那时张自忠已成为日军心目中的华北中心人物了。　七七事变后，二十九军战和不定，主要就是因为张自忠掣肘。后来在日军发动全面进攻的紧急情况下，张自忠竟勾结日军逼宋哲元退出北平，由张自忠代理冀察政委会委员长。不久，日本人以瓦解二十九军的目的已达到，就踢开张自忠，将平津和冀察直接控制起来，成为向中国内地侵略的后方。

《文史资料选辑》第1辑，中华书局1960年版

七七事变前北平丰台驻军与日军冲突经过
戴守义①

　　自长城抗战结束，《塘沽协定》和"何梅协定"签订后，蒋介石政府的中央军和党政人员即由平、津、冀、察等地撤走。日本在平津的驻屯军随派一个混成营，包括步兵四连，骑兵约一排，山炮兵约一连，进占丰台车站的东端，扼住平汉、平津两线；并组织汉奸白坚武等骚扰平津，有时还炮击北平。平津一带，人心惶惶。

　　一九三五年九月下旬，第二十九军军长宋哲元令原驻张家口的第二十九军第三十七师移驻北平附近，担任保卫工作。第三十七师师部驻西苑。我此时任第三十七师第一一〇旅（旅长何基沣）第二二〇团团长，驻西苑。同年九、十月间，宋哲元到北平就卫戍总司令职。第三十七师师长冯治安派何基沣旅之吉星文团驻宛平县城，负责保卫其周围地区；嗣又令我团抽出一营派往丰台，保卫丰台车站，维护南北交通。我即派第二营营长张华亭率领部队开驻丰台车站，以车站为中心，部署防卫，并建要点工事。

　　日军派驻丰台之混成营驻在丰台车站东侧，与我军相去约四百米，最初情势尚属平静。及北平卫戍总司令撤销，宋哲元以第二十九军军长改任冀察绥靖主任和冀察政务委员会委员长。河北省成立四个保安旅，日人推荐石友三为河北省保安司令，宋不得已委石为冀北保安司令，让他指挥训练两个保安旅。冀北保安司令部及其指挥训练的一个旅，均驻平北约二十里的清河镇迤西的楼式营房。日军利用北宁路陆续调集一旅以上的关东军驻守平津一带。

　　一九三六年夏秋，丰台情况逐渐紧张，日军驻丰台之混成营不时对我驻丰台车站之张华亭营挑衅。日军士兵始则身佩利刃，三五成群，到丰台车站闲逛，遇我士兵较少时，他们就向我士兵摩肩撞臂，拳打脚踢，我士兵气急还手，便造成斗殴事件。我张营长通知日军营长必须制止日军士兵这种挑衅行为。孰知他不惟不加制止，反而变本加厉，在演习时向我步哨线作冲锋态势，进而进入我步哨线百米以内。他们见我士兵严守阵地，屹然不动，始渐撤回。一九三六年六月间，日军全营出动演习，其散兵线冲入我步哨线，其翼侧有数骑亦侵入我步哨线。我步哨长和哨兵加以拦阻，几乎动武，日军无理，终于撤回。日军营长通知我张营长说，他们的军马跑到我们队伍来了，应速送回，否则即以武力相对。张营长查无此事，向我报告。我告诉他说："丰台是我神圣国土，车站是交通要点，保卫国土是我们的天职，维护交通亦责无旁贷。日军胆敢进犯，坚决回击，务必固守阵地，寸步不让。"张营长即通告日营长说，无日军马跑来，并指出这是日方故造借口，无事生非。日驻屯军司令部要求我驻丰台之部队撤走，我军严词拒绝。日军扬言要驱逐我驻丰

①　作者当时系第二十九军第三十七师第一一〇旅第二二〇团团长。——编者

台部队。我再到丰台车站向张营官兵重申："保国卫民，是我们的天职，敌如来犯，我即反击。"遂下令速就各连驻地做好据点工事，严阵以待。是年十月，日混成营向我张营猛攻，先以猛烈炮火破坏我工事，制压我守兵。继之拼命进逼。我军浴血应战，杀声震天，战事异常激烈。冯治安师长令我率我团第一、第三两营速到丰台策应张营作战。我以跑步赶到丰台，即以第一营之两连（另两连为预备队）向敌左翼包抄，以第三营向敌右翼包围攻击。敌军见形势于己不利，逐步撤回原防，我因战事终止，亦退回西苑。闻驻平日军司令要求我军撤离丰台，并向其道歉。宋哲元鉴于双方既均停止战斗，不愿事态扩大，为缓和当时形势，便在北平东城外交大楼（当时为冀察政务委员会所在地）宴请日方在北平的旅长、团长和驻丰台的混成营长。我方参加的有师长冯治安和我等人。在就餐前，日本旅、团长中有一人跟我说："丰台冲突事出误会，不过你们不应该开枪反击。"我回答说："我们驻丰台的部队守土有责，你们部队全面展开，步炮联合向我军猛攻，我军为了自卫和护站，予以还击是正义的。"对方说："我们都是朋友，以后不要再起冲突了。"我对他说："日人来到我国，应该遵守国际公法，不应该到处驻兵，自由行动，无事生非。如果日军再来侵犯，我军必将猛烈还击，绝不退让寸步。"话说到此，宋哲元起立让席就餐。餐毕，我即回西苑团部，没参加宋等与日军旅、团长的会谈。事后闻日军要求将第三十七师驻丰台的一个营调回，易以冀北保安司令石友三部一个营。宋哲元答应了日军的要求，即派冀北保安旅陈光然团的一个营到丰台接防，而把第三十七师张营调回西苑。

戴守义、秦德纯等著：《正面战场·七七事变》，中国
文史出版社2013年版，第3—5页

七七事变前夕的"新鸿门宴"

董升堂[①]

七七事变前，日本华北驻屯军司令田代皖一郎和特务机关长松室孝良，总是幻想通过冀察政务委员会委员长与陆军第二十九军军长宋哲元，软化第二十九军的军官和士兵，不战而屈我军，首先吞并华北，再进而灭亡我全中国。但第二十九军多数军官和全体士兵，都不愿奴颜事敌。因而事变前夕在北平中南海怀仁堂联欢席间演了一幕"新鸿门宴"。经过情形是这样的：

第二十九军军部事先通知驻北平附近的部队，凡团长以上的军官，于六月六日上午十时到中南海怀仁堂集合。我们按照时间到了怀仁堂后，才知道是与日军驻北平附近部队连长以上的军官，举行联欢宴会。我方出席的有冀察政务委员会委员长、陆军第二十九

① 作者当时系第二十九军第三十八师第一一四旅旅长。——编者

军军长宋哲元，副军长、北平市市长秦德纯，第三十七师师长、河北省主席冯治安，第三十七师第一一〇旅旅长何基沣，第三十八师第一一四旅旅长董升堂，独立第二十六旅旅长李致远，第一一四旅第二二七团团长杨干三等。日方出席的有日本华北驻屯军特务机关长松室孝良，顾问松岛、樱井和日军驻北平附近部队的连长以上的军官。

联欢会开始，首先由宋哲元讲话。其次由松室孝良讲话，大意是说，中日是同族同文的国家，应该力求亲善。继而在一起照相，每一个中国军官旁边安插着一个日本人。接着宴会开始，每席是三四个日本人坐客位，四五位中国军官坐主位。酒过三巡，日军顾问松岛起立，始而舞蹈，继而舞刀。我方军官们目睹情况紧张，都义愤填膺，想与日方一拼。副军长秦德纯附耳告我说："事急矣，你是打拳呢，还是耍刀？"我说："先打拳，后耍刀。"我就跳到席位的中间打了一套八卦拳。李致远也打了一套国术。何基沣跳上桌子高唱黄族歌："黄族应享黄海权，亚人应种亚洲田；青年青年切莫同种自相残，坐教欧美着先鞭。不怕死，不爱钱，丈夫绝不受人怜……"我们随着激昂的歌声也拿出刀来，准备舞刀。接着日本人把宋哲元、秦德纯等一一高举起来。我们也把松室孝良、松岛等一一高举起来。一时席间空气万分紧张，如临大敌，有一触即发之势。最后，仍由宋哲元和松室孝良相继讲了些什么中日应该亲善和联欢结果圆满等鬼话，但我第二十九军军官们都是雄赳赳，气昂昂，心怀愤怒地走出了怀仁堂。

当时冀察当局对日本帝国主义存着什么样的幻想，我们不得而知；只知他们给部队下的命令，既要极力备战，又要尽力避战，表现得自相矛盾。但我们大多数军官和全体士兵是充满了对日本帝国主义的仇恨的。

戴守义、秦德纯等著：《正面战场·七七事变》，中国
文史出版社2013年版，第6—7页

中南海怀仁堂之宴

李致远①

一九三六年，爱国热情高涨的第二十九军官兵，与驻北平的日本华北驻屯军时有摩擦，战争随时都有一触即发的可能性。日军曾在喜峰口、罗文峪几次和第二十九军交过锋，尝过被大刀队斩杀的滋味，也不敢过分压迫我们，只是得寸进尺地多方面作试探性的进攻。在政治上则更是采用软硬兼施的阴谋手法。第二十九军的官兵虽在当局的压制下，个个仍是摩拳擦掌，跃跃欲试。宋哲元在这种情况下，只有秉承蒋介石的意旨，尽量压抑我们的爱国热情，不敢和日本人过早演成僵局。因此以请客联欢等形式表示"中日

---

① 作者当时系第二十九军第三十八师独立第二十六旅旅长。——编者

亲善"，缓和当时的紧张局势。

六月的一天，冀察绥靖公署在北平中南海怀仁堂举行盛大宴会，招待日本华北驻屯军驻北平部队连长以上的军官，由第二十九军驻北平部队团长以上的军官作陪。还邀请当时在北平的北洋军阀余孽和所谓社会名流如吴佩孚、张怀芝等人参加。日方出席的有驻北平部队的边村旅团长等三十多人。筵席间每桌上有三四个日本人。宋哲元和边村、松岛、樱井、秦德纯、冯治安等与那些社会名流共坐两席，其余的中日双方的军官，共坐八席。在两张主座席的两边，设了两张空桌子，备上下菜之用。酒到半酣的时候，一个日本军官跳到空桌子上，唱了一首我们听不懂的日本歌曲，进行挑战。接着又有两个日本军官跳上桌子唱歌。这时，何基沣旅长临机应变，立即上桌唱了一首黄族歌，以示应战。又有日军官唱日本歌，李文田副师长也立即上去唱了一段嗓音粗壮的京戏黑头腔。随后日方又出来两人，一人上桌唱歌，一人桌下舞蹈。当他们歌舞完毕后，河北省主席冯治安到我们桌前来小声说："谁出去打套拳？"意在不能输给日本人。这时董升堂上去，打了一套西北军所流行的拳术。日本人又以一人打一人唱来作答。当时我有些心情激动，立即在酒席前打了一套在学生时代所学到的花拳，表示中国军人不可欺，引起席间中日主客们的注意。

当我归座的时候，好几个日本人都到我跟前来敬酒碰杯，表示亲善。接着又有日本人用他们的"倭刀"，在席间挥舞一阵。我实在按捺不住心头的怒火，立即招呼我的传令兵坐我的小汽车到永增厂，去取我定做的用最好的钢打成的"柳叶刀"。这时日方已舞过两三起"倭刀"了。董升堂也实在耐不住火气，不知从哪儿找来一把西北军所习用的大刀片来，在席前劈了一趟刀法。恰好我的新"柳叶刀"也取到，我立即换上传令兵的布鞋，拿过刀来劈了一趟十多岁时学来的"滚堂刀"，以压倒对方的骄横。我入座以后，又有几个日本人围着我敬酒碰杯，还给我戴高帽称我"李武术家"。酒杯用的是小饭碗，酒是中国花雕和日本啤酒。我到厕所中吐干净酒之后，回来再喝。我想：反正不能在日本人面前丢人，顶多也不过是一死而已！这时日本人不劈刀了，松岛将武装带捆到头上，前头打一个结，赤膊上了桌子。把大酒壶放在头顶上，将点燃的纸烟，口叼三支，鼻孔中塞上两支，两个耳朵中各插一支，肚脐眼上按一支，他弄得几处可以同时冒烟，又可以同时不出烟。看到他们出洋相，耍花招，我们就没人和他们比试了。他们又提出来要笔墨纸张写大字，日本人写一张，我们也写一张。我想写字用不着我们比啦，有吴佩孚那样的名流就能占上风了。日本人写的大笔汉字虽然不错，但总比不上我们那吴佩孚的醉笔，他当众挥毫写出一个大条幅，一笔写一行大字，真是龙飞凤舞，气势磅礴。

这时，日本人将宋哲元抬到酒席前，喊着号子举了一阵子，又有几个日人把秦德纯也举了一阵。我们中国方面的旅团长们，不约而同地把日本边村旅团长拽出来，也照样把他举起来。彼此使个眼色，把边村脱手往上甩，然后在下边接着。另有一些人也把松岛举起来。冯治安怕出岔子，叫我们放下来。此刻席间确是有一触即发之险！宋哲元看势不好，立即在席间讲了几句话，边村也讲了几句话，表示今天的联欢会很好，应当"互相亲善"。

　　散会后，宋哲元和边村到后面一个房间去了。日本军官都先后退席，只有松岛留下，叫我同他"转转去"。我对松岛说："我们的长官还有事，必须等着。"宋哲元送边村走后，松岛还在等着我，拉着我说："转转去，不要害怕！"我说："我不知道什么是害怕。"我忘记谁跟我说了一句："你就跟他转转去吧！"于是我随松岛走出怀仁堂，松岛叫我上车，我看不是我的车，心想反正不能"孬"给他们，就上了车。我的传令兵问我："车跟着吧？"我以为在中南海内路上转转就回来了，就说："你在这里等等吧，我们去转转就来。"谁知日本人的汽车开出了中南海。我身上带着一把短剑，是专门定做的折叠钢刀，很锋利。我想万一他们要害死我，我也要拼他一个够本。不知转到哪里，车子停下来。我下车后，又来了一辆汽车。下车的人是我认识的徐廷援，他会说日本话，是日本士官学校出身，过去做过我们的军事教官。看到有徐廷援，我的心气更壮起来。走进一个院落，才知道是一所日本妓院。有八个穿着日本便服的日本人在里面。松岛向他们介绍我："这是中国的李武术家。"他们硬要我再练一套拳术供他们观赏。我说："喝多了，已不能练了！"他们就都围着长桌坐下喝起酒来，日本妓女陪酒，还劝我喝日本酒，直到深夜十二点后，我才辞出来。

　　当时日军方面，知道用硬的方法来对付第二十九军是要付出很大代价的，因而采用卑鄙下流的软化办法，来从思想上政治上分化第二十九军。另一方面利用大小汉奸来包围第二十九军的上层人物。那时第二十九军有些上层人物生活腐化，思想动摇，政治暧昧；而下级军官则生活朴素，埋头苦干，准备交锋。由于这些矛盾，日本人便利用一切可乘之机，对第二十九军的军官进行分化、拉拢、收买和软化工作。

　　今天我回忆松岛为什么要在宴会后拉我"转转去"呢？显然他是想拉我到亲日派汉奸方面去。后来又有一次我在南苑驻防时，松岛去飞机场送人之后，又指名找我晤谈。我当时是找一个日本士官出身的黎广时副团长共同和松岛见面的。松岛又约我"到城里去玩玩"，我谢绝了，没去。由此可见他对我的工作是下了工夫的。为什么我到南苑驻防，他如此熟悉？为什么他能直接到我的住处找我？从这些小事中，可以想见日本人对中国军队内部情况是如何熟悉。

戴守义、秦德纯等著：《正面战场·七七事变》，中国
文史出版社2013年版，第8—11页

卢沟桥事变始末

王冷斋

日本帝国主义自一九三一年九一八事变以后，即谋进一步侵略华北。当时南京国民党政府同日本签订《塘沽协定》和"何梅协定"，而日本军阀猖狂推行所谓华北冀、鲁、晋、察、绥五省的特殊化，以达其整个并吞中国之目的。日方曾先后由特务机关长土肥原贤二、松室孝良、大使馆武官高桥垣、今井武夫等在华北活动，造成一连串的破坏事件。现在简述如下：

一、张北事件。一九三三年三月，日军侵扰长城沿线喜峰口一带，经驻察哈尔之第二十九军抵抗，予以重大打击，日方屡思乘机启衅以图报复。一九三五年六月，日军官两人、士兵两名由多伦乘汽车赴张家口，经过张北县北门，守门卫兵按照规定检查，以日人并无入境护照不许通过。日军官竟欲强入，双方发生争执，守兵即将该日军官兵送往第一三二师司令部，由师长赵登禹以电话向北平第二十九军军部请示后放行。但日方以日军官曾被城门守兵及师部人员侮辱为由，竟由驻张家口日本领事桥本向我方提出抗议，并故意将事件扩大，更由天津日本驻屯军代表土肥原和日本大使馆武官高桥垣在北平向第二十九军军长宋哲元提出无理要求。经宋派副军长秦德纯与之谈判，双方交涉多次，结果除撤惩守卫城门之直属团长与拘留日军官之军法处长外，并将张北六县（即张北、宝昌、康保、商都、沽源、兴和）驻军撤出，以地方保安队维持秩序，此外，并撤去察省国民党党部及禁止排日行为，均由南京政府决定后办理。于是察省独立主权亦遭破坏。

二、冀东独立。日本军阀迫订《塘沽协定》，成立所谓非武装地带后，我方在冀东二十二县遂不能驻扎军队。就军事上说，冀东地区已形成特殊化，但行政系统仍归河北省管辖。日军阀对此尚不满足，又在一九三五年九月利用香河县汉奸武桓等收买地方流氓，以自治为名实行暴动，经地方当局制止，事态得归平息。日方计不得逞，就另行勾结冀东行政督察专员殷汝耕，于同年十一月通电宣布冀东二十二县脱离中央实行自治。殷本人不过是一个傀儡，一切军事、政治、经济均由日方操纵，并将这地区内的实业、关税、盐务等任意攫取支配，成为贩毒走私、匪徒出没、威胁平津安全的策源地。

三、华北策动。日本军阀图谋华北五省的特殊化，由土肥原等策动向宋哲元、秦德纯、萧振瀛等提出要求，内容要点为：（一）以宋哲元为领袖，组织华北五省自治政府；（二）建筑津石铁路；（三）改订津海关税率，增高欧美货物税，减低日本货物税。以上各项均为宋等拒绝。及冀察政务委员会成立，虽然有亲日分子在内，但许多军政措施亦不能为日方所满意。日军阀更加紧一步谋军事的进占。在发动卢沟桥事变之先，还有丰台增兵事件以为前奏。

四、丰台增兵。一九三六年九月十八日，日军步兵一中队在丰台演习，通过我方军队守卫线，我守卫士兵阻止前进，日军不听，遂起冲突。经双方派员调停后，虽然事态未至扩大即告和平解决，但是日军竟以此次事件作为借口，增兵进驻丰台，继而又以营舍不够居住为由，谋在丰台至卢沟桥中间地带建筑兵营及飞机场。这个地带属宛平县管辖，日方多次向我提出要求。在北平市政府、宛平县政府、北平日本特务机关部及天津日本驻屯军司令部各处，我方先后以北平市市长秦德纯和我为代表，日方先后以高桥垣武官、和知少将、板田上校、松井机关长及滨田辅佐官等为代表，双方谈判不下十余次，都被我方坚决拒绝。日方乃变计从民间着手，以重利诱惑这个地带居民自愿租卖。绝大多数居民都有爱国心，不肯为日方所诱惑，但有少数地主以为土地所有权可以随意买卖，也有为重利所动的。经剀切开导之后，由全体居民具呈县府，加盖手印，切实声明不能将土地出租或出卖，如果日军强占，决以流血相抵抗，众志一致，非常坚决。日方见此项阴谋复不得逞，遂于一九三七年七月七日在卢沟桥发动事变。

七七事变是由日方有预谋的演习而起。自一九三六年九月日军增兵丰台后，时常在附近地带演习，由昼间演习渐至夜间演习，由虚弹射击渐至实弹射击。我方屡次提出抗议，日方均置若罔闻，复经严重交涉，日方始允如有实弹演习之事自当通知我方。但日军小规模部队时常出动，我方为避免发生事端，即令保安队及警察随时注意戒备。一九三七年七月七日夜间，日军又在卢沟桥附近演习，十一时左右忽有枪声数响发于宛平城东门外，城内守军当加以严密注意。十二时后北平市长秦德纯来电话对我说：日本特务机关长松井向我方提出交涉，声称"有日本陆军一中队在卢沟桥演习时，仿佛听见由驻宛平城内的军队发出的枪声，使演习部队一时纷乱，结果失落日兵一名，日本军队今夜要入城搜索"等语，已经我方拒绝，究竟真相如何，迅即查明以便处理。我接到电话后，就通知城内驻军营长金振中切实查询各守兵，经查明我军并无开枪之事，而且每人所带子弹并不短少一枚，更可证明。另一方面，我又令警察在各处搜索，也未发现有所谓失踪日兵的踪迹。我根据这事实向市府报告后，奉命前往日本特务机关部与松井谈判，声明我方并无开枪之事，并拒绝日军进城的要求。我到达日本特务机关部时，见冀察外交委员会主席魏宗瀚、委员孙润宇、专员林耕宇、交通处副处长周永业及日本顾问樱井等都在座。我先声明：枪声方向是在宛平城东门外，我方在这里并无驻军，可知绝不是我方所发，就是城内守兵也查明并无开枪之事，每个守兵所带子弹不少一枚。所谓失落日兵一名，经派警察向各处搜寻也毫无踪影。松井仍强说演习日兵确实有一人失踪，城外搜索无着，必须进城搜索，方可明了究竟。我说："夜间宛平城门已闭，日兵在城外演习，怎么能在城内失踪？就是退一步说，果有失落之事，也绝和我方无关，或者效当年南京日领事藏本自行隐匿的故技，企图作要挟的借口。"松井不承认有此等事。谈判结果，决定第一步先由中日两方面派员同往宛平城调查，等调查情况明了后再商谈处理办法。当时指定调查人员我方为林耕宇、周永业和我三人，日方为樱井顾问、寺平辅佐官和斋藤秘书三人。这时，得到报告说：驻丰台日军一大队约五百余人并炮六门，由大队长一木清直率领向卢沟桥出发，事态甚为严重。同时日军联队长牟田口也约我面谈。他说："现在时机紧迫，应即迅速处理。阁下为地方行政长官，应负当地处理的全责，以免延误扩大。"我说："刚才在你们特务机关部所商定的是先调查后处理，现在我所负的只是调查的使命，还谈不到处理。"牟田口再三要求，我仍坚决拒绝。就同林耕宇、周永业两委员并樱井、寺平、斋藤共六人，乘两辆车前往宛平城。当车到达离城约两里的地方，见公路右侧及铁路涵洞一带都被日军占据，枪炮摆列，做战斗准备。我和林耕宇、寺平同乘一车，这时寺平忽请我下车，拿出一张地图向我说："事态已十分严重，现已不及等待调查谈判，只有请你速令城内驻军向西门撤出，日军进至东门城内约数十米地带再商解决办法，以免冲突。"我说："此来只负调查使命，在你们机关部原已议定，适才牟田口要求负责处理，我已拒绝。你所提我军撤出、你军进城的无理要求，离题太远，更谈不到。"寺平又说："平日日军演习都可穿城而过，何以今日不能进城？"我再驳斥说："你接事的日子不久（寺平接滨田任不及三个月），或者尚未明了以前情形，我在这里从未允许你们演习部队穿城而过，你所谓先例在何月何日？请给我一个事实的证明。"这时日军指挥官森田联队副胁迫我行至战线，欲以武力恫吓。他们两人这种举动大似绑票。我仍坚持调查原议，斥责他们前后不应该如此矛盾，万一事态扩大，他们二人当负全责。双方相持十余分钟，森田见威胁不成，乃向寺平示意，仍由寺平同我进城调查。

进城后，周永业、樱井和斋藤三人已先到，正在会商调查办法。而城外日军忽向城内开枪，城上守兵以日军无理挑衅，就予以还击。双方射击约一小时始停。我向樱井等日方人员严切质问，并声明日军首先开枪破坏大局，应负酿成事变的责任。樱井等说开枪或出误会，当努力于此事的调解，勿使扩大。这时日军联队长牟田口忽派人送信来，约我同团长吉星文出城谈判，我们以守土有责，不能擅离，当派林耕宇代表和寺平缒城而出，向牟田口面商停火之事；一面并以电话向北平高级机关报告日军首先开枪情况，请向日方交涉制止。林等出城后，历两小时尚无消息。日军又继续向我方射击，并且以迫击炮攻城，命中专员公署，房屋大部被毁，我专署及县府人员幸于十数分钟之前迁往比较安全地点办公，免于遭难。人民房屋也有被毁的，人员有些伤亡。战至下午六时左右，营长金振中①及

---

① 本人有文章记载，他在七月十一日凌晨战斗中追击敌人时负伤。——编者

保安大队副孙培武都负了伤。枪炮声停后，日军旅团长河边正三派人送信前来，仍约我出城商谈，并且要求我方军队退出城外，否则即以大炮攻城。我答复在开战中不便面晤，唯建议双方先行停火，一切由北平高级机关解决，如果日军不肯停止射击，我军不能坐以待毙，当予以强烈回击。这时日军已经占领了平汉线的铁桥及附近龙王庙等处，至夜间战事更为激烈。我军乃以大刀队摸营和敌军实行白刃战，歼敌颇多，卒将龙王庙等处克复。自"七七"夜间日军首先开枪起至八日夜间止，战事时断时续，都是日军先行射击后我军才予以还击，直至我大刀队实行摸营，始变被动为主动。城内外军民同心合力痛击顽敌，使日军受创，以后战事才暂告停止。

九日上午四时，我接到北平电话说：日松井机关长来称失踪日兵业已寻到，现在可以和平解决，双方已商定停战办法三项：一、双方立即停止射击；二、日军撤退至丰台，我军撤向卢沟桥以西；三、城内防务除宛平原有保安队外，并由冀北保安队担任，人数限三百人，定于本日上午九时左右到达接防，并由双方派员监督撤兵。我以为停战协定现已成立，战事当可休止。但上午六时，日军复向城中发炮达七十余发。我当即以电话向北平报告，并请向日方诘问。据日方的答复说，这次炮击是为掩护撤兵。到七时半炮声始停。九时以后尚无保安队进城消息，经查明保安队到大井村（在北平至卢沟桥中间）后，为日军所阻，不得前进，且发生冲突，我军阵亡士兵一名、伤数名，北平方面正在交涉中。直至午后三时双方监视撤兵委员始到达宛平，我方为冀察外交委员会专员林耕宇（林于八日自宛平出城与日军牟田口接洽停战未妥即回北平），冀察绥靖公署高级参谋周思靖，日方为中岛顾问。当即分作两组，甲组为林耕宇和樱井（樱井是日方所派调查委员，于八日晨同到宛平），乙组为周思靖及中岛。双方分途出发，不久即返城报告，监视撤兵完毕。但这时保安队尚未进城，当由周思靖与中岛同往大井村与河边接洽。到六时左右由周带来队兵五十名交我接收。我以双方议定接防保安队人数为三百名，今只到五十名，不够城防分配，当复电北平报告，请向日方交涉。不久接北平电话，谓已与天津日本驻屯军商妥，保安队可全数进城，但所携带的机关枪则须送回北平。七时以后，保安队才全部进城，但不足二百名之数，据说每一挺机关枪由队兵三人押运回平，故人数不足。冀北保安队是石友三所部，也归第二十九军统辖，到后即刻将防务分配完毕。这时日军旅团长河边正三要求允他率徒手幕僚入城慰劳，经我谢绝，日方派外交人员笠井顾问、广濑秘书及爱泽通译官三人携香槟酒来城，故作表示庆祝和平实现之意。笠井等去后，经我方查明，城外铁路涵洞处还有日军隐藏并未撤尽；时已入夜，且有去而复返的，数目不少。在这时候，监视撤兵委员都已返平，仅中岛还在城内正匆匆欲行，我以中岛系监视撤兵委员，现在发觉日兵并未撤尽，这等责任应由他负，当即向他交涉。中岛无法诿卸，允为协助办理未了事件。到了夜间，涵洞内隐藏的日兵果然向城中袭击，幸我军已有准备，以枪弹还枪弹，日军仍不得逞。我急以电话向北平报告日军隐藏及袭击情况，并请示处理办法。北平方面命我于次晨同中岛到平面商。我和中岛遂于十日清晨同车赴平。当车过铁路涵洞附近地方，尚见日军步哨数人持枪作射击姿势，经中岛告以接洽和平任务始得通过。

我于十日上午抵北平后，即至市长秦德纯宅。这时河北省政府主席兼第二十九军第三十七师师长冯治安、冀北保安队旅长程希贤和绥靖公署高级参谋周思靖都在座。不久日顾问樱井、中岛（中岛在进城后和我分途）、笠井和斋藤秘书也来到。我们一起开了联席会议。我首先声明我方已遵照停战条款实行撤兵，但日军在铁路涵洞部分尚未撤尽，而且昨天夜间又向宛平城袭击，日军此等行为显系破坏停战协定，应即迅速撤退方能保持和平，否则一切后果均当由日方负责。斋藤声称日军未曾撤尽的缘故，是因为有阵亡日兵尸骸数具尚未觅得，留下这些少数部队以便搜索。我驳斥他说，搜索尸骸无须许多兵数，而且也不必携带机关枪。斋藤辩称，因恐受你方袭击，不得不多留部队以资警戒。我说，如果真为搜索尸骸，我方可以帮同办理。遂由我方代表提出，双方各派委员若干人组织徒手搜索队向战地各处搜索，日方代表赞成此议。于是商定我方由第二十九军、冀北保安队及专员公署各派委员一人，日方以樱井、中岛及笠井三人为委员共同组织。并由第二十九军及冀北保安队各派士兵十名，日军派士兵二十名，徒手，由六委员率领，在卢沟桥附近各地尽量搜索，搜索时间以二十四小时为限，到时无论发现尸体与否日军都应向丰台撤退。双方同意正预备执行，日方代表樱井等四人忽然离席向外边打电话，经过很久，尚未回来。等我往外边一查，才知道他们竟不辞而别，踪迹俱无。这时各方报告接连而至，谓日军已由天津、古北口、榆关等处陆续开到，且有大炮、坦克等向卢沟桥前进，已将大井村、五里店等处占领；平卢公路也不通行，战事即将再发。仅仅三天期间，日方故弄诡谋、背约弃信至四次之多：第一次，停战协定后，日军又炮击宛平城达七十余发；第二次，日方破坏停战条款阻止我方保安队进城；第三次，我军遵约撤出，日军还隐藏一部未撤，而且向宛平城袭击；第四次，双方议定组织搜索队，日方代表忽然逃席而去，日军又将大井村等处占领。以上一连串的诈谋诡计，都是为了达到缓兵目的。至此，日本侵略者的狼子野心已暴露无遗。

日方由各处调来重兵后，向宛平城进击，和平谈判再被破坏，无法再商谈。这时平卢公路不通，我就取道门头沟绕长辛店返回宛平。自十一日起，日军时以大炮轰击宛平城及其附近一带，城内居民伤亡颇多，团长吉星文亦负伤，就将城内居民向城外比较安全地带疏散。战事由此扩大到八宝山、长辛店、廊坊、杨村、南苑等处。我第二十九军各部分散于各处应敌。日军出动飞机在各处侦察扫射，战事时断时续，由北平至宛平电话也常被敌人破坏，不能通话。当七七事变爆发前，冀察政务委员会委员长兼第二十九军军长宋哲元正请假赴山东乐陵原籍，这时急速回平，路过天津时与日本驻屯军司令香月清司作数度和平的谈判。宋返平后发出通告声明三事：一、第二十九军绝对遵奉中央命令枪口不对内；二、冀察领土主权不能任人侵犯；三、对日交涉仍本和平原则进行。到二十二日和平协议才有眉目，日方要求将对手交战之第三十七师冯治安部调往冀南，所遗防务由第一三二师赵登禹部接替。我方为求得和平，就允其所请。正在进行调防中，日军炮击宛平城、长辛店等处更为猛烈，显然含有威迫作用。二十五日晚，日军一部忽欲从广安门突入北平城，为我守城队兵所阻，计不得逞。二十六日，天津日驻屯军司令香月清司竟向我第二十九军军长宋哲元发出通牒，限第二十九军全部于二十四小时内离开北平，否则即以飞机、大炮攻城。我方至此实在忍无可忍，各线遂奋勇反攻，二十七日将丰台车站克复，同时八宝山等处我军也获胜利。二十八日拂晓，日军以大部兵力并飞机、坦克猛扑南苑，激战至下午，我第二十九军副军长佟麟阁、师长赵登禹先后殉国。日军更向北平进攻，冀察当局为避免全城糜烂，就将北平军队撤出，在涿州一带布防抗战。卢沟桥、八宝山等处我军正向丰台胜利前进中，至此也一同转移。当我军转移时，日军飞机连番追逐袭炸扫射，在长辛店、公主坟及大灰厂等处，我军民被炸被射死伤甚多。卢沟桥于七月三十日沦陷。自七月七日起共抵抗二十四天，孤城屹立，士气旺盛。后因孤立无援，终于奉令退出。

戴守义、秦德纯等著：《正面战场·七七事变》，中国文史出版社2013年版，第20—28页

挥泪告别卢沟桥

洪大中[①]

一九三七年七月七日卢沟桥事变之际，我适在宛平县任职，事变前后均身临其境。今天，回忆往事，仍感慨万分。现在把当时经历的一些情况写出来，供研究历史者参考。

卢沟桥的形势

卢沟桥在北平的西南面，是永定河上由北平通往河北省南部地区的唯一咽喉要道。

日本帝国主义侵我东北后，继续向我华北进逼，到一九三七年卢沟桥事变前夕，日本侵略势力对北平已是一个包围态势：在北面，它制造了百灵庙德王的伪蒙疆自治政府，并侵犯察北。在东面，它制造了通县殷汝耕的伪冀东自治政府、唐山陶尚铭的伪唐山自治政府（势力控制到山海关）等。这些傀儡政府完全听命于日本顾问。日本关东军和天津日本驻屯军在上述地区内派有日军并组建了伪军，是侵犯和扰乱我冀察地区的前哨

---

① 作者当时系河北省宛平县政府秘书兼第二科科长。——编者

部队。在南面，与卢沟桥相距五里的丰台，是平绥、平汉、平奉铁路的枢纽。一九三六年日军制造事端，把中国军队从丰台赶跑，由天津日本驻屯军增派牟田口联队所属一木清直大队驻扎在丰台中国兵营，实行强硬霸占。从此丰台重镇便被日军控制。从当时军事态势看，北平对外的唯一通道只有卢沟桥。卢沟桥成了日军侵占东北、热河、察北、冀东之后的主要侵略目标。

宛平设立专员公署

日军控制丰台后，继续进侵，除不断要求在平大公路上（北平——大名）的大井村修建飞机场外，后来又狂妄提出要通过卢沟桥到长辛店举行军事演习。这是借军事演习之名，达到强行占领卢沟桥、长辛店之实，一可扼死北平对外的唯一通道，二可长驱直下，夺取我保定、石家庄广大平原。为此之故，交涉频繁。当时河北省府远在保定，与北平相距三百六十里，难以兼顾。为了便于对外交涉，决定划宛平、大兴、通县、昌平归河北省第三区行政督察专员公署管辖，署址设在宛平县，县治是卢沟桥，有关涉外事宜归北平市政府统一节制。专署于一九三七年一月一日成立，任命北平市政府参事兼宣传室主任王冷斋为督察专员兼宛平县长（王与北平市长秦德纯是保定军官学校二期同学）。王调我任宛平县政府秘书兼第二科科长，主管田赋钱粮；县府第一科主管民政司法，由一位地方上的俞老先生负责民政工作，一位福建籍的林老先生负责司法工作；第三科主管地方财政，由庞各庄人王某任科长；第四科主管建设，由本地人张某任科长；警察局长是个枣强人。我因原来从事新闻工作，不懂仕道，遇事虚心求教，得到地方人士支持，对我帮助很大。王冷斋的分工是应付上层，主要是指北平和冀察当局交办的事项；我应付县府日常工作以及涉及丰台日本军警宪、日本浪人的纠纷。

宛平专署为了办理外交事务，任命卓宣谋为外交秘书。卓曾留学日本，交游广阔，其兄卓定谋乃当时中国实业银行总经理，另一兄卓宷谋亦为官场的显赫人物。王冷斋借助卓的身世，以抬高专署办理外交的身份。专署另设中文秘书一人，处理日常行政工作。专署管辖的各县一般行政工作仍直通省府，所以专署仅设一秘书室，未设其他编制。专署自成立直到七七事变，七个月的时间主要忙于对日外交。

一点历史教训

宛平专署成立后，驻丰台日军大队长一木清直少佐首先来专署表示祝贺；接着，日本驻丰台的宪兵队长和日本在丰台的警察署长都相继前来祝贺。从表面看这是普通的礼节性拜访，但事后察觉是有其军事目的的。原来一木清直外出都是骑高头大马，可是这次到五里之遥的宛平城，却徒步而行，岂不怪哉！直到七七事变才弄明白这点。七七之夜，日军第一炮就把专署大厅打垮，原来一木清直下马步行，是走步测量距离。这也说明，日本侵略者的行动，都包含着阴谋诡计。历史的教训必须认真汲取。

丰台的毒氛

我于一九三七年一月一日到宛平以后，曾多次去丰台，如代表专署和县府做些回访答谢之事，交涉日本浪人侵犯中国人民权益的事件，顺便也看了看在日军控制下的丰台。当时日本商人、浪人、妓女等已充斥丰台一条街。招牌叫"料理"，实际是白面（海洛因毒品的俗称）馆，低级下流，不亚于汉奸陶尚铭盘踞的唐山一条街。日本浪人经常假装酒醉，侵犯中国人民的利益，侵占中国老百姓的财产，调戏侮辱中国妇女。每天有状告日本人的案件，情节之恶劣，令人难以容忍。我同警察局李巡官（日语翻译）到丰台日本警察署和日本宪兵队办过多次交涉，每次日方都说进行调查，但是最后总是没有结果，既不答复，也不处理，任凭罪犯逍遥法外。我方无可奈何，不能依照中国法律对罪犯进行拘捕。反之，日方因事向我方提出无理交涉时，则气势汹汹，不可一世。广大人民对日人罪行恨之入骨。

大井村的几个回合

日本千方百计要在大井村建立飞机场，天津日本驻屯军参谋桑岛中佐带着事先绘制的大井村地形图到宛平，立即要我们按图割地，并提出马上圈地打桩，要我们俯首听命，气焰十分嚣张。王冷斋当即对他表示：刚刚到任，前任县长对此没有任何案卷移交，因此需要向上级请示。其次，从图纸上看，被圈面积较大，地面上的居民房屋、树木、河流、道路、桥梁等等，涉及问题非常之多，必须通盘研究，才能答复。桑岛说："你们的上级是同意的。"我们向他要批文，他又拿不出来。原来，当时冀察政务委员会的外交总署对此事不是认真从民族利益着想，而是采取推卸责任的办法，把它推到宛平专署，于是日方就借口"业已得到同意"，到宛平专署只是办手续而已。最后我说："叫中国农民出卖祖宗坟墓，肯定是办不到的（因为北方农村村外就是坟地）。这事我们无权处理。"后来日方又陆续来人纠缠多次，如日本大使馆辅佐官寺平、秘书斋藤等，都到过宛平县，每次均被我们婉言拒绝。我和王冷斋当即立下誓言，不管遇到什么风险，绝不能在我们任内发生出卖祖国一寸土地的事情，绝不在中国历史上留下罪名。

日方从正面交涉，屡次均被我拒绝，于是便在背后搞阴谋诡计。他们勾结当地汉奸和地痞流氓，秘密串联，以欺骗手段夺取大井村农民的土地，直到准备在县政府办理地契过户手续时，我们才发现真正的买主是日本特务机关部。这得感谢第二科科员俞二先生，他经过对卖地农民的细心盘查，发现每次来办过户手续的都是两三家，都卖给同一姓氏，而卖主全是大井村农民。当时并无任何自然灾害，农民无必要出卖全部田产搬迁。这引起俞的很大怀疑，立即把契纸和申请拿给我看，并提出他怀疑的根据。我认为很有道理，叫他暂把地契和申请扣留不发，让他们等待通知再办手续。我们连夜派人到大井村调查，果然有汉奸在活动。当即将为首的抓起来，同时组织人力向农民进行宣讲，要爱国家民族，不要上当受骗；并说，出卖祖宗的庐墓是大逆不道的。与此同时，把当地农民组织起来实行联保制，彼此立约，绝不出卖祖国一寸土地。经过这样安排，日军的阴谋诡计又落了空。

松井之宴

三月初，日本特务机关长松井太久郎大佐亲自出马。他下帖请王冷斋、卓宣谋、专署林秘书和我共四人，到东交民巷台基厂二条日本特务机关部午宴。我们接到请帖，明知不怀好意，但我们不能示弱，刀山火海也要去，如果被扣、被杀，将会激起全国更大的抗日浪潮。我们都是抱着牺牲的决心去赴宴的。主人是松井，日本大使馆武官今井武夫、参谋桑岛、辅佐官寺平、秘书斋藤等作陪。我们到达时，松井等在大门庭院列队相迎，稍事寒暄，即入席举杯互祝友好。但为时不久，斋藤即拿出大井村地形图和"协议"文书，要王冷斋当场签字，把纸笔送至席前，松井起立说："为了中日友好，希望专员阁下给予赞助。"王也起立说："松井大佐阁下设宴是为了中日友好，我们前来赴宴也是为了中日友好，我们希望宴席之间只能谈笑言欢，政事留待以后商议。如果现在谈判大井村土地，那就只有退席，即使因此而失去自由，也在所不惜。"王讲到最后非常激动，不觉用手拍了桌子。我正准备暴风雨的到来，不料松井态度突然一百八十度的大转弯，大喊大叫："写条子、写条子的花姑娘的好！"立刻把北平著名的日本艺妓和最红的中国妓女接来，围满了一桌。这种突变，出乎我们意料之外。但这种场合，弹琴说唱已格格不入，只有使人感到厌烦。特别是日本艺妓的弹唱，既听不懂，又要装着用心听的样子，是很难受的。我催王冷斋赶快退席。但这时日本人却拉王冷斋和卓宣谋与妓女跳舞，以缓和刚才的紧张气氛。我和林秘书根本不懂跳舞之道，只作壁上观。正当此时，一个中国妓女突然说钻石戒指掉了，日本人到处查找，翻转沙发，立刻一片混乱。我觉得这是故意捣乱。因为那个喊丢戒指的中国妓女名叫"二妹"，是妓院中的佼佼者，与王似曾相识。日方故意制造这一幕活剧，是作为威胁利诱均无法达到目的的遮羞布。于是我催促王冷斋、卓宣谋向日本人作别，一场斗争暂告结束。

查看敌人机场

由于我们坚决不同意在大井村建飞机场，日本人就在五月初在通县开辟了一个简易的飞机场，不是水泥跑道，似乎是用压路机压过的。河北省府命令第三区行政督察专员公署派人调查通县日军飞机场实况，绘图上报。当时专署只有两位秘书，卓宣谋根本不管行政事务，林秘书年老，不宜做外勤工作，王把省府命令交我办理。我想县府只有第四科主管建设，但第四科都是本地人，派他们出差要承担安全责任。因为通县是伪冀东自治政府所在地，是日本的统治区，搞得不好被敌伪发现，可能有生命危险。我考虑之后，觉得只有自己走一趟，或许能得到一些可靠的情况。我在北平市政府宣传室工作时，有同事张崇福因升级问题一气跑到伪冀东自治政府民政厅做事去了。我们俩人过去相处较好，我去找他至少不会被出卖，但也没有完全把握，是抱着试试看的心理去的。下了火车，直奔伪民政厅。张崇福把我领到他家，第一句话就说："你好大胆。"我说明来意。他说："我不能同意你去看，我老婆孩子都在这里，不能冒这个风险，因为认识我的人太多了。"他叫我吃罢午饭就走，吃的是窝窝头，看起来他们生活很苦。对我这不速之客，从他的表情上看，他是很紧张，但他还是简单介绍了一些情况。

通县新建的飞机场，设在通县火车站通往县城的大道旁，周围圈有铁丝网，虽然一眼望不到尽头，但地面设施尽收眼底，当时机场尚无飞机停留。由于周围全是开阔地和大道，机场完全暴露，目标很大。我把调查情况绘制成简单草图上报。王冷斋对我安全归来并完成任务，表示欣慰，曾向省府请奖。他告诉我："你不回来，我不敢离开办公室。"

震惊世界的七七事变

日本千方百计图谋大井村的目的，意在切断从北平通往卢沟桥的交通要道，控制冀察政治军事中心——北平，实现华北特殊化的美梦，由于我们态度坚决，使日方无法施其计。但日本侵略中国乃其既定国策，不会因大井村未得手而善罢甘休。因此日本在大井村问题上碰壁以后，便故技重演，于一九三七年七月七日向宛平驻军提出，演习时失踪日兵一人，要求进城搜索，想兵不血刃，垂手而得卢沟桥。但事实与日方估计完全相反。我第二十九军守城部队在旅长何基沣的严令指挥下，对日军的无理要求和侵略行动给予坚决回击。日方威胁失败，却点燃了我全国抗战的烈火，敲响了日本帝国主义者的丧钟。

一九三七年七月七日，宛平县的工作人员从清晨就忙着"国大"代表选举。因为七日这天乃正式投票日期，监票人员都已分赴各区乡。根据河北省府的规定，投票处的票箱要原封不动地送至保定省府所在地，而且要求一律当天送到。我从早晨就同各区乡研究投票情况，票箱何时可以送出，何时能够送到。幸好在下午四时，各区乡镇的票箱都已送齐。为了当天送到保定省府，我同铁路局商量，请让五点三十分的南下客车在卢沟桥停一下，以便把十几个票箱送上车，不然就要运到长辛店站，时间已经来不及了。此事得到铁路局的同意，临时停车一分钟，让我们把票箱全部送上车，并派两人随车护送，至于为什么不叫我们在宛平县当众开票，我想其中定有不可告人的秘密。

送走了客车，在我眼前展现出一片开阔地。清风徐来，吹散了午后的暑气，刮得玉米叶子刷刷作响。夕阳照耀在地平线上，缕缕炊烟四起，衬托满天彩云。眼前一幅多么美好的大自然风光！不想就在这天夜里，竟发生了震惊世界的卢沟桥事变！

当日我从城外回到县城，就听公务员小刘说："城外演习的日军还没撤回丰台，并在构筑工事。"我就到驻军第二一九团第一营金振中营长处了解情况，当时中校团附苏桂青在座。苏对此不以为怪，因为这种情况已司空见惯。不过为了防备万一，我同警察局研究，天黑以前把东门关上。我忙了一天，晚饭都不想吃就睡了。

入夜，偶然听到部队集合的哨声和跑步声，县府也声音嘈杂。我忙翻身起床。第一个消息听说日军要攻城。守城部队苏桂青团附和金振中营长请示第一一〇旅旅长何基沣。何命令第二一九团：一、不同意日军进城；二、日军武力侵犯则坚决回击；三、我军守土有责，绝不退让，放弃阵地，军法从事。这样坚决的命令，全城军民都非常振奋。人们高兴地说："可有机会打鬼子了，出出多年被日本帝国主义者欺压的怨气。"人人摩拳擦掌，个个争先恐后，为部队往城墙上运送弹药箱和麻袋泥土，做临时防御工事。城内居民没有人惊慌失措，更没有为了自家安全想出城逃走的，都认为打日本侵略军是大快人心的事，都要为抗日出力。这时大家齐心协力把东、西城门用麻袋泥土堵紧，仅西门留一缝隙，供人出入。家家户户用棉被遮窗，一可防煤油灯灯光外射；二可防止流弹。中国人民的爱国热情，从卢沟桥抗战开始就值得颂扬，值得骄傲。

日军进城不得，势成骑虎，于是把整个大队都从丰台调至宛平城外，列成攻城架势。一面由日本北平特务机关长松井通知北平市长秦德纯，威胁说，事态严重，若不同意进城搜索失踪日军，就要武力解决。秦德纯此时才找王冷斋询问情况。当时王冷斋不在宛平县，因为他身兼北平市政府参事及北平新闻检查所所长，每晚必到新闻检查所办公，所以平时只是上午到宛平县批阅公文，下午一般不到县。王家住北平南长街。王虽保定二期毕业，但风度潇洒，颇有文人气派。其夫人胡××乃名人马相伯之高足，能诗善画，尤善词令昆曲，每当茶余饭后，笛声绕梁，声达户外。当时新闻界称王的家庭为"极乐世界"。七日夜，王在家接到秦德纯电话，叫他立即到宛平现场调查"日军失踪"事件。

七日夜间零时前，王冷斋偕同日军参谋中岛由北平到达宛平。不论在北平还是在宛平城外，与日本特务机关长松井、日军旅团长河边、联队长牟田口等的谈判，均无任何进展。我方坚决保证城内并无失踪日兵，因为不仅守城部队和保安警察查遍户口，根本没有什么失踪日兵，而且从时间计算，按平时习惯，那个时间也不会准许单身日兵进城。但日军坚持要进城搜索，否则即要攻城；并限零时为期，如不开城即炮轰。此时我军业已做好充分准备，并抗议日军的无理要求。八日晨一时左右，日军开始攻城，枪炮齐发，专署县府大厅首当其冲，被炮弹轰塌。幸好工作人员事先撤至老百姓家中办公，王冷斋本人也于谈判决裂之后，驻到守军指挥所旁边，以便随时交换情况。

　　自从日军首先开枪开炮后，宛平与北平直通电线即被日军切断，宛平无法与第二十九军军部和北平市长秦德纯取得联系。在万分焦急的情况下，我得知宛平与丰台线路尚通，于是冒生命危险潜赴丰台，接通北平与宛平的联系。我在那里隐藏了三昼夜。至十日晨，由于我军八日在何基沣旅长亲自指挥下，收复了平汉铁路大桥和龙王庙，日军畏我全线出击，假惺惺提议谈判解决，我才奉命离开丰台，返回北平参加谈判。

潜入丰台联系平宛

　　我是八日拂晓前到达丰台的。由于我经常同日本宪兵队、日本警察署及日本驻军校级军官办理外交，面孔熟，所以不便在外走动。到达丰台后，立即找电话总机，他们听说我是为了传递卢沟桥战况而来，立即保证随叫随通。有人说："把这两条线给他作专用线吧，以免走漏消息。"他们的热情给我极大的鼓舞。我也向他们保证，不论在什么情况下绝不后退，愿为抗日牺牲一切，甚至生命。承他们告诉我，丰台商会的人已逃走，房子电话都是现成的，可以利用。于是我就在丰台商会住下来，靠一把椅子，守候在电话旁。

　　我在丰台拿起电话打到宛平县，公务员小刘接电话，我叫他守在电话旁不要离开，把战况和专员向北平报告的事项及时告诉我，再由我转告北平。他从此就成了不怕死的义务接话员，昼夜守候在电话旁。专署、县府是敌人炮轰的目标，七七之夜，敌人第一炮就打中专署大厅，墙倒屋塌，有继续发生危险的可能。小刘对此毫不在乎，与总机话务员一样，在他们的心灵深处都有一颗爱国抗日的红心。

永定河畔捷报传

　　一九三七年七月八日这天，我传递的电话主要是时断时续的战况。日军的气焰很嚣张，在我们尚无作战准备的情况下，偷偷摸摸地占据了永定河沿岸的龙王庙和平汉铁路桥。这就意味着我宛平城防守军可能腹背受敌。因为日军通过铁路桥，随时可以踏上永定河西岸，迂回至卢沟桥，堵住宛平守城部队的退路，一面分兵进犯长辛店，良乡、涿县一带是平川，无险可守，则大河以北危矣！北平将成为一座死城，我军亦会陷入包围。所以平汉铁路桥和龙王庙在军事上关系极大。但八日这一天日军未向永定河西岸运动，主要是他们后续部队尚未到达，少数日军又怕被我消灭在河滩的开阔地上。这就给我们极为有利的时机。我军于八日黄昏时组成大刀突击队，在何基沣的亲自指挥下，一举夺回平汉铁路桥和龙王庙，完全恢复了永定河东岸的态势，减少了宛平县城侧后的威胁。当小刘告诉我这一喜讯后，我悬挂了整整一天的心才安定下来，马上向北平电告。秦德纯和张樾亭叫我转告前方官兵，表示祝贺和慰问。据小刘说何旅长八日黎明前就到了宛平，挑选突击队，并把第二一七团调到永定河西岸作预备队，警备河防。入夜，第二一九团的突击队手持大刀短枪，在河西岸集结待命。城里的人没有听见枪响，就听说收复了平汉铁路大桥和龙王庙。原来，我突击队是用大刀砍退了日本鬼子，所以听不到枪声。倒是在宛平城上，为了掩护夺回铁路桥，我军的机枪齐鸣，转移了日军的注意力，收到很好的效果。

敌人的缓兵之计

我军夺回龙王庙和铁路桥以后，日军确实担心我军全面出击。九日拂晓前，我接到北平电话说："松井特务机关长表示失踪日兵业已归队，一场误会希望和平解决。"但提出三个条件，其中两条是第二十九军部队撤出宛平城到卢沟桥迤西，城防由保安队（石友三部冀北保安队）三百名接替（等于两个连）。此项条件冀察当局业已接受，并称，上午保安队即可到达，等候换防后叫王冷斋和我到北平开会。秦德纯在电话里说，如此解决是给日本人保留一点面子，找个台阶下；对我们也无损大局。叫我通知王冷斋和吉星文团长，做好交接准备。我当即提醒秦说，八、九两日丰台车站不断有日军到达，运输很是紧张，不像停战不打的样子，而且来的日军听说都是关东军。秦德纯说："日本军部的命令可能还没下达，我们先执行。"实际是我们片面执行了日方条件，而日本则利用我方软弱可欺，为大规模的侵略行动进行了充分准备。

九日这一天，我传达电话最多。因保安队不能如时到达宛平，王冷斋不断追问原因，北平也来电询问保安队已否到达接防，结果前后方均得不到准确消息。后经北平多次派联络参谋出西直门至卢沟桥方向侦察，方查明是日军故意刁难，重重阻挡，不让冀北保安队开进县城。从上午拖至下午，将近黄昏才有五十名保安队进城，其余又无消息。王冷斋叫我继续查问原因。张樾亭说日军不准携带重机关枪进城，为了把重机关枪送回冀北保安队，所以抽调一部分兵力。至夜晚，真正进城接防的保安队不足二百人，而且一天走短短三十里的路程，根本没有想到需要行军烧饭，中午饭是由北平营房用汽车送的，晚饭未曾准备。因此这二百人到达宛平，虽已深夜，尚未吃饭。保安队孙大队长说因战线太长，二百人无法接防。我电话请示如何处理。秦德纯示意叫吉团长按原定计划交接，不致影响防务。我如实传达完毕。但王冷斋叫我急电秦市长，据侦察，日军确实并未如约撤退，而且有调整部署、向前推进的姿态。秦德纯说："双方正在研究善后，果真他们背信毁约，明天正好在会上向日方提出质问。"叫我转告吉团长加强城防守备任务。果然不出所料，半夜，正当保安队吃饭之际，日军突然攻城，幸第二一九团尚未撤离，把敌人打退。这说明敌人是想利用保安队兵力单薄夺取宛平，因此白天玩了许多花招，如限制重机关枪进城，减少保安队人数等，都是他们的阴谋诡计。

十日晨，我化装从丰台回到北平，王冷斋也和中岛（七日夜仗打起来以后，王冷斋把他扣留在县城）从卢沟桥回到北平。九点多钟在秦德纯家开会。日方出席人员仅仅是冀察政委会顾问樱井等五人，没有一个人能代表日本军部，松井、今井等均未出席，一看便知日方对这个会是不重视的。

会上，日方公然要我方撤换有关军政指挥官，还要我方向日方赔礼道歉。何基沣听了勃然大怒，指斥樱井："这次卢沟桥事件完全是日本有预谋、有计划的侵略行动，是日方集结军队向宛平首先开火，明明是侵略行为，应向我方赔礼道歉，并保证以后不再侵略，否则就消灭你们。"说罢就把小手枪往桌上一拍，樱井再不敢开口。冯治安听罢很得意。我接着补充说："丰台车站最近两天不断有关东军进出，如果愿意和谈，为什么继续把兵员、装备、武器运至丰台？你们是否有和谈诚意？"王冷斋也指出日方不守信义，多次反复，短短三天就出现许多不值得信赖的事例，质问日方是否有和谈诚意。

这个会是日方提议召开的，结果日方代表竟在会议休息时先后溜出大门，不知去向。何基沣旅长说："对付他们只有像夺铁路桥和龙王庙战役那样，狠狠地揍他们，叫他们知道厉害才行，谈判必然是吃亏上当！"

正当我们寻找日方谈判代表时，卢沟桥方向枪声又起。事实证明，日本人的"和谈"只是缓兵之计，而我方则以和谈为目的，所以最后弄得一塌糊涂。

宛平放粮时的惊险一幕

十日下午，我拜别卧病在床的老母，随王冷斋经门头沟绕道至长辛店。王因在宛平昼夜辛劳，加上在县府被炮击时受惊，神经过度紧张，患严重失眠症。他在长辛店稍事停留，把专署、县府人事安排后即返回北平，住进协和医院治病。行前宛平城内仍有许多工作待理，如警察局看守所还有在押犯；第二科的田赋名册以及各科室的档案等还需管理；特别是军事需要、人民生活、接待慰劳团体等事，都很繁重，必须有人负责主持。当时我年富力强，愿为抗战尽力，王冷斋即以专员身份命我暂代宛平县长，全权处理一切战时应急事宜。临行，第四科张科长坚决和我同行。他说："绝不能让你一个人担惊受怕，我给你助助胆也是好的。"我欢迎他一道上前线，因为能有一位本地人在一起是必要的。在共患难的时刻，我感觉张科长是一位忠厚的长者。

我们到县城第一件事是访问不愿撤离的居民和维持秩序的警察。发现居民生活困难，没有经济来源；由于城门禁闭，不少家庭无煤无柴；商业完全停顿，必须迅速解决居民的生活问题。我把这些情况呈报北平市府秘书长周履安，得到的答复是调拨小米三千斤，现金两千元，作为宛平县城居民的赈粮赈款。赈粮很快经门头沟长辛店送至宛平西门。我和张科长商议决定，立即发给居民。第二天下午在西门内发放赈粮，每人五斤小米。正当我和张科长及部分警察在西门内马路旁称粮放赈时，城外日军突然开炮，六七发迫击炮弹相继落在发放赈粮的人群周围，幸好均未爆炸，否则将无一幸免。吉星文团长在团部门前大喊："赶快散开！隐蔽！"叫我和张科长到事先挖好的掩体内躲避。我们顾不得粮食口袋还在路旁，就一头钻进掩体。不想刚刚钻进掩体，掩体就被炮弹击中，土木结构盖顶被震塌，泥土木料把我和张科长埋起来。幸亏警察冒着炮火把我们刨出来，否则将闷死在洞里。事后，吉星文告诉我，敌人炮兵有曲射镜，虽有城墙阻隔，但他们能够看到城内领粮人群的活动。幸好炮弹未爆炸，不然伤亡是严重的。但为什么六七发炮弹在我们跟前未炸，而后来的炮弹颗颗都炸？原因始终没有搞清。

慰劳团云集卢沟桥

我在宛平县城，曾接待了来自全国各地的慰劳团体，有来自上海、广州、天津、北平的各抗日团体和各大学学生自治会，他们带来大量慰问信、纪念品，并给部队抗日英雄照相留念。仅西瓜一项就堆积成山，可以想见全国人民对抗日官兵的关怀。何基沣对部队一视同仁，除第一线第二一九团分到西瓜、慰问信和慰问纪念物品外，在第二线的第二一七团、第二一八团也基本人手一份。这对作战部队和县城居民鼓舞很大，觉得卢沟桥战事不是孤立的，不是局部的，而是得到全国人民的同情和支持，这里与全国各地是息息相通的。全国人民的支持，大大鼓舞了部队士气，振奋了民心。

在卢沟桥抗战过程中，多次到战地采访的有天津《大公报》记者范长江、王文彬，上海《新闻报》记者陆诒、耿坚白，北平《实报》记者童××，《北京晚报》记者松亚农等。萨空了从上海打来慰问电，寄来慰问款。记者们到达宛平前线，除了登上城墙观察日军阵地外，还从西门出城绕到东门的东南角，观察日军的活动情况。因陆诒戴的是大檐凉帽，目标过大，被日军发现，一阵急促的机枪扫射，打得东南角城墙弹痕累累。经我城上守军以重机枪还击，我们才沿城墙边沿匍匐行进，返回西门，幸无一人伤亡。

每次有大型慰劳团来或有记者到战地采访，何基沣旅长如在前线，总是亲自接待，表示欢迎，并介绍战况，使慰劳团和记者满意而去。

挥泪告别卢沟桥

我在卢沟桥与第二十九军抗日官兵相处将近三周。撤退前三天，吉星文要我征集至少三套的骡马车三十辆。我从宛平南乡的庞各庄、良乡等平原地区征到三十多辆，在长辛店集中待命。原定七月三十日晨向部队点交，不料宛平守城部队竟于二十九日夜从卢沟桥悄悄撤退至保定。第二天清晨，当我起来得知宛平已无守军，又看到南苑、落垡、黄村等地第二十九军纷纷向保定转进，才急令所有大车立即各回原来县区，可是为时已晚。大约上午九时许，大车行至长辛店西公主坟一带，被日军四架重型轰炸机轰炸和低空扫射，损失惨重。我和县府科员刘儒卿躲在梨树林中，幸免于难。由于骡马被敌机的低空飞行所惊，无法控制，因此目标完全暴露。骡马拖着大车跑下公路，互相冲撞，陷于农田之中，车把式都去躲避敌机，三十多辆马车一百多匹牲口全部损失。

当日军飞机在公主坟轰炸时，我和刘儒卿各牵一匹马在手，在刺耳的炸弹的呼啸声中，两马安稳不动，堪称幸运。

后来弄清楚了情况，才知道昨夜南苑被日军突然袭击，佟麟阁副军长、赵登禹师长等壮烈牺牲，南苑不幸失守。宋哲元和平津军政人员均已于二十九日夜间绕道门头沟到达保定。这就是说局势突变，第二十九军已放弃了冀察军政中心的北平了。我和刘原来还想去北平取出赈款两千元，发给城内居民，现在也只好作罢。我眼望北平方向，遥祝老母健康长寿，掉转马头回到县府，取出专署关防、县府铜印等，与城区居民和长辛店镇居民挥泪告别。相处七个月，不胜依依惜别。过了良乡，就大雨滂沱，公路积水盈尺，分不清河流与水塘，多次人马掉入河中，幸亏刘儒卿经验丰富，救我出险，我深为感激。从卢沟桥至保定，走了三天三夜。到达保定后即至河北省府交还关防、印信。得知王冷斋在保定住得胜店，宋哲元住曹家花园。我们找到王冷斋，向他汇报宛平临行情况，他对我们倍加安慰，并问我们想干什么工作。刘儒卿对第二十九军抛弃我们悄悄撤退，非常气愤。我也提到各县区的大车在公主坟损失惨重，如果吉星文头天把消息告诉我们，群众不致遭受这样的损失。刘儒卿表示坚决不干了，愿回山东原籍。王冷斋发给他二百元路费，休息两天，即回周村老家。县府公务员小刘也在保定，他坚持要回宛平看看，我托他把两匹马带回去交给刘大爷。王冷斋介绍我到第二十九军宣传处任中校处员，宣传处处长是高树勋的亲戚，因旧习太重，我感觉受拘束，不到一个月又随王冷斋到济南、开封、西安组建第一集团军办事处。在济南因病住在齐鲁医院，我亲眼看到石友三在医院干出有失身份的事，我不等病愈就出院了。

如果不是遇到了转移部队告诉我们第二十九军撤退的实情，我和刘儒卿去北平等于自投虎口。因此刘曾怪我把生命当儿戏，我对此无言答对。因为整个北平周围的战斗打得糊里糊涂，令人费解。但七七事变的教训，则永远值得记取！

戴守义、秦德纯等著：《正面战场·七七事变》，中国
文史出版社2013年版，第29—44页

宁为战死鬼　不做亡国奴

金振中[①]

我于一九三六年春，奉命接替宛平和卢沟桥防务。当时卢沟桥的形势已日趋紧张，

---

① 作者当时系第二十九军第三十七师第一一○旅第二一九团第三营营长。——编者

日本侵略军已占领丰台,并不分昼夜地在卢沟桥一带进行所谓"演习",用心险恶。卢沟桥既是南下的要冲,又是北京的咽喉,他们时刻想占领它。日军一旦占领卢沟桥,北京就是一座死城,华北也垂手可得。

我率领的第二十九军第一一〇旅第二一九团第三营是一个加强营,计有步兵四个连,轻重迫击炮各一连,重机枪一连,约一千四百多人。

我部到卢沟桥后,立即按战斗需要进行兵力部署,把较强的第十一连部署于铁桥东段及其以北回龙庙一带,把第十二连部署在城西南角至南河岔一带。第九连驻宛平县城内。第十连为营预备队,驻石桥以西大王庙内。重迫击炮连部署于铁桥西首,主要责任是歼灭日军的战车和密集队伍。轻迫击炮连部署于东门内,以便支援各邻队。重机枪连部署于城内东南、东北两城角,以便支援前方队伍。

兵力部署后,我时时警惕日军偷袭我宛平城。那时日军经常以卢沟桥为"假想敌"进行演习,始是虚弹演习,后为实弹演习,日军气焰十分嚣张。我便经常向士兵进行爱国教育,要求全营官兵在吃饭前、睡觉前都要高呼"宁为战死鬼,不做亡国奴"的口号,以激励官兵守土抗敌之志。

七月六日,旅长何基沣要求第二一九团注意监视日军行动,并命令全体官兵如日军挑衅,一定要坚决回击。我第三营官兵目睹日军的挑衅活动,极为愤慨,一致表示:誓死抵抗,愿与卢沟桥共存亡。

午饭后,为侦察敌情,我换了便服,扛着铁锹走向铁桥以东五百米左右的日军演习地,查看日军动态。刚过卢沟桥火车站,远远看到日军队伍,不顾雨淋和道路泥泞,以卢沟桥为目标,进行攻击式演习。后面炮兵如临大敌,紧张地构筑工事。再后面隆隆不绝的战车声越来越近。见到此情,我马上回到营部召开军事会议,传达我所目睹的一切,要求各连做好战斗准备,并规定日军进入我阵地百米内才准射击,不让敌人逃出我们的火网。

七月七日夜十一时许,忽然听到日军演习营地方向,响了一阵枪声。少顷,冀察绥靖公署许处长来电话说:"据日方说,他们的一名演习兵被宛平城内华军捉进城去,他们要进城搜查。"在这黑漆漆的雨夜,日军到卢沟桥警戒线内演习,明明是企图偷袭宛平城,只因我守备森严,无隙可乘,便捏造丢失日兵为借口,乘进城搜查之机,诈取我城池。我将此情回告许处长,陈述不要听信日方谎言。刚刚放下电话,激烈的枪炮声便响了起来。炮弹飞越宛平城墙,炸倒营指挥部房屋六间,炸死士兵两人,伤五人。防守阵地的各连长纷纷报告,日军蜂拥般地向我阵地扑来。我立即奔往城上指挥战斗,给敌人以猛烈回击。到深夜两点,许处长又来电话说,日方提出两点建议:一、双方停止射击,各自运回阵地上伤亡的士兵;二、天明双方派员调查丢失日兵一事。早六时由绥署二人,日方四人,乘汽车两辆进入宛平城内调查。这两项建议绥署已同意,让我通知所属。我接到此通知后,立即请专员王冷斋到东城楼上,商谈有关事宜,并商定来城的汽车须在岗哨前五百米处停车,经我哨兵检查后,方准放行。

八日晨六时许,果然由东驶来两辆汽车,在指定地点经检查后,向宛平城开来。我和王冷斋出城迎接,一起来到专署(即宛平县政府)。日方来代表四人:日本特务机关部辅佐官寺平,冀察政务委员会军事顾问樱井,秘书斋藤和一名随从。我方代表是冀察政务委员会外交委员会专员林耕宇,冀察绥署交通处副处长周永业,河北省行政督察专员兼宛平县县长王冷斋。双方坐定后,樱井提出三点无理要求:

一、宛平县城内中国驻军撤退到西门外十华里,以便日军进城搜查丢失之日兵,否则日方将以炮火把宛平城化为灰烬;

二、昨晚日方所遭受之损失,应由华方负责赔偿;

三、严惩祸首,最低限度处罚营长。

我方代表对以上三点无理要求,十分气愤。我按捺不住心中怒火,当即指出:

一、丰台距卢沟桥八里之遥,又是雨夜,你们偏偏到我警戒线内演习,险恶用心,已暴露无遗;

二、你方丢失一兵,有何凭据?何人作证?如真丢失,也应由你方带兵的负责,与我方何关?

三、你方昨夜炮轰宛平城,民房被炸倒,军民被炸死、炸伤多人,惨不忍睹,应由你方赔偿我方损失。我军保卫国土,打击入侵之敌,何罪之有?你们才是祸首。

谈判进行到九点半左右,日方又开始炮轰宛平城,炮弹击塌县府屋角,室内烟尘弥漫,我方代表非常气愤,退出会场。场内只有我和几个随从兵以及日方四人,樱井等人乘我方代表不在之机,向我提出两点要求:

一、先把我们四人缒城出去,向我军说明,华军同意于本日薄暮撤至城西十华里以外;

二、我等四人愿同你到城东北角,插上白旗,表明华方接受我方要求,即可停止攻击,并保证你个人的安全。

我听后,怒不可遏,厉声加以训斥。

这时,日军转向铁桥东端发起进攻,战斗打得十分激烈,我恐铁桥东段发生危险,立即把守城的第九连抽出,我率领第九、第十两个连冒着密集的炮火向围攻铁桥东段的日军进击。经过两小时的战斗,把日军击退两华里,铁桥东段得以收复。午后二时,日军联队长牟田口派人送信，提出两点：

一、立刻将樱井等人送还，双方不得射击；

二、守城华军必须在当日下午五时以前撤出城西十华里，以便日军进城搜查，否则日方定以重兵踏平宛平城。

我当即在原信封上回答两条：

一、宛平城和卢沟桥的守军誓与城、桥共存亡，任何威胁也吓不倒；

二、樱井等人也愿与我城、桥共存亡，望你不要顾虑。

我知道日军又要发动进攻了。为击退日军再犯，我认真考虑了应战对策。我设想，如果日军再次进攻，必先以强大炮火摧毁我城、桥，再以战车掩护其步兵，抢夺我阵地。在夺取我阵地时，炮兵必向我阵地后方延伸射击。为避免无谓的牺牲，在敌炮兵一开始向我方射击时，各连除留少数监视敌人行动外，其余均隐蔽起来，迫敌炮兵发泄淫威后，敌战车掩护步兵来夺我阵地时，各连隐蔽的队伍迅速出击，与敌之战车、步兵作殊死战，消灭敌人于我阵地之前。轻重迫击炮连和重机枪连，不失时机地向威胁我方最大之敌猛烈攻击，彻底消灭之；营所控制的第九、第十两连，根据当时情况加入最激烈、最危险的战斗。

八日晚六时，日军炮兵果向我卢沟桥、宛平城周围猛烈射击，直至晚八时才停止。但未见其战车和步兵出动。

九日六时，驻丰台车站的日军大队长一木清直指挥其炮兵，向我城、桥周围进行疯狂射击。两小时后，出动十数辆战车，掩护其步兵向我城、桥扑来。我右翼第十二连战斗最为激烈，我命轻重迫击炮两个连，集中火力消灭敌人战车和密集队伍。我率第九、第十两个连的兵力，由第十二连右翼攻击日军左侧背，双方发生肉搏战。战斗至十一时，我命队伍全面出击，激战至十二时，才把进犯之日军击退。

十日上午八时，日军联队长牟田口亲临前线指挥，先以强大炮火，把城、桥周围炸得砖石乱飞，浓烟滚滚，紧接用加倍兵力集中强大炮火，以战车掩护步兵围攻城、桥。最激烈的是铁桥东端的战斗，铁桥东端已被日军重重包围。我用轻重迫击炮两个连集中火力攻击日军的战车和密集队伍。重机枪连攻击威胁我铁桥东端左翼的日军，我率第九、第十两个连猛攻右翼的侵略者，展开了激烈的肉搏战，但最后被日军占领了铁桥东端的阵地。这时已是午后一时，双方队伍均疲惫不堪，相距四百米，形成对峙状态。

师长冯治安了解到战况十分艰难，极表关注。他电话通知我，下午三时有人与我联系。三时许，保安第四团第二营曹营长带领四个连长来见我，并说奉师长命令参加战斗。曹营有七百余人，为夺回铁桥增加了力量。

十日晚八时，召开军事会议，定于十一日凌晨两点，全面出击夺回桥东失地。

这次战斗以我营为主。首先由新来的保安团第二营派一个连接替我营阵地（即由回龙庙、大铁桥到南河岔一线）。宛平县城防仍由保安队负责。第三营的第十一连，向占据铁桥东端的日军正面出击。第十二连右接第十一连左翼，向日军右侧背进攻。第九连左接第十一连右翼，向日军左侧背进攻。保安团曹营长率三个连，左接第三营右翼，向正面之敌猛攻。重迫击炮连集结于铁桥东，轻迫击炮连左接重迫击炮连右翼，根据战况适当射击。重机枪连以支援铁桥东端战斗为主。第十连为预备队，埋伏在铁桥东端四百米处。我在预备队。

规定战斗时注意以下四点：

一、出击时间：十一日凌晨二时；

二、出击队伍联络记号：以白毛巾围绕脖子；

三、本夜口令："战胜"；

四、我桥东失地收复后，发射四发红色信号弹，见到信号弹后，各个出击队伍撤回原驻地。

十一日凌晨二时，各连均按预定计划出击敌人。刹那间喊杀声、枪炮声连成一片。我营队伍与占领铁桥的日军发生了一场激战。经过一个多小时的战斗，我即让曹营长向正面敌人猛攻，使敌人无法抽出兵力支援他方战斗。我又调遣曹营长的第六连和我原留的预备队（第十连），又抽调一个重机枪排，合并为两个步兵连、一个重机枪排，由我率领，向铁桥东端的日军左侧背猛攻。经过两小时拼搏死战，才击溃日军，收回失地。此时各连队伍均狂奔欢呼着纷纷追击溃逃之敌，但却忽略了清扫战场。在我指挥追击逃敌时，不意竟被隐匿之敌以手榴弹把我左腿下肢炸断，紧接又射来一发手枪子弹，由我左耳旁钻进、右耳下穿出。随从兵急忙抢救，把我抬出战场，护送到长辛店车站，及时送往保定医院救治，得以痊愈。住院期间，全国各界人士纷纷慰问，我感愧之余，只有努力杀敌，仰答举国同胞的盛情和期望。

戴守义、秦德纯等著：《正面战场·七七事变》，中国

文史出版社2013年版，第58—63页

抗战初期我的一段经历

张寿龄[①]

一九三六年冬天，我应前西北军老友李兴中（当时任杨虎城的参谋长）的邀请，正

---

① 作者当时系第二十九军军事训练团教育长。——编者

拟经北平去西安。我原打算不在北平久停，所以对当时在北平的第二十九军的朋友们都没有去拜访。正在这期间，发生了西安事变，交通断阻，我西安之行未果。在那两天里，前西北军老同事过之翰忽然来访。他对我说，张荩忱（即张自忠，当时任天津市长和第三十八师师长）听说我到了北平，特托他来邀我到天津。我和张荩忱已经好几年没见面了，我和他晤谈之后，他坚决要我不去西安，要我留下来为第二十九军办军事教育。我回北平后，第二十九军副军长佟麟阁就来找我，邀我到南苑任军事训练团的教育长。

第二十九军当时共辖冯治安的第三十七师、张自忠的第三十八师、刘汝明的第一四三师、赵登禹的第一三二师和阮玄武的独立第三十九旅以及石友三的两个保安旅，分驻在北平、天津、保定以及张家口等地区。宋哲元统率着以上这些部队驻华北的冀察两省，作为国民党和日本侵略者之间的缓冲，处境是险恶的。侵略成性贪得无厌的日本帝国主义步步进逼，在平津、冀东等处还潜伏着大大小小的汉奸为虎作伥，形势日趋恶劣。因此中日战争的爆发就不是偶然之事了。

一九三七年七七事变爆发。当时驻宛平县卢沟桥一带的是第三十七师冯治安部何基沣旅。七月七日的夜里，日军竟向我方开枪挑衅。在这紧急情况下，何基沣下令抵抗。

七月八日早晨，我正在南苑率领训练团出操的时候，突然军部的传令副官要我马上到军司令部去。我到达军部时，副军长佟麟阁、军参谋长张樾亭和副参谋长张克侠都在那里。张樾亭谈了卢沟桥昨夜发生的事情和对未来的推测，却没有提防战的具体安排，他还要等候宋哲元的指示。宋哲元虽已向蒋介石请示对策，可是蒋介石要宋就地谈判解决，避免事态扩大，仍然是用九一八事变时对付张学良的那套办法来对付宋哲元。宋在战和不定的形势下，借故回到原籍山东乐陵回避了几天，由于日本侵略军源源不断地运进关来，他感到形势严重，又赶回北平。当时第二十九军虽已做了一些防御准备，但在不战不和，部队驻地分散，一时难于集中的情况下，没有作出全面的具体安排，而敌人就利用这个机会疯狂地发动侵袭。

七月二十五日，日军向我廊坊驻军挑衅，派机轰炸。二十七日，敌人飞机又轰炸团河。那天下午，军司令部即匆匆地迁到北平城里去了。傍晚，我问佟麟阁，军部迁走以前有什么具体安排没有？他说，听说赵登禹今天要到这里来，和郑大章（骑兵师长）负责这里的防务，咱们到军部那里去找找他。当时驻在南苑的除军司令部直属各处、科以外，还有后勤、医院以及训练团、教导团、骑兵师部等众多单位。赵登禹那天下午才到，住在原来军部的营房里。我和他也有好些年没见面了。一九二五年我任第二师第二十一旅参谋长时，他当营长，是个身躯雄健的人。可是这时看上去却是那样消瘦，和当年已判若两人。我们彼此寒暄几句后，我就问他在当前日军步步进逼的情况下有什么安排。他说，在他的部队没有来到之前，已经在南苑外围布置了许多便衣队，暂为警戒。下边没再说什么。当时我提请他对南苑的统一部署宜早作安排，以便于统一指挥。他表示赞同。

时值盛夏，南苑的周围是一望无际的青纱帐。那样绵亘广漫的青纱帐又不能砍掉，敌人很容易借以隐蔽接近。二十七日下午，有几个敌骑探窜到南围墙附近，被守卫围墙的我军训团学生击毙一名，余均仓皇逃逸。那天夜里，我命令守卫围墙的学生严防敌人偷袭。午夜以后，四面不断传来枪声。我曾几次到军训团防区内巡查。学生们都很振奋。在黎明时（二十八日清晨），我在围墙上向外面瞭望，忽然看见东北方的晨晖中隐隐约约有几个黑点向这里蠕动。我当即意识到敌人的飞机要袭击了，随即令传令兵速通报军部并请佟副军长赶快离开营房到阵地上来。就在这时，敌侦察机已临空盘旋两周，循原方向逸去。我命令守卫阵地的学生做好迎击敌机的准备。少顷，敌轰炸机出现了，在上空只转了一周，即从东北角骑兵师部那里开始，沿着营房的排列线疯狂地轰炸起来。我阵地守军向敌机射击，敌机在高空乱投一阵炸弹后逸去。随之而来的是敌人野炮的远程射击，也只是盲目的射击而已。这时我在阵地附近遇到佟麟阁，我们一起向军部赵登禹那里打电话询问情况，电话不通。又给郑大章打电话，也不通。派人到赵登禹那里去联系，已空无一人。我和佟商议了一下，决定到郑大章那里再去看看。我们在营房里寻找了一遍，也是空无一人，最后在一个防空洞里找到一个士兵。据他说，郑大章早已在黎明前把队伍撤走了。佟麟阁气愤地说："彩庭（郑大章的号）这可不对！"我们在营房里又看了一遍，才跨出营门，迎面匆匆地跑来一个军部的传令兵。他说赵师长很早就离开南苑了，临走时传来城里军部的命令，要南苑所有单位立即撤进城里去。我们向外边一看，各单位正纷纷往下撤。由于事前没有统一的部署，秩序有些混乱，我们决定到大红门附近去掩护收容。敌人可以利用青纱帐向我们接近，我们也可以借着青纱帐安全撤退。敌机还在不断地沿公路轰炸，我们撤开公路循小径分散行进。大红门东边有座土山，我们在那里设置瞭望哨，观察各部队后撤。当队伍都安全通过时，已是午后。佟麟阁和我，还有他的几个随从在一起。我们又等了好一会儿，接着起身进城。走了不远，突然迎面传来了枪声。我们停下，派人到前面去侦察，发现许多日军向我们这个方向走来。我马上要大家借青纱帐分散前进。敌人并未发觉我们，只是不断地乱打枪。佟麟阁中流弹牺牲。赵登禹于那天一早就从南苑乘汽车撤走。他在大红门的玉河桥附近遭到敌人的伏击，也牺牲了。那天宋哲元离开北平去保定，第二十九军随之南撤。

戴守义、秦德纯等著：《正面战场·七七事变》，中国文史出版社2013年版，第64—67页

南苑战斗

孙家骥①

一九三七年七月八日上午，笔者所在第二十九军直属军事训练团（团长是副军长佟麟阁兼任）照例出操训练时，听到西北方传来炮声，皆以为是炮兵实弹打靶。随着传来收操集合号音，教育长张寿龄宣布：我军第一一〇旅（旅长何基沣）第二一九团（团长吉星文）在卢沟桥、长辛店附近，因日军演习时，声称有一名日本士兵失踪，要强入我军驻地宛平城搜查，被我拒绝，遂发生了武装冲突，现在激战中，日炮兵正在轰击我宛平县城，命各部队回驻地整装备战。于是各队回营房擦拭枪支，补充弹药，整顿装备，各个心情激愤，抗战的一天终于到来了。

一九三六年春，第二十九军举办过大学生训练班，给予军事训练后，学员分配到各县充当县政府各级职员，同年底结业。随即招收一批中学生成立军事训练团，训练下级干部，补充军队需要。一九三七年七月，这批学生入伍训练将完，着手分兵科教育之际，卢沟桥的炮声打响了。当时，各队选出代表向军训团团长佟麟阁递交请缨杀敌书，表示誓以热血保中华的决心。后来教育长张寿龄说："你们已是军人了，军人就应服从命令，同学决心杀敌，实堪可嘉，但必须等候命令行事。眼下仍须加紧训练。"约五六天之后，战事沉寂，唯在报纸上得知，日本侵略军由天津登陆，源源来华，宋（哲元）、韩（复榘）晤于商河，会晤内容不予刊录，其余皆是些中日谈判消息。我团接到命令，官兵各携带三日口粮，准备向保定转移。于是炊事房蒸馒头，分到各班切片晒干，以便携带。后因这一千五百余名学生正在训练中，如当战斗兵使用，殊为不当，拟迁往保定继续学业。当得知这一缘由后，学生们再次上书愿效前驱，决心在前线杀敌报国。这时的北平各报纸也报道了学生军请缨杀敌的壮举。从此团部未再指示迁保。

驻北平南苑的部队，有第二十九军军部各处及直属炮、工、交各营，特务旅（旅长孙玉田，该旅装备齐全，训练有素，多系喜峰口抗战的老兵）所属两个团，军官教导团（都是西北军中失业和编余的军官组成，战斗很有经验，佟麟阁兼团长），骑兵第九师（师长郑大章）之一个团，第三十七师炮兵团和一个步兵团，统归副军长佟麟阁和第三十七师师长冯治安指挥。由于军事训练团一再表示杀敌之决心，亦将该团列入战斗序列。

七月二十日，得知宋哲元坐镇北平，并传达他守土有责，克尽军人天职的命令。我团即在南苑东南小砦外挖掘堑壕，配置兵力，防止通县窜犯之敌。军官教导团及特务旅担任正面防务，阻止由黄村向北进犯之敌伪军（冀东防共自治政府的伪保安队）。第三十七师、骑兵第九师之一部，布防于欧亚飞机场一带，阻止由丰台、长辛店企图包围南苑之

① 作者当时系第二十九军军事训练团准尉见习官。——编者

敌。堑壕筑成后，为扫清射界，将阵地前四百米内的高粱、玉米一律砍倒，部队开始进入阵地，加强前哨警戒。

七月二十七日夜，由黄村方向传来密集枪炮声。据通报，第一三二师师长赵登禹调河间、任丘两个团增援南苑守卫，赵行抵黄村东北团河附近与日军不期遭遇（说是不期，实际上已由冀察政委会的汉奸潘毓桂等向日军报告我方军事部署），发生了激烈的战斗。二十八日拂晓，日侦察机两架在南苑上空盘旋约一小时左右。随后敌军开始向我纵深阵地炮击，敌轰炸机五架轮番沿阵地轰炸扫射。我方无防空武器，只能消极防空，骑兵团未及展开，即被敌机炸散，人马死伤惨重。笔者当时系见习官，随第二中队队长王仲懿指挥作战。当时在敌炮火下，我队已有十数人阵亡，由于战前准备不充分，救护人员上不来，只能暴尸于堑壕内。至十时许，敌人步兵在坦克车掩护下，向我团阵地攻击前进。当敌人已进抵我扫清的射界时，传来"上刺刀，准备冲锋，歼敌于阵地前"的命令。就在这即将决战时刻，又传来命令向南小砦内转移。这不是由大队长李克昌的传达兵所传达，而是由邻兵递次传出的。我队也随之沿堑壕后撤。撤退时无人掩护，秩序混乱，指挥无人。退入砦内时，大操场的演武厅已被敌人占领，敌人正从屋顶上用机枪向砦内外我部队射击。我军就这样全线溃退了。

当面之敌仅是日军河边正三旅团，步骑炮联合约三千多人，竟在三个多小时内突破我军防线。我团第二、第三大队的大部分官生经固安、雄县退至保定。我大队官生利用庄稼隐蔽向北平撤退。在抵达大红门时，见到副军长佟麟阁正在指挥卫队阻止部队后退，命令不论哪个部队的士兵都统一编组，凡是军官都出来指挥，组织起来，向南苑反攻。我军士兵是积极的，见到我是准尉，自动愿听我指挥的有三十多人。正当组织收容时，敌人飞机轮番轰炸扫射，佟副军长及其卫士余副官同时殉国。混乱之际，部队零散反攻未果。此时已是下午一时许。

同我一起的三十多人，利用地形隐蔽后退。至黄昏后，南苑方向的炮声沉寂下来。从老百姓口中得知，丰台、黄村已被敌军占领。直到夜十一时许，我们才到达永定门，守卫不给开城门，用绳索数条把我们逐一吊上城内。市区已不见岗警，但行人不少。马路两侧还摆着西瓜、酸梅汤、馒头等食品，叫士兵们食用。有些学生给我们带路，有的市民见到我们队列行进，脱帽致敬。此情此景，使我们这些溃兵心酸而惭愧。

深夜十二时许，我们到达中南海怀仁堂集合，已有不少队伍在此休息。中南海里凌乱不堪，树荫、花丛中，遗弃很多军服、长枪及破坏的汽车等等，冀察政委会官员已迁往保定。我们就乘机找些好军衣或调换好枪支。随后由副参谋长张克侠召集讲话，大意是：平津两市由张师长（张自忠）代理。部队于明晨二时出发，出西直门经大灰厂、门头沟，至良乡、琉璃河、高碑店到保定集中。出西直门后,注意长辛店敌人的袭击。官长发五元路费,士兵两元,即刻出发。

部队行抵良乡时已经黎明,日本飞机赶来沿途轰炸,并散发传单说些什么"此次军事行动,是为膺惩二十九军"等谎言。由于地形复杂,易于隐蔽,部队未受损失。大雨连绵,至保定东关时,已是积水没膝。部队在保定休整后,经高阳至沧县、泊镇之线,于八月初配合由天津撤退至静海独流减河一带的第三十八师,在沧州及津浦沿线与敌人展开激战。

戴守义、秦德纯等著:《正面战场·七七事变》,中国

文史出版社2013年版,第68—71页

冀东保安队通县反正始末记

张庆余[①]

一

一九三三年五月,蒋介石政权与日本帝国主义订立丧权辱国的《塘沽停战协定》之后,划冀东为不驻军区。接着,蒋政权密令河北省主席于学忠,用河北省政府的名义另成立五个特警总队,训练之后,开入冀东,警卫地方。因此于学忠抽调我和张砚田分任河北特警第一总队和第二总队队长(我和张砚田原系第五十一军于学忠部的团长,我驻防杨村,张驻防山海关),其营长和连长亦由第五十一军抽调,排长和班长准由我和张砚田在本团内选拔。特警总队每队五千余人,系由河北省各县新征来的士兵组成。我和张砚田各率所部新兵,分驻武清县和沧县,开始训练工作。

一九三五年五月,我们奉于学忠命令由原驻地开入冀东,分驻通县、香河、宝坻、玉田、丰润、顺义、怀柔、密云、三河、蓟县、石门、遵化、抚宁一带。我的总队部先驻蓟县,旋又移驻通县。张砚田的总队部驻防抚宁县之留守营。

当第五十一军调往甘肃时,我们这两个总队因系地方特警,不算正规军队,所以没有随同开走。于学忠离河北前,曾密召我们嘱令:"好好训练军队,以待后命。"

同年七月,商震继于学忠主持河北省政后,改河北特警队为河北保安,仍令各总队长安心供职,驻守原防。

同年十一月,汉奸殷汝耕割据冀东二十二县,在通县成立伪冀东防共自治政府。其后,将河北保安队更名为冀东保安队,归伪政权统辖。不过名称虽然更换,内部人事却无任何改变。

[①] 作者当时系伪冀东保安队第一总队总队长。——编者

这时，我曾密派亲信副官长孟润生赴保定向商震请示应如何应付，商震嘱孟润生密告我："目前不宜与殷汝耕决裂，可暂时虚与委蛇，余当负责向政府陈明。"

我的大儿子张玉珩听说我在伪冀东政权任职，认为我附逆叛国，有辱先人，登报与我脱离父子关系。我妻于德三也劝我迅速设法反正，以免为亲友乡党所不齿。我因以密告我妻说："我的意思现在虽不便明言，但将来总有分晓。你可转告玉珩儿，叫他耐心等待，且看乃父以后的行动吧！"

同年，在宋哲元出任冀察政务委员会委员长以后，我和张砚田密请张树声①介绍往见宋哲元，表明愿随宋抗日。张树声慨允所请，旋即向宋禀报。宋甚愿与我们相见，为躲避日本人和汉奸的耳目起见，约定在天津旧英租界十七号路宋宅与我们会晤。张树声与宋约定时间后，即通知我们在家等候，宋当派人前往邀请。届时，宋派副官陈继先到我家相邀，我们遂一同前往宋宅见宋。宋对我们说："素悉二位热爱祖国，近又听俊杰（张树声字）兄说，二位愿合力抗日，本人代表政府表示欢迎。兹有一事，应先向二位声明，请二位注意。我宋哲元绝不卖国，希望二位以后对我不要见外，并望坚定立场，不再动摇。"宋还嘱咐我们加强训练军队，做好准备工作，以防日军侵略。说罢，即命萧振瀛送给我们每人各一万元。我们向宋致谢，说："我俩今后愿一心一德追随委员长为国效力！"宋连称："好，好。"我们遂与宋握手告别。后来保安队在通县起义，与我们这次和宋哲元晤谈是有关系的。

二

卢沟桥事变爆发后，因宋哲元不在北平，我派心腹刘春台（冀东伪教育训练所副所长）密往北平见河北省主席冯治安请示机宜。冯治安对刘说："现在我军同日军是和是战尚未决定，请你转告张队长，暂勿轻动。等我军与日军开战时，请张队长出其不意，一面在通县起义，一面分兵侧击丰台，以收夹击之效。"并嘱刘密告我："可委派心腹人员与二十九军参谋长张樾亭经常保持联系。"刘春台辞别冯治安即往见张樾亭，取得联系。张樾亭当将我和张砚田所部编入战斗序列。

这时，日军驻通县的特务机关长细木繁中佐，为预防第二十九军进攻通县，特召集我和张砚田在通县开军事会议，商讨防守事宜，并出示五千分之一的军用地图，要我们根据地图作出防守计划。我起立发言："我俩都是行伍出身，没有学问，不懂得军用地图。但我俩确具信心，保证能守住通县，并可配合皇军打垮二十九军。不过目前兵分力薄，战守均无把握，我的意见，莫如先抽调散驻各处的保安队集中通县待命，然后再徐议攻

---

① 张树声，字俊杰，河北省沧县人，国民军宿将，同我的二哥庆云系换帖兄弟。张树声为河北省哥老会首领之一，既系"大"字班，又是"双龙头"。我和张砚田都是张树声指挥下的哥老会会员。——原注

守，如何？"细木深以为然，当即照准，并认为我们忠实可靠，遂令散住各处的日侨亦集中通县，以便保护。

我随即与张砚田分别下令，调动所辖散驻各处的部队集中通县待命，并对调回的部队分别讲话，暗事部署。这时，冀东伪保安处处长刘宗纪见我神色异常，料知有变，因窃与我耳语说："你预备反正，如何瞒得过我。但我也是中国人，岂肯甘做异族鹰犬。望你小心布置，大胆发动，我当追随左右，尽力协助，以襄义举。"

我见日军大举进犯南苑，并派飞机轰炸北平，知战机已迫，不容坐视，遂与张砚田密议，决定于七月二十八日夜十二时在通县起义。到时，我派兵封闭通县城门，断绝市内交通，占领电信局及无线电台，并派兵包围冀东伪政府（在通县文庙内），把汉奸殷汝耕禁闭起来。我同时又派兵前往西仓，捉拿日本特务机关长细木。细木闻枪声四起，料知有变，率领特务数十人抗拒。细木一手持枪，一手指斥我军官兵，大声叫嚷说："你们速回本队，勿随奸人捣乱，否则皇军一到，你们休想活命！……"细木的话还没有说完，即被我军乱枪击毙。其余特务见势不妙，急反身窜回特务机关内，闭门死守，旋被我军攻入，占领了特务机关。

我部营长沙子云奉我命督队进攻西仓日兵营。日军驻通县的部队约有三百余人，连同宪兵、特警及日侨大约有六七百人。闻我保安队起义，知众寡悬殊，难以力敌，遂集合宪警和日侨于兵营内，负隅顽抗，以待外援。由于日军的火力猛烈，工事坚固，激战达六小时以上，我忠勇官兵牺牲于日军炮火之下约二百多人，迄未得手。我见此形势，若再不能突破，日军开来大部援兵，内外夹击，更对我军不利，于是决定改用火攻，下令全军："有能从汽油库（亦在西仓，距日兵营很近）搬汽油一桶到日兵营四周的，即赏现洋二十元！"士兵激于爱国义愤，闻命踊跃争先，顷刻间，汽油桶已堆满日兵营四周。我见汽油已运到，下令前线士兵纵火焚烧。刹那间黑烟弥漫，火光冲天，喊杀声沸腾起来。我军复用大炮和机枪猛烈轰击，集中扫射。接着步兵在炮火掩护下，乘势从四面冲入，远的枪击，近的刀砍。激战至二十九日上午九时许，日军除一部分逃亡外，顽抗者均被歼灭。

日军驻顺义一队约二百人，亦被我驻顺义的苏连章团奉我命于同日乘日军不备，突行夜袭，迅速予以歼灭。苏连章团完成任务后，于二十九日上午十时整队开回通县。苏团开抵通县为正午十二时，适日军派来轰炸机二十四架，对我通县起义军滥施轰炸，苏团官兵躲避不及，伤亡颇众。日机从正午十二时起至黄昏时止，轮番轰炸，达七小时之久。苏连章见日机轰炸猛烈，防空无备，实在难以支持，于是脱去军服，弃械逃走。

张砚田因见日军势力强大，恐难与敌，乃乘日机轰炸、我忙于防空之际，不辞而别，潜回天津寓所隐匿。该队官兵亦因此相继结伴逃跑。

三

张砚田、苏连章等相继逃亡，这对通县起义军影响极坏。我获悉后，深感局势危急，像这样混战下去，我军愈战愈少，日军越来越多，势难坚持，遂决定趁当夜日军尚未合围，放弃通县，开往北平与第二十九军合兵一处，再作后图。于是我将全军分为左右两个纵队，由我亲自督队，平行转进。及开抵北平城下，始悉第二十九军已行撤出，退至长辛店、保定一带。正在这时，日军从城内杀出，适押解殷汝耕的汽车开至安定门与德胜门之间，被日军将押解囚车的士兵冲散，将殷汝耕劫走。敌复从城内开出装甲车二十多辆，集中火力向我起义军猛烈轰击。我教导总队队长沈维干和区队长张含明因在火线上督队奋战，致中敌弹相继阵亡。我英勇的官兵，因冲锋肉搏，伤亡亦众。

我见第二十九军已去，本队形成孤立，加以前被阻截，后有追兵，若聚兵一处，待至天明，敌机必来轰炸，这么一来伤亡必多，实无异束手待毙。于是决计趁天色尚暗，化整为零，分全军为一百二十个小队，每队五六十人不等，由连排长率领分批开往保定集合。孰意行至中途，竟被孙殿英部分别截击缴械。及我到保定后，我部官兵闻讯，都徒手步行到保定集合，请求我向孙殿英交涉，索还武器，仍愿开赴前线为国杀敌。我当即用好言安慰，嘱令静待后命。嗣后，我见宋哲元，宋握我手太息地说："你这次起义，不负前约，惜我军仓促撤离，未能配合作战，深觉愧对。"这时，孙殿英适来保定，闻我在此，自知理亏，遂拨转马头避回防地。

不久，我被蒋介石电召前往南京，报告起义经过。蒋安慰我说："你这次在通县起义，虽败犹荣，不必懊丧。所有损失，由余饬军政部立即予以补充，以便休整后再投入战斗。"接着又问："你既捉住殷汝耕，却为什么不杀？"我回答说："当时本拟将殷逆枭首示众，以平民愤，而昭炯戒。因冀东伪教育训练所副所长刘春台劝阻，说殷逆系何应钦代委员长和黄郛委员长的亲信，派他到冀东担任蓟密专员，一定衔有中央密旨，我们似不宜擅杀，最好押送北平交宋哲元委员长，转解中央法办较为妥当。因此未及时执行枪决。孰意解至北平城下，竟被日军劫走，殊属憾事。"蒋听罢，未置可否，要我先回旅馆休息，明日可往见何部长，再详商补充办法。次日我往见何应钦，何既置补充事不提，又不许我仍回本队，任我为军政部开封第六补充兵训练处中将处长。一九三八年，复改派我为第九十一军副军长。我因病恳辞，终未到职。

《天津文史资料选辑》第21辑，天津人民出版社1982年版

冀东保安队琐闻

张炳如[①]

一九三三年夏季，河北省政府主席于学忠依照《塘沽停战协定》的规定，从他的第五十一军中抽调一部官兵，编练武装警察，用来维持冀东治安。当时共编了五个特种警察总队。总队长相当于少将师长，辖相当于团的两个区队，每一区队辖相当于营的三个大队。

第一总队是在武清县蔡村编练的，总队长张庆余原任第五十一军第一一八师第六五二团团长；督察长（参谋长）沈维干原任第六五二团中校团附；第一区队长张含明、第二区队长苏连章都是第一一八师营长。第二总队编制与第一总队相同，是在沧县编练的，总队长为张砚田，其余不详。河北省政府因接收冀东各县，急需配备武力，两总队编训完成，即全部开往冀东。

在滦东中日战役中，汉奸李际春曾由伪满带来一部伪军，进扰冀东各县。《塘沽停战协定》签订后，李由伪满带来的刘佐周、赵雷两部伪军，即盘踞在滦县一带。这时河北省政府也把他们收编，将刘佐周部编为特种警察第三总队，队部设在滦县河北省立师范学校；将赵雷部编为第四总队，队部设在唐山交通大学；同时把冀东土匪胡协五（绰号老耗子）收编为第五总队，驻地可能是在玉田。第三、第四、第五各总队都无区队，由总队长直辖大队。第三、第四两总队各有六个大队，第五总队只有两个大队。

刘佐周的野心很大，积极地在政治上、军事上扩充自己势力，把滦县地方保卫团编成十个大队，归他自己节制。连同他原有的部队共计十六个大队，分驻昌黎、滦县、乐亭三县，并把那些最富、陋规最多、最容易捞钱的地方，如开平、古冶等处的公安分局长派他自己的私人，或者由他委派等于顾问的副官驻局办事。这些人通过包庇烟赌暗娼，以及敲诈勒索，为刘搜刮军饷。一九三六年春季，刘佐周在滦县车站被蒋介石派来的特务刺死，他的参谋长李海天升任总队长。十月间，日本派上西园操为该总队顾问，率领李海天和他的部队窜扰房山，被宋哲元部队击溃，大部分缴了械。上西园操又率残部去高丽营整编，到达后被日军包围缴械遣散。

殷汝耕在通县组织伪冀东防共自治政府时，张庆余曾向于学忠请示，于嘱以驻留原地，待机而动。殷即以第一、第二两总队为冀东的军事主干。后来又成立了一个教导总队，以沈维干为总队长，归殷直接领导。七七事变发生，日本派张庆余为冀东保安司令，仍兼第一总队总队长，希望张做他们的侵华工具。在起事之先，日本曾发给三八式机枪若干挺和大量弹药、服装、现款（两总队在编练时的武器只有步枪，是河北省新购入的捷克式马步枪)。张把部队部署完成后,于一九三七年七月二十九日在通县反正,杀了很多的日本人。日军调来飞机轰炸,张部颇有伤亡。

一九三八年春,日本当局曾向王克敏的临时政府提出,要对张庆余在通县杀死的日本人的"英魂"举行慰灵祭,并抚恤死者的家属。王克敏曾发给一批款项(我在伪组织工作时,曾听财政部对我说过约为六十万元)。

戴守义、秦德纯等著:《正面战场·七七事变》,中国
文史出版社2013年版,第78—79页

卢沟桥抗敌简记

谷淑良[①]

一九三七年一月,我从第二十九军军官团调任河北省保安第一旅参谋长,驻防于保定东关军官学校兵营。

七月七日午夜,我在旅部值班,接到河北省保安处长代河北省保安司令高树勋电话,叫戴守义旅长即刻前来,有事面商。旅长说可能有紧急任务,让我先别睡觉,等他回来。约两小时后,旅长回来了。他一进门就对我说:"坏了,卢沟桥那儿跟日本军队打起来啦!高先生给我们的任务,叫我代他迅速到前方组织战地南线指挥所,代理指挥,并任你为参谋长,不必带你的队伍(因为保安第一旅成立不久,全是新兵)。高先生已报告冯治安师长,增援部队随时在三十七师内抽调,即日也可到达前方,统归指挥所指挥。"并以命令的口吻说:"绝对要守住宛平县城及卢沟桥,不准失去寸土。"

我们随即召集团长和旅部各处长开会,决定旅部事情由团长辛华龙代理。我随赴前方作战,只带参谋处、副官处十余人及医务人员。另外特务连一百五十余人(即手枪大刀队),于八日下午到达长辛店,立即在长辛店车站北部高地掩蔽部设立了指挥所。下午五时许,第三十七师胡文郁团已到达,我即命该团以小部警戒永定河右岸,其余全部驻长辛店作为预备队待命。此时,石友三的保安部队陈光然团亦到达卢沟桥,留一营防守桥的北头,其余进入宛平县城,协助第三十七师吉星文团守城。

七月八日,我随南线指挥所到达前线后,战斗仍在进行。日军以大炮轰城,我军伤亡数十人,群众伤亡亦多。入夜,战斗更为激烈。我为争取主动,命令吉星文组织一个加强营,每人一把大刀,不准放枪,乘夜黑强袭龙王庙之敌,展开白刃战,不到两个小时我们即收复了龙王庙附近阵地。日军受到重创,向丰台方向退去,战斗暂告平静。但在九日拂晓,日军又以大炮向宛平城内断续轰击,敌步兵未出动,我方严阵以待。

---

① 作者当时系河北省保安第一旅参谋长。——编者

上午，高树勋乘火车带来给养和弹药，分发给前线各营。这时第三十七师野炮营也开到长辛店，进入城北高地炮兵阵地待命。午后，高带伤兵返回保定。临行前，高说日军陆续向关内增兵，天津日本驻屯军也向丰台一带前进，又叮嘱我们坚决守住宛平城和卢沟桥。

十一日午时起，日军忽以重炮猛烈轰击宛平县城及其附近阵地，城内房屋大部被毁，居民颇多伤亡。我军沉着应战，守城团长吉星文头部受伤，抬回指挥所包扎后，稍事静养，于黄昏前又回到指挥所指挥战斗。入夜后炮声沉寂，步机枪声时断时续。

十二日，得悉冀察政务委员会和日方进行和谈。和谈期间，战事进入对峙状态，但敌人仍不时到阵前向我射击挑衅。我前方战士自动组成二至三人的若干狙击小组，隐蔽在阵地前，发现敌人即射杀，甚见成效，使敌人不敢接近我阵地，也不再像以前那么猖狂，但小的冲突仍时有发生。

迨至二十七日拂晓前，忽听南苑方面隆隆炮声，拂晓时，枪炮声响成一片。天明后敌机超低空飞行，一面扫射，一面狂轰滥炸，战斗非常激烈，敌机还到长辛店上空侦察扫射。据报丰台敌人一部也向南苑进犯，我与旅长戴守义商议进攻丰台。戴以电话与在大井指挥北线的第一一〇旅旅长何基沣商妥，南北夹击丰台之敌。这时我炮兵亦向丰台敌阵地猛烈炮轰，未见敌炮还击。于是我军南北同时发起总攻，一举攻克丰台。正计划整理部队，乘胜前进时，接到迅即撤回原防待命的命令。下午五时许，我军撤退到宛平卢沟桥一带原防，严阵以待。

七月二十八日，得悉和谈破裂，南苑失守，第二十九军副军长佟麟阁、第一三二师师长赵登禹在南苑激战中先后牺牲，日军正以大量部队配以飞机、坦克向北平进逼。我战地南线指挥所奉命将防地交由东北军第五十三军朱师长接替，并将所指挥的部队，命各回归原建制。午后九时许，我带领特务连由平汉铁路东侧撤回保定。

在我们这二十余天的战斗中，值得一提的是我民众抗日情绪异常高涨。当我随旅长戴守义到达长辛店车站后，当地士绅及铁路工人纷纷前来要求参加抗日及战地服务，民众自动组成了担架队、侦察小组、支应处等。我们前线的伤兵全是由他们不顾生命危险抢救下来的。侦察小组的小伙子们不怕危险艰辛，昼夜涉水渡河，侦察敌情。

以后又有北平各大学学生四十余人组织战地服务团来到长辛店，要求参加战地服务。不过我们早接到北平当局不准学生参加战地活动的指示，经数度劝说，最后学生们要求与我前线士兵举行见面会。我们就抽调阵地上的士兵三十余人，预备队派一连人在指挥所前方与学生们举行了阵前会面。首先由指挥所参谋主任张某介绍学生们热望参加战地服务，并表示我们坚决抗战的决心。而后由东北流亡关内的学生讲述了从九一八事变以来日本帝国主义的侵华罪行。讲时声泪俱下，士兵们也感动得流泪不止。场内气氛悲愤异常。这时一个大学生跑上台大声讲道："我们知道你们第二十九军是冯玉祥将军旧属，是爱国的，过去在长城喜峰口抗击过日军。愿你们以那次抗战为榜样，发扬赵登禹将军带大刀队夜袭敌阵夺回大炮的无畏精神，坚决抗战。我们拥护二十九军抗战，我们做你们的后盾。"这时有的士兵激动地高喊："誓死保卫卢沟桥！"学生们齐声高喊："拥护二十九军抗战！""打倒日本帝国主义！"并高唱"九一八"歌。会后学生们由士兵带领绕安全地带送出防地。

戴守义、秦德纯等著：《正面战场·七七事变》，中国
文史出版社2013年版，第80—83页

听见卢沟桥炮声

乐恕人[①]

七月八日的凌晨，天色未明，我在北平城南的西河沿的公寓卧房中，被住在同室的四家兄俊杰叫醒，同时被叫醒的还有舍侄昌国。大家兄及大嫂则住在另一间房内。四家兄是北京宪兵军官学校出身，是军人。他叫醒我们后，说是听吧，城南的炮声隆隆，不像是演习，难道出了什么大问题？我们倾耳凝听，果然有不断的隆隆炮声，隐隐约约地震荡在耳际。记不清炮声响了多久，我们却又在朦胧中入了睡乡。

早晨进食时，大家还在谈起凌晨的炮声。大家兄虽有朋友在报社，但公寓中既无电话设备，也摸不清到底是怎么一回事，认为可能是日本兵大规模的实弹演习而已。

中午，我从北海公园旁的国立北平图书馆走出来，打算回住处和家人共进午餐，哪知一出馆址，街头上报童在飞跑，大声呼叫"号外，号外"。急忙买来一看，不禁全身有如触电一般。原来凌晨的隆隆炮声，不是日军的演习，而是中日两军在卢沟桥畔宛平县城的战斗之声，中日两军正式大打起来了！

在又惊又急的情绪中，搭乘有轨电车赶回了前门，街上卖号外的报童还在呼叫，人们三五成群，在抢着买，在交头接耳，神情都很紧张。我赶了回去，和家人谈论着。号外上的简要报道是：

七月七日深夜十一时四十分前后，在永定河一带演习中的日本华北驻屯军的第一联队第三大队第八中队（等于中国军队的旅、团、营建制），声称受到卢沟桥北面龙王庙方面射来十几发步枪实弹；又再声称中队集合点名时发现少了一名士兵。该大队长一木清直少佐（少校）立即报告驻在北平市内东交民巷兵营中的联队长牟田口廉也大佐（上校）。

---

① 作者当时系成都《华西日报》派驻北平记者。——编者

该中队报告说失踪士兵已被中国驻军带进宛平城内，于是奉命径趋宛平城，要求进城搜查。经我拒绝后，日军发炮进攻宛平城，我军为了自卫，予以还击；事态还在交涉中。

原来在卢沟桥一带驻守和演习的中日两军，虽然兵力不多，但彼此犬牙交错，相互对峙，随时随地都成为敌对态势。但二十九军奉到命令，不准擅自先行开枪，除非受到实弹攻击。

同时，位于卢沟桥畔的宛平县城，是我国专员公署的所在地，也是二十九军所属的吉星文团金振中营的团营部所在地。当时王冷斋专员和吉团长、金营长一面紧闭城门，在城楼上和日军官长口头交涉抗拒；一面即向在市内的第二十九军副军长兼北平市长秦德纯紧急报告，并请示对策。

那时期，适逢宋哲元将军正在故乡山东省乐陵县作短期休养，冀察政委会和第二十九军的一切公事，由秦德纯将军代行。

秦将军接到报告后，立即召集所属第三十七师师长冯治安等紧急会商，然后下达一道紧急命令给吉星文团长。训令说，日本驻屯军在我国土上演习，事先未得我方同意，已属违犯国际公法；今又借口士兵失踪，欲强入我国县治搜查，更属荒谬无理，所以应予严拒，不准开城。如日军有武力进犯，我即应加以抵抗。同时，秦更下令给驻防宛平一带的第三十七师，要他们立即进入应战准备。

宛平城战斗一起，当时还是局部性的，谁也不曾料到那便是中日战争的序幕、导火线。

北平市内，据我当时出去看看动静——采访——的印象，一般说来，紧张中又有惊惶表情的，应该是老百姓的反应。但紧张中而有兴奋表情的，应该是各大学的学生们。据我的同乡、学友所告，北京大学、辅仁大学和师范大学等校内，学生们已经高兴得不去上课，并立即筹组前线慰劳队，正在募款购买香烟、饼干、毛巾等，要出城去慰劳宛平和卢沟桥一带的二十九军官兵们。

我当时在想，最严重的，当然莫过于冀察当局，和远在南京的中央政府。可是我一以"年幼无'能'"，一以大局突变，冀察当局正在处理紧急万分的军情，不要说我，即以平市记者而论，也没有任何人能够直接访问到军政领袖如秦德纯和冯治安将军等人的。

至于新闻界第二天所发表的社论，无不主张对日采取抵抗行动，绝不能再行忍辱退让。

在这里，应该简略记出，当卢沟桥事件爆发前，中日双方在北平一带的兵力和部署；再记述事件爆发后双方调兵遣将，以致从局部性的战斗，发展成中日全面战争的轨迹。

　　日本的华北驻屯军，追溯渊源，起自清末被八国联军战败后，由清廷向各国缔结的《北京条约》（亦称《辛丑条约》，于一九〇一年九月七日由清廷和德、美、英、日、意、俄等十一国签字）。其中一条规定由各国派兵驻守从山海关、秦皇岛沿北宁铁路，一直到北京城内东交民巷使馆区，确保各国本身的运输和使领馆及日〔外〕侨的安全。当时由各国的使领团设置军事委员会，商定：各国派驻兵力，美国最少，仅一百名；日本最多，占四百名。

　　可是经过民国建立，特别是在民国二十年九一八沈阳事变后，日本占领我东北三省，以后不断内侵入山海关，续占热河，继攻长城各口和绥远省境，历次不断向我国要求增加华北驻屯军，借口是保护日本商业利益和在北平使领馆址及侨民的安全。强行增加的兵力，在事变前已有四个混成旅的番号，包括骑兵、炮兵、战车、航空队等共一万人上下，以北平、天津和通县三大据点为其驻防地带。

　　其他在热河省内的伪蒙军队约四万人，以及汉奸殷汝耕在通县等二十二县的伪保安队共约一万七千人，还不在其内。

　　反观我国的兵力。在所谓"何梅协定"（民国二十四年七月，日本华北驻屯军司令官梅津美次郎中将强迫我军事委员会北平分会主任何应钦上将接受的若干让步条件）后，原驻防河北省会保定一带的两个中央军的精锐部队——黄杰中将的第二师，及关麟徵中将的第二十五师及第五十一军于学忠（时任河北省主席）部第一一八师，已被迫撤出河北省境移驻河南省内。宋哲元的第二十九军，包括四个步兵师，分别驻守河北和察哈尔两省。其分配如下：

　　冯治安的第三十七师，驻防北平、南苑、西苑、丰台和保定一带。

　　张自忠的第三十八师，驻防天津、大沽、沧县和廊坊一带。

　　刘汝明的第一四三师，驻防张家口、张北县、怀来县、涿鹿县和蔚县一带。

　　赵登禹的第一三二师，驻防河北省南部大名、河间一带。

　　冀察两省处在国防最前线，四师兵力实在非常单薄。

　　第二十九军的每一个师为一万人上下，其装备在国军仅能算中等程度。据我亲眼见过的二十九军，每师不过拥有少数迫击炮、小口径山炮，每一班有轻机枪一挺，每一排有重机枪一挺。每个士兵除了步枪一支、手榴弹两枚外，最特别的是各人背上有一口大刀，上面还系有红绸大绣球一个。

　　在过去长城各口的战役时，二十九军的大刀队是名震中外的。从前中国的军队，尤其是中央军以外的地方部队，都讲求国术。二十九军的士兵在平常训练时，除了射击、劈刺等基本术科外，最重要的还有大刀的砍杀。

大刀敢死队有一种特技，他们可以怀抱大刀，沿着山坡滚身而下，到了敌人阵前，躲过封锁的机枪火网，一跃而起，把敌人砍得落花流水，措手不及。

日本兵最迷信，除了腰缠"武运长久"旭日旗外，还裹着出征时亲友织送的"千人针"，说是不会战死。他们又迷信，如果在战场上给枪炮弹打死，还可以超生转世为人。如果给大刀砍下了脑袋，那不但是耻辱，而且永世不得超生。据说是受了日本佛教的影响所致。所以日本兵曾经给二十九军的大刀队吓得魂飞魄散，闻而丧胆。此所以在抗战期中，曾流行过一首名为《大刀向鬼子们的头上砍去》的抗战歌曲。

再说到事变后，中日在北平地方上，和中国南京、日本东京，都有过交涉，其经过极其曲折微妙，非简单笔墨所能道出。总括而论：

中国已有全面抗战决心，绝不退让，为了万全，中央政府立即抽调四个师的兵力，开进河北增援第二十九军。

日本方面早已抱定全面侵略的决策，所以一面向冀察当局表示愿将冲突事件作为地方事件和平解决；但同时急从伪满境内增派三个师团的兵力，投入平津作战。

只就兵员人数言，中国一个师（属于甲种师的编制）不过一万人上下，而日本的一个师团则有二万人上下。再比较装备，那就悬殊太远。不过，中国军队抵抗日本的决心和士气，可以说是坚定高昂到了极点。

冀察军政最高负责人宋哲元上将，在七月十一日才从山东老家赶回北平①。他当时对是否全力抵抗，还有犹豫，以为还可以作为地方冲突事件，和平解决。

及至日军三个师团从关外开到天津、北平一带，投入战场，宋将军才知道和平解决无望，不得已全力应战。

七月二十五日起，日本的缓兵计目的达到，也不再谈判，径行大举进攻。那天，我军三十七师曾一度反攻，几乎全部收复重镇丰台，北平市内许多地方燃放鞭炮祝捷；可是日军增援反攻，丰台又给日军全部占领。

二十八日那天，双方战况最为剧烈。日军动用步兵三个联队、炮兵一个联队、飞机三十多架，向我大兵营所在地的南苑进犯。从拂晓打到下午，我军伤亡惨重。二十九军副军长佟麟阁、第一三二师师长赵登禹督师血战，双双先后殉国，成为中日大战最初为国牺牲的高级将领。而且正在南苑受军训的大学毕业生若干人，也参加了战斗，死伤不少，令人可歌可泣。

经过这一天的失利，战局立即蒙上浓厚的阴影。

这一段时期，第三十八师张自忠部也和敌人在天津展开了战斗，一度还有捷报，市面

---

① 宋哲元由鲁返平系七月十九日，此文日期有误。——编者

也燃放过鞭炮庆祝,但后来也不断传来失利的消息。

各大中学学生,那时也分不出是"旧学联"或是"新学联"的单位,纷纷出动慰劳队出城劳军。

我那时所结识的一位同业,杭州《东南日报》驻平记者曹旭东兄(国民党政府迁台后曾任"空军总部"发言人),随同一部学生慰劳队出了南面的永定门,想到前线去采访。可是那些日子,战况变化,阵地时移,我们都不曾到达最前线,只在某一处会晤到国军的补给部队,同学们便把慰劳品交给了他们。有一处竟误到日本军队的后防,被日本宪兵大喝大叫,不准通过,只好改道而行,结果还是到不了前线,失望而返。

我和旭东兄重回城内,看见二十九军的官兵,正在市内要冲构筑沙袋工事,看情形是要准备打巷战,保卫北平。全市正由一班一班的士兵荷枪实弹,身背大刀,深灰色棉布军服,衬着红绣球的大刀把,黄色手柄的手榴弹,一个个雄赳赳,气昂昂,不断在巡逻。

晚间,我独自骑了一架脚踏车,到东交民巷去偷看日本的军营。门口已经筑好了沙袋掩体,还有日兵架着机枪在旁站立。兵营内,不断地向天空射出五色的火焰信号,和城外的日本军队联络。

我当晚又给《华西日报》拍出长电报道,累了一天一夜,不久后便呼呼大睡。

第二天(七月二十九日)一觉醒来,听到街头人声鼎沸,和兄长、舍侄出外一看,全身又似触电一般。原来一夜之间,二十九军竟从北平撤退得无踪无影。街头贴着代委员长张自忠将军的布告,说是中日战局发展,二十九军为了缩短防线,退出北平,向保定一带集中兵力,继续抵抗。劝告民众各安生业,不要惊惶自扰。

事实上,这种所谓"安民布告"如何能使民众心安?北平城内,平民们还好,只是平常负有反日抗日任务的各方人士,甚至就连我们一家人,也少不得立刻紧张起来,聚商如何应变。

那时我的大家兄早已了南京,我们商量的结果,判断日军不久即要入城占领,急忙把有关信件书籍,付诸一炬,以免后患无穷。

不两天,清末及北洋政府遗老江朝宗等,出面组织"北平治安维持会"。

于是,在八月八日,日本军队举行了堂堂"入城式",前门城楼上飘扬着许多氢气球宣传标语:

"庆祝北平占领"

"庆祝皇军胜利"

日本的华北驻屯军司令官香月清司中将也发布了"安民布告"。

我怀着法国大作家都德所写《最后一课》的心情,杂在前门城楼四周的人丛中,去继续我的采访工作。我希望慷慨悲歌的燕赵之士，向从永定门经前门大街、通过前门到达天安门广场的敌军行列，扔下几枚炸弹。

然而，北平，我们的故都，我们的古城，就在夏季的沉沉死气中，被敌人的大军占领！

七月三十日，天津相继失守，华北战局重心南移保定。

八月十三日，上海日军借口虹桥机场事件，向我先行攻击，我军被迫应战。

同日，日本内阁决定出兵上海、青岛，实行对中国全面进攻；我政府亦决心全面抵抗。

于是，中日战争分为南北两战场，剧烈展开，亦即八年抗战正式开始。

戴守义、秦德纯等著：《正面战场·七七事变》，中国

文史出版社2013年版，第84—91页

七七事变前后

孙玉田[①]

七七事变之前，我任第二十九军特务旅旅长，辖三个团、一个高射炮营和一个装甲汽车大队。第一团驻海军司令部，第二、第三两团及高射炮营、装甲汽车大队均驻南苑。

七七事变前夕，北平外围形势是：北宁路沿线西起丰台、东至山海关均有日军驻防；北平东面有完全听命于日寇的冀东伪组织——冀东防共自治政府；北面有热察集结的敌伪军李守信部及王英部。仅有北平西南面尚有我第二十九军防守。由于北宁路沿线为日军所辖制，在平汉路的卢沟桥就成了北平的唯一门户。在军事上我军掌握这个据点，就进可以攻，退可以守；而一旦为敌人所掌握，则北平就变成了一座孤立无援的死城。

日军在当时的企图是伺机占领卢沟桥，截断平汉路，使北平陷入四面包围之中，以便加深冀察的特殊化，然后以平津线为后方，进一步发动大规模军事侵略。

第二十九军辖步兵四个师、骑兵一个师、特务旅一个旅、保安队两个旅，总兵力十万多人，分驻冀察两省和平津两市。各部队驻防位置：刘汝明第一四三师驻察哈尔、张家口、平绥路沿线；赵登禹第一三二师驻河北河间县、任丘县；张自忠第三十八师驻天津、韩柳墅、小站、马厂、大沽、廊坊、南苑；冯治安第三十七师驻西苑、八宝山、北平城里、保定；郑大章骑兵师驻南苑、固安县；保安旅石友三、阮玄武部，驻黄寺、北苑；孙玉田特务旅驻北平城里和南苑。

第二十九军驻卢沟桥部队是第三十七师第一一〇旅第二一九团吉星文团。七月六日，日军驻丰台部队要求通过宛平县（县城在卢沟桥北端）到长辛店地区演习。我军不许，相持十余小时，至晚退去。七日，我军接到报告说：日军今日出外演习枪炮都配备了弹

---

① 作者当时系第二十九军特务旅旅长。——编者

药，与往日情况不同。是夜，日军在卢沟桥附近演习。十一时左右，忽有枪声数响于宛平县城的东方。我守城军当即严加注意。

日使馆武官松井以电话向我冀察当局声称：有日军一个中队在卢沟桥演习，仿佛听见由宛平县城内之军队发枪数响，演习部队一时呈混乱现象，结果失落日兵一名，要求进入宛平县城搜索失兵。我方因其所称各点不近情理，显示别有企图，拒绝了他的要求。少顷，松井又来电话声称我方如不允许，彼方将以武力保卫前进，又为我方拒绝。同时得报，日军对宛平县城已取包围形势。

我军政当局为防止事态扩大，当与日方商定，双方立即派员前往调查阻止。我方派河北省第四区行政专员兼宛平县长王冷斋、冀察委员会派外交专员林耕宇、绥靖公署派交通处副处长周永业三人，日方派顾问樱井、辅佐官寺平和秘书斋藤三人参与调查。

八日晨五时，调查组到宛平县城，寺平仍坚持日军入城搜索失兵，我方不准许。正交涉间，忽闻东门外枪声大作，顷刻间西门外枪炮声又起，我军为正当防卫，乃奋起抵抗。我第二十九军司令部发出命令，前线官兵坚决抵抗，并有"卢沟桥即为尔等坟墓，应与桥共存亡，不得后退"之语。在战争开始不久，我平汉铁路桥及其附近回龙庙等处曾被敌人攻占。八日下午，我军从长辛店以北及八宝山以南向敌人反攻，并与敌人实行白刃战，将铁路及回龙庙等处夺回。

北平各界组织起抗敌后援会，发动广大群众，援助二十九军抗战，并派人与吉星文取得联系，鼓励他们英勇抗战。因此，我军官兵在劣势装备条件下与敌作战，士气旺盛，人人皆以大无畏精神顽强抵抗，有不少受伤官兵坚持不下火线。夜间敌人坦克向我阵地冲来，我军一连兵力冒着敌人猛烈炮火冲锋前进，终于把敌人九辆坦克全部打退。附近居民看到自己的军队英勇杀敌，在各救亡团体发动下，纷纷冒着敌人炮火参加救护工作，把受伤的官兵送到医院，还给前线送水、送饭、送弹药。长辛店铁路工人为协助军队作战，固守宛平县城，并把城墙做好防空洞和枪眼，这些生动感人事迹益加振奋了前线军心。

我军对日寇的坚决回击出乎日寇意料之外。他们见势不妙，乃诡称失踪日兵业已寻获，向我方提出和平解决办法三项：一、双方立即停止射击；二、日军撤退到丰台，我军撤回卢沟桥以西；三、我方城内防务除宛平县原有保安队外，另由冀北保安队石友三部派一部协同担任城防。协议成立后，日寇并未撤退，仍不时炮轰宛平城及其附近地区。城内居民伤亡颇重，团长吉星文受伤。敌人占领回龙庙、五里店等处，截断了北平至卢沟桥公路。

此后，北宁铁路每天都有络绎不断的日军兵车自东北开进关内，同时从海上运来大批日军,由塘沽登陆开到北平附近。敌飞机多架集结天津东局子机场,还在塘沽附近占领空军基地,每天派飞机对北平及平汉路进行侦察。当日寇调齐之后,二十一日炮击宛平县城及长辛店。二十五日晚,廊坊敌人以修理军用电话为借口与我军发生冲突。二十六日,敌人飞机十余架猛烈袭击廊坊。二十六日晚,三十辆日军汽车满载士兵企图冲进广安门,我军奋勇抵抗,敌入城企图未逞。二十七日冀东保安队张砚田、张庆余率队反正,并将汉奸殷汝耕捉获。当天上午,日军向我冀察当局发出最后通牒,限我第三十七师于二十八日正午以前自北平附近退尽。当日北平特务机关长松井持通牒往见宋哲元时,宋派张维藩代为接见,张将通牒送交宋哲元看过之后,宋立即命张予以拒绝,并将情况报告南京,表示决定固守北平,誓与城共存亡。随即宋又向全国发出"自卫守土"通电。通电说:自哲元奉命负冀察军政之责,两年以来,以爱护和平为宗旨,在国土主权不受损失的原则下,本中央意旨处理一切,谋华北地方安宁,此国人所共谅,亦中日两民族所深切体认者也。不幸于本月七日夜间,日军突向我卢沟桥驻军袭击,我军守土有责,不得不正当防御。十一日协议双方撤兵恢复和平,不料二十一日炮击我宛平县城及长辛店驻军,于二十六日夜突击我廊坊驻军,猛烈攻击,继以飞机大炮肆行轰炸。二十六日又袭击我广安门驻军。二十七日早三点又围攻我通县驻军,进逼北平,南北苑均在激战中。从此日军增兵处处挑衅,我军为自卫守土计,除尽力防卫听候中央解决外,谨将经过事实推诚奉闻,国家存亡千钧一发。二十九军军长宋哲元。

随后,宋哲元下令设立北平城防司令部,派冯治安为城防司令,准备固守北平。这天晚上又派人星夜赴保定催促孙连仲、万福麟两部北上协同作战。二十八日早,敌军大举向我南苑部队进攻,当时第二十九军军部已进入北平城里,南苑部队共有八个团,兵力约两万人左右。二十七日晚,宋哲元派赵登禹为南苑方面指挥官,赵到南苑指挥。不料,敌人于二十八日拂晓,即由西北、西南向南苑进攻,另以一部切断南苑至北平城的公路,同时以飞机数十架低空轰炸,由晨至午片刻不停。南苑由于事先未构筑坚固防御工事,仅做些掩体,在敌人飞机轰炸扫射之下,部队完全陷于不能活动的地步,通信设备被炸毁,部队与指挥部之间,联络完全断绝,秩序混乱。敌人从西北面突进东寨墙之后,南苑遂告失守。我第二十九军副军长佟麟阁、第一三二师师长赵登禹相继阵亡。敌军占领东寨墙后,开始向南北寨墙进攻。我特务旅的装甲汽车在东南角与敌人激战,阻击敌人前进。这时第三十八师师部特务团和骑兵师三个团由北寨退下来,敌人又攻击西寨墙。第三十八师第一一四旅旅长董升堂也退到我防守的南寨墙,与我见面,商议突围。这时已到下午五点多钟,我们决定由南面突围:第一步先到固安县,第一一四旅在先,特务旅在后,由高粱地作掩护。但由于遭到日军坦克、骑兵、步兵的迎头射击,我两旅伤亡很重。

后来总算突出重围，到了固安县。

北平方面，宋哲元晚九点偕秦德纯、张维藩离北平赴保，并派张自忠代理冀察政务委员会委员长兼北平市长，第三十七师师长冯治安部也撤到保定，石友三保安旅亦同时撤退。第三十八师在天津市附近由津浦线撤退。

八月上旬，中央发表第二十九军改编为第一集团军，总司令宋哲元，辖三个军，第七十七军军长冯治安，第五十九军军长暂由宋兼任，第六十八军军长刘汝明。

（一九六二年）

戴守义、秦德纯等著：《正面战场·七七事变》，中国

文史出版社2013年版，第92—96页

卢沟桥事变期间的南苑之战

刘少泉[①]

当七七事变之初起，驻卢沟桥团长吉星文百般忍受，日本军则造谣蛮横，以机枪堵门射击。吉团长迫不得已而还击，战事遂起。南苑在永定门外，大红门以南，实与卢沟桥相毗连。当时南苑驻军除军司令部及直属部队外，计有第三十八师师部及董升堂第一一四旅一部，第一三二师师部及步炮兵一部，骑兵第九师师部及骑二旅一部。此外，尚有高教队、军官团、大学毕业训练班、中学毕业军训团、工兵、炮兵等。宋哲元委赵登禹为南苑驻军总指挥官。南苑有很坚固的土城，历年补修非常结实。土城之上可以行车。环城四周约有十几华里。南北营门处，有南北营市街，内有居民商户几百家。土城以内，北面设有第一、二、三、四、五、六营房，南一面设有第七、八、九、十、十一、十二营房。每一营房又有土围墙，高一丈有余。外置护城河，四周栽有杨柳。土城内按兵种之不同，设师、旅、团、营各级干部办公室及仓库、讲堂、饭厅、马厩、厨房等，及驻兵营房几百间，布局井然可观。城外四周一望平川，东望通州，西临丰台及卢沟桥。

一九三六年春，我从教育处调充骑兵第六团团附、代理团长职务。卢沟桥事变后，南苑已经到了很不安定的阶段，人心惶惶，空气非常紧张，但是军部并无任何表示。当时我曾到过卢沟桥及团河观战。日本军队竟在我们的防地附近，鬼鬼祟祟出没无常。骑六团胡排长曾见日本官兵几十名在邻近乡村野外演习。又据探报，日本兵曾多次在野外架设电话，并测绘地图。其后果然在七月二十八日，日军按着自己预定的计划，大举进攻南苑。当时拂晓以前，远方空中忽来隆隆之声。经我师部王海青参谋长电讯军部，他们也是形同梦寐，不知其所以。转瞬之间，上百架的日本飞机从东方通州方面分两批编队而来。它们飞

---

① 作者当时系第二十九军骑兵第二旅第六团代团长。——编者

翔侦察不久，紧接着砰然一声，轰炸开始。当时第二十九军司令部为迷信南京，认识问题不够，对南苑各部队电传命令，还说不许抵抗。后来出于不得已，才令队伍开进，防御敌人。敌机轰炸不久，因为我们没有飞机起来应战，炮兵射击不及时，后营房的主要目标，已经全遭低空轰炸，普遍受了损害。但是敌机轰炸迄未停止。第一营房里四、六两围的全部的乘马一千多匹，原已从营房马厩里拉出来，拴在围墙外的四周，遭受轰炸后，多半倒毙，焦头烂额，开肠破腹，真是惨不忍睹。这个时候，那些从丰台及通州方面开来的敌步兵主力，就在他们的飞机掩护之下，从东南、西南冲击过来。南苑全境，不知不觉就进入了作战态势。多数的英勇战士，因为平时怀着高度的抗日情绪，当时又是生死存亡的关系，不得不起来迎击日寇。于是南苑部分的惨酷战斗，就从此爆发了。

可惜这次南苑，不同平常作战。宋哲元身为统帅，事先既无充分准备，临敌又无死守决心，畏缩不前，影响了全军。所以有的部队，打得并不起劲。不过还有不少的人，慷慨激昂，义无反顾地打了起来。第三十八师炮兵营及第一三二师炮兵营各有一部先后拉到前边，放列炮击，起了一点作用。当时敌人对整个南苑，实行包抄围攻，兵力以东面为最厚。东面我骑兵因为乘马已不堪用，敌人业经攻到近前，所以未作乘马战，就开进到营房以东田地，布置前进阵地，实行防御。因为骑六团抓得敌人侦探，就按他供出来的方向，立时派兵两连，出其不意地来了一次迎头伏击。战果倒是算如人意。但是，半小时后，因为全线紧缩，队伍就撤回土城以内，在本阵地防守。我们西头及南头的兵力，计有高教队、军训团、孙玉田卫队旅的一部、董升堂的教导团及工兵团的一部。他们进入自己当前的阵地，各自为战。虽然彼此缺乏呼应，所幸还有不少的战士，并没有被敌人的强暴吓倒。有的散兵线，是一排一排的步枪，打退了随仆随起往前冲的敌人。有的地方，是射击不久，就进入了长时间的白刃战，也就是你死我活的混战。

本来第二十九军的战士素称骁勇，平时营房内，到处都有双杠、铁锁、爬地带，供他们锻炼。最厉害的，是在喜峰口出了名的大刀片。他们都怀着保卫祖国不惜生命的心情，所以这次一经交手，到处都是咯哧咯哧刀枪搏杀之声。南营门外面小街附近一带，两军相互肉搏，真是打得激烈悲壮，演成了向来未曾见过的惨烈战斗。

时钟还不到十时，副军长佟麟阁乘小汽车巡查战线，来到了骑兵第二旅的防线。当时战线上就只有我一个人向他汇报了战斗经过。他看了看师部的掩蔽部以后，方才乘车循土城西去。可是不大工夫，老成持重的佟副军长就在南苑阵线上壮烈牺牲了。

各部队继续作战到中午，接到军部命令："全师为上，放弃南苑，各级干部务率所部及时退还北平。"各部队于是不得不暂退北平。可是退却之时，因为士气沮丧，并不从容。收容队伍比较差，辎重行李更谈不到。有的部队已经和日寇混战在一起，难分难解，一时退不下来。另外还有少数人是从别的地方如团河、卢沟桥等退回北平的。所以退却时间就不由得延长了。

我骑兵第二旅的退却路线，不是走通行大马路，而是走大红门东边的便道，未进永定门，进的左安门。甫入城门，大约在午饭〔后〕三点钟，奉命防守永定门以西地区。乃急至目的地查看新阵地。但见城墙上下人迹罕到，野草滋蔓，高及马头。经集合全团官长部署一切，命令从速进入新防御阵地，墙上设机枪掩体，以防敌攻。就在这时，突然接到通报说："第一三二师师长赵登禹在南苑路上指挥作战，不幸阵亡。"当我在城门楼上布置已毕，因为有任务入城，路经前门大街，看见商店已全部闭门，不少的商户经理及老年人都神色改变，鞠躬敬礼，口里说着："抗日有功的二十九军！保护老百姓的老总！"此情此景，实在令人内心惭愧。所以我也仿佛回答他们似的，口里小声说着："惭愧，对不起，是不为也，非不能也，现在已经被人家抄到炕头上来了！"这个时候，永定门的城门楼上，有人防守监视，架大炮，做掩体，刀出鞘，弓上弦，准备厮杀。门里边也忙着扛巨木，上门栓，加锁头，运石头，预备屯城。门前如有人来，就告诉他转道去左安门。当时就有人说："这种守城拒贼的情形，真是从清朝建国三百年来未曾见过。"

驹光如驶，时间差不多已经是夕阳在山了，江山依旧，南苑已失，未免令人伤情。记得我还和张书记开玩笑念着古人的诗句："将军战马今何在，太阳西下水东流。"这时南苑道上有跑着的，走着的，有运东西的，有死了而横躺竖卧的，有受伤抬着回北平的，还有受了伤自己爬着走的。大道上和田地里的情况，异常紊乱而凄惨。更可惜的是，各营房、各仓库所有的武器、弹药、粮秣、被服、车马、器材以及私人用品，都未运出来，成了日军的战利品。

此次战役时间虽短，因为战事激烈，我们牺牲了副军长佟麟阁、师长赵登禹及优秀战士一千余名。有不少的战士和学生怀着保卫祖国、不屈不挠的壮志，表现得可歌可泣。最可惜的，还有多少英雄事迹，因为不知名姓，或是没被发觉，结果是杀身成仁，无从考查了。我侄儿刘升英会武术，刀法精纯，他曾一面打着一面喊："快杀吧！快砍吧！杀一个少一个呀！"但是不管他是多么英勇，结果还是被那日寇给杀害了。步兵队里有个干部站在围墙上头念："你们不让打，这可不能不干啦！上！"说着就跳了下去。也有不少的战士，自己受了伤，还在扔手榴弹。有个别的战士，从地上爬起来，揩一揩身上的血迹，或是摸摸同伴的尸体，很快地又去继续战斗了。这真是浩气凌空，可钦可敬。

不过在这败仗的不幸之中，值得欣幸的就是来攻打南苑的日寇，虽然因为军部不许我们抵抗而得了便宜，但同时他们自己也一样地受了重创。除被各种枪炮命中的外，伤亡最多的就是在白刃战中被大刀片所砍杀的敌人。那些缺腿少臂、开肠破腹的日寇，都是被我们的大刀砍杀的。害人如害己，日本的大陆政策，也害了他们自己，多少日本人死在我们的钢刀之下。

事变半月之后，辅仁大学同教会的救济会派员前往调查，据云，日军尸体已经秘密运走七八百具。第二十九军的阵亡尸体，后来无人掩埋，天气炎热，尸体堆积，狐狼载道，骨暴沙砾，因为为时已久，所以臭气冲天，累月不断。又闻日寇因为他们在南苑、通州死人多，当时曾一度在通州每天拉夫，用一百名中国人祭天灯以示报复。

七月二十八日晚间，宋哲元召集各师军官会议，决定放弃北平，命张自忠留平善后，所有第二十九军各师及保安旅部队，一律退往保定。命令一下，当日深夜，我们驻南苑的部队当由师长郑大章、骑二旅旅长李殿林、第三十八师旅长董升堂等率领下，整队出发。为了避免冲突，不走南线，而从永定门里路经天桥、西单、西四，在鸦雀无声中，西出西直门，离开了故都北平，同原驻西苑的第三十七师（师长冯治安）一同撤往保定。北京原有宪兵、警察一律留守，维持治安。

第二十九军退走以后，日本军队虽然未曾立时入城，但是古老的北平，实际是沦陷了。日军到处搜捕第二十九军散兵，成立维持会，设立特务机关，搞户口调查。北平城里的百万居民，从此就要开始了八年的苦难生活。北平陷落后，部分战士仍在西南苑、通州及四郊与日寇激战不休，不过因为既无领导又无接济，所以为时不久，相继失败。

（一九六五年）

戴守义、秦德纯等著：《正面战场·七七事变》，中国
文史出版社2013年版，第97—101页

我随张自忠抗战的七七前后

张宗衡[①]　高红

七七前驻防大沽

一九三五年春，张自忠任察哈尔省主席兼第三十八师师长。我是该师的团长，驻防张家口大境门外。

张家口的日本汽车队，走私贩私侵犯我主权，与察省公路局常发生摩擦。一九三五年冬，日伪进犯我察北沽源、宝昌。张自忠命令第三十八师准备出发应援。旋因保安团长樊伦山坚守沽源，击退敌人，守宝昌保安团长李克昌作战不力，宝昌失守，未及应援。张自忠对樊伦山明令嘉奖，把李克昌扣押，欲杀之以肃军纪。后经石敬亭说情，李才获释。

张自忠初任边疆大吏，缺乏经验，警惕性不高，过于相信部下，出了一些问题。

---

① 作者当时系第二十九军第三十八师第一一二旅第二二四团团长。——编者

一九三六年元月，我到察哈尔省府，张向我说："你见张岚峰（他在张自忠的学兵营当过学兵）没有？以后要注意他，他是给日本人当间谍的。我和他讲的话，他完全报告给日本人了，日本人还来质问我。"究竟他和张岚峰谈了什么话，触怒了日本人，当时我也不便多问。

一九三六年春，天津市长萧振瀛被免职，调张自忠任市长。张的部队陆续由察哈尔开到平津附近。基本部队兵力，除天津保安部队外，共一师两旅约有一万九千多人。第三十八师师部及特务团、学兵营驻南苑，第一一二旅驻小站、大沽，第一一三旅驻廊坊，第一一四旅驻韩柳堡〔墅〕、胜芳，独立第二十六旅驻马场，独立第三十九旅驻通州、黄寺间。原刘桂堂部改编的夏子明旅仍留张家口。

我团由察哈尔开到南苑后，奉调大沽、葛沽等地，团部驻大沽，接替第三十七师王昆山团防地。原由萧振瀛派来协助王昆山办外交的两个人，都是石友三的旧部下。我接防后他们借故都走了。驻大沽的塘大公安局长汪益吾，也是萧振瀛委派的，后被张自忠免职，改委西北军的王尚志任塘大公安局长。

大沽河的北岸是汉奸殷汝耕的冀东自治区，塘沽驻有日本驻屯军一个联队，另外还有宪兵队、警察部。大沽的塘大公安局只能管大沽，不能过问塘沽的事。大沽这个小地方就有日韩浪人开设专门卖海洛因的洋行十三家。乍一听"洋行"二字怪唬人，但你实际去看一下就会发笑。他们用二寸宽一尺来长的小木板写上某某洋行，钉在强占的民房上，这就成了洋行。大沽人称这些韩国浪人为"高丽棒子"，他们专为日本人推销"白面"，毒化和欺压我国人民。有一次，他们杀害了大沽居民，经交涉由驻塘沽的日本警察部决定，赔偿死者家属三百元了事。这就激起了我方民众的愤怒，也暗杀了韩国的浪人，也援例赔偿三百元了事。双方矛盾日益加剧。驻军工兵连长某某，一时义愤，乘高丽人去塘沽未归，在其门前埋了地雷，王团长闻知即行取出，幸未闹出乱子。

我到大沽后，同日本人没有来往。后来第三十八师副师长兼天津市公安局长李文田同第二十九军日本顾问牛岛、樱井来大沽看我。由日本顾问出面宴请塘沽、大沽中日双方军官。我方参加的有第一一二旅旅长黄维纲和驻大沽连长以上军官等十一人，日本方面有塘沽驻屯军薄井次郎等五名军官。经过这次宴会，双方有了来往，相处年余，基本上相安无事，有时发生误会，随时可以得到解决。

塘沽日本驻屯军的翻译王某（忘记名字）是中国人。我团每月津贴他五十元，主要是为了维护中日双方关系，防止他从中煽风点火。团部司书王志诚之兄在塘沽车站当铁路警察，我团亦每月补助他三十元，让他做些情报工作。他也为我方做了不少事情。

"七·二九"天津之战

七七事变三五天后，每天都有日军兵车由北宁路开往平津。我随时都向天津市长张自忠报告。

日军为侵略我国制造借口，寻事挑衅。大沽一带中国驻军抗日情绪高涨。七月二十六日，日军未与我联系，竟派兵一排到我防地，声称修电话线，被我团第一营哨兵开枪击退。塘沽日本驻屯军薄井次郎来电话抗议。我答：是误会，以后修电线应先打电话联系等语。次日，日军翻译来我团交涉。我当即派上尉书记官同他到塘沽向日本驻军表示误会，希望和平解决。而日军为扩大侵略，蛮横无理，竟提出要我过河道歉。七月二十八日晨，张自忠给黄维纲旅长打电话说：不要发生冲突，和平交涉。我从电话中听到黄对张说："师长给张团长打电话讲一讲吧！"张自忠说："你向他说吧！"黄把张自忠的原话告诉了我。是日下午，翻译来电话说，限我明日上午八时到达塘沽，亲自道歉，否则就要开炮。我向他说："明天看吧！你也是中国人，应当知道该道歉的不是我们，请转告薄井吧！"

我将情况都向黄旅长作了报告。黄说不要理他，我们自有安排。是日夜，我团驻卤水沽的第三营奉命已开到天津作战。驻葛沽的第一营派兵一排渡河到军粮城，破坏了北宁路的铁轨，阻断了日本的交通运输。从此，天津的战斗开始了。七月二十九日上午九时，日本停泊在塘沽的兵舰向我大沽开炮。我命驻葛沽的第一营进至桃花坞附近，准备策应大沽部队作战。但敌人炮战终日，装甲汽艇在大沽河上巡视，而陆军亦未敢渡河攻击。黄昏前，敌人在大沽口外的军舰上，向铁帽桥附近射击，企图切断交通，阻止我军撤退。

大沽造船所专为第二十九军制造枪炮。该军的机枪并不足，每连只有四挺。但该所造的轻机枪，却以五百元一挺，大批卖给其他杂牌部队。我团在撤退前，将大沽造船所的轻机枪三十多挺全部携带回来了。可惜的是有五百多挺机枪，锁在飞马船舱内待运，无法取出，落入敌手。

是日晚，全团转移到葛沽集中，休息一夜。七月三十日到达小站集中。七月三十一日在小站休息。八月一日沿北减河经过马厂到大城布防。

后又奉命回到津浦铁路以东防御。

（一九八〇年）

《河南文史资料》，2007年第3期，第4—29页

廊坊抗战始末

崔振伦[1]

一九三七年七月二十五日开始的廊坊抗日战争，虽然规模不大，持续时间也不长，但对卢沟桥保卫战的全局关系非常重要。对天津方面的敌人，起了很大的钳制和阻止作

---

[1] 作者当时系第二十九军第三十八师第一一三旅第二二六团团长。——编者

用。廊坊战斗，我是组织者和执行者之一，当时驻防廊坊一带的是第二十九军第三十八师第一一三旅第二二六团，我是这个团的团长。

一、七七事变前敌我的形势和动态

（一）第二十九军第三十八师的情况

1.军事部署

第三十八师师部、第一一四旅旅部和第二二七团、第一一三旅的第二二五团、师部特务团驻南苑；骑兵营驻团河；第一一二旅旅部和第二二三团、第二二四团驻防大沽、小站、葛沽一带；第一一三旅旅部、第二二六团分驻武清县城关①、杨村、河西务，主力在廊坊；第一一四旅第二二八团驻天津附近韩柳墅，其第三营担任天津市政府的警卫；独立第二十六旅旅部及其第一团、第二团分驻马厂、青县一带；独立第三十九旅驻北平东北郊。

2.建制和团以上官长姓名

师长张自忠，副师长李文田、王锡町，参谋长张克侠（后改任翟紫封）；第一一二旅旅长黄维纲，第二二三团团长李金镇，第二二四团团长张宗衡；第一一三旅旅长刘振三，参谋长李树人，副旅长梅贯一，第二二五团团长张文海，第二二六团团长崔振伦；第一一四旅旅长董升堂，第二二七团团长杨干三，第二二八团团长刘文修；独立第二十六旅旅长李致远，第一团团长朱春芳，第二团团长马福荣；特务团团长安克敏。（独立第三十九旅是新建单位，对其官长姓名还不熟悉，无从谈起。）

3.编制和武器配备

第三十八师有三个正规旅。每旅两个团和一个特务连。每团三个营及迫击炮、重机枪各一连。每营四个连，每连三个排，每排三个班，每班十四人。师部有个特务团，分骑兵营、手枪营、工兵营、炮兵营及高射炮、平射炮各一连。除这些部队外，还有两个独立旅，即第二十六旅和第三十九旅。

宋哲元从长城抗战失败后即回察哈尔，冀察政委会成立后就控制着平津两市，在装配上有新改变，利用大沽造船厂制造了一部分轻武器，也从德国、捷克购买些武器。如每团配备八二迫击炮四门，捷克造重机枪四挺。每连配备捷克式或大沽造轻机枪六挺，掷弹筒四个（以后改为连的小炮排）。每个战斗列兵发捷克式步枪一支，刺刀一把，木柄手榴弹四个。连长发手枪一支，排长是冲锋枪或手枪、步枪不等。通讯器材、骡马、军需用品，均有所改善。

4.训练教育

第三十八师（连同整个第二十九军在内）在长城抗战失败后得到三四年的休整机

---

① 现武清县政府移驻旧武清城关镇以东三十里之杨村镇。——原编者注

会,在装备补充上有些改善,但在训练教育上,基本上还是旧西北军的老样。

这个师的教育训练,可分为术科训练和学科训练。术科方面:(1)操场训练。不外各种步法、各种队形的变换以及器械体操等。(2)野外演习。即攻防追退,都是老一套的办法。学科方面一是军事书本,如步兵操典、里外勤务等普通军事常识;二是精神讲话,由连排长或营团附集中讲一讲,内容是爱国主义和民族主义。每逢国耻日,馒头上印上"勿忘国耻"四个字,或者让官兵都躺在铺上凝视天棚,不吃饭,想一想,以示不忘国耻。有伙食节余的团营就买几头活猪,拉到操场用黄纸糊在猪身上,写上"日本帝国主义",让各连队向猪做冲锋动作。哪个连队刺死了猪,哪个连队就抬走吃了。吃饭时唱吃饭歌:"这些饮食,人民供给;我们应该,为民努力。帝国主义,国民之敌;为国为民,我辈天职。"在抗日期间,歌的第三句改为"日本军阀,国民之敌……"没有正规的政治工作制度,也没有政工人员。

(二)敌人方面的情况

敌人在天津的东局子、海光寺、飞机场均驻有驻屯军,北平以南之丰台等处均有日军兵营。日军采取各种形式增加驻兵,如通过换防多来少走,逐渐增兵。从卢沟桥战争爆发至廊坊战事之前,光北平一带增加的兵力,经我们监视哨统计,就有三个联队和一些特种兵。其次是经常作野外军事演习,以北平或我军驻地为假想敌,进行攻击演习。开始时,我军还有所戒备;时间久了,习以为常,也就麻痹了。再次是政治拉拢,诱骗第二十九军投降:第一步,要第二十九军脱离国民党独立;第二步,让宋哲元搞华北伪政权。宋哲元既不愿投敌,又不敢断然拒绝,只是采取拖延、苟全的办法,接受了日军向第二十九军和冀察政委会派遣顾问的要求。日军事顾问只是在军部和师部活动,旅团均没有日本顾问。

第三十八师有个日本顾问叫樱井。在一九三七年春天,这个樱井由副师长李文田陪同来到廊坊。这时旅长刘振三因公外出未回,只有旅参谋长李树人和我负责接待。我们感觉很为难,怕说错了话担过。当时在旅部找了一位录事充当翻译。一天上午,副师长李文田陪同樱井去操场检阅部队。当然是副师长检阅,并非日本顾问来检阅,一切操场仪式礼节都是向着副师长的。可是副师长穿的不是军服,而是长袍马褂,显得不像样子。事后才知道,因为副师长与樱井的军衔悬殊,怕不好看,不便着军服。樱井在部队面前讲了话,大意是说:"中日同种同文,应该睦邻亲善,共同防共,对付欧美各国……"

二、卢沟桥打响后廊坊方面的情况

第二十九军的领导层受了不抵抗主义的影响,又从反面接受了一九三三年长城抗战失败的教训,对抗战胜利失去信心。为了保住平津的地盘和自己的实力,对日本侵略军始终抱有幻想。卢沟桥已经打起来了,还认为是地方事件,就地谈判解决。和敌人订的临时协定中有"如有日军列车过往，不经廊坊驻军许可不准放行"，来往列车得向廊坊情报站通知。可是日军向北平增兵，始终没利用铁路运输，而是从天津徒步行军开向前方。由于敌人的兵力尚没大批增援上来，所以才集中力量在卢沟桥作战，对廊坊方面暂不进攻。因此七月七日卢沟桥打响了，廊坊无战事。直到七月二十五日，敌人才向廊坊进攻。

在卢沟桥战争未爆发前，第二十九军虽然处在三面被敌包围之中，但几年以来都是和平练兵，思想上既没高度的警惕，在行动上也并没有相当的备战措施。七月七日到二十五日廊坊打响，仅十几天的时间，才做了些简单的备战工作，构筑了简单的工事，把随军家属送回各自的原籍或转移他处。

（一）部署情况

第一一三旅旅部、第二二六团团部和特务连驻在廊坊铁路以南，与商民杂居在一起。第一营驻在车站东端的侍卫府（俗称石灰坞）；第二营驻在武清县城关，其第五连驻在杨村；第三营驻在铁路以北的营房内，其第十二连驻河西务；团的迫击炮连驻在铁路北的一个货栈内；机关枪连驻在车站北的一个小村子内。廊坊地势平坦，满地庄稼，枣树很多，沙土地，平顶房，没有大的建筑物，仅有当年德军占领时建筑的两幢西式楼房，面积六千平方米，土围墙。新建平房三列，每列能住一个连队。

廊坊仅有些中小型的商业和摊贩，多半都在路南。路北有三四条窄短的街道，有几家摊贩、饭店和客栈，除了驻军和安次县的公安局派出所外，就是商会及一所小学校。

（二）备战情形

卢沟桥打响后，团的措施是：

1.首先把随军眷属限期送走；

2.团部移驻路北，便于指挥作战；

3.构筑防御工事；

4.在万庄车站、落垡车站及廊坊车站两端布置便衣队，必要时准备拆除铁路（这批便衣队都经铁路工人传授了扒路的技术，并携带着扒路工具，一两分钟能拆掉一节铁轨）；

5.把车站和街市隔离开，各街口都用旧枕木、麻包袋堵塞起来，挖一道壕沟，在房顶上垒起各种类型掩体，迫击炮、机关枪都对预定假想目标，测定距离，加以标志。

第二十九军的作战指导思想，是备战避战的方针，即使在任何时候任何情况下都不准先敌开火，但是要求寸土不失。在日军方面，为了争取时间，增调兵力作大规模的进攻，对中国政府和第二十九军采取麻痹政策，表现在不撤回在第二十九军的顾问，不拒绝互派代表谈判，使第二十九军领导层始终幻想卢沟桥事件能以地方事件求得解决。

正在这个和战未决、边打边谈的同时，第二十九军副军长兼北平市市长秦德纯对记者发表一篇谈话，大意是说已命令守卢沟桥的部队，卢沟桥就是他们的坟墓，寸土不能让给敌人……廊坊官兵们得知后都很受鼓舞，以全团官兵的名义向师部上书请命，愿到前方杀敌。不久就接到了命令，即是"备战避战"。在七月十五日左右，接到准备出发的命令。这时全团官兵异常兴奋，都擦枪磨刀，做好了随时投入战斗的准备。听说这次预备用七个团的兵力，来歼灭丰台和卢沟桥的敌人，但不知是什么原因，这个命令又撤销了。

因为由天津向北平附近增援的敌人，不能利用铁路（临时协定规定的），除了用汽车运输外就是徒步行军，中间必须经过杨村。驻杨村东口公路边沿的第二营第五连，不管黑天白日，监视着通过的敌人。这个连因处在敌人来往的要道上，警惕性高，也有相当的战斗准备，士气旺盛，随时都可以投入战斗，上级严格的避战命令束缚着他们，有敌不能打。眼看着敌人的辎重和军队日夜不停地开向卢沟桥战场，打我们的友军，全连官兵都义愤填膺，每天数次请缨就地杀敌，均被严令拒绝。有一天，这个连的连长杜巍然用电话请示我批准开火。他说："请团长另委个连长来代替我好了！"我问他这是什么意思？他说："敌人几天来络绎不绝地从门口经过，官兵都忍不下去了，非打不可。如果真打起来，我可担不起这个责任。如不让我们打，就叫我们改装土匪，离开杨村到别处去袭击敌人，打了就跑。你看行不行？"我当时考虑，在上级的避战命令下如果这样干了，我也担不起这个责任，于是先和旅参谋长李树人商量，又去请示师部，结果仍是不准。最使人义愤和难堪的，是敌人的一辆辎重汽车陷入泥窝，走不动了，杜连长见既不让打，又怕这辆汽车在这里待长了会出事，即用电话向我报告，请示如何处理。我又和李参谋长商量，又去请示师部。李文田副师长的指示竟然是：责令这个连的官兵，帮助敌人把车拖出来，快走了事。这不是意味着帮助敌人快去打我们的兄弟部队吗？我照抄传达到连里去，准遭到全连官兵责骂；不传达下去，又得负违抗上级命令的责任。正在左右为难之际，幸亏敌人这辆汽车已经走了。事后才知道这个陷坑是该连有意设置的。以后怕这个连闹出事来，我们负不起责任，就把他们调开了。

（三）日军向廊坊我军挑衅

日军依靠《辛丑条约》在北宁路享有驻兵权，因廊坊有我驻军，宋哲元也有声明，"不准利用北宁铁路作军运"，所以在廊坊战争未爆发前，敌人暂没利用平津段作军事运输。但是廊坊在兵要地理上说，是个必争的地方，敌人为了攻陷北平，非把廊坊这个钉子拔掉不可，所以在七月十一日就向廊坊我军挑衅。在这天的中午，我接到万庄车站通知，说："有日军五六名携带通讯鸽两笼，到廊坊车站去了。"据此我和参谋长李树人研究（这时旅长刘振三正在庐山受训，师长张自忠在天津任市长，所以师旅都是参谋长或副职代理），决定请安次县廊坊公安分局局长出面交涉，同时也传令我们的官兵不准到车站去。待这几个敌人下车后，局长趋前问其来意，敌人回答是"检查通讯的"，并要求让他们到市内去逛逛。局长耐心向他们说明，从车站到市内均被驻军隔绝，不能进去，劝他们早些回去，以免和驻军发生误会。敌人并没坚持要去，答应等有车来后回北平。敌人与局长谈完话后，立即放走了两只通讯鸽。公安分局派了两位公安人员陪同他们等车，直到来车走了完事。这是第一次挑衅行动。以后这类事情不断发生，特点是人数一次比一次多，态度一次比一次强硬。我们的对策是随机应变。我们选派机警能干的军官化装成公安人员，暗带短枪，随同公安分局局长与敌人周旋，借此观察敌人的企图，随时报告旅部和团部。同时也派出武装便衣，采取各种方法，敌人来了，就把他们秘密包围起来，以防万一。有一次，十几名敌人仍以检查通讯为名来到廊坊车站，下车后佯作无事，到处游逛。有一敌兵爬到电线杆上，四下张望。他发现房顶上有我们哨兵向他们瞄准作射击状，急忙下来，咆哮如雷地向我公安分局局长表示要找驻军司令抗议，说什么他们正在值勤之际，中国兵为什么向他们射击。经公安人员作了解释，并劝阻一番，才算完事。旋即回北平去了。很明显，这些敌人多次来到廊坊的目的是侦察情况，找借口，为攻占廊坊做准备。

二十三日傍晚，接天津车站紧急通知，说"有敌人兵车一列开向北平"。这时敌车离杨村只有一站。当即与杨村、落垡两站站长商量是否有办法阻止敌车前进，他们说没办法阻止。我们的任务是守备廊坊地区，阻止敌人前进。打吧，上级不准；阻止吧，又没办法。既要避战，又要寸土不能资敌，在这个矛盾的命令下，真是左右为难。正在紧急时，适有廊坊站长李益三说："我倒有办法，团长能不能为这两个站长负责？"我急问什么办法，表示任何责任我都能负。李站长说，叫这两个站长带着全体职工和一切工具一跑了事。我认为他的话有道理，可以照办，但李参谋长犹豫不决。我当时认为这不是什么了不起的责任，即请两个站长照此办理，都撤到廊坊来。结果敌人的兵车没法开来，算完了。据李益三站长介绍，这个办法是在长期军阀混战中摸索出来的经验，当作战双方谁也惹不起的时候，一跑了之。根据以上情况，我们分析，廊坊的保卫战快要爆发了。正在为难的时候，旅长刘振三二十四日晚从庐山受训回来。我们真是如释重负，松了一口气，认为旅长一回来，不但有了依靠，而且上下为难的担子，也不会这么重了。

三、廊坊战斗的爆发

（一）被迫开火

七月二十五日的下午，接到北平师部的通报，有日军兵车一列向廊坊开去，令严加注意。我当即和刘振三旅长研究敌情，商量对策。据我们判断，卢沟桥已经打响十几天了，廊坊又是平津要冲，势在必争；而且敌人最近的活动，又都是带侦察性的，因此认为敌人此来，是决心占领廊坊。据此由旅长向师部请示机宜，便于行动。师部的指示是"让敌人的列车进站或通过，不让敌兵出站进街"。如果此着不通，下一步怎么办？师部的指示一字没提。旅长根据指示精神，交我具体办理。廊坊的部队是我团的两个营，我也没有什么好的办法，照样请公安分局局长出面与到站的敌人兵车交涉。公安分局向敌提出，只准在站内活动，不准出站进街，理由是站外街内都有驻军，以免发生误会（七七事变后安次县政府为廊坊公安分局派了个日语翻译，凡与敌人交涉事情时，都用这个翻译）。当时敌因立足未稳，一面虚与应付，一面又提出："光在站内活动，怎能完成我们的任务呢？"要求请我们的旅长来谈谈。旅长在这样的情况下，当然不能冒险前去，可是又不能不去。于是派了位上尉参谋，代表旅长去和敌人交涉。但敌人仍坚持要旅长亲自来谈，并说"如果旅长不能来谈，派团长来也可"。根据敌人降了格的要求，刘旅长又派第二二六团中校团附杨遇春，同李参谋随公安分局局长一道再去交涉。待一伙人到后，敌人还和我方人员合拍了照片，而且让杨团附站在中间。照完相后，双方开始谈判。我们的要求是："你们的任务完成后尽快离开廊坊，以免发生误会。"敌人要求出站宿营。我方说："此地有驻军，你们在此宿营绝对不行，还是赶快离开此地。"这样反复争执，终无结果。待我方人员回来后，敌人就行动起来了，分成三四个组列，每组约有三十至五十人左右，全副武装，并带有工具。他们分头出站，选择有利地形开始向着市内方向构筑工事。这时敌人的主力仍在站内隐蔽，不让我方看见。

还在双方谈判时，我和刘旅长随时研究情况，并随时报告师部，请示办法。但是师部在这种一触即发的紧急情况下，下达的指示仍是老一套，即"不准敌人出站进街，不准开枪"。我们还派公安分局局长前去交涉，要求敌人"停止构筑工事，马上离开廊坊，否则发生冲突，由你们负责"。敌人这时更进一步提出强硬要求，要我驻军退出营房让他们宿营，他们就停止构筑工事。刘旅长用电话向师部报告，副师长李文田指示"不能让出营房"。刘旅长说："敌人硬要进怎么办？"副师长说："挡住敌人。"刘旅长问："如何挡法？"副师长说："总之驻地不能让出，也不能先敌开火。"我在电话前听了二人的对话后，就出去看情况，正遇第三营营长邢炳南报告："敌人正对着九连住的街口做工事，工事做完以后一定会向我们开火。"这时第九连连长宋再先也来了，他说："团长，打吧！"我说："你打谁负责？你先回去，我和你们营长商量商量。"我和邢营长商量的结果是，先敌开火，待敌人开火后再向师部报告，说敌人先向我开始进攻，我们为了自卫才还击的。但是这样办了，又瞒不了旅长。我让邢营长回去布置，我去找旅长商量。邢营长说："如果旅长不同意怎么办呢？还是等团长回来再说吧！"

我到刘旅长那里报告邢营长与宋连长先敌开火的意见，刘旅长没加可否，光是低着头吸烟。正在这个时候，忽然听见外边响起了机枪声、炸弹声，夹杂着喊杀声，很激烈。这时刘旅长才拿起电话筒向师部报告，说："敌人已经开始向我们进攻，我们不能等着挨打，怎么办？"我听见电话筒里说："育如（刘旅长的字），你拿着电话机不要放下。"听到这里，我马上出去，观察各处的情况。走到第九连阵地时，见到宋连长，他神情不安地说，这次开火是他连里的一个列兵，叫王春山，他自己集合了五挺轻机枪，没得到任何人的命令就向敌人开火了。我说："敌人先打了咱，咱当然也要打敌人。"我事后考虑，宋连长所说的一个列兵集合了五挺轻机枪，先敌开了火，恐怕这是宋连长亲自办的。不然一个列兵怎么能够集合五挺轻机枪呢？他是怕负责罢了。我又找到邢营长，他说刚才的炸弹声是第十连蒋排长搞的。蒋当时在一家饭馆房顶上（当时在廊坊商民的平房顶都设有隐蔽哨，敌人还没发现），正好房子墙根下有一部分敌人休息，他一听第九连响起了机枪声，他就用集束放手榴弹的办法，每捆五个，投下了五捆。

廊坊的抗日战争，就是这样开始的。这次因为敌人没重武器，只有重机枪、小口径炮，特别是立足未稳又加上他们轻敌，所以伤亡很大。当时已进入黑夜，只听见敌人的伤兵鬼哭狼嚎。敌人曾数次使用猛烈火力作掩护，抢运伤兵，均被击退，又伤亡不少。我军是以主待客，早筑有一定强固程度的工事，又违背了上级命令，先敌开火，争取了主动，因之伤亡不多，损失不大。但是我们估计，敌人这次伤亡很大，又没撤走，绝不会罢休，决定在拂晓前，将车站现有的敌人全部歼灭，夺回车站，以便天亮后对付增援的敌人。我们也估计了形势，自己没有重武器和攻坚的准备，而敌人占领了车站的各种建筑物。如果在天明前歼灭不了他们，敌人援兵来了，势必向我们进攻。要是我们支持不住，再后撤，困难就大了。可是半夜十二点左右时，听刘旅长说，北平方面敌我双方都已经派出调解人，乘汽车前来廊坊进行调解。按时间计算快该来到了，所以又增加了拂晓前歼敌的顾虑，于是就作罢了。下面的决定是在天明前把旅部、团部撤至营房以内；又重新调整了部署，准备敌人拂晓进攻和应付增援之敌。这是七月二十五日的情况。这一天的战斗，在我们来说，既被动，又主动。按上级"备战避战不先敌开火"的作战指导来说是被动的；从下级来说，在敌人的步步进逼下，不顾上级命令先打了敌人，是主动的。

（二）二十六日再战

当我回去指示团部向营房内迁移时，刘振三旅长早在等我了。我们正在交换情况，忽然接到报告说，天津之敌开出兵车一列，已到落垡车站下车，估计此刻敌已下车，集结完了即将开始向我们攻击前进。刘旅长急找邢营长来，打算用邢营长的名义给敌人写封书信，说明北平中日双方都派人来进行调解。目的是想缓和一下敌我气氛，争取些时间，完成自己的部署。待找来邢营长，写下不到几行字，从天津飞来九架敌机，分三个组在我们的营房上空转了一个圈即开始轰炸；紧接着又来了六组十八架。两次共二十七架飞机，在廊坊上空轮番侦察、扫射、轰炸。邢营长的信也没用上。当时研究，营园①面积不大（仅六千多平方米），纯系沙土围墙，素无坚固的防守工事；我们部队现都在市的边沿，正在敌机的攻击目标下，固守营房是没用的，也守不住，不如把队伍撤至市外，和敌人作野战倒还有利。这时营房内的房屋大部都被炸塌了，幸亏我们是在地下室开会的，散会后刚一出门，敌人的炮弹也打过来了。仓促之间，刘旅长沿着围墙外部利用高粱和芦苇的隐蔽走掉了。旅长走后我和邢营长跑到营园外边，找了个适当的地方又研究尔后的作战方针以及通讯联络和伤员的转移等问题，决定团的机枪连归邢营长指挥，作总掩护，并作为营的预备队。邢营长即开始作撤退部署。待撤退和占领阵地的队伍大致就绪后，我就去找旅长去了。走不多远就遇见第十二连连长鲍俊德。他说，刘旅长到桐柏镇去了。这时看到敌人的炮火和飞机都集中向营房轰击。我们有八二迫击炮四门，也集中向敌人射击，用活动阵地的方法，每放上五六炮，就迅速转移阵地，再向敌射击。我们步兵利用高粱、芦苇的隐蔽，向营房接近，向墙里射击，投掷手榴弹。但敌人始终不出围墙。敌机终日保持着九个组二十七架飞机，协助其地面部队作战。

在上午十二时前，我得知旅长已到了桐柏镇。我正要到桐柏镇去见旅长，刚好旅长派人来找我。旅长已将团的第二营从武清县调到桐柏镇旅部。我到了桐柏镇，范绍桢营长对我说："需要不需要第二营上去？"我以为他们刚从武清开到，一定很疲劳，就让第二营先吃饭休息。我见到刘旅长，汇报了前方战斗情况。旅长问我今后怎么办，他说反攻廊坊也无意义。我说，去守武清城关如何？旅长说，去武清不如到安次。我们分析了利害后，决定今晚横过落垡铁路向安次县城关②进发。二十六日敌人完全占领了廊坊，其伤亡人数不详。二十七架敌机轰炸了一天，敌人的步兵占领了营房以后，没作进一步攻击，只是机枪大炮向我们盲目射击。那天我们共伤亡四五十名左右，团部和第三营的行李全部丢光，只是将文件带出来了。

（三）主动转移

七月二十六日，我们撤出了廊坊。所谓北平敌我双方派人来调解，根本没见到人影。我们与北平、天津的联络已被中断，无法了解卢沟桥方面的情况，得不到军和师的指导，事实上形成了我们在廊坊独立作战和盲目作战的局面。我们处在卢沟桥和天津中间，如果整个战况不利，是很危险的，只有主动撤退是上策。二十六日晚九时左右，我们由现地

---

① 即营地。——原编者注

② 安次县城关现名光荣村，距廊坊三十里。一九五一年安次县政府迁至廊坊，一九八三年撤销安次县，其属地归廊坊市管辖。——原编者注

出发向安次县城关前进。为了防止敌人的追击或腰击，我把两个营的大部分轻机枪和团的迫击炮交由第三营营附李盛荣带领，向敌人搜索前进。估计李营附他们通过铁路后即向敌人实行急袭，尔后迅速脱离敌人，追随大部队到安次县城关会合。

我们通过铁路到安全地带休息时，听到后边枪炮声很激烈，因此，旅长和旅部并没停止休息就走了，我们估计敌人黑夜里摸不清情况，绝对不敢追击。一阵枪炮声响过后，我到后面去看情况。没走多远，正迎上担任掩护退却的张永贤连长，他说有一列敌兵车从天津开向廊坊，在落垡站开出时很慢。他便集合本连所有的九挺轻机枪向这列车射击，并在铁路上埋下了好些手榴弹。敌人列车上的机枪盲目地向铁路两旁乱打了一阵。这时我们的李营附回来了，我们趁天还不明，就向安次县城关出发前进，和旅部会合。

（四）二十七日夜袭廊坊之敌

根据军队的法令，一切军事行动，必须绝对服从上级的命令，没有上级命令而行动，即使对了，也得受处分或斥责，不对的行动，更不要说了。失掉廊坊，对整个卢沟桥战争关系很大，同时，我们撤出廊坊是擅自行动，责任重大。只有夺回已失的阵地，或可将功折罪。我们到安次县城关时，老百姓欢迎我们，并没责骂我们丢掉国土。但这个县的县长张汉权请旅长和我吃饭时，对我们说了不少刺激的话。张县长是军人出身，跟孙传芳当过师长，以后叛孙投卢（永祥）。他向我们说话的大意是：廊坊的情况，不管是在时间上、地点上和敌情上，都和卢沟桥不一样，如上级指示，虽没命令不得向敌人开火，可是也没命令撤出廊坊，如果为了一时的态势不利而撤出，应当伺机恢复廊坊，庶不致有过……我不知旅长内心如何，我当时心里很激动，认为我们虽属军人，守土有责，还不如人家一个县长有远见哩。当即和旅长决定今晚由我带领一个营七个连的兵力向廊坊进发，夜袭敌人，夺回阵地。

廊坊之敌在战斗两天后，伤亡颇重（约百余人），立足不甚稳固，守备人数约在一个加强连左右。北平此时正在激战，估计敌人从北平向廊坊抽调增援的可能性不大，但从天津方面增援的可能性较大。根据这个判断，我们做了如下的部署：

第一营附迫击炮连（缺两门炮）、轻机枪四挺，由营长左景春带领为主攻，以夺回廊坊、全歼守敌为目的。

第五连附迫击炮两门、轻机枪两挺，由赵营附带领占领落垡阵地，破坏铁道，堵截由天津增援之敌，确保主攻方面的安全。

第六连附轻机枪连（缺六挺）为预备队，随团长行动，并将由安次县城关到北史家务村的电话线路修整完毕。

下午，我们由安次县城关出发。黄昏前到达离廊坊十里左右的北史家务村，将队伍略加整顿,安下基点,以便与旅部(驻安次县城)联络。一些非战斗员、医务所、伤兵收容所以及县政府随来的人员均在此停下,一切就绪后,各按自己的任务分头前进。

我带预备队进至廊坊车站西一华里之蔡庄时,廊坊枪炮声已响了。不多时伤兵下来了。接着左营长的报告也来了,报告内容和伤兵口述的大致相同,即廊坊之敌兵力不大,从北平开来的列车均是伤兵。我们的主要攻击目标是列车上的伤兵,其次是廊坊守敌。听枪声时急时缓,我将这个情况报告刘旅长,旅长指示:"在拂晓前将队伍撤下来,先在北史家务村休整一下即回安次。"

袭击廊坊的战斗,我们使用的兵力比敌人大两倍,我对廊坊的地形、市街又熟悉,士气也旺盛,打起来较顺手,所以敌人伤亡重大,敌人的伤兵列车及护卫、医务人员全被歼灭;守备之敌除死伤外,大部仓促逃走,只有少数躲在建筑物内的未及逃走。如我不奉令撤出,残敌准能全部消灭,夺回廊坊阵地是有把握的。

我们回到安次县城后受到民众的热烈欢迎和慰问。当天的广播和天津各报都在宣传我军某部收复廊坊、歼敌若干名……虽然有些夸张,但是我们打了个主动胜仗倒是事实。

前边说过,我们前在廊坊未撤出时,由于上级在和战不决的情况下给了我们很大约束,失掉了不少打击敌人的机会。最后在敌人的步步进逼下首先开火的蒋排长、列兵王春山和袭击敌人列车的张连长也是顾虑重重,怕受处分。后来接到上级的指示,即对敌作战的命令,大意是"和谈绝望,遇敌就打",这几个首先打击敌人的人才如释重负,并且得到了奖励。在我来说,也放下了个包袱。

二十八日,接到命令,去打天津,先到王庆坨集结。行军到永定河,刚要渡河,又接到命令,即向马厂、青县、大城转进,当即转向永清县渡河,到胜芳镇、大城县集结,休整待命。我们走到胜芳镇,遇上从天津退出来的我军人员第二二八团和天津保安队,才知道我们已经放弃天津。据说我军主动作战,给敌人以很大杀伤,但因整个形势对我不利,不得不撤出天津。

中国人民政治协商会议廊坊市委员会编:

《廊坊市文史资料》,第4辑,1987年10月

激战廊坊车站

邢炳南[1]

从七七事变到日军向平津全面进攻的一段时间内,从表面上看是没有发生新的军事冲突。但日军经过这一阶段的准备之后,在七月二十五日下午四时左右,突由天津方向

---

[1]　作者当时系第二十九军第三十八师第一一三旅第二二六团第三营营长。——编者

开到廊坊车站一列兵车。初来时声言是交通列车，修理沿途电线，继而便在车站上布置警戒，驱逐车站闲杂人等，并禁止站外的行人进站。第一一三旅旅长刘振三派第二二六团附官吴明海（朝鲜人，能讲日语）到站交涉，要求日军离开廊坊站。日方不但没有圆满地答复，反而要求我军撤出营房，并打了吴明海两个耳光，把吴逐出车站。旅部当即将廊坊车站所发生的事件，以电话向天津市政府报告并请示处理办法，接到的答复是："要忍耐，不要扩大事态，这里马上就派员偕同日方人员乘专车到廊坊去。"此时天津市长兼第三十八师师长张自忠在北平，天津的一切由第三十八师副师长兼天津市公安局局长李文田负责。此时驻廊坊车站营房内的部队，仅有第二二六团第三营，其第九连还驻在站台附近的民房内。

从日军强占我廊坊车站起，北平和天津的铁路交通即告中断，形势显得极为紧张。第一一三旅一次又一次地向天津打电话联络，但是每次得到的答复，大体上都和第一次的答复一样。到晚七时前后，日军便开始在车站周围构筑工事。同时，我第九连亦将轻机枪架在房顶上，准备应付一切可能的事变。后来第二二六团团长崔振伦决定采取主动，以第三营主力由车站西北端沿铁路向车站之敌进攻，第九连仍在原住处占领阵地，以便夹击车站之敌。当夜十时，第三营即进入攻击准备位置。这时崔振伦团长也来到现地指挥攻击。就在这将要攻击前进的一霎时，突然接到旅长的命令："撤销向车站进攻的计划，速将部队撤回原驻地，听候处理。"并说天津的调解专车马上就来廊坊。于是第三营便又撤回营房。午夜已到，依然不见调解列车到来。就在这时候，旅部忽接天津电话："日兵车一列将由天津开往廊坊，请特别注意。"第三营得此消息后，当即向团长建议：一、速将铁路拆断；二、以第三营主力或另调第一营在铁路拆断处伏击由天津开来之日兵车。这个建议，没有得到旅长和团长的采纳，只允许由第三营派一个连到车站东南扬旗处占领阵地，伏击来敌。第三营即派第十一连担负此项任务。第十一连占领阵地不久，营又接到团的指示："伏击来敌的命令作废，速将第十一连撤回营房。"我们执行这一指示时，第十一连官兵表示"愿与阵地共存亡"，不肯回来。经过几次说服协商，决定第一步先将连的主力撤回，仍留一个排在原地执行伏击任务；第二步才设法把留下的一个排也撤回来。伏击部队撤回后不久，日军由天津开来的兵车，即毫无阻挡地长驱直入廊坊车站。

廊坊车站之敌，得到增援后，便于二十六日早二时开始向我炮击，第三营当即以迫击炮还击。从此时起和天津的电话便中断了。第三营的主力进入营房围墙的既设工事，并将原住民房的第九连也撤到围墙的工事中，全力抗击当面之敌。日军以步炮联合向我发动的攻击，都被我第三营击退。

二十六日拂晓时，忽然听到嗡嗡的声音由远而近，原来是日军飞机一队（九架）由天津方向飞来，到廊坊上空稍事盘旋侦察，即向我毫无防空设备的营房进行低空轰炸扫射，敌军同时向我发起进攻。此后，敌机即以九架为编队，不间断地轮番轰炸我营房。上午十时，营房已被敌炮火和飞机炸成一片废墟。但是第三营的全体官兵，凭借着营房围墙的既设工事，依然沉着应战，不仅击退了敌人的疯狂进攻，而且伤亡也很少。有些士兵被炸起的土埋了，他们从土里爬出来，换个地点，继续抗击来犯之敌。

就在这个紧张的时候，刘振三旅长在营房东北角的交通壕内对崔振伦团长说："营房没有死守的必要，你可命三营营长邢炳南从速撤出营房，免受无谓的牺牲。"崔团长即按刘的指示，把我叫到营房东北角的交通壕中，一边走，一边说："旅长已经走了，我们决定不守营房，所有旅部和团部的直属部队，都归你指挥，赶快设法撤离现地，向东撤退。"说完后，崔团长也走了。这时敌机的轮番轰炸更加疯狂，敌地面部队亦趁机发起进攻。我即按崔的指示，一面继续抵抗当面之敌，一面派人寻找旅部和团部的直属部队，让他们利用青纱帐撤到营房东约三千米处，停止待命。在旅、团直属部队撤走后，我又指挥本营逐次撤出营房，向东转进，到达营房东约六里之高地时，已经是下午一点左右了。我当即用一个连占领阵地，并将所有部队整顿了一下，清查结果，人员马匹仅有轻微的伤亡。我要求各部队长，务须确实掌握队伍，并分段构筑工事，敌如来犯，即在此地抵抗，绝不后退。这时敌机也分散进行轰炸扫射和侦察，地面之敌再没有追击我们。

我当时一面加强阵地，防敌来攻，一面派营附鲍俊德寻找旅长和团长，在距廊坊二十里的桐柏镇找到刘、崔二人，报告了撤离营房时的情形以及撤退后的处置。刘、崔二人见鲍来到，喜出望外，说："这就有办法了。"当即命令我把所有队伍都带来桐柏镇。傍晚部队到桐柏镇后，刘又决定今晚向安次县城关转进，并命崔团驻武清县城关之第二营及驻廊坊西南之第一营，同时行动，务必在二十七日拂晓前到达安次县城关集结。崔团全部到达安次县城关后，白天稍事休整，即奉旅的命令于当日夜间反攻廊坊。

安次县城关与廊坊相距约三十里，团即按旅的命令于当日午夜到达廊坊附近，以第一、第二营为主攻部队，第三营为预备队，在敌毫无准备的情况下，一举攻进廊坊车站。敌人从梦中惊醒，仓促应战。经过一小时的激烈战斗，廊坊车站绝大部分已为我军占领。就在这关键时刻，团接到旅部的命令："平津两地的情况均不很好，可将部队从速撤回安次县城关，另有计划。"团当即按旅的指示，将部队逐步撤离廊坊，于二十八日返回安次县城关。次日平津报纸都刊登我军收复廊坊的消息，其实是刚刚攻进廊坊，马上又撤走了。

在日军陆空联合向廊坊进攻得手后，又以同样的方式，要求我驻团河的第三十八师骑兵营让出团河，骑兵营拒绝了，因而也遭到日军陆空的联合攻击。

《廊坊市文史资料》，第4辑，1987年10月

天津抗敌记

李致远[①]

一

　　卢沟桥事变发生时，第二十九军第三十七师（冯治安师）在卢沟桥反击了日本侵略者的挑衅。当时我任第二十九军独立第二十六旅旅长，属第三十八师师长张自忠指挥。我旅驻天津外围马厂一带，有两个步兵团和一个警卫连，装备主要是轻武器，只有几门小口径平射炮和十几挺高射机枪。但士兵们要求抗日的心情十分迫切，个个摩拳擦掌，跃跃欲试。

　　我旅两个步兵团，一个是"朱团"，团长朱春芳，性情直爽，勇于战斗；一个是"马团"，团长马福荣，性情文雅，长于思考。旅参谋长因公出差未归。

　　七月二十五日夜里，满天阴云，空气闷热。从廊坊一线（由刘振三旅驻防）传来的枪炮声一直未停。我当时在马厂旅部，一夜未眠，等待着廊坊方面的消息和第三十八师副师长李文田（师长张自忠在北平未回来）从天津来的命令。二十六日晨四点左右，接到刘振三的电话，说廊坊失守，部队损失很大。我即通知部队做好战斗准备，随后乘汽车去天津见副师长李文田。当时在天津的我方主要人员有第三十八师副师长李文田、第三十八师手枪团团长祁光远、市政府秘书长马彦翀、天津保安队队长宁殿武、天津警备司令刘家鸾，还有驻小站的黄维纲旅长等。

　　在去天津的途中，我想，第三十七师已经在宛平打了十几天，廊坊失守，平津交通断绝，直到现在上级还没有一个明确的指示，看来是非打不行了。见到李文田后，我就问："我们为什么还按兵不动，到底打算怎么办？"李文田见我心情急躁，便说："不要急嘛，我们现在和张师长断了联络，打与不打我一人不好决定。你这一趟来得很好，我明白了你的决心，你先回去掌握住自己的部队，我再试探马彦翀、黄维纲、祁光远他们的想法才能决定。"我说："现在和日本侵略者已经撕破脸了，不打是不行了！我的部队是有把握的。要打还必须拉着天津保安队和警察一块干，不然叫亲日派把这部分力量拉过去向我们开起火来，就不好办了。"李文田说："如果打起来的话，就得拉着这部分力量，你赶快回去把部队向天津靠拢，听候命令吧。"我看李文田有打的决心，就心情愉快地回到马厂。回

[①]　作者当时系第二十九军第三十八师独立第二十六旅旅长。——编者

去后，我立刻把两个团长找来研究了一下，命令朱团立即开赴静海县并占领静海车站，扣住一部分车皮，随时准备开赴天津。马团于二十七日晨再开赴静海待命。

二十七日早上五点左右，接到副师长李文田叫我立刻到静海县去的电话，我立刻赶到静海见李。李说祁光远和宁殿武十点到我家去，我们一块商量一下这个仗怎样打法，于是我们就一起乘汽车到天津去。路上李文田说："我已经和马彦翀商量了，可是没有结果。"接着我俩简单地交谈了一下作战部署。

在李副师长公馆会客室里，宁队长和祁团长已在这里等着了。我们立即围着长桌子坐下来，桌上放着天津市地图。李副师长说："北平方面直到现在还没有命令，战与不战，如何应付当前局面，大家商量一下吧。"大家都同意打，但在时间上发生了分歧。我和李文田主张立即打，宁殿武力主等北平指示。最后大家又分析了天津当时的局势，决定还是立即打。在讨论兵力布置上，又发生了争论，最后李文田作了决定。他先朝我微微一笑，我明白这是表示按照我俩在汽车上商量的做法作决定了。他说，如果现在不打，等到日军兵力增多了，想打也无法打了，因此要立即打。敌人在市中心海光寺驻有一个联队，有十几门炮，而且工事比较坚固；东局子日本飞机场停着三十多架飞机，有一个中队步兵；天津总站和东站还各有一小队日军。大沽口外有日本兵舰和海军陆战队，山海关和廊坊也驻有日军。因此，市内这部分日军，必须迅速消灭。否则敌人援军一到，我们就会被包围，遭到内外夹击，有被消灭的危险。我插话说："要干就干，来个攻其不备，先下手为强，打了再说，副师长下命令吧！"当时我们的兵力有：第三十八师手枪团一千余人，装备较好一些；天津保安队共三个中队，加上武装警察约一千五百人；独立第二十六旅两个团约三千人，共约五千余人。黄维纲旅可以马上赶到作总预备队。会议最后决定的兵力配置是：保安队一中队攻取东车站，由宁殿武负责指挥；手枪团全部，配独立第二十六旅一个营及保安第三中队攻占海光寺日本兵营，由祁光远负责指挥；独立第二十六旅，配保安第二中队，攻占天津总站及东局子日本飞机场，消灭守敌，烧毁飞机，由我负责具体指挥；武装警察负责各战场交通和向导。总的指挥由李文田和我负责。决定于二十八日凌晨一时同时开始。

会议结束已经是二十七日夜十点钟了，离规定发起战斗时间只有三个小时。好在会议期间我已派传令兵乘小汽车命令朱春芳团即时开赴西南哨门集结待命。会议后，我立刻命令朱团第一营与保安第二中队，每人携带一小水壶汽油、一盒火柴，跑步到东局子占领敌飞机场；第二营由朱团长亲自带领攻占天津总站，我还给他一个手枪连，作为预备队。总指挥部设在西南哨门，我和李文田副师长在那里，可以随时听取战况报告。

二

战斗在二十八日凌晨一时开始。战斗刚开始的几个钟点，发展是顺利的。朱春芳带领第二营和保安队一个中队，乘黑夜偷袭了总站，将一小部分敌人压迫到仓库的楼上，占领了总站。

攻占东局子敌机场的部队，因相距较远，部队跑步前进。营长选了两个排长一同跑在最前面，当他们跑到机场时，部队还没有赶到，他们三人就隐蔽在机场门口，用大刀将两个站岗日军砍死。这时由机场内开出一辆小汽车来，他们三人开枪将小汽车打坏，刚好部队也赶到了，一齐冲进机场。日军的飞机驾驶员都睡在飞机下，听见门口枪声，就都上了飞机，开动发动机，准备起飞。部队扑向停在机场上的机群，将汽油倒到飞机上，火柴却划不着（因跑步出汗和天气潮湿，火柴都湿了），只有一个飞机点着了。驻在机场的日军，疯狂向我士兵射击，我士兵一部分设法烧飞机，一部分抵抗。这时约有二十多架飞机将要起飞，有些士兵急了，不管管事不管事，用刀乱砍飞机；有的抓着飞机不放，飞机起飞，只好放手掉下来，跌伤了三四个士兵。飞不了的飞机，士兵们用大刀砍，用刺刀刺，用枪打，用手榴弹炸；起了火的飞机，士兵们不管火烫用手撕下着了火的飞机碎片，到别的飞机上引火，霎时机场上烟火冲天。我军喊杀之声惊天动地，将守卫机场的日军压迫到机场办公楼和营房的工事里。起飞了的飞机黑夜里看不清地面，在机场上空乱飞。天亮以后，形势对我们就不利了。我军暴露在机场的平地上。敌机向我军扫射，敌军在楼内居高临下向我射击，伤亡很大。这次战斗部署，因时间紧迫，我们没能将具体打法交代清楚，士兵又没有经验，如果事前告诉他们，点不着火时，可用手榴弹炸飞机，或先用大刀将飞机的尾巴砍坏，使它不能起飞，这样就不仅烧毁十几架飞机，而能将其全部烧毁了。

攻击东车站的部队，用偷袭的办法在两个小时内占领了东车站，消灭了敌人。总指挥部即命令宁殿武留一个小队（约一连）严守车站，其余（指攻东车站的部队）由宁殿武带领支援海光寺，归祁光远指挥，宁为副指挥。部队完全用市内自动支援的公私卡车接送。

攻击海光寺的部队，因为敌人工事坚固，并有十几门炮向我军轰击，没有得手。

二十九日天亮以后，天津市民纷纷来慰劳我们。虽有几十架敌机（这时有东北飞来的敌机）在天上轰炸扫射，当我部队通过市区时，市民仍夹道鼓掌欢迎，送茶，送饭，送西瓜，还有送手巾、鞋袜的。我通知部队不准要市民的东西，严守纪律。这时有的市民找到我，要求我们接受慰劳品。因为天气太热，我才命令部队可以喝茶水，可以吃西瓜，其余的一律不准要。

天亮后，我增援步兵乘天津市卡车，高举着军旗，来到英法租界。这时各租界听到枪炮声，已在各路口设上了铁丝网或鹿砦和拒马挡着。汽车如绕道过去，要转很远，住在租界内的市民看我们的军队到了，就拥过来鼓掌欢迎，甚至有的巡捕也受到群众抗日爱国热情的影响，主动地把拒马拉开，让运送部队的汽车顺利通过。当部队汽车通过时，群众夹道鼓掌欢迎，民气之高，情绪之热烈，给我们官兵以莫大的鼓舞。

天津市的公私卡车和公共汽车，几乎全部自动地来支援我们运送弹药和部队，汽车司机们抢着将弹药搬到自己的汽车上，冒着敌机的轰炸扫射，开赴前线，有的司机主动帮助炮兵将高射机枪和小炮，安装到卡车上，运送到前线。

当时我组织了一部分汽车去静海县路上迎接马团，很快就运到天津。这时战斗打得十分激烈。在海光寺、东局子和总车站的部队遭到日军的炮击和飞机轰炸，伤亡严重，市民为了支援我军，在敌人炮火下主动帮助我们修筑工事。特别是海光寺附近，有些商店将自己的铁门卸下来，运到前沿阵地，在敌人密集的枪炮射击下，前面的人被敌人打倒了，后面的立刻跑上来接替，继续抬着铁门唱着号前进。当时看到群众的抗日热情如此高涨，感动得士兵受伤也不下阵地。不少群众在前线阵地帮助修筑工事时，流了血，也有不少人为此壮烈牺牲。

战事进行到下午一点，情况就十分不利了。我所掌握的预备队只剩下一个营，黄旅又无到来的信息，敌机轰炸得很凶，市政府被炸起火，在南开大学的预备队一个营被炸，死伤一百多人，市民百姓死伤也不少。前线要求援军的电话、报告纷纷到来。总指挥部被敌人发觉，十几架飞机轮番轰炸，敌特汉奸大肆活动。和前线的通讯断了联络，副师长李文田为了躲炸弹，已经离开指挥所到一里许外之住户处。指挥所里只有我和几个传令兵。在一点半钟左右，我派出两个连支援东局子机场。东局子机场、海光寺总站几个方向的枪炮声很激烈，此时，我心内暗想，只有两连预备队，不到万不得已，是不能拿出去的。就在这时一部小汽车来了，我想这时候谁还坐汽车到这里来。汽车走近停下来，从汽车内走出两个穿便衣的人，原来是祁光远和宁殿武。我迎上去奇怪地问："怎么换上便衣了？海光寺打得怎样？"宁殿武丧气地说："完了！人全打光了！"祁光远叹口气也说："完了！阵地上的人不多了！路上到处是汉奸和日本特务，所以才换上便衣来的。"我感觉他俩有些动摇了。形势确实不妙，我们一块去找李副师长商量。他俩将情况向李文田作了报告，最后提出撤退的建议。我说："无论如何，也得等到天黑才能撤，免受敌机的危害。"李文田将接到的报告给我们看，其中讲到：山海关一列车日军开赴天津，廊坊日军两辆装甲车开赴天津。塘沽来电话说：有一小轮船日军沿大沽河开向天津。我们曾数次电报调黄维纲旅增援，迟迟未到。看来有被围的危险了。我们商量一下，决定撤退，部队集中点在静海县、马厂两地。我还是坚持到天黑再撤，他们都主张即时撤，以免被围。最后决定下午三点开始撤。命令下达后，我和几个副官组织了汽车，将辎重、重武器以及伤员等，在高射机枪掩护下先运走。下午四点左右，基本上运输完毕。到四点半步兵陆续撤下来了。我通知各部队出东南哨门，不准走公路，全部从高粱地里撤退。这时我的手枪连从朱团长那儿也回来了，我即派出一个排沿汽车公路布置岗哨，一方面严防汉奸敌特捣乱和破坏，另一方面严禁士兵暴露目标。我在东南哨门外公路上，指挥部队隐蔽撤退。敌机侦察没有找到目标。直到天黑，我才随着两连掩护队离开天津市区，奔赴马厂。经过十五小时的战斗，天津市区陷入敌人之手。

三

天津敌军因遭到一定程度的损失，没有力量进行追击，部队撤到马厂后，我们就抓紧时间整顿部队。当时保安队撤到静海县就不走了，副队长是个亲日派，根据我们掌握的情报：保安队已派人到天津与日本人联系，企图叛变。队长宁殿武，下落不明。副师长李文田到沧县第二十九军军部去了。保安队如被拉到日军那方面去，当了伪军，对我们十分不利。我和两个团长商量决定，派马团长去静海县，召集保安队全体讲话，然后派朱团长带全团去接防，强迫保安队到马厂整训，并撤换其大队附。这一计划进行得很顺利。

我于当日晚赶到静海县，召集朱团团、营长商量防守静海的办法。我说："日军很快就会向我们攻击，静海县和车站一定要守住！这次我们不能像在天津市里一样，和日军硬打正规的阵地战，这样我们要吃亏。"县城和车站相距一里。我想，第一营守车站；第二营守城，但是阵地放在城外；第三营在天津市和静海县之间，打游击，敌人来攻静海时主要是在后方打，敌少我就吃掉它，敌多我就跑。第一、第二营各派一个连在本营阵地前方打游击，但是不要进入第三营的区域内。主阵地每连派出一个班，在游击连和主阵地之间作游击，这样敌人一来就到处挨我们的打，绝不使敌人攻到我主阵地。朱团长等都同意我的意见，就按照这个计划布置了兵力。敌人曾有几次进攻，都未到主阵地就被我们打跑了。有一次敌人用装甲火车向静海车站进攻，我们早料到他有这一手，已在铁轨上铺上了麦秸，埋上地雷。装甲车不敢前进，敌人下车向车站攻击，我游击营把住后面的铁路，包围了敌人。敌人钻在车内很长时间未出来，在修铁轨时敌人被打死不少，丢掉了十几个尸体逃回去了。就这样守了一个多月，后来第三十七师张凌云旅长带了王维贤团来静海县接防。王维贤和我是同学，我将我们的防守办法告诉了他，建议他也这样办，并陪他们防守了一天，我们就撤到马厂休息。

朱团回到马厂的第五天，张凌云旅长来马厂找我洗澡。我问他那里怎么样，他轻松地说："没事。"正在洗澡的时候，听到静海方向枪炮齐鸣，张旅长穿好衣服就要走。这时来了电话说静海失守了，张旅长匆忙赶回前线。约在三点多钟接李文田副师长自军部来电话，命令我旅立即收复静海县。我气愤地说："他们给丢了，叫我们去收复！"李副师长说："你先执行命令吧！这是冯主席的指示（第三十七师师长冯治安兼河北省主席），要张旅长收复静海县城，你负责攻占静海县车站。"我放下电话立即传知各团准备出发。我召集团长说明情况，命令朱团担任主攻，马团支援，今晚偷袭静海车站，我随朱团走，五点出发。过了一会儿，朱团的一个排长来找我，向我说："靠近静海车站东南有一个菜园，菜园内有一间小屋，我们住在车站时，我和看菜园的老头很好，我可以带一个班，先占这个小屋，再偷袭车站就容易多了。"我同意这个办法，派他带一个班为先遣班。当他们摸到菜园时，找着看园的老头。这个老人轻轻地告诉排长说屋内有四个日本兵，还有一挺轻机关枪，最好在无声中消灭他们。就这样，我方占领了小屋子。我和朱团长带着部队沿铁路向静海车站摸去。因连日大雨，水深过膝，部队运动到车站附近时，站着走恐暴露，匍匐前进水又没了顶，只好蹲着向前摸。当我接近菜园，准备将部队布置好再偷袭敌人时，李副师长派传骑送命令来到。宋军长（指第二十九军军长宋哲元）令，即速撤回马厂。我用电话和副师长联络，原来是军长看着阵地太突出，认为就是收回也是无谓的牺牲。

当天我又接到第二十九军军部命令，叫我旅自铁道以东（不包括铁路）唐官屯烧窑盆村沿减河到海边防御，阻止敌人南下。这条减河约二十米宽，满床河水约三四米深，两岸堤坝很高，上面长着茂密的芦苇和杂草，岸上还有成荫的柳树。村西约一里处河上有一座大木拱桥，桥面很高，桥下能行船，站在桥上可以看得很远。

部队先头刚到村，就得到情报：日军约一个大队也在这个方向疾进。看来敌人企图由此桥抢渡。我即带着两个团长到桥侦察阵地和敌情，并使部队即到桥南头附近高粱地内隐蔽待命。我向团、营长说，敌人要抢渡这条河，如果不把他顶回去，这条防线就垮了。我大声而肯定地说："我们要死守这条河，每团选出'敢死队'，每人带着长把大刀和四个手榴弹，用洋红抹成大红脸，冲过桥去，用大刀砍！"我问谁愿领敢死队，当时朱团长把胸脯一拍激昂地说："我带着去！"说着把上衣一脱，跑到朱团选出的敢死队前说："脱了光背，将红抹上，跟我来！"这一百多人全跟去了，马团选出的一百多人也去了。我看人数太多，想拦住，他们还是都跑过去了。

用长柄大刀，是根据过去的战斗经验，因为我们的刺枪术不敌日军，将大刀把接长三尺，在白刃战时有利。

每人带一包洋红抹脸，据说日本人怕红脸，也是表示我们流血死拼的决心。

这时哨兵报告，有四个日本兵快到桥了，远处还有一队日军，向桥走来。看来他们还不知道这里有我们的军队。朱团长带着士兵像一阵飓风，呼的一声冲过桥去。日军还没搞清红脸是怎么回事，就被大刀劈死不少。这场白刃战，我军大刀飞舞猛冲猛砍，直杀得日军晕头转向，有的拖着枪就跑。日军刺枪术虽好，但是失去效能。我们士兵边杀边追，后面赶来的日军大队，被自己退逃的士兵一冲也乱了。接着我们的"敢死队"也冲过去，有些敌人企图拼刺，但经不住长柄大刀劲猛。一个日本中佐军官骑在马上拿着握刀哇哇乱叫，我们的张排长一刀就把他劈下马来，将握刀、肩牌、徽章缴下。我们的"敢死队"又追了下去。这时我想，士兵们没带枪，总是要吃亏的。我叫司号长吹调号撤回来，可是士兵们喊杀声超过了号声，同时也杀红了眼，只知猛追，调不回来。我命副官骑马追上朱团长才调回来。这次白刃战伤亡不少。我即命马团长带本团沿减河南岸布防，立即派出侦探监视敌人行动，并派人将减河所有船只尽沉河底，派一连人用汽油将木桥烧掉。

我召集团、营长商量防守计划：如果要守住这条河，必须守住河北岸两个村子（村名忘记）。这两个村紧靠河岸，相距一里许。我命朱团长带领本团，守住村子，在河两岸柳树上扯起粗绳，绳贴在水面上，使敌机看不见。来往的兵可以沿着绳子渡河。将附近各村封锁起来，严防汉奸和敌探。朱团在北岸可以灵活作战，南岸随时支援。

第二天敌人就来进攻，朱团把他们顶回去了。以后敌人天天来攻，兵力不断增加，但一直没有攻破。朱春芳灵活布置防线，根据敌人攻势，挖了很多交通沟、盖沟等；今天这样部署，明天那样部署。敌机在低空中乱转。我们抓获的敌探供称，日本飞机在天空对我们阵地拍照，然后在第二天就按空中摄取的我军阵地图布置进攻。而我们就在一夜内改变阵地部署，按照敌人来攻的方向改为侧击、夹击对付敌人。我们是远处不打，尽可能发挥手榴弹轻武器的效能。就这样苦战了二十多天，敌人没有攻过这条减河。后来敌人突破邻军阵地，占领我左后侧的马厂，我们只好转移。天津外围战斗到此结束，天津附近全部陷落。

戴守义、秦德纯等著：《正面战场·七七事变》，中国
文史出版社2013年版，第146—155页

第二十九军勇士攻打天津公大第七厂见闻

宋玉升[①]

七七事变后，我亲眼见到由第二十九军的保安队在天津攻打日本人经营的公大第七厂的情况。那些保安队员打得英勇顽强，至死不屈。几十年过去了，第二十九军在天津攻打公大第七厂这件事，我仍然记忆犹新。今天我把这件事写出来，让全国人民知道，中国人民是不可侮的，在那次战斗中牺牲的六十八名无名英雄，将永远受到人民的尊敬！

日本侵略者在天津的暴行

提起日本侵略者在天津的暴行，真是说也说不完，我只举几个例子。记得一九三六年

---

① 作者当时系天津公大第七厂（原华新纱厂）工人。——编者

南京政府下了一个禁烟令，规定自六月一日起，凡是贩运毒品或者吸毒品的都要枪决或严惩。从那时起，天津市内属于中国政府管辖的地方，大烟馆关门了，在大街上吸白面的绝迹了，可是日本租界里却公开设立大烟馆，公开销售毒品，中国政府不能干涉。日本浪人、朝鲜浪人公开在租界里设立大赌场，招揽中国人到里面聚赌，因此，很多日本人发了大财。许多输了钱的人不是偷就是抢，弄得社会上很不安宁。天津市最大的平民赌场"花会筒"就设在日租界内。日租界内还设有俱乐部，专供高级赌客到里面去玩耍。日本人出入火车站是不受检查的，他们大量收购白银，通过伪满洲国运往日本。日本人还大量发行假钞票，每一百张售价七十五元，买主可任意选购票面一元到五元的，也可以任意选购哪家银行发行的钞票，这就大大扰乱了中国的金融市场。七七事变前驻在海光寺的日本军队，经常外出演习，由于军队武装过境，马路上的交通经常为之堵塞。一九三七年四月以后，海河里经常出现浮尸，有时天天出现，有时隔一两天或三四天出现一次。最少时有两三具尸体，最多时一次有七八具。这是哪里来的浮尸呢？有些亲日报纸胡说是吸大烟吸白面的瘾发了，无钱买毒品，自己投河自尽的。可是打捞上来的浮尸都是衣着完整的壮年人，根本不像是吸毒的。实际上是海光寺日本兵营里构筑工事，工事完成后把抓去的中国壮丁杀人灭口，抛尸于海河内。这件事当时住在天津的人是人尽皆知，报纸上也常常登载。报纸上说，浮尸是"某国"构筑工事后杀害的民工。"某国"就是日本国的代名词。

在公大第七厂受日本人的侮辱

　　我于一九二五年进入天津华新纱厂当学徒工，该厂的全称叫华新纺织股份有限公司，经理是周叔弢先生（解放后他担任天津市副市长多年）。一九三六年九月份，华新纱厂出卖给日商，当时我们的车间主任（即领班人）叫张文楼。日商接收以后，把中国籍的职员一律清退，光留下工人。七七事变时，我们的车间主任是日本人，名字叫梶本，我在车间里当小组长，一九三八年一月我也被辞退。因为我弟弟是车间里的挡车工，所以我被辞退后仍能住在厂内的工房里。这家收买华新纱厂的日本商号的全称是钟渊纺绩株式会社，厂名改为公大第七厂。旧中国经济萧条，找个工作很不容易，日商就利用中国人找不到工作的困难，用尽一切办法压榨工人。先是降低工资，后来又增加劳动强度，如车间的扫地工原来是四名，他们减为两名，车间的加油工也由四名减为两名。这些工人的劳动强度就增加一倍，谁提出意见就立即被辞退。日商接收以后不到一个月，发了每人一件工作服上衣，扣钱七角，在当时那一件上衣是不值七角钱的，还给每个工人发了一个工作帽。每天上班见到车间主任时，男工要行举手礼，女工要行九十度的鞠躬礼。我们工人们认为这是侮辱人格，每天上班时见到日本人就躲着走，后来这个制度被无形中取消了。日本人还经常动手打人，一发现工人违背了他们那一套操作规程，不是拳打就是脚踢，对男工是如此，对女工也不例外。工人们为了挣碗饭吃，只好忍气吞声，敢怒而不敢言。

七七事变后的天津情况

公大第七厂厂址在天津市北站外小于庄。我被辞退以后，失业了四个多月，才在河东区西货场华北煤栈找到了看煤的工作。这个工作虽然脏，总算有了碗饭吃。还在公大第七厂时，有一天听同事们说，第二十九军在卢沟桥和日本军队打起来了，看来不久天津也要发生战争。一九三七年北宁铁路正碰上日本"值年"。所谓"值年"，就是铁路值班，因为北宁路是借外债修建的，一切权力归债权国掌管。那一年由日本值班，一切调度权力归于日本，中国无权干涉。事变后，天津西货场停放了很多日本军用车辆，上面装的有煤炭、木材、架桥物资等。天津海光寺是日本军队驻天津的大本营，大批日军从塘沽登陆后即换乘汽车去兵营。从形式上看，天天军运频繁，不知有多少日军由日本本土运到天津。但据了解情况的人说，这是日本人的疑兵计，他们每天白昼由塘沽运来大批士兵，晚上这帮人脱下军装换便衣乘火车去塘沽，第二天又换上军装乘火车到海光寺，运来运去，还是原来那些人。这是用来吓唬中国人的，也叫我军的情报人员弄不清日军的虚实。

自从日商买了华新纱厂，小于庄附近一带地区无形中成了日本人的势力范围。日本人先是大量购买民田和民宅，扩大厂里的车间，招收工人。事变后这里又变成了日本人的军事基地。日本兵全副武装端着刺刀在厂门口巡逻，厂内的日籍职工也都腰束皮带，打上裹腿，厂子门口经常停放着三四辆大型坦克，脱去炮衣，每时每刻都处于紧急战备状态。中国的警察派出所里的枪支全部被收回，我们的警察站岗都是徒手，和全副武装来回巡逻的日本兵形成鲜明的对照。

处在这种情况之下，小于庄的居民们，厂子里的工人们，多么希望我国的军队进入天津，把日本军队赶走呀。当时华北驻军是宋哲元领导的第二十九军。由于第二十九军在喜峰口大败过日军，全国人民都赞扬第二十九军抗日，现在日本兵在天津逞凶，大家都寄希望于第二十九军。有的说第二十九军已经向天津集中，有的说已有一部分第二十九军换了便衣进入天津……小道消息越来越多。居民们、工人们听说第二十九军进入天津，大家都很高兴，认为反正早晚要打仗，趁着日军还没有准备好，我们要先下手为强。

攻打公大第七厂

日本人的所作所为，早已点燃小于庄附近居民的愤怒之火，由于手里没有武器，南京政府又不许抗日，只能忍气吞声以待时日。后来工人们终于把公大第七厂的情况反映给第二十九军驻天津附近的部队。七七事变一开始，驻韩柳墅的第二十九军某部官兵数人，化装成泥瓦工与施工的工人进入了大仓组。经过几次侦察，把厂内的建筑物、出入道路及日本人的办公地点、宿舍等处，侦察得清清楚楚，只等天津发生战争时，和里面的工人里应外合,歼灭厂里的日本兵。

一九三七年八月二日夜十点多钟,厂内枪声大作,一阵紧似一阵。我被密集枪声惊醒,同屋的工人们也都醒了,大家不约而同地小声说:"二十九军攻上来啦,这一回可叫日本人吃几个软枣(指子弹头)吧,他们吃了软枣就耍不了厉害啦!"大家小声议论着。我仔细听着枪声,机枪和步枪的声音都很清脆,知道这是敌人的枪声。嘣嘣嘣的老枪声是我军的枪声。从发枪的次数来判断,我军的人数不多,也有可能是节约子弹或者是试探性的射击,故意不暴露我军的实力。到天亮以后,我们看到房顶上有两个日本兵,端着步枪正在向外射击。我们心里都急切地盼望我军赶快打两枪,结束这两个人的性命。正在这个时候,忽然听到嗖嗖的子弹声向院内射来,大家知道这一定是第二十九军攻上来了。我们都回到屋里,从门缝和玻璃窗往外看到日本兵从房顶上朝下面射击,大家暗暗欢喜,知道这是第二十九军越攻越近了。紧接着就听到手榴弹的爆炸声。此时,除去敌人的机枪正在连续发射外,还有两架飞机在上空盘旋。敌机看准了我军都是轻武器,所以飞得很低很慢,飞绕了几周以后投下了两枚炸弹,震的满屋里都是尘土,却没有炸坏房子。白天枪声断断续续打了一天,天黑以后枪声紧了一阵,到后半夜,枪声完全停止了。大家认为可能是日本兵退走了。等到天明,厂里上夜班的工人回来了,他们一天多都没有吃上饭,厂里给每人发了二十枚铜元。工人们围坐在一起,兴奋地讲述自己亲眼看到的战斗情形:

第二十九军保安队是由工厂西大墙缺口处进来的,那个缺口是泥瓦工上下班的出入地点。进厂的保安队有百十来人,进厂以后兵分三路:第一路先占据发电机房和水塔,这是全厂的最高处,是一个制高点;第二路攻占日本人的办公室;第三路到大门口袭击厂内日军。第一路到达发电机房时,里面只有一个日本人,他见势不好,马上跑到办公室报信去了,保安队员顺利地占领了机房。办公室接到信,立即做了准备,等到第二路到达办公室时,日本人群起抵抗。手持短枪的我军,见火力不如敌人,于是一边射击一边往车间里跑,意在混入工人中间,借工人们的掩护减少伤亡。第三路到达大门口时,立即开枪打倒敌人的一个岗哨,五分钟以后,日本兵才出来应战,双方激烈地对射。我军事先侦察了地形,战斗时利用建筑物作隐蔽,所以伤亡不大。这一路打死了十几个日本人。因为所带子弹用的差不多了,后面又没有接应上,我军暂时退到工厂区,会合第二路一齐战斗。这时候我军两面受敌,车间里的日本兵用短枪向外打,外面的日本兵用机枪朝里打。日军的增援部队来了,我第一路居高临下,打死打伤十几个日本人。这时有一个日军的伍长正在指手画脚地指挥射击,被我军一枪毙命。战斗到天黑,保安队身上携带的子弹快打完了,一天没有吃饭也没有喝水,但是他们的勇气毫无减退。战斗到下半夜,我军在厂外吹起集合号来,这是有计划的撤退,保安队员们仍从西大墙往外退。这时候,敌人潜伏在西大墙附近的两挺机枪一齐扫射，正在撤退中的保安队员遭到了很大伤亡。水塔上面有四位壮士，他们坚持不走，认为援军一定会来接应，所以他们不肯放弃水塔这个制高点。到中午，他们往四周一望，到处都是日本的太阳旗，知道援军无望，便手持上着刺刀的步枪下了水塔，当即与塔下面的日本兵展开了白刃战。这几位壮士的刺枪技术非常熟练，别看他们饿着肚子，但是和敌人拼刺刀时，劲头非常足。他们看到日本人多，知道自己是活不成了，拼上全身力气与敌人格斗，当场刺死六个日本兵。后来他们的力气用尽了，三人当场牺牲，一人被俘。

被俘虏的壮士由日军一名准尉审讯，翻译由车间翻译担任，下面是他们的对话：

日军问："你们为什么来攻打纱厂？"

壮士答："你们是侵略者，光压迫中国人，我们就要消灭你们。"

问："这个纱厂是我们日本人经营的，里面的工人应该归我们管理。你们为什么用武力进攻我们的厂子？"

答："纱厂里为什么驻着你们的军队？这个厂子表面上是纱厂，实际上是你们的军事据点。你们在中国的土地上到处设立军事基地、军事据点，你们要扩大侵略，我们当然不允许。"

问："我们在天津驻兵是条约规定的，是你们中国同意了的，你们想撕毁条约吗？"

答："那是强加给我们的不平等条约，就是那个不平等条约，也没有允许在纱厂里驻兵。你们这些强盗太狂妄了，我们在喜峰口教训过你们，这一次也想教训教训你们！"

问："你们的人大部分被打死啦，剩下的都跑啦，你一个人已经被俘，你还这么硬干什么？你不怕死吗？"

答："中国人是有骨气的，你们是强盗，难道一个中国军人怕强盗吗？要杀就杀，随你的便！"

审讯到这里，只见那个日军准尉沉思了一会儿，然后一摆手说："杀！"一声枪响，我们那位壮士牺牲了！

战斗结束三天以后，工厂里的日本人带着两个日本兵找人打扫战场。当时，厂内的中国工人抱着不为敌人劳动的思想，谁也不愿意跟着去。有一个工人叫刘殿举，他站出来说："弟兄们，我们的保安队为国家牺牲，他们是有功劳的，我们不能看着他们的尸体丢在院子里。我们应该好好埋葬他们！"他这一号召，去了二三十人。大家清理了壮士们的尸体，数了数共六十八具。在收拾壮士们的尸体时，工人们想记下他们的名字来，但翻过他们的衣服都没找到。

公大第七厂大门朝北，门外向西约六十米的地方是工人宿舍（当年称老工房）。由此往北约七八十米处就是壮士们的安葬之处。参加收尸并安葬的二三十个工人,有我们车间的刘殿举、张宝玉、王福来、王保义、王保仁、张国瑞、沙有震、徐保义等,还有其他车间的一些工人,由于时间太久,我记不起名字。在炮火停止之后,我离开厂子到朋友家里住了几天,因此,收尸活动我没有参加。我回厂子之后,听工人们说,收尸时发现有五具尸体上带有皮制大刀鞘,判断进厂的保安队员有些是带着大刀的。那一年雨水太,地下水位高,挖不到一尺深就冒出水来,所以埋葬的土坑都挖得很浅。收尸的那一天晚上,厂子里发下来二十多元的清理现场补助费,这一笔钱工人们没有分,都买了纸钱偷偷地到壮士坟前焚烧了。现在看来是迷信,但当时的这一行动,表现出工人们对死难壮士的崇敬与哀思!据翻译透露,那一次攻打公大第七厂,共打死日本人三十四个,打伤五个。工人们说,可能是里应外合没有联系好,也许是临时有了变化,如果看准了敌人那两挺机枪,事先把它打哑了,我军不致死亡那么多人。

日本投降以后,那六十八具忠骨是否重新移葬,我就不清楚了。事情已经过去四十七个年头了,当年收尸并埋葬那些壮士的工人们一定还有健在的,如果我记述的有遗漏和错误,请见证人予以更正。

戴守义、秦德纯等著:《正面战场·七七事变》,中国
文史出版社2013年版,第156—163页

大沽口战斗旗开得胜
栾升堂[①]
张自忠市长注意大沽口防务

一九三六年六月间,天津市市长张自忠为了巩固大沽口的防务,免遭日军的侵犯,以第二十九军第三十八师师长的身份,调来第三十八师第一一二旅进驻小站一带担任警备。其兵力部署如下:以第二二四团团部及该团第二营进驻大沽口,监视海面及塘沽敌军的行动,严防日本浪人走私活动,保护大沽口我地方政权的安全并正常执行任务;以该团第一营进驻葛沽镇,对海河东岸殷汝耕伪政权所属伪军实行监视,防其窜扰;以该团第三营进驻咸水沽镇,防止殷汝耕伪军扰乱,保护天津市至大沽口镇之间的公路畅通;第一一二旅旅部及第二二三团(团长李金镇)进驻小站镇,为预备队,随时策应第二二四团的作战。各团、营到达指定的位置以后,要积极训练队伍,尽最大努力搜集敌情,做好防御工事,并与保安部队、警察配合好,做好治安工作,一旦敌人进犯,要坚决自卫,不能退让。

---

① 作者当时系第二十九军第三十八师第一一二旅第二二四团第二营副营长。——编者

大沽口镇设有镇公所、陆地公安局、水上公安局和大沽造船所。张自忠接任市长以后，曾到大沽口视察，对以上四个单位作了内部调整，他亲自指示四个单位的负责人，要大胆行使自己的职权，出了事由市政府负责，不要怕日本人。

日本浪人与高丽的闹事及第三十八师的对策

大沽口镇规模较大，情况复杂，镇内住有一部分日本浪人和高丽人。他们都以开设妓院、烟馆及赌场为业，以美女、鸦片及赌博为诱饵，把一些中国人引诱进去，抽大烟、吸白面，狂嫖滥赌，害得一些中国人倾家荡产，把人变成鬼，广大群众对日本浪人及高丽人恨之入骨。但镇公所却执行南京政府的"睦邻友好"政策，听之任之，不敢过问。

一九三六年八月间，第二二四团团部派迫击炮连张继德连长组织稽查队，负责大沽口镇街道治安保卫工作。有一天稽查队查到日本浪人开设的大烟馆时，看到许多大烟鬼钻进这个大烟馆里抽大烟、抽白面，秩序异常混乱，稽查队当即予以制止。日本浪人不服，他们蛮不讲理地说："这是我们日本人开设的烟馆，你们中国稽查队无权干涉！"稽查员当即严词斥责说："这是我们中国的地方，为什么我们不能管！你们太猖狂啦！"迫击炮连的官兵，原来就恨透了日本人欺侮中国人，这一次亲眼看到日本浪人的蛮横，怒不可遏，七手八脚把大烟馆捣毁了。日本浪人马上去报告塘沽日本驻屯军，日本驻屯军以中国稽查队侮辱日本"侨民"为借口，立即向第二二四团部提出强烈抗议，并提出三项要求：一、第二二四团团长必须亲自去日本驻屯军当面赔礼道歉；二、严惩肇事人；三、保证今后不再发生类似事件。团长张宗衡接到通知后不予理睬。经过多次交涉，为了敷衍日军，把张继德免了迫击炮连连长职，另任其他连连长。大烟馆被捣毁后，人多畏避，生意萧条，日本浪人被迫将它关闭，跑到塘沽去了。

一九三七年春，日本的通讯兵在万年桥修理电线，桥两端设岗哨，禁止行人通过。约半个小时，电线修好了，日本兵在桥上休息，打扑克，想过桥的人越聚越多，日兵就是不许通过。正在这个时候，第二二四团的机枪连收操回来，要通过万年桥，连长邱云成命令金排长向日本岗哨交涉，说明队伍要回连吃饭，需要通过万年桥。日本通讯兵小队长恶声恶气地说："我们还没有修好电线，无论任何人，一律不准通过。"一面说着一面又加设了岗哨，他并指使岗哨上了刺刀，端枪站在桥头上。金排长说："这是我们中国的地方，你们无权断绝交通，无权阻止行人，我们非通过不可！"金排长立即命令重机枪就地架枪，他自己带着步枪（上刺刀）、冲锋枪直冲到桥上。日军不敢阻止，于是全连官兵整整齐齐雄赳赳地通过了万年桥，聚集在后面的群众，也跟着该连全部通过了万年桥。事后日方又向团部提出了口头抗议，团里据理驳斥，日方理屈词穷，只得说了一些"中日亲善"、"中日共存共荣"等滥调，这件事就这样不了了之。

大沽口战斗

七七事变后，处在国防前线的大沽口驻军第二二四团第二营蒋树勋营长作了如下部署：以第五连（连长杨荆洲）守卫大沽口炮台及附近街道，严密监视海面上的敌舰活动；以第七连（连长赵子华）守卫造船所，监视海河对岸塘沽日军的活动，右接第五连，左与第六连联络；以第六连为左翼连，沿海河警卫，右接第七连，左与团的重机枪连联络，严密监视对岸塘沽日军的活动；第八连为预备队，担任营部的警卫。各连在阵地既设工事的基础上增筑永久性工事，利用造船所现存钢板加强工事的掩盖，要求能抵抗敌人榴弹炮频频轰击，保证工事内的人员安全。

约在八月五日前后，敌人在塘沽海河堤岸上配置二十多门榴弹炮；在塘沽港停靠着三只兵舰，另有登陆艇二十多艘，似有进犯大沽的企图。我军严阵以待。第二天早六时三十分，塘沽的日军炮兵及敌舰上的炮火突然一齐向我军开火，炮火的重点指向大沽口炮台、造船所及曹锟公馆（团部所在地）。敌炮弹首先落在第二营营部门口，副营长栾升堂立即命令士兵入掩体隐蔽，由于哨兵动作稍慢，致使两名哨兵受伤。接着敌人的炮弹向着上述三个目标大量发射，使造船厂厂房多处起火，镇上居民受伤的很多。上午十时左右，敌人登陆艇十多艘向我阵地海岸线驶来，要强行登陆攻占大沽口镇。我第一线连待敌汽艇接近海岸时，当即予以迎头痛击，打毁汽艇两艘，艇上日军死伤过半，其余敌艇狼狈逃回塘沽。时隔不久，敌人兵舰上和河堤上的炮兵疯狂向我第一线阵地轰击。约十二时左右，日军又出动汽艇、登陆艇向我造船所驶来，当被我第七连击退，敌登陆企图未逞。

日军进攻失败后，敌炮火集中向造船所弹药库及第二营营部轰击，把营部房屋都炸毁了，弹药库里一部分弹药爆炸了，炮声和弹药爆炸声响成一片，硝烟弥漫，震耳欲聋。正在爆炸的时候，塘沽的日军出动了二十多只汽艇，直向我第七连造船所阵地驶来，我第七连及迫击炮连集中火力向敌艇射击，经过激烈的枪战，敌人遭到重大伤亡，败回了塘沽海河岸边。趁敌人退回的时候，我第七连官兵冒着敌人的炮火，跑步前进到存放枪支的仓库，抢救出手枪一百多支，轻机枪三十多挺，还抢救出步枪子弹和手枪子弹几十箱。当时把手枪分配给全营班长以上干部每人一支，营部的士兵每人一支，轻机枪分发给各连，加强了火力。这些枪支，原来送交到天津市政府，因被敌人封锁海运，未待运走。当敌人炮轰造船所时，该所所长担心这一批武器被敌炮火击毁，遂向我作了汇报。我立即派队伍抢救出来，并分发给部队使用。

午后二时左右，敌炮停止射击，第一一二旅旅长黄维纲派了旅部的陈号长，骑着摩托卡车到营部来了解战斗情况。陈号长说，敌人的炮火打得这么厉害，旅长接不到前方的报告，电话要不通，非常着急，旅长就依炮弹爆炸声判断，第二营的官兵一定有重大伤亡，甚至于全部牺牲，不然的话，不至于不向旅部报告战斗情况。陈号长又说，我看到旅长这样挂念前方的官兵，我自愿骑摩托卡车到这里来一趟，了解一下这里的实际情况。黄旅长一方面希望我到前方来看看，但是听到前方炮声这么激烈，又担心我撂到半路上完不成任务，为此犹豫不决。我向旅长再三请求，旅长才同意我到前方来。陈号长接着说，张宗衡团长和王荔江团附现在铁帽子桥临时指挥部，他们对大沽的情况也不了解，都在为二营的官兵担心。我听说各级领导对我营这么关心，我们表示无限感激。我向营长请示，乘他的车把我带到铁帽子桥，亲自向张团长汇报战况，然后再向旅长汇报。经过蒋营长批准，我坐在陈号长的摩托卡车上飞速奔向团部。我到团部后立即向张团长汇报。接着用电话向黄维纲旅长详细汇报了战况。我说，敌人的炮火确实厉害，由于造船所里有的是钢板，用它作掩盖工事非常坚固。敌炮火轰击时，我们进入掩蔽工事。敌人认为已把我们打垮了，开着汽艇企图登陆，等到敌人接近岸边进入我有效射程时，我们发扬炽盛的火力，予以迎头痛击，敌人几次试图登陆终未得逞。我接着汇报说，敌人从上午六时三十分开始用炮火轰击，直到下午二时才停止，除营部门前两名哨兵受伤外，其余官兵无一伤亡，打死打伤敌人至少在百名以上。我们没有伤亡，主要是借助工事的作用，其次是全营官兵服从命令听指挥，战斗动作迅速。一下命令隐蔽，全营立即进入掩蔽工事；一下命令出击，全营又迅速进入阵地，猛烈射击敌人……黄旅长原来估计第二营可能全部牺牲，听到我的汇报显得特别高兴。他说，敌炮如此众多，发射的炮弹上万发，你们全营只受伤两人，这真是奇迹！从这次战斗中得出两条经验：第一是不论行军多么疲劳，到达阵地后一定要构筑好工事；第二是一定要教育官兵服从命令听指挥。张宗衡团长指示我说，敌舰再开炮射击时，要用迫击炮射击敌舰的烟筒，可把塘沽海岸美国的煤油库打着，把塘沽的敌舰烧毁。我回到大沽营地，向蒋树勋营长作了汇报，并提出张团长的两点指示如何执行。经过研究认为，打着美国的煤油库，涉及面太大，决定不执行。下午三时左右，敌炮又向我第一线阵地轰击，我迫击炮火朝着敌舰烟筒开炮，炮弹没有击中烟筒，却落到敌舰上，敌舰因而远离海岸，躲到我迫击炮有效射程以外抛锚。下午五时，敌飞机一架飞临我阵地上空侦察达半小时之久，敌炮亦停止射击，入夜战况转入沉寂。

第三天拂晓前，第二营接到团部命令，要旨如下：一、着第二营留一个连在大沽担任守卫，敌人以强大兵力强行登陆时，听命令撤退；二、该营务于拂晓前撤离大沽，到小站附近×村集结待命；三、此次撤出大沽系战略上的撤退，行动务必秘密，军用物资能带走的尽量带走。蒋营长接到命令后，着第八连（连长夏振卿）留下来守卫大沽，夏振卿愉快地接受了任务，并要求多留子弹和急救药包，以便敌人来犯时作坚强抵抗。经过蒋树勋、夏振卿和我三人商量，夏振卿连以一个排守旧炮台，一个排守造船所，以一个排守万年桥，连部设置在造船所，还规定了联络信号和撤退信号。第八连又守卫了一天一夜，敌人也没有登陆，之后该连奉命撤回到营部所在地减河小王庄。

附：大沽口战斗第二营主要干部名单

营长蒋树勋，四川人，北京师大毕业生，西北军干部学校毕业；

副营长栾升堂，山东临清人，第二集团军军官学校毕业生；

第五连连长杨荆洲，河南舞阳人，行伍出身；

第六连连长赵青云，河南西平人，行伍出身；

第七连连长赵子华，河北人，行伍出身；

第八连连长夏振卿，河南太康人，行伍出身。

天津市塘沽区政协文史委员会编：《塘沽文史资料辑》第5辑，1995年8月

三、卢沟桥事变新闻报道

卢沟桥事变爆发前敌我两军之阵容

公敢

七月八日卢沟桥的中日军队冲突，是一件空前华北大问题。事件的爆发，虽出人意外，但留心近数月冀察与日驻屯军部的暗斗，当知此乃系"冰冻三尺，非一日之寒"的事。现就笔者所知，一述其前后因果，以为关心华北存亡的国人告。

国都南迁以后，北平虽失却它的政治中枢地位，但在华北仍占一般都市的重心，尤其是地理上的优势，得此一地，不必费力，即可控制华北全局。日本在华北向来是野心未戢，总不忘"华北明朗化"、"特殊化"。什么唤作明朗化？特殊化？质言之，还不是想利用这一个地带，造出一个环境，而成立他们理想中的"华北国"么？既有这种目的，自须作些手段达到占据北平的目的。唯北平有《辛丑条约》关系国的种种复杂牵涉，彰明较著的去取，有些困难，为求不着痕迹，乃不能不走迂回的道路，切断北平和其他各地的连络，陷它于孤立，等待机会来到，再随时拿下。去年九一八晚，丰台日军故意挑衅，逼二十九军退却，就是给我们一个极明显证据。一年以来，日方始终是遵循此路前进，不懈不怠，以企求其理想计划完成。

丰台军事要隘，虽然被他们占据，还未满足；因为丰台的背后，卢沟桥是平汉路通北平的咽喉，是北平南郊的屏障。由卢沟桥过轨，可以转达丰台。在军事上，正有拊丰台背的优势。征诸以往战事，卢沟桥为兵家所必争，倘使卢沟桥失守，平汉路交通断绝，北平殆全失进退的依据。而且卢沟桥在我军手中，丰台日军终是感有后顾之忧。因此日方图占有卢沟桥险要，遮断北平南通的道路，和丰台互为犄角，逼北平、西苑、长辛店的二十九军完全撤退。取大包围式，置北平于掌握，随时促现这计划，也因之益亟。

去冬今春卢沟桥宛平的日军部购地，建筑兵营，那就是师过去丰台的老套，先行驻兵，然后乘间藉可启衅，逼二十九军撤退，而得独自占据，以后再逐步设法压迫西苑、长辛店二十九军南退于保定。可惜这些计划，我们过去未曾注意，假使少微留心去年"九一八"丰台事件解决后日方透出的意思，即知由那时起日方亦已表示过对卢沟桥、西苑、南苑、长辛店我们驻有军队为不满，希望二十九军自动撤退。其后日方屡次表示，二十九军皆严词拒绝。迨日方在宛平县境购地的图谋被冀察当局识破，坚决不准其成交，日方的策划，致受打击，对二十九军的嫌怨愈深，压迫的手段也渐采积极了。

最近一个月华北日驻屯军部唱出第二"九一八"前夕到来，田代自五月初旬，不断往来津、唐、平、丰、榆、秦各地检军，非是无意而为，实际则是密饬所部为准备战时的配布。使他们为这样的准备，而自行恐慌与嫉妒的原因大致是：一、冀察政治渐上轨道，当局倾向中央，所谓华北"中央化"工作，不久将行完成；二、二十九军成立军事训练委员会，聘石敬亭、鹿钟麟为训练委员长及委员，军队素质改良，施行正常军事教育，实现"国军化"、"强化"；三、华北各中等以上学校学生恢复暑期军事训练，增加自卫和国防力量；四、冀察两省办理国代选举，遵照中央命令推选代表；五、华北经济开发事项均停顿，宋哲元避开正面谈判，久居乐陵不归，一切皆不能推进并洽商；六、察北义勇军蜂起，使日伪军感觉防范困难。而东北四省民众，因受义勇军活动影响，有揭竿奋起的趋势。以上六种因素，都和日方所企图实现的"华北国"乐园方策冲突。冀察当局的向心力愈大，日方的"华北明朗化"、"特殊化"的希望愈鲜，愈是希望鲜，愈是嫉妒心转重，其欲得而甘心，或是应用梗阻的图谋也愈亟。这都是他们这次所以不顾一切，起而寻衅的根因。

田代皖一郎去年七月以中将阶级，来任华北驻屯军司令官。他是"一二八"役白川司令官来沪的参谋长，为人沉鸷，城府很深，轻易不肯向人有何表示。有人说他作事谨慎，其实依我们看来，正应着日方所赞许他的两句话："静如处女，动如脱兔。"此次卢沟桥事件，恰应了这两句话。晴天霹雳，忽向二十九军挑衅，不过这是表面的推测，真正里面的原因，田代已被最高军部内定于八月定期异动，调回本国。田代按照服役年限，在军的资格，是应当晋级为大将的。依照华北历次驻屯军司令官升迁调转而言，都是少将实官到任，满届年限，升擢为中将而回国，其历任升迁的路径，莫不以在华北作成一二功绩为懋赏原因。譬如香月清司少将，是因沪战吃紧时，嗾使便衣队扰乱天津而获功；如中村孝太郎少将是因长城战事发生的当中，嗾令便衣队扰乱地方，促《塘沽协定》缔成而获功；如梅津美治郎少将，是因制造出一个"何梅协定"，逼华北中央军党务工作全部退出而获功；如多田骏少将，是因制造华北伪自治运动，逼出来冀察、冀东正伪两个政权，和中央分立而获功。以上这几个人，均是少将前来，中将而去。田代既以中将实官来任，自不便"相形见拙"、"依然故我"的调转回任，所以他很想在离任前造些功绩，为升擢的换取。六月间天津驻屯军部扩大伪冀东组织会议，即是他拟行入手猎取功绩的计划。不意最高军部因他到任一年，并无功绩，议及调换，使他万分的恶恨，因此几星期前竟患了心脏衰弱病，全身机能，皆不能活动。卢沟桥事变发生前二日，本已略好，讵因少壮派不听命令，擅自行动，遭逢败北，挑起轩然大波，使他又急又气，竟至病态加重，有时知觉全失，入于朦胧状态，已于十一日晨病殁。桥本参谋长，因非属少壮派，田代既病，他已无力制止河边、和知、松井、牟田口等一些人行动，结果少壮派隐奉河边少将为领袖，和知中佐为副手,阴自讨论一种临时计划,按方式进行。

　　本来军部的少壮派由去年丰台事件以后,即自成一种组织,时常左右其司令官意旨,日久渐成尾大不掉。此次事件的发生,少壮派一半是因冀察所谓中央化而妒忿,一半是因八月定期异动,少壮派中坚坂垣征四郎将被编入预备役,所以特造成重大问题,既可压迫冀察屈服,而获占卢沟桥要隘的功绩,并可巩固少壮派在陆军中的基础,不致因陆军定期异动发生本派的摇撼。但这些计划,田代因病卧在床,一概不晓。等到卢沟桥事件扩大,陆军省来电诘责,少壮派势成骑虎,田代虽力疾于九日召开一次会议,派桥本驰赴前方传达命令,相机和平解决;但河边等坚持日军伤亡过重,必须予二十九军以重创,否则不肯罢手。和知等复以作战课长身份,协助河边等拒奉命令。桥本徘徊丰台、北平两日,终于毫无结果。田代知部下伤亡的过多,兼栗惧调任后的谴责,气恼交集,遂致不起。

　　日最高军部为应急遴才,对预先拟议的继任三司令官,冈村宁次、矶谷廉介、土肥原贤二,均认为不适当。经过五相的讨论决定,乃选定了二十年曾任华北驻屯军司令官的香月清司中将;并因田代入于弥留,不便再拘形式,特饬新司令官即日赴任。七月十一日午后四时半,香月乃乘飞机来津,过锦州时,关东军飞机十二架,一同飞扈前来,当日午后六时即偷偷的就职。因为卢沟桥正在作战间,香月不愿发表自己到任的消息,影响到作战方略,所以军部中犹否认其已到任的报道。二十年香月任华北驻屯军司令官时,正值沪战方殷,他曾嗾使汉奸成立便衣队,扰乱天津,牵掣我们的兵力,恐慌我们的人心。那是我们不能忘掉的事件,同时也是他的不世功绩。他并曾助土肥原逼溥仪去东北充傀儡,逼郑孝胥去充汉奸首领,翻开他过去的功劳簿,差不多以前两项事为最值得大书特书的。今则此君复于华北紧张万分中重来旧地,试想这是多么值得我们危虑的!

　　华北日驻屯军去年田代到任的前后,是由五千而增到八千,今年二三月交,复应用换防名目,增加到一万。卢沟桥冲突未发生前,它的军队编制和配备如左:

队号	将领	人数	兵种
河边旅团	河边正三少将		辖第一、二两联队及炮、工兵大队并通信班
步兵第一联队	牟田口廉也大佐	二千	步兵附机关枪、山炮队
步兵第二联队	萱岛高大佐	二千	步兵附机关枪、山炮队
炮兵独立联队	铃木大佐	二千	重炮、野炮、平射炮队
步兵第三联队(亦称通州守备队)	森田中佐	千二百	步兵、炮兵、机关枪队
塘沽守备队	香川中佐	二百	骑、步、炮混合队

续表

队号	将领	人数	兵种
唐山守备队	品部少佐	五百	步、炮、机关枪队
南大寺守备队	中岛少佐	三百	步、炮兵、机关枪队
秦榆守备队（属步兵第一联队内）	浅田少佐	五百	步、炮兵及机关枪队
航空大队	冈部猛少佐	飞机十八架	
工兵中队	中田宽大尉	百二十名	
骑兵大队	野口钦一大佐	三百名	
战车大队	福田峰雄中佐	战车六十四部	
机器化学战队	引地武雄		马，不详
第二、三两中队	渊良逸两大尉		
通信班	不详	百二十名	

军队的配备如后：

地点	人数	隶属	统率者
天 津	三千二百名	河边旅团步兵第一联队炮兵独立联队及战车队通信班工兵队	军司令官及萱岛、铃木两联队长，骑兵、战车、化学战队等将领，化学队、骑兵队之一部
北 平	千二百名	河边旅团步兵第一联队及炮兵独立联队，工兵、化学、战车、骑兵、通信班等队伍	河边旅团长及牟田口联队长
丰 台	二百名	步兵第一联队及其他各特科队共两大队	嘉田、一木两大队长
通 州	千二百	步兵第三联队	森田中佐
唐 山	六百	除品部直属部下外附有特科兵百余名	品部少佐
榆 关	四百	除浅田直属部众外附有特科兵	浅田少佐
秦皇岛	五百	除浅田直属部众外附有特科兵	浅田少佐
南大寺	六百	除中岛直属部众外附有特科兵	中岛少佐
塘 沽	六百	除香川直属部队外附有特科队	香川中佐
昌 黎	二百	属萱岛步兵第二联队辖	——
滦 州	三百	属铃木炮兵独立联队辖	——
留守营	二百	属牟田口步兵第一联队辖	——
迁 安	一百	属牟田口步兵第一联队辖	——
玉 田	一百	属萱岛步兵第二联队辖	——

现时军部的组织如后：（统兵将校除外）

司令官	香月清司中将
参谋长	桥本群少将
参谋部代主任	冢田中佐
参谋部第一课长	大木少佐
参谋部第二课长	和知中佐
参谋部第三课长	池田中佐
参谋部第四课长	长岭中佐
参谋	安达、浅井、专田、甲斐四少佐
副官部主任	河田中佐
军医部主任	桃井一等军医正
经理部主任	今村一等主计正
兽医部主任	福井一等兽医正
翻译部主任	中川一等翻译官
副官	佐佐木大尉，部附铃木少佐，中村少佐，中岛、樱井两少佐，松井大佐，河野中佐，羽山中佐，谷荻、石野、大本三少佐，奇平大尉，今井少佐。

此次卢沟桥事件突发，日军在初是由平、津、通、丰四地各抽调一部队伍应接。其后因未占优势，遂又改调唐山、塘沽、天津大批军队增加到前线。在十二日早冲突未停止前，集结在卢沟桥、丰台的日军达二千四百余名，其中只由天津调去的则约七八百名。实际在卢沟桥、八宝山一带作战的日军已达一联队以上，且包括各种特科兵精锐于内，而力的表现，尤不止于一联队矣。

二十九军的编制是共辖四师，一个特务旅，三个独立旅，三个骑兵旅。其统帅和驻地如左：

番号	将领	驻地
二十九军	军长宋哲元	
三十七师	师长冯治安	共辖三旅，大部驻西苑，包括卢沟桥、长辛店、保定、邢台、大名及河北省中北部。
三十八师	师长张自忠	共辖三旅，大部驻南苑、通州、天津近郊，并河北省中南部。

续表

番号	将领	驻地
〈百〉四十三师	师长刘汝明	共辖三旅，大部驻察省宣化、南口、张垣、独石口地。
百三十二师	师长赵登禹	共辖两旅，大部驻河间、东光、满城，河北省南部。
独立第三十九旅	旅长阮玄武	共辖三团，驻察省各地。
独立第四十旅	旅长刘汝明	共辖二团，驻察省境内。
独立第二十五旅	旅长刘凌云	共辖二团，驻河北省沽源、阜平一带。
骑兵第一旅	旅长张润芝	共辖两团，驻长辛店、良乡一带。
骑兵第二旅	旅长夏子明	共辖二团，驻察省怀来、赤城一带。
骑兵第十九旅	旅长郑大章	共辖三团，驻平南站。

除以上师旅外，去年新编有冀北保安队，由石友三充司令，共辖两旅，第一旅长程希贤，第二旅长高树勋。每旅两团，总兵员为一万名。去年河北省编练保安团队，名义归河北省政府辖，实际也归二十九军统制，人数总计约三万以上。

二十九军在长城抗战一役后，损折过甚，自移驻河北省后，饷糈比较充足，器械员兵亦得尽力补充，所以实力和素质的坚强，已迥非喜峰口时代可比。年来华北日驻军部，觉得实力悬殊，并对该军喜峰口的战绩，深印不忘，故对付的手段，一半是恫吓压迫，一半是联络哄骗，总希望二十九军驯顺如羊，听他们呼来叱去，或是根本消灭他的力量，排除他的抗日思想。为这些事曾下许多工夫，如二十九军中下级干部和日军中下级将校的联欢，如邀请二十九军组赴日军事考察团，如邀二十九军高级将领赴日参观大操，如怂恿二十九军聘日军官为顾问。在日方以为已尽联络羁縻的能事，但十次的拉拢，不抵一次的衅争。譬如去年大沽、塘沽三十八师的和日军冲突，北平西直门的中日军队冲突，其最大的如去年"九一八"夕丰台的冲突，使二十九军下级干部纯洁无垢的心里，已铭了一句"日人终不可亲"的箴语。我们要明白二十九军是有历史的斗士，以往是抗日的，抗日是被尊为"民族英雄"的。设使没有这段光荣历史的，当然无所谓改变态度，也无所谓内疚，以往既有抗日的历史，而且以血肉之躯换得一个光荣头衔，不受刺激便罢，一受刺激，自容易唤起回忆，也自容易惭疚。同时求自拔和洗刷，仍不愿沾污其过去一页历史，自是意中事。二十九军既属于这一样的集体，不有日方的压迫，还要寻机会振拔，而况日方过分压迫，一而再，再而三，逼的他没有退路，焉能不奋然抵抗呢？所以二十九军此次的"大呼杀敌"真是日方高压过分致之！（《申报》每周增刊）

《卢沟桥》，前导书局1937年版，第66—77页

平郊发生重大事变，日军突向我方挑衅

昨在卢沟桥附近与我军冲突，双方死伤甚众

交涉尚无结果，外王今飞京外部已提抗议

平郊卢沟桥，前夜有日军在彼演习，忽借口我军向彼射击，竟包围宛平县城，出以攻击行为。双方因此颇有伤亡，判明者我方在三四十人，日方仅十六人。事件发生后，日军大举调动，纷纷向当地增援，津方亦有飞机盘绕示威。北平方面，为巩固地方、保卫人民，于昨日宣布戒严。平津两处，虽经此巨变，但人心安定，治安赖当局维持，亦巩固无虞。双方除各电政府报告并请示外，并进行地方交涉。刻交涉虽未中断，但至今晨四时止，似无具体结果，惟双方均不愿事态扩大。昨日以此，行车交通均蒙影响。外部方面已提出口头抗议，兹将详情汇志如次。

【北平通讯】七日夜十二时许，日松井武官用电话向冀察军政当局声称：昨夜日军一中队，在卢沟桥郊外演习，忽闻枪声，当即收队点验，发现缺少一兵，同时认为放枪者已入城，要求立即率队入城搜查该兵云云。我方当以时值深夜，日兵入城，殊足引起地方不安。同时，我方在卢部队，昨日竟日均未出城，该种枪声，决非我方所致，婉加拒绝。但不久松井又来电，声称我方如不允许，彼方将以武力保卫前进云云。同时我方已得报告，日军对宛平县城已取包围前进形势，于是我方再与日方商定，双方即派人员前往调查阻止。日方所派为寺平副佐、樱井顾问，我方所派为冀省第四行政专员兼宛平县长王冷斋、外委会专员林耕宇暨绥靖公署交通处副处长周永业。至今晨四时许，到达宛平县署，寺平仍坚持日军须入城搜查，我方未允。正交涉间，忽闻东门外枪炮声大作，我军未予还击，俄而西门外大炮、机关枪声又起，连续不绝，我军仍镇静如故。继因日军炮火更烈，我军为正当防卫，万不得已，始加抵抗。我军伤亡颇众，牺牲甚大，但仍请其停止进攻，调回原防，否则责任应由彼方担负。日方答以永定河方面尚有二十九军骑兵，要求退去，方能再谈其他。现双方仍在对峙中。我方驻卢者均为步兵，并无炮兵，昨夜炮声均为日兵所放，我方军政当局均极镇定，不愿事态扩大，希望立即停止战斗状态，入于外交状态，倘对方一再压迫，进攻不已，为正当防卫起见，不得不与周旋云。（以上已见昨日本报号外。）

肇事因果，冲突情形

【北平电话】卢沟桥在广安门外西南廿里，为平西名胜之一，扼平汉交通孔道，其东丰台，又为平汉、北宁两路接轨之处。四年以前，宛平县始移治于此，县府在桥西，城垣不大，但尚坚固。自去年日本在华北增兵后，迭在丰台建兵营、机场，进而谋在卢沟桥作同样设备。县长兼专员王冷斋周旋应付，煞费苦心，卒获保持土地之完整，遂为日方所痛

恨，此为事件之远因。最近又以此间当局对国大代表选举，遵令进行，复予以多少刺激，乃欲造成恐怖局面，以达压迫当局返平之目的，此为事件之近因。迩来日军频频在卢演习，且皆实弹露营，人民已司空见惯，迨至七日夜至八日晨三时二十分左右，忽散开成为散兵线，以宛平县城为目标，向西急进，至距离约百米时，竟发炮鸣枪，冲锋前进，于是事件之冲突，遂即开始。记者于八日晨曾一度赴当地视察，因该县城四门紧闭，东南城角且有日兵甚多，故无法入城。据探悉，当日兵向我进攻时，我方初犹疑系演习，及见其愈迫愈近，有意挑衅，始知系欲抢夺县城，当即起而应付，为正当防卫计，予以还击。日方见我军抵抗，遂更以小钢炮及小过山炮轰击，其目标在夺取卢沟石桥及县城。自晨三时半起至八日晨七时五十分止，枪炮声不停，我方死亡约六七十人，附近大井村，一农民且无故被日军斩首。日军方面，据传，死准尉一人，一少尉负伤。自八时以至十一时，为双方接洽调停之时间。（其经过参见另电。）十一时，我方以日方所提先撤兵条件不能接受，日方乃又开始攻击，至十二时始复停止。直至下午六时，双方尚在对峙中。此关于日军向我军冲突之大略也。至于当局态度，固希望和平解决，但决不能接受日方先撤兵之条件，故交涉虽在进行，有无结果，则未可知。惟民众愤慨，士气旺盛，守军咸抱与县城共存亡之决心。北平市内人心亦极镇静，虽晚八时即宣告戒严，但人民绝少张慌惊恐之色。

【北平电话】自卢沟桥事件发生后，北平自昨日起，宣布临时戒严，并成立北平及四郊临时戒严司令部，由冀主席冯治安任司令，石友三、郑大章、邵文凯、陈继淹等四人为副司令，司令部设航空署街。北平自昨夜八时起戒严，夜晚断绝行人，但秩序极为良好，街市商店，自九时起即纷纷闭门，城内各门业于昨日上下午相继关闭。自戒严司令部成立后，所有北平军警宪统由冯负责指挥，冯业于昨日正式就职。当日除略事检查行人以防宵小外，人民已相趋安定。

当局电蒋，详为报告

【牯岭八日中央社电】关于中日军队在卢沟桥发生冲突事件，冀察当局电呈蒋委员长详为报告。此间各当局得悉此项消息后，均甚惊讶，惟因目前真相尚未十分明了，均取静观态度，暂不作任何表示。一般希望在盼此事件不再扩大，即日停止军事行动，以和平方式解决一切。盖中日间正进行亲善，此次事件如不谋妥善解决，颇足影响两国正在好转之邦交也。

【牯岭八日中央社电】日军在卢沟桥演习部队向我方挑衅消息，于八日晨十时已传至牯岭，此间均非常重视，并均希望事态不致扩大，从速解决。惟日方军队突然袭击我国军队，并炮击宛平县城，此事件之责任，当然应由日方军队负之。平电所传我方军政当局所持态度及应付方针，此间颇为赞同。

【北平电话】卢沟桥事件，中日外交人员魏宗瀚、松井等，八日晨十时开始交涉。日方要求驻卢之二十九军部队须先撤退后再谈判一切，我方以日方要求不当，即婉词拒绝，致双方交涉无结果。十时至十一时，日兵继续进攻，但俱未得逞。十二时后，日方复派外交人员拟与秦德纯、冯治安协商一切，秦冯派魏宗瀚等接见，但交涉亦无何进步。刻冀察政委会日籍顾问樱井及宛平县长王冷斋及市府朱专员等，仍在继续斡旋，期事态不致扩大。又张自忠晨乘汽车来平，下午即访秦德纯会商对策。据日军部参谋长桥本向人表示，谓决不愿使事态扩大。又东交民巷日兵营钢甲车开出城外，增厚兵力。又北宁路开赴通州之车，于十二时五十分起业已停止开出。又北宁路下午四时应行开天津之车，亦停止驶出。

【北平电话】事件发生后，双方即派员交涉，同时并会同派赴当地调查，我方之林耕宇、王冷斋诸氏，及日方之寺平、樱井数人，昨晨到达宛县时，系用绳子缒入城内，旋又以绳子送出城外。比有日方森田中佐领导赴日方阵地视察。日方原来条件，既定我方先撤军队而后谈判，首限二时以前履行，次展至下午六时，但无具体结果，故六时以后即行开炮至七时许，炮落城内达三四十发，旋略停，七时以后，有断续枪声。县长王冷斋及秘书宏大中，均固守城内未动。现双方仍赓续进行交涉，截至今晨四时止，虽无具体结果，但双方均望事态不再扩大。据日方昨夜宣称，日方已由今井及和知二人在平与我方之冯主席、秦市长进行交涉。

外王电部，指示方针

【南京八日下午十一时本报专电】卢沟桥演习日军向我军攻击消息到京后，关系机关即以电话、电报向平津询问情形，并电庐山报告。王宠惠午由庐山电外部，指示应付方针，外部主要人员今日下午照常办公，至深晚尚未离部。李迪俊原定八日偕吴颂诗赴庐参加暑期谈话，因此突发事件，决展缓成行；高宗武病尚未愈，仍留沪。五时亚洲司〈科〉长董道宁赴日使馆访日高，同时日武官大城户亦于六时半赴外部访董道宁，均对此次突击我军事件，驻华北日军主要人员，尚谓不致扩大。惟日军之用意，以及表示是否合一，当以前途事实为判，其挑衅责任，应完全由日方负之。

【南京八日中央社电】关于卢沟桥事件，外部八日晚八时得讯后即电询肇事真相，并报告在卢当局。下午收到各方报告，事实真相渐明，遂于六时三十分派亚洲司科长董道宁，赴日本大使馆提出口头抗议，略谓：据我方所得报告，此次事件之责任不在我方，显系日军挑衅，本人奉命向贵使馆严重抗议，并声明保留一切合法要求。中日关系已至重要关头，不容再趋恶化，应请贵方立电华北驻屯军，立即制止一切军事行动，并令驻屯军代表与冀察政委会所派人员速急根据正确事实，立谋和平解决，藉免事态之扩大。日使馆参事日高信六郎当即表示，日本对此次事件无意扩大，深信不致恶化，并允将我方制止军事行动等要求，立即电知驻屯军云。又日本驻京陆军副武官大城户三治，本日下午六时到外部访亚洲司长董科长道宁，谈卢沟桥事件。董科长当将我方立场详言申说，词意与向日高参事之表示略同，董氏并请其报告日本陆军省及参谋本部，闻大城户已允照办云。

【牯岭八日中央社电】外长王宠惠八日午应蒋院长之召，商谈卢沟桥日军挑衅事件。

【南京八日下午十一时本报专电】京平电话，今仍畅通，沪平、津浦、平浦各次列车，均照常开出，到济后再候津站电话。秦德纯及二十九军今均有电到京庐，报告卢沟桥事件。

【牯岭八日中央社电】外长王宠惠，定九日晨由庐飞京，俾便处理一切。

秦与今井谈判经过

【南京八日下午十时本报专电】卢沟桥事件爆发后，外部正搜集详报，准备向日抗议。据悉，外长王宠惠以此事重大，即将由庐回京，亲自主持，向日交涉。

【北平八日下午十时十分本报专电】秦德纯八日晚九时对记者谈：一、今日向卢沟桥守军发出命令，谓"卢沟桥可为尔等地境，应与桥共存亡，不得失守"。二、今井今日下午访余谈判，余首质问谓：一、日方此举是否对中国有整个之举动；二、是否如丰台一样，将卢沟桥占领。今井答称，无此意思，旋要求我撤退驻卢军队。余答称，如日方愿和平解决，则应双方同时撤兵，恢复原状，我方并允先将宛平县城内一部分军队撤去，以示诚意，然后再由双方同时撤兵。今井对此，允向田代请示，故目前交涉尚在停顿中，至于双方军队，亦在对峙中。秦又称，此事恐将扩大，因日方继续增兵，似有预定之企图云。

【北平八日下午九时五十分本报专电】据卢沟桥逃难来人谈，日军八日晨三时二十分至七时五十分，及十一时至十二时止，两次向我发炮约百八十余响，七时半后又陆续射击数十发，宛平城内落炮弹甚多，损失颇巨。现县长兼专员王冷斋，仍在城内主持一切，意志颇为坚决。

【东京八日中央社电】关于昨晚所发生之卢沟桥事件，《朝日新闻》于今晨九时即发行号外，颇惹起此间重大注意。然官方则于七日午夜一时已接获报告，据此间今日午后二时所接获之最后消息，双方已于今晨九时三十分停止射击云。日外务省所发表之声明，内容均系日本方面所接获之消息，结论谓观察目前局势，事态似不致扩大，将来之行动，须视中国态度如何而定。

平津日军调动频繁

【北平电话】日本驻通军队百余名，于昨日上午七时一刻，由通到达北平东郊关东店，七时五十分至三槐柏列为散兵线式，八时五十分又有三百余名开到，下午二时出广渠门并带机枪三挺、炮二门,向丰台开去。关东店原留二十名看守弹药,旋亦开丰。上午十时,复有三百余名,由通到达苗家地,旋赴二闸等处作散开式。另一部约三百余名,则经龙槐出左安门,闻大部系由津开来。十二时三十分,有日军五十余名分乘汽车两辆,一出永定门,一出右安门,沿途用石灰圈为记号,十二时十五分另有十五名由平赴通,沿途亦作同样记号。一时四十分,由津到丰汽车三辆,并载子弹甚多,及坦克车四辆,四时十五分有火药一火车,由日军百名押运到平。五时复有汽车两辆,载武装日军五十名,及红十字会员十余人到平,八时有坦克车二十余辆,汽车二十余辆,开赴丰台,一部转赴卢沟桥云。

【本市消息】据此间得悉,卢沟桥中日双方仍在对峙中,午后五时起,又起冲突,张自忠、冯治安均在平主持一切。闻日方所提要求,第一步系请宛平城内军队撤退,我方则主张各退原驻地点,再调查真相。

【本市消息】下午一时五十四分,有日军五十名由津乘车一列赴丰。同日东局子日军昨日分三批开出,经本市义租界、官银号、河北大马路、黄纬路,过小王庄,向平津汽车路开向丰台方面,第一次为下午一时许,二次二时许,三次为晚七时许,三次共开出坦克车十五辆,载重汽车二十八辆,炮八尊,日军共四百余名。驻津日军部,昨并向路局索车六列,定于今晨一时许陆续向山海关开去,以便运兵云。

平津平汉交通阻碍

【本市消息】北宁、平津客车,除昨日上午照常行驶外,下午二时仅一次客车到平,由平南下客车,亦仅四时一刻之快车开出。自此以后,平津交通,即陷于被阻状态,四次快车,只到达丰台为止,旋改三次车折回天津。闻永定门方面之路轨,已受损毁,故八日夜平津行车即不通。平汉方面,因桥梁关系,亦行中断,八时四十分及十一时十五分应行开出之两次客车均未开,至平通支线,同日亦停止通车。平保电话,昨日业已不通,平津电话,亦只有两线可用,故线路拥塞异常,各该主管机关,正在竭力调度中,如今日情势和缓,即可望恢复常态。

【郑州八日中央社电】交界息,平汉路电讯,八日晨起忽生阻碍,现仅通至长辛店,七日下午八时由平南下之特快车,迄八日晚仍无到郑消息。惟欧亚平港机,八日仍由平过郑南下。

【保定八日中央社电】八日晨三时,卢沟桥日军演习部队突向我驻军挑衅,五时后,平保电话、电报均不通,情况刻未判明。省垣镇静,人心尚安。

【保定八日下午九时本报专电】此间接到卢沟桥日兵擅行开枪,击毙我步队事件消息后,地方治安及人心安定若素,省府及各厅处亦均照常办公。仅入夜后,由城垣驻军及警局加派岗位，周密戒备。平汉北段交通，因卢沟桥事件，八日晨七时北开之保平通车，行抵长辛店后又折返，其他平汉线特快车、普通车及客货车，均止保定或石家庄。又平保、津保长途电话，八日晨即被阻不通。

【南京八日中央社电】卢沟桥事件发生后，各方咸深愤慨，官方尤极端重视，惟以尚未获得详细报告，不愿遽为正式表示，但就现有之报告观察，事件之责任不在我方，盖无疑义。值兹近卫组阁、川越回任之际，各方对于中日关系之调整，咸抱有若干之期待，乃突有此不幸事件发生，诚堪遗憾。时至今日，中日之邦交，只宜努力改善，不容稍趋恶化，深望日方立即制止军事行动，根据正确事实，即日和平决定，以免事态扩大，而增加两国调整邦交之障碍也。

【牯岭八日中央社电】卢沟桥中日军冲突之消息，八日午传遍于牯岭，此间各要人闻讯，均甚镇静。

【汉口八日中央社电】路方消息，平汉路平汉间电讯，七日深夜起发生阻碍，迄八日晚仍未通畅。该路八日北上车客票虽仍售至北平，但闻仅能通至保定，七日晨由平开出之南下快车，则于八日晚七时二十分到达大智门车站。

天津《益世报》，1937年7月9日

卢沟桥中日军撤退
两军昨晨停战即各遵令后撤
双方无任何条件及文字规定
保安队入宛平城暂维治安

【北平通信】自日军炮击卢沟桥事件发生以来，此间军政当局，态度颇为镇静，沉着应付，曾数次明白表示，绝不愿事态之扩大，但亦绝不屈服，希望战斗状态之速了，以外交形式谋取解决。经与日方当局一再协商，已略具解决之曙光。据昨日北平当局发布之消息，谓卢沟桥事件截至九日正午止，双方确已停战，静待协商，渐有和平解决之途径，我军政当局始终镇静云云。另据某私人方面昨接卢沟桥方面电话报告称，九日晨三时许，中日双方正在进行谈商时，卢沟桥方面日军又与我驻军发生冲突一次，旋经双方负责人晤面解释，始行停止攻击。其后平市方面接洽已有结果，战斗状态暂告中止。昨晨六时许，我保安队开到卢沟桥后，日军误认为我军方面增援，遂又开枪射击。我保安队未予还击，当场死我保安队一名，伤四名，后经我当局解释交涉，射击停止。因平市方面接洽之办法，系日方军队须撤回原防，然后我驻宛平之军队亦行退出，由我保安队开往填防，故至昨日下午一时许，日军已开始以炮火掩护，稍行向后撤退，我军亦将退出宛平县城，由保安队负责维持治安。至平市方面之治安，因地方当局维护周密，可保无虞。城内之交通因恐有宵小潜入，外城仍多未开启，宣武、和平、崇文等城门亦多关闭。平市各路电车则多于上午十时后出厂，因昨日平市竟日落雨，行人不多，市面气象萧条。

【本市消息】卢沟桥中日两军，自八日深夜开始冲突，迄昨晨三时，皆在相持中。津市府秘书长马彦翀、警察局长李文田于事件发生后，奉命质询日方此次发动之意向，特于前日下午，邀请天津日驻屯军派员到警察局晤谈。日军部方面因田代司令官卧病，即由桥本参谋长派冢田向马彦翀、李文田表示，日方对此事件无扩大之意，亦盼和平解决，希望李文田会同日军负责人，由津同往北平商洽。李以津市治安重要婉谢，经马、李与平方秦市长德纯、张市长自忠、冯主席治安及冢田与桥本参谋长各用电话磋谈，决定在津商决和平解决办法。我方要求将宛平县城外、平汉铁道以北、永定河铁桥以北淤滩、永定河以西、龙王庙各地日军撤退，恢复八日以前状态。日方虽加允许，但要求我军撤出宛平县城，我方未予承认。经平津电话反复磋议，直至昨晨三时半，双方同意，即时下令停止射击，日军向八日以前原演习场撤退，宛平县城内暂时改由石友三部保安队驻守，城内原有驻军，俟保安队开入后，向西移防，撤至卢沟石桥以西平汉铁道以南之永定河西岸（距城二华里）。至于平汉铁桥淤滩及平汉铁道以北之我军，亦撤集该地。善后问题，俟双方撤兵事毕，继续谈判。昨晨四时，双方同时停止炮击，旋双方步兵亦停止开枪，冢田中佐于昨晨天明后返回日军部，马彦翀亦返市府休息。

善后问题另行谈判

【北平电话】平市当局昨日发表消息，（一）八日下午日方通牒宛平县当局，声明限六时以前将宛平县城让出，否则决武力攻城。经我方驳拒，当夜两军又入于对峙状态。（二）八日夜经双方长官商洽结果，双方部队各归原防。日军九日午正撤回原防进行中，我军已奉令回复原建制。惟当双方复原之际，适值大雨淋漓，彼此小有误会，致伤我排长一人，士兵若干，正调查中。（三）据报，卢沟桥最古石桥被日军炮火损毁甚巨，宛平县城内损失，在调查中；所有善后事宜，正在办理中。（四）八日晚八时开始戒严，市面情形非常安定，且戒备手段异常严密，平市治安绝对无虞。（五）据闻此事系双方口头商洽和平解决，并无任何条件及文字规定。另悉，日军大致已向丰台撤退，卢沟桥附近冲突地带，尚有百余人留驻，十日可撤完。我方所派监视撤退人员为林耕宇，林于九日下午二时返平。日伤兵八名（重伤五人，轻伤三人）昨随平沈四次车由丰台运平医治。

【本市消息】日驻军参谋长桥本群为交涉善后问题，于昨日下午四时率同幕僚赴平；又昨日下午六时二十分有日军三十二名、马十八匹，由南大寺乘北宁路专车来津。

【中央社北平九日上午八时四十分电】卢沟桥事件经一再斡旋，至九日晨三时始有结果，四时决定双方同时撤退卢沟桥之部队，该处防务交由石友三之保安队接防，并约五时起实行。届时日军一方为向我示威，一方为掩护部队后退，复发炮十数响。石友三本人当率保安队七百余人，乘载重汽车二十余辆，由黄寺开到。此时困守宛平县城内之二十九军一营亦撤出城外，闻日军现已撤至丰台附近之五里店。至善后问题当另举行谈判解决，将仍由魏宗瀚、齐燮元等主持。冯治安现在秦德纯宅，彻夜与张自忠等协商对策。

【中央社北平九日上午十一时电】据续讯，卢沟桥日军仅撤退一部，石友三之保安队开到目的地后，是否已经接防，此间尚未接得确报。记者拟再赴卢沟桥视察，车至广安门，即被守城士兵拦阻，谓城外尚甚纷乱，仍不时有断续枪声，劝勿前往，故即折回。闻大局形势须待三小时以后始能决定，此时犹难认为有结果。

王外长昨由庐飞京

【牯岭九日下午八时发专电】王宠惠九日晨十时下山，乘蒋委员长自备飞机赴京，料理外交。徐谟九日清晨抵牯岭谒王。据谈卢沟桥事我昨已向日方抗议，不久并将有严正表示，以正外交界观听。

【南京九日下午九时发专电】外长王宠惠九日晨十时由牯岭下山抵浔，即乘机飞京，下午二时许到达，下机后即赴外部官舍休息。日高于四时半访外部，对卢沟桥事件有所接洽。中央政府方面，八日晨闻知日军启衅消息甚镇静，今知已有和平解决途径，正与在平当局密切联络，期得合理解决。

【中央社牯岭九日电】外长王宠惠以卢沟桥事件发生，为谋早得适当解决起见，特于九日晨十时离山赴浔，乘飞机返京，俾便于处理一切。关于应付此事件之方针，蒋委员长八日午召见时已有指示。

【中央社牯岭九日电】外次徐谟为参加庐山谈话会，于七日午由京来庐，九日晨八时抵达，对卢沟桥事件于抵山后始得悉经过，当再谒外长王宠惠请示一切。据徐谈，日军此次在卢沟桥演习，原已超出《辛丑条约》之范围，外部曾向日方提出抗议，今复袭击我国军队，轰击我国城垣，此种责任当然由日方负责。我国与各友邦素主和平，不愿有任何不幸事件发生。今事变已起，惟希望事态不致扩大，吾人自当循正当之外交途径，谋适当之解决。返京后对此事件即可就近处理。

【南京九日下午十一时发专电】秦德纯、张自忠、冯治安九日晨有联名电文到京，详细报告七日夜十二时至八日晚十二时止之卢沟桥日军突向我驻军轰击事件经过，由第二十九军驻京办事处将此项电文转呈中央各机关报告。该办事处长李世军现在沪，即将赴庐山代宋哲元向当局报告并请示。

【中央社北平九日路透电】据庐山半官消息称，当轴虽愿将卢沟桥事件力求缩小范围，勿使扩大，但日方若提出无理要求，则决予拒绝。当轴甚赞成冀察政委会所持态度。

【中央社东京九日电】九日晨外务省发言人接见外国记者团，宣布卢沟桥事件经过。各国记者质问甚尖锐，有问日本军是否有在北平附近任何地方演习之权，又有问日本军夜间演习是何用意，发言人答"为训练"。又有问日军占领卢沟桥车站及飞机场确否，答未得报告，纵使占领，亦不过暂时。又有问日政府是否拟向国民政府抗议，答未定。最后发言人谓，外务省训令日驻华大使馆参事官日高，向中国外交部要求保护在华日侨。九日晨外国记者出席者甚多，足证此事件引起世界之重视。

我方保留合法要求

【中央社南京九日电】日本驻华大使馆参事日高信六郎九日下午四时半至外交部谒见陈介①次长，初系谈其他中日问题，嗣经陈次长提出卢沟桥事件，并声明除八日已派董科长向提抗议，保留我方对于该事件之一切合法要求外，特再郑重声明。日高谓，昨董科长所言已电呈外务省，今贵方复言及此，日方亦应保留对于该事件之一切要求。当复经陈次长声明此次事件责任不在我方，日方所提保留未便接受，旋复谈其他中日事项，至六时二十分日高始辞去。

【中央社东京九日电】八日晚八时此间得北平交涉破裂消息，突形紧张状态。九日晨五时得八日夜继续谈判结果，双方约定于九日晨六时同时开始撤退军队，再进行外交交涉消息，一般感觉或可缓和。乃九时复得消息，双方又开始射击，正在激战中，形势复形紧张。八时陆军首脑部有重要商议，十时开阁议决定对策，最可注目日政府及军部仍声明不扩大方针。九日晨各报社论皆以卢沟桥事件为题，大体上咸希望事态不致扩大。《朝日新闻》谓："日本视中国诚意如何，亦应有协力解决之准备，此次日本以诚意促进伦敦谈判之事征之，殊属当然"等语。

【南京九日下午十时发专电】此次卢沟桥日军挑衅行动，举世注意，各国政府九日均先后电各该驻华使馆，饬将事态发展情况随时详细报告。美大使馆秘书艾其森九日晨十一时赴外部访情报司长李迪俊，探询卢沟桥事件发展情况，随即分电该国政府与居平之大使詹森报告。日大使馆参事日高九日下午四时半赴外交部，由陈介次长接见。日高对日军在卢沟桥事件有详细陈述，陈次长对责任各点有所说明，大致与外部八日向日大使馆口头抗议之意思相同。谈至六时二十分日高始辞出，会晤时间计两小时。

【中央社柏林九日哈瓦斯电】此间各报以动人听闻之标题载中日军队在卢沟桥冲突消息，但不加评论，仅有《星期一报》载称，日本目标所在，厥为维护其在"满洲国"所保

---

① 陈介，时任国民政府外交部常务次长。——编者

有之利益，日本在中国或有所作为，或无所作为，要当依据此项观点而加以评论云。

【中央社伦敦九日哈瓦斯电】今日英各报皆载华北中日军冲突消息，但未置批评，外交界与商界人士相信日政府必愿获和平解决，因若对华采行严峻步骤，则英日谈判前途将受打击，而对黑龙江事件亦将因以增剧，中国债券并未因此冲突而受影响。最近数星期来需求颇殷之中国铁路债券现仍为人争购，若干绝无反日情绪之观察家谓，日本大军集于华北，时常在各处举行会操，此种举动殊足引起华人恶感，故双方冲突亦属意中事耳。

天津《大公报》，1937年7月10日

卢沟桥事件商洽结果，双方部队各归原防

日军昨晨开始撤退，我军同时奉令复员

陈介再向日高声明保留我合法要求

【本市消息】日昨卢沟桥事件经过情形业志各报，兹将最近情况志之于下：（一）八日下午，日方通牒宛平县当局，声明限六时以前将宛平县城让出，否则决武力攻城，经我方驳拒，致八日夜两军又入于对峙状态。（二）八日夜经双方长官商洽结果，双方部队，各归原防。据确息，日军九日午正在撤回原防进行中，我军已奉令回原建制。惟当双方复员之际，适值大雨淋漓，彼此颇小有误会，致伤我排长一人、士兵若干人，正在调查中。（三）据报卢沟桥最古之石桥，被日军炮火损失甚巨，宛平县城内损失情况正在调查中，所有善后事宜，正在办理中。（四）昨晚八时开始戒严，市面情形非常安静，且戒备手段异常严密，平市治安绝保无虞。（五）据闻此次系双方口头商洽和平解决，并无任何条件及文字之规定。

【本市消息】卢沟桥事件，经日方代表天津驻屯军高级参谋和知，协同驻平特务机关长松井、日使馆武官今井等，前晚访晤平市长秦德纯磋商，咸以事件不宜扩大，仍以和平解决为目标，彻夜谈判，决定昨晨三时，由中日双方先行下令停止战斗行为，静待以外交途径解决，并商定双方部队各归原防。同时中日当局，特派外委会专员林耕宇，日军事顾问中岛，衔命前往，向双方军队传达平方中日代表谈判结果。林氏等四时许抵卢，首赴平汉路卢沟桥车站（宛平城东北一里许）日军临时司令部，会晤日军旅团长河边正三、第一联队长牟田口。旋入宛平西门，与冀四区专员兼宛平县长王冷斋、驻军团长吉星文晤面。六时双方军队开始撤退，中日双方并派张允荣、松井，于十时前往监视双方撤退。日军此次共设防线四道，计官兵六百名以上，撤退时由炮兵掩护，施放空炮一百四十发，日骑炮部队一部，昨下午二时已撤至大井村（广安门外十余里）。步兵集中日司令部（卢沟桥车站），迄至昨晚尚未撤去。由津通开往声援之日军四百余名，坦克车十二辆，及铁甲

车、辎重弹药等，均停于卢沟桥附近。截至昨晚，卢沟桥一带，仍时有枪声发现，秩序一时尚难恢复。我方当局昨日下午三时，在某处举行会议，讨论善后应付办法。

宛平城内视察情形
王冷斋即将来平

【南京九日中央社电】记者出广安门，因值正降大雨，且战事方停，自广安门至大井村，沿途寂无一人，大井村瓜贩，因广安门关闭两日，所有瓜菜均堆置地上。大井村至五里店，仍由日军布防，岗位相望，宛平城外日军所作之战时简单工事仍在。城内西门仍堆满沙袋，仅开一扇，全城秩序安定。日军连日炮击城内外达数百发，城内房屋被损甚多，惟未伤人。县署大客厅之东阁，曾有炮弹自南窗射入，洞穿北壁成一大孔。据王冷斋语记者：八日晚六时日军开始炮击前两分钟，伊尚与樱井坐于该处谈话，因感时机危迫，匆促走出，未二分钟巨弹即爆发。又七日夜甫由卧室走出，日军炮弹即落于房之东北角上，将卧室轰塌一角。记者经王引至该室，见室中器具均粉碎，窗纸碎裂。王氏数日未眠，已见清癯，定今日料理宛平境内善后竣事，即来平谒各当局报告一切。至该县长途电话线大部被割断，昨下午起，已派工修架，今明可恢复通话。五里店方面日军，定今日分别退回平丰各地原防，地方秩序即可恢复云。

日内阁昨讨论卢事
谓持不扩大方针

【东京九日中央社电】今午十一时得悉卢沟桥两军射击已于晨七时停止，形势复形缓和，日阁议决定坚持不扩大方针，故视察军事行动，当可停止，惟今后外交上折冲，仍多困难。而日军是否归还丰台，尚成问题，惟最危险时期，当已过去，东京人心甚平静，惟我使馆门外，增加警岗而已。

【东京九日中央社电】九日晨八时陆军首脑部有重要商议，十时开阁议，对卢沟桥事决定对策，最可注目者，日政府及军部仍声明不扩大方针。九日晨各报社论，皆以卢沟桥事件为题，大体上咸希望事态不致扩大。《朝日新闻》谓日本视中国诚意如何，亦应有协力解决之准备，此由日本以诚意促进伦敦谈判之事征之，殊属当然等语。

平汉路车昨仍停开
平沪平沈车开出

【本市消息】昨（九日）日平市与外间交通之情况，概志于下：（一）平绥路之平包车，昨（九日）起改由西直门开出，平绥交通如常。（二）北宁路上午之一次（平沈）车，二十一次（平榆）车，四十一次（平榆）车，三〇五次（平浦）车，下午之五次（平榆）车，二十三次（平榆）车，均停开，嗣因卢沟桥事件可望解决，三〇一次（平沪）车，临时由北宁路另配车底,于下午六时开出。三次(平沈)车原点为晚九时开出,因时值戒严,特提早于六时四十分开行。(三)平汉路上下午各次车,昨(九日)仍停开。(四)平津长途电话昨晨三时一度不通,不久即修复云。

【天津九日电话】卢沟桥事件解决后,今日下午六时由平开出之平沪车,下午八时半到津南下;平沈三次车,则于下午九时许过津东开;其停津之三〇六及二十二两次车,定十日晨二时或三时开平云。

【汉口九日中央社电】平汉路电讯交通,迄九日晚仍未恢复,行车方面九日北上寻常快车,仍于上午十二时二十五分开出,但客票仅售至长辛店为止。七日晚由平南开之特快车,九日亦按时到达,过卢沟桥时系七日晚十时三十分。据旅客云,当时该处尚毫无动静云。

《华北日报》,1937年7月10日

卢沟桥事件告一段落
双方将原来部队撤回代以其他部队

【本报特讯】中日卢沟桥冲突事件经冀察军政各要人与日方当局连夜折冲,现已和平解决,双方同意将现地冲突之部队以换防方式分别调换。我方将另派其他部队前往宛平县城内接防,其数量并不增减,原驻宛平城内之部队改调他处驻扎。对方亦将冲突部队调开,代以武装警察,然后再依正常外交轨道,和平解决云。

【又讯】此次卢沟桥事件,原为最近三数月来共产党努力制造之结果。共产党以其挑拨离间之惯技,早拟造成廿九军及华北驻屯军之严重冲突,以遂其某种扰乱之企图,此为一般社会上有识人士所共见,某要人亦早曾将此意向,向双方当局揭告,均能共喻斯旨。今此种事实,竟不幸而言中,足征共产党挑拨伎俩之可畏。所幸双方当局均能平心静气以求解决,使事态不致扩大,深堪赞扬,然共产党之随时制造严重局面,实大可注意之事,尚望社会人士勿为所愚云。

【最后消息】昨日下午三时余,自宛平县来人谈:该地自经双方各要人连夜折冲后,中日冲突之部队,业已完全撤退。宛平县西城城门开放,人民自由出入,惟东城城门仍然关闭。但绝不致再发生任何问题云。

《学生三日刊》特别号外,1937年7月10日晨四时

八、九两日激战经过

记者十日晨再度赴宛平视察,行经战场,见禾苗尽被践踏,间遇死尸横陈。据当地人

说，战事以八日晚最烈，是夜十一时许，日军二百余人由永定河东岸向河西进攻，抢夺卢沟桥，桥西我金营一排当时全军覆没。县城西门城上守城某连长眼见日军前进，我援军不继，气愤不堪，不待命令，即派一排兵出西门往援。该排兵士丢掉步枪，持大刀、手溜弹黑地里偷偷前进，行近日兵时，举刀砍杀，声震四野，日兵猝不及防，死三十余人。该排兵士中有一十九岁青年连砍日兵十三人，并生擒一人，该日兵跪地求饶，亦被砍杀。旋又有援军一连，由某处开到，将过桥日军所余百余人全数歼灭，夺回全桥。在卢沟桥车站指挥日军的河边旅长，几被我生擒。至九日晨三时战事方完，此连士兵亦死伤四分之三，仅有一排生还，悲壮忠烈，实所罕见，即日军指挥官亦为之咋舌。

八日至九日两日间，双方死伤均为二百余人，就军器言，日军死伤应少于我军，今竟死伤相等，可见我士气确极旺盛。记者九时许回平，路经大井村时，日兵已在此布岗，至下午三时，该村即完全被日兵不战占领。（上海《立报》，1937年7月10日）

《卢沟桥》，前导书局1937年版，第103页

中日军昨连续冲突，日方增援我决死守
迄今晨三时日军已被击退，外交部昨已提出书面抗议

【北平十日中央社电】卢沟桥、五里店一带，自十日晚六时起中日军一度冲突后，旋于九时许又继续接触，至十二时仍在互战中，闻双方在卢沟桥头激战甚烈。又闻黄寺亦曾发生冲突，但无从证实。我当局于深夜召开重要会议，商应付办法，并将事件经过电中央及各省市当局报告（十二时四十分发）。

【北平十日下午十时二十五分中央社急电】卢沟桥日军迭有增加，并积极布置各项工事。十日下午六时许，该地日军又向我军挑衅，当即发生冲突，双方互击，约两小时始停止，现在形势颇为严重。

【北平今晨加急电话】日军二百余人，今晨一时三刻，以重机关枪在后掩护，向我卢沟桥再度猛攻，我军以该桥所关至重，沉着应战。日军目的首在夺取该桥，截至今晨三时，仍在激战中。我军决全力死守，与该桥共存亡。

【北平十日中央社电】因日军二百名不肯撤退问题，引起双方极大误会，现日军向平市城郊各地积极增兵，并构筑工事。我方为防范起见，凡日军所在地，亦均有我军驻守，目前正在对峙中，形势似颇严重。我当局表示，愿始终和平解决，虽在交涉无法进行中，亦决愿作最后之努力，倘万不得已时，亦只有尽卫国之责与之周旋。

【北平十一日上午三时五十五分中央社电】日军于十一日晨一时三刻，开始对卢沟桥作再度攻击后，我军奋勇抵抗，战况剧烈。刻日军已退大井村，宛平县北一带，枪声极

为繁密。

【北平十一日上午三时四十五分本报专电】据报，由关外开来之日兵车十列，其两列已由秦皇岛开至丰台，另三列闻亦于十一日晨三时开抵天津，尚有五列，十一日午亦可到山海关转津。

【北平十日午后一时二十五分中央社电】宛平县长兼专员王冷斋，偕秘书洪大中及日顾问中岛，于十日晨六时，由卢沟桥返平，当往谒秦德纯、冯治安及冀察外交委员会主席委员魏宗瀚，报告事件经过，并请示善后办法。秦、冯面对王此次维护国家立场，备致慰勉，并谕此后关于外交问题，仍由王负责办理。王定十日晚返县，但如时间不允许，将嘱洪大中先回。又昨王曾向受伤县民抚慰，并将被日炮火破坏处所摄影存执，备作将来交涉根据。又九、十两日京、沪、粤各地民众团体及文化机关，均纷纷电宛平县慰问，一般民众对此，情绪甚为感奋。

由于日军挑衅，冲突再起

【北平十日下午七时四十五分中央社电】卢沟桥附近五里店，尚有日军二百余名，迄未撤退。对此问题，中日双方人员，十日午在张允荣宅晤面，到我方秦德纯、冯治安、王冷斋，及日方樱井等。彼此讨论达数小时之久，因日方意态坚决，故毫无结果，致交涉陷入停顿中。

【北平十日中央社电】卢沟桥中日军队，九日同时撤退后，我方部队撤至指定地点，惟日方部队尚有二百余人，仍逗留于卢沟桥附近之铁路轨道旁。日军临时司令部，借口此次战役尚有阵亡日兵尸首两具未觅获，故须在此搜寻云云。经我方一再与之交涉，均置不理，结果九日晚九时许尚一度发生误会，该部队竟复向我开机关枪射击。九日夜，平市西南角微闻隐约枪声即此，旋经我方劝阻，始行停止。现我仍力促该部迅即撤离卢沟桥，以防万一，宛平城内防务，保安队已分配完毕，开始维持治安。

【北平十日晚六时五十五分中央社电】确息：一、卢沟桥方面日军主要部队，九日下午已开始撤退，我方换防部队，〈当〉晚已全部到达宛平城内及卢沟桥附近各地。二、宛平县城东北三里许大瓦窑高地，九日下午尚有某方军队二百余人隐伏该地，经我方发现提出交涉后，彼方始于晚十一时许撤至五里店，晚间并在五里店宿营。三、双方自九日午起分别复员后，九日晚我方部队已完全恢复原建制，及十日晨二时半后，平市忽又闻枪炮声及机关枪声，继续约半小时之久。嗣经多方调查，我方安静如常，并无丝毫动作。（此足证明枪炮声系发自五里店所驻日军，其用意不明。）现日军尚未完全撤回原防，五里店方面仍留有约二百余名。又据报告，十日晨八时许，有日军六百余名，附野炮约二十门，由丰台向西前进，意义不明，且仍有小部队时来时往。据一般观察，和平解决虽已开始，但将来交涉恐难免相当波折，对方避用武力之可能，尚未完全消除。

【北平电话】日本在肥城（宛平）以东约一里之二百余名军队，自我军撤退之后，日军并未撤去。昨日上午十时起，并开始挖掘战壕。我方据报，当亦加以适当防范，自下午二时起，日军忽大批由丰台向卢沟桥一带移动。此项部队，多系由榆关方面开来，附有钢炮、山炮、坦克车、机关枪等利器，并起始向各处放哨，远达广安门不远之大小井村，大井村距离广安门仅有十二里之遥。自日军向卢沟桥增兵之后，平市军政当局竟日在航空署张允荣宅开会，交涉并质问日方增兵之理由。同时日本方面，乃借口我方有何活动，因是双方遂决定再度派外交人员监视双方军队之撤退，但始终并无具体决定。截至晚间，双方犹商酌中。

【北平电话】宛平东门外涵洞东之高地，尚有未撤退之日军二百余人，昨晨二时二十分，突与驻城内之保安队发生冲突，日军首以机枪向城内扫射，历二十余分钟，但结果双方无甚损失。此时县长王冷斋适在城内，当通知政会顾问中岛，转向丰台日军询问真相。据日方表示，系因日方在此次战役中，有阵亡之士兵两名尸体未获，因探寻尸体致发生误会，并误为二十九军先行开枪。经王氏向军队方面询问，并无其事，始知双方出于误会，当即令双方不得再行寻衅。惟该处高地，现仍在日军占据中，日军司令部之专车，现并停留卢沟桥附近。其昨日撤至五里店之日军，昨日已全数撤至丰台，现丰台方面，日军麇集，待命退防。王冷斋、中岛两氏，为报告连日经过情形，于昨晨八时到平，分向冯治安、秦德纯两氏报告一切。王氏行后，城防即交由保安队负责，城内治安，即由警察负责，初步交涉大体无问题。日方即由桥本、松井与我方磋商一切。如一切顺利，即进行二步会商。据中岛向往访者称，日军一部现虽在宛城东北之高地，但河边旅团长正式表示绝不再有攻击行为，是不幸事件即可告一结束，而后所谈者，只战地善后云。闻卢沟桥事件发生后，中央已电令平市妥为处置，假使对方有过分要挟，绝不承认，中央对此有相当准备云。并悉中日双方磋商善后之人员，业曾一度晤见云。

中日双方决定就地解决

【南京十日下午十一时本报专电】卢沟桥事件，日高今谒外王详商后，双方同意就地解决。谈判方式，仍待在平商定。中央对此项交涉，立于协助地方地位，外部于责任上已一再向日方郑重提出，并于今晚七时正式送达备忘录于日大使馆，详纪日军挑衅酿成此次事件，故应由日方负完全责任，我方并保留一切合法要求。就前日抗议各点，再加以文字备案。日对我抗议尚无正式答复，亦未向我提出任何文件，外部北上协办卢案交涉人员，业已遴定，即飞津转平。

【南京十日中央社电】关于卢沟桥事件，我外交部前曾派员向日本大使馆提严重抗议，已志各报。兹闻外交部复将前次抗议时所谈各点，本日下午以书面送交该馆，同时并派员北上协助交涉。

【南京十日中央社电】本日上午十一时，日本驻华大使馆参事日高，赴外交部晋谒王部长谈汕头事件。闻日高氏表示，希望此事能早日就地解决。王外长答称，本人抱有同感。旋王外长提出卢沟桥事件，要求日方注意我方所提抗议，并早日和平解决此事，不得再有任何足以扩大事态之行为，日高对此表示同意。

【南京十日中央社电】二十九军驻京办事处长李世军，十日晨由沪返京，午后分谒军政各当局，转呈平来各项要电，并于晚八时往谒何应钦，报告卢沟桥事变经过，约一时许辞出。闻李日内赴牯。

【保定十日中央社电】万福麟特派参谋长赵子余，偕省府秘书赵清寰等，九日上午十时，由保乘铁甲车赴长辛店视察。

日本军部昨晚发表声明

【本市消息】日本军部，前晨为卢沟桥事件曾召开会议，昨晨再邀集各外报记者，陈述经过，晚十一时，突又发表如左之声明，兹撮记其要点如次：中日正在商议停战时期，不料在宛平以东衙门口四千米突地点，发生冲突，第一次五点十分，二次七点，三次为七点三十分，双方互击，互有损失。并称日方愿和平解决，不意又发生冲突事件，且中国有大批军队增援，达五团之众，并有大批军火，假使事态扩大，责任应由华方负之云。

【上海十日下午十二时本报专电】日外省训令日高称，卢沟桥事件交涉，仅能限于本身，不能涉及政治问题。川越将折返京交涉说不确，仍定十四日由青飞津转平。

【东京十日同盟社电】关于卢沟桥事件之善后处理问题，虽已经双方约定由军政当局分派代表近日内举行现在解决之讨议，然日方陆军中央部对今次事件，未认为系偶发之事件，其事实之根本原因，当归于中国政府之中央化之工作也，并由于排日反"满"继续潜在行使以来，其为必然之结果也。假使以上事件由于当面处置交涉到达解决点时，然其根本之中国侧之排日的工作，不再改消，对于以上同样事件确为难保不再发生也。是以由于南京不放弃排日工作，而华北之空气当更加险恶矣。日方如再三的隐忍自重，亦难以〈不〉发生今次同样问题。是以日方当局对以上事件设法处理善后外，为根决此次事件之祸根着想，当对中国当局提出极严重之抗议，并于中日双方军事当局间当要求遵奉业已实施之"梅何华北协定"。倘中国方面对日方之真诚意旨不加谅解，而继续工作侮日之行为，蹂躏协定精神，再发生如何不祥事件者，则华北一带当有不可避免之恶化事态发生。果如是者，日方不得不持以重大之决意以对之，故对目下现地交涉之进展，亦极为注视云。

【北平十日中央社电】津日驻屯军参谋长桥本群,九日晚由津乘专车抵平后,召集日方各要人会商一切,迄至十日下午六时止,尚未与我方晤面接洽。桥本此次来平,颇引人注意。

【南京十日下午十时本报专电】日外务省对卢沟桥事件,今日有训电到京大使馆,批示外交方针,同时川越亦由青电京。日高今日下午召见重要馆员及陆海军武官,根据华北军方电报,征询种种意见,历两小时始毕。

天津《益世报》,1937年7月11日

日军猛攻卢沟桥[①]

昨日违约挑衅企图扩大事态,我军奋勇抵抗,
今晨战况转剧,大局刻刻增加严重程度

【北平电话】官方消息,据一般观察,卢沟桥案和平解决虽已开始,但将来交涉恐难免相当波折,对方避用武力之可能,尚未完全消除。

【中央社北平十日电】自卢沟桥事件发生,平市民对之虽极关切,但态度异常镇静,因而秩序整然,至于全国各地亦莫不表示关切,而各将领如刘峙、商震、汤恩伯、庞炳勋、冯占海等均来电慰问声援。

交涉毫无结果

【中央社北平十日下午七时四十五分电】卢沟桥附近五里店尚有日军二百余名迄未撤退,对此问题中日双方人员十日午在张允荣宅晤面,到我方秦德纯、冯治安、王冷斋及日方樱井等。彼此讨论达数小时之久,因日方意态坚决,故毫无结果。

【南京十日下午十时发专电】关于卢沟桥事件,外交部八日已派员向日大使馆提出口头抗议。十日午后将抗议各点以书面正式送交该馆,同时并派定人员即日北上,协助地方当局办理交涉。日使馆参事官日高十日晨十一时赴外部谒王宠惠外长,先谈汕头事件,旋王外长提出卢沟桥事件,希望日方注意我国所提抗议,早日和平解决,不得再有任何扩大事态之行为。日高对此表示同意,谈至十二时半始辞出。

【中央社北平十日路透电】今夜中国官场声称,日军欲以宛平为其军事集中点,华军定力拒之,不许日军占据该城,华军确已依照昨日议定办法从事撤退以免冲突,但并未放弃其驻守该城之权。此间日军发言人今夜曾称,日军欲在宛平造成可使此种冲突不能复作之局面,但此说究作何解,该发言人不愿加以申说。

【中央社北平十日电】津日驻屯军参谋长桥本群九日晚由津乘专车抵平后,召集日

---

① 本篇次序略有调整。——编者

方各要人会商一切，迄至十日下午六时止尚未与我方晤面接洽。桥本此次来平颇引人注意。

日方继续增兵

【中央社北平十日下午六时四十分电】路息，由辽宁开来之日兵十列车，每列约一千余人，已到山海关者有两列；由津开来载重车约十辆，每辆约日兵四五十名。似此情形，各方咸认日本有扩大卢沟桥挑衅事件之企图。又五时四十五分电，卢沟桥事件本日又呈逆转趋势，丰台日驻军十日下午忽又向卢沟桥前进，此间亦接到日增兵卢沟桥之报告。

【南京十日下午十时发专电】卢沟桥事件，十日晚逆转。此间传闻日军十列车已由沈阳西开，已有两列开到山海关。据路息，迄至十日夜，平汉路仍仅达长辛店。

【本市消息】路局方面消息，十日下午四时，有日军两列车由榆关开抵唐山，均未下车，人数不详。

【中央社北平十日下午十时五十分电】据车站报告，九日由关外开到日军兵车两列，内兵士仅百余人，但携大炮十二门，车过山海关后，本有西进模样，但旋又停于秦皇岛，未再西开。又十日晨到平之平榆通车，抵丰台时有一部日兵拟乘此车来平，为我当局所劝止，并将该次车停在丰台。

【北平电话】官方公布消息：（一）驻通州日军三十余名携机关枪二架，于十日下午一时三十分开抵平东郊关东店，乘汽车二辆转往丰台。（二）下午一时十分，日兵三百余名携重机关枪十二架，由丰台开往卢沟桥。（三）下午一时四十分，日军三百余名，携钢炮二门，机枪十七架，由丰台开往卢沟桥。电报局在五里店修理电线之工人，均被迫返回。（四）下午一时五十分，日兵三百余名携大炮五门，小炮六门，由丰台开赴卢沟桥。（五）下午三时十五分，日军七十余名分乘载重汽车六辆开往卢沟桥。（六）驻津日军九日分乘载重汽车十辆，每辆四五十人，于下午开抵丰台。（七）下午三时后，大井村日军放哨至宛平附近。（八）丰台至卢沟桥、宛平间，日军用电话线顿增加两条。（九）日兵十余人，九日下午在大井村放哨，盘查行人。（十）向卢沟桥推进之日军，均在五里店、宛平一带露营，有准备作战模样。

【中央社北平十日电】中日军队自九日午起分别复员后，九日晚我方部队已完全恢复原建制，及十日晨二时半后平市忽又闻枪炮声及机关枪声，继续约半小时之久。嗣经多方调查，我方安静如常，并无丝毫动作（此足证明枪声系发自五里店所驻日军，其用意不明）。现日军尚未完全撤回原防，五里店方面仍留有约二百余名。又据报告，十日晨八时许有日军六百余名附野炮约二十门，由丰台向西前进，意义不明，且仍有小部队时来时往。

【中央社北平十日下午十时二十五分急电】卢沟桥日军迭有增加，并积极布置工事。

十日下午六时许,该地日军又向我军挑衅,当即发生冲突,双方互击两小时始停止。现在形势颇为严重。

【中央社北平十一日零时四十五分电】卢沟桥、五里店一带,自十日下午六时起,日军复向我军挑衅,一度冲突后,旋于九时许又继续接触,至十二时双方仍在激战中。又闻黄村亦曾发生冲突,但尚未证实。我当局于深夜召开重要会议,商应付办法。闻已将日军违约挑衅经过情形,电中央及各省市当局报告。又日机三架十日下午三时飞卢沟桥一带侦察,旋即飞去。又日机另一架于下午三时在平市上空,飞绕一周而去。此种举动自亦含有挑衅性质。据报由关外开来之日兵车十列,其两列已由秦皇岛开至丰台,另三列闻亦于十一日晨三时开抵天津,尚有五列十一日午亦可到山海关转津。

【中央社北平十一日上午一时五十五分电】十日下午五时半,日方由丰台开往卢沟桥方面之军队,忽又以大炮、机枪向桥身及宛平县城猛攻。我军为正当防卫,加以还击。闻至六时半始稍停止,但七时半日方复施行射击,双方互有损伤。倘事态继续扩大,其责任应由日本负之。

【中央社北平十一日上午三时五十五分电】日军于十一日晨一时三刻开始对卢沟桥作再度攻击后,我军奋勇抵抗,战况剧烈。刻日军已退大井村,宛平县北一带枪声极为繁密。

【中央社北平十一日上午三时电】日军于十一日晨一时三刻向卢沟桥以步枪、机枪夹以大炮,猛烈攻击,我守军亦奋勇还击,迄晨三时犹激战中。

天津《大公报》,1937年7月11日

卢沟桥一带战后创痕

日军营幕依然在望,大批尸首纷纷抬埋,景象凄凉,行人稀少

【北平十日中央社电】记者十日晨再赴卢沟桥,七时抵广安门,门已半关,菜贩小贾因交通断两日,均乘此机会入城,故行人特别拥挤。七时二十分抵五里店,远望平汉路轨道、日军营幕,始知卢沟桥附近尚有日军二百余人未撤,若干日兵犹在该地高地架设炮位,察其目标,似仍在卢沟石桥。铁道涵洞,有日军盘问行人,但不甚苛阻,过涵洞后,即为宛平县城。现东门依然紧闭,无法通行,惟西门半开,行人经查问后可以出入城内。保安队共百五十人,由贾队长率领,会同县警官柏荣光负责维持治安。一般情形,尚颇平静,惟商店尚未开业,住户双扉紧闭,一切均呈静止状态。至戒备方面,因我军撤至桥西,尚未撤去之日军,在铁路轨道旁临时设立司令部,相距仅一二百米远,故警戒未敢放松。据宛平县警官柏荣光谈,七日深夜发生冲突后,八日日方对我通牒,竟要求限于六时前自县

长以下至百姓应全部退出，欲来接收县城。当时王县长因电话电报俱断，无法向长官请示，只与本人（柏自称）与金营长商议，竟日尚未得有结果，日军已开炮轰击。此役彼方目标完全在于县府，因县府房顶竖有旗杆，可作彼射击标准，故县府同时受中四炮，县长卧室、大客厅及第三科办公室等处，均被毁。后将旗杆卸去，发炮目标遽失，遂多落于民房。共计日军此次三度炮攻宛平县城：一为七日夜三时后，二为八日上午十时后，三为八日下午六时后，共发炮二百余发。双方死伤现尚不知确数，但已收敛尸首六十余具，抬赴长辛店墓地掩埋。受伤者约有百二十余人，亦已陆续运至临时所设之医院施治。日军死伤实数不详，但与我方亦不差上下，其死者已运往丰台或天津。由此观之，此次战事，不能谓不激烈云云。记者与柏分手后，复往各街衢大略巡视，因接防伊始，戒备仍严，故不克十分自由，且新雨初晴，泥泞载道，除保安队之巡逻外，绝少行人往来，景象凄冷，观之徒增愤慨。又因一切损失，均待调查，人民惊魂甫定，不愿与县境外人闲谈，用是调查颇难。又记者到卢沟桥之后，始悉县长王冷斋业已赴平，一切问题，均无专人接洽，乃决定且先折返北平，俟日内原状稍恢复，当再实地前往考察。

【郑州九日中央社电】（迟到）卢沟桥之役，我军死伤一百八十余人，日军伤亡颇众，平汉路由长辛店南下快车误点十小时，八日十点过郑南下。

【北平十日中央社电】十日下午三时许，突有日军三十余人，在南郊大井村大街南北检查行人。同时大井村以东与平市交界处，有日军三十余人，小井村以西亦有日军十余人，检查行人。

【北平十日中央社电】时局逆转后，平市面仍安定，惟各城门于下午五时后又复严防，只余前门往来行人，每门洞仅开半扇，各冲要道路如东单、西单等处，均堆沙包，十日夜仍八时戒严。警察局长陈继淹谈，自八日宣布戒严起，各界均能遵守规定办法，一致维护地方，镇静应付，实为良好现象，对于外侨，职责所在，尤应尽力保护等语。

【北平十日中央社电】南苑飞机场及营市街，现均平靖，人民安堵如常，我当局戒备森严，治安绝无问题。欧亚六号机今午后三时半由绥远抵南苑机场，除司机外，并无乘客，该机现停机场，至欧亚其他机及中航机，十日均未飞平。

【北平电话】北平城内，昨夜特别戒备，八时断绝行人，各要口有沙袋、土袋，由二十九军负责，全市商店，均按时上门。

【北平电话】日军前夜在放哨时，曾自行发生误会，自相对击达二十分钟，颇有损伤，后经查明，始知系自行误会。

【本市消息】日军伤兵约五十余人，分乘载重汽车四辆，于昨日下午由丰台来津，即返日兵营医治。又前在卢沟桥战役死亡之日兵，业在丰台焚化云。

【北平电话】晚间永定门附近发现日军约二十余名，在彼往来窥探，经我军发觉之后，又加驱逐。

日关东军向关内开拔中

【北平电话】此间关于卢沟桥事件，顷有正式官报，发表如次：由本日下午五时半起，日方忽由丰台向卢沟桥增兵，比以大炮及机枪向桥身及宛平县城猛攻，我军为正当防卫，予以还击，至六时半犹未停止，且增援之部队时来。现和平之交涉虽经开始，但恐前途难免波折，避用武力之可能，尚未完全告成。同日，官方就连日消息，概括发表情况如左：一、卢沟桥方面之日军主力部队，前晚业已撤退，我接防部队已到达卢沟桥及附近一带。二、宛平东北二里许之大瓦窑高地，前日下午尚有某方军队二百余名，经我方交涉后，于前夜十一时许，撤至五里店，晚即宿驻该地。三、桥本群由津来平之后，即赴扶桑馆休息，曾与日方要员会议，尚未与我方晤见。四、前午双方协议撤兵后，我军即还归原建制，不料十二时半忽被炮火袭击达半小时。我无动静，亦未还击。五、宛平事变发生后，北平市民极为关切，故秩序极为整饬。现宛平县城，业可自由出入，孤守该城之王专员冷斋，刻已抵平。该城城内损失甚大，正在赶办善后。六、宛平事变发生后，各地将领均极关切，如汤恩伯、商震、刘峙、冯占海等，均有电到平，表示誓为声援。七、日军尚有未撤之军队二百余名，昨晨八时许，忽有六百余人，并炮二十余门，由丰台前进，用意不明。八、据铁路方面之报告，日本由辽宁运来援队十列车，每车千人，共约万人，现有两列车已抵榆关。

【北平下午五时十分中央社电】路息，由辽宁开来之日兵十列车，每列约一千余人，已到山海关者有两列，由津开来载重车约十辆，每辆约日兵四五十人。似此情形，各方咸认日本有扩大卢沟桥挑衅事件之企图。又五时四十五分电，卢沟桥事件本日又呈逆转趋势，丰台日驻军十日下午忽又开向卢沟桥前进。此间亦接到日增兵卢沟桥之报告。

【北平电话】一般传说，日方现有一师团兵力，自关外向平郊输送，现业有两千余名到达榆关。同时各处日军，自昨日起忽又调度频繁，兹分志如次：一、十二时十分，南郊西庄坞，有日军百名，附有坦克五辆，开赴丰台。二、一时三十分，由通县开来汽车两辆，计载军官三十五名，附机枪二挺，开驻东郊关东甸。三、下午一时四十分，有日军三百名，附机枪十数架，由丰台开赴卢沟桥。四、下午一时十分，又有日军三百名，原驻丰台，附机枪十二架，由丰赴卢。五、下午一时五十分，在丰台日军三百名，附大炮五门，山炮六门，开赴卢沟桥增援。六、三时五十分，日军七十五名，由丰赴卢。七、日军二十余人，马十八匹，押运子弹一列车，由津赴丰，现丰台至卢沟桥间，日军已架设电话线两条。又日机三架，昨由丰台飞赴长辛店、卢沟桥等处侦察，旋回丰。

天津《益世报》，1937年7月11日

卢沟桥事变冲突经过

卢沟桥在广安门外西南二十里,为平西名胜之一,扼平汉交通孔道。其东丰台,又为平汉、北宁两路接轨处。四年以前,宛平县始移治卢沟桥。县府在桥西,城垣不甚大,但尚坚固。自去年日本在华北增兵后,迭在丰台建兵营机场,进而谋在卢沟桥作同样设备。县长兼专员王冷斋周旋应付,煞费苦心,卒获保持土地之完整,遂为日方所痛恨。此为事件之远因。最近又以此间当局久滞梓乡,交涉失其对象;而国大代表选举遵令进行后予以多少刺激,乃欲造成恐慌局面,以达压迫当局返平之目的。此为事件之近因。

迩来日军频频在卢演习,且皆实弹露营,人民已司空见惯,但至七日夜间,人数忽增。至八日晨三时二十分左右,忽散开成为散兵线,以宛平县城为目标,向西急进。至距离约百米时,竟发炮鸣枪,冲锋前进。于是事件之冲突遂开始矣。

记者于八日晨曾一度赴当地观察,因该县城门紧闭,东南城角且有日兵甚多,故无法入城。据探悉,当日军向我进攻时,我方初犹疑系日军演习,及见其愈迫愈近,有意挑衅,始知系欲抢夺县城,当即起而应付,为正当防卫计,予以还击。因县城甚小,苟不抵抗,即将不保也。日方见我抵抗,更以小钢炮、小过山炮轰击,其目标在夺取卢沟石桥,进取县城。自八日晨三时半起,至八日晨七时五十分,枪炮声不停。我方死者约六七十人,附近大井村一农民且无辜被日军斩首。日军方面据传死准尉一人,一少尉负伤。自八时以至十一时,为双方接洽调停之时间,十一时我方以日方所提先撤兵条件,不能接受,日方乃又开始攻击,至十二时始复停止。直至下午六时,双方尚在对峙中。此关于日军向我军挑衅之经过也。

至于我当局态度,固希望和平解决,但决不能接受日方先撤兵之条件,故交涉虽在进行,有无结果,则未可知。惟民气愤慨,士气旺盛,守军咸抱与县城共存亡之决心。北平市内人心亦极镇静,虽八日晚八时即宣告戒严,但道路行人绝无张惶惊慌之色,盖平津民众已习于此等生活矣。(《港报》,1937年7月11日)

《卢沟桥》,前导书局1937年版,第86—90页

东亚大局危机一发　北平附近继续激战[①]

今后若干小时为紧要关头,宋委员长昨晚由乐陵抵津

【南京十二日上午一时发专电】北平、天津、丰台、卢沟桥各处日军现积极补充械弹,大张声势,对我威胁,我政府及华北当局态度均镇静,正谨慎警戒中。此间当局观察,十二日为最要关键,能否缓和,或竟不幸而事态扩大,将视今后若干小时,日方是否反省

---

① 本篇次序、小标题略有调整、改动。

为断。我衷心盼望和平，同时则愿日方痛切觉悟危机之重大，勿为已甚。

【南京十一日下午十时发专电】卢沟桥事件十日晚逆转，至夜益恶化后，外交部深夜派亚洲司第一科长董道宁赴日大使馆访参事官日高，再提出口头抗议，要求立即制止驻屯军此种违法背信之军事行动，同时我方并保留一切合法要求。日高允转电制止，董十一日晨始返外交部。又日高十一日下午四时五分赴外交部访陈介。日高对卢沟桥再度勃发事件，日军违法背信各点，强词夺理，经陈以严正态度请其转电驻屯军勿一误再误，恐非远东大局前途之福。谈至五时二十分，日高默然辞出。又外部前拟派员北上协助地方当局办理交涉，现因日军违约进扰，情势恶化，是项人选虽已遴定，但北上期已谈不到。何廉因卢沟桥事件恶化，十日由庐山返京。

【中央社北平十二日晨二时十五分电】卢沟桥大井村、五里店一带，十二日晨一时四十分中日军又大冲突，重炮、机枪之声密如连珠，声音颇为清晰，战情难详。

【中央社北平十一日晚十一时二十五分电】丰台南黄土坡十一日晚十一时亦发生冲突，至发电时止，仍在接触中。

【中央社北平十一日晚十时五十分电】中日双方十一日复约定仍在无条件下撤兵复员后，此间形势似渐和缓，但顷据报告，和平局面又有变化，前方复有战事发生。卢沟桥方面步枪、机关枪、炮声甚密，战况颇激烈。

【中央社北平十二日晨二时五十分电】大井村一带日军十二日晨一时余，突向我方平市西郊蒋家村、青塔村、古庙等处驻军，以重炮、机关枪猛烈攻击，我军当奋起应战。双方激战约半小时，日军不支，复退回原地。双方死伤颇众，民众损失亦甚大。

卢沟桥一带剧战中

【中央社北平十一日下午四时十分电】确息，卢沟桥方面十日下午五时半日军突又以大炮、机枪攻击我军，我军不得已予以还击。入夜以后，日军一连向我龙王庙阵地突袭，被我军沉着击退，旋日方又增加两连，继续猛攻，我守军虽不足一连，以士兵奋勇，日军并未得逞。双方激战至十时许，日方更增加两连，且以山炮猛烈进攻。我军为策略计，稍向后退，日军竟欲继续前进渡河，卒被我军击退。此役双方均有损失，嗣即入于停战对峙状态，日方仍表示不愿事态扩大，几经接洽，现双方暂行口头约定，仍在无条件下双方下令复员，结果日方是否如前不遵守信约，尚待事实之证明。

【北平电话】卢沟桥附近大部日军在十一日下午九时已退至丰台方面，惟留有少数部队，至十时左右忽又有步枪声，用意不明。

【北平今晨三时半电话】卢沟桥冲突，今晨二时许枪炮声最密，约二十余分钟，嗣即停止，二时半似入休战状态，刻在蒋家村附近对峙中。

【北平电话】卢沟桥方面自昨夜十时起又有冲突,十一时许枪声益密,迄至今晨二时,枪炮之声未绝,战况激烈。

【中央社北平十二日上午二时半电】日军不履约撤退,反增调大军向我军猛攻,致十日下午六时起又发生猛烈冲突。嗣虽又经双方口头约定停止军事行动,撤归原防,正在依照约定履行间,讵十一日晚十时后,平郊东北及西南各方均有紧密枪声,清晰可闻。十二日晨一时后,据报日军更以机枪及大炮向我军猛轰,我军愤日方之一再食言,当即奋勇抵抗。迄发电时,战事仍在进行中。

【本市消息】冀察政委会委员长宋哲元,前月回乐陵原籍扫墓,顷因卢沟桥事件紧急,昨午由乐陵乘汽车经沧县返津,秘书长王式久暨卫兵偕来。七时许抵津,即赴英租界二十九号路私宅省视太夫人,旋赴十七号路休息,并至进德社召见二十九军在津人员,有所会商。

【济南十一日下午十一时发专电】宋委员长哲元十一日午前十一时由乐陵原籍偕随员、卫队等乘汽车北返。

【保定电话】省府消息,宋委员长十一日下午七时许,由乐陵乘汽车抵津,有明后日来保讯。十一日晨,赵登禹、邓哲熙由平飞抵保,下午赵登禹改乘汽车返河间防地,邓暂留保。省府民厅长张吉镛、财厅长贾玉璋、建厅长王景儒及闻承烈,十一日晨由平乘轿车绕道至长辛店,改乘平汉车到保。

日高昨再访晤陈介

【中央社南京十一日电】十一日午后四时,日本大使馆日高参事访外交部陈次长,谈卢沟桥事件。各就所得不同之报告相互辩论后,陈次长列举日方最近向平津增兵之事实,谓显与日本国内外当局不愿事态扩大之声言完全相反,要求迅电日政府制止日方军事行动,俾卢沟桥事件得以和平解决。日高称中国中央军队目下有向北移动之消息,日方对此甚感不安。陈答:深信中国军队并无向日军挑战之意思,但对于任何外国任意增兵来华侵略中国领土主权,殊难容忍,自不得不作正当之防卫,深望日本当局幡然反省,勿陷中日国交于危险之状态。日高亦以为然,谈至五时半始与辞而去。

【中央社南京十一日电】日军在平郊向我驻军挑衅,造成严重局势,我驻外使领馆及侨民极为关切。闻外交部已将连日经过情形,随时电告驻外各使领馆,转为周知。

【中央社上海十一日电】孙院长对卢沟桥事件异常关怀,十一日晨与王外长在长途电话中接谈颇久。据孙谈,中央对于卢沟桥事件,希望早日和平解决,惟以目前之形势观察,日方对于和平毫无诚意,前途殊为黯淡,但二十九军对于保卫国土已具决心,此可告慰于国人者。本人拟南下一行,如时局严重,此行亦将中止。

【中央社上海十一日电】卢沟桥事变消息传沪后，许世英甚觉痛心，虽在病中，仍力疾从公，听取各方情报，注视事件推移，并每日与外部通电话，且电东京我驻日使馆指示一切。本拟晋京与外交当局面洽要公，但以体力尚弱，医生坚嘱暂时不宜行动，乃派秘书黄伯度代表赴京接洽请示。

外部发表重要声明

【南京十一日中央社电】日军违约在平郊及卢沟桥，突又大举增兵，并又向我驻军挑衅，发生冲突，情形非常严重。我外交部于十日深夜接到此项电告后，即由亚洲司第一科科长董道宁，以电话通知日本驻华大使馆参事日高信六郎，告以平郊日军违约扩大事态，日方应负一切责任，并请其即致电日本外务省及华北驻屯军，立即下令制止一切军事行动。日高允将此项要求分别电知日外务省及驻屯军。又外部于十日晚接到该项电告后，首脑人员均冒暑彻夜工作。十一日虽值星期，亚洲、情报两司人员仍多照常到部办公，王部长并于十日晨召集陈次长及情报司李司长等数人开会，商应付方策。闻该部将于十一日下午发表重要文件，说明日军在平郊违约挑衅之经过。

【上海十一日下午十一时本报专电】孙科谈，顷接王外长长途电话，据渠观察，恐战事有扩大可能。现中央抱定原则，决不再容失寸土。宋哲元意志坚决，如日方一再进逼，决誓死与之周旋，云云。闻中央对卢案曾有电致秦德纯指示三点：一、不准接受任何条件，二、不许后退一步，三、必要时准备牺牲。

【南京十一日中央社电】关于日军不依约撤兵再度进犯我卢沟桥驻军事，我外交部发言人顷声明如下：据所得报告，日军不遵照双方约定之停止军事行动办法，拒绝全部撤至指定地点，首则遗留部队二百余名于卢沟桥东北之五里店，继则调动大部军队千余人集结于卢沟桥东北三里许大瓦窑，于十日下午六时起，连续向我卢沟桥驻军猛烈进攻。同时并调集日本国内外大军络绎向平津进发，意图作大规模之军事行动，而贯彻其最初目的，至是卢沟桥事件遂又趋于严重，其责任自应由日方负之。查此次事件发动于七日深夜日军在卢沟桥非法演习时，声言演习兵士一名失踪，要求入城搜查，经我方拒绝，彼遂发炮攻城，致起冲突。其为日方有计划有作用之行动至为显然，而卢沟桥原非条约所许外人可驻军演习之地，其行为之不合法尤无疑义。我方除由卢沟桥驻军守土自卫、奋勇抵抗外，一面由外交部向日本使馆提出严重抗议，要求立即制止日军之军事行动，并声明保留一切合法要求，一面由地方当局与日军代表折冲，期事件之早日和平解决。我方维护和平苦心，可谓举世共见。差幸八日晚双方议定办法：一、双方停止军事行动；二、双方出动部队各回原防；三、卢沟桥仍由我军驻守。方谓事件于此可告一段落，初不料所谓撤兵办法，竟系日本缓兵之计，毫无和平解决之诚意。中国国策，对外在于维护和平，对内在于生产建设,举凡中日间一切悬案,均愿本平等互惠之精神,以外交之方式,谋和平之解决。深盼日本立即制止军事行动,遵照前约,即日撤兵,并为避免将来冲突起见,切实制止非法之驻军与演习,庶使事态好转,收拾较易。否则一误再误,日本固无以自解其重责,远东之安宁或将不免益趋于危险,恐尤非大局之福也。

【南京十一日中央社电】日军在平郊向我驻军挑衅,造成严重局势,我驻外使领馆及侨民自极为关切,闻外交部已将连日经过情形,随时电告驻外各使领馆转为周知。

【南京十一日下午十一时本报专电】秦德纯、冯治安及二十九军部,晨有电分呈京、沪,报告日军再攻卢沟桥经过并请示一切,京及庐山两地均有训示发出。二十九军驻京办事处,今亦接到北平发来战事情况电报甚多,均已转呈当局。何应钦原拟今飞庐谒蒋报告整军会议经过,兹因要公待理,故未成行。今晨在部批阅各方发来之文电,王宠惠并于十时许往访李世军,决随何应钦赴庐。

日本内阁紧急会议

【东京十一日同盟社电】日政府为应付重大时局,于十一日下午二时三十五分,五相会议后,即举行临时紧急阁议,首相近卫以下全体阁僚均出席。首由首相近卫报告五相会议之经过及其结果。根据五相会议之结果,咨询政府对事件之处理方针,即审议以下之三项。即:一、华方此次竟出于如斯之背信行动,故我方此际应发动自卫权,以排除华方之不法行为,并为保护我居留民及维护权益计,采取有效适切办法。二、将帝国之此种确固不动之方针,向中外声明,并暴露华方之不法态度。三、关于其为之必要的经费支出之件,各阁僚对之均无异议。即确认前面之方针,并决定以举国一致担任该事态之处理。至三时四十分散会。

【东京十一日同盟社电】中国驻日大使馆武官蒋少将,于十一日下午五时至日陆军省访问军务局长后宫,探询日陆军关于华北时局之意向,会谈二十分钟,即辞出。该会谈为事件后中日军关系责任者之首次会谈,其内容颇为各方所重视。

【东京十一日同盟社电】日外务省东亚局长森岛守人氏,已被任命日驻北平大使馆参事官,定于十一日下午三时急遽由东京驿乘车起程赴平履新。

【东京十一日同盟社电】日外务省因鉴于华北之事态趋向严重,于十一日上午对全华之日本领事及总领事,拍出训电,令彼等竭尽全力,保护日侨之安全,并请求万全之准备措置,以便事态扩大时,得以安全退出,届时当再发出退出命令。

【东京十一日中央社电】今晨五省会议历二小时,阁议时间较短,日政府重大态度已决定。下午海军参议官亦开会,赞成内阁决议,外务省令在华日侨作撤退准备,警厅严令保护在日华人。形势似将达最恶场合,终日各报号外满街,咸谓中日危机一触即发。

【北平十一日中央社电】津日驻屯军参长桥本，九日来平后，未与此间当局晤面。十一日晨复访秦德纯，亦未获晤，当于下午三时飞返津。

【本市消息】日军河边旅团主力闻有两千人，现河边之司令部驻于龙王庙。日方前线指挥为牟田口大佐（联队长），担任八宝山一带攻击任务；永定河右岸，则由森田中佐担任（大队长）；宛平县城，由嘉田少佐担任。

各地民众愤慨激昂

【绥远十一日下午十时发专电】绥地安谧如常，惟闻卢沟桥发生冲突，抗战情绪突转浓厚，平绥路东下客车仅至西直门。

【中央社南京十一日电】自日方不顾撤兵信义，再度挑衅消息传来后，全市市民莫不表示激昂，多数报纸均将此项消息刊出号外，或张诸馆门，以引起市民之注意。十一日凡市内装有无线电收音机之商店门首，均拥有大批群众，以静听报告前线之捷音。此外多数人民团体多通电前方以示声援，文化机关十二日有发起募捐慰劳抗敌将士者。

【太原十一日下午十一时发专电】晋"牺牲救国同盟会"以卢沟桥事态愈趋恶化，特会同军政训练委员全体出发，在并市及近郊开始宣传，并发动向各界捐款，慰劳二十九军抗战将士，电请中央及华北当局，力保国土，努力杀敌。并市各文化团体均有同样表示。

【中央社西安十一日电】三十六师师长宋希濂十一日电秦德纯、冯治安、张自忠声援，内有"本部全体将卒，合志同心，愿步后尘，戡兹顽焰"等语。

中日危机一触即发

【中央社东京十一日电】参谋本部昨夜得卢沟桥之冲突消息，此间非常紧张。陆、海、外三省及参谋本部彻夜办公，参谋总长闲院宫赴叶山观日皇，首相及外、陆、海、藏四相十时召集紧急会议，十一时再召集紧急阁议。形势极端紧张，惟日政府声明，仍努力遏止扩大事态。外次崛内约我驻日代办杨云竹晤谈。

【中央社东京十一日路透电】华北中日军队战事复作后，日本高级官员彻夜开会讨论应付中日间紧张局势之办法。十一日晨九时，陆相杉山与陆省首脑部人员及陆军次官梅津举行会议，继而外务省人员亦开联席会议。

【东京十一日同盟社电】日参谋总长闲院亲王，于十一日上午赴叶山觐见日皇，关于统帅事项，有详细上奏，答种种垂询后，即退出。

【东京十一日同盟社电】日政府于十一日下午二时三十五分五相会议后，即举行临时紧急阁议，首相近卫以下全体阁僚均出席。首由近卫报告五相会议之经过及其结果，根据五相会议结果，咨询政府对事件之处理方针，即审议以下之三项：（一）应发动"自卫权"，（二）向中外声明，（三）支出必要的经费。各阁僚对之均无异议，即确认前项之方针，并决定以举国一致担任该事态之处理。至三时四十分散会，近卫即于四时赴叶山觐见日皇，关于是日阁议所决定之重大时局对策，详细上奏日皇，更报告政府之声明。

【东京十一日同盟社电】海相米内于十一日下午三时五十分阁议散后，邀次官山本以下首脑部，在海军省大臣室聚议，为重要会议。会毕后，即开非公式军事参议官会议，到参议官大角、末次、高桥、藤田及米内、山本暨军务局长丰田、军令部次长岛田、第一部长近藤。首由海相米内说明阁议之结果，并有所报告。全体出席者，均支持阁议之结果，并商定向贯彻目的迈进。

【中央社东京十一日电】今晨五省会议历二小时，阁议时间较短，日政府重大态度已决定，下午海军参议官亦开会，赞成内阁决议。外务省令在华日侨作撤退准备，警厅严令保护在日华人。形势似将达最恶场合，终日各报号外满街，咸谓中日危机一触即发。

【中央社上海十一日电】日本第三舰队旗舰出云号奉命来沪警备，十一日晨六时到沪。

日侨奉令准备撤退

【东京十一日同盟社电】日外务省因鉴于华北事态趋向急迫，于十一日上午对全华之日本领事及总领事拍出训电，令竭尽全力保护日侨民之安全，倘遭遇最恶之场合，使讲求万全之准备措置，以便得安全退出。如今后事态更扩大时，再将发出退出命令。日外务省东亚局长森岛守人氏已被任为驻北平大事馆参事官，定于十一日下午三时急遽由东京驿乘车起程赴平履新。

【东京十一日同盟社电】日政府根据十一日阁议决定，发表声明称，关于卢沟桥事件，政府于本日阁议坚定重大决意，决定政府应采取之所需措置，然而政府为使局面不扩大计，尚未舍和平折冲之愿望云云。

【东京十一日同盟社电】内阁书记官长风见于十一日下午五时发表称，此次华北事件，因鉴于其性质，定名为"事变"云云。政府为对华北形势树立对策计，诸阁僚各在官邸待机，以便随时开紧急会议。

【东京十一日同盟社电】日本第三舰队为保护侨居中国各地之日人及日本权益起见，已于十一日早晨一齐布置警备毕。截至现在，侨华日人总数，计沪约三万名，青岛约二万名，天津约一万名，扬子江沿岸约有五千名。

日机翱翔北平天空，市内安谧人心镇定
城内重要地点昨夜增兵，石景山附近已发现日军

【中央社北平十二日电】平市十一日晚戒备如故，当日军于十二日晨向我军猛攻时，

城内各冲要地点立刻增兵，以防万一，适于此时有日人一名在街头，行迹可疑，不服盘问，当由军警逮捕送交日警署。

【中央社北平十一日下午二时五分电】中日军十一日午一度接触后，旋即停止，现双方正在对峙中。日机二架十一日晨飞平市上空旋转一周，即飞卢沟桥一带侦察。

【中央社北平十一日电】关于卢沟桥事件交涉问题，因日方屡次增兵，致误会难释。据某观察家推测，日方一面与我方交涉，同时又向各地增兵，用意在威胁我方，甚至拟占领数地，以为交涉之要挟。我方早洞悉其用意，故宁愿牺牲，亦不作城下之盟。

【中央社北平十一日下午一时二十五分电】丰台日军骤增，遍地皆是，强占民房，人民均纷纷逃避，市内仅有徒手警察一二十人维持，电话局亦有日便衣兵监视。据未证实消息，丰台南之黄土坡有步哨兵，十日曾与南苑我军步哨发生小接触。又通州城外驻二十九军一部，十日午十一点日军欲实行驱逐，我军起与抵抗，亦发生冲突。

【中央社北平十一日上午十时五十分电】卢沟桥、五里店一带中日军冲突后，该地各村民房因被日军开炮击毁颇多，难民四百余人，扶老携幼于十一日晨逃平西，当由红十字会派人送入报国寺，设法安置。

【中央社北平十一日下午二时五十五分电】平市安静如常，各城门每隔一二小时开放一次。前门、和平、宣武等内城三门均开半扇，东车站平津特快、平沪、平津南下北上各次车改由西直门开行。平津电话恢复，平保埠仍不通。中航机因十日未开来，故十一日未开出，十一日北上机下午二时已过青到津。各线公路汽车仍停止通行。

【中央社北平十一日路透电】今晨拂晓时，北平为紧张空气所包围，不过表面上除城门附近有军事戒备外，实鲜骇人景象耳。居民仍保持其镇静态度，就环境所许可，照常办事，惟乡人未能运物入城，故食物售价昂贵。今晨有日机两架飞过北平天空，向宛平方面而去。宛平局势现渐明了，县城仍在华军掌握中。据华方消息，昨夜战事系日方首先食言，复往宛平，致起冲突云。昨午十二时后，即闻炮声，但旋趋沉寂，晚间日方援军到后，炮声又作，闻夜间九时左右战事始停。中国铁路当局昨夜报告，有日方兵车两列经过天津而抵丰台，日兵遂分向各方面出发，有包围北平模样，且兵车中载有坦克车、铁甲车、野战炮及机关枪云。北平西北约十里之石景山即北平电气厂所在地，其附近闻已发现日兵百人。

天津《大公报》，1937年7月12日

日军违约再度进攻，今晨在北平西郊复被击退
丰台卢沟桥一带发生激战，中央昨电秦不准丧失寸土

【北平十二日晨二时零五分中央社电】卢沟桥、大井村、五里店一带，十二日晨一时

四十分,中日军又大冲突,重炮、机枪之声密如连珠,声音颇为清晰,战情难详。

【北平十一日中央社电】中日双方十一日复约定,仍在无条件下撤兵复员后,此间形势似渐和缓,但顷据报告,和平局面又有变化,前方复有战事发生,且更激烈,详情容探续报。

【中央社本市消息】据悉十一日晚卢沟桥及丰台方面,中日军均发生激烈战事,和平解决希望甚微。

【北平电话】和平解决之善后尚未议妥,日本忽又推翻一切,于昨日下午十时许,首由退驻五里店之日军约四百名,突向我卢沟桥涵洞方面进攻,至十二时止,前方之续报尚未到平。陈觉生此次到平后,奔走和平颇力,但晚间剧战再起之后,即将重访原来晤谈人,惟至夜午尚无结果。

【北平电话】昨夜十时二十分,由卢沟桥撤退之日军六百余人,忽又停止撤退,经东五里店,赴大喜村正北,渐入西郊境界,开抵蒋家坟、清塔寺、古庙一带。该处距西直门仅有十五里之遥。于今晨一时许,与我驻西苑三十七师何基沣旅相遇,日军首先发炮,先后达三十余响,我军还击,平市可闻清晰之炮声。当时激战甚烈,结果日军不支,于二时二十分,向大井村方面退却,是役双方伤亡甚重。又据此间外电传,日军此次进攻原因,系此次撤兵有所要挟,要求我方签字,经我方严辞拒绝,日军遂再度进攻西郊一带,目的在抄出卢沟桥之侧背云。今晨二时正,此间官方正式公布,内称津盛传日方表示我容纳其四项要求,官方对此郑重否认,绝无其事。

【北平十二日晨二时五十分中央社电】大井村一带日军,十二日晨一时余,突向我方平市西郊蒋家村、青塔村、古庙等处驻军,以重炮、机关枪猛烈攻击,我军当奋起应战。双方战约半小时,日军不支,复退回原地。双方死伤颇众,民众损失亦甚大。

日军连日挑衅情形

【北平十一日中央社电】中日军在卢沟桥、五里店一带,于十日下午两度冲突后,迄十一日晨五时许始稍停,至午又继续小接触。记者兹向十一日晨始由前方返平之某军官探悉,十日夜冲突情形如下:十日下午六时许,日军突以步枪向我军射击,我军当奋勇抵抗。旋即开始炮击,双方战事转剧,八时许略停。至九时,日军百余人猛攻宛平县东北高地,我军遂以包围形势,一鼓将该部日军完全解决,我方亦有相当伤亡。旋日军五百余人,于十一日晨一时许,又以步机枪冲来,并以大炮掩护前进。双方激战,猛烈异常,我军因人数过少,乃稍退,日军亦不敢追,故此时战事略停。另有一部日军在永定河东岸拟渡河抄我军后路,数度进攻,均被我军击退。至五时许,日军始撤至大井村,战事乃中止。不料十一日午,日军复拟继续前进,故又开始接触,但战事并不激烈,宛平县城及卢沟桥

上，由我军固守中。（四十五分发）

【北平十一日中央社电】中日双方约定停战复员后，十日日方忽又违约，由丰台、通县增兵千余人之多，配备完竣后，于下午四时许将九日已撤退至五里店之二百余人，复进至大瓦窑，同时由通县新到之日军三百余人，携有机枪、山炮进达大井村，与五里店、大瓦窑之日军同时全面向我方射击。至七时炮火更为猛烈，日方向龙王庙扑攻数次，最后以一营之众向我方冲锋，因此两方互有损伤。我方其他各防地守军为自卫起见，不得不予以还击，激战至拂晓，迄后双方即入于停战相持状态中。

【上海十一日中央社电】二十九军驻沪办事处接秦德纯、冯治安、张自忠来电云，日军千余，炮二十余门，机枪三十余架，十日晨集中于卢沟桥东北三里许之大瓦窑后，即向我卢沟桥阵地数次猛力攻扑，并以一部抢夺卢沟桥，均经我军沉着击退。战至午后六时三十分，枪火渐稀，特闻等语。

【南京十一日中央社电】宋哲元驻京代表李世军，曾于十一日晨七时及下午六时，与北平市长秦德纯由京平长途电话线通话两次。第一次，秦氏系报告日军不顾撤兵信义，于日昨三度再犯卢沟桥，经我方奋勇击退经过。第二次，秦氏则称，自晨七时起至下午六时通话时止，前方战事并无重大接触，平津治安极佳，军心振奋，防务亦甚周密。闻李氏已将两次通话情形分向何部长应钦、王部长宠惠报告。另据某要人接平电，谓日方十一日曾派员向冀察当局接洽，对此次事件表示遗憾，并对双方死亡官兵表示惋惜，谓当力求事态缩小云。消息灵通者，对日方此种举动认为恐系缓兵之计，因日兵车十列已由关外开入山海关、秦皇岛一带，且附有飞机五十架，足征日方预有计划，企图将事态扩大。

【本市消息】日军飞机两队共计六架，于昨日下午四时四十分，由东飞来，在本市上空盘旋颇久，旋在东局子降落。同日上午五时许，有日军载重车二十八辆，由津载大批日军赴丰台，下午有军用品两车亦由津运丰，晚间五时许，有日兵三十人，由塘沽直接去丰。另有日本伤兵四十名，于昨日下午由丰来津。现日本医院方面收容之伤兵，已有人满之患，但日军部发表者，只有五十八名云。

双方军队一度撤防

【北平十一日中央社电】卢沟桥事件经激烈冲突后，中日双方于十一日晨均表示愿维持和平，不使事态更为扩大，双方首脑人员于十一日晨即开始会晤。经长时间讨论之结果，仍如日前之约定，双方军队撤归原防，宛平城廓仍由我军驻防，对此次因不幸事件而被伤亡之官兵，同样惋惜，并希望今后不再发生类似之事件。双方遂派员监视撤兵，回归原防。午后四时，日军大部分已由卢沟桥附近撤至丰台等处原防，尚未发生障碍。至卢沟桥防务，仍由我军驻守，此次事件或可告一段落。又闻此次和平解决，并无任何条件。

（此讯系官方公布）

【北平电话】卢沟桥事件现已解决，本日（十一日）陈觉生到平，访晤秦德纯商谈后，于下午二时访桥本、中井、樱井，商洽和平解决办法。日方对此次事件亦极希望不致扩大，结果良好。旋陈又到广安门外南郊某处与河边晤面，会商和平解决办法，约定中日双方于下午四时撤回原防，由双方军事、外交人员至前线监视撤退，撤兵办法即仍照九日约定之办法办理。和平解决，遂告成立，下午四时起，遵约向原防陆续撤退。日军大部向丰台撤退，一部日军三百人，经过丰台，由永定门入城归东交民巷兵营。

炮火声中东鳞西爪

【北平电话】卢沟桥事件和平解决后，平市戒严时间，十一日晚仍自八时起，十二日可望短缩至每晚十一时起始，三数日内可望解严云。

【南京十一日下午十一时本报专电】交通界息，京平、京津电报电话，今仍照常互通，惟话务极挤。沪平通车晨过京北上，平浦车亦于下午四时二十分及夜十一时半如时开出，到济南后，再候津站电话定行止。

【北平电话】北宁路为维持平津交通，经陈觉生到平之后，原拟当日恢复三次通车，嗣以沿途阻碍，临时中止，同日各处航机亦未到平。

【保定十一日下午十一时本报专电】邓哲熙十一日晨八时乘邮航机由平抵保。又民厅长张吉墉、财厅长贾玉璋、建厅长王景儒，及前济南市长闻承烈，亦于晚八时由平绕道，经长辛店乘平汉客车返抵保定，下车后即应邀赴万福麟宅晚餐，并交谈在平所得卢沟桥事件近况。据张等在站谈，余等因省政待理，特绕道返保；卢沟桥事件双方均未放弃和平解决希望，故前途不致扩大。

【上海十一日中央社电】沪日军四百余人，十一日晨四时半，至沪西演习；又日兵多名在北四川路横滨放步哨，至五时半始撤退；又沪、汉、青各地日军舰，借口保侨，陆战队实施警备。

【东京十一日同盟社电】日第三舰队为保护侨居华北、华中及华南一带日人及维护日本权益起见，已于十一日早晨一齐布置警备完毕。截至现在，侨华日人总数，计沪约三万名，青岛约二万名，天津约一万名，扬子江沿岸约有五千名。（其他略）

【上海十一日中央社电】日第三舰队旗舰出云号奉命来沪警备，十一日晨六时到沪。

【上海十一日下午十二时本报专电】浙嘉善函，县境十一日午三时许发现怪飞机一架，在丁家栅镇附近金家滨、江泾港交界，投下炸弹一枚。幸陷落水田中，深三四尺，未爆炸，经长时间侦查，始向北飞去。

宋哲元抵津

【天津十一日下午十二时发加急电】宋哲元十一日晚抵津。

【济南十一日下午十一时发专电】宋哲元十一日午前十一时由乐陵偕随员、卫队等乘汽车赴津浦路黄河崖站,换专车北返。

【中央社天津十一日电】宋哲元十一日午由乐陵乘汽车来津,晚六时半抵达。宋行前甚秘,故知者极鲜。抵津后,因身体劳顿,对访者均未见。宋眷属乘专车亦于夜十一时抵津。

上海《大公报》,1937年7月12日

日本对华空气紧张

近卫极力要求国民援助

各方拥护对华出兵

【中央社东京十二日路透电】近卫十一日夜邀集政、财、报各界代表,向之解释政府对华北政策,诸代表皆允团结赞助政府政策。近卫陈述政府不得不作严重决意之情势,惟谓政府仍未放弃和平谈判希望,并谓此次事变乃中国多年来辛苦大胆经营之排日运动与教育之自然结果,日政府由"满"、韩及日本本部派兵至华北者,本意在促使中国重行考虑其态度云。此次集会阁员全体莅临,散会后,政民两党发表宣言,声明赞助政府政策,少数党后亦有此行动。藏相贺屋今日宣布政府虽遭华北事变,决计维持目前汇率,并请银行家财政家合作,以达此目的。

【中央社东京十二日路透电】日皇与后在叶山别宫过夏,因华北局势紧张,十二日午返抵东京。

【东京十二日同盟社电】因重视华北事态,日政府于十一日开紧急会议之结果,决定即刻派兵,并向中外阐明日本之态度,发表重大之声明,更对全国民众使彻底认识时局之重大性,俾其得有与中日、日俄两次战争同样之全国一致之实力,与言论界保持紧密联络。开展一大国民运动,除将今次事件之性质说明外,还将近代中国之全貌与中日之关系,并日本在东西两洋之地位,对民众阐明,使其得到确切之理解。并决定首先对全国青年团及各无线放送局、青年训练所、中小男女各学校并各种团体,积极的作启蒙运动之宣传,以风见堂托官长为中心,已着手具体之准备。

贵族院

【东京十二日同盟电】贵族院各派,关于今回"华北事变",因十一日夜由政府请求举国的协力,于是研究会、火曜会、公正会、同和会、交友俱乐部、同成会等各团体,分别开总会或例会，一致认为政府向华北出兵为当然的措置，贵族院尽量对政府加以支援激励云云。

政友会

【东京十二日同盟电】政友会于十一日召开代表委员及总务会，协议该党态度之结果，发表声明书，略谓：政府于本日举行紧急阁议，定重大决意，断行派兵于华北，可谓机宜之措置。我党承认政府之临机措置，并愿鼓舞一国之士气，努力举国一体，发扬报国之至诚。本日政府所发表之重大声明，非仅政府之声明，并且为举国的重大声明，我党希望国民予以支援云云。

文部省

【东京十二日同盟电】文部省因此次"华北事变"，为使学生、生徒、社会教育团体、宗教团体等，充分认识时局之重大起见，特于十二日开省务会议，作成案文，经文相安井决裁后，即日向各地方长官、各学校校长、公私立大学、高等学校、专门学校、宗教管长、基督教牧师等，函令知照矣。

内务省

【东京十二日同盟电】内务省社会局，际兹"华北事变"，决彻底启用军事扶助法，督促各地方长官指挥市村及各种军事扶助团体努力活动，以救助兵役关系者家族之生活，以期振作士气。修正军事扶助法，系于本月一日实施，被扶助之范围，大为扩张，此项救护费，将增加一百四十万元，如有不足，将由预备金支出，以期对兵士并其家族加以充分救济。

商工省

【东京十二日同盟电】商相吉野基于十一日临时阁议所决定对华北根本方针，出席是夜在首相官邸开会之财界代表恳谈会。旋于同夜十一时后，在商相官邸，召集次官村濑以次商工省首脑部，协议于万一事态时，商工省当局在产业行政上应取之诸对策，加以准备。

金融界

【东京十二日同盟电】东京票据交换所，于十二日下午一时，假丸之内银行集合所，举行常任理事会，首由交换所理事长森永，说明前于十一日夜在首相官邸举行会谈内容。经恳谈之结果，商定使金融界一致支援与协助政府之方针。

航空界

【东京十六日同盟电】日本空输会社，原定自八月一日起，将东京天津间，及东京长春间，由一周三往复之航空联络改为每日航行，现因华北风云紧迫，特提前于十三日起，实行上记两线之每日航行。

【本市消息】惠通航空公司自卢案发生以来，因日本内地与大连间往复旅客急激增加，兹决改正其从来之每星期二、四、六之三次往复航空，定于十三日起，开始每日往复航空。

各报纸

【中央社东京十二日电】今晨各报评论日出兵事件,皆支持内阁方针。《朝日新闻》谓,如能平和收拾华北局面,最为幸事,目前尚未失时机,切望最后努力,从速和平解决。此次出兵,决非以中日战争为目的。《日日新闻》谓,吾侪所希冀者,乘此机会,对卢沟桥事件背后潜藏之根本原因,须采取拔本塞源之对策,此即国府抗日政策及"华北中央化"是也。并谓,引起此类事态之渊源,在排日侮日抗日运动,故非扫灭不可。不消除根本原因,则不足语调整中日之交。当然须获得或种保障,断不可不彻底而终。《报知新闻》谓,纵使中日间能得或种收拾方法,惟是否可完全信赖,殊属疑问,希望中国从速采取诚意态度,同时日当局应发挥一切机能,功力圆满收拾事态,但军略上时机亦不可失。《读卖新闻》谓,中日间不幸而发生全面的冲突,其结果究如何?近代战争,决不能限定于相对两国,欧洲大战,可为一例。现时情势,比欧战时更复杂险恶,远东之中日冲突,谁亦不能保证其无引起许多波澜之危险。

天津《大公报》,1937年7月13日

日本继续增兵运械,前方形势仍甚严重

局势闪烁,刻刻可趋恶化

蒋委员长态度极为镇定

【牯岭十二日下午五时发专电】此间十二日晨接北平官方报告,知日军允撤。先是十一日夜秦德纯有电话到山,谓冲突已停,不至再有枝节,但深夜续得讯,日兵仍开枪,故咸感局势紧张。十二日晨七时,蒋院长在纪念周曾简单言及,傍午又接到双方撤兵确讯。按我政府方针,自八日初得日兵攻宛平报告之第一瞬间起,即已确定。蒋院长当时即向冀当局有必要指示,方针明确,至今一贯。数日来蒋院长为冀事未曾召任何军政要人集议,其态度非常镇定而简单,连日于处理必要军务外,仍忙于准备一种阐明哲学系统之演讲稿。盖欲将其本人年来各种演讲作一系统的整理,预备在训练班毕业时发表。十二日晨纪念周演讲教育原理约一小时半,纲举目张,博听众称赞。在山各界人士皆钦佩蒋院长之镇定,而一致拥护政府希望和平与决心自卫之明确方针。

【北平电话】卢沟桥事件,虽已商洽双方撤兵,但日军仅有极少数兵士向后移动,大部仍留卢沟桥附近,并未撤退。据官方表示,日军不撤退原因,乃借口必须我二十九军撤退永定河西。十二日晚八时许,张允荣、魏宗瀚、林耕宇,偕日方人员赴卢沟桥视察。

【中央社北平十二日下午十一时四十五分电】大井村日军于十二日晚十时许向财神

庙进攻（按财神庙距平市广安门约五里），我驻该地之军队事前早有准备，当予以猛烈之还击。双方炮击约三十分钟，日军旋即退去。

【中央社北平十二日电】丰台日军加紧构筑工事，步哨达数里以外，并收买汉奸，刺探我方消息，丰台居民已纷纷逃避。

【中央社北平十二日电】日军坦克车十余辆，重炮车七辆，摩托车四十余辆，载重汽车三十余辆，上载钢炮、迫击炮、重机关枪多架及士兵多名，于十二日晚九时由古北口经通州开抵平市广渠门，要求开门入城，我方未允。日军乃留一部在门外，一部似向南苑方面开进。现我南苑驻军已严密戒备。又有一部日军约二百余人，于九时十分由通州开抵平市朝阳门外二里许地方。

【中央社北平十二日电】十二日晨七时许，日机一架绕飞平市上空及西苑、南苑一带一周，向东北飞去。至下午四时半，又有日机一架，由西飞向东南，斜越平市上空而去。又日在平居留民曾在平募集居留民总义勇队。

【中央社北平十二日下午十时五十分电】举世瞩目之卢沟桥事件，本于第二次口头约定于十一日实行撤归原防，嗣我军已撤至衙门口（地名）后方一带，日军大部亦撤往丰台方面，惟并未完全撤尽，前于警戒区内双方军队为警戒起见，因此又有射击，而至互相死伤，形势转趋严重。十二日下午双方当局遂各派员各往前线视察，相互监视，实行复员，以期事件早日了结。我方所派为三十七师副师长张凌云、冀察绥靖公署交通处副处长周永业、二十九军参谋周思靖，日方所派为樱井、笠井、中岛。张等奉命已于十二日前往，我方复员现正准备中，日是否实行践约，尚待续报。至事件发生以来，已历五日，此间当局始终本不挑衅不丧权不辱国之旨，以促对方之猛省。如日军再不撤退，则前途如何演变，殊难意料也。

外部郑重声明

【中央社南京十二日电】关于卢沟桥事件，某方自十一日起盛传冀察当局已接受日方条件云云。记者以之叩询外交部当局，据该部发言人称，外部未接此项报告，谅不确实，且任何解决办法，未经中央政府核准自属无效。外部十二日已将此意作成节略，于下午七时正式送致日驻华大使馆查照矣。又自卢沟桥事件发生后，中日外交又形紧张，外部在暑期照例仅上午办公，现则自晨至夕，竟日工作，极形忙碌，各高级官员深夜犹在部办公。又情报、亚洲两司为办事迅速起见，现各指派重要股员数人合室工作。

【南京十二日下午九时发专电】卢沟桥事件发生后，情势张弛，迭经变化，迄十二日晚止，表面确已和缓，但与东京消息对照，仍然可虑。一般观察，十二日晨三时以后之和平气象，殆系日方缓兵之计，仍须警戒。

【南京十三日上午零时十五分发专电】卢沟桥事件经我地方当局与日方商定两军撤

回原防，十二日上午似见缓和，但迄下午我军撤退后，日军仍无诚意，不肯撤退，经我方再三催促，始仅撤去一小部分，故此间传闻十日晚情势又现紧张。

【中央社南京十二日电】日大使馆参事日高十二日晨十时三刻率同陆军副武官大城户、海军副武官中原，赴外交部晋谒王部长，至十二时半辞出，闻系对卢沟桥事件交换意见。

【中央社东京十二日电】十二日下午五时杨代办访堀内，提出关于卢沟桥事件之书面抗议。

日军源源开来

【本市消息】日军积极向平津增兵，其已到山海关者，昨先后开来津五列车，均用满铁车皮，计上午十一时四十分开来一列，有日兵四百余名，在津站下车，赴东局子日兵营；下午二时三十五分开来一列，挂铁甲车一辆，铁闷车五辆，停东站；四时十五分又开来一列，铁甲车四辆，铁闷车二辆，有日兵四十余名，停津东站外；六时十五分又开到一列，车二十余辆，有日步兵六百余名，马百余匹，迫击炮八架，机枪十二架，子弹六车，下车分赴东局子及日租界海光寺兵营；七时三十分又到一列，有步兵四百余名，骑兵二百余名，马二百余匹，过山炮八门，钢炮二架，辎重枪械等物极多，共九车。骑兵下车后，经由特三区、义租界，过东浮桥，转往河北大经路，黄纬路赴平津公路开往丰台，其余步兵将一切枪械等物卸下，分赴东局子及海光寺兵营；下午八时四十五分，又开来一列，日兵四百余名，马二百八十匹，炮六门，子弹车五辆，停津站。据路局方面消息，日兵车尚有四列已入关，暂停唐山，十三日后可开到津。

【中央社北平十二日电】据路讯，日关东军决增调二千五百人入关，第一批七百人已于十二日开往津，第二批一千八百人十三日亦可到，随带枪械军需甚多。

【中央社北平十二日下午十时十分电】日本已决定于关东军方面抽调大部军队向华北增援，并由该国另开两师团，现已有一部士兵登轮待发。

【北平通信】日军炮击卢沟桥事件，经我当局与日方一再折冲，传已有结果，自十一日上午八时起，张允荣等即与日方桥本、松井等会商，对于此次发生冲突，均认为系出于误会，对撤兵一事，曾有协商。旋北宁路局长陈觉生亦被邀由津来平，参加会商。至下午三时止，会商暂告段落，决定由两方监视撤兵。至下午八时许，松井复往访张允荣协商，对前日会商结果，当即正式决定，完成手续。陈觉生来平后，曾于十一日夜、十二日晨与日方要员商谈，事毕于十二日上午十一时许，仍搭专车返津。据其临行表示，卢沟桥事已解决，至于此次中日间谈判有何条件，此时可不必谈云云。平市正阳门自十二日清晨起，即已开启，该处土袋亦已撤去，其他各城门亦均自晨开启半扇，其土袋等防御工事，则亦已奉令撤去。假若卢沟桥方面双方军队均能顺利撤退，城内各重要路口之土袋亦将继续撤去。至于平市交通情形，除平汉、平通火车仍未通行外，北宁路车自十二日晨起已行恢复通车，惟开行暨到达时间，仍未能十分准确。至十二日下午二时止，平市传称卢沟桥日军已开始陆续向丰台方面撤退，至其详细情形则尚无所闻。

前方情势一斑

【中央社北平十二日下午九时十分电】卢沟桥案和平解决又呈恶化，日方十一日与我交涉结果，本允将大井村至卢沟桥附近各地之日军撤至丰台，但其后日军并未实践诺言，并除十一日晚、十二日晨一再猛攻我阵地外，十二日上午起仍在原阵地布置工事，自刘家口至大井村一带民房被占领多处，或利用田禾为掩护物，或将田禾割去，赶筑壕沟。由大井村至五里店，日军警戒尤严密，反客为主，检查行人，大瓦窑及铁路涵洞放置大炮及军马甚多，仅于十二日下午一时许将部队百余人撤至距丰台一里许之洼地，另一方面又送向平津增兵。驻平日军此次并未参加卢沟桥之役，但十二日晨仍有百六十余名运平，由水关下车，入日本兵营，谓系从前方复员之兵。十二日下午三时并有关东军五百余名携有小钢炮多尊，分乘大汽车由承德开古北口，分驻石匣等处。其第二批一百五十余人亦于十二日下午四时开到，驻在密云城内。据某观察家称，日阁议已议决向华北增兵，关东军及朝鲜军正纷纷调动，足见欲以兵力压迫华北，以遂行其政策，和平解决及事态不扩大等名词，或仅其准备未完成时一种外交辞令。惟我方已有坚决意志，日方苟不践其诺言而对我挑衅，惟有奋起而与之周旋。

【中央社西安十二日电】二十七路总指挥冯钦哉暨师长柳子始、武士敏十二日电宋、秦、冯、张声援，电末有"本路将士，愿作后盾，同仇敌忾，灭此朝食"等语。

【本市消息】津市府秘书长马彦翀于九日由津赴平，向张市长报告津市状况、与日方接洽经过，昨日上午由平搭车返津，下午四时接见往访记者，谈述时局。据称卢沟桥案已告一段落云云。各记者于五时退出。据关系方面宣称，卢案撤兵办法，于前晚八时在平商定，关系方面对此次撤兵有无文字规定，不愿作肯定之答复。

天津《大公报》，1937年7月13日

慰劳守土抗战将士，全国各地纷纷募捐
冯治安奖赏受伤官兵，冀省府全体自动捐薪

【保定十二日下午八时发专电】冯治安派保安部参谋长张桐慎慰劳来保之伤兵，重伤二十元，轻伤十元，排长四十元。万福麟亦亲往慰问。省府全体职员暨各界自动捐薪，购物慰藉。

【绥远十二日下午十一时发专电】绥各界抗敌后援会十二日已成立，决定即派员赴平，慰劳二十九军守土将士。

【太原十二日下午十一时发专电】"牺牲同盟会"发动双枚铜元捐款运动，援助二十九军抗战将士。

【北平通信】北平文化教育界领袖李书华、李蒸、潘光旦等昨午十二时半，在清华同学会举行聚餐，交换对时局进展中之消息与意见，到樊际昌、郑天挺、饶毓泰、袁敦礼、查良钊、沈履、李书华、李蒸、李麟玉、陈中平、杨立奎、潘光旦、张贻惠、方石珊、关颂韬等十余人。除对救护、募捐、慰劳等有所讨论外，并推李书华、查良钊、沈履三人，于午后三时赴市府慰问地方当局，并致电蒋委员长暨宋委员长，请对时局采取坚决有效之应付办法。两电均于昨日发出。

【中央社北平十二日电】平市记者公会十二日下午三时召集各报社，组织平市新闻界慰劳抗战守土将士会，采办慰劳品，定十三日出发慰劳。

【中央社北平十二日电】卢案发生后，附近居民受灾甚重，世界红十字会现组两救护队，每队十余人，定十三日晨赴前方，并携带药物，实行救护。

【中央社南京十二日电】京市党部暨农工商妇女等团体十二日电平慰宋委员长、冯主席、秦市长、津张市长暨二十九军将士，中有我二十九军处国防最前线，守土有责，各将士深明大义，定能沉着应付，我首都民众为民族争生存，为国家维人格，一息尚存，誓为诸将士后盾，披发缨冠，义无反顾等语。

【中央社汉口十二日电】卢沟桥发生战事后，我军抗战守土，十分忠勇，平汉路长辛店办事处及工会即于九日购买罐头食品多件，前往慰劳受伤将士。又十一日该路工会慰劳抗战将士物品有背心、袜套、毛巾共一百打，饼干二百一十四斤，猪七只，现正组织慰劳队。

【中央社重庆十二日电】此间各界以日军又在华北挑衅，我守土将士忠勇抗战，殊为兴奋，纷起募捐慰劳前方将士。《新蜀报》十二日刊登启事，代收捐款，该报全体职员并捐百元以为之倡。又私立□江中学全体师生亦捐百元，并电二十九军致慰。

【中央社西安十二日电】东北大学师生十二日电慰二十九军将士，并将节省所得百元汇平慰劳。

【中央社西安十二日电】西安各界定日内召开谈话会，商讨〈对〉华北抗战守土将士作物质上、精神上之声援。

【杭州十二日下午十时发专电】杭青年励志社慰劳二十九军，除组织募款外，并电全国青年，拥护奋勇抗敌之二十九军将士。

天津《大公报》，1937年7月13日

欧美注视东亚风云

日军企图事态扩大

平郊一带昨晚仍在接触中

【北平十二日中央社电】卢沟桥和平解决又告绝望，日无诚意撤兵，似已有预定阴谋，故借和平谈判以达其缓兵运兵之计。十二日晚前方有激战，此间所闻枪炮声异常清晰，至午夜未停。

【北平十二日下午十时二分中央社电】十二日晚十时，前方又发生接触，枪炮声密集，迄发电时未止。

【北平十二日下午十一时四十五分中央社电】大井村日军，于十二日晚十时许向财神庙进攻（按财神庙距平市广安门约五华里），我驻该地之军队，事前早有准备，当予以猛烈之还击。双方炮击约三十分钟，日军不支，旋即退去。

【南京十二日下午十一时本报专电】日军近在平郊挑衅与我驻军发生冲突，华北局面顿形严重。欧美各国政府对此事极为重视，驻华英国大使馆秘书里艾德本及驻华美大使馆秘书艾其森，十二日上下午先后到外部拜访情报司李司长，探询关于此事之消息。李当告以我方在停止军事行动，避免扩大事态之原则下，谋和平解决。

【北平十二日下午十一时五分中央社电】十二日午决定双方派员监视复员后，日方颇多借口，迄晚犹未实行。双方距离密迩，成相互警戒之势，稍一不慎，即有恶化之可能，故十二日晚局势仍在严重关头，各方均极注视。

【南京十二日下午十时本报专电】外部派赴平津调查两人，一系外部职员，一系外部顾问，十二日电京报告，已到津转平，即访当局，调查地方人民生命财产及建筑物损失，以为将来交涉准备。

【北平十二日中央社电】中日本约定同时撤兵，但日并无诚意，只撤去少数部队，经我方催促，反谓我违约前进。现局势确又趋严重。

【北平电话】时局情形与对方真意，转趋迷离，在大井村之日军百名，昨夜忽向广安门三里之区域推进，并向财神庙之南方进攻，并发十余炮，我军亦予还击。此项日军发炮后，旋又退驻大井村。九时许，由古北口开到通县之日军有六百余名，附有坦克车十辆，炮车七辆，轻便汽车四辆，载重车三十辆，绕道抵平，欲开入平市，因城门已闭未开，一部即驻城外，一部向南苑推进，一部绕至广安门。同夜九时，永定门亦到日军二百名，系沿铁路线前来，一部南去，一部转赴西南。九时二十分，齐化门亦有日军二百余人，至夜午仍未离去。

日军大部撤至丰台

【北平十二日上午十二时四十分中央社电】中日军大部已撤退，十二日晨冲突，闻系日便衣队在西郊八宝山一带活动，被我军击散后即已平静，平津形势渐趋缓和。

【北平十二日中央社电】据报告，卢沟桥方面日军。已大部撤至丰台，但尚有若干未撤且有久驻模样。我方仍希望事态不扩大，惟日军倘无履行信约之诚意，仍向我方挑衅时，我惟有坚决抵抗。又据路讯，日关东军决增调二千五百人入关，第一批七百人，已于十二日开抵津，第二批一千八百人，十三日亦可到，随带枪械军实甚多。

【北平十二日中央社电】日军一百六十余名，拟由丰台回平，我方为防不测，令其解除武装始允回城。该部日军当将所佩子弹解下，仅荷枪枝，于十二日晨七时由丰乘车抵平，下车后，即由水关赴日兵营。

【中央社北平十二日路透电】今晨拂晓前，平西约六里之八宝山万国高尔夫球场附近有极剧烈之战事，为八日卢沟桥中日军队冲突以来所未有，机关枪声与炮声历历可闻，终夜不绝。城内戒严，市声全息，故虽坦克车驰往前敌之声，亦复清晰可辨。北平戒严至为认真，居民咸不许离家出外。

【北平电话】半官方面消息：一、卢沟桥附近日军未全撤，如有误会，责任应由日方负之。二、我始终希望和平，如日方不履行撤兵而向我进攻，则不得不予以抵抗。三、今日起日军已有大部退至丰台附近。四、榆关及天津方面，现尽力向北平增兵。

【北平电话】此间公布消息：一、据悉，日本现正抽调步队来华，该国有两师团兵力，准备开赴华北，已有一部登轮待命。二、举世瞩目之卢沟桥事件，自经中日双方口头协定撤兵之后，十一日起各归原防。是日我已复员，撤至衙门口以后之地点，日方大部后退至丰台一带，惟未完全撤尽。前方警戒区域，双方军队每因警戒而致起误会，以致互相射击，而互相增援。十二日起，遂协定各派专员前往前线，互相派员监视实行撤退。我方所派为二十七师副师长张凌云、交通副处长周永业、二十九军参谋周士美，日方所派为樱井、笠井、中岛三氏。张等奉命，遂于昨午前往，我方已准备完成，日方待报。三、事变已达五日，我方自始至终，只本"不挑衅，不丧权，不辱国"之旨做去，以促对方之猛省，如日方再有动作，则前途殊难逆料云。

日方积极准备作战

【北平十二日中央社电】日本已决定于关东军方面抽调大部军队向华北增援，并由该国另开两师团，现已有一部士兵登轮待发。

【本市消息】日军用飞机，十二日又有陆续抵津者，并随时飞往各地侦察，迄晚津东局子日兵营及惠、通两机场共停日军用机二十八架。

【中央社本市消息】据路息，十二日晚丰台附近有日军坦克车数辆经过，去向不明。又此间十时半有日军四百余名，马百余匹，由平津公路前进，似亦赴丰台。又路息，日军车陆续由榆抵津。闻因北宁路局拒绝装运日军之请求，日方乃以南满铁路之员工与车辆自行运兵入关。

【本市消息】十二日晚九时，又有兵车一列由榆抵津，载日兵四百余人，马百余匹。另有大闷子车五辆，满载军械子弹，即停于车站。今日一日共到日兵车四列，人数在二千人以上，所有运兵之车皮及机关车均系关外开来者。

【中央社本市消息】日军仍陆续由榆乘专车来津，顷又到达千余人，计（一）日军六百余人，马百余匹，军用品六车，于午后六时二十分抵津；（二）午后七时半又有四百余人，马一百八十匹，大炮等共装九车，于七时半抵津，均停于东站。全体士兵并下车，在附近休息。另有日兵车十二日晚亦可到津。又有日军铁甲车一列，十二日午后抵津。

【本市消息】据悉，东局子飞机场，现停有日军飞机二十八架，在津日军并定于十四日上午九时至下午六时，在东局子举行演习。

【北平十二日中央社电】记者十二日晨复出城视察撤兵情形，广安门仍开半扇，往来行人甚拥挤，出城至大林村，沿途则颇安静，行人亦少。抵大井村，见日军尚甚多，戒备颇严，且出而拦阻，经与说明，始由日军中派兵一人，随同西行。过大井村，沿铁道涵洞至五里店、大瓦窑一带，日军岗位密布，警戒严密。大瓦窑附近高地有军马甚多，高地上架炮多门，子弹箱及各种军实堆积无数，有若干日军正在该处架设电线，尚有一部日军在构筑工事，张挂绿色之掩护物，来来往往，厥状至忙，惟未能窥出有撤兵模样。中有一日兵能华语，询记者关于和平消息城内已正式公布否。记者颔首，渠又谓恐和平仍难实现。询其原因，渠又摇首不答。大瓦窑距宛城县城极近，望见城上有少数保安队驻守，复前行，尚未至城下，即为城上保安队所阻，谓大瓦窑高地有日军可以窥望得见，入城太危险，劝令东返。记者不得已，始折回。再查十一日晚十二日晨冲突情况，知十一晚十时及十二日晨一时曾发生两度接触，旋即停止，结果双方各有伤亡，惟冲突原因则仍不明。又平市西郊八宝山一带，十一日晚亦发现日军便衣队，当被我击散。至十二日晨三时后，前线即入静止状态，以迄于今。

【北平十二日中央社电】路讯，日铁甲车一列十二日下午已由山海关开抵津东站。又讯，丰台日军加紧构筑工事，步哨达数里以外，并收买汉奸，刺探我方消息，丰台居民已纷纷逃避。

【北平十二日下午一时二十分中央社电】此间局势急转和平，全市戒备渐弛。各城门除外城各门外，前门已全开，宣武、和平两门亦开启，各冲要街道之沙包障碍物已逐渐撤去，永定门缺口处障碍亦撤除，东车站各次上下车均恢复，仅平通支线车未开。

【中央社北平十二日路透电】昨夜战事最剧烈之处在宛平与八宝山间之大井村与蒋家村，日使署卫兵百人开往冲突地点者，十二日晨已返平。日当局已布置一切，俾随时可将宛平日侨一律移至使署区域。十一日夜，日人义勇兵在日侨住宅一带巡逻。北宁路交通现已恢复一部分，火车暂以西直门为起点与终点。

【北平电话】据报，关东军五百余名，由承德乘车已抵古北口，开入石匣城；第二批一百五十余人，分乘汽车十辆，亦抵石匣城。战区之怀来保安队，现集中于顺义待命。

【北平电话】卢沟桥事变发生后，日本已在平募集义勇队，昨日上午九时，特在大和旅馆开会，开始报名云。

【北平十二日中央社电】十二日晨七时许，日机一架绕飞平市上空及西苑、南苑一带一周，向东北飞去。至下午四时半，又有日机一架，由西北飞向东南斜越平市上空而去。又日在平居留民会，在平募集居留民总义勇队。

中枢当局研商对策

【南京十二日下午十一时本报专电】何应钦十二日晨八时到部办公，批阅各方发来重要文电，并与庐山中枢各当局互通电话详谈。宋哲元代表李世军晨十时谒何应钦，报告昨日战况，并代表宋哲元有所请示。下午复谒徐永昌，作同样报告。宋哲元今午与李世军通电话，宋希望日军勿一误再误，陷远东大局于不可收拾，对其各项行动，深具故事扩大之感，并嘱将最近情形转达中枢当局。李世军旋接见记者报告云，今日情形，虽续接报告，尚未详尽，但我决不中其缓兵之计，我军抱守土决心，因强敌非法进攻而益坚。下午李复与秦德纯通话，并祝秦氏为国珍重。

【南京十二日下午十一时本报专电】此间接到卢沟桥事件由陈觉生与日方谈判入解决途径消息后，民众方面因日方屡用缓兵计，故并不重视，各方均以怀疑之态度，期待事实证明，并盼当局把握可以解决原则以谋解决。各团体援助二十九军守土精神之电报，今日已发出数十通，各文化团体并纷起募捐运动，输将极为踊跃，华南民众甚盛。

【上海今晨一时本报专电】在沪日外交及陆海军首领十二日开紧急会议，商对卢案意见，冈本日内访俞鸿钧，有所商谈。

【南京十二日中央社电】日高偕秘书等，十二日午赴外部谒外王，商询卢沟桥事件。王首说明我方爱护和平之意及所持立场，希望日方顾全东亚大局和平。日高等十二时二十分辞出。王旋访何应钦，商对卢沟桥事件应付方策，并即电蒋请示。

【南京十一日中央社电】关于卢沟桥事件，某方自十一日起盛传冀察当局已接受日方条件云云。记者以之叩询外交部当局，据该部发言人称，外部未接此项报告，谅不确实，且任何解决办法，未经中央政府核准，自属无效。外部十二日已将此意作成节略，于下午七时正式送致日驻华大使馆查照矣。

【东京十一日中央社电】十二日下午五时，杨代办访堀内，提出卢沟桥事件之书面抗议。

【南京十二日中央社电】自卢沟桥事件发生后，中日外交又形紧张，外部在暑期照例仅上午办公，现则自晨至夕竟日工作，极形忙碌，各高级官员深夜犹在部办公。又情报、亚洲两司为办事迅速起见，现各指派重要股员数人合室工作。

陈介报告中日外交

【南京十二日中央社电】十二日上午九时，外部举行总理纪念周，外次陈介主席，领导行礼如仪后，即席报告中日外交情势，略谓：七日晚卢沟桥事件发生后，八日晚已停战。不意十日双方复起冲突，昨日又约停止，但据确息，迄今晨止仍有枪声，足见尚未实行停战。第一次冲突解决办法，系由双方撤兵，冲突地带由保安队接防，但不知何故，停战以后忽又冲突。目前战事范围不大，然从近日日方军事行动观察，似为有计划之大规模策动。东京方面，情势紧张，近卫公爵十一日赴叶山谒见日皇，陆军、海军、外务三省及参谋本部彻夜办公。华北驻屯军司令田代有病，已命香月替代。关东军仍源源开动，朝鲜总督府亦有声明。日国内之第五师已开拔来华，第十师团亦待命出发。更观日方当局对内对外之声明，显有扩大事态之势。现中央对此极为注意，军事方面行动，吾人不知，外交方面，除屡次抗议外，并已有节略送致日本大使馆，同时电令驻日大使馆杨参事向外务省严重抗议。本部昨已派员赴平津实地调查，以为将来交涉之准备。昨日本大使馆日高参事来见，探听中国军队移动情形，当告以军事情形，外人不得而知，中国军队决无向任何国家挑战之意，但如任何国侵略中国领土主权，则有应战之决心。现日本积极向平津增兵，实与日本国内外当局不愿事态扩大之声言完全相反，日本如有心维护东亚和平，应即停止军事行动。日高亦以为然。然日方之所以一面增兵，一面进行谈判，不能不令人认为迁延时日，借谋大举。现在外交情势如此紧急，事务倍增，诸同仁幸勿以在暑假期间，稍有懈怠。我国驻日许大使年高多病，屡次请辞，兹以外交紧急，院部盼其回任，今晨派人来部表示，愿打消辞意，不日即返东京，老成忧国，至可钦佩。深盼诸同仁应有此精神，努力公务云。

【中央社东京十二日路透电】近卫十一日夜邀集政、财、报界代表，向之解释政府对华北政策，诸代表皆允团结赞助政府政策。近卫陈述政府不得不作严重决议之情势，惟谓政府仍未放弃和平谈判希望，并谓此次事变，乃中国多年来辛苦大胆经营之排日运动与教育之自然结果，日政府由满、韩及日本本部派兵至华北者，本意在促中国重行考虑其态度云。此次集会阁员全体莅临。散会后，政、民两党发表宣言，声明赞助政府政策，少数党后亦有此行动。藏相贺屋今日宣布政府虽遭华北事变，决计维持目前汇率，并请银行家、财政家合作，以达此目的。

天津《益世报》，1937年7月13日

宋哲元返平有待，昨日发表书面谈话

【中央社天津十二日电】宋哲元因昨日来津途中劳顿，腰痛宿疾因以复发，返平期尚有待。原定十二日午后接见记者，亦因之改期，临时发表书面谈话。原文云：此次卢沟桥发生事件，实属东亚之不幸，局部之冲突，能随时解决尚属不幸中之大幸。东亚两大民族，即是中日两国，应事事从顺序上着想，不应自找苦恼。人类生于世界，皆应认清自己责任。余向主和平，爱护人群，决不愿以人类作无益社会之牺牲，合法合理，社会即可平安。能平即能和，不平决不能和。希望负责者以东亚大局为重，若只知个人利益，则国家有兴有亡，兴亡之数，殊非尽吾人所能逆料也。

上海《大公报》，1937年7月13日

英国下院昨日讨论华北局势

中央社伦敦十二日路透电　今日下院议员为华北事件向外相提出若干质问，外相艾顿于答复时，略述华北战事之经过后，称根据《辛丑条约》，日本及其他列强，得在华北某某若干地点驻兵，以维持与海上之交通，现日军总额约达七千名之众，中日局势紧张，于英国利益及国际贸易上之可能反响均已有充分之认识。艾氏继复于答复保守党议员后鲁奇氏之质问时，曾称倘英日之谈判得在伦敦进展，当然对于华北事变日后仅有与日大使讨论之机会，英政府所渴望者，非但目前之事应即解决，即中日两国间之种种困难亦应解除（众欢呼）。至此劳工党议员汉德森当即建议，谓英政府应向日大使提出对于日军在北平附近操演之异议，艾顿答称，此事件之原委至为复杂，但彼深知下院之普遍志愿，即吾人应竭力设法阻止事态之更恶化也（众复欢呼）。

中央社伦敦十二日路透电　此间各报对华北危局极为重视，惟迄未加以论列。以大致观之，各方似不愿有所言动，转致增加时局之严重性。至官场方面则力守缄默，深信必须多得消息始可相当了解局势之究竟。惟某新自远东返国之权威者今日与路透社记者谈，此次事变有两种可能之解释：（一）外国军队之在中国领土内操演，无如日本军队之频数者，若中国军队对此有所反感，亦不足为奇。（二）此种日军之行动为日本军人对日新政府和平政策之直接挑衅，日本政府尚在竭力控制事态，而不愿使关东军取得独占权,如已往种种所显示者云。

中央社伦敦十二日路透电　伦敦人士对远东事态采取镇静态度,市场方面,因上海形势安静,中国债券降落极微,但日本债券因日本货币限制,而无法与东京方面成立公断比例,大为锐落。伦敦方面极望中日能早日成立和解。

天津《大公报》,1937年7月13日

宋哲元态度其左右谓极坚决　惟认和平希望未绝

张自忠即赴津报告

【天津十三日下午九时发专电】宋哲元左右谈,宋意坚决,日军如系缓兵,亦有准备,惟认和平希望未绝。

【北平十三日下午十时发专电】张自忠即搭专车赴津,谒宋哲元,报告此间商决之一致态度。

【天津十三日下午十一时发专电】张自忠原定十三日返津,因永定河发生变故未果,十四日可来津。

上海《大公报》,1937年7月14日

我军英勇抗战与初步和解

1937年7月14日

日军炮击卢沟桥事件,经中日双方外交代表尽八日一日夜努力折冲,结果获得初步解决,事态虽可就此告一段落,但宛平县属已实际变为"非武装地带",将有形成第二"冀东"之可能。兹将这一页痛心史的经过详情志后,俾国人牢记不忘,知所警惕。

卢沟桥在北平广安门外西南三十里,东距丰台二十里,西南为长辛店,相去十一里,为平汉铁路、平大公路及永定河之孔道。丰台又为平汉、平绥、北宁三路接轨处,故自古在军事上卢沟桥为必经之地。四年前,宛平县治移于卢沟桥,县府在桥西,城垣不大,但甚坚固。自去年夏间,日本□华北增兵后,迷在丰台建筑兵营机场,进而谋在卢沟桥作同样之设备。本年春间,日军拟在该地购置大批地皮建筑营房,被我官方阻止,但日军所购后〔得〕之土地二百余亩,已建为演习用之大围场。

日军此次攻击卢沟桥,此系有预定之计划。七日晚十二时许,日本驻平武官松井用电话向冀察政委会声称,七日夜日军一中队在卢沟桥郊外演习野战,忽闻枪声,当即收队点验,发现缺少兵士两名。同时认为放枪者已入城,要求立即率队入城搜查失踪兵士云云。我方当以时值深夜,日兵入城殊是引起地方不安,况我方驻卢部队七日竟日均未出城,该

□枪声决非我方所致，婉加拒绝。少顷，松井又来电话，声称我方如不允许日军入城搜查，彼方将以武力进攻云云。时为八日晨三时许，我方已接得报告，谓日军对宛平县城已取包围前进攻势，情形异常严重。我方恐生意外，乃再与日方商定双方即派员赴卢调查真相，阻止军事行动。我方所派为冀察第四行政专员兼宛平县长王冷斋、冀察外交委会专员林耕宇、冀察绥署交通处副处长周永乐，日方所派者为寺平副佐、樱井顾问。

八日晨四时许到达宛平县署。当时寺平仍坚持日军须入城搜查，我方不允。正交涉间，东门外日军已以大炮轰击，俄而西门外大炮、机关枪声亦起，我军未予还击。十分钟后，日军枪炮声连续不绝，炮火愈来愈烈，我军死伤甚众。日军既不允停止攻击，我守城步兵一营为正当防卫，始加抵抗。我城内交涉人员，仍请日方停止进攻，调回原防，否则责任应由彼方担负。讵日方此次已决心占领卢沟桥，迫我允其驻兵城内。寺平不但要求我军先行撤退，且要求永定河方面之一部分廿九军骑兵亦撤退，然后再谈其他。双方人员决定九时暂停炮火，返平向最高当局请示解决。如不成功，以十一时为限。我方以日方所提先撤兵条件不能接受，日军乃于十一时又开始进攻。至下午三时许，据报我方英勇士兵已有八十余人殉国，受伤者一百余名；日方死二十余，伤五十余。三时后，枪炮声仍时作时停。

日方此次行动既系有预定计划的，故至八日下午一时即有日军四百余，分乘载重汽车十六辆，由津循公路开丰台，转卢沟桥增援。二时许，又有日军一列车由榆关过津开丰台。同时有坦克车十四辆、钢甲车二十一辆，由津开丰台。各车均装载大批军火及大炮十门、重机关枪二十余架。晚六时，又向北宁路索专车一列，运动大批辎重、军火及兵士三四百名赴丰台。日军飞机四架，则飞赴丰台、卢沟桥侦察。八日下午二时起，日军百余名分乘小型坦克车及装甲车八辆，在河北、河东各通衢要道示威进行。空气虽是紧张，但一般人心颇镇静。津市于是晚九时起戒严，除在日租界与华界毗连处加派大批警队布岗，防范宵小骚扰外，其他各地尚未开始检查行人。又，日军为监视我廿九军行动，并企图于必要时断绝其联络，乃于八日下午派军队四十余、宪兵十二名，分赴北仓（津北十五里）、静海（津南四十里）两站驻守。

此次事件之能得迅速解决的最大原因，乃我廿九军兵士之壮烈的抵抗所致。因日方事先估计驻扎卢沟桥一带之第二十九军一营兵士，不会拼命抵抗。日军之占领卢沟桥，可如上年占丰台及驱逐丰台廿九军之易。不料事出日人预料之外，接触未久，日军即有死伤。日军虽可增援，但廿九军之增援更快；日方恐蒙受重大损失，又因已有人出面调停，可将卢沟桥划为"非武装"地带，乃打消占领卢沟桥及在该地驻兵之野心。

此次事件之初步解决的办法，系中日代表在北平所商定：第一，为双方军队先行同时撤退；第二，卢沟桥一带由冀北保安司令部派保安队三百名驻防，维持治安；第三，此事之外交部分，继续谈判解决。九日晨九时许，冀北保安司令石友三率保安队三百名，由北平分乘汽车赴卢接防。当时因日军发生误会，曾对我军复施行炮轰，经解释明白旋即停止炮火，开始撤退。我军撤退至固安县境，日军则仍撤回丰台。这是二十九军被日军压迫而撤退的第二幕痛心史！忠勇兵士的热血白白地洒在卢沟桥，因为"息事宁人"与"就地解决"而将宛平县无形地划为非武装地带了。我们谁敢保证他不变成"冀东"第二呢？（《港报》，1937年7月14日）

《卢沟桥》，前导书局1937年版，第90—93页

英国殷念华北危局，已向美法开始接洽
主对远东事件随时密切商榷，对中日两使已有表示

【中央社东京十四日电】十四日午外国记者向外务省发言人提出问题甚多。（一）问：到现时止，驻日各国使节有无与外务省接触？答：无。（二）问：如有第三国出而调停，日态度如何？答：日态度早定，如有干涉，毫不介意。（三）问：中国政府行动有无违反任何协定？答：尚无。（四）问：日本行动目的究竟安在？答：首应忠实履行解决办法之规定。（五）问：现时尚继续谈判否？答：北平仍继续谈话。（六）问：日向国府交涉否？答：无。

【中央社东京十四日路透电】外务省发言人今日声称，华北危局无重大变动，或问英美如出为友谊的调解，是否有益？发言人答称，日本不欢迎任何调解。

【中央社华盛顿十三日路透电】国务卿赫尔今日接到英政府来文，闻文内主张对于远东事件宜有国际商权，赫尔虽承认接到关于华北危局之来文，然不允宣布其内容，亦不愿说明美国答复之性质。或叩以国际商榷之可能性，赫尔答称，美外交政策向来主张对于国际问题中之主要事项采行单独行动。美国在华尚未作直接外交行动，亦未考虑北平区域内美侨出境事云。赫尔顷曾说明美国中立法案之可否援用，将视发展情形而定，现有之冲突尚不可为援用中立法案之充分理由。中国驻美大使王正廷十三日访问赫尔，谈远东局势。赫尔将昨日对日大使斋藤所发之警告，复以友好态度为王言之。王声称，中国现仍力谋和平，但若日本在华北继续其侵略行为，则中国除自卫外别无他策。

【中央社华盛顿十三日哈瓦斯电】中国驻美王大使顷访谒国务卿赫尔，就华北局势会谈历二十分钟始毕。事后王氏向报界宣称，目前局势虽属紧张，然中国仍当尽其可能以谋维持和平，如万不获已，则中国亦惟有出于自卫行动，以抵抗侵略云。此外美外交界现有人主张有所举动，俾在局势未臻过分严重前，向中日政府进行劝告。但国务方面自事变发生以来，一向采取观望态度，截至目前为止，亦并无超过此种观望态度之任何表示。

【中央社华盛顿十四日哈瓦斯电】关于中日两国现行纠纷，美国务院虽无表示，但半官人士以为美政府现正努力使之地方化，一俟此种努力失败，并拟采用下开各项程序。（一）关系各国劝告中日两国政府接受妥协办法。（二）华府《九国公约》各签字国相互咨询，以定应付办法。（三）中国向国联提出申诉。（四）中国北部事变若果酿成中日战争，美国或须实施中立法，所幸中日两国均不愿事态扩大，自有裨于美政府之斡旋工作。要之，美政府须待现行时局发展后，始乃就上开办法抉择其一，藉以维持和平局势云。

【中央社纽约十四日电】驻美大使王正廷接奉政府电示，业已离此赶返华盛顿。以孔特使离美在即，派刘云舫留此间送别。

【中央社伦敦十三日哈瓦斯电】郭泰祺[①]十三日访谒艾顿[②]，就华北中日纠纷有所商谈。英国负责人士并以为法政府对于英、法、美三国共同提出交涉一层，完全表示赞同。此事现当由英美两国进行商讨，大约中日局势若果恶化，则美国当准备会同英国在外交上有所行动也。按艾顿外相昨日曾与日本大使吉田晤谈，吉田将日本方面关于卢沟桥事件之消息告知外相，并谓日本所提要求，性质极为温和，若不能获得满足，即当在军事上采取严峻措置，而不稍犹豫。闻艾顿当坚称英日谈判即将开始，关于卢沟桥事件应成立友好解决办法，务使勿扩大纠纷范围。在伦敦日本人士，则主张英日谈判宁待中日事件解决后再谋进行。

【中央社伦敦十四日路透电】《伦敦每日电闻》今日载一社论，评华北局势，谓东京新阁成立未久，日本军人思有以强迫之，乃以中国为日本政治赌局中之一注。要知此种赌局出入颇巨，无异民治主义与法西斯主义之对搏。此为日本自己事，不应为国际纠纷之原因。英日两国近方在谈话中，其目的在恢复日军强占满洲前双方所固有之邦交。在此谈话中，当然必以中国为其讨论之主要事件。在中国庞大市场中，应有良好政府及社会之安全，此不独为英国之利，亦日本之利也。但华北现有之突冲，则将使此令人兴奋之好气象丧失无遗，故甚望南京与东京皆抱和缓精神与远大目光，以应付此局势云。

【中央社伦敦十三日路透电】伦敦人士皆注视远东发展情形，甚为关注。在局势未明了以前，英外相艾顿无时不与美政府有密切接洽。闻艾顿今日晨见中国大使郭泰祺时，告以英政府亟愿见中日冲突之早日解决，因事态一经扩大，则将大有碍于英国在华利益也。闻英外相昨亦向日本大使吉田与美代办表示与此同样之意见。此间人士咸盼中日早日释争，其所引以为虑者，为双方如各以开衅责任相责难，或各为尊严起见，则使解决发生障碍也。

---

①　中国国民政府驻英大使。——编者

②　又译艾登，英国外交大臣。——编者

【中央社伦敦十四日路透电】《每日导报》评论华北大局，谓远东如发生战争，必将成一浩劫，英美两国当速取共同行动，阻止日本作危险之企图。此种危险企图之结果，浮躁之军人不能预先鉴及。今日之事实为五年前日内瓦处理中日问题万分懦弱之后果中之一新阶段云。

【中央社伦敦十三日海通电】英外相艾顿今日接见中日两大使，声明英政府对于华北问题异常关切，并称英美两国对于远东之时局，决采密切联络。今日英外相艾顿复与美代办晤谈，讨论华北问题颇久。

【伦敦十三日电】遮蔽一切其他国际政治发展之华北事件继续支配英国社会之注意，形成报纸批评之主题，最主要者为《伯明罕日报》之批评。其言曰："如此种冲突为偶然事件，日本自有挽救方法，无庸侵入中国领土。反之，如非偶发事件，如其制造及策划作为日本侵略华北之新借口，文明各国有无何种声明或行动以制止日本乎？"该报谓，"英美共同行动制止日本采取最后重大步骤，仍有可能，但制止战争必须有迅速之措施"。曼哲斯特《卫报》对事件悲观，并怀疑大规模冲突现时能否避免。该报谓："华北与二十九军受爱国热诚之鞭策，不致再有不流血之败北。日本深知此种变迁，彼等现时压迫中国，当因彼等认为在华北之把持，必须立即夺得，否则将永远丧失。现时情势过于危险，不能依赖妥协或安慰保证之希望，以为至坏亦不过为华北小规模之战事而已。"

【中央社巴黎十四日哈瓦斯电】法国各报对于中日纠纷颇为关心，《巴黎回声报》评论云："目今局势危险特甚，其故由于中日两国政府其一拥有热烈而愤激之民众，其一则拥有强有力之军队，各不相下。"《事业报》称："英、美、法三国现已准备向南京、东京方面进行调查，一俟查明日本确欲推行侵略政策，即当向之表示坚决反对之意。"《白日报》称："英、美、法三国政府关于中日两国局势所进行之外交活动不致令人惊惶。各该国所望者，乃其华北之政治、商务权利受人尊重而已。"《斐迦罗报》称："争端范围予以限制，勿任扩大，苟为时未晚，必须以强硬之外交压力施之，始乃有济。"《日报》称："欧美各报务当采取审慎政策，远东地方形势既甚危险，而中日两国军队互相冲突之事，或亦可和平了结。"《时代报》称："中日冲突结果，徒令他国坐收渔人之利，日本或因而陷入黑暗之深渊。"

【中央社巴黎十四日海通电】此间对于远东形势之变化极感不安，法外部称日本今日所以敢公然向中国挑战者，实因欧洲各国皆注意于西班牙而无暇兼顾远东所致，至于日本所称中国有反日运动者乃系一种借口。法政府现决定与英国合作，不令远东发生战争，同时将以外交方式向中日两国提出警告。又今日中国驻法大使顾维钧今日谒法外长台尔博斯，会谈甚久，闻与华北局势有关。

【中央社柏林十四日路透电】德外长牛赖特十四日为华北现局事,先后接见中国大使程天放与日大使武者小路。外交界现信两大使皆系探询德政府之态度,并声明其本国政府之立场。同时德报对中日争案现守中立态度,若干日本观察家因德日两国曾于去年十一月间缔结互助协定,故深以德报所取之态度为异。

【中央社上海十四日电】巴黎合众十三日电,顾维钧今日宣称,日乘欧洲多事之秋,发动事变,世人当犹知日德协定真实目的尚未全明。中国军界探悉,日将于七月十五日由其国内、朝鲜及关东调遣军队,大举进攻,企图占据华北全部,惟中国军队虽至一兵一卒,亦将抗战到底云。

天津《大公报》,1937年7月15日

抨斥日寇挑衅

苏联为世界最爱和平之国家,故对于我国人民及抗日寇侵略运动素表同情。此次日寇在卢沟桥挑衅以后,苏联舆论即严重注意,并对日寇挑衅侵略行为,作严厉之抨斥与揭发。此种国际正义之呼声,实足为我国抗日自卫运动之莫大鼓励。故特将苏联最主要报纸《新闻报》与《真理报》关于卢沟桥事件之评论译载于次,以饷读者。

中国北方之"停战"

维格

译自七月十一日莫斯科《新闻报》   日本军阀在中国北方之挑衅行动并非突如其来的,数月来,日本军阀利用一切机会时时弹起"日本利益"受了"严重的威胁"的旧调,好像这个"威胁"在中国北方数省是真的厉害似的。

事实上,问题自然不是"对日本的威胁",而是在中国伟大反日运动目前阶段上,日本的阴谋和侵略企图遇到日益坚决的抵抗。日本帝国主义在中国"战线"上不断"胜利"的胃口,不得不一点一点地减裁。即从来所谓亲日将军统率下之南京政府的某些部队,也不肯腆颜无耻地投降做俘虏而将自己的武器送给日本侵略者。

近来日本走狗在内蒙的军事行动所得到的结果与日本大佐们所希冀者大相径庭。中国人民大众之民族自觉性日益增长着。做日本侵略者之清道夫的汉奸与卖国贼,受到社会上普遍的鄙视与痛恨。因此,即愿与日本帝国主义勾结之个别的中国军人,亦不得不小心自持,而在与日人谈判中极力保持外观上的尊严。日本军阀在内蒙个别区域内之横暴,引起了许多自发的反日起义。这些起义虽现在一般地带着纯粹自卫性质,然其本身即是对日本军阀之明确警告:中国人民已到忍不可忍的地步了。

虽然日本想"不战而胜"地"征服"中国北方数省的希望,已经显明的失败了,虽然日本走狗已经受到——而且或许还要受到——内蒙人民的反击，但是日本总参谋部并未放弃它巩固日本在中国北方地位的企图，和把该地并入"满洲"作为"大战"根据地的企图。

日本帝国主义还企图利用与英国之谈判以便使它在中国北方的优越地位"合法化"。中国北方数省的人民，因不愿陷入"满洲"和热河同胞之悽惨命运，而日益强硬化；由于这个事实，日本军阀做出的唯一结论，就是：必须再用"铁拳"政策，调遣新的日本军队去北平、天津一带，占据重要的铁道要隘和路线。

在准备这些"纲领式的"步骤中，日本帝国主义的刊物又照例赶快大登特登中国反日分子对日本"威胁更甚"的文章和评论。

日本在中国进行挑衅的方法异常简单，开首是"危害日本籍民的生命"（可能的借口：在酒醉闹事时日本水手被杀；日兵突然失踪；炸弹"神秘地"爆发等等），继之为各地日本驻军的武装行动（如果事情在海岸发生则派遣舰队），第三幕则是向中国当局提出哀的美敦书。直到不久前，这个简短三幕的悲剧之表演，结果总是使主演者得到必然的胜利。

现在日本军司令部还想依样画葫芦地做去。但是，即就我们所得到之极不充分的电讯而言，最近两三天内卢沟桥一带所发生的事变，使我们确信日本这一套戏剧之开演，已不完全依照日本军司令部的志愿了。

在北平附近被袭击之中国军队并未放下武器，而是对日军抗战。战争结果，中国军队没有投降而是成立临时休战协定。根据这个休战条件，日本军队退出肇事地点。

当然，这并不能说，在最近期间日本军队不再次进攻并制造侵略之新的借口。但是，在极短期中成立了休战协定，并根据这个协定日军暂时撤退——即这个事实本身已十分显明地指出，现在已非昔比了。日本挑衅的发起人没有获到成功，因而不复能像从前一样，按照自己意旨去指定休战的条件。

我们很难期望日本军阀能够由最后"事变"经验中做出正当的结论。日本总参谋部已经公布了"六年计划"，而有系统地去增加大陆上——"满洲"、高丽和中国北方——日军的数目。把中国北方数省在"中国北方自治"名义下完全划归日本统治，这显然的就是日军司令部行动计划中之重要组成部分。

但是反对日本帝国主义的侵略之那些力量，那些因素，每年每月都在增强着。无论日本军阀在什么地方和怎么样去挑衅，他们是有碰碎自己头颅的严重危险的。

卢沟桥事件

密那耶夫

译自七月十一日莫斯科《真理报》　　在中国北方又发生了日本的挑衅。七月八日晨，在离北平十五公里地方（卢沟桥城区域内，平汉铁路线上），日军一连人于夜间演习时，突然袭击中国军队，击毙中国兵士和地方居民。中国军队起而抵抗，冲突异常激烈，日人竟用大炮轰击。战争屡停屡起，直至九日始告停息。冲突的结果，日军死十人，伤二十三人；中国方面的损失，据日方报告，则共一百〇七人。

七月九日晨，谈判的结果，战事停止，双方均同意退兵。日军开始向丰台方面撤退，中国军队则向永定河右岸和平汉铁路以南撤退。纠纷消除了，但自然只是暂时的。日本军阀停止进攻只是因为日军遇到严重的抵抗而陷入危境的缘故。

日本军阀之新的挑衅，是他在中国北方进行的政策之直接结果。在最近时期内，日本刊物开始扩大运动，指摘南京政府在中国北方民众中煽起反日情绪和抵制与日本的经济合作。日本侦探经常制造事变。同时，北平、天津及北方其他区域，尽为日本军事破坏者和奸细所充斥。挑衅的准备，进行得极其急迫。察北与热西之广大反日起义，使日方挑衅来得更快。

并非偶然的，日人一开始就想给予事变以极严重的意义。他们向中国北方当局下了哀的美敦书，提出极苛刻的要求，内中有成立包括平汉铁路新的非战区一项。

日本军阀在中国北方进行新挑衅的目的是显而易见的。日人企图截断由南方到察哈尔之要冲孔道，以便轻易地镇压察哈尔之起义，并且企图以察哈尔为根据地来继续进攻绥远。日本军阀企图消灭南京政府在中国北方日趋坚固的势力，强迫中国北方当局接受日本要求，而使南京政府在"已成事实"的前面无可奈何。

卢沟桥事件是日本近卫新政府登台后第一个严重的冲突。很明显的，卢沟桥的挑衅是日本对华"新"政策之直接的结果，而这个"新"政策则建基于著名的广田三大"原则"之上。据上海报纸，广田政策如下：（一）在中国北方实行经济合作，（二）援助河北与察哈尔之亲日的政治组织，（三）南京承认日本在中国北方之"特殊地位"。换言之，日本新内阁的政策明显的是暂时不触动中国中部与南部的局势而加紧对中国北方的压迫以便尽量巩固它在该地的势力。

日本帝国主义认为，巩固它在中国北方的地位而实行进一步的深入不只在"胜利的发展"中日关系上，而且在"胜利的发展"英日关系上都是必要的。无疑问的，日本与英国之谈判开始已起了作用而成为挑衅的推动力之一。据东京的意见，挑衅之胜利的结局，不仅巩固日本在中国北方的地位，而且坚固日本与英国谈判——即日本帝国主义提议瓜分中国的计划——的地位。

由于对日的抵抗，纠纷得以暂时清除，而这个抵抗正反映中国反日情绪之高涨与中国人民反对日本侵略之决心。

但是，如果有人认为日本军阀就会安静下去，自甘失败，那就是幼稚的想法。日本军事当局所采取的步骤，特别是集中新的军队于北平一带和卢沟桥，指明新的和更广大的挑衅之可能性。所以中国北方事变是值得严重的和集中的注意的。

巴黎《救国时报》，1937年7月15日

我军复员，日兵未撤，交涉昨已移津办理
张自忠昨返津谒宋委员长，日方继续增兵并积极布置

【南京十四日下午九时发专电】截至十四日晚止，北方局势表面又缓和，日方因我外交部与日使馆间目前无何接触，故有种种揣测。北方当局与日军间之交涉，因张自忠十四日午到津，现亦移津办理。宋哲元态度在其谈话中已显示梗概，但日方已大举调兵，并作种种积极布置，自有其必须达到之目的。今兹迂回曲折，张弛互见，乃一方对我缓兵之计，一方则为利用时间，完成其军事上之布置也。

【牯岭十四日下午九时发专电】据报平郊迄今午尚平静，卢沟桥事件交涉已由平移津，由宋哲元亲自处理，张自忠等与日方亦正进行接洽。

【北平电话】官方消息：一、卢沟桥方面大瓦窑、大井村、五里店一带日军，自十三日下午起渐有陆续撤退模样，但军事布置尚未完全撤除。二、丰台附近现驻有由通州及关外开来之日军，据调查现已有一旅以上，计步兵两团，约近四千人，机枪约百余挺，重炮八门，重战车四辆，轻战车八辆。三、平市右安门外西南角张户营及永定门外大红门北方十里店，十四日晨一时至二时间，均发现少数日兵。是时平市所闻炮声，即由该两处传来，真相不明，现在调查中。

【北平电话】日军约六七百人，由津乘车一列开丰台，于十四日下午九时过杨村、落垡时，当与我该地驻军冲突，故平津各次夜车均停驶。

【北平电话】官方公布：（一）十四日晨日军千余，随有骑兵百余，由津向通州方面开去。（二）十四日下午一时许，右安门外忽发现日方坦克车两辆，车上兵士共十六人，频以步枪向城上射击，经我城上守兵劝止不从。双方冲突约半小时，该两车始向丰台退去。（三）十四日下午六时许，距南苑南七八里之团河附近，发现日骑兵十余向我防地侦察，嗣即鸣枪冲进，我不得已加以抵御。双方射击不久，该日兵等即退。（四）日军飞机一架十四日晨十时降落平市南郊，强迫人民割除稻禾，建筑飞机场工作。

昨北平近郊尚有小冲突

【中央社南京十四日电】此间十四日下午三时接平方电告：（一）路局消息，津市附近十三、十四两日共到日兵车十二列。（二）平郊十四日晨有日兵四百余名，乘载重汽车

三十二辆，附带弹药车十一辆及敞篷卡车十辆，向永定门外二郎庙、丰台方面输送。（三）通县运来日兵百余名，分乘载重汽车六辆，十四日晨十时抵达大红门，欲通过该地，经我军拦阻，稍有冲突。其中载有弹药之一辆，因误撞路旁大树，当被爆炸。（四）昌平方面开到日军一营。（五）宛平县城与卢沟桥仍由我军固守，大井村大小屯之日军向东水贯头集中，五里店、大瓦窑日军正构筑阵地。

【北平电话】十四日下午五时有日骑兵二百余人，由丰台经南苑南面团河向南苑二十九军军部进攻，我军当即迎头痛击，日骑兵旋即退走，双方互有伤亡。

【保定电话】昨日前方战况沉寂，官方对境内汉奸，决予肃清。平汉沿线连日捕获颇多，昨日在长辛店捕获五名，内有胡斌者，曾任平汉路警，昨午已就地正法。

交涉进行中，现仍无结果

【本市消息】卢沟桥事件爆发后，在平由张允荣、陈觉生等与日方往返折冲，曾有所决定，嗣以日军迄未撤退，适冀察政委会委员长宋哲元由籍返津，交涉中心遂移天津。陈觉生连日与日方接洽，甚为忙碌。现在日方负责交涉者为桥本、和知等。另悉陈觉生斡旋目的，仍在停战、撤兵两点。

【本市消息】津市长张自忠昨日下午二时三十分由平乘专车返津，下车后即赴市府休息，召见秘书长马彦翀、警察局长李文田，垂询政务，旋赴进德社谒宋委员长报告与日方交涉经过。据张对记者谈，卢沟桥事件仍可望和平解决，我军已复员至八日以前状态，日军则尚未尽撤退。总之，我方决避免事态扩大云云。

【北平电话】日大使馆参事官加藤及武官今井十四日下午五时赴市府访晤市长秦德纯，有所谈商。

日方仍增援，朝鲜军出动

【本市消息】日军向津增兵，仍未停止。十四日晚九时三十分，由榆关开来一列，有日兵二三百名，坦克车二十辆，高射炮及重炮十门，军用品四车，停津东站。自十二日迄昨日止之三日间，东站已停日军用车十六列之多，南满路一部员工仍在东站第一候车室办事。入晚日军布防，禁人出入，并派人在调车处及电报电话室监视，北宁路局亦无法制止，车站附近情势严重。晚十一时许又有一列车开入，人数、军用品不详。到津之日军先后已达四千人，除一部开赴丰台外，其余分驻东局子、海光寺兵营及东车站内。昨晨三时千余人徒步开赴丰台；下午九时许，又有一部五百余由海光寺出发，经东马路、金钢桥赴平津路；旋又有一部千余名开出，有给养汽油车七十四辆，载重大汽车两辆，机枪五十四架，钢炮二十四门，骑兵三十余名，普通汽车五辆，亦沿东马路河北由公路开赴丰台。昨日下午四时许，日军用大汽车四辆，由丰台来津，内运有伤兵十余人。

【本市消息】据榆关传来消息，日军连日络绎入关，军用品数量极巨。十四日又有七列车由东开到榆关，即分次向津开动。榆关以西沿线各站，驻有多数日军。

【中央社南京十四日电】据确息，朝鲜军近在京畿道征集在乡军人万人补充部队，京城方面医学生数百、邮务员四十、汽车夫三百、日鲜民夫二千。大汽车征发殆尽，准备出动。铁路集中车辆，十二日起供给军运。又闻日军连日扣留商轮达十四艘，供给军用。大阪因装运军械，不准外轮靠近码头，川崎职工多被征调。

【中央社东京十四日路透电】杨云竹代办奉中国政府训令，向日外务省提抗议，要求撤退卢沟桥一带日军，并立即停止遣派军队前往华北。

【中央社南京十四日电】据确息，日本作战准备已由本国推扩至朝鲜及我东北各地，闻朝鲜守备军一部分及在乡军人数百名均已先后出动，安东、沈阳各地亦已实行防空戒备，军需用品连日运输极忙，空气甚为紧张，一若大战之将临。

天津《大公报》，1937年7月15日

日本扩大作战准备，我决不惜最后牺牲
平郊一带战事时作时辍，英美法三国进行调解中

【南京十四日中央社电】据确息，日本作战准备，已由本国推广至朝鲜及我东北各地。闻朝鲜新义军守备军一部分，及在乡军人数百名，均已先后出动，安东、沈阳各地，亦已实行防空戒备，军需用品连日运输极忙，空气甚为紧张，一若大战之将临云。

【南京十四日下午十一时本报专电】外交界息，某要员谈，我国始终以和平为主旨，如日方有诚意将军队如约撤退，自可实现。总之，和平有一定限度，如有丧权辱国之只字条件附入自不能容许，亦不惜最后牺牲。

【南京十四日下午十一时本报专电】此间外国使馆方面接伦敦消息，英外相已照会美法，主张由三国共同调停中日战争，美法已表示赞成，方式在协商中。国际间对北平冲突，认为足以酿成世界大战导火线，亦为欧洲之威胁，故外交界多主采积极态度。伦敦、华盛顿、纽约各大报驻京访员，终日出入外部采访消息，对中国政府镇静坚定态度，异常重视。中美无线电话通话时间，几皆为报告新闻所占去。美使馆秘书艾其森四时半访李迪俊，探询北平和战局势，谈半小时，返馆后，立以电报向美大使詹森报告。

昨晚续有冲突

【北平电话】昨夜十时半，平市南郊之郭公庄，突有由通州开来之日军二百名，附炮六门；又关厢附近之侯庄，亦有一部。郭公庄距永定门仅四五里，距大红门仅八九里，我方当加戒备。该处入夜有断续枪声。另有日军约二百余名，于下午五时由丰开抵羊坊村，

企图进扰西红门及团河两处。比与我军相遇，日军以骑兵掩护进攻，双方激战约半小时，始被我军击退。其在大井村之日军，尚无撤退模样，昨夜该部向卢沟桥发炮两响，并不以步枪向我射击，窥其意向，似在表示其自身之实有警戒。

【北平电话】一、据官方公布，十四日晨有日军千余人附骑兵百余名，由天津开赴通县。二、十四日下午一时，右安门发现日军之载重车及坦克车两辆，并有日军十六人，向城上之守兵射击，经我方劝阻无效，双方发生冲突，但卒被我军击退。三、下午六时，南苑以南七八里之团河地点，发现少数日军，双方又起冲突，日军旋即退去。四、十三日大红门一役，当日兵向我进攻时，顷据日方自称，是役有十二名突行失踪。本区调查，此项日兵已逃往通县。

【南京十四日中央社电】关系方面顷接平电，平市近郊自十三日晚至十四日晨，均甚沉寂，惟十四日晨有大批日机飞至平市上空侦察。天津续由关外开到日军甚多。

【北平电话】十四日下午五时，有日骑兵二百余人，由丰台经南苑南面团河向南苑二十九军军部进攻。我军当即迎头痛击，日骑兵旋即退走，双方互有伤亡。

【南京十四日中央社电】此间十四日下午三时，接平方电告：一、路局消息，津市附近十三、十四两日共到日兵车十二列。二、平郊十四日晨，有日兵四百余名，乘载重汽车三十二辆，附带弹药车十一辆及敞篷卡车十辆，向永定门外二郎庙丰台方面运动。三、通县运来日兵百余名，分乘载重汽车六辆，于十四日晨十时抵达大红门，欲通过该地，经我军拦阻，稍有冲突。其中载有弹药之一辆，因误撞路旁大树当被爆炸。四、昌平方面开到日军一营。五、宛平县城与卢沟桥，仍由我军固守，大井村大小屯之日军，向东水贯头集中，五里店、大瓦窑日军，正构筑阵地。

【北平电话】官方昨午公布消息：一、卢沟桥方面，大瓦窑、大井村、二里塘一带，日军自十三日下午起，渐有陆续撤退模样，但军事布置尚未完全撤除。二、丰台附近，现有通州及关外开来之日军。据调查，现已有一旅以上，及步兵二团约计四千人，机枪约百余挺，重炮八门，重战车四辆，轻战车八辆。三、平市右安门外、西南角、张户营及永定门外，大红门北方十里店，十四日一时至二时间，均发现少数日军。此时平市所闻枪声，均该两处传来，真相不明，现正调查中。

【本市消息】昨晨一时，有日军飞机一架，飞行本市上空，黎明四时二十分，复发现一架，盘旋本市。下午三时，有编队飞机三架，重复发现，旋向西南飞去。下午五时，又有一架经过本市上空云。

【北平电话】昨晨七时有日军飞机一架飞平侦察，七时四十分，又有一架向南苑一带飞翔侦察。八时十分有编队之三架，经平市上空，飞赴南苑，转回丰台。本日右安门外造甲村西康庄,于上午八时降落飞机一架,内有日兵六人,下机后即向当地之农民交涉租地。当由孙广辰名下租得七十亩,宋侨兴名下租得六十亩,并自七月十四日起至十二月三十日止为有效期间,每亩租价十元,即建筑飞机场,昨日已开始铺平云。

【北平电话】驻丰台宪兵赵义夫,及电话局话员一人,昨夜被日军捕去,其原因闻为日军昨夜欲叫电话,该处开门迟缓,并加以劝阻之故云。

【北平电话】十四日下午十一时至十二时,永定门迤西药岗子地方,有日军十人驾载重车、坦克车各一辆,拟向永定门前开,当被我军阻止。日军开枪,我亦还击,日军旋即退去。

【北平电话】通县日军十四日开始在通县西门外三间房迤南地方埋设地雷多座,上敷树枝并布置妨碍。同时集中通县之战区保安队千余人,及一部日军,十四日在八里桥一带布防并作工事。

【北平电话】昨晨八时有日机两架,飞至北平丰台、南苑一带侦察,十时又来一架。正午有一架飞至平市上空侦察,旋即飞去。

【本市消息】传北宁路杨村、落垡间,日军将我驻军包围,致双方发生冲突,顷向此间官方探询,未能证实。

日方源源增兵

【上海十四日下午九时本报专电】据悉,日国内调华三师团,第五师十三日已抵鲜南,定十五日晚到津,共一万五千余人,第二批亦候命待发。闻五师团长坂垣今飞津,晤香月司令,部署一切。传矶谷将奉命来华指挥,大战势急。

【北平电话】此间除各城门半闭,一切俱入常态。日机四架,十四日晨七时及九时两度飞平侦察,飞行甚低,均系轰炸机。东车站交通完全恢复,但日本增兵仍继续西开,丰台方面已集中约万人,沿平通大道西至丰台,运输络绎,丰台人民逃避一空。据观察家观察,日军系取包围北平之势,俟准备完成,即以强力对我压迫。

【南京十四日中央社电】据确息,朝鲜军近在京畿道征集在乡军人万人,补充部队,京城方面医学生数百、邮务员四十、汽车夫三百、日鲜民夫二千,大汽车征发殆尽,准备出动。铁路集中车辆,十二日起供给军运。又闻日军连日扣留商轮达十四艘供给军用,大阪因装运军械,不准外轮靠近码头,川崎职工多被征调。又传日对俄有已开火一星期之说。

【上海十四日中央社电】日海军陆战队十四日晨七时至九时,分段在狄思威路、施高塔路、平凉路、兰路等处,演习巷战。

【本市消息】日兵车一列共九节,装载汽车二辆,其余均为汽油,为数甚多,十四日晚七时二十分,由士兵五十六人押运赴丰台。十四日,津东、总两站日兵仍在严加戒备,注意站内行人。日方派交通队六人,十四日午后已强行到北宁路局车务处调动股司日兵车调遣事务。又据闻日兵在分布于北宁沿线各站,唐山、塘沽各站,并有便衣路警三人,竟被日兵拘捕。

【本市消息】日军入关人数,闻已达三千余人,其中有自朝鲜开来之第十师团川口所部,及由该国国内开来之第五师团坂垣所部。昨日上午十一时,又有日军三十余名,至西沽津浦铁桥,对平津汽车路之交通,似在加以保护。下午四时,日军用载重汽车四辆,满载军需品,由津开出,经平津汽车路向丰台出发云。

【青岛十四日下午十时本报专电】十四日午后五时日驱逐舰两艘抵青,士兵纷纷登陆购物,晚仍回舰。

【南京十四日下午九时本报专电】据报,截至今晚止,进关日军共有十二列车,丰台昨晚共到五列车,均已分配各线,并有千余人今午到宛平附近。今晨榆关有日飞机百余架演习。

谈判微有进展

【本市消息】此间中日双方,十四日仍继续谈判,陈觉生、邓哲熙,与日驻屯军参谋长桥本群,参谋和知、冢田等,随时接洽。关系方面对卢沟桥事件认为和平曙光尚存,但对日方何时撤兵,则无法作断言。总之,今日前方情势虽渐趋缓和,但全局之解决,似系有待于双方之继续折冲也。陈觉生十四日午四时,谒宋报告与日方接洽情形,并有所请示,当晚仍将与日驻屯军参谋冢田等会晤。张自忠十四日午抵津后,邓哲熙往访,交换意见,张允荣十四日亦来津,当晚张等谒宋报告平市情形并请示一切。据闻,我方对和平仍愿尽最大之努力,而结果如何,则关键在日方是否欲事态之扩大。十四日此间盛传平郊仍有战事,但据返津之张自忠称,平市十四日渐趋平静,南苑亦无事云。

【本市消息】记者昨晤及北宁局长陈觉生氏,询以目前之双方局势,陈称已见缓和,惟善后交涉前途如何,尚不可知,但对方如令我方再签类似之塘沽协定,自亦唯有予以拒绝。

【本市消息】时局形势,至昨午止,表面已趋缓和,因之和平解决空气又复浓厚,但前途能否解决,固未容完全乐观。目前可信者,厥为和平解决之希望,至昨日为止,并未断绝,而交涉重心,确已由平移津。连日在津之奔走人员,如陈觉生、马彦翀、李文田诸氏,或直接折冲,或从旁协助,颇有几度接洽,对方之负责奔走人员,为桥本、和知诸氏。至双方在津之最高领袖,目前并未晤面。在平折冲之齐燮元及张自忠两氏,昨日上午十二时及下午二时半,先后由平抵津。张自事变以前由津赴平,突逢巨变,原早拟返津,不料以饮食不慎,致罹重痢,几经调治,始行痊愈,乃特于昨日专车返津。据张氏对人表示,和平交涉,并未绝望,外传南苑方面之谣言,张氏并加以否认云。

【南京十四日下午十一时本报专电】北平战事虽时停时作，和平在折冲中，但统观全局，因日方对和平尚乏确切诚意，仍难乐观。外交部与日使馆及我驻日使馆与日外务省，虽未放弃和平交涉之接触，但收效不多。

【北平电话】北平市长秦德纯，昨特令警察局长陈继淹及戒严司令部，负责保护各国侨民。又日前津市日文报载，我方已接受日方之要求，并已签字之说，秦氏昨已负责声明绝无其事。同日，加藤及今井同赴市府访晤秦市长，就和平解决之途径，有所商谈。

孔祥熙在美发表卢沟桥事件重要性

吾人仍亟愿与日本维持友好，但不能再忍受日军强占行为

【纽约十三日中央社电】孔祥熙因国内时局关系，拟提早归国，今晨曾与郭泰祺用长途电话会谈，午刻赴信托公司人员之宴会，旋接见纽约记者，发表关于中日情势之谈话，略谓：日军在卢沟桥附近演习，显系一种预定计划，图完成确定之目标，中国对日本所持之极端忍耐政策，已数年于兹，此际竟发生此种有严重后果之事件，诚属遗憾。本人诚挚希望与各邻邦保持和平友好关系。敝国人民近七月以来，渐信日本已有较具理性之人物当政，其结果或能使狂热分子稍具戒心。盖引起中日两国间之纠纷，即系彼狂热分子也。日本前阁如藏相结城、外相佐藤、驻华大使川越等，均曾表示两国亲善对两国大有裨益之意见，现首相近卫，亦曾表示希望中日为远东和平计，应相互合作。惟不幸日本军人，现仍如往昔以彼等手创之事件，破坏中日之和平。吾人应知卢沟桥位处平汉铁路，彼处日本无遣兵举行实弹或假演习之权，当日军于晚间在该处演习时，彼等显系遵照其预定之计划，以完成其确定之目标。吾人翻阅地图，即可了然丰台及卢沟桥地带，一方面可以控制北平及其南方之交通，另一方面又可控制北平与华中之联络，日本军人之目标在此，已了若指掌矣。是故余希望无人误信日本宣传机关在世界各处所作之宣传。中国固希望与日维持友好关系，但不能再屈服与忍受日军在华北继续援用侵略政策强力占领中国之土地。中国政府已被迫采取防御方策，掀起冲突之日军，应负此种后果之责任。眼光远大之观察家，必同意余之见解，即日军所造成之华北异状，不仅为中日两国政府之烦恼问题，且亦为世界和平之危机，又不只损害两国之关系，且亦将破坏各关系国之利益。星星之火，足以燎原，此种局势，必须改变也。吾人仍不愿放弃和平，希望日本明达之士，鼓其勇气，以公理战胜强权，而制止军事当局之继续不断纵容在各处之挑衅行为。在敝国方面，如和平与敝国主权不相违背时，仍亟愿与日本保持和平，但若唯有自卫，始能保障敝国领土之完整时，吾人决当不惜牺牲以自卫也。

天津《益世报》，1937年7月15日

张自忠返津

【天津十四日下午五时发专电】张自忠十四日午后二时半专车返津。据谈，卢变可望和平解决，仍视日军有无诚意。我军已复员，日军则未尽撤退。张认此事为中日间整个问题。

【中央社北平十四日电】张自忠十四日午十二时半乘专车赴津，谒宋哲元请示要公。又孙殿英十四日晨亦赴津公干。

上海《大公报》，1937年7月15日

宋在津商谈

【牯岭十四日下午九时发专电】据报，平郊迄今午尚平静，卢沟桥案交涉已由平移津，由宋哲元亲自处理，张自忠等与日接洽亦正进行。

【南京十四日下午九时发专电】截至十四日晚八时止，北方局势表面又缓和，日方因我外部与日使馆间目前无任何接触，故有种种揣测。北方当局与日军间之交涉，因张自忠十四日午到津，现亦移津办理。宋哲元态度，在其谈话中已显示梗概，但日方既已大举调兵，并作种种积极布置，自有其必求达到之目的。今兹迂回曲折，张弛互见，乃一方对我缓兵之计，一方则为利用时间，完成其军事上之布置也。

【中央社天津十四日电】此间中日双方十四日仍继续谈判，陈觉生、邓哲熙与日驻屯军参谋长桥本群，参谋和知、冢田等随时接洽。关系方面对卢沟桥事件认为和平曙光尚存，但对日方何时撤兵，则无法作断定的断言。总之，今日前方情势渐趋缓和，但全局之解决，似仍有待于双方之继续折冲也。陈觉生十四日下午四时谒宋哲元，报告与日方接洽情形，并有新请示，当晚仍将与日驻屯军参谋冢田等会晤。张自忠十四日午抵津后，邓哲熙往访，交换意见。张允荣十四日亦来津。当晚张等谒宋，报告平市情形，并请示一切。据闻我方对和平仍愿尽最大之努力，而结果如何，则关键在日方是否欲事态之扩大。十四日此间盛传平郊仍有战事，但据返津之张自忠称，平市十四日渐趋平静，南苑亦无事云。

上海《大公报》，1937年7月15日

卢沟桥事变前后之种种

日军在卢沟桥借端启衅，距今已一星期矣。此事之起因及连日交涉之经过，有外间尚未完全明了者，爰特追述于次：

日本在冀察、平津将有所行动，此为早已料到之事，旬日以来，谣言不断，盖日方酝酿新事变已非一日也。自三中全会以后，冀察当局对中央之关系，日见密切，如征收所得税之实施，国大选举之办理，沧石路因中央之意见不同而延缓修筑，各大中学校学生暑期军训之实行，与宋哲元氏逗留故里之迟不回平等等问题，在在均使日方有所谓"华北中央化"之感觉，故日方无时不欲以软化或威胁之方法，阻止此种趋势。最近平市所发现便衣队之扰乱计划，即某方乘宋不在平，发动军事行动之方法也。幸当局发觉较早，继续逮捕被收买之便衣队多人，严加惩处，此计未能成功，故转而在卢沟桥方面直接行动。此为卢沟桥事件发动原因之一。

为何日方军事行动不发动于他处，而发生于卢沟桥？卢沟桥事件虽与冀察近来之政局有关，但日方在此发动，并非出于偶然，即冀察当局与日方之关系相处至善，日方迟早亦必对卢沟桥有所举动，故吾人不能简单的认为卢沟桥事件为日方威胁冀察当局而临时所采用之一种手段，对卢沟桥本身无所企图也。卢沟桥距北平彰仪门二十五里，东距丰台十里，西为长辛店，相距亦只五里，为平汉路与平大（大名）公路之要孔。旧桥为石桥，建于金代，桥西为永定河，桥东为肥城。此城为一东西门相距仅五六百米之小城，有东西两门，宛平县署于北伐以后由平迁此。平汉路另在石桥东北建一铁桥，石桥在交通上已失去重要性。此地不但为宛平一县之政治中心，而且在交通上有极大的重要性。北宁路与平汉路在丰台与卢沟桥间建联络线，故此地不但握平汉路地段之咽喉，而且对平绥与北宁两路均有重大关系。又因距北平甚近，故其安危直接对北平发生影响。若此地为日方所占领，则日方在丰台之驻军，可免孤立之危险，平汉、北宁、平绥三路均入日方掌握，北平市便与冀南分割而陷于孤立，日本即为所欲为矣。长辛店为平汉北段重要机厂所在地之一，若卢沟桥不守，则长辛店亦难保，故此地对平汉路本身之安危，亦有莫大之关系。就种种方面言之，卢沟桥与丰台同样为我方所必守之地，日方对此地垂涎之切，原因亦正在此。此为卢沟桥事件发生之另一原因。

自前年日方向华北增兵时，借口平市兵营修建未竣，暂借丰台驻兵以后，丰台已入于日方掌握之中。前年九一八丰台事变以后，我在当地驻军撤退，丰台周围五里路以内无我驻军，在当地之宪兵，亦不许携带武器，自此丰台实际上已非我有。至今日方在该地建筑兵营，经营不遗余力，我国主权丧失殆尽。年来日方久已转而注意卢沟桥，日军不断在卢演习，即以该县城为攻击之假想目标，无时不欲借端生事，占领卢城。此次日方发动之理由，为七日晚演习时一兵失踪，此显系捏造之口实。若此兵未死，必不能远走，若已被人击毙，其尸首自不能不在演习地点，今人尸均无，究竟此失踪之兵由何证明应由我方负其责任？日方自称眼见放枪之华兵于放枪以后，逃往卢城，并未明言该兵挟去日兵，亦未言明该兵拖去击毙之日兵尸首，然则失踪之日兵又有何理由应由该华兵负责？况我驻卢军队，因日兵连日不断在卢城外演习，恐生误会，终日均未出城，日方所称之放枪华兵，显系捏造。同时华兵有一人出城，而时在夜间，遍地禾苗，日方又如何能看见此一华兵放枪？更如何能看见此一华兵向城内逃走？日方之理由，可以用常识推翻，任何人均不能置信。

八日上午七时许双方停止攻击以后，日使馆武官今井、天津日本军部参谋和知，即与我当局秦德纯直接进行交涉。交涉之前，秦与冯治安、齐燮元、魏宗瀚、富占魁等曾会商应付办法，一面电中央及宋哲元报告，并请示应付办法，一面即与日方进行交涉。我方交涉原则有三：第一，主张和平；第二，不主事态扩大，希日方即行撤兵，恢复常态；第三，此次事件之责任应由日方负之，一切无理要求，均严加拒绝，对卢城主权，决以全力维护，日方如压迫不已，即作正当防御，实行抵抗。交涉时，日方即首先提出卢沟桥城我驻军一营撤退之要求，我方即严词拒绝，认为日方如不改变此种条件，即不必再谈；日方亦表示若我方不承认此项要求，即取武力行动，我方未为所屈。至十一时谈判毫无结果，交涉乃告决裂，日方乃向卢增兵，我方亦即作万一之准备，一面准备死守卢城。冯治安令驻该城所部团长吉星文与营长金振中死守该城，冯语吉等："这个城就是你们死后的义地，你们必须具与城同存亡之决心，不能退让一步！"同时秦德纯亦令县长王冷斋与驻军共同准备殉城。城内驻军仅一营，归长辛店所驻吉星文一团节制。官兵与王等得令后，极为兴奋，即严密布防，东西城门掩闭，门内堆满沙袋，准备死守。平市治安当局亦极为注意，当晚即成立戒严司令部，由冯治安任司令，陈继淹、邵文凯任副司令。关闭城门，各机关各主要街衢，均堆沙袋，以防事变。当晚八时半起戒严，因此治安极为巩固，便衣队无计可施，日方所预料之"大混乱"，并未实现。

八日上午十一时交涉决裂以后，日方亦调动军队，由山海关运兵一列车至丰台，由北平运往坦克车等三十余辆，由通县运兵三百余名，至朝阳门外欲入平市，时该门已掩，未能入城。日方称此系昨日出城演习之军队，坚待入城，我当局谓："我们知道你们昨天并未出城演习，不能欺人，应有信义。"日军不得已乃转道赴丰。该地集中日军不下两千，日方另召集朝鲜浪人若干，以一部运往丰台，令着日军军衣，驻守该地，以便调所有日兵赴卢作战，以另一部散布平市，准备暴动。日本飞机八日午亦由津飞卢侦察。平日本大使馆与兵营门首均布电网，堆沙袋，如临大敌，其紧张情形，在各方面均有表现。但日方本心并无扩大之意，其目的仅在卢城一地，至此见我当局态度镇静，积极准备，但又不挑衅，又自行转圜。今井与和知于决裂后，又访秦德纯等，表示不愿扩大，但仍不忘撤我卢城驻军之要求。秦拒绝谈判。至八日晚六时许，今井等又访秦，表示和平之意。秦当询今井等两点：第一，此次事件，日方之目的在卢沟桥一地？抑为对全部华北或全中国发动开始？今等答：此事系偶然发生，只限于卢沟桥一地，决不扩大。第二，日方目的是否欲我卢城驻军撤去，由日军占领？今井答决无此意。秦乃谓，我们东亚素主礼义，若尔等所言系出于肺腑，能守信义，自易商谈，但我军撤离卢城，决不可能。为维持和平，表示我方诚意起见，撤退城内一部分驻军，留一部分驻军，尚可商谈。至七时，今井等辞去，表示向天津军部请示后，再行答复。时卢城内尚留有我代表林耕宇、周永业、王冷斋，与日代表寺平、樱井等，听候平市商定一切。该代表等出入卢城，均系由墙以绳吊上吊下。当夜今井等得其军部指示后，又往与我方交涉数次，至九日上午二时许，始行商得头绪。至四时许，第一步和平办法完全决定，即双方同时停止射击。天明时日军撤回丰台原防，此一中队日兵以后不得再在卢城附近演习，当另派他队代替。城内我军亦行调防，另派冀北保安司令部石友三部保安队接防。其他善后问题，继续协商。是夜交涉经过及得到此种解决办法所经之曲折，尚不明了，此外有无商定，亦未探悉。据当局声明，撤兵后一切尚待详商，以前一切均系双方口头商定，并无任何条件及文字规定。

双方商定和平办法后，九日上午六时即派代表前往监视换防撤兵事宜，日代表为中岛、樱井、笠井三顾问，我代表为周永业、周思靖、林耕宇，同时石友三亲率所部冀北保安队一百二十余名，出城前往接防。石出城后不远，即行回城，由队长贾朝毅率领部队，行抵大井村西日本岗位时，因事先未能普遍通知，日军疑为我增援兵，即开枪射击。我保安队猝不及防，班长李万杰、张世俭，队长祁彬卿、袁去田等负伤，队兵程步云阵亡。该队当即下汽车散开，但未还击。旋周思靖驰往日方阻止。因射击正密，周急将白绸袣之后襟撕下，作为白旗，驰入弹雨中，日军始停止射击。经与在卢沟桥车站设立旅团司令部之河边旅团长接洽后，始允该队前行。同时日军向宛平城东五里店撤退，城内我军向永定河西岸撤退。下午四时保安队入城接防，樱井等与王冷斋对事件解决互致庆祝之意，并向保安队训话，令即分配防务。

讵日方于我保安队接防后，又于十日上午二时半，突发生二百余日兵向我永定河西岸回龙庙（与县城只隔一河，相距一里许）驻军（即九日下午由兴城撤退之金营）开枪炮射击达半小时之事变。各方即感觉形势有恶化之可能。然当局仍欲努力转圜，希望此艰难缔造之和局不至中断。至十日下午三时许，事实已证明此种希望甚少矣。九日之和平方案，我当局为见信于友邦，为使和局迅速实现，委曲求全，一再让步。如撤退正式陆军，限制接防保安队之数目为一百五十名，只携步枪手枪，不带重武器，每队兵仅带子弹数十粒。此与所谓"非武装区"何异？在日方已为最大之胜利，然仍不能满足日方之欲望。

十日晨二时半，未撤日军忽向西射击，宛平县长王冷斋即邀留城内之日本顾问（察省政府顾问，临时来平，参加交涉），询其用意何在？据称因河西二十九军开枪东射日军，故日军不能不予还击。经详释后，射击始停。事后王氏调查，知我军与保定队均未放枪，日方显系捏造事实，别有企图。王氏知事不妙，十日晨八时即偕中岛来平，报告当局，请示办法。当局为完成其和平愿望，拟诚恳与日方交涉，迅速撤去未撤之兵，免再生枝节。不料正在进行交涉，忽闻通县、天津日军向丰台集中；丰台日军六百复开宛平附近，并携附山炮二十余门；辽宁亦有万余日军入关等等消息。至此当局始悉日方之态度已转趋强硬矣。

当局终日会商时局，至晚未已，对和局仍拟作最大努力，但与日方交涉终难得要领。天津日军部参谋长桥本群九日下午九时来平，与日方人员会晤，始终不与我当局见面，此中便大有文章。闻桥本此来，即系传达津日军部转趋强硬之新态度。我当局至此亦知交涉难得结果，至十日初夜，交涉已陷于僵局矣。然从根本上看来，日方九日所表示之和平态度，完全系一种圈套，其强硬态度始终未变，今后恐仍有新要求继续提出，故所谓"转趋强硬"云云，乃极不通之论调也。

十日下午三时，日军已由五里村〔店〕占领大井村一带（距宛平五六里，距平彰仪门约十三里），检查行人，断绝平宛间公路交通。同时平宛电话亦断。当局知情势恶化，乃加紧戒备，多数城门三时起均关闭，街弄增堆沙袋。宣武门内掘掩护壕，到处增加军警岗位。北宁铁路之北平、丰台间拆两段路轨，停止售票。情形紧张，无以复加。闻下午一时平西郊石景山附近，曾发现武装日军与便衣队共百余人，市内闻之，更形紧张。

记者十日晨七时再度赴宛平视察，与同业数人，行至卢丰间平汉路支线之涵洞以东时，见二百余日兵之营幕，附近高地均支大炮，布岗位，检查行人。记者等投刺说明后，始允通过涵洞。其他行人，均被阻止，不许往来。过涵洞以后，宛平县城在望。城上树一白旗，大约为休战之一种表示罢！行近东门时，见城、墙城门被日军炮弹击毁处甚多。城门外之茅屋，记者前往时尚有卖茶老翁，现已被炮击平矣。时东门未开，城上之冀北保安队兵，指示记者绕道赴西门入城。第一次记者来时，城上守兵为穿灰军衣之二十九军；相隔不及两日，又变为穿着黄衣之保安队。虽同为中国军人，然此中沧桑诚令人有无限感慨也！记者等行经战场，见禾苗尽被践踏，间遇死尸横陈，有老妪，有兵士，惟数目不多。至西门时，有冀北保安队、宛平保安队、宛平警察，共二十余人守卫。经过说明后入城。城内商店均未开市，人民逃出城者颇多。城内落炮弹不下百数十枚，房屋被毁者甚多，县政府内损失尤大。因县府门前有一旗杆，日炮兵即以此为目标发炮，每弹均命中，故临时将旗杆截断。城内人民死伤之数目，迄不明了。据县当局称正在调查之中。八日下午，日军曾限县政府于晚六时前，令全城军民出城，否则炮攻。六时以前两分钟，王冷斋等与日顾问樱井尚在县府大客厅商洽答复日军通牒问题，因其时平宛电话已断，不能请示，王亦无主张，会商无结果。时有人谓六时将到，恐日军发炮，主张避开县府，王等乃离府他往。走后两分钟，炮弹已下，王等仅以身免。据当时目见者谈，炮声极大，弹落地时，墙上所悬时钟之短针被震，由六点走至八点，树亦有被震倒者。满街都是弹壳，记者在县府门前曾捡获一壳携回，留作国耻纪念。

据当地人云，战事以八日晚间为最烈。是夜十一时许，日军二百余人由永定河东岸向河西进攻，抢夺卢沟桥。桥西我金营一排当时全军覆没。县城西门城上守城之某连长眼见日军前进，我援军不继，气愤不堪，不待命令，即派一排兵士出西门往援。该排兵士丢掉步枪，持大刀、手榴弹黑地里偷偷前进，行近日兵时，举刀砍杀，声震四野。日兵猝不及防，死三十余人。该排兵士中有一十九岁青年，连砍日兵十三人，并生擒一人，该日兵跪地求饶，亦被砍杀。旋又有援军一连，由某处开到，将过桥日军所余百余人全数歼灭，夺回全桥。在卢沟桥车站指挥日军之河边旅长，几被我生擒。至九日晨三时战事方完。此连士兵亦死伤四分之三，仅有一排生还，悲壮忠烈，实所罕见，即日军指挥官见之亦为之咋舌！

八日至九日两日间，双方死伤均为二百余人。就军器言，日军死伤应少于我军，今竟死伤相等，可见我士气确极旺盛也。九日至十日，双方搜寻尸身。我方兵士死尸，迄十日上午已获六十余具，均裹以芦席，其状甚惨。伤兵约百三十余人，均在长辛店治疗。人民死尸在城外共发现七八具，有男有女，有老有少，其中有孤寡无人认尸，已生臭味。此类国民，不能在全国抗战中为国牺牲，而因误伤而死，诚可惜也！记者等一行于九时许回平，路经大井村时，日兵已在此布岗，至下午三时，该村即完全被日兵不战而占矣！

卢沟桥事变于九日商妥后，日方中途背约，十日下午又增兵进攻。我方驻永定河以西龙王庙之二十九军，作自卫之抗战，战事亦相当激烈。下午五时左右，日军由五里店前进，先以炮队掩护一中队（百余人）攻卢沟桥，被我军迎头痛击，日军死伤殆尽，生还者仅有数人。至夜间九时许，日军又派一大队（约五六百人）附坦克车一联队（四辆），山炮数门，小钢炮十余门，继续猛扑，屡进屡退，战况极为激烈。然日军始终未能越过永定河一步，最后且不支而后退。我军曾欲渡河东追击，因长官阻止作罢，日军始能安然退去。此役伤亡在一百五十名左右，我军亦有相当损失，惟较日军为少。我军所获之战利品，有钢炮二门，载重汽车四辆。日军败退以后，因河东无我驻军，占我宛平县城西北三里许之佟王庄，与城东北五里村〔店〕、大井等处，联成一线。大井村距平市西便门仅十余里，日军在此截断平宛公路，检查行人，并割断平宛电话。

十一日上午十一时许，天津日军部参谋长桥本群访秦德纯，表示和平之意。桥本来平多日，不与我当局见面，今忽来访，问题自有转机。至下午一时陈觉生由津到平，与日方交涉,形势渐趋好转。下午四时,中日当局会晤于秦宅,参加者我方为秦德纯、陈觉生、魏宗瀚等,日方为桥本、今井等。双方首先即以口头约定,即时停战撤兵、和平解决之原则。当即派林耕宇、周思靖等,日顾问中岛、樱井等为撤兵监视员,赴前方监视立刻撤兵。我军仍驻永定河以西,宛平县城仍由保安队驻守,日兵由卢撤丰台,再由丰台撤天津、通县等处。四时以后,双方继续会商其他,至七时许完全决定,和平至此完成。当局即发表公报,宣布和平。据称此次会商中,绝无文字规定及任何条件,会后发表公报。仅一小时,市内又闻枪炮声,至十二日上午一时尚未息。一般人均怀疑日方又生变故,当局亦表示不明白日方放枪用意。自八日以来,我军在战事中共生俘日兵二百余名,十一日晚已由我方送往丰台,交于日方。

上海《新闻报》,1937年7月15日

在卢沟桥英勇抗战的二十九军光荣传统

日寇军于七月八日晨突向我卢沟桥驻军猛攻,我二十九军三十七师以寸土不让人的精神,坚守平津屏障的卢沟桥,对日寇的深夜袭击,喋血抗战,屡获胜利。使器械犀利而兵额众多的日寇军队,在苦战数日后,仍未能越雷池一步。这是何等使国人兴奋,使国人增加杀敌救亡的勇气的事件!凡是不甘做亡国奴的中国人民,凡是中华民族的子孙,都莫不祝贺,护拥二十九军士兵将校这回保土卫国的英勇的壮举。

二十九军这次之能奋起抗日,当非偶然,而是由于该军自有其一贯的抗日光荣传统,就是在近数年来南京政府退让忍辱误国政策的高压之下,他们的爱国热血始终是在沸腾着,不断的表现了许多可歌可泣的壮烈行动。

原来二十九军是冯玉祥先生的旧部,远在“五四”时,他们已领受过国人抗日运动高潮的洗礼。在民国十五年反对日寇炮击大沽时,该军在天津战线上曾与日寇大炮相“酬答”。民国二十二年日寇犯榆关、热河之役,该军歼敌于喜峰口、罗文峪,其战绩之伟,直可与十九路军的淞沪抗战相比拟。例如三月十一日该军夜袭敌营之役,共夺获日军野炮十八尊;三月十日晨,该军大刀队与日军坦克车相搏击,给寇方以重创。该军喜峰口两路夜袭敌营时,曾俘获日军坦克车至十架;罗文峪的战役,该军亦掳获战利品无数。最后虽以无援撤退,但当时抗战之英勇,仍是不可磨灭的。自“何梅协定”成立之后,二十九军即处于国防最前线,该军同人之爱国热忱,得人民的救亡高潮的灌溉,更普遍而深入。去年一月七日晚,北平学生在固安城下向二十九军士兵演讲,据当时的报告云:“宣传员开始向守城的士兵演讲,讲演了二十九军过去在喜峰口抗战的光荣历史,指出他们……应该掉过枪头为民族国家而战……兵士听了都感动得垂下头去。”二十九军军官出身的辛立庄公安局长陈某，"……他不但向察冀政委会的委员证明学生的宣传，确无反动；并且还登台对民众演讲，一致救国……竟至泪下"（见《大众生活》第一卷第十二期）。爱国思想在二十九军内日益开展的状况，由此可见一般。当时日寇睹此情况，曾向冀察当局提出，要假扩编为名，分散隔离抗日的士兵及将校；旋又假防共为名，要求枪杀宣传抗日的士兵及司书（即去年五月十二日在天桥枪毙熊绍胡烈士）。日寇以为这样就可以达到完全消灭二十九军中的抗日情绪了。可是在事实上恰恰相反，二十九军士兵将校的抗日精神更见坚决。

去春日寇逼迫冀察当局订立"防共协定"，加深其"以华制华"的阴谋，二十九军的士兵将校象民众的了解一样，深知"防共"就是防抗日，故简直全体一致表示反对。尤其坚决地反对根据"防共协定"让平津给日寇而退到冀南。平津的学生及民众的代表，时至兵营中召集大会演讲抗日，该军将校亦在大会上表示决不退让的抗日态度。师长若冯治安等，面向宋哲元氏痛切劝告，劝其勿再为亲日派政客所误。因此，所谓"防共协定"，以后也就未认真执行。

去年十一月二十九军在固安演习时，欢迎四五百名的抗日学生到那去参观。演习的前夜，二十九军中"一位少将教官给学生讲演演习计划……他就是拟定计划的人。他讲得很清楚。他说：二十九军的精神极好，勇壮耐苦。他还用这次演习与日军的演习作比较，他最后说，二十九军一定能作到你们希望他们的那样的。大家在每一个有力的表示后，都报以热烈的掌声"（见《申报周刊》第一卷第四十六期魏东明的《到固安看二十九军演习记》）。这很足表示二十九军全体士兵将校抗日情绪的高潮。

现在二十九军是开始在发挥他的抗日的传统了，是开始在向国人证明他积蓄已久的爱国的忠勇了。我们应号召全体同胞——国内的和旅居海外的——具体地来协助二十九军抗战；并应督促和策励其最高将领宋哲元，彻底转变对日寇的态度，特别要责成他下决心无情地清洗在冀察政委会内、在军队中及其他地方的日寇奸细，如亲日分子、托洛茨基匪徒等，使无内顾之忧。须知，日寇的奸细，特别是亲日派、汉奸及托洛茨基匪徒，实在是国人和二十九军的心腹之患，冀察今日的危险局面，实在是由这些日寇奸细替日寇作内应所造成。二十九军现在应本亡羊补牢的精神，坚决地将这些汉奸逮捕，并将其余党一齐肃清。同时，南京政府应迅速动员全国人力、兵力、财力，坚决北上抗战，更希望全国军队一致动员起来，与二十九军携手的共同进行抗敌的伟业。因为现在日寇进迫我北方，决不是如日寇所说的"地方事件"，而是灭亡全中国的紧迫步骤。这须得全国人民动员来，共同挽救国家民族的危亡，共同争取抗日胜利的光明前途。

巴黎《救国时报》，1937年7月15日

外交部电驻外使节，以卢事真相告各国
英使访王外长询华北近况，伦敦报纸论中日大局

【南京十五日下午十时发专电】卢沟桥事件，举世关怀，各国当局纷向我驻外使节探询真相，外部十五日特将最近日军向平进攻情况分电顾维钧、郭泰祺、蒋廷黻①、王正廷、程天放各大使，转达各驻在国政府知照。又英大使许阁森十五日下午三时余抵京，四时半访晤王外长宠惠，对卢沟桥事件致友谊关怀之忱，并探询近况，谈约一小时余辞出。德参事官飞师尔十五日午后亦访情报司长李迪俊，详询华北局势。又高宗武以中日外交紧急，定十六日晨由沪返京。

【中央社东京十五日电】今日此间空气似觉略有转变，一般观察家印象，卢沟桥事件之解决，或不甚困难，惟香月清司与宋哲元谈判究涉及何事，则不明了。地方官正会议中，近卫、广田、米内之训词措辞似多含蓄（见另条），现此间甚重视中央军移动。十日来与中国最有关系之钟渊纺织会社股票暴落三十元，昨下午起已回涨七八元，其他股票亦回涨，但当前情势极为复杂，难关甚多，未许乐观。

【东京十五日同盟社电】参谋总长闲院亲王于十五日午前八时半入宫，拜谒日皇，就"华北事变"之经过，有所奏上。

【华盛顿十五日电】熟习外交问题之专家称，罗斯福总统对华北情势已渐注意，并由国务部〔卿〕随时呈报此项消息。美驻华大使詹森对华北局势之发展，极端注意，并报告政府，但对事件之开展，并未说明，然此项报告，即为罗斯福观察之根据。据指陈罗斯福除令国务卿赫尔随时与各国交换意见外，并将考虑是否施用中立法之问题。

【中央社伦敦十四日哈瓦斯电】政府顷接受下院反对派工党党员阿特里之请求，定本月十四日在下院举行关于外交政策之辩论。众信届时工党将提出中日纠纷问题，并主张英、法、美三国应有所行动，以使中日纠纷不至益形严重，倘属可能，则当交由国联处理。

【中央社伦敦十四日路透电】关于华北事变，今日《泰晤士报》载一社论称：今日日本最聪明之举动莫如打退堂鼓，开始调查八日事件之真相，并借中国之合作，将流弹之价值加以真实之估计，如此日本或将可赢得世界之尊重与感谢。惜日本采取此种办法之机会今已极微，其原因不外乎：（一）不能信任与中国办交涉，因中国人之外交手腕远胜乎日人也。（二）目睹全部中国政治之日渐健全，隐觉中心惶惶。（三）日军部之桀骜不训，若更以前途安危之机加以衡量，则大规模之战事似属意料中事，除非在最后五分钟能翻然悔悟也。日军之所以不愿为者，即在未向宋哲元之军队大张挞伐之前，而先悄然引

① 中国国民政府驻苏联大使。——编者

去。《泰晤士报》不信日本或中国事前有秘而不详之用意，认为事变之开始，为一种神经过激之兵或应付无方之官长，或二者兼之。再则尤堪注意者，小误会之反响，双方虽曾任其扩大至不祥之范围，但南京与东京均未尽量发挥其时局中潜在捣乱可能性。在表面上观之，东京似愿极力使该事件局部化，但此非即谓更严重之战事，竟不幸而适得其反，但日本军队行走极端之时，日本政府正悚然于冒险前途之凶危也。日本或可一鼓而下北平，更以兵舰上溯长江，而窥中国之首都，但此亦仅取快于一时。惟以政治之目光观之，事态即至较此更严重时，亦无敢择后且能召致巨祸之途径者。在已往一年半之中，日本在华北几不拟自明其所致者为何物，又如何始可得之？但如谓日本将化华北为第二"满洲国"，日本绝不愿为之。盖华北胜利之结果，不过财政上及军事上添加重大之责任，以现状观之，日本之双手固已抓满，但库藏则益见空虚矣。日本即能不宣而战，但加折磨于中国之自尊观念至不可磨灭之程度，日本实须小心将事云云。

天津《大公报》，1937年7月16日

全国民众一致奋起为二十九军后盾

各地纷纷开会筹款慰劳，宋委员长昨告捐款同胞

【本市消息】冀察政委会委员长宋哲元因卢案发作后，海内外同胞踊跃捐款，昨发通电云："全国各报馆并转全国各界同胞海外侨胞钧鉴：此次卢沟桥事件不幸发生，海内外各界同胞，先后来电慰问，且有捐款劳军之举，热诚赞助，全军感奋。惟此次事件，盖系局部冲突，伤亡亦系少数。况国家养兵千日，用兵一时，效命疆场，乃军人之天职。军队平时有饷，战时亦有军事费，哲元以为，遇此类小冲突，即劳海内外同胞相助，各方盛意，虽甚殷感，而捐款则概不敢受。倘将来国际大战发生，全国动员，牺牲巨大之时，再由国家统筹，同胞捐助，未为晚也。谨掬诚意，敬布区区，诸维鉴谅是幸。宋哲元。咸（十五日）。"

【平地泉十四日下午六时发专电】卢沟桥战起，绥察联带紧张，惟民间尚极镇定。连日河北情急消息传出后，绥东军民危疆瞩盼，义愤同深，尤以二十九军之忠勇应战，此间闻讯殆已为之感激涕泣矣。一般相信二十九军将士必能本一贯忠坚之志，以负起其民族生存史上之伟大使命。

【保定十五日下午十一时发专电】十五日由前方续到伤兵四名，连前共六十一名，育德中学学生赴平民医院表示敬意，本报记者亦同往慰问。一部伤兵已痊，愿再赴前线守土。

【中央社上海十五日电】全国商联会主席林康侯十四日通电全国内外各省区商会联合会，请迅速联合当地各界，组织全市或全县全镇抗战将士后援会，除劝告各界自由捐输，并转知各商店、工厂先捐一日营业收入十分之一，汇往慰劳前方将士。

【太原十五日下午八时发专电】晋当局以宛平事件发生，民众激于爱国热诚，纷起募捐，并扩大宣传，恐汉奸乘机扰乱治安，特自十四日起派军警宪戒备。

【北平通信】清华大学全体教职员，以时局严重，特于前晚开全体会讨论应付办法，议决全体先捐所得薪金一日，作一切救护与慰劳受伤官兵之用。师大、北大等校，昨晚亦均有同样决定，俟有必要，当继续进行募捐。

【北平通信】北平各界联合会各股联合在东四所开会讨论各股工作，结果决定，即日致函各团开始征集每一日所得之款，捐交中国、中农、交通三银行保管。此外慰劳股之慰劳袋已开始由妇女会赶制，日内即可送赴前方慰劳。

【中央社南京十五日电】山西省党部十五日致电慰劳宋哲元及二十九军全体将士，其原电云：北平宋委员长及二十九军全体将士勋鉴：敌犯疆土，贵军奋勇抵抗，四海同钦，望再接再厉，坚持到底，本部誓为后盾。特电慰劳，静候捷音。

【中央社南京十五日电】首都中大小学暑期留京学生计八百余人，为卢沟桥事件，顷通电全国，一致奋起抗战。

【中央社西安十五日电】陕西省党部十四日召集西安各界代表举行誓死抗敌后援会成立会，通过：（一）修正通过简章；（二）电慰前方将士；（三）组织慰劳团；（四）统一抗战宣传；（五）抵制仇货；（六）统一募捐，并推李仪祉、韩子安、许洪坤等十九人为执委。

【中央社南京十五日电】首都各界抗敌后援会今日在市党部举行成立大会，到中央国府各院部会及京市党政军警机关团体学校代表三百余人，由刘百闵主席并致开会词后，继由彭尔康说明组织抗敌后援会意义，旋通过要案多起。该会并以大会名义电慰二十九军及通电全国一致奋起抗敌，原电略谓：华北之得失，关系全国之存亡，非在中央统一指挥之下，不能竟御侮救国之事功，非全国一致拥护中央之国策，无以解当前之急难。我二十九军将士此次奉命守土，忠义奋发，浴血抗战，捷报传来，凡属国人靡不感动。我前方将士，固应慷慨赴义，捍卫国土，我后方同胞，更应发挥国民天职，输财输力，踊跃以赴。本会已于十五日成立，谨代表首都百万民众，誓与侵略者不共戴天。

【中央社福州十五日电】省会农工商文化妇女等各界团体，纷电慰二十九军将士，奋勇抗日，矢志守土，誓为后盾，并募款接济。

【中央社安庆十五日电】卢沟桥事件发生后，此间各界均甚愤慨，各民众团体十五日特联电中央，请即出师御敌。原电情词恳切，悲愤激昂，电中并有全国民众，均愿作御侮救亡抗战，宁为玉碎，勿为瓦全等语。

【中央社昆明十四日电】滇省指委会十三日特电冀察绥靖公署宋主任，先汇滇币万元，慰劳抗敌将士。原电云：宋主任勋鉴：蒸（十日）电奉悉。外侮之来，有加无已，捍患卫国，全赖我忠勇将士。滇虽贫省，救国素不后人，兹先汇寄旧滇票一万元，希即转发前方抗敌将士，藉表滇民慰劳微忱。

【中央社成都十五日电】华北日军挑衅事件，震愤全国，此间各界闻讯，异常激昂，连日除电二十九军将士慰劳并鼓励奋勇抗敌外，复发起组织四川省抗敌后援会，为守土将士后盾。中农蓉分行及川省合作金库全体同人，十五日以一日所得共百余元，自动捐汇前方将士，借表慰劳。

【中央社广州十五日电】省市党部定十七日召开民众御侮救亡大会，筹商募款慰劳等事宜，并将在各县设分会，策动全省御侮救亡工作。

【中央社贵阳十五日电】黔省各界对卢沟桥事件均极愤慨，省党部及各民众团体、各学校均电前方守土卫国将士，表示愿为后盾，省党部全体职员并捐一日所得为慰劳费。

天津《大公报》，1937年7月16日

日本续向平津增兵

东京昨公表再派兵来华，双方在津交涉昨无进展

【南京十五日下午九时发专电】北方情势表面和缓，但绝非即此可以解决，若以东京消息对照及日军继续调动情形参合观察，前途趋势显甚明了。至平津方面与日方接洽之经过及结果，此间迄未接得详报。十五日午政界有人与秦德纯通电话，秦谓"谈判无进步，解决不可靠"。

【上海十六日上午二时发专电】日方消息，宋委员长哲元到津后，未与日方人员见面，日方不否认如现状继续推移，则日军难保不于三日内有重大行动。

【本市消息】卢沟桥事件交涉，昨仍在津继续谈商，尚无具体结果。我方负责交涉人员为津市长张自忠、冀高法院长邓哲熙及张允荣、陈觉生等，日方则为日军部参谋长桥本、参谋和知、北平特务机关长松井。经往返折冲，迄昨夜止，日军仍无撤退确息。冀察政委会重要人员门致中、李思浩、魏宗瀚、过之翰等均于昨午由平来津，当分谒宋哲元委员长有所陈述。

【南京十五日下午十一时发专电】戈定远十五日晨抵京，即同李世军往谒何部长应钦，谈约半小时辞出。旋搭轮赴浔，转庐山谒蒋委员长，代宋哲元报告并请示。日内返京后，即赴津谒宋复命。

【南京十五日下午十一时发专电】卢沟桥事件近忽张忽弛，二十九军驻京办事处长

李世军特电秦德纯、冯治安探询究竟，秦、冯十五日复电云："卢沟桥事件，我方与日方接洽，内容系双方口头商洽对阵亡官兵同表惋惜，并望此后不再发生类似事件。我方提出此后日方不得夜间演习。经商定后双方即从事撤退，但迄今我方已将部队撤回原地，而彼尚未撤，且天津方面先后开到兵车二十列，今日又有日步炮兵二千余名，由津沿平津大道西来，平郊时有其小部队出没，以上系最近情形"等语。

【南京十五日下午十一时发专电】行政院以时局严重，政务繁剧，十五日起已与各部会恢复下午照常办公。各部会驻庐办事处撤销后，办公人员一律回京服务，十五日下午已有一部返京。

【中央社南京十五日电】据确息，日仍继续征调国内外各地大军，向平津出动，其第十二师团亦已奉令开拔，闻多由大连登陆。亚洲司长高宗武日前赴沪疗病，现因中日局势紧张，十五日晚力疾返京。

【中央社东京十五日电】杨代办十五日午十一时半访广田，适广田正出席会议，由外次堀内接见。杨传达我政府意旨，盼川越从速回京，以便谈判解决卢沟桥事件办法。堀内答，川越日内即由津南下，谈约四十分钟。

【东京十五日路透电】陆军省今日宣布，鉴于华北目前严重局势，已决定由日派遣军队，送往华北。陆相杉山表示，华北情势极有趋于恶化而扩张及于其他区域之可能。杉山已令各地方官施行军队动员及征发军用品命令，海相米内宣布海军省已遣派若干军舰，前往中国各地点。

【中央社南京十五日电】军委会十五日晨邀集各院部会代表在会开谈话会，交换各机关工作连系意见，由刘光主席，历时甚久始散。

【北平电话】平市平静，人心安定，昨晨六时左右，平市各城门即相继开启一扇或两扇，行人自由出入，与前日情形无甚差异。

【北平电话】官方公布消息：（一）据南郊玉泉营报告，有日兵百余人，乘大汽车六辆，坦克车一辆，在十五日上午七时半，由丰台经玉泉营向右安门方面前进。（二）通县保安队在八里桥建筑工事。

【北平电话】连日驻通县日军若干名，均集中南门，与我二十九军遥相对峙。密云、怀柔等县保安队二千余名，十五日全部集中通县，西北城民房均被占用，人心恐慌。该项保安队并在各民房墙垣架炮及筑防御工事。

【北平电话】官方消息：（一）十五日下午二时三十分，日坦克车一辆，载重车二辆，退回丰台，其余日兵四十余名，载重汽车二辆，坦克车二辆，向永定门外前进。嗣据调查，下午六时许该日兵已返丰台。（二）十五日下午一时半，有日兵三十余名在通广安门下道左右，向北构筑单人掩体工事。（三）十五日下午一时日兵在大井村架设无线电台。

【本市消息】本市东车站自大批日军开到后，情形突然紧张，并入驻新货厂，悬挂木牌，上书"行车场司令部"。站内由日兵设岗，入晚戒严，架设机关枪，同时有日兵及南满铁路员工在候车室内办事，调车处及电报电话室，亦有日人办事，所有开来之列车，均停站内各岔道上，满载军用品。河北新站亦于十三日派有日兵设岗，昨晨并有日兵四十余名，铁甲汽车三辆，载重汽车两辆，至河北津浦总站，驶入站旁之大货场，经路局派员交涉，乃退出入附近公大纱厂内，旋向路局索要办公室。该路办公室极少，大部为北宁路所有，当即婉拒。至午由东站开到新站日兵车两列，停于站内第三岔道。昨晨东站五时四十五分到日兵车一列，有子弹车五辆，载重汽车十辆，铁甲汽车五辆，无线电及机件两车，日军三百余名。六时三十分又到一列，日军五十余名，子弹车九辆，铁道木四车，煤四车。下午三时四十分，四次平沈车由关外抵津时，有日兵一百五十人，随车由榆关到津，即赴海光寺兵营。下午五时二十分有一列车由津开赴丰台。

天津《大公报》，1937年7月16日

日军大部集中丰台，和战局势即可揭晓

秦冯电李世军述谈判内容

【上海十五日下午十一时本报专电】李广安最近曾将孙科、宋子文，及沪各界领袖意见，电达冀察当局，十四、十五两日已接有复电。宋哲元电云：战争国之大事，当听命国家。刘汝明电云：承示南针，幸有准绳。敌人狡诈，志在乘机扰乱，此间早有准备，敌来则痛击之，决不使越雷池一步。

【南京十五日中央社电】二十九军驻京代表李世军，对于卢沟桥事件，曾电平询问谈判经过及是否容纳日方任何条件。李氏十五日晨已接秦德纯、冯治安复电，探录如下：（衔略）文亥电敬悉。查此次卢沟桥事件，我方与日当局接洽内容，系双方口头商洽，彼则诬以此次事件系共党策动，要求取缔，并对阵亡官兵同表惋惜，并希望此后不再发生类似事件，我方提出此后日方不得夜间演习。经商定后，双方即从事撤退，但迄今我方已将部队撤退原地，而彼尚未撤退，并天津方面先后开到兵车十五列。今日由天津沿平津大道有日步炮兵约二千余名西来，又平郊不时有其小部队出没。以上系最近情形，至京沪所传种种，不足置信，特复。秦德纯、冯治安叩。寒申参。

【南京十五日下午十时本报专电】戈定远昨晨七时由沪抵京，八时访何应钦请示，九时搭轮赴庐，代宋哲元谒蒋报告一般情形。

【南京十五日下午十一时本报专电】林主席拟短期内由庐返京坐镇。

日军调动忙

【北平电话】日军现仍积极向丰台集中，丰台已成日军之大本营，人民迁避，秩序纷乱。平市城内戒备如常，各冲要街道障碍物尚未撤尽，入夜由二十九军士兵步哨警戒，各城门仍开半扇。东车站交通完全恢复，西车站平汉通车尚无确期，路局方面已派员赴西直门视察。

【北平电话】十五日晨九时许、十时许及十一时许，各有一日机飞平侦察，人民见惯，不甚为异。又晨八时许日坦克车三辆，在永定、右安门间欲向北开，经我驻军制止，始转向西南而去，一时南郊一带，一度紧张，旋即平复。又据报告，日来冀海面日舰亦活动，榆关泊四艘，秦皇岛三艘，大沽口外亦泊有数舰。又日军在沈待命入关者，传尚有万人以上。

【本市消息】日军拟在津浦货厂内驻兵，十五日有日兵四十余名，乘载重汽车二辆，铁甲车三辆到津浦货厂，要求拟在内驻兵一百五十余人，当被厂方拒绝，目前尚无结果。

【北平电话】日机连日飞卢沟桥，十五日在长辛店上空侦察时间甚久，然后飞保定侦察，每日达四五次，但各日机均当日向西北飞返。

【北平电话】十五日下午各方报告如次：一、平市右安门外停留之日军有坦克车一辆，载重汽车二辆，于下午二时半开回丰台，其余日军四十人，坦克车二辆，载重汽车二辆，向永定门外前进。据云，系往南郊收取日前在大红门焚毁之汽车，后经调查，日军等已将该车运回丰台。二、十五日下午一时，日本飞机一架，由西北飞来，在南苑一带上空侦查十五分钟之久，始向东南飞去。三、下午一时半，丰台东侧前后泥窝有日军约三四十人，在通广安门下道左右向北挖掘单人掩蔽战壕工事。四、下午一时，日军在大井构架无线电台。

【北平通讯】十五日上午各方报告如次：一、据南郊玉泉营报告，有日兵百余人，乘大汽车六辆，坦克车一辆，在十五日上午七时半由丰台经玉泉营向右安门方面前进。二、通县保安队在八里桥建筑工事。三、津讯，本日上午六时二十分，有日兵车一列，载日兵二百余人，载重车三辆，铁甲车五辆，又十五铁闷车满装军用物品，现到津站，准备开丰台。四、十四日晚，津海光寺日兵营开出步兵三百余名，往丰台增援。五、津讯，十五日上午二时许，由山海关开到日兵车一列，日兵三百余名，军用品十五车，载重汽车十辆，铁甲车五辆，无线电汽车二辆。六、津讯，十四日上午六时半，由山海关开到日兵车一列，日兵三十余名，军用品九车，载重汽车五辆，铁道木四车，煤车四辆。

【北平电话】日机一架，于十五日上午八时四十分飞平市上空侦察，历二十分钟，旋飞南苑上空盘旋甚久，即向丰台飞去。九时五十分又来日机一架，在平市西方上空侦察后飞往南苑、丰台。十一时二十分又来日侦察机一架，在平上空侦察历半小时，旋向东飞去。

【南京十五日中央社电】据确息，日近仍继续征调国内外各地大军，向平津出动，其第十二师团亦已奉命开拔，闻多由大连登陆，并盛传俄边冲突甚烈。

前方甚沉寂

【北平电话】十五日前方中日军仍时有小冲突，日军在卢沟桥、丰台、平郊赶筑战壕似拟久战，闻日军增驻平、津、丰、卢、通、唐、滦者共计五万余人。

【北平电话】通县来人谈，驻通日军二千余名，均集中南门与驻通南门外之我军对峙，密云、怀柔等县战区保安队，大部集中通县，西北城民房均被占用，人心恐惶，该项保安队并在各民房墙垣架炮及筑防御工事。

【北平电话】丰台北宁路货厂内，日军已架设大炮数尊，其最大口径者，目的地似在南苑。平南通后泥湾亦有日军在彼处安装机关枪多挺，系向南方而设。大井村日军除挖战壕外，并架设无线电。

【保定十四日中央社电】卢沟桥方面，十四日全日沉寂。据军事眼光观察，日方似有避免正面而趋侧面威胁形势，但和平尚未完全绝望。闻北方当局仍在自卫图存原则下求和平，极力避免事态扩大。

【北平电话】十五日上午七时半，有日军二百人，载重六辆，坦克一辆，由丰台经郭公庄、玉泉营开抵右安门，现驻距城仅有两千米突之中顶村（约合二里），不时向城上守兵开枪射击。我军极为镇定，并未还击。现右安门已闭，该处情势颇为严重，至本日正午尚未退。

继续折冲中

【本市消息】十五日午张自忠、张允荣、魏宗瀚、陈觉生、邓哲熙、章士钊等，偕往进德社谒宋，协商卢沟桥事件。此间和平空气仍甚浓厚，但事态解决，似又非二三日内可实现。中日双方十五日仍继续接洽，但折冲情形双方均守秘密，当局否认曾签有任何协定。据云，如果有协定存在，则又何必待于折冲。宋在津俟商有端绪后即行返平。

【本市消息】当前中日局面，至昨日止，缓和空气，确又增加，形势之开展，业有几微进步，北平四郊，本日并无冲突，尤为明证。但问题焦点，并非完全解决，其全部关键，实系于今明之三数日间。宋委员长在一周左右可返平一行，如问题发生阻碍，自当另论。现交涉重心，自〔已〕由平移津，前日双方曾一度晤谈，比时以张自忠市长病体初瘥，以致未克竟谈。昨日在平之张允荣、魏宗瀚等，复由平来津，曾分别晤见对方之交涉人员。今明双方即将再行谈商，在不乐观之环境下，或能将当前暗霾，完全消散。至签字之说，负责人员已坚决否认，且至昨日为止，中日在津之最高军事领袖，并未晤面，一切即仍由双方之交涉人员，从中奔走中。我方人员闻即拟由张允荣、齐燮元、魏宗瀚等三人负责，对方仍为桥本及和知、冢田诸氏，现中央已将交涉重责交付宋氏主持一切。

【本市消息】卢沟桥事件，双方十五日在津继续折冲，齐燮元、陈觉生，午三时偕访桥本群有所商谈，张自忠亦晤和知，彼此交换意见。闻日方竟仍要求卢沟桥我军后撤云。

【北平电话】十五日晨八时，张允荣、过之瀚、门致中、刘郁芬、石敬亭、魏宗瀚等赴津，一般相信，时局重心移津。

【北平电话】王冷斋十五日电平，谓宛平城防极巩固，长辛店方面，已与平汉北段警备司令郑大章会衔布告，安定人心，并严防宵小乘机滋扰。

某要人评论驳日本陆军当局言论

【南京十五日中央社电】政府某要人，顷对于同盟社所传，日本陆军当局对于国民政府处理卢沟桥事件之观察，评论如下：据同盟社东京七月十五日电称，日本陆军当局对于我政府处理卢沟桥事件之态度，加以种种讥评，措词荒谬怪诞，立论无中生有，在发言人者或自以为竭尽巧妙，但读者只见其宣传技术之恶劣。该陆军当局，首谓此次事件系由华军不法射击而起。查卢沟桥事件之发生，由于日军非法在卢沟桥深夜演习，无故向我军攻击，已为举世周知之事。该陆军当局次谓，国府压迫在华北方面与日本携手之要人，与民众运动激发冀察军中坚层及学生之爱国心，以为自力统一中国之手段。查统一建设与激发国民之爱国心，为各国政府应有之天职，今日本陆军当局以此为攻击国府之理由，是不啻自承其分化宰割中国之政策。中国对于邻邦日本，素主张以平等互惠之立场携手合作，但截至今日，日本始终未以平等视我，遑言互惠。至于假提携之举，行侵略之实，政府自不得不加以反对。该日本陆军当局续谓，国府假日军之手以淘汰中央军直系以外之军队，尤为毫无根据挑拨离间之词，不值识者一笑。中国军队编制及驻防区域容有不同，但同为国家军队，初无统系之分，任何国家如对中国武力侵略，中国当不惜以全国军力与之周旋。该陆军当局之谰言，绝不能欺世界，更不能欺中国人。至该陆军当局所谓近来中国对日暴状不下数百件，想系日本对华暴状颠倒错误。盖近年以来日人在华之暴行如走私、贩毒、聚赌、窝娼、非法飞行、私设特务机关等等不法行为，确不下数百件，东西人士，耳闻目睹，无论如何颠倒是非，终难掩盖天下耳目也。

【南京十五日中央社电】军委会十五日晨邀集各院部会代表在会开谈话会，交换各机关工作连系意见，由刘光主席，历时甚久始散。

【南京十五日中央社电】亚洲司长高宗武，日前因病赴沪疗治，现因中日局势紧张，十五日晚力疾返京。

【东京十五日中央社电】杨代办十五日午十一时半访广田，适广田正出席会议，由外次堀内接见。杨传达我政府意旨，盼川越从速回京，以便谈判解决卢构桥事件办法。堀内答，川越日内即由津南下。谈约四十分钟。

各地日侨纷纷准备回国

战斗机七架飞往化德，日军出昌平谋据南口

【张家口十五日下午八时本报专电】日人在口经营之大兴当铺，顷已着手办理结束，在日侨商机关服务之华籍工役，亦大部解雇。日侨亦间有返国者，余亦有作准备模样。

【张家口十五日下午八时本报专电】据化德消息，十三日由热飞到战斗机七架，连同现停商都机场者共十九架，现张垣地方人心极安谧镇定。

【宣化通讯】自卢沟桥事件发生后，据各地消息，我方地方秩序以及人民情绪，均极安谧镇静，企待和平之解决。惟日方一再增兵，致使局势转趋恶化，而各地日侨，亦间准备启程返国，故为其外交军事上作姿态。兹据张家口返宣化之某军谈称，省垣（即张家口）自卢沟桥事件发生以来，地方秩序，安谧如恒，人民情绪，亦镇定若素，惟驻口日侨，自本月十四日起，已间有返国者，其余亦正在准备中。日商大兴当铺本为其以重利盘剥之组织，亦自十四日起开始作营业之结束，凡在日侨商机关之百役雇员，亦已有大部解雇。

此外关于日军方面，闻已有一部由冀东伪组织经驻昌平县，拟突出南口阻断平绥铁路交通，隔绝冀察两省之联系，对我二十九军取得包围之形势。惟日方此种阴谋，早已被我二十九军所窥破，预有坚实之准备，定可无虞。察北匪伪于此时期内，除第五师及伪保安队东开沽源、崇庆及平定堡一带外，尚有其他显著积极活动，所传即将犯绥之消息，不过系日方故弄之玄虚，以为卢沟桥事件扩大范围虚声，实际上日军并未开入察北。现住黑河川之热军，亦无西进消息，仅于本月十三日晚由承德开到化德飞机七架，连同现停商都东门外飞机场之战斗机共十九架之数云。（十四日）

【北平十五日同盟社电】日方现地之在留者，因时局关系，极感不安，二三日来归国日侨已达五六百名，今仍在继续离去中。西城日侨因托求保护，尚较安全，而东城之日侨已大多数离开当地。

【北平十五日同盟社电】因鉴于时局不安，驻在太原之组织及兴中公司之日人既已全部离去，当地安滕官补以下领事馆员，今日亦接得北平使馆之训令，谓可以离开现地，且张家口领事馆员以下五百余名日侨，亦接得准备移去之训令。

伪满军队已开入古北口

【万全十六日下午十一时本报专电】热伪张海鹏部骑兵一旅，约一千八百余人，十五日开抵白庙滩，十六日抵张北，闻将在张北久驻，暂不他往。

【北平通讯】据山海关来人谈，榆关、锦州等处集结之日军甚众，锦州飞机场所停之日机，有六十余架，榆关入夜，即行灯火管制，违者重惩，故商铺住户至下午七时许，即全部上门歇灯就寝，商情显见萧条，人心亦感浮动云。

【平讯】通县来人谈：一、通州以东各县保安队，现到通集合者已达万余人，伪满军队亦有由古北口开来者，惟人数未详，通县南门现由日兵把守。二、通县日兵营内，驻扎兵士无多，大部均已调出，惟兵营内存有镰刀两大车，闻系备为一旦再有战事，割除青纱帐之用。三、通县日飞机场，现停有日机三十余架云。

天津《益世报》，1937年7月16日

川越奉令将返南京

中日在津折冲昨无结果，日本续由国内调兵来华

【南京十六日下午八时发专电】东京及华北传来消息，仍多矛盾，故日来北方传播之和缓空气，仍不能转变一般紧张之感觉。有力方面看法，日本一方正式发表派兵来华，一方则与华北当局不断接洽，殆为欲擒故纵之计。政府意思，此次之事牵动既广，为时亦将经旬，故希望川越早日返京，切实谈判云。

【中央社南京十六日电】外交界息，杨云竹向日外务省传达我政府意旨，盼川越茂从速回京，以便随时接洽后，闻日外务省现已电令川越日内即南下。

【中央社南京十六日电】京中十六日午接平电称：（一）津方续到日军兵车四列，装载多量军用品及汽车等，并铁甲车数辆。（二）由津开往丰台日军兵车一列，兵三百余名。丰台东南赵家村附近农田日方建筑飞机场，并有飞机四架，翔空侦察。（三）通县西方八里桥一带，由冀东伪保安队赶筑工事。平津线之杨村，由津开到日军五百余名，炮十数门。（四）丰台四周日军筑有工事，并拟埋设地雷，附近树木禾稼均被日方砍伐。（五）卢沟桥方面无变化，惟时有小冲突。

【中央社南京十六日电】据确息，日政府近扣留商轮三十一艘，装运大批军队军火前来我国，已奉令开拔者有第五、第六、第十、第十二、第十六五个师团，人数约在十万左右。其中除两师团已指定开赴平津外，其余三师团暂开至朝鲜待命，预定一周内调动完毕。又驻朝鲜等地之日本后备队亦已奉令准备。据确息，大批日本军用品十六日已运到津。

【本市消息】卢沟桥事件，自冀察政委会委员长宋哲元及津市长张自忠与前河北省保安处长张允荣等相继来津后，即着手交涉。据关系方面所传，截至昨晚，交涉似有些微进展，闻其内容似与在平所谈无甚出入，但现仍有不少问题，有待继续谈商。但日兵仍不断运输大批军火，并在平、津、丰、通各地为积极布置，故前途如何，殊不可预料。

【北平电话】日武官今井十六日下午谒秦市长，对卢沟桥事件解决问题有所商谈，半小时辞去，闻无具体结果。

【北平电话】大井村方面今晨零时四十分，发现枪炮声，至一时许未停。

【北平电话】官方公布消息，关于卢沟桥事件，日方并未向我提出政治性之要求，或如外传已签定任何条件一节，日大使川越十五日在津接见新闻界时，已有相当说明。微闻此事，双方人员现正在津作侧面的折冲，以期意见之接近，至正式商洽日期，此间尚无报告，且事态前途，变化叵测，亦似非一二日即可解决云。

【中央社东京十六日电】日外务省发言人十六日晨答外国记者关于华北事件之质问，综合之如下：日政府从内地派兵赴华乃原定计划，昨今两天情势，未见好亦未更坏，华北驻屯军与冀察当局谈话仍在进行中，中政府亦希望和平解决，故仍努力。有人问何以增兵，答：为安全。

【东京十六日路透电】《大阪每日新闻》纵论华北事件之情势，谓"现已明显，和平解决殆不可能，日本政府认为实施日本正当权利，诉之武力，殊属绝对必要"。现时遵照政府命令，进行部分动员，陆相杉山令各州县长官，注视各县动员办法及给养补充。官场一般态度以为，如"反日"运动扩至他省，华北情势或将恶化云。

【东京十六日同盟社电】日首相近卫文麿鉴于华北问题之重大性，十六日上午八时，邀外务次官堀内谦介至其私邸，详细听取华北之情势及国民政府之态度、关于今后之对策，并交换重要意见。会谈约一时半之久。

【中央社东京十六日路透电】此间负责方面今日宣称，关于华北局势，外国政府迄未有向日政府接洽者，惟英外相曾于十二日与日大使吉田晤谈，口头传达其希望华北事件不致扩大之意，日政府不至接受第三方面对于华北事件之调停或干涉云。据此间今日所接情报，华北事态未有变化，中日军事当局之代表刻仍进行谈判，不过此项谈判非由香月与宋哲元亲自主持。又日方声称，日本华北驻屯军人数仅及华军十分之一，故遣派日本本部军队前往华北一举，实属必要。

天津《大公报》，1937年7月17日

日本兵车络绎开津

总站外空地堆积沙袋，二百余人驻车站

【本市消息】自卢沟桥事件发生后，日方一面向我当局进行交涉，一面调动大军积极入关，北宁路沿线，日军已经布满，除天津以东各站外，仅津站先后到日兵车多列，由津开赴丰台三列，余均停津东站及总站。日兵由铁路到津者约六千名，有大半沿公路开赴丰台，其余分驻东局子、海光寺及车站。河北总站除停兵车两列，派日兵数十名驻守外，昨下午又由载重汽车运到铁丝网、沙土袋甚多，堆于站外空地上，并到日兵二百余名，开始布置防御工事。公大纱厂日兵人数昨亦有增加，在厂内亦为防御布置。昨日开到列车，

计上午四时,由榆关开到一列,日军在津东地方下车,人数不详,车入东站,有铁闷车五辆,煤车六辆。下午七时四十分一列,铁闷车九辆,满装军用品、汽油,载重汽车两辆,日兵二十余人,在津稍停后开往丰台。十时许又到一列空车,日兵在张贵庄下车,人数不详。下午二时四十分,四次平沈车到津时,有日军用载重汽车五辆,有日兵八十名。又昨晨八时,有载重汽车十二辆,满载军用品,由日兵二十余名押运,沿公路开赴丰台,下午七时全数空车返津,仍由日兵押护。

天津《大公报》,1937年7月17日

日方图扩展津飞机场

东局子停飞机四十架,现拟在刘安庄辟新场

【本市消息】卢沟桥事件发生后,东局子惠通公司飞机场连日停留日方飞机达四十架之多,日方以机场不敷应用,亟欲拓辟新场。天津县境北仓铁道东刘安庄昨日到汽车一辆,并降落飞机一架。日人数名步行一周后,找向当地农民周学世谈话,问每亩青苗值价若干,谓拟租地,并托代雇工人五百名。伊等定今日上午九时再往,即行开工平填云云。周学世答称本人并非村正副,不能应允。该日人等旋乘汽车及飞机离去。周于事后向县二分局报告,局方立电县府。闻县府方面已向省市两政府呈报一切,请求制止。

【保定十六日下午五时专电】日机一架,十六日上午十一时,飞保侦察,下午六时又有一架飞保,在城南飞机场上空盘旋,飞行甚低,似为摄影,约一小时后北飞。

【北平电话】山海关日军十五日夜起举行夜间防空大演习,实行灯火管制,禁止居民夜燃灯火,闻演习期间为三日。

天津《大公报》,1937年7月17日

英美政府照会日本,盼勿扩大华北纠纷

法亦将对日提出交涉

【南京十六日下午九时发专电】英大使许阁森十六日下午六时访晤外次徐谟,对卢沟桥事件发展情形有所探询。又法驻京总领事伯罗与义大使馆秘书罗安,第十六日午先后访情报司长李迪俊,对华北情势详细探询,并表示关切。罗安第并表示义大使柯赛现在平,日内将来京。又日同盟社十五日沪电所传驻华英大使许阁森对卢沟桥事件之希望数点,据关系方面表示,绝对不确。

【中央社伦敦十六日路透电】伦敦人士刻以极密切之注意视察中国境内使人不宁之事件,今日英下院对于华北危局复有种种询问,同时英、法、美三国仍交换其所得关于时

事发展之情报，英美两政府皆已单独照会日政府，说明其所抱华北此次冲突起因甚微，不应借此扩大纠纷之意见。英国在其照会文中坚谓，中国或日本苟有扩大事件为国家威严问题之任何企图，即将成为与英国至有重大关系之事件云。伦敦所接东京传来之最近消息，殊不能使人宽慰，日方所称此次冲突并非为预定计划，而日政府亦非故意延不解决之说，伦敦人士姑以为然，是以英政府现未见有出任调停之理由。英外次克兰波今日在下院答保守党议员之问话，谓渠于过去数日内常与中国郭大使接洽，郭屡以关于时局之报告相示。查此报告与报纸所已披露者无大出入，渠已向郭声明，英政府将利用各种机会，竭其能力，以作趋向和平解决之贡献云。保守党泼鲁奇发言，主张英国向有关系列强建议，将《辛丑条约》第九款予以废除，因北平现不复为中国首都，而列强对北平除日本外又无甚贸易关系。克兰波答称，该约第九款规定若干国得驻兵于华北若干地方，俾保持北平与海口间交通之开放，其目的在保障使馆之安全，今者仍有若干使馆留于北平，至于商业之考虑，则当时并未列入此问题之内云。工党麦克恩继起称，英日谈话宜待华北现有纠纷结束后再行开始，因此种谈话之进行，或将被人认为英国赞同日本行径也。克兰波答称，英日谈话开始尚未有切实日期。

【中央社伦敦十五日哈瓦斯电】华北事件发生后，英法两国原拟提议由英、法、美三国政府联合行动，而在英、法、美三国京城同时进行交涉，但美政府不欲参预任何种外交阵线，对于上项提议认为未便接受，故乃改变方针。现闻英美两国政府已决定分别向日政府交涉，以期维持和平，并使目前中日纠纷获得友谊的解决。据负责人士所知，法国亦当提出与英美相同之交涉，惟苏联政府究抱何种意向，则尚未悉，若谓英政府已以英国用意所在通知苏联政府，则此间外交界人士似并未具有此种印象。大约英国在中国方面不愿表示与俄国有任何种连带一致之行动，此则显而易见者也。又此间一般人士认为，中国中央政府坚决反抗日本并吞华北，故对于远东时局发展极为关怀，预料时局发展之趋势，在今后四十八小时内可见分晓。

【中央社伦敦十五日路透电】证券交易所对中日争案仍形安静，并未因最近之发展而呈惊惶之象，执有中日债券之大户保险公司及银行均未出售，今日且多有乘近今之跌价而购入者，故价格因以获相当之稳定。目前事况稳定，而欠活动，伦敦人士大都不信战事不能幸免，且皆希望能觅得保全颜面之解决办法。国民政府发言人发援助二十九军之言论，而一般人士因此购入远期，盖信此为中国团结益见巩固之明征也。伦敦人士所以抱乐观者，因信日为经济原因，目前无一能从事战争也。

【中央社华盛顿十五日路透电】罗斯福每逢周杪辄乘游艇出外，今则取消出游，而将留驻白宫，以远东局势严重故也。罗总统对于中国境内情势之发展甚为关切，外交顾问三人今日午后被召至白宫，会商国际形势。此三人为前驻华公使玛克莱、国务院帮办韦尔士与特使台维斯，皆美国极熟谙中国事件之专家也。闻总统现不拟采行特殊举动，但仅严密注视而已。

【中央社巴黎十五日路透电】顾维钧今日语路透访员，谓华北事变，苟非列强能完成调解，则中日势将有大战斗。日本乘欧洲各国忙于应付西国问题，及苏联最近处决军事领袖数人，内部不靖之机，在华北实施打击，以进行其大陆膨胀政策。此次局势实由日本激成。

【中央社巴黎十五日哈瓦斯电】外长台尔博斯十五日分别接见中国顾大使及日代办内山，就华北局势有所商谈。

【中央社柏林十五日海通电】中国驻德大使程天放今日对华北问题作下列之声明，略谓：据最近东京电讯，日政府对于华北问题希望能和平解决，中国政府历来即主和平，虽明知日本之屡次谈判皆为拖延时日，俾能从容布置，但亦甚愿与之开诚接洽。惟局部之停战，非经中央政府允可不能发生效力，中国已有反抗侵略之最后决心云。

【中央社巴黎十六日哈瓦斯电】此间左右两派各报赓续评论中日纠纷，咸持公允论调。急进社会党《新时代》称，时局日趋严重，日军赓续向平津一带开进后，和平解决希望因而为之削弱。该党《事业报》亦称，日本所抱目的乃在征服中国，此层中国知之甚深。日本侵略华北，乃对于苏俄发动大战之序幕，英、法、美三国尤竭尽所能，以防止事态严重化。此乃各国之义务，亦即各该国之权利所在。右派《爱克西有报》称，中日两国战争危机，经英国出面调处者已非一次。此次英国又向当事双方发出劝告，要求审慎将事。中政府原无战争之念，但关外各省主权自难放弃。右派《斐伽罗报》称，妥协的佐藤之被斥，黑龙江上之炮声，北平之被围，日本国内之动员，在在俱足以证明东京方面贤明的政策，业为关东军所推倒矣。

天津《大公报》，1937年7月17日

察北绥东防务渐紧
匪伪纷向沽源集中，榆关实行灯火管制

【集宁十六日下午五时本报专电】卢沟桥事件扩大后，察匪顷已转趋活跃。确报，原驻多伦、宝昌之伪五、八各师，近又纷纷开赴沽源集中。按沽源距独石口近在咫尺，殊堪注视。另据红格尔图消息，近敌机集落化德时，成队飞绥示威，恒三四架。自卢沟桥事件发生后，绥东防务因虑匪伪乘机活动渐见紧张。王万龄昨由牯返集，孙长胜、彭毓斌刻抵汉，日内北返，门炳岳亦经并返防中。

【张家口十五日下午十二时本报专电】察北某方飞机，连日由商都飞红格尔图、大庙子

等处侦察绥军行动,防绥军出击,其在张垣万国公司存放之军火,十五日运往张北四汽车,闻将经热转冀东。关东军由热入冀东者约六千余人,在张北召集汉奸三百人,组先遣队,归特务机关指挥。德王近正催令各县缴纳俱乐捐,并增设无线电台,惟对绥东尚无军事行动。

天津《益世报》,1937年7月17日

第一次"和平"谈判后

这两天来,颇有以"华北现局究竟怎样了?"为问的,就是我也奉了社命注全力于这问题答案的探求。我想:这也许是全中国甚至于全世界的关心于华北问题的人士所渴欲知道的!

其实这问题是非常的不简单。不过赅括的说一句,该可拿华北已经"特殊化"或是正在"特殊化"几个字作为答案的。聪明的读者,可不必推寻不简单的理由,只须在"特殊化"三个字的字义上作一番的研讨,便可闭上目幻出一个轮廓来。

"特殊化"三个字,虽然表面上也还完全是中国字,可是把这三个字联缀起来,则是我们东邻饱学之士创作出来的,在中国,无论是商务版的《辞源》,或是中华版的《辞海》,是找不出这个典故来的。

现在刚是它呱呱堕地的时候(一九三七年七月十一日),如果我们把它看作一个初出世婴孩而研究其谱系,则香月可算是它名义上的父亲,而宋氏则确是它亲生之母。它的受胎远在一年也可说是二年之前,大概是土肥氏之裔,而贤二郎确是它的真正的父亲。它的出世,经过了极度的难产之厄,所以它的母亲确是为了它而受足了不少的苦痛,就如那大炮与机枪配合成的催产剂,已是任何其他做母亲的所不能忍受的了!还有要值得说明的,就是它虽是系出名门,但终究是私生子而在法律上没有合法身份的!

再谈到它本身,既曰"特殊",当然是迥异于"寻常"。我们就先说"寻常":大凡一个独立国家所隶属下的任何一部分土地,其行政系统,必是整个而统辖于中央政府的,自主的主权,那更是天经地义不容再事赘述的。至于军队之驻防、人事之任免,以及其他如关税、交通,一切的一切,都当有绝对自主权而不受他人干涉掣肘的。此所谓"寻常"者是也。反之,行政系统割裂成半独立或竟成完全独立状态,军队驻防,要受限制;携带武器,要受干涉(某处可驻正规兵,某处只准驻保安队,某军有"抗日嫌疑",要把他调开,某队不准携带重武器);人事任免,要得同意(某市长是反日分子,要加免职,某师长对抗皇军,要撤以谢罪);税关不准干涉走私;航机可以任意载邮;火车供作军运;甚至还要为了"共同防共"而将皇军久驻,这些这些,都是完成"特殊化"所必具的条件!

此外,我们如果认识她是一个女孩子的话,俗语说:"黄毛丫头十八变",那末,她是将以丫角终身呢？还是会得一变再变的变成什么呢？我相信，一变将为冀东之续，再变便是满洲第二，三变的话，不客气的便是要步高丽后尘了。

"国家将亡，必有妖孽；国家将兴，必有祯祥！"要扫除这妖孽，必须铁和血！上下一心，共赴国难，便是现在我们中国唯一的祯祥！（《时事新报》天津通信）

《卢沟桥》，前导书局1937年版，第147—149页

《华美晚报》报道中日双方谈判经过

七月八日上午九时，法文北京《政闻报》，派有访闻记者，进谒北平市长秦德纯，采访闻关于卢沟桥事变之新闻。

秦市长当即发表谈话云：在昨晚半夜间，日本华北驻屯军代表今井上校，用电话通知冀察政委会谓：有一连之日本步兵，在麦乔保罗（马可孛罗）桥附近，举行夜间演习时，忽发觉在永定河彼岸，有若干流弹飞来，枪声计有六七响之多。当时，日军即行集队点名，忽发觉缺少日兵一名，乃向桥旁进行搜索。

抵桥上后，发现对方亦有中国军队前进，乃向之要求，派人入宛平县城，以探查枪声之所自来。

但中国当局则谓：在此深夜，殊难允许外国军队入城搜查；同时，华方更电话城内驻防当局，旋据复称，并未有军人出城，且军人均已深入睡乡矣。

然而今井上校乃突出威胁手段，声称：如日兵不可入城，则当将此城包围。正在此时，中日双方军队已开始动员，而日人则要求，各派代表以进行谈判。

但不久之后，则所缺之日兵业已返营。故中国方面以为，似此则日人宜勿庸进城调查矣。然而今井上校则谓：军队既已动员，殊难即行复员，故依其意，进城搜索，仍属必要。

北平当局，乃即派有保安司令部周某（译音）、宛平专员王冷斋、外交委员会林耕宇，会同第二十九军军部顾问樱井大佐、今井参谋，前往宛平县实行调查。各代表到达宛平时，已次日上午四时矣。

在宛平城外，日本今井上校仍要求率兵进城调查，但中国之守城兵仍拒之如前。

至各代表到城后，乃由守军迎之入城，双方即在城内举行谈判，时已五点钟矣。各代表谈话未竟，已闻城东枪声大作。

但城内之中国兵，当时并未回击，然而不久之后，城西亦枪声蜂起。

然而城内华兵，当时仍未还击，即城内居民，亦尚镇静。

惟自五时以后，则枪声之外，又夹以炮声；由五时直至九时——即记者（法文北京《政闻报》访员自称）与秦德纯谈话之时间——枪炮声迄未断。

依秦市长之估计,日军所发炮弹,不下有数百发,故中国人死伤极多,依其按常理之估计,当不下于一百五十人也。

现闻冀察时〔当〕局之意,诚愿将此事件努力使之成为地方化,但必须先行停战,方可进行和平之谈判,惟于日方仍继续其攻击,则华方势必出而抵抗之。

在访问完毕时,闻在宛平方面,中日军仍在战斗中,是故此项事件,恐将不免重大化者也。

《华美晚报》,1937年7月19日

宋哲元昨临吊田代葬仪

【中央社天津十七日电】十七日午田代葬仪,宋哲元前往吊唁时,与日驻屯军司令香月曾作非正式之会晤,但未谈及任何问题。

【中央社天津十七日电】中日双方在津谈判卢沟桥问题,双方意见似尚未全部一致,仍待于继续努力。宋哲元十七日派陈中孚协助张自忠、张允荣折冲。陈十七日晨再谒宋有所表示,惟十七日因田代葬仪关系未有会商,预定十八日再继续接洽。官方对谈判前途虽不绝对乐观,但认为日来空气已较缓和云。

上海《大公报》,1937年7月18日

卢案折冲尚无结论

日军四十万将动员,大批飞机坦克车已先后出动

【南京十七日下午十一时本报专电】华北情形仍不简单,日军新增部队现仍分三路运输,一由榆关开津榆沿线,一由口外开通州,一由热河开察北,现已到达及在途中者达一师团,停进之说,显难可信。中日对华北紧急局面之外交,东京时有接触,南京则尚处停滞状态。我方为贯彻和平正常轨道,可随时谈判,但依事势观测,在川越南下前恐无开展。当局对外交方针早经决定,以自主为骨干云。

【南京十七日中央社电】据息,日本政府近拟动员四十万向我国作大规模之侵略,除五个师团已奉令开拔外,尚有大批部队由日本国内外各地继续出发。现更陆续征集预备队入伍,听候派遣,并有大批军火及军用物品向平津一带源源运送,坦克车数百辆,已由日运出,飞机四百架,亦已飞至台湾候用。又日第二舰队,现亦准备开赴华南一带警戒。

【本市消息】卢沟桥事变之善后问题,自在津开始折冲以来,至昨日止,已亘达四日之久,意见上确已微有接近,但办法及实行上,仍有若干未能尽同之点。此时日之所以延宕,亦交涉犹待努力之处也。闻昨日我方人员曾再晤对方,一般颇有进展,但并无具体

结果。据悉，昨日我方人员在齐宅之会商，迄晨七时始散，昨晚继续研究，参预之人员甚夥。前途是否引起波澜，尚须视对方之有无和平解决诚意云。

【本市消息】中日双方在津谈判卢沟桥问题，双方意见似尚未全部一致，仍待于继续努力。宋委员长十七日派陈中孚协助张自忠、张允荣等折冲，陈十七晨再谒宋，有所请示。惟十七日因田代葬仪关系，未有会商，预定十八日再继续接洽。

【南京十七日中央社电】陈立夫、何应钦、何廉，十七日下午先后到外部，访外长王宠惠，闻系对最近北方局势有所晤谈。

【本市消息】日本陆军省及参谋本部，以华北形势紧要，特派柴山及永津两氏，于昨日乘飞机由本国来津，四时三十分到达，即与驻屯军部有所晤谈，并指示一切。

【牯岭十七日中央社电】戈定远十七日晨八时，应蒋院长之召，前往报告卢沟桥事件经过及冀察近况。戈以在庐事毕，即晨离山赴京。

【南京十七日中央社电】戈定远十七日午后二时许，由浔飞抵京，四时许，曾晤李世军，有所商谈。

【南京十七日中央社电】英大使许阁森，十七日下午五时至外部，会晤徐次长探询十七日北方情势，约谈半小时辞去。又驻华法国大使馆秘书高兰，于十七日下午四时到外交部拜谒徐次长，作同样之探询。

【南京十七日中央社电】据确息，日本最近除不断向平津一带增加大军外，青岛海面日驱逐、战斗各舰，亦连日增加。日本驻青特务机关及义勇队，尤为活跃，其用心所在，至堪注意。

【南京十六日中央社电】外部亚洲司长高宗武，十六日晨由沪乘车到京，下午到部办公。

【厦门今晨一时本报专电】厦日领高桥，否认将撤退日侨，谓并未奉此项训令。现有日舰一艘停泊厦。

【南京十六日中央社电】义大使馆秘书瞿斯缔，于十六日下午五时半至外部拜访李司长，探询北方情势。义大使柯赛，将于最近由北戴河南下来京，以便向我政府当局随时接洽一切。

【北平电话】官方公布息，王冷斋日前扶病前往宛平后，连日对于救济难民、抚恤伤亡诸要务，督促进行，并会同该县驻防部队维持治安，致力城防。

平津丰通日军调查

总数达一万二千人，平北一带发现日兵

【北平电话】关东军仍积极向关内增兵运械，刻已准备五十列兵车入关，十七日晨有十七列日兵车满载军火及日兵二千余人抵榆关。日在榆关设高射炮多架，当地情势相当紧张严重。又通县、昌平、怀柔、顺义为大批日军集结,原驻保安队向东撤去。

【北平电话】长城各口日军连日陆续向关内推进,平北各公路沿途均有日军工事,平北交通完全断绝。战区保安队奉冀东方面命令集中后,昌平保安队,十六日晚已集中通县北关,怀柔、密云保安队已集中顺义县。保安队人员之眷属,多已避难来平,入朝阳门者有三百余人。

【北平电话】丰台日军已达二三千人,近日赶筑工事甚忙,每日于下午六时即开始戒严,断绝交通,并在各民房架设机枪,居民早逃避一空云。

【本市消息】据闻伪组织军队在唐山、榆关间已有千人以上,日方在唐山集中军队将有六千人,作一个根据地,榆秦等地亦拟增加。

【北平通讯】十七日上午,各方报告如次:一、晨一时半大井村方向有枪炮机枪响声,约三四分钟。二、晨八时东车站有日便衣十余人乘八时车赴津。三、十六日下午六时高丽营有日军三十余人。又板桥有日军百余人,均系由密云方向开来,有无后续部队,现待续报。四、日军汽车四辆,官兵五十余人,今晨一时由怀柔到高丽营。又小汤山东北十三里辛城地方,发现穿白布褂裤八九十人,着黄衣者三人,携轻机关枪四挺,掷弹筒两支,手枪四十支,驻小汤山我军已严密把守。五、晨七时有日兵百余人,押运载重汽车二十九辆,满装弹药及汽油,由津沿平津大道向通州方面前进。六、十六日下午八时,有日兵十人,押铁棚车九辆,上装军用品,平车一辆,上装载重汽车二辆,由津来平。又日驻屯军原在北宁路线者,共约七千七百余人,日来由山海关外开来增援者不过三千六百人。现据调查,截至今晨止在丰台方面约两千六百人,天津约三千六百余人,北平东交民巷日兵营内,约三百余人,通州一千余人,总数约近一万二千人云。又卢沟桥事件发生,卢沟桥城并铁桥、石桥以及大瓦窑以西,大井村以东地带,为我军原防地,现仍为我军驻守。惟因大井村方面尚有日军,平汉线被破坏之铁道未易修复,以致外间颇有误会,殊与事实不符云。

【本市消息】卢沟桥事件日方一面向我当局交涉,一面运输大军进关,并以北宁路车不敷应用,另调南满车多列开津。现以日政府又调第五、第六、〈第十〉、第十二、第十六五个师团开来平津,亟待车辆运输,故停天津东站之南满车辆,自昨(十七)日晨起,由日军雇工将一切军用品、子弹、汽油、铁丝等完全卸下,一部运赴车站兵营,一部运往海光寺日兵营,空车开回榆关,转赴关外以便运兵来津。又昨晨七时许有日军载重车五十余辆,满载军用品及梯子等,由日兵营出发,沿平津汽车路开赴丰台等处;下午一时许,有十一辆铁闷车,九辆平车,上有载重汽车八辆,汽车一辆、二等车一辆、日兵数十名,由津开丰台。

【本市消息】连日到津日军,沿平津公路开往丰台等地时,经过沿途各村田禾,竟纵军马任意食用。又有日军认为足以藏匿军队地方之青纱帐,均由坦克车入内压倒,故各村农民损失甚巨，尤以丰台附近为最，刻几已颗粒无存云。

【北平电话】平市十七日上午十时及下午四时，日机两次盘旋天空，飞市一匝后，又往西南飞去。

【北平电话】确息，十六日下午，有日兵九百余人，由津赴通县，经武清县安平镇宿营。十七日晨四时，日兵借口听见枪声，将该镇保安队枪支缴去三十余支，并将分队长王宪文带往通县。

日军违约侵我主权，我备忘录送达各国
决以全力保土与国家尊荣

【中央社伦敦十六日哈瓦斯电】中国郭大使十六日访谒艾登，面递中政府备忘录，就中日纠纷之情势有所说明。此项备忘录，系同时送递《九国公约》各签字国，惟日本不在其内。此外并送递苏联与德国，内容均属相同。

【中央社华盛顿十六日路透电】中国驻美大使王正廷，今日往访国务卿赫尔，交换远东时局情报时，以中政府备忘录递交国务卿，内述日本刻在华北威胁之详情。此文是否为正式援用《九国公约》之举，现尚未确定。按签字国在此约下，固尊重中国之主权与土地完整也。

【中央社柏林十七日路透电】驻德中国大使署参赞今日以备忘录一件，送交德外部，众信此备忘录，重行说明中国抗拒日本侵略之意。闻中国大使程天放十四日在访德外长牛赖特时，曾表示同样意见，牛赖特以德国愿维持和平为言。程答称，中国亦愿和平，但此事系于日本，如日本在华北继续有军事行动，则中国不得不力拒之云。

【莫斯科十七日塔斯社电】本月十六日中国驻苏联大使蒋廷黻访外交委员长李维诺夫，递交中国外交部宣言书一件。该宣言书谓，日军袭击卢沟桥，并派大军侵入华北，显系蹂躏中国主权，并违反《九国公约》、《巴黎和平公约》与《国联盟约》。又谓，中国准备以任何和平方法解决与日本之争端。中国大使并语李氏，同样宣言书已送达所有《九国公约》之签字国云。

【上海十六日中央社电】中国国防问题研究会，由黎照寰、刘湛恩、钱新之、徐新六等，署名致电纽约国际问题协会、美国外交问题协会、伦敦皇家国际研究会，及其他欧洲和平团体，请注意暴日侵华，谓卢沟桥事件，纯属系日人预谋挑衅，如和平绝望，中国即下决心抵抗云云。

备忘录内容引述国际条约

【中央社伦敦十六日哈瓦斯电】中国郭大使今以备忘录一件，送与艾登。备忘录略称：此次纷扰发生之际，系在七月八日夜间，其时日军正在举行演习。最初发生冲突之地

点,系在卢沟桥一带,日军在该处毫无权利足以根据。盖一九〇一年《辛丑条约》第九条规定,外国军队驻在地点,并未将卢沟桥、宛平县城及丰台包含在内,日本根据此项条约而提出要求,原已不合时宜,绝无根据。且即就《辛丑条约》条文而论,日本在各该地驻扎军队举行演习,亦绝无理由,足证日军借词要求,在中国军队防地内搜寻失去之日兵一名,竟图以强力于夜间侵入中国军队所驻防之宛平县城,明知中国军队必加拒绝,乃故意出此,借以发动对于华北更进一步之侵略行为,此固属显而易见者也。继称,现有日本飞机百余架,陆军约二万名,集中平津附近,中国当局竭尽一切方法,甚至允许双方相互撤兵,以冀停止敌对状态。无如每次获得解决办法后,类因日军重行进攻,以致立即成为无效备忘录。最后称,中政府认为此项侵略行为,实属破坏《九国公约》所规定之中国领土主权完整,倘任其发生,则足以在亚洲及全世界产生重大后果。此在中国方面现仍准备谈判任何种荣誉之协定,惟中国国民政府对于谈判解决之基本条件,不得不加以密切控制,盖恐吓地方当局促成华北分裂,原为日本军人惯用之策略,而为世人所熟知也。

【中央社华盛顿十六日路透电】中国大使顷向国务卿赫尔致送备忘录一件,略称:卢沟桥之突被袭击,与日军之侵入华北,显然破坏中国主权,而与《九国公约》及《国联盟约》相抵触。此种事态如听其自己进展,不独即将扰乱东亚和平,且将使世界其他各处受不可逆料之影响。中国不得已,将用其全力以保卫疆土与国家尊荣,但亦准备以国际公法与条约所有之和平方法与日本解决争端云。王正廷与赫尔谈话后,声称,渠已讨论中国约请美国及《九国公约》其他签字国对于远东危局有所举动一事云。参院外委会主席毕特门今日表示意见谓,美国应与《九国公约》其他签字国共同行动,观于此约下过去之经验,渠不以为美国应单独与中日讨论关于危害中国之事件。一九三一年美国曾以措词严厉之牒文送交日本,促其注意中国领土之完整,但英国未曾完全合作,仅致文日本询问日本是否欲维持在华之门户开放,日本当即答曰:然。于是当时英外相西门即在下院宣称,英国不欲牵涉于远东时局中。回溯一九三一年日本答文中,曰有“日本派兵赴华保护生命财产并未破坏《九国公约》”等语。中国为签约之一,遇有此约将被破坏之危险时,当然有权可援约请各签字国互作完全与坦直之接洽。今日王大使致赫尔之备忘录,是否如此约之正式援用,渠尚未决定云。或询以美国中立法案可否适用于中日,毕特门答称,今尚未也。参议员波拉称,《九国公约》中未有强迫人行动之处,渠将研究此约,并复查一九三一年事件之外交史云。

欧美舆论界斥责日军暴行

【南京十六日中央社电】日军违反条约及国际公法,在卢沟桥深夜实弹演习,并不断向我平郊驻军攻击,近更征调国内外各地大军,增防平津一带,作战时种种准备。此项消息传播世界后，欧美各国朝野人士，对日军不法行为，无不异常愤慨。英、美、法、俄各国之大报，如伦敦及纽约《泰晤士报》，及法国《人道报》等，均著论对日军非法暴行予以严正之抨击，劝其悬崖勒马，小心将事，对我国则咸表热烈之同情。德义报纸，现虽无明显表示，但一般舆情，亦皆同情于我。

【莫斯科十六日塔斯电】《消息报》撰文评论华北局势称：日本军阀因被欧洲局势所鼓动，已决定在华北发动战争。根据中外各报所载消息，中国人民方奋起抵抗日本军阀之侵略企图，日本军阀为掩饰其变华北为第二"满洲国"及日帝国主义殖民地之目的起见，乃散播所谓苏联在华北事件中的地位等无耻诽语。此种阴谋，决无益于日本军阀，无论彼等如何造谣中伤，决不能欺骗任何人。该报指出侵略者横蛮不可一世的气概，称：拥护和平各国的力量，实超过主战各国甚多，而目前最紧要最高尚之任务，莫过于尽力组织及巩固所有和平潜力全部，因其为延缓及制止侵略之最重要因素云。

【巴黎十六日中央社电】此间接近外交机关之《工作报》，顷著文评论卢沟桥事件，略谓：在日苏黑龙江事件之后，日忽在卢沟桥挑衅，实使人惊讶。现日大批军队，已昭然由朝鲜、沈阳及日国内运往华北，准备大规模之武力侵略。几年以来，中国显有进步，中华民国之地位，在国际间日形重要，中国政治家在欧洲各大都会旅行，备受欢迎崇敬，殆为人所共知之事实。现欧洲大量资本投资于中国，各国莫不以中国自力更生为欣慰，然日本则为例外，盖中国进步，即使彼在中国进一步之侵略发生重大困难也。此次事件，初不重要，乃日方竟以之为口实，而实行大规模之侵略。近日日军在卢沟桥及平郊挑衅，此间极为注意，现日方继续增调大兵，众料其将占领北平，然后开始其侵略华北之大战。然中国军队，今非昔比，其实力纵不优于日本，至少日亦将发现其敌人不可轻视也。

【中央社莫斯科十六日哈瓦斯电】苏联政府机关报《消息报》，顷评论中日纠纷，并指责日在华北之公开军事行动，略谓：中国民族业已起而反抗侵略者，勿使侵害中国领土之完整。结论并谓，爱护和平各国之力量，实远较黩武国为优云。

【中央社纽约十五日电】关于卢沟桥事件，十四、十五两日纽约各大报，均著文评论。纽约《泰晤士报》云，主张此项冲突为地方事件，并主张不得由南京中央政府干涉，乃日本一向破坏中国领土完整之故技，日本声称开发华北富源亦侵略之一种云云。纽约《世界电闻报》评论云，此次日本军队在中国领土之内夜间演习，颇使人回忆日人在一九三一年之恶作剧，其所提出华北共同防共之要求，更显欲使华北之门户洞开，任其军队纵横驰骋。《纽约前锋论坛》云，今日中国之命运，不外二途，或则坐视中国各省相继失陷，或则武力自卫耳。

天津《益世报》，1937年7月18日

各国报纸揭发日本阴谋

全国各界对卢事极为愤慨

奋起为守土将士后援,海外侨民纷汇款劳军

【南京十七日中央社电】海内外各团体各地侨胞纷电中央,请求抗战,京方十七日接各电,有驻美总支部、旅菲律宾太原堂、驻美东支部、驻暹总支部、驻掘地孖礍支部等处。

【南京十七日中央社电】卢沟桥事件发生后,海外各地侨胞,以前方将士忠勇抗战,日来纷纷捐款,电托国内机关转致。闻马尼剌太原堂已电汇国币一千元,中圻老挝侨民亦电汇国币五千二百零九元七角九分,请国内机关妥为分发前方慰劳云。

归绥

【归绥十六日中央社电】绥民对卢沟桥事件极愤慨,除组后援会,并派员携款物赴平慰劳外,新运会妇女工作委员会,十六日复开全体会议,决组游艺会,扩大募捐运动。

长沙

【长沙十六日中央社电】长沙市党部及各民众团体等六机关,发起组织长沙抗战后援会,声援守土将士以作后盾云。

成都

【成都十七日中央社电】康定十七日电,卢沟桥事件传来此间,各界极为愤慨,建议省委会所属各机关职员,均捐薪一日,汇平慰劳。

西安

【西安十七日中央社电】陕各机关团体,组抗战后援会,现正积极工作,十六日第一次执委会开会,决定统一募捐及宣传等项办法。

广州

【广州十七日中央社电】粤民众御侮救亡会,十七日举行成立会,到农工商学医妇女各界代表四百余人,余俊贤主席,领导行礼,并对华北守土阵亡将士,静默三分钟。会场空气紧张,即席议决,以大会名义通电全国。

日本破坏《九国公约》,我已照会各签字国

美国官场发表正式文告,主张忠实遵守国际条约

【华盛顿十六日中央社哈瓦斯电】美官场人士宣称,中国驻美大使王正廷、日本代办须磨,本日先后访问国务卿赫尔后,美国对于远东时局,所持态度,并不因而有所变更。赫尔国务卿仍主保持远东和平,且持之甚力。此在美国政界人士,则谓中日两国或战或和,犹不可知,美国须待时局发展后,始可决定援引《九国公约》与否云。

【华盛顿十七日中央社路透电】美官场今日发表正式文告声称,美国主张国家与国

际勉自忍抑，勿以武力为政治工具，亦勿干涉他国内政，美国并主张国际条约之忠实遵守云。赫尔未直接言及中国或日本，但又谓进行武装敌对，或以武装敌对相威胁之局势，乃各国权益将受重大影响之局势。美国固信任军缩，但美国准备减少或增多其武力，以他国减增为比例云。众信此为近数年来美国之第一次正式文告，说明美国将于某种情势中，增多其军备。

日决采取必要行动，令天津谈判早结束

训令香月指示最后方案，日报主张用实力谋解决

【东京十七日中央社海通电】日内阁今日决定，目前中日代表在津进行之谈判，应从速进行。闻日政府已决定采必要之行动，令谈判早日结束，但此项行动之性质，则未发表，各方对政府之决议，颇加重视云。

【东京十七日中央社电】十七日午十一时开会之外、内、陆、海、藏五相会议，十二时四十五分散会。据正式发表，华北交涉不容迁延，日政府决定采取促进之处置，同时已训令香月、日高。十八日虽为星期日，仍拟于上午十一时召集五相会议，近卫或力疾出席，中日时局果将达最紧迫时期乎？

【中央社东京十七日路透电】内阁书记官长风见章，十七日午后于首相近卫、陆相杉山、海相米内、外相广田、内相马场、藏相贺屋举行会议后声称，华北谈判不能容其一再拖延，故日政府已决定促进此项谈判之计划云。该计划之性质未经宣布。

【东京十七日中央社电】昨夜杉山、米内谒近卫，报告华北情况。今晨十时，广田谒近卫，亦为同样报告。十一时召集四相会议，讨论今后方针。据《日日新闻》载，今日将有重要训令致香月，指示天津谈判最后方案，广田已训令川越即返南京。

【东京十七日中央社路透电】日本政治家觉悟华北战事一经爆发，欲使战事限于华北一隅，甚非容易，故此间空气，现渐改变，众料日当局将作种种努力，以成立和平解决。闻关于此旨之新训令，已发致华北日驻屯军司令香月矣。据《日日新闻》息：广田昨发重要训令致川越，谕其由津返南京，与中国王外长等接洽，以期达到日本所抱华北事件就地和平解决之目的云。

【东京十七日中央社电】《日日新闻》十七日有激烈社论，主张华北事件应从速解决，大意谓：中国无诚意，过去十数年业经试验，目前态度，乃采中国式迁延主义。日本行动之信念，在再建东洋和平，舍用实力外，无他法。日本过于稳健，中国或认为怯懦，则事态更趋恶化云。

【天津十七日中央社电】据此间日领馆人员称，川越大使抵津后，原拟赴平，现因事实之需要，拟先返京，惟日期未确定，并云绥晋等地日侨暂撤退，平津日侨则尚无此项准备云。

【天津十七日中央社电】中日双方在津谈商卢沟桥事问题，双方意见似尚未全部一致，仍待于继续努力，现陈中孚协助折冲。陈十七日晨再谒宋，有所请示，惟十七日因田代葬仪关系，未有会商，预定十八日再继续接洽。官方对前途，虽不绝对乐观，但认为日来空气已较缓和云。

【天津十七日中央社电】中日双方人员，十七日晚继续会晤，对卢沟桥事件交换意见。当夜我方人员，并会商一切。据参与谈商之我方人员称，十七日双方交涉意见已有进步，但尚未告解决。

【天津十七日电话】陈中孚自由日返津后，即参加和平谈商，今晨八时再度谒宋哲元委员长，有所请示。冀察外交委员会主席委员魏宗瀚，今晨十一时由平乘北宁车抵津。

【本市消息】冀察外交委员会主席委员魏宗瀚，日前赴津谒宋哲元委员长，商洽要公，前日下午乘汽车返平，与秦德纯、冯治安等晤面，昨晨八时再搭平浦通车赴津云。

日兵车十八列昨由榆西开

【天津今晨电话】十七日晨七时五十分，日兵车一列由唐山到津，上载日兵二百名，载重汽车七辆，另有铁闷车五辆，满载子弹。据路方消息：十七日晚间又有兵车十八列，由榆络绎西开。

【南京十七日下午九时三十分专电】关东军准备五十列兵车入关，晨有十七列日兵车满载军火及日兵二千余抵榆，又有两列车晨抵津。日在榆设高射炮多架，当地形势严重。

【天津今晨电话】十七日由津开赴丰台之日兵车，计晨八时有载重汽车五十辆，由津沿平津公路西开，满载军用品及军用犬、鸽等；下午一时二十分，有铁闷车十辆，装军用品及载重汽车八辆，亦向丰台开去；晚八时续有载重汽车四辆由津赴丰。

【天津十七日中央社电】日兵车一列，计铁闷子车十一辆，平车九辆，装运载重汽车八辆，汽车一辆，及兵五十余名，十七日午由津开丰台。

【天津十七日中央社电】日军用载重汽车五十余辆，运大批军用品及木梯等，于十七日晨七时由津沿平津公路赴丰台。

【天津今晨电话】津总站海关驻站分卡，于十七日清晨被日兵十余名施行占据，门前悬出"铁道联络所"招牌。铁道外所堆之沙袋等，十七日已移公大纱厂。

【天津十七日中央社电】津总站铁道外日商公大纱厂，现驻日兵四百余人，并在附近筑防御工事，入晚在小于庄等地放哨，左近居民极感不安。日军十七日晨所占据之海关查验所，系在总站，经海关与日方交涉，据称系暂时占作"日军铁道联络所"，迄晚不允退出。津总东两站货厂经日军长期驻守后，每晚戒备益严云。

【天津十七日中央社电】日兵车一列,十七日晨七时五十分由榆关来津,载士兵百余人,有大批军械给养等,均停于车站。此间日军十七日又派三十余人将津浦西站津海关查验所之房舍占据,拟长期驻守西站,用意不明。

【天津十七日中央社电】日军现在津总站者甚众,所有工程处、军用股、调动所及三等候车室,已全由日军驻防云。

【天津十七日中央社电】据闻:日方现有大批军用品,将在塘沽起卸。现在塘沽各华商轮船公司码头,所有各该公司轮船停泊,须得日方之许可,否则日方竟加以干涉云。

【天津十七日中央社电】据闻伪组织军队,在唐山、榆关间已有千人以上。日方在唐山集中军队,将有六千人,作一个根据地,榆秦等地,亦拟增加。津东胥各庄日方刻在建筑飞机场,约一公里见方云。

【本市消息】日驻屯军原在北宁路线者,共约七千七百余人。日来由山海关外开来增援者,不过三千六百人。现据调查,截至昨晨止,在丰台方面约两千六百余人,天津约三千六百余人,北平东交民巷日兵营内,约六百余人,通州一千余人,此外在行动中者约二千五百余人,总数约近一万二千人云。

平郊前晚昨晨续有小冲突

【本市消息】确息:十六日夜十一时许,在吴家村四顷地、郭庄子一带,中日军队发生小冲突,至十七日晨二时始停,四时又有小冲突,约十分钟即息。据蒋家坟农民云:夜间冲突,日兵死亡二十余名,今早(十七日)彼亲见日兵将死尸运往丰台,闻我方亦有伤亡。

【本市消息】确息:十六日下午有日兵九百余名,由津赴通,经武清县安平镇宿营。十七日上午四时日兵借口听见枪声,将该镇保安队枪支缴去三十余支,并将分队长王宪文带往通县。

【本市消息】十七日上午各方报告如次:(一)十七日晨一时半,大井村方向有枪炮机枪响声,约三四分钟。(二)晨八时东车站有日便衣十余人,乘八时车赴津。(三)晨七时有日兵百余人,押运载重汽车二十九辆,满装弹药及汽油,由津沿平津大道向通州方面前进。(四)十六日下午八时,有日兵十人,押铁棚车九辆,上装军用品,平车一辆,上装载重汽车二辆,由津来平。

【本市消息】十七日各方续报如次:(一)上午九时有日武装兵四十人,乘邮便汽车两辆,押运载重汽车二十四辆,内装弹药及木梯,由津向通北进。(二)下午一时有日兵三十余人,押火车一列,载军用品由津开丰。(三)日兵四百人,十七日晨到通,驻师范学校内,通县南门、东门、北门有防御工事。(四)上午九时西五里店附近,日军步兵增百余名。(五)大井村西端石碑坊下,上午十时日军增加五六十名,该村东端同时亦增加五六十名。(六)大瓦窑村东端之枣园地方,日军存放弹药甚多,日兵二十余人看守。(七)十六日下午,天津老站保安司令部驻站副官孙来闰及北宁路局职员三四人,被日军带往日兵营,十七日向之交涉,尚未释放。(八)津新车站日兵六七人,将津海关检查所占据。

【本市消息】确息:卢沟桥事件发生后,卢沟桥城并铁桥、石桥,以及大瓦窑以西,大井村以东地带,为我军原防地,现仍为我军驻守,惟因大井村方面尚有日军。平汉线被破坏之轨道未易修复,以致外间颇有误会,殊与事实不符云。

<h3 style="text-align:center">怀柔密云日军开抵高丽营</h3>

【本市消息】十六日下午六时,高丽营有日军三十余人,又板桥有日军百余人,均系由密云方向开来,有无后续部队,尚待续报。又日军汽车四辆,官兵五十余人,昨晨一时由怀柔到高丽营。又小汤山东北十三里辛城地方,发现穿白布褂裤者八九十人,着黄衣者二人,携轻机关枪四挺,掷弹筒两支,手枪四十支,驻小汤山我军已严密把守。

【本市消息】据确讯:(一)密云现住日军三百,分住民房内,并将商家及居民存储食粮全部封存,禁止外运。怀柔现驻日军二百余名,商民存粮,亦均被封。(二)日军马、步、炮二百余名,昨(十七日)由古北口经怀柔到高丽营西关,挖掘战壕,备防御工事甚忙。(三)高丽营以西王家峪(属永宁四海界),十六日由口外窜入便衣土匪百余名,在下西甫村绑去肉票十余名。昌平界桃李村茶坞地方(小汤山北十余里),到日军五十余人,与小汤山驻军对峙中。

《华北日报》,1937年7月18日

<h3 style="text-align:center">大局渐到最后阶段(节选)</h3>

津方折冲迄昨仍无具体结果
日本政府决定促进华北交涉
大批日军续由国内开来

【南京十七日下午九时发专电】日来天津方面中日当局之折冲,外间虽多风说,但迄目前止,确尚未有具体结果。就大势言,现在除英美已发言及国际间对中日局势增加重视外,显有沉闷之感。又关系方面顷接牯岭来电,蒋委员长对宋哲元氏个人极信任。此间有力者对本报十七日社评第三一节尤多同感,盖相信宋哲元氏为公私打算,均须与中央一致,始有坦途也。

【南京十七日下午十一时发专电】二十九军驻京代表李世军十六日晚电津,综述政府、国民对于华北时局之意愿及对二十九军全体之期待,并以社会对于外人宣传天津中日两方交涉情形,询及谈判真相。十七日晚得复电,大意谓现在两方谈判仅以解决地方局部冲突及两军自行撤回原防等为目的,范围绝小,并谓迄今为止,仍在往返交换意见中,未有任何具体的决定云。政院会议下周起仍在京举行。

【本市消息】卢沟桥事件交涉,昨因日军部人员忙于为已故前日驻军司令官田代治丧,并无接洽,大局关键在今明两日。

【北平电话】丰台日军已达二三千人,近日赶筑工事甚忙,每日于下午六时即开始戒严,断绝交通,并在各民房架设机枪,人民早逃避一空。

【北平电话】官方公布消息,十六日下午四时,日兵九百余,由津开赴通县途中,在安平镇停宿一夜,十七日晨借口枪声,将当地我保安队枪支三十枝缴去,并将我分队长王宪文带走。平市昨日戒备甚严,各要路口加紧防护。

【北平电话】官方消息,十七日上午各方报告如次:(一)十七日晨一时半大井村方面有炮声、机枪声,约三四分钟。(二)十七日晨八时东车站有日便衣十余人乘八时车赴津。(三)十六日下午六时高丽营有日军三十余人,又双桥有日军百余人,系由密云方面开来,有无后续部队,现待续报。(四)日军汽车四辆,官兵五十余人,十七日晨一时由怀柔到高丽营。又小汤山东北十三里辛城发现穿白布褂裤八九十人,着黄衣者二人,携轻机关枪四挺、掷弹筒两只、手枪四支。驻小汤山我军已严密把守。(五)十七日晨七时有日兵百余人押运载重汽车二十九辆,满装弹药及汽油,由津沿平津大道向通州方面前进。(六)十六日下午八时有日兵十人押铁棚车九辆,上装军用品,平车一辆,上装载重汽车二辆,由津来平。

【保定十七日下午十时发专电】今日情形:(一)丰台日军除在赵家村设立机场外,并在丰台迤东辟小型机场。(二)五里店南看丹村,十七日晨到日军坦克二辆,掩蔽高粱地中。(三)日铁甲车今晨由津向丰台集中,丰台卢沟桥间铁道再度被破坏。(四)十七日晨日轰炸机二架,侦察机一架,绕飞永定河两岸甚久。另悉日机三日前曾以机枪向我军扫射。

【中央社南京十七日电】日本政府近拟动员四十万,向我国作大规模之侵略,除五个师团已奉令开拔外,尚有大批部队由日本国内外各地继续出发。现更陆续征集预备队入伍,听候派遣,并有大批军火及军用品向平津一带源源运送,坦克车数百辆已日运出,飞机四百架亦已飞至台湾候用。又日第二舰队现亦准备开赴华南一带警戒。

【东京十七日同盟社电】政府因华北时局切迫,于十七日晨十一时,在首相官邸召开关系五省会议,到陆相杉山、海相米内、外相广田、藏相贺屋、内相马场等。首将在前次阁议决定之日本之根本方针,再予以确认。因鉴于各般情势,华北之交涉已不容再迁延,决使日本政府更坚定其决意,并商定十八日上午十一时复开五相会议。至午十二时三刻始散。

【东京十七日同盟社电】政府定于十八日续开五相会议后，开紧急阁议，阁议毕后，即由广田弘毅入宫觐见日皇，上奏政府促进交涉之方针及其他事项。内阁书记官长风见章，于十七日下午一时发表称，本日之五相会议，由各相分别报告诸般势后，认为华北之交涉不容迁延，因决定关于促进之办法矣。

天津《大公报》，1937年7月18日

太原青年编志愿军，定今日离并赴前线（节选）
各界慰劳二十九军

【太原十七日下午八时发专电】并市各救亡团体并受军政训练之男女青年，为达救亡志愿，纷编志愿军及看护队，并联合东北旅晋同学高尚林等多人，定十八日离并，乘正太车赴前线参战服务。

【中央社南京十七日电】国立东北中山中学顷电慰宋委员长及二十九军全体将士，有尚望贯彻始终，誓死守土，本校全体师生，誓为后盾等语。

【中央社广州十七日电】粤市党部为日侵宛平，十七日发表告全市党员书，全文悲壮热烈，促市民沉着候命，勿轻举妄动，服从领袖指挥，整齐步伐，以期达到复兴民族之目的。

天津《大公报》，1937年7月18日

世界舆论动员（节选）
抨击日本侵略举动

【中央社纽约十五日电】关于卢沟桥事件，十四、十五两日纽约各大报均著文评论，《纽约太晤士报》云：主张此项冲突为地方事件并主张不得由南京中央政府干涉，乃日本一向破坏中国领土完整之故伎，日本声称开发华北富源亦即侵略之一种，日本今日之所谓近卫意志自由内阁，亦显然为日本军阀所操纵。日本政府之目标究何在，姑不必论，但已使中国人民之自卫心增强，并使欧洲人士之舆论鲜予以同情矣。纽约《世界电闻报》评论云，此次日本军队在中国领土之内夜间演习，颇使人回忆日人在一九三一年之恶作剧，其所提出华北共同防共之要求，更显欲使华北之门户洞开，任其军队驰骋。《纽约前锋论坛》云，今日中国之命运不外二途，或则坐视中国各省相继失陷，或则武力自卫耳。

天津《大公报》，1937年7月18日

日军向宛平开炮

【北平电话】十八日下午四时，宛平县城外东北角之日军复开炮向我城内攻击，我方未还击，击死巡警一人，伤十余人。伤者已由县长王冷斋送长辛店医院医治。炮声约二十分钟始息。

【北平电话】卢沟桥方面十七日夜至十八日上午平静无事，永定河岸之龙王庙、东辛庄、八宝山及堤坝等阵地亦无变化。十八日拂晓，日方又由通州方面增援兵百二十余人，经平市南郊之马村等地径赴卢沟桥日军阵地。

【北平电话】丰台日兵车一列，十八日晨二时许欲开平，路局以未奉命令未允开行。我方为防范计，当将永定门外路轨撤去一段，并严密戒备，以致十八日晨上下车未能按时开行。该日兵车旋即停开，我方始将路轨修复，至九时许已恢复通车。又官方消息，十八日上午各方报告如次：（一）十七日下午三时，日步兵三十余人，由怀柔方向开抵昌平，八时又到骑兵七八人。据称后续骑兵二百余名，已到东门外七八里。（二）大井村，据调查现有敌兵三四十人。（三）小井村迤南道口村，本由我军驻守，十七日上午对方忽开来汽车一辆，我军出视，被击毙一人。（四）丰台车站附近营团子，有日兵一千余名，坦克车七辆。（五）七里庄、兆沟、李庄子、金庄村、看丹村、韩家庄、康家庄、王家庄、皂甲村、东管头、刘村，皆有日兵，共千余名。（六）日骑兵分四班，每班四人，每日由丰台到岳家楼八爷坟一带侦察一周。

【北平电话】日人二名乘汽车一辆，上载大小包裹数件，十八日晨十时许，不知由何处开抵宣武门外，疾驶入城。我守门驻军见彼等形迹可疑，当令停车检查，该日人不服检查。我军即将该城门关闭，约半小时许，二日人始去，城门乃启。

【北平电话】日军沿大井村东马路（平卢大道）南北两翼均已构筑工事，仅中间可通汽车，四周田苗悉已割去，方圆约在百米左右。该村驻有日兵约百余人，出没无常。

【北平电话】丰台街中大兴栈、中和栈均驻日兵，入夜沿街放哨，检查行人，断绝交通，并分派哨兵四出搜索，天明始解除。

【中央社南京十八日电】据京中十八日晚接平电称，综合各方情形观察，中日局势现已届重要阶段，和平声浪虽高，但似系日方缓兵之计。日兵仍源源由津西开，增厚丰台实力。日机十八日晨有六架，分为两队，在高空侦察。闻平市东郊被日军拉去之民夫约在八百人左右，均被送往丰台，强迫运输。通县十六日城外潞河中学附近亦有日兵驻扎。北平市内情况如昨，惟各冲要街道已堆沙包障碍物者则加高增厚，未堆者亦正赶紧堆积。中航机每日仍照旧开行，但十八日北上机已停青岛，传系天气不佳。欧亚平港机十六日飞平，原班期应为二十日南飞，但已提前于十八日晨飞并，待二十日再飞港。据天津来人谈，烦闷之时局，最迟在本月二十日必可揭晓。

天津《大公报》，1937年7月19日

日在北仓强筑机场

卢沟桥事件发生后，东局子惠通公司飞机场，成为日军航空根据地。连日停留日方飞机达四十架之多。日方以机场不敷应用，亟欲拓辟新场。天津县境北仓铁道东刘安庄昨日到汽车一辆，并降落飞机一架。日人数名步行一周后，找向当地农民周学世谈话，问每亩青苗值价若干？谓拟租地，并托代雇工人五百名，即行开工平填云云。周学世答称，本人并非村正副，不能应允。该日人等旋乘汽车及飞机离去，事后该地农民，颇为恐慌。七月十七日上午八时，该庄乡长周学斌来津，向天津县政府报告，由县长陈中岳接见。周谓现在阖庄农民数百户，无一愿将农田租卖外人者，更无人愿受外人雇用，作为民夫，代外人平填场地；如该地被改为机场，则数百户无法安居乐业，势须完全迁出，请求县府交涉制止云云。陈当答以已向上峰呈请劝阻，决为农民谋保障。该乡长当返刘安庄。至下午二时余，有日人五人、华人七名，乘汽车四辆前往该庄（四汽车两辆系惠通公司所有，两辆系福昌公司所有），向我农民接洽。五日人中，一人自称神古，一人自称田中，均操华语。华人则自称系工头王开三等，谓场址东西需六百米突，南北需八百米突，约合五顷有余，租买均可云云。津县第二分局官警闻讯赶至，劝该日人等离境。该日人等则宣称，此地甚适合，你们必须让出，拟即日兴工，定五日内完成云云。步行数周，始乘汽车驶去。县府得报，昨又呈报冀察政委会及外交委员会请予制止云云。

《卢沟桥》，前导书局1937年版，第192—193页

第二次"和平"谈判的进行

十一日下午七时，中日已口头约定即日撤兵。但于八时许又实行开衅，战事延至十二日上午十时许始息。中日当局于炮声隆隆中，在平市会议通宵〔宵〕，至十二日上午五时左右始散。据当局表示，中日立即撤兵。同时北宁路各次列车即晨起完全恢复常态，多日半开半启之前门，即晨起亦完全开启。关于和平解决之内容，传说不一。闻中日最初所争执不决者为一形式问题，即日方主张签立协定，我方则主口头约定。至十二日晨外间盛传已经签字，其时间为上午五时，协定之条文，大都为揣测之词。大致为宛平及其附近划为非武装区，宛平城内驻保安队一百五十名，不能携带武器，惩处宛平当地负责之军事长官（团长吉星文），华北中日经济合作，取缔抗日运动，实行共同防共等等。惟此均为外间传说，当局方面，则极力否认签订任何条件，仅承认有双方撤兵之"口头约定"。当局虽谓

已口头约定双方立即撤兵，参加交涉之重要当局如陈觉生，于十二日上午十一时离平时亦谓和平已完全实现，日军即日撤退，入关之日本关东军当即开回。然关东军十二日仍向天津前进中。宛平附近之日军，迄记者执笔时仍未撤完。

记者十二日上午七时，偕同业四人，乘汽车赴前方视察，出彰仪门，沿平宛公路前进。沿途景物如常。过小井村后不久，行抵刘家口，即发现日军岗位，经盘查后，派一武装兵士登车偕行。过大井村、五里店，达距宛平约一百米处之大瓦窑，全由日军占领，步兵、炮兵、骑兵在三队以上，不惟无撤退模样，且将已装车之行装向民宅卸运，并装军用电话。日军防地内，路断人稀，农民逃避一空。大瓦窑有日记者一人，据称"中国无诚意"，日军须俟华军撤退以后，方能撤退，和平尚无把握。其意似为永定河以西之华军亦须撤退，所谓非武装区不仅限于宛平县城也。过大瓦窑即为丰台、卢沟桥间平汉支线之涵洞，过涵洞即无日军。行数十步，宛平县城已在望。记者等车抵距城门约二十米处，城上保安队即阻止前进。城门仍关闭，显出一种极凄惨的景象。记者等未停留即回车东返。

我军与日军不同时撤退，不知系双方之约定，抑系日方违约。无论在任何情形之下，均证明目前之和平并无巩固基础，即签订协定实有其事，亦不能保证日军不再发生其他行动。如日方愿扩大，随时均可扩大，任何协定与约言，只能约束中国，不能约束日本。《塘沽协定》时所划之非武装区，中国军队不能驻扎，日本军队则可自由行动，即为一例。总之，日本军队一日不撤，吾人不能认为和平已经完成而抱乐观态度。中国军队在日军无理由的压迫之下，自难免不发生其他事变也。（《港报》，1937年7月18日）

《卢沟桥》，前导书局1937年版，第154—156页

"和平"烟幕下之日方增兵

卢沟桥事件发生迄今，日军一面向我军射击，一面与我方谈商和平，以为缓兵之计。情形日松夜紧，虽三度约定双方撤兵，卒因日军之不守信义，而愈演愈趋恶化。日兵亦愈增愈多，驻朝鲜川口师团已开抵天津、丰台、通县各地，共增加达二万人。北宁铁路、平通公路以及丰台、卢沟桥间，均满布日军。通县西门外之八里庄、宛平大井村、小井村以及丰台附近，均已掘挖战壕，埋置地雷，加设大炮、机枪，汽车奔驰，尤为繁多。而驻广岛之第五师团，亦陆续输送来平。据熟悉日本情形者谈，日方每次作战，均以第五师团为前锋。并以该师团有"长〔常〕胜军"之称，故深迷信之。此次该师团开来后，恐战机不能避免矣。据日方称，到丰台日兵已万五千人。其余冀东二十二县，均满布日军，伪保安队概逐于城外。

和平交涉，初在北平，由张允荣、周永业、林耕宇等，与日方之松井、中岛、樱井等接洽，时时翻覆。嗣由日方提出无理要求，自属碍难接受。然在此种恶劣情势下，疑虑自不

无可能，于是日方乃宣传我方已接受其条件，实则并不可信。旋宋哲元由乐陵原籍返津，邓哲熙、陈觉生等先后由平到津，于是交涉重心，移至天津。近日来虽有接洽，惟所谈者，仍为停战、撤兵两点，如此点做到，再谈其他。此固我方所希望，讵日方则始终不放弃其冀察"特殊化"之妄想，故一般观测，和平谈判，亦不过尽人事而已。困难渡过，实大不易。即万一和平暂时能成，亦难得好结果，以其中情形，必不堪设想也。（《新闻报》北平通讯）

《卢沟桥》，前导书局1937年版，第184—185页

大批日军昨开抵津

人数约三千左右，今晨将续有开来

【本市消息】日军兵车络绎来津，昨日共有八列开到，人数约三千左右。计晨九时二十分一列，有日兵三百余名，铁甲汽车七辆，坦克车两辆，铁闷子弹车五辆；十时三十分一列，日兵二百余名，挂车二十六辆，满载军用品、高射炮等物；十时五十分一列，有日兵五百余名，铁闷车四辆，满载军用品；十一时二十分一列，有日兵五百余名，军用品极多；下午一时五十分一列，七时十分一列，十时五十分一列，十一时五十分一列，人数物品均不详，内有一部骑兵。上午十时许，日兵车一列，铁闷车十辆，普通车八辆，由津开赴丰台。上午八时，有载重汽车二十五辆，满载汽油、食品，由海光寺兵营开出，沿平津公路赴丰台，下午七时许，空车返回。东站、总站情形如前。东站日兵增加，便衣华人禁止停留站内，又设一兵站总司令部，专司调度车辆事宜，更将头二等候车室占据；总站外公大纱厂内，驻有日工兵三百余人，并在津浦路旁搭大席棚一处。又据交通界消息，今晨将再有四列车开来。

【本市消息】日军连日在塘沽积极布置，前日通知沿河之井陉矿务局驻塘办事处及其他公司多家，限于本月二十二日前将场地及仓库让出，以供应用，并请井陉将存煤迁移。

【北平电话】据确息：（一）日兵车十六列由榆开动，十七日已有三列车转津，每列载日兵约三百人，军用品数闷车；十八日上午十一时又开到一列车，日兵数百名；下午三时续到一列，带步兵约五百名，骑兵约百名，载重汽车五辆。（二）十八日上午十一时，日兵五十余人押载重汽车十五辆，由津到通；又十八日晨七时许，通县续到日军步炮联队约千余人。（三）十八日下午二时半，日兵车一列由津开丰，日军十余人押运铁闷车十辆，满载军用品。（四）日兵十余名乘载重汽车一辆，十八日下午三时到宛平县界郭公庄一带侦察地形，又在龙王庙永定河岸砍树一株，以作暗记，用意不明。（五）榆唐等车站一带民房，

全被日军圈占，一律驻军。（六）十八日晨七时许，日兵二十余名，携机枪十六挺，轻机枪七十挺，重炮八门，山炮十六门，载重汽车六十辆，由津抵通。（七）十八日上午十一时，日军六十余名押载重汽车二十一辆，满载弹药、汽油等物，由杨村开往丰台。

【北平电话】日军步、骑、炮约千人，分乘六轮大汽车六十余辆，携子弹军用品车百余辆，于十八日晚七时许由津沿平津大道抵通县，稍息即开往古北口，并在密云、顺义、怀柔各县沿途布防。

天津《大公报》，1937年7月19日

日人将强租北仓农田辟飞机场
需地五百亩，津县府呈请制止

【本市消息】日人拟在北仓刘安庄拓辟飞机场，已志前报。前日上午十时，该庄乡长周学斌来津，向县府报告，由县长陈中岳接见。周谓如该地被改为机场，则合庄数百户，无法安居乐业，势须完全迁出，现在合庄农户无一愿将农地租卖外人者，更无人愿受外人雇用，作为民夫，平填场地，请求县府设法交涉云云。陈当答以已向上峰呈报，决为农民谋保障。该乡长周学斌当返刘安庄，惟至下午二时余，即有日人五名，搭汽车两辆（上有"惠通"字样）前往该庄。五人中，一人自称神古，一人自称田中，操华语，找问该庄农民，谓场址东西须六百米突，南北八百米突，约需五顷，租卖均可云云。津县第二分局官警闻讯驰至，当称奉县长陈中岳谕，此系农地，决不能允许改作飞机场。该日人等因无结果，步行数周，始乘汽车驶去。据闻县府方面，除向省政府呈报外，又向冀察政委会及外交委员会，请求制止。

【本市消息】日军人二人连同惠通航空公司日籍职员冈部猛等，于昨日下午二时，乘汽车同往天津县政府，请求劝导北仓刘安庄农民，将农田出租或出售，以备日方建筑机场之用。经县府日文秘书李经方接谈，云县府对此碍难协助。该日人等旋即赴刘安庄，闻日内将自动兴工云。

天津《大公报》，1937年7月19日

大势今明日见分晓
宋哲元昨访晤香月有所商洽
日方照会我外部提两项要求
外部抗议日机射击平汉车

【南京十八日下午九时发专电】关系方面十八日午接冯治安、秦德纯来电，首述日军继续增兵及布置情形，次谓吾人固祈祷和平，但果至不能保持和平时只有为自卫而备战，外传种种及敌人挑拨离间之宣传，请勿置信。就此电观察，冯、秦殆亦不信目前天津谈判终能成功也。

【南京十八日下午九时发专电】日本大使馆参事官日高十七日晚访外交部，递一备忘录，闻其内容分两点：（一）要求停止挑战之言动，盖因我照会《九国公约》签字各国及德俄两国，企图阻止我对国际间之活动也。（二）要求我政府容许地方交涉，措词略含威胁意味。我政府因早抱不求战而决心应战之定见，虽觉日方照会之无理，而并不过分重视。十八日晨外交部集会，就该照会加以研究，外部对此项备忘录，如十八日夜赶不及，将于二十日答复。一般相信上述照会即为日高十七日所接日政府训令之内容，日政府之真态度，于此可见一斑。又日武官大城户十七日晚六时对何部长提出之条件，何亦将作一答复。又闻王宠惠外长十二日接见日高时，曾向日高提议撤兵，迄未实现，日内或将再向日方提议，务盼日本省悟保持和平之重要，速自解铃云。

【本市消息】卢沟桥事件在津交涉，截至昨晚尚无显著之进展，但据关系方面宣称，亦未恶化。宋哲元昨日下午一时曾偕张自忠会晤香月及桥本。

【中央社东京十八日路透电】《日日新闻》称，香月十七日已向宋哲元提出接受日方条件之要求。

【中央社南京十八日电】连日平津形势表面似稍缓和，但军事方面日方征调大军有进无退，外交方面日方亦步步进逼，故三数日来中日形势可谓已到极度严重关头。十八日虽值星期，外交部亚洲、情报两司人员仍日夜办公，而行政院各部会长官亦于上下午在外交部王部长官舍连续会谈，商讨应付时局办法，并时与在庐当局通话。

【南京十八日下午九时发专电】高宗武奉命赴庐，转陈一切，定十九日晨乘航机飞浔转庐山，谒蒋院长，有所请示，三二日内即返京。

【中央社东京十八日电】今日五相会议历一小时，十二时半开紧急阁议，通过该会议决定办法。阁议后，广田、杉山、米内同谒近卫，为重要协议。日方对最后阶段各种准备似已完成，只待时局之开展。

【中央社东京十八日电】十八日晨外相广田召外次堀内、东亚局长石射商议，十一时复开五相会议。各报皆称华北时局已达最后阶段。

【中央社东京十八日电】五相会议后，仅发表关于华北交涉经过，更为各种接洽而已，又决定如有必要，随时皆可召集会议。

天津《大公报》，1937年7月19日

《九国公约》如何生效
国际间正交换意见
外部向各国阐明态度

【南京十八日下午九时发专电】我驻外各大使以备忘录致达《九国公约》签字国，说明日军在华北之威胁后，十八日均有电到京，报告与各该国详谈经过。至该约主旨在尊重中国领土主权之完整，各国对日军在华北之违约行动，将如何使公约不减损其威信而生效力，现正由国际间互相交换意见中。又外部十八日复电告我驻外各使领馆，对华北现势及日军源源增兵情况详细说明，对政府所持态度亦有所阐明，俾随时公布，庶使各国关心远东事件人士周知。

天津《大公报》，1937年7月19日

我有劲旅二百万不轻易消灭
日统治者正驱策其国家入冒险途径
日欲灭亡中国断非轻而易举
前越督范连尼评论中日事件，劝日本省悟悬崖勒马

【巴黎十七日中央社哈瓦斯电】前任越南总督范连尼，最近曾赴中国各地考察，顷在《巴黎晚报》发表长文，就中日纠纷之起源，及其国际的影响，有所论列，略称：日本虽曾力谋避免坠入德国术中，然今仍不免落入德国之圈套矣。日本被卷入于三角同盟（按即指德、意、日三国），其所担当之任务无他，仅在牵制苏联一部分兵力，使其驻定远东而已。盖此际欧洲政治局势，异常复杂，大战有随时爆发之可能，故德意两国，乃欲利用日本以分苏联兵力，此就最近苏联与满洲边境之事端，可以证之。日本既蓄志蚕食中国，乃先在苏联境边，作声东击西之计，苏联倘出而与日本作战，则其在欧洲之地位，将因而削弱；反之，苏联倘不加干预，则日本将益无所忌惮，以征服华北之全部，而日后大战爆发之际，日本可拥有巩固根据地，以对俄作战矣。抑日政府前曾准备就日军占领北平周围之问题（按当系指冀东伪组织问题）与中政府谋友谊之解决，然以现内阁完全听命于军部，以致解决无从着手。日本军部蓄意控制全国政权，故于本年春间，迫令政府下令解散议会。四月三十日议会改选之结果，证实日本民意不直军部之所为，然军部并不因此而就范，驯至日本外交政策，均出自军部之授意。去年日德反共协定，实际上并未经日本外交官之手，而系由军部代表所签定，因此，就目前事变而论，向中国所放之大炮，是否系由柏林所发射，诚令人不能无疑矣。范氏继称，此次日本行动，势将遭受中国方面认真抵抗，盖一则中国具有无穷尽之潜势力，二则目前中国之行动能力已非数年前可比。就中国军队而

论，近年以来显然大有进步，此在"一·二八"上海战争中，日本固已深感中国军队之不可轻侮矣。假令日本必欲轻于一试，则势必促成长时期之战争且困难重重，耗费不赀，其最后结果，日本必将以重大之代价，获得一种教训。此教训为何？中国有四万万人民，且有二百余万久经训练设备完全之军队，欲加以消灭，断非轻而易举是也。最后，范氏说明法国之观点，则谓法国绝无任何反对日本之成见，惟吾人固有万分理由，相信中国具有和平意向，中国绝不欲威胁任何他国，其所孜孜以求者无非在于民族复兴之工作，此吾人所以不禁向中国深表同情也。总之，日本国民倘能明了其目前之统治者正驱策其国家以入于冒险之途径甚或崩溃之途径，则庶几回复清平之理智，而为悬崖勒马之计乎云。

刘汝明派员抚谕日侨安居
日侨离口者仍甚多，传日内将完全退出

【张家口十七日下午十二时本报专电】察主席刘汝明，为保护驻张家口日侨民安全，十七日派员分赴日侨商逐家抚谕安居，惟日侨返国，系奉有命令，离口者仍甚多。按张垣日侨共计六十四户，三百余人，传有三日内完全退出说。十七日午刻，日在乡军人齐赴日领馆集会，内容不详。又据口外消息，张北城内日侨眷属，截至十七日止，已完全送往东北。

【青岛十八日下午十时本报专电】胶路沿线之日侨及朝鲜人，连日乘车来青者约有数百人，其中以妇孺居多，有一部分十八日已搭轮返国。

谈判有进展
待商事件仍甚多

【本市消息】卢案交涉，双方昨日再度会晤，同日双方最高负责人员，亦有一度寒暄式之会见。至昨日止，在表面观察，交涉似已获得结论，实际待商之问题仍甚夥。我方参预会商之人员，昨晚续有研究，至东京及北平两方所传决裂之说，则确无其事，半官方面申述于吾人者，为"交涉并未决裂，但亦并未解决"。所谓未解决之事件，恐为双方之履行问题。宋委员长以自籍返津之后，适在卢案爆发之余，军政万端，均待亲自料理，定于今晨七时由津赴平，专车昨晚已升火待发，一部交涉人员随行赴平，一部留津以便随时与对方接洽。全部问题，已至揭晓不远之主要阶段矣，但前途是否再起变化，尚不可知云。

【北平电话】宋哲元定十九日晨返平，专车已升火待开，关于和平交涉，仍由张自忠与桥本折冲中。

【南京十八日下午十时本报专电】华北大局逆转后，中央仍以和平为主旨，电令华北当局与日方折冲。闻中央对日政策已定，如日军再来攻，决出应战。秦德纯电京，表示对此次与日交涉，无所屈服。

【本市消息】卢沟桥事件和平解决空气益浓，官方认为中日双方连日折冲已有进步，似已趋于解决之途径，大局在一二日内即可望初步告一段落。

【上海十八日中央社电】日武官喜多，十八日夜十一时车晋京。

【南京十八日下午十一时本报专电】王宠惠、何应钦、蒋作宾、吴鼎昌、俞飞鹏、王世杰、刘瑞恒、徐谟、陈介等，今晨九时在外部官舍举行谈话。王宠惠对近日平津日军行动及外交情势，有详细报告，并谈及应付方法，至十二时一刻始散。高宗武奉命定十九日晨乘机飞浔转庐山，晋谒蒋院长、汪主席等，有所报告，并请示一切，在庐勾留二三日返京。我驻外公使，以备忘录致《九国公约》签字国，说明日军在华北之威胁，今各使均有电到外部，报告与各该国当局晤谈经过。各国对日军在华北违约行动，将如何使《九国公约》不致坠落威信，现正互相交换意见，不久将个别发表外交声明。

天津《益世报》，1937年7月19日

美人关切中日纠纷，罗斯福曾召见赫尔有所商讨
远东问题苏联不能置身事外

【华盛顿十七日中央社路透电】罗斯福今日为远东局势，尤其涉及美国中立法一节，特召国务卿赫尔至白宫，互相商讨。事后赫尔语人称，华北危局，刻尚在严重中，但在已往二十四小时中，并无新变化，故美国尚无需采取明确之决定或政策，赫尔复称，彼日昨所公布之政策宣言，已获得美洲其他二十共和国家之赞助云。

【上海十八日中央社电】哥伦比亚广播电台，以美人对于华北中日纠纷，异常关切，特请前《大陆报》总经理兼总主笔董显光，于十八日晨六时三刻，在沪演讲中日问题，转播全美，并由外交部广播电台，播送国内各地。

【莫斯科十七日中央社哈瓦斯电】中国蒋大使顷以中国外部所提，关于华北中日纠纷之节略一件，面递外委李维诺夫，事后蒋发表谈话，加以解释，谓中政府之节略，系同时递交《九国公约》各签字国政府（惟日本除外），苏联并非《九国公约》之签字国，然亦向其递送节略，则以任何有关远东之重要问题，均不能听任苏联置身事外，而漠不相关也，惟中政府若仅向苏联递送节略，则一般人或将在政治与思想上，有所误解，中政府同时以节略送致德政府，即为避免此种误解云。

法报评论美国态度

【巴黎十八日中央社哈瓦斯电】此间各报顷就美国对于远东时局，所抱犹豫态度，加以评论。急进社会党《事业报》称，美总统一俟中日发生战争时，或当实施中立法，而不任日本从中取便。盖以日本遣派本国船舶，并用现金，向美国购买货品事实，较中国为

易取，虽然，此恐不足以难日本，该国仍可在数星期后，遣派船舶前往美国购买各种货品，用以对付中国。罗斯福左右人士，乃为说曰中立法所载条文，不一而足，美国亦不乏法学名家，力能予以解释，俾罗斯福可阻止。美国传统的敌人即日本，勿任取给于美国，并勿任其组成拥有人口二万万之帝国，借非然者，此一帝国成立后，不出数年，即可与美国一较短长也。似此关于中立法实施问题，罗总统未来之行动自由，当以总统如何运用定之明矣。左派《共和报》称，保持东西和平唯一方法，厥为各大国，尤其是美国，出而干涉，因而吾人对于华盛顿方面之举动，亟须密切注视。罗总统闻亦甚为焦念，兹欲强令日本悬崖勒马，美国实优为之云。

【伦敦十七日中央社哈瓦斯电】星期《泰晤士报》，顷载社评，题曰《远东之战争》，略称：中国所发生之事件，外方世界断不能漠然置之，则以中国以外各国在中国均有广大之利益故也。吾人今必须热诚希望现在天津进行之谈判，最后结果，成立一种通融之办法。东京政府，已保证目前局势无日趋恶化之足虑，吾人固竭诚盼望事实证明此种保证之准备，但最后结果，要当使中国方面不至有损威望而后可也云。

《华北日报》,1937年7月19日

中日最近形势已到极度严重关头

日机多架昨先后来平侦察

【本市消息】日机两架，昨晨九时半，由通县起飞，经东郊向西南飞去。上午十时许，有日机六架，每三架为一队，先后由东南方飞来，高约三千尺，在平市上空盘旋侦察颇久，旋向南飞去，十一时半抵南苑，飞行较低，侦察十五分钟后，向丰台方面飞去。下午三时又有日机一架，飞平市上空侦察，旋飞经南苑向东北方飞去。又昨晨六时四十分，有日机一架，未经平市，径赴南苑侦察，飞行极低，盘旋二十分钟始飞去。

日方征调大军有进无已

宋与香月昨午在津晤面

中央对日政策已决定局势即开展

【南京十八日中央社电】驻朝鲜日军第十九、二十两师团，亦奉令开拔。现第二十师团已全部出发，第十九师团亦集中待命，朝鲜各地日来军运甚忙。又鸭绿江闻已宣布戒严。

【南京十八日中央社电】据悉，大批日本军用物品，连日经朝鲜向平津一带运送，计有炮弹二千五百箱，与其他军火共装十六车，马匹十八车，野炮十车，此外尚有坦克车、高射炮、载重汽车，及拆卸之飞机等物甚多。据息，朝鲜银行，因日本大军源源向我国开动，拟在天津、青岛两地发行纸币五千万元，以供军用。

【南京十八日中央社电】据确息：日本驻朝鲜日部队约万余人，现分乘兵车数列向我国开拔，朝鲜各地十四日起已奉令实行防空。又日本军用飞机亦连日由朝鲜出动。据息，上海现共有日本在乡军人四千，备有武器者一千五百人，近借口保护在沪日侨，每日分区警戒。又日本野战炮十五尊，现运至上海。

【天津十九日中央社电】赵登禹十八日晚由河间来津，谒宋哲元，张维藩亦来津。

【本市消息】确息：日新任天津驻屯军司令香月清司到津后，尚未与宋委员长会晤。十八日下午一时许，香月偕参谋长桥本，宋委员长偕津市长张自忠，同在俱乐部晤面，除作初次寒暄外，未谈其他问题。至关卢事侧面谈商，闻现仍在进行中。

【天津十八日电话】日陆军省中国班长柴山，及参谋本部作战课长永津，昨日到津后，当即赴日司令官邸参加田代殡仪，当晚与日军司令官香月、参谋长桥本群及各高级幕僚，会谈卢沟桥事，至今晨四时始散。

【上海十八日下午十时二十五分专电】政息：中央对日政策已决定，局势即开展。

【上海十八日中央社电】日武官喜多十八日夜十一时车晋京。

【东京十八日同盟电】政府以华北情形益告紧迫，事态不许迁延，十八日虽值日曜，午前十一时半开关系五相会议，广田外相、杉山陆相、米内海相、马场内相、贺屋藏相出席。先由陆相关于华北之交涉经过，作详细报告，以此为中心，由各阁员开陈意见，一致主张始终照既定方针，坚持事件不扩大、现地解决主义，促进中国方面履行诺约解决条件，严重监视实行，注视事态之推移，讲处所有场合方法，以待华方之态度。午后零时散会。次除静养中之近卫首相，开全阁员会议，报告五相会议结果而承认之。同用午餐，午后二时散会。

【东京十八日中央社电】今日五相会议历一小时，十二时半开紧急阁议，通过该会议决定办法。阁议后，广田、杉山、米内同谒近卫，为重要协议。日方对最后阶段各种准备，似已完成，只待时局之开展。

【东京十八日中央社电】五相会议后，仅发表鉴于华北交涉经过，更为各种接洽而已，又决定如有必要，随时皆可召集会议。

【东京十八日中央社专电】十八日晨外相广田召外次堀内、东亚局长石射商议，十一时复开五相会议。各报皆称，华北时局已达最后阶段。

【东京十八日中央社电】十八日《朝日新闻》社论，即日对华北应准备全般的解决案，乘此机会谋全面的解决，期可实现多年所期望之明朗状态。冀察所可同意之问题，今亦生疑问，则为打开计，不可不加相当压力。此时应有解决及华北问题两大难关之觉悟，机宜处置，倘有错误，永失机会，亦未可知云。

榆日军续抵津准备增筑工事

【天津十八日中央社电】日骑兵又有数百名，于十八日下午七时十分，由榆关抵津，当即开往兵营，尚有日兵车两列，十八日下午十时四十分及十一时五十分抵津。又日方现增雇大批无业浪民，每日发工资两角，似为准备构筑工事之用。

【南京十八日中央社电】据京中所得津讯，十八日下午二时，津东站续到日兵车一列，共三十一节，载兵约数百人，系榆关来津，闻晚间仍有二三列车续来。

【南京十八日中央社电】据京方所得津讯，由日本国内开出之军队，现已到达东北，有兵车十六列，陆续来津。计十八日晨九时二十五分到日铁甲车七辆，晨十时半到专车一列，共有二十六辆车，士兵约在数百名。晨十一时十五分及十二时许，又陆续开到两列，尚有四列十八日午后将抵津。十八日晨起至午止亦有四列，经排定时间后陆续开来。目前津东车站日军监视益严，所有各次日兵车开到时，车站禁人出入，故列车中日军所到数目，殊难明悉，即路局员司执行职务时，亦受日兵之无形监视也。

【天津今晨电话】塘沽日军顷通知井陉矿办事处、久大精盐公司、招商局、启新洋灰公司等家，限二十二日以前，将场地、仓库让出，以备军用。日方前在塘沽圈占之盐滩，刻均改为机场，停有飞机十余架云。

【天津十八日电话】津日军部，今日派兵一百五十余人，分两批架设天津至塘沽，及天津至唐山之军用电话，每线敷设铜线四条，公路左右各设两条，迄晚工毕返津，当开始通话。

【南京十八日中央社电】此间得津电：津东局子日兵营，现又陆续运到大批砖瓦木器建筑材料，似有扩展营舍及增筑工事模样。十八日上午十时五十分日兵车一列，计挂闷子车十辆，多载军械，平车十辆，由津赴丰台。

日最高司令部设丰台兵营内

【本市消息】丰台特讯：日军最高司令部，现设丰台日兵营内，联队部在丰台西方东五里店，专负西北路指挥之责。丰台街中大兴栈、中和栈均驻有日兵，入夜沿街布哨，检查行人，断绝交通，并分派哨兵四出搜索，天明始行解除。

【本市消息】日军三十余名，昨晨四时许在东郊一带强拉民夫，至晚达千名，均被用汽车送至丰台，据称系掘战壕。农民不愿前往，呼救无应，别妻离子，惨不忍睹云。

【本市消息】驻丰台日军队长一木清直，九日晚受伤，十一日已身死。又日骑炮兵三百余人，十六日晨到丰台，各客栈均被占据驻兵。

【本市消息】确息：日军沿大井村东马路（平卢大道）南北两翼，均已构筑工事，仅中间可通汽车，四周田苗悉已割去，方圆约在百米左右。该村驻日兵约百余人，昼间均在房上或荫蔽地内潜伏，出没无常。

【本市消息】十八日上午各方报告如次：（一）十七日下午三时，日步兵三十余人，由怀柔方面开抵昌平，八时又到骑兵七八人。该日兵向县长勒索洋一千五百元，作修路费，并令准备二百名骑兵草料。据称后续骑兵二百余名，已到东门外七八里。（二）据调查，大井村现有日兵三四十人，附近驼店地方，十七日上午被掳去妇女七名，中一人已逃回，日兵复向该村村长逼索年青妇女。（三）小井村迤南道口村，本由我军驻守，十七日上午对方忽开来汽车一辆，我军出视，被击毙一人。（四）丰台车站附近营关子，有日兵一千余名，坦克车七辆。（五）七里庄、泥湾、李庄子、金庄村、看丹村、韩家庄、康家庄、王家庄、皂甲村、东管头、刘村，皆有日兵，共千余名。（六）日骑兵分四班，每班四人，每日由丰台到岳家楼八爷坟一带侦查一周。

【保定十八日中央社电】长辛店来人谈前方情况：（一）日军现在沿丰台至五里店、大瓦窑、大井、小井、看丹等村与我遥峙，对宛平城仍取包围形势，并沿河向卢沟桥赶筑坚强工事，似最近将有动作模样。（二）日军大捕各村农民，在丰台某村及南赵家村赶修机场两处。（三）日机连日不断侦察，十七日到轰炸机二架，侦察机一架，低飞甚久。看丹村昨到坦克车二辆，有待命出动形势。（四）津铁甲车一列昨开丰，津丰间铁道及卢桥车站均被任意破坏甚重。丰卢附近各村沿途，每数里停一载重车，上架电线联络交通。（五）各村难民纷集长辛店，人口暴增，冯治安令军警联合维持，市景照常。王冷斋坐镇卢城，有时赴长辛店调度一切，即力疾遄返，城防坚固。（六）平汉路局在长辛店组临时办事处，路员并组有防空、防毒及救护队、战地服务团等。（七）当地及良乡、涿县等处连日捕获汉奸甚多，长辛店自强小学校长贾自强充汉奸，被捕已正法。

津日军向丰通运送军用品等

【天津今晨电话】十八日上午八时有载重汽车二十五辆，满载汽油、食品等，由日兵营出发，沿平津公路西开。十时有兵车一列，挂铁闷车十辆，普通车八辆，由津开赴丰台。津总、东两站情形如昨，惟日方又在东站添设"兵站司令部"一处云。

【本市消息】十八日各方续报如次：（一）日兵十余名，乘载重汽车一辆，下午三时到宛平县界郭公庄一带，侦查地形，又在龙王庙永定河岸伐树一株，作为暗记，用意不明。（二）山海关、唐山等车站一带民房，全被日兵圈占，预备驻军。（三）上午十一时许，日飞机六架，由西北飞过回龙庙、衙门口、大井村一带上空，盘旋数分钟向东南飞，旋即经过南苑上空，仍向西北飞去。（四）上午七时许，日兵千余名，携机枪十六挺，轻机枪七十挺，重炮八门，山炮十六门，载重汽车六十辆，由津抵通。（五）上午十一时日兵六十余名押载重汽车二十一辆，满载弹药、汽油等物，由杨村开往丰台。

【本市消息】昨日下午二时三十分，由丰台开来日军用车一列，满载大米、小麦、油、盐、酱、醋、饼干、洋酒等给养，开抵东站后，即用大汽车数辆转运入城，送储东交民巷日本兵营云。

《华北日报》，1937年7月19日

日兵车七列昨由榆到津
大批军用品经朝鲜运来

【本市消息】昨日由山海关来津日兵车五列，第一列上午十一时十三分到津，计车二十五辆；第二列上午十一时五十六分到津，计车二十三辆；第三列下午一时五十六分到津，计车三十一辆；第四列下午七时零九分到津，计车二十八辆；第五列下午十时四十九分到津，计车二十八辆。

【本市消息】十八日夜，津又续到日兵车两列，计：一、十时五十分一列，共二十八节；二、十一时五十分一列，共三十二节，均由榆来津，以骑兵占多数。

【北平通讯】据确息：一、日兵车十六列由榆关开动，十七日已有三列车转津，每列载日兵约三百人，军用品数闷车。十八日晨续到一列，载步骑兵约四百名，载重汽车五辆。二、十八日上午一时，日兵五十余人，乘载重车十五辆，由津到通。又十八日晨七时许通县续到日军步炮联队约千余人。三、十八日下午二时半，日兵军一列，由津开丰台，日兵十余人押运铁闷车七辆，满载军用品。四、日兵十余人乘载重汽车一辆，十八日下午三时到宛平县界郭公庄一带侦察地形，又在龙王庙永定河岸砍树一株，以作暗记，用意不明。五、榆、唐等车站一带民房全被日军圈占，一律驻兵。六、十八日晨七时许，日兵千余人，携机枪十六挺，轻机枪七十挺，重炮八门，山炮十六门，载重汽车六十辆，由津抵通。七、十八日上午十一时日军六十余人，押载重汽车二十一辆，满载弹药、汽油等物，由杨村开往丰台。

【本市消息】昨晨八时，日军载重汽车二十余辆，装载军用品由津去丰，晚六时许十二辆返津云。

【又讯】前日开往唐山之日军铁甲车七辆，昨日上午九时二十六分原车开回天津云。

日机到津共计五十余架
分停东局子八里台
六架昨飞平市侦察

【本市消息】连日日机飞津者，截至昨日（十八）止，已达五十余架，除东局惠通公司机场停有日机三十二架外，八里台飞机场刻亦停有日机十余架，连日时起时落，飞往各地侦察。昨日（十八）该项飞机并结队出动，盘旋津市，并赴西北一带侦察。至北仓刘安庄地方，日决辟为飞机场，以便停放大批飞机云。

【北平通讯】昨（十八日）晨八时许，日军飞机一队，计侦察机两架，轰炸机一架，由津飞来，当在平市上空侦察约十数分钟，即飞西苑一带侦察甚久而去。又昨上午十一时三十分，另一队日机，亦为三架，均是侦察机，由通县飞来，在平市上空侦察后，飞南苑、大红门一带侦察，旋复飞往卢沟桥、长辛店等处侦察，十二时四十分，过丰台向东北而去。

日飞机昨扰乱冀豫

用机枪向下扫射死伤多人，我外交部已提出严重抗议

宋委员长定今日由津返平

【南京十八日下午十一时本报专电】时局仍在沉闷过程中，十九、二十日，为一最重要关键。据此间所闻，天津谈判尚未寻出可以接受和平之途径，对方诚意尤极扑朔迷离。消息灵通方面观察，前途荆棘甚多，而对方总动员准备，业已成熟，和平恐终为积极进攻之代名词，而现在不啻为利用虚作委蛇之一种手段。中枢对现在与未来之应付，早经熟筹，对宋委员长尤极信赖，前数日对方所发出之种种分化空气，谓二十九军与中央意见不一致，而二十九军内部又不一致，经京、沪、平、津往复通电，结果证明是项为含有深刻挑拨离间意义之毒辣宣传。二十九军驻京办事处发言人，今负责声明，中央与地方是整个的，中央所认为不能作者，二十九军在中央领导下之一致行动，绝无分歧。孙维栋今日由津电李世军云，明轩公以平津为华北重镇，决不能轻予牺牲，亦更不能随意放弃，苟有和平途径，决在不丧失主权原则下进行谈判，双方两日折冲，已稍接受。日方所提仍本十一日办法，我方力主不附带其他政治条件。又秦德纯、冯治安、张维藩，电李世军云：现彼我两方，均在积极准备中，在天津接洽，未有具体化，决无屈辱之事。本军抱誓死抵抗决心，京沪谣言，万勿置信。特闻。

【南京十八日中央社电】十八日上午十一时二十分，有日本军用飞机二架飞往河南境内，当过平汉线漳河桥时，适有该路列车正在行进，日机竟以机关枪对该列车射击，当死二人，伤二人。同日十二时，由保定南下之第七十二次客车，当到达河北邢台县（即顺德）属官庄站时，亦遭日机之机关枪射击，伤十余人。又十二时三十五分，某次列车在河北元氏县亦被日机扫射，伤十余人。下午一时，该机经石家庄西飞，旋又飞回，经柳辛站往北飞去。

【郑州十八日中央社电】路讯，平汉路七十二次客货车，十八日晨至高碑店站时（按该站距长辛店约八十华里），日机用机枪向该列车低飞扫射，伤亡十余人。

【南京十八日中央社电】关于十八日日本军用飞机在河南漳河北官庄站及元氏县等

处，用机关枪射击我经过之列车，死伤多人事，外部据报，即日向日本驻华大使馆提出严重书面抗议，认为该军用飞机在我国境内私自飞行，已属不法，今竟开枪射击列车，尤为侵犯我国领土主权，蓄意挑衅，要求该使馆立即转电日本军事当局，严令约束该方军用飞机，不得再有同样非法行为，其发生结果，应由日本负责。至关于此事各种合法要求，我方并声明保留云。

天津《益世报》，1937年7月19日

日机扫射平汉车（节选）

【保定电话】路息，十八日下午一时，平汉路七十二次混合客车行至豫北彰德时，突有日机在上空用机关枪扫射，伤亡乘客七八人。又冀境元氏、顺德方面，亦有日机飞往侦察，并向当地我军用机枪扫射，旋即飞去。保垣十八日正午十二时发现日机一架，长辛店十八日晨亦有日机飞翔侦察。

【北平电话】日机两架昨晨九时半，由通县起飞经东郊向西南飞去。上午十时许有日机六架先后由东南方飞来，高约三千尺，在平市上空盘旋颇久，旋径向南飞去，十一时半，飞至南苑，飞行较低，侦察十五分钟后，向丰台方面飞去。又下午三时日机一架，飞平市上空侦察，旋又飞南苑侦察，最后向东北飞去。又昨晨六时四十分，日机一架未经平市，径赴南苑侦察，飞行极低，盘旋二十分钟始飞去。

【北平电话】十八日晨十一时许，日机六架由西北飞过回龙厂、衙门口、大井村上空，盘旋数分钟向东南飞去，旋复飞过南苑上空侦察一周，仍向西北飞去。

天津《大公报》，1937年7月19日

驻朝鲜日军开拔（节选）

【中央社南京十八日电】据确息，日本驻朝鲜部队约万余人，现分乘兵车数列向我国开拔，朝鲜各地十四日起已奉令实行防空。又日本军用飞机亦连日由朝鲜出动。又息，上海现共有日本在乡军人四千，备有武器者一千五百人，近借口保护在沪日侨，每日分区警戒。又日本野战炮十五尊现运至上海。

【中央社上海十八日电】沪市商会、地方协会、银行公会、钱业公会、航业公会等五公团，为华北谣诼纷纭，十八日特联电宋哲元询问真相，并以公忠体国听命中央相慰勉。又日武官喜多十八日夜十一时车晋京。

天津《大公报》，1937年7月19日

宋哲元昨访香月有谈商

【天津十八日下午七时发加急专电】十八日下午一时，宋哲元偕张自忠赴日界偕行社访香月，谈三十分钟。津局部交涉可得一结果，但大局问题仍待协商。

【中央社天津十八日电】宋哲元十八日下午一时曾偕齐燮元、张自忠等赴日租界偕行社，访日驻屯军司令香月及参谋长桥本，有所商谈。约一小时辞出。闻宋有将于十九日返平说。

【中央社东京十八日路透电】《日日新闻》称，华北日军司令香月昨日已向宋哲元提出接受日方条件之要求。

上海《大公报》，1937年7月19日

宋哲元昨晨到北平

【天津十九日下午二时发专电】宋哲元十九日晨七时半专车赴平。

【北平十九日上午十一时发专电】宋哲元十九日上午九时四十分专车由津抵平，王式玖、邓哲熙、张维藩等偕来。秦德纯、冯治安、石友三及中岛等多人到站迎接。宋下车后，与秦德纯、张维藩同乘汽车返私邸休息。据宋左右谈，在津无何决定。

【中央社天津十九日电】北宁路二十七号桥旁发现炸弹，其时宋哲元赴平。

张自忠19日晚再晤桥本

【天津二十日晨一时发加急专电】张自忠十九日晚再晤桥本，卢沟桥案谈判大致决定。

上海《大公报》，1937年7月20日

前线三次议定撤兵之情形

1937年7月19日

卢沟桥宛平前方撤兵三次议定，双方同时向后移退，以避再起冲突。我方为表示诚意起见，已于昨日（七月十八日）首先实行，恢复八日事变前状态。日军则仅撤退一部分，现大井村等地仍有零星队伍驻留迄未彻底撤尽。双方监视撤兵人员，十五日仍在南郊观音堂一茶馆中未走。据某当局云：此为第一步之避免接触工作。因两军距离过近，最易引起战斗，增加纠纷，现在大体已算办到。不过目下对方大军，正源源开来，其本国动员之师，尚拟向青岛、山东出动，严重之局势，方兴未艾，整个华北之非常时期已经开始，宛平前方之局部停战，已成细微之一隅事情，业已不足重视，无关全局。日方前次所提和平条款，在十一日我方本已委曲求全，尽可能范围内予以容纳，不意其新司令官香月来后，又予推翻。其后，日军复在各处挑衅，引起不断接触，致局面益增纠纷。目下对方之欲望，正随其大军动员而进一步，目标范围，已不仅在平津、冀察。现在重要谈判之中心地已移天津，我方刻虽一面在军事上作重大措置，一面仍在和平方面作最后之努力，在和平绝望之门未关闭前，不惜尽量折冲，以免东亚两大民族同陷于不可挽救之浩劫。惟依现势观察，和平与恶化之比例已成一与百之比耳。

北平四围刻下依然为战云所笼罩，除城内戒严为我方完全警戒区域外，城外包括东南西三郊，宛平、大兴两县，几悉入战时状态。日军根据地在丰台，步炮骑兵合计约四千余人，而以丰台为中心，南迄天津，东迄通州，西迄卢沟桥，所在皆有大小队分布；我军除重兵驻西南所苑外，四郊及大、宛两属亦择要配置。于是双方造成到处对峙互相监视之势，危机四伏，随时随地可以发生接触。连日彰仪门外之大井村，永定门外之大红门，以及宛平境内卢沟等处皆不断有小战事，而往往起于黑夜间，致平市中外人民每夜皆难安枕。盖因两军在各处皆距离极近，只要一方放一枪，或发一炮，对方必起而应战，非互战至一二小时不止，而双方伤亡与子弹消耗之数，遂无从详计。且实际损失之人数，对方较之我方有多而无少。我二十九军敌忾之壮烈有非外间所能想像者。如前夜卢沟附近，我军一哨兵无端被对方击毙，排长出视亦受伤，于是全排奋激，立时冲入对方阵地，短兵相接，大刀四挥，黑夜之间，对方砍伤砍死者甚多。全排归来点名时，缺一十九岁之兵士，当时群以为已阵亡，不意未几该兵竟喘息而回，浑身是血，刀亦砍歪。其一人共砍伤对方十七人，据云半数当时已毙。此兵可谓勇极。此事异常确凿，而我军中类此之无名勇士，尚不知有多少。此等壮烈之勇气并非有人以鼓励而来，纯由自发，苟再加以激励，一般士兵将全成"疯狮"矣。目下以后方日韩军民皆甚慌，前数日前方各处活动之日韩浪人、便衣队已因此渐行敛迹。北平市内军警之戒严法对彼等亦毫无容情，遇有任意强自行走，遇检查阻拦不受制止者，立即绑扣。以是市内浪人、毒贩及一切不法机关，平日耀武扬威，现皆纷纷藏避。日前戒严司令部发通行证，各使馆最多者发四十五张，少者亦三十张，日使馆一张不给，后经其代办加藤再三交涉后，始允给十五张云。(《大晚报》，1937年7月19日)

《卢沟桥》，前导书局1937年版，第180—182页

日兵车四列昨续到津
日租界昨戒备甚严
榆关英军集中津市

【北平今晨四时电话】平市城内三时半以后，又闻炮声隆隆不已，平市当局已严行戒备。

　　【中央社】香港十九日路透电，所有英军除一中队外，现皆由榆关撤退而集中天津。

　　【本市消息】日兵车昨日续到四列：第一列上午九时四十分到，车二十八节；第二列上午十时五十分到，车三十节；第三列下午一时三十分到，车二十九节；第四列下午三时到，车三十二节。

　　【本市消息】日兵车仍络绎不绝，十九日上下午，计开到四列，均装载大批步骑兵，人数约在千余人以上，均开日兵营。

　　【本市消息】津日租界，十九日晚戒备甚严，凡各街要路口，均堆置麻袋，布置工事，长途载重汽车被扣者甚众，均分停于各处云。

　　【北平电话】十九日午一时许，日兵车一列开抵丰台，计挂闷车十八辆，内装有高射炮多门，子弹、军械等甚多，有日兵五百余人。

　　【北平电话】丰台日军一联队约千人，携炮十余门，坦克车、铁甲车十余辆，大车多辆，上载军用品，另有驮子三十余辆，亦系军用品之类，于十九日夜十二时许，经大井村向卢沟桥推进。

　　【本市消息】日军顷又向丰台增兵，于今晨二时，由津海光寺开出，日侨并在界内狂呼送行，旋经过东马路北行，过旱桥，循公路向丰台前进，经一小时始毕。全部计有炮三十余门，机关枪五十余架，马四百余匹，日兵二千余人。

　　【南京十九日中央社电】京关系方面顷接平电：一、十七日晚迄十八日，由关东开来日军兵车十三列，一列停秦皇岛，两列停唐山，另十列抵津，均系徒手兵员，人数未详。二、由津开通县日军千余名，轻重机枪八十余挺，山野炮二十余门，载重车六十余辆。三、日兵六十余名，押汽车六十余辆，满载弹药、汽油等，由杨村开往丰台。

和战关头系于俄顷
外交部昨照会日使馆，约定日期双方停止军事行动

　　【南京十九日下午十一时本报专电】高宗武晨七时乘机飞浔转庐，谒蒋报告公务，并请示一切，留庐二三日返京。喜多晨七时由沪抵京，下车后，即赴陆军武官办事处，召集各武官会议，听取报告，并作重要协商，十一时访问日高，下午四时晋谒何应钦，晤谈。日使馆曾有一节略，前日留于军政部，我未置复。时局重要关键，业已届临，外部今照会日使馆，重申和平愿望，并提议约定日期停止军事行动，一切依外交常轨觅取解决途径。日高接获是项文件后，已立即电川越及外务省报告。闻天津日军外交人员，今晚有一重要协商，决定最后态度。众信是项节略，将为时局好转或恶转之一试金石。日方苟非完全放弃外交途径，必将有一比较切实之答复，我冀和平之诚意，似乎亦已尽到相当程序。东亚大

局是否可不糜烂，完全系于日方最后一念之转移。

【南京十九日下午十一时本报专电】何应钦、王宠惠、蒋作宾、王世杰、吴鼎昌、魏道明、徐谟、陈介等，九时在外交官舍举行谈话，对华北情形有详细协商，十二时始散。谈话时，王曾电庐山报告，并请示一切，各部长亦曾与庐山通话。下午七时，各部长再集外交官舍会谈，至八时半始散。会谈内容，侧重时局应付。

【南京十九日中央社电】政院所属各部会署长官，前移庐办公，嗣因北方时局严重，政务增剧，业已全体回京，积极商讨应付时局办法。兹悉二十日晨为该院例会，决在京举行，届时将由王宠惠主席，闻除讨论一般议案外，对于时局问题，将详商应付方针。

【本市消息】卢案谈判，在宋委员长赴平以前，业已获得一种阶段，今后问题，在如何使双方能切实践。对时局素持乐观之人士观察，就双方均不愿事态扩大一点而言，颇相当信赖局势之好转，并据半官方面声称，"时局情形，日来虽尚在浑沌之中，但顷据确息，目前中日当局，对现局均无扩大之意，因双方奔走交涉后，和平已见曙光。宋委员长昨日回平，当有办法，危局或可成为过去。并闻平汉路前此发生障碍各处，不日亦可完全恢复通车"。昨日下午，市长张自忠，复曾会见桥本。晚间负责交涉人员，并曾一度交换意见，均为一切细节。但据昨晚所接报告，一般形势，在积极转变之中，仍含重重隐忧。日本驻屯军司令部，已于昨夜发表声明称，我军对彼有射击事件，且称有日军官一名已负伤，最后郑重声明，限至二十日正午为止，如再有对彼射击事件，日军决进行积极办法，取有效之制止。总观一般形势，今日殆已到达和战之最后关头矣。

天津《益世报》，1937年7月20日

我决固守最后立场
蒋院长阐明对卢事立场四点
始终爱护和平但抱牺牲决心
外部向日提议双方撤兵

【南京十九日下午九时发专电】日本大使馆参事日高十七日晚对王外长提备忘录，我方于十九日下午已向日使馆致送备忘录。又大城户对何部长提出之件，我定十九日晚答复。上述我方两文件内容，俱保持严正之立场，而措词则颇委婉。又蒋委员长以时局已届最紧关头，十九日夜将在庐山谈话会之演辞发表，全文约一千八百言，词气异常恳挚，大局趋势将视日方对蒋委员长文字及外交部备忘录与何部长答复文件之反响暨许大使返任后与广田晤谈之结果而决定，故二十日、二十一日两日，真为日方是否有意保持和平之最后关头也。

　　【南京十九日下午十一时发专电】行政院各部会长官,十九日晨上午十时及下午五时齐集外部商谈时局问题。续息,外部亚洲司科长董道宁十九日下午二时半赴日使馆访日高,面递备忘录一件,我对日高所提备忘录不另答复。

　　【中央社牯岭十九日电】外部司长高宗武十九日晨由京飞浔,下午二时许抵庐,谒蒋委员长报告外交近况,并有所请示,约留二三日返京。

　　【中央社南京十九日电】日本军用飞机十八日射击平汉路列车消息到京后,各界愤激异常。闻除外部对日严重抗议外,日方如再有此种行动,我方将采取适当措置,将来惹起扩大之事态,责任应由日方负之。

天津《大公报》,1937年7月20日

大批日军由津开丰
今晨沿公路北行,榆关又运来两千

　　【本市消息】今晨一时至三时许,有大队日军步兵、骑兵,由海光寺经东马路向平津公路移动,开赴丰台。

　　【本市消息】本市东车站形势日渐严重,除旅客上下车外,站内禁止便衣人停留及出入。昨日由榆关开来日兵车六列,人数约两千人,重炮、机枪、钢炮、子弹颇多,计晨三时一列,日兵五百余人;四时三十分一列,日兵二百余名,枪炮十余辆;十时四十分一列,共车二十八辆,日兵三百余;十一时五十分一列,挂车三十余辆,兵二百余,满装军用品;下午一时十分一列,挂车二十九辆,兵五百余,骑兵百余,马百余匹;三时一列,挂车三十二辆,满载军用品,人数不详。晚十时许,有空车皮五列,由津东开,赴榆关续运新军来津。昨晨六时、八时,有日载重汽车约四十辆,满载军火、汽油、机枪、小钢炮,分两批开赴丰台,下午六时许,全部空车返津,回海光寺兵营。

　　【中央社南京十九日电】京关系方面顷接平电:(一)十七日晚迄十八日由关东开来日军兵车十三列,一列停秦皇岛,两列停唐山,另十列抵津,均系徒手兵员,人数未详。(二)由津开通县日军千余,各轻重机枪八十余挺,山野炮二十余门,载重车六十余辆。(三)日兵六十余名,押汽车六十余辆,满载弹药、汽油等,由杨村开往丰台。(四)日机六架在卢沟桥上空侦察,旋即南飞。

天津《大公报》,1937年7月20日

日军仍源源开津
步骑兵二千由津赴丰,平市今晨闻有枪炮声

　　【天津今晨电话】十九日由关外到津日兵车共有六列,人数约二千,携来重炮、机

枪、钢炮、子弹等颇多。计晨三时到一列；四时半一列；四时四十分一列，此列共挂车二十八辆，十一时五十分一列，挂车三十余辆；下午一时四十分一列，挂车二十九辆，所载日军除步兵外，尚有骑兵百余名；三时十五分到一列，挂车三十二辆。

【中央社天津十九日路透电】日军仍源源经过榆关开入中国本部，唐山现屯集许多分队，估计前二十四小时内开抵日军，共三千五百名。

【南京十九日中央社电】京关系方面顷接平电：（一）十七日晚迄十八日，由关东开来日军兵车十三列，一列停秦皇岛，两列停唐山，另十列抵津，均系徒手兵士，人数未详。（二）由津开通县日军千余名，轻重机枪八十余挺，山野炮二十余门，载重车六十余辆。（三）日兵六十余名，押汽车六十余辆，满载弹药汽油等，由杨村开往丰台。（四）日机六架在卢上空侦察，旋即南飞。（五）宛平县城以东大井村一带，日军炮兵及障碍物已撤去，造甲村日机场守兵数百人已撤去大部。

【天津今晨电话】十九日晨六时及八时，日军载重汽车四十辆，载军火、汽油、机枪、小钢炮等，先后离津赴丰台。该项空车已于下午六时返津。

【南京十九日中央社电】京中所接报告，日兵千余名，十九日上午七时，押载重汽车二十余辆，满载六批军用品，及炮一门，由津赴丰台。又有空车四辆，十九日午返津云。

【天津今晨三时电话】二十日晨二时四十分，有日军千余人，由津出发，沿平津公路西开。

【天津二十日上午三时四十五分中央社电】日军二千余人，包括骑兵四百，并有炮数门，机枪数十架，二十日晨二时十分，由海光寺日兵营出发，经东马路，过金钢桥，由黄纬路沿平津公路而行，开往丰台。当此日军出发时，一部日侨外出欢送，行经东马路时，高唱军歌，附近居民多被吵醒，迄三时许始全部过金钢桥，沿平津公路西进云。

【天津十九日中央社电】十九日抵津之日步骑兵约达三千余人，系分乘列车到津东站。当此次列车抵达时，日军在车站严加戒备，限制行人，晚开往日租界时，亦在各街道断绝行人往来云。

【南京十九日中央社电】据息：日本关东军部队，近奉令陆续开入榆关，向平津一带增加，苏联边防现由伪国军队接充。据息，日本军用飞机三百架，防毒面具十余万，机器脚踏车二百辆，现由日向天津等处运送。又日本第一师团及近卫师团，近亦各抽派一部分部队，随同其他部队开来。

【南京十九日中央社电】京中所得报告，据天津外人方面消息，日人经营之塘沽运输公司所有驳船，已全部停泊候用，但因该公司所有驳船为数不多，故复向各外商轮船公司雇用，限二十二日备齐，似有准备装运军械来津模样。

【南京十九日中央社电】据天津来人谈，津市公共或载重汽车，均视某租界为畏途，盖凡当此两类车经过时，即有被抓获之虞。其已被抓者，更无发还之期云。

【天津十九日中央社电】津日租界，十九日晚戒备甚严，凡各冲要路口，均堆置麻袋，布置工事，长途载重汽车被扣者甚众，均分停于各处云。

【本市消息】今晨三时后，平市闻有巨炮声数响，并隐约有机枪声甚密，据闻以上枪炮声，均系来自卢沟桥方面云。

日在平津郊外积极建筑机场

【天津今晨电话】日军在津县北乡刘安庄、宜兴埠两地建机场事，现因刘安庄村民坚决反对，已将占地范围大部向宜兴埠地域内移去。十八日有日人到宜雇工，乡民一致拒绝。十九日晨日方已在宜兴埠西北安插标帜，计共占地三十余顷，并雇外村乡民百余，开始割芟农作物，动工建筑机场。当地民众已于下午向县府呼吁救济，县府一面上呈上峰请示，一面饬令乡民勿收租价勿为作工云。

【本市消息】平南来人谈：日兵前在平南约三十里之康庄子一带，强占民地一百三十余亩，准备开辟飞机场后，昨日（十九日）又有日军官兵前往康庄子西北，强占刘家村乡民常洪魁之地七十余亩，张金俊之地三十一亩，张德斌之稻田三十三亩，郭佩芳之地二十亩，樊家村王照之地十二亩，李文至之地十二亩，张之华之地二十亩，共约二百亩，以作扩充飞机场之用。当时自用铅笔，立片面草约，规定每亩地价十元，勒令乡民签字，限定本年底给清，乡民在此强迫之下，莫不叫苦连天。此外前后泥湾农民蒋世兴、蒋世怀、邵桂芬三人之二十余亩地青苗，昨被日兵强行割除云。

【南京十九日中央社电】京中所接报告，天津停留之日飞机，十九日晨有轰炸机三架，向西飞去。

【本市消息】昨日上午八时半、九时十分、十时二十分、十一时，各有日机一架，由东北方飞平，在市区及四郊盘旋侦察甚久，旋飞南苑、丰台、卢沟桥一带侦察，以在南苑侦察时间为最久。下午一时至三时，又有日机两架，陆续飞平市及南苑一带侦察云。

【本市消息】官方公布：（一）十九日由山海关开到天津兵车三列，共载步、骑、炮兵一千七百余名，重炮七门。（二）高丽营于十八日被日兵三百余人占据，十九日并在该地附近赶筑停机场，且抓我壮年农民强为作工。（三）大有庄及清龙桥间，十九日凌晨发现便衣队，向我军射击，我为自卫，当予还击，约数分钟，该便衣队即逃去。（四）据报，日兵由山海关开动者共三十五列车，现已二十七列车到津，余八列车尚在途中。第二十四列车以前，多载军用品、机械、战车，此后则多为士兵。

平市沙袋撤除戒严时间缩短

【本市消息】卢沟桥事件发生后，平市当局为维持治安，当即实行戒严，并在市内各冲要街头堆置沙包，设立岗哨，内外城各城门，除前三门各闭半扇外，余均关闭，以防意外。刻因时局已见缓和，关系各机关奉令，于昨日下午五时前将各要路口沙袋一律撤除，岗位亦撤销，同时除各外城城门照常按出入城市民之需要，临时开放外，前三门均全部开放，并自即日起戒严时间亦向后延，以便市民云。

《华北日报》，1937年7月20日

吉星文团长访问记

七月二十日清晨，记者到宛平县城二十九军三十七师二一九团团部（驻地）访问了吉星文团长。

话一开场，吉团长以痛快的军人口吻，作了下列谈话："卢沟桥是平西的屏障，又是华北的咽喉，中华民国的生命线。日军既无诚意和平，屡次背信攻击，我们当然不能让这军事要区的国土，落入敌人手中。九日晚上，我军遂出击，当时士气悲愤，简直要疯狂，若再不下令冲出城去，士兵们个个要自杀了。当冲锋夜袭时，喊杀之声，可闻数里，有的士兵，嫌跑路太慢，从城墙上奋身跃下杀入敌阵。肉搏时都用的大刀，步枪、大炮简直舍而不用，手起刀落，把日军杀得望风披靡。敌我双方都死很多，日军驻丰台的一木大队长，在是役中受伤阵亡，河边旅团长几被活捉。我军还获大炮两门，机关枪四挺。

"这次士气的旺盛，较前喜峰口作战时尤甚。因为士兵们含垢忍辱，已非一天，这一口郁积在胸中的气，无缘发泄，所以大家听说，个个都纵身的跳起来。士兵们看了阵亡的同伴，一点也不悲伤，只是咬紧牙关，急步向前。带伤的，就命令他后退，也不掉转头来。举一个例子，那位参加卢沟桥争夺战的金营长，腿已被日军炮火炸烂了，还硬要率了一连兵，出城再去冲锋，为阵亡弟兄们复仇。我不知费了多少口舌，劝解军人报国的机会还多，你腿也不能走了，怎么还可以冲锋陷阵，这样算把他说服了。他现在保定后方医院治疗中。敌人的士气，恰恰跟我们成反比例，一来怕死，二来他们师出无名，自己想想也想不通，究竟为了谁的利益，一定要来中国作侵略战争？

"我常说，这次卢沟桥战事，我们只是挨打，人家打我们的时候多，我们还手的时候还太少，对进攻的敌人，只可以报之反攻。所谓予打击者以打击，实是一句至理名言！只要长官给我'相机处理'四个字的命令，我立刻率兵把丰台拿下，如果三小时内拿不下来，请杀我头！总之，我们早已抱城亡与亡，城存具存的决心，日军休想花极小的代价，而收极大的收获！"

《卢沟桥》，前导书局1937年版，第93—94页

宋哲元谈话

【中央社北平二十日电】蒋委员长发表我国最低立场谈话后，记者二十日晨访宋哲元，询以对时局态度。宋因事忙，未予接见，乃发表书面谈话云："本人向主和平，凡事以国家为前提。此次卢沟桥事件之发生，决非中日两大民族之所愿，盖可断言。甚望中日两大民族彼此互让，彼此相信，彼此推诚，促进东亚之和平，造人类之福祉。哲元对于此事之处理，求合法合理之解决，请大家勿信谣言，勿受挑拨，国之大事只有静听国家解决也。"云。

上海《大公报》，1937年7月21日

刘汝明抵平谒宋报告

【本市消息】察主席刘汝明，以冀政会委员长宋哲元业已由津返平，本人特于前夜十二时许由张垣搭平包快车，于昨晨六时四十分抵平，谒宋，报告察省地方军政备情形云。

北平《竞报》，1937年7月21日

日方现向平北增兵

在高丽营建飞机场，天津昨到日军千人

【北平电话】平北来人谈，日方现已准备向平北增兵一个联队，二十日晨有日兵三百余人开到高丽营，该地东北之板桥村、茶坞村、桥子村等处民房均被划为驻兵之用。平德胜门外难民麇集，日军并在高丽营附近圈地百余顷，作大规模之飞机场，二十日令当地农民开始割草平垫。又平南来人谈，前泥洼（村名）青苗四十一亩及七间房村青苗地四亩，二十日均被强令割去。

【中央社南京二十日电】关系方面二十日接平电称：（一）二十日由榆关开出日军兵车三列到津，共载步兵千余名，骑兵一百六十余名，马一百六十余匹。（二）由津开至丰台兵车一列，系载多量军用品。（三）高丽营到日兵四百余名，拉民夫拟作工事。

【本市消息】昨午有两列日兵车共六十辆到津，有日兵五百余名，军用品颇多。下午七时三十分，有车一列，日兵六十余名，子弹、炮弹极多，共二十余辆，由津开赴丰台。上午有载重汽车二十余辆，日兵百余名，铁甲车四辆，由海光寺开赴平津铁路沿线。

【本市消息】北宁路杨村、落垡之间，昨有日军钢甲车一列，往返驰驶。又津县汉沟地方，昨晚到有日军步、马、炮兵一千余人，当夜在该地露营。

【北平电话】官方消息，二十日各方报告如次：（一）清晨三时半日兵一千六百余人，携炮十门，重机关枪十五挺，载重汽车四十辆，由津向通州方面前进。（二）上午四时后，又有日骑兵约三百人，载重汽车三辆，由津开通。（三）上午九时许日铁甲车两辆及铁道陆地两

用坦克车二辆,由津抵丰。(四)上午十时许日兵车一列,载日兵一百四十余人,由丰开津。

天津《大公报》,1937年7月21日

日在刘安庄建筑飞机场
昨日继续进行

【本市消息】日方昨日上午十时,又带工人九十余名,到北仓刘安庄、大锅店继续建筑飞机场,农作物均已割除,用土填平,定于本月二十三日完工。

天津《大公报》,1937年7月21日

日陆战队在塘沽登岸
高射炮队今日到津,津丰道上军运频繁

【本市消息】停泊大沽三日驱逐舰"菊""荻""葵"三号于昨(二十)日驶至塘沽,陆战队一千余人,已均登岸。昨晨三时许,有日军约五百余名,由海光寺日兵营步行,经东马路、黄纬路、小王庄沿平津公路开往丰台增援。六时许,日本军用汽车十辆,由日军护送,满载军用品运往前方。

【北平电话】日军高射炮队,今日可到津。

【本市消息】日兵车昨有三列西开,上午七时五分开出一列,计三十四节,昨晚已到新河;上午九时三十分开出一列,计二十一节,昨晚过塘沽;晚八时二十五分开出一列,计车三十五节,定今日先后到津。又昨晨日军兵车由唐山开来一列,十时到津,计车二十五节,载有日兵二百人,并有民夫百余人,大车、马匹等,上车后均运往海光寺。

【北平二十日下午六时四十五分中央社电】官方公布息,二十日各方报告如次:一、清晨三时半,日兵六百余人,携炮二十门,重机关枪十五挺,载重汽车四十辆,由津向通州方面前进。二、上午四时后,又有日骑兵约三百人,载重汽车二辆,由津开通。三、上午九时许,日铁甲车两辆,及铁道陆地两用坦克车二辆,由津抵丰。四、上午十时日兵车一列,载日兵四十余人,由丰开津。

【本市消息】昨晨日军用汽车二十余辆,装运给养汽油等,开往丰台。昨晚十时许,汽车二十余辆,由丰台开津,满装麻袋,运回海光寺云。

平津各国领事昨晨开会
讨论保护侨民办法,抗议日方检查邮件

【本市消息】日本检查邮件问题,已引起各国侨民之不满,驻津各国领事,昨晨十一时,在比领署召开会议,对于津市治安及邮检问题,均曾议及,当议决三项要案如次:

一、租界以外之各国侨民,必要时一律迁入租界以内;二、实施各租界内之警备事项;三、关于邮政局日人私行检查问题,决向日方提出抗议。其租界以外之侨民,迁入办法,另开会规定之,议毕散会。

【北平电话】天津日人检查我邮件事,北平各使馆昨晨开会讨论,一致决议,对日方提出抗议。此外对保护侨民办法,亦曾议及云。

【本市消息】昨晚卢战激烈,本市各租界均有戒备,驻津英军,并于昨夜分批赴各冲要路口警卫云。

天津《益世报》,1937年7月21日

蒋委员长昨飞抵京
卢沟桥方面昨又发生冲突,日军发炮猛
烈轰击宛平城,今晨停战我方防务巩固

【南京二十日下午十一时发专电】蒋委员长偕夫人于二十日下午六时三十分由庐乘飞机抵京,主持中枢大政。又宋哲元委员长由津返平后,曾数电何应钦、王宠惠两部长,有所商洽,并赤忱表示一切均惟中央命令是从。据外交界表示,许世英大使二十日晤日本外相广田,商谈中日事件解决途径,结果未容乐观,日方对和平解决,尚未显有诚意。

【中央社牯岭二十日电】蒋委员长以京中要公待理,于二十日下午三时偕夫人宋美龄女士离山赴浔,即乘飞机返京,随行者有钱大钧等数十人,冯玉祥、熊式辉等均往欢送。记者在途中遇见蒋氏着便装,精神极为焕发,坐肩舆中,并时时翻阅报纸,其不欲使一分钟之时间虚掷及关心舆论,于此可见一斑也。邵力子、叶楚伧因要公待理,亦于二十日晨离山返京。

【中央社南京二十日电】蒋委员长以京中政务殷繁,特于二十日午偕夫人宋美龄女士离牯,由浔乘飞机返京,侍从室主任钱大钧等另乘他机随行。中枢要人居正、王宠惠、何应钦、俞飞鹏、张嘉璈、王世杰等事先得讯,齐集明故宫机场恭迎。蒋委员长所乘之飞机于六时三十五分到达机场降落,钱所乘之机亦相继到达。蒋委员长身着浅灰色丝绸长衫,态度安闲,频频向欢迎人员颔首示谢,旋偕夫人乘汽车返邸休息。欢迎各员均相继往谒,分别有所报告。

天津《大公报》,1937年7月21日

日高昨晨访王外长

【南京二十日下午七时发专电】日大使馆参事日高二十日晨至外部谒外长王宠惠,

就十九日我外部所提备忘录有所谈洽。日高询我备忘录是否为对十七日晚日方备忘录之答复，抑系我方另外提出之件。王谓我方注重内容，至形式上视为答复可，视为我方另提之件亦可。日高继言，北方问题向由冀察政委会接洽，此次何妨授权该会折冲。王答交涉须由中央办理。次又谈及撤兵问题，王郑重声言，须两方同时撤兵。最后日高谓，蒋委员长演词已大体读过，而未详加研究，蒋委员长真意果如何？王答，蒋之演词实际乃外交部迭次对日方所明言者，不过引申而详言之，其最可注意者，为"在和平根本绝望之前一秒钟，我们还是希望和平"二语。日高行时称，王外长所答意思完全明了，惟恐日政府尚未能认为满意之答复云。

【中央社南京二十日电】日大使馆参事日高于二十日上午八时赴外部官舍晋谒王部长，继续交换关于卢沟桥事件之意见。王外长告以际兹事机紧迫，彼此不必作无益之辩论，贻误大局，务须双方采取迅速行动，避免事态之扩大，如谓中国在河北省之军队调动有可非议之点，则日本大部军队之在该省，当尤显为侵犯中国领土主权。王部长旋更重提昨日节略中之提议，谓双方应立即约定日期，彼此同时停止军事行动，撤退军队，以为此系惟一可能的避免冲突之方法。王氏并称，双方既均谓不欲扩大事态，且均谓军队之调遣不过预防万一，则中国之提议自无不接受之理由。关于地方交涉一点，王部长则谓，任何国家之外交，无不由中央政府主持办理，就本事件而论，中国政府固无时不准备与日本政府交涉，以谋迅速公正之解决，倘有地方性质可就地方解决者，亦必经我国中央政府之许可。最后王部长并称，中国政府已屡次表明其热烈之愿望，愿将此不幸事件得一和平解决，只须有一线和平希望，中国决不放弃其依据外交途径从事和平解决之努力。

【本市消息】关于卢案之津方中日人员折冲，津市长张自忠昨虽抱恙，仍与桥本会晤。又据津日文报载称，津日军司令部二十日上午八时半发表，关于取缔共产党及排日运动之细目协定，已于十九日晚十一时议定云云。

天津《大公报》，1937年7月21日

宛平城中烟焰障天

【北平电话】卢沟桥冲突，昨日下午二时半，日军发炮百余响，四时许停战，七时半炮声又起，八时半止。我军固守卢沟桥，士气甚旺。

【保定二十日下午十时发专电】宛平县城内，二十日受日军炮击后，发生大火，烟焰障天。

【北平电话】二十日晨卢沟桥方面突增日兵千余人，并有坦克车四十辆及载重汽车，满载军实，一般预料必有战事发生。至下午二时半，日军果以大炮向宛平城猛攻，我方沉着应付，战况颇剧。据闻日视卢沟桥为军事上必争基点，或尚将有大战发生。

【北平电话】西便门外什方院地方，昨晚七时半发生冲突，当时炮火猛烈，迄晚稍停，仍在对峙中。北宁路由平开出各次列车均误点，平沈三次车未开。

【北平电话】今日卢沟桥战事非常剧烈，闻卢沟桥已全毁，宛平县城内警察局亦毁于炮火下，保安队孙大队附不知下落，其余死伤尚未判明。

【北平电话】卢沟桥来人谈，十九日夜至二十日晨，卢沟桥日军曾两度向我军猛攻，旋即退去。（一）首次攻我阵地之日军，系十九日下午由丰台开抵卢沟桥之步兵百五十名，由一大尉率领，以骑兵四十余人掩护前进，经我驻永定河西岸之军队发现，当即迎头痛击。（二）二次进攻我军之日军，计共一联队，携重炮二门，钢炮十门，坦克车八辆，铁甲车四辆。此外并有装载子弹给养之大车十余辆及驴子车三十余辆，自大井村迤逦前进，至二十日晨三时四十五分即开始以步枪向我阵地猛烈射击，至四时许复发炮两发，均落我军阵地内，我军当加还击。至拂晓时，日军始向大井村原阵地退去。

【北平电话】卢沟桥中日军冲突，自二十日下午开始后，一度停止，晚八时许日军复进攻，双方炮火益趋激烈。我军沉着应战，日军虽数度冲击，均未得逞。九时后战事复稍杀，至二十时许又有炮声。其大井村、小井村、什方院一带战事亦未停止。闻宛平县城内落日炮弹甚多，损失奇重。

【北平电话】自二十日下午三时起，卢沟桥方面及市西南郊大井村、小井村、什方院一带均有战事发生，尤以卢沟桥方面为烈，大、小井村及什方院一带至晚炮声犹连续不断。惟北平市内仍安定如常，各城门除外城已闭外，内城各门至晚十时亦关闭。

【北平电话】官方发表消息，二十日下午七时许，日军向宛平县城卢沟桥猛攻，我方不得已还击，双方激战一小时半，均有伤亡，八时半停止。宛平县城及卢沟桥铁桥仍由我方驻守。

【保定二十日下午十一时发专电】日军步、骑、炮兵及坦克车队，于二十日下午二时四十分，以炮火掩护，向卢沟桥我军冲锋，企图强渡永定河，炮火极为激烈。宛平城内，被击一百余炮，双方伤亡均重，长辛店亦落四炮弹，至下午四时略停。我方当派人向日方质问，日方无满意答复。惟至六时，日方又继续开炮。

【中央社北平二十日路透电】卢沟桥今日发生两项冲突。第一次始于午后二时半，至四时半止，宛平城、卢沟桥均大遭炮击。今晚七时三刻，日军第二次向宛平城轰击，夜八时一刻北平犹闻炮声。闻今晚什方院、大井村、大红门皆有战事，平西南各城门复闭，而由军队驻守。平津火车因丰台日军调动，开行误点。闻华军刻在海河上游掘壕备战，据塘沽来人云，海河岸旁村中驻扎华兵颇多。闻津日军当局已要求华商航业公司让出码头与驳船，供日军运输之用，码头一带，现已不许华人走近。

【中央社北平二十一日上午一时电】我军守宛平县城团长吉星文，卢沟桥事件发生之日，即指挥部属忠勇卫国，八日曾受微伤，旋即治愈。二十日晚中日军激烈冲突时，吉团长因奋勇应战，不幸又负伤。

【中央社北平二十一日上午二时四十五分电】卢沟桥一带中日军冲突，至二十一日晨已入寂静状态，双方均无动作，但戒备极严。

【中央社南京二十日电】冯治安二十日有两电到京，一系报告军情，一系对外传津方已签定和平办法之谣言予以否认，并称二十九军全体将士在宋委员长领导之下，决本中央意旨，守卫国土，请中枢当局释念。二十九军驻京代表李世军当将冯电转呈何部长。

【中央社南京二十日电】京中二十日晚十时接北平电告，卢沟桥方面战事复作，原因系日方于十九日无故派队在该地搜索，误中我方地雷，致伤亡数十人，日方竟迁怒向卢沟桥发炮数十响。二十日下午二时半日军又大举向卢沟桥进攻，经我军沉着应战，日方卒未得逞。至四时许战事稍停，七时半日方又续取攻势。闻某军事当局曾电勉卢沟桥守军，誓死保卫国土。旋据该地守军负责长官复电，声称卢沟桥防务极为稳固云。

天津《大公报》，1937年7月21日

宛平城被炮轰，损失奇重

【中央社北平二十一日下午五时五十分电】二十日卢沟桥方面日军再向我方挑衅，经过如次：（一）本月二十日日军三次不顾信义，复于稍露和平声中，于下午一时以重炮猛攻卢沟桥，城东、北两面炮弹多落于城内，达五百余发，居民死伤，血肉横飞，惨不忍睹，东门城楼与东北城墙悉被炮毁，至下午三时许始息。我方正在救护伤亡时，日军竟于下午七时许复行开炮，比前二时尤为紧密，全城民房无一完好，直至下午七时半始停止。我长辛店亦受七炮弹。旋日机由丰台飞来，低空扫射，略有损伤，阵地无变动。（二）昌平县、高丽营有日军二百余名，占民地千余亩，建飞机场，现已完成，停有日机三架。（三）丰台街衢表面沉静，实际紧张，各大客栈、澡堂多被日军强占。（四）此次日军进攻卢沟桥，我方损失甚巨，城内被炸，惨痛情形，不堪言状，县保安队队附孙佩五受伤甚重，已于二十一日派人护送来平，入某医院治疗。

【中央社保定二十一日电】卢沟桥日军二十日夜全线以骑兵掩护步兵及坦克车向我左右翼猛冲，希图过河，炮火之猛，空前未有，我军严阵以待，均被击退。前方士气极盛，受伤官兵均带伤拼命，誓死坚守。团长吉星文表示，宛平即其墓地，决共存亡。

【北平通信】前晚卢沟桥战事，自午后一时起至八时许止双方激战颇烈，日军先后放炮百七八十发，我方损失颇重，敌方因谋夺取宛平城，死亡人数颇多。我方二十九军团长吉星文因指挥抵御作战，面部被炮弹炸伤，势甚轻微。平学术教育界，以吉与该团守卢沟桥营长金延〔振〕中奉命守土，抗战不挠，功在国家，万众景仰，昨特专函派员前往二十九军慰劳，藉表敬佩之意。

天津《大公报》，1937年7月22日

长辛店炮火创痕

我前方需防毒面具

【长辛店二十一日下午十时专电】本报特派员今晨由保定到长辛店，此间自二十日上午被日军炮火轰击后，已入战时状态，商家均未开市。二十日下午卢沟桥及长辛店方面，均有日机扫射，长辛店共落炮弹九枚，均系重炮。除土山附近落有二弹外，余七弹悉落在大厂（即平汉路车厂），惟以八时后员工俱已下班，故无大损害，仅十一号工务段某职员家中两幼童被炸伤，机务处房屋落弹未炸。此外有一行人被炸伤腿部。查彼方目的，意在毁我平汉车厂。长辛店所有员工二千余人，均极镇定，对于大局极表愤慨，无一请假者，并由四十人轮流为二十九军将士磨刀。长辛店所有平汉路员工眷属，今晨乘一列车离长南去。二十一日前方无战事，平汉北上车仍开至长辛店，平汉路车、工、机、警各处人员二十一日晨曾到长视察。前方日军炮兵阵地无变更，步兵有南扰狼堡绕永定河右岸模样，我军严防中。二十日之战，日军共发二百余炮，我虽还击，但发炮甚少，故我损失较重。卢沟桥与宛平县城，始终在我手中。截至二十一日，宛平县城附近日军，犹有千余，卢沟桥虽被炮击，损失并不甚巨，惟宛平县城因年久失修，被炮火猛轰后，房屋毁损较多。城内原征有民夫五百余人，二十日炮战后，伤亡甚多。确息，我前方需要防毒面具及药品甚急，甚望后方多予援助。宛平附近各乡难民流离失所者甚多，王冷斋决在长设立收容所。记者往晤王氏，王抱病未瘳，力疾从公，现正办理后方给养，并对汉奸严厉防范。

天津《大公报》，1937年7月22日

日机十七架昨飞平侦察

天津现有日机五十三架

【中央社北平二十一日下午六时三十分电】二十一日晨飞平侦察之日机计有十七架，共分四队，在平市上空及南苑各地盘旋侦察后，即向卢沟桥方面飞去。

【本市消息】日军用飞机到津者截至昨日仍为五十三架，并未续增。昨日凌晨飞起一部赴前方侦察。上午八时有日战斗机十七架，飞向西北方侦察，至十时许始飞返津。

天津《大公报》，1937年7月22日

日军昨日开往杨村

援兵利械仍源源而来

【本市消息】日军向平津大举增兵，旬日来无日无之，用伪奉山路及南满路机车车皮，共二十余列，津榆间往返输送。迄昨日止，日兵及军用品，计共有四十列车到津。昨晨一时接连又到两列，挂车共五十六辆，日兵三百余名，军用品颇多。下午一时许，由津开出一列，日兵一百八十名，铁甲汽车五辆，赴津北杨村，即驻扎该地，二时许空车开回。又上午七时，载重汽车十余辆，满载军用品由津日兵营沿公路开赴丰台，晚间空车返回。津东车站情形紧张如前。总站内之日军临时兵营（席棚内）原驻有二百余名，昨又增加百余名。站外公大纱厂内日兵，昨日出外游行，有铁甲车九辆，汽车二十辆。

【本市消息】日军铁甲车一列，共五辆，于昨夜十时二十五分，由津站开往杨村。

【本市消息】二十二日晨零时十五分，由唐山开来日兵车一列，挂车二十三节，有日兵百余名，铁甲汽车四辆，大汽车十三辆，子弹车十辆，在津东站略停，将军用品略卸下少许，即向丰台开去。

天津《大公报》，1937年7月22日

许世英昨再访广田

日本紧急阁议已决定态度

外务省发言人谈话

【中央社东京二十日路透电】日本外务省发言人谓，十九日晚华北日军参谋长桥本与二十九军代表在津所成立之"约定"，其详则渠尚无所闻。昨夜日阁决定采行为实施此"约定"条款所必要之适当防卫方法，并准陆相杉山有办理此事之全权。

【东京二十一日同盟社电】日政府二十日下午七时五十分再度开紧急阁议，由广田、杉山分别报告外交、军事情形，次就政府态度加以决定，至九时五分始散。当由内阁书记官长风见章，以谈话形式声明称，华北局部的协定，已于十九日晚十一时成立，日政府因本乎既定方针，监视其履行，决定充分"自卫"的适切办法云云。广田于晚九时十分阁议毕后，即入宫觐见日皇，奏陈阁议所定事项。广田并于十一时在外相官邸，召集次官堀内、东亚局长石射，本乎政府方针，就外务当局今后应取之措置，行种种协议。广田并决定在官邸起居，以备非常之变。

【中央社东京二十一日电】二十一日午外务省发言人答各国记者关于卢沟桥事件之问话，谓二十日夜、二十一日晨尚无再冲突之报告，外务省并未训令南京日使馆员家族撤退，现地交涉在进行中。

【中央社东京二十一日路透电】东京方面称,华北局势现已有转佳趋势,并称宋哲元二十日夜已允将三十七师自平西八宝山撤退,另由保安队填防。

【中央社东京二十一日电】二十一日晨七时,许世英大使再访外相广田,对卢沟桥事件有所磋商。

天津《大公报》,1937年7月22日

宛平前线我军已撤

由石友三部保安队接防

日军称今日起撤往丰台,平汉路交通今日可恢复

【南京二十一日下午十时发专电】日军定二十二日晨起开始撤退。此项消息,于二十一日午传来后,颇为各方所重视,惟其原因已为一般所周知,故并无意外之感。政界对北方局势仍不断交换意见,并严密注视其发展,社会一般则热烈探讨下列之问题:一、日军能否撤退而回复本月八日以前之状况;二、设日军不撤,或撤而不尽,则前途将如何。

【中央社北平二十一日下午一时半电】中日军二十日晚在卢沟桥一带激烈冲突后,双方人员二十一日晨一度会晤,商议即刻停战,双方开始撤兵,于是各通知前方驻军停止冲突。我方派周思靖、周永业,日方派中岛、樱井于二十一日晨九时半同乘车赴前方监视撤兵。

【中央社北平二十一日下午四时四十分电】确息,我保安队原定二十一日十时至十二时接防卢沟桥,但因前线日军防守监视甚严,以致接防不易。截至四时止,保安队接防尚未实现。

【中央社北平二十一日下午十时三十分电】自卢沟桥事件发生后,平汉线北段交通即告断绝,现经中日双方商定,沿卢沟桥铁道左右侧之中日军队,同时向他处移退,俾平汉路派工务人员前往修理被毁电线等,以便通车。据闻昨日午后起双方军队均已陆续他移。大井村日军将逐渐退往丰台,六时许平市所闻炮声数响,即是日军掩护行动所放,今日平汉交通或可恢复。至宛平县城及卢沟铁桥、石桥等我军防地,并未移动。

【本市消息】关于卢沟桥事件之解决办法,以前、昨两日为最后关键。据此间所得消息,前日宛平县炮火正烈之时,日使馆武官今井、驻平特务机关长村井,曾访冀察政委会委员长宋哲元,宋当时表示甚坚决,以为和平固极所愿,万不得已时亦不惜牺牲,悉视日方诚意如何。嗣以张允荣、和知等亦相继抵平,遂共商停战,仍本十一日所商原则,宛平县城由保安队换防驻守,卢沟桥对峙之中日军,同时后撤。昨日宛平县城已由程希贤所部保安队开入,大井村日军亦即准备撤退。至三十七师冯治安原驻防地,将由我方自动与一百三十二师赵登禹部对调。

我军已撤开，看日军如何

【中央社北平二十一日电】此间当局对卢沟桥事件始终主张和平解决，二十一日晨已令卢沟桥以西以北我前方各地驻军暂时向后撤退一二里，所遗防务由石友三保安队依次接防。保安队第一旅长程希贤于二十一日晨十时起率部前往接防，如日军于我保安队换防时期不予攻击，至午十二时可换防完竣。据关系方面称，我方此次先行撤兵，即系表示和平之铁证，亦系促日方之觉悟。倘我军撤退后，日军仍不遵约撤退，其蓄意挑衅，已为举世所共见，设不幸事件扩大，其责当由日方负之。

【中央社北平二十一日下午十二时电】中日双方监视撤兵人员周思靖、中岛等于二十一日晨赴卢沟桥、宛平县城及衙门口、八宝山两军前线交涉撤兵，因有相当结果，于二十一日晚十时余返平，即谒秦德纯，报告交涉情况。

【中央社北平二十一日下午六时四十分电】平市西郊什方院以西四里许平汉路十号桥附近，二十一日晨发现日兵十数名在该地隐伏。

【中央社北平二十一日下午七时电】平北高丽营南面十余里前后兰清（村名）地方，二十日晨到日兵多名勘察，附近一河流，宽约十余丈，因不能通过，即强迫当地农民支搭浮桥，拟于二十日夜完成，闻至二十一日晨始告竣。该桥宽一丈五尺，上覆黄土，现由日兵看守。

【中央社北平二十二日上午一时四十分电】据二十一日晚由前线来平之某军官谈，卢沟桥及宛平县我军防地，经二十日夜激战后，迄未移动。我军士气甚旺，均抱为国牺牲决心，惟宛平县城前曾由石友三部保安队接防，故二十日夜日军向我猛烈攻击时，我方以保安队势单力薄，不得已乃调一部军队增防。至卢沟桥方面本由吉星文团驻守，二十日夜之战，即由此两部奋力抵御，至二十一日晨日军停止攻击，我增援部队亦即撤去，现宛平县仍由保安队固守。双方监视撤兵人员在该地视察后，即赴平西郊衙门口监视撤兵。我该地驻军为表示和平解决，以促日方觉悟，当于二十一日下午一时暂向后撤退，遗防由保安队接替。至于平西八宝山我方驻军亦于二十一日晚七时二十分撤退一部，当撤退时，日军曾乘机猛向我发炮六响，伤我士兵数人，我军未还击。又大井村、大瓦窑一带日军截至发电时止，尚未撤去。

天津《大公报》，1937年7月22日

卢桥铁道两侧中日军队昨日商定同时移退

昨午后起两军闻已他移平汉，交通今日或可恢复

【本市消息】确息：自卢沟桥事件发生后，平汉线北段交通即告断绝，现经双方商

定，沿卢沟桥铁道左右侧之中日军队，同时向他处移退，俾平汉路派工务人员前往修理被毁之电线等，以便通车。据闻昨日午后起，双方军队均已陆续他移。大井村方面日军，将逐渐退往丰台，六时许平市所闻炮声数响，即是日军掩护行动所放，今日平汉交通或可恢复。至宛平县城及卢沟铁桥石桥等我军防地，则并未移动云。

【本市消息】卢沟桥事件，经中日代表在津折冲，我方始终坚持事态不扩大方针，希望日军从速复员，恢复八日以前状态，双方共维和平。连日商谈，事件已渐有转机，约定双方军队复员，并规定由昨日上午十时起至十二时止，为复员撤防时间，但日军是否践约，尚待续报。据一般观察，中日问题已至最后关头，如何开展，一二日内即可全部揭晓云。

【东京二十一日中央社电】二十一日午日外务省发言人答各国记者关于卢沟桥事件之问题，谓二十日夜、二十一日晨，尚无再冲突之报告，外务省并未训令南京日使馆员家族撤退，现地交涉，仍在进行中。

【本市消息】卢沟桥来人谈：日军于前日（二十日）下午一时，以重炮猛攻卢桥城东北两面，炮弹多落于城内，达五百余发，居民死伤，血肉横飞，目不忍睹，东门城楼与东北城墙，悉被炮毁，至三时许始稍息。城中正在救护伤亡时，日军复于七时再度开炮，比前二时尤为紧密，全城民房，无一完好，直至七时半，始停止攻击。长辛店亦受七炮弹，略有损伤，阵地则无变动。

【保定二十一日中央社电】中央摄影场摄影技师宗惟赓、陈嘉谟，二十日晨赴卢沟桥、宛平、长辛店一带摄制最前线战地影片。下午二时正工作中，日军突向我阵地连发数百炮，火力猛烈，空前未有，宛平城立时如坠五里雾中。宗等乃仓卒徒步返长辛店，陈因开车，臂部被擦伤，幸皆安全，于下午七时半乘平汉车返保。

【保定二十一日中央社电】卢沟桥日军，二十日夜全线以骑兵掩护步兵及坦克车，向我左右翼猛冲，希图过河，炮火之猛，空前未有，我军严阵以待，均被击退。前方士气极盛，受伤官兵均带伤拼命，誓死坚守。某将领表示，宛城即其墓地，决共存亡。

秦榆日军续开津丰

【天津今晨电话】自卢沟桥事件发生后，日兵车由关外到津者，截至二十一日止，计达四十余列之多，二十一日晨七时又续到两列，共挂车五十六辆，运来日兵三百余名，及军用品等甚多。二十一日晨七时许，有载重汽车十余辆，满载军用品，沿平津公路由津开赴丰台，当晚空车开回天津；下午一时又有兵车一列，载日兵一百八十名，铁甲汽车五辆，由津开赴杨村。

【天津二十一日中央社电】集结秦榆等地日军，仍陆续来津，二十一日晨又到两列车，共六十节，载兵数百余人，及给养军械等甚多，均停于东站。

【天津二十一日电话】日兵车一列,共二十一节,今晨零时三十分,由榆关抵津,上乘兵士约四五百人;上午十一时二十分,又由榆抵津日兵车一列,共三十五节,满载军用品及兵一百余人;午十二时二十五分,续到一列,上载日兵五十余人,到津后即开丰台;下午一时停于津车站之日铁甲车三辆,亦开赴丰台云。

【天津二十一日中央社电】此间日军仍向丰台开拔,二十一日晚有专车一列,共二十二节,载坦克车五辆,汽车十四辆,兵一百五十余人,由榆来津,二十二日晨一时许开丰台云。

【天津二十一日中央社电】日军用铁甲车两列,又兵二百余名,乘专车一列,二十一日下午二时许先后由津开往丰台,迄下午三时许,又继续返津。二十一日下午七时有日军二百余人,乘载重汽车七辆,由津赴丰台。

【天津二十一日中央社电】日兵数百人,二十日晨由津开往丰台,途中经县境汉沟镇时,将县警苏治海等拘押,至晚八时始向北而去,但仍留四十余人在镇看守云。

【天津二十一日中央社电】日军以旧式马车四十余辆,装运大批木箱,二十一日晨六时,由津沿平津公路开丰台。据一般推测,此项木箱内多系子弹等物。

【南京二十一日中央社电】据息:驻丰台日军系四十旅团山下全部,计鲤登七十七,野村七十九,南雷七十八,加藤二十,冈崎二十八,细川二十六,共六联队。

【天津今晨电话】津东站情形如前,总站方面增加日兵百余名。站外公大纱厂内之日兵,二十一日驾铁甲汽车九辆,及载重汽车数辆,一度外出游行。

【天津二十一日中央社电】塘沽因日舰开到三艘,同时日驻军入晚严加戒备,故人心大感不安,纷纷来津。日军部在该地设有运输部,顷通知各华商公司,凡轮船靠岸及启碇,均须事先通知,须得核准。日前曾征集驳船五千吨,以备输运军用品,现又通知不用,但对各码头所积存货物,则限即日他运,而各公司因驳船、货车目前均甚缺乏,日方催促甚严,故现甚感困难云。

【天津二十一日中央社电】二十一日午有日兵押马车十四辆,由唐山来津,行经英租界时,因各车均无捐照及车辆宽度违背警章,当被扣留,解往英工部局,将押车三日人释放。日方曾派人索车,已被拒绝。闻此项马车全系由唐山被抓者,各车夫云宁愿受处罚,亦不愿再归回日方云。

美对中日双方尚无援用中立法意

日对艾登调解提议迄未答复

英正与各国商榷远东问题

谓提交国联未能改善时局

【华盛顿二十日中央社路透电】罗斯福今日接见新闻记者,复表示美政府尚无对于中日双方援用中立法之意云。

【东京二十一日中央社路透电】日外务省发言人今日声称，英外相艾登，近在伦敦与日大使吉田茂晤谈时，曾作英国出场斡旋中日时局之提议，但日本迄未答复之。日政府将否予以答复，渠未能言之云。该发言人又谓，十九日晚华北日军参谋长桥本，与二十九军代表在津所成立之（约定），其详则渠尚无所闻。昨夜日内阁决定采行为实施此（约定）条款所必要之适当防卫方法，并准陆相杉山，有办理此事之全权云。

艾登说明中日时局

【伦敦二十一日中央社路透电】中日时局，今日又为英下院诘问之事件，外相艾登答自由党曼德之问，谓英政府时常商榷远东现局，不问其为国联会员国与否也。此种商榷，现逐日沿用外交途径行之，以渠目前所知，渠以曼德所发将此事提前交国联政院之建议，未必能改善时局云。保守党议员泼鲁奇问，英国根据《九国公约》、《凯洛格公约》与《国联盟约》，在华北纠纷中，有何种束缚。艾登答称，《九国公约》与《凯洛格公约》，皆未在目前争执中束缚英政府；即在《国联盟约》下，亦未发生任何束缚云。艾登后答工党台氏之问，谓中国境内领判权之地位，并无变更云。艾登又答保守党摩廉之问，谓驻华英大使，关于中国保险法之批评，外部业已接到，刻正在考虑中云。

【伦敦二十一日中央社路透电】艾登二十一日在下院称，英政府虽希望与日谈话，但华北时局，长此状态，似未便出此，故余不得不以英政府此种意见，通告日政府云。

【伦敦二十日中央社哈瓦斯电】此间中国大使馆，顷发表中国王外长昨日送交日驻华大使馆参事日高之备忘录全文，其内容建议，由中日双方约定日期，彼此同时停止军事调动，并谓中政府极愿用尽各种方法，以维持东亚和平云。

外报对我多表同情

【巴黎二十一日中央社哈瓦斯电】法左右两派各报赓续讨论中日问题，对双方谈判进展情形，拒不推测，对华表示同情者，仍占大多数。天主教派《晨曦报》称，中日两国，孰是孰非，不容曲解，世人若以日为是，非失之幼稚，即属居心险恶。各种控制有等候战争者，有希望战争者，亦有制造战争者，日帝国主义即其一例。右派《斐伽罗报》称，日本好战，不可不加承认，恫吓之为事，虽不失为一种巧妙手段，但日若欲借此而迅速致胜，其对华是否估价过低，实一问题。共党《人道报》称，英虽与日成立谅解，吾人仍高呼中国万岁。极右派《小日报》称，英国采取审慎态度，美国保留行动自由，法国亦采审慎态度，苏联或可出而干涉，德意两国，则受反共协定之拘束，无以测知。综计各大国中，恐无一国出而干涉云。

【柏林二十日中央社哈瓦斯电】汉堡《外侨日报》顷撰文件，论中日事件之国际影响,以为英国断不能坐视日本势力发展,深入中国腹地,而置之不问。远东方面局势,既益紧张,故英外相艾登,昨在下院演说时,乃深感数月来欧洲方面种种误会,有以妥协精神加以处理之必要,此实无足为怪也。该报又谓,艾登演说中,对于意国语气,颇为和婉,此亦由英国关心远东方面利益之所致云。

《华北日报》,1937年7月22日

大队日机昨飞平侦察
津郊所建机场已大部完成

【本市消息】日轰炸机二十一架,于昨(二十一)日上午九时,分由通县、丰台两地飞来平市上空,共分五队,飞行甚低,其中有六架一队,四架一队,分在冀察政委会及绥署两机关上空盘旋甚久;另有三架一队、四架一队,在西北城一带盘旋;另一队四架,则在南城一带飞行。至十时许,在故宫上空集中,向西飞去,目的地似在平汉路沿线。十二时又分在南苑、西苑、北苑一带侦察,二时半始分返通、丰云。

【天津二十一日电话】津东局子飞机场所停之日机,今晨七时许,有双翼轰炸、侦察飞机十二架,编为四小队,直向平郊方面飞去;另有飞机多架,今晨陆续起飞,往来频繁,均系向西方飞去。

【天津廿一日中央社电】东局子所停之日飞机,二十一日下午四时起,又有二十余架陆续起飞,赴津南及西北等方面侦察,迄下午七时许始返回降落。现此间仍有日机三十余架。

【天津廿一日中央社电】津县北仓、刘安庄、宜兴埠等村日方所辟之飞机场,共占地三四百亩,连日强行开工,至今已大部完成。日方二十日派员前往勘查,尚拟在附近驻兵,据谓系保护飞机场云。

《华北日报》,1937年7月22日

日机昨飞保定侦察
涿县良乡等地亦发现

【保定二十二日下午十时发专电】二十二日晨八时飞机六架,在保定东门外上空发现,嗣即南飞侦察,十一时后,又分由南方飞保,在保定及车站各地上空,盘旋达半小时之久,始向北飞去。又涿县、良乡、武清、安次连日均电省府,报告发现日军飞机。

【北平电话】日机一架二十二日午十一时飞平,在上空侦察,旋飞至卢沟桥,下午又飞来一机。

【郑州二十二日下午五时发专电】某方侦察机一架，二十二日上午八时飞郑，盘旋数周，旋即北去。

天津《大公报》，1937年7月23日

前线日军尚未尽撤
昨仅由铁道线后退一二里
赵登禹部与冯治安部调防

【北平电话】当局为亟谋恢复平汉路交通起见，二十一日商同日方，将沿卢沟桥铁道左右侧之双方军队同时他移。日军现仍在向丰台方面逐渐移动中，当晚炮兵一部携带陆炮十一门已撤往丰台。双方前所派之监视撤兵员周永业、周思靖、中岛、笠井等，均曾前往前线相互监视。

【北平电话】平汉路驻平办事处处长邹致权昨日上午往卢沟桥一带视察，当晚九时回平。该地被毁之路轨及电线，迄昨均已修复，惟客车能否于今日恢复，尚未敢预卜，盖大井村等地尚有日军甚多，当局方面正与日方交涉中。

【北方电话】驻北平城内之三十七师冯治安部二百一十八团于昨日下午六时，搭车一列，向南开行。又该师驻卢沟桥部队亦于昨日下午四时撤开。

【北平电话】平市当局，因时局表面暂趋和缓，为便利市民起见，于昨日起对戒严时间有所变更，改自晚间十二时起至翌晨五时为止。

【北平通信】平汉铁路当局以卢沟桥方面中日军队已停止军事行动，平卢段被破坏处，亟待修复，以便恢复通车，驻平办事处长邹致权于昨晨七时，率技师、工匠等多人，搭乘工程车前往沿线视察路轨、桥梁、电线等被破坏情况，如前途再无阻碍，即可动工修理，日内可望通车。闻该工程车于行抵西便门车站时稍停，冀察政委会委员齐燮元及双方监视撤兵委员周永业、周思靖、樱井、笠井等均搭该车前往。

【中央社北平二十二日电】卢沟桥沿平汉铁道线之日军，二十二日晨五时起开始向后撤退一二里许不等。闻日军此次后撤系分两步骤，第一步由铁道线撤至大井村、小井村、郭庄子等地，第二步再续撤向丰台集中。双方监视撤兵员周永业、周思靖、中岛、樱井刻仍在前方办理一切。

【中央社北平二十二日电】卢沟桥事件至二十二日已告一段落，我方二十二日起自动将冯治安部、赵登禹部防地对调。宋哲元二十二日上午七时许曾集冯部官兵在天坛训话，并报告卢沟桥事件解决经过，至午词毕返邸。

【本市消息】卢沟桥事件，我方除宛平县城内换由保安队驻防外，卢沟桥方面我驻军亦向南移动,故昨日并无冲突。北平城内防务,将调一百三十二师赵登禹部石振纲旅移驻。据此间官方消息,原驻平市城内冯治安师兵士一营他调。

【本市消息】宛平城外及卢沟桥附近日军于昨日集中五里店及大井村两地,向丰台撤退者甚少,两地战壕仍有日军隐伏。日军何时撤尽,极为各方所注意。

【保定二十二日下午五时发专电】平汉路局长陈延炯二十二日晨十时由保专车赴石家庄,闻平汉卢沟桥路轨已修复,二十三日二十一次快车(上午七时开),可由平开出,四十四次车(上午七时四十五分开)亦将由保开平。

【中央社东京二十二日电】从二十二日夕刊观察,目前中日局势似稍缓和,但今后如何转变,依然不易判断,现时视线仍在国府是否承认十九日夜协定。二十二日此间股票债市大体微涨。

【东京二十二日同盟社电】国民政府于今次华北事变,期使第三国加入中日外交间,俾中国因之可获得有利之解决,且今后对以上之政策,更有益加强化之必然的情势。日政府对可望展开于将来之外交战,已积极的整备体势。对第三国家参加问题,日方政府因今次事件乃为中日双方之问题,坚持两当事国间直接交涉解决之方针,且于十六日堀内次官与英代理大使会见之际,已将日当局既定之方针,传达于英方。

【中央社东京二十二日电】二十一日晨八时得八宝山方面冯师尚未撤退消息,复形一度紧张,顷又得报告,必于二十一日夜撤至黄寺,此间始觉全面的冲突已可避免。二十二日晨各报社论大体如下:《朝日新闻》谓十九夜协定细目如全部实行,则问题范围自可缩小,为中日计,可喜无过于此,所余者仅南京不承认该协定及中央军北上二问题而已。日有一定目标,最后解决似已渐近,诚属幸事。《日日新闻》仍主张对于扩大事态之根源,应一举芟除。

天津《大公报》,1937年7月23日

日排华空气益浓,我大使馆被监视

报纸电影充满刺激性宣传,留学生时受侮辱先后返国

【南京二十二日中央社电】顷有自东京归来之客漫谈卢沟桥事件发生后,日方种种情事,亟值读者之注意,爰此笔记之如左。据客谈,自卢沟桥事件发生后,日方对于统制言论新闻,无所不用其极,各报登载均属不能自由。统制之机关,即附属于日陆军省之新闻班。统制之方针,则除华北驻屯军、关东军及陆军省方面直接或间接发表之消息外,均不得登载,中国之重要声明、宣言或抗议文件等,更不能见于日方报纸。统制之目的,无非一致宣传中国挑衅,中国军队众多,抗日情绪激烈,中国对于此次事变,应负全责等。统制范围,不仅限于报纸,即在电影方面,亦必于演映之际,每间数幕,即插入关于此次

战争之富有刺激性之短片或标语，以冀激起一般民众作战之情绪，而为军部之后盾。至于留日之中国学生，尤以学生中之擅长文字者，则往往无故被警察机关传去询话，且或时有警察暗密跟踪。中国大使馆左近则有便衣及着制服之警察各十余人，且停有汽车二辆，对于来馆访问者，必由此辈警察详询其姓名、住址、职业，以及来访之目的等等，备极琐烦。若馆员外出，则停于大使馆附近之汽车即紧随其后，名为保护，实系监视，其抹杀外交官之尊严与特权，实开世界各国未有之恶例。又中央社驻东京访员陈博生住居某屋之五楼，其门首亦有警察四名看守，又有一汽车以备于陈出外时，追随探察，其有至陈处拜访者，亦必详加询问。防华排华空气，既如此之浓厚，于是旅日华侨，遂时不免受浪人侮辱，乃至有行经东京银座之中国女学生亦受若辈之侮辱，警察且熟视无睹。中国留学生，亦以环境恶劣，不能安心读书，先后回国者已达千余人，此次与本人同时乘美轮归国者，即有一百四十人。日方之对待我国旅日之外交官、侨民，如是之严苛，既已如上所述矣，而返观吾国之待遇日方使领人员，日方旅华侨民及新闻记者等，均仍一任自由，无殊曩昔，互证参观，不能不令人兴无穷之感叹也。

过津赴丰日军仍络绎不绝
津车站情形似略和缓

【本市消息】昨（二十二）晨六时，日载重车五十余辆，满载军用品，由日兵四十余人押赴丰台；九时余，日载重车二十余辆，日兵三十余人，由津押赴丰台，同时有日兵百余名，乘铁闷车由津去杨村。上午十一时二十分，日兵车一列，挂二十一节，满载军用品，由榆关开津，津东站情形，昨已较缓和云。又东车站及总车站放哨日军，仍未撤退，惟情形似略见缓和。总站外公大纱厂所驻之日军，有百余人，已开往丰台。又塘沽日海军陆战队登陆者共有六百余人，各机关、栈房等多被借住，塘沽津海关分卡业已移津办公。

【本市消息】日旅顺要港司令部所属菊号、葵号、荻号，三驱逐舰抵塘沽后，连日在塘沽停泊中，现以时局已渐趋和缓，菊号当于昨晨十一时开出塘沽口外，准备开回旅顺云。

【本市消息】昨晨十时二十分，日兵车一列，共十九节，载军用品，由津站开丰台；下午一时五分，由山海关开来日兵车一列，共十一节。昨晚九时二十分，又有兵车一列，共十九节，由山海关开出，今晨可到津。前后日军由山海关开津者已达四十八列之多。

冯副委员长畅谈卢沟桥事件

【牯岭二十二日中央社电】冯副委员长，二十二日晨八时，离山赴浔，乘轮返京。

【牯岭二十二日中央社电】航讯，自卢事发生，中央社记者久欲访谒冯副委长，聆听意见，以冯氏公务冗忙，于二十一日始得暇畅谈。冯氏精神奕奕，态度严肃，对所叩询者均恳切作答。（以下记者问冯氏答）问：副委长对于日军此次行为之观察如何？答：卢沟桥事件之发生，决非偶然。日本有些军人好大喜功，亦为此次挑战之一因。彼等鉴于东四省之不战而胜，热衷于升官如拾芥，故又欲以"九一八"故伎，复演于华北，而忘记古训"顿兵坚城之下，将不胜其忿而蚁附之，杀士卒三分之一，而城不拔者，此攻之灾也"。予相信日本人民中不乏明智之士，日本政府中亦不乏明达之人，如果迅速彻底放弃侵略政策，犹不失为亡羊补牢之措置，否则追随少数轻躁者之后，续调大军，扩大事态，则不仅破坏东亚及世界之和平，其自身恐亦遭受不可挽救之后果。问：卢沟桥抗战之经过，副委员长所知如何？答：事变经过，据余所知，决非廿九军挑衅，乃日方假借非法演习之名，完成其进攻准备后，以一士兵失踪为借口，猛向卢沟桥及宛平城进攻，企图一举占领，以控制北平。当时我军守卢沟桥者，只兵一连，而敌兵则以三连及大炮、机关枪集中于卢沟桥轰击，致我死守该桥之官兵，全作悲壮牺牲，其未死亡者，不过四人而已。我守宛平城者，为吉星文团长之一部，即沉着应战，将卢沟桥克复，继又组织袭击队，又用夜袭，杀伤敌兵甚多，总计我伤亡者达二三百人，但侵略者之损失，当过于此。予在知此事消息后，即复二十九军将士一齐电，内云：诸君乃革命军人，抗敌守土之责，断不容丝毫退让，以保千万年之光荣历史也。予深信二十九军及华北民众，正准备为捍卫国家而继作更勇敢之奋斗，更伟大之牺牲也。问：副委长对此事前途之观察如何？答：此事前途，全视日本有无悔悟，我国固望和平，但断不能容忍侵略事态之存续与扩大，因为国家之独立自由，为全国上下不惜牺牲一切以求之者，且华北官吏与军民，忍辱负重，数年于兹，其忠勇爱国之教育与历史，以及救亡图存之一致信念，断不能轻自断送。关于我国军民应有之态度，已见委员长之谈话，恕不重复。全国军民，应团结一致，不畏不骄，忠诚勇敢，就各人之地位，贡献一切力量，在政府统一领导之下，为民族生存，为国家复兴来坚决奋斗也。

天津《益世报》，1937年7月23日

德盼华北问题早日解决

【中央社华盛顿二十一日海通电】德驻美大使今日会晤美国务卿赫尔称，德国对于中日纠纷将严守中立，并称德政府之态度与美国一致，希望华北问题早日解决云。

天津《大公报》，1937年7月23日

卢桥日军开始移撤

前线日军多向丰台开去，两度开炮谓为掩护撤退

冯治安师一部防地与赵登禹部对调

【本市消息】确讯：当局为亟谋恢复平汉路交通起见，二十一日商同日方，将沿卢沟

桥铁道左右侧之双方军队，同时他移。日军现仍在向丰台方面陆续撤移中，当晚炮兵一部，携带陆炮十一门，已撤往丰台。双方前所派之监视撤兵员周永业、周思靖、中岛、笠井等，均曾前往前线相互监视一次。平汉路驻平办事处处长邹致权，昨晨亦亲率工务人员赴卢沟桥一带督修电线，以便通车云。

【本市消息】卢沟桥事件，经双方最后约定撤退前线军队，免再发生冲突后，我方为表示爱护和平诚意起见，二十一、二十二两日，已将军队向后移撤。前线日军闻亦有一小部开始移动，昨晚六时大井村日兵已出战壕，日军官等均着白汗衫，情形已不似作战时之紧张，似有后撤之模样。又监视两军撤防之日籍顾问樱井，昨午一时许由前线入广安门返城，并有前线日兵三十余名随来，即赴东交民巷日本兵营。

【本市消息】卢沟桥事件发生后，迄今半月，我方当局始终表示和平，并已于前日移动该地驻军，日军亦表示情愿撤退，恢复本月七日以前状况。昨日所得移动情形如下：（一）在平汉路涵洞地方之日军，截至昨日下午五时止，仅留少数步兵，大部队伍，则向丰台方面开去。（二）在大瓦窑、郭庄子一带日军，则向五里店方面移动。（三）大井村方面日军炮兵百余名，携陆炮十余门，昨晨已向丰台移动云。

【本市消息】卢沟桥东铁道两侧中日军，经双方代表商定，互撤原防。前方我军，前午已开始复员。日军一部，昨已撤至五里店、大井村、小井村一带，铁路南侧一二里内，已无大部日军。至于日军何时全部撤尽，尚待将来事实证明。

【本市消息】中日双方驻卢沟桥军队，业已开始撤回原防，但驻扎大瓦窑一带日军，昨晨一时五十分又以大炮轰击，落弹十余发。旋由监视撤兵人员周永业等向日军质问，据答系撤兵时之掩护炮，并非向中国方面进攻等语，炮声旋即停止。至下午一时许，又有重炮发自五里店日军防地，凡三响，其答词仍与前同云。

【本市消息】确讯：闻我军三十七师冯治安一部防地，将自动与一百三十二师赵登禹部对调。

【本市消息】三十七师冯治安部一部，顷奉命与第一三二师赵登禹部对调。

日军调动仍极繁忙

【天津今晨电话】据交通界讯：二十二日有日兵车数列，停于唐、榆各站待进。二十二日晨八时有日军载重汽车五十余辆，满载军用品，由津开赴丰台；下午三时又有十余辆开丰，晚七时有空车三十余辆返津，载来日兵百余名，伤兵二十余。

【天津二十二日电话】日军用载重大汽车三十七辆，上载日兵五十余人，满装军用品，于今晨六时由海光寺日兵营出发，开往丰台；上午九时又有日载重汽车二十余辆，开赴丰台。

【天津二十二日中央社电】此间总、东两站日军，仍未肯撤退，二十二日晚日军并在附近放哨,杨村车站二十一日开到之日军铁甲车亦未离去。据交通界息:榆关二十二日晚九时开出日兵车四列,共十八节,载有大批日兵,二十三日晨可到。丰台车站附近日军,二十二日四出割断青苗,田禾损失甚巨。二十二日午三时有日工兵乘载重汽车六十七辆,由津沿平津公路赴丰台。

【天津二十二日中央社电】二十二日晚有日军用载重汽车六十余辆由丰台开返津,每车四周均有木板,并有兵数名押车,所载何物不详。

【天津二十二日中央社电】大沽近日来情形稍感紧张,日军一部在海河南岸修筑军用码头,二十二日晚盛传中日军队在大沽小有冲突,顷向官方探询,据称并无其事。

【南京二十二日中央社电】京中所得津讯,津日军调动仍繁,停于东局子之飞机,二十二日晨即有十余架陆续起飞赴西北部侦察。九时有专车一列,挂铁闷车三辆,运兵百余名,由东站沿平津线前进,去向不明。上午十一时半,由榆关开军用车一列抵车站。

【天津二十二日电话】停于东局子机场之日机六架,今晨八时起,先后起飞,向平市飞去,侦察卢沟桥一带,迄午十二时又先后飞返津。

【本市消息】日军用飞机三架,于昨日上午十时二十分、十一时四十五分、十二时,分三次由东南方飞平,在上空盘旋十余分钟后,即飞南苑、丰台、卢沟桥一带侦察,旋均飞返天津云。

【保定二十二日中央社电】二十二日晨八时、十一时,日侦察机两架,在车站及机场上空飞旋,达半小时之久,向北飞去;下午一时又来一架,在省垣东南方低空侦察。

【郑州二十二日中央社电】日机日前在豫北各地侦察轰炸后,二十一日上午十时又有日机二架,由北飞至邹县,高空侦察一周后,向南飞去,本日迄晚未见折回。

平汉交通今可恢复

【本市消息】确讯:平汉路驻平办事处处长邹致权,昨(二十二日)晨七时许亲率工务人员前往卢沟桥方面督修电线。据报午后已修理完毕,旋有一列车开至长辛店,大约今日起客车即可完全恢复。

【本市消息】平汉路驻平办事处处长邹致权,昨晨七时二十分偕周思靖、中岛及路工人员,乘专车开赴卢沟桥,勘修路轨,沿途小有耽搁。十时一刻到卢沟桥车站,有日兵三人阻止,邹等当下车,经中岛交涉,始允徒步由该站过铁桥赴长辛店。到达后,当召员工有所指示,旋即率工人多名,返回卢沟桥。几经交涉,即开始修理被毁之电杆十余根,下午六时,即与平恢复通话,路轨均未损毁,邹等当于晚八时半平安返平。卢沟桥站正副站长自事件发生迄今,均在该站办公,惟受日方监视,昨日日方仅有二三人在站检查,亦不严厉,惟禁止张望。昨日电话恢复通话后,当有车一列,平安过卢南下,平汉各次客货车,恢复尚未确期。

【本市消息】平汉路北平卢沟桥段电话，昨日下午六时已经修理竣事，恢复通话。

【郑州二十二日中央社电】平汉路工程车，二十一日午由长辛店出发，赴卢沟桥修理被毁路轨。一次特快车，二十一日午由郑北上，明晨可直达北平。二十二次快车二十二日由汉过郑时，可售北平票。

【保定二十二日中央社电】陈延炯二十一日派机、工各副处长赴长辛店，调查机厂破坏情形，二十二日晨专车赴石庄调度一切。

【汉口二十二日中央社电】平汉路副局长邹安众，二十二日晨由汉北上，赴沿线视察路务。

【本市消息】北平、保定间长途电话及电报，于卢案发生后，即被日军切断，现因局势缓和，和平有望，河北电政管理局，昨（二十二日）晨特派技术人员率同工匠由平出发修理。惟因卢沟桥、长辛店间线杆摧折颇多，植架需时，今（二十三日）明（二十四日）或可修复云。

英美法对中日冲突将采取适当步骤，以免中日关系更趋恶化

英日谈判已正式宣告停顿

【伦敦二十二日中央社海通电】昨日英外相艾登与法驻英大使考宾会谈，闻与远东时局有关。英法双方咸认华北形势已趋恶化，不得不加重视，现拟共同与美国接洽，取适当之步骤，避免中日关系之更趋恶劣云。

【华盛顿二十一日中央社路透电】德大使狄高甫，今日曾与美国务卿赫尔，及副国务卿韦尔士，讨论远东时局，表示愿与美采取不干预政策，德方以为华北之战争，或即为欧战之导火线。中日大使，亦曾访谒赫尔，赫尔称，美国务院对于远东时局，密切注视，如有些微机会，定当竭力维持和平，免除战争云。

【上海二十二日中央社电】华盛顿二十一日合众社电，共和党众议员费许，今日在众院力主美国撤退所有驻泊中国境内炮舰，及驻扎天津之陆军。费氏谓，倘中日两国发生战争，美国不宜因此种在他国境内驻扎军队之背时政策，而致卷入漩涡，故撤退驻军，及放弃领判权，此其时矣云云。

英外相艾登之宣言

【伦敦二十一日中央社海通电】英日谈判，因中日纠纷突起，已正式宣告停顿。

【伦敦二十一日中央社哈瓦斯电】艾登二十一日午后在下院就中日纠纷发表宣言，首称：华北目前局势，若赓续不变，则英政府即认为不宜与日本进行双方合作之谈话。余曾不获已，而以此项见解，告知日本政府。艾登嗣后接见日大使吉田，将渠在下院所发宣言，予以证实。闻艾登坚称，日本对中国态度，过分强硬，足以损害英日间关系，因此英政

府希望中日纠纷，得成立折衷方案云。此外政界人士，则谓日大使吉田，曾向艾登证实，谓日本对于中日之纠纷，不能接受外国调停云。

【伦敦二十一日中央社哈瓦斯电】日本经济考察团长门野重九郎，顷在孟却斯德商会发表演说，希望远东和平，不至遭受妨害，谓吾人为使贸易繁荣起见，必须有持久之和平，倘和平复遭破坏，则对于贸易影响之恶劣，当无过于此者。

英阁讨论远东时局

【伦敦二十一日中央社哈瓦斯电】今晨内阁举行会议，专讨论远东时局，嗣后接得中国方面消息，知中日纠纷，业已缓和，官场人士，甚感满意，惟咸恐日后或复趋于紧张耳。官方人士并谓，英政府现仍与法美两国政府保持密切接洽，本日艾登并曾会晤法大使考宾，就远东局势，有所商谈。

【伦敦二十一日中央社路透电】英外相艾登今日在下院答复议员泼鲁奈关于华北问题之质问时称，除《九国公约》第七款可认作束缚者外，英国在该约及《凯洛格公约》下，均不受任何束缚，即《国联盟约》，亦不加英国以束缚云。泼鲁奈复问，岂一外邦之大量军队，在一友邦境内自由行动，尚不足认为军事侵略耶？艾登拒不作答。

英报斥日师出无名

【伦敦二十二日中央社路透电】今日伦敦《泰晤士报》载一社论称，中日冲突，今尚有三种解决办法，第一办法，即和平调解，此尚非不可能，中国应付和平相当之代价，而在日方则冤抑极微，自应限制其要求于中和限度之内。此外则为全副武装之战争，或局部的军事侵略，日本得自由选择于大战与小冲突，或悲剧与反高潮之间。该报复称，倘日本与中国开战，最好能将中国军队立即断然加以击败，但此实万无可能，日本对于中国之侵略，亦属师出无名，且为无利之企图，因日本在华北之经济利益，今已至飘摇不定之地位，此后战端一开，即使仅为局部之侵略，亦将使受严重之打击。该报末称，日本在华北之军事侵略，无一军事上政治上或经济上之目标，可以达到者云。

【伦敦二十二日中央社路透电】孟却斯德《指导报》论远东时局谓：日当局虽表面上态度倔强，然其要求中有若干伸缩性，现已显然可见。究其所以稍事踌躇犹豫者，实因南京政府之坚强立场，蒋委长之可钦佩的文告，以及距平不远有可畏的华军之驻扎也，战事可免，今犹有希望。英政府乃乘此适当时机，通知日方，在此事未和平解决时，英日正式谈判，不能在伦敦举行，此举殆足使东京改采和缓态度欤云。

侨日外报公允评论

【南京二十二日中央社电】神户发行之《日本纪事报》，系英人主办，平素持论甚属公允。本月十四日、十五日两日，该报复有关于卢沟桥事件之社评，颇具卓见，今特节译如后，以见侨日外国人士之意见之一般。十四日社评首谓：日来消息，至为沉闷，无消息每非好消息，然中国方面，对于平郊日军，既无决心攻击，至少可以揣测其对于局部解决之企图，甚愿折衷接受，惜乎日本政府，未能明示其真正意向耳。该社论末谓：日本当前之选择，殆为真正之战，抑由谈判而达于和平，此外并无他途。今日之情势，与五年以前，绝无相似之处。五年前满洲战争，蔓延于长城以南，犹有《塘沽协定》，创立非武装地带，以停止战争；但就今日中国政府与人民之情绪观察，日本苟图驱逐二十九军于冀察及其他华北地方以外，而后停止军事，殆不可能也。日本固可以优越之兵力，予华北之抵抗以莫大之打击，惟此恐仅为大战之开端，而非大战之终结。以中国之庞大，果能于数日之间，即可使其全国悉成焦土乎？况乎日本之利益，初非以华北为限，苟汉口、上海等处，亦统需保护，则就纯粹军事立场而论，亦将有不可克服之困难。矧至彼时，国际纠纷，必将随之以起，又将如何，舆论界似尚未注意及此，然政府方面，对此当必已有严重注意，要无疑问，盖英美及其他国家，对此已有严重注意也。事态之发展，固须视南京政府此后之行动如何，然而真正之决定，要仍在于日本也。十五日社论示意列国，根据《九国公约》，进行调解，略有威信，则此次华北危机事件之解决，至为简单。无如国联历经满洲、大厦谷及意阿三次纠纷，威信扫地，遂使此次事件，亦无以为助，然而此事，尚非无和解之余地，《九国公约》，似尚可应用。盖今次华北事件，与一九三一年满洲纠纷，实有两点不可同日而语：第一，华北之法律地位，虽有冀察政治委员会之设立，实无可疑问，盖华北始终为中华民国完整领土之一部。至于中央机构之权威，在冀察方面，自《塘沽协定》以来，是否达到南京方面所愿望之程度，则固无关紧要。第二，东京政府未尝有意以此次平郊之冲突，与一九三一年满洲事变同等看待。该评论继谓：日本对于国联处理满洲事件，固有余恨，而列强回顾过去外交，亦多不快，中日两国之径行交涉，固属事未可能，各国之联合调解，亦属事难办到，但各国虽不能联合调解，忠言原亦不敢必其有效，但此实为一最安全之办法，可以帮助日本政府，停止其对于华北之动作，况乎《九国公约》第七条规定，于任一缔约国，认为有适用该公约之环境发生时，缔约国应互相充分坦白交换意见。此种环境，今已发生，充分坦白交换意见，今已殆有可能也。

宛平县城劫后视察记

碎瓦颓垣景象奇惨，居民伤亡尸体枕藉

【本市消息】门头沟电话，二十二日午二时，记者由平抵长辛店视察，当地秩序安定，商民照常营业，防务异常巩固。二十日夜日军炮攻卢沟桥时，当时境内落弹九枚，伤四人，死妇女一名，人心尚镇静。宛平专员王冷斋，偕秘书洪大中，自二十日至今，仍往来于卢沟桥与长辛店间，办理后方工作。记者复往晤王、洪两氏，经过卢沟桥石桥，至宛平县城内视察,所得结果如次:(1)石桥桥身未受大损,桥下河滩被炮弹所击,炸痕累累。桥东头"卢沟晓月"石碑,幸无损坏。入宛平县西门,城内戒备紧严,由我方军队驻防。二十日下午,日军炮火密集,城内落弹五六百,民房被击,残瓦颓垣,景象奇惨。专员公署及警察局,亦全被炸毁,保安队兵及县民伤亡相继,尸体枕藉。东门城楼被击全塌,通东西门马路,被炸弹炸成无数深坑,弹炸处两旁商户门面均被摧毁。(2)城内居民,除一部分妇孺,自事变发生后,因王专员劝告离开县城外,其余壮丁均留住城内,不愿出城,王氏代备粮食,按户发放。(3)中日双方撤兵办法,本经约定,二十日由我军接防衙门口、八宝山,二十二日下午六时以前,卢沟桥东至五里店、境村一带,所有日军全部撤往丰台,但截至二十二日下午六时半,据报前述地点之日军,不但未撤,而又增大小钢炮二十余门,由丰台增援。(4)日本飞机一架,二十二日上午十时飞长辛店、卢沟桥侦察。(5)平汉路北平至长辛店间路线,二十二日修复,由平开出第一列车,二十二日晚八时后,由长辛店开往涿州。(6)卢沟桥一带前线二十二日竟日平静。

《华北日报》,1937年7月23日

美国待机维护和平

【中央社华盛顿二十一日路透电】德大使狄高甫今日与美国务卿赫尔及副国务卿韦尔士讨论远东时局时,向美表示,愿同美采取不干涉政策,德方以为华北之战争,或即为欧战之导火线。中日大使亦曾访谒赫尔,赫尔称美国务院对于远东时局密切注视,如有些微机会,定当竭力维持和平,免除战争。

天津《大公报》,1937年7月23日

国联人士仍希望中日能避免冲突
英拟与美法向双方进行调解
英外交界认为成功希望甚微
日否认英日谈判停顿

【日内瓦二十二日中央社哈瓦斯电】国联会人士,顷就中日纠纷,发表意见云:当事双方,若不能成立和平解决方案,中国或当向国联提出申诉。而以国联行政院现行组织而论,中日纠纷,苟欲予以处理,其事实较一九三一年满洲事件时为便,盖可按照先例,援引《国联盟约》第十六与十七两条各项规定故也。此外某某方面,并主张按照先例,对于侵略国禁运军火,又在财政上援助被侵略国。但一般人仍望中日两国,终能避免冲突,要之,《国联盟约》第十六、十七两条所载各项规定,非俟友好解决方案,悉数用尽之后,不致付诸实施云。

【伦敦二十二日中央社海通电】英政府因谋缓和远东时局起见，正与华盛顿方面接洽，企图得美政府之合作，共同向中日两国进行调停工作。法国或亦有加入调停之可能。外交界方面，对于英美之调停，认为成功之希望甚微，因即令美国愿任调人，恐亦不能令东京方面接受。日驻英大使吉田，已向英外相表示，谓日政府若接受调停，内阁必倒云。

【伦敦二十二日中央社路透电】二十二日下午，英下院复讨论华北问题，保守党议员赫浦威斯质问云：日本继续不断吸收中国领土，外相可否声明英政府对于此后吞并之土地，将如东三省之先例，拒绝承认。艾登答称，时局尚未发展至该程度，故赫浦威斯之质问，似嫌过早云。艾登复称，望赫浦威斯勿再希望彼事先将政府之态度，加以界说云。

【新加坡二十二日中央社路透电】当地政府二十二日发表公报，告诫此间中日侨民，如华北发生战事，中日侨民，不得有导成破坏和平之行动。如果发生战事，政府将维持完全公允之态度，并将以全力遏止任何人煽起骚乱云。当局又告诫中日报纸记者与发行人，登载关于时局之新闻与评论，当出以审慎，并禁止有组织之募款汇往中日，以充实军费云。有代表日本参加台维斯杯网球赛希望之日学生两人，今日与此间华侨锦标手角赛，警察曾在场防卫，并未发生事端，日方胜双打，失一单打。

【东京二十三日中央社路透电】日外务省某发言人今日称：外传英外相曾通知日大使，不愿开始英日谈判云云，实无其事，且对于此事，加以评论尚属过早云。

俄报评论日侵华北

【上海二十三日中央社电】莫斯科二十二日塔斯电，《真理报》云：日本在华北之侵略，对于其他资本主义国家的利益，当然为重大打击，而尤以英国受害最甚。然而吾人必须指出，英政府无论对于远东或欧洲的侵略者，均一贯采取妥协纵容政策，例如最近英日谈判之开始，实断然有利于日帝国主义的侵略计划。华北目前事件，乃为日本在大陆上准备大战之一部分，故必须加以严重注意也。

【莫斯科二十二日中央社路透电】苏俄《伊斯凡希亚报》，二十二日载一论文，吁请英国，勿任华北成为东四省之续。该报称：日本今日在华北所采策略，无异于一九三一年因欧西各国之消极态度，而完成其并吞满洲之计划，惟今日英国对于目前之冲突，依然袭用一九三一年之故态，实属可悲而可异。今日欲使日本放弃其计划，端在有信任价值之政府，不再任其横行无忌云。

日排华运动益烈

菊地等组织同志会，主张对华彻底排击

【东京二十三日同盟电】对华问题同志大会准备委员，二十二日午后一时在赤坂三会

堂开发起人会，菊地男、井田男等百十四名出席，决定二十四日午后一时，在上野精养轩开之对华问题同志大会之次第，关于运动方针，作种种协议。结果一致主张，对于中国非加以彻底排击不可，为实现此种强硬意见，商定组织对华同志会，于二十四日有志大会发起之。

日机一架昨飞郑汴侦察

停津日机昨数次起飞

【本市消息】昨日（二十三日）上午九时、九时半、十时、十二时四十八分，下午二时、下午四时，先后有日机各一架，由东南方飞抵平市，盘旋一周后，即赴南苑侦察，最后复飞卢沟桥一带视察云。

【长辛店二十三日电话】日机三架，今晨九时半飞卢沟桥、长辛店、衙门口、八宝山盘旋侦察，至十一时始去。下午一时又来一架，侦察一小时许，沿平汉线北飞。

【天津二十三日电话】今日上午七时、九时、十一时，下午二时、三时半，停于津东局子机场之日机，分批起飞，在津空盘旋一周后，均飞西方侦察，迄晚返津。

【郑州廿三日中央社电】二十三日下午三时五十五分，又有日机一架，在汴空侦察后，向西航进，下午四时零五分到达郑空，盘旋一周北飞，在黄河铁桥高空侦察，旋即向东北飞去。

【保定廿三日中央社电】中央摄影场摄影师宗惟赓、陈嘉谟，廿三日晨七时半赴卢沟桥及宛平城，摄制二次背信进攻惨酷战痕。又午十二时半日侦察机一架，在车站低空侦察甚久始去。

津日方擅在市区捕人事

马彦翀昨谈经与交涉结果，日表示不再发生同类事件

津郊筑机场事有停止进行说

【天津今晨电话】津市府秘书长马彦翀二十三日谈话：（一）日方检查邮件事，经市府交涉结果，日方人员已撤退，并将致邮局文件索回。（二）日方在宜兴埠辟飞机场事，现因时局缓和，无此必要，故日方已停止进行。惟当地青苗被割，农民损失极重，日方表示愿酌予赔偿，市府已饬津县府查报损失情形，以凭交涉。（三）日方在市区捕人事，经交涉结果，日方保证不再有此类事件发生，对已捕去者，即送中国官厅侦查云云。

西郊一带灾情惨重，庐室为墟

居民流离失所，市府饬属办理宛平急赈

【本市消息】各界联合会，连日对于筹备慰劳二十九军各事积极进行。兹悉该会已备得慰劳袋二千个，裤褂二百五十身，今日下午二时由该会慰劳股、农会、工会、工厂联合会、女青年会等，在女青年会集合，携带上述物品，慰劳二十九军云。

【本市消息】平市府顷据警察局长陈继淹及各方之报告，以此次卢沟桥事件发生

后，宛平县附近及西南郊一带人民，饱经惊骇，迁徙流离，情极可悯，市府昨特令社会局转饬平市各慈善团体联合会前往卢沟桥、宛平一带查放急赈，以救灾黎。该项赈款及赈米，先用慈联会之三千元基金，及所存之一百担小米。社会局奉令后，已召集慈联会一度磋商。该会昨用长途电话与宛平县县长王冷斋商妥，由王氏协助该会调查发放，今晨携带款项并食粮等前往散放，如灾民众多时，市府并拟设法筹款放赈，以宏救济云。

【本市消息】世界红十字会救济队，由队长阎承龙率领队员、医士，携带药品、赈款，于前日下午一时出阜城门在核桃园等村庄施送药品，并治疗病民五十余人，因雨后难行，即行返平。昨晨八时复出阜城门绕道至宛平县城，在西门外查放宛平县及卢沟桥一带难民三百余户，计男女老幼一千三百余人，酌量被难轻重，每户施放赈款一元至三元。约四点半钟查放完毕，并治疗受伤及患病人民一百六十五人，分别诊治，给予药品，复在经过各村庄施送各种暑药，于下午六时原路返平云。

【本市消息】平市各慈善团体联合会成立之第一难民收容所，开始收容以来，已有少数难民，继续前往就食，昨日复有十余人入所。惟因地址关系，入所者均系女性，如有男性请求入所者，即转送入第二收容所（善果寺）内，但截至昨日第二所尚无难民云。

【本市消息】平市公益联合会，昨日正午十二时在中山公园来今雨轩宴请防空专家及各慈善团体代表，计到三十余人，由该会总干事刘砥泉招待。席间并讨论防空工作，议决：（一）函请平市各大报出专刊登载防空、防毒常识。（二）制造防毒面具，每个需洋两元，效用可经八小时。（三）调查本市人口，以便确定需要防毒面具数目。（四）由慈联会负责办理防毒面具制作事宜。（五）由本市各慈善团体协助办理一切防空事宜，至下午二时半散会。

卢桥一带日军尚无完全撤退意
日军部对调集华北日军，谓俟环境许可再行撤回
日将派大员来华，彻底谈判中日问题

【本市消息】据长辛店来人谈：宛平城北至铁道间高地日军，昨日尚未全部撤退，平保间客车昨过卢沟桥时，日军频以望远镜探视。长辛店地方极为安谧，人心镇静。

【本市消息】日大使馆武官今井武夫，昨日接见记者，据谈：（一）卢沟桥一带日军，是否完全撤退，须视中国之动静而定。（二）日军由前方撤退丰台后，是否长期驻扎，或分调返国，须听从陆军省之命令。

【天津二十三日中央社电】据此间官方称：卢沟桥中日双方军队已开始撤退，平汉路二十三日正式恢复通车，至此次所发生之事件已告一段落。日军在卢沟桥事件发生后，

曾有大批兵车来津,并转丰台,关系方面息:由关外计开到兵车三十列,人数七千余,马一千二百余匹,其他若坦克车、汽车各若干,飞机三四十架,现分在津、丰等地,尚无撤退之意。日军部人员,曾向官方非正式表示,谓日军调集繁琐,俟稍待当陆续撤退,但未有日期。川越尚在津,二十三日晨派驻津领事永井赴市府访秘书长马彦翀,表示卢案已解决,闻兴中公司社长十河、满铁理事阪谷,二十二日已到津云。

【天津二十三日中央社路透电】闻日驻屯军某员二十三日向中国当局声明,调赴华北之日军队,定于环境许可时,一律撤回,惟目前不能预定撤兵日期云。此间日军现已增八千余人,而其携来之军用品数量亦复不少,此外北仓附近之刘安庄已新辟大飞行场云。

【东京二十三日中央社电】《朝日新闻》载,日对卢沟桥事,始终抱定现地解决主义,俟完全实现后,对中日关系全面的根本解决,由两国政府开始谈判。现日政府拟特派大人物前往南京,与中国彻底谈判说,渐趋有力。

【东京二十三日中央社路透电】日本各报对于华北三十七师之更调防地,不认为华北时局之解决方法,以为冲突之基本要点依然存在。除芟除祸根外,将来纠纷必继续发生,预料日本关于此事之政策,或将大有变更。据《朝日新闻》称:日政府主张遣派重要政治家一员前往南京,着手谈判中日关系之根本解决。

日军用品仍续运华

【天津今晨电话】二十三日上午八时五十分,有日兵车一列,共十二辆,均系铁闷车,由唐山抵津,旋有两列空车由津东开。又二十三日上午八时,海光寺日兵营开出载重汽车二十余辆,满载给养品等赴丰。九时有日兵二百余名,徒步离津开赴杨村。原驻杨村之日兵,共有二百余名,并铁甲车五辆。

【天津二十三日中央社电】日军调度并未稍停,据路息:秦、榆尚停有日兵车五列,有继续西上模样。二十三日晨此间又有日军载重汽车四十余辆,载运大批军用品赴丰台,下午五时有载重空车四十余辆返津。

【天津二十三日中央社电】此间二十三日晨九时,又到日兵车一列,计有十五节,即系二十二日晚由榆开出者。津东、总两站日兵戒备情形如前,且东局子之日机,亦时飞各地侦察云。

【南京二十三日中央社电】据息,日军用品现仍源源向我国运来,大阪近又扣留商船十七艘,备军运之用。又日军用飞机五十架,重爆炸机一中队,于日昨由日出发备用,日空军指挥官亦随机飞来。

【中央社天津二十三日路透电】装运日军第十师团前来华北之日方运输船,预料二十二日晨可抵大沽者,迄未驶抵,闻船已开行,大约抵大连后,视察北平时局之趋势再定行止。二十二日晨九时有野战炮七尊,以马曳之,沿大路向平进发,并有日兵百名随行保护。日方军用品刻在海河北岸起卸,而华兵则集于海河南岸,大沽中日军队冲突之说,现悉不确。

【天津二十三日中央社电】塘沽、大沽地方尚平静,前此开到之日驱逐舰三艘,二十三日晨葵号亦开往他处,目下仅有荻号仍停泊码头。又到津之日飞机,前后共三十八架仍未离去。

各地日侨陆续归国

【上海二十三日中央社电】长沙、万县、太原、沙市等地日侨七十余人抵沪后,二十三日晨乘上海丸返国,其中以妇孺为多。

【青岛二十二日中央社电】胶济沿线日侨,二十二日午刻退来青市者,约一百二十余人,晚仍有大批日侨由济市等处来青。下午十一时,泰山丸载日侨三百余人返国,前胶路会计处长日人大石,亦随该轮返国。

【青岛二十二日中央社电】此间日本军事机关自二十一日起派兵士数名,乘汽车分往各日本商店、住户散发传单,通知必要时日侨之避难场所,设于居留民团第一寻常小学、妇人医院、四方纱厂、海军集合所等处。日便衣队夜间在各马路有所活动,日商店均购置大批蜡烛,以备电灯熄灭时点用。此间日舰现共停五艘。

【青岛二十三日中央社电】胶济沿线日侨,二十三日抵青岛者,上下午共计六十余人,总计一周来日侨退集青市者,将达千人,以妇孺居多数。

【天津二十三日电话】侨居张家口之日人,男女共四百十六人,奉日外省令,一律撤退。今日下午八时许,有张市日侨五十余人,由张过平抵津,当即转东北返国云。

《华北日报》,1937年7月24日

日机三度飞平市侦察

一架盘旋达二小时,保定郑州亦均发现

【北平通讯】日军用飞机,已五日不断飞平侦查。昨日上午九时,又有日机一架,由西南方向飞来平市上空侦察,旋向东北方面飞去。十二时十五分,又有一架飞来,历半小时许飞去。下午二时许,又有一架飞来,绕平市上空,往来盘旋数周,机声轧轧,竟达二小时之久,始行飞去,打破历次在平侦察时间之纪录云。

【北平二十三日中央社电】日机三架,二十三日晨在长辛店、卢沟桥一带往返侦察约一时余,旋飞平市上空侦察一周而去。

【保定二十三日下午十一时本报专电】日机二十三日午一时,又飞保定及平汉沿线

侦察。

【郑州二十三日中央社电】二十三日午后三时五十五分，又有日机一架，在汴空侦察后，向西航进，四时零五分到达郑空，盘旋一周北飞，在黄河铁桥高空侦察，旋即向东北飞平。

赵登禹部昨日接防平市，三七师一团全部西开

【北平电话】三十七师二百十八团所部，二十二日晚由平撤防后，当即开赴涿县、良乡等地，过长辛店时，仅停车未下人。平市城防，昨由一百三十二师赵登禹部接替，城内秩序如恒云。

【北平通讯】卢沟桥事件，经中日双方约定同时撤兵后，我方之衙门口、八宝山、田村等地守军，均于二十一日下午撤防，由冀北保安队接替。日方卢沟桥以东部队，按约定应于二十二日下午六时前，全部撤往丰台，但日方届时仅将五里店、大井村军队各撤退一部。截至昨晚七时止，卢沟桥城东门外最前线之日军，迄无撤退势。我方担任平市城防及其他防地之三十七师部队，二十二日起，开始自动与一三二师赵登禹部换防。赵师王旅已抵平，冯师二一八团一部，于二十二日晚七时半，由平乘平汉路车开往涿州。余部于昨晨九时十五分，由团副孙鸿宾率兵四百，续开良乡；十一时十分，由第二营营长周度义率兵五百，开往涿州。

天津《益世报》，1937年7月24日

日军不撤大局严重

日方声称撤兵尚非其时
此事交涉将由中央办理

【南京二十三日下午十一时发专电】过去两日，虽因二十九军换防，暂获和平，但问题症结仍在，如日军不撤退，而平津一带未复八日前原状，即问题不能视为根本解决。闻日方二十三日向平官方非正式表示，谓日军调动事极繁复，须略缓始撤退云，此显与我方期望相反。据消息灵通方面观察，若日方不遵守商定办法，则关于此事交涉，大抵将由中央办理。

【北平通信】中日当局约定将前线军队撤退后，我方部队业已实行撤退换防，平市第三十七师冯治安部亦已退出，另调第一四二师赵登禹部入城接替。现在一般所注视之问题，即日军前方部队是否遵约撤退。据闻截至今日下午止，日方前线部队尚无撤退模样，且陆续增军需用品。日本军用飞机仍不时飞来平市上空侦察，计昨日上午九时左右，有日侦察机两架在平市上空盘旋，旋即飞去；午刻有日侦察机及轰炸机各一，复来平市上空飞行；至一时半左右，平市上空又闻飞机轧轧。

【中央社北平二十三日下午四时十分电】大小井村之日军，二十三日仍积极作防御

工事，令农民协助挑挖战壕，其兵士且多散布高粱地内，戒备极为严密。又原驻丰台之日兵，二十三日晨开数人赴卢沟桥一带，并携有钢炮二十一门及大批瓦斯品。

【中央社北平二十三日路透电】华北局势依然可虑，二十三日下午又在宛平与卢沟桥方面增厚兵力，八宝山现有华军一中队，衙门口之华军已撤。日武官今井称，日方并未依允如华军退出宛平则日军亦退出该境，日军去留全视情形而定云。

【中央社北平二十三日电】日使馆武官今井武夫谈：（一）卢沟桥一带向后撤之日军是否继续撤退，须视华军之撤退是否有诚意，故日军此际再向后撤尚非其时。（二）日军撤至丰台后，是否即驻扎丰台，抑再调往他处或回本国，全视中国方面能否履行一切条件而定。（三）近两日前方均极平静，双方并无冲突事件发生。（四）由关外增援之日军，是否即行复员或仍驻在关内，俟奉到陆军省命令而后定。

本报特派员前线视察记

【长辛店二十三日下午七时发专电】本报特派员二十三日特赴战地视察，上午七时由保定乘平汉车出发，至长辛店下车。站内停有我换防兵车两列，正待开行，纪律整齐，此即我忠勇抗敌之三十七师吉团，民众到站慰劳者极多。卢沟桥北衙门口地方，我驻军亦经撤退，由石友三部保安队接防，田村一带驻军亦开始移撤中。日军二十二日将五里店、大井村及卢沟桥车站所驻极少数之部队向后移撤，其余沙岗子、大瓦窑、刘庄一带，尚无撤退模样，仍在构筑工事。车过卢沟桥时，仍可见日军在忙于布防，车站附近亦有日军放哨警备。苑平县长王冷斋患病稍痊愈，照常办公，本报特派员昨便中往访。据谈我军已遵约相继撤退，静观日方如何；宛平县城、大井村、五里店、卢沟桥、长辛店一带，居民均受相当损害，卢沟桥及宛平县城受损尤重，善后救济办法，因日军未全撤退，决先由宛平县城内开始调查，设法救济。

【本市消息】二十三日上午八时五十分，由唐山开来日兵车一列，计挂十五节，均为铁闷车，满载军用品，停津东站，旋有空车两列，由津开往榆关。上午八时许，由海光寺日兵营开出载重汽车二十余辆，有日兵四十余名，满载给养物品赴丰台。又九时许，有日兵二百余名，徒步赴杨村增防。按杨村原驻有日军二百余名，铁甲车四辆，坦克车两辆。

【中央社北平二十三日电】平南距城三十余里康庄子地方，日军前占民地二百余亩，拟建飞机场，因不敷用，二十三日又占去常鸿奎三十五亩、常光林二十七亩、常曙海三十二亩、张金长十五亩，共百余亩，强迫地主签定契约。

【中央社上海二十二日电】二十九军驻沪办事处接秦德纯电告，雷嗣尚出国考察久已内定，决无丝毫外交关系。刻下双方军队稍行后撤，形势略见和缓，并谓近日对方并未提出任何人事问题。

日本军用品仍源源运来

【中央社南京二十三日电】据息，日军用品现仍源源向我国运来，大阪近又扣留商船十七艘，备军运之用。又日军用飞机五十架，重爆炸机一中队，于日昨由日出发备用，日空军指挥官亦随机飞来。

【中央社东京二十三日电】此间人心渐趋镇静，股票、债券一律上涨，钟渊旧股票涨一元八，新股票涨二元七，日清纺织旧股票涨二元八，新股票涨二元六，其他主要股票亦涨二三元不等，惟国防献金、恤兵募捐及妇女在街道所缝之千人针仍在进行中。

日机侦察郑汴

保定一带日机继续飞翔

【长辛店二十三日发专电】今晨九时许，有日机三架沿平汉线飞长辛店一带侦察，约一小时之久，正午十二时又飞来一架，盘旋数周而去。

【保定二十三日下午十时发专电】日侦察机一架二十三日上午九时飞抵保定盘旋一周后，向南飞去。下午一时又有轰炸机一架到保，飞行甚低，在省府上空盘旋约半小时北飞。

【中央社郑州二十三日电】二十三日午后三时五十五分，又有日机一架，在汴空侦察后向西航进，四时零五分到达郑空，盘旋一周北飞，在黄河铁桥高空侦察，旋即向东北飞去。

天津《大公报》，1937年7月24日

各国使节入京（节选）

【中央社柏林二十三日海通社电】德政府鉴于中日关系日趋恶化，今日又发表声明书，表示态度，略谓自华北事件发生后，德国即严重注视其发展。德国在华北虽无政治企图，但该地德国经济利益尚多，若战事爆发，必然大受影响，故德国甚愿中日问题能和平解决。

天津《大公报》，1937年7月25日

澳洲工党诘责日本

【中央社澳洲雪梨二十四日电】卢沟桥事件发生后，世界舆论一致抨击，澳洲工党理事会于七月二十二日晚会决议三项：（一）日本侵略中国应严词诘责，（二）对中国自卫行动深表同情，（三）建议澳洲政府转请国联依照盟约裁制侵略国云，足见公理自在人心云。

上海《大公报》，1937年7月25日

日本仍将继续增兵

宋哲元电京陈述北方情势并报告解决卢案交涉经过

【南京二十四日下午九时发专电】宋委员长哲元报告解决卢案公电已到中央，又闻熊斌已到平。查蒋委员长在庐山演说中之立场四点，代表中央对北局之最后方针，其与此不抵触之解决，中央自将允许。近日华北情势本严重，谣传又多，现宋电到京，可使局势明了。就我方言，必努力和平收拾，惟另闻日本内地已奉令动员之若干部队仍将来华，朝鲜部队之派来我冀省者仍在集中。虽据传其内地动员之部队为瓜代关东军部队，但在我方撤兵依办法解决卢案后，而彼方部队不撤归而反增，东京空气仍硬化，故时局尚无乐观理由。

【南京二十四日下午九时发专电】北方局势紧张之状迄未稍弛，日军一方面未有撤之征兆，并仍有兵车继续过津北开，一方面对我挑剔责难，无微不至。二十四日晨平汉客车过卢沟桥时，并有日兵上车检查，旅客频感惊慌与不便，故二十四日晚南下客车又有停开之报。此间政界现仍警戒注视中，一般相信今兹之紧张状态，将有相当时日之延续，前途艰阻，似不易即见开展也。

【南京二十四日下午十时发专电】宋委员长哲元二十三日深夜电呈最高当局，报告华北情势及双方约定撤兵交涉经过与内容。

【北平电话】华北时局在沉闷中仍现紧张之象，卢沟桥前方日军在我军复员换防后二日竟仍毫无撤退模样，且续有军队开津、丰等地，窥其用意，似尚有所等待。我当局仍本和平初衷，始终容忍，总希望日方最后反省，至无可忍时，亦不惜最后牺牲。据此间所接报告，丰台日军已派满铁职员在丰台站执行职务。

【中央社北平二十四日电】长辛店电话，卢沟桥及宛平城东门外日军截至二十四日下午六时止仍未撤退，大井村、五里店及平汉路涵洞附近日军活动频繁，前线二十三日至二十四日下午平静无事。

【中央社北平二十四日电】自卢案发生后，日机连日飞平侦察，二十四日晨十时许日机一架，来平飞绕数匝他往，下午三时又来一架侦察颇久始去。

天津《大公报》，1937年7月25日

各地电请中央抗战

【中央社南京二十四日电】自卢沟桥事件发生后，全国各地抗敌通电如雪片飞来，中央党部兹又得到各处通报，计有：（一）新疆边防督办盛世才、新疆省政府主席李溶，（二）广西省政府，（三）湖南省党部，（四）威海卫各民众团体，（五）广西田东县各界民众抗敌救国会、教育会、学生救国会、商会、车缝工会、染业总工会，（六）常熟县抗敌后援会，（七）江西高安县各界民众抗敌后援会，（八）江苏溧水县党部，（九）安徽无为县党部，（十）武汉各界民众抗敌后援会，（十一）洛阳各团体慰劳前方抗敌将士后援会，（十二）广西怀集县党部，（十三）苍梧县抗敌国会，（十四）陇南各界抗日后援会，（十五）甘肃民众守土抗战后援会等机关团体，均请即用大兵抗敌，并誓为中央后盾。

【中央社南京二十四日电】国府二十四日续接北婆罗洲西庇中华商会、印度南顺会馆、驻印度总支部、哥罗旺阳各界抗敌后援会、鄂光化县老河口各界抗日后援会、湘邵阳人民抗日后援会、西康县政人员训练所等处电，呈请迅派劲旅北上，扫灭强敌。

【中央社上海二十四日电】京沪、沪杭甬铁路党部二十三日成立抗敌后援会，议决：（一）推举执监委，（二）通电拥护蒋委员长十七日主张，（三）电宋哲元继续抗敌，（四）电慰吉星文团长暨抗敌受伤将士，（五）通告全路员工一致动员抗敌，（六）严厉制裁汉奸。

【中央社上海二十四日电】沪市抗敌后援会二十四日午后四时举行首次执监委联席会议，通过执委会章程，各特执委会人选，筹募救国捐款，联合各地抗敌后援会成立全国各界抗敌后援会等要案。

【中央社成都二十四日电】二十九军卢宛抗敌，蓉各界纷纷去电慰勉，二十四日得宋哲元复电，略谓此次卢事发生，不得已应战，乃承各界慰劳激励，感愧同深等语。

【中央社上海二十四日电】地方协会二十三日理事会议决，通告全体会员，一致准备后援工作，应付非常事变。

【中央社保定二十四日电】卫生署派黄口凡携救急包二十万个及行军十滴水、良丹、金鸡纳霜锭、绷带布、纱布等甚多来保，转赴前方慰劳。黄并代何部长、刘卫生署长致慰，前线官兵现正殷望此项药品，故极感需要。黄二十三日已返保，分往各医院慰问伤兵，现与当局接洽其他需要物品，日内返京复命，设法补充。

【中央社南京二十四日电】中大暑期留校学生鉴于北方事件日趋严重，民族存亡届最后关头，二十四日成立暑期留校同学抗日后援团，除积极作讲演、壁报、话剧等工作以唤起国人一致奋起抗敌外，并绝食一日及募捐，以助前方将士。

【中央社长沙二十四日电】湘各界通电拥护蒋委员长对卢事宣言，并誓为后盾。

【中央社广州二十四日电】粤民众御侮救亡会工作团二十四日议决全盘工作计划，定二十六日至二十八日分别召集各民众团体举行谈话会，对各种救亡问题详加研讨。

【中央社汉口二十四日电】湖北民众抗敌后援会二十四日下午二时在市商会举行成立大会，到五百余人，情形热烈，空气紧张。由孔庚主席报告开会意议后，由喻育之、江述之演说，旋即通过简章，选举执监委员，并发表宣言。散会后继续举行第一次执委会、监委会及执监联席会议，决议要案甚多，工作颇为紧张。

天津《大公报》，1937年7月25日

日本与中国

亚·维克托洛夫

译自七月二十二日莫斯科《真理报》　日本在中国北部的新挑衅，远远超出了那已成中日关系中家常便饭的通常"事件"的范围了。日本军阀借口与中国地方当局之和约及谈判（这些和约及谈判已被破坏），就由满洲、高丽及日本调运大批军队和军火至天津一带。

日本在本国正在进行许多动员的办法，并加速沙文主义的侵略宣传。每日电讯社驻东京记者叙述东京目前情形如下："日本全国正在准备动员，不仅军事机关，即民政机关、工业界以及宣传机关等等亦均莫不准备非常事变之到来。爱国主义之狂热，沸腾了整个帝国。此间均认为战争——正式战争或非正式战争——是不可免的。"

该记者在其通信中说到南京备战问题时写道："南京政府在黄河以南建筑了很坚强的防御线。这一防线自海洲起，沿陇海路……。这样就使中国方面能够控制在日本监督下之河北省以南的全部铁路。这样，就于万不得已退出河北省时，有利用黄河以自卫之可能。中国军队的阵线与进攻线，以非常巩固的保定城（在北平之南约一百六十公里）为根据。"

该记者这样详细叙述中国的防线，这就表明了他怎样想像日本侵略者所准备之军事行动的广大范围了。现在就谈中日间的大战，当然为时尚早。但就目前日本所采取的办法看来，东京显然又决计企图使中国北方问题作有利于自己之解决。

日本帝国主义提出这一问题，实在不是第一次。一九三五年夏季，在中国北部发生了无数次"事件"，这都是日本人毫不费力制造出来的。日本人制造这些事件，然后又利用这些事件向中国提出要求：撤退中国军队出冀察，撤消日本军部认为不满意之中国行政官员。几个月之后，当意阿战争正在激烈的时候，日本又加紧压迫中国。日本报纸曾大事宣传，好像中国北方发生了"自治"运动。

在这样虚假的运动的旗帜之下，日本就想宣布中国北方五省，即河北、察哈尔、绥远、山西、山东之"自治"。这五省的人口达九千万，面积占四十万平方英里，几与"满洲国"之面积相等。

从日本帝国主义利益的观点看来，这五省实有巨大的意义。大家都知道，在东北的冒险行为，在经济上并没有得到预期的结果。满洲的生铁总产量，每年没有超过六十万吨。大家又知道，满洲煤的质量也并不好。根据长期合同，日本在长江流域每年可得铁的矿苗三十万吨至五十万吨。铁矿苗必须运往日本，所费又很大。最后，若一旦与中国发生纠纷，这些合同立即失去效力。而中国北方五省既富于煤，又富于铁。山西产煤特多，察哈尔产铁特多。

很明显的，目前正在日本侵夺的威胁之下的平绥铁路，因此也有极大的意义。这条铁路长八百公里，经察哈尔南部，以包头为终点，与蒙古人民共和国的南方边界恰恰平行。

然而日人之垂涎中国北方各省，不仅煤铁而已，而且日本帝国主义者还认为北方各省有成为棉花产地之可能。大家都知道，日本现在由美国、印度、中国等地输入棉花。日本在中国北方各省业已获得植棉之经验。固然，这些棉花的质量不及印度棉花那样好，然而很可以为制造军事爆炸物之用。在日本准备"大战的计划"中，中国北方之有军事战略意义，那就不言而喻了。

然而不管日本报纸怎样大事宣传，中国北方五省却并未宣布"自治"。日本人只限于成立了以亲日派分子为首的"冀察政委会"，这就是所谓"冀察政权"。这个所谓"政权"管辖着河北北部和察哈尔东部的地方。

什么原因使日本人忽然放弃其巨大计划呢？这有不少原因在。那时正当伦敦海军会议的前夕，日本人不想特别刺激英国人。其次，英国和美国亦曾使日本明白知道，它们不认为保持中国领土完整的《九国公约》已经成为废纸。然而主要原因，并不在此。从满洲的经验，日本人知道，他不能很容易地把强占去的领土变为"自己的"。全中国反日运动，尤其是北方各省反日运动的澎湃，使日本人发生了不少恐惧。日本人没有冒险一下子吞并整个中国，盖恐这样会发生意外的和严重的结果。他们希望得寸进尺地达到自己的目的。正因为如此，所以他们只限于成立了冀察政权。

一九三五年十一月二十七日，在一个区域宣布了"自治"。这一新区域的都城便是通州。经过了三日，日本人口中"自治"的意义就明显表现出来了。日本军队三千名，开到通州。数日后，又有大批新的日军开到。日本军队的调动，只是事情的一方面。很快的，中国也同样感觉到日本在中国北方所造成的这一新根据地所给予中国的经济"利益"。日本人利用这个新的"自治政府"，如潮水般的偷运私货到中国来。固然，偷运日货到中国来，这并不是一件新奇的事；但是，自从冀察政权建立以后，走私更是猖獗万分。日货走私对于南京政府财政的影响如何，可以用下列数字来说明。南京政府从前每年从山海关、秦皇岛和天津的关税项下，大约收入四千万元，但这项关税收入在半年之内就由二千万元减少到四百万元。

　　显然的，日本侵略者之"胜利的活动"只是使中国北方最广大阶层的人民愈益愤懑，使中日关系越发严重化。一九三六年不仅表现了全中国反日运动的高涨，并且表现了中国人民要求统一的意志之高涨。要求统一的巨大潮流，其结果大大巩固了南京政府的地位。不久前在纽约与伦敦出版的《世界政治中的美国》一书，对于当时的形势有如下的估计：

　　　　在一九三六年的一年中，日本深深地认识了它准备在大陆上解决的问题具有特别的复杂性。中国人民业已忍无可忍。该年末，日本军阀曾遭受最坚决的抵抗，似此坚决抵抗为一九三二年上海抗日战争以来所未曾见。所以发生这一转变，实由于三个重要因素。第一个因素是南京政府状况的改善，南京政府由于西方列强之规劝和与西方列强之合作（结果使日人忿怒）抛弃了银本位。第二个因素是民族精神之新的奋发，开始只包括青年智识分子，但很迅速地遍及全中国。第三个因素是由于中国这个新的民族精神的结果，使南京政府得以统治往日广州政府与之互争雄长的南方。嗣后南京政府依靠日益增长的政治统一，并顺应改变政策的要求，就加强抵抗日本巩固其在中国地位的企图。

　　一九三六年是日本本国最困难的一年，国内曾有巨大的震撼。去年二月间发生的法西斯大阴谋的事变，以及若干次恐怖暗杀，大家还记得清清楚楚。一九三六年的日本国际形势，亦同样不能说有若何之改善。恰恰相反，日本与法西斯德国缔结了军事同盟，却引起了英国与美国之恐惧与怀疑，英美的领导报纸公开承认了德日的新同盟直接威胁了英美的利益。日本的经济情形亦大大恶化。巨大的军事预算，过重的赋税，极大数目的公债，准备金既极少且又在日益减削中——这就是日本情形的特点。

　　日本研究了这一改变的形势，就在去年十月间宣布了对中国的"新政策"。日本曾向中国提议，开始谈判中日间一切纠纷问题之解决。同时，日本却企图侵略绥远。那时中国的外交部就立即停止谈判。另一方面，日本人在绥远遇到了坚决抵抗，抵抗之坚决，使那时日本不得不暂时放弃自己的冒险。

　　今年六月底，日本驻中国大使川越接到了与中国实行谈判的新训令。这一企图又未获得任何结果。必须估计到中国的反日运动在这一时期不断地增长起来，其明显的表现，则有不久以前包括察哈尔全省的反日浪潮，曾引起了东京最严重的恐惧。

　　日本现在的挑衅，是以广田为外相的近卫内阁上台后日本侵吞中国的第一次积极发动。这一挑衅，证明了日本的新内阁图谋在著名的广田"三原则"的基础上来实现对中国的政策。广田的"三原则"是要中国承认"满洲国"，承认日本在中国北方的特殊权利等等。换言之，广田的政策是要中国完全隶属于日本。

毫无疑义的，日本对中国北方的侵略，严重地打击了其他资本主义列强的，尤其英国的利益，而英国社会舆论之所以表示惊慌，其原因是显而易见的。

然而不能不指明，英国政府对于远东的侵略国以及同样对于欧洲的侵略国，无时不采取放纵与妥协的政策。这一政策表现于已经开始的英日谈判，无疑的，这就使日本帝国主义的侵掠计划愈易于实现。

中国北方的事件值得予以最严重的注意，因为这些事件的本身实是日本准备大陆"大战"的一部分。

巴黎《救国时报》，1937年7月25日

中国北方事件的意义

译自七月二十二日莫斯科《新闻报》　中国北方传来的消息说明了极巨大的事件正在远东开展着。在中国北方所发生的冲突的全部情形都证明了这一点。现在的问题是关于在亚细亚，在太平洋上帝国主义斗争之新的重要阶段，是关于极力奴役中国人民之日本帝国主义侵略的新的现实阶段。

一九三七年七月间的事件与一九三一年"九一八"日本开始占领满洲的事件，其共同点是一目了然的。现在的冲突，一如日本在满洲之侵略行动，好象是几乎为外界所不能了解的偶然而发生的事件。一九三七年与一九三一年时一样，事变"突然发生"之后，日本军阀马上开始疯狂似的噪嚷并极力夸大该事变之重要，以便向中国提出要求。现在又与一九三一年九月间一样，日本外交又玩弄各种花样以便在欧洲和美洲造成一种印象，好象该事件不过是细微的地方冲突。换言之，现在又与六年前一样，日本严厉压迫中国，威吓中国，但同时则用镇静的报告以麻痹列强的注意力。然而一九三一年时如此，现在又是如此，当"地方事变"开始之时，日本军阀即派遣军队赴大陆，且在日本国内造成战争狂的空气。

一九三七年七月与一九三一年九月之含有教训意义的相同之点，只是表明了事变的真相，使善于观察者明白，中国北方的事件乃日本帝国主义者早已准备好抢掠中国的第二阶段的开始。一九三一年，日本军阀曾宣布日本必须在满洲建立日本"国防的第一生命线"。日本军阀这种名词花样，人们也早已洞悉。所谓"国防的生命线"，其意即指进攻的第一阶段。

日本军阀进一步实现其侵略计划，却并未用什么心思，想出些新方法来掩盖其侵略计划。大家都知道，日本军阀是一般的不长于发明新方法的。日本军阀的计划以及计划的主意照例极其简单粗陋。然而日本帝国主义者一九三一年所用的方法既然得到成功，那么，他们何必在一九三七年发明新的侵略方法呢？正因为如此，当我们估计中国北方威胁事件的意义时，回忆一下促进日本一九三一年侵略成功的环境是非常有益的。

　　毫无疑问的日本所以能够实现它对满洲的计划，只是因为西方列强消极的结果。其次，英国方面的公开放纵政策，对于日本一九三一年至三二年之侵略行动的成功起了不小的作用。英国某些政治家对于远东势力之对比关系，曾作了不正确的估计，明白地推测日本侵略满洲不会向中国北方和中部发展，而完全向着另一个方向。不妨回忆一下，英国当时的放纵政策竟至如此地步，竟破坏了美国国务卿史汀生所采取的外交办法，即拟议引用《九国公约》以制止日本侵略的办法。

　　从一九三一年的经验看来，英国对现在中国北方冲突的态度，又在重复它一九三一年时的立场，这一事实是特别悲惨而令人惊骇的。现在又与一九三一年时一样，英国保守党的报纸企图减低中国事件的严重性，并企图造成事变不会侵犯第三国利益的印象。换言之，伦敦保守党报纸又在赞助日本军阀用以掩盖其准备好的广大军事行动的藉口。

　　直至现在，英国政府对于中国北方战事的立场，不仅使人想到一九三一年之远东经验。英国保守党在远东一再施用它所爱好的手段，这些手段不仅使不列颠政策在远东失败，而且在非洲和西欧均遭惨败。保守党的政治家，很明显的，是被恫吓和勒索所吓坏，无论这一恫吓和勒索是在远东或在中欧。英国某些政治家，很明显的，轻信了侵略者使国际冲突局部化之显然欺骗的诺言，无论这些虚假诺言是关于太平洋岸的或是关于地中海的。

　　大家都知道，一九三一年日本曾向列强，首先向英国保证过，侵略只限于满洲范围以内。对于这些谎言，日本并未丝毫遵守。日本强占满洲后，又侵占热河，侵入中国北方，成立了冀东傀儡"政府"，组织了听命于东京的冀察政委会，并统治着察哈尔之六县。现在日本企图用武力夺取北平，侵占中国整个北方，准备在中国中部以及中国南方实行更进一步的军事侵略。从日本当局在台湾和在日本南部各岛上的设施看来，日本实在有一个具体侵略计划，甚至夺取中国南方亦包括在这个侵略计划之内。无论如何，大家都知道了，两师日军已准备好向山东和上海出发。

　　这样的形势，表明了如果期望日本军阀同意把他已经开始了的侵略局部化，那完全是妄想。只有某些轻于置信的政府对日本侵略计划放弃其放纵政策时，日本才能放弃其侵略计划。必须注意到，日本的情形与中国的环境绝不能使日本军阀把他在中国北方的军事行动看作一种游戏。无论日本军阀的政治观念如何粗率，然而他们不能不注意到，日本没有能力来进行反对全世界的侵略政策。

　　数年前，日本政府曾提出要求，按照这些要求，整个中国必成为日本的保护国。

一九三四年四月间，日本外交部发表了轰动一时的"非正式宣言"，而日本机关报解释该宣言时说道，日本声明，外国列强企图援助中国，借款给中国，与中国合作，或保护其在中国的利益，均将引起日本的"积极步骤"，即采用武力亦在所不惜。日本帝国主义这种最高计划之不可实现性，事实上很快就暴露出来了。正因为如此，所以日本外交家于今年春季到伦敦与英国进行划分中国势力范围的谈判。但是日本的建议显然是卑鄙可耻到万分，即英国保守党人对之亦感不安。今年五月英政府内的克凌包尔公爵曾发言否认英国似乎"拟放弃尊重中国主权"之传说。

现在是否可以说，英国忽视现在中国北方事件的严重意义，就是英国放弃了尊重中国的主权呢？如果是这样，那就等于英国放弃其在中国的利益，也就是伦敦对于远东势力之对比关系做了不正确的估计。

以上所述，均叙述一九三七年七月事件与一九三一年九月事件的类似之点。然而这两次事件亦有其实质上的差异之点。用不着提起像苏联力量之惊人的发展这样有决定意义的因素，我们就只拿下列两种主要形势为例罢。六年来，中国人民反对日本侵略者的运动蓬勃发展起来，而同时日本方面，因为六年来的冒险政策而精疲力竭和紊乱不堪，就使日本的后方大大地削弱了。物价之飞涨，罢工运动之澎湃，新的财政困难以及其他许多事实，在表明了日本对中国侵略政策的新阶段是在日本国内极不稳固的情况之下而进展的。同时，中国北方新冲突之头几天，已经证明了中国方面坚决心与抵抗力之增长，民族觉悟之高涨，人民反对侵略者之愤激。

正是这些情形，使列强将来的策略问题有特别的意义。数年以前，英国所采取的立场，实际上使问题之解决有利于日本。现在又到了紧急关头，使外国政府，首先英国，必须采取确定的立场。中国北方的冲突和列强对于该冲突的态度将成为国际形势中极重要的因素。

巴黎《救国时报》，1937年7月25日

英日谈判促成挑衅

Pravda（苏联）

日本重在华北启衅，其用意乃在切断察哈尔与中国南部的交通，以便镇平该处的民众暴动，从而变察省为进攻绥远的根据地。同时日本意欲扫灭中央对于华北的统治，压迫华北当局完全接受日方条件，以既成事实置于中央政府之前。卢沟桥事件为近卫内阁登台后第一次的中日冲突，亦显为日方"新"对华政策的直接实现。同时日方发动之日英谈判，亦为此次挑衅的成因之一。日方用意，盖认定挑衅如果成功，则不但其在华北的地位更加巩固，即日英谈判中日方所提出的划分中国为日英势力范围一事亦将更易成功。然中国对日方侵略的抵抗已证明中国人民抗日情绪及抵御侵略的意志之高涨，但日方军阀决不因此而自承失败，正相反，其所采取的步骤证明更扩大的进攻实有可能。因此，吾人对于华北事件实应严加注意。

谢汇东、田体仁等编：《全民抗战汇集》（初集），上海

民族书局1937年版，第126—127页

日增兵运械迄未稍停

昨有两批载重车去丰，军火车一列由塘抵津

【本市消息】中日局势，自前日我方实行撤兵后，表面似稍缓和，惟连日日方增兵运械，迄未稍停，日转趋积极。以目前情势观察，对方备战仍急，于将来推演，仍难抱乐观。昨日复有两批日载重汽车由津驰往丰台，计昨晨七时，日军载重汽车十三辆，满载军用品，由日兵二十余名，并有日军官乘车两辆，自津日兵营开往丰台增防。下午三时半，续有日军载重汽车二十五辆，满装军用品，经过东马路、黄纬路沿平津汽车公路，运往丰台应用。

【本市消息】日军用汽车，昨沿平津公路往返情形如次：计上午七时许，有日军用汽车十三辆，满装军需品，由日兵二十余名，由津押赴丰台；十时许，日兵十余名乘客车二辆，由丰返津；十一时许日军载重空车二十九辆，上乘日兵五十余名，由丰台返津。下午四时许，日军用汽车三十五辆，内有十七辆满载军需品，十八辆系空车，上乘日兵五十余名，由津开丰台；五时许日军用载重汽车二十七辆，有日兵四十余名，分乘押回天津；五时半，又有日军用空车七辆，由日兵三十余名，押乘返津云。

【本市消息】晚十一时三十分，日本军车一列，满载军火，由塘到津云。

中日危局势难挽回

华北情形已到最严重阶段，日陆军部仍主张硬干到底

【南京二十四日下午九时本报专电】中日局势之好转与恶化，完全在于日军，近顷东京方面，硬化空气仍浓，元老派主张不易抬头。此间欧美观察家谓：某方现在所采取之政策，系用剥蕉办法，先认卢沟桥事件为地方性质，予以单独解决，再屯集威胁华北力量及其余焰尤炽之时间，企图与中国政府解决全盘问题。东京将派大员来华，即系本此抱负，预料不久日本将向中国提出正式开始两国外交谈判，以极度紧张空气，谋取片面欲望之满意，前途惊涛骇浪，恐将益见增加。各方对此项观察，颇极重视。

【南京二十四日下午九时本报专电】据由日本归来者谈，日本国内对于华北事件主张不一，元老重臣主张适可而止，反对扩大，军部则仍主硬干到底。首相近卫原有病，外

间已有渠将辞职之传说，继任者闻为广田。因广田与军部意旨合拍，登台可能性极多。

【南京二十四日下午十时三十分本报专电】华北大局，确已逼至最严重阶段，表面虽似沉寂，实际则极紧张，中日全面形势，仍无开展，外交亦无接触，日使馆要员虽不断访谒外交当局，但皆属其他事件，与华北问题无关。川越南来期再转沉寂，闻冀察当局现正折冲未完之撤兵问题，各方因谣传日方正酝酿新企图，对华北忧患更深，但皆信赖冀察当局必能本一贯苦撑精神，使对方无所施展其软硬兼施之伎俩。

【南京二十四日下午十时本报专电】宋哲元今晨有电呈军事最高当局，对华北现状情形及双方约定撤兵经过，详细陈述。亚洲司长高宗武日前赴庐公干，今晨返京，十时谒王宠惠外长面陈一切，并到司处理公务。

【南京二十四日下午九时本报专电】大城户今午访董道宁，谈半小时辞出。李世军晨谒冯玉祥，对华北大局详细面陈。鹿钟麟由济抵京，谒冯有所报告。

【南京二十四日中央社电】日大使馆陆军副武官大城户三治，二十四日午十二时到外部拜访亚洲司科长董道宁，有所晤谈。闻大城户最近将调天津任职。

前线日军掘壕筑垒

【北平二十四日中央社电】长辛店电话：卢沟桥城东门外日军，截至二十四日下午六时止，仍未撤退，大井村、五里店及平汉路涵洞附近日军，活动频繁，前线二十三日夜至二十四日下午，平静无事。

【北平电话】大井村一带日军，自本月二十三日起，由丰台向平绥路门头沟支线田村、八宝山一带，沿大道挖掘战壕，工事浩大，至枣林庄、吴家村一带，并筑有交通沟。日军似有久驻意。

【北平电话】前方日军，截至二十四日晚止，尚无撤退准备。我方仍以最大努力进行和平解决，并力促日方即日撤兵，以为诚意表现。

【本市消息】日驻屯军副参谋长矢野大佐，二十四日晨由津乘机赴平，午后三时谒宋。据日方称，矢野谒宋，系促卢沟桥一带我军撤退。

【北平电话】沙岗日兵炮兵阵地，因平汉车过卢沟桥车站时，乘客均能清晰可见，二十四日将炮身以草掩护，假称撤退。

【本市消息】北宁路杨村车站，现停有日军铁甲车两辆，系于二十四日晨由津总站开到者，同时尚有日兵百余人，亦驻于车站，无离去模样。

【本市消息】日本军部发言人，昨晚发表声明。该项声明，首述今日情势，已渐趋恶化，三十七师只一部撤退，大部仍在八宝山一带。次捏称中国士兵，充满排日之空气，而中央军队，亦陆续到达河北境内，已达十师之众，此举谓为违反"何梅协定"，因之和平空气,日趋稀薄。复次更称,卢案原为地方问题,应由地方解决,无须经过中央之正式交涉。同时并声明十一日之双方会商,实无协约,仅以事出华方之错误,应由华方自行撤退其军队,但与日本之撤兵与否无关。中国军队如行撤除,则双方误会自少,而三十七师之未能撤退原因,基于熊斌氏之北来,与冯、秦诸氏协议之结果,遂致排日情绪,益为增高云。

平津沿线空气紧张

【本市消息】顷有人自平返津,据谈平津沿线之状况云:杨村车站之后,有日军一部驻扎,在其附近堆置麻袋及防御物,站内停有日本甲车一辆。廊坊方面,为我军驻防地点,该处士兵甚多,虽在天气炎热之下,而枕戈待命之情绪,极为紧张。丰台方面,站内外皆为日军,极为紊乱,并有多数日军赤其上身,可见气候溽热之一斑。站台左右均有日军把守,颇为森严。永定门驻有我军,在站检查日本军人甚严,其武装而并无相当证明者,一概拒绝入城,以是客车至此,费时颇多云。

【北平电话】昨日上午十一时,丰台日军司令部有军官冲山枝一,至大井村前街南郊警察第六段派出所,将该管巡官陈顺带至村中,询问该处一带警察,是否真正警察,抑或军队化装,并问三十七师军队是否遵约完全撤退。陈当时答以本人系奉警察局令派,来负责维持地方秩序,对于军事情形不知。日军官询问事项甚多,时间颇久,至下午一时始放陈归去。

天津《益世报》,1937年7月25日

平津中日双方昨晚均有重要会议(节选)

北平。宋哲元廿五日晚在进德社召集冀察各要人会谈,张自忠赶来参加,迄深夜尚未散。对时局问题,有重要商讨,与津日军部廿五日之会议遥遥相应,同等重要。(二十六日上午一时急电)

《申报》,1937年7月26日

张自忠到平谒宋,宋哲元南苑阅兵

天津。张自忠二十五日下午四时零五分,赴平谒宋报告卢事善后,宋拟召冀察要人再加商讨。(二十五日专电)

北平。宋哲元二十五日晨五时赴南苑检阅驻军,并视察营房,七时余返平,仍赴进德社,召集秦德纯等有所商洽。(二十五日中央社电)

《申报》,1937年7月26日

日方仍续增兵运械

兵车两列昨日由榆抵津，军运轮多艘将陆续来华

塘沽日军昼夜示威，情形异常紧张

【天津今晨电话】连日因日军未撤，且复增兵运械，飞机四出活动，以致外闻谣言颇多。二十五日据关系方面称，大沽、杨村均无事，廊坊曾有日军百余前往修理电线，并无其他举动云。

【天津今晨电话】二十五日下午一时，津东站又由榆关开到兵车一列，共挂车二十六辆，满载军械子弹。晚十一时五十分续有兵车一列，由关外到津，共三十六节，内载军用品及炮数门。二十五日晨七时有日军载重汽车三十余辆，满载军用品赴丰，十一时有空车二十辆开返天津。下午一时有载重汽车六辆，载日兵百余名及军用品赴丰，晚七时空车二十余辆返津。

【天津二十五日中央社电】此间日军仍以大批军用品运送前方，计二十五日晨六时半，有二十五辆载重汽车，由津沿平津公路赴丰台，各车均满载大批军用品，至十一时许，有十七辆空车返津；十一时又有八辆载大批军用品赴丰台。

【天津二十五日中央社电】二十五日午后有大批日军用品由津运往丰台，计下午四时有载重汽车三十六辆，满载木箱由津沿平津公路赴丰台；下午六时有十八辆返津，同时另有九辆载大批军用品赴丰台。

【天津二十五日中央社电】据闻榆关现尚有日兵车五列停留，有即西开模样，关外绥中县城停有日飞机三十余架云。

【天津今晨电话】日驱逐舰菊、荻、葵三号，现分泊塘沽、大沽，日轮宇品丸、宫浦丸等三艘，满载军火、粮秣于二十五日上午二时到塘。据悉日军运轮船，将有二十五艘陆续开来华北云。

【天津二十五日中央社电】塘沽二十五日晨开到日兵船三艘，满载大批军用品，停于北宁码头，午后将所载军用品分卸存放于启新招商局等货栈，即将运津。午后续到一艘，亦正在起卸货物中。

【天津二十五日中央社电】日方大批军火，将有十余万吨，陆续由轮船运往塘沽、秦皇岛等地登岸。二十五日晨抵塘沽之三轮船，即为其一部。据悉二十四日有三万五千吨军火，预定由塘沽起卸，但临时变更计划，轮船行至大沽，又开秦皇岛。此外每日到塘沽之零星军用品，则无日无之，均随时由火车运津，其整批十万吨，日内亦可运到云。

【天津二十五日中央社电】据二十五日晚塘沽来人谈：日轮将有二十五艘装载大批军火，于日内陆续开到。二十五日晨抵塘沽之三艘，一名宫浦丸，载重一千吨，余二艘一

为宇品丸,另一船名不详,均载三千吨,靠岸后即由日军拉夫起运。所有北宁路塘沽车站存积之枕木,均被使用,修临时码头,塘沽所停之驳船亦被征集,似拟用以载运此项军火来津。据闻二十六日午二时仍有数艘军火陆续到塘沽。另悉塘沽现停有日军舰一艘,但大沽口尚有两艘停泊云。

【天津二十五日中央社电】二十五日午后有空车一列,由津开塘沽,准备装运二十五日以轮船运抵塘沽之军用品来津。

【天津二十五日中央社电】塘沽情形异常紧张,现有大批日军集中,入晚宣布戒严,放哨检查行人及船舶,各公司及铁路码头,几完全为日人所占据。每日自晨至午、晚有飞机若干架翱翔空中,飞行甚低,并赴大沽侦察当地我国驻军情形。日驻军昼夜不断的示威,车站驻军尤多,并设有警备司令,所有交通工具,均派员加以监视云。

津日军演习

【天津二十五日电话】津日兵一百余人,今晨五时许,在日租界淡路街演习巷战,七时许返营。

【南京廿五日中央社电】日军在平津一带仍在着手准备,据此间廿五日午所得平方电告如次:(一)二十四日上午六时半,有日载重汽车四十余辆,押车约百人,陆续由津向通县输送军用品。通县现驻日军二千人,由联队长萱岛、铃木二人分领。(二)通县面粉缺乏,津运已断,全赖秦皇岛运往接济。(三)五里店、大瓦窑、大井村一带,有日军七八百名,昼间均隐于庄稼地内,夜间即潜入阵地。又丰台方面日兵百余名,换灰色军衣,其用意不明。(四)平汉路通车后,平市安谧如常,人心亦极安定。

【天津二十五日中央社电】二十五日下午七时许,有日军二百余名,由津搭车开往廊坊,即拟驻于车站。该地我驻军为避免双方发生误会起见,当加以劝阻,但日军坚持非下车不可,刻正在交涉中。

【天津二十五日中央社电】北宁路廊坊情形甚紧张,二十五日晚开到之日军,坚持非下车不可,经我驻军再三阻止,日方竟鸣机关枪示威,因我驻军镇静,故未发生事故,双方刻仍在僵持中。

日军开黄村

【本市消息】确息,二十五日各方报告如次:(一)下午二时日兵二百七十余名,携山炮二门,迫击炮四门,轻机关枪十二挺,乘载重汽车十六辆,由丰台开向黄村。(二)下午一时日兵车一列,计铁篷车二十一辆,平车四辆,载野炮九门,由山海关到津,下午运赴日兵营,押车者为满铁护路队。(三)晨一时许日军专车一列,计十二辆,乘载工人百余名(内以华人、韩人居多),木料四车,梯子四车,由山海关到津。(四)日兵百余名,分乘载重汽车三十五辆，二十四日由丰回津；又载重汽车二十五辆，载日兵百余名，到津后即入海光寺日兵营。（五）大井村有日兵百余名，步哨警戒颇严。又日军坦克车两辆，由丰经七里店向五里店前进。（六）高丽营日骑兵二百余名，状况无变化，但向各村征发洋车、水缸等，人民逃避。又附近日兵以汽车载着军衣之皮人若干，入晚散置各地，昼间即撤去。

【卢沟桥二十五日电话】据确报：（一）丰台日兵营内，现存储汽油达二十余箱，火药贮满三间房屋，仍在继续运存中。（二）距宛平县西京白口六十里地方，发现日便衣队八十余名，每人均携有手枪，二十五日夜在昌平县属瓦密村、南柳村搜去民枪十枝，我方已加戒备。

日机又飞郑

【郑州二十五日中央社电】日侦察机一架，二十五日下午四时由东南飞至郑空，约五千公尺高，盘旋一周后，折向西北飞去。

【天津二十五日中央社电】此间东局子李明庄飞机场，尚停有日飞机三十余架，二十五日晨有四架战斗机赴各镇侦察，另有数架，已飞往塘沽。中国航空公司平沪线飞机，二十五日起已改在南开八里台降落云。

【天津二十五日电话】津东局子机场所停之日机四架，今晨九时同时升空，在津市盘旋，表演空中战术，半小时后始降落。

【天津二十五日电话】停于津东局子机场之日机两架，今晨九时十一时两度飞往平郊及卢沟桥一带侦察，迄午均返津。

【本市消息】昨晨九时四十分及下午一时半，有日机两架，由东南方飞抵平，在高空盘旋侦察各约十分钟，始向西南方飞去。昨日南苑方面，共发现日机三架，计上午十一时一架，自东南方飞来，在南苑上空盘旋二周，向东北飞去；十一时十五分一架，由西南飞来，侦察一周向东北方飞去；下午二时半，西北方又来一架，在上空盘旋一周，向东南飞去。

张自忠来平

【天津二十五日中央社电】卢沟桥日兵迄无撤退之意，张自忠奉宋召，于二十五日下午由津搭车赴平。

【本市消息】天津市长张自忠，于昨日下午七时二十分乘四次沈平特快车由津抵平。该车因在津站候张上车，致误点五十分钟，秦德纯、石友三、陈继淹、杨兆庚等均到站欢迎。张氏下车后，换乘汽车赴私寓休息，当晚谒宋，报告津市政情云。

【本市消息】日本驻屯军部附松井太久郎，昨应桥本参谋长之召，于昨晨六时由平乘车赴津，商讨卢案一切问题，并探视香月病况，旋于下午五时半仍行返平云。

【本市消息】驻华日大使馆陆军副武官大城户三治，奉调长川驻津服务，昨日下午三时十分由京乘中航十二号机,飞抵南苑,下机后乘车进城,赴日大使馆休息,并分晤日代办加藤、武官今井等有所商洽。预定在平稍留,即赴津谒川越及日军司令官香月,报告在京与我外部当局会晤经过。

苏联各报谠论:日本对华挑战行为乃日德协定结果

日拟造成既成事实压迫英国,德欲借此移转英国对西视线

日对卢事经费达七千万元

【莫斯科廿四日中央社哈瓦斯电】苏联各报评论中日纠纷,金以为局势极端严重,不仅对于苏联如此,即就全世界言之亦然。《莫斯科日报》称:此项纠纷发生于卢沟桥、丰台及北平附近一带,并非出于偶然,日本所由择定该处为进攻地带者,诚以各该地方,乃华北各主要铁道线之交叉点,若能加以盘据,即可经由平绥铁道运兵前往察哈尔,盖以对付察境内日益滋长之抗日运动。不宁唯是,日本且复希望控制华北全部,借以开辟日本帝国主义向中国西北与中部侵略之道路,而外蒙古与苏联,亦为其侵略目的。《莫斯科晚报》则称:华北小麦产量占全中国百分之五五,棉花占百分之六五,羊毛占百分之九二,煤占百分之五二,铁矿占百分之六十,铁路线长度,则占全国百分之四十六,户口数额,约有一万万人。华北一旦失去后,中国即将在经济上成为附庸,煤铁既感缺乏,工业将无复发展之望,而独立亦自将成为问题矣。查最近一次日本向中国之挑战行为,乃日德军事协定之结果,日本现正与英国谈判在中国划分势力范围,故出此一举,借以压迫英国,造成华北向日本完全屈服之既成事实,以置于英国之前。至于国社主义之德国,则欲借此以移转英国视线,使德国得在西班牙完全自由行动,而无所顾忌。结论则称,沈阳事件发生后,日本于七天内,夺取满洲全部,但在华北,则虽经发生十数次事件,殆两年之久,仅勉成立冀东伪组织,亦徒见其心劳日拙而已云。

【东京二十五日同盟电】华北事变发生以来,各省追加预算案,俱在大藏省赶办,审议事变关系,作为特别尽先追加部分。预定二十六日阁议决定,二十七日提出众议院。上述华北事变费计陆海外三省五千余万元,第一预备金二千万元,合计约七千万元,全部由公债支办,将制定关于华北事变之新债起法,而提出本届议会。又因事变关系,于朝鲜及关东局两特别会计,将各分别列入若干追加预算。

《北平晨报》,1937年7月26日

庐山二期谈话会昨开始举行

由汪主席报告外交情形,对于华北问题多所讨论

【牯岭廿六日中央社电】庐山谈话会第二期,今晨十时,在图书馆开始召集。此次因

蒋委员长因公去京，来宾亦未到齐，故由汪主席，先就已到来宾分批邀集谈话。计本日参加谈话会者，为燕树棠、任启珊、洪深、刘彦、范锜、戴修瓒、王芸生、马荫良、胡庶华、张佐泉、王录勋、谷春帆、吴康、吴颂皋、林济青、周北峰、周炳琳、许仕廉、梁宇寿、黄元彬、张凌高、张知本、张其昀、陈布雷、程中行、彭学沛、经亨颐、杨立奎、邓植仪、萨孟武、郑亦同等。今晨谈话，因非全体参加，故谈话方式，采取团坐自由论谈，首由汪主席报告最近外交情形，继由刘彦、燕树棠、洪深等发言，于华北问题多所讨论。十二时，由汪主席邀宴，席间由任启珊起立答谢。宾主在席间自由谈论，至下午二时方散。又第二期谈话，二十七日仍由汪主席，邀请已到来宾约二十余人，分别谈话。通知今午发出，午十二时，由汪主席在图书馆邀宴。

【牯岭廿六日中央社电】汪主席今语中央社记者云：本期谈话会，程序与第一期稍有不同，因本期所列之来宾未能完全到达，故今日起先作分组谈话，由本人招待一切，俟各来宾到达齐全后，再举行共同谈话云。记者与汪氏谈话，系在赴图书馆途中，汪氏随从简单，步履甚健，精神亦颇饱满，可知汪氏身体，已较前康健多矣云。

【牯岭廿六日中央社电】中委王伯群于二十六日晨抵庐，参加谈话会。

【牯岭廿六日中央社电】第二期庐山暑训学员已到千余人，业已编队完竣，二十六日晨开始授课。至开学典礼，将于日后择期补行。

津市情形紧张

【天津二十六日中央社电】此间人心极为紧张，全市戒备甚严，日军二十六日晚八时起在日租界须磨街、福岛街、明石街一带演习巷战，尤使人民饱受虚惊云。

【天津二十六日中央社电】此间自廊坊冲突情形传到后，全市异常紧张，二十六日晨日军调动甚忙，由唐、榆等地到津之日兵在三千人以上，由津开至廊坊之日军，亦在一千至二千之间。二十六日午有日骑兵一百余名，步兵一百二十余名，大炮七门，开到海光寺中日中学驻守。东、总、西三车站所有调动所及闸楼均有日兵若干名前往监视，车站行人往来皆受限制。此间当局，在各冲要路口，亦分别严加戒备，各机关门禁亦加紧，盖二十六日晨有日兵十余人前往警察局欲见局长李文田，适李不在，被劝回。事后据日方称，彼等赴警察局系保护日顾问小林云。今日盛传有某方便衣队三百余名，潜于各地，故人心极为恐慌云。

【天津二十六日中央社电】二十六日晚十时半，日军用二一一号载重汽车一辆，满载大批军用品，行至日租界须磨街时，车中突有炸弹一枚突然落地，当时轰然一声爆炸。该车因开行甚速，未波及，但其时街上适有小贩及行人共七人受伤，其中二人伤势甚重云。二十六日晚十一时日租界戒备甚严，已禁止行人通过，接近南市一带形势尤紧张云。

孔祥熙向英记者谈中日问题
中央对解决条件无法接受，对英美法之关切极为感谢

【伦敦二十六日中央社路透电】孔祥熙向路透社记者称，中央政府对于中日间解决纠纷之条件，既未详知，亦未加以许可，故殊无法加以接受。孔又称，目前之争执，可以分晓华北之是否将化为日本之藩属，或继续为整个中国之一部分。孔继称，中国对于英、法、美等国政府之关切，极为感谢，但谓此事不仅中日两国间之争端，实亦对于世界和平，及国际间信赖，及道德之袭击。惟日本平民中及高级军人中，不乏有理性之人物，故甚希望此等人，能亟起挽救狂澜而免战祸云。

《北平晨报》，1937年7月27日

日军又在廊坊挑衅
昨晚复强冲广安门，开炮射击我守军
坚欲下车向我驻军扫射，飞机轰炸军民死伤极众

【天津二十六日中央社电】据悉廊坊我驻军为三十八师刘振山旅之一团，昨晚有日兵二百余名，以修理电线为名，由津开往，坚欲下车，我驻军为避免发生误会，当加以劝阻，不料日军态度异常强横，于夜间十一时许，首开机关枪，我军不得已始与周旋，二十六日晨尚在激战中，二十六日平津各次车均未开行。

【天津二十六日中央社电】廊坊中日军冲突，至二十六日晨十时已渐停止。据官方称：二十六日晨零时三十分，有日军二百余人，系属第三师团部队，由津开到廊坊，据云系修理保护附近电线，当即下车。查廊坊驻有我军三十八师刘振山部一团，旅部亦设在该处，均在铁道以北，为避免发生误会起见，当通知日军，如下车请开往铁道以南。但日军竟不听劝阻，仍结队向我驻军地带开行，并用机枪向我军扫射，当即发生冲突，至二时许稍停，四时许战事续作，至十时始止。二十六日晨八时以后，津至廊坊间长途电话中断，故午间情形如何此间无从得悉。

【天津二十六日中央社电】日飞机七架，二十六日在廊坊车站附近投弹二十余枚，幸车站无恙，又在我驻军营房一带投弹三十余枚，损失甚重。

【天津二十六日中央社电】廊坊二十六日午后无大冲突，但日方仍不断开枪，津市府派员于二十六日晚与日军部参谋冢田茂川等会商善后事宜。我方要求日军撤退，恢复原来状态，但此事，须待于折冲云。

【天津二十七日上午二时半中央社电】传廊坊一带，二十六日晚十二时许，中日军又发生冲突，官方对此尚未能证实。但二十六日夜十二时，有大批日军由津日租界出发赴东

站，登车开往丰台。又传杨村附近，二十六日夜亦有枪声，平津间形势极度紧张。

【本市消息】北宁路因廊坊车站被占，昨晨起各次列车一律停开，东车站大门，自昨晨起即紧闭，同时平津间电话线，亦被割断，不能通话。至平汉路方面，仍于昨日上午开出列车二列，来车亦按点到达，下午上下行列车均停云。

【天津二十六日中央社电】北宁路局刻正谋恢复平津间交通，预定二十七日晨六时由电务、机务两处会派人员，乘专车赴廊坊勘查，并修理沿线铁路及车站，届时日方亦将派联络员随同前往，闻当日如能修理竣事，即恢复通车云。

【东京二十六日中央社电】二十六日晨六七时，各报竞出号外，报告二十五日夜廊坊冲突消息，至午号外铃声犹未止。局势严重，外务省发言人接见外国记者，仅述冲突经过，对事件前途似极忧虑，对所谓沪日水兵宫崎失踪事，谓在调查中。

【本市消息】昨日（二十六日）下午七时许，日军五百余名，载重汽车五十辆，钢炮、机关枪等齐全，由财神庙一带，向广安门前进，我守城官兵阻止，双方交涉至半小时之久。日军蛮横，不可理喻，竟向我开炮射击，正当我军向当局请示中，该日军汽车中有七辆竟强行冲进城内，现正交涉撤退中云。

【本市消息】在牛街包围之日军，约有数十人，已逐渐冲出牛街，越广安门大街，在王子坟、报国寺以东，东北大学第一分校以西一带，仍由我军严重监视中。双方正在相持，尚无冲突，现广安门大街、牛街以西至广安门，已成军事区域，警戒森严。又西便门外日军一部百余人，曾在白云观附近与我军冲突，意在占据广安门车站，截至夜一时止，该日军尚在铁路以西，与我军相持中。

【本市消息】广安门内被包围之日军数十人，经三十七师宣副旅长及笠井并日使馆武官寺平等，于二十六日夜十时许，在外四区警察署晤谈结果，均认为系出于误会。该部日军于夜十二时许，乘汽车赴东交民巷日兵营，我方军队，亦即撤退。

冲突经过详情

【本市消息】据交通界消息，二十五日下午五时，由津开抵廊坊日军车一列，上有日军二百余人，钢甲汽车两辆，炮二尊，该项日军声称修理电话线，拟均下车。我廊坊驻军张自忠部刘旅，因未奉命，当加阻止，并婉词劝告。该部日军坚不接受劝告，并即全部下车，成散兵线，将廊坊车站占据，积极构筑工事，双方即形成对峙。至昨晨零时三十分，该部日军突由车站用机关枪向我军防地扫射，我方因事前未作准备，伤亡十数名，乃一面向上级请示，一面准备应战，形势极严重。是时日军仍每隔数分钟，即以机关枪扫射约廿分钟，同时有一钢甲车一辆，开至我军防地附近，开枪射击数十发。我军迄未还击，直至昨晨二时半始应战。是时津日军六十余名，乘载重大汽车三辆，由津过武清开抵廊坊增援，双方对峙至昨晨五时，廊坊上空忽由东北方飞来日侦察机一架，低飞侦察，约十五分钟始飞返。五时十五分，又有日轰炸机四架飞抵廊坊上空，向我军营房投炸弹达五十余枚，我方损失极重。同时占据车站内日军三百余人，向我猛烈攻击，因电话已不通，我前方部队只得沉着应战，坚守原防，日军迄未得逞。五时二十分复有日军兵车一列，上载日兵三百余名，铁甲车七辆，大炮十门，由津开抵廊坊。五时二十五分又由津新站开来日兵车一列，上载日军一千四百余名，亦开抵廊坊，下车增援。日方轰炸机四架，于五时三十五分飞去，六时十分，又飞来四架投弹数十枚。我军以仅一小部，日军大批援军到达，全部二千余名，且我军因日军轰炸及猛攻，已伤亡甚重，不得已乃退出营房，在廊坊北宁路铁道南北高粱地内布防。十时二十分，又有日侦察机、轰炸机混合队十七架，飞抵廊坊我军防地及廊坊附近掷弹，同时日军仍向我猛攻，附近人民亦均避于高粱地内，结果我军民伤亡颇众，情形极惨。

日向廊坊增兵

【天津二十六日中央社电】时局显然愈感紧张，日军二十六日晨继续开至廊坊增援，计：（一）上午七时十分专车一列，兵二百余名。（二）上午九时半专车一列，士兵数百名。（三）上午九时四十分由东北到津之华工约九百余名，由津专车开廊坊。

【天津二十六日中央社电】日军在廊坊挑衅与我驻军发生冲突后，此间日军已有大批开到增援。计晨三时许，有铁甲车两列，旋又有铁甲车一列，载士兵百余名；晨四时有士兵八百余名；六时半又有铁甲车一列，士兵百余名，均由津沿北宁路开廊坊。

【天津二十六日中央社电】二十七日晨三时许，日军载重汽车二十余辆，满载军火及子弹，由津沿平津公路分赴廊坊、丰台一带增援。日租界二十六日夜戒备甚严，所有各交界口均派人把守，准出不准入云。

【天津二十六日路透电】日军占据廊坊后，现已控制天津与丰台间之平津路线。今夜七时十分日方火车一列，载修理电线等工人由此前往廊坊。自廊坊冲突后，由此开出之兵车甚多，而东来之兵车与运输车，亦络绎抵此，几无间断。今日午后三时二十分，有一列车计车三十二辆，满载军火与军用品，由塘沽抵此后，又有五列车接踵而来，最后复有专车由山海关载步兵四百人，开抵此间线站。

【天津二十六日中央社电】二十六日下午二时半，由榆抵津日兵车一列，士兵共四百余名，停于新站，同时日军铁甲车一列及大批载重车，由津开廊坊。

【天津二十六日中央社电】唐、榆等地之日兵车及塘沽登岸之日军火，二十六日晨已陆续以火车向津运输，计：（1）上午三时二十分，有专车一列，计三十二节，满载士兵数百人到津。（2）上午五时四十分，又有专车一列，共二十七节，满载骑炮兵到津。（3）晨六时半，又有三十二节车满载军用品及士兵到津。（4）上午十时有兵车一列共十节到津。（5）上午十一时二十分专车一列共二十节，满载炮兵到津，此项日军一部开往日兵营，其余仍集于车站，似有继续出发模样。

【天津二十六日中央社电】日军陆地两用铁甲车一列，二十六日晚十二时许由东站开往津浦西站驻守，车内有士兵十余名，似对车站取监视之意。二十六日有日军马车十余辆，由唐山运津，此项车辆，多系在唐山附近强行征集者云。

【天津二十六日中央社电】日方近意在津修轻便铁路运兵，二十六日晨已开始工作，路线系由东车站凤林村以达东局子兵营，全线计长约二十余里，所有枕木、铁轨等均已运到云。

卢丰日军活动

【本市消息】廊坊事件昨日突发后，宛平前线突现紧张，记者昨晨由西车站赴长辛店视察，分访各关系方面，探询前方情况。据悉：（一）自廊坊事件发生，前方日军活动突现紧张，据自丰台到长辛店者谈，丰台日军自昨晨起，已积极准备，三五成群，往来丰台、大瓦窑间，情势益常严重。宛平县城防，昨日无形加紧，检查出入行人。

【本市消息】长辛店来人谈：（1）卢沟桥日军步炮兵阵地，二十六日上午仍无变化。卢沟桥附近各地日军，仍无撤退准备。宛平县东门外之日军阵地中，运输极忙碌。（2）丰台、卢沟桥间，日军用汽车及钢甲车来往频繁。

【本市消息】关系方面息：（一）距大兴县东南三十里青云店，来日人六名，经警察盘查，据云：日本军队数百人，最近将来此。（二）昌平县突来日军二百余人，用意不明。

【本市消息】据平北来人谈：（一）平北由昌平至顺义之线，共有日军约两千名，分布于昌平、高丽营、大汤山、牛栏山、顺义。（二）日军年纪多系老少，每日调动频繁，并以种种方法，作恐吓示威举动，居民不堪骚扰，多已逃避。（三）密云日军仅有一部分，约百余名，怀柔驻军甚多。

【南京二十六日中央社电】南京关系方面顷接平电：下午一时，通县日军步炮兵五百余名，举行演习，并向我驻通部队，加以威胁，经交涉后已渐撤退。

【本市消息】据通县来人谈：（一）通县日军每日在南门外一带演习示威，并构筑防御工事，宝通寺我驻军，仍照常驻守，并无变动。（二）张庆余、张砚田所部战区第一、二两总队，在日军监视状态中。（三）双桥以东日军，赶筑工事，检查行人。

采育镇亦被炸

【本市消息】关系方面息：距廊坊二十余里采育镇（大兴县属）今晨（二十六日）六时来日飞机八架，掷弹数十枚，又枪炮声甚烈。

【本市消息】日侦察机一架，昨（二十六）晨七时二十分由通县飞来平市上空，盘旋一周，即飞赴南苑、西苑及卢沟桥一带侦察。九时四十分，又来双翼机一架，在平市上空侦察半小时之久，始向东飞去云。

【本市消息】昨晨十时，有日机一架，由西南方飞抵南苑上空，在欧亚、中航两公司机场盘旋数周，约二十余分钟始向西南方飞去。

【保定二十六日中央社电】日机一架，宥（二十六）下午一时半沿平汉线至石家庄一带侦察，二时北返，在省垣高空盘旋多时，仍沿平汉线北飞。

【郑州二十六日中央社电】二十六日下午四时四十五分，又有日机一架，由东飞至郑空，侦察一周，旋向东北飞去。当日下午，洛阳天空亦发现日机，在高空侦察。

【洛阳二十六日中央社电】二十六日下午四时，洛空发现日机，飞行极高，盘旋一周后，即向东飞去。

俄报继续评论卢沟桥事件意义
日欲夺取华北作大战准备

【上海二十六日中央社电】莫斯科二十五日塔斯电，《真理报》续论卢沟桥事件之意义称：日军大批集中平津，以及日政府的整个态度，说明日军阀方准备进攻华北，日本方尽其全力夺取此在经济上及军略上都十分重要的一片土地，作为其未来大战之准备。然而日军阀此次将遭遇中国之坚决抵抗，乃毫无疑问者也。

《华北日报》，1937年7月27日

日军攻占廊坊经过

天津。二十六日晨一时三十分，日军向我廊坊驻军要求退出营房，我军未允，日军即开枪射击。至四时许，我军不堪炮火压迫，开始抵抗。日机九架，五时赴前方轰炸，掷弹四五十枚，我驻军营房全遭炸毁，士兵死伤甚多，损失奇重。三十八师副师长李文田据报后，急向平师长张自忠请示，张令负责与日军部交涉，李文田向日军部交涉结果：先令前方停止冲突，十一时后战事停止。（二十六日专电）

《申报》，1937年7月27日

廊坊我军集中某处

北平。廊坊我驻军于二十六日午十一时许，集中□□①。现前方战事已停，张自忠与松井等在平开始交涉，日方态度强硬，预料恐无若何结果。（二十六日中央社电）

《申报》，1937年7月27日

---

① 原文如此。——编者

日军进袭廊坊经过

（七月）二十五日下午五时，由津开抵廊坊日军称，修理电话线，拟均下车。我廊坊驻军第三十八师张自忠部刘旅，因未奉命，当加阻止，并婉词劝止。该部日军坚不接受劝告，当即全部下车，成散兵线，将廊坊车站占据，并积极构筑工事。双方形成对峙状态。至二十六日晨零时一十分，该部日军突由车站用机关枪向我军防地扫射。我军因事前未作准备，伤亡十数名，乃一面向上官请示，一面准备应付，形势极严重。是时日军仍每隔数十分钟，即以机关枪扫射，约二十分钟，扫射时枪声极密。同时有日军钢甲车一辆，开至我军防地附近开枪射击数十余发。我军迄未还击，直至二十六日晨二时半始应战。是时津日军六十余名，乘载重大汽车三辆，由津过武清开抵廊坊增援。双方对峙至二十六日晨五时，廊房上空忽有由东北飞来侦察机一架，低飞侦察，约十五分钟始飞返。五时十五分即有日轰炸机四架，飞抵廊坊上空，向我军营房投炸弹达五十余枚，我军损失极重。同时据守车站内日军百余人，向我猛烈攻击。因电话已不通，我前方部队只有沉着应战，坚守原防，日军迄未得逞。五时二十分复有日军兵车一列，上载日兵三百余名，铁甲车三辆，大炮十门，由津开抵廊坊。五时二十五分有由津新站开来日兵车一列，上载日军一千四百余名，亦开抵廊坊，下车增援。日方轰炸机四架亦于五时三十五分飞去。六时十分日轰炸机四架又飞来掷弹数十枚。我军以仅一小部，日军大批援军到达共二千余名，且我军因日军轰炸及猛攻，已伤亡甚重，我军乃退出营房，在廊坊北宁路铁道南北高粱地内布防。十时二十分，又有日侦察机、轰炸机混合队十七架，飞抵廊坊我军防地及廊坊附近掷弹。同时日军仍向我猛攻，附近人民亦避于高粱地内。但结果我军伤亡达千余人，情形极惨。截至下午一时许，我军渐向廊坊西北方集中，逐步与敌军相峙中。

上海《时事新报》，1937年7月27日

廊坊车站两军大激战

【北平二十六日上午十时发专电】日军二百名二十六日晨由津到廊坊、落垡下车布防，并拟占领车站，与我军发生冲突。由上午六时至九时，尚未止。平津车及电话均不通，平市情形无变动。

【天津二十六日下午二时发专电】廊坊日军二十六日晨三时向我驻军三十八师二二六团崔振伦部挑衅，发生冲突，迄十时未止。津日军开三列车赴援，平津车又停。

【南京二十六日下午八时半发专电】二十六日晨八时后，日军攻廊坊及日机多架飞至廊坊轰炸之情报不断传来。战事自二十五日夜十二时开始至二十六日晨十时停止，我廊坊驻军被迫撤至黄村集中。闻平津两方现正分别与日方交涉。社会各方迄日对于北方表面和缓而日本继续增兵之局势本极焦虑，今闻廊坊之事，益深愤慨，并信我方纵极委屈亦难保和平苟安之局。关系机关长官得报后，曾集会交换意见，但未有所发表。外部与日使馆闻迄二十六日午后五时止，亦无何接触，川越（日本驻华大使）返京尚无确期。

【中央社北平二十六日电】廊坊我驻军于二十六日午十一时许集中廊坊前方某地，现前方战事已停。

【长辛店二十六日上午十时发急电】日机二十六日晨猛炸廊坊营房，中日两军在廊坊正激烈战争中。

【天津二十六日上午十二时发急电】驻廊坊之二十九军第三十八师张自忠部第十三旅（第一一三旅）于今晨十时退出廊坊。

【北平二十六日上午十二时发急电】廊坊中日军冲突，日军派飞机五架助战，向我军营房投弹，并用机枪向我军扫射，我方伤亡甚众，营房全被炸毁。……

上海《大公报》，1937年7月27日

宋哲元决心应战　通令二十九军抵抗

北平。北平外人方面息，冀察最高当局在以往之半个月内，正努力于卢案和平解决措施中，不料廊坊战祸又起，显然引起无限焦虑。此间各国使节间之舆情，对日军全然堵塞和平路径之行动，多数认为中日局势行将临为不可收拾之境。张自忠今晨因廊坊案曾与松井晤面，惟松井于廿六日下午四时起，已拒绝与中国方面任何往访宾客接见，其情势严重，未来之演变殊足注目。（二十六日专电）

南京。中央顷接宋哲元来电，谓已谕令二十九军抵抗日军云。同时据今午长辛店电话，卢沟桥及大井村形势极端紧张，该两地虽未发生战事，但随时有发生冲突之虑。（廿六日中央社路透电）

北平。今晚各要人齐集宋邸，商谈应付方针。（二十六日下午十一时二十分急电）

北平。廊坊战事发生后，张自忠今晨电津，令李文田向日方交涉停止进攻。张本人今晨亦访松井交涉，均无结果。（廿六日专电）

《申报》，1937年7月27日

平津交通昨又断绝

津保等长途电话仍未恢复，平市内外城各门昨均关闭

【保定廿七日中央社电】二十七日平汉路交通又断，晨四时二十分北开之寻常快车，

及七时半北开之平保短票车，均至长辛店为止。

【本市消息】平市各项交通，昨日起除市内电话及平绥铁路各次列车尚畅通无阻外，其余各路交通均完全断绝。兹汇志各情如左：

铁路交通 北宁铁路自廊坊事件发生后，因车站均被日方员工占据，一方因日兵严厉检查，致该路上下行各次列车及平通轻油车均无法开行，交通完全断绝。平汉路交通，自二十四日恢复通车后，昨日又因西便门外一带铁路多被毁坏，故各次列车均无来往，平汉交通遂亦完全陷于断绝。在平绥路方面，来往各次列车昨仍照常开行，未生阻碍。

电报电话 平市近两日来，因郊外各路电话被日军割断者甚多，故有线电报发生相当障碍，虽尚可拍发，但因发电者甚多，故需要时间较长。至平保、平津、平通等长途电话，昨日均未恢复，内外交通颇受影响。

内外城门 市内各冲要处所前处设置之麻袋等障碍物，日前虽经撤去，但自前夜广安门地方发生冲突后，市内又呈紧张形势，各冲要处所，乃再垒积麻袋，内外各城门亦严加扃闭。昨日自早至晚，除西直门、阜城门、朝阳门、东直门等门有一扇时启时闭，放过行人外，其余如广安门、宣武门、和平门、崇文门、右安门、左安门、广渠门等，均未开启，故昨日城内外交通，仅有前门一处可以通行。又西长安街三座门，昨亦紧闭，仅留靠南之一小门，以便通行云。

民军张仲英部向南壕堑进攻

张垣日侨昨日已退净

赵承绥到绥谒傅，商绥东防务

【张北二十七日下午九时专电】张垣日侨，迄二十七日已退净，仅日领署、特务机关、国际公司内，尚共有三十余人，刻亦整顿行装，作返国计。另有张北特务机关，雇汉奸组成之先遣队二十余人，由张北到口，驻神道院。二十六日午刻，有日要员多人，分乘飞机四架，由伪京抵张北，匪伪等均到机场欢迎。旋有两架由张北起飞，一往化德，一向南飞，其行动颇值注意。又民军张仲英部，前夜曾向南壕堑进攻四次，均因匪伪防固未得手。

【归绥廿六日中央社电】赵承绥二十六日午由大同来绥谒傅作义，商洽绥东防务，晚间傅设宴为赵洗尘。闻汤军长恩伯及王靖国等，亦拟日内来绥。

日军对平有所举动，英美法已严重注意

向日政府发出迫切表示，深望此种举动能予避免

【南京二十七日中央社电】驻华法大使那其亚，二十七日下午三时半，到外部官舍，晋谒王部长，晤谈北方最近情势，约谈一小时辞出，复访徐次长晤谈。又驻华英大使许阁森、美大使詹森，同于下午五时，到外部官舍谒见王外长，作同样之晤谈，于六时许

辞去。

【伦敦二十七日中央社哈瓦斯电】艾登就华北局势,向下院发表宣言称:余已接获报告,知日军在平市城内外有所举动,当即训令驻日代办向东京政府发出迫切表示,深望此种举动能予以避免云。

【伦敦二十七日中央社路透电】艾登今日在下院报告,其所接关于廊坊中日冲突事之最近消息谓:顷已接到报告,据称,日军在北平城内外,将有举动,渠乃训令驻日英代办,向日政府表示避免此种举动之希望。英政府继续以其愿见和平解决之关切,向中日政府言之。渠知法美两国政府,已在南京、东京有与此同样之行动,英政府现仍与其他有关系国政府,如苏联与美国政府等,时常接洽。至于保护英侨之地方计划,今仍存在,如遇事变,即可实施云。

【上海二十七日中央社电】伦敦二十六日合众电,郭二十六日会访艾登,告以华北局势之严重情形。

《华北日报》,1937年7月28日

刘汝明返张垣坐镇

【中央社北平二十七日电】察省主席刘汝明日前来平谒宋哲元,报告察省政务,并协商一切。现以时局紧张,省防重要,于二十七日晚六时四十分搭平绥车返张垣坐镇。

《中央日报》,1937年7月28日

宋派代表到京

【本京息】冀察政委会委员长宋哲元昨(廿七日)有两电到京,对平津情况续作详细报告,并有所请示,一面派员到京,代表面陈一切。

【中央社天津廿七日电】时局已濒最后关头,此间一切谈判均已停止,官方因平津电话电报均被破坏,消息传递,殊欠灵敏,故大局究竟现已发展至如何程度,无从知悉。张自忠现在平,市府政务由秘书长马彦翀、警察局长李文田等处理。据当局称,目前大沽等地尚平静,廊坊廿七日晨亦无冲突,中日双方军队仍在对峙之中。

《中央日报》,1937年7月28日

我决拒绝无理要求,平市四郊均有激战
宋昨通电全国,尽力防卫并述日军一再挑衅经过

【本市消息】昨日下午公布消息,日来中日双方企求不将卢沟桥事件扩大,期得和

平解决声中，二十五日夜日方突又向廊坊进兵，对我驻军射击。二十六日晨且增加大批援军，并以十七架轰炸机，肆行轰炸，我军奋勇抵御，损失甚重。二十六日夜多数日军，更冲入广安门，幸经我防范制止，退入日兵营。我当局现已决定，断不接受任何无理要求，所望全市市民，沉着镇定，同赴国难云。

【南京二十七日下午十一时专电】第二十九军军长宋哲元二十七日有电到京，分致蒋委员长及各院、部、会，原文云：

南京委员长蒋、各院会钧鉴，各省市政府、各绥靖主任、各总司令、各总指挥、各军长、各师旅长、各法团、各报馆钧鉴：

哲元自奉命负冀察军政之责，两年来，以爱护和平为宗旨，在国土主权不受损失之原则下，本中央意旨，处理一切，以谋华北地方之安宁。此国人所共谅，亦中日两民族所深切认识者也。不幸于本月七日夜，日军突向我卢沟桥驻军袭击，我军守土有责，不得不正当防御。十一日双方协议撤兵，恢复和平。不料于二十一日炮击我宛平县城，及长辛店驻军；于二十五日夜突向我廊坊驻军猛烈攻击，继以飞机大炮，肆行轰炸；于二十六日晚又袭击我广安门驻军；廿七日早三时，又围攻我通县驻军，进逼北平，南北苑已均在激战中。似此日日增兵，处处挑衅，我军为自卫守土计，除尽力防卫，听候中央解决外，仅将经过事实，掬诚奉闻。国家存亡，千钧一发，伏乞赐教，是所企祷。第二十九军军长宋哲元叩。感（二十七日）。印。

【天津二十七日中央社电】张自忠现在平，市府政务由市府秘书长马彦翀、警察局长李文田等处理。据当局称，目前大沽等地尚平静，廊坊二十七日晨亦无冲突，中日双方军队仍在对峙之中。

【天津二十七日中央社电】北仓、杨村等地，二十七日午后尚平静。二十七日我方派员修理平津间电话、电报线，中途行经杨村等地，均被日军阻回。

<h3 style="text-align:center">通县团河等处昨均发生激战</h3>
<h3 style="text-align:center">南苑</h3>

【本市消息】确息，二十七日各方报告：（一）上午十一时许日兵约百余名，由丰台经潘家庙向南苑方面前进。（二）上午十一时半孙河镇北方约十里处，发现日军骑兵约四五十名，便衣队百余名，载重汽车四十余辆，每辆乘步兵二十余名，向孙河镇进行中。（三）十一时日兵二百余名，由丰台向东行，进至黄土冈地方，将长途电话割断，复向南苑方面前进。（四）下午一时半有日兵四五百名，由丰台开至潘家庙（距南苑西北约七里），有前进模样。又一时四十分，日坦克车两辆，经草桥、赵家庄向潘家庙前进。（五）下午一时日兵五六十名，载重汽车两辆，自丰台南郭公庄西开。（六）丰台车站我国员工，已被日

军驱逐。

团河

【本市消息】确息：二十七日下午四时，团河方面有日兵五百余人，突向我军防地威力侦察。当即发生冲突后，战至六时半，日军增至千余名，山陆炮四十余门，并有飞机二架，在西红门投弹，至七时许西红门战事颇烈，日机六架低飞扫射，并有一架飞柳营投弹。

【本市消息】南苑南方之团河村（距南苑十里），昨日下午二时，突有日军千余名，携钢炮、机枪，由杨村一带开来，突向我当地驻军攻击。我军为自卫起见，起而抵抗，日军乃集中炮火，向我军猛击，同时步兵向前冲击。我军一方报告上峰，一方应战。至三时许，日兵稍向后退，并将部队分为若干小部分，分在青纱帐里藏匿。至四时，日方炮兵复以大炮向我轰击，同时以机枪扫射，我军仍镇静抗战，迄未稍懈，南苑方面可闻清晰之枪炮声。四时十分日方轰炸机一架，由东方飞抵南苑及团河一带，盘旋侦查约五十分钟始东返，又五时十八分日轰炸机一架，仍在团河、南苑一带侦查，半小时后东返。两机均携炸弹，但未向下投掷。迄晚六时止，团河方面战事仍未止停，南苑地方平静，我军已戒备云。

通县

【本市消息】确息：二十七日凌晨二时，通县日军突通知我军驻通县宝通寺某部，竟有强迫缴械之意，我军不允，三时半遂开始冲突，迄六时止仍在激战中。通县城外西南方面现有冀东保安队兵，督率民夫千余人，构筑工事，由重兴寺经红果园，至东西总屯之线，长约六七里，正对我军驻地。通县城上敌部炮兵，时向我驻通部队射击，迄上午十一时未停。

【本市消息】二十七日晨通县方面发生冲突后，至黎明日轰炸机六架飞我阵地上空掷弹十数枚，我伤亡甚重。闻通县伪保安队队长张庆余，因密谋反正，已被日军严重监视。

【本市消息】北平电车公司通县发电厂，被日方炸毁，电火电流断绝，已改借平电灯公司电流云。

小汤山

【本市消息】确息：（一）二十七日上午八时，小汤山附近日军，与我军发生冲突。（二）二十七日上午十时至九时许，北郊古城村发现日骑兵三十余，秦村发现日步兵二十余，与我军冲突，在相峙中。

【本市消息】平北高丽营、牛栏山日军若干名，携有坦克车数辆，及大炮机枪等，昨晨七时突由兴寿、大汤山向我小汤山驻军猛攻，激战甚烈，炮声隆隆，平市北城一带清晰可闻，迄下午三时始渐疏稀，因交通断绝详情不明。

【本市消息】平北昌平县所属高丽营镇附近难民四十余名，昨日下午徒步来平。据难民刘祥瑞语记者：自卢沟桥事件发生后，日军由密云开来本镇者约二百余名，自二十一夜间，有日军在村外放哨，抓我青年壮丁约六十余名，在该军所驻关帝庙与县立小学内实行建筑防御工事，挖掘盖沟，由该村东南方起，宽四尺余，深五尺余，上搭新伐树枝等，长可十里许。龙虎潭村前日工作已毕，该工人均将出沟，忽停有机枪一架，向沟内扫射，该无辜壮丁，均葬身沟内，无一幸免。现高丽营村居民，均已逃出，十室九空云。

广安门

【本市消息】日军冲入广安门事件发生后，昨晨一时许，又有丰台日军四百余名，坦克车九辆，装甲车五辆，载重大汽车十余辆，开抵广安门，与原留城外之日军二百余名会合。昨日下午二时，突又开枪射击，我军沉着坚守，至三时始息。同时平市一度临时戒严，广安门内大街至菜市口一段，断绝行人，至二时许始解严。

【本市消息】日军前（二十六日）晚炮轰广安门一役，双方在不扩大事态原则下，昨（二十七日）晨二时即告圆满解决。进城之日军百余人，返日兵营后，残留广安门内一带之便衣队，亦经我军警肃清，并生擒一名。便衣队之符号每人头顶用火烫十字，并覆以膏药，右手系一日国币，着蓝布褂，钉钮扣九个，其中三个贯有棉线，以为标准。该项便衣队，事前即潜伏于广安门一带，预备响应，幸我方防范得力，未酿巨患。事件解决后，昨（二十七日）晨广安门一带即恢复常态，惟铺户均未开市。此役我方阵亡士兵一人，受重伤者一人，轻伤者一人，外五区警官一人被流弹击伤，不及救治即行殒命。至于日方，闻亦有伤亡云。

唐榆等地日军纷纷过津北开

【天津二十七日中央社电】由秦、榆、唐等地到津之日军，现大部已往北开，其下车地点，不外廊坊、黄村、丰台等处。据交通界息，二十六日开出十列，连同二十七日共达二十五列，现津东站所停之日兵车亦无多。二十七日下午所开出者为四列，计军用品车一列，炮兵车两列，骑兵车一列云。

【天津二十七日中央社电】塘沽日军源源而来，均分别乘车来津，其中一部到津后，即行北开。此外尚有轮船装运之军用品一部，二十七日在秦皇岛登陆，闻日内有数舰到塘沽起卸云。又据塘沽日军在北岸积极修筑军用码头，并准备一切，与我大沽驻军隔河对峙云。

【天津二十七日上午九时半中央社电】此间日军二十七日晨陆续向廊坊增援，计：（一）晨六时十分有兵车一列，士兵九百余名。（二）晨六时半有兵车一列，士兵六百余名。

（三）晨七时四十分，有兵车一列，士兵五百余名。（四）晨八时十分有兵车一列，铁甲车一列，士兵二百余名。（五）晨八时半有军用车一列，满载军用品，均由津开往廊坊。

【天津二十七日中央社电】此间日军二十七日晨八时后，仍有大批沿平津线推进，其目的除廊坊外，丰台附近，亦占一部分。二十七日晨八时半至十时，由津开出者，共有专车四列，包括兵车两列，铁甲车一列，军用品车一列云。

【天津二十七日下午九时专电】日军今日午前续运津坦克甲车二十余辆，二千余工人，三百辆军用品，向廊坊增援，塘沽增日舰十艘，杨村晨迄午激战。

【天津二十七日下午一时零五分中央社电】津总、东、西三车站，已完全由日兵占据，各重要部分，均由日方派员监视。总车站候车室，由日方设临时联络所，津浦路西沽大厂，亦有日兵驻守。西车站办公人员，均被迫移出。此外河北五马路扶轮中学校，二十七日晨亦有日兵百余名，开到驻守云。

津市面尚平静　当局严加戒备

【天津二十七日下午二时五十分电】津日租界二十七日起戒备甚严，现只有旭街、明石街、荣街可以通行，但无论乘车或步行，均须受检查，即电车亦须经检查以后始能通过。此外各街口沙袋、电网，均已布置，由日兵守卫云。

【天津二十七日中央社电】此间地方尚平静，惟日租界廿七日晨至八时止，始恢复交通。市内迁居者甚多，当局除加紧戒备外，并力持镇静。平津间交通，路局原定二十七日晨派工程车由日方联络员，会同赴沿线廊坊等地勘查，以谋恢复。此事虽事前得日方之同意，但今晨七时，被新开到之日军所反对，致未能实现。

【天津二十七日中央社电】津市二十七日谣言甚炽，入晚益甚。警察局为防范意外起见，对全市已严加戒备，晚八时各商号皆提前休息，街上行人异常稀少，日租界亦将各铁栅门关闭，在各冲要路口检查行人。晚八时许有着工人装束之十余人，或骑脚车或作步行，在北马路争殴，当被侦缉队捕获二人，解局严讯。据一般推测，若辈显系受人利用，图惑乱人心云。

【中央社天津二十七日路透电】今晨复有日机三十架飞抵此间，华界四周之华兵戒备颇严。

《华北日报》，1937年7月28日

宋委员长昨晚赴保，平郊一带竟日激战

廊坊丰台通县相继为我军收复，北平军政暂由张自忠负责

【本市消息】顷由半官方面公布消息：宋委员长因公，二十八日晚赴保视察，命天

津市长张自忠代冀察政务委员会委员长。北平市长秦德纯，随宋赴保，平市长职务，亦由张自忠兼代。津市长则由警察局长李文田代行。又平绥路局长张维藩辞职，由张允荣继任。

昨日平郊一带战况

【南京二十八日中央社电】确息：二十八日晚综合廊坊及平郊一带战况如下：（一）通县收复说，未证实。廊坊车站，今晨确经我军克复，日军受创奇重向后撤退，正午左右稍停。四时后，日军后续部队到达，即以飞机向我军轰炸，猛烈反攻，刻正激战中。（二）大、小井村方面，自昨晚迄今，日军迭向我驻军进攻，经予痛击，我军确占优势，日军向丰台撤退。（三）平北清河制呢厂（德胜门外十八里），今晨被日飞机炸毁，损失甚巨。（四）南苑方面，日军迭以多数飞机及炮兵助攻，向我猛扑，我军奋勇抗战，情况甚为激烈。午后附近某地为日军所据，现正对峙中。

【官方公布消息】我军某部刘旅二十七日夜由某地进袭廊坊，肉搏激烈，激战至今晨九时，日已全部撤退，伤亡甚众，我军将廊坊克复。

【官方公布消息】昨夜日军突攻北平近郊，南、北苑皆有激烈战斗，延至今晨未止。南苑方面日人进逼团河，今晨经我击退，并即跟踪前进，大、小井村方面已无日军。丰台亦有已被我军占领讯。

【官方公布消息】通州张庆余部反正，已与我军会合，详情在调查中。

【南京二十八日中央社电】关系方面接前方报告，我军二十八日晨确将丰台车站攻克，迄午后日军陆续增援，猛烈反攻，我军因战略关系，暂向某处移动。

【天津二十八日中央社电】通县已被我军克复，冀东组织，每日下午五时向有广播发出，今已停止。

【南京二十八日中央社电】二十九军驻京代表李世军，二十八日下午四时接北平来电，除报告丰台、廊坊、通县确已由我军继续收复外，并称我军现分途将卢沟桥及杨村、廊坊、丰台间残余包围缴械。其由廊坊溃退杨村之残余，因铁桥被断，多落水图逃，适二十八日晨大雨，河水高涨，致大部溺毙。又我空军二十八日已开始参加作战，前方士气，因之益为奋发。

我军昨午收复通县

【南京二十八日中央社电】交通界确息：（一）我军二十八日午收复通县，消息已证实。

【南京二十八日中央社电】交通界确息：冀东组织保安队反正部队，二十八日将滦河铁桥炸毁，阻日军西犯。

【天津二十八日下午七时半中央社电】据此间所得消息，冀东组织保安队反正后，〈殷〉汝耕下落不明。现在冀东保安队亦纷纷反正，滦河大桥，二十八日已被轰炸。

【保定二十八日中央社电】二十八日晨我实行自卫应战后，拂晓已将廊坊、丰台、卢沟桥一带之日军击退。我军已收复各该地区，日军伤亡惨重，现战事侧重通县方面，正恶战中。

杨村铁桥被我炸毁

【天津二十八日中央社电】据交通界传，杨村铁桥，已发生阻碍。此间日兵车，二十八日虽有四列到津，但未有向平、丰开出者云。

【天津二十八日下午五时四十分中央社电】杨村铁桥被毁者，据闻杨村日军向天津撤退时，情势颇混乱。

【天津二十八日中央社电】据交通界息：二十八日由津开往杨村之日军千余人，晚间似已退至北仓。此间津西站，及大庙日军，二十八日已撤去。在东站之一部日兵，及调动所人员，二十八日晚亦分别离去。今晚并有日兵车一列西上，但行至丰台，即停止云。

【南京二十八日中央社电】津西站日军二十七日撤退，机场日军二十八日亦撤尽。北上客车开抵西站，未续进。津总、西两站，闻枪炮声渐迫近，或系日军掩护退却。传北仓方面，已有战事。

【南京二十八日中央社电】我军二十八日晨克复丰台、廊坊消息到京后，各报竞出号外，全市市民以日军在平津一带四处挑衅，我军守土自卫，奋勇应战，捷报频传，人心振奋，群燃鞭爆，以表欣慰，兼示对前线忠勇将士感佩之意。

【青岛二十八日中央社电】此间市民闻我军克复廊坊、丰台消息，异常兴奋。各报所发号外，散遍全市，惟日军报纸号外，今日停发。

【上海二十八日中央社电】中央社转各报馆我军克复丰台、廊坊消息后，各报立出号外，顷刻传播全市，人心振奋万分。华、租各界，均悬旗热烈庆祝，一时爆竹声大起，震耳欲聋，三数小时不止。全市顿入疯狂状态。

各地日侨准备撤退

【南京二十八日中央社电】驻华日本大使馆参事日高信六郎，于二十八日下午六时到外交部谒见陈（介）次长晤谈，约一小时辞去。闻日高此来系请求我方保护日侨。

【广州二十八日中央社电】粤日侨四百余人，二十八日闻我军克复丰台、廊坊后，极形忧惧。下午三时举行居留民众紧急会议，准备全体乘舰离境。

【上海二十八日中央社电】重庆、沙市、宜昌、汉口及苏州等处日侨，约一百余人，二十八日晨九时乘长崎丸离沪返日。

【上海二十八日下午九时专电】日军原定在沪大演习，因华北失利停止。当沪市民热烈庆祝燃放鞭炮时，日商店全闭门。

【上海二十八日下午九时专电】苏、杭日侨午集沪，晨又返国百余，各地日领，晨集沪，商避难。日币今猛跌，虹口海陆军民，甚为惶恐。

【上海二十八日中央社电】驻沪日总领冈本，二十八日晨召集苏、杭等地领事，讨论日侨撤退办法。

德川督机百架抵津

【上海二十八日下午九时专电】日德川中将，下午四时督机百余架抵津东局子〈机〉场，将施大轰炸。

【天津二十八日中央社电】停于津东局子之日飞机，二十八日晨四时许，已有数架起飞，向西北而去。

【南京二十八日中央社电】据悉本月二十三日上午十时零五分，兰封上空发现黑灰色飞机二架，高度约四千公尺，由西经兰封往东南飞去。又二十六日下午四时十八分，郑州上空，亦发现日机两架，高度达五千公尺，在郑盘旋一周即向东飞去。

日众院昨迅速通过华北事变追加预算
广田三促川越速返南京，中日纠纷将采外交交涉

【东京二十八日中央社电】报载广田自十六日起，两度催促川越即返南京，因近卫昨在议会答小川安藤质问时，表明有即行外交交涉意，故广田昨第三次训令川越速即返任。

【东京二十八日中央社电】二十八日午外务省发言人，接见外国记者，发表重要声明，大意叙述经过情形，谓日军不得不取〈自卫〉行动，与二十七日内阁及陆军声明大体相同。或问今后交涉对手为冀察抑为南京？答：各有和平途径皆可。或问日要求撤兵区域，限于北平附近，抑为河北？答：现不能言。或问对河北省内中央军问题如何？答：现亦不能言。

【天津二十八日中央社电】据闻川越大使，二十八日在中航公司定购座位，定二十九日南飞，先至青岛。

【东京二十八日中央社电】二十八日晨众院预算总委会，以三十分短时间，全体通过九千六百八十余万元之华北事变追加预算案。近卫说明时，仍谓日政府对平和解决一缕之望，仍未放弃云。

《北平晨报》，1937年7月29日

沙河保安队附敌　今晨北平形势突变
宋哲元率部队午夜赴保定　冯治安秦德纯陈继淹偕行
张自忠兼代冀察委员长职

南京。京中军事机关，廿八日深夜得北平方面报告，驻平绥线沙河保安队附敌，北平形势突变，宋哲元、秦德纯、冯治安、陈继淹等廿八日晚十一时半率部离平。（二十九日上午二时二十分中央社电）

北平。顷由半官方面公布消息，宋委员长因公廿八日晚赴保视察，命天津市长张自忠兼代冀察政务委员会委员长。北平市长秦德纯随宋赴保，平市长职务亦由张自忠兼代，津市长则由警察局长李文田代行。又平绥路局局长张维藩职，由张允荣继任。（二十九日上午三时十五分中央社电）

天津。市当局廿八日奉宋委〈员〉长命，固守津市，妥保外侨。各地民团同日奉令，无论何处，如遇日兵挑衅即行抵抗。（二十八日专电）

天津。二十八日午起，廊坊、杨村一带日军向北仓退集整理，附近一带电话均生阻碍，准备全线向我丰台、廊坊、杨村反攻。（二十八日下午四时本报急电）

（本报消息）戈定远昨晚由平电沪云，李广安兄勋鉴：宋委员长决心极大，决坚守北平与城共存亡。昨夜我军血刃廊坊之敌三百余人，今日上午十一时攻占丰台，歼敌无算。声势甚盛，请转告诸友□注为盼。弟戈定远叩。俭。

北平我军事某要人，廿八日晨赴平郊某地督战，士气大振。（二十八日中央社电）

北平二十八日各街巷口满置沙袋，并架机枪，交通断绝。（二十八日专电）

天津日驻军作战课长和知，二十八日亦到津。日海陆空三方面指挥官二十八日在津有紧急会议，讨论当前一般重要军事计划，企图大举攻我守地。（二十八日专电）

《申报》，1937年7月29日

宋哲元昨离平赴保　张自忠代冀察政委会委长

【保定二十九日晨二时发加急专电】宋哲元二十八日夜由平抵长辛店，下午十一时半专车来保，计程二十九日晨三时可到。

【中央社南京二十九日上午四时电】京中军事机关二十八日深夜得北平方面报告，驻平绥线沙河保安队附敌，北平形势突变，宋哲元、秦德纯、冯治安、陈继淹等二十八日晚十一时半率部离平。

上海《大公报》，1937年7月29日

卢案爆发时之北平

1937年7月29日

卢沟桥事变之前，日本原想利用便衣队在北平暴动，直截了当的占据北平，而在"防共"的口号下，把冀察政权和"冀东防共自治政府"合流，让"第二傀儡"殷汝耕之类汉奸来统治。幸而这些便衣队将暴动的计划未能保守得秘密，透露出来之后，让北平军警破获，因而全盘揭露了他们的阴谋。日本导演第二次的"九一八"没有如愿以偿，他们眼见古老庄严的文化城仍然雄踞在青天白日的旗帜下，恼羞成怒，故而在卢沟桥施展他一向蛮干的惯技来，借口于走失一名小卒，而炮击我们的宛平城。从日本人的眼光看来，他在丰台，藉口于"马"，遂得扼住了平津的交通中心，现在阴谋失败，不能一举而得；宛平借口于"卒"，退一步握住了平汉路的咽喉，也是足以使北平成为一个死城的。层出不穷的野心和毒计，使我们对于友邦人士所倡的"和平"，实在不能不为之惘然了。

很久以前一直流传着有汉奸浪人要定期暴动的谣言，每逢日军演习一次，会议一次，谣言更会传得利害。当局注意及此，戒备和探访都积极加强起来。在六月二十三日，从通州来了二三百个衣饰类似青年学生的便衣队，分别住在西直门外海淀燕京大学及清华大学附近，和西直门内新街口、护国寺，东北大学、辅仁大学附近等，行踪十分诡秘。警探方面在这种可疑的现象下，得着线索，捕获了一个较为重要的关系人。由此人的种种供述，继续不断的将这二三百个便衣队捕得不少，并在他们的住处搜获手枪、机关枪、红旗、传单之类物品。原来他们定于六月廿六、廿七、廿八，三天内之某一晚，在西直门外同时暴动，自称为燕京、清华、东北、辅仁等校学生中的"共产分子"，一面放火开枪，里应外合的攻开西直门，一面口呼"打倒宋哲元"、"欢迎红军北上"，隐藏了自己的真面目。散在城内、通州、丰台的日军听到枪声，立刻在"防共"、"安民"的漂亮的名义下占领北平，并且以清除"共产分子"为名，用重炮向四个大学轰击。日本人以为从"一二九"学生运动以来，救亡的怒潮，曾经打转了中国人对国事悲观消极的心理，对于中国整个政治的发展，尽了不少向前推进的作用，这是使近年日本进攻没有得到顺结果的重要原因之一。所以他这次下狠心用炮轰，正不是没有原因的。在燕大的左邻是西苑兵营，在清华背后是平绥铁路的清华园车站，双重的军事要地，更是为他注意而且蓄意要破坏的。

自从当局将阴谋破获之后，戒备特别加严，便衣队没有伸出头来摇旗，伏在东城的浪人也不敢自己出来呐喊。冀东伪组织的领袖殷汝耕，虽然粉墨化装已久，终于因为听不见出台的锣鼓声，一直不能出台表演他的好戏。天安门仍旧威武的静坐在北平中心。这浩大的文化城，只要我们不放弃她，我相信，我们将要保守她以垂永远！

战事初启，金融方面起了不少波澜，经过镇静的处置，渐又平静下去。米是贵了，一包约十五元左右；面粉以前是四元七角一包的，事变后涨至五元二角一包，但近日也在回跌；报纸来源既少，需要又增，于是《北平晨报》、《世界日报》，都将篇幅减为两大张。

各城门关闭的时间多，开放的时间少。前门因交通关系，整天开放半扇，西直门也以行人太多，开放的时间较长，则仅每隔二三小时开放一次。开放时放行约在二十分钟左右。偶然火车通一两班，前门车站上便挤满了南逃的旅客，有些被邀上庐山"茗叙"的名流，欲行不得。大部分的市民，都泰然过着平日习惯的生活，并不害怕。他们知道害怕徒然无用，假若大战一起，在别处也将遭到同样的命运，不仅北平如此，祖宗所遗留的土地，已居住了几千百代，轻易的离开，谁也不能够而且不愿意。

不但不甘心离开这古城，反之，大家要"干"，要守住自己的家乡。在廿九军的炮火刀锋之外，民众的力量已融成一座铁的长城。自从卢沟桥炮火之次日起，宛平不断为慰劳者所访问。学生代表自不必说，其他各界去的也不少。新闻界到宛平探访新闻的人特别多，正式代表新闻界去慰劳的，是《实报》社长管翼贤先生。银行界一向不轻易有什么举动，这次得源通官银号高某之发起与号召，也集了大量的慰劳品送至前线。

北平作家协会、东北同乡会等若干团体，都在炮声中联合在一起，成立了各项工作临时委员会，推动平市一切的后援工作。杨立奎先生又号召救联会、商会等，成立了一个各界联合会，工作也十分紧张。

各校同时都成立了抗战后援会，分头在努力做情报、战地服务、募捐、慰劳等事。"十二九"运动以后的北平学生，对国事的注意比谁也来得关切。现在，事临头上，工作更是"白热化"了。战区服务团第一批已经出发，未出发的另有六七百个人，都已预备妥切，等候出发的命令。已到战区去的，工作约分三个类别：（一）通讯组，收发电讯、打旗语、写信。（二）交通组，送信、开汽车、传达命令。（三）救护组，救护伤兵和前线民众。三组中的同学都十分努力，救护组中的女同学占十分之九。

伤兵运到北平，大家先去慰问。麻袋，在军用方面尚不充裕，学生救国联合会发起一万麻袋运动后，街上三三五五的青年，从各角里找出新新旧旧的大小麻袋、洋面袋，立刻就堆积如山。

红卍字会、红十字会等二十六个团体，组织一个大规模的救护队，在前线服务已有多日了。一般心有余而力不足以去服务的人，则从报纸的号外中、无线电下倾听消息。每当街上反绑着的汉奸走过时，必定聚集成很大的人群呼骂叫好。十三日，有一个年青军士带了七个人头进城，大家像拥戴大英雄似的鼓掌欢呼，把他当做得到最后胜利的凯旋者。大家是希望和平的，但是和平不再能企望了，大家都希望"拼"，如果再"失地""丧权"，我

想全华北的人没有一个甘心。有之，那无非是汉奸！（1937年7月29日《港报》）

《卢沟桥》，前导书局1937年版，第99—102页

中国抵抗　国际地位增高

　　日军侵略中国，倘中国不起而抗战，则国内将肇分崩之现象，前途至为危险。今既起而与日本周旋，则其国际间地位已跻于若干年来所未达到之高度，倘今后蒋委员长能善用其军力，使中国不致惨败，则以中国幅员之大，必可长久支持云。至以日本之策略而论，则今日日军在沪之行径，显欲在上海四周设置一铁圈，使中国军队被逐之后，即无法再侵入。换言之，即日本企图再重演一九三二年之旧剧，使在上海所得利益更为巩固，而集中其主力，由华北向南推进也。此次日军出征之经济观点，谓华北为各种廉价矿产及原料之资源地，故日军之侵华，即以经济为辩论之要点，谓以武力作经济侵略之前驱开发新财产，并利用德国式之人口控制，以支撑国内之经济状态。以上所言，即实业界赞助侵略之原因也。此种军事实业分子，可谓为日本之中庸分子，盖一端为左右大局之军阀，而一端则为普通实业家及商家，彼等相信和平之侵略，必可以轻耗费而博大赢利者也。现最后一种人大有扩张之势，惜过于迟缓，未能使军阀易其初衷也。日本在过去一年中，已减少其外债，而在其对外贸易百分之七十金融赖以通转之伦敦市场中，日本信用现尚未定，惟国内则深感支付军备巨额经费之困苦，加以实业发展所需之原料与利器日感缺乏，而精练工人之不敷应用与一般物价之继续涨腾，尤使其困苦愈甚。在一九三二年世界物价皆低降时，日币减值尚属可能，但在今日则日币价值之减低，即将阻塞其所亟需各种输入之流入，而使日本无以从国外采办充分主要物品，如来自美国与东印度之煤油等，为日本必不可少者，将不能输入日本矣云。（《泰晤士报》）

谢汇东、田体仁等编：《全民抗战汇集》（初集），上海

民族书局1937年版，第126—127页

莫如打退堂鼓

　　今日日本最聪明之举动，莫如打退堂鼓，开始调查八日事件之真相，并藉中国之合作，将流弹之价值加以真实之估计，如此日本或尚可赢得世界之尊重与感谢。惜日本采取此种办法之机会，今已极微，其原因不外乎：（一）不能信任与中国办交涉，因中国人之外交手腕远胜乎日人。（二）目睹全部中国政治之日渐健全，隐觉心中惴惴。（三）日军部之桀骜不驯，若更以前途安危之机加以衡量，则大规模之战事，似属意料中事，除非在最后五分钟能翻然悔悟也。日军之所不愿为者，即在未向宋哲元之军队大张挞伐之

前，而先悄然引去。《泰晤士报》不信日本或中国事前有充分之用意，认为事件之开始，为一部神经过敏之哨兵或应付无方之官长或二者兼之。再则尤堪注意者，小误会之反响，双方虽未曾任其扩大至不祥之范围，但南京与东京均未尽量发挥，其时局中潜在之捣成可能性。在表面上观之，东京似愿极力使该事件局部化，但此非即谓严重之战事，竟不幸而适得其反，但日本军队行走极端之时，日本政府正悚然于冒险前途之凶危也。日本或可一鼓而下北平，更以兵舰直溯长江而窥中国之首都，但此亦仅取快于一时。惟以政治家之目光视之，事态即设较此更严重时，亦无敢择此，且能召巨祸之途径者。在已往一年半之中，日本在华北几不明白其所致者为何物，及如何始可取得之。但如谓日本将化华北为第二"满洲国"，日本绝不愿为之，盖华北胜利之结果，不过财政上及军事上平添重大之责任。以现状观之，日本之双手固已抓满，但储藏则益见空庐矣。日本即能不宣而战，但加磨折于中国之自尊观念，至不可扑灭之程度，日本实须小心办事云。（《泰晤士报》）

谢汇东、田体仁等编：《全民抗战汇集》（初集），上海
民族书局1937年版，第128—129页

宋哲元、冯治安昨晨抵保
宋谓今后办法听命国家，是否长驻保定尚未确定

【保定二十九日电】宋哲元、冯治安等二十九日晨三时抵保，各有书面谈话发表，分纪如次：宋氏谈话：本人近来因火气上冲，耳鸣殊甚，不能与大家面谈，特发表书面谈话。平津之战，乃系局部之战，日来北平城外战斗甚烈，南苑尤甚。佟副军长麟阁竟于昨（廿八日）阵亡。驻南苑三十八师之一部，奉命应战，伤亡最巨。驻西苑三十七师之一部与驻黄寺之保安队均颇有损失。自昨（廿八日）晚至今（二十九日）晨，天津、卢沟桥等处亦有战事。本人奉命移保，将来是否长驻保定，尚未确定。战争为国家大事，今后办法自应听国家命令也。冯氏谈话：自卢沟桥案发生，本师驻防宛平，不能不尽守土之责。本人到平之后，始终爱好和平，避免事态扩大，以期恢复八日以前之状态。十七日以来，苦心焦思，竟致咯血。现随宋委员长来保，自应以疾病之身，追随各长官之后，听候驱策也。

《世界日报》，1937年7月30日

日机决不在平掷弹
松井对此间当局之表示

【本市消息】津日军驻平代表松井，前（二十八）晚对此间当局诚恳表示，日飞机决不在市内投掷炸弹云。

北平《竞报》，1937年7月30日

南开大学被毁记

天津南开大学经已故创办人严范孙先生，及现任校长张伯苓博士，四十年来惨淡经营，至今计成立大学、男女中学、小学四部，学生合计达三千余人，其大学、中学两部，竟于七月二十九日、三十两日被日军仇视，以飞机大炮炸毁，中外人士，莫不痛愤。本京教育学术界人士，除教育部王部长三十日晨曾亲访张氏，致深切之慰问外，该校留京各校友，亦均纷纷前往，向张氏表示对母校极关切之意。记者三十日下午亦曾往访，当承接见。张氏首对各方纷致慰问，表示感谢；次谓敌人此次轰炸南开，被毁者为南开之物质，而南开之精神，将因此挫折而愈益奋励，故本人对于此次南开实质上所遭受之损失，绝不挂怀，更当本创校一贯精神，而重为南开树立一新生命。本人惟有凭此种精神，绝不稍馁，深信于短期内不难建立一新的规模。现已在京成立南开办事处，对于下期开学一切事宜，正赶事筹划中等语。张谈时，态度极严肃，而意志之坚强不屈，可于其目光与谈话姿势中充分表现。记者敬致慰问词后，即兴辞而出。

按张氏创办南开学校已近四十年，最初成立中学部。嗣后相继增设大学部、女中部及小学部，以成绩优良，深得海内外人士之赞助。该校各部每年经费大部系由教部津贴及各方捐助。当创办时，学生仅六人，现已达三千余人，原有校舍仅数间平房，近则大小已增至数十所。二十九日日军轰炸之木斋图书馆（为国内著名图书馆之一）、秀山堂（即办公室及文商学院课室）、芝琴楼（即女生宿舍）等，均该校建筑中之堂皇者也。该校大学部除文理两学院外，并有南开经济研究所，及南开小学实验一所，闻名全国。尤以经济研究所所发行之各种刊物及物价指数等，在国内外经济学界深有声誉。又该校各部校舍，均临近津日兵营、日飞机场等，自"九一八"以来，师生在课室中几无日不闻敌人之打靶声、飞机声。然学校纪律，因张氏主张严格训练，读书救国努力精神，始终如一，对一般之冲动的爱国主张，向抱沉着持重之态度，今且不为强暴所顾念，是敌人之坚欲根本摧残我国文化，不难于此可证。中外人士对该校之无辜受摧残，均深表惋惜痛愤，盖该校不但为我国之一著名文化机关，且为四十年来无数智识分子血汗之产物也。（1937年7月30日中央社电）

《卢沟桥》，前导书局1937年版，第217—218页

炮轰宛平的惨象

最近二十日之战，空前剧烈。敌因要求不遂（求我军退撤过河），老羞成怒，竟下总攻令，综合步骑炮兵及坦克、铁甲战车，两度向我猛攻，发炮八十余响，轰毁宛平县城。笔者于今晨（二十三）应此间同志之召，相偕驱车直抵宛平城下，实地考察战后状况，且预拟顺便访问力疾守城之王冷斋县长，借致敬意。讵王县长适公出未返（徒步赴长辛店），乃不果。

吾辈一行五人，考察后原车驰归，进广安门已万家灯火。爰将耳目所及，急录之以飨读者：

行装既备，依照预定计划，避免过大井村，乃穿越平汉铁道，向西直驰，入平之东门，沿途不许停车，以防发生误会，因吾辈此行目的在考察县城故耳。危城在望，四郊多垒，举目所及，此种惨状，实难形之于纸笔。车抵东门外，城上守兵，喝令停进，向吾辈盘质索证。交涉移时，予方悉守城我军，初由三十七师冯治安部换冀察保安司令石友三部，今则又添换一三二师赵登禹部矣。结果，终于准许进城。但吾辈在未进城之先，考察四周城墙，弹痕垒垒，左边有一炮击大孔，单骑亦可出入，正在修葺之中。既至城，反顾东门城楼，全遭炮轰倾倒。沿城内街，砖块泥土布满地。目下东城上守兵所住者，为一临时搭成之席篷，形似小屋，状虽不大，料系暂以此蔽烈日照射，若遇风雨，决难久持也。

吾辈一面保留估计意见，预备贡献给王县长；一面吩咐汽车夫在城旁等候，并给资嘱其自找小饭店以就午餐。时已近午，乃相将造访县府，沿途所过街巷，不唯行人稀少，房屋倾倒，即炮轰遗迹，兼且臭气熏天，触鼻欲呕。闻行人言："当十九日夜深三时，炮火猛烈，集中肥城（按即宛平），全城被炸发之火药气所罩，如堕五里雾中。总计是役，城内外无辜居民之罹难者，凡百余，沿街血肉横飞，尸骸塞途，迄今尚未尽掩埋，或未被发见，值是炎夏三伏，又焉得不腐而发臭耶？"予见此人谈话合理，乃更恳其权作领者。吾辈正苦于问道引导吾辈至县府，彼首肯，予遂利用时间，随步随叩一切近情。彼云："先生们不是想到县政府去瞧一瞧么？可是如今那里面没有人办公，只剩十来个兵守着门口。到那里办公的人们，今天东，明天西，迁移不定，秘密得很，只有他们当官的自己知道。你们何不到北城墙下去瞧瞧？那边城墙，已被轰毁，现在全城居民虽多逃去，寥寥无几，但今天却还有不少名壮丁，正在那里儿，赶着修城墙呢。"说至此，竟已抵达县府（按宛平城甚小）。彼急欲去，挽留不得，吾辈大失所望。

无何，只得在县府内外巡察一周。纵目四瞩，所谓县政府，几变瓦砾场，只此亦足见当时炮火猛烈以及事后城内一切凄凉冷落之惨状矣。予向一守门兵士询王县长何在，彼正在读报，读至蒋院长宣言时，每读一句，辄举其右手掌向右大腿猛拍一下，直念到"战端一开，那就是人无分老幼，地无分南北，皆有守土抗战的责任"，接连着又猛拍数下，大呼好！好！嗳哟！嗳哟！不停。原来他于热血沸腾之际，不自知的把右手掌拍得红而且肿，呼痛无已。予除频催其作答外，见此情况，不觉为之失笑。彼见予频询至再，始告予谓"王县长日前已徒步赴长辛店，接洽要公，迄今未回"云。吾辈闻言，不得已废然循要道仍出东门，把司机从梦中唤醒，即登车驰出东城。予忽见道旁有弹壳三枚，焦成黑色，遂下车拾之，俾作此纪念。（《港报》，1937年7月31日）

《卢沟桥》，前导书局1937年版，第205—207页

宋贯彻和平主张令北上中央各部停止到达地点
电张自忠转日方勿扩大军事第二步再设法令中央军调回

【本市消息】华北时局，自二十八日夜，宋、秦离平，三十七师南撤，大局已趋和平解决途径。连日此间中日当局，正会商善后办法。宋委员长为贯彻和平主张，顷有艳电致张代委员长，谓已令中央军在到达地点停止，望转告日方，勿再使军事行动扩大，兹录原电如次：

(特急) 张师长荩臣〔忱〕弟鉴：□密。兄今早三时到保，勿念。兄为贯彻和平主张，已令饬北上中央各部，一律在到达地点停止待命，第二步再设法令其调回。望即转达日方，勿对各该部有军事行动为要。小兄宋哲元。艳丑。

北平《竞报》，1937年7月31日

卢沟桥事件与中日战争
东序
一、冲突原因与真相

华北局势自宋哲元遄返乐陵，久不归任以后，即呈紧张之像。迨七月初旬，谣言更盛，有言汉奸将在平津暴动者，有言日军将借故侵夺土地，压迫冀察当局承认某种要求者。当时幸赖负责当局防范严密，汉奸无从活动。日人因第一步计划未成，于是即进一步直接动手，于七月七日深夜借演习之名而向我卢沟桥进攻矣。

事变发动原因，据中央社北平八日电，约略如下：卢沟桥在广安门外西南二十里，为平西名胜之一，扼平汉交通孔道。其东丰台，又为平汉、北宁两路接轨处。四年以前宛平县始移治卢沟桥。县府在桥西，城垣不甚大，但尚坚固。自去年日本在华北增兵后，迭在丰台建兵营机场，进而谋在卢沟桥作同样设备，县长兼专员王冷斋，周旋应付，煞费苦心，卒获保持土地之完整，遂为日方所痛恨。此为事件之远因。最近又以此间当局久滞梓乡，交涉失其对象，而国大代表选举遵令进行，复予以多少刺激，乃欲造成恐怖局面，以达压迫当局返平之目的。此为事件之近因。迩来日军频频在卢演习，且皆实弹露营，人民已司空见惯，但至七日夜间，人数忽增，至八日晨三时二十分左右，忽散开为散兵线，以宛平县城为目标，向西急进，至距离约百米时，竟发炮鸣枪，冲锋前进，于是事件之冲突，遂开始矣。

至事件发生之最初情形，据中央社向冀察当局探悉其经过情形如次："七日晚十二时许，日松井武官用电话向冀察军政当局声称，昨夜日军一中队，在卢沟桥郊外演习，忽闻枪声，当即收队点名，发现缺少一兵，同时认为放枪者已入宛平县城，要求立即率队入城，搜查该兵云云。我方当以时入深夜，日兵入城，殊足引起地方不安，同时我方在卢部队昨日竟日均未出城，该种枪声决非我方所放，遂婉加拒绝。但不久松井又来电话，声称，我方如不允许，彼方将以武力包围前进云云，同时我方已得报告，日军对宛平县城已取包围前进形势。于是我方再与日方商定，双方即派人员前往调查，并防止日军行动。日方所派为寺平副佐、樱井顾问，我方所派为冀省第四区行政专员兼宛平县长王冷斋、外委会专员林耕宇暨绥靖公署交通处副处长周永业。至八日晨四时许，到达宛平县署，寺平仍坚持日军须入城搜查，我方未允。正交涉间，忽闻东门外枪炮声大作，我军未予还击，俄而西门外大炮、机关枪声又起，连续不绝，我军仍镇静如故。继因日军炮火更烈，我军为正当防卫，万不得已，始加抵抗。我军伤亡颇众，牺牲甚大，但仍请其停止进攻，调回原防，否则责任应由彼方担负。日方答以永定河方面，尚有二十九军骑兵，要求退去，方能再谈其他。我方驻军，当坚决表示，愿与卢沟桥共存亡，并称：和平固所愿，但日军要求我军撤出卢沟桥，则有死而已。卢沟桥可为吾人之坟墓。士气激昂，均抱宁为玉碎，勿为瓦全决心。据宛平县守城我军在城上语记者，日军早拟侵夺卢沟桥，连日在该地演习，借窥形势，七日日军忽向该地增防，遂不幸发生此事件，日方所称有一士兵失踪纯系借口之词，吾等为国服务，决以死报国云。态度沉着而悲壮。秦德纯、冯治安、张自忠等态度均镇静，表示愿和平解决，但不能附无理之条件。"

八日上午双方曾停战数小时，以待后方和平谈判之进展。中日二方经八日一日夜之努力，始商妥初步解决之办法。所谓初步解决办法，即双方向后撤兵，而将宛平城让给石友三之保安队开入驻防，借以维持秩序。至初步解决之详细情形，据中央社天津九日电，有如下述："此事发生后，我方各地方长官虽多在平，而日方重心则在津市。田代抱病，其司令官职务由桥本代行，故关于一切交涉，在平津两地同时进行。北平由秦德纯、张自忠、冯治安、张允荣等随时与日驻屯军参谋和知、武官今井接洽，此间则由市府秘书长马彦翀、警察局长李文田，于八日晚五时起与日驻屯军参谋长桥本、参谋冢田协商一切。双方均表示不愿事态扩大，故协商得以顺利进行。先是双方军队冲突后，日方即占据龙王庙及宛平城外，向我采取攻势，我宛平城内驻军一营，不得已散开抗拒。迫至双方协议解决办法，第一步即为撤消敌对行为，再谈其他细目。我方主张攻城之日兵，须立即撤退，但日方坚持目前既成敌对行为，如果撤兵，须双方同时实行。此点颇多争执。双方迭次分向上峰请示，彻夜商洽，迄九日晨四时许始商定，日方将攻城之部队开回原演习地点，我城内驻军亦暂行调至距宛平城西约二里之村暂驻，另派保安队维持城内秩序，俾双方之敌对行为，在此过渡期内得以解消，然后再恢复平常状态。乃九日晨五时许，我方保安队石友三部乘载重汽车五六辆前往接防时，日方驻军，又开枪射击，因此几又出枝节。旋经双方当局解释后，保安队已开到接防。据此间当局得悉，中日双方军队亦于午后分别撤退，现在平所交涉者，即为善后一切问题，因此桥本、冢田等于下午四时赴平继续商洽。"

此项初步解决办法，本为我方忍辱让步之结果，因日军所驻之地，本为我国领土，且此次系由彼方前进攻击，即令撤回原防，亦与事件发生前之情形相同，而我方则须退出宛平等处，事之不平，已极显明。但日方对此初步解决办法，尚不满意，而反破坏当时所商妥之办法，延不撤兵，在五里店等处仍留有军队二百余名，并于十日晨及夜间时时向我射击。因此战事遂重又爆发，至十一日尚未终止。

前线战事虽不断发生，惟后方谈判，仍在进行。十一日双方会商结果，据日方所发表之消息，业已签订协定，我方接受日方所提三条件：

1.卢沟桥及其附近地方之中国军队，即时撤退。

2.中国方面道歉并处罚责任者。

3.实行防共，取缔排日。

惟我方负责者声称，并未接受日方条件，同时外交部发言人亦于十二日发表谈话，略谓任何解决办法，未经中央政府核准，自属无效。又我方亦曾向日本提出反要求三条：

1.此次事件之责任应由日本负担。

2.日本向中国道歉。

3.日本赔偿中国所受损失，并保障将来不再发生同样事件。

双方所提出之条件，据事后情形观察，显未为各方所接受，因此自十一日以后，非但北平西面战争仍继续发生，而且战区亦形扩大。日本已向北平南面二十九军驻防地带进攻，经我军奋勇抵抗后，均已败退。惟日本现已决定扩大事态，由东三省方面调入大批关东军，准备大举进攻，乘机使华北变成满洲第二。天津至山海关铁路，因拒绝运输日本兵，已被日军完全占领，由南满铁路调用人员管理铁路运输。天津东、总二车站，已于十三日被日军占领。截至嘱笔时（十四日）为止，大规模战事虽未完全开始，但依照日方态度及军事调动观察，华北大战殆已不免矣。

二、我方态度

以上为华北前线之情形。至我中央政府态度，则以国策早已决定，故在庐山各党政要人，闻卢沟桥事变后多镇静自持。后以事态日趋严重，外交部长王宠惠即于九日首先飞回南京，其他各部会长官亦于十三日后陆续回京处理要务。我政府八日晨得悉卢沟桥事件，即于当时下午六时三十分由外交部派亚洲司科长董道宁，赴日本大使馆，提出口头抗议，略谓：据我方所得报告，此次事件之责任，不在我方，显系日军挑衅。本人奉命向贵使馆严重抗议，并声明保留一切合法要求。中日关系已至重要关头，不容再趋恶化，应请贵方立电华北驻屯军，立即制止一切军事行动，并令驻屯军代表，与冀察政委会所派人员速急根据正确事实，立谋和平解决，借免事态之扩大。日使馆参事日高信六郎，当即表示，日本对此次事件，无意扩大，深信不致恶化，并允将我方制止军事行动等要求，立即电知驻屯军云。

至九日，日本驻华大使馆参事日高信六郎，于下午四时半至外交部谒见陈介次长，初系谈其他中日问题，嗣经陈次长提出卢沟桥事件并声明除八日已派董科长向提抗议，保留我方对于该事件之一切合法要求外，特再郑重声明。日高谓，昨董科长所言已电陈外务省，今贵方复言及此，日方亦应保留对于该事件之一切要求。当复经陈次长声明此次事件责任，不在我方，日方所提保留，未便接受，旋复谈其他中日事项。至六时二十分，日高始兴辞而去。十日午后七时我国外交部复向日大使馆对于此次事件提出正式抗议，其内容如下：

（一）日本方面之正式谢罪与处罚负责人员。

（二）对于死伤之军民及轰毁之建筑物须赔偿损失。

（三）防止不祥事件之再发，并要求日本方面之今后保障云云。

十一日我国外交部陈介次长与日大使馆参事复有接洽，下午我外部发言人发表正式声明如下：

据所得报告，日军不遵照双方约定之停止军事行动办法，拒绝全部撤至指定地点，首则遗留部队二百余名于卢沟桥东北之五里店，继则调动大部军队千余人集结于卢沟桥东北三里许大瓦窑，于十日下午六时起，连续向我卢沟桥驻军猛烈进攻，同时并调集日本国内外大军，络绎向平津进发，意图作大规模之军事行动，而贯彻其最初目的。至是卢沟桥事件遂又趋于严重，其责任自应由日方负之。查此次事件发动于七日深夜，日军在卢沟桥非法演习时，声言演习兵士一名失踪，要求入城搜查，经我方拒绝，彼遂发炮攻城，致起冲突，其为日方有计划有作用之行动，至为显然。而卢沟桥原非条约所许外人可驻军演习之地，其行为之不合法，尤无疑义。我方除由卢沟桥驻军守土自卫奋勇抵抗外，一面并由外交部向日本使馆提出严重抗议，要求立即制止日军之军事行动，并声明保留一切合法要求；一面由地方当局与日军代表折冲，期事件之早日和平解决。我方维护和平苦心，可谓举世共见。差幸八日晚双方议定办法：（一）双方停止军事行动。（二）双方出动部队各回原防。（三）卢沟桥仍由我军驻守。方谓事件于此可告一段落，初不料所谓撤兵办法，竟系日兵缓兵之计，毫无和平解决之诚意。中国国策对外在于维护和平，对内在于生产建设，举凡中日间一切悬案，均愿本平等互惠之精神，以外交之方式，谋和平之解决。深盼日本立即制止军事行动，遵照前约，即日撤兵，并为避免将来冲突起见，切实制止非法之驻军与演习，庶使事态好转，收拾较易，否则一误再误，日方固无以自解其重责，远东之安宁，或将不免益趋于危险，恐尤非大局之福也。

十二日上午日大使馆参事日高偕陆军武官大城户、海军武官中原赴外部谒王部长，传达日政府重大决意，并商讨华北问题。据事后王部长发表谈话，谓双方会见，系关于对付现在之非常时局之方法，交换意见。我方希望根据互让精神，实行二军之撤退，停止战斗行为，及关内关东军之撤回。关于不扩大事件，本人与日高意见完全一致。此南京方面对日本抗议交涉之经过也。

至华北方面，冀察政委会委员长宋哲元氏于事发前回里扫墓，久留不归，追卢沟桥事件发生后，即回至天津，从事谈判及准备抗战，并于十二日发表书面谈话，原文云："此次卢沟桥发生事件，实属东亚之不幸，局部之冲突，能随时解决，尚属不幸中之大幸。东亚两大民族，即是中日两国，应事事从顺序上着想，不应自找苦恼。人类生于世界，皆应认清自己责任。余向主和平，爱护人群，决不愿以人类作无益社会之牺牲，合法合理，社会即可平安，能平即能和，不平决不能和。希望负责者，以东亚大局为重，若只知个人利益，则国家有兴有亡，兴亡之数，殊非尽为吾人所能逆料也。"

三、日本图谋扩大事件

至于日政府之态度，表面上虽表示不愿事变扩大，而实际上则调动大批军队入关，乘机攫取华北。当卢沟桥事件发生后，日本陆军部即于八日首先召集会议，九日又开阁议，决定对华态度，同时外务省又对驻日外报记者，发表谈话，言论非常荒谬。原文云：

日本帝国陆军派驻华北，系根据明治三十三年各国联军对于义和团事件之共同议定书第九条，及明治三十五年七月，日、华两国间对于天津日本驻军复活所交换之公文第四部条文。华北日驻军，并无地点与时间上之限制，得以实施演习。在上项规定之下，除实弹演习以外，凡属普通演习，亦无通告之必要。但历来在事实上，为避免住民之不安起见，我方仍于事前以好意先行通告。此次演习，虽照例未使用实弹，而仍加以通告。此种情形，非特限于日军，凡属在华驻有军队之其他各国，亦得举行同样之演习，事实上已屡见不鲜。而日军遭遇非法射击之龙王庙附近地点，在卢沟桥北面，人烟稀少，适于演习。自去年秋季以来，日军屡次在该处实施演习，当可谓为俨系日军之练兵场。又永定河岸，卢沟桥上下之地点，以西方高地为目标，屡次利用为靶子场。驻扎丰台之我军部队，近因检阅在迩，故在该处举行昼夜连续演习。本月七日午后十一时，此项日军遭遇非法射击之际，每兵准分配子弹一颗，作为非常之使用，且此项数量之实弹。除指挥官携带以外，实无子弹之准备，至于轻机关枪，仅携有子弹一箱，当然对于非法射击，不足应战。是以日军队长为应付紧急事态起见，要求丰台驻军来援，携带子弹及步枪，驶往出事地点，于是日军对抗华军之炮火，开始使用实弹乃在八日午前五时以后之情形也。中国方面称，日军进至卢沟桥之城内，但日军时常避免发生不祥事件，严加约束，尤其对于问题之部落，因华军步哨禁止日军入城，为避免发生纠纷起见，决不使之强行入内，早已成为习惯。且欲接近部队之城壁，必须经过沿河岸之铁道线路二条，所谓有兵士数名潜入城内，当属不可能，且于夜间潜入城内，而自冒危险，诸如此类之说法，尤为不合理云。

此次声明完全与事实不符，当于十一日由南京某著名法学家，予以驳复：

日外务省发言人对于日军在卢沟桥附近之军事演习，似以一九〇〇年十二月二十二日列强关于庚子事变联合照会中之第九条，及一九〇二年七月十五日中国与各国（日本在内）关于交还天津照会之第四款以为辩护之根据；实则该发言人殆已忘却该列强之联合照会，要求保持北京与海口之交通，系以各国占据若干彼此同意的地点为条件，而此项之同意，后即载入一九〇一年九月七日之所谓《辛丑条约》。计沿北京、奉天铁路共有十二地点。兹有特须注意者，即在此十二地点中，并无自二十四〔五〕年秋以来即为日军所占之丰台，更无位置在平汉铁路线上之卢沟桥，盖此在平汉线上之卢沟桥，固与北京至海口之交通绝无丝毫关系也。日本发言人殆似又忘却，交还天津照会之第四款所谓"田野演习，及来复枪实习，除实弹演习外，不必知照中国方面"云云。按照该项照会之规定，亦仅适用于驻在天津之军队，天津以外之其他十一地点之军队，即不适用。至若不在北平、奉天铁路线上之卢沟桥，自更不适用。且所谓田野演习及来复枪演习云云，自有限度，不能解释为如最近两年来日本悍然不顾中国之严重抗议所屡演之大规模的演习也。日本在卢沟桥之演习，不惟无法律根据，且亦有昧于适可而止之义。去岁九月十八日，既已非法派遣军队至丰台，压迫中国军队退出该地矣，则今日在卢沟桥方面，似亦应稍留余地，不以演习为掩护，而更予被〔彼〕处之中国军队以难堪。观于日军此次之行动，直益使人相信侵略者之行为，绝对无有止境而已。

但日本方面并不以此而结束战事，反谋扩大事件，于十一日先召开五相会议，后又召开全体阁议，决定重要方针及调动军队计划，奏报日皇。同时又任教育总监部本部长香月中将为华北日驻军司令，以代替卧病垂危之田代完〔皖〕一郎。此外关东军方面亦召开紧急会议，发表严重声明，调遣军队入关，揣测日方之意，非乘此机在华北造成第二"满洲国"不止也。

四、国际反响

至国际方面对此事之反响，似甚迟缓，因欧洲方面，西班牙局势颇为紧张，多无暇注意及远东纠纷也。美国《华盛顿邮报》首于十日刊载社论一篇，题为《玩火》，对于卢沟桥附近战事，所足以引起之局势有所论述。该文首谓：华北局势，苟听令关东军恣意在该处采取既往数年相同之策略，为患甚巨。此次冲突，中日军队，究系何方首先开衅，尚不明了，惟此点关系甚微。日本军队既往辄在中国军队驻扎各地点举行夜操，招致事端，已屡见不鲜。该报续谓：日本一星期前与苏联发生纠纷，今复向中国寻衅，足见日本军部之浮躁无定耳。日本在华北之活动，已使中国惴惴不安，日本时常举行之操演，将于何时转变为扩充日本控制华北范围之实际行动，尚不可悉，实则日本自占据满洲后，关东军已扩充其控制之范围矣。该报结论谓玩火究为危险之举动，而在火药库附近，其危险为尤甚云。

十一日苏联《真理报》评论云：

> 日本重在华北启衅，其用意乃在切断察哈尔与中国南部的交通，以便镇平该处的民众暴动，从而变察省为进击绥远的根据地。同时日本意欲扫灭中央对于华北的统治，压迫华北当局完全接受日方条件，以既成事实置于中央政府之前。卢沟桥事件为近卫内阁登台后第一次的中日冲突，亦显为日方"新"对华政策的直接实现。同时日方发动之日英谈判，亦为此次挑衅的成因之一。日方用意，盖认定挑衅如果成功，则不但其在华北的地位更加巩固，即日英谈判中日方所提出的划分中国为日英势力范围一事，亦将更易成功。然中国对日方侵略的抵抗，已使冲突暂时停顿，此点证明中国人民抗日情绪及抵御侵略的意志之高涨，但日方军阀决不因此而自承失败。正相反，其所采取的步骤证明更大的进攻实有可能。因此，吾人对于华北事件实应严加注意也。

法国巴黎社会党机关报《人民报》于十三日发表评论云："日本既欲解决地方事件，又以压力加诸中国，而欲强令该国中央政府，接受政治的需索。日本所图者，首为东北四省，顷为冀察两省，地点虽属不同，但其所抱之欲望，与所采之方式，则始终如一，并未有所变更"云。

至英国报刊，则至十三日始有评论发表。《伯明罕邮报》称，倘此种事变仅系意外事件者，则日本唯一挽救之方，可于不再侵入中国领土之中求得之，但倘此事并非偶然发生而属有计划之行动，欲借此作重行侵入华北之口实者，"则世界各文明国家，岂遂不发一言，以阻挠日本乎？""凡深切注意最近黑龙江中日俄之争执者，俱已无疑该事件之效果，已足使日本觉悟苏俄之可畏，并不如一般审慎和平之日本人士之所恐惧者。故此次日本在华北之前进，若认为系苏俄在满洲及蒙古却退之直接结果，亦非过甚之词也。"该报谓此事若英美等国欲阻止日本之采取致死之步骤，尚属可能，但阻止战争，必须急速图之始可云。《曼却斯德指导报》则谓：华北人民及二十九军全体，已俱在激昂慷慨之中，誓不再作不流血之失败。日本对于此种精神上之变更，已具敏锐之感觉，今此之急剧前进者，实亦因彼等深知若欲攫取华北必须于此时攫取之，否则将永无攫取之机会也。该报觉时局已达至严重之境地，决不能依赖调解之空想，或认为至多系华北之小举动而自宽慰云。

此上均为各国舆论之表示，至各国官场方面，则多持缄默态度。英相艾登曾于十二日在下议院中，答复议员对于华北事件之质问云：据根据一九〇一年（辛丑）条约，日本及其他列强得在华北某某若干地点驻兵，以维持与海上之交通。现日军总额约达七千名之众，现中日局势紧张，于英国利益及国际贸易上之可能反响，均已有充分之认识。艾氏继复于答复保守党议员泼鲁奇氏之质问时，曾称倘英日之谈判在伦敦进展，当然对于华北事变，日后尽有与日大使吉田讨论之机会，英政府所渴望者，非但目前之事应即加以解决，即中日两国间之种种困难，亦应加以解除也。（众欢呼）至此劳工党议员汉德桑当即建议谓，英政府应向日本大使提出对于日军在北平附近操演之异议，艾登答称：此等事件之原委，至为复杂，但彼深知下院之普遍志愿，即"吾人应竭力设法阻止事态之更恶化也"。众复欢呼。施〔旋〕有人质问外相，英国政府对于目前远东之危险局势，曾否考虑与美国磋商，外相答称：本人颇有此意云。

至于美国，国务卿赫尔曾于十二日分别照会驻美日本大使齐藤博士与中国大使王正廷，告以中日间之武装冲突，将为和平与世界进步之重大打击云。有人曾以美国将否以中立法案施诸中日，询请赫尔，当答称，中日事件尚未至必须采行此种步骤之阶段；赫尔又称，华盛顿海军公约虽已结束，然美政府以为同时缔结之其他条约，如《九国公约》等，至今仍有效力云。

《东方杂志》第34卷第15号，1937年8月1日

宋哲元通电军事委冯治安代理并报告平津抗战经过

【中央社保定四日电】宋哲元三日通电云：

南京国民政府主席林、军事委员会委员长蒋、各院长钧鉴，各都会、各省市政府、各总司令、各绥靖主任、各总指挥、各军长、各师旅长勋鉴，各团体、各报馆钧鉴：

哲元受命主持冀察军政以来，自维责任重大，日夜兢兢，原期为华北巩固主权，为中央掩护建设，是以对平津两地之保持，曾不稍遗余力，乃不幸我军事准备未完，兵力集结未毕，而日人已先发制我。自七月七日卢沟桥事变发生，我三十七师自卢沟桥以迄八宝山一带，与日抗战二十余日，我团长吉星文受伤不退，我兵伤亡在千名以上。至二十六日廊坊事变复起，我三十八师刘振三旅驻防该地，与敌抗战，屡进屡退者数次，官兵伤亡约五百余名，同时敌复向我广安门袭击，经我守兵击退。至二十七日，我通州（县）及团河驻军，均受敌压迫，伤亡亦甚众。至二十八日，敌以大量飞机、战车及各种机械化部队，分向我南苑、北苑、黄寺及沙河等处进犯，南苑为我军部与其各部队及三十八师三团，由副军长佟麟阁、师长赵登禹并力指挥，与敌激战终日。是役我官兵伤亡在二千名以上，副军长佟麟阁、师长赵登禹同以身殉国。北苑、黄寺一带驻军，为我石友三、阮玄武两部，伤亡亦在千名以上。至二十九日敌犯我天津，我三十八师驻津部队，与敌抗战两日，伤亡

亦千余名。综计各战役，我官兵伤亡五千余名，其余军需品损失无算。以上为本军此次作战之概要情形，固为敌人之蓄久计划，亦为哲元之处置失当，实应受国家严重处分。刻下二十九军军事已委冯师长治安代理，并已蒙中央照准。哲元近日以来精神不振，拟稍事休养，再图报国。诚恐国人不明真相，特此掬诚报告，伏希亮察。宋哲元叩。江。

上海《大公报》，1937年8月5日

秦德纯、石敬亭昨到京请训

【南京四日专电】秦德纯、石敬亭两氏到京，向中央报告平津战事经过，并请训示。秦等于四日午到京，定五日北返。

北平《益世报》，1937年8月5日

赵登禹、佟麟阁、冯洪国等烈士英勇殉国

日寇在平津一带猖獗进攻，我军人人有保土卫国之决心，冒着敌人的炮火，英勇抗战，给日寇以重大损失。据日寇同盟社讯，南苑一役，寇军即死伤四百余人。日寇军部亦公布，自七月二十七日至八月三日止，日寇在平津一带死伤共一千二百三十三名，其中有军官八十九名。但据各方观察，日寇死伤实还超此数。同时，因日寇早已包围平津，据险向我军进攻，并不断用飞机、大炮、机关枪、坦克等最新式利器，向我军及手无寸铁之居民轰击扫射，故我方损失尤为重大。

我二十九军在平津一带抗战阵亡和受伤将士之实数，虽尚无确定报告，但我军阵亡的不只有许许多多的士兵和下级军官；而且有身先士卒的的高级将领。二十八日，我二十九军第一百三十二师师长赵登禹将军及佟麟阁将军，都先后阵亡，捐躯报国！南苑之役，在日寇飞机大炮轰击之下，在南苑二十九军内开始受军训之男女学生千余人亦为国家独立、民族解放而洒了他们最后一滴鲜血。冯玉祥公子洪国，为学生军训的教官，率队抗敌，亦英勇牺牲。

冯洪国烈士，是中国共产主义青年团团员，曾往莫斯科学习，回国后根据中共和中共青年团的指示，从事于救国救民的革命工作，曾历任暑期学生军训教官，积极为武装民众准备抗战而奋斗。日寇进侵北方，烈士在南苑担任学生军训教官之职，身先士卒，英勇抗敌，竟以身殉，可谓烈矣！

赵登禹、佟麟阁两将军，冯洪国烈士、一切抗战阵亡将士以及殉国之学生民众，不只是我国历史上之民族烈士，而且是我国每个人都必须奋起救亡的模范。我们对于一切殉国的民族烈士，表示无限的痛悼！我全国同胞，必须大家奋起，踏着先烈的血迹前进，以全民族的力量，一致杀敌，坚持抗战，为死难烈士复仇，把中华民族从血泊中解放出来。

巴黎《救国时报》，1937年8月5日

国民政府褒扬佟麟阁、赵登禹令

1937年7月31日

陆军第二十九军副军长佟麟阁，陆军第一百三十二〈师〉师长赵登禹，精娴武略，久领师干，前于北伐、剿匪及喜峰口诸役，均能克敌制胜，懋著勋猷。此次在平应战，咸以捍卫国家保守疆土为职志，迭次冲锋，奋厉无前。论其忠勇，洵足发扬士气，表率戎行。不幸自陷重围，殁于战阵，追怀壮烈，痛悼良深。佟麟阁、赵登禹均着追赠陆军上将，并交行政院转行从优议恤，生平事迹，存备宣付史馆，以彰忠烈，而励来兹。此令！

谢汇东、田体仁等编：《全民抗战汇集》（初集），上海

民族书局1937年版，第80—81页

长辛店浴血搏战记

令人苦闷了好久的卢沟桥事件，终于给我们一个大的兴奋。七月二十八日早晨，记者正在保定，闻北平近郊已于二十七日夜发生战事，乃于是晨乘赴平之火车赶往视察。

平汉铁路，自所谓卢事"和平解决"后，曾经通了几天车。但是二十八日车站上的临时布告牌上，又写出了"客票只至长辛店"。火车误点开出，到长辛店已十二时半，沿途逢站均有停留，常见树荫深处，有我们的国军隐约前进。快到长辛店的时候，由火车的高处，又见到东边的高粱地里，走着第二十九军。他们一半人着军衣，一半着便服，沿着曲折的田地向永定河方面开去。全车的人，见到这一幅景像，均情不自禁的欢腾起来。

太原来的牺牲救国同盟、国民兵……等团体之代表二十余人，正在车站上。他们是随着夜间开来的货车到长辛店，预备经门头沟去北平，但是因为平郊战况激烈，未能即刻出发。其后又得当地驻防之戴守义旅长面示，说是我军已克复丰台，大井村一带之日军，亦已退却。这消息是上午十一时传出来的。他们——太原各代表即整理行装，于下午一时徒步赴门头沟，因为预料北平是不成问题了。

记者本拟赴平，惟既知丰台收复，乃留长辛店，以便就近前往视察。铁路沿线兵士守卫森严，一列铁甲车从大铁桥上往回开来，这是回长辛店去"加水"的。车上的兵士各个都显着一幅愉快的面色。随后又见许多兵士自前方下来，他们也大半是穿的便衣，颇有农民游击队的风味，每个人的脸上都浮着一个坚苦的表情。我向他们打招呼，他们用笑容来回答。问他们前方的情况，他们也只是笑。有几个人拿着日本军官用的指挥刀，问他们从那里得来的，他们也只是笑。总之，这是一种说不出来的愉快。

六点半钟，日方轰炸机四架飞来长辛店，并未掷弹，但在同时，宛平县城内遭到重大的破坏。又有二十余架飞机在西便门外我阵地施行密集轰炸。前方情势似有相当转变。

入夜九时,戴旅长亲往前方指挥,并派一连人偷袭沙岗子。沙岗子在卢沟桥东北,平汉铁桥之东南,距铁路线有一百余米达,只是一个小土山,但地势非常重要。以前中央军第二师驻防北平时,工兵营把这里修建成很坚固的工事,费了两万元经费。第二师调走之后,接防的部队未重视这个地方,然而确早已被日军所注目了。平常,他们就常到这里来演习,卢沟桥事变一发生,日军首先即占据此处。在战略上,这地方无异一个宛平城第二。二十八日早晨,我军虽已将大井村一带之日军击退,但是这座孤立的沙岗子里,还留有百余人及重炮、军火,简直对他没有办法。步队是没有方法冲锋,铁甲炮车的轰击,亦无济于事。

勇敢的一连人在夜色蒙眬中出发了,我们明知道此去必有相当损失。但是自己并没有什么救护的设备,只在临时,向警察局要去三十名民夫,为的去抬伤兵。抬伤兵的工具亦很缺乏,不知道这三十名毫无军事训练的民夫,在战场上将怎样执行他的职务。

偷营去的出发不久,一声震耳的大炮忽然响了,炮弹系由沙岗的日军阵地发出,落在长辛店车站。接连着第二声第三声……以后,每隔十分钟发两响,一直响到次日的天明。

二十九日晨,记者离长辛店赴门头沟,在街头正遇着吉星文团长自卢沟桥撤退回来,觉得很奇怪,问他们卢沟桥上有人接防否,他们也不答应。同时,在去门头沟的大道上,三十七师的队伍,亦由西苑方面退下来。据他们说二十八夜在北平附近还打了一夜仗,日军借坦克车攻击,战争非常激烈。

行出长辛店十余里,遇到从门头沟返回的旅客,据说北平门头沟之交通亦断,好像一切情形均与二十八日在长辛店所闻者大为相异。返平企图既不能达,记者乃折回长辛店。

回到长辛店,恰为早晨七时,站上员工都躲在一个地洞口中,知日军飞机飞临轰炸。过了两分钟沉重的飞机声从东面响过来,数目不多,只有两架。记者避在一个房檐下面,敌机在头上打旋,忽然引擎的响声停了一下,飞机好像落了来。但落下来的确是一个炸弹,距离我二十米达远的一座民房破坏了。我沿着墙根走,离开这一个危险地带。不多时候,两架飞机就飞走了。长辛店车站上,冷清清的一辆客车也没有,记者只好沿铁路徒步南下。吉星文团退下来的队伍,络绎不断的陪伴着我。他们到了离长辛店二十里路的南岗洼集合,样子很疲倦。团长也随着队伍一同走,大家在这里休息。到南岗洼后约十分钟,一队飞机又来了,先是九架,见他们盘旋在长辛店的上空,一升一降的抛着炸弹。轰轰的响声,这里还听得很真。接着,六架重轰炸机往南岗洼飞来了,无疑的,目标是向着吉团来的。机关枪连正在集合训话,一时散开不及,几个炸弹落了下来,随着又是机关枪扫射,我们受到相当损失。飞机盘旋了很久,投弹五十余枚,并且飞得很低。我们没有高射的武器,只得被敌人任情的屠杀。高粱地也是避飞机的去处,无奈因为人数过多,并且二十九军完全穿的是灰色服装，对于绿色的高粱地也不很合适，更何况敌人能够飞得这样低呢？当时的情形实在惨不忍睹。

记者以接近军队，危险性较大，乃离南岗洼继续南行二十里，至良乡，车站正停着一列军用火车。这列车从前方节节后退，自然是为了避开飞机的眼线。但是第二天，当它避到保定来的时候，结果还是被炸毁了。日本飞机怎么这样清楚的知道这是军用火车呢？这自然是汉奸活动的力量了。

记者在良乡未久留，即再徒步前行，又二十里，至窦店车站。时已下午三时，站长告记者，已有客车一列自长辛店开来。等了好久，从老远的铁路线的尽头处，一座雄壮的机车直奔而来。他带来了长辛店的全体路员，不只是全列车里都装满了人，连车顶上，机车头上也都立了许多逃亡者。长辛店现在是一片空地了，路员的家属早已有数十列专车离长辛店，只剩下这一部分负有职务的人，也于这次列车全体退出来。他们述说长辛店被炸的惨状，令人听着不忍入耳。问他们二十九军都退到什么地方去了？他们说没有见到。的确，这也是个谜。二十九军忽然从防线上撤退之后，就见不到他们的踪影了。这决不是败退，这好像是一个有计划的神秘行动。伟大的民族解放战争，或许会有一个战略上的转变吧。

上海《大公报》，1937年8月7日

卢沟桥事变和平津抗战中的二十九军[①]

关于七月七日的经过，中央社北平通讯有极详尽的报告，转录如下：

（1）启事远因　二十九军自去年被日军无理压逼撤出丰台后，即在宛平县永定河岸驻防，城内外驻三十七师冯治安部步兵一营另三连。其地去北平三十余里，去丰台七里，去卢沟桥约三里，以位于平汉、平绥、北宁三路交叉中心，颇据形势。驻丰台日军尝因该地冯师驻在，竟一再要求当局撤退该地驻军及将长辛店让出，我方当即拒绝。去冬日方为求扩大丰台兵营增加驻军计，乃拟在卢沟桥、长辛店、宛平县三地间置一军事堡垒，以为丰台驻军犄角，而便于监视我方宛平、永定河驻军。后因民众反对，纷请当局交涉制止，未容日方如愿以偿，然日方无时不在梦想此事之现实也。

（2）冲突口实　最近一周，丰台日驻军嘉田、市木两大队骑步兵，逐日在卢沟桥附近演习示威，我驻军悉隐忍不较。七日晚，嘉田部队一中队复于卢沟桥演习夜战既毕，点名，发觉缺少斥堠骑兵一名。据日方事后声称，彼时忽闻宛平县城内枪声一响，即借此为口实，谓宛平城内驻军，向日兵射击，其失踪之兵士，当系被我方击毙，于是要求入城搜查。我驻军以时在午夜，居民皆已入睡，恐一遭惊扰，治安必紊，予以拒绝。驻平日军特务机

---

① 标题为编者所加。——编者

关长松井，根据嘉田之报告，以电话通知秦德纯，要求饬令宛平县开城，秦亦以前项理由答复。嗣松井复以电话告秦，谓如不许日军入城，即武装卫护队伍入内。同时宛平县驻军及专员公署，亦以电话向秦报告，云日军增加至四五百名，对宛平县城取包围攻势，盼速交涉制止。秦乃通知松井，要求彼方速派员协助冀察会中人驶往调查劝阻。松井乃派其副机关长寺平，驻平步兵第一联队长牟田口，协同冀察会军事顾问日人樱井、宛平专员王冷斋、冀察外委会参议林耕宇、冀察交通委会参议孙〔周〕永业等，乘汽车前往肇事地点。

（3）大举围攻　寺平到后，竟抛却其调查使命，代嘉田仍申前项要求。正争持间，突然东门发现枪声，西门则起炮声，并杂以机关枪声。我守军初时尚力持镇静，后见对方压迫渐紧，炮火渐密，遂奋起抵抗。双方对抗至九时许，枪炮声始稀，我驻卢沟桥附近龙王庙军约一排，不及撤退，为日军所乘而缴械。冲突略停后，我方检查死伤共二十余人，日方则死伤小队长以下十余人。此际平津双方当局，均已得悉，互以电话接洽，各饬自方队伍，停止攻击，惟日军则散兵线卧倒于永定河岸丛林内，取待机之势。牟田口则要求我宛平驻军立即退出，永定河岸军队，亦须撤退，我则不允。至十一时半谈判仍无结果，冲突乃再起，但未几即停止，仍继行谈洽。日方要求如前，惟已声明失踪之兵士，业已返队，对二十九军射杀其士卒一点，作罢不谈，只认二十九军有抗日行为，必须撤退。我则坚持须日军回返原防，以后再谈其他，谈判终归决裂。午后三时，复发生冲突，三时半再停，牟田口即于此时致通牒于王冷斋，及宛平城内驻军，限晚六时退出，否则大举进攻，我未之睬。迄六时，日方无甚动静，八时左右，枪炮声复作，其后情况不明。闻张自忠已于晚七时乘汽车赴肇事地调查，拟设法阻止事态之扩大。

（4）日军增援　驻津日军司令部得报后，八日晨六时，即召集紧急会议，因田代卧病，由桥本代为主席，邀集干部将校商讨。旋派第二课长和知、参谋安达，乘汽车赴平，协同松井与秦德纯交涉，同时日步兵三百余，乘载重汽车驰往宛平增援，复有轻重兵五十余，则于午后一时许索北宁专车一列，押运大批械弹开丰台转运前方。其后尚拟续派军队前往，向北宁路索车，该局予以拒绝。局长陈觉生并传令各路员，在此情况下，不能为日方拨车，故迄八日夜，驻津日军，无续开出者。现丰台共驻日军千余人，通州千余人，北平八百余，我驻平、通、卢沟桥、长辛店军队，则约两旅三团。日军旅团长河边，顷在丰台，联队长牟田口则在宛平城外。此种对峙局面与冲突，入夜似已转剧，驻津日军部，午夜尚在海光寺集议中。

卢沟桥事变发生之后，华北烽火高张，伟大的中华民族的抗战揭开了它的第一幕。宛平城的驻军当局为事变开始的初头，便坚决表示愿与卢沟桥共存亡，并且说："和平固所愿，但日军要求我军撤出卢沟桥，则有死守而已，卢沟桥可为吾人之坟墓。"华军士气之激昂，牺牲决心之坚强，可见一般。当时守军团长吉星文，率领全团士兵，沉着应战，誓为保全祖国此一块土而与日军相周旋；而全团士兵，亦愿以鲜艳之热血洒于国土之上；华军抗战情绪之昂扬，已使侵略者遭受一当头打击。

八日晚间，中日两军曾发生激烈的冲突，吉星文团长就在这一役中为民族的自卫战争而第一个挂了彩，足见当时战事之激烈，与华军作战之奋勇。吉将军是一个青年的军人，他有健全的灵魂与丰富的爱国情绪，他知道要求生存唯有抗战；就是说，民族的生存必须是以流血换取的。正因为他有如此坚定的意志，所以他才能临危不怯，躬冒锋镝，指挥作战，虽然他是不幸的受了微伤，但他的血决不是白流的。他将使敌人知道侵略中国决不是一件容易的事，他将使中国男儿艰苦卓绝的精神表露于世界，他更将使整个的中华魂复活。因之，我们对于这一个为民族抗战而第一个流血的青年军官，以及他部下的许多无名英雄，当致无限之敬意。

然而经过这一次冲突之后，由于双方交涉的结果，吉团是含泪的退出了宛平城，而由石友三的保安队接防。但是，一方面是相约撤兵，而另一方面则日军源源增援，由宛平城至卢沟桥间布成四道防线，对华军采取大包围的形势。从天津，从关外，日军是一列车一列车地开赴指定地点待命，显然地，日军这种举动，目的是在扩大事态，而企图达到他们所预期的目的。十日下午，日军便开始对宛平城加以包围，向守军猛烈攻击，大炮、步枪、机枪，集中轰击，愈战愈烈。华方守军在猛烈的火网之中，沉着应战，情绪异常兴奋。日方的援军是源源地向前线输送，从十日下午五时至十一日晨一时三刻，战事非常激烈。当时日军的指挥者为河边旅团长，司令部设丰台，日军在前线的兵力约二千余名，驻在华北的全部兵力亦仅一万名。另一方面撤往永定河右岸之华军，亦与日军隔河相击。激战结果，日军终被击退，卢沟桥仍在华军手中。

日军虽遭受巨创，而更激烈的战事，则将在此后展开。关东军因日军首次进攻，即受顿挫，故急调援军入关参加作战，关外日机亦抵津准备助战。十一日拂晓，日军分三路向八宝山、卢沟桥、宛平县城猛扑，至晚战事更烈。十二日晨起，日军更进一步的以重兵向北平南郊进犯，双方发生冲突，肉搏至烈；日方的新式武器及飞机均参加作战。此为卢沟桥事变发生后最严重的冲突。北平城内。枪炮声清晰可闻；平静的一座古城，立刻便变成现代的战场了。

战事既一天天在扩大，全局形势也随着日趋恶化。日军便决定以三师团兵力侵略华北，除原有华北驻屯军及关东军外，还由国内抽调两师团兵力，由朝鲜配备五十列车，陆续运华，另有三师团则开至朝鲜待命，而驻朝鲜等地之日本后备队，亦已奉令准备，同时大批军用品亦陆续运津。（按：此次开华日军为第五、第六、〈第十〉第十二、第十六五个师团,人数达十万人。)又据另一消息,日政府拟动员四十万人,向中国作大规模之侵略。但是,在这个时候,中日双方却在天津举行所谓和平谈判。这一谈判,不过是日方的缓兵之计,乃是一般人都能意料的。事实证明我们这一个推断并没有错误,在谈判尚在进行中,日军便积极布置,完成包围宛平的形势,开始向宛平进攻;大井村日军亦向华军阵地开炮轰击,并借口华军击伤其将校,扬言将于二十日正午开始积极行动。在这种情形之下,大战的必然爆发,乃是无可置疑的。果然,日军于二十日侵晨起至晚间止,开始全线向华军攻击,宛平城、卢沟桥、平郊,都发生激烈的战事。这一次的战事,显然是日军有计划的进攻,而不能说是偶然的冲突了。英勇的吉星文团长,移驻卢沟桥后,因指挥作战,在这一役中又受了伤,战事直至二十一日晨始见沉寂。大局到这时为止,还是忽张忽驰,双方经一度剧战后,又相约撤兵,而事实上,则日军不但未撤,反而源源开向前线增援,军火亦不断向前线输送,掘战壕,布防线,显然在准备更大的战争的开始。

华北局势继续演变,使中日关系临到了最后关头。日本华北驻屯军司令官香月,以最后通牒着北平特务机关长松井大佐,于二十六日午后三时半,面交与第二十九军军长宋哲元。其内容如下:"查二十五日夜间,因贵军非法攻击我军派往廊坊守护通信交通兵之一部分,致两军发生冲突,不胜遗憾。至惹起此种事态,当系贵军对于实行协定仍无诚意,而挑战态度亦未和缓之故。倘贵军仍有意不欲扩大事态,则应迅速将驻卢沟桥及八宝山附近之第三十七师,促其于二十七日正午以前退至长辛店;又将北平城内之第三十七师与西苑之该师部队,同时退往平汉路以北区域,至本月二十八日正午为止,须迁至永定河以西之地带,嗣后仍须将此项军队,运往保定方面。倘上述各节,不能见诸事实,则认为贵军无诚意,我军处于不得已,当即采取独自之行动。届时发生之事态,当然应由贵军负责者也。此致第二十九军军长宋哲元。昭和十二年七月二十六日,华北驻屯军司令官香月清司谨启。"

香月的最后通牒,充分地表现了侵略者的野心,所谓廊坊事件,也完全是日方挑衅的举动。在二十五日下午五时,天津开抵廊坊的日军声称修理电话线,拟下车进站。华方驻军第三十八师张自忠部旅长刘振山劝阻无效,即将车站占据,双方形成对峙状态。二十六日晨零时三十分,日军用机关枪向华方扫射。华方以未奉命令,虽伤亡十余名,亦未还击。日军步步进逼,且以钢甲车冲锋,华军于二时半被迫应战。于是日方即增援千余人,并有飞机、大炮助战,至十时华军伤亡千余人,情形极惨。下午一时许,华军渐向廊坊西北方集中。津市自得廊坊冲突消息后,人心极为恐慌。另一方面,卢沟桥与大井村的形势,极端紧张。平郊日军,且于二十六日晚七时强行入城,与华军发生巷战,致顿入战时状态。全城电灯熄灭,商店停业,交通阻断,居民纷向东交民巷搬家。风雨满城,草木皆兵,数千年来中国的文化政治中心之北平,开始遭受到暴风雨之袭击了。

二十七日起，北平四郊，均发生激战。宋哲元于二十七日下午五时答复日方的通牒，对一切无理要求，均予拒绝。且认为时局已濒最后关头，和平殆已绝望。二十七日起即拒绝日方一切无理要求，准备为中国国家民族而抗战，故宋哲元即下令二十九军，开始抵抗，而大战即由此发生。

二十八日华方官报公布，宋哲元令全线总攻击，先后收复廊坊、丰台、卢沟桥。通州方面，反攻亦获胜利，消息传布全国，朝野欢腾。天津西站及大沽，中日双方亦有激战。

捷讯传来不久，北方大局忽又起重大变化，时局的动荡，真是出人预料。为了平绥线沙河保安队的附敌，宋哲元、秦德纯，在二十九日晨三时率部抵保定。中国数千〔百〕年来政治与文化中心之故都，遂告失守。当宋哲元离平时，手谕张自忠就平市市长兼冀察政务会代理委员长。天津市长则委副师长李文田。张就任平市长后，大开城门，撤除警备，且与松井商日兵开入问题。市内即有地方维持会等组织出现。在这时，一部分人虽是无耻地投降，但大部分的军队，以及北平的市民都是信任着中国的国民政府，全城忧郁和悲惨，每个有人心的中国人都掉下了泪。北平西郊仍是有战事。河北省主席冯治安将军在卢沟桥指挥作战。北苑一带的驻军，由阮玄武率往南口集中，一百三十二师师长赵登禹将军与二十九军副军长兼军官教育团教育长佟麟阁将军于二十八（日）晚在南苑率部血战，同时阵亡。佟、赵两将军为北平沦亡而死难，已尽了他们军人报国卫土的天责，他们的精神，是千古不灭的。他们是华方高级军官最好的表率，可以起懦立顽，可以惊动天地。

北平，中华民国的文化都城，辉煌灿烂的旧京，有说不尽的壮严、圣洁和伟大；它有着华贵的殿庭宫室，有着美丽的山林苑囿，还有着千百年积聚下的典章文物，还有着泱泱大国之风的百万市民。如今啊！让黑暗笼罩着一切。

驻津日军，于二十九日早晨出动，图占津市，与华方保安队发生激战。该处临时总指挥李文田，副指挥刘家鸾等即通电全国，表示喋血抗战，义无反顾，誓与津市共存亡。天津战事以二十九日最烈，入晚则是休止状态。惟日机全日均甚活跃，到处猛烈轰炸，津市精华殆付一炬，市民遭难者达二千人。在此战役中，中国北方一个有名的最高学府南开大学，也遭受浩劫。学校精华的秀山堂与图书馆，在日机轰炸目标之下，完全成为灰烬。日机如此不顾国际公法，对中国最高学府滥施轰炸，显然是企图破坏中国文化，用心真够恶毒。南开大学的被炸，不仅将引起中国人士的愤慨与同仇敌忾之心，更将为全世界人士所责难。其破坏国际公法，不顾人道正义的罪恶，狡诡的日人，虽百辞也是不能掩饰的。

津市的抗战经过了一昼夜，到三十日晨二时后，也发生了与北平同样的急变。市府秘书马彦翀与张自忠有密切联络，为变化的最大原因。晨六时，四郊枪声不闻，四千警察，都奉令解除武装。驻军不愿投降，退静海一带，天津也就在几乎没有战争中失陷了。

白水编：《中国的抗战》第1集附录，《密勒氏评论报》1938年版

四、私人日记

徐永昌日记

敖凯　整理

一九三七年

七月七日　　早，审阅今秋徐州野操□定及江阴要塞炮位等。

今日室中过九十度，湿热甚。

蒋铭三来谈渠往西安行营代顾墨三事，并谈关于四川整军问题。

子范来谈久之，渠晚车仍如沪。

晚，偕西等看电影。

午间与孝翁谈，今日温饱子弟与学生皆不愿当兵，惟穷人愿当兵，穷人稍温饱亦不当兵。是全中国人不愿当兵，虽使强征来，亦正如叶肇师长所述，以非出志愿，毫无战斗力。如此国家，尚侈言抗日，直以羊倩虎耳。是知教育不改革，必至亡国而后已。

今日发牯岭一函，余条陈改革教育也。

八日　　关于四川整军，余主坚持对于东北军之进一步的要求，亦仍须努力也。宋明轩之乡居，是因日本人之直接压迫也。因日本人反宋拥张（自忠），张有些活动。

早悉，日驻屯军一部在卢沟桥演习，有意向冯治安部寻衅。昨夜以来，日军向拱极城攻击，我官兵已伤亡数十，但未还击，亦未容其冲进防地，现尚对峙中。

关于新疆事，蒋先生回电同意，请物色代表人选。

五时半，刘副主任电话，卢沟桥事件现已用正当防卫手段向敌还击矣。缘我已伤亡至八十余人，敌仍进击不已。

牯岭来电话时，适余在十二号。归时，接熊哲民电话云：牯岭电话云，已令宋所指挥之军队全部动员准备，以防事态之扩大，同时中央军之增援华北，应为相当准备云云。

八时许到会，开准备增援华北之会议。

九时四十分，电话询北平，悉日人已向衙门口方向撤去。敌伤亡官三、士兵二十余，我伤亡八九十人。日方提出要求我卢沟不驻兵，已拒绝之。日间由通县开来日兵三百余，要求进朝阳门，我军拒绝之，乃向丰台转去。又闻有唐克车二十余辆，由天津向北平驶进中。

昨夜以来，攻我拱极城之日人，约步兵一营、炮四门、机枪八挺。我守城兵一营，后增至一团，唯尚未展开。

今午前后九十度，傍晚尚八十五六度，无风。

九日　牯岭七时半电话：一、令二十六路孙连仲部向石庄、保定集中，庞炳勋、高桂滋两部向石庄集中。二、我军应全部准备动员，各地皆令戒严，并准备宣战手续。又，孙、庞、高开动外，令二十一、二十五两师候调等。

十时到会。今日室内达九十三度。叶、李、李来谈与岳军交恶经过。

十一时半，由哲民转来北平电话，卢沟桥现在正式停战，事态不至扩大云云。

午后，函牯岭，为拟收紧四川整军办法，或调某某部至苏皖，俾便使用。

傍晚，君实电话，悉北平让步，将拱极城冯治安部换以保安队驻扎，或谓此保安队为石友三所率云云。觉冀察诸人只一快活心、坐〔做〕官心便气馁了须〔许〕多，且狂日真要扩大，我固无所使其弱也。

为十二号装电话事，使余不快久之。

今晚九时尚九十度。

十日　今日室中九十四五度。

午前德总顾问来会，渠明日赴庐。又为抗议卢沟桥事件□王亮畴电话。

近日，某君拟作京沪卫戍司令，必欲加"长官"两字；某君剿匪，必要"督办"名义，今限期两过而匪不清。

上海棉纱投机案，盛七及某某皆某副院长之攫钞使者。世界有知识者亦多好权利，然未有中国人之甚，尤其是中国人好权而不思作事，好利而谋非其道。如某君以主席并兼行营副主任，原说志在整顿地方，不过需要指挥队伍，今则要组公署，月必经费两万，此时恐已忘了整顿地方。某夫人偕陈波儿，日坐法院，要求释放某名流。余谓何不代吃观音土的川民呼吁其裁军。

日本军队轰击卢沟桥一昼夜，我兵死伤以百计，已和平结局，而平当局要求中央军不可开过彰德。余与西语：如此国家，不忍坐视，出而任事，中计而已，洁身隐退乃上计也。

十一日　昨夜无微风，一宿在热汗中，至晨仍九十度。

早起闻王亮畴曾来，十时访之外部，亦不遇。归时，占戡来。余近日话又多。余诚燥人也。

昨夜六时许，日人又向我卢沟桥轰，我守兵亦应之。君实曾话云：这次日军增至步兵千余、炮二十余门、机枪三十余架，志在占有拱极城、长辛店。

午后四时半，北平电话，日人有和平表示。

忆去年在太原，看见一张日俄战时日本高级军官会议留影，觉彼时日军服装军容，较我国今日之军容有过之无不及，亦我国比日落后之一大证据也。

十二日　昨日以来，日人时而表示和平，商议双方撤兵，时而败信来攻。其攻击范围亦已扩出卢沟桥附近，已达永定门之某处，系缓兵待援模样。明轩已到津。

早到会，袁绩熙副厅长来，请决定江阴南岸十五公分炮位（决定西山）。

十一时，何敬之电话，卢沟桥和平解决方案，又较有具体开展。

三时，回看张文白。

九时，访何敬之家，唐、程、曹、熊、刘、林等皆来，商备战各方案。此时所得北平电话：日人仍在四处滋扰，关外开进三五列兵车，已过津。

哲民明日往保迎晤明轩，述中央决心"守土抗战"，并询视情况。

此间亦似盼望和平，尤盼能和平至六个月后（此为最小限度，因彼时各要塞新炮大部可以装成），但对于明轩之表示，却又嫌其不蛮狠（明轩发表之书面谈话，余以为大体上很不错，敬之不以为然）。明轩不之保而留津，必在谋和平也。此可以测明轩，可以测时局。

闻日之第五、第十两师团已在准备上船。又，朝鲜之第二十师团亦向我开动，天津日侨义勇军已发给枪械。

十三日　午前所得情况一如昨日，恐我人希望者十之六七不能得到。此间对防空似漫不经意，一亦怪事。

午间经芷青家，少谈。

三时，偕西等走陵园，在魏宅息坐久之。

九时，仍会于何宅，各方情况□概如昨。孙连仲部先头已到石。研究战斗序列久之（在什么时候也有争官的）。蒋先生电，商十日内能否开国防会议。

昨去电催吟等由平绥路早回并，今日回电，谓元明考贝满中学可否迟数日再归，真不解事者。昨晚天骤凉爽，今日八十度。傍晚降至七十六度。

十四日　早到会，接阎先生电，谓桐轩归并，悉明轩对此次事变态度极为坚决云云。当复以香月之来，恐益将恶化，以渠为二二六日〈事〉变之有力分子也。闻东京主勿扩大，特其少壮派在做反面工作。以我国国防论，能再忍半年实较有利，惟日军人或不容许，而中国自身亦不容许，奈何？

午后与何敬之一函，论和平仍须努力求之。

吕汗〔汉〕群来，稍坐。

蒋先生电，拟在石庄设行营，请余任主任，曹、熊两次长择一任参谋长。余谓稍嫌早，按此实较布置军队之刺激性大也。

九时，会于何宅。余谓对于布置自当积极，对于和平亦不可置之度外，且须与明轩协调进行, 否则明轩孤行己意, 于大局前途殊不利也。

日人由关外开进兵车前后已达十三列。今日, 日唐克车三四列在平郊四处滋扰(兵车十五列)。

何敬之平日办事都好, 愈有事愈为琐事, 每晚蹀躞, 于说电话亦费一二小时, 又随时阅看文件(不尽紧要), 说话听话都在匆匆。蒋先生下唯一重要人物乃竟如此。

十五日　早接阎先生电, 一谓冀察中心约分和战两派, 一谓我军集中部队务求迅速, 以期眼下不吃亏, 藉易善后。

昨夜散会在一时以后, 今日疲乏甚。到会, 与高子英、陈崇岳各一函。

午后, 偕西等看电影(《乞丐皇帝》)。

九时, 何宅开会, 除分配高射炮, 无甚事。

昨今两日最高为八十一二度, 最低为七十六度。

十六日　昨闻日陆相发表谈话云: 中国如同儿童所弄之轻气球, 不值一击。

此间美使馆某武官语何敬之云: 中国现在是有些骄气, 与日本开战一两月内或能得个小胜, 以后恐怕是支持不了, 要知日本是准备了三十四年, 中国军备才有几天。

我每架高射枪炮只有子弹二三千粒, 所以预想开战后, 第一期之不支者当系飞机及高射枪炮子弹。注意! 注意!

早开常会, 十一时举行会报。

日人仍在一面进兵, 一面表示愿和平, 并说中国由抗日变为侮日。

午后, 电阎先生, 请为和平运动。

子范由沪归, 谈话激昂, 谓各方咸认宋明轩卖国换地位, 余与辩白久之。

陈口空家眷由平来, 述北平情形。

九时, 会于何宅。熊哲民电话云, 明轩询问三事: 一、孙连仲部竟住民房, 二、闻第十师要到保定, 三、中央将有指挥官来河北。哲明〔民〕径答以并无二、三两事(第十师现驻彰德)。此余曩日所谓, 他要够成一个国家, 他就顾他的国家。

截至十五日, 到津之日兵车已达二十列(路局息)。又日本本国已动员第五、六、十、十二、十六等五个师团来华(外部息)。日原有十七师, "九一八"后增约八师(七师两旅), 满洲似驻有七个师, 其增加之八师并无新番号, 如第六师已开满洲, 其国内即招集一第六预备师。

过去整个准备迟缓而不够, 即现在之布置亦复平平, 今日惟尽力于逼宋, 以为不应与日谈判或直言丧权, 其实未见得。

今日室内最高八十二度。

十七日　早到会，九时开防空会议（因人民防空毫无设施）。

午后，子范、林一来，三时方去。

阎先生电述桐轩去津情形，谓明轩对日决不屈服，惟对中央隔阂颇深云云。

午后，西偕陈太太往看电影。余整理日记久之。

今日天较热，八十三至八十五度。

九时会于何宅。

日方放出尚可和平之空气，并令其大使馆武官（大城户一）代表军部正式见敬之，请尊重"何梅协定"，并盼中日两国军部能继续谅解（意在请我将入冀军队调回）。我空军比日尚不足一比三，而此不足一之数在今日为最劣，明年一月至六月为最佳（因现在之飞机前年来飞〔者〕已旧，去年来者已损故也）。明轩态度闻经李显堂之解释，对中央隔阂略减（哲民电话）。

举国皆注意，怕宋屈服于日势下，其他皆不甚措意，真是怪事。这也是宋的本领，也是宋的可怜，其实全国人更可怜。余以为，只要有苏俄，有中国共产党，有中国青年学者，除了殷汝耕等毫无心肝者外，还怕哪个不抗？我们自然是要抗日，特是苏俄怕日对他，怕中国消灭了共党，设计刺激，引中日先做对，使无备而弱病，对中国不得不战。余谓全国人更可怜者，此也。

十八日　外国电影无论何种作品，其对于爱国、勇敢、信义等人格是百变不离其宗，俄国对于劳作主义方面尤为尽致。反观中国出品，多数是一群狗打架，知识堕落一至于此，令人不寒而栗。

南京运砖瓦、运煤土一皆用载重汽车，包工者为快，而用主不计价高、线路。习尚已成，虽贫民用物，亦不能不用高脚价运来之贵物，所以情如盗贼之富者是不计一切，中户也因无营业，也因用度大则渐渐不支，下户只好为乞丐。

义和团与中国共产党似皆有些邪气，正如奉军及国民二军。当国民二军之盛时，其蛮狠无理诚有出人意料者，虽一个幼年兵亦敢犯第三军之一列兵车。即其衰也，刘雪亚以数千人可缴岳西峰十万大军之械。此非义和团而似过去之德国、今日之日本？其邪气小大有分而已。

早间陈树荣、楚晴波、吴霖来。

十一时之十二号，一小时归。午后王韶贤来。

三时，伯聪来谈，蒋先生对日举动有些投机性，余亦云然，所以日人滋扰以来，迄未对蒋先生有所建议。当烦其转告王亮畴，在能容忍的情势下，总向和平途径为上计，我军备至低限度尚须半年乃至一年。余之所以请其勿忘和平者，缘今日每个中国人都有些受了学者青年的麻醉。（青年学者受了共产党的麻醉，中国共产党是受了俄国的麻醉。）

明轩电话告哲民云，战事恐难避免，请准备第二步云云，并已派张维藩到保，商作战方式等。

我炮兵第七团列车及三十二军兵车又七十二次客车，今日在石庄以南彰德以北先后遭日飞机之扫射，共伤亡六七十人。

此间日本侨民已移沪。

卢沟桥及平东一带无大变动，惟日炮又无故射半小时，我死警察一、伤十余（在宛平城东北角）。

九时，会于何宅，程、唐未到，待半小时，听无关大旨之情报，约三刻而散（情报之大部，明早报纸即登出。余主印散大家自看，有时间尽可商讨他事，迄不能）。

今日湿热甚，八十八度，傍晚大雨，降至八十三度。

日本国及鲜、满军队仍在源源运来中。

十九日　早到会，无甚事。午后悉吟等已离开大同，经嵊回并，以及大同、嵊县扫墓情事。

汤恩伯电云，宋哲元已与日妥协签字。宋电云，今日到平，昨与香月作普通晤面，未谈任何。又派张自忠到某某处与日人作道歉之寒暄。宋乘车至津市，二十四号桥突发生炸弹，幸人车均无恙。宛平城东大井村一带炮兵及障碍物均撤去。又造家村机场日守兵撤去，大部队照旧（此冯治安报告）。

日军仍系源源西来，我孙连仲两师已有八列到保定之于庄，其余在运送中。庞更陈师前头已过藁城（向沧州前进）。高桂滋部将到大同（暂驻此）。已令商启予之四团进驻石庄。

九时，仍会于何宅。据云，喜多来见何，系一种类似警告语意，请中国最好先撤回入河北军队，停止空军动员，否则战不能免。日已有备忘录到外部：一、中国挑战言论之取缔，一、不可妨地方之妥协云云。敬之主张应谋和平，请余电蒋先生，或请余与程颂云往庐。

今日五时以前，最热到八十八九度。六时以后，虽八十三度，但颇凉爽。

晚霞之娇艳奇丽，为从来所未见。（十二号临近清凉山，晚霞尤增美妙。西谓：回太原后筑一平台，以有看霞机会。不知此江南所特有也，北方安能及此，万一即有，亦希少甚。）

晚会时，林蔚文主先构德州、石庄阵地，盖防宋明轩灰色或不决时敌已南来之准备。余谓，最小限先构沧保阵地，一以沧保正开始构筑工事中，更加强，不为示弱，一以维系驻保宋、万军，徐图进展，否则沧、保有从而灰色之虑。

二十日　早到会，闻蒋先生今日归。十一时开会，鹰屋总顾问条陈颇多，最要为绥兵入察，除开保定线之各师外，更开四师到沧州，由济南至徐州留置四师，以备津浦线与胶济线，再置四师于保定以南云云。其余主张亦多有类此者。又有主重兵置于陇海线，以为津浦、平汗〔汉〕可相机使用。唐孟潇以为，我后方虽有两条铁路，因统制能力及飞机关系，恐不如敌之津奉一条铁路运输力强。

罗科长主宋如灰色，日军必来攻保、沧，否则中央军应进入平津，协宋以攻敌，我优势之攻击也。又有主张各处集结，对较弱之敌即攻击而消灭之，不必取固守姿势。又有主太原及陇海之徐、郑及南京宜配大兵团等等。

日来劳累甚，三四时以后，胸疼不已。

蒋先生六时许归，八时半会于官舍。余论对日如能容忍，总以努力容忍为是。盖大战一开，无论有无第三国加入，对日最好的结果是两败俱伤。但其后日本工业国容易恢复，我则反是，实有分崩不可收拾之危险。曷若借日鞭策，以为图强之运用。德国以强以战而遭列强之压迫，以忍以不战而得今日之缓兵，是皆在吾人之努力如何耳。

九时半，仍会于何宅。今日午后二时许，日炮击宛平城二百数十发，伤亡军兵二三十。日仍系海陆进兵（青岛附近到日舰十六艘），平郊一带仍有小冲突，平津仍谈和平。以上情况报告，十一时散。

今日热，最高八十九度，最低八十四度。

平津日军约两万余人，"忍"是难过的事，注意！注意！

弱国即是愚国（愚是至弱）。

二十一日　早到会，午间致蒋先生一函，约如昨日所谈。我陇海路军队，连云港至徐州系税警团约一师及第一军之一师，开封附近系杨渠统帅（不甚得用），郑州驻第三军之两师，洛阳驻一百六十六部师，潼潼〔关〕驻军二师（以上共七师）。与刘副主任研究沧保工事有无改正之处，如有，立电哲民协商改正之。余主筑卢沟桥、永定河至霸县工事，使平、保得以联络应战。

嘱刘君实，设法救正何宅报告情况之废时误事。

四时许，回十二号。西热甚，乃至感冒。

今晨北京方面和平极进步，午后二十九军后撤至田村一带，另以保安队陈希贤旅接防云云。

九时会于何宅，悉日军尚未撤，保安队在监视下亦未能接防。

日间九十三度，傍晚即八十二度。

二十一年上海战，日人死伤二三百人，我军死伤九千人（何敬之报告，我军之逃失者，或亦报其阵亡）。调整师每连一百五六十人，余以为在我国之官与兵似嫌人数太多，最好在有遇战机会前，选精锐前进，其余三五十人预备补充可矣。好射手持自动枪，每显露一次发五枪，其命中可算极大，对坏兵之五支枪五人显露，此其死伤相较可以数字计也。

余主中央接鲁北防，使向方全部用于胶东，非万不得已不就淮河阵地，以进取攻击姿势，不令日军登陆为原则。

二十二日　早八时，蒋先生约晤于官舍，陈〔程〕颂云、熊天乙〔翼〕继来。

十时到会，举行会报。午后一时稍睡，四时在蒋先生官舍举行会报。六时归十二号，拟一致蒋先生函，以代谈话。

日间九十二度，临睡八十六度。

卢沟桥日军微撤，二十九军之撤下者有若干，又渐渐回到原阵地。

二十三日　早九时半到蒋先生官舍，程颂云、熊天乙〔翼〕、张岳军、邵力子皆来。蒋先生出明轩电，其与日方商洽中之条件：一、二十九军向日军道歉，二、卢沟桥附近不驻二十九军换以保安队，三、取缔蓝衣社与共党等。中央如认可，请批示。岳军谓，第三条闻之日方尚有细则数条云云，应询明轩，究竟有无其事。余主不询。蒋先生当复明轩一电，大意略谓：和战中央与地方一致，所有条件中央当为负责。惟第三条不要再与订有细则，以免自范活动云云。熊哲民已到平。

午后子范来云，昨日方由沪归。二时半，往首都看何竞武。五时，蒋先生约晤谈，接朝鲜釜山报告，日人拼命运输军队来华，此其不怀善意明甚。吾人应积极赶做沧保工事，并促庞、孙、商等军速即着手。又，关于情报亦有所规定，关于石庄行营即行筹备，余力辞该处职任，当决定先派要员前往主持。

七时半，到伯聪宅，萧辑亭等数人先在，老郑亦来。饭后谈一小时。十时到何宅。卢沟桥日军仍未撤。

日间九十四度，入夜八十八度（夜十二时半方睡）。

二十四日　早间蒋先生约晤，关于芦霸斜阵地有所商讨，当函明轩，又决定派林蔚文先往石庄。日人积极进兵，吾人亦努力备战。余语蒋先生，勿忘忍是一件很难挨的事，对俄人可虑之阴谋，举十三年事以证明之。我国之弱非弱，愚也。中共亦愚者，俄令其打中国政府，彼即打中国政府；俄令其抗日，彼即抗日。美其名曰中共，与俄共有何分别。

十时到会。午后四时，蒋先生约晤，谓日人已大举侵华，预料一星期内必有大问题来寻，吾人准备务于一星期内完成云云，并手令若干条，当即诣会办理。

七时半，在陈雪屏家晚饭，有邵力子、熊天乙〔翼〕等。九时半，会于何宅。日本重汽车五千辆（一说两万辆）向华运送陆海空军，仍源源向华运送中。张文白因守地工事大发牢骚。十一时，上海电话，日陆战队因一军士失踪（谓系华人击毙，用汽车载走），已布步哨到非租界地，唐克车出动，我方看情形即作相当应付。

明轩对于日人条件已签字，但截至现在，日军在卢沟桥迄未撤去，平汉通车虽平安，而日人在卢沟桥竟施以检查。许大使电称，日军部对其政府及皇室将见专权成功云云。又其机械化军队大部开动来华。

昭等又皆感冒，西尚未完全愈也。

日间九十四度，夜八十五度。

敬之忠实小心，办事细微，唯好听琐碎情报，废〔费〕时误事不少。

二十五日　　早间祥征来略谈。

上海事昨夜十二时后入于相安。十一时到会，与刘先生商情报之切实办法。我情报太泛，多有不负责之新闻意味，且轻重缓急皆不分，无编列，无取舍，以昨日最后之驻日某总领事报告为最有价值。据云，日本本国留五个师团，朝鲜留一个师团（十九师），其余皆动员来华，计为三、四、五、六、十四、二十、七等师团，又驻伪满为一、九、十六三个师团。空军之向华出动者为第三、四、五三联队，其空军司令官十六日已首途云云。除此以外，日前仅判断津平日军约两万人。此外，日人之上船来华者有数，究到何地登〈陆〉则不悉，或谓有在大连上陆者，用于何方，此时不得而知，但到大连有多少亦不知。敬之家日日报告情况，其结果如此（前昨两日皆十二时方散，日来睡眠总感不足）。驻日武官有如虚设，参部亦无特别办法，苦哉！

午后四时，寻晤冯先生（渠住和平门外八里许之小庄），为渠函关于宋明轩质问中央此次对日是否如长城抗战云云，当将向河北动员情形告之。冯先生嘱托转委员长事：一、甘、宁、青必有可靠国军驻守，同时调甘、宁、青地方军协同抗日，最好用于热、察、绥。二、调四川大部出川参加抗日。三、明轩处须有关系者常常来往，并痛快的补给其军械（冯先生热心爱国，可敬，惜责人明而对己昏耳）。

七时，往钱慕尹家晚饭，陈武鸣请（冷食）。饭时，熊哲民电话云，明轩观察恐战事不能免，请渠偕廿九军张参谋长来京，商作战准备云云。熊天乙〔翼〕云，许大使来电，日政府已训令其驻华军队对芦桥事不得扩大。此电昨晚到，所以上海昨晚事得未发作，且日海军武官并对俞代市长出示其政府电报云云。

蒋雨岩谈，日本经济完全操之三井、三菱等十数家大资本者，社会一切为之操纵，如农家已感到多种不如少种，因粮食产下为资本者收买，很难得到善值，但同时所需之日用品又不能不出高价购买，农民痛恶资本家已达极点。军人从小即受此印象之支配，今不顾一切为其国家闯祸，以冀得到战时状态，借以打倒资本者云云。（此日本社〈会〉不平问题，日军人今日行动恐大多数未必为此也。）

九时许归，与西坐日下乘凉至十一时。日间九十二度，晚间八十三四。

哲明〔民〕电话（晚饭时）：卢沟桥日军未撤，不过彼此皆向后移动若干远而已。

二十六日　早八时，钱慕尹电话：昨晚日兵数百进袭廊房，今晨日机亦往廊房轰炸，现在对峙中。同时日机数架在南苑轰炸。

九时到会，熊天翼来讨论长期作战之决心。

明轩宥辰电：有晚日军数百袭廊房，今晨飞机亦往轰炸，现在对峙中（南苑轰炸事不确）。西安行营电：红二十八、二十九军征发骡马，准备开往华北抗日。

早阅昨晚送来情报，第十一号中有天津二十五日电，日驻屯军现拟威迫宋哲元实行下四件：（一）除三十八师外，其他驻冀二十九军均移驻保定以南；（二）为芦变事件增加日军驻平津协防，以监视冀察当局之彻底取缔抗日及实行防共；（三）免戈定远、张吉墉职；（四）允许日方在平津线附近建筑三个补助飞机场。

廿九军驻廊坊之一团，战至今午，撤至黄村。

九时会于何宅。熊哲民由平保归，报告：八日及十日，二十九军原拟反攻，临时受敌缓兵狡计。明轩起初主张没是〔事〕，中间曾一度为汉奸包围，现拟请中央增与四师，即向平津以东出击。现在平津等处日军约一万五千左右，二十九军则刘汝明师在张家口一带，赵登宇（禹）、冯治安及石友三（四团）、阮玄武（两三团）等部北京附近，惟张自忠部驻天津、马厂一带，日军士气并不甚旺云云。

香月今日通牒明轩，限二十七日令三十七师退过永定河西岸。

晚七时许，日军几百人骗进广安门一半，与我守军冲突甚烈。十一时半，情报总判断：日军在平津一带者不过两师，在热河、冀东者不过三师，现在之滋扰仍系少壮派之独立活动，非其政府策动之攻击。作战组拟将孙、万、庞、高七师推进至良乡、固安、马厂之线，取进攻准备。石庄及其以南之军队，陆续向沧保线前进。十二时一刻散。

二十七日　早八时到会，何、程、唐、陈已先到，偕晤蒋先生。情报组（？）、作战组（徐培根、刘君实）报告昨定意见后，蒋先生并征求大家意见，最后决定：一面巩固沧保线，一面速向德石线集中大军，并在沧石线构筑预备阵地，令明轩固守北平。同时令孙连仲两师北进，受明轩指挥，使平津与沧保线不至中断。

午前，明轩电：日人向通州廿九军之一营压迫，现在激战甚烈。明轩又电，决固守北平云云。

李家钰、邓锡侯、杨森、孙震四军代表来见，述刘甫澄未必遵令缩编云云。（刘应缩编为六十二团，彼李、刘等五军共缩为五十一团。）

午后四时半，蒋先生约谈，仍组石庄行营，余偕熊哲民明日先往保定。盖敌在北平四郊到处轰炸，随处攻击，明轩电谓，渠不易离平，请中央速派大员莅保指挥。余坚持不要名义，只往保定协商明轩，相机处理一切。

九时会于何宅，十一时半归。

昭三日来烧至三十八九度，每一二日时泄一次，痛甚。

二十八日　早十时，会于蒋先生官舍。此时接北平电话，日人对于南苑、汤山、西苑皆在攻击中，并以一部占我沙河，截断平绥线。我军采育之部反攻入廊房，卢沟桥之部反攻入丰台。余再辞行营主任名义。（得许可，先令林蔚文组织，暂不发表。）

午饭在蒋先生官舍，有孝侯、哲民及张樾亭。

四时许，蒋先生约谈冯先生，拟北上督师问题。

上海日水兵宫琦失踪事本无结果，顷遇陈果夫、王亮畴云，该宫琦已在江阴对岸捞上，尚未淹毙，外部正在问话中。（落水三日，未淹死。）

九时会于何宅，悉：除丰台车站或似我军占领，其余廊房攻入后放弃，其北平四郊仍在激战中，南苑已放弃。又所谓通州占领、南苑获飞机六七架云云等，完全宣传。据孙仿鲁电话，丰台之占领亦无其事，明轩似已离平。

话多易于失态，于午前所见，益证实。

敬之云：战时我军最小限每月需子弹八千万，但国厂只出一千三百万（尚得不为敌破坏）。

二十九日　六时子范来云：据确闻，二十九军已占廊房等处，得飞机六架、装甲车若干辆，缴日军械若干，当告以全属空谈。渠谓：公安局令人民放鞭庆祝，因之到处狂欢云云。

七时许到机场，哲民先到（何竞武同行），七时半起飞。过江后行二三十分钟，见云海，诚大自然之奇观也。九时三刻到郑，钱墨林来，谓二十九军离平，宋已到保，北平留张自忠负责云云，并谓此间人民尚有放鞭庆祝平津胜利者。

余等暂息于陇海铁路局。午后一时许，戈定远、刘建群到，谓前夜离平时（二十七夜），明轩亲对戈、刘云，有渠在平坐镇，再来赵师几团，当可守三个月云云。

二时十数分上平汉车。过顺德时，启予来车。过石庄时，林蔚文来车。

在郑时，曾万钟军长、赵寿山师长来。赵云：孙蔚如除赵之十七师外，尚有李兴中师及三个整备旅。

秦绍文出走，易以张自忠。陈希文出走，易以潘某。

马纯六工兵团长云：曾之第三军，长于山地战。

哲民云：明轩二十五号尚要求孙仿鲁军撤出河北省云云。

一自汉卿加入开战主张，凡激烈青年、腐化官僚、将死老人几于打成一片。其见解之浅浮、偏激、执拗、诞妄，较之义和团时代并不进步。最奇是阎先生亦力主抗战。从前（二十年、二十一年间常谈）谓，中国经不起日本几点钟攻击云云，此时完全否认，极端认为民气可使，迨气数使然欤？是真科学时代所不应有之怪现象也。今日者，抗战之幕开矣，且看其过程如何。

三十日　早七时抵保，万寿山、冯仰之、秦绍文、孙仿鲁、陈希文等诸友咸来，同往公园（此时敌侦察机适来）宋明轩处。据云，二十九军在南苑损失太大，佟副军长阵亡，赵师长受重伤，下落不明。平津随处皆遭攻击，不得已令张自忠代理冀察政委会委员长兼平市长，留赵师两团及阮玄武二团维持平市秩序，现在退出之各部劳苦过甚，即时不好应战，必予以十数日之休养。并谓，指挥他部（指万、庞两军）亦颇不易，其自己即往任丘收容三十八师及赵师之大部，尔后二十九军只能担任任丘、河间中间地区，其平汉、津浦须他部或中央军负责云云。语时神情极为遑遑而疑惧特甚。十二时左右，敌机十余架，轰炸此间车站及附近铁路，伤者不计外，死二十余人，并将孙仿鲁军之三十一师弹药车两辆炸着，爆炸约半小时以上。

午后一时，致中央一电，报告前方情况。六时许，条陈中央一电：（一）二十九军虽有损失，但整理一星期后仍可应战；（二）拟令明轩先担任平汉方面，以渠一再声称不负全责，津浦方面可令启予或卫立煌；（三）已令孙连仲派一部在琉璃河及其以北掩护。

冀察先不要中央军来，后嫌来的慢，先不要中央在冀南做工，自己在平津也不做工，今以吃了不做工的亏，但仍极言做工之无用。

傍晚，在万寿山处略坐，困甚，即偕李显堂往西关招待处。沿途见人民不安状况，益增旧游之感。

今日两电至夜十时以后才发出（因电杆被炸），大略情形由哲民以电话由钱慕尹转达。

孙部在琉璃河之掩护部队，因前后命令之参差与军心不甚安定，遂于傍晚撤回徐水。当主催孙仿鲁速回布防并赶做工事。雷季尚人甚可爱，热心尤可敬。

三十一日　早间由电话条陈中央，即详细调整沧保线占领地段及指挥统系。（最重要为孙部移至平汉线上，以其担任前方掩护也。又拟令八十五师担任沧州正面，以免人论中央专消耗北方军队也。）

午前悉，孙部之一营到窦店时，敌已在南岗崖构筑工事，其警戒兵五六百，在良乡并有唐克车数辆云云。（昨早与北平尚能通电话，悉北平安静如恒，长辛店等处尚无敌踪。惜明轩退军不留自己兵，也不派他部，徐水以北无负掩护责者。）

雷季尚君云：南苑并未正式作战，只是敌人飞机轰炸，敌炮在丰台附近向之轰击，另以一小部向之奇袭，我军无工事、无准备，慌乱中之损失而已。

午间张樾亭、雷季尚来，知二十九军方有司令部组织。李文田代三十八师师长职务，已将该大部带至马厂、大城一带，一百三十二师（赵师）在固安、任丘一带。

晚与庞电话，询沧州工事。遵中央电，与宋、秦电话，商刘汝明暂归阎主任指挥，使察绥打成一片。（先有作难之意，后乃允许，开汤恩伯军入察，刘子亮颇不同意，蒋先生强之方得行。）

秦绍文云：殷汝耕被反正之张庆余保安队撤走时一并带回（恐未必确实）。

昨夜雨至今日夜未停。（晚饭在万寿山处，饭时，万等对于前线配备问题颇有争论。）

昨日仿鲁云：明轩到时，尚电话张自忠与日折冲，渠完全负责。

八月一日 昨早条陈之沧保线军队配备，今早得复，除指挥区未定外，大致无出入。

早饭时，马团长来，哲民与规定工事办法。

午间往公园，冯治安等变卦，谓：宋意三十七师已往高阳、任丘，与一百三十二师、三十八师集结，平汉铁路西，请另派他部替代云云。表示极其坚决。当立电南京，请以万部代三十七师（万昨日要求愿往铁路西）。

石友三来谓，所部六千在涞水一带整理。郑大章亦到，所部骑兵在涿州、固安之线。

二时许归招待处，略睡。五时，偕哲民游凤池，复在街市散步久之。七时许归，仿鲁、汉章来谈久之。

今日天晴，颇热。敌侦察机来四五次。

夜十二时，与钱慕尹电话，悉五号开国防会议，阎先生明日到京。

二日 晨二时方睡，九时半起。刘惠仓由京来。电中央两件。

午后四时到公园，偕仿鲁、桐轩（昨由太原来）往莲池乘凉，七时归。万寿山来稍坐。十时，哲民南下飞京。

惠仓云，某某等不了解作战。余谓：由于不了解作人。既不能令，又不受命。此辈存，国家不存。

三日 午后五时许，此间救国某某会代表四人来见，两位系中学校长，请求答复者四项，有两三项幼稚的可怜。智识阶级之领导者智识如此，国家安得不弱。

约冯仰之来商二十九军之使用区域及宋明轩指挥津浦线问题，结果是由马厂至雄县工事可以负责做，惟于津浦正面如能开几师中央军来，则指挥不成问题。

某代表云：平、津、保任敌飞机轰炸，中央飞机何以不来？我们对当局的信仰可以说由百度降到零度。而带兵者在平时得自由增兵、购械，在战时得随意拒绝命令。然两者初心尚未离开爱国，此犹不幸中之幸也。

雷季尚曾云，此时平津敌人不过两万。余意其企图不外欲扩大察、绥、保、大之伪组织而已，我苟坚固察绥及永定河右岸，进而监视平津，旷日愈久，我工事愈坚，必令敌稍尽其凶焰，使我兵认识其能力，然后方可寻隙进击。雷云，敌必先向察绥。余谓敌人寻弱以逞，无所谓先后也。

四日   晨二时上车，三时方开。木闷子车，小而且坏，为余第一次所经。八时许到石，果然无人知觉，寓正大饭店。西等昨晚十一时到。到正太路二十五号官房，刘经扶及鹰屋德人总顾问已先到，蔚文亦在，与谈久之。午后二时，方归寓。耿幼麟来。

西极不愿余即走，然又不便留石。夜十二时上车，天适小雨。

五日   早七时许到保，万寿山先来，冯仰之偕张樾亭参谋长继来。张极希万接雄县、文安段工事，然对文安以东工事又不愿完全负责。我国人只长了一个取巧偷懒心。

午后睡约三小时。六时许，刘经扶偕鹰屋总顾问由石来，即在此晚饭。

经扶、鹰屋主即由平汉线进攻，长电陈请于蒋先生，要余署名，允之（缘该电既已发出）。

昨夜雨颇大，今日时小时大，入夜未停。今日电话、电报皆不通。

六日   早八时半，鹰屋来谈其由平汉进攻理由。万寿山适来，蒋先生电速万军到雄县、文安线，限七日完工，文安以东仍二十九军，但不及指挥问题耳。

午后四时许，刘经扶来。五时到省府晚饭，六时经扶上车诣京，八时京电令其留保云云。

冯仰之、陈希文、孙仿鲁、闻朴庭七时来谈，至十一时方去，所谈多十九年事。

闻汤恩伯军已到南口、延庆，高桂滋师已到龙关、赤城。余以为刘非不抗日者，刘既不愿汤入察，尽可任之。彼有法缓敌更好，否则待其急而救之，岂不省力。蒋先生误矣。（中央军援地方军是两个当两个用，中央军待地方军援是两个当一个用。）

七日   昨夜仍有雨，天亮方晴。刘经扶车行至某处，因桥被雨不通，今日午后三时方未到石。（此间到米万包，因阴雨且发酸，昨晚急发军队六千五百包。又万、孙工事被雨坏者亦不少。）

二十九军张参谋长云：文安至马厂工事完成无期，以三十八师一部尚能略做工，其余不能成连,如何能做工。但闻朴庭云:除刘汝明军退察外,此地到津南之廿九军需八万人给养。未闻军队退下已到四五日,五六万人不能集合成连,此欺人语也。上下一致规避,不做工为不打仗也,为保存实力也,然与保存国家相去益远。中央如能独立存此国家,他能容忍你这种力量么?他不能存此国家你能独存么?越不愿作战,越扩充其实力(如宋为孙殿英、石友三成军)。你不听中央命令,他们将来能听你命令么?不过似此诸子又皆衷心爱国,而行为如此,是真其愚不可及也者矣。

今日午前事极繁,余测验脑力,尚不弱于十五年前(午前事务之繁,有如民十一直奉后前预备战时)。

潼关之第二师亦调动,似嫌调整师调出太多。

中央已任命林彪为一百十五师师长、贺龙为一百二十师师长、刘伯承为一百二十九师师长。陈春荣云,前日周小舟来此宣传抗日,住四五日方去。周小舟乃周恩来之侄云。陈春荣十时半来拜谒,竟坐至十二时方去。此真恶作剧矣,然中国人之无知识亦可概见。

今日傍晚徒步诣锦生丘墓,周览久之。生死睽隔,果如哲民所云另有境界耶,余固冀其有也。

八日　昨夜又雨,以过劳失眠,八时方兴。十时会运输王专员及蔚文派来查工人员等。

据陈春荣云,二十九军在河北之约三十五团以上,在察哈尔不及二十团,共十一二万人。按明轩由陕渡晋,不过一万四五千,利用萧振瀛之走动,以监视山西为名,得扩张至两三万人(孔庸之之力)。自二十三年秋主冀察以来,不及二年,乃竟扩张至今数。过去中央免其察哈尔主席职,诚汪、何之咎,然冀、察、平、津之大权又无一非中央所授与,彼意终怏怏者果何谓也。

陈希文云,北平某期军训学生三千四百人,抗日情绪至为激烈,明轩令其各报志愿"上前线"或"后方服务",结果报上前线者不及三十人,报后方服务者一百二三十人。

昨闻驻汉口日侨及武装兵士等皆离汉回国,日租界由中国官厅接管。今日若干报纸宣布文中,颇流露得意表示。

半月来报纸上对日批评辄谓,将予打击者以打击(已看见此种文法三四次),其浅陋浮嚣之心曲,徒令人作恶而已。

午后,万寿山来谈久之。(中央电谓,有高文斌者,受日使来运动万叛变。余以为不必置念。)

《徐永昌日记》,(台北)中研院近代史研究所1990年影印,第四册,第72—97页

王世杰日记

7月15日

近日事杂，复因行政院于暑期移牯岭办公，兼办学校教职员训练，遂致笔记又搁置垂一月。殊自恨无恒。

余于六月卅日离京，七月一日抵牯。时正召集全国中等学校校长、训育主任及各县教育局长、科长等计千余人，在牯岭山中新筑之"传习学舍"开始受训。余于七月四日为讲国防教育计画。蒋院长旋亦出席讲演数次。此种训练，于军事训练及诸种劳作与升旗、降旗诸事甚重视，意在使参加之人，受刻苦耐劳与整齐严肃之训练。惟时间甚短，而担任讲演者之言论又往往偏急或幼稚，其影响究竟如何，殊属疑问。

七月七日晚，日军攻击卢沟桥及宛平县驻军（第二十九军之一部），显系挑衅；且北平方面事前已有日军行将发动之种种风说，故至少此事必为日方驻屯军一部分军人之预定计画，且必为日方中央〔国〕驻屯军军部所预悉之举动。

七月八日，蒋院长在牯岭接报告后，即决定动员中央直辖部队六师，北上赴援。七月九日，蒋曾将此种措置在海会寺对受训学员宣告。但自九日至十二日，中央动员之部队仍仅受令开至河南边境。

七月十二日，蒋院长一方面因日军之大部动员，一则因冯玉祥、胡适诸人之进言（是日行政院〈会〉议在牯岭蒋院长宅举行，余亦力主为"切实有效之动员"），决然命令中央停驻河南边境之动员部队（孙连仲所统率），迅即开赴保定，盖已毅然不复顾虑所谓"何梅协定"之任何束缚矣。

七月十三日，外长王亮畴接蒋电话，知中央军已开入河北，甚慌急；因十一日日使馆参赞日高曾奉日外部训令，一再向我外部声明，中央如动员，"日方必下最大决心"。余当告以此事不必再讨论其利害，因中央军开赴河北，已成事实；且即就利害言，如中央遥视华北之沦陷而不救，或坐视华北当局接受丧失主权的条件而不预为之地，则对内对外中央均将不保。惟为避免刺激日本一般国民起见，外部不必向日方提出无效泄气之抗议或要求，而应将日方动员及攻击卢沟桥、北平等处之事实尽量发表。

七月十四日，余意政府应付北方对日军事局势，一面应为充分军事准备，一方似宜非正式的倩英、德调停；曾密嘱杭立武君以私人资格，向英国使馆作此表示，一面并促外部训示郭泰祺等大使。

本日（七月十五日）下午，英大使许阁森自北带〔戴〕河乘军舰赶回南京，立向王亮畴提出调解之意见，并询中国是否愿意事态扩大。王以电话询蒋院长意。蒋告以中国绝对的只谋自卫，不愿扩大，并愿接受英方斡旋。英使提议自十七日起，双方停止增军；并陆续撤兵至七月七日以前之地点，恢复七月七日以前之状态。英使拟将其意见一面电东京英国大使，向日方密洽。

7月16日

今日行政院谈话会中，余力主政府应从早决定未来方针：如日方攻击廿九军，中央军加入作战后，中央究竟仍认战事为局部冲突（如"九一八"及"一·二八"时情形）；抑认中日已入普通战争状态，而宣告中日国交断绝。此点关系至大，当经指定外、军两部及行政院专家迅速考虑，并电询蒋院长意。

7月17日

日使馆武官某，于今日自持一通告，往递军政部何部长。意谓中央军队如违反民国廿四年夏间梅津与何部长间之了解（即所谓"何梅协定"，但该通告未用协定字样）而遣送军队及空军入河北时，日方将采取断然处置，其责应由中国负之云云。盖彼已知中央军到达河北境内。

英使以日方无接受第三国调停之意，向我外部表示不能进行调解；仍劝中国直接再向日方提议双方撤退军队至原驻地。

7月18日

日昨日代办日高于深夜向外部递一备忘录，要求（一）中国停止挑战之言动；（二）不妨碍日方与冀察地方当局商定解决办法之实行。

今日上午，日飞机以机关枪在顺德附近射击平汉路客车，盖即表示防止中央军之入河北。

宋哲元至今日始由津电知中央代表熊斌（时在保定），请中央备战。

今日上下午，行政院各部长均在外交部部长宿舍，商答复日高备忘录，及日武官致何之通告。

日使馆人言，日方解决卢沟事件之条件，为（一）中国道歉；（二）宛平不驻军，只驻保安队；（三）防共及禁止排日；（四）处罚中国方面对卢沟事件之负责当局。

7月19日

日使馆武官喜多今日见何部长敬之，一则责中央军北上为违反廿四年夏间之"何梅了解"，一则谓中央政府倘坚持须日军先撤退，始撤回中央已入河北之军，或继行动员空军，则战事必不可免。何部长答以廿四年夏间之了解，只是五十二师及第二十五师之撤退，与日后其他军队之调动无关。喜多则不承认此种解释。

王亮畴及外部人，对于日高前日所提之要求（见十七日所提之备忘录），颇倾向为相当之迁让，因派高宗武赴牯；但行政院同人，除何敬之再三以战争为虑，倾向退让（如谓廿九军冯治安军队不妨南调至保定）外，其余则均谓战争恐非如此退让所可避免，且政府立场如不明白坚定，对内亦殊可虑。李宗仁今日已电蒋院长，请速定抵抗大计。

宋哲元今日自津返平。据铁道部报告，宋动身时，平津线上某桥上曾有一炸弹爆发，未伤人，当系日人所为。

7月20日

日驻屯军于昨日在津发通告，谓华军复有射击日军之事，日军自本日（廿日）午，即采"自由行动"。午后二时以后，卢沟桥、丰台方面，日军均向华军攻击。激烈战事，或即从此开始。（所谓华军射击日军，纯系捏词。）

庐山谈话会（汪、蒋所召集，以大学校长、教授为主）第一期，于今日完毕。

蒋院长自牯飞抵南京。行前对卢沟事件曾发宣言，已见本日各报。

7月21日

宋哲元倾向与日方妥协，张自忠和之。日方所忌者为廿九军之冯治安部队（即驻卢沟、北平一带之第卅七师）。事变初起时，中央曾电嘱宋宜驻保定，勿往天津，以免为日军所围胁，宋不听。其对人言辄云，作民族英雄是易事，但不能不为国家利害打算（此其对钱新之所言）。自日昨日军大攻击，彼即应允日方要求，将冯治安军队撤调他处，并电嘱中央军之到达保定者勿作阵地，以刺激日人。

本日中政会开会时，蒋院长虽已返京，未出席；或即因宋哲元撤兵消息到京之故。当本月十三日行政院在牯岭蒋宅集议时，予即以（一）中央应切实充分动员，（二）一面勿以言语或外交文书刺激日本，（三）尽力握住宋哲元等，使不违反中央意旨而与日方解决。蒋云最难者就是第三点。足见宋之动作，原在蒋院长顾虑之中。

7月22日

宋哲元实行撤调冯治安军队，由日本派员监视。日兵则迄未撤动。一般人似以为此事或将因是了结，实则日军与中央派赴保定军队之敌对，今后将益严重化。

7月23日

本日晚约由牯岭参加谈话会经由首都返校之诸校长、教授商谈，被邀者大半为平津各校人员。予所表示，为平津教育界意志与行动今后益宜一致，并宜与地方军政当局不断接触，庶几地方当局重视教界态度，共同致力于统一与国权之拥护。

7月24日

今晨与北平大学徐校长诵明谈该校续聘陈启修、白鹏飞续聘事。徐云已续聘，但本年度陈请假一年，白请假半年。

军政部何部长言，我方准备应战，尚须两月时间，否则极难持久，故时间要素，在我方亦极重要。蒋院长在牯岭时亦如此说。

7月25日

是日嘱托杭君立武向英使许阁森言，对九国相互咨询之办法，可否采取较严重之形式，使日政府增加顾虑。英使似以为不可能。

近一月来，予每日午后工作完时，即归家与小孩们在园中打排球约二三十分钟，于健康似有不少益处。近半年来未患肠胃病。至于血压，在五月间检验虽约近一百五十度（但检验似不正确），日前（六月下旬）检验则只一百卅八。

7月26日

日方一方面似在停止增调军队，有将华北事件收束之意；一方面则又在廊坊车站与中国军队冲突，以飞机轰炸中国驻该地之军队（张自忠之队伍，即廿九军之卅八师）。自各种情报观之，东京政府或不思扩大冲突，而日本驻华军队则相反。于此可见日本政府于其军队确无充分把握之力。事势之演变，系于其中下级军官之活动者甚大。

7月27日

日前宋哲元电告中央，谓十九日所接收日方之条件为：（一）道歉；（二）撤退宛平、卢沟桥之卅七师而代以保安队；（三）防共与取缔排日。有无细目，电文未言及。自日昨日方以飞机十余架前后轰炸廊坊中国军队，宋又来电谓战争恐仍不可免，请中央速派庞炳勋军队往援。（实则庞军已抵沧州多日，宋尚不知，足见其毫无防御之布置。）

据财部徐次长言，战事发生后，蒋院长告以须于原有军费外（每月约六千万元），每月增一万万元。

据何敬之报告，中央已动员之军队，计达全部军额之半。

7月28日

日军于前日向宋哲元致所谓"最后通牒"，要求北平及其近郊之廿九军一律尽本日午前撤退。宋拒绝。于是日军向北平附近之南苑等处，以大炮及飞机轰炸。我军曾一度于今晨夺回廊坊、丰台，但旋又被迫退却。南苑之军队受飞机重轰，死伤甚众。宋哲元遂于晚间离平赴保定，北平有由宋交张自忠主持之风说，仅余军队四团，几成空城。

7月29日

北平之退却，外间固深愤宋哲元事前无防御准备，临事复乏牺牲决心。亦有多人责备中央，谓中央军北上已多日，何以未加入作战。今晚余面询蒋院长，彼云直至廿六日，宋犹托熊斌（中央派驻保定与宋接洽之代表）坚阻中央军由保定前进，以免刺激日人。

本日蒋两次召集行政院及军委会各长官，一则商作战新方略，一则商量发表对内对外宣言。对内宣言,仍代宋负责。宋有消极意,意欲解职归田(孙连仲自保定来之报告)。

天津方面,廿九军第卅八师,攻日飞机场及其所占车站甚激烈。

7月30日

日军在天津作战之首日(廿九日),即以飞机、燃弹及重炮轰炸南开大学,今日复恐其不能全毁,持汽油往该校放火续烧。于此足见日方毫不惜为现代文明之敌。余于今晨往中央饭店(京)慰问张校长伯苓,并声明事平后政府必负责恢复该校。

在津攻击日方之廿〔卅〕八师及李文田保安队,本极奋勇,闻因张自忠(兼卅八师师长)之命令撤退!

7月31日

日方在北平组治安维持会,其所指推之人为江朝宗等,张自忠亦有为日方所弃之趋势。

日方占领天津,并有以边守靖为市长之拟议。殷汝耕之保安队,于廿九日反正,殷本人并有被其劫杀之说。日方今日改派他人为冀东傀儡。

一般社会因中央对北平、天津政治军事新局势尚乏具体表示,颇多浮议。

去岁中央曾拟有总动员时政府机关迁往株洲之方案。今则战端甚迫,南京有立被敌空军大规模轰炸之可能,但尚未详计此事。

今日拟定战区内及易受敌人攻击地点学校之处置办法,拟提院核定施行。

8月1日

蒋院长今晨在中央军官学校召集各院、部、会简任以上人员讲话,表示抗战之决心,并谓中央同人对宋哲元之退却应宽恕,以彼在过去两年间处境甚窘,亦殊煞费苦心。

军事委员会为避免首都被敌人空军袭击时各机关公务人员不易安心工作起见,特通知各公务人员,可于三数日内,命其妇孺离京。

8月2日

日驻华北驻屯军司令香月在广播演说中,谓我国政府已遣派二十师兵北上,日方除诉诸武力外无他法,意在鼓动其内国人民之战争狂热。

8月3日

二三日来,首都一般人士均深感大战爆发后之危险。无知识或无责任之人,感觉身家危险,有知识者则对国家前途不胜恐惧,故政府备战虽力,而一般人之自信力仍日减。今日午后与胡适之先生谈,彼亦极端恐惧,并主张汪、蒋向日本作最后之和平呼吁,而以承认伪满洲国为议和之条件。吴达铨今晨向予言,战必败,不战必大乱,处此局势,惟有听蒋先生决定而盲从之。

今日午后约胡适之、吴达铨、周枚荪、彭浩徐、罗志希、蒋梦麟诸人在家密谈。胡、周、蒋均倾向于忍痛求和，意以为与其战败而求和，不如于大战发生前为之。达铨则仍谓战固必败，和必乱。余谓和之大难，在毫无保证；以日人得步进步为显然事实；今兹求和不只自毁立场，徒给敌人以一二月或数月时间，在华北布置更强固，以便其进一步之压迫。

8月4日

近日暗中活动和议者似不少。英国上海商会及新闻界领袖托人询余，如英政府出面正式调停，以承认伪满与平津不驻兵为解决条件，中央政府愿商量否？余未正式予以答语，但曾密告外部，且谓如英、法等国不肯出任保证及制裁之责任，则中央政府断不能接受此类解决办法。

8月5日

今日午后晤汪精卫先生，据云胡适之所提和议意见，彼已转告蒋先生；蒋先生以为军心动摇极可虑，不可由彼呼吁和议，亦不可变更应战之原议，但蒋先生拟嘱王亮畴以外长资格仍与日方外交官周旋。余谓和议之最大困难，不只在日方条件之苛，而在无第三国愿以实力出面保证，如不能得第三者切实保证，和议条件之接受将无任何代价。

德华及大女雪华偕十三姨妹于今日赴庐山，暂避大战爆发时危险。

8月6日

政府内定大战爆发后，如首都遭受敌人空军之激烈袭击，则迁往衡阳衡山。

胡适之于日昨亲往蒋先生处，以书面提出彼之和议主张，蒋甚客气，但未表示意见。

8月7日

今日上下午均开国防会议，军事各部、会长官及由外省应召来京之将领阎锡山、白崇禧、余汉谋、何键、刘湘等均参加。中央常务委员及行政院各部部长于晚间该会开"大计讨论"会议时亦出席。会议决定积极备战并抗战，惟一面仍令外交部长相机交涉。

《王世杰日记》上册，（台北）中研院近代史研究所2012年版，第21—30页

李景铭日记[①]

七月十日

得北平卢沟桥冲突之耗（昨已有闻），余又虑冰心夫人不安，故急于回平。而平汉车

---

① 李景铭，字石芝，福建省闽侯县人，光绪三十一年（1905年）留学日本。辛亥革命以后，曾任北京政府财政部秘书等职。1937年任黄河水利委员会专委。卢沟桥事变发生以后，由河南返回北京，并在以江朝宗为会长的北平市维持会中担任主任秘书兼财政局长，著有《嘛斋日记》。李因其所处地位，记北平维持会活动及事变后北京事甚为翔实。——编者

只通保定，不得已转道陇海。

七月十一日

上午九时，车抵天津，竟不能抵平。探知汽车、飞机亦不通。

七月十二日

八时起，刘午原来，询其何由。曰出西直门绕丰台候车，昨深宵始至此。田代素主和平，与宋①感情颇洽。今事已破裂，故日政府以香月代之。并云日政府五相会议已通过临时预算，事情或不免扩大。十一时，端滋云：今日车已通。抵车〈站〉，候至二时始搭南满车回，五时抵平。

七月十三日

上午访郁廷、策六、寿宣、乔平、钦荣，唯策六未遇。钦荣云：卢沟桥一带我军有五团，日军仅一团，故日军暂撤，将以待援兵也。寿宣云：本早我方以一连冲锋，双方均有伤亡。

七月十四日

上午访陈祝三，谈事变前李潞青曾建议华北军民宜分治，拟移通州于唐山，另推领袖。事变后，中央态度坚定，曾以十师之众、百架飞机，听宋调遣。而蒋自庐山通电话于秦德纯，告以三事：一不能以寸地让人，二任何条件不能接受，三牺牲到底。故二十九军因以兴奋，十三夜曾在丰台拦住日军铁甲车一辆，得弹炮、军旗多件。又一辆开回山海关。十三早大红门之战，有一十六龄童子，以大刀斫死日兵十二人。又一子弹穿脚之健卒，斫死日兵五人。最称善战者曰董瞎子之旅②，曾抽选敢死队二百余人冲锋，生还者仅二十余人，然日兵亦死二百余人。日军见势不佳，有欲和平解决意，十三夜香月拟与宋哲元晤谈。宋告以事势至此，晤谈无益，有话可由张允荣、陈觉生传达，犹有盘旋余地。宋之部下主战最烈者为冯治安，以冯之意早已收回通州直抵山海关矣。然张自忠则主和平解决。宋虽不主战，而态度颇坚强，如龙烟等小事，尚不轻允，其意可知也。日本已成骑虎难下之势，不知其有大觉大悟否。江少甫云：城内可无事。秦市长已与日军谅解，欲战可在郊外对锋，市内居民各国皆有，即日侨亦不少，何必惊扰之耶。日军亦以为然。然奔往天津及分住医院者，仍纷纷不绝也。

七月十五日

孙三来谈：钓鱼台驻兵已他徙。蔡亮明、张和宣来谈：石友三与吴子玉将有慰劳会之组织。孙殿英赴津未回。中央电致宋哲元谓：（一）从实报告，以便交涉；（二）不必将事

---

① 指宋哲元。——编者

② 董瞎子系董升堂的浑号，时任三十八师的旅长。——编者

势扩大；（三）到不得已时，当有十分援助。宋本和平宗旨，或不烦中央军入境，至必要时以保安队维持平市，亦不使人民涂炭也。

七月十六日

报载安福要人纷纷赴津，调解撤兵事，大抵用口头约束，不采协定形式。

七月十七日

报载天津驻屯军田代皖一郎病逝。或云田代在卢沟桥督战，被流弹、大刀抉伤，回津医治无效，故日政府代以香月，并调大军而来。果尔，则日军此次损失大矣。

七月十八日

邢（肇棠）谈：日方有限期令冯治安军队退出河北说。管（翼贤）谈卢沟桥事件发生后，中央有五道电令：一、饬攻东交民巷，以警各国；二、和议均须报告中央；三、在不丧权不辱国原则下，可与妥协；四、已派庞炳勋、高桂滋、万福麟、孙连仲军队北上援助；五、日本所提撤兵三原则（即卢沟桥一带不驻兵，二道歉，三取缔抗日），可以承认。其所传如此，确否不可知。管云：和平空气有六分，破裂有四分。

七月十九日

旋谒江宇澄①，宝沧出见，云：日本要求取消国民党，共同防共。质言之即脱离中央也。宇澄云：福开森来电言，宋哲元今早十时返平，大概和平有希望。所谓和平者，与日合作之谓也。唐庵云：日本尚要求更动人事，此亦一难题。

七月二十日

王辑亭来谈：蒋在庐山谈话会言：弱国外交宜应战，而不宜求战。对于解决卢沟桥事件有四原则：一、不失领土；二、不变更冀察组织；三、不更动人事；四、二十九军驻地不受拘束。又有电至宋哲元云：大战则小安，小战则苟安，不战则不安。故宋有将外交移归中央办理之说。

访冯寿昌，谈日机扫击平汉路，乘客死者二百余人。

七月二十一日

访陈祝三，代陶仲谋索免票。据云，绥靖公署每月向路局取津浦票百张，今因军事紧急，已用罄，须俟下月领到时再行设法。又谈，日方限期撤兵至昨午时止，逾期自由行动。我方不理之，故下午发空炮示威，夜稍稍实弹。

七月二十六日

下午四时至六时为廷杰女在京开追悼会。……席散，而彰仪门外土地庙炮声起矣。二滋云：通州消息，廊房有失守之说，日人将入城，故彰仪门守兵拒之，而起冲突也。

---

① 江朝宗，字宇澄，安徽省旌德县人。北京政府时期曾任步军统领，代理国务总理。——编者

七月二十七日

上午拟访管翼贤，宣武门不开，盖特别戒严矣。旋谒江宇澄，宝沧云：昨有七辆汽车载日兵百余人，强入广安门，又有徒行者三百余人，我守城兵士拒之。双方炮击，日兵乃退，而已入城者送往日本兵营。少顷，福开森谒江，拟同谒宋，请其以人民为重，意在劝告中日双方撤兵。

旋访祝三，代伯元交履历，仲谋要免票，并谒赞侯、汉云。陈仲枫云：日本通牒卢沟桥军队，限今日正午十二时撤退，平市限明日十二时撤退。故外间风声甚紧，外侨避入使界，而东交民巷禁绝闲人。

七月二十八日

早七时，飞机数架在上空掷弹，不辨其为中央机、日本机也。或云，旃檀寺被炸，二十九军士兵均远离未受伤。或曰日机在下，中央机在上，日机被中央机击伤二架。

……途遇谌厚……询以大局，云：十日前如决战，日军尚无多，而迟疑不决者，宋对中央不满者二点：一、中央军不由津浦进，由平汉进，似绝其后路；二、仍遣许大使赴日，是中央尚有与日妥协之意。然至昨日，则与中央一致抗日矣。通州、高丽营、丰台已有收回消息。丰台之作战，孙连仲力也。近则四处皆起应战，中央亦允接济。与宝沧所言正同。

竟日炮声不断，大井村、小井村有激战也。苏世虎言，外传消息不实，恐二三日日兵将入城，城外秩序尤乱，且有日人散布毒气之谣传。消息两歧，未知果凶果吉也。

七月二十九日

终宵炮声不已，以为日军无孑遗矣。不意早晨见报，宋竟率冯治安、秦德纯赴保，以军政两权交由张自忠接充，并有佟麟阁副军长，赵登禹、郑大章两师长阵亡说。昨日昙花都成幻象。九时访江宇老，遇林少英。先是李孟鲁、今村已偕同江宇老，往见今井武官及松井机关长，均托以组织治安维持会事。江推吴子玉，谓自己年老腿痛，不堪繁剧，且北平治安已有张自忠维持，何必多一层组织。今井云：此另是一事。且从前做过两次维持会长，今何谦逊。曰：彼时国内战争，双方调停较易，今乃国际战争，何从调解乎。嗣定下午在江宅约吕雷恒、冷家骥、李孟鲁会议决定。江家午饭以后，偕少英赴使馆访末次[①]，谓奉使馆令集中避难于此（四十人一组，均席地卧），今未奉回家之令，故不敢外出。乃同往六国饭店，遇张式玖、吴小姐，谈少顷。末次云：日人恨张自忠刺骨，张军万人在廊房作战，不剩一人。日且欲得而甘心，尚敢就职乎。即就职，亦不过数日事也。

夜仍有炮声，似以大炮掩护撤兵也。

---

① 即日本人末次政太郎。——编者

七月三十日

郁廷、辑亭来探消息，原来前夜炮声非掩护撤兵，乃防御张庆余部，不许入城也。盖张庆余本系通州第一总队，前有反正之意，通州政府疑之，调出城外驻八里桥地方。自丰台克复之情报出，张思夺殷汝耕头，献功宋哲元，故入通州，将所有日人，无论其为军士为在职人员并朝鲜人，尽杀戮之。日本特务机关长及中队全体覆没，不遗一人。日本乃以飞机轰炸通州，民政厅长张仁蠡、建设厅长王厦材死焉。通州政府全体人员及难民万余人，路行四十里，纷纷走至朝阳门。遇张庆余部将入城，城门紧闭，故有由东便门入者。

下午四时赴江宇老宅，开北平市地方维持会。余后到，嗣知其通过规约如左：

一、本会称为北平市地方维持会（事务所置于旧户部街印花烟酒事务局）。

二、本会之目的在维持地方之安宁及人民之福利。

三、本会为达前项目的得指导本市各机关、各法人及各团体。

四、本会采委员制，本市政府各局长、处长等为当然委员，本市士绅自治团体、市商会、银行公会、文化团体，各出代表若干人为委员。但各团体之委员，每团体不得超过六人。

五、本会设会长一人，常务委员八人，由全体委员互选之。

六、本会得置各事务员，其细则另定之。

七、本会之经费由全体委员会议决定之。

八、本规约有不备处，得随时修正之。

嗣依大纲分设四组〔股〕：一社会股，二治安股，三金融股，四粮食股。每股公推主任四人，中日各半，而常务委员八人尽中国人。（余居普通委员之一，不担任职务也。）

上午十一时，在经济委员会晤陈祝三，云：胡宗南军队已到天津，平汉线中央军已抵长辛店，二十九军亦仅退至长辛店，似中央尚有决战之心。

下午，闻天津南开大学、市政府有被炸消息，似津方战事方酣也。

七月三十一日

上午周秀峰来云：殷汝耕被杀说不确，今早过其寓，探知已脱险回平矣。志远已回平，而江少甫由朝阳门雇车赴西直门，至八时未返。余拟借通行证出城探访，家人力阻。至十一时已安抵东交民巷朝鲜银行，为之欣然。周谈二十九军此次损失约五万人，日本损失万余人。板垣师团长已到津，张璧与之有素，希冀于平津市长得一席，故不就北平警察局职，让与潘毓桂。张、潘访孙殿英不遇，盖孙亦随宋行矣。周又云：中央军及胡宗南军均未到，外传不确。昨陈祝三、陈曾亮云：秦德纯临行以电话直向何应钦索飞机。何云有一百五十架可备用，但只能到顺德，不能抵平津。何也，平津无飞机场故，是中央对华北早已视如瓯脱，毫无准备。先是宋请中央出兵，中央以万福麟、商震、孙连仲、高桂滋等师应之。宋以此各师作战能力不如二十九军，不如自行作战为佳。嗣请以中央军中最精锐者助战，中央以胡宗南应之。宋又虑胡之夺其地盘也，故改请飞机。及飞机无望，乃整队而退，然损失已过半矣。张庆余不知宋退，以为丰台大捷，故有倒戈之举。周云：殷汝耕不自练兵，以为诚意可以感人。不意今日竟有此大变。张于通州焚烧以后，退回北平，昨扎朝阳门一带，意欲入城。而城防空御，仅堆沙袋，守兵二三人，且有不携带武器者。故昨开维持会时，大众甚为忧虑，且又虑日兵入城，与驻在旃檀寺之张自忠旅部或生冲突。如今张部调出城外，又虑张令不行，且城中空虚非计也。今早消息，张庆余部已向门头沟开拔，故愿往长辛店投效。然宋哲元奉中央查办之命，正在无计，岂肯收容此残余之卒耶。中央以失守责哲元，犹是前年古北口故事，似不足以服人。论者谓，二十九军固灭，而中央和战不定，蒋亦不能安其位。后患茫茫，不堪设想。

少甫谈，二十九日张志远晤岛田顾问（有似殷汝耕副官），谓五色旗已备妥，将飘扬旧都中。其时预备以张自忠为委员长，殷汝耕等加入为委员。盖其所得消息，北平四郊二十九军已撤退，可以为所欲为也。不谓无线广播中谓丰台、廊房已收复，而张庆余乘势反正，遭此大劫。既曰反正，即应守土，何以焚烧虏掠。张庆余系东北军王廷福旧部，素归于学忠管辖，器械精良，可与张砚田部相垺。现未变者尚有李允声，第三纵队韩则信（邹作华旧部），第四纵队似尚可维持城内秩序。

报载宋哲元由保定电张自忠云："特急。张师长荩臣弟鉴：密。兄今早三时到保，勿念。兄为贯彻和平主张，已令饬中央各部，一律在到达地点停止待命。第二步再设法令其调回，望即转达日方，勿对各该部有军事行动为要。小兄宋哲元。艳（二十九日）丑。"以此观之，中央无应战决心矣。以土让人，竟责人之失土，有此理哉。

王德锦来电言：学生军随同宋哲元赴长辛店，被日军扫击死者千余人，哀哉。

八月一日

电询宝沧，知宇老病矣，不就维持会职。

下午访策六，座上胡维云、蒋雁行云：日本派樱木为津市长。英美领事抗议，未宣战不能占领土地，未占领不能派员管理行政。故收回，改由边守靖代理市长。

中央社已解散，被捕者十余人。各报馆均将反日书籍焚烧。

江少甫云：天津香月有派池宗墨维持通州消息。然殷汝耕仍在平组办事处，分四组办事：一总务，二财政，三交通，四治安。一面派英美人探路，能往通州否。

八月二日

上午七时，访冷展其，云：昨日，地方维持会常务委员开始在中南海丰泽园开始办公。

王辑亭来云：中央派宋哲元为河北前敌总指挥，并调中央直系三十七军长毛炳文部队，自西安开赴陇海路，集中河南。论者谓，其无形中将河北放弃矣。

唐韵田云：此次南苑之战，教导团（即前所称学生军）死者三千余人。冯玉祥又复执政，孙均死焉。

江少甫云：殷汝耕被日本兵营逮捕，未知身命如何。

八月三日

报载张自忠辞三十八师师长职，后任由李文田接充，张已完全脱离军籍矣。

八时，访林少英，谈张自忠有两团兵得日方特务机关谅解，已调入城，改为保安队。盖日人鉴于通州之覆辙，亦有戒心也。

少英云：日本拘留殷汝耕，或是别有用意。吴、江、齐不任冀察政务时，或将属殷也。故日以其在六国饭店，不免有张敬尧之危险，故特别保护之，亦一说也。又云：张自忠部队死者未葬，伤者未愈，何心与日合作。以理言之，应随宋赴保也。

王亚东来谈卢沟桥事件原因云：张自忠、张允荣赴日考察军政、实业、教育，无非为中日亲善之预备，故得宋之命令而成行。中央闻之，电话宋哲元，谓张系特任官，何以未得中央命令，竟自赴外考察。意将易人以代，征宋意见。宋以电示张谓，我任冀察委员长一日，即可继持一日津市之地位。实以见好同僚也，益滋中央之怒，乃欲为釜底抽薪计，思以刘峙与宋对调。盖中央分三路应敌：右翼委诸韩复榘；左翼委诸阎锡山；惟正面为宋所梗，不听中央命令。故思以刘代宋，然又虑宋之不服从也，嘱冯[1]劝诱之。冯曰：宋虽旧部，然我在张家口抗日，彼在喜峰口作战，竟退兵夺我之地盘，其行径已非昔比。乃有石敬亭、鹿钟麟者，自告奋勇，谓可收服冯治安、刘汝明、赵登禹、张自忠各师为我所用，则宋成孤立无能为矣。因以公祭王金铭、施从云为名，来示招徕四师。而四师以宋待之素厚，不欲叛宋，乃宣言：易宋与否，中央之权衡也，非师长所能干涉。石、鹿不得要领，徘徊津门，亦不敢回京复命。宋由是拂衣而去，请假回乐陵矣。然以此日本之外交停顿，所谓津石铁路等等无从接洽。而陈觉生、张自忠、田代等三人密议，谓只有卢沟桥一炮，宋即当回津主持，此时可进行交涉也。不意卢沟桥事变一生，冯治安决战，竟以大刀队制胜，而田代与青木因此而亡。秦德纯见事有可为，电催宋哲元回平坐镇。宋仍本和平宗旨与日周旋。此时如决战，或尚可一鼓歼敌。然日本大军未至，故亦停顿数日，由外交进行。大抵日本所提条件：一张自忠为河北省主席，二秦德纯免职，三组织自治政府，四共同防共，五华北矿业中日合办。宋以任何协定须待中央复核。是时熊斌适来询宋须何援助，宋

---

[1] 指冯玉祥。——编者

见获胜略有把握，且和平之望未绝，故不急于中央军之速来。不谓迟延数日，而日本大队至矣，以此而有二十八日之剧战。我所有者大刀、手枪、手溜弹而已，而飞机、重炮、机关枪均无有也，一战而二十九军损失过半。日军见大刀队之将近战壕也，以机关枪横扫之，死伤无算。时有教导团在南苑，约三千余人，授课五个月，习瞄准者仅一月，奉令死守南苑，而日本以飞机轰炸之。故佟麟阁、赵登禹与三千余名学生同殉国难。佟盖为教导团领袖也。是时二十九军虽损失过半，尚可支持。而日本恫吓东交民〈巷〉外交团，谓二十九军果不退，当以毒瓦斯轰炸平市，请外交团自觅安全之地。外交团乃代市民请命于宋。宋曰：余有四条件，日可以者，余可撤兵。一、张自忠维持军政；二、以张璧维持电灯，以潘毓桂维持公安局；三、日兵不入城，不放弹；四、和战俟到保定再议。外交团承认担保此条件，而宋果撤兵矣。此今次卢沟桥事件之经过情形也。

少英谈：日本近迫宋哲元撤兵至保定，如可照办，将来尚能合作。但以大势言之，如宋哲元、张自忠均有去志，而吴佩孚、江朝宗、齐燮元又不愿与日合作，其结果或将属于殷汝耕。但素负威望之人，如能出而维持，将来或免其驻兵，日本亦可减费。否则如殷汝耕者，非驻兵不可，且非驻大队之兵不可。日本既出兵，不能不责我出兵费，则恐又为"满洲国"之续也。

江少甫谈：池以特别审计之余款，在津运动代理冀东长官之职，而殷派阻之。故日人一部分恐有不利于殷者，因置殷〈于〉日本兵营而保护之。

张庆余之叛，完全由误会而起。盖先是宋与张约，宋如报捷，张即反正，同时肃清冀察。故丰台克复之捷报一出，而张庆余倒戈入城矣。现证明者，张砚田队长被杀，而张庆余尚在人间。

八月四日

上午，程毓亭来谈：今儿女焚毁孙中山书籍，大哭一场。毓亭讽之曰：汝等爱国乎，爱国民党乎！何哭为。

日前，第六谈，二十九军所储军火被日军运往丰台者不少。今日阅报，昨日下午六时，安外黄寺大楼地方发生巨响，据查系销毁手溜弹，数量万余箱，每箱存弹五六十个。去杀人之火器，苍天岂有厌乱之心乎。

江少甫谈：近见出入东交民巷两洋人，多改穿中国夏布长衫，殆其心目中将有第二次义和团发见。此种心理，实为可异。

张自忠聘江朝宗等人为冀察政务委员会委员，下午往贺之。江曰：吾主地方维持会应中外合办，加以英美等国，不宜专加日本，否则由中国人民自行组织之。今此等之目的不达，且分子甚杂，亦与地方官有碍，故决不就，并决将政务会委员一并辞去。余曰：既不就，当登报声明，以免代人任责。

旋访寿宣，谈东路在马厂，西路在良乡、窦店，北路在南口有激战。马厂、南口，二十九军应战；良乡、窦店，则以便衣队应战。中央军尚未发动也。

八月五日

报载：日本阁议通过对华战费四亿元；中国孔祥熙向英国借款二千万镑，合中国三万五千万元，似双方各为作战之准备。然西报论日本有扫除华北军队之决心，而中央尚无对日作战之真意。余汉谋、白崇禧、何键、阎锡山纷纷赴京会议军事者，不知其和战果趋何途也。设有牺牲杂牌军队之心，而以中央军为保护华中、华南之计，则华北为四省之续，不待言矣。

八月六日

雨。竟日无消息。

八月七日

南京将以华北军备第一防线，广西军备第二防线，然白崇禧未必允。在中央军督战之下与日作战，恐不过一场空议。又传中央将联合共产党人民战线派，组织联合一致内阁，彭德怀、张学良均奉命入京，以汪为行政院首领。此事或可实现，但于对日开战问题仍无裨益。

八月八日

上午，郁廷来云：外间有举曹锟为领袖消息，又言今日日兵将入城。旋宝沧来云：宇老事已得何应钦、张溥泉代表之谅解，而此间敦迫就职，似难摆脱。

往访蒲子雅。全春在津询其字画何狼藉至是，宜精理之。子雅曰：生命且难保，何论财产。又谈日兵司令部本设香山，今日藉口通州张庆余之变，要求入城，故当局亦无法拒绝，一部驻天坛，一部驻旃檀寺，一部驻绥靖公署。

余自东城回，沿途已见日兵，而我国警察手持钓竿以代指挥棒，吁，可悯也。访策六，亦有曹锟之说，但本人不愿干。连访杏林、郁廷。郁廷云：晤郑彦文，新自通州回，住在地坑者三天三夜，家人以为死矣，幸而逃回。往美使馆访问消息，使馆曰：外人但求侨民之安全也。不过计三日内，北平当有领袖维持。

江少甫以日宪兵之保护，昨日赴通州，今日自通回。谈通州城内悲惨之极，横尸数日，无人收敛。城门未开，水果任人攫取不计值。有空店无人者，亦有坚闭不启者。水火断绝，商会唯办日兵给养而已，地面无人负责。少甫点库存，尚余冀东票六十馀万，只遗失八万，而地上有金票千余元。

报载南京开国防会议，分软硬两派，蒋力已不能统制，故欲将二十九军败退之责任及因抗日而中国今后所受损失之责任移嫁于国防会议，趁此机会作为下野出洋之准备。

又报载，华军之国共合作，经汪兆铭与共产党交涉结果，本月三日共产军开始以夜行军越过陕西、山西、绥远省境，向东推进中。此次开始向东开进之共产军，朱德任军长。南京政府派遣之黄其祥〔琪翔〕为政治指导训练所长，共有五师二十团（师长贺龙、彭德怀、徐海东、林彪、萧克），其兵力约为五万二千人，在苏俄援助之下，装备方面尚系相当优良。华方早经鼓吹中俄军事同盟问题，据称将在与苏联密切提携之下，开始军事行动。惟目下苏联因种种关系，无立即参战之意志，近期似或对北满、蒙古方面之日军予以牵掣程度之行动。而中国共产党极力以便衣队、赤军别动队等为主体，有所行动。又以一部，在与南京中央军直接共同担当作战之方针下，而指导共产军。一方面，苏联正以现下之形势为伸长势力之绝好机会，故突施其诡计，开始向华军下级干部，尤其是下级士官与兵士及下层阶级猛烈宣传共产党，正策划如何凌驾国民党之计。就中关于"赤化"华军，以下列之言语激励共产党：即关于"赤化"交涉决全面活动，中国共产党得以临诸中国全土与否，或将终止于国民党折压与否。此点端视中国共产党员之决意与奋斗耳。因之，试就华军今后之动向观之，国共合作，以苏联为主体，似对华军方面为有利之事体一面。纵使此种契约良好，但其内部会有华军旋即因此而崩坏之必然性。华军仰仗外力依存之精神，料将巧为老猾之苏联魔手所乘。此种国共合作工作，终成为华军崩溃之种因，事实亦必臻达。此种情状，固乃无可否认者也。若是，十数年来掌握中国全土霸权之蒋介石，自将造成一方遭日军击破，另一方因国共合作，由赤俄魔想，可使直系军以下崩溃之素因。以故，彼等党国一派日募途穷之期，即迫于近前也。预料将来共产党将横行华夏，糜乱地方。此点殊为各方所注目之。

八月九日

何应钦辞军政部长职，以陈诚继任。

代表江宇老见西田总领事及特务机关长松井。西田云：北平得苟安耳。南口、天津战事正烈也。日兵入城者三千人，司令名河边。以后难题甚多，望冀察政务委员会与维持会合作，暂维持二个月，以后再看前途之发展。武田亦在座，松井颇镇静。

宇老浼余充维持会主任秘书，无法却之，荐王炎、林少英、赖钦荣、关晓村为助。

河边司令入平，派宪兵将无线电台撤断，致电汇不通，当设法恢复，使金融日以周转，不然粮商定货亦有困难，米价必飞涨。

西田谈：闻税已增至值百抽八十，且附加名目不少，中国人民无力抵制政府，故日本以全力助之。

香月司令谓：以人格论，殷汝耕当自行剖腹以谢中日兵民，今觊欲苟活，岂不自惭耶。

《世界日报》有明日停刊说，各报将一律停刊。

念滋自津回，谓河北被硫磺炸弹轰炸，几成焦土。上午九时火车开行，晚八时始抵平，检查十数道。英界房租暴腾，皆先付六个月。五弟、六弟空房均出租高价，生计赖以维持。此谓不幸中之幸也。

齐燮元、李赞侯上午谒江宇老，求合作。

八月十日

林少英函约十二时往谈，同访张锡九。因于上午八时先谒江宇老，商印花烟酒事。十二时访少英，谈英美方面讽告吴子玉，非要求日本撤兵，决不出山，只好听日本自行管理，以俟外国执《九国公约》与日本斡旋。所惜者中国人猎官之热太甚，卢沟桥事件发生，齐燮元即派人赴东京运动领袖。设人人均有爱国思想，恬退自安，国事尚可为也。

十二时，偕廷俊、少英赴本司胡同，应吴燕生约。燕生邀往福寿堂便饭。燕生父谈：新自山海关来，见此次战绩可惨。长江日侨尽回国。大抵日军由平汉路追至汉口，津浦路追至徐州为止，稍有休息，以俟南京之自决，战事须延至明年方了，速则二三个月可了。日本二三号以上轰炸机尚未见，最近军事趋重西北，恐共产军自陕、晋攻热河，故南路稍缓，不然有二日程已追至保定。外传张家口已失守，则南口有战事，二十九军已失联络，难以挽回。韩、阎决必战，宋哲元前车可鉴也。宋哲元赴京大哭，亦属枉然。南京内部纷乱，余汉谋军队已入闽。桂系军队入湘，名为抗日，实则反蒋。外侮如甚之急，而兄弟尚阋于墙，吾未知如之何也已。

饭后，偕燕生谒宇老。宇老今日与日方接洽者数事，均属妥协。一、日军本拟挨户搜查，因私家尚有电台可通电者。又，二十九军入城者五千，出城者三千，恐尚有二千藏匿城内，加以枪枝仅藏七千余杆，恐不止此数，遗有后患。嗣告以此举刺激民心，大为不妥，求安民转以扰民，似非维持治安之意。嗣改为责成各区所自行检查。二、无名揭帖，而不例禁，绝对无效。如有真姓名住所者，可交警察局先行传询，果有实据，再行惩办（闻警察局内将有外交处之设，与日方办理交涉事宜，关晓村为处长。此意出诸特务机关长，不过大佐职，然在平有指挥政治一切之权，现在外交无权，大使馆成为虚设，故川越尚徘徊道左，以听军队之解决）。三、电报须恢复，实行检查，遇有汇款定货，当力求敏捷便利。四、金票购物诸多不便，作价高则民间吃亏，作价低则日兵不愿。今指定银行，先兑法币，再行购物，兵民方可相安。五、平绥当先恢复，以通北口之杂粮。又指定银行，包五艘轮船，专运暹罗之米，十日可达平津，海上勿与以妨碍。以上五项，日方均同意。其有功地方之力不少，座上闻者皆为欣慰。宇老最末笑云：南京自己卖国不认账，我辈自晨至日昃，尚未安食,而反加卖国之名,岂不冤哉。

晚,张志远约聚宝成饭。《实报》忽载冀东政府在唐山组织,李景明为财政厅长。"明"与"铭"同音,误为余之担任此席,纷纷来询。刘冠英、黄俊因民大解聘来求事,赠以"忍耐"二字。

八月十一日

日本宪兵检查《实报》馆,携往书信一包,令签证以后与中央脱离关系。然馆主管翼贤已逾墙逃,留妻子痛哭而已。外间有殷汝耕不妥消息。管、殷固盛极一时也,而收场如此,所谓祸福之门所自取者,可不慎哉。

八月十二日

龚治初谈:南口、长辛店日军俱不利,河边受伤,然不敢昌言者,恐难民乘机作乱,又蹈通州覆辙。今日东交民巷一带又戒严。

苏世谈:朱、毛军队已由北下攻,用游击法横扫长城一带,目标在攻取热河,不在包围北平。长辛店,二十九军反攻,仍大刀平面冲锋。日本在永定河开堑壕碉堡,似拟作长久战。马厂一带,有刘峙、庞炳勋部助韩复榘作战。上海局势稍有缓和,似南京有让步意,否则日本首尾不能相顾,故作缓兵计也。

晚陆观夫来谈:东交民巷之戒严非因南口战事,乃前夜日兵二百余欲入俄使馆检查,各国使馆不允,将日兵包围,故日兵见势不佳,亦退出馆界。因此,使馆界栅门又半闭,

江少甫谈:前数年陶尚铭之去职,池宗墨与有谋焉。此次张庆余对殷倒戈,亦不无蛛丝马迹之可循,盖张故为池所荐也。此论未免太刻。池固不失为小小政治家,而手腕尚不如是之刻。江又谈:日机传单,南口已为日军占领,与我方所传述者不同。

八月十三日

前数年程郁廷曾言,更得秦始皇复起,举白话国语、新标识、一切共产书籍,一炬焚之为快。今其时到矣。兹检林硕田所寄藏及家藏,择其不必留用者悉焚毁之。遵公安局命令,自行检查,以免后患。姑将书目列后:

《热闹的苏联天空》,时事研究社编。《公司国家》,黄攻素著。《公民训练条目》,李以恺学习。《亚细亚民族大会始末记》,黄攻素述。《致今世少年书》,谢洪著。《党员必据》,世界书局影行。《孙中山全史》,唤群书报社出版。《中国国民党党史概论》,汪精卫讲。《汪精卫先生最近言论集》《东亚之光》,北平东亚之光社出版。《三民主义提要》,北平各界慰劳防俄大会印。《三民主义》,世界书局发行。《新式标点三民主义》,孙文著。《建国方略》,北新书局印。《三民主义》,孙文著。《三民主义商榷》,诸青来序。《训政时期三民主义的心理建设》,王季文著。《清党实录》,居正序。　以上家藏者。

《革命论著》，李石曾著，革命图书社出版。《现代中国散文选》，江南文艺社。《六十年来中国与日本》，大公报社印，王芸生编。《国民革命的危机和我们的错误》，陈公博著。《学校国文成绩》，进步书局印。《国语教科书》，顾颉刚、叶绍钧著。《费边社史》，阚司原著，薛嘘成、沈端方译。《杂书》杂志，以其横书也而弃之。《中国社会的论战》，同上，神州国光社出版。《文字源流》，标题为中学校用共和国教科书，故毁之，商务印书馆印。《中国文学史》，同上。《国文读本评注》，同上。《再生》第四期，再生杂志社发行。《巴尔克战术》，训练总监编辑局刊行。《政治经济学批判》，郭沫若译。《西洋史教本》，标题为中学校适用新制教本。《外国地理》，标题为中心学校用共和国教科书。《新中华本国地理》，中华书局印。《新中华外国地理》，同上。《古文谈本》，中华书局印，高等小学中学用。《国文成绩大观》，毕云天选。《国文精华录》，谭延闿题笺。《全国学生国文作品论海》，崇新书局印。《江苏各校国文成绩精华》，邹登泰选。《全国学校国文精华录》，谭延闿题笺。《高级国语精华》，中华书局。《国文》，庄适编《春的生日》，侯曜作。《国家概论》，章太炎讲。《经济思想史》，刘京鉴译。《中国产业革命概观》，李达编，名称不妥。《中国近代外交概要》，外交研究社。《正志中学讲义》、《外交部立法政专门学校讲义》、《民生主义概要》，世界书局。《建国大纲概要》，同上。《五权宪法》，同上。《民权主义概要》，同上。《民族主义概要》，同上。《国民革命概要》，同上。《党史概要》，同上。《经济思潮小史》，商务印书馆。留。《理嘉图》，刘秉麟著，留。《社会论》，刘廷麟著，留。《主权论》，张奚若著，留。《孙文学说概要》，世界书局印。《近时国际政治小史》，周敷生著，留。《马尔萨斯人口论》，杜骙著，留。《考试规范》，世界书局印。《玉珰缄札》，悲慧著。《苏俄十二讲》，北平民友书局发行。《唯物史观政治学》，李达、邓初民编。《中山全书》，谭延闿题签。《中山丛书》，谭延闿题签。《孙中山先生史略》，四周纪念会印。《新中华本国史》，中华书局印。《巴尔克战术》，训练总监编辑局。《现代文读本》，世界书局。《新创造》，杂志社《劳动月刊》，劳动大学刊。《新书月报》，华通书局。《国际》，国际杂志社。《国立劳动大学月刊》，月刊社。《中央半月刊》，中央执行会印。

上述各书以焚毁在酷暑中于卫生不宜，悉举以换火柴，彼等尚可废作纸料也。

八月十四日

昨日，有我军在南口战胜说，而今日报纸又言日军占领南口驿，究竟真相如何，不可知也。惟江少甫云：津浦线日军退至独流镇，平汉线日军退至长辛店。大抵日本眼光南移，上海已开炮矣。南京实行减俸，令简任八十元，荐任六十，委任三十。且有迁都之议。将来不知演变至如何地步。

上午访郁廷，与谈宪法。又访陆观夫，偕谒宇老，宝沧出晤谈：冷家骥运动北平市长，既遭日方不同意，又遣今井武官向香月司令运动，以为可行矣，嘱梁亚平转恳宇老再提出。宇老遣雷恒成往询松井机关长。松井曰：无此事也。又遭拒绝。如是国亡无日，猎官不已，诚无耻之极。今日在会，见其面色惨沮，殆亦心有所惭欤。又谈：日人调查冷家骥、谢振翮、周肇详、吕均，均包办大选人物。

此次卢沟桥事件，即原因于大选。蒋作宾来京，决定华北同时大选，由伊四人等包办，宋哲元恐遭日人诘责，故避往乐陵。日人以无从交涉也，故以卢沟桥虚炮示威，不意其弄假成真。冷等见风转舵，即以大选人物包办维持会之事。故吴子玉数告人曰：冷为某系，请宇老须防备之。余早谓大选施行，华北恐即有事，今不幸而言中。冷家骥等忽东忽西，诚所谓投机分子。始也包办维持会，思代宇老为会长，及宇老就职，又拟以宇老为傀儡，拒绝其派遣秘书之权。今伊等被人窥破为大选人物，故谢有去志，将以秘书主任加诸余身。余曰：顾名思义既称维持会，只有共同维持而已。

今日到会，所办各事如下：

一、煤炭米业公会，纷请通行证及旗帜；

二、蒙藏驻平办事处各机关，以京款不来，请维持；

三、高丽人以伪中央钞票向银行换中交票，函警察局劝阻；

四、致函约今井、松井，招待河边司令；

五、日本天理会捐款五十万元，救济难民，分给佛教救济会、红卍字会各半；

六、三万号为紧急之叫铃也，日有二三起，夜间派人直宿。

上午十二时，书郝云樵老伯。遇心毅云：南口两战，日人两败，河边死焉。盖河边与大仓为至友，送其出城，不见其返城也。嗣到会查，知另一河边少尉，非河边司令官。中国人以耳为目，往往如是。

何元禧谈：伊弟自津回，谈秦德纯、张自忠有联电致驻津二十九军，通牒日本，限二十四小时内，日本军队移离津埠，否则炮攻日本租界。而日本鉴于通州事变，故以硫磺弹扫射河北地，全区今真成为焦土。自平至津，火车夜十一时方到。借用通行证一次入租界者，须洋三十元，故汽车行有通行证，以此获利者不少。七时始散会，遇雨甚凉。叶月波来求接济，苦无心应之。

八月十五日

上海纷战，机弹落租界。上海市政府完全破坏。

又外传南口我军大胜，日军大败，未知消息确否。郑彦文来云：胜败不可知，但日本非有大牺牲不能有所得，则可断言。中央欲扩大战线以分日军之势，欲延长战期，以困日军之力。日知其然也，必为急攻南京之计，故外传有政府迁南昌说。

上午河边司令及今井武官、松井特务到会参观。

八月十六日

辑亭来谈，门人何元禧、郭法西相继至（郭财专学生，现充税务局秘书主任），据云晋绥本是虚名，毫无收入。津局已被日军封锁，近所能收者只有数十县，冀东、冀南鞭长莫及。烟酒印花，由李赞侯派沈泽生接收，大抵亦成空壳。十三门以内财政，将成僵局，但不知河北银行钞票如何耳。

昨日，日本海军航空队三次袭击南京。

下午有十一团体坐汽车数十辆到天安门发传单，又赴地方维持会请愿，内有拥护地方维持会、打倒投机分子及官僚政客之宣言，盖有所指也。

上午，与雷恒成、沈思达谈组安民公所事。雷云：庚子年，安民公所设于顺天府署，陈璧会同德统帅瓦德西行之。余谓：欲防患未然，须由维持会及日本河边司令，各派高级陆军人员任之，付以便宜从事之权。目下抽查行人，即行抢之渐也，追逐妇女，即奸淫之渐也。难民如是之多，失业如此之众，游兵散勇遍地皆是，加以共产党之潜伏，红枪会之活跃，人心惶惶不可终日，若不设法镇压，诚恐有不可维持之一日。

八月十七日

上午，江宝沧电约谈，冷展其表示平市长让与宇老，今井武官亦不固执己意。但维持会长一席，应请宇老让与展其，以圆今井之面子。冷去又遣吕汉云来言，宇老如就市府职，财政局一席非冷家骥莫办。宝沧曰：以交情言，请冷帮忙固无不可，若谓北平之内唯冷一人懂财政，未免轻量天下士。冷不过农工银行经理、商会会长之才耳，那懂财政。其意欲余任财政一席，余笑颔之。

旋到会，常务已函达冀察政务委员会，北平市政府各局局长调取所属名称及各重要职员名单，盖将由维持会分别委派，已视维持会为最高行政机关。

先是冷遣梁亚平第三次疏通松井时，松井面斥其翻译不确，迹似撞骗，故梁日内颇懊丧。或曰二十九军之失败，亦译者从中播弄也。宋所未许者，译者以代许之，故日人责宋以无信。

松井以宇老三辞市长，谓其高节可风，直斥冷之无耻。天津驻屯军已知其包办大选之案，不日举发，而彼尚懵懵竞逐权利，索之何哉。

下午二时，候张一梦不至。张一梦者，十团体请愿团之一代表也。旋以北平市概况送宇老阅，每年收支由三四〔百〕万增至六百二十二万。宝沧留候宇老一谈。五时，宇老回云：维持会已通过公推宇老为市长，盖心目中已无冀察政委会之存在。宇老意欲由维持会函送冀察会发表令命，尚存中央一线之法统。盖国交未绝，大使仍未离驻在国，此不过局部冲突耳，尚有和平之可望，何妨留中央面子。余亦谓然，并云统税局已派冷家骥、梁亚平接收，印花烟酒税局派邹泉荪、王泽民接收，清查官产处派吕均，黄河奖券处派周养庵，清查处派林元龙分别接收。

五时赴会，与谢鹏张一谈。谢云：卫生局长谢振平，因在天坛有制造毒菌嫌疑被逮，派主任代理。财政局，周俊安照旧。殆冷亦知难而退，故取偿于统税。警察局设宣抚部，以日人充之。又于城内外分设宣抚办事处七处，西单设旧刑部街，已有告示，开始办公。

上海黄浦江一带大战，日本丧一队长，我国丧一旅长。青岛亦甚紧张。

江少甫、周秀峰谈：日兵在南口丧尽，拟招土匪补充，故刘桂堂甚活跃，要求西郊游署长办供给。因而城门又堆土，维持会派员赴津购米数万包（日本米由三井、三菱包运），故米价稍平。

八月十八日

维持会发表宇老暂任市长公函，遣余赍往。余偕沈思达同往贺，宇老曰：是无可贺也，但冀由政务会加以委状。留中央一线之系统而不可得，香月、松井催发表至急。盖先是日本追悼伤亡战士大会，香月司令特由津来参加，亦同意宇老出任市长，回津又来电促。西田谓：由维持会公推者出于民意，最高无上，何必拘泥政委会加委之说。宇老云：贵国人常谓敝国人无组织，无统系。今所云民意者，民意果安在耶。我意下顺民意，上承中央之法统，岂不完善。西田亦云然，且云深知宇老之为难，故改为"暂任市长"四字，而不由政务会加委，示中央战胜之日，尚可派正式市长。此意政委会中人亦深知之，故亦不争此虚名。

且闻维持会有接收财务处说，宇老已令孙济生预备表册。

昨日，派出常委数人，接收统税局各机关。今又变更办法，令现在局长自行保管所有文卷、款项、器具，非得维持会许可，不得擅动。因介绍王伯元往见郭法西（统税局秘书主任），以此意告之。

南口战争，或曰高山地初为日本所占，我国死伤不少，嗣又夺回，日军亦死伤不少。其结果如何，无确息。馥田云：热河有战事，察北已夺回四县。而北平新闻又云：南京有叛变。近数日来，战报均不确也。

东城人心不安，一因抓车之故，一因兵士访暗娼，往往错寻门户，或在东安市场追逐妇女，故东城迁徙西城者甚多。余谓妇女解放极矣。黄昏道上，露臂袒胸、高跟长发者不计其数，今则匿迹销声，成为深闺之秀，亦天地好生之道。不然既已解放在前，谁复禁止于后，禁止之者，必群嗤之为落伍，为退化，为开倒车。今则不禁自止，何等痛快。即吾家一日亦有多少妇女出门之车钱。

八月十九日

上午偕江宇老到市政府就职，承派充当秘书长。宇老云：政务委员会将办结束。余主停止办公，尚冀有恢复之一日，将文卷、器具移交市府代为保管。又不知失业多少人。

补记今日顾问大会议四事如下：一、希望中国顾问与日本顾问共同努力，逐日到会办公；二、中国顾问希望警察恢复武装，日顾问以为时机太早；三、食粮问题非日方拨给车辆，均属空谈，日方允向特务机关设法；四、顾问亦按五组分配，以自由认定为原则，再由常委参酌分配，以免偏枯。

林少英谈：日本在南方作战，专由陆战队及海军航空炸毁中国飞机场。现所保全未毁者只汉口、成都两处，故日本已调二万陆军部队由津航海而南，平汉路亦增援攻琉璃河一带。保定省政府已迁往满城县。南口高山双方均有死亡。现日方由北路取包围之势，究未知胜败谁属也。

旋偕江少甫、王伯元往谒宇老，退后商各局长问题，派余兼代社会局，李季恩兼代工务局，余未动。

八月二十日

廖炳辉云：南京爆炸颇烈，蒋、冯不知下落，政府已迁成都。加藤、今井前后谒吴子玉，虽曰瞻仰颜色，殆有政治意味之酝酿。

市府因派梁正平会同蒋珍铁首席检查官维持地方法院事，大受维持会之指责。先是无知之徒已围市长，径派接充，余不画稿。再三商议，改转维持会公决，故当不至闹成笑话，否则法官全体辞职，市长之威严扫地矣。何也，梁为律师，曾犯案，故易其原名柱为正平，法界多不齿之。

今日上元节，闽俗所称烧纸衣者。是十年以来，贫困殊甚，此祭未举行，今日特备粗肴上供。六时回寓烧香，留伯元、少甫、馥田饭。饭后，仍到南湾子，商林少英、末次事。

八月二十一日

上午九时，袁序庵代表社会局局长郭贵瑄、韩璧廷来迎，往就兼代社会局职。传见各职员，告以维持教育，无使根本坠坏，并嘱其安心办事，决不轻于更动。

十一时到市府，请聘末次政太郎为顾问，派林少英为参事，赍聘函往访末次。又荐郑彦文可任外交专员，许代设法。

社会局派王傅恭、江华、张志远为秘书，唐馥田庶务，端滋监印。

宝沧介绍许华甸为商业股主任，叶崇勋、万作舟为办事员。

下午二时赴前门大街市银行开理事会。周履安谈，事变时颐和园被兵，无人维持，速派王兰往代齐为之职,盖齐见势不佳,已潜逃。当时日本在侵晨微雨中,以五百兵围园,令四十余职员分排鹄立,准以机关枪,正告之曰:通州之变,均以坏人作祟,日人死者无算。今汝等四十余必有坏人羼杂,不如一扫空之。中有一人曰:吾辈均从西太后驻跸时服务此间,不敢为非作歹,均有身家在此,何敢抗日。日军乃以两腕各抱职员之腰,问其敢为非否。曰:不敢。一一询明乃放释之。少顷,又有日军来贮存面粉数十包于某庙外,加封条,曰:如有丝毫损失,全村扫灭。乃未几,难民及附近乡民拆封抢面,无一存者。王兰大惧,入村搜查,如数归还。当日抢者皆饥饿待毙之难民,请其依法治罪,日军一笑置之。未几,日军拟驻园,王兰大惧,以为将为圆明园之续矣。乃犒以水果牛酒,与言玉泉山山水之佳且宜于驻兵。日军信之,乃离颐和园,园竟获保而古物无一遗失。王兰之功大哉。颐和园事务所,群以为膏腴地,周屡欲保全王地位,而言其功。余曰:果真人也,当爱护之,勿令失职。今国家仅存一线者,即赖维持此一线之正气耳。然觊觎此职者不乏其人。

少顷,宇老到理事会谈往见松井,与商三事:一、城郊需恢复警察武装;二、海关盐税须与天津司令接洽归于一致;三、民粮须由车皮速运。松井均允设法。

祝雨人之叔惺元谈谢振平局长被日本兵逮捕原因,或云疑其代中央制毒菌;或云对职员何以不发薪;或云待伤兵太虐,不与救护。其实因事变后,常有军人在其寓作行战戏。某日以电话报告友人,日军在南口惨败之消息,为日人检查电话者所闻,故罗织之,以致于狱。今日群请宇老营救之,余之发端也。宇老云:吾已向松井言及,当无身命之忧。

理事会开会,江宇老主席,周履安报告大略。吴翰墀经理谓,救济之法须有五万元现金维持,否则与河北省银行商,将活期存款十五万元缓即提取。治本之法拟发行大洋币二百万元,一面发行辅币券(五分、二分、一分)三十万元。余提议:〈一〉、由市府令各局存款,均提存市银行,即可周转,如虑倒闭,然财政局尚欠市银行三十余万,可以作抵,且周转一开,财政即有办法。二、发行大洋币须与清查官产及东安市场地皮同时举办,方有基金。且准农民以地皮执照抵押,向市银行借用新币券。三、辅币券须筹发行方法,如每月市府能搭发二成,亦流通之上策也。众皆谓然。拟由理事会提案于市府转维持会议中行。

王伯元又得北平查验所事,告以留待伯喬,亦同意。

八日二十二日

上午往辑亭处避客,而陆观夫仍跟踪至,可厌之极。下午与策六、星西畅论时局。三时到会,谢鹏张谈,日顾问谓工务局、社会局局长履历须送会审查。因往与宇老商议办法,谓可请其追认,另作说明书送西田阅。

八月二十三日

上午，偕廖炳辉、林少英在忠信堂饭。廖谈：日本昨有飞机二十八架往炸太原、保定。然国际形势又极紧张，英美海军拟干涉上海战事，中、英、俄联合抗日，故库伦已悬五色旗。

下午访松井未晤，访今井，商补完追认社会局局长手续。

三时到八弟〈处〉稍睡，不知神游何地。上午小学校长求见，许以先发三千元经费。晚吕汉云来游说财政局事。

财政局局长周履安求通令各局存款均提存市银行，此事似可行，是亦合理。然晚间张志远谈中南银行，云：将来各有提款，须先数日通知，且以多开支票为宜，盖市面筹码太少也。前两日，以工务局、社会局易人事，维持会与市政府颇生冲突，其实冷家骥以弋猎市长不得迁怒于江宇老也。沈思达云：有人告常委，新任工务局局长李季恩曾在北京饭店设摊算命。余以询宝沧，宝沧云：是可伤！只闻其有工程经验否。若云算命，吴子玉将军曾在天坛地摊算命，以视北京饭店何如？即谢康节桥亭卖卜，亦岂若北京饭店之辉煌乎？言之一笑。卒以审合格，结束此案。然常委可为最高机关有统率百僚之权，而冷展其欲援引吕均、吕汉云为河北省银行监事。吕均通过，汉云保留，是岂非自寻枷锁耶。

郁廷来云：上海爆炸死者六百余人，伤者五千余人。虞伯廷由金城银行外出，在汽车中被弹，首碎尸飞，无从寻觅。斯人也而有斯祸也，哀哉。

廖炳辉云：周农庵在组会议，谓李某未办过社会事业，何堪充社会局长，至教育更谈不到。在大会中批评个人长短未免失态，委员之见解不如译员，有如是者。

八月二十四日

请派吴小鲁为名誉顾问。

末次政太郎来见市长。市长告以北郊昨日发生劫狱案，被劫者四百余人。其匪类均有机关枪，似系大规模组织。已访松井、河边，请其设法恢复警察武装。但今井处无暇未往，可烦末次一行。以此意告末次。末云：昨见今井，谈及江宇老最信赖者为谁，告以唯李某一人。今井云：宇老年老，不便以琐事屡烦之，以后一切之事，可由李秘书长负责办理。咨函未送达前，可先接洽，以免误会。又云：前接府聘顾问之函，当商诸今井。今井云：可具函征松井同意，由伊代达，以后可正式以顾问资格向各方接洽也。然今井之函甫发出，而南湾子又来追，已无及矣。

函送履历事甫用印携回，宝沧又跟踪至，力阻之。余亦谓然，谓官可不做，权不可纵也。

林元龙、林少英同是台湾人，在三组会议治安，彼此藐视，亦嫉忌之一端。总而言之，日人排斥日人，台湾人排斥台湾人，中国人排斥中国人。三者之中又互相排斥，如连环然。余则跳跃于连环中而无可逃脱也。

晚，关晓村来云：末次言，今井愿为余个人之顾问，以后遇事协商。赖钦荣又来谈：冀东向满洲借款，政府可成立，明日将成行。唯冀东银行经理曰：军部对之颇不满意，谓事变后库余之件，无人保管，太不负责任。且日兵代为保管，并无道谢之意。将来此案不知如何结束。又谈：日本陆军到沪，不易上岸，盖沿海要塞布置颇密，故日本在沪有停战求和意。

八月二十五日

上午到局前，先到冯寿苎处，拟约其充检验所会计。

赵孟超为梁家园小学校长来报，有宣抚班将借作办公之用。又，妓女检治所亦有日军借驻，但极和平，已与之接洽安适，特来报告而已。

下午三时开物质委员会，王泽民主席，日本顾问到者林龟喜、片冈种次、粟屋秀夫三人。日本顾问报告：日内有车到门头沟运煤，约十五辆，一日可往返四次，即一列可运四百余吨，统计每日可运一千八百吨。本拟小火车转运，但恐气力太小，故仍用大火车，每日有二次即可运二千吨。近西直门至门头沟车已通矣。泽民云：最近煤铺掌柜在郊外者多星散，不敢前往，亦不知门头沟煤商如何订约，有人接洽否？早间告中英公司煤车已备妥。公司云：已告门头沟办事人妥为筹备。日顾问云：中英存煤最多，有车即可运，但不知有苦力能搬煤否？如无苦力，可派兵运送。王答：门头沟之煤窑虽冬天亦不停工，一天约有三千余人挖煤。现三千余人全无工作，尽可移作运煤之用，不必派兵。又云：中英公司曾谓电话未修，诸多不便，设有车装煤，即修电话，方能彼此传达消息。日顾问云：电话能否在短期内修理殊无把握。又云：煤则须速卸，否则恐有妨碍。王云：煤栈有定章。日顾问云入城有问题否？王云：从城外入城，有一百三十五标识，方可畅行无阻。日顾问询煤价问题，王云：门头沟煤分为块末，均有水平线之价格。块煤最高者为十元六角，低者八元；末则最高七元，最低四元五角。今年六月份即达最低价，须折本矣。然竟因雨停工。夫煤分煤窑、煤栈、煤铺三种，此所谓最高最低价者，指煤栈趸售之价，非煤铺零售之价。因议决煤价可由煤栈自定之。

旋议购米问题，日顾问云：第一批天津米面已购妥，今尚拟购二批否？王云：前两星期拟有二办法；一则请林龟喜电东京、大连订米，一面由中孚银行、中国银行、大仓洋行同派人往津代表银行工会与大仓订购米面合同。一则托请法国参赞商购安南米。曾经三次接洽，以数量言，拟购二千包至四千包，以价值言，不拘限制，款由中国银行代付，交货地点未定。电去六日，尚未回音。粟屋云：现有二十万吨米面在津，可否明日即到津订约，作为第二次购米。其一可径向大仓订购，则恐无效果，盖组合军部之援助也。粟屋云：从安南购恐难达目的。盖天津事变后，外船不能入塘沽。今以外船购米，事实上难以办到。斯意以后如要购米，只有向组合订购方可免火车中断之虞。且近来海外汇兑不便，如何能向外国订货乎。王云：安南购米事在二星期前，今姑置不论，且论粟屋所云有三十万吨米面可以订购之说。日顾问云：第二批购米究竟数量若干。王曰：购米数量若干，须先知需要数量若干，宜应于需要而定购买之数。过多则价值低落，过少则食品不足。由是须有二条件如下：一、须视每日之需要量若干；二、须视每日车辆之转运情形如何。粟屋云：大连现在有米三十万吨，面粉三十万担，天津、通川两方面均争购量，北平不宜落后。盖米价之高低，可将低价者先留，否则太晚。究竟王君所云需要量若何乎。王云：北平人口统计，城内食米面者一百零七万人，城外食杂粮者五十万人。城内人口除小孩百分之五，应一百零二万人。每人每日食米面应新秤一斤四分之三，一日需米一千一百二十五包、面粉四千四百五十包，两共合二百吨（意谓城内亦有食杂粮者，姑以一半食米计算）。城外多食杂粮。所谓杂粮者以三四种不同之农产品合磨而成。每人日食一斤，一日须五十万斤。四郊人数约四十五万九千人，每人日食一斤，约需四十五万九千斤。两者折算，共需杂粮二百吨。由是观之，每日总量须六百六十吨，每日至少须有五百吨火车皮方能转运。至言米面来路，平时由平绥来者五分之三，由天津来者五分之二，平汉来者最少。如明白此需要量，购买量若干可照此推算。

有人问：第一批订购米面如何调查，用如何手续乎。王曰：当时对需要量不如此细密计算，只要购愈得多愈好，故未定数目。向来北平购米由米商自电沪港，察看市场办理。现今则此法不行，另觅主顾又不易得人。若有本会承购，第一缺乏资本，第二缺乏人才，第三运输不便，故本人对此问题实无把握。粟屋云：应有组合，由维持会监督施行。斯意明天即须派人赴津接洽，或先由中国银行购买若干，不然则太晚矣。王曰：可先定购面十万担，米五万担，但不必一批全来。约计面可供二十五日，用米可供四十五日。用面须一半好的一半坏的。米不用日本产者以其质太好而价太昂也。粟屋云：军务时代，变幻无常，最好先定每日能运若干。王云：米一日一千二百包，面一日一千三百五十包，每日有八辆车即可运妥。粟屋云，北平避难赴南者不乏其人，需米之量不稍减乎。王曰：加入难民亦不少。粟屋云：特派赴津购米之人，须持有特务机关所给之证明，方便与天津军部接洽。王曰：可电请中国银行经理杨君出席。十五分即至。告以购米条件是天津方面米商提出希望在塘沽交货，然我方宜主张在平交货，因函示天津方面，所提办法如下：

一、北平地方维持会须设置在津代表办事人员。此项代表人有买卖一切之权者为合格。

二、货款之清偿方法。在天津车站装车，当时以代表所发出货物受取书，交天津正金或朝鲜银行，得以领到货款事宜。但对于货款清偿须由北平银行公会先期缴纳保证状。

三、货物之价值。以天津车站上交货为准（价值以日金为定）。

四、数量、重量及品质等。以天津车站车上交货工作结算（但破装至五分认为无效）。

五、订购期货之定价交货。以塘沽为定，至于驳船、天津装车等费，均按实报实销办法（价值以日金为定）。

六、交货期。以到塘沽时日为交货时日。

上列办法，精神在于塘沽交货，盖虑天津至北平不免有兵险也。我国如要求在北平交货，似须加保险一费，亦未必不行。

晚，应宋抱一局长召，以日军借驻梁家园小学校等事报告之。

八月二十六日

末次到局谈鸦片专卖事，谓北平市区每年可得千余万元，征余意见。余谓：于财政固佳，其如国家人民何？末次云：以台湾前车言之，今已戒断，如欲戒烟，非从专卖入手不可。

日顾问赴各机关查取职员录，为裁员减薪之计。维持会本拟迁诸外交大楼，近又寂寂，似政局将有变化也。

八月二十七日

上午，单君庸来荐曹元琙，王伯元、袁序庵来商裁员。余主宽大，然不敷八百余元，拟以特别费充之。少顷末次政太郎介绍谢华辉来谈鸦片专卖。谢为介石弟，现充警察局顾问。

社会局值班电告，市府派许太礼到局指问，今日既因圣诞放假，何不祀孔。答以市长、局长到任未久，筹备不及，且乐器、祭器均存坛庙管理所，而天坛尚有驻军，搬运不易。今拟办法三条：一、俟秋丁或旧历八月二十八日补行祀典，作为今年临时办法。二、以后恢复春秋丁祭，由官主持；圣诞则由士绅主祭，任人民瞻仰圣庙。三、春秋祭虽不恢复，而圣诞则用旧历之八月二十七日，折合新历。以上三办法，应由地方维持会文化教育组议决施行。

八月二十八日

上午粟屋秀夫偕水野到局，调查遣送难民办法，及自来水、电灯、电车财产表营业损益表，并询每日城内外需用杂粮若干、存储若干，分会主管科办理。

市长批定八月仲丁祭孔，牛、羊、豕改用面制。

昨董季友来谈：往年时宪书，每日仅载宜沐浴、宜洗扫、宜婚姻等等，今年特别于八月初十日载宜扶危济困。二十二日宜济人之急，扶人之危，自危天必佑之。九月十五日宜定志救国，确定方针。二十七日宜定救护祖国，十月初十日宜临政亲民。十六日、二十二日、二十七日，十一月初三日、初四日、初九日、十七日、二十二日、二十八日、二十九日，十二月初三日、十二日、十六日、二十二日、二十七日、二十八日，均载宜临政亲民，岂不异哉。

承江市长派乔平八弟为第一工厂厂长。同时，社会局发表张志清为第二女中校长，乔华为商科职业校长。余去年在该校充任教员，每小时报酬二金，下学期改为一金五角，愤而去职之校也。

卓博公来游说，劝余四事：一不要闹癖，二不要多言，三不要贪污，四须联络新闻。其意为第四项来也，谓非请补助之意，欲于市府得一位置，以便代为宣传，并联络冷家骥、吕均、周肇祥诸君。答以前三项谨遵命，唯一、二两项癖性难移，三项则堪自信，四项有心无力。市府主维持现状，不轻添人，是以难耳，答随时留意报命。

下午访冷齐夫人，商收回汽车事。又访江宝沧，商派陆观甫、李鹿华、谢振翻事。江云：谢为冯庸代表，与舍妹办离婚手续，故吾家均不齿之。李鹿华容稍缓，陆观甫拟派充农事试验场副场长。因往告之。

八月二十九日

上午九时，赴府议祀孔典礼。民国以来改为三跪九叩者，今年秋丁始也。舞佾八十人，仍服清朝红袍，祝文亦用清代所制。演礼日，请外宾参观。

正午，赴福寿堂，应吴小鲁约。三时赴贫民救济会开会，沈思达提议办黄河契券附券。余谓：不如办慈善券。券可一元为全条，贰角为小条。此款专充救济贫民、难民、伤兵之用。众赞成。

晚约吴小鲁、林少英等饭。王吉臣云：在警察局得密报，共产将联合四散纵火扰乱，治安局已密令各区警，对购买洋油及燃料者特别注意。

八月三十日

末次政太郎于九时回东京，派廖秘书炳辉赴站欢送。盖东京将开特别会议，讨论对华问题。

十时，粟屋、水野询难民生活之状，及杂粮存储数量并救济院历史。

下午，赴宝沧处商议四事，一、农事试验场场长张律生来言：大狮产一小狮，为副场长所盗取移出场外，外人拟以二千五百金得之。不举发则近于祖蔽，举发则副场长为军人，而羽翼布满场内，必有困难。大势如此，设以陆观甫充副场长之职，能否应付请酌定。一、电灯公司舞弊案，应由中国人自了，故未以示日人。一、王冷斋眷属失印信、汽车，后任雷恒成欲以宪兵包围其宅，王夫人来求救，许十日交出汽车。托宝沧告雷和平办理。

江宇老以财政局长见诿，嘱余让出社会局长，由恽公孚接充。余加考虑，不如以退为进，决计辞谢，托宝沧代陈。宝沧云：果尔，可由恽任财政局，吕汉云助之。余甚谓然。

八时，魏子丹来商电车董事事。又谈河北省银行监委主席张玉衡将去职，当设法维持，令金融勿破锭是为至要。盖河北省银行钞票发行至四五千万元，而保定方面且增发无已，吾恐将为奉天官银号之续。

卓本悉来云：昨探视谢振平局长，寄语家人云：吾无生理矣，家中须速将党证取消，能寄达寒衣一套最好。谢闭囚室中，同住者七十二人，室高五尺，空气恶劣。其原因搜得五华抗日大同盟证据，但不知所谓五华者何意也。

八月三十一日

下午，到会抄各地收容所人数，约难民一万余人，惟商会救济会所办之收容所，有羼入贫民者，盖卖报童子无计谋生，亦冒充难民也。

林少英谈吴小鲁将赴东宣传中国领袖人物。

南京与俄订不侵犯条约，其内含意义即攻守同盟。日本飞机炸伤英大使许阁森，英提抗议三条：一政府正式道歉，二惩罚责任者，三保障以后不再有此类事件发生。看来似平平无奇，然卢沟桥事件，日本最初抗议之内容，亦是如此措辞，而竟酿出一场大战。以前例推之，世界大战即在目前也。

《近代史资料》总65号，中国社会科学出版社1987年版

叁　国共两党对事变的态度和抗战方针

一、中国共产党的抗战态度与方针

（一）中共宣言抗战文电

中国共产党为日军进攻卢沟桥通电

1937年7月8日

全国各报馆、各团体、各军队、中国国民党、国民政府、军事委员会暨全国同胞们：

本月七日夜十时，日本在卢沟桥，向中国驻军冯治安部队进攻，要求冯部退至长辛店，因冯部不允，发生冲突，现双方尚在对战中。

不管日寇在卢沟桥这一挑战行动的结局，即将扩大成为大规模的侵略战争，或者造成外交压迫的条件，以期导入于将来的侵略战争，平津与华北被日寇武装侵略的危险，是极端严重了。这一危险形势告诉我们：过去日本帝国主义对华"新认识"、"新政策"的空谈，不过是准备对于中国新进攻的烟幕，中国共产党早已向全国同胞指明了这一点。现在烟幕揭开了，日本帝国主义武力侵占平津与华北的危险，已经放在每一个中国人的面前。

全中国的同胞们！平津危急！华北危急！中华民族危急！只有全民族实行抗战，才是我们的出路！我们要求立刻给进攻的日军以坚决的反攻，并立刻准备应付新的大事变。全国上下应该立刻放弃任何与日寇和平苟安的希望与估计。

全中国同胞们！我们应该赞扬与拥护冯治安部的英勇抗战！我们应该赞扬与拥护华北当局与国土共存亡的宣言！我们要求宋哲元将军立刻动员全部二十九军，开赴前线应战！我们要求南京中央政府立刻切实援助二十九军，并立即开放全国民众爱国运动，发扬抗战的民气，立即动员全国海陆空军，准备应战，立即肃清潜藏在中国境内的汉奸卖国贼分子，及一切日寇侦探，巩固后方。我们要求全国人民，用全力援助神圣的抗日自卫战争！我们的口号是：

武装保卫平津，保卫华北！

不让日本帝国主义占领中国寸土！

为保卫国土流最后一滴血！

全中国同胞、政府与军队，团结起来，筑成民族统一战线的坚固长城，抵抗日寇的侵掠！

国共两党亲密合作抵抗日寇的新进攻！

驱逐日寇出中国!

中国共产党中央委员会

中央档案馆编:《中共中央文件选集》,中共中央

党校出版社1985年版,第10册,第277—278页

中央关于卢沟桥事变后华北工作方针问题给北方局的指示

1937年7月8日

北方诸同志:

卢沟桥战争有扩大可能,不管日方将扩大为大规模战争,或将暂时取外交压迫形式,我党在平津在华北,应立即开始执行下列方针:

甲、坚决保卫平津,保卫华北,提出"不让日本帝国主义侵占中国寸土"、"为保卫国土流最后一滴血"等口号,动员全体爱国军队、全体爱国国民,抵抗日本帝国的进攻,在各地用宣言、传单、标语及群众会议,进行宣传与组织的动员。

乙、立即与政府当局及各界领袖协商执行上述方针之具体办法,迅速组成坚固的统一战线,对付当前的重大事变。

丙、立即在平绥、平津以东地区,开始着手组织抗日义勇军,准备进行艰苦的游击战争,在平汉线、津浦线亦应准备组织义勇军,注意与各界爱国分子合作。

丁、进行坚决的反汉奸斗争。

中央书记处

中共中央党校中共党史资料室编:《卢沟桥事变和

平津抗战》,1986年版,第236—237页

红军将领为日寇进攻华北致蒋介石电

1937年7月8日

庐山。蒋委员长钧鉴:日寇进攻卢沟桥,实施其武装攫取华北之既定步骤,闻讯之下,悲愤莫名!平津为华北重镇,万不容再有疏失。敬恳严令廿九军,奋勇抵抗,并本三中全会御侮抗战之宗旨,实行全国总动员,保卫平津,保卫华北,规复失地。红军将士,咸愿在委员长领导之下,为国效命,与敌周旋,以达保土卫国之目的。迫切陈词,不胜屏营待命。毛泽东、朱德、彭德怀、贺龙、林彪、刘伯承、徐向前叩。庚亥。

《解放周刊》第1卷第10期,1937年7月

红军将领为日寇进攻华北通电

1937年7月8日

庐山。林主席、蒋委员长、冯副委员长、汪主席、太原阎副委员长，并转国民政府，各院部长，西安行营顾主任、何副主任，延安毛主席、朱总司令，并转人民抗日红军军事委员会钧鉴，各省军政长官钧鉴：日本法西斯蒂，肆其侵略故伎，造成虞晚卢沟桥宛平事件，杀伤我国军民，强占我国土地，此种盗匪行为，流血惨剧，破坏国际信义和平之行为，充分暴露其侵占华北灭亡我国之野心，变本加厉。我冀察当局及廿九军将士，为自卫而抗战，誓保国土，忠义壮烈，实为我大中华民族之男儿之良好楷模。德怀等以抗日救国为职志，枕戈待旦，请缨杀敌，已非一日，当此华北危急存亡之紧要关头，敢请我国民政府，迅调大军增援河北英勇抗战之廿九军。我全体红军，愿即改名为国民革命军，并请授命为抗日前锋，与日寇决一死战。仅此电达，敬候钧命。彭德怀、贺龙、刘伯承、林彪、徐向前、叶剑英、肖克、左权、徐海东率人民抗日红军全体指挥员、战斗员同叩。佳。

《解放周刊》第1卷第10期，1937年7月

红军将领为日寇进攻华北致宋哲元等电

1937年7月8日

北平宋明轩先生、天津张自忠先生、张家口刘汝明先生、保定冯治安先生勋鉴：日寇进攻，全国震愤，卢沟桥之役，廿九军英勇抵抗，全国闻风，愿为后盾。敢乞策励全军，为保卫平津而战，为保卫华北而战，不让日寇侵占祖国寸土，为保卫国土，流最后一滴血！红军将士，义愤填胸，准备随时调动，追随贵军，与日寇决一死战。除电蒋委员长及全国友军请缨杀敌外，特此奉达，即祈明教。毛泽东、朱德、彭德怀、贺龙、林彪、徐向前、刘伯承叩。庚亥。

《解放周刊》第1卷第10期，1937年7月

红军将领为日寇进攻华北致宋哲元等电

1937年7月9日

北平宋委员长、秦市长，天津张市长，保定冯主席，万全刘主席，并转廿九军全体将士公鉴：虞晚剧变，举世震惊，日寇之野蛮横行，已尽量暴露其灭亡我国之用心无遗矣。贵军处国防最前线，不畏强暴，奋勇抵抗，忠勇壮烈，实为军人良好楷模。敝军以抗日救国为职志，矢志杀敌，已非一日，誓为贵军后盾。除已电呈国民政府及苏维埃政府，请求遣派大军增援贵军并将敝军即行改名为国民革命军，明令敝军效命前敌外，特向贵军致

热烈之敬礼。贵军必能忠勇奋发，为保卫国土之光荣而坚持到底也。彭德怀、贺龙、徐向前、刘伯承、林彪、叶剑英、左权、肖克、徐海东率人民抗日红军全体指挥员、战斗员同叩。佳。

《解放周刊》第1卷第10期，1937年7月

毛泽东关于粤、桂、川各地当局对全国抗战应采取的方针问题致张云逸电

1937年7月14日

云逸：来电均悉。（甲）日本正向华北大举出兵，二十九军正英勇抗战，惟宋哲元态度尚不明，华北及各地救亡运动正在起来，蒋亦表示决心抗战，已令孙连仲、庞炳勋、关麟徵、高桂滋、李仙洲、赵寿山等十个师集中石家庄。（乙）为坚蒋氏抗日决心，各方应表示诚意拥护蒋氏及南京的抗日政策，不可有牵制之意。四川整军计划应照刘主席已经表示的方针做去，不可发生波折。此时各方任务，在一面促成蒋氏建立全国抗战之最后决心（此点恐尚有问题）；一面自己真正的准备一切抗日救亡步骤，并同南京一道做去。此种方针甚关重要，请与李总司令及川代表张斯可先生恳商决定。盖此时是全国存亡关头，又是蒋及国民党彻底转变政策之关头，故我们及各方做法，必须适合于上述之总方针。（丙）同意李总司令及桂各方决定的方针，惟尚请参考上述意见，并请李总司令推动粤方同做。（丁）四川方面立即派李一氓去，你不必去，你在桂林不动。（戊）你处电台勿失联络；我方代表团正与蒋氏商协抗日方针。毛泽东。

中共中央党校中共党史资料室编：《卢沟桥事变和
平津抗战》，1986年版，第237—238页

军委主席团命令
——关于红军改编为国民革命军及加强抗日教育问题

1937年7月14日

彭总指挥、任政委、林校长，各方面军、各军团、各军、各师、各团及各军事学校首长同志们：

（甲）日本大举向华北出兵，国家危急，二十九军正在抗战，国民政府正在调派援军，全国救亡运动正在奋起，我抗日红军，有开赴前线增援友军，并配合友军消灭野蛮日军之任务。

（乙）令到后即以军为单位，改组为国民革命军编制。同时增加抗日政治课程，对干

部及兵士教授东四省及华北五省地理,教授日本现状。军事训练着重实地战斗、夜间动作、袭击战斗、防空技术、长途行军、无后方作战等项,各军事学校大体同时办理。以上各项限十天完毕,听候出动命令。

(此命令对红军公开宣布,对日寇及汉奸分子绝守秘密,不得疏忽。)

军委主席团

中共中央党校中共党史资料室编:《卢沟桥事变和
平津抗战》,1986年版,第238—239页

中共中央为公布国共合作宣言

1937年7月15日

亲爱的同胞们:

中国共产党中央委员会,谨以极大的热忱,向我全国父老兄弟诸姑姊妹宣言,当此国难极端严重、民族生命存亡绝续之时,我们为着挽救祖国的危亡,在和平统一团结御侮的基础上,已经与中国国民党获得了谅解,而共赴国难了。这对于我们伟大的中华民族前途有着怎样重大的意义啊!因为大家都知道,在民族生命危急万状的现在,只有我们民族内部的团结,才能战胜日本帝国主义的侵略。现在民族团结的基础已经定下了,我们民族独立自由解放的前提也已创设了,中共中央特为我们民族的光明灿烂的前途庆贺。

不过我们知道,要把这个民族的光辉前途变为现实的独立自由幸福的新中国,仍需要全国同胞,每一个热血的黄帝子孙,坚韧不拔地努力奋斗。中国共产党愿当此时机,向全国同胞提出我们奋斗之总的目标,这就是:

(一)争取中华民族之独立自由与解放。首先须切实地迅速地准备与发动民族革命抗战,以收复失地和恢复领土主权之完整。

(二)实现民权政治,召开国民大会,以制定宪法与规定救国方针。

(三)实现中国人民之幸福与愉快的生活。首先须切实救济灾荒,安定民生,发展国防经济,解除人民痛苦与改善人民生活。

凡此诸项,均为中国的急需,以此悬为奋斗之鹄的,我们相信必能获得全国同胞之热烈的赞助。中共愿在这个总纲领的目标下,与全国同胞手携手地一致努力。

中共深切知道,在实现这个崇高目标的前进路上,须要克服许多的障碍和困难,首先将遇到日本帝国主义的阻碍和破坏。为着取消敌人的阴谋之借口,为着解除一切善意的怀疑者之误会,中国共产党中央委员会有披沥自己对于民族解放事业的赤忱之必要。因此,中共中央再郑重向全国宣言:

（一）孙中山先生的三民主义为中国今日之必需，本党愿为其彻底的实现而奋斗。

（二）取消一切推翻国民党政权的暴动政策及赤化运动，停止以暴力没收地主土地的政策。

（三）取消现在的苏维埃政府，实行民权政治，以期全国政权之统一。

（四）取消红军名义及番号，改编为国民革命军，受国民政府军事委员会之统辖，并待命出动，担任抗日前线之职责。

亲爱的同胞们！本党这种光明磊落大公无私与委曲求全的态度，早已向全国同胞在言论行动上明白表示出来，并且已获得同胞们的赞许。现在为求得与国民党的精诚团结，巩固全国的和平统一，实行抗日的民族革命战争，我们准备把这些诺言中在形式上尚未实行的部分，如苏区取消、红军改编等，立即实行，以便用统一团结的全国力量，抵抗外敌的侵略。

寇深矣！祸亟矣！同胞们，起来，一致地团结啊！我们伟大的悠久的中华民族是不可屈服的。起来，为巩固民族的团结而奋斗！为推翻日本帝国主义的压迫而奋斗！胜利是属于中华民族的！

抗日战争胜利万岁！独立自由幸福的新中国万岁！

中国共产党中央委员会

《中央日报》，1937年9月23日

中央关于组织抗日统一战线扩大救亡运动给各地党部的指示

1937年7月15日

各地党部：

日本已发动大规模进攻，二十九军正英勇抗战，华北各地救亡运动正在扩大起来，中国政府正派兵增援。根据上述情况，为执行本党七月八号宣言所述坚决保卫平津，同日寇血战到底之总方针，各地此时最要紧的任务，是迅速的、切实的组织抗日统一战线，以扩大救亡运动。这种统一战线的名义，可依照各地方的情形来决定，如救亡协会或援助抗战委员会等。各地党部应即派出适当人员出面，向当地党、政、军、警、学、商各界接洽，组织这类团体。如此种统一的组织，一时不能得到多数的同意，可先推动各界组织各自的救亡团体，同时宣传组织统一团体的必要，以待时机一到，即成立此项组织。如国民党当局不同意加入此项组织，即先由人民方面各团体发起自行组织，而要求国民党当局批准立案。如国民党方面号召组织这类团体，如北平市各界联合会，则我们即可加入工作。对国民党每一抗战的步骤应采取欢迎与赞助的态度，坚决反对挑拨离间的阴谋；共产党员应实际上成为各地救亡运动与救亡组织之发起人、宣传者、组织者；以诚恳、坦白、谦逊之态度与努力的工作，以取得信仰及这类团体中的领导位置；对各界中的纠纷，共产党员应以调停人之资格，出任和解。总之，为求得迅速组织统一战线，扩大救亡运动，执行坚决抗战保卫国土的方针，各地组织及同志应以无限的热忱与毅力，按照各地具体情况，完成中央给你们的使命。

中央书记处

中共中央书记处编：《六大以来》（上），人民出版社1981年版，第847页

中央关于目前形势的指示

1937年7月21日

（一）卢沟桥事件正在扩大中。日本政府已开始了全国的战时动员。大批日军正由日本、朝鲜、满洲伪国输送来华，这是日寇直接武装占领华北的整个计划的开始，其首先目的是在直接占领平津。

（二）二十九军将士对于日寇的进攻，到处进行了英勇的抵抗。其最高将领宋哲元、张自忠等则在动摇中。他们企图以对日让步来保持他们在平津及冀察的地位。但他们的这种倾向将遭受二十九军将士及华北与全国人民的坚决反对。

（三）在日寇进攻开始后，全国抗日救亡运动从新开始大规模的酝酿与发动，有人心惶惶不可终日之势。到处发生着援助华北的行动，组织着各种救亡团体，全国人民一致主张坚决抗战，反对动摇妥协。许多国民革命军将领及国民党地方党部公开通电同情抗战，要求抗战。

（四）南京政府与蒋介石氏对于此次事变表示了前所未有的强硬态度，在军事上亦已调动军队向河北晋绥边境集中增援并已下令全国准备应战。但是否已最后放弃暂时妥协的企图则尚属疑问。南京亲日派势力，采取隐秘的方式活动着。

（五）国际上英法对中国虽表示某些同情的论调，但他们不赞成中国今天实行全国性的抗战，希望中日妥协。他们这种态度，客观上将有利于日本。美国还保持着静观态度。苏联正在严密注意事变的发展，加强远东的防卫与警戒。德意正在西班牙以新的大规模的军事行动响应日本。日本法西斯蒂有可能向苏联同时实行挑衅，以引起德意向苏联的进攻，以造成世界大战。

（六）我们认为事变的发展有两种可能的前途，或者是事变发展为积极的抗战，以至发展到全国性的抗战，这是全国人民的要求，也是挽救平津与华北与全国免于沦亡的唯一出路。或者是由于冀察当局的让步，由于南京对于发动全国性抗战的迟疑及英法的

态度而暂时求得妥协。但这种妥协对于中国完全不利,它只能把平津、华北葬送给日寇作为以后继续侵略的有利阵地。

(七)我们的总任务,是在争取第一个前途的实现,反对一切丧失任何中国领土主权的妥协。我们的口号是:武装保卫平津,武装保卫华北,不让日本帝国主义占领中国寸土,驱逐日本帝国主义出中国。在这一总任务下我们主张:

(甲)全国海陆空军总动员,实现对日抗战;

(乙)全国人民总动员,立刻开放党禁,开放爱国运动,满足人民的迫切需要,实现大规模的组织民众与武装民众;

(丙)全国的抵抗,不但要在军事上实行抵抗,而且必须根绝日寇在中国的一切政治上、经济上的特殊势力,与汉奸亲日派;

(丁)统一的积极的抵抗,立刻集中抗战的军事领导,建立各个战线上的统一指挥,决定采用攻势防御的战略方针,大规模的在日寇周围及后方发动抗日的游击战争,以配合主力军作战;

(戊)建立抗日的民族统一战线,立刻使中央政府与地方政府的机构民主化,容纳各党各派的代表参加国民会议与政府,肃清一切亲日派汉奸分子,实现国共两党的亲密合作。

(八)在全苏区必须扩大抗日救亡的宣传鼓动,进行援助抗战将士的运动,并号召全苏区人民与红军指战员准备立即抗战。红军立即改名为国民革命军,准备立即向华北出动,执行对日直接作战的神圣任务。

中央书记处

中共中央书记处编:《六大以来》(上),人民出版社1981年版,第848页

中共中央为日本帝国主义进攻华北第二次宣言

1937年7月25日

万万火急!

全国各报馆、各团体、各武装部队、中国国民党、国民政府、军事委员会暨全国同胞们:

据各方面消息已证实冀察当局宋哲元已接受日方所提出下列三个条件,即(一)冀察当局向日军道歉;(二)廿九军从平津卢沟桥永定河以东撤退;(三)镇压民众抗日救亡运动,实行中日共同"防共"。这些条件已开始实行。此外有无秘密协定,尚不得而知。

全国同胞们!这些丧权辱国的条件同全中国人民与中国共产党保卫平津,保卫华北,不让日本帝国主义占领中国寸土的要求完全相反,同蒋介石先生七月十七日对于卢

沟桥事件之最低限度的四点立场（即（一）任何解决不能侵害中国主权与领土之完整；（二）冀察行政组织不容任何不合法之改变；（三）中央政府所派地方官吏如冀察政务委员会委员长宋哲元，不能任人要求撤换；（四）第廿九军现在所驻地区，不能受任何约束）亦完全相反。我们的政府与人民万万不能接受这种投降屈辱的条约！我们坚决反对冀察当局宋哲元接受这类亡国灭种的条约！我们要求为保卫平津，保卫冀察的每寸土地而血战到底！

全国同胞们！形势是万分紧急了！日本帝国主义大量海陆空军正向中国开进，平津冀察的存亡，千钧一发。我们应该向全世界宣言，我们对于日本帝国主义的侵掠，再不能有任何的让步与妥协了！正像蒋介石先生所说的："今日的北平若果变为昔日的沈阳，今日的冀察亦将成为昔日的东北四省。北平若可变成沈阳，南京亦何尝不可变成北平。"问题的中心就在这里！今天如果我们放弃平津，放弃卢沟桥永定河以东的大块中国领土，则冀察必然不保，必然成为第二个东北四省。冀察不保，华北与全中国即将垂危，亡国灭种即将相继而来。因此，我们必须坚决反对冀察当局宋哲元对于日寇的让步与妥协！

全国同胞们！我们决不能对于宋哲元的投降屈辱的"已成事实"与中日间的所谓"地方解决"，表示默认与软化。我们要求南京中央政府采取一切具体办法来满足全国人民的希望与要求，来贯彻七月十七日蒋介石先生所宣布的抗日方针。在今天，仅仅是激烈的宣言，不承认的声明与抗议，已经不够了。凶恶的日本帝国主义强盗是不怕这些的。在今天，希望《九国公约》签字国，出来干涉，也是不会有什么结果的。横蛮的日本帝国主义强盗是不管这些的。今天，我们需要最实际的办法来保证全中国人民的希望与要求的实现，来保证蒋介石先生所宣布抗日方针的执行。这些办法应该是：

（一）立即命令冀察当局宋哲元等拒绝执行日本所提的三条件，率领全部廿九军实行武装抵抗，如宋哲元拒绝执行中央命令，则立刻明令撤销宋哲元现任职务，另派大员领导英勇的廿九军将士及华北各军实行抗战。

（二）立刻派遣大军增援廿九军，并动员全中国的海陆空军实行抗战。立刻召集国防会议，集中抗战的军事领导，建立各个战线上的统一指挥，以积极抵抗的方针去对付日寇的进攻。在日军四周发动广泛的游击战争，援助东北人民革命军与义勇军，以配合抗日主力军的作战。

（三）立刻实行全中国人民的总动员，开放党禁，开放爱国运动，释放政治犯，实行民主权利，满足人民生活上的迫切需要，实行大规模的发动民众、组织民众与武装民众，建立各种各样人民的抗日统一战线的组织。

（四）立即实行全面的对日抵抗，停止对日外交谈判，实行武装缉私，抵制日货，没收日本帝国主义在华的一切银行、矿山、工厂与财产，取消日本帝国主义在中国的一切政治的与经济的特权，封闭一切日本大使馆、领事馆与特务机关，逮捕一切日本侦探与汉奸，解除日寇与汉奸在中国内地的一切武装的与非武装的团体。

（五）立刻改革政治机构，使中央与地方政府民主化，吸收各党各派及人民团体的代表参加国民会议与政府，使国民会议真正成为代表民意的权力机关，使国民政府真正成为抗日救国的国防政府，肃清潜在政府内部的一切亲日派汉奸分子，这样使政府与人民团结一致，共同抗敌。

（六）立刻实现国共两党的亲密合作，以国共两党的合作为基础，团结一切抗日救国的党派，创立巩固的抗日民族统一战线，以实现真正的精诚团结、共赴国难的方针。

（七）立刻实施财政、经济、土地、劳动、文化、教育等各种新政策，以巩固国防，改善民生。

（八）立刻实现抗日的积极外交，拥护国际和平阵线，反对法西斯侵略阵线，同美、英、法、苏等国订立各种有利于抗日救国的协定。

全国同胞们！只要我们的政府与人民能够坚决地实行这些办法，我们就有力量战胜日寇，驱逐日寇出中国，收复一切失地，只有中华民族的伟大的坚强的力量才能粉碎日本帝国主义的进攻，建立民族独立、民权自由与民生幸福的新中国！

所有中华民族的儿女们，所有不愿当亡国奴的同胞们！现在是民族存亡紧急关头。大家紧密的联合起来，紧急动员起来，拼着我们民族的生命去求得我们民族的最后胜利！

反对一切对于日寇的让步妥协，坚决抗战到底！

只有坚决抗战，才是中华民族的出路！

粉碎日本帝国主义的新进攻，保卫平津华北！

打倒日本帝国主义！

中华民族解放万岁！

中国共产党中央委员会

七月廿三日

《新中华报》，1937年7月26日

中央关于抗战中地方工作的原则指示

1937年8月12日

（一）一切地方工作，以争取抗战的胜利为最基本原则。一切斗争的方法与方式，不但不应该违犯它，而且正是为了取得抗战的胜利。

（二）对于所有参战的政府与军队，我们应该完全站在积极拥护的立场，在这一立场上，对于它们的缺点与错误进行善意的严肃的批评。

（三）可能时，应该同各地政府与军队进行各种具体的统一战线的活动与组织，并尽可能的吸收其他党派及人民团体参加进来。凡已有这类官办团体的地方，我们应该积极的参加，逐渐扩大内部的民主，使之更加群众化。

（四）应该普遍组织合法的统一战线的人民参战团体，或某些已经普遍存在的合法组织（如抗战后援会）转变为这类性质的团体。在它的总的领导下，可以发起各种吸收群众参加的活动与组织（如各种委员会、战地服务团、慰劳队、运输担架队、募捐队、义勇军、侦探队、抵制日货十人团、国防文艺团体等），保证一切愿意抗日的派别到内面工作，并发展其中的民主。或者可以首先组织各种上述的个别的统一战线团体，然后再把它们联合起来。组织总的领导机关，这可以就各地的情况来决定。

（五）利用一切旧政权的武装组织形式，如民团、保安队、壮丁队、义勇军等，实行组织群众与武装群众，并取得其中的领导地位。并用一切其他合法的可能，达到这一目的。

（六）共产党员应该以抗日积极分子的面目参加到政府与军队中去，并取得其中的领导位置。在一定的条件下，如政府的确表示坚决抗日，容许共产党的独立组织与公开活动，欢迎共产党到政府工作，我们可以公开用共产党代表的名义去参加，采取自上而下的办法，推动抗战运动的前进与胜利。

（七）在抗战中，应该坚持争取民主权利的斗争。利用一切机会组织工人、农民、学生、市民自己的合法的群众团体。或加入到已有的国民党所控制的机关（如黄色工会、农会、学生自治会等）中去工作，转变他们为这类的群众团体，利用一切方法动员群众争取民主权利，扩大政府所允许民主的范围，一直到言论、集会、结社、出版自由之完全取得。

（八）应该领导改善民众的生活的斗争。但斗争的方式亦应适合于抗战的利益，以采取用群众压力为后盾的民主的与合法的方式为主。在改善群众生活的过程中，应该鼓励一切同国防有关的生产事业中群众革命的热情，自觉的提高生产率。在抗日的直接后方，应竭力避免采取对抗战有害的罢工之类的斗争方式。

（九）在日寇占领区域及其侧后方，发动广泛的游击战争。组织游击队、游击小组、抗日义勇军、人民革命军，到处实行骚扰破坏，捕杀日本官吏，解除日军小部队的武装等。同察北义勇军及东北人民革命军、义勇军取得密切联络。组织各种合法团体（如在家礼等）以组织群众。或打入到合法的汉奸组织中与武装部队中去，以争取群众。在"中国人不打中国人"的口号下,经过秘密的或半公开的活动方式去组织伪军及伪保安队的全部叛变与倒戈。在这类区域中,党的组织应绝对保守秘密。

（十）在民族自决、民族独立、共同抗日的口号之下,组织与武装全体韩民、蒙民、回民参加抗战。应该争取这些少数民族的动摇上层分子（如德王之类）到抗战中来。汉人的政府与军队,应该同少数民族的上下层建立良好的关系,反对大汉族主义,使他们自愿的同我们亲密的联合。

（十一）同各党各派的政治斗争,是任何时候不能放弃的,但如何争取抗战的胜利的问题,应该成为斗争的中心。应该到处公开提出党对于保证抗战胜利的具体主张与办法,批评其它党派的不彻底与不坚决,以动员全国人民,环绕在我党主张与口号的周围。

（十二）用一切方法争取党的公开与半公开。但同时应该巩固与扩大党的秘密组织。党的工作与组织应适合于战时形势,加强地方党独立工作的能力。共产党员应该以自己的正确主张,艰苦工作,模范行动,谦虚态度,去取得群众的信仰、拥护与爱戴。

（十三）红军在抗战中,应该成为一切抗日友军的模范,取得友军与群众的信任。应利用现在公开的与合法的地位进行多方面的活动。

（十四）坚决同汉奸卖国贼亲日派做斗争。但不要轻易把这类帽子戴到动摇分子的头上,必须耐心的用一切方法争取他们到抗战中来,没收汉奸卖国贼的财产应该经过政府机关或群众团体来进行。

（十五）必须同民族失败主义做斗争。在斗争中巩固民族的自信心,指出抗战必然胜利的前途。

中共中央书记处编:《六大以来》（上）,人民出版社1981年版,第855页

附:何应钦关于红军出兵抗日电

何应钦复西安行营侯天士铣未电

1937年7月16日

机密。西安行营侯厅长天士兄:删申电悉。一一三一密。第三者之使用,俟正式战争发动时可以照办,除转电委座参考外,希转知前途,予以慰勉。何应钦。铣未。参。印。

《国民党政府军委会大本营档案》（廿五）3075,中国科学院历史研究所第三所南京

史料整理处编:《中国现代政治史资料汇编》第3辑第29册,1958年版,第6178页

何应钦致蒋介石铣未电

1937年7月16日

机密。牯岭。委员长蒋：一三四四密。据西安行营侯厅长成删申电称：关于第三者调出参战事，曾与叶剑英洽询。叶并将此意转告肤施。顷得复电如下：（一）蒋委员长及政府决心抗日，我们竭诚拥护，愿在委员长指挥下努力杀敌；（二）红军主力准备随时调动抗日，并已下令，各军十天内准备完毕，待命出动；（三）同意担任平绥线作战任务，并愿以一部深入敌后方打击敌后；（四）惟红军特长在运动战，防守非其所长，最好能与善于防守之友军配合作战，更能顺利的完成国家所给予的使命等语。职意该军之使用，俟正式战事发动时似可照办，除复电转知前途予以慰勉外，谨电参考。职应钦。铣未。参。印。

《国民党政府军委会大本营档案》（廿五）3075，中国科学院历史研究所第三所南京

史料整理处编：《中国现代政治史资料汇编》第3辑第29册，1958年版，第6178页

何应钦关于红军抗日部队运用问题的建议

1937年7月

（甲）使用方面

为使对于第一、第二战区之作战能直接发生影响，而予敌人侧方以威胁，并顾虑给养关系起见，拟以察东龙关为根据，经赤城向丰宁、承德方面活动。

（乙）线路

现第三者正在耀县、鄜县、正宁中间地区集结，为使迅速到达目的地，研究结果拟采如下之经路：由韩城、禹门口渡黄河，至新绛东之侯马上车，沿同浦路至大同，转平绥路至宣化或下花园，下车再徒步至龙关，稍事休息即开始向赤城活动。本线路由耀县至侯马约十日，尔后改乘火车至下花园，因中间阳明堡至大同一段车尚未通，亦用徒步，约需五日可至下花园，再徒步至龙关，约一天半可到，总共十七日即可使用于战场（其他路线均在一个月以上，至少廿七八日）。

（丙）秘密方法

用现在115D、120D、129D番号，一切旗帜、符号、服装均改换，主官亦改名换姓。

《国民党政府军令部战史会档案》（廿五）1577，中国科学院历史研究所第三所南京

史料整理处编：《中国现代政治史资料汇编》第3辑第29册，1958年版，第6406页

（二）中共领导人论卢沟桥事变

实行对日抗战

1937年7月15日

朱德

一、第二个"九一八"的号炮又响了

七月八号在卢沟桥又燃起了第二个"九一八"的号炮。和平已到了绝望的时期，国难已到了最后的关头！现在，摆在我们每个中华儿女黄帝子孙面前的问题，只有对日本强盗实行抗战，从华北的局部抗战走向全国的抗战，从二十九军的抗战走向全国人民上下一致的抗战，抗战到底！

日本强盗这次对于卢沟桥的进攻是有计划有步骤的，它企图着以这次的战争火把烧遍整个的华北，把华北变成满洲第二，至少变成冀东第二。卢沟桥的炮声在惊天震地的响着，日寇的炮火亦密集地向南宛射击着，平津路上已发生了激烈的对战，北平的周围被日本的强盗军包围着。北宁路上一列车一列车的日兵向着平津开来，至少已有五六万之多。日寇声言动员四十万大军到华北来。一切近代的武器飞机、大炮、坦克车等等都被输送到平津来。厦门、汕头等处已驶来了日本军舰。日寇的飞机在华北各处横行无忌地飞行着。这是说，日本法西斯蒂军阀的铁蹄又在驰骋于我们大好的华北土地之上了，又在屠杀中国人民掠夺中国国土了，是可忍而孰不可忍！

近卫上台以后，日本内阁与法西斯蒂军阀更密切地联系起来，完全执行着陆军省的蛮横意志，企图实现吞灭中国，企图以侵略中国来挽救日本国内又在酝酿着的经济危机，来转移日本人民对于社会不安的视线。它乘着英国被缠绕在德寇进攻西班牙的战争中无暇兼顾其他方面时，乘着美国暂时还无充分力量问津远东问题时，乘着中国虽告统一但国共合作还未完全进至具体状况的时候，首先在堪察加及柴那摩哈两岛附近轰击苏联舰队，企图以声东击西进攻苏联的空气来买得各帝国主义对日的好感，作为它对于华北的新进攻的烟幕弹。果然日帝国主义者在这个烟幕下，在卢沟桥放起了第二个"九一八"的号炮，以一切近代所具有的武器向我们的中华儿女大肆屠杀了。

现在的中国已不像从前了，它已有了和平统一一致抗战的决心。它知道，血的侵略只有以血的还击来回答！因此卢沟桥的挑衅遭遇到英勇的二十九军的迎头痛击。二十九军的将士们在这个战斗里表现了他们的无可比拟的勇敢精神，执行了保卫祖国的神圣天职！

二、日本并不是那么可怕的魔鬼

直到现在还有许多人被恐日病苦恼着、恫吓着。在全国人民大众群起奔向抗日巨流的时候，这些人们还是匍匐于恐日病的恫吓下战栗着，坚持着中国不能与日寇抗战，因而还应继续妥协退让下去的谬见。无疑地这一条反动的坝堤，阻挡了抗日巨涛的奔流，客观上尽了日本内奸的作用。我们要告诉这些人们，日本并不是那样可怕的。我们且把日本国内的情形观察一下。日本虽然也挤上了帝国主义的地位，而又加上了法西斯蒂的头衔，但他的经济基础却是那么脆弱，除意大利外，不能与任何帝国主义国家相比拟。日本的国外贸易——这是任何资本国家收入的主要来源之一——从一九二九年起无一年不是入超，它近年来廉价商品的倾销除了扰乱世界市场与增加日本劳动者的剥削率以外，对于它的收入并没有多少的增加，因为它的这种倾销政策是以几乎低于成本的价格实行的。它的天然富源的贫乏真是惊人，煤、铁、石油、棉花等等的生产量在平时已经不足用，在大量消费的战争时期，当然更是供不应求。这些对于军事非常重要的原料的缺乏，无疑地是日本帝国主义的一个致命伤。

日本的农业经济更是日本整个经济生活中最弱的一环。农业技术的落后，封建剥削的残酷，地租及赋税的繁重以及农民的极端贫困化，一切这些都形成了日本农业经济的特征，阻碍了日本工业的发展，限制了国内市场的扩大，永远使农民大众陷落在重债、贫困、饥饿与死亡的圈子里。直到现在日本人民的食粮一部分还是依靠着国外的输入，以这样脆弱的农业来维持长久的战争，那简直是想不通的事。

日本近些年来比较发展的只有军事工业。这种发展虽然给日本经济生活打了一针吗啡针，他不但不能持久下去，甚而这种大量消耗而与国民福利无关的军事工业的发展破坏了国民经济。要支持军事工业的发展，须有大量的闲余资本及军事工业所必需的丰富原料不可，但是这二者都是日本所缺乏的。我们前面已经说，煤、铁、铜、石油以及棉花等等的产量已不足以供给军事工业之用，财政的支持亦不是那么尽如人意。日本政府这些年来因为支持庞大的海陆军费与军事工业的关系，几乎靠着发行公债来度日。一九三一年后日本政府每年都有很大的亏空，国债是急剧地增加着。一九三六年至三七年的财政年度中，它的国债总额已达到一百一十三亿日元的惊人数字，而且还有继续增加之势！公债的发行只能在人民能够容纳的范围内，如果超过这个饱和点将会引起财政恐慌的危险，但是日本的公债额早已超过人民能够容纳的饱和点了。

日本一旦挑起了大规模的战争，那么为了支持这个战争，据日本军事家横山的估计，一年需要发行一百亿日元的公债，他同时承认发行这样极大数量的公债是极端困难的甚至是不可能的。然而既要冒险的进行战争，每年非需要这么多的金钱不可。国内既不能容纳这么多的公债，国外借款亦是茫茫无着，以这种的财政状况来进行战争，究能支持多久，那实在是一个最大的疑问呵！

　　再看日本的军事状况。日本军阀对于它们的军队，时时引以自豪。我们也承认它在组织上、武器上都是有着相当的强点。但是根据一家德国报纸的估计，日本现役的军队，连满洲的与驻在中国边界的共有一百二十万的数目。也许这个数目是夸大了一些。即使这个数目是真确的，拿这些军队一方面对付苏联，一方面又在冗长的战线上进攻中国，这显然是不够的。根据另一德国军事家的估计，日本能够动员的军队只有二百五十万人，这要拿第一次世界大战的死亡率——无疑地今后战争的死亡率将要大多少倍——来比较，这点军队不能够支持怎样长久，亦不能布置在广大地区上的。日本军队的战斗力也还有问题。日本近三十年来没经过甚么战争，中日战争与日俄战争早已是历史上的陈迹。趾高气扬的日本军官多是些纸上谈兵的"英雄们"，运用到实际的战争里不免便有些问题。淞沪"一•二八"的战争以及日军在东三省剿击义勇军常常败北的事实便是活的例子。不要再狂妄吧，现在的中国兵已不是中日之战的那时候了。

　　有人说，日本的兵士有很大的耐苦的作战能力。这且让日本军阀来自供，前陆相寺内说："一九三五年每一千人中有四百个人因为体质不佳的原故而被免除兵役。"积极提倡军事训练与体育的日本，为甚么有这么大数目的体质不佳的国民？一言以蔽之，尽管日本财阀及军阀等等少数人吃的怎样脑满肠肥，但是占着全国人民最大多数的受压迫受剥削太过的工农大众，是吃不饱饭！驱使这些饥饿的、体质不佳的兵士作战，只有狂妄的日本军阀会自欺欺人地相信他们的战斗力吧。不只此也，日本兵士多是出身自工农大众，特别是农民。他们虽然一时期地受了军阀的欺骗宣传，曾在满洲替天皇——日本财阀、军阀及一切反动势力的幌子——出了一些力，但他们所获得的依然是悲惨的失业，苦痛的饥饿与死亡。当日本的大财阀们从满洲吸取了大量的财富时，日本工农大众的贫困丝毫未得到解决。这刺激着他们深思到战争的利益只是属于财阀、军阀及地主贵族的，人民除了供给重大的战费负担与炮灰的作用之外一无所得。这种阶级意识的觉醒将更会动摇日本军队的军心，他们终会从"忠于天皇"的泥坑中自拔出来倒转枪口向着他们的天皇、财阀、军阀以及一切好战的反动势力开火吧，淞沪战争中一部分日军的兵变可为明证。

　　上述的这些情形已引起日本社会的极度不安。社会大众党在这次选举中的胜利便是表现着人民厌弃战争企图以另一方法找求出路的表现。人民阵线在日本的抬头亦是为了这个原因，不只工农大众、知识分子及小资产阶级，甚至一部分中等资产阶级也加入了这个人民阵线。不错，近卫内阁的上台更与日本军阀接近，更增加了法西斯蒂的势力，但是法西斯蒂势力的增强，实际上亦是表现着反动统治阶级的力量的削弱，而采取对内的恐怖政策与对外的战争政策这种自杀的末路呵！我们自然不应忽视日本强盗的强大的侵略力量，这将会犯轻视敌人的严重的错误；但是我们将会犯更严重的错误，如果过分估计日本强盗的力量，加重了所谓恐日病，对于日本侵略不敢作半些抵抗之想，妥协、退让，结果是束手待毙！

所谓的恐日病只是自己脑子里的魔鬼造出来的，日本并不是那么可怕的怪物，每个中国人都应该牢牢地记着！

三、抗战是唯一的出路

过去的错误政策我们不必再批评，而且单是批评过去的错误也是不中用的。现在怎样来抗战是我们全国同胞惟一的急务。

东三省已失掉了，热河也不为我们所有了，冀东的汉奸政权形成了，华北亦弄至岌岌可危的形势。一误岂可再误。过去的这种无与比拟的损失终于惊醒着我国同胞，认清让步、妥协与退却只是死路一条，只是亡国灭种的饮鸩止渴的自杀政策。抗战，只有在抗战中找出路，求生存，没有甚么踌躇，而不容徘徊，这是每个中国同胞应有的决心！

现在国际形势与国内形势都是有利于对日抗战的。国际舆论一致地责斥日本的强盗行径。国内自从西安事变后，与中华民国有着同样长久生命的内战，终于在共产党民族统一战线的政策下被结束了。国内和平实现了，国共合作的谈判亦有了初步的成功，南京政府的政治路线亦开始了新的转向——这一切都是向着我们团结御侮对日抗战的总目标迈进，都是在抗日阵线中的初步成绩。只要这样地继续下去，勇敢地大踏步地继续下去，终会给与中华民族以新的激动力，来实现它的民族解放的神圣任务的！

但是这些新的转变还只是开始，所收获的这些成绩还是非常的不够，向民主方面的迈进还是非常的迟缓曲折。但是我们的敌人是很聪明，正是看清了中国的统一战线的迅速成功对他的灭亡中国是绝大不利的，因此它就在卢沟桥放了先发制人的侵略华北的号炮。这个号炮便是我们的警钟。时候再不等待我们了，中央政府与我们全国同胞应该在这短促而紧张的时间里，勇敢而更勇敢地执行抗日的民族统一战线的新政策，由政府领导着在全国范围内发扬民主的精神，给民众以充分救国的自由，实现更广泛更坚强的上下一致的团结，动员民众，武装民众，扩大人民对日抗战的力量！这样，只有这样才能给日本帝国主义的野蛮的侵略以重大的回击，才能挽救华北的垂危的命运，才能进一步地收复一切失地，实现真正民族解放的神圣任务！

自从“九一八”以来，红军便坚持着和平团结共御外侮的方针，从它在中央苏区提出的三个停战的条件起，经过西安事变的勇敢的解决直到现在为止，红军一贯地坚持着这个抗日方针。现在，红军的这个民族统一战线的方针终于获得全国各界的谅解与拥护了。红军终于被认为是保卫中国与实行彻底民族解放的重要力量了，红军与各抗日友军的亲密合作与国共两党的精诚合作再也不会被日本强盗的挑拨离间与种种恫吓所破坏了。相反地，在它愈逼愈紧的形势下我们亦团结的愈紧。红军在这十年的斗争里锻炼了成千成万不畏牺牲不畏艰难的干部；提高了它的政治认识与政治信仰，红军中的每个战斗员以及饲养员、炊事员都有着深刻的政治认识，知道怎样执行他的抗日的政治任务；创立了灵活的巧妙的任何强敌都为之战栗的游击战术；建立了完善的系统的政治工作制度；在广大群众中播种了新的为民族解放而斗争的种子。我们不是在自傲，而且亦不应该自傲，我们只是把这些在革命中所获得的宝贵遗产说明出来，热诚地贡献给一切抗日的友军与全国的同胞。这些宝贵经验在今后的抗日战争将会有着极重要的帮助，将会收结更多的革命的果实。不但每个红军的战斗员应该继续学习，作更广深的运动，全国每个抗日的民众与抗日的士兵亦值得采纳与运用的。

红军没有任何地盘的野心，没有任何权利的狂欲。它的职志是抗日救国，是彻底的为民族解放，是实现真正独立自由的民主共和国。为了这个神圣任务的实现，他愿意放弃十年来有着光荣声誉的"红军"这个名字，改编为国民革命军，服从中央政府的指挥，以便在中央政府的领导下无阻碍无隔阂地实现全国上下一致的对日抗战！

卢沟桥的炮声响了！红军已作了随时出发的准备。听从着中央政府的命令，我们愿意开到抗日的前线上去，愿意担负任何艰难任何危险的前线与日贼周旋，愿意与宋哲元、冯治安将军领导下的英勇搏战的二十九军赤诚合作把日贼驱逐出去，保卫我中华民国的华北！我们不但对于宋哲元、冯治安诸将军与二十九军的将士表示最热烈最诚恳的敬意，我们并且忠诚地愿意以我们的一切力量来援助为国为民而抗战的二十九军，来与一切抗日的友军携手！向着我们的万恶敌人——日本帝国主义冲去！

四、最后的胜利是我们中国的

日本帝国主义绝不是甚么可怕的恶魔，只要我们全国民众上下一致齐心协力向着它抵抗，搏战！除了抵抗与搏战之外我们再无有其他的出路，因此全中国人民团结起来，动员起来，奔向这唯一的生路！

但是前线的士兵正在以生命与头颅来与日寇搏战的时候，日寇正在源源不绝向平津等处输运大军的时候，全国人民正在蓬蓬勃勃奔向抗战的时候，从平津透露出来与日寇交涉和平解决的恶耗。我们希望宋哲元将军认清现在的趋势，不再上日寇的恶当。这种的和平解决能给我们甚么呢？卢沟桥附近以及平津道上被日寇蹂躏殆尽了，该地成千成万的同胞被迫上逃亡与饥馑的路上去了。日本开来了多少万大军盘踞在平津各地作随时攫取华北为己有的准备，平津陷在日军的包围下，二十九军的后路亦被截断了。这样的和平解决是与虎谋皮，是自取灭亡，贤明的平津当局当不至出此吧！现在全中国已踏上了一个新的抗日阶段，再不允许一个丧权辱国的《塘沽协定》或"何梅协定"出现于中华人民的眼前！华北人民与二十九军的英勇将士再不容忍一个这样的条约！

摆在我们面前的唯一问题是抗战，抗战到最后的胜利！但是抗战不是那么容易的事件，也许有着超过我们想象之外的困难，它将是一个持久的艰苦的抗战。这需要我们动员与集中全国一切人力、智力、财力与物力以赴之！我们应该把握住抗战的胜利条件。

现在南京政府为了应付紧急的困难，已由庐山搬回南京办公，蒋介石先生亦飞返南京。蒋先生并于十七日发表了一篇重要的谈话，我们极端同意蒋先生的"卢沟桥事件系最后关头，倘若北平成沈阳第二，那么南京亦可成为北平第二"的意见。南京政府对于应战亦已有所表示。但是我们认为，要胜利地抗战，便应该坚决厉行集中一切抗日力量的准备，吸纳一切抗日的优秀人才到中央政府与各地方政府中，排除一切妨碍抗战或破坏抗战的分子，以民主方式广大地动员全国民众，同时以全力应付这一战争，迅速派遣大军到华北来。

我们不必讳言，华北各省的军队还是在一些个人的手中，指挥上是不统一的，行动上亦不甚一致。这大大地妨碍了对日的作战，且有着使日敌挑拨离间以及各个击破的危险。因此中央政府应立即组织华北抗日军队的总指挥部，或由蒋先生亲自北来指挥，或委派华北的重要将领指挥。一切在华北抗战的军队统由这个总指挥部指挥调遣。红军如被调到前线上去——这当然是我们所切盼的——当然亦无条件地听从这个总指挥部的指挥。一切抗战的军队，免去一切隔阂（如果有的话），扫除一切门户之见，不分畛域，不分派别，齐心协力，整齐着步伐，实行一致的对日抗战！

动员民众，武装民众，给民众以充分的救国抗日的自由，这是胜利的最必要的条件。民为邦本，民众是抗日的主要力量，因此要与民众更密切地联合起来。西班牙政府与叛军及德意法西斯蒂奋斗了一年之久，虽有德意的军队及强烈武力直接参加进攻，但仍胜利地保卫了马德里。这主要是因为政府信赖民众，动员民众与武装民众的原故。这一宝贵的教训现在应该充分地运用到中国来。但是我国民众的救国力量在过去是被箝制、被压迫了。即在今天亦还未获得应有的自由，这无疑义地是一个重大的损失。为了使抗战能够有把握，应刻不容缓地废除对于人民的束缚，与以广泛的民主自由，动员千百万的民众到前线上去，领导着民众在前线上以及在日军已占据的区域上组织大众的游击队，袭击敌人，疲劳敌人，破坏敌人的一切交通，与抗战的军队配合起来作战。这才是最有效的抗战方策。

华北民众，特别是平、津、保一带的民众，在这次抗战中有着最重要的作用。他们应该动员起来到前线去与二十九军一同生活，一同作战，与二十九军一切必要的援助，实现真正的军民合作。应该组织成各种游击队，在日军出没的地方找寻他的弱点向之袭击，破坏敌人的后方的北宁路的交通，使日人不能够再利用这条铁路运送军队。同时在平津的民众应该组织起来，协助着当地政府维持秩序，进行巩固后方的一切工作，缉捕汉奸，创立各种宣传队、慰劳队、救护队、运输队等等随时准备着在前线与后方服务，以履行人民应尽的职责。

最后，二十九军的将士们已在英勇的抗战了。这个战争不是某军某地方的抗战，而是全国一致抗战的开始。我们不能让这英勇抗战的军队孤军猛斗，应该在实力上、物质上与精神上给以充分的援助。因此中央政府方面应立即调遣飞机、重炮及大军速赴前敌应援，接济抗战军队以一切必要的武器、子弹与军需，这是极端迫切与需要的，愿立即实现。至于全国民众方面更应大规模地进行募捐运动，广泛宣传与组织各地民众到抗日的阵线来。组织宣传队、慰劳队、看护队、前线服务队、歌咏队、戏剧队、输送队以及义勇队，与以必要训练，随时准备开赴前线服务！总之，以一切的力量与一切的方式来增强与扩大这一英勇的抗战！

当然应作的工作还很多，工作的方式也还很多。我们这儿只提出一些例子，不能一一尽举。只要认清了这个抗战的严肃性，根据着各地的具体情形采用一切可能的工作方式与活动与这个抗战以种种有效的援助，才能真正地实现救国的天职。战争是这样的迫急，时间是这样的紧促，联合各党各派各军一致抗日的口号应立即变为实际行动！团结一切力量，动员一切力量，武装一切力量，奔向全国一致对日抗战的总目标！

不管敌人怎样残暴，怎样强悍，在抗战到底的进程里，最后的胜利终会是我们中华人民的，我们不但有着这样坚决的信念，民族解放的灯塔亦在这样照耀着我们走向最后的胜利！

《解放周刊》第1卷第12期，1937年8月

在"八一"抗战动员运动大会上的演词

1937年8月1日

毛泽东

同志们，日本帝国主义打到华北来了！平津失守了！如果我们还不动员起来抗战，那日本帝国主义就要打到我们这里来了。你们不要以为平津隔我们这里还远呵，我们这里过去就是山西，山西过去，就是日帝国主义者正在用大炮飞机轰炸的平津。所以，现在全国无论何处，都应该紧急动员起来。苏区是全国抗日模范区，在这个华北危急、中华民族已到最后关头的时候，我们举行这个抗战动员运动大会，是有着极重大的意义的。我们

要做一个榜样，表示我们抗战的决心。很久以前，我们就两次三番地对他们说过，希望他们坚决抗战，他们不听，始终动摇不定，始终没有坚决抗战的决心。此次平津失陷，是由于动摇不定，没有抗战决心所致。华北当局始终是抱着委曲求全的态度，在军事上不作充分的准备，对于民众是怀着不必要的戒心，不发动民众，不扩大民众爱国运动，相反的，还要出告示，下戒严令，要民众"镇静"，使有着满腔热血的爱国民众们，动弹不得。这样干的结果，便把平津丢掉了！我希望全国守土抗战的将士们，对于这个悲痛的教训，有所警惕！我们现在只有一个方针，这个方针就是坚决打日本！立即动员全国民众，工农商学兵，各党各派各阶层，一致联合起来，与日本帝国主义作殊死的斗争！这是民众独立与自由的不二方针。

我们今天举行这个抗战动员运动大会，就是向着这个方针迈进。我们这个运动大会，不仅是运动竞赛，而且要为抗战而动员起来。为了保卫国家，保卫领土，我们要把全国民众动员起来。同志们，准备出发到河北去，准备到抗日的最前线去。把我们这里的方针与办法带到全国各地去，把我们底决心带到抗日最前线去！

我们高呼：

打倒日本帝国主义！

收复平津！

保卫华北！

收复东四省！

"八一"运动大会万岁！

中华民族解放万岁！

《新中华报·八一运动大会特刊》，1937年8月2日

对"八一"抗战动员运动大会的训词

1937年8月1日

洛甫

同志们！今天我们开大会的时候，正是日寇轰炸保定、正定，任意屠杀我们同胞的时候，我们应该准备即刻动员到抗日前线去，收复平津，保卫华北。这也就是我们今天开大会的主要意义。为什么这次我们的平津重镇很快的就失陷了呢？其原因不外三点：一、事前我们的政府及华北当局没有坚决抗战的决心；二、军事方面没有对日军采取进攻的战略；三、华北当局及政府没有发动广大的群众共同参加抗战。因此，为着获得抗战的彻底胜利，我们要向政府提出下列的要求，即：（一）要求南京政府立刻对日实行坚决抗战；

（二）采取进攻的抗战；（三）开放救亡运动，发动全民抗战。我们这里每一个人都是坚决主张抗战的，我们的红军也在集中待命出发，我们的苏区更早已发动了广大的群众准备参加抗战，今天的大会就是我们对于自己抗日力量的检阅。同志们，我准备随时出发到抗日前线上去。

《新中华报·八一运动大会特刊》，1937年8月2日

论平津失守后的形势

1937年8月1日

洛甫

七月七日日军进攻卢沟桥的事件，我们即认为这是日本帝国主义直接武装占领平津与华北的开始。不幸，这一判断现在已经完全证实了。

二十九军及平津守卫部队经过局部的抵抗之后，最后于二十九日退出了平津。平津事实上已经落入日本帝国主义的手掌中了。为华北政治、经济、文化中心与军事重镇的平津的失守，是"九一八"后中华民族的最严重的损失。平津的失守，使中国失去了冀察与华北的最重要的屏障。而日本帝国主义却将依靠平津为根据地，实行侵掠冀、察、鲁、晋、绥、宁、青等省，隔断中国与苏联的交通，并可同样利用之去进攻外蒙与苏联。

关于这一点，蒋介石先生于七月十七日的谈话中也说到过。他说：

"如果卢沟桥可以受人压迫强占，那末我们五百年故都，北方政治文化的中心与军事重地的北平，就要变成沈阳第二。今日的北平，若果变成昔日的沈阳，今日的冀察亦将成为昔日的东四省。北平若可变成沈阳，南京又何尝不可变成北平。"

现在不但卢沟桥而且平津已为敌人强占了。这对于中国存亡有着何等重大的影响，是可想而知的。

平津的失守，显然决不是由于二十九军将士的不愿意抵抗。二十九军的将士在保卫平津的战斗中，表示了他们的坚决勇敢与牺牲的决心。我们对战死于北平的赵登禹、佟麟阁将军等，表示我们无限的敬意与惋惜。不但是二十九军，就是平津的保安队与警察，都为了保卫平津，流了他们的热血。他们的死，是光荣的。至于平津的人民，更没有一个不愿意为了保卫平津而血战到底！

所以平津的失守，决不能归罪于二十九军的将士，决不能归罪于平津的人民。平津的失守，首先是由于冀察当局与二十九军的最高负责者宋哲元、张自忠等对于抗战没有决心，始终在抵抗与妥协的中间动摇不定，始终没有放弃以退让求得苟且偷安与保存私人实力的企图。这从宋哲元在十一日与十九日和日本华北驻屯司令香月的谈判中，已经可

以充分的证明。第二，正因为宋哲元等对于抗战没有坚强的决心，所以他们对于抗战也没有任何准备。我们只看见二十九军将士凭着他们自己爱国热忱的自动的，散漫的与消极的抵抗，而没有集中统一的，上下一心的与积极的抗战。我们甚至没有得到有计划的与有步骤的作战指挥。这正给日本帝国主义造成了以少数兵力各个击破我们的有利条件。第三，宋哲元等始终惧怕发动群众，组织群众，武装群众来参加抗战。他们公开拒绝群众对于二十九军的援助，使战死的无人掩埋，受伤的无人看护。他们甚至宣布戒严令，禁止群众自发的援助抗战的运动，禁止群众言论、集会、结社与游行的自由。他们完全没有使用群众的伟大力量，来保卫平津。第四，宋哲元等对于汉奸亲日派、日本奸细的活动，不但没有肃清取缔，而且自己受他们的包围与诱惑，在他们面前表示束手无策。这些分子，到处进行破坏与阴谋，把一切国家的秘密告诉敌人。

这就是平津失守的直接原因。所以平津失守不能不由冀察当局与二十九军的最高负责者宋哲元等负直接的责任。

但是平津的失守也是过去南京中央政府一贯退让妥协政策的结果。《塘沽协定》、"何梅协定"的订定，华北特殊化的容忍，使日本帝国主义的政治的经济的与军事的势力深入了冀察与平津，造成了今天抗战的困难与不利的条件。同时南京中央政府对于日寇进攻卢沟桥事件，只是发表了和平解决这一事件的最低限度立场，宣布了超过这一限度时只有坚决应战的方针，但是以实际的行动来保证自己的立场与贯彻自己的方针，却表示迟缓、畏缩、游移与不彻底。一直到今天，中央军还不敢在河北的最前线，同二十九军以及华北其他各军在一起为收复平津、挽回危局而抗战。这是平津失守中，南京中央政府应负的责任。

日本帝国主义是决不满足于占领平津的。它将依靠平津，首先占领张家口，并吞冀察全部，向鲁、晋、绥、宁、青进攻，完成它创造"华北国""蒙古国"与"回回国"整个的计划。在中国其他各地则将到处实行骚扰与捣乱，以配合这一行动。

南京中央政府方面将采取哪一条道路呢？坚决的抗战，还是苟且偷安于一时呢？蒋介石先生于七月十七日的谈话中，关于卢沟桥所宣布的最低限度的四点立场是这样的：（一）任何解决不能侵害中国主权与领土的完整。（二）冀察行政组织，不容任何不合法之改变。（三）中央所在地方官吏，如冀察政务委员会委员长宋哲元，不能任人要求撤换。（四）第二十九军现在所驻地区，不能受人约束。照现在的形势看来，这四点中，至少最重要的第一、第四两点，已经为日寇所破坏无余了。因此，照蒋介石先生的谈话看来，我们今天已经到了"最后关头"。照蒋介石先生的话："最后关头一到，我们只有牺牲到底，抗战到底。只有'牺牲到底'的决心，才能取得最后胜利。若是徘徊不定，妄想苟安，便会陷民族于万劫不复之地。"

南京中央政府自"九一八"以来第一次公开发表它的坚决抗日的方针，这不能不说是南京政府的极大进步。全中国人民对于南京政府的这一方针的宣布，都表示了极大的欣慰与拥护。抗日民族统一战线从此将加速度的在全中国建立起来吧。政府与人民之间，中央与地方之间，国民党与其他党派之间的隔膜，将从此很快的消除吧。这为中华民族的前途着想，真是应该庆贺的事。

但是单单宣布抗日的方针是完全不够的，这只是决心抗战的起点。

我们认为南京政府方面，在实现这一抗日方针的实际行动上，还是非常迟缓，非常不坚决与不彻底。事实上，我们看到政府除在军事方面略有抗战的准备外，在政治方面尚无多少成绩可言。民主政治的改革，民主自由权利的保证，政治犯的释放，民生的改善，尚未正式开始。对于人民自发的爱国运动，则是多方面的约束与限制。国共两党的合作，尚在拖延中，损人利己，不顾大局的军阀主义倾向尚未转变。这些原因，使人民与政府之间，中央与地方之间，国民党与其他党派之间的隔膜，未能消除。对于日本帝国主义在华的一切政治、经济、军事的特权，没有丝毫侵犯。对于日本特务机关，亲日派汉奸的活动，甚至无耻的走私等没有认真取缔。而且处处还表示我们愿意同日本在东亚"和平共居"。在卢沟桥事变后匆匆派遣许世英大使到日本进行和平谈判。在蒋介石先生的谈话中，也只说我们不是"求战"，而是"应战"。而对英、美、法、苏等国，至今尚未建树积极的革命外交。一切这些弱点，将使我们在对日抗战中，处于极端不利的地位。日寇必然会利用这些弱点，来各个击破我们，分裂我们，达到它的侵掠目的。

南京政府在实际执行自己所宣布的抗日方针上的这些弱点，是目前时局的重大危机。这证明蒋介石先生所说的"徘徊不定，妄想偷安"的妥协的传统，在南京政府中依然存在着。特别是英国在目前"中日问题"上所取的态度，更会加强这种传统的力量。

英帝国主义目前在远东，是不希望中日战争的爆发的。它认为战争对于它是不利的，因此它希望中国以某种让步（如承认平津的已成事实）来求得同日本的妥协。它可能以某种压力（比如经济财政上的压力）来逼迫中国实行这种让步。英国这种态度，对于中国显然是非常不利的。但是它这种态度，正好鼓励南京政府内那种妥协的传统，使它能够依靠英国的助力而扩大它的影响。

这种"徘徊不定，妄想偷安"的倾向，是中华民族目前的最大危险。正像蒋介石先生所说的，这种倾向会"陷民族于万劫不复之地！"如果这种倾向不能克服，则南京政府目前可能仅仅止于发表激烈的宣言、不承认的声明与抗议，暂时停止于不战不和的僵局，或暗中实行谅解，而在事实上放弃平津与冀察，给日本帝国主义造成以后进攻中国更有利的条件。

我们应该向全国人民与南京当局大声疾呼：这种"徘徊不定，妄想偷安"的妥协传统，已经给了中华民族以极大的危害。

中国政府当局，在沈阳事变之后，未尝不希望以东四省的放弃，来取得苟且偷安于中国本部，然而这种希望是很快的幻灭了。《淞沪协定》、《塘沽协定》、"何梅协定"等都未尝不是希望以让步妥协的方法，来求得"苟且偷安"，然而一切这些都不能阻止日本帝国主义的继续进攻。现在谁都会明白，就是我们退到中国的"堪察加"，日本帝国主义还是要把我们从那里赶走的。日本帝国主义的大陆政策，决不以取得中国的一部分领土为满足，它所要的是全中国！

六年来惨痛的教训告诉我们，必须用全中国的力量来克服这种"陷民族于万劫不复之地"的妥协传统。这一次，我们再不能重复过去的错误了。只有坚决的发动抗战，才是我们的生路。虽是目前我们在抗战的准备工作上，还有很多的弱点，然而我们相信，如果我们真能克服那种苟且偷安的妥协传统，抱抗战的极大决心，我们在抗战中，一定能够很快的消灭这些弱点的。

全中国人民现在都一致要求抗战。自从卢沟桥事件发生之后，全国各党各派各界各军一致提出了这一要求。这是全民族的呼声。这种全民族的呼声，是我们的政府所不能忽视的。我们认为我们的政府，不但不应该在全民族抗日救国运动的怒潮前面表示恐怖，而且应该推动这一怒潮的前进，依靠这一怒潮的伟大力量，去驱逐日寇出中国，去收复我们的平津与我们的东北失地。

我们认为为了贯彻蒋介石先生七月十七日的抗日方针及满足全国人民的要求，必须采取中国共产党在七月二十三日的《关于日本帝国主义进攻华北的第二次宣言》中，所提出的下列具体办法：

（一）立刻命令冀察当局宋哲元，拒绝执行日本所提的三条件，率领全部二十九军实行武装抵抗，如宋哲元拒绝执行中央命令，则立刻明令撤销宋哲元现在职务，另派大员领导英勇的二十九军将士及华北各军实行抗战。

（二）立刻派遣大军增援二十九军，并动员全中国的海陆空军实行抗战。立刻召集国防会议，集中抗战的军事领导，建立各个战线上的统一指挥，以积极抵抗的方针去对付日寇的进攻。在日军四周发动广泛的游击战争，援助东北人民革命军与义勇军，以配合抗日主力军的作战。

（三）立刻实行全中国人民的总动员，开放党禁，开放爱国运动，释放政治犯，实行民主权利，满足人民生活上的迫切需要，实行大规模的发动民众、组织民众与武装民众，建立各种各样人民的抗日统一战线的组织。

（四）立刻实行全面的对日抵抗，停止对日外交谈判，实行武装缉私，抵制日货，没收日本帝国主义在华的一切银行、矿山、工厂与财产，取消日本帝国主义在中国的一切政治的与经济的特权，封闭一切日本大使馆、领事馆与特务机关，逮捕一切日本侦探与汉奸，解除日寇与汉奸在中国内地的一切武装的与非武装的团体。

（五）立刻改革政治机构，使中央与地方政府民主化，吸收各党各派及人民团体的代表参加国民会议与政府，使国民会议真正成为代表民众的权力机关，使国民政府真正成为抗日救国的国防政府，肃清潜在政府内部的一切亲日派汉奸分子，这样使政府与人民团结一致，共同抗敌。

（六）立刻实现国共两党的亲密合作，以国共两党的合作为基础，团结一切抗日救国的党派，创立巩固的抗日民族统一战线，以实现真正的精诚团结、共赴国难的方针。

（七）立刻实施财政、经济、土地、劳动、文化、教育等各种新政策，以巩固国防，改善民生。

（八）立刻实现抗日的积极外交，拥护国际和平阵线，反对法西斯侵略阵线，同英、美、法、苏等国订立各种有利于抗日救国的协定。

中共这一宣言还是在全国盛传宋哲元将军已与日寇订立停战协定时所发表的。今天的事实，证明宋哲元将军虽是犯过我们前面所说的严重错误，但是他究竟还不愿同殷逆汝耕等汉奸同流合污。我们希望他努力为民族效劳，改正自己过去的错误，率领二十九军将士在中央抗战的方针下，同日本帝国主义奋斗到底。我们大家都是爱护宋哲元将军的，希望他为国珍重，抛弃一切游移动摇，进行坚决抗战。

最后，我们希望南京政府立刻停止中日的和平谈判，宣布对日绝交，向全中国全世界公布实行全国性的民族抗战的坚决方针，执行中国共产党所提出的八项具体办法，反对一切动摇妥协与苟且偷安的倾向。

全民族抗战的伟大时期就要到来了。四万万五千万人的解放战争，将使中国历史转入一个崭新的时期，使全人类在解放的进步路上，前进一大步。

这个时期的到来，将预示着中华民族的必然胜利！

《解放周刊》第1卷第13期，1937年8月

怎样争取全国抗战的胜利

1937年8月

李富春

七月七日日本帝国主义开始了在卢沟桥的炮声后，继续平津被占，南口被围，演变至

今，不但早已超过蒋介石先生所宣布的"四点最低立场"，而日寇还正在进行全国的动员，四十万"皇军"以为"惩戒二十九军而继续集中平津冀察与东北"。海军为着"监视中国"而满布于沿海沿江各地，"青色的怪机"任意在全国各都市各交通要道轰炸侦察，日本的议会，早就通过了四万万一千万之日〈元〉"对华战费"，全中国的日侨均集中海口，陆续回国。这一切大规模在全中国进攻的行动，正如冯焕章先生所说："已经最后一次的打破了少数人以为日本帝国主义的侵略还有止境的幻想"，只要不是丧心病狂的满奸，谁能说中华民族不是已到了"最后关头"？

处在这种危急的形势中，中华民族只有一条唯一的生活路，就是坚决实行全国性的抗战。这已经是全国人民、全中国各党各派各界各军的一致要求。

蒋介石先生在七月二十九日的谈话中，也说到：

"今既临此最后关头，岂能忽视平津之尚为局部问题，并听日军之宰割或更制造傀儡组织，政府有保卫领土主权及人民之责，惟有发动整个之计划，领导全国一致奋斗为捍卫国家而牺牲到底，此后决无局部解决之可能。"

冯焕章先生在八月六日《我们应如何抗敌救国》的广播中也明白的说：

"现在是我们全体国民，为公理为正义，为生存为和平，为国家为民族，为自己为子孙，牺牲一切精神的、物质的最后关头，要人人起来参加抗战，方可生存，不然则亡。"

我们竭诚拥护蒋、冯两先生这种抗日救国的精神，因为现在确实是"全体为国家为民族为个人为子孙的最后关头"，"决无局部和解的可能"，现在确实"唯有发动整个的计划领导全国一致奋斗为捍卫国家牺牲到底"，"要人人起来参加抗战，方可生存，不然则亡！"

但是甚么是"整个计划"，要怎样才能"领导全国一致奋斗而牺牲到底？"如何能够"要人人起来参加抗战？"如何才能发动全国抗战与争取抗战的胜利？这是关系国家民族存亡，象火烧眉毛，急忙要解决的大事，这决不能从事空喊，决不能单只在军事上有点准备与行动即算是全国抗战，决不能由一党一派包办，所能做得了的。

我们现在必须立刻有一个具有坚决抗战决心的，在抗日的政治上、军事上、财政上、经济上、外交上、教育上、动员人民上的全国抗战的整个计划，和一个"领导全国一致奋斗""要人人参加抗战"的具体办法，公布于全国人民之前，号召全国人民努力来实现，才真能保障抗战的动员与抗战的胜利！因此我以为这种全国性抗战的整个计划与具体办法，必须包含下面的内容：

（一）首先最要紧的是南京政府必须定下坚决抗战的决心，向全中国全世界公布，实行全国性抗战的坚决方针，这就必须立即停止中日谈判，宣布对日绝交！

平津失守的最大原因，即是由于冀察当局动摇徘徊于和与抗战之间，结果是等等应战，等等退却，没有抗战的决心，而空言保持领土、主权，只是便利了敌人！

有了抗战的决心，还要坚持到底！必须打破"日本帝国主义的侵略还有止境的幻想"，必须从日寇的"不预扩大，局部解决"的迷魂阵中冲出来，必须无情的反对"我是弱国"无力抵抗的民族失败主义，只有肃清一切动摇妥协、苟且偷安的可耻倾向，才能够挺直的站起来为救亡坚决抗战！

全中国人民，如果"大家要说老实话，大家要负责任"（借用汪精卫先生话），那就只是坚决抗战！可是汪先生的"老实话"却说得不老实，在他的老实话下面，散布着失败主义。这正如冯先生的演词中所指出的，我们的抗战不是为着死，而是为着生。

（二）有了抗战的决心，就必须立即动员全中国的海陆空军实行抗战！这就要立刻召集国防会议集中抗战的军事领导，建立各个战线的统一指挥，彻底打破地方割据的军阀传统，将正规的海陆空军集中国防前线，大大的武装人民，一方面以之维持后方秩序，一方面以之不断的补充前方，增强前方的战斗力，只有这样才能同凶狠的日寇进行持久的战争！

我们应当深刻认识平津不三日弃城而走，是惧怕人民、不武装人民的要〔恶〕果。马德里之保卫，能支持一年，屡挫德意及弗郎哥等法西斯军队，是积极武装人民的成绩。谁不了解此点，谁就不能领导神圣的民族革命战争！全国抗战的战略方针，必须基于抵抗日寇的进攻，驱逐日寇出中国，保卫中国的领土完整上，因此决不是等等应战，单纯防御，也不是局部应战的振军奋斗，而应当是整个动员积极抗战的方针。六年来从马占山将军抗战的失败，直到最近平津的失守，这些军事上的惨痛教训就在于此！

与凶恶的日寇作战还必须在日军四周发动广泛的游击战争，利用我军深悉地形，联系人民的优点，来制敌人的死命，并借此去联系与援助东北人民革命军与义勇军，配合抗日主力军的作战！

（三）要保障抗战的彻底胜利，单只有军事的总动员还不够，最重要的必须有全中国人民的总动员！

要人人起来参加抗战，要人人起来为国家为民族发挥其能力与积极性而牺牲到底，要人人起来为国家民族说老实话，负责任，就非给予人民以民主自由权利，就非大规模的发动与组织人民不可。民主与抗战是不可分离，四万万七千万的民族警觉，是一个无穷尽的力量，如果政府诚意的与人民打成一片，能够发动、团结与组织人民，能够爱护发扬这无穷尽的抗战力量，中华民族就必能争取抗战的胜利。因此实行民主的抗战首先就非开放党禁，开放爱国运动，释放政治犯允许人民有抗日救国的言论结社的自由不可。如果只是畏惧这个力量,压抑之,限制之,甚至摧残之,则抗战之发动只等于有皮毛而无骨肉。阿比西尼亚抗战之失败,就在于此。中华民族的抗战,必须争取胜利,再不要蹈阿比西尼亚的覆辙!

工农及一切劳苦大众是中华民族占最大多数的基本力量,要发动工农劳苦大众参加抗战,不但要给予他们抗战救国的民主自由,还要设法改善其生活,减轻他们重重的压迫,保障他们有必要的饭吃,来参加抗战,保障他们不受其他压迫的顾虑而能专心致力于民族压迫的解除。因此政府应当宣布并实行改良人民生活的纲领,取消苛捐杂税,减少地租,限制高利贷,改善工人、士兵及下级军官、小学教员、小职员的生活与待遇,救济灾民、难民与失业工人、知识分子与失地农民!

对内实行民主自由与民生改善,才能保障对外的民族抗战的彻底胜利,这就是孙中山先生的革命的三民主义的初步!

(四)要保障抗战的彻底胜利,单单只有军事上的抵抗,是不可能的,必须实行全面的对日抵抗,这就是说必须向日本帝国主义在中国之内的一切势力与以打击!

肃清日寇公开的半公开的秘密布置在中国每个角落足以破坏我们抗战的势力,巩固中国抗日的后方,这是迫切需要解决的问题。如果我们发动对日抗战而让日寇在中国政治的经济〈的〉特权还继续存在,让日本侦探、浪人与汉奸仍可到处活动甚至钻到我们政府与军队中来,这种对敌仁慈给敌方便等于解除自己武装的行为是多么危险!

因此必须在政府有计划的发动下全中国人民动员起来,实行武装缉私,禁止日货入口,没收日本帝国主义在华的一切银行、矿山、工厂与财产,取消日本帝国主义在中国的一切政治与经济的特权,收回日本租界,封闭一切日本大使馆、领事馆与特务机关,逮捕与严厉制裁一切日本侦探与汉奸,解决日寇与汉奸在中国内地的一切武装的非武装的团体。

(五)为着"集中人力"健强全国抗战的领导,使人人能贡献抗战的力量,就必须改革现有的政治机构,实行中央与地方政府的民主化!吸收各党各派及人民团体的代表,参加国民会议与政府。

要取消国民会议一切不彻底的有限制的办法,允许各党各派各军各界自由的选举代表参加国民会议,使国民会议真正成为代表全民意见的权力机关,要肃清潜伏在政府内部的一切亲日派汉奸分子,吸引各党各派及人民团体的代表参加政府,使政府真正成为抗日救国的国防政府,使各级政府密切联系的与人民团结一致共同抗敌。

如果我们的政府,仍然让亲日派汉奸分子作大官负重责,仍然是少数人的把持而与人民隔离,甚至成为压抑人民的工具,如果我们的各级政府仍然是为贪赃枉法的吸血鬼所钻营牟利的机关，要想领导全民族团结全国人民争取抗战的胜利，是不可想象的！

（六）立即实行国共两党的亲密合作，这是决心团结全国各党各派各界各军一致抗日的中心与标志，十年来的内战不息与不团结御侮，其中心也就是由于国共两党之不能合作！

二年来中国共产党光明磊落大公无私的向全国人民及国民党提出国共合作团结御侮的民族统一战线的救国方针，已委曲求全仁至义尽的为"抗日统一"而改变其政策，在今日，共产党已准备好一切为抗战而与国民党进到亲密的合作。

我们深深虑到解决目前的局势，为中心一环，只有立即实行国共两党亲密的合作，以此为基础的来团结一切抗日救国的党派，创立巩固的抗日民族统一战线，才能实现真诚的精诚团结与共赴国难的方针，才能领导全国"一致奋斗，牺牲到底"，才能实现"要人人参加抗战"！事急时迫，任何的游移拖延，都只能使民族有损，日寇有利！

（七）全国抗战的发动，单只在军事上有所布置是万分不够的，近代战争的动员要把一切物质的精神的力量都计算在内与军事力量配合起来才能知己知彼的争取胜利，何况我们是被侵略的民族，因此在财政、经济与文化教育上，必须立即实施适于抗战的新政策，集中所有的力量战胜敌人！

抗日的财政经济政策，必须努力于发展国防经济，国营或统制一切与国防有关系的生产机关与组成！在有钱出钱的口号下，动员全国人民的资财去解决财政上的困难，没收日本帝国主义与一切汉奸财产，充作抗日经费！抗日的国难的文化教育政策，必须将所有一切文化教育机关、新闻报纸、出版事业、电影文艺戏剧歌咏，都适应于国难，适应于抗日的需要而彻底改造，从各方面扫除一切颓废堕落的毒素，克服一切民族失败主义和汉奸的亡国理论，把国难的文化教育，普及于全国人民，提高全国人民文化政治水平，发扬全国人民的民族觉悟，只有这样才能万众一心为民族为国家而奋斗牺牲到底！

（八）要保障抗战的胜利，必须进行抗日的积极自主外交，这里首先需要我们自己对日本帝国主义的进攻，坚决抗战到底！基于这一坚决抗日的立场，必须拥护国际和平阵线，反对法西斯侵略阵线，同英、美、法、苏订立各种有利于抗日救国的各种协定，以求达到实际有利于抗日的联合！同时联合朝鲜、台湾及日本国内的工农与一切抗日力量结成巩固的同盟，以这样联合抗日的外交阵容来补助我们自己的坚决抗日，这就是保障抗战胜利的积极自主的外交政策！在外交上的一切仰人鼻息的犹豫动摇，一切卑于屈辱认贼作友的来往，一切依赖苟安，而徒望人家"拔刀相助"的观念，必须一扫而空，再不能迟疑了！

以上八点，就是目前中华民族处在"最后关头"抗战求生的不可缺一的"整个计划"，只有彻底全部的实行这些办法，才能"领导全国一致奋斗为捍卫国家而牺牲到底"，才能保障抗战的彻底胜利！

中国共产党早在七月二十三日《为日本帝国主义进攻华北第二次宣言》中，即明确的提出了为"保卫平津，保卫冀察"的每寸土地而血战到底的八个办法！正因为没有即早的实行这种"整个计划"，平津就轻易被日寇占领！现在时急矣，势迫矣，全中国同胞一致奋起，拥护与实现这一有具体内容具体办法的救国整个计划，这神圣的抗日民族革命战争的胜利必然是中华民族的！

《解放周刊》第1卷第14期，1937年8月

(三) 陕北各界声援抗战

延安全市共产党员及各革命机关召集紧急会议

一九三七年七月十三日，延安全市共产党员及各革命机关工作人员召集紧急会议，由毛泽东同志提出"每一个共产党员与抗日的革命者，应该沉着地完成一切必需准备，随时出动到抗日前线"的号召，这一号召得到了全体到会人员完全一致的热烈回答。

《解放周刊》第1卷第11期，1937年7月

延市昨开市民大会一致声援抗战将士

本报特讯：延安市抗日救国会于昨日在东门外召开延市援助平津抗战将士市民大会，到会者数千余人。主席宣布开会后，继由新从平津来的代表报告日军在平津一带的强盗行为，听众闻之莫不愤慨异常。后由毛主席报告卢沟桥事件的经过及最近情况，演词激昂，听众均磨拳擦掌，热血沸腾，愿赴抗日战场，与日寇决一死战，特别对廿九军抗战将士的英勇杀敌精神尤为钦佩。最后通过致廿九军将士电，鼓励他们英勇抗敌。至十二时许，举行游行示威。

《新中华报》，1937年7月19日

延市各界热烈募捐援助廿九军将士英勇抗战

本报特讯：卢沟桥事件发生后，延市各界人民对日寇的侵略行为无不愤慨以极，对廿九军将士抗战的精神百倍钦佩。在本月十八日召集的群众援助抗战将士大会上，由延安市抗日救国会发动轰轰烈烈的募捐运动来援助抗敌将士，住延安市各机关、团体

及个人无不倾囊捐助。在数天之内，计收集捐款数目列后，足证明各界人士抗日救国的热忱：

延市商人抗日救国会四十九元六毛四分五厘；后方政治部二十八元七毛四分；中央党校五十六元九角八分；中央政府列宁室二十一元七毛八分；中〈央〉经济部十元八角三分；党中央局二十五元一角七分；西北保卫局八元三角；中财部六十六元九角；印刷厂十二元五角；外交部七元五角四分五厘；总工会五元；延市高小学校一十二元〇四分五厘；延安市县公署一十七元八角；延市师范学校五元；延市抗日救国会四元九角；西北青年救国会七元九角四分；延市东关抗日救国会三元二角八分；北街抗日救国会六元四角；西街抗日救国会八元；南街抗日救国会五元八角五分；东街抗日救国会五元一角；市工会一十一元四角。以上共计三百六〔八〕十一元一角二〔〇〕分五厘。

《新中华报》，1937年7月29日

军委直属队募捐援助华北抗战将士

延市各界热烈募捐援助华北抗战将士英勇抗战，已志前讯。兹探悉军委直属队各单位的募捐尤为轰烈！有好些指战员自己平时积蓄的零用钱准备自己做衣服穿，都悉数拿出来捐助。有的单位如保卫营等，除由指战员个人募捐之外，还在军人大会中全体决定缩食一餐，节省伙食钱以捐助之。节衣缩食，热烈捐助华北抗战将士，足见红色军人对于抗战救国的高度热忱！其募捐成绩如下：

军委一局四元二角；二局八元；三局四元四角；四局三元；后方政治部八元三角五分；供给部十六元六角；卫生部二十八元七角四分；二分队八元八角；警卫营二十一元五角一分；保卫营二十九元八角五分；摩托学校十五元九角。统计大洋一百四十九元三角五分。

《新中华报》，1937年8月3日

抗大提前毕业上前线杀敌去

抗日军政大学全体学员在这抗战紧急动员中，提前于八月五日举行毕业，所有学员中大部分均分配到军队中去领导抗日战争，闻于近两日内已纷纷出动。学员杀敌情绪非常高涨，均愿为中华民族解放做一番伟大事业，现已先后出动。这一批健儿将来必是中华民族的模范儿女，他们将高擎着民族解放的大旗，为独立自由的新中国而血战到底。

又，他们对华北抗战将士的英勇血战精神，表示无限敬意，自动募捐援助抗战将士，现已收到捐款白票洋一百六十二元五角七分，苏票二角，邮票一百零一分。

《新中华报》，1937年8月9日

延长部队募捐慰劳华北抗战将士

卢沟桥事件后，华北将士奋起抗战，无数次的打退日军的进攻，这一消息传来后，使延长各界人士非常兴奋，对华北将士的英勇抗战表现，无限的同情与拥护。延长群众听了我们宣传华北事件，二十六日后马上提出募捐慰劳他们，现在群众中募捐的钱正在收集中。特将延长部队现已收到的募劳经费列后：

延长卫戍司令部四元五角；延长三分医院十八元五角；中粮部驻延长办事处十元零七角；抗大运输一连三元三角；交通局联络站与河边粮食站共九元七角；工务营四十九元九角；警卫连四元六角五分。共计大洋一百零一元二毛五分。

《新中华报》，1937年8月19日

二、国民党对日态度与抗战宣言

（一）国民政府的对日态度

孔祥熙有关中日情势之谈话

1937年7月13日　纽约

中央社纽约十三日电：我国行政院副院长兼财政部长孔祥熙，因华北时局关系拟提早归国，今晨曾与我国驻英大使郭泰祺用长途电话会谈，午刻赴信托公司人员之宴会，旋接见纽约新闻记者，发表关于中日情势之谈话，略谓：日军在卢沟桥附近演习，显系一种预定计划，图完成确定之目标。中国对日本所持之极端忍耐政策，已数年于兹，此际竟发生有严重后果之事件，诚属遗憾。本人诚挚希望与各邻邦保持和平友好关系，敝国人民近七月以来渐信日本已有较具理性之人物当政，其结果或能使狂热分子稍具戒心，盖掀起中日两国间之纠纷，即系彼狂热分子也。日本前内阁，如藏相结城丰太郎、外相佐藤尚武、驻华大使川越茂等，均曾表示，两国亲善，对两国大有裨益之意。现内阁首相近卫文麿，亦曾表示希望中日两国为远东和平计，应相互合作。惟不幸日本军人之某种侵略分子，现仍如往昔，以彼等手创之事件，破坏中日两国之和平。吾人应知卢沟桥位处平汉铁路，彼处日本无遣兵举行实弹或假演习之权，当日军于晚间遣军至该处举行演习时，彼等显在遵照其预定之计划，以完成其确定之目标。吾人翻阅地图，即可了然，丰台及卢沟桥地带一方面可以控制北平及其北方之交通，另方面又可控制北平及华中之联络，日本军人之目标，于此已了若指掌矣。是故余希望无人误信日本宣传机关在世界各处所作之宣传，中国固希望与日维持友好关系，但不能再屈服与忍受。日军在华北继续援用侵略政策，强力占领中国之土地，中国政府已被迫采取防御方策，掀起冲突之日军，应负此种后果之责任。眼光远大之观察家必同意余之见解，即日军所造成之华北异状，不仅为中日两国政府之烦恼问题，且亦为世界和平之危机，又不只损害两国之关系，且亦将破坏各关系国之利益。星火不灭，足以燎原，如火如荼之侵略，苟不加以制止，势将蔓延及各国，此种局势必须改变也。吾人仍不愿放弃希望，日本明达之士，鼓其勇气，以公理战胜强权，而制止军事当局继续不断纵容在华及其他各处之挑衅行为；在敌国方面，如和平与敝国主权不相违背时，仍亟愿与日本保持和平，但若惟有自卫始能保障敝国领土之完整时，吾人决行自卫也云云。

上海《大公报》，1937年7月14日

驻日大使许世英中日局势之谈话

1937年7月16日　上海

中国驻日大使许世英，今夜力疾启程东渡返任，上海各界于下午五时假浦东同乡会欢送，到各团体代表杜月笙、郭顺、刘鸿生、屈文六等百余人。席间由王晓籁致欢送词，许大使致答词。许氏之答词略谓：今天沪上各界先进诸公，以世英即须返任驻日大使任，开会欢送，隆情厚意，实不敢当。惟当此时局严重之际，得有如此机会，和诸公话别一切，得所请益，世英于万分惶愧之余，尤深感谢。回忆世英三月初回国之时，曾向各界表示，本人在日一年，始终抱定外交应以正义为目的，欲达到正义之成功，必以出以诚意，而正义外交，尤应居于主动之地位。惟以本人不习驻在国语言，强执盲者而视，哑者而言，深恐不能发挥国家视听之机能，故深望政府能遴选外交专才，继此艰巨之任。当向蒋院长、王部长恳切呈辞，未蒙允准。职责在身，自又不便久留国内，本拟早事摒挡，于五月初遄返任所，忽于四月十三日，突患中耳炎急性化脓，势甚剧重，卧床五十三日，始勉告痊愈。以世英衰老之身，经此重病，精神自难即日复原，个人健康，固属小事，且世英亦并非畏难苟安之人，所惧不胜繁剧，因此误公，则罪戾实深。当又向政府再四恳辞，院长、部长，均加慰勉，迄未邀准。至本月七日，卢沟桥事变发生，守土将士，奋勇卫国，情势紧张，日甚一日，使节之任，断不可虚悬，因此中心益加焦虑，而政府既坚不允辞，世英所以力疾再往。此回国以后，迭辞不获，今应即返任之经过情形，可为各位简略报告也。日本前有田外相，常谓战事一名词，非外交人员所应语及此，乃当然之理；而和平之运用，当以正义诚意为信条。近卫文麿公爵，负日本全国之重望，其于奉命组阁之初，首即宣示对外力主国际正义，广田外相，亦属尝以对华不侵略不威胁宣之于世。今平津局势严重，已达极点，日本当局虽有决不扩大之表示，在世英衷心切望近卫、广田两阁下，能本其素志，为两国邦交，为东亚和平，以至于为人类福祉，努力贯彻其向来之职志。世英虽老病，亦当本其素志，相与策勉，期为两大民族，消弭百年之巨祸，保子子孙孙之生机。世界上任何国家，俱有其独立生存之权利，但求自己之生存，应以不妨害他人之生存为前提，否则他人为维持其生存，宁有不起而防卫者乎？其防卫之举动，纯乎秉其正义，出于天赋之自然，盖不丧权不辱国，尤为吾人今日应尽之职责。世英在本年初，即深觉此一年中，实为中日邦交之最大关头，如不改善，便必恶化。此意曾剀切与日本朝野人士表示，即令紧张至此，如能本诸正义，具有至大之诚意，尚可补救，若一味听其恶化，则其责任亦固自有在矣。但以如此两大民族，倘不朝夕努力于东亚和平之安定，借以增加世界人类之福祉，则前途将不堪设想。盖兵连祸结，不论若干年后，种恶因者，终恐必得恶果也。本人年事如此，病躯如此，奋不顾身，投袂而起，正以职责所在，对于国家之义务，至高无上，重于一切。今日在座各界先进，于新中国之艰难缔造，莫不躬与奋斗，有功绩存于其间，其爱国家尽责任之精神，又夙赖以指导全国，而为世英之所崇拜钦佩；各位之才能，各位之体力，又复远胜于世英，切望各位以其最大之努力，领导全国同胞，在政府与领袖指挥之下，扶危定难，各尽其对国家最高之义务。世英行矣，深信正义之外交乃为一个国家人民意志力量之表现。世英深信，我国四万万五千万同胞，集中意志之力量，其价值之宝贵，远过于近代化装备之坚甲利兵，故于此行，毫无迟回顾虑之处，固知各位以至全国同胞之坚强意志，将为我外交之原动力，而克使世英不辱使命，谨借杯茗，为诸公祝福，并与全国人士互期珍重。

《中国全面抗战大事记》第1辑，1937年7月份，

华美出版公司1938年版，第277—279页

对于卢沟桥事件之严正表示

1937年7月17日在庐山第二次共同谈话会上的讲话

蒋中正

中国正在外求和平，内求统一的时候，突然发生了卢沟桥事变，不但我举国民众悲愤不置，世界舆论也都异常震惊。此事发展结果，不仅是中国存亡的问题，而将是世界人类祸福之所系。诸位关心国难，对此事件，当然是特别关切。兹将关于此事件之几点要义，为诸君坦白说明之：

第一，中华民族本是酷爱和平，国民政府的外交政策，向来主张对内求自存，对外求共存。本年二月三中全会宣言，于此更有明确的宣示。近两年来的对日外交，一秉此旨，向前努力，希望把过去各种轨外的乱态，统统纳入外交的正轨，去谋正当解决，这种苦心与事实，国内外都可共见。我常觉得，我们要应付国难，首先要认识自己国家的地位。我们是弱国，对自己国家力量要有忠实估计。国家为进行建设，绝对的需要和平，过去数年中，不惜委曲忍痛，对外保持和平，即是此理。前年五全大会，本人外交报告所谓："和平未到根本绝望时期，决不放弃和平；牺牲未到最后关头，决不轻言牺牲。"跟着今年二月三中全会对于"最后关头"的解释，充分表示我们对于和平的爱护。我们既是一个弱国，如果临到最后关头，便只有拼全民族的生命，以求国家的生存，那时节再不容许我们中途妥协。须知中途妥协的条件，便是整个投降、整个灭亡的条件。全国国民最要认清所谓最后关头的意义。最后关头一到，我们只有牺牲到底，抗战到底。唯有"牺牲到底"的决心，才能博得最后的胜利。若是彷徨不定，妄想苟安，便会陷民族于万劫不复之地！

第二，这次卢沟桥事件发生以后，或有人以为是偶然突发的，但一月来对方舆论，或外交上直接、间接的表示，都使我们觉到事变发生的征兆。而且在事变发生的前后，还传播着种种的新闻，说是什么要扩大《塘沽协定》的范围，要扩大冀东伪组织，要驱逐第二十九军，要逼迫宋哲元离开，诸如此类的传闻，不胜枚举。可想见这一次事件并不是偶然的。从这次事变的经过，知道人家处心积虑的谋我之亟，和平已非轻易可以求得；眼前如果要求平安无事，只有让人家军队无限制的出入于我们的国土，而我们本国军队反要忍受限制，不能在本国土地内自由驻在，或是人家向中国军队开枪，而我们不能还枪。换言之，就是人为刀俎，我为鱼肉！我们已快要临到这极人世悲惨之境地，这在世界上稍有人格的民族，都无法忍受的。我们的东四省失陷，已有了六年之久，继之以《塘沽协定》，现在冲突地点已到了北平门口的卢沟桥。如果卢沟桥可以受人压迫强占，那末我们五百年故都，北方政治、文化的中心与军事重地的北平，就要变成沈阳第二！今日的北平，若果变成昔日的沈阳，今日的冀察，亦将成为昔日的东四省。北平若可变成沈阳，南京又何尝不可变成北平！所以卢沟桥事变的推演，是关系中国国家整个的问题，此事能否结束，就是最后关头的境界。

第三，万一真到了无可避免的最后关头，我们当然只有牺牲，只有抗战。但我们的态度只是应战，而不是求战。应战是应付最后关头，必不得已的办法。我们全国国民必能信任政府已在整个的准备中，因为我们是弱国，又因为拥护和平是我们的国策，所以不可求战；我们固然是一个弱国，但不能不保持我们民族的生命，不能不负起祖宗先民所遗留给我们历史上的责任，所以到了必不得已时，我们不能不应战。战争既开之后，又因为我们是弱国，再没有妥协的机会，如果放弃尺寸土地与主权，便是中华民族的千古罪人！那时便只有拼民族的生命，求我们最后的胜利。

第四，卢沟桥事件能否不扩大为中日战争，全系于日本政府的态度；和平希望绝续之关键，全系于日本军队之行动。在和平根本绝望之前一秒钟，我们还是希望和平的，希望由和平的外交方法，求得卢事的解决。但是我们的立场有极明显的四点：（一）任何解决，不得侵害中国主权与领土之完整。（二）冀察行政组织，不容任何不合法之改变。（三）中央政府所派地方官吏，如冀察政务委员会委员长宋哲元等，不能任人要求撤换。（四）第二十九军现在所驻地区，不能受任何的约束。这四点立场，是弱国外交最低限度，如果对方犹能设身处地为东方民族作一个远大的打算，不想促成两国关系达于最后关头，不愿造成中日两国世代永远的仇恨，对于我们这最低限度之立场，应该不致于漠视。

总之，政府对于卢沟桥事件，已确定始终一贯的方针和立场，且必以全力固守这个立场。我们希望和平，而不求苟安；准备应战，而决不求战。我们知道全国应战以后之局势，就只有牺牲到底，无丝毫侥幸求免之理。如果战端一开，那就是地无分南北，年无分老幼，无论何人，皆有守土抗战之责任，皆应抱定牺牲一切之决心。所以政府必特别谨慎，以临此大事；全国国民亦必须严肃沉着，准备自卫。在此安危绝续之交，唯赖举国一致，服从纪律，严守秩序。希望各位回到各地，将此意转达于社会，俾咸能明了局势，效忠国家，这是兄弟所恳切期望的。

萧继宗主编：《革命文献》第69辑，《中国国民党宣言集》，

（台北）中国国民党中央委员会党史委员会1976年版，第311—313页

冯玉祥对卢沟桥事件之谈话

1937年7月21日

自卢事发生，记者久欲访谒冯副委员长，聆取意见，以冯氏公务繁忙，二十一日始得暇畅谈。冯氏精神弈弈，态度严肃，对所叩询者，均恳切作答。问：副委员长对于日军此次行为之观察如何？答：卢沟桥事件之发生，决非偶然，日本有些军人，好大喜功，亦为此次挑战之一因；彼等鉴于东四省之不战而胜，热中于升官如拾芥，故又欲以"九一八"之故技，复演于华北，而忘记古训：顿兵坚城之下，将不胜忿而蚁附之。杀士卒三分之一，而城不拔者，此攻之灾也。予相信日本人民中不乏明智之士，日本政府中亦不乏明达之人，如果迅速彻底放弃侵略政策，犹不失为亡羊补牢之措置，否则追随少数轻躁者之后，续调大军，扩大事态，则不仅破坏东亚及世界之和平，其自身恐亦遭受不可挽救之后果。问：卢沟桥抗战之经过，副委员长所知如何？答：事变经过，据余所知，决非二十九军挑衅，乃日方假借非法演习之名，完成其进攻准备，后以一士兵失踪为借口，猛向卢沟桥及宛平城进攻，企图一举占领，以控制北平。当时我军守卢沟桥者，只兵一连，而敌兵则以三连及大炮、机关枪集中于卢沟桥轰击，致我死守该桥之官兵，全作悲壮牺牲，其未死亡者，不过四人而已。我守宛平城者，为吉星文团长之一部，即沉着抗战，将卢沟桥克复，继又组织袭击队，利用夜袭，杀伤敌兵甚多。总计我伤亡者达二三百人，但侵略者之损失，当过于此。予在知战事消息后，即复二十九军将士一齐电，内云："诸君乃革命军人，抗敌守土之责，断不容丝毫退让，以保千万年之光荣历史也。予深信二十九军及华北民众，正准备为捍卫国家而继作更勇敢之奋斗，更伟大之牺牲也。"问：副委员长对此事前途之观察如何？答：此事前途，全视日本有无觉悟，我国固望和平，但断不能容忍侵略事态之存续与扩大，因为国家之独立自由，为全国上下不惜牺牲一切以求之者，且华北官吏与军民，忍辱负重，数年于兹，其忠勇爱国之教育与历史，以及救亡图存之一致信念，断不能轻自

断送。关于我国军民应有之态度，已见委员长之谈话，恕不重复。全国军民应团结一致，不畏不骄，忠诚勇敢，就各人之地位，贡献一切力量。在政府统一领导之下，为民族生存，为国家复兴来坚决奋斗也。

《中国全面抗战大事记》第1辑，1937年7月份，

华美出版公司1938年版，第39—40页

于平津形势骤变后之政府方针谈话

1937年7月29日于南京答记者问

蒋中正

问：宋委员长哲元突然离平，致失重镇，未悉中央对其责任问题如何处理？

答：在军事上说，宋委员长早应到保定，不宜驻在平津，余自始即如此主张。余身为全国军事长官，兼负行政，所有平津军事失败问题，不与宋事，愿由余一身负之。余自信必能尽全力，负全责，以挽救今后之危局。须知平津情势，今日如此转变，早为国人有识者预想所及。日人军事政治势力之侵袭压迫，由来已久，故造成今日局面，绝非偶然。况军事上一时之挫折，不得认为失败，而且平津战事不能认为已经了结。日军既蓄意侵略中国，不惜用尽种种之手段，则可知今日平津之役，不过其侵略战争之开始，而决非其战事之结局。国民只有一致决心，共赴国难。至宋个人责任问题，不必重视。

问：今后我对日方针究竟如何？

答：自卢沟桥事变发生，余在庐山谈话会曾切实宣告，此事将为我最后关头之界限，并列举解决此事之最低立场，计有四点，此中外所共闻，绝无可以变更。当时余言，我不求战只在应战，今既临此最后关头，岂能复视平津之事为局部问题，任听日军之宰割，或更制造傀儡组织？政府有保卫领土主权与人民之责，惟有发动整个之计画，领导全国，一致奋斗，为捍卫国家而牺牲到底，此后决无局部解决之可能。国人须知我前次所举之四点立场，实为守此则存、失此则亡之界限。无论现时我军并未如何失败，即使失败，亦必存与国同尽之决心，决无妥协与屈服之理。总之，我政府对日之限度，始终一贯，毫不变更，即不能丧失任何领土与主权是也。我国民处此祖国之存亡关头，其必能一致奋斗到底！余已决定对于此事之一切必要措置，惟望全国民众沉着谨慎，各尽其职，共存为国牺牲之决心，则最后之胜利必属于我也。

秦孝仪主编：《革命文献》第106辑，《卢沟桥事变史料》（上），

（台北）中国国民党中央委员会党史委员会1986年版，第5页

最后关头

1937年7月29日

汪兆铭

最后关头已到

各位同志：本月十五日，兄弟曾对各位同志说了几句关于救亡图存的话，如今所要说的是，就从前说过的几句话加以申引。本月十五日卢沟桥事件已经发生好几日了，当时兄弟曾说，这事件之演进如何，虽未能预测，然这事件决不是偶然发生，而是一种预定计划，那么，我们也只有据着已定方针，以为应付。

及至十七日，蒋委员长第一期谈话会里已经郑重的把方针宣布出来了，全国报纸都已登载，各位同志都已看见，这里头有一句最明确最紧要的话是说，中国今日已到了最后关头。兄弟如今想就"最后关头"四字，加以说明。

"九一八"以来中国外交内政方针

我们记得在二十四年十一月五全大会里，蒋委员长曾经说过："和平未至完全断望，决不轻弃和平；牺牲未至最后关头，决不轻言牺牲。"这几句说话，在二中全会里曾经有明确的解释，三中全会对于外交方针，也是根据着这几句说话，以为进行。我们知道日本对于中国是侵略无已的，自"九一八"以来，对于中国是一步一步的杀进来。而中国呢，却是一步一步的往后退。中国为什么一步一步的往后退呢？因为中国比较日本进步迟了六七十年，中国的国家力量，不能挡住日本的侵略。然则自从"九一八"以来，中国外交内政的方针是怎样呢？总括说来，在外交上不能挡住日本一步一步的杀进来，只能想些方法，使他进得慢些，中国不能一步一步的往后退，只能想些方法，使我们退得慢些。为什么想慢些呢？难道就趁此偷安苟活么？不然，我们只想趁着这慢些，腾出一些时间来，在内政上做种种准备的工作，以加强我们的抵抗力，这便是"九一八"以来中国外交内政的方针。

缔结淞沪协定的原因

自从"九一八"以来，中国以九一八事件诉诸国联，原想借国联的道德制裁、经济制裁、武力制裁，使日本不能向中国一步一步的杀进来，然在事实上国联除了有些微道德制裁之外，经济制裁、武力制裁丝毫休想，因此日本的杀进来一步一步没有停止，东三省遂次第沦陷了。我们在这时候，只能做得一些号召全国精诚团结、共赴国难的工作，然这些工作，只是起头，还没有什么成就，于是日本一步一步的杀进来的结果，由九一八事件而进为一·二八事件了。以十九路军、第五军及各处援军之苦战，及国联调查团之斡旋，三月初淞沪失守，因而有淞沪停战协定之缔结。淞沪停战协定，自然是重大的损失。而当时所以缔结这协定，是想使日本进得慢些，我们退得慢些，趁着这慢些赶快做种种准备的工作，例如江西"剿匪"之得以进行，东南各省公路网之得以完成。这是否得不偿失呢？留待公论。

缔结《塘沽协定》的原因

《淞沪停战协定》，不过一年，而热河战事、长城各口战事，又发生了，日本之杀进来一步一步的紧了，及至我军败绩之后，热河失守，长城各口，亦以次失守，于是又有《塘沽停战协定》，这自然是更重大的损失。而当时所以缔结这协定，是想使日本进得慢些，我们退得慢。趁着这慢些，赶快做种种准备的工作。我们发觉精神方面、物质方面，缺憾太多了，抵抗力薄弱而且零碎，不能将整个国家、整个民族的抵抗力量完全发动，而且还有许多从旁从后牵掣阻挠我们，因此在精神方面谋团结，谋组织之改善，谋训练之加紧。在物质方面，则国防设备与国民经济建设同时并进。两三年间，精神方面有些成就，物质方面的成就也有数目字可以计算，统一事业，不能说是完成，而不能说没有进步。至于"剿匪"，则东南数省，次第肃清了。这是否得不偿失呢？留待公论。

忍辱负重的原因

《塘沽停战协定》之后，继续发生的通车问题、通邮问题，我们在不承认伪国原则之下，通车以不用伪国车票，通邮以不用伪国邮票，而勉强解决，至于通讯等等问题，仍在继续坚持。而二十四年六月，日本之杀进来，又一步一步的紧了，从五月二十五日起，口头交涉至六月九日，我们鉴于形势不能不做种种紧急处分，因为六月十二日，便是日本自由行动的时候了。这种种紧急处分，其为重大损失，确是忍无可忍，让无可让，而仍然忍下去，让下去，当时所以如此，是想使日本进得慢些，我们退得慢些。因此之故，各种准备的工作，仍得进行，精神方面、物质方面，尽可能的努力去做，其间如西南"剿匪"之完成，两广之统一等等。这是否得不偿失呢？留待公论。

最后关头一到只有牺牲到底

这样的忍了又忍，让了又让，已经整整的六年了，我们不能不想着这样一步一步的杀进来，是无底止的，这样一步一步的往后退，是无底止的，而且我们的准备，我们知道，日本也知道。我们固然很坦白的说："这些准备，都是现代国家所必需，我们特此与人为敌，我们亦特此以与人为友，为敌为友，不只在我，而且在人。"然而日本会这样的说："我们不只不许你们与我为敌，而且不许你们与我为友。"那么，我们之准备，不但不能得到慢些的结果，反而是唤起日本之加紧的一步一步杀进来了。这样的不准备不可，欲准备不能，使我们于想些方法一步一步的往后退的时候，不能不划定一个最后关头，未到这最后关头，容许我们想些方法，能不退最好，不能不退，也尽可能的退得慢些。及至到了这最后关头，则我们一齐站着，不能往后再退一步了。从前说过，和平未至完全绝望，决不放弃和平，牺牲未到最后关头，决不轻言牺牲。当"未至"的时候，我们要有绝大的决心与勇气来忍耐，及"已至"的时候，我们要有绝大的决心与勇气来牺牲。我们当日若不忍耐而孟浪牺牲，则牺牲为无意义，今日若不牺牲而犹言准备，则准备为尤无意义。"牺牲"两个字，是严酷的，我们自己牺牲，我们并且要全国同胞一齐牺牲。因为我们是弱国，我们是弱国之民，我们所谓抵抗，无他内容，其内容只是牺牲，我们要使每一个人，每一块地，都成为灰烬，不使敌人有一些得到手里。这意义诚然是严酷的，然不如此，则尚有更严酷的随在后头。质而言之，我们如不牺牲，那就只有做傀儡了。

不做傀儡

中国历史上为外族所侵略，半亡者数次，全亡者两次。这些亡，不是侵略者能将我们四万万人杀尽，能将我们四百余万方里毁尽，而是我们死了几个有血性的人之后，大多数没有血性的人，将自家的身体，连同所有的土地，都进贡给侵略者，以为富贵之地。侵略者因此极写意的，便将我们大多数的人，以及全数的土地，得到手里。我们今日是不是仍然要做傀儡呢？不做傀儡，只有牺牲。我们是弱国，我们是弱国国民，说到打倒别人，或者不能做到，说到牺牲自己，那就无论怎样弱法，也没有不能做到之理。如其不能做到，是不为，不是不能。所谓不为，便是没有牺牲之决心，而只有傀儡之决心了。我们不但因为不愿做傀儡而牺牲了自己，我们并且因为不愿自己牺牲之后，看见自己的同胞去做傀儡，所以我们必定要强制我们的同胞，一齐的牺牲，不留一个傀儡的种子。无论是通都大镇，无论是荒村僻壤，必使人与地俱成灰烬。我们虽不能挡住敌人杀进来，然而我们必能使敌人杀进来之后，一无所得。

我们几年以来，处心积虑，讲统一，讲组织，讲训练，为的是到最后关头，发动整个国家、整个民族之精神的力量，以驾驭使用，日积月累得来的各种物质建设，加强对于侵略之抵抗。所谓抵抗，便是能使整个国家、整个民族为抵抗侵略而牺牲。天下既无弱者，天下即无强者，那么我们牺牲完了，我们抵抗之目的也达到了。我们高呼一句"最后关头"！我们更高呼一句"牺牲"！

《汪精卫先生抗战言论集》，独立出版社1938年版，第8—12页

孙科主张全面抗战之谈话

1937年7月29日　上海

立法院长孙科，今晨于其哥伦比亚路私邸，慨然纵谈华北抗战之关键及今日唯一出路为全面抗战，并及外交路线、发扬民气各端。谈话时精神甚为兴奋。其谈话如次：孙氏

首谓，日军进侵华北占我交通枢纽、军略要地后，其志在必得，故屡战屡和，借以增厚实力。本人在两星期前，即致电二十九军军长宋哲元，说明及早抗战之必要，以免平津沦于危境。今宋哲元、秦德纯、冯治安等，相率离平赴保定，可见北平孤城，已非常危险，今日唯一希望，为二十九军能坚守平津，以待援军赶上应援，长驱反攻，使华北领土主权恢复完整。吾人须知日本并无对华全面作战之决心，其所取策略，为分化中国，逐步并吞，今日声称对付二十九军，先控制平津，目的达到之后，即将并吞整个河北、察、绥。河北、察、绥到手后，必索山东、山西。晋、鲁之后，又要陇海路，囊括中原及西北，势必及于长江流域。如此逐步侵占，其借口虽如对某人某军或某某政权，而非与整个中国作战，但吾人决不能为敌人宣传所惑，以为今日战事为日驻津军与二十九军之战，堕其术中。吾人必须认明中国为整个的，中国军队为整个的，无论侵略何处，必须全力以赴。日本进行其各个击破之阴谋，吾人必须以全面抗战答复之，如此始有和平希望可言，否则敌人步步进迫，吾人着着退让，何异率全国以降敌。有人以中国今日准备尚不充分，不能即起抗战，此种论调，实似是而非。第一，今日之事，非吾人求战，而为敌人迫我不得不战，如再屈服，即等于投降，投降后，尚有何准备可言。第二，我准备，敌亦准备，永无并驾齐驱之一日，且敌人不容我从容准备。第三，中日战事非强国与强国作战可比，因强国与强国战，双方军备实力相等，可决胜于边境阵地之上。我国则不然，战场在我国境内，我惟有革命战法，始足应付之，即全国人民均随时随地参加作战，以中国之大，人民之众，日本有几何兵力，可以征服中国？战事延长，日本自然只有失败。又有人以为中国经济重心均在沿海，战端一启，损失太大，不能不先作准备，其实亦似是而非。因吾人必认明抗战目的在求民族生存，当然不能不受牺牲，如怕受牺牲，则准备亦无用，欲以经济重心移于内地，固非短时可办到，然敌人咄咄进迫，岂能容我准备十年二十年乎。孙氏次述中国外交路线，谓法兰西为欧战后战胜国家，尚竭力觅取朋友，中国为弱国，当然更须朋友，决不能因怕得罪人，而不敢觅取友邦，自陷孤立。与远东政局有关系者为英、美、苏联三大国，英美为海军国，在远东虽有利益关系，但决不会运用其海军力，以参加大陆战争，援助中国，故中国唯一可找之朋友为苏联。苏联为远东唯一大国，且为陆军国家，如中国与苏有互助公约等存在，日本即未必敢轻于启衅，现在日本之所以急急侵略华北，即先下手为强之意。最后孙氏表示：今日华北局势已到最后关头，全国人民固应信任政府，沉着应付，但必须使全国抗敌民气能充分发扬，庶国力充实巩固，争得最后之胜利。孙氏对沪上各报言论均痛辟当前和平谈判论之错误，认为非常确当。谓此种言论，深符蒋委员长在庐山谈话之主旨云。

《中国全面抗战大事记》第1辑，1937年7月份，

华美出版公司1938年版，第53—54页

告抗战全体将士书

1937年7月31日

蒋中正

这次卢沟桥事变，日本用了卑劣欺骗的方法，占据了我们的北平、天津，杀死了我们的同胞百姓，奇耻大辱，无以复加，思之痛心。自从"九一八"以后，我们愈忍耐退让，他们愈凶横压迫，得寸进尺，了无止境，到了今日，我们忍无可忍，退无可退了。我们要全国一致起来与倭寇拼个他死我活！我们军人，平日受全国同胞的血汗供养，现在该怎样的忠勇奋发，以尽保国卫民的责任！我个人做了全国的统帅，负着国家存亡将士生死的全责，自然要竭我心力，操着最后必胜的把握。我常常说：我们既战，就要必胜，只要我们全体将士能够一心一德，服从命令，结果一定可以打败倭寇，雪我国耻。在此即刻就要与倭寇拼命抗战的时候，特地提出下面最重要的五点，希望大家注意：

一、要有牺牲到底的决心

各位要知道，倭寇向来利用投机取巧的方法，来夺取我们的土地，除非使他们受到相当的打击，他们总不肯停止侵略的。现在我们既然是全国一致的和他抗战，他们为着面子关系，一定要出全力来拼；所以战事不发动则已，一经发动，定必延长，不是他死，就是我亡。因此我们大家必须同心合力，死命相拼，要万众一心的拼战到底！你们要知道，战争的胜负，全在于精神，我不怕敌，敌必怕我；怕敌人的一定失败，不怕敌人的一定胜利。虽然我们的枪炮不如倭寇，只要我们抱定牺牲到底、忠勇不怕的革命精神，向前杀去，倭寇必败无疑，因为倭寇只会投机取巧，不愿真正牺牲。

二、要相信最后胜利一定属于我们

倭寇到我国内地来作战，因为到处地形生疏，而且到处人民都是我们的同胞，就是他们的仇人，几乎到处都有寸步走不得的形势。因此倭寇个个都怀着怕死不肯牺牲的心理，于是行动缓慢，不敢急进，只是仗着他们的飞机大炮向我们猛烈轰炸，希望把我们吓退，而避免真正的作战，除此以外，实别无本领。所以只要我们誓死拼命，顽强抵抗，不怕苦，不怕难，不怕死，谨慎瞄准，爱惜我们的子弹，持久死守，来消耗他们的实力，结果一定可以打胜仗的。只要我们临战勿慌张，勿忙乱，就是有一些损失，或一时挫折，也只要利用他们不肯牺牲，不敢急进的弱点，从容补救，继续奋斗，一定能争取最后五分钟的胜利。

三、要运用智能自动抗战

历来作战，关于整个的战略战术，当然由最高统帅部颁发指示，而对于各部队所担任范围以内的事务，必须由各部队的各级主官，自动的详细研究，来帮助总部之所不及。

譬如当地的形势，敌我的详情，便衣队的编配，间谍的使用，战争剧烈接济断绝的设法补救，交通阻碍命令不达时临机应变，都应该由各单位的主官自动的运用智能，以谋取战争的胜利！这是上自军长、师长、旅长，下至连长、排长都应该有的责任和本领。

四、要军民团结一致亲爱精诚

任何战争，得到民众帮助的，一定胜利。这次抗战，尤其应该发动全国各地方全体民众的力量和敌人拼命。但是要希望民众和军队合力一心，合拍应手，一定先要对民众表示亲爱精诚，得到他们的信仰，才能达到希望。关于对民众表示亲爱精诚的方法，例如征用民夫，必须随时体恤，勿使过度疲劳，发生怨望；遇到落难妇女老幼，必须尽力补救，视同自己家人一样；对于战区及附近的民众，更须告以国家已到了危亡关头了，既是中华民族的同胞，就应该大家一致起来杀敌救国等的大义。总须随时随地帮助民众，教导民众，救护民众，以表示亲爱精诚，痛痒相关，甘苦相共。这样军民团结，民众自然乐于帮助，汉奸自然不会发生，敌人未有不打败仗的。

五、要坚守阵地有进无退

我们革命的精神，就在于有进无退；我们革命的成功，也就在于有进无退的连坐法。过去作战如此，现在对于倭寇作战，更应该要实行连坐法，使得勇敢的可以放心，怕死的要退也不敢退，才可以得到最后的胜利。因为倭寇仗着他强大的武器，猛烈轰炸，无非迫我们退却，使他可以进攻。如果我军能屹立如山，坚守阵地，有进无退，等到接近冲锋肉搏，他们虽有飞机大炮，也就无法使用，以我军的久经战阵，定可取得最后胜利。倘使未曾得到统帅的命令，擅自退却，不仅个人要受连坐法的处罚，并且摇动军心，贻害国家，无异于引狼入室、为虎作伥的汉奸；如果各区阵线之前，凡遇有未奉本委员长命令擅自退后者，无论任何官兵一律以卖国罪处死毋赦。我们每个人都有一天要死的，总要死得值得，死得光荣；若果因擅自退却，致被军法制裁而死，遗臭万年，何如在前方应战牺牲，流芳百世。目下中央正拟颁奖励固守据点的办法，如有能固守据点，有进无退的，就给他晋升三级，荣赠三代，并及其子孙。所以你们务要坚守阵地，有进无退，为国家增光宠，为自己保荣誉。如有擅自退却者，必以汉奸论罪，必杀无赦。

上面所举的，是驱除倭寇、复兴民族最重要的五点，以后再有重要的指示，另外陆续颁发。各位要知道，我们自"九一八"失去了东北四省以后，民众受了痛苦，国家失去了领土，我们何尝一时一刻忘记这种奇耻大辱？这几年来的忍耐，骂了不还口，打了不还手，我们为的是什么？实在为的要安定内部，完成统一，充实国力，到最后关头来抗战雪耻！现在既然和平绝望，只有抗战到底，那就必须举国一致，不惜牺牲来和倭寇死拼。我们大家都是许身革命的黄帝子孙，应该要怎样的拼死，图报国家，以期对得起我们总理与过去牺牲的先烈，维持我们祖先数千年来遗留给我们的光荣历史与版图，报答我们父母师长所给我们深厚的教诲与养育，而不致于对不起我们后代的子孙。将士们！现在时机到了，我们要大家齐心，努力杀贼，有进无退，来驱逐万恶的倭寇，复兴我们的民族！

秦孝仪主编：《先总统蒋公思想言论总集》卷30，（台北）中国
国民党中央委员会党史委员会1984年版，第217—221页

准备全国应战

1937年8月1日于南京出席中央军校扩大纪念周讲

蒋中正

各位同志：

上周我们国家遭受了非常之大的耻辱，我们民族已到了生死存亡的最后关头，我们要拿上周蒙耻受辱的经过，作为今后奋斗牺牲的教训，所以今天特别要将这个道理，当这战争的时候，提出来和大家说一说。

我常常和大家说："平时要作战时准备，战时要如平时镇静。""我们人生在世一天，就是战争一天，我们无时无刻不要生存，即无时无刻不在战争。"大家不好以为敌人飞机大炮打了进来，才是战争，在敌人没有打进来的时候，早就要作战时的准备。现在平津失陷，敌人侵略不已，国家已临到了战争时候，我们就要和平时一样镇静，格外加紧工作，并且人人要知道我们以往的准备不够，甚至有许多事情还没有准备好，现在最后关头已到，更要特别加倍努力，来补充过去准备的不足。

此次平津战争，我们佟副军长和赵师长督战阵亡，其余旅长、团长以及下级官兵战死的，到现在为止，虽然还没有统计，但至少总在三千以上。似此战争不到两天，我们二十九军及各保安队官兵殉国的有这样多，实在是忠勇壮烈，但战争的结果不能不说是失败。这失败的原因在哪里呢？最大的一个原因，就是日本人不讲信义，我们平津一般将领受了敌人的欺骗，以致缺乏准备，没有作战决心。明明敌人遣兵调将，要来占领我们的城池，驱逐我们的军队，却一再要和我们讲和，我们还以为他是有诚意的，遂不加紧防御坚筑工事，一旦敌人准备好了，打了进来，我军就不能持久应战，固守阵地，平津就是这样失掉的。这是我们最可痛心的一个教训。到了今天，大家一定要觉悟，不是日本灭亡我们，就是我们灭亡日本，我们再不能受敌人的欺骗，再不能以企求和平的苦心反而招致敌人的欺侮。今后我们只有全国一致，发动整个应战的计划，拼全民族的力量，来争取最后的胜利，以保障国家民族的生存。

我们要获得最后的胜利，第一，要有作战的决心。大家要知道这次战争，就是我们

黄帝的子孙人人要救国自救死里求生的唯一最后的战争，我全国上下，无论男女老幼、官长士兵和全体民众，都要抱定牺牲决心，同仇敌忾，抗战到底。到了这个时候，我们只有共同一致与敌人拼命，再没有第二条路可走，只要我们抱定作战决心，人人应战，处处抗战，不要说他们派一二十师的兵力，我们要消灭他，就是他再派多些军队来，我们都可以打败他。大家不要以为我们的武器不如人，就只有挨打而不能打败敌人，要知道锐利的武器，不过是现代战争要素之一，而正义与决心，才是最后战胜的精神要件。即如此次宛平城的一战，敌人以两营兵力来攻我不及本校地区一半大小的城池，打了两周还打不下，而北平、天津两大重镇，敌人仅以两天的攻击，就陷落了，就可证明不是因为我们的武器不及人而致失败，而是我守宛平和守天津的指挥官，一有准备，一无准备，一有作战决心，一无作战决心的缘故。我们知道了这个教训，从今以后就要人人抱定有敌无我、有我无敌的决心，随时随地与敌人并战，我们要有不成功即成仁的牺牲决心，才能够获得最后无上光荣的胜利。

第二，要有充分的准备。古人所谓"凡事预则立，不预则废"，我们战争有准备则胜，无准备则败。现在敌人侵略我们，如果我们政府、人民都有了充分的准备，敌人必不得逞。反之，如我们准备不够，甚至毫无准备，则战争必归失败。我们在平时要有准备，到了非常时期，尤其要有准备，全国军民以及一般公务人员，人人要负责尽职，尽量准备。在这国家民族生死存亡的关头，我们一切工作要快当，要紧张，一天要当作两天用，一分精力要有十分精力的效果，才能够充实抗战的力量，获得最后的胜利。大家要知道，这次平津失败，就是由于我们的准备不充足，如果我们负责守土的军事将领，事先稍有准备，也不致失败如此之快。即如当初卢沟桥的战事，因为我们的指挥官，事先有了准备，无论敌人如何用大炮飞机来攻击轰炸，我们都能够坚守相当时期，使敌人攻不下来，由此可见准备的重要。又如此次平津战争，外边一般民众，不免怀疑到中央空军和陆军为什么不增加上去。这件事对外我们不必辩白，但我们政府、机关、学校一般官兵、学生各同志，大家应该知道，所谓空军不是说能够飞行就够了，空军要有空军的组织训练和设备，这些都不是一朝一夕可以成功的。我们在黄河以南的基本飞机场，已经尽了三年努力的准备，敌机才不敢成队飞到我们的领空上来；黄河以北，不仅地方政府平时毫无防空设备，就是中央要去训练空军，按地设防，也感受许许多多的困难，譬如敌人的破坏，使我们要准备也无从下手，就是一个证明。我们在黄河以北既无坚固适用的飞机场，中央空军要想北上作战，也不是万全必胜之策，为什么缘故呢？因为我们的飞机只有六小时的油量，即从徐州、郑州加油起飞到平津一带，亦有四小时的航程，来往已赶不及，如何还能作战？并且空军作战，不是有一二架或十数架就可以济事的，至少要有五十架以上才能够发扬威力，所需汽油也不是几十桶或百余桶而能应急的。凡此机械化武力的设备，必须平时有充分可靠的准备，才能够收到冲锋陷阵克奏肤功的效果。当时平津的战事如果能够坚持到一二周的时间，我们的空军就可以出发前线来驱逐敌人的飞机，无奈平津的抗战不到两日即告退却，时间如此急促，如何能赶得及？由此大家就可以知道，战争的胜败不是决之于战争的当时，而是决定于未战之先，即在平时要有充分准备，我们这次平津的失陷，就是我们平时准备不够的结果。

说到陆军增援，我们在卢案发生的当时，就派了二十六路等各部队北上。这些部队到达河北以后，我们北方一般负责将领，以为此事还有和解希望，不仅不愿中央军队前进，而且希望后退，等到敌人通牒进攻，我们在保定的部队要想运输到平津前线，至少亦需三天，但不到两天，平津又告陷落，救援亦来不及，这也足以证明我们平时太缺乏准备。这些话我们不好为外人说，但我们一般同志应该痛记于心，切实反省，作为我们今后抗战救亡的教训。

第三，要有整个计划。这次平津战争失败，还有一个重要的原因，就是负责将领，没有整个作战计划，人家以整个计划，发动整个部队来攻击我们，我们却以一旅一团去零零散散的对付他，因此我们要遭敌人各个击破，归于失败。如果我们当时驻冀察的军队，事先有整个计划，没有奉到命令，就坚守不动，一旦奉了命令，就勇往迈进，在战斗的时候，强者不躁进，弱者不后退，如此我准备十师兵力，就不难抵御二十师的倭寇，无论敌人如何进攻，我们都不怕他。可惜我们事前没有这个计划，卒使北方重镇的平津陷落到敌人手里，这个失败的教训，是大家要永记不忘的。

以上是说明这次平津失陷我们所得到的惨痛的教训，第一是无作战决心，第二是无充分准备，第三是无整个计划。今后我们要在政府一个命令之下，发动整个一致的抗战，必须牢记这些教训。全国上下，人人要有抗战的决心和准备，人人要在政府整个计划之中尽到各人的职责，达成一定的任务。尤其我们一般军政高级官长，特别要忠勇沉毅，淬励奋发，领导全体军民一致奋起，为生存而战，要与敌人持久周旋于疆场，来争取最后的胜利。

但是我讲了上面一段话之后，各位现在试反躬自问，究竟大家有无抗战到底的决心和计划，特别是有没有充分抗战的准备？敌人来了我们怎样办？敌人飞机大炮轰炸起来，如何使秩序不乱？敌人刀枪杀了过来，我们如何从容应战？我们如何指挥一般民众，来实行人人抗战，处处抗战？我们如何协同军队，整齐进退？我们一切有没有准备？我们如何能够使敌终究尽数歼灭于我们阵地之前？我可以代答一句，对于这些问题，大家恐怕都还没有十分把握，如此则战争必败，国家必亡。从今天起，希望大家一致兴起，切实猛省，根据过去失败的教训，激发自动奋战的精神，迅速充实各种必要的准备，将来在敌人飞机大炮轰炸之下，枪林弹雨射击之中，我们官吏、学生和人民，都能够服从命令，严守秩序，从容赴敌，镇静应战，使战时一如平时安定，这就是我们全民族应战的精神，也就是取胜的最大力量。我们不要以〔因〕为此次平津失陷而气馁，要知道一时一地的胜败进退，原是兵家常事，何况平津两地几年以来，久已在日本威胁、侵蚀、控制之下，敌人这次不顾信义，而尽诈伪欺骗的手段，来对付我们北方一部分的将领，这种不义之战，不仅没有光荣，而且虽胜犹辱。在此一战，我们虽然牺牲了三千忠勇战士，但敌人亦至少战死二千以上，那就是我们死一人也得拼死他一人，如果我们今后真正决心与倭寇战争，我们一定可以以一当十，以十当百，使敌人于正义人道之前，制止他们贪得无厌的侵略野心。

这一回平津失陷，我们一般无辜的同胞，受到敌人惨酷无情的残杀，田稼房舍，受到敌人的蹂躏烧毁；我们五百年故都，北方政治文化的中心，与军事重镇的北平，竟被敌人夺去；我拥有四十年历史之文化机关的南开学校，亦被敌机炸成焦土，这些充分表示日本野蛮残忍的兽行。我们受了这样的奇耻大辱，将何以洗刷干净？将何以复此仇雠？将何以尽到后死的责任？凡属黄帝子孙，具有国家观念和民族意识的人，是必不能忘记，必能够为人类正义灭此朝食的。

我们二十九军这一次虽然失败退却，但他们在平津一战所表现的壮烈牺牲的精神，和卫国抗战的忠勇，实在不愧为中华民国的军人。他们虽然处在敌人重重包围之中，知道不免失败，但仍要勇敢的与倭寇拼一拼，他们忠勇爱国的精神，充分表现出来了。大家要知道，平津能够守到今天，已很难得，在两三年以前，以敌人谋我之亟，敌军已入幽燕之后，今日的平津，早应失陷于敌人之手，然而竟能在重重艰困挫折之中，保持我们的领土主权，作我们这几年后方建设的屏障，和国防准备的掩护，这实在是我们政府和人民共同一致埋头苦干的结果。尤其是当日二十九军自宋哲元军长以下，全体官兵忍辱含垢，苦心应付的功劳，是不可抹杀的。我们这一次的失败，是受了日本人的欺骗，但敌人诈伪欺骗的手段，以后再不能得逞。我们从今以后，要认定不是我们失败，就是他们灭亡，只要全国同胞大家照着我的一贯方针和精神，作继续不断的奋斗，日本人必不能灭亡中国，反转过来说，我们必定能够打败日本。在民国二十年的时候，我曾在此地对大家说过，我们一定要坚忍苦干，到民国二十五年，就是西历一九三六年，我们国家民族才有出路，所以在民国二十五年以前，无论敌人如何侮辱压迫我们，我们都要忍受。现在过了民国二十五年，到了二十六年的今天，国家已经有了整整五年的准备，我们的平津不但不能让敌人随便占去，而且要排去敌人的威胁挟持。现在敌人既然无故占去我们的平津，我们还不下最后的决心吗？还怕与他来拼战吗？我们现在的准备，当然不算充实，但是较之五年以前，我们的国力已超过二十倍还不止，只要大家从此下决心，拿平津失败作教训，在一个命令之下，共同一致，沉着应战，愈挫愈奋，愈奋愈进，持久不懈，拼战到底，我相信最后的胜利终属于我们的。

秦孝仪主编：《先总统蒋公思想言论总集》卷14，（台北）中国国民党中央委员会党史委员会1984年版，第597—604页

宋美龄于中国妇女慰劳自卫抗战将士总会成立大会讲话

1937年8月1日　南京

蒋夫人宋美龄女士等发起组织之中国妇女慰劳自卫抗战将士总会，于一日下午四时在京励志社开成立大会，到各机关代表约七百余人，由蒋夫人主席，并致开会词后，即由吴贻芳报告该会筹备经过。旋即开始讨论，当经一致通过该会组织大纲，及执监委员名单，计宋美龄女士、李德全女士、沈慧莲女士、吴贻芳女士、任培道女士等十五人为执委；居正夫人、戴季陶夫人等五人为监委。会后即接开首次执委会议，推定蒋夫人、冯夫人、马超俊夫人、罗家伦夫人等为常委，并通过其他要案多起。蒋夫人之讲演词略谓："诸位同志！我们今天在这里开会，正当强邻压境，可说是历史上最严重危急的时候，因为战争是一件凶险可恶的事情。这次战争，我们必要牺牲很多的官兵与平民，损失国家无穷的财产富源，眼见得我们十年来埋头苦干的建设，要被这很残暴的敌人摧毁了，但为国家的生命，有时我们需要这样极度的牺牲，我们政府态度现在已经明白表示了，凡是自爱的民族所能忍耐的，我们都已经忍受了，我们不要再迟疑，要勇往向前，用尽我们全副力量，来救国家的危急。我们与全国同胞，只有绝对服从政府的命令，共同一致，来求得民族最后胜利，我们要保全国家的完整，保护民族的生命，应该尽人人的力量，来抵抗敌人的侵略。我们妇女也是国民一分子，虽然我们的地位能力和各人所能贡献的事项各有不同，但是每人要尽量的贡献她的能力来救国。今日西班牙妇女同男子一样站在火线上，欧洲大战的时候，各国的妇女都尽力帮助她们的国家得到胜利。我们中国的女同胞，要向世界上表示我们爱国精神，今天开会的意思，就是我们要团结一致组织起来。我们不是想出风头求虚名，是要救国家的生命，我希望大家都能够实地的担任工作，出尽全力去做。打仗的时候，男子都要上前线去杀敌，后方工作是我们妇女的责任，我们须要鼓励着男子，使他们知道我们有我们的方法来拥护他们，使他们无后顾之忧，不是来阻碍他们；我们也能够牺牲一切，就是我们的生命也能牺牲，来拥护我们前线的忠勇将士。我知道各妇女团体，已经开始组织，我们预备要做的工作，我希望我们大家能联合一起，成功一个大团体，使我们的力量更加雄厚，真的团结便是力量，前线将士的勇气，全靠后方的

拥护。我们永远不要忘记,应该时常牢牢记着,国家最后的胜利,无论延迟到哪一天,终久会达到目的,我们一定能扫清重重叠叠堆在我们心头的日历的国耻!"

《中国全面抗战大事记》第1辑,1937年8月份,

华美出版公司1938年版,第1—2页

林森:对当前时局应有的认识

1937年8月2日于国府纪念周

自从卢沟桥事件发生以来,时局日趋紧张,在这种紧张的局面之下,要能应付得当,政府固然要规定一贯的方针,始终不变,但是最重要的,还在全国民众对于当前的大局要有明确的认识。这种认识,乃是我们临大事所必需具备的,所以特提出这个问题来和各位讲讲。我们建设国家的大政方针,本来是非常明确的,这明确的方针,就是三中全会宣言当中所昭示的:对内求自存,对外求共存。要实现自存共存目的,当然要主张和平,原来所谓自存,就是以自力自谋生存。所谓共存,就是与世界各友邦共谋生存。要谋自存,当然有赖于建设。要谋共存,更有赖于国际的合作。建设与合作,都是需要和平才办得到的,所以我们主张和平,不仅在消极方面由于我们民族好和平的天性所致,并且在积极方面更为实现我们国策所必要的手段。这种积极方面的意义,更显我们主张和平是完全基于诚意,丝毫不是勉强的。不过从另方面说来,主张和平固然是我们的基本国策,可是我们的领土主权若是受到侵害,甚至危害到我们整个国家的独立生存时,那么我们为维护国家的独立生存起见,便只有起来抗战!因为领土主权原是一个国家所必具的要素,它的完整不容稍受侵害,否则国家便将失去其生存的根据。所以这种抗战,乃纯是基于自卫的发动,如果连这种自卫权也被人削夺,我们还成为一个国家吗?所以我们虽然主张和平,而和平亦有一定的限度,就是我们国家的独立生存,若遇到危害时,我们为实行自卫起见,便只有起来抵抗!这种抵抗,不仅不与和平相冲突,并且正是获得真正和平的手段。因为不抵抗便只有灭亡,还说得到和平吗?至于在此种非常局面之下,更有为全国各方所当充分加以注意的,约有两点:第一,必须信赖政府,政府对于国策,终始一贯,一切措施,无不以整个国家利益为前提。在这种非常局面之下,希望全国各方对于政府务必充分信赖,加以拥护,能够这样,才能够成举国一致,发出伟大的力量,以应付当前的事变。第二,必须镇定,目前时局已达最后关头,大家必须严守纪律,并且要时时准备,听从政府的命令,为国家去牺牲,以保卫我们的国家,竭尽我们的天职。所以服务政府机关的同人,更要注意,我们必须要为全国民众的表率,依照法令,照常执行职务,不使政治效率稍受到影响,能做到这一点,便算尽了我们的职责。至于整个国策,政府早有决定,切戒

任意揣测，以免影响治安。以上两点，事虽平常，可是所关很大，希望各位充分加以注意，身体力行才好。

《卢沟桥》，前导书局1937年版，第6—7页

大家要说老实话　大家要负责任

1937年8月3日

汪兆铭

政府与社会都要负责任

各位同胞：在此存亡危急的关头，兄弟所要说的，只是几句话："大家要说老实话，大家要负责任。"论到责任，原是大家都有的。服务政府机关的，各有各的责任。服务社会机关的，也各有各的责任。就政府方面来说，从前的措置如何？现在的措置如何？将来应该如何措置？这固然是很大的责任。就社会方面来说，几年以来，人民所供给的血汗，实在不少了，除了以法定贡献，供给国家之外，还有许多的义务捐以至娱乐捐，其于责任可谓已尽，然以之比较日本，对于所谓"华北事变经费追加预算"，一动笔就是四万万元，其相去又如何呢？

消极苟安不是办法

中国历史上有两句最痛心的〔话〕：一是郑国说："臣为韩延数年之命，然渠成亦秦万世之利也。"明知不能救韩之亡，而徒欲延其数年之命，这样的以人参汤来延最后之喘息，到底不是办法。一是张悌说："吴亡之际，乃无一人死节，不亦辱乎？"明知不能救吴之亡，而惟欲一死以自尽其心；然想到了自己死了之后，未死的人都要为奴为隶了，这又何能瞑目到底？也不是办法。然则不能不商量怎样的大家负责任了。

负责任先要说老实话

兄弟的愚见，以为大家若要负责任，则必先之以大家说老实话。所谓说老实话，是心口如一，心里这样想，口里这样说，这是很要紧的。中国宋末、明末曾两次亡国，其亡国之原因，最大最著的，在于不说老实话，心里所想与口里所说，并不一样。其最好办法，是自己不负责任，而看别人去怎样负法。当和的时候，拼命的指摘和，当战的时候，拼命的指摘战，因为和是会吃亏的，战是会打败仗的。最好的方法，还是自己立于无过之地，横竖别人该死。于是熊廷弼传首九边了，袁崇焕凌迟菜市了，此之可悲，不在其生命之断送，而在其所有办法在这种大家不说老实话，不负责任的空气之中，只有随处碰壁，除了以一死塞责之外，简直替他想不出一条出路。宋亡将及百年，明亡将及三百年，这样长时期的亡国之痛，已够受了。

不说老实话只有亡国

自十九世纪以来，亡人之国，不只武力，一切经济、文化皆可为亡人之国的工具。所以国不亡则已，既亡之后，绝无可以复存，除了波兰，因特殊情形，亡而复存外，更无可举之例。在大战中，俄国败于德国，几乎亡了，德国国土败于协约国，几乎亡了。然足能保存，且能复兴，这都是于垂亡之际，人人下了救亡图存的决心，人人肯说老实话。和呢，是会吃亏的，就老实的承认吃亏，并且求于吃亏之后，有所以抵偿。战呢，是会打败仗的，就老实的承认打败仗，败了再打，打了再败，败个不已，打个不已，终于打出一个由亡而存的局面来。这种做法，无他妙巧，只是说老实话而已。这说老实话，不是等闲的，人人能说老实话，才能人人负责任。反之，人人不说老实话，则必人人不负责任。人人不负责任的结果，除了亡国，还有哪一条路？

极度的牺牲是有代价的

我们知道现在战争有强国对于弱国的战争，有弱国对于强国的战争。强国对于弱国的战争，利用自己力量丰富，运用迅速，期以一举而糜烂弱者，使无复有战斗能力。弱国对于强国的战争，自知力量不及，但是已经下了决心，就要将所能使用的心力物力，完全使用，不留一点一滴。那么自己的力量，固然使尽，而强国的力量，也为之消耗，强国于是便不能不有所顾虑了。我们必须知道，强国之对于弱国，如饕餮之徒贪得无厌，如果吃着甜头，那自然越吃越甜，永无不吃之理，除非吃着了苦头，方才会把吃欲打了回去。所以我们若能将所能使用的心力物力，完全使用，不留一点一滴，则至少至少总可使他吃些苦头。还有一层，我们也必须知道，现代战争不只是有形之战，而且是无形之战，一个强国平日对于其他强国，虽不以兵力相见，然野心既大，树敌必多，其兵力已有备多力分之苦。何况除了兵力之外，还有经济战、商务战、工业战等等无形之战，时时刻刻都在性命相搏，丝毫不肯相让，因此之故，一个强国对于一个弱国，为有形之战，以消耗了兵力，以至于财力，则无异对于其他强国发生的破绽，使之得乘间而入。其始只是若干消耗，其终且成为致命之伤，一个强国无论如何的强法，对于此点，决不能无所顾虑的。明白了以上的意义，则可知一个弱国对于一个强国，不得已而应战，极度的牺牲，是万万不能免的，而这种极度的牺牲，决不是白白葬送了去，纯无效果的。反之，不肯牺牲，牺牲而不肯极度，则强国不但吞食得容易，而且消化得也容易，这真使他越吃越胖，不但不因消耗而发生破绽，且将以这一个弱国为资源，更为吞食其他强国之用了。

估量不是容易做到的

有人说道："我们虽是弱国，但我们的力量，不可估量太高，也不可估量太低。估量太高，则将轻于尝试；估量太低，则将即于消沉。"这些说话，诚然是至理名言，但是估量两字，是不容易做到的。例如欧战开始，德国原欲聚其兵力于最短期内，击破法军，直入巴黎。当时德国估量自己兵力，必然可以做到，但是后来遇着比国里忧叵之抵抗，以及法国马斯河之立定阵线，原定计划不能达到。这是德国估量自己力量太重、法国力量太轻以至于此。德国的军事学，世界有名的，尚且对于估量不免有差。又如近来义大利之攻击阿比西尼亚，当时各国的军事观察家，皆以为阿比西尼亚多沙漠不毛之地，而且又有雨季，届时义大利军队，必不能前进，然而后来义大利之进兵迅速，阿比西尼亚之一败涂地，竟不待至雨季，一般军事观察家所估量的，完全错了。由此可知估量二字，是不容易做到的。大抵一个强国对于一个弱国，用兵之始，必欲以雷霆万钧之力，磨碎之于一击之下。当此之际，这一个弱国，惟有硬着头皮，尽力挣扎，挣扎愈久，生存之希望愈多，舍此实无生路。

没有维持和平的力量不足以言爱好和平

又有人说道："我们虽是弱国，但我们是爱好和平者，如果被人侵略，将必得尊重和平者之援助。"这些说话，诚然也是至理名言，但是我们固然爱好和平，而和平之存在，不取决于爱好和平之志愿，而决取于维持和平力量。没有维持和平之力量，而言爱好和平，这不是爱好和平，而是轻蔑和平。世界上固然有尊重和平的国家，但只知尊重和平，而不知拿出力量来，与其称为和平之尊重者，毋宁称为和平之嘲笑者。然而拿出力量来是不容易的，第一必先要我们自己拿出力量来；第二所谓路见不平，拔刀相助，虽然是人类应有的道理，然就现在世界上国家民族林立的局面来说，哪一个国家民族不是为自己国家民族的生存而拔刀，哪一个国家民族肯为别个国家民族的生存而拔刀，除非是共同利害。即使是共同利害，而权衡轻重，斟酌缓急，也大有提刀四顾，踌躇满志之余地。由此可知一个弱国被人侵略的时候，全靠自己尽力挣扎，挣扎愈久，生存之希望愈多，舍此实无生路。

字典无易字

于是有人说道："然则以弱敌强，岂不困难？"拿破仑说字典无难字，我们说字典无易字。因为知其难而说是易，那就不免随便的说，随便的做，说既不老实，做又不负责任。反之，知其难而说是难，知其难而仍然向着难去做，那就说是老实话，做是负责任的做，这决心与勇气，当然增加十倍，即使困难十倍于此，亦可将他打破。我们大家说老实话，我们大家负责任，我们不掩饰，我们不推诿，我们不做高调，以引起无谓的冲动，因为这种冲动，是易于颓丧的；我们不作奢想，以引起无聊的希望，因为这些希望，是易于幻灭的。综而言之，我们守着弱国的态度，我们抱定必死的决心，除非强国放下屠刀，立地成佛，不然，《汤誓》所说"时日曷丧，予及汝偕亡"，便是全国同胞的一致呼声了。

《汪精卫先生抗战言论集》，独立出版社1938年版，第12—17页

孔祥熙：中国已准备为生存而奋斗

1937年8月4日向哈瓦斯社记者发表谈话

"西欧各国若欲防止远东战事，今或犹能为之，欧美各国大部分舆论，对于中国均表同情，余殊为欣幸。余并深信，日本统治者与人民倘能接纳世界舆论，则其影响，不但足使中日两国得免战祸，即世界各国亦可幸免于浩劫也。中国现为保障其独立起见，人以武力相凌，决以武力报之。目前双方相持，形势业已显然，即侵略战争与和平势力之搏斗是也。抑中国不但将为本国生存而斗争，抑且为世界公理与正义而斗争"云。述及中国二十九军退出北平、天津一举，孔副院长谓，西方各国传闻宋哲元将军背叛国家，殊非真相，实则宋氏对于日本驻屯军当局过于信任，日军曾经郑重提供诺言，宋氏信之不疑，孰知竟为日本所绐云。

《卢沟桥》，前导书局1937年版，第35页

孔祥熙对巴黎报界之谈话

1937年8月5日

中国行政院副院长兼财政部长孔祥熙博士，今晨（五日）由伦敦抵此，当即向报界发表谈话，略谓：目前华北纠纷，与一九三一年九一八事件、一九三二年一·二八事件、一九三三年热河事件、一九三六年冀察及绥远事件，如同一辙，为日本对华之侵略，以遂其扩充土地之野心。最近二十九军之撤退，系由于宋哲元误信华北日军当局之保障。彼日本军人，一方面虽佯称就地和平解决，劝告宋哲元，勿接受南京当局之援助，而实则积极进行军事布置，竟突然向二十九军攻袭。据东京及华北方面消息，日本现源源以大军开入平津增援，日本内阁并已通过严重战事计划，足证日本已具开战之决心。日本虽不乏目光远大之政治家，洞察以武力为国策工具之愚拙，惟彼等对本国军部之行为，实亦无权顾问，彼少壮军人派视武力为国家仲裁者，对于日本在东亚所负所谓"神圣"使命，几抱狂妄之信念，若辈对条约义务之制裁及世界舆论，置若罔闻，动辄以武力侵略，施其故技，而以既成事实，置诸本国朝野之前。中国为保全主权及自主起见，已决定以武力抵抗武力，苟远东发生较大之冲突，日本自必负侵略者之责。此项问题为战争侵略与和平安全两方面力量之争斗，实属显而易见。中国渴望与他国保持和平友谊，俾得倾其全力于国内之建设，惟屡为日本侵略所阻止，故中国如起而抵御侵略，实不仅为其本国生存而战争，抑且亦为世界正义公理而奋斗也。此次欧美各方，均对中国表示非常同情与谅解，本人深表感慰，缘此点使余深信，国际条约如《九国公约》、《国联盟约》、《凯洛格非战公约》等之制裁，虽已遭受严重之损毁，世界舆论之正义，仍得存在也。再则余坚信苟世界舆论正

义之力量，能传至日本国内人民及负责政治家之耳，则或能使东京主张侵略战争分子，获得一种忠告，而稍具戒心，庶本与中国甚至全世界得免除战争之浩劫云。

《中国全面抗战大事记》第1辑，1937年8月份，

华美出版公司1938年版，第7—8页

冯玉祥：我们应如何抗敌救国

1937年8月6日于南京中央广播电台演讲

冯副委员长六日晚八时起，在中央广播电台演讲，题为《我们应如何抗敌救国》。原词如次：

诸位同胞！在今日我们的民族敌人日本帝国主义又以武力攻占我们的平津，屠杀我们的同胞；现在平汉铁路、津浦铁路和平绥铁路沿线，到处轰炸我们的时候，真正到了我们民族存亡的最后关头。我看到听到许多同胞，无有一个不是在愤怒敌人的暴行，都在打算如何为国家民族的存亡而奋斗。我们看到平津一带的军队，如何忠勇地牺牲自己的性命，抵抗敌人的进攻。虽然战争的结果，我们暂时小有失败，可是这一切表现，已证明我们能够获得抗战的最后胜利，所以我今天就来和诸位谈谈"我们应如何抗敌救国"的问题。我们政府对于敌人的态度，已经蒋委员长几次明白剀切地昭告于全世界，就是我们以平津及华北主权的不受侵犯，为我们暂时忍耐的最后关头，所以现时除了日帝国主义彻底悔悟，返还一切侵占去的领土主权以外，我们只有为争取国家的生存而奋斗，我们只有实现蒋委员长的主张而抗敌。说到如何抗敌救国，我们可以分三点来说：

第一，我们应如何正确的估计敌人？这个问题，我们又可以分三点：（一）六年来敌人不断的对我国侵略，尤其是最近敌人在卢沟桥和平津的袭击、轰炸，已经最后一次的打碎了少数人以为日帝国主义的侵略还有止境的幻想；另一方面，这些惨痛的事实，又不免激起一部分同胞把全日本人民都看成敌人的错误认识。我们要知道侵略中国的是日本帝国主义，凶横残暴的是日本军阀，至于日本人民，我相信大都还是爱好和平，拥护公理和正义的，我相信他们终有一天会和我们携起手来，制裁他们横行无忌的军阀，打倒他们帝国主义的政治；但是我们对于日帝国主义和军阀，却决不应该再存有丝毫的幻想，他们是只有覆亡于我们全民族革命战争的铁血之下时，才能收拾他们贪得无厌的野心，才能认识世间的公理和正义。（二）我们还有些人把敌人的力量估计得太高，把我们自己的力量估计得太低。他们所以把敌人力量估得太高，一方面是太高估计了敌人炮火的效力，另一方面又相信日本可以在我国国民中用威胁利诱的卑劣手段，收买许多人去做工具。关于现代战争中，炮火的效力，我们在后面再去详细说明，现在就卢沟桥的战事而论，这是

敌人处心积虑，至少计划了一二个月以后的行动，为什么他们攻击了两个星期，伤亡到由五百至三千人，还没有攻击下？由此可见，只要我们的将领和士兵，能忠勇爱国，不怕牺牲，相当的有点准备，就可以抵抗敌人武器的优势，就可以打击敌人外强中干的轻举妄动；同样的，我们平津战争的失败，固然由于敌人武力的集中与众多，然而亦由于我们自己的准备不够，否则敌人是不会这样容易得手的。又比如敌人早已把二十九军和二十九军的将领看成可以随意支配的工具，然而宋哲元到了紧要的关头，还是不顾一切的还手，二十九军的官兵，还是要奋勇的抗战起来，所以二十九军这次几千人的死亡，死的真有价值，实不愧为中国的革命军人。再如日本一手制造的冀东伪组织之下的保安队，因为张庆余和士兵的幡然反正，一天功夫就把通州的日本兵杀死了二百多，而举起抗敌的旗帜。由此可知，敌人所制造所希望的我国内部的矛盾，在民族生死关头的时候，必然能够一致的站在抗敌战线上共同挽救危亡，而日本所夸耀的武力，并非是不可战胜的，况且现在有的不过是前哨的战斗，如果展开了全面的持久战时，他们的内部问题，还要更多更大。

（三）另一方面，又有些人把敌人的力量，估计得太低，以为只要我们的军队一还击，敌人就得败亡，这也是不合事实的想法。因为民族革命战争，固然不能单靠武器的优良，但是我们至少得有决心，有计划，有准备，我们要避免敌人所长，以袭我所缺，利用我之所长，以攻其所短。因为敌人内部，固然有许多矛盾，士兵们都有畏缩怕死不愿打仗的心理，但是亦必须在我们长久的抗战与反攻之下，他们内部问题和矛盾，才能完全暴露出来。总之，我们对于敌人的力量，估计得太高或太低，都是错误的，估计太高了，结论只有等待做亡国奴，或是甘心的情愿的做汉奸；估计太低了，不免要受许多不必要的失败和损失，反而增加了敌人的凶焰。因此我们对于敌人的正确估计应该是物质力量并不可怕，我们必能战胜，而这个必能战胜的条件，就是我们举国上下坚毅一致的决心，周密具体的计划，尽可能的充分准备，和持久的大规模的抗战。

第二，我们应如何正确的认识抗敌政策？我们现在所以要实行抗战，完全是我们的敌人逼迫出来的，我们并不是不爱好和平，正因为过去我们过于爱好和平，所以成为日本帝国主义侵略不已的对象，现在只有用抗战手段，才能取得真正的和平，才能使全世界的各民族获得平等自由生存发展之权利。因此我们的坚决抗战，不是以一死了事，保全了个人的人格和国格就以为满足，而是以少数人民牺牲，求得全民族无数人的永久生存。我们不是毁灭我们的民族和国家建设，使敌人即使占领了全中国，亦毫无所得，而是曾在敌人的侵略中把无论未被或已被敌人侵吞了的地方，用我们顽强抗战的手段，完全把敌人驱逐出去，而取得国家自由与平等。我们这个最后胜利的信心，决不是幻想而是教训。总理中山先生曾分析武昌起义的事说明这个道理，他说："有熊秉坤者，新军中一排长耳，见事机已迫，正在大索党人，若我不先发制人，终必为人置于死地而后，生等死耳，不如速即发难。因将此意告诸同志，金以无子弹对，后由熊秉坤向其友之已退伍者，借得两所制置盒子弹，分授同志。革命之武器所恃者，仅有此数。枪声一起，炮兵营首先响应，瑞澂、张彪，相继逃窜，武昌遂入于革命党人之手。彼满清方面军队非不多也，枪弹非不备也，当革命风声传播之时，瑞澂且商诸某国领事，谓若湖北有事，请其拨军舰相助。布置如此周密，兵力如此雄厚，乃被革命党人以两盒子弹打破之。诸君试思两盒子弹，至多不过五十颗，即使一一命中，杀敌不过五十人，能打破武昌乎？余以为打破武昌者，革命党人之精神为之。兵法云先声夺人，所谓先声即精神也。准是以观，物质之力量小，精神之力量大，可于武昌一役决之。此第就本国而言，已有此先例。试再言外国，前次义大利人，有加利波地者，为一有名之革命家，彼亦非有如何武器能力，当其渡海攻城，也以一千人与三万敌人相持四五日，卒由他路抄袭入城。此在战略上战术上，无论如何，均不能取胜，而事实之相悬若此，将谓以少胜众乎？直乃精神胜物质耳！"这一段遗训，是我们所当切记的。现在的日本帝国主义，其战斗力固远胜于满清政府，但是我们现有的武器亦远胜于辛亥时的革命军，况且我们有的是伟大的民族精神，而日本帝国主义，恰如日俄战争时的俄国，毫无精神可言。所以这次中日战争的结果，只要我们彻底抗战，失败者必定是日本，最后胜利者必定是我国的。

第三，我们应如何实行抗敌救国？从上面所说的看来，对于抗敌救国的办法，约有三点：（一）发扬我们民族抗战精神，如同甲：毁家纾难的令尹子文为公不为私。乙：申包胥的为国不为家。我们首先要把许多不良的观念，比如自私、不诚实、怕死、为家不为国、明哲保身等等，这些观念，如不铲除净尽，不留一点奴隶坯子，我们现在应该刮垢磨光以"为公"代替"自私"，以"忠实"代替"不诚"，以"牺牲"代替"怕死"，以"战死于沙场"代替"寿终正寝"。我们如果个个人做到只知有公不知有私，忠于国，忠于民族，不顾家庭，牺牲个人小我的生命，换取民族大我的生存，则我们的国家，必能从日本帝国主义的压迫下，获得自由平等的地位。比如土耳其和苏联的反抗战争，都是以民族抗战精神，而获得胜利的最好的榜样。（二）我们要知道抗敌战争的进行，是一个长时期的艰苦巨大的工作，我们除了贡献我们的身体到战场上去奋斗，还应该贡献我们的金钱财产给国家，以充作一切必要的战费。最近听说侵略主义的日本，在卢沟桥事变发生以后，他们的国民尚有捐助一百万元、五十万元给国家的。我们是被侵略的国家，我们是在生死存亡之最后关头的人民，所以我们更应该比敌人还要加倍踊跃的来毁家纾难，人人将他所有的金钱，贡献一大部分给国家，则自然我们不怕财政困难、不怕我们没有新式的武器来抵抗敌人了。（三）抗敌战争无疑的是一个巨大的消耗战，我们国民应该加倍的替抗战生产用品，加倍的替抗战节省私人用品，实行不供给原料与敌人，而将节衣缩食和生产所得的物品，完全集中到国家手里去，这样我们的抗战，就可以持久，力量就可以加大了。最近敌人已经在他们国内实行第七次的征兵，并且增加战费四五万万元，又宣传要将二十八个师团来攻击我国。民国四年的时候，日本曾以动员军队吓住了袁世凯，使他完全承认了他所提出的"二十一条"。同胞们！现在已不是那个卖国政府时代了，我们要动员四万万五千万人以答复他动员二十八个师团，我们要把精神、把金钱、把物力都贡献给抗敌战争上去，以拼死的战斗打击我们的敌人！现在世界上已无所谓什么真理及和平，谁的力量大，真理、和平就在哪一边。现在是我们全体国民为公理、为正义、为生存、为和平、为国家、为民族、为自己、为子孙，牺牲一切精神物质的最后关头！要人人起来参加抗战，方可生存，不然则亡。总理中山先生教训我们说："安南有一个大官住在河内，叫做黄高启，从前安南没有亡国的时候，他做过了宰相的，所以他是升过了大官，发过了大财。因为他很有钱，所以他置在河内的产业，便非常之多，家中的花园，也非常之大。但是安南现在亡了，他就是做过了大官，发过了大财，还是要做法国的奴隶，就是升官像黄高启，发财像黄高启，要人不骂他是亡国奴，他还有什么荣耀呢？国家之存亡，和我们人民有很大的关系，如果国家是强盛，大家便荣耀，国家是衰弱，大家便耻辱。"中山先生的这段遗训，也就是我今天贡献给诸位的意见。希望全国人民都在政府的统一领导下，实行坚强持久的抗日民族革命战争！敌人是不足怕的，一次两次的小失败，也是不足虑的，只要我们全体国民再接再厉的抗战下去，胜利总是我们的！

《中国全面抗战大事记》第1辑，1937年8月份，

华美出版公司1938年版，第9—13页

刘湘之书面谈话

1937年8月7日

此次力疾入京，旨在晋谒蒋委员长及中枢当局，报告整军实施情形，并请示国难期间后防一切事宜。迩来国难严重，已到最后关头，全面抗战，势不可免，筹划对策，权在中央，本人除敬聆蒋委员长及中枢各长官训示外，倘有所见，亦当尽量贡献，以供采择。国家民族已到最后关头，唯一生路，只有抗战。举国民众慷慨激昂，已充分表现精诚团结、共赴国难之精神，多难兴邦，殆已明验，敌虽强暴，我必争得最后之胜利也。四川为国家后防，今后川省所负之责任极巨，现时军队整理，业已就绪，人力财力，无一不可贡献于国家。个人此来，即欲陈明此意，在蒋委员长领导之下，作一切准备，以纾中枢之忧，而慰国人之望。俾川康两地甫上轨道，各项建设，甫经规划，基础尚未巩固，资源方面，

有待于人事之处甚多。国人既认定后防重要，均盼群力，予以协助，尤盼金融界集中资力，从事于生产开发，充实物力，使四川确可为民族挣扎之后盾，则国家与地方，均幸甚矣。个人因责任綦重，故不敢顾惜病躯，晋京请示，辱承各位访候，实不敢当云。

《中国全面抗战大事记》第1辑，1937年8月份，

华美出版公司1938年版，第14页

蔡廷锴答《华美晚报》记者问

1937年8月8日

记者问：蔡将军此次入京，对抗战意见如何？

答：（一）我此次入京，因全国人民在中央决心抗日之下，一致起而共赴国难。我份属军人，虽云在野，不敢放弃天职，况我乃始终力主抵抗暴日者，此际更责无旁贷，为期贯彻向来主张，尤应站在最前线，与敌周旋。（二）关于民众方面，我以为无论任何地方，均须力持镇静，任何阶层分子，均应负各个人应负责任，齐心协力，各尽各的力量，为我民族争生存与独立，甚至遭遇最大牺牲，亦所不惜。至于袍泽方面，无论在朝在野，均应一致奋起，以前此革命精神，同仇敌忾，在全国最高军事领袖领导之下，依照既定计划，向前迈进，虽战至一兵一卒，亦应抵抗到底。如此坚持勿懈，相信最后胜利，必属于我。（三）全面抗战，凡属国民，须团结一致，充分发扬爱国精神为国效命，慎防贪图小利者为敌利用。我特别提出此点，系因淞沪抗战时有少数无知者，竟作敌探及向导，为虎作伥，可痛孰甚。

问：蔡将军同行者有几人？

答：除六十师师长沈光汉、四十九师师长张炎已先入京外，现偕行者有李盛宗、谭启秀、叶文泉、程鸿轩等云。

《中国全面抗战大事记》第1辑，1937年8月份，

华美出版公司1938年版，第15页

邹鲁发表书面谈话

1937年8月8日

余此次回京，因为华北已经和日本作战，此种作战不特为民族求生存，实则为世界人类除蟊贼。盖日本一贯政策，不特想把整个中国吞并，抑且在扰乱世界，尤其是对世界人类文化，加以危害。关于此次日本夺我平津，并将南开大学肆意焚毁，即可明了。所以我人抗日，一方面在求民族之复兴，而他方面亦在保障世界之文化。我人因负此两重责任，

所以对于日本作战一层,是全国一致,而且很奋勇而热心的。至于抗战方法,中央已有整个决定,尤其是蒋委员长在庐山第一次谈话会,及前月廿九日之谈话,更有明切之昭示,我人抗战,自当跟着这种政策迈进。

《中国全面抗战大事记》第1辑,1937年8月份,

华美出版公司1938年版,第16页

林森:自存与共存

——1937年8月9日于国府纪念周

诸位:自从卢沟桥案发生到现在,足足有一个月了。我中央开始即抱最大容忍态度,屡经声明,只要不逼到我民族生存的最后关头,始终希望用和平方法,以挽回东亚两大民族的最后劫运。我方根据最低限度的立场,再三与日方和平折冲,不惜委曲求全,要想在僵局中,寻出一线光明。尤其在日方日日增兵,处处挑衅的险恶情况之下,我冀察当局,屡次交涉,制止冲突,约定退兵,乃日方屡屡食言背信,在谈判和平的掩护之下,完成他运兵运械及军事上的种种布置,终且占据平津,轰炸文化机关,扫射无辜人民,毁灭我东方著名最高学府之南开大学。除飞机低飞轰炸外,更用火油灌烧。这种残暴行为,在号称文明的人类,都不忍为,不肯为的!我们再看到邻邦最近增加军事预算,不断的军事动员,舰队的忙于运输,飞机在我领空内到处的不法飞行,各地领事馆及侨民的全部撤退,在华企业的结束。这些都可以证明彼方有侵略战争的决心,甘为破坏世界和平的祸首,所以他日东方两大民族到了两败俱伤,或竟同归于尽的地步,这个为子孙万世贻罪与破坏世界和平的责任,毫无疑义的不是中国,而在日本。至于轰炸文化机关,屠杀无辜人民,这种非理性的行为,尤其对于文明人类及后世历史上,留下不可洗涤的污辱!这都须希望我同文同种的邻邦政府,加以切实的反省。自古国家无百年之仇,中日兄弟之邦,又是代表东亚地位与东方文化的两大国家,应该互相提携,走上自存共存的大道,不应该互相残害,走上同归于尽的末路。这些话总理在日,是常常对着邻邦人士说的。直到最后一次,经过日本北上,对门司新闻记者谈话还是贯彻这种主张。可惜邻邦对这些深远的理论,和我总理伟大的主张,没有深切了解,这是东方两大民族的不幸,我们认为不胜遗憾的。总之,我们到了这个阶段,应该明白已不是单纯讲理所可伸张正义的时期,我们必须有了自卫自存的力量表现,然后才能实现提携共存的希望。我国地大物博,人口众多,国力方面,本不少于邻邦,所欠缺的是人事组织力量,及物质方面远不如人,但只要全国一致,和衷共济,同在统一政府领导之下,有组织,有纪律,那么,自然可以应付当前的时局。现在我再特别提出两点,要请国人注意:(一)沉着精神。沉着二字,原是我们应有的

修养，我们要做一个真正现代健全的国民，非有沉着的精神不可。我们知道，据欧战时的统计，真正直接死于飞机毒气的不多，而牺牲于自乱者反不少。这些道理，在防空防毒的主管人员，已经讲得很详尽，所以我国国民对于目前紧张的时局，务须持以镇定，各安生业，维持秩序，安定金融，努力生产，随时接受政府指导及命令，担任各种工作，万不可张皇失措，或轻信流言，自相惊扰。能够这样直接有利于己，即间接有利于国，这是国民应付危局，争求生存中一切方法的根本。（二）保护外侨。保护外侨是国际公法所必守的，也是一个国家民族道德所应负的责任，无论对方如何用种种方法来残杀我们无辜同胞，但是我们仍该抱着大国民的风度，及文明人类的道德，对于他在我国侨居的商民，仍要尽力保护，使其安全。我们要明了邻邦的黩武政策，并不是该国全体人民的意思，这是要望国人加以注意的。至于其他各友邦侨民生命财产的安全，我们必须尽最大的能力，加以切实保护，更无庸说。以上所讲的两点，务望同胞加以注意！

《卢沟桥》，前导书局1937年版，第8—9页

何应钦：日人造谣为其一贯侵略国策

1937年8月9日于中央纪念周

主席，各位同志：本席今天有几句话要郑重的向各位报告一下。本来在这国难严重的关头，本党同志，全国同胞，尤其全军将士，除了一心一德，在我们最高领袖的统一意志之下，埋头苦干，各尽职责而外，别无其他的话可说的，但是本席今天要提出来说的，乃是关于日方报纸造谣的问题。日人一向认为中国是一个造谣国家，中国民族是一个喜欢听信谣言的民族，所以对于侵略中国的种种方法，当中便利用这散布谣言的方法，来谋达其离间挑拨及煽动分化的作用。可以说在我国历来若干不幸事件当中，日方的特务机关及其本国或在我国发行的新闻杂志中，便有一部分是专门做的这种造谣工作。本席今天这一席话，不是凭空悬想，毫无根据，乃是从日方一贯的对华政策当中视察得来的。诸位只要一看下面几张图表（从略），便可知道日方造谣的方法，是怎样无微不至，无孔不入，是怎样的毒辣。在三五年前的中国人，便曾上其大当。譬如过去一些时候，日方要想挑起我国某一地方与中央的恶感，便一连几天在报纸上散播种种的消息，不说中央对某地方长官要更换，就说某一地方情形不稳，如此两面挑拨，不断造谣，结果弄得若干外国人将信将疑，莫明其妙。可是现代的中国人，可说没有一人再相信，盖自去年以来，全国人都已有了觉悟，日人诡计，决难收到丝毫效果。

最近自卢沟桥事变发生以来，我全国上下，精诚团结，在最高领袖领导之下，本着政府一定国策，处理应付。但是日方一面增兵运械，节节进逼，不惜将事态扩大，一面

新闻报纸上，大造其谣言，不说某某如何主张，即说某某因主张不行，而如何如何，无中生有，故神其说，极尽离奇诡谲之能事。懂得中国内情的外国人，就其谣言，一加分析，便可知其绝对不确。今天本席特别提出这一点来报告，意思就是希望本党同志，全国同胞，尤其全军的将士，大家要深切明了对方造谣的作用，乃其一贯侵略的国策，当着这国家危急存亡的时候，只有大家统一意志，整齐步伐，在中央最高领袖领导之下，服从命令，努力奋斗，然后当前险恶的环境，才可打破，逐渐走入光明，国家民族的复兴，才有无穷的希望。

《卢沟桥》，前导书局1937年版，第38—39页

国民政府为实行自卫宣言

1937年8月14日

中国政府对于现在中日局势，发表声明如下：中国为日本无止境之侵略所逼迫，兹已不得不实行自卫，抵抗暴力。近年以来，中国政府及人民所一致努力者，在完成现代国家之建设，以期获得自由平等之地位，以是之故，对内致力于经济文化之复兴，对外则尊重和平与正义，凡《国联盟约》、《九国公约》、《非战公约》，中国曾参加签订者，莫不忠实履行其义务，盖认为"独立"与"共存"，二者实相待而相成也。乃自"九一八"以来，日本侵夺我东四省；淞沪之役，中国东南重要商镇沦于兵燹；继以热河失守，继以长城各口之役，屠杀焚毁之祸，扩而及于河北；又继之以冀东伪组织之设立，察北匪军之养成，中国领土主权横被侵削，其他如纵使各项飞机在中国领土之内不法飞行，协助大规模走私，使中国财政与各国商业同受巨大损失，以及种种毒辣之手段，如公然贩卖吗啡、海洛英，私贩枪械，接济匪盗，使我中国社会与人种陷入非人道之惨境，此外无理之要求与片面之自由行动，不可胜数。有一于此，已是危害国家之独立与民族之生存。吾人敢信此为任何国家任何人民所不能忍受者，然中国则一再忍受，以迄于今。吾人敢言中国之所以出此，期于尽可能之努力，以期日本最后之觉悟而已。及至卢沟桥事件爆发，遂使中国几微之希望归于断绝。

卢沟桥事件之起因，由于日本大举扩张天津驻屯军，且屡于《辛丑条约》未经允许之地点施行演习。日本此种行动，已足随时随地引起事变而有余。而本年七月七日深夜，日本军队竟于邻近北平之卢沟桥施行不法之演习，继之以突然攻击宛平县城，我守土有责之驻军，迫而为正当防卫，我无辜之人民，于不意之中，生命财产毁于日本炮火之下。凡此事实，已为天下所共见。

卢沟桥事件发生以后，日本之行动有深足注意者，即其口头常用就地解决及不欲扩大事态之语调，而其实际则大批军队及飞机、坦克车以及种种最新战争利器，由其本国

及朝鲜与我东北，源源输送至河北境内，其实行武力侵略，向我各地节节进攻之事实，绝不能为其所用之语调所可掩蔽于万一。

中国政府于卢沟桥事件发生后，犹以诚意与日本协商，冀图事件之和平解决。七月十二日我外部曾向日本大使馆提议，双方即时停止军事行动，而日本未予置答。七月十九日我外交部长复正式以书面重提原议，双方约定一确定日期，同时停止军事动作，同时将军队撤回原驻地点，并曾声明：中国政府为和平解决此次不幸事件起见，准备接受国际公法或条约所公认之任何处理国际纠纷之和平方法，如双方直接交涉、斡旋、调解、公断等等。然而以上种种表示，均未得日本之置答。

于此之际，中国地方当局为维持和平计，业已接受日本方面所提议之解决办法，中央政府亦以最大容忍，对于此项解决办法未予反对。乃日本军队于无可借口之中，突然在卢沟桥、廊坊等处，再行攻击中国军队，并于本年七月二十六日致哀的美敦书，要求中国军队撤出北平，此则于双方约定解决办法以外，横生枝节，且为吾人所万万不能接受者。日本军队更不待答复，于期限未到之前，以猛力进扑中国文化中心之北平，与中外商业要枢之天津。南苑附近，我驻军为日本轰炸机及坦克车所围攻，死亡极烈。天津方面，人民生命横遭屠戮，公共建筑、文化机关以及商户住宅悉付一炬。自此以后，进兵不已，侵入冀省南部，并进攻南口，使战祸及于察省。凡此种种，其横生衅端，扩大战域，均于就地解决及不扩大事态语调之下，掩护其进行。当此华北战祸蔓延猖獗之际，中国政府以上海为东方重要都会，中外商业及其他各种利益深当顾及，屡命上海市当局及保安队加意维持，以避免任何不祥事件之发生。乃八月九日傍晚，日军官兵竟图侵入我虹桥军用飞机场，不服警戒法令之制止，乃致发生事故，死中国保安队守卫机场之卫兵一名，日本官兵二名。上海市当局于事件发生之后，立即提议以外交途径谋公平解决，而日本则竟遣派大批战舰、陆军以及其他武装队伍来沪，并提出种种要求，以图解除或减少中国自卫力量。日本空军并在上海、杭州、宁波，及其他苏浙沿海口岸，任意飞行威胁，其为军事发动，已无疑义。迨至十三日以来，日军竟向我市中心区猛烈进攻，此等行为，与卢沟桥事件发生以后，向河北运输大批军队，均为日本实施其传统的侵略大陆政策整个之计划，实显而易见者也。

日本今犹欲以《淞沪停战协定》为借口，将使中国于危急存亡之际，尚不能采用正当防卫之手段。须知此等停战协定，其精神目的即欲于某地点内，双方各自抑制，以期避免冲突，不妨和平解决之进行，若一方违背约言，自由进兵，而同时复拘束他方，使之坐而听受侵略，此为任何法理、任何人情所不能曲解者。

中国今日郑重声明，中国之领土主权已横受日本之侵略，《国联盟约》、《九国公约》、《非战公约》已为日本所破坏无余。此等条约，其最大目的在维持正义与和平，中国以责任所在，自应尽其能力，以维护其领土主权及维护上述各种条约之尊严。中国决不放弃领土之任何部分，遇有侵略，惟有实行天赋之自卫权以应之。日本苟非对于中国怀有野心，实行领土之侵略，则当对于两国国交谋合理之解决，同时制止其在华一切武力侵略之行动。如是，则中国乃当本其和平素志，以期挽救东亚与世界之危局。要之，吾人此次非仅为中国实为世界而奋斗，非仅为领土与主权实为公法与正义而奋斗，吾人深信，凡我友邦既与吾人以同情，又必能在其郑重签订之国际条约下，各尽其所负之义务也。

《中央日报》，1937年8月15日

（二）庐山谈话会的召开

1.庐山谈话会经过

第一次庐山谈话会

庐山谈话会，今日（1937年7月16日）九时，在牯岭图书馆大礼堂开始举行，到一百五十余人，蒋、汪亲临参加。张群报告谈话日程后，由汪致词，旋由来宾相继发言。中午由蒋、汪设宴招待，下午休息。

庐山谈话参加人员名单：汪主席、蒋委员长、于院长、戴院长、冯副委员长玉祥、张秘书长群、曾副秘书长仲鸣、丁燮林、王星拱、王云五、王亚明、王世颖、方东美、方鹓先、尹任先、皮宗石、任鸿隽、任凯南、左舜生、江一平、江恒源、朱庆澜、朱经农、杜重远、汪周典、何炳松、何基鸿、吴贻芳、吴经熊、李建勋、李剑农、李璜、李协、李文范、邵鹤亭、竺可桢、邱椿、林志钧、林康侯、林维英、俞凤韶、茅祖权、胡适、胡健中、胡定安、胡次威、凌冰、浦薛凤、穆湘玥、徐诵明、徐永祚、徐恩曾、马洗繁、马至武、马寅初、刘秉麟、章之汶、庄泽宜、陶希圣、齐国樑、梅贻琦、崔敬伯、崔唯吾、盛俊、梁士纯、陈之迈、曹惠群、黄国璋、高君珊、高秉坊、张寿镛、张伯苓、陈公博、周佛海、彭学沛、陈其采、邵力子、顾树森、顾毓琇、谭熙鸿、萧铮、萧纯锦、谢寿康、裴开明、蒋方震、蒋梦麟、卫挺生、骆美奂、欧元怀、马朔鸾、龚学遂、刘大钧、刘振东、郑通和、范寿康、刘湛恩、廖世承、赵乃抟、赵棣华、赵正平、赵兰坪、杨公达、楼桐荪、程中行、陈布雷、梅思平、梁颖文、宋兆萃、李超英、张彝鼎、徐庆誉、高传珠、李毓九、罗君强、陈方、梁敬錞、郎醒石、吴炼才、吴颂皋、李唯果、刘健群、甘乃光、谢冠生、潘公展、刘瑞恒、吴尚鹰、陶履谦、钱昌照、周览、贾士毅、傅斯年、陆费伯鸿、秦汾、曹仲丰、曾琦、陈春圃、陈次溥、陈大齐、陈剑修、陈锦涛、陈长蘅、陈源、裴复恒、张西曼、张嘉森、张肖梅、张纯梅、张纯明、张心一、张素民、张熙若、张颐、张志让、陈立夫、段锡朋、邹琳、经亨颐、叶楚伧。

　　庐山谈话会席上，汪主席发表引论如次：各位先生，在暑期中承各位远道惠临，共同谈话，至为感慰。这次兄弟邀请各位共同谈话，其目的是我们各人平时因职务的关系，不能常在一处，对于国家社会各种问题，所有抱负及意见，很不容易得到互相切磋砥砺的机会。如今借这暑期共同谈话，于集思广益上，是很有意义的。参加谈话的人，有一大部分是在学校及其他社会团体担任工作的，平日虽没有直接的参加政务，然对于怎样的解除国难，怎样的复兴民族，必具有许多高见。深望能借这机会，得到教益。还有一部分人是在党务政务机关担任工作，如果各位询及党务政务的时候，必能本其经验，有所说明。我们深信两方面交换意见的结果，都能得到益处。关于施政方针，历届全国代表大会及中央执行委员会全体会议，都有明白郑重的宣言，政府根据这施政方针，以指导一切，共见于文告以及见于行事，各位都已知道得清楚了，所以兄弟等在共同谈话中，打算少说些话，而留多些时间来听取各位的说话。希望各位知无不言，言无不尽，要批评的尽量加以批评，要发表意见的也尽量发表，千万不存客气，不存芥蒂。目前急务，在怎样的解除国难，复兴民族，其中关系复杂，问题很多，例如政治问题、外交问题、经济财政问题、教育问题等等。谈话的方法，拟于每一次谈话中，专就于一个问题而发言，如此谈话，庶几得有边际。兄弟如今先作一引论，这引论的意思，在于略述过去的情形，至于现在怎样做法，将来应该怎样做法，却愿意充分听取各位先生的高见。自从"九一八"以来，精诚团结，共赴国难，成为全国一致的口号，共赴国难，是我们共同的目的，精诚团结，是达到此目的所必须的步骤。几年以来，不但本党同志共本此心，努力不懈，全国知识界、产业界的有力分子，也是共本此心。对于国家危急，只宜设法挽救，不宜因见解或政策之不同而轻言破坏，对于政府所处的困难，加以体谅，予以扶助，这种种的苦恼与好意，都是几年以来统一事业渐渐凝成之重要因素。最近卢沟桥事件突发，危急情形，更加严重，根本方法，仍是精诚团结，将全国的心力物力熔成一片，方才可以抵抗强敌，自救危亡。自从十三年一月总理孙先生召集第一次全国代表大会，发布国民政府建国大纲，本党同志，共抱信心，一致努力，期其实施。依照建国大纲所规定，由军政时期而训政时期而宪政时期，都是有应办事件的。每一时期之迁延，有待于应办事件之完成，而同时在总理其他遗教，对于每一时期需要若干岁月，亦曾有约略的指示。自北伐告成以来，因为内忧外患，重重煎迫，就应办的事来说，不但训政时期，不能结束，即军政时期，亦犹有需要，而就岁月来说，则已将十年。加以国难如此严重，救亡图存，人同此心，心同此理，不能因应办的事件尚未完成，而迁延岁月。所以五全大会决议去年召集国民大会，宪法草案亦同时制定，其后因事延期。三中全会，复决议于今年内召集国民大会，并规定此次国民大会之职权为制定宪法及决定宪法施行日期，这些都是已经决定了的。至于国民大会召集前后还有种种问题，举一个例来说：此次国民大会职权，既在制定宪法，是否只对于政府所提出之宪法草案，全部加以可决或否决呢？抑是对于宪法草案中各条文加以修正或补充呢？这是一个很重要的问题。再举个例来说：制定宪法之后，其施行日期，应该如何决定？是否一经制定，便立即施行呢？抑制定之后，施行之前，尚须有一个过渡时期呢？抑先施行其中某一部分，而其他部分尚留以有待呢？也是一个很重要的问题。其他问题，不遑枚举，各位如就此种问题发挥高见，是兄弟等所极愿闻教的。还有一桩关于政治的重要事情，各位先生度必也同样关怀的。兄弟等闻得有人说道，宪法草案第一条，有"中华民国为三民主义共和国"之规定，则第十六条"人民有集会结社之自由"之规定，便没有用处了，因为集会结社必然包含政治性质的集会结社，如果标明三民主义共和国，则凡政治性质之集会结社，对于三民主义有异议的，必无从存了，那么所谓集会结社之自由，不是成为空话了吗？兄弟等对于这个疑问，想分两层解答，其一：制定宪法及决定宪法施行日期之权，既属于此次的国民大会，则对于宪法草案提出研究直接间接以反映于国民大会，是人人都有此自由的，兄弟等于此想静听各位先生的高见；其二：若照兄弟等个人的见解，将来宪法施行之后，对于政治性质之集会结社，其自由限度广狭如何，此时无从悬揣，若就现在国民革命进行中而言，三民主义既为建设中华民国之目的，即由此大道，历此阶梯以达国民革命完成之目的，在理论上是当然的，在事实上也是必要的。因为这是革命责任问题，而非权利问题，不然则建设国家的希望，无由实现。在国民革命进行中，本党同志，每一念及总理所倡导的三民主义尚未实现，每一念及数十年来为薪求三民主义之实现而牺牲的无数同志所留下的未了工作，只有加倍奋发，务底于成。至于本党以外之全国同胞，对于三民主义有同一信仰者，盼望三民主义之实现，而不惜尽其最善之努力，即使有对于三民主义怀疑及异议者，亦必感觉到，当此国民革命进行之际，所最要的，是全国一致。若意志行动不能一致，则支离破碎，对内造成分崩离析之祸，对外之抵抗力，亦因而薄弱，不但建设现代国家了无可望，国家民族之存在亦将不保。所以即使对于三民主义有怀疑及异议，亦必不肯出以破坏，而且不能不加以扶助。此如辛亥革命之时，对于有名无实之共和，虽多有怀疑，但不忍破坏，而且热忱维持，何况现在在国民革命进行所要建设的是名实俱备的三民主义共和国呢？以上是兄弟等一点见解，至于各位有何高论，极愿闻教，政治内容，条理万端，如今只能就其中一二重大的问题，提出引论，如果各位议论所及，泛及于其他问题，也是极愿闻教的。还有在政府机关担任重要工作的各位长官，亦俱在座，对于各位问及，必可随时加以补充及说明。

《中国全面抗战大事记》第1辑，1937年7月份，

华美出版公司1938年版，第71页

第二次庐山谈话会

第二期庐山谈话会本日（七月二十六日）晨由中政会主席汪兆铭召集，以不拘形式、自由谈话方式，互相交换意见。本日参加谈话来宾计有：燕树棠、任启珊、洪深、刘彦、范锜、戴修缵、王芸生、马荫良、胡庶华、张佛泉、王录勋、谷春帆、吴康、吴颂皋、林济青、周北峰、周炳琳、许仕廉、梁宇皋、黄元彬、张凌高、张知本、张其昀、陈布雷、程中行、彭学沛、经亨颐、杨立奎、邓植仪、萨孟武、郑亦同等三十一人。

上海《大公报》，1937年7月27日

庐山谈话会经过

中央党部于昨（二日）上午九时举行第八十七次纪念周，到中委汪兆铭、叶楚伧、冯玉祥、何应钦、陈绍宽、陈璧君、李文范、甘乃光、刘纪文、溥洞、林云陔、徐恩曾、洪兰友、狄膺、乐景涛、陈访先、王秉钧、麦焕章、萧铮、陈树人、时子周、洪陆东、程天固、萧忠贞、陆幼刚、李嗣聪、吴保丰、雷震、谷正纲、焦易堂、麦斯武德、谷正鼎、王懋功、谢作民、梅公任，及中央各处部会工作人员，共约七百余人。由常委汪兆铭主席领导行礼如仪后，即由汪氏报告庐山谈话会经过。兹录汪主席报告原词如下：

各位同志，此次蒋先生与兄弟发起庐山谈话会，原拟与全国智识界、产业界之有力分子，对于政治、外交、经济、教育种种问题，交换意见，并得以从容商榷。七月初旬第一期来宾陆续到山了，而卢沟桥事变适于此时爆发，各来宾感于国家已到危急存亡之关头，团结之心益固，每次集会，都听到国家高于一切之论调，并且知道蒋先生处理政务益加繁忙，都主张把谈话时间缩短。第一次共同谈话，由兄弟对于政治问题作一引论，其全文已见各报，恕不再述。第二次共同谈话，蒋先生发表关于时局之方针，大家都十分感动，一致拥护，其全文亦已见各报，恕不再述。其后蒋先生下山回京，由兄弟继续邀请各来宾共同谈话，计关于政治问题再讨论一次，关于经济问题讨论一次，关于教育问题讨论一次。所有谈话，均已由秘书处郑重纪录，现在由张秘书长指导整理，不日必可汇刊成册，以供快睹。此外，还有来宾因谈话时间未能尽抒所见，另用书面将具体意见详细提出的，也一概汇入册内。这是第一期共同谈话的大概。

至于第二期共同谈话，时局益加严重了，大家感觉蒋先生所指示的国家民族已濒于

最后关头，所有议论，都集中此点。其始邀集陆续到山之来宾，分别谈话两次；其后举行共同谈话两次，对于时局发挥了许多名言谠论。至关于政治、经济、教育种种问题，则由各来宾分组研究，并每组推定负责者一二人，加以系统的整理，始用书面提出。这是第二期共同谈话的大概，将来必与第一期的纪录合并刊载，以备参考。

要之，这两期谈话，各来宾所提出的意见，有些是个人发抒，有些是代表团体，于政治、外交、经济、教育之进行，裨益甚大。兄弟拟与蒋先生详加研究，其中如有必须将其意见具体提出，请求中央予以采纳施行的，自当郑重办理，以期不负此两期共同谈话之热望与苦心。至于第三期共同谈话，因时局关系，不能不延期举行，地点未定。

《中央日报》，1937年8月3日

2.出席庐山谈话会代表发言记录（节录）
张君劢支持政府政策之谈话
1937年7月16日于第一期庐山谈话会第一次共同谈话会

兄弟觉得现在中国的问题，除了生死存亡问题之外，再没有其他意见。我们除了维持民族生存保障民国独立以外，没有第二个希望。在民国成立以前，我们的主张，容有不同的地方，可是对于中山先生创造民国的计划，可以加力的时候，总是从旁赞助。自从十三年以后，因为见解不同，以致未能追随蒋先生、汪先生之后。不过现在可以说我们尽管在党外，对于过去中山先生的苦心，对于中国国民党的努力，除了希望中国国民党建国的志愿完成以外，决不希望再把这一工作换在第二个团体去完成。中华民国成立二十五年，变换的次数太多，事实上也决不容许我们再变换了。不过在党外的人，这几年对于政治上有些商榷讨论的问题，希望有集会结社的自由，有批评的自由，见仁见智，各有不同。中山先生对于建国大纲，分为军政、训政、宪政三时期，老实说这三个时期，都是很短的。譬如美国的宪政也经过百年才造成现在这种局面，我们中国自也不能一蹴而成。不过我们在现在的环境中间，觉得宪政时期很重要，大家就很希望宪政的早日实施。本来在现在国难的时候，党与党之间，个人与个人之间，决无争执之必要，亦无争执之可言。否则中华民族不能生存，还有什么党争可言。所以我们的立场，除了希望赶紧达到中山先生理想的宪政完成之外，没有第二个意思。各人参加的力量，或有多少先后缓急之分，其目的是一致的。我们希望政府在合法的范围之内，有使政党发表正当意见的机会，获得相当的保障，这种站在旁观立场的言论，也许有许多地方可以促进政府的工作。刚才汪先生所提的问题很多，上面的话就是我们在讨论各问题之前，先说一说我们心底里的诚意，庶几大家再无误会或隔阂的地方。

胡适就华北问题及蒋介石之声明发表谈话

1937年7月17日于第一期庐山谈话会第二次共同谈话会

主席：本来，在刚才两位主席发言之前，我们这次从北方来的许多朋友，都希望今天上午的谈话会，专讨论华北问题。现在听了两位主席对时局有很明白的态度表示，我想在座诸君，定必人人满意，人人佩服。尤其感谢的是蒋先生给我们很详细的分析和指示，我们来自所谓国防第一线的北平人士，个个都明了蒋先生所说的是完全对的，而且我们也可以举出证明，的确华北时局的日趋严重实在不是偶然的事，而是敌人有计划的行动。蒋先生又告诉我们，日本从《塘沽协定》以后，直到最近占据丰台，是时时想把北平造成一个死城，使平汉、津浦两路的交通断绝，作为鲸吞整个华北的根据。又说，卢沟桥是北平最后的一个门户，不仅是北平，并且是整个华北的最后门户。卢沟桥事件已不是局部的问题，而是整个国家的存亡所系。也许这个问题要牵动整个的世界。今天两位主席对这次华北时局有详细的报告，并且认为这次事件如果扩大，有引起世界战争的可能，我们对于蒋先生刚才的表示，完全同意，对于蒋先生刚才的态度，非常兴奋。中央军已从八号起开往保定、石家庄，这是表示中央抵抗的决心。日本这次在北方挑衅，我们也相信是有计划的，中间也许有投机的成分，他真想不战而屈。我们希望开往河北的中央军增加，要用全国的军队力量，充实河北国防，能这样，我相信日本决不敢轻易言战。如若，我们以为日本这次是含有投机成分，又以为是局部问题，可以和平方法解决，存着这种侥幸心理去应付这件事情，一定会失败到底。失败的结果，不仅是卢沟桥一个小地方的失守，而且使北平和整个华北危在旦夕。北平东南北的门户，都已在人家的手里了，只有西边通卢沟桥的一条活路，假设卢沟桥失守，不但平汉、津浦两路隔断，平绥路也同时被阻，北平就成了死城。北平一失，华北不保，察北势不能孤守，绥远、山西都受极大威胁，南京也将成了现在的北平，所以卢沟桥的失与守，乃是整个华北存亡的关键。我们希望中央在调派军队北上之外，还有更大更明显的表示，以更大的实力，向北方增进。使日本无所施其伎俩，如同去年日本对我国的交涉，最初也做过很大的投机，直到察北战争和蒋先生西安回来以后，就自行退让，仅仅以北海和成都两案的解决作终结。因此我们可以预料，这次事件，如果宋哲元、秦德纯、张自忠，华北诸负责当局不屈服不丧失主权而获得相当的解决，决不是日本的让步，而是中央雄厚实力之所致。所以我们对于蒋先生表示中央态度不在求战而在应战，这种决心，我想一定可以解决这次华北严重的时局，同时事件之解决，必然是中央军到达河北之功。这一点，我想大家都能认识，都能赞成的。

以上是我在所谓国防第一线，而且住了六年的北平以后所得的观察。至于刚才蒋先生对卢沟桥事件的分析，我们是很表赞同，但个人还有几点希望要说一说：

第一，蒋先生说：我们对于华北当局应该信任。这一点，我想个个是赞同的。可是各位先生注意最近在上海报上看到秦德纯打给二十九军驻沪办事处的二个电报，一个是说：我们军队已经退了，日军没有撤退。还有一个是说：我们军队已经退了，日军并没有完全撤退。这一点，如果蒋先生已接到最近情报，很希望给我们说明，为什么我们军队退了，日本并没有退，是否已有口头协定，而又上了日本的当？我们对于地方当局，虽可以表示信任，但是他们的行动，还要请中央严密的监视，使地方当局，决不上人家的当。

第二，前已说过我们希望中央增兵华北。蒋先生说已派三师到了保定，我想还是不够，应该大量的增加，更需要以精良的军备，供给前线抗敌将士；同时希望一面由津浦路进兵，一面令驻绥汤恩伯军开往前敌加入抗战。

第三，蒋先生说：这次谈判的问题，决不会损及我们的领土和主权。这固然是我们所祈望的，但是刚才听了汪先生所报告的关于英日谈判的声明，我方的表示还是太消极了，如果怕他们的谈判会牵涉到华北或整个中国的问题，我们应该表示我们要甚么？我们不要甚么？不要等到人家已经妥协再来表示否认！

蒋委员长即席答复：胡先生提出关于撤兵的问题，秦市长已有电报报告，是说前四天中国军队前方的步哨已退，但原有的阵地仍未变动。其次，中央对这次华北时局，除已调遣中央军三师北上以外，他军亦在准备，一动员就当然总动员，这一点可请不必顾虑。

梁士纯就华北问题及蒋介石之声明发表谈话
1937年7月17日于第一期庐山谈话会第二次共同谈话会

主席：当本席本月四号离开北平的那天，秦德纯市长曾告诉兄弟这样几句话，他说："北平绝对不会做奉天第二，同时又可面告委员长，我们绝对拥护中央，决不与人家订立任何协定，但局势如果日趋严重，敌人假使大规模的动作起来，非地方上一部分的武力所能应付的时候，应请中央援助。"等语。足见北方当局绝对服从中央。日来种种谣传，定必敌人离间的政策，我们不可轻信。

刚才听见委员长发表的言论，令人非常振奋，兄弟以为这一番言论，可以毋庸秘密，我们应使全国民众及国际间以至我们的敌人通通知道。这样不但我们的民众可以明白政府已有确定的方针及意向，同时使国际间也能知道我们的国策，而敌人亦可知道我们现在决不像以前那样受他们欺侮的时候了。刚才汪主席说得好，怕事就有事。所以我们切不可像以前畏首畏尾怕事的样子，现在我们是到了最后关头，是朝野一致共同应付国难的时候了。

崔敬伯就华北问题及蒋介石之声明发表谈话

1937年7月17日于第一期庐山谈话会第二次共同谈话会

方才听到蒋、汪两先生的话，我们对于中央的政策，很能了解。自从卢沟桥事件发生后，北平市面，非常镇静。市面所以能镇静，有两点理由：（一）人民深信二十九军将士，决不轻易退让，信任宋委员长，更信任中央政府必有适当办法。（二）目前北平果然危险，但其他地方也未必不危险，因此种局部战争，随时有扩大之可能，因此虽在国防最前线的北平的人民，还是在痛苦中忍耐着，以期待政府的处置。兄弟感觉到，在现阶段的中日情况之下，中国除了抗日外，根本无外交可言，不要说地方当局无办法，就是中央也谈不出结果，因为他们所提的经济提携等问题，想在炮火压迫下进行交涉，这是我们绝对不能接受的。在卢沟桥战事已发生了一星期的今天，我们谈话必须把抗日问题作中心。在座诸公，都是文化实业界的领导者，希望大家能明了中央抗战的决心，在政府领导下，集中力量去做抗日工作。

林志钧就华北问题及蒋介石之声明发表谈话

1937年7月17日于第一期庐山谈话会第二次共同谈话会

两位主席：方才听到蒋先生报告华北问题，我们觉得很放心。本人是由北平来的，对于这次的卢沟桥事件，有一点简单的陈说。这次卢沟桥事件的发生，可以说是跟着丰台事件而来，因当时的丰台，是给日本人不战而取的。听说在两月以前，日本人曾向冀察当局要求在大井村地方驻兵，冀察当局当然不理，更以宋委员长在乡养病，一切交涉失去对象，愤恨之余，因此最近有卢沟桥事件的发动。当时他们也防到日本人会有某种举动，初料其不过利用汉奸捣乱，想不到日本人自己有此种行动。讲到这次的冲突，日本人虽带有几分投机性，但是我们倘竭力和他抵抗，未始不可引起他们侵略的决心，依这种情势看来，事件很容易扩大。今天听了蒋先生的话，知道中央对于此事，已下了决心，动员也很迅速，并决定原则三项，为进行谈判的方针。但是在这三项原则之下，中央不要太信任华北当局，因为目前在华北折冲的人，是陈觉生、齐燮元等。他们和日本人很接近，要这种人去和日本人谈判，我们觉得很悲观。希望中央对于此事，抱一个最大的决心，严密监视，不要再委曲求全丧失任何权利。其次，我们希望政府不要根据《塘沽协定》去和日本人办交涉，因为《塘沽协定》也有很大的毛病。

陶希圣建议中央对二十九军宜取监督与谅解并用之谈话

1937年7月17日下午于第一期庐山谈话会第一组谈话会

中央与二十九军有特殊情形，本人的意见以为中央对他们应将督促与谅解两方面兼顾。如中央派外交人员去，他们是否能接受，反或引起他们的误会。中央的态度，应使事态不要扩大，力求挽回。至于冀察军人，内部的情形非常复杂，虽有陈觉生在那里办外交，但他们也不见得十分信用他，多少含有利用的性质。过去宋哲元，起先信任萧振瀛、陈觉生去办外交，但结果不承认的也很多。总之冀察的现局，内情非常紊乱，现在外面传闻有签订协定的，或是谈判已在进行的，而一方面又传说没有其事。兄弟以为两种推测全是事实。中央现在应立刻派遣大军去援助，以作他们的后盾，同时也要给他们相当的权力，可以谈判，这就是所谓监督与谅解并用的意义。我们在北方，也总是采挽回的态度，结果很有成效。

二十九军的下级干部，的确很厉害，他们有左右局势的可能。他们为保持固有的地位及荣誉起见，每发生一件事情，如与他们切身的利益有关，时常秘密的整日开会，求解决的方法。过去驱萧就是他们做的。宋哲元也很听他们的话。不过他们仅仅以二十九军的生存和荣誉为目标，虽然汉奸的话不听，但忠良的劝告，也未必有用。现在我们可以得到一个结论，中央如处置得宜，时常以他们的荣誉及生存为前提，他们决不肯自己毁弃自己，一定可以接受中央的指挥。

秦孝仪主编：《革命文献》第106辑，《卢沟桥事变史料》（上），

（台北）中国国民党中央委员会党史委员会1986年版，第299—306页

（三）国防联席会议

国防联席会议记录[①]

1937年8月1日

（1）议长[②]致开幕辞

速记：熊诚

各位同志：今天可以和大家聚会在一堂，集合了全国各地方高级将领长官，来共同商

---

① 原标题作《抗战爆发后南京国民政府国防联席会议记录》，由中国第二历史档案馆整理公布，戚厚杰编选，刊于《民国档案》1996年第1期。——编者

② 国防联席会议议长为蒋介石。——编者

讨今后处置国防的计划，以收集思广益的效果，这是一件不可多得的事。自从卢沟桥事件发生后，我们都知道敌人一天一天的在演进，我方处置的态度已经在庐山谈话会中，同最近发表的谈话里，详细的说明了，各位都已见到了。所有这次会议议决的计划种种，我们如果能够切实做去，而且能予适当之处置，就能够奠定了我们民族、国民复兴的基础。如果处的不得当，那就必陷国家、民族于万劫不复之中。换言之，目前中国之情势，乃是生死存亡的最后关头，尤其是我们高级的长官，必定要切实认清国家的利害，为国家的利害着想，撇开个人的利害，求实际上牺牲个人的私益，谋所以复兴之道。在这国难严重的今日，希望各位现在都发表关于国防上的意见，我想对于事实上，一定是很能完满的。

（2）联席会议记录

日期：民国廿六年八月七日午后八时

地点：励志社

主席：议长蒋

秘书厅长：程　潜

副厅长：刘　光　杨　杰

出席：林主席　汪主席　张　继　居　正　于右任　叶楚伧　戴传贤　孙　科　陈立夫　阎锡山　冯玉祥　王宠惠　何应钦　唐生智　陈调元　刘　湘　何成濬　陈绍宽　白崇禧　何　键　朱绍良　余汉谋　蒋作宾　王世杰　吴鼎昌　张嘉璈　俞飞鹏

列席：邵力子　张　群　黄绍竑　熊式辉　顾祝同　钱大钧　邹　琳

秘书记录：龚　浩　徐祖诒

书记速记：熊　诚

共到会四十一人。

开会如仪。

报告事项：

一、卢沟桥事变之经过及其措置。何部长报告。

二、军事准备事项

甲、敌我之态势——刘副主任报告；乙、战斗序列；丙、集中情况。

三、大计讨论。

四、关于战费问题之研究。

甲、军政部关于战务费提案。乙、财政部对于战费应如何筹措及准备案。

五、各委员会发表意见。

六、决议。

七、议长致词。

（3）秘书厅厅长程潜报告本日上午开国防会议之经过情形

速记：熊诚

今晚开联席会议，请各位同志多多的发表意见。这次的国防会议，乃是一个秘密的会议，本应在去年举行，因事变以致未能如期开会。嗣又预定在今年九月中举行，自八日敌人向我挑衅发生战事后，以时间的不允许等待，特提前召集各方同志，来讨论制敌救亡的大计，已于今晨在国府会议厅开会。这次各位同志的踊跃参加，或远道赶来，这实是我战必胜的象征，同时，各位同志都有重任在身，对于会期也就加以缩短了。

现在将上午开国防会议各情形，约略的报告一下：八时起开会，由厅长致开会辞后，继由参谋总长说明会期缩短之意思；旋由军政部报告关于军事各情形；再有对于空军建设方面的报告、防空报告、国防工事报告、重工业建设报告，在在都是国防上的重要工作。上午所报告各情形，在会的各位都觉得尚属适宜，决议认为须切实继续进行，交由主管机关切实办理。同时，将国防建设种种加以检讨，同今后须切实向实事求是之途迈进的意义阐明以后，旋复报告今晚开联席会议的时间，请各位同志按时赴会。

（4）何委员应钦对于卢变经过及军情等报告

一、事变之经过情形

七月二日起，日军开始演习，直至七日上午零时三十分钟，日借口一士兵失踪，强入城内搜索，我军守土有责，自不能允彼擅入，因而与我军发生冲突。战事发生后，双方均不愿事态的扩大，相约停战。日不遵约，仍在北平近郊滋意扰乱，纵火枪杀，无所不为。如是相持至十七号，复强占我丰台。从十八日至二十日间，日以猛烈炮火攻我卢沟桥一带。二十五日晚，廊坊等地发生激战，日方由津运兵至丰台等地，继与卅八师发生冲突；二十五日广安门一带又发生冲突，卅七师驻卢沟桥暨宛平一带军队亦与敌在对峙中。日方在二十八日晨实行猛攻，以步兵三百余人攻击我卢沟桥，经我军奋勇抗战，将日军击溃，相继收复丰台、廊坊等地。同日夜，津地有激战，以战略上影响，次日丰台、廊坊等地又入敌手。佟副军长、赵师长均先后阵亡，此时所有北平方面任务，由张自忠负责。我军除卅七师、卅八师外，其余都退至杨柳青一带。卅八师本具有战斗力，因为我们的计划未用，加之后援隔断，日继以飞机施行轰炸，地方损失奇重。二十九日晚平津为敌所占据。三十日海军陆战队又轰炸大沽口，并以飞机轰炸保定。三十一日通县张庆余部反正。自八月一日起，杨柳青、南口以及平津等方面，均为轰炸甚烈。目前南口等地在对峙中。关于战事详报，还没有接到廿九军的报告。我方阵亡将士约五千人，其他物质上损失很重。日方死伤一千人，内中伤六百多人，死三百多人。

二、我方处置事变情形

九日奉委员长手令，对于事变之紧急处置：

（一）饬平汉路一带孙连仲师援助廿九军。

（二）令庞炳勋、高桂滋向石家庄集中。

（三）第三军在平汉、津浦一带，军队准备动员调动。

当遵照手示各点，与在京各高级将领会商处置办法，切实实施。

中央并调派孙连仲、庞炳勋部赴保定。当时宋哲元电告，日要求我们答应三个条件，就可告一段落。在日本惯用和平欺瞒的手段中，我方曾有电致宋哲元，告以恐日复效"一·二八"缓兵故技，当时宋亦有电来京，云绝死守北平，请中央速调大军增援。委员长当即调动劲师增援，令向保定方面集中。时孙总指挥奉增援令后，当即向长辛店前进。所部行至中途，接电知宋已离平，是时委员长仍令继续增援前进，但结果仍无法增援。

其他军事上粮秣弹药运输等准备情形：

关于弹药之准备，可供半年之需要，以作战要求，适宜分配，黄河以北为三分之二，江南为三分之一。为待久战以免供不应求计，经电请委员长准向国外购买。

关于筹办粮秣，委员长很注意此事，前以事变耽搁，本拟办五万匹马、五万粮秣，今为应需要，积极备战起见，启办马匹十万，粮秣十万。

关于防空新兵器的分配，所有的高射炮、机枪，均酌予分配，新法的装置，都利用电来发动，促进速度的增加。

关于交通通信器材，都有相当的准备，但是各种原料甚少，现在正积极赶办中。运输上所必需的利器卡车，殊感缺乏，最近将上海地方的卡车，施行收买，以应需要。

关于兵员补充及民众组织壮丁训练方面，现兵员补充已成立补充营，专司其事。至民众组织壮丁训练，已与政训处筹办中。

（5）刘（光）副主任报告

关于敌军对我使用的兵力——秘密的增调大概有八个师，预备总数有二十四个师。

敌人的主力第一期最多使用于我们的平津，以后陆军力量的配布，将视国际情形的变迁，大概可以对我以十个师至十五个师的袭击。第一师、第九师、第十二师、第十二混成旅以及驻屯军约五万余人，大部留在东北及平津一带。

空军可六团，到平津者有一百多架。

第六师、预备师，为已经负运输责任的部队，随时可以往北开。据云第八师、第十师已动员，其余尚未动员。

最近后援部队尚未出发，但国内部队已准备妥定。

东京以北部队尚未移动。

敌人在山海关一带赶筑工事。

永定河构筑工事，南口形势紧张。

景州第十二预备军，有向天津移动消息，有向平绥线进展模样。

我划分四个战区兵力之支配大概：

一、冀鲁等地——六十个师。

二、晋绥察——十五个师至廿个师。

三、上海、杭州、乍浦——十个师。

四、福建、广东等地——十五个师。

预备军区：

一、广东；二、四川；三、贵州、云南；四、平汉南段粤汉段。

又，敌人自七月底至八月初所毁我桥梁等交通线，均一星期可赶修竣事。

（6）在大计未讨论决定以前由议长阐明决心与战争的意义

现在这回中日战争，实在是我们国家生死存亡的关头，如果这回战争能胜利，国家民族就可以复兴起来，可以转危为安，否则必陷国家于万劫不复之中。中日战争，假如中国失败，恐怕就不是几十年，甚至于几百年可以复兴的。今晚能与各地长官、各位同志聚集在一齐，来讨论大计的决定，这对于我们国家的存亡，有绝大的关系。因此之故，请大家尽量的为民族为国家多多的发表意见，务须完全站在民族的立场上着想，不要以个人的意见来主观的判断，完全要拿实际的状况，替国家作一个忠的打算。胜利是党国的幸福，生死存亡，意〔义〕无反顾。就是失败，也可以对得起后辈和我们的祖先。因此之故，应绝对将个人的一切撇开，完全站在国家的立场上，来讨论决定大计。

现在我们更要客观的忠实估计一下敌人的力量。在军事上说，比我们强；在经济上说，他的财政困难非常。日本经济方面，现在已大不如我们，同时日本在国际上的情势时时在顾虑。现在英美在道义上、在精神上，对我们可以有相当的帮助。物质上我们不能作一定始终靠得住的打算，意大利的事件是一个明显的例子。

日本以前的要同中央共同防共一点，晓得做不到，行不通，以致竟肯牺牲一切于不顾，向我无端挑衅，构成战事的导火线卢变发生，在日本已经认为彼之行为，是一种平凡的行动。各位先生今天在未决议以前，我们应该赤裸裸的有意见便提出来，明白的加以商讨，既决定之后，我们便应切实的遵行。

许多人说，冀察问题、华北问题，如果能予解决，中国能安全五十年。否则，今天虽能把他们打退，明天又另有事件发生。有人说将满洲、冀察明白的划个疆界，使不致再肆侵略。划定疆界可以，如果能以长城为界，长城以内的资源，日本不得有丝毫侵占之行为，这我敢做，可以以长城划为疆界。要知道日本是没有信义的，他就是要中国的国际地位扫地，以达到他为所欲为的野心。所以我想如果以为局部的解决，就可以永久平安无事，是绝不可能，绝对做不到的，他的要解决冀察问题用心，是使我与俄无联络的机会。同时有许多学者说，你不能将几百千年的民族结晶牺牲于一旦，以为此事我们不可以打战，难打胜战。要晓得我们现在同日本打战，不是强的国家同强的国家打战，也不是弱的国家同弱的国家打战，这就是我们民族的抗战，他们都是如此说，中国没有胜利的。我对这般学者说，革命的战争，是侵略者失败的。日本人只能看到物质与军队，精神上他们都没有看到。各位同志，大家今天要有一个决定，如果看到我们国家不打战要灭亡的，当然就非打战不可。是不是不打战将来失地可以不久能恢复的？请各位为民族为国家的存亡上作个忠的打算，将敌人的优点缺点，同我们的优点缺点加以缜密的考虑，尽量的发表意见，以决定我们今后的方针。完了。

（7）汪委员兆铭发表意见

一、目前中国的形势，已到最后关头，只有战以求存，绝无苟安的可能。

二、战时的准备速率，并不因战事有阻碍，且比平时为速。

三、最后的胜利，是操纵在有高尚道德的一方面。

四、精神是驾驭物质的，物质乃是为精神所利用的。物质的损坏不足惜，只要精神的贯彻永久的存在。

（8）张委员溥泉发表意见

一、宣告断绝国交，予日以严重态度，表示中国的坚毅决心。

二、阐明战争是文明、进步的象征，表面是破坏，接着是新的进步的建设之意义。

（9）林主席森发表意见

一、阐明只有抗战，予打击者以打击，才能谈生存的要义。

二、对于宣布"断绝国交"有影响战事上的运用，给他一个不宣而战，有利于我甚多。

（10）阎（锡山）副委员长发表意见

一、应以决心抗战为我后盾，最后胜利必操左券。

二、增加自身的力量，一方面固宜借外力之辅助，尤须适宜配备以增进战斗效能。

（11）刘湘发表意见

一、四川人民愿在政府领导下，作不顾一切的为民族求生存战。

二、最后的胜利，必属于我，惟有持久抗战，可以奏杀敌致果之效，方知多难兴邦，言之不谬。

三、以两年为期，四川可筹出兵员五百万。

（12）继由（程潜）秘书厅长表示意见

一、凡是他没有决心的时候，我们应具决心，并阐明议长决心抗战之大义。

二、解释一般学者梦想和平的错误。

三、只有决战可以求生。

（13）大计决议

如决定抗战，请各自起立，以资决定，并示决心。此即不约而同，起立作决心抗战之表示，并决定共同遵守之态度与步骤：

一、在未正式宣战以前，与彼交涉仍不轻弃和平。

二、今后军事、外交上各方之态度，均听从中央之指挥与处置。

（14）议长致闭会词

刚才已经议决了今后的方针，大家应共同的一致去努力，预料一定能达到目的。此后就要请各位分头努力，最重要的，要团结一致的向目标迈进，我很相信最后的胜利，必属于我。善于侵略的日本，终于是失败的。并祝各位抗敌。

十一时许闭会。

蒋介石所致闭幕词全文

各位同志：今天的会议已完。对于国防上，说几句话。我觉得这次战争大家心里通通都同心一意的对于日本决心的抗战，我们有了决心，不能不知道别人的缺点，同时也不能不知道别人的优点同自己的短处。我们现在对于国防上作战的准备与外人比，不但十分之一没有，就是百分之一也没有。一般的国民本也难怪着慌。各位同志要特别注意，现在我们不要拿战事的准备来说，就说一个机关、一个公共团体的事，往往直到临时尚欠充分的准备，这不是时间或是外力的不允许，实是本身的懒于准备、疏忽，尤其是一般的通病，现在我们再来除去这种懒惰同疏忽的坏习惯，还不算迟，还不为不可能的事。无论是一个家庭、一个团体、一个学校、机关，要种种都能与外国相媲美，首先就非须痛改前非不可。同时各个高级的将领、地方长官个个都要特别重视职责，对得起职责才是。就拿京市防空已达于巩固来讲，坐在飞机上看看，差不多防御工事，十九都毕露在地面上，掩护的工事，又怎能说已告竣事？就防空一端可以推知其他的事情了。我们高级将领，就得用我们自己的脑筋，尽我们的能力，达到自己的任务。譬如人家的一门炮，就〈是〉一门炮的使用效果，而我们则〈是〉无把握的，往往收不到些微的代价，所以希望大家能够彻底觉悟和彻底的改进还不怕，所怕的就是不觉悟，不知道改进，因为积存已深，过去的长官，都只是批批公事，少有详细知道属下办理某事件先后经过的底细，这就是最大的毛病。不仅物质上的较外人为落后，即是外人的言行，都是有纪律的，懂规矩，没有随随便便的，所以我们的精神上、态度上已经不如人家了。像我们要同日本人打，枪炮并不足怕，我们的精力实在也就不如人家。这并不是自馁，正所以知己知彼，各自警惕勉励之意。譬如说最近要公务人员送眷属回籍，社会上的秩序已乱起来了，交通站上都是挤得水泄不通。在外国也没有这样现象，即此迁居一事而论，可以知道其他种种了。这种态度与战时战事上，是无利而有害的。有如房顶的临时加刷黑色，以遮掩目标，事实能否做到，与人们的实际力量上是不是有问题，都能照办？所以遇事必须事先有远久的顾虑同准备，临事也须体察社会上的情形。他如令人民各自建筑夹墙、沙袋防御工事，人民各自的财力能否做到确又是问题，所以无论办什么事，只要近乎一般的情理，绝无不成功的道理。反之，则也绝无能圆满的可能。总之，既往不咎过去的错误，既已知道，就要实事求是的步步去改善，能够有力求改善的决心，同切实的施行去，前途的光明可以逆料。在本会议中，没有别人，都是全国各地方的高级将领，所以特地将这几天所见暨据报种种，约略的报告一下。完了。

戚厚杰编选：《抗战爆发后南京国民政府国防联席会议记录》，

《民国档案》，1996年第1期

肆　国民政府的外交努力

一、对日外交交涉

陈介呈王宠惠庚未电

1937年7月8日　南京

急。牯岭。王部长勋鉴：密。中日军队冲突事，截至正午止，所得各方消息如下：（一）据驻平情报员电话：昨夜十时许日军在卢沟桥、龙王庙地方捕人，被我驻军拒绝，日军先开枪，嗣更开炮。（二）铁道部消息：昨下午一时许，长辛店日军步哨二人失踪，日军开卢沟桥遇我驻军，日先开枪，冲突至下午六时仍未止。同时天津市内亦有小冲突。（三）中央社消息：中日军冲突八日晨十时停止，日军占领卢沟桥车站及飞机场，现北平朝阳门、东便门均关闭，断绝交通，廿九军曾派魏宗瀚交涉。（四）同盟社消息：日军昨日午后在卢沟桥、龙王庙附近演习，突于十时许被华军射击，嗣华军得炮兵应援，对集合中之日军射击，日军应战至八日晨五时半，仍在交战中。除鹿内少尉战死，后少尉负伤外，下士官兵似亦有损伤。又称华军为冯治安部，已向其要求严重谢罪各等语。除电冀察政务委员会查询真相，并俟有所闻再以电陈外，仅电请鉴察。陈介叩。庚未京十。

（台北）外交问题研究会编：《卢沟桥事变前后的
中日外交关系》，1965年，第209页

王宠惠致陈介庚电

1937年7月8日　牯岭

特急。南京。外交部陈次长蔗青兄大鉴：密。庚电敬悉。请即派员向日本大使馆口头严重抗议，并劝告日方彼此先即停止军事行动，以免事态扩大等语。并请将抗议及劝告情形明晨在报发表。弟惠。庚牯五。

（台北）外交问题研究会编：《卢沟桥事变前后的
中日外交关系》，1965年，第209页

外交部致日本驻华大使馆抗议[①]

1937年7月8日

据我方所得报告，此次事件之责任，不在我方，显系日军挑衅。本人奉命向贵使馆严重抗议，并声明保留一切合法要求。中日关系已至重要关头，不容再趋恶化，应请贵方立

---
① 此抗议系由外交部亚洲司日本科科长董道宁向日方提出。——编者

电华北驻屯军,立即制止一切军事行动,并令驻屯军代表与冀察政委会所派人员,急速根据正确事实,立谋和平解决,借免事态之扩大。

谢汇东、田体仁等编:《全民抗战汇集》(初集),上海

民族书局1937年版,第75页

董道宁与日驻华大使馆副武官大城户会谈记录

1937年7月8日

时间:民国二十六年七月八日下午六时至六时三十分

地点:外交部亚洲司会客室

事由:卢沟桥事件

董:关于卢沟桥事件,刻已与日高参事约定,现拟前往会晤,现承贵武官来访,本人当将我方所得报告奉告,并因事态严重,务请贵武官特别注意。据我方所接报告,昨晚十时许,在卢沟桥附近龙王庙演习之日军,欲侵入我军防地捕人,经我当地驻军拒绝,而日军竟先开枪射击,继复以炮轰,我方死伤军官士兵,已达百余名等语。迄至现在,我方所接报告,虽不详尽,但据北平秦市长长途电话报告,我方军队始终未向日军还击,因此死伤者有百余名之多,可知我军队决无挑衅行动。此事责任,不在我方。现据路透电消息,闻有大部队日军开往丰台,形势甚为紧张云云。日方此种不法行动,尤其在我领土内毫无顾忌之军事行动,对于我国民众刺激甚大。当此贵我两国正努力于调整邦交之际,日军此种不法举动,实属万分遗憾,务请贵副武官,从速向贵国参谋本部及陆军省报告,并请其转令驻屯军迅即停止军事行动。

大城户:关于此事,我方所得报告,亦不详细。但据报,冲突原因,乃为我方军队约一个中队,于昨晚十一时许,在卢沟桥举行夜间演习,不知何故,突被中国军射击,因此一面立即中止演习,一面报告驻丰台之大队,但此时并未向中国军队开枪;今晨五时许,不知何故,双方曾起冲突。但本人相信,此系一种小冲突,田代司令官乃一和平稳健之人,决不至将事态扩大。至于丰台日军增兵一事,想系预防事态之恶化,乃出此举,以备万一,但绝不至有故意使事态扩大之意,当将尊意即向本国参谋本部及陆军省报告。

台北"国史馆"档案:外交部/卢沟桥事件/中日会晤记录

董道宁与日驻华大使馆参事日高会谈记录

1937年7月8日

时间:民国廿六年七月八日下午六时四十分至七时四十分

地点：日本大使馆

事由：卢沟桥事件

董：关于卢沟桥事件，据我方所接报告，昨晚十时许，在卢沟桥附近龙王庙演习之日军欲侵入我军防地捕人，经我当地驻军拒绝，而日军竟先开枪射击，继复以炮轰，我方死伤军官士兵已达百余名等语。迄至现在，我方所接报告虽不详尽，但据北平秦市长长途电话报告，我方军队始终未向日军还击，因此死伤者有百余名之多，可知我方军队决无挑衅行动，此事责任不在我方。现据路透电消息，闻有大部队日军开往丰台，形势甚为紧张云云。日方此种不法行动，尤其在我领土内毫无顾忌之军事行动，对于我国民众刺激甚大，本人奉命来此，特向贵参事提出口头抗议。当此贵我两国正努力于调整邦交之际，日军此种举动，实属万分遗憾。除俟接得详细报告，调查确实伤亡人数及其他一切损失后再作正式交涉外，应请贵参事特别注意事件之严重，并请立电华北日军当局停止一切军事行动，恢复原状，同时我方自亦当电令制止军事行动，以免事态扩大，有碍邦交前途。再，关于此事，现已由冀察政务委员会外交委员会派员，会同贵方驻屯军所派军官，实地调查真相如何，当于日内可以明了，而后再谋就地解决，故无论如何，不应再有军事行动。除望贵参事迅即去电制止，又大城户武官刻到部来访本人，业将上述各点奉告，并请其速即报告贵国参谋本部及陆军省，转令驻屯军当局停止军事行动。

日高：关于此事，我方所得报告亦不详细。惟截至现在所接报告，冲突原因乃为我方军队，约一个中队，于昨晚十一时许，在卢沟桥举行夜间演习，不知何故突被中国军射击。因此立即中止演习，一方将部队集合，一方派寺平大尉会同冀察政务委员会所派人员实地调查。惟在调查时，该寺平大尉一时虽被中国军扣留，但现闻业已放出，已返北平。目下两军正隔河对峙。田代司令官为人温和，事态当不至扩大，想系一种小冲突。当遵贵方意旨，即电驻屯军当局制止军事行动。

台北"国史馆"档案：外交部/卢沟桥事件/中日会晤记录

外交部致宋哲元电

1937年7月9日

急。冀察政务委员会宋委员长勋鉴：密。卢沟桥事件齐戌电敬悉。昨日下午本部向日本大使馆口头抗议，略谓：据报本案责任不在我方，显系日军挑衅，特严重抗议，并声明保留一切合法要求。中日关系已呈重要关头，不容再趋恶化，应请立电华北驻屯军，速即制止一切军事行动，并与冀察当局速据正确事实，立谋和平解决，借免事态扩大。日使馆表示，日本无意扩大，并允将我方制止军事行动要求，立即电知驻屯军转洽。再，嗣后情形若何，仍请随时详细电示为荷。外交部。

秦孝仪主编：《革命文献》第106辑，《卢沟桥事变史料》（上），

（台北）中国国民党中央委员会党史委员会1986年版，第247页

陈介与日驻华大使馆参事日高会谈记录

1937年7月9日

董科长在座

时间：廿六年七月九日下午四时半至六时廿分

地点：次长会客室

事由：卢沟桥事件

次长：关于卢沟桥事件，本人昨晚已派董科长向贵参事面提抗议，保留将来一切合法要求，并要求即电田代司令，立即停止军事行动，以免事态扩大，想贵参事业已照办。

日高：大使馆无电田代司令制止军事行动之权限，惟本人业已电陈外务省，用兵作战之权，不属于外务省，故外务省亦无权限过问。

次长：此事根据我方所接报告，昨晚在卢沟桥附近龙王庙演习之日军，欲侵入我军防地捕人，经我当地驻军拒绝，日军竟先开枪射击，继以炮轰，致使我方死伤者达百余名之多。现据路透电消息，闻有大部队日军开往丰台，形势甚为紧张。本人对此实深遗憾。此事责任全在日方，至为明显。除俟将来调查确实伤亡人数及其他一切损失，再作正式交涉外，所有一切合法要求之权，特再向贵参事郑重声明保留。

日高：昨晚董科长来访本人，虽提出关于贵方保留一切合法要求之权，但本人以为系北平秦市长之意。

董：贵参事完全误会，特再陈述如次：昨晚本人奉命前往，所提据北平秦市长长途电话报告云云者，系指我方军队始终未向日军还击，因此死伤者有百余名之多而言。继谓：由此可知，我方军队决无挑衅行为，此事责任不在我方，故保留一切合法要求，但现因事态严重，所以请贵参事立电华北日军当局，停止一切军事行动，恢复原状。以上所述，务请贵参事不要误会。

日高：本人业已明了。据我方所接报告，乃华军突向我军开枪，其责任自不在日方。目下日方已死伤二三十人，本人亦同样声明保留将来一切合理要求。

次长：此点我方未便接受，因此次事件，责任不在我方。

日高会晤次长时，初谈胶济路国库券问题，约五分钟后，因次长接徐次长由牯打来

之长途电话，暂时离座，此时道宁即向日高询问关于昨晚本人所提请立电华北日军当局停止一切军事行动一事，想已照办，日高对此答以业已照办，此点与上述日高向次长所答业已报告外务省云云，大有出入。谨请部、次座注意。道宁谨注。

台北"国史馆"档案：外交部/卢沟桥事件/中日会晤记录

王宠惠与日驻华大使馆参事日高会谈记录

1937年7月10日

董科长在座

时间：民国廿六年七月十日上午十一时至十二时卅分

地点：部长会客室

事由：卢沟桥事件

部长：关于卢沟桥事件，前日本部曾派员向贵方提出口头抗议，兹特关于此事再向贵参事略为申述如此。惟对此若贵参事不便答复，本人亦不要求答复。据我方确实报告，日军七日夜半在卢沟桥演习时，系用实弹，贵方对此事实，无论如何不能加以否认，即各国人士亦莫不同此观点。我方对此并无扩大事态之意。惟我方死伤者，因已有百余名之多，故事态殊属严重，应请贵参事特别注意，并请贵方即时停止一切军事行动，俾得由和平途径早日解决。

日高：关于此事，请贵部长恕本人答复，我方所得报告，与贵方所接报告大有出入。本人现奉外务省训令，要求中国政府对于在华日侨予以严密保护。对于卢沟桥事件，本国政府亦希望事态不致扩大。对于保护日侨安全，我方已取有适当处置。至于日军用实弹演习一事，本人未知其详，故不能明确答复。惟日军之演习在未举行前，每次通知贵方以免误会，此种演习每年约有数次，而驻华日军亦与日本内地军队同样定期举行。

部长：中国政府对于在华日侨之安全，自当妥为保护，此点无庸贵方有所过虑。凡属国际纠纷，皆由于双方所得报告互有不同，如双方报告彼此未有出入之处，则国际纠纷不易发生。总之，此事与汕头青山案相似，双方所得报告出入甚多，务请贵参事注意，勿再使事态扩大。现在两军业已撤退，深望早日和平解决，以重邦交。

日高：贵部长所说甚是，本人亦希望此事早日合法解决。

台北"国史馆"档案：外交部/卢沟桥事件/中日会晤记录

董道宁与日驻华大使馆参事日高电话谈话记录

1937年7月10日

时间：民国廿六年七月十日下午十一时四十五分

地点：

事由：卢沟桥事件

董：卢沟桥附近日军军事行动迄未停止，时向我军无故射击，并闻贵方关东军亦将陆续入关，现日军不断向丰台集中，事态有扩大趋势，令人殊抱悲观。应请贵参事迅予转电外务省及驻屯军田代司令官，立即下令停止一切军事行动，恢复事变以前原状。

日高：尊意已悉，当即分别办理。

董：因事态非常严重，仅电告外务省恐缓不济急，因由外务省转参谋本部，再转呈天皇下令制止军事行动，诚恐时日展转，变化万端，或因此酿成不可收拾之局面，固非我国之福，又岂贵国之利？贵方既一再表示不愿将事态扩大，则应有事实为之证明，无论如何，须请贵使馆致电驻屯军田代司令官，立即停止军事行动，以维大局，并请即为照办。

日高：尊意甚是，当即照办。

道宁获得中央社关于卢沟桥附近中日军队战事重开消息后，已夜间十一时四十五分矣。因事急未及向部、次座请示，竟擅行以电话向日使馆表示上述意见，拟请部、次座特别赐予原谅。职董道宁谨注。七月十一日。

台北"国史馆"档案：外交部/卢沟桥事件/中日会晤记录

外交部致日驻华大使馆抗议节略

1937年7月10日

据报告：本月七日夜十二时，有日军一中队在卢沟桥城外演习，借口闻有枪声，收队点名，缺少兵士一人，日本武官松井遂妄指枪声系驻卢中国军队所发，并谓放枪者已入城中，要求立即率队进城搜索。驻卢中国军队以时值深夜，官兵均已睡眠，所云枪声绝非华军所为，且日军在中国境内亦无搜查之权，当经婉词拒绝。该武官以不得入城，即令日军向卢沟桥城采取包围形势。嗣经中国方面与日方商定双方派员前往调查，而日方所派之寺平副官佐仍坚持入城搜查之要求。正交涉间，该城东门外及西门外，日军遽以大炮、机枪向城内华军射击。华军力持镇静，初未还击。继以日军炮火益烈，华军死亡枕藉，乃不得已为正当之防卫。但为避免事态扩大起见，仍极力容忍，进行交涉，迄未采取攻势等语。查近来华北日本驻屯军超越条约范围及目的，任意留驻部队及到处随时实弹演习之事，层出不穷，迭经外交部提出交涉，要求制止，而日方蔑视中国主权，迄不采取适当之措置。此次日军更借深夜在卢沟桥演习之机会，突向该处中国驻军猛烈攻击，以致伤亡中国兵士甚众，物质损失，亦甚重大。日军此种行为，显系实行预定挑衅之计划，尤极不法。外交部于此事发生之当日，已向日本大使馆面提抗议，并保留一切合法要求。兹再重申抗议之旨，应请日本大使馆迅速转电华北日军当局严令肇事日军立即撤回原防，恢复该处事变以前状态，静候合理解决。外交部仍保留关于本事件一切合法之要求。希即查照见复为荷。合即略达。民国二十六年七月十日。

（台北）外交问题研究会编：《卢沟桥事变前后的

中日外交关系》，1965年，第210—211页

王宠惠致蒋介石电

1937年7月11日

牯岭。蒋院长钧鉴：卢沟桥事件发生后，本部即派员向日使馆提出口头抗议，要求先行停止军事行动并保留一切合法要求。翌日日高参事因他事来部，陈次长重申抗议。昨日惠返部，日高来谈他项问题，惠乘便再行提及此事，一面以书面作同样之表示。惟察日方态度，对于此事似不愿以本部为对手，而欲就地商办，以便对地方当局肆意压迫。本部职责所在，已电商冀察当局，并派专员前往接洽，冀获步趋一致，免致因应纷歧。又据驻日大使馆来电，谓陆、海、外三省协议，特别着重今后保障以丰台为中心，在永定河以东之一定区域设置停战区域等语。又闻日本兵车十列由辽宁西发，内有两列已抵山海关，钧处谅早有报告。同时接据神户领馆来电，彼已扣船六艘，自宇品运第五师团来华，第十师团亦待发。除已电饬驻日使馆转请日政府速饬华北驻军勿再扩大事态以和平方法解决，并拟斟酌情形请川越速即来京，面商一切外，谨此电闻。王叩。

秦孝仪主编：《革命文献》第106辑，《卢沟桥事变史料》（上），

（台北）中国国民党中央委员会党史委员会1986年版，第249页

中国外交部声明

1937年7月11日

据所得报告，日军不遵照双方约定之停止军事行动办法，拒绝全部撤至指定地点，首则遗留部队二百余名于卢沟桥东北之五里店，继则调动大部军队千余人集结于卢沟桥东北三里许大瓦窑，于十日下午六时起，连续向我卢沟桥驻军猛烈进攻，同时，并调集日本国内外大军，络绎向平津进发，意图作大规模之军事行动，而贯彻其最初目的。至是卢

沟桥事件,遂又趋于严重,其责任自应由日方负之。查此次事件发动于七日深夜,日军在卢沟桥非法演习时,声言演习兵士一名失踪,要求入城搜查,经我方拒绝,彼遂发炮攻城,致起冲突。其为日方有计划有作用之行动,至为显然。而卢沟桥原非条约所许外人可驻军演习之地,其行为之不合法,尤无疑义。我方除由卢沟桥驻军守土自卫奋勇抵抗外,一面由外交部向日本使馆提出严重抗议,要求立即制止日军之军事行动,并声明保留一切合法要求;一面由地方当局与日军代表折冲,期事件之早日和平解决。我方维护和平苦心,可为举世共见。差幸八日晚双方议定办法:(一)双方停止军事行动;(二)双方出动部队各回原防;(三)卢沟桥仍由我军驻守。方谓事件于此可告一段落,初不料所谓撤兵办法,竟系日军缓兵之计,毫无和平解决之诚意。中国国策,对外在于维护和平,对内在于生产建设。举凡中日间一切悬案,均愿本平等互惠之精神,以外交之方式,谋和平之解决。深盼日本立即制止军事行动,遵照前约,即日撤兵;并为避免将来冲突起见,切实制止非法之驻军与演习,庶使事态好转,收拾较易。否则,一误再误,日方固无以自解其重责,远东之安宁或将不免益趋于危险,恐尤非大局之福也。

天津《大公报》,1937年7月12日

陈介与日驻华大使馆参事日高会谈记录

1937年7月11日

董科长在座

时间:民国廿六年七月十一日下午四时〇分至五时廿五分

地点:外交部

事由:卢沟桥事件

次长:昨晚本部即得确报,关东军以十列车向关内出动,其中两列车并已抵山海关。此事已由董科长以电话通知贵参事,想已接洽。又闻朝鲜军司令部且特发表声明书,贵国国内之第五师团,并已在宇品下船,启行来华。而第十师团则已动员待发。至丰台一地,贵国军队集结达两万之众,在卢沟桥事件进行交涉中,复不时对我军轰击。以上种种情形,与贵国国内外当局历次所声明不愿事态扩大之意旨,完全相反。是否贵方有将事态予以扩大之意思?

日高:在华日侨,自事变发生后人人皆自危。本人并接奉本国政府训令,要求贵方注意保护日侨之安宁。日昨晤贵部王部长时,并已特别提及。近日并闻中央军复有北上消息。在华北之本国驻屯军,已有遭二十九军消灭之危险。如中央军再行北上,则日方感受威胁太大。故日方颇欲获得贵国最高军事当局对中央军不移动一层予以保证,则日方必无扩大事态之意。

董：本国人民并无仇视在华日侨之意识。自事变发生迄今，日侨并未受任何危险情形，可为明证。而二十九军亦始终无向日挑衅意思。此次事变发生，完全起因于华北驻屯军之压迫。刻次长所说贵方关东军一部分之入关，日本内地两师团之出动，此种举动，可谓神经过敏之行动，同时亦可谓极严重而不必要之军事行动，徒使事态扩大而已，与贵参事一再表示贵方毫无扩大事态之意，完全相反，本国政府对此深觉遗憾。本来军人有守土之责，势不能坐视国土受外国军队之侵入，而不加抗拒。昨日贵参事向部长陈述，七日夜日军是否用实弹演习，未知其详云云。然其后我方曾接确实报告，据日军事负责当局自行声明，每次演习，携有一部分实弹，但其数不定。并谓日军此次在卢沟桥演习时，实携有实弹。可见此次变故之生，确系贵方压迫所致。假定华北驻屯军现被二十九军解决半数或半数以上，或该军当局不愿与日方开始谈判，而有挑衅行为，则日方始能作此言。今情形正相反，日方绝不应有如此扩大事态之军事行动。

次长：直至目前止，中央军尚无调动，此层可以明告。惟日本如于现已在华北之驻屯军外，有新派任何军队来华情事时，则中国军队自具有抵抗之决心。故我方深信日方之进兵行动，于中日两国国交甚为危险。请贵方特别注意于华北驻屯军外，不得再有其他军队调动来华。现在我方已派两委员北上调查，协助地方当局办理本事件。

日高：两位委员何日北上？是否均系日本留学生？

次长：其中一位系贵国出身，已于今日起程。

董：本部顷获报告，关于卢沟桥事件，今日又已开始谈判，未知贵方亦获得此项消息否？

日高：贵方意思业已明悉。至再开谈判一层，本人尚无所闻。

次长：据同盟社消息，川越大使行将返京，是否确实？

日训：本人未有所闻。川越大使现往青岛，拟于十四日飞津。

次长：日前川越大使晋谒徐次长时，曾表示本人必要时当随时来京。现在中日形势甚为紧张，川越大使有无晋京之意？

日高：关于此事，惟日外务省命其来京，或川越大使本人始能决定其行动，本人未便有请川越大使来京之表示。按照普通外交惯例，大使不在时，当由代办代为执行职务。本人深信，对于自己职务，当能忠实行使，尤其与贵部之联络，自信当无问题。

日高参事临行时，并向道宁表示，意欲一见部长。并携同大城武官往晤军政部何部长，意图获得我最高军政当局保证中央军无北上意思云。道宁谨注。

台北"国史馆"档案：外交部/卢沟桥事件/中日会晤记录

陈介在外交部总理纪念周上的报告

1937年7月12日

七月十二日上午九时外部举行总理纪念周，外次陈介报告，略谓："七日晚卢沟桥事件发生后，八日晚已停战。不意十日双方复起冲突，昨日又约停止。但据确息，迄今晨止，仍有枪战，足见尚未实行停战。第一次冲突解决办法，系由双方撤兵，冲突地带由保安队接防。但不知何故，停战以后忽又冲突，目前战事范围不大，然从近日日方军事行动观察，似为有计画之大规模行动。东京方面情势紧张，近卫公爵十一日赴叶山谒见日皇，陆军、海军、外务三省及参谋本部，彻夜办公。华北驻屯军司令田代有病，已命香月替代，关东军仍源源策动，朝鲜总督府亦有声明，内之第五师团已开拔来华，第十师团亦待命出发，而观日方当局对内对外之声明，有扩大事态之势。现中央对此极为注意。军事方面行动，吾人不知；外交方面，除屡次抗议外，并已有节略送致日本大使馆。同时电令驻日大使馆杨参事，向外务省严重抗议。本部昨已派员赴平津实地调查，以为将来交涉之准备。昨日日本大使馆日高参事来见，探听中国军队移动情形，当告日军事情形，外人不得而知，中国军队决无向任何国家挑战之意。但如任何国侵略中国领土主权，则有应战之决心。恐日本积极向平津增兵，实与日本国内外当局不愿事态扩大之声言完全相反。日本如有心维护东亚和平，应即停止军事行动，日高亦以为然。然日方之所以一面增兵，一面进行谈判，不能不令人认为迁延时日，藉谈大举。现在外交情势如此紧急，事务倍增，诸同人幸勿在暑假期内稍有懈怠。我国驻日大使年高多病，屡次请辞，兹以外交紧急，院部盼其回任，今晨派人来部，表示愿打消辞意，不日即返东京。老成忧国，至可钦佩，深盼诸同仁有此精神，努力公务。"

《卢沟桥》，前导书局1937年版，第2—3页

王宠惠与日高信六郎谈话记录

1937年7月12日

董科长、大城户副武官、中原副武官在座

时间：民国二十六年七月十二日上午十时四十五分至十二时二十分

地点：部长会客室

事由：卢沟桥事件

日高：今日谒见贵部长，并非预备讨论卢沟桥事件之肇事原因及其详细经过情形，因事态至为严重，乃以贵部长为代理行政院院长之地位而晋谒者。本人今日之来，奉有外务大臣之训令。据东京方面所接报告，贵国中央军及空军或已出动，或准备出动，日方对

此深感不安，内阁方面为此问题，昨日曾开阁议，现已抱最大决心，以谋应付。但同时日本政府对于和平解决希望尚未放弃，本人鉴于局势过于严重，故偕陆海军二副武官同来晋谒。

部长：在未答复正式问题以前，所应声明者，即行政院蒋院长已于一月以前销假视事，近来行政院会议余虽曾任临时主席，但此乃因蒋院长未能亲自出席，以此目为代理院长，显系误会。关于华北情形，自卢沟桥事变后，日来据报贵国关东军大举入关，第五师团正在运华途中，而第十师团亦已整装待发。关于此事，前日贵参事曾向本人一再言明，日方希望此事不致扩大，而上述日方此种军事行动，对于远东安宁，影响甚大。本来两国军队之冲突，为国与国间之冲突，决非单纯地方问题，目下形势至为严重，本人亦不愿意与贵参事讨论详细情形，因此对双方互相辩论，当无结果，亦无济于事。现在双方既皆不愿意使事态扩大，并希望圆满解决，本人以为双方应实行下列二种方法：（一）双方出动部队各回原防。（二）双方立即停止调兵。若照此办理，则问题易于解决，切望贵参事将此意即为转告贵国外务省及军事当局。同时中国方面，本人亦当即为报告军事当局。若双方均照此切实办理，则本人深信此事件不难解决。

日高：尊意甚是。本人亦抱同样希望，当即将贵部长所提两种解决方法即为报告外务省。

大城户：（对道宁）请将本人意思忠实传译于部长。

董：且待（对日高），贵参事不解华语，近来来谒部、次长均由本人传译，本人相信所传译者，均已尽其最善。现在凡为两国之外交官者，因日来形势万分紧张，尤应格外慎重折冲交涉，双方均应正正堂堂，不宜鬼鬼祟祟。大城户、中原二位乃通晓华语者，对于本人向部长之译语，当可了然。

日高、大城户：当然，当然，请董科长不要误会。

大城户：据本人所接确报，昨晚八时在北平中日双方军事当局间，已成立一种谅解，如照部长之意最〔实〕行，反将使事态恶化。

部长：所谓在北平中日双方军事当局间所成立之谅解，内容究竟如何？本人所提解决方法，自信为最妥善者，而所谓反使事态恶化云云，其理安在？本人甚不明了此二点，请详为答复。

日高：谅解之内容，虽不得知，但相信此种谅解，对于解决目前问题甚为妥善。（日高此言深堪注意，由此可知日方态度，即主张地方解决，而不愿与我中央开始谈判。道宁谨注。）

大城户：部长所说将出动部队撤回原防，在现在情形之下，实为不可能之事。因本人为军人，对于军事甚为熟识，现在华北日军之军事布置为防万一计，早已办妥，故此事难予同意。

日高：所谓谅解，本人虽不知其内容如何，其中当规定中国方面应实行之条件，故在贵方未完全履行以前，原则上对于贵部长所提解决方法，日方虽可以表示同意，但为监视贵方行动起见，不能将日方现在出动部队全部撤回原防。

部长：本人所提解决方法深信为最妥善，前已言之。但对于日方所讲谅解，本人虽一再询问，贵参事答以不知内容。既然如此，对于不知内容之谅解，我方当然不能表示意思。（日高对此答以尊意甚是。）但所谓谅解，对于日方应履行之条件，当亦规定在内，现在贵参事既表示不能全部撤回原防，则我方亦当取同样态度。但本人深望双方能同时将出动部队撤回原防，并双方即时停止军事行动，则此事件当可圆满解决。

日高：现在贵方是否在日方调动军队期内，不调动中央军队？

部长：贵参事所问，殊觉奇怪，诚属奇问！若日方继续作大规模之军事行动，则我方为保国卫民计，或有不得不调兵之事，此种军事行动，纯系自卫性质，决非对日挑战，此点可以明告贵参事。

日高：目下局势既甚严重，关于保护日侨一事，昨已向陈次长提过，仍请贵部长注意，对于在华日侨，善加保护。

部长：当然。同时亦请贵参事转告贵国当局，对于在日华侨，负责保护。

日高：本国内务省早已通令各地方警察当局，对于在日华侨，善加保护，此点可请放心。再有关本人个人问题拟请贵部长注意者，即近日贵国各报，对于本人来访贵部、次长会议情形，多有登载其内容，则偏重贵方之谈话，而本人之谈话内容，乃略而不载，使本人处境，甚感困难，此不得不对贵部长提出抗议。

部长：请贵参事不必提出此种抗议，凡为新闻记者，无论中外，叙事总喜过甚其辞，虽发表简单数语，记载时必洋洋大文，多所发挥。近来贵国记者，对时局之言论，又何莫不若是，此事以双方各加注意为是。本人现将关于今日会晤情形，预备告知新闻记者之谈话，预先向贵参事说明："今日日高参事来访，与王部长商谈卢沟桥事件，双方主张均不欲使事态扩大，并希望早日圆满解决。"

日高：关于代理行政院院长一节，本人之意，以为此时若在南京召集行政会议，各部部长中，唯贵部长地位最高，主席一职，必为贵部长担任无疑，故言及之，请贵部长幸勿误会。

关于卢沟桥事件，本日下午六时四十分道宁奉命往晤日本大使馆日高参事，面交节略一件，并详细说明其内容。该参事表示对于我国立场甚为了解，并谓当即转达日本当局。嗣道宁以私人资格设法向其探询，所谓谅解之内容，该参事始终声明确实不知，察其神情，所称尚属可信。最后道宁以据同盟社等处消息，日本对于此次事件大事宣传，刺激日方各界之情感，此种办法甚为不妥，请其注意设法改善而别。所有往晤经过，理合陈报。敬祈钧阅。

职董道宁谨呈

二六、七、一二

台北"国史馆"档案：外交部/卢沟桥事件/中日会晤记录

王宠惠致蒋介石侵电

1937年7月12日

急。限即刻到。牯岭。蒋院长钧鉴：密。文电计邀钧察，今早十时许，日使馆参事日高偕大城户、中原两副武官来见。据大城户云，昨晚八时中日双方已在北平成立谅解，询其内容如何，彼推托不言。日高表示此次事件，日方本无扩大之意，因闻中央调兵北上，深感不安，故亦增加军队，至不得已时，当下最大之决心，其意盖指全国动员。惠当答以日方不愿我方动员，应自停止进兵，而将现在前方之军队各自撤回原防。日高原则上表示赞同，并允即电政府。除已电令驻日使馆杨参事往晤广田作同样表示，并请广田即电川越来京面商一切外，一面由部致文日使馆，声明此次所议定或将来待成立之任何谅解或协定，须经中国中央政府核准方为有效。谨电陈，乞鉴核。王宠惠叩。优〔侵〕。

（台北）外交问题研究会编：《卢沟桥事变前后的

中日外交关系》，1965年，第213页

王宠惠致蒋介石文电

1937年7月12日

急。限即刻到。牯岭。蒋院长钧鉴：密。昨由徐次长电传钧谕，嘱转饬许大使提前赴日，顷许使派秘书黄瑞护到京。据称，许使亦感外交紧急，拟即力疾回任，共赴国难。除转述尊旨促其克日启程外，钧座对许使如有所训示，请即电示，以便转知。谨电陈鉴核。王宠惠叩。文。

（台北）外交问题研究会编：《卢沟桥事变前后的

中日外交关系》，1965年，第214页

外交部致蒋介石寒电

1937年7月14日

限即刻到。牯岭。蒋院长钧鉴：密。据驻日本大使馆十三日电称，此次日本派兵系以中央军为目标，原因为中国抗日意识增急，华北经济开发亦受阻于中央。观察如下：（一）决定派兵后为取得各界拥护，近卫分别招待政党、财政、舆论各界，舆论显见统制，平津消息，十九来自军部，其记事集中于国府态度与中央军北上，对地方成立之协定，则不予重视。（二）日军部意在囊括华北，实业界正利其贸易好转，自不愿事变扩大。经费暂筹一千七百万元，持久后困难益多。（三）政府意向初不主张扩大，此次决定出兵系受军部牵制，尤为受驻外军部之牵引无疑。（四）我方极应注意者为彼将提何要求：据推测当在控制二十九军，对中央示威；在强压下向冀察提经济开发问题，尤以修路、开矿、通航等问题为最。（五）交涉对方彼必选地方当局，且必由军人主持，昨外务省当局公言，今后为军人对军人交涉，非外交当局时期云云等语。谨电请鉴察。外交部。寒。

秦孝仪主编：《革命文献》第106辑，《卢沟桥事变史料》（上），

（台北）中国国民党中央委员会党史委员会1986年版，第272页

沈鸿烈致蒋介石电

1937年7月14日

牯岭。蒋委员长钧鉴：缘密。职连日与川越晤面三次，所谈要点如下：甲、关于青岛地方者，渠询青市日人是否相安。职答以近来日本浪人仍间有走私行为，幸尚可切实取缔，惟日鲜人贩毒者多半年以来颇有变本加厉之势，其中最令本市不安者，即有称驻青陆军武官之谷荻少佐，阴谋扰乱，殊与中日邦交有碍等语。渠对于走私贩毒允代严厉取缔，惟希望市府承认该驻青陆军武官之地位，以免各趋极端。职答以此种机关违反条约，破坏和平，为我政府所不许，万难承认云云。乙、关于全局者，职询以日文报载该国政府对卢沟桥事有重大决意，真相如何？又日方何以不与我政府采取正式外交途径，听军人多方扰乱，致中日交涉益陷僵局？渠答以卢沟桥事件日方决定和平处理，惟中国政府已派四师北上，倘有意挑战，日本在所不辞，所谓重大决意者在此。至于中日间之外交，因过去币原式之外交不能得中国之赞同，致不幸而陷入军事状态，近年中国抗日气焰甚张，只有待国民政府能切实反省时再行谈判。职答以卢沟桥事变我方纯为被动，战和只有听诸日本。若谓目前欲以军事替代外交，恐有时代上之错误，中国上下决不能再以尺寸之土轻易予人。日本陆军前在东省幸达目的，适以自误，深为惋惜云云。辩论达一小时，致无结果，

即此可见该国态度之一斑。谨此驰陈。职沈鸿烈叩。寒。印。

台北"国史馆"档案：蒋中正总统文物/特交文电/对日抗战/卢沟御侮

外交部致日驻华大使馆节略

1937年7月15日

关于卢沟桥事件，外交部准日本大使馆本月十四日复略，业已阅悉。查此次事件，系日军实行其预定挑衅计划，以致中国方面生命财产损失甚大，应由日方负责各节，外交部本月十日节略业经详细说明在案。兹准复略，竟欲以违反事实之见解，除免日方一切应负之责任，碍难承认。至于日本军队之驻守北平至海之通道，照约原有一定之范围及目的，惟近年以来，此项日本驻军违反条约，任意留驻部队，到处实弹演习，迭经我方抗议，要求制止，迄未改善。此次事件，即系此项违约擅驻丰台之日军所酿成。此就条约言，本案责任全在日方，亦甚显明。再，自此次事件发生后，日方迭次声明不使事态扩大，而一面有大批日本军队开来中国，集中在北平、天津一带。迭据北宁路局报告：本月十日晚，榆关开到日兵车五列，十一日晨，驻榆日守备队强入货场并强扣客货车及机车，组成一列，又强扣机车为压道车，分别于十二日上午开行。又关外车底五列，同日先后由榆开行，所载日官兵均系关东军，在榆站强开，不服制止。又十二日下午一时，驻塘沽日守备队派军官一名，率兵士五名，至该站站长室，办理日车运输。并通知路局，客货列车开行，均须告知，经其检查，方可放行。〈十〉一日下午，有南满铁路日籍职员多人，强占天津东站候车室为办公处。又有日宪兵多名迭次在该站强扣车辆，并监视站长。十四日日军在该站成立天津停车站司令，也占用该站贵宾室办公等语。似此强扣车辆，运兵输械，显系有意扩大事态，侵害中国主权。兹特一并严重抗议，应请日本大使馆查照外交部前次节略，迅即并电日本政府，立将此次增派来华之日军悉数撤回，并将本案肇事日军撤回原防，恢复事件以前之状态，静候合法解决。至于关于本案之一切要求，外交部现仍保留提出之权。统希查照见复为荷。合即略达。

（台北）外交问题研究会编：《卢沟桥事变前后的
中日外交关系》，1965年，第211—212页

王宠惠与日驻华大使馆参事日高会谈记录

1937年7月17日

董科长在座

时间：民国廿六年七月十七日下午十一时二十分至四十五分

地点：部长官舍会客室

事由：卢沟桥事件

日高：本人顷奉外务省训令，故不得不深夜前来拜谒，多所惊动，至以为歉。（随将备忘录面交部长）本国政府以为，国民政府自卢沟桥事件发生以来，所取行动，所发言论，多隐含向日挑战意思。本国政府至以为憾，希望以后不再如此。同时希望国民政府今后对地方即将履行之解决条件，不采取任何足以妨害之行动。关于此点，深盼贵方于下星期一（因明日为星期日）即予确实答复，以便呈复外务省。

部长：现下行政院会议，已在京开会，因此事甚为重大，俟下星期一开会后，当答复贵参事。本人对此问题颇有感想，兹以个人资格为贵参事约略言之。本人日前曾向贵参事提议解决此次纠纷，第一，双方须各将军队撤回原防，第二，双方须停止军事行动，而不扩大事态。中国政府自事变发生之初，即不愿事态扩大，证诸冲突地点军队之行动，可以了然。故敢信绝不致有向日挑战之行动或言论。而贵方希望我方如此，其实我方固早如此。但此乃双方问题，故甚望贵方于此层亦特别加以注意。再，本人对于改善两国邦交问题，向来甚为注意。上年赴欧过日时，即曾与今之广田外相交换调整中日邦交意见，希有所尽力，当时幸获各方好评。而本人此种心愿，迄今固未稍变。兹适由本人主持外交，而广田先生亦同时复任外相，尤其在此形势严重之时，甚望能借此机会实现宿愿。

日高：本人亦愿以个人资格，为贵部长一述近顷之感想。今兹华北纠纷，贵国政治家似应以远大目光为将来着想，善为处理，以免发生不良结果。

部长：尊见甚是。惟中日两国政治家似皆应如此着想。关于此次卢沟桥事件，各国多不明了我国之态度，我方为表明自己立场起见，业已分别向各国送致节略。

日高：所谓各国者，是否指《九国公约》签字国而言？

部长：系指与太平洋有关各国而言，换言之，除中日两国外之《九国公约》签字国，此外苏俄对于此事甚为关心，德国与我国商务关系甚大，故此两国亦同时分送该项节略。至对于贵方未送节略，因前次与贵参事会晤时曾经明白表示。

台北"国史馆"档案：外交部/卢沟桥事件/中日会晤记录

孔令侃致宋霭龄电

1937年7月17日

孔夫人钧鉴：密。日方大约见欧美有调停意及其他各因，欲求下台方法，故日武官喜多表示，对此次事件，愿与当局谈谈各误会之点，极愿来牯谒见委座，陈述种切，决无当面提出任何不利于吾之条件，但须请委座派人保护其上山时个人之安全。若委座有不便处，则请委座电令何应钦或程潜在京接见亦可。当时日武官表示，以其代表日军部，到牯有种种不便，惟又恐何、程有误传彼之谈话，反有害无益。侃意，若喜多能飞庐，外方必猜出日本欲求和平，反为我争光。请代达委座，令其飞牯抑晋京，敬候电复。侃叩。筱。

台北"国史馆"档案：蒋中正总统文物/革命文献/抗战时期/卢沟桥事变

外交部致日驻华大使馆备忘录

1937年7月19日　南京

本日下午二时半，外部派科长董道宁，赴日本驻华大使馆，会晤日高参事，面致备忘录，内容如次："自卢沟桥事件发生后，我国始终不欲扩大事态，始终无挑战之意，且屡曾表示愿以和平方法谋得解决，乃日本政府虽亦曾宣示不扩大事态之方针，而同时调遣大批军队开入我国河北省内，显欲施用武力。我国政府于此情形之下，固不能不作自卫之适当准备，然仍努力于和平之维持。本月十二日外交部长接见日本大使馆日高参事时，曾提议双方停止军事调动，并将军队撤回原地。日方对此提议迄无表示，不胜遗憾。现在我国政府，愿重申不扩大事态与和平解决本事件之意，再向日本政府提议两方约定一确定之日期，在此日期，双方同时停止军事调动，并将已派武装队伍撤回原地。日方既抱和平折冲之希望，想必愿意接受此项提议。至本事件解决之道，我国政府愿经由外交途径，与日本政府立即商议，俾得适当之解决。倘有地方性质，可就地解决者，亦必经我国中央政府之许可。总之，我国政府极愿尽各种方法，以维持东亚之和平，故凡国际公法或国际条约，对于处理国际纷争所公认之任何和平方法，如两方直接交涉、斡旋、调解、公断等，我国政府，无不乐于接受也。"

谢汇东、田体仁等编：《全民抗战汇集》（初集），上海
民族书局1937年版，第77页

外交部致宋哲元等皓电

1937年7月19日

北平冀察政务委员会宋委员长、秦市长并转冯主席、张市长勋鉴：日方来文：帝国政府已于本月十一日声明中明白宣示，坚持事态不扩大之方针，并不放弃和平的折冲之希望，隐忍自重，不断努力于当地解决。然中国政府不但仍继续挑战的态度，并以各种手段与方法妨碍冀察当局解决条件之实行，对于华北安定不断加以威胁，帝国政府深觉遗憾。若长此推移，终必难免发生重大不测之事态。中国政府方针亦在不扩大事态，此从王部长阁下屡次说明之言辞中亦可鉴及。中国政府若真有此种希望，为求实现起见，帝

国政府要求即时停止一切挑战的言动，并要求不妨碍地方当局实行解决条件之事。对于上述，希望迅予明确回答。我方去文云：自卢沟桥事件发生后，我国始终不欲扩大事态，始终无挑战之意，且屡曾表示愿以和平方法谋得解决，乃日本政府虽亦曾宣示不扩大事态之方针，而同时调遣大批军队开入我国河北省内，迄今未止，显欲施用武力。我国政府于此情形之下，固不能不作自卫之适当准备，然仍努力于和平之维持。本月十二日外交部长接见日本大使馆日高参事时，曾提议双方停止军事调动，并将军队撤回原地。日方对此提议迄无表示，不胜遗憾。现在我国政府愿重申不扩大事态与和平解决本事件之意，再向日本政府提议两方约定一确定之日期，在此日期，双方同时停止军事调动，并将已派武装队伍撤回原地。日方既抱和平折冲之希望，想必愿意接受此项提议。至本事件解决之道，我国政府愿经由外交途径，与日本政府立即商议，俾得适当之解决。倘有地方性质，可就地解决者，亦必经我国中央政府之许可。总之，我国政府极愿尽各种方法，以维持东亚之和平。故凡国际公法或国际条约，对于处理国际纷争所公认之任何和平方法，如两方直接交涉、斡旋、调解、公断等，我国政府无不乐于接受也。特洽。外交部。皓。

秦孝仪主编：《革命文献》第106辑，《卢沟桥事变史料》（上），

（台北）中国国民党中央委员会党史委员会1986年版，第255—256页

驻日大使许世英对日记者之谈话

1937年7月19日　神户

同盟社神户电称：华北事件发生后，奉中国政府重要训令返任之许世英大使，十九日上午九时乘克立普兰总统船抵神户，十二时半转搭火车赴东京。许大使在船上对日记者发表谈话，谓余因回国之后得病，未赴庐山，并无携行华北事件之具体的解决条件，然中国政府现已决定解决方针为：（一）不扩大事件，（二）以外交交涉解决事件之两项。日方所谓中国之抗日论，实与吾人观念不同，故中国并无纯粹之抗日——余回国四月间，未曾由任何要人听过抗日议论。余确信不论任何方面，如以诚心诚意，对付事态，则不难解决本事件。对于中日两国人民，今年为最严重之关头，两国朝野之最大努力，与改善目前状态之热心，乃为必要，余切望日本当局不拘泥于目前事情，应就东亚大局之立场，努力解决事件。

《中国全面抗战大事记》第1辑，1937年7月份，

华美出版公司1938年版，第35页

何应钦与日驻华大使馆武官喜多谈话记录

1937年7月19日

喜多云：中国对日本有各种挑战态度，举例而言，如报纸满篇抗日，并言日本有预定计划。根据欧美、苏联所得情报，中国与日本有一战的决心。中国空军已奉命令全部动员，陆军已陆续北上，有一部分已进至保定。此事情与民国廿四年了解事项相违反，二十九军方面本有解决的意思，但中央有声明，没有得中央许可的事中央不承认。看这样情势之下，两国时局已到达最后关头，问部长意见如何？

何云：中国并无交战的意思，对于新闻方面，中央已十分注意。闻日本有五个师团动员，已在输送中。中国认为，日本有侵略的企图。这种紧张形势是日本造成的，我不知日本何故为卢事派遣如许军队，中国略有调动军队，完全属于自卫，并没有将事态扩大与日本一战之意。

喜云：当卢事发生时，日本在平津军队为数甚少，不及廿九军十分之一，并知道廿九军已集结于八宝山附近。日本增兵乃自卫权之发动，并防止事态之扩大。

何云：二十四年北平军分会为避免中日军的冲突，将51A、2D、25D调离北平、天津，乃是一种临时措施，以后中国军队之任何动遣，并不受任何拘束。至卢事，我们希望和平解决，并没有扩大的意思。29A七月〈十〉一日与日方如何谈判，此间未得详报。

喜云：十一日谈判的事情已经调印了[①]，29A统属于中央的，何以中央还不知道呢？是不是中央不赞成他的谈判？

何云：他们没有报告来，只在新闻上看到，内容不详，谈不到赞成不赞成。

喜云：二十四年了解事项的解释，中日双方解说不同，日本陆军当局以为51A、2D、25D调离河北后，所有的中央军不能再进入河北境。

何云：我方对于二十四年并无此项了解，在当时我方对51A、2D、25D亦没有不能再开进平津之言。中国军队都是国军，无所谓中央军与其他军，29A亦是国军。

喜云：中国方面虽这样解释，日方完全相反。卢桥事变前，在河北省内之军队或许亦属国军，此时不必争论。总之，中国增派31D、39D、102D、10D及其他军队，一共有五六师进入保定、石家庄，日本军队不能漠视。

何云：日本的军报不可靠。

喜云：这时千钧一发的时候，并不是我们议论的时候，请你用冷静态度加以考虑，如中国方面不将新进入河北的军队撤退，则局势必急变，必至引起中日军全面之冲突，以后局势则必扩大。此乃最后进言，并非威胁恫喝。

---

① 原文如此。——编者

何云：中国军队的移动，纯系出于自卫，并无挑战之意。日本新增加之军队如撤退，中国方面亦可考虑将新增加之军队撤退。

喜云：时机紧迫，对此时局须立即收拾，希望中国一面撤退进入河北军队，一面停止航空武力之动员准备。

何云：事态之扩大与否，在日本，不在中国。

喜云：蒋委员长近日是否回京，如现在时局，似应该回到南京想个办法才好。我本想见委员长，恐怕他健康还没有回复，无暇接见。

喜又云：（立起）日本对此非常时局有重大决意，如中国抱有一种待日军撤退后，中国军队始撤退之意，则局势必恶化，如中国空军活动，则必引起空中战，将来无法收拾，希望中国审慎注意。

台北"国史馆"档案：蒋中正总统文物/革命文献/抗战时期/卢沟桥事变

王宠惠与日驻华大使馆参事日高会谈记录（均用英语）

1937年7月20日

董科长在座

时间：民国廿六年七月廿日上午八时二分至十时三分

地点：部长官舍会客室

事由：卢沟桥事件

部长：贵参事最近有无获得本国政府方面消息？

日高：所获消息不多，且俱系来自通讯社。

部长：昨日送达贵方之备忘录，谅已电告外务省？

日高：已电告外务省。惟昨日本人曾询诸董科长，是否答复星期六日方备忘录者，然未据明确答复，不知可否作为答复？

部长：可以。

日高：日方备忘录中第一要求，系贵国政府应即时停止一切对日挑战之言论与行动。而其真意在指中央军近日之北上，昨已为董科长言之。至贵方答复，系双方应先约定一确定日期，在此日期，双方同时停止军事调动，并将已派武装队伍撤回原地，然则在此确定之日期以前，如日方军队不撤退，则中央军是否将继续北上乎？

部长：此确定日期，本人认为在可能范围内双方应迅速议定。因双方俱已调动大军，一触即发，危险堪虞。故最好双方能约定一最短时期，即如今日下午，或明日内亦无不可，约定后即同时停止军事行动。节略所称确定日期，盖指此而言，非谓约定一较长期间，而利用此期间调动军队，此点希望贵方早为答复。

日高：日方要求，乃无条件的要求贵方即时停止一切挑战言动，而贵方答复，系有条件的，即双方约定日期同时停止军事行动。

部长：我方之军事行动，完全系自卫性质，绝无丝毫挑战意思隐蓄于中。贵方曾声明贵方之军事行动，亦系自卫而无挑战意。本人敢确实奉告，我方绝不向贵方作挑战举动，而贵方当亦不愿向我方挑战。从中日两国经济上观察，固俱不许有何战争，可谓双方均渴望和平解决。本人此言完全出诸衷心。不仅本人之主张见解如此，即行政院各同僚亦同此意思。今已达最危险时期，吾人不能再有任何军事行动，此种军事行动，直火上加油，吾人应迅即停止加油举动，然后从事于灭火。万一事态扩大，恐不能收拾。本人希望于今日下午或明日即能约定双方开始停止军事行动。总而言之，我方意思，乃第一绝不愿使事态扩大，第二应即约定一日期，双方同时停止军事行动。

日高：日方在华北之军事调动，实际何部长与我方军人间之协定所发生之结果。贵方备忘录所述，我方不能认为对我方备忘录之适当回复。贵方提议须确定一日期，双方同时撤退军队，然我方系要求贵方即时停止一切挑战之言论与行动。此中实大有差别。

部长：其实停止军事行动，无论何时都可以，惟其关键全在贵方。

日高：但我方系要求贵方即时停止，并为无条件的。今贵方系有条件的，且非即时的。双方主张发生此种差异，本人颇以为不幸。

部长：现在情势，危险堪虞，前已言之。贵方调动大批军队，我方为自卫计，亦在调动军队，此均系事实，无容讳言。但我方始终渴望和平，就两国商业上、经济上观察，对此目前纠纷，亦应和平解决，故本人敢信双方均极诚意于本事件之和平解决。

日高：本人明了尊意。坦白言之，我方绝不能说，贵方对此目前纠纷，毫无提议解决办法，但惜贵方提议未完全适当答复我方备忘录中之要求耳。本人可否认贵方备忘录对于此点为拒绝我方之要求，或为附有条件之答复（qualified reply），或为另一提议。

部长：第一，我方此次军事行动，毫无挑战意思，故不能简单直接答复贵方。贵方要求我方即时停止挑战之军事行动，我方无论允诺或拒绝，均可解释为我方有挑战之意思，而我方绝对无此意思，故无从直接简单答复。第二，贵方所提关于华北双方军事当局成立之协定，其内容言人人殊，其解释则各有不同，唯贵方之调遣军队入我国境，显系侵犯我国领土主权，此则无可强辩。双方见解既不同，唯有提议一实际办法。第三，贵方屡次声明不愿事态扩大，我方亦有此声明，此双方意思共同之点一。我方军队之调动，纯为自卫，以防不测，绝无挑战之意。贵方关于派遣军队侵犯我领土所宣告之理由，亦如是说法，此双方意思共同之点二。为实际上达到此两共同意思起见，故我方备忘录之答复，为双方约定日期，同时停止军事行动及撤回原地，此系诚意希望和平解决之实际初步办法。目前形势，已至极严重关头，双方为两国民众福利计，为大局计，应当相互谅解，如此时计较孰是孰非，危险将不堪设想。故本人主张双方应即时停止军事行动，一切问题以后续谈。我方始终希望和平解决，此可为贵参事告者。

日高：日方亦同此希望。

部长：我方始终尽力避免冲突，且在此时我亦绝不愿空言讨论是非，越讨论结果越坏。此点想贵方当同此见解。

日高：此时双方均应冷静，即至最后一秒钟，亦应继续冷静，庶可挽回于万一，贵方已提议一种解决办法，但非直接答复我方者，而我方要求系贵方无条件的即时停止军事行动，但贵方系有条件的双方同时停止军事行动。

部长：我方之不能直接答复贵方提议，完全因我方毫无挑战意思，故对于贵方要求即时停止一切挑战言动，实在无法答复，业已详细解释，不必重述。

日高：双方立场均已明了，本人当将贵方意思报告外务省。

部长：希将本人所解释各点，同时报告贵政府。

日高：当将尊意一并报告。关于第二点，贵方备忘录中称："本事件解决之道，我国政府愿经由外交途径，与日本政府立即商议，俾得适当之解决，倘有地方性质，可就地解决者，亦必经我国中央政府之许可"云云，是否为回答我方之要求贵方中央政府不妨碍地方当局实行解决条件一点而发，质言之，中央政府不反对地方协定。

部长：如地方就地解决，中央不反对，但必须经中央政府之许可，此点务请贵参事注意。

日高：本人已经明悉，贵方第一点非直接答复，第二点是答复，但不达我方所希望之程度。

部长：贵方应顾及我方之立场，此次答复，虽不能使贵方认为满意，但我方已尽其最大之让步。因中央政府有中央政府之立场，如"人"本为"人"，不能强其自认不是"人"。今兹中日问题亦犹是也，中央政府不能强其自认为非中央政府。凡一切事无论如何，让步总有不能让步之根本立场。简单言之，此次事件，属于两国间之重要纠纷，应由两国政府解决之，如有地方性质，就地解决之协定，亦须得中央政府之许可，此为极端之让步，以表示我方希望和平解决之诚意，双方应谅解彼此立场。

日高：贵国中央军北上为违反协定（指"何梅协定"而言）。忆何部长前年北上，与日方订立一种协定时，曾正式由贵国中央政府授权，在其范围内与日本军人间成立一种协定，故凡地方当局在其权限内成立之协定，中央不反对。

部长：我方不能如此看法，所谓一种协定，乃系一种临时性质，并不拘束以后我国军队之调动。现在日方派遣大批军队开入河北境内，我方为自卫计，在自己领土内，当然可以自由调动军队。

日高：实系由中央授权地方当局成立一种协定。

部长：我方决不能如此看法，譬如地方当局权限最大者，莫如印度总督，若印度与我国关于Bombay订立一种协定，必须经伦敦方面许可，方为有效，此乃一般原则，贵参事以为然否。

日高：诚然，故本人以为凡中央授权地方当局，地方当局在其授权范围内，行使其权能，自属有效。

部长：此点本人不愿多加讨论，我国关于外交问题绝无此种原则。贵我两方备忘录均限于此次卢沟桥事件。总之，就此次事件而言，由地方解决，中央并不反对，但解决之条件，必须经中央之许可。

日高：本人因欲明了贵方所谓"地方解决必经中央之许可"之含意，故一再相问，此点请贵部长原谅。其实贵方所谓地方与中央者，为贵国宪法或行政法上之问题，亦可谓行政组织上之问题，全系贵国之内部问题，与日方无关。

部长：我方致贵方备忘录中"倘有地方性质，可就地解决者，亦必经我国中央政府之许可"一点，意思甚为明显。又例如California为美国之一州，贵国因California日侨待遇问题，亦须向Washington方面交涉。本人今兹所言，系一般原则，各国同然。

日高：此问题重大，不得不一再相问。如汕头案件，由广东省当局交涉解决，日方即认为地方解决矣。至广东当局与中央政府如何商议，完全为贵国内部问题，日方决不过问。

部长：汕案之解决，广东当局事前曾向中央请示，此案若在汕头不能解决，则移至广州，如仍不能解决，则移至南京。本人与贵参事谈判时，曾经双方约定此种办法，地方绝无专擅独断之权。

日高：本人甚为明悉，但此实为一种行政组织。

部长：我国无此行政组织，无论何国涉外事件，必须由中央政府办理，此次卢沟桥事件，我方本愿经由外交途径，与贵方开始商议，因不欲使事态扩大，故向贵方让步，不反对地方解决，但其解决办法，必须经中央政府之许可。

日高：由地方办理外交事件，贵国确有实例，本人尚能记忆。

部长：本人认此次事件，交由地方解决，而必须经中央之许可，实为我方此次之让步。

日高：此实为一种行政组织。

部长：就本人所知，我方并无此种行政组织，关于"经由外交途径，获得适当解决，倘有地方性质，可就地解决者，亦必经我国中央政府之许可"一点，现在贵参事想已明了。

日高：已甚明了。

部长：贵方增兵既不在挑战，则不欲使事态扩大成为战争，此为彼此之愿望，如此则双方当不难从长讨论，以求和平解决。

日高：尊意甚是。

部长：我方行政院各同人均以为，我方备忘录中所提双方确定一日期停止一切军事行动一点，实为解决此次事件之唯一和平方法，务请贵方注意。

日高：此次卢沟桥事件，日方提出条件，本人虽不详知，但闻甚为合理。

部长：总而言之，此事以早日和平解决为是。

日高：日本人甚愿为中国之好友，现在两国关系愈趋严重，昨晚读贵国蒋委员长之声明，尤令人深抱悲观。

部长：为何深抱悲观？请细读可也。须知该项文字，为蒋委员长在庐山谈话会席上之一种报告，及对于此事之感想，并非一种正式对外宣言，对于时局，尤明白表示和平态度。如云："在和平根本绝望之前一秒种，我们还是希望和平的"；"因为拥护和平是我们的国策，所以应战而不求战。"可见我方和平态度始终一贯，请贵参事将该项文字仔细重读一番，当可完全明悉全文精神之所在。

日高：本人以私人资格为贵部长言之，日人对中国以前常取此种态度，即以百元之资本从事商业，欲获十元利益。今则不然，因英国及其他各国利息减低，故将获利之希望亦减低，即百元之资本仅希望获一元之利益。但此一元之利益，日本人现已决心无论如何必须设法获得。本人认为一元之利益，甚为Moderate，此种说法固不聪明，但为求一元利益，亦不惜挪出百元也。

部长：蒋委员长之报告，明言对日为应战而不求战，和平态度迄今未改，请贵参事注意及之。本人兹避开外交部部长地位，以私人资格为贵参事言之，中日极宜互相和平携手，改善邦交状况。但我方让步以达此志愿，当有一最低限度（limit），过此则属不可能之事。譬如商务交易，各物品皆有一最低之价额（minimum price），低于此则不能成交矣。在此最低限度以外，或可从长计议，若在此最低限度以内，则一切绝对无讨论之余地。

台北"国史馆"档案：外交部/卢沟桥事件/中日会晤记录

行政院指示外交部令

1937年7月20日

外交部二十六年七月十三日亚字第六一五七号呈，为此次卢沟桥事件发生后经迭向日方抗议，惟现据各方报告，日方有以保侨为名，向我国各地滋扰之企图，请通令各省当局严加戒备，以防万一，对于日侨妥为保护，免资借口。特抄录致日本大使馆抗议文，一并呈请鉴核施行由。呈件均悉。已电令各省市政府及威海卫管理公署切实保护外侨矣。仰即知照。此令。

秦孝仪主编：《革命文献》第106辑，《卢沟桥事变史料》（上），
（台北）中国国民党中央委员会党史委员会1986年版，第274页

周作民致蒋介石函

1937年7月22日

介公赐鉴：

匡庐面聆清诲，钦佩莫名。昨午回沪后，曾晤日方工商会议所长吉田及同盟通讯社长松本。谈话另录附呈，尚祈赐察。再，前呈临时经济等办法，匆匆率笔，尚未完篇，稍缓容再改缮寄奉。专此。敬颂崇绥。

周作民谨上
廿二夕

吉田谈话

据谈，卢案似由彼方先行开枪，初意欲以膺惩廿九军之排日分子，并警我近年之夸大。盖近岁以来，中日交涉有张部长与川越之谈判、绥东事件、经济考察团之来华，及河北经济开发之停滞，皆形成日方之失败而为我方所轻视，故此次欲借端压服我方之盛气。原不拟扩大，然若我方应付方法不能使其满意，则虽启战端，亦所不辞。又谓，此际开衅，欧美以国际多事，无暇东顾，中国正在建设，若待其建设完成，欧美各国在华势力亦益巩固，彼时必将以欧美列强为敌手，于日作战较为不利，故及早与我一战。据其观察，为今之计，冀察当局既与日方成立协定，其条件并无不甚合理者，中央似可核准。至于撤兵一节，日方终必照撤，但中央军队须先其撤回，双方同时撤退恐难办到。又云，日方出兵之用意及其要求之限度曾向列强说明，如我方欲在此时获得欧美之援助，恐亦非易各等语。

松本谈话

据称，冀察当局十八日曾对驻屯军承认十一日所订之三项原则，当晚互商细目，至十九日拂晓议竣，计十七条（一说十九条），当即签定。询其内容，据答不甚明了，但不甚

苛刻云云。

日人与明轩妥协，不提彼此撤兵，诚如钧座所虑，不无可虞（且截至昨晚，其卢沟桥之大部分尚未撤出）。在现情况下，万一日人不怀善意，与中央军寻衅，我自当御之于沧保线上。但明轩设受人民攻难，不能中立。此时明轩环境极其难处。昨陈由卢沟桥沿永定河经固安讫霸县，临时构野战工事，成一斜阵地，既能保平汉路之交通，且使北平廿九军不至陷于孤立者此也。

台北"国史馆"档案：蒋中正总统文物/特交档案/中日战争/和平酝酿

徐谟呈蒋介石条陈

1937年7月24日

一、某数外国得驻陆军队伍于天津等特定地域，原经《辛丑和约》之特许，仅为应付当时之特殊情状。时至今日，条约中关于驻兵条款，其命意本早不存在，故有关系各国之驻军，均已减至最少数目，且未尝越出条约之特定地点，亦从未与中国方面发生任何事件。独日本于近数年来屡次增加其所谓驻屯军，其常驻数目已足随时采取攻击姿势，而又越出条约所特许之地点，任意行动，昼夜演习。陆军以外，又驻有未经条约许可之空军，甚至占用民地，建筑机场。凡此情形，均为他国所无而在条约范围之外者也。

二、七月七日卢沟桥事件发生后，日本政府立即调动大批关东军入关，至七月十五日止，已由榆关开往天津兵车共二十列，每列挂车自二十七八辆至四十余辆不等；同时又令驻朝鲜第二十师团出动至华北。在朝鲜之工兵联队、炮兵联队、骑兵联队，自十二日起，分批向天津出动。在日本之第五师团、第十师团及第十二师团等，均先后奉命开拔。甚至在乡军人，亦下令征集。大批飞机陆续来华。总计此时日本武装队伍已侵入河北省内者，已达数万人。日方此项行动，显属毫无条约根据，而为纯粹的侵犯中国之领土。

三、我河北省内本有相当数目之驻军，足以维持治安，应付任何不测之局面，乃因日方已经自关外、朝鲜及日本本部非法遣派大军进入河北，中国政府不得已遂开始调动他处军队，开入河北省内，准备自卫上之必要措施。我方自始即无扩大事态之意，更无陈兵示威之念。此次军队之调动，除防卫外，实无其他作用。

四、日方借口所谓"何梅协定"，指我国军开入河北省内，系属违反该"协定"。姑无论民国二十四年六月间，日本天津驻屯军向北平当局请求之事，其性质与手续异常暧昧，并无若何条约性的拘束力，即就所谓了解事项而言，亦绝无中国国军永久不得开入河北省内之约言。况现在日军已在河北省内非法麇集，造成敌对局面，天下宁有外国军队可越境挑战，而本国军队反不能在自己领土内防卫之理？吾人深望日方及早复员，恢复平时合法状态，则吾方对于军队之调动，庶可重加考虑。

秦孝仪主编：《革命文献》第106辑，《卢沟桥事变史料》（上），

（台北）中国国民党中央委员会党史委员会1986年版，第274—275页

外交部致日驻华大使馆抗议节略

1937年7月24日

关于大批日军开入河北省境，强占车站扣用车辆事，曾经外交部于本月十六日，送达节略在案。兹据报告，日军上项行动不但仍未停止，近更占用塘沽民有码头及招商局码头、轮驳、栈房，监视唐山、密云等处电报局，阻止中国两航空，并在河北邮政管理局，强迫检查邮件，实属侵害中国主权。应请日本大使馆查照外交部上项节略，立电日本政府迅速切实办理，并一面迅电华北日军当局，严令制止上开不法行为。至关于本案之一切要求，外交部仍保留提出之权。统希查照见复为荷。合即略达。

秦孝仪主编：《革命文献》第106辑，《卢沟桥事变史料》（上），

（台北）中国国民党中央委员会党史委员会1986年版，第257页

外交部为日军不断增兵重启战衅事发表声明

1937年7月27日　南京

外交部发言人对于日军在廊坊等处重启战衅事，二十七日发表谈话如下：自本月七日夜，日军在卢沟桥无故向我驻军袭击以来，虽其责任完全不在我方，但我当局为顾全东亚和平，始终表示愿以外交方式谋适当之解决。我外交部长并曾迭次向日方正式提议，双方约定日期同时撤兵。不幸日方对于我方历次和平表示及提议，不独不予接受，且大举增兵集中平津，同时与我地方当局议定解决办法。我中央得报后，察其内容，与我既定方针，尚无重大出入，为贯彻和平之初衷，不予反对。我方极度容忍，维护和平之苦衷，应为中外人士所共见。方谓日方前线之军，从此可以撤退，后方之军，亦可以停止进发，乃一周以来，日军不独毫无撤退模样，且日本国内及朝鲜各地，仍续派大量军队络绎向平津出动，念五日晚间并无故向我廊坊驻军袭击，继之以飞机轰炸，二十六日复向我地方长官，提出无理要求，兼在北平近郊四出挑衅，其蓄意扩大事态，别有企图，盖已昭然若揭。两旬以来，我方已尽和平最大之努力，嗣后一切事态之责任，自应完全由日方负之。

谢汇东、田体仁等编：《全民抗战汇集》（初集），上海

民族书局1937年版，第77页

外交部发表实行自卫之声明

1937年8月12日　南京

中国外交部发言人谈：自卢沟桥事件发生以来，日方口头上屡次宣称，不欲扩大事态，但事实上之行动，则恰与此相反。以华北言，日方初则声言，就地和平解决，继则增派大军进攻平津，屠杀焚烧，无所不至。现复更进一步，一面猛烈攻击南口，一面进窥冀省南部，了无止境。以上海言，日方口头上同意我方提议，以外交途径早日和平解决虹桥机场事件，但日本政府竟派遣大批飞机、战舰、陆战队，以及其他武装队伍来沪，肆行威胁，同时并提出种种要求，企图解除或减弱我方自卫力量，而日本飞机亦连日在上海、杭州、宁波等地，不法飞行，准备军事行动。凡此种种行为，均属侵犯我国领土主权与违反各种国际条约，我国处此环境之下，忍无可忍，除抵抗暴力实行自卫外，实无其他途径，今后事态之演变，其一切责任，应完全由日方负之。

《中国全面抗战大事记》第1辑，1937年8月份，

华美出版公司1938年版，第19页

二、国民政府争取国际干预*

汉密尔顿[1]备忘录

1937年7月10日　华盛顿

出席者：中国财政部长孔祥熙博士

中国驻美大使王正廷博士

亨贝克[2]先生

汉密尔顿先生

······

在会谈和接下来由中国大使在他的双橡园公寓招待的午餐过程中，中国财政部长孔祥熙博士提到了发生在宛平县的战斗，并询问到目前为止美国国务院在这一方面获得了什么情报。亨贝克遂对我们所收到的情报作了一个简要的说明。孔博士然后说，战斗是由于日本人的侵略引起的，即使根据一九〇一年的《辛丑条约》的条款，日本军队也没有在战斗发生地区驻兵的权利。孔博士继续说，一九〇一年中国政府同意了《辛丑条约》的条款，该条约规定外国政府可以在北平和其它一些地点保留外国军队，以保护其在北平的使团及保持北平和海边之间的交通的畅通。现在，外国政府已经把他们的外交机构从北平移到了南京，因此，外国政府再没有必要在北平保留他们的军队。中国大使表示，在他看来，中国政府应该提请外国政府撤走依据《辛丑条约》的规定而驻扎在华北的军队。

······然后，亨贝克用了相当长的时间说明了他的如下看法：他认为在最近几年来中国政府在许多方面都取得了相当大的进步；现在从中国回来的人几乎都一致高度评价中国政府和人民的建设活动，在统一中国、财政、公路建设和铁路建设等方面，中国都正在取得进步；总之，中国的事情看上去进行得非常地好。他说，当然，正如孔博士和王博士都意识到的那样，中国的建设任务尚未彻底完成，仍有相当多的困难要去克服。他说，中国正在许多方面取得相当大的进步，事情进展得如此顺利，考虑到这一形势，中国继续把它的精力集中在重建工作方面，而不是开始与外国政府冲突，不是更为明智吗？中国政府努力推行其重建计划，待中国已经取得如此进步并处于如此强有利的地位，以致使

---

* 选自章伯锋、庄建平主编，陶文钊、王建朗等编：《抗日战争·外交（上）》，第23—106页，四川大学出版社1997年版，有部分补充和调整。——编者

① Maxwell M. Hamilton，美国国务院远东司副司长。——编者

② Stanley K. Hornbeck，美国国务院远东司司长。——编者

与之打交道的外国政府将乐于倾听中国政府的建议时，中国再向外国政府提出它想要提出的任何问题，这不是更为明智吗？

孔博士说，亨贝克先生的话很有道理，但是，他感到中日之间的战争不可避免，在中国为这一战争做准备的同时，日本也在进行军事准备。他认为，随着每一年的过去，与中国比较起来，日本将变得更为强大。汉密尔顿先生说，他对此有些不同的看法。他认为，中国所做的是努力进行国内建设，增强国家和政府的力量，总体来说是建设性的。而日本政府和日本国民不是把他们的精力花在建设方面，他们所奉行的许多政策给日本政府和人民带来了额外的且将削弱其国力的负担。亨贝克先生说，他同意这一看法。

王博士和孔博士都提出，由于日本具有帝国主义的侵略性的本质，美国援助中国是很重要的。他们说，总有一天美国要面临日本的侵略，除非这种侵略被中国所制止。亨贝克先生说，美国一直希望看到一个强大的统一的中国，但是，美国不能仅仅是为了援助中国的缘故而采取某些政策或奉行某种路线。他说，就像中国的政策和中国的态度以及任何其他国家的政策和态度都是基于其国家利益的考虑一样，我们的政策和我们的态度也是基于我们对美国利益的考虑。他说，对我们以及对中国来说，幸运的是，我们对于中国的政策和态度是与中国要把自己建成一个稳定的强大的国家的愿望相吻合的。

在谈话过程中，中国大使有好几次表示了他关于采取革命性的战术的一贯信念。他以他个人在中国辛亥革命时的经历为例说，如果人数很少的革命者那时没有采取那些行动，中华民国就不会建立起来，至少不会在那时就建立起来。汉密尔顿先生评论说，在他看来，个人对于自己国家的国内问题所采取的革命姿态，与一个政府所采取的有可能导致战争的革命战术不可相提并论。在自己国内从事革命活动的人，即使革命失败了，也可以逃亡或最多牺牲他个人的生命。但是，如果政府领导人采取导致战争的革命性战术，一个国家却无法从战争中逃走，整个国家都必须承担战争的后果……

《美国外交文件》，1937年，第3卷，第132—135页

外交部致驻美国大使馆电

1937年7月11日发

华盛顿。中国大使馆：卢沟桥事变自双方停止军事行动后，乃日方忽于日昨又向我军进攻，我方为维护领土主权计，不得不予以沉着之抵抗。顷日方又有自关外派兵来犯说，并自其国内派两师团来华。此种蓄意挑衅之行为，我方决以最大决心与之周旋。仰向驻在国政府剀切说明，并探询其意见：倘事变扩大，能否予我以相当之援助？除电驻日使馆，

促请日政府弗再扩大事态,力图和平解决外,盼即电复。外交部。

台北"国史馆"档案:外交部/中日纠纷/与美国商洽情形及中南美各国态度

王正廷致外交部电

1937年7月12日

南京。外交部。四七〇号。十二日。卢沟桥事件迭电均悉,遵已分别译送宣传,并密告美外部。探其口气,事件真情未详,我方所告消息亦不详尽。关于调停一节,尚须考虑,容后再谈云云。各方态度当随时电陈。王正廷。

台北"国史馆"档案:外交部/中日纠纷/与美国商洽情形及中南美各国态度

赫尔[①]备忘录

1937年7月12日　华盛顿

应日本大使的要求会见了他……

大使继而将一份日方待发函的草稿交给我看,这是关于七月七日日中冲突通报的草稿,内容分六点或六节,并附有日本政府给他的如何写这份通报的指示抄件。随后大使逐节朗读,以期我在认为需要时发表意见。当他读第一节时我询问:7月7日驻丰台的日军有多少。他回答说他不知道,但他估计约100人左右。他说他猜想这队日军在卢沟桥附近遭到河对岸中国军队的意外袭击。当我提醒他日军驻扎在两条进入北平的铁路之间众多地点时,他说他不熟悉该地区的地理。他说驻扎中国该地区的日军与美国及其他三四个国家目前驻在北平及某些其他城市的保卫部队都是按同一条约权利行事的。在他读每一节时我都对这次事件表示遗憾。他说整个活动是蒋介石在幕后操纵的。据该大使的看法,蒋的用意是加强他在华北的威信,尤其是为了应付那些责备他处理对日关系时过于软弱无力的中国某些重要人物。大使说,他对事件可以调处解决仍抱有希望,他接着说,中国人必须明白日方能够派遣舰队到中国的沿海各地并对局势完全加以控制。

当他读完后,我特别强调并肯定他所述及的日本政府正为友好解决争端不诉诸战争而作的努力。我详细阐述任何其他道路之不足取和战争后果之可怕。我说作为头等文明强国如日本者,不仅可以做到在这种环境下表现出一般的自制能力,而且从长远看,他的政府更应以此为其态度和政策的特色,这将对它更为有利。我还说,我一直在期待着并不断地促进着能早日见到贵我两大国在其他国家由于其经济及生活水平的不安局势而犹豫不前甚至倒退的时刻,能有机会并承担责任,以一种建设性的计划——就如同我曾为

① Cordell Hull,美国国务卿。——编者

之效劳过的布宜诺斯艾利斯会议所倡导的计划——领导全世界实现恢复和保持贸易与和平的稳定环境的目的。我并说在这方面，没有其他任何两个大国具有这少有的摆在我们面前的机会。因而，从这个角度以及其他方面来说，不允许进行严重的军事行动。我再一次表示强烈赞赏根据大使所述而了解到他的政府所宣称采取的调解及自我克制态度。他说他将很高兴随时向我通报事态的进一步发展。我回答说，当然我国对世界任何一地的和平状况都深为关注，我很欢迎今后不时提供的任何消息，并愿意对他乐于提供的有关这一方面的消息严格保密。我再一次强调，现今如果一旦发生重大的战争，则战胜者和战败者都同样要遭到巨大而严重的损害；强调我国政府对世界任何地方和平局势的重大关心；强调我深切希望我们两国很快会发现我们正处于合力推进类同布宜诺斯艾利斯会议所倡导的计划的地位。该大使表达了他的关心和赞同。我以表示感谢他愿继续提供今后有关此事的消息的好意而结束此次会谈。

《美国外交文件》，1931—1941年，日本卷，上册，第316—318页

美国国务院声明

1937年7月12日　华盛顿

今天上午，日本大使和中国大使馆参赞分别造访本院，通报了有关华北事件的情况。在随后的谈话过程中，我们向日中双方都表示了这样的看法：日中之间的武装冲突，将是对和平和世界进步事业的一个沉重打击。

《美国外交文件》，1931—1941年，日本卷，上册，第319页

王正廷致外交部电

1937年7月14日

南京。外交部。四七三号。十四日。亮畴兄：密察华北战起，美方舆论与我同情，中立法令目前不致引用。美方深悉一旦军务中立，于我不利，非但军火停运，即信用借款亦受影响。关于调停一节，闻日本态度强硬，我方若坚请调停，难免示弱于人，列强或将迁就日本以不利条件加我。冒昧密陈，尚祈鉴察。弟廷。

台北"国史馆"档案：外交部/中日纠纷/与美国商洽情形及中南美各国态度

王正廷致外交部电

1937年7月16日

南京。外交部。四七五号。十六日。七四七号电敬悉。英文节略亦照收到，于今晨面

递美外长，并说明经过及紧急情势。外长询问引用《九国公约》宪章能否有济于事，抑将促进战事。廷答：现在我国准备竭力抵抗，列强倘能协助，只〔至〕少可予日本道德上制裁，增进日本温〔稳〕健派势力，或能遏止军人气焰，避免战祸。外长颇以为然，并谓闻七月十一日双方订有协定之说。廷答：当地军人约定停战或许有之，但无任何中央核准之协定。究竟有否，尚祈示知。再，节略内日军二十万数目似有错误，已面告外长，谅因代转错误所致。又，今午参加上议院议员Robinson追悼会，得遇各方有关人员，约略解释。王正廷。

附注：七四七号去电系另发英文节略，仰即对《九国公约》签字国（日本除外）及德、苏同时递送由。

谨查英文电码去电中之20000原无讹误，驻美大使馆来问，已向此间电局诘问。据答系美国电局所致。已打么电更正。谨特附陈。电报科谨注。

台北"国史馆"档案：外交部/中日纠纷/与美国商洽情形及中南美各国态度

中国政府致《九国公约》签字国备忘录

1937年7月16日

此次纷扰发生之时间，在七月七日夜间，其时日军正在举行演习，最初发生冲突之地点，系在卢沟桥一带。日军在该处毫无权利足以根据，盖一九〇一年《辛丑条约》第九条规定，外国军队驻在地点，并未将卢沟桥、宛平县城及丰台包含在内，日本根据此项条约，而提出要求，原已不合时宜，绝无根据。且即就《辛丑条约》而论，日本在各该地方驻扎军队举行演习亦绝无理由，足证日军借词要求在中国军队防地内搜寻失踪之日兵一名，竟图以强力于夜间侵入中国军队所驻防之宛平县城，明知中国军队必加拒绝，乃故意出此，借以发动对于华北更进一步之侵略行为，此固属显而易见者也。继称现有日军飞机一百余架，陆军约2万名，集中平津附近。中国当局竭尽一切方法，甚至允许双方相互撤兵，以冀停止敌对状态。无如每次获得解决办法后，类因日军重行进攻，以致立即成为无效。中国政府认为此项侵略行为，实属破坏《九国公约》所规定之中国领土主权完整，倘任其发生，则足以在亚洲及全世界产生重大后果。此在中国方面现仍准备谈判任何种荣誉之协定。惟中国国民政府对于谈判解决之基本案件，不得不加以密切控制，盖恐吓地方当局促成华北分裂，原为日本军人惯用之策略，而为世人所熟知也。

谢汇东、田体仁等编：《全民抗战汇集》（初集），上海民族书局1937年版，第76—77页

赫尔声明

1937年7月16日

我不断从许多渠道收到对世界各地令人不安的局势所提出的询问和建议。

毫无疑问，若干地区存在着紧张局势。表面看来这仅仅牵涉到邻近的那些国家，但归根到底必然会涉及整个世界。武装冲突已经发生或即将发生的形势，使所有国家的权利和利益都受到了或将会受到严重的影响。世界上任何地方发生严重的战争行动，都不能不这样或那样地影响我国的利益、权利或义务。因此，我感到有理由、事实上也有责任发表一项声明，阐明我国政府对我国所深为关切的国际问题和国际形势的立场。

我国一贯主张维护和平。我们主张在本国和国际上的自我克制。我们主张所有国家在推行政策时都不使用武力，不干涉其他国家的内政。我们主张通过和平谈判与协商的途径，调整国际关系中的有关问题。我们主张信守国际协议。我们拥护条约神圣不可侵犯的原则；在需要对条约条款加以修改时，我们认为应本着互助互谅的精神有条不紊地进行。我们认为所有国家都要尊重其他国家的权利，并履行已规定的义务。我们主张加强国际法，使之拥有新的活力。我们主张采取步骤，促进世界的经济安全和稳定。我们主张减少或消除国际贸易中过分的关卡。我们寻求贸易机会的切实均等，竭力主张各国奉行待遇平等的原则。我们信奉限制和裁减军备。我们认识到维持足以保卫国家安全的武装力量的必要性，并愿意按照其他国家增加或裁减军队的比例来增减我们自己的军队。我们不结盟，也不为盟约义务所束缚。但我们相信，应采用和平而切实的方法，共同努力，以维护上述原则。

《和平与战争——美国外交政策（1931—1941）》，美国

国务院白皮书，1943年，第370—371页

美国舆论界对赫尔声明的报道

1937年7月16—17日

国民新闻社华盛顿十六日电　　美国务部长赫尔，今日发表措辞严厉之警告，暗示中日两国不得在华北开战，以免直接妨害美国利益。文中虽仅以强有力之语气重申美国政策，而未直接指明中日两国，但适于华北危局千钧一发之际发表，其用意不言可喻。赫尔警告，措辞直捷了当，为美国近年来有数之文件；内称："世界各地，骚扰不宁，各方人士前来探询意见提出建议者，实繁有徒，任何局势，如武力冲突已在进行或武力冲突有发生之危险者，则必使世界各国之权利义务，感受严重之威胁；严重之武力冲突，不论发生于何时何地，必致直接间接影响美国之权利义务。职是之故，余感觉职责所在，宜将美国

政府之立场，昭示天下：美国志在保障世界和平，时加倡导，不遗余力，美国并主张避免凭借武力以推行其政策，更反对干涉他国内政。"赫尔又称，美国始终不渝，赞成和平谈判，与忠实履行国际协定。各国对于他国权利务当加以尊重，而过分之贸易障碍，亦当加以减少，以谋实现通商机会之平等及国际军备之限制云。

中央社华盛顿十七日路透电　美官场今日发表正式文告。在此文告中，赫尔声称，美国主张国家与国际勉自忍抑，勿以武力为政治工具，亦勿干涉他国内政，美国并主张国际条约之忠实遵守云。赫尔未直接言及中国或日本，但又谓进行武装敌对或以武装敌对相威胁之局势，乃各国权益将遭重大影响之局势，美国固信任军缩，但美国准备减少或增多其武力，以他国减增为比例云。众信此为近数年来美国之第一次正式文告，说明美国将于某种情势中增多其军备。

中央社华盛顿十六日哈瓦斯电　国务卿赫尔，顷向报界发表书面谈话，而将美国关于远东与欧洲时局所行外交政策之目标，重言以申之，并向扰乱分子提出警告，其言有曰："吾人主张保持和平，对于内国与国际问题，咸愿保持温和镇静之态度，对于一切政治问题，均不欲用武力解决之。对于他国内政，亦不愿加以干涉。现行各种条约，务当加以尊重，倘欲予以修正，则须经由谈判途径而后可。关于经济问题，吾人主张减低关税壁垒，并平等对待各国。关于军缩问题，吾人准备参照他国缩军或扩军程度，从而缩减或扩充本国军备"云。

中央社华盛顿十六日路透电　参院外交委员会主席毕特门，今日表示意见，谓美国应与《九国公约》其他签字国共同行动。观于此约下过去之经验，渠不以为美国应单独与中日讨论关于危害中国之事件。一九三一年美国曾以措词严厉之牒文送交日本，促其注意中国领土之完整。但英国未曾完全合作，仅致文日本，询问日本是否欲维持在华之门户开放，日本当即答曰然，于是当时英外相西门即在下院宣称，英国不欲牵涉于远东时局中矣。回溯一九三一年日本答文中，曾有日本派兵赴华保护生命财产，并未破坏《九国公约》等语。中国为签约国之一，遇有此约将被破坏之危险时，当然有权可援约请各签字国互作完全与坦直之接洽。今日王大使致赫尔之备忘录，是否为此约之正式援用，渠尚未决定云。或询以美国中立法案可否适用于中日，毕特门答称，今尚未也。参议员波拉称，《九国公约》中未有强迫吾人行动之处，渠将研究此约，并复查一九三一年事件之外交史云。

中央社华盛顿十六日哈瓦斯电　美国官场人士顷宣称，中国驻美大使王正廷博士、日本代办须磨，本日先后访问国务卿赫尔之后，美国对于远东时局所持态度并不因而有所变更，赫尔国务卿仍主保持远东和平，且持之甚力。此在美国政界人士，则谓中日两国或战或和，犹不可知，美国须待时局发展之后，始可决定援引华府《九国公约》与否云。

上海《大公报》，1937年7月18日

王正廷致外交部电

1937年7月16日

南京。外交部。四七五号。十六日。一四七电敬悉，英文节略亦照收到。已于今晨面递美外长并说明经过及紧急情势。外长询问引用《九国公约》究竟能否有济于事，抑将促进战事。廷答现在我国准备竭力抵抗，列强倘能协助只〔至〕少可予日本道德上制裁，增进日本温健派势力，或能遏止军人气焰，避免战祸。外长颇以为然，并谓闻七月十一日双方订有协定之说。廷答当地军人约定停战或许有之，但无任何经中央核准之协定。究竟有否，尚祈示知。再节略内日军二十万数目似有错误，已面告外长。谅因已代转错误所致，廷今午参加上议院议员Robinton追悼会，得遇各方有关人员，约略解释。王正廷。

秦孝仪主编：《革命文献》第106辑，《卢沟桥事变史料》（上），
（台北）中国国民党中央委员会党史委员会1986年版，第348—349页

王正廷致外交部电

1937年7月17日

南京。外交部。四七七号。十七日。七五〇号电敬悉。经向各通讯社查询，均谓国务部绝无此种谈论。王正廷。

附注：七五〇号去电系应向赫尔解释，华日关键在日本，我方仅为自卫措施由。电报科谨注。

台北"国史馆"档案：外交部/中日纠纷/与美国商洽情形及中南美各国态度

王正廷致外交部电

1937年7月20日

南京。外交部。四八二号。二十日。美国报界首重迅捷，隔日消息即日登报，如蒋院长谈话，今晨报纸均已刊登，本馆如再送出，即无发表可能。以后政府重要人员如有言论，可否先一日以英文电示，以便送登明晨早报。又，俞志元十九日到馆。王正廷。

台北"国史馆"档案：外交部/中日纠纷/与美国商洽情形及中南美各国态度

王正廷致外交部电

1937年7月21日

南京。外交部。四八三号。二十一日。今晨晤美外长，将钧部近日来电简略报告。外长询：近传双方已在当地开始交涉，有无成功可能，中央是否同意。廷答：尚未收到消息，歉难置答，惟原则上当地停战协定中央不表反对，但须中央核准，始能有效，并不得超越蒋院长谈话原则，详情容后再告。当地交涉如果属实，经过情形及成功希望，拟恳从速密示，以便复告外长，重申我方请其协助请求。关于中立法令，今晨又再谈及，据告不致实行。密闻英美政府近日无不在磋商云。廷。

台北"国史馆"档案：外交部/中日纠纷/与美国商洽情形及中南美各国态度

外交部致王正廷电稿

1937年7月24日

华盛顿特区中国使馆。七六〇号。巴黎中国使馆。四五四号。（极密）目下卢沟桥方面开始撤军，北方局势表面似稍和缓，但日本仍在积极布置军事，采取准备挑战姿势。蒋院长深虑日方或于一星期内，提出我方绝对不能接受之各种条件，拟请英、美、法从速设法预阻日方此种行动，以免引起中日大冲突。希速与美法政府密洽，请其劝告日政府，双方同时撤军，回复常态。

台北"国史馆"档案：外交部/中日纠纷/与美国商洽情形及中南美各国态度

蒋介石与美大使詹森[①]谈话纪录

1937年7月25日

蒋院长于二十六年七月二十五日下午五时，接见甫自北平回京之美国大使詹森，外交部徐次长与美大使馆参事裴克[②]亦在座。

蒋院长首询詹森大使近日北方情形。

詹森答：截至二十三日，彼离平时，局势似甚和缓，彼对于北平市民深表钦佩，虽连日空气甚为紧张，但市民并不惊慌，亦无迁徙逃避者。彼曾与日本大使馆参事谈及时局，该参事对于二十七师开始撤退，似表满意。日前日方准备运到大沽日军或军需品，截至二十三日晚九时十分离津时，并未运到。故就地方情形言，一时似不致再有重大变化；天津情形亦相同。惟由中日两方互相发表之声明所造成之局势，究竟能否解决，乃系另一问

---

① N. T. Johnson。——编者
② W. R. Peck。——编者

题，彼不敢表示意见云云。

院长询：美政府何以不与英国联合劝告日本。

詹森大使答称：美国政府政策受国会态度及中立法之支配，美虽未与英方联合劝告日本，但愿为单独与并行之行动。国务卿赫尔七月十六日发表之声明，已由裴克参事向王部长面读，并抄送徐次长。现在美政府正切实注意时局之发展。但须明了者，美国行政部分不能不照立法部分之政策施行云云。

院长谓：自二十一日起，北方已开始撤军，而日本自是日至二十四日间，仍积极准备军事行动。除已由朝鲜开运三混成旅至华北，并将机械化部分队伍及大批飞机开运来华外，又在东北与朝鲜之间布置重军，同时自日本开调大批队伍至朝鲜。其尚未开到大沽之运输舰，或在大连待命，故此后形势反较卢事初起时更为严重。若各国认为华北局势已入安静状态，日本不致再有若何动作，未免错误。日本之意最初不过欲解决华北独立化问题，以后恐将要求解决全部问题。在我方已尽最大之容忍，对于日本之二项目的，已予同意。盖日方要求：（一）卢事当地解决，我方已允由当地解决。又（二）中央不妨碍当地解决之实行，我政府对于宋哲元请示之三点，已予同意。凡此均为欲求和平，曲予优容。但我政府至此已到最后限度，若日方再提其他要求向我威逼，我方决难接受，惟有出于一战。而现在深信，日方调兵遣将，必不肯认为事件已经解决，在最近期内，恐将向宋哲元与中央提出我方不能接受之条件。而其条件，第一必为共同防共即共同对俄；第二东北问题之解决；第三中央军自河北撤退等项。我方对此类问题决难接受，是战争决不能免。现在局势只有各关系国，尤其美英二国之合作，可挽危机。美国国务卿已发之宣言，虽甚光明正大，但未明指中日二国。至中立法乃系战争开始后之事，在战争未开始前，美国尽有可以努力之处。现在应请美政府与英国协商，警告日本，预阻其再向中国提出任何要求。否则局势危急，战祸必不能免。美国以《九国公约》之发起国，对于此次事件实有法律上之义务。而美国向来主张和平与人道主义，若东方战端一起，欧美和平亦将受其影响，而人类所受之浩劫，实难估计，故美国在道义上亦有协助制止日本之义务。务请即电政府，请其立刻进行，时局急转直下，迟恐不及云云。

台北"国史馆"档案：外交部/中日纠纷/与美国商洽情形及中南美各国态度

蒋介石致孔祥熙电

1937年7月25日

急。孔特使勋鉴：昨夜半日方态度缓和，并派密使来华折冲；但以弟观察，毫无和平诚意。总之，此时必须国际空气对日监视警戒，英美暗示其非速了不可之意，或可消患于无形。嘱英美不可以此为乐观也。中正。印。有京机。

秦孝仪主编：《中华民国重要史料初编——对日抗战时期》，第2编《作战经过》（二），（台北）中国国民党中央委员会党史委员会1981年版，第66页

外交部致王正廷电

1937年7月25日

华盛顿特区中国大使馆。七六二号。（极密）宋哲元电陈蒋院长，与日方协商拟定：（一）表示遗憾，处分负责者，防范同类事件。（二）卢沟桥城廓及龙王庙不驻军，由保安队维持治安。（三）彻底取缔蓝衣社、共产党、抗日团体。宋请示是否可行。院长复以：如未签字尚有修改之点，如已签字，中央可同意。以上各节虽已见报载，但中央与地方均未公布。本日，院长密告美大使，中央对上述三点可同意。特电密洽。外交部。

台北"国史馆"档案：外交部/中日纠纷/与美国商洽情形及中南美各国态度

外交部致王正廷电

1937年7月25日

华盛顿特区中国大使馆。七六三号。（极密）七六〇号电计达。今日部长与蒋院长先后接见美大使，彼认为自现地协定（另电）成立后，北方局势已见和缓。部长告以日方军事行动尚未停止，恐有其他动作。院长谓：自宋哲元接受条件后，日方仍继续调动军队，或集中南满一带，或向朝鲜、大连输送，日内或将向宋哲元或中央提出各种条件，如共同防共即共同对俄、东北问题及中央军自河北撤退等项。我政府为欲求和平，对于宋请示三点勉予同意，已到最后限度，日方如再以其他要求威逼承认，惟有出于一战，请美大使转电政府，从速与英国协商，积极劝阻日方再提任何要求，以免东亚大局之靡烂等语。希再会晤赫尔，请美政府及早预阻日本之乘机大举，同时设法唤起美国民众之注意。外交部。

台北"国史馆"档案：外交部/中日纠纷/与美国商洽情形及中南美各国态度

王正廷致外交部电

1937年7月26日

南京。外交部。四八六号。二十六日。（极密）迭电均悉。今午晤外长，告以中日情势严重，为维持东亚和平、世界安谧计，请美政府单独或会同英国，警告日本。外长答称：美政府已数次电令在日驻使劝阻，最后一次于上周末。廷乃告以日军进攻北平，形势趋恶

化，请美政府重申警告，或取较有效方法。外长答：当再警告，维持和平向为美国宗旨，可能范围内乐于援助。廷询英政府如何步骤。外长答称：英美政府仍随时彼此商询。照廷观察，美方深悉外交上警告已失效力，若取有效方法，非有武力准备不可，目前民众反战空气浓厚，政府断难采取积极行动。英国确实态度，我方有无解决具体方案，请密示。王正廷。

台北"国史馆"档案：外交部/中日纠纷/与美国商洽情形及中南美各国态度

外交部致王正廷电稿

1937年7月26日

华盛顿。中国大使馆：四八八号电悉。闻日驻屯军于昨日下午向我廿九军致最后通牒，限廿七日正午以前卢沟桥、八宝山卅七师退至长辛店，廿八日正午以前北平城内及西苑卅七师退至永定河以西后，一体退至保定，否则日军即单独行动等语。迄现在止，本部尚未接到官报，但闻北平近郊战事甚激烈。特复。外交部。

台北"国史馆"档案：外交部/中日纠纷/与美国商洽情形及中南美各国态度

王正廷致外交部电

1937年7月29日

南京。外交部。四九〇号。二十九日。王部长并请转蒋委员长钧鉴：馆中每日综集全美报纸舆论，派刘秘书缜密编审，除随时择尤译电上海各报馆外，深觉各报一致拥护我国，但十九均望御敌图存。谨此电达。儒叩。七月二十九日。

台北"国史馆"档案：外交部/中日纠纷/与美国商洽情形及中南美各国态度

日本侵略无已　危害世界和平
——顾维钧与美联社记者谈话

1937年7月31日

中国已与《九国公约》签字国家进行谈话，现在中国不但能援引该约，且亦赞成此举，目前谈话之范围，固尚以征求各签字国之意见为限，而各国则当然希望华盛顿方面能首先倡议，同时中国亦已进行与关系各国讨论《国联盟约》及《凯洛格公约》之规定。日本之侵略华北，实为"九一八"以来之一贯政策，盖欲囊括亚洲大陆，故华北之后，即将向苏联进取，然后再图华中、华南，而及马来半岛、荷属东印度。此次战争将影响太平洋中之均势，美国将首当其冲。中国决奋斗到底，现在已开始实行战时组织。世界既不能划分为各自独立之区域，故远东之战争实为全世界之问题，且苟非集体安全亦无真正之〈安全〉可言。余已与法国外部屡次谈话，法国人士非常同情，不独明了目前之情形，且亦深知此次战事对于世界和平前途之关系。

《卢沟桥》，前导书局1937年版，第39—40页

王正廷致外交部电

1937年8月2日

南京。外交部。四九五号。二日。报载前张作霖顾问美军官Russell L.Hearn，在罗安琪招募美飞机师赴华参战，应募者已有百余人云。是否政府托办，请密示。再，七七四号电敬悉。美外部外交官衔名录只武官及副武官始可列入，现我武官处惟萧一人，因系助理员，不能列入衔名录，是以无法向外活动。值此军事紧急之际，各方军情亟待探询，为便利工作计，务恳请参谋本部设法先升萧为副武官，至武官仍可选派。王正廷。

台北"国史馆"档案：外交部/中日纠纷/与美国商洽情形及中南美各国态度

赫尔声明（节录）

1937年8月23日

引起美国政府关切的太平洋地区当前形势中的争端和问题，已远非仅仅是美国政府保护侨民和利益的眼前问题。该地区的情况与七月十六日声明中引起大家注意的政策的总原则密切相关，有直接和根本的联系。该声明已得到五十多个国家表态赞同。我国政府坚决认为，该声明所概括的原则应有效地指导国际关系。

世界上任何地方不幸发生用以威胁的或已存在的严重军事行动时，事态总是关系到所有国家。我们不想评判争端的是非。我们呼吁各方不要诉诸战争。我们竭力主张他们应按照我国人民和世界上大多数人民所认为的那样，即从国际关系的指导原则来解决他们的争端。我们认为，七月十六日声明中陈述的原则适用于全世界，这在太平洋地区也和在其他地区一样。原则的陈述是全面的和基本的，它包含了体现在许多条约里的原则，包括华盛顿会议条约和巴黎的《凯洛格—白里安公约》。

当前的远东争端一开始，我们就努力劝告中国政府和日本政府双方，重要的是避免军事行动，维护和平。我们经常与有关政府进行旨在和平调停的商议。我国政府不信奉政治结盟或政治介入，也不信奉极端孤立。我国政府确实信奉通过和平方式寻求实现七月十六日声明提出的目标而进行国际协作。按照我们明确表示的态度和政策，并在此范

围内，我国政府极为焦虑地注视着远东局势的各个方面，注意保卫我国侨民的生命和福利，促使政策——尤其是我国信奉和保证执行的和平政策——生效。

我国政府正努力促使关于太平洋地区和全世界的这些基本原则得到实施，并使之加强，具有新的活力。

《和平与战争——美国外交政策（1931—1941）》，美国
国务院白皮书，1943年，第375—377页

普拉特①关于卢沟桥事件备忘录②
1937年7月10日　伦敦

应注意下列几点：

1.这一冲突与一九三三年初《塘沽协定》所划定的非军事区没有任何关系……卢沟桥不在那一地区之内。

2.一九三五年，一位中国将军与一位日本将军订立了一个神秘的协议，其内容双方从未公开承认过。但是，外界一般认为，在这一协议（人称"何梅协定"）之中，日本军方主张，除了保安队之外，任何中国部队不得驻扎在河北省。这可能就是目前这场冲突的起因。但是，在我们有更确切的情报之前，我们最好什么都不说。

《英国外交文件》第2辑第21卷，第149—150页

外交部致驻英国大使馆电
1937年7月11日发

伦敦。中国大使馆：卢沟桥事变自双方停止军事行动后，乃日方忽于日昨又向我军进攻，我方为维护领土主权计，不得不予以沉着之抵抗。顷日方又有自关外派兵来犯说，并自其国内派两师团来华。此种蓄意挑衅之行为，我方决以最大决心与之周旋。仰向驻在国政府剀切说明，并探询其意见：现在英日交涉正在进行，英政府对于此事态度如何？倘事变扩大，能否予我以相当之援助？除电驻日使馆，促请日政府弗再扩大事态，力图和平解决外，盼即电复。外交部。

台北"国史馆"档案：外交部/中日纠纷/与英国洽商情形

---

① J. T. Pratt，英外交部远东司官员。——编者
② 该备忘录系为准备7月2日答议员询问而起草。——编者

郭万安致艾登[①]

1937年7月12日　北平

……

日本人可能认为事情正按照我第二九七号电报中所报告的"协定"而得到和解，但中国政府则可能持有完全不同的看法。中国中央政府不能忽视的一个重要事实是，中国军队正在日本的压力下撤出宛平。日本人声称，中央军的几个师正悄悄地沿着平汉线向北调动。端纳[②]昨天在牯岭对盖吉[③]先生说的话部分证实了这一消息，他说中央政府已经派了两个师北上。如果中国军队继续北上，日本人肯定会采取反措施。因此，大规模的严重冲突已迫在眉睫。看起来日本人已经作出决定，认为再给中国人一次教训的时机已经到来，而中国人受德国顾问的乐观看法的鼓励，将会接受这一挑战。

中国人断言卢沟桥事件是日本蓄意挑起的，关于这一点，我也许应该表明我的看法：情况不是这样。证明这是一突发事件的证据是大量的：田代将军正病在天津，日本使馆卫队的大部分正在通州，参加演习的部队大部分都已回到丰台。不可能说清楚是谁开了第一枪，但日本人清楚地知道，这些在北平周围的演习是为中国人所极为憎恨的，在目前这样政局紧张的时候举行夜间演习，只能被视为是一种极为愚蠢的行动。

《英国外交文件》第2辑第21卷，第153—154页

艾登致道滋[④]

1937年7月12日　伦敦

我于今晚会见了日本大使。我告诉他，我对有关北平附近的战斗的报告极为关注。目前的局势看起来颇为严重，英国政府真诚地希望，它不致进一步发展，从而给有关各方带来不幸的后果。大使回答说，他已有两次收到其政府的报告，说分歧已经解决，但随后又收到另一封电报，说战斗又重新开始。他刚刚收到报告已达成协议的第三封电报，他希望这一次不致再有不幸的消息随后而来。大使请我相信，日本政府是希望和解的。我回答说，我很高兴听到这一点，因为大使已意识到我们所意识到的英日会谈的重要性，我们曾希望这一会谈将尽快开始。但是，大使应该能理解，如果现在北平周围的局面继续下去甚或恶化，这样的会谈是难以进行的。

---

① Cowan，英国驻华使馆一秘；Anthony Eden，英国外交大臣。——编者

② W. H. Donald，蒋介石的外籍顾问。——编者

③ Gage，英国驻华使馆二秘。——编者

④ James Dodds，英国驻日代办。——编者

　　大使回答说，他完全理解目前的形势。他希望我们向中国政府作一些沟通，这样，当日本军队更为理智时，中方不致谋求从中得利。他强调说，他绝对相信他的政府不希望战斗蔓延开来并引起严重的后果。我问他，我是否可以让英国大使向中国方面通报这一声明。他回答说，完全可以，因为他绝对相信这代表他的政府的观点。

《英国外交文件》第2辑第21卷，第154—155页

郭泰祺^①致外交部电

1937年7月12日

　　五〇四、五〇五号电均悉，明日当与英外部接洽。祺意，近来苏联最高军事组织因清党大受骚动，为日、德、义所窃喜，而欧局复因西班牙问题突形紧张，日本遂乘机破坏我国统一，进兵以推进其传统大陆政策，自在意中，甚或与德义已有默契，共同扰乱欧亚大局亦未可料。再，连日路透社电讯大半系日方传出消息，关于实弹演习及向我强求搜索失兵各节，毫未提及，应请就近向该社远东当局询究华北情势，并乞随时直接电示。郭泰祺。

　　附注：五〇四号去电：奉院长电，对英美外交宜采积极态度。再，卢沟桥事件密向英外部说明由。五〇五号去电：述日方蓄意挑衅行为及我方之决心对付，仰向驻在国政府剀切说明由。

台北"国史馆"档案：外交部/中日纠纷/与英国洽商情形

郭泰祺致外交部电

1937年7月12日

　　南京。外交部。今午晤路透社经理Sir Rodericki，据称，官方消息过形稀少，驻华通讯员无从将真情传布。英国外部贾德干亦谓，希望我方多发新闻，以期更正日方恶意宣传。连日来，英报所载消息来源多自东京发出，谓日方行动为维护其条约权利者；有谓我方已签定协约，接受日方要求；又有谓蒋委员长近复拒绝停战。是非混乱，发表后不易更正。顷本馆已根据中央迭电，发表新闻稿一则。惟我方若由日内瓦或其他馆译发，颇嫌迟滞，恐失去时间性，似宜由大部径交路透社及其他通讯社拍发，乞察核。郭泰祺。

台北"国史馆"档案：外交部/中日纠纷/与英国洽商情形

---

　① 中国国民政府驻英大使。——编者

郭泰祺致外交部电

1937年7月13日　伦敦

南京。外交部。三七六号。顷晤贾德干，据告今晨曾与艾登商谈卢沟桥事件，只以详情不明，尚未议及应付方法。祺当将大部各电，详为说明经过情形及此事件之严重意义，请英政府深切注意，勿为日方所愚，并告我方如万不得已，已具最大决心与之周旋，彼为动容。彼颇以我方消息过少为惜，料此次事件大约系驻屯军主动，当非Konoye本意，但亦认结果并无二致。表示我国向国联申诉，彼谓自无不可，惟不幸国联太不健全，恐无补事实。祺问由英美向日本劝告，出面调解如何，彼以此办法较为有望，但答首须与美商洽审慎从事，当与外相商酌明日再告。祺谓时机紧迫，请速图之。彼谓，英政府当详细考量，决不忽视，余俟明午晤外相后续陈。再五〇四、五〇五等电，系于星期五夜、星期六晨收到。艾登、贾德干离部他去，故不及提前晤洽。祺。

台北"国史馆"档案：外交部/中日纠纷/与英国洽商情形

郭泰祺致外交部电

1937年7月14日

南京。外交部。关于提诉国联一节，祺再四考虑，以为是急不容缓之举。国联本身虽欠健全，初不失为促进论坛。目前欧洲局面复杂，各国有自顾不暇之势，对于远东变化难免隔膜，我若向日内瓦提诉，不啻将外交阵线移至欧洲中心，足以说动世界舆论，在宣传方面所得已多，同时足以表示我国对于集体安全之主张，未尝不根本动摇或造成一种外交局势，促进英法忌惮日深。其于《盟约》第十七条之效力有切身关系，我国引用此条，当可博得同情，英法朝野人士之拥护国联分子，亦多数赞同此举。祺。

台北"国史馆"档案：外交部/中日纠纷/与英国洽商情形

王宠惠与英驻华大使许阁森[①]谈话记录

1937年7月15日　南京

二十六年七月十五日下午四时三十分，王部长在官舍见甫由威海卫乘坐军舰来京之英大使许阁森。

许阁森大使略谓：彼推测日本并不欲扩大事态至成为全面战争，但如情形迫不得已，亦只得扩大。同时彼相信中国亦无扩大之意。故依照彼观察，双方似均不欲扩大事态而使

---

① H. K. Hugessen。——编者

其成为全国的局面。据彼个人观察，中日如果开战，在初时中国或可稍胜，但最后必归失败。彼知现在中国军队已大批调动，已有开入河北省境内者，日方指为违背"何梅协定"。

王部长略谓：我方本无扩大事态之意，仍愿用和平方法，得一解决。至所谓"何梅协定"，其内容言人人殊，因是解释上亦有种种之不同。现日方大调军队入河北，我方为防卫上必要之措施，自极正当。

许阁森大使续谓："英国驻东京代办已奉伦敦训令，劝告日本政府处以和缓。兹余奉令询问阁下：贵国调动军队，是否专为预防起见，并无攻击之意？希望得一确实保证。此项保证，非外交的而系确实的。"

王外长答以："余知吾方军队之调动，仅为防卫抵抗，而非为攻击。但事关军事，在确实答复前，须商诸最高军事当局。"遂约定同日九时再在官舍会晤。

七月十五日下午六时三十分徐次长与牯岭钱主任大钧通电话，转告上述谈话各节，请蒋委员长立予示复。

同日下午七时三十五分钱主任将蒋委员长手批逐字读出如下：

"答复英大使：我军为日本关东军运入天津、丰台作大规模之战争，故不能不运兵预防，但专为自卫而非攻击。总之，中国军队专为应战，而非如日军之侵略与求战，此可为贵大使负责声明也。"

同日下午九时，王部长又在官舍接见许阁森大使，交以蒋委员长开示声明之英文译文。（附本件）

许阁森大使谓：中国方面之声明，确如彼所预期者。不过，其措词似为日人所不愿闻。彼不便将原文径电东京，拟将此声明先电伦敦。王部长询问可否定一日期，双方停止军队调动，将前方军队撤回原防。彼谓今日到京后，已见过日本大使馆日高参事。据日高称，日方并无扩大事态之意，询以如双方军队同时撤回原防，日方是否同意。日高答称，据彼个人意见，日方可以同意，但此语不能代表政府，惟对于中国政府能否指挥宋哲元军队撤回原防，深表疑虑云云。

王部长谓：我中央当然可以指挥宋哲元之部队，对于许阁森大使之提议，表示大致同意。

许阁森大使遂即席草拟一致英外部之电稿（此时徐次长入座），逐句商询王部长。经王部长同意后定稿。约次日将电稿抄送本部一份。

七月十六日上午九时接到英大使馆送来拍发英外部电之抄本，（附本件）徐次长当将该电译汉后，于同日下午十二时四十五分，用电话逐字告知牯岭钱主任。（附本件）

七月十七日下午十二时半许阁森大使在官舍访问王部长，略称彼十五日夜将双方撤军办法电达伦敦后，兹接政府训令，谓调解须经双方同意，如将所拟方案由英方向日本提出，恐难接受。不如仍由中国向日径提为愈。王部长告以我方已经屡次提过，而日方不理，如由第三国斡旋或可成功。许阁森大使谓中国再度一试，似无害。

七月十七日下午五时许阁森大使来部访晤徐次长，询问本日路透电所传卢事解决五条件，是否确实。徐次长答以：除路透电讯外毫无所闻。徐次长谓，英国放弃调停，我人殊觉失望，现在局势依然紧张，英政府为关怀远东和平并维持英国权益起见，此时似应对于华北局势，发表正式声明，俾世界各国可明悉英国态度等语。许阁森大使谓，彼止可将此意电达政府。徐次长最后仍请英国尽力协助。许阁森大使答谓，英政府力之所及，无不乐为之。

秦孝仪主编：《革命文献》第106辑，《卢沟桥事变史料》（上），
（台北）中国国民党中央委员会党史委员会1986年版，第337—339页

郭泰祺致外交部电

1937年7月16日

南京。外交部。五一三、五一四号电敬悉。节略今祺已面递英外长。彼认内容公允，当尽力赞助我方和平解决之企望。但日方对英愿任调解一节，迄未答复。祺谓我方虽积极准备自卫，同时极欲避免事态扩大，然绝对不能视为局部问题，亦不能出过高代价。彼对此次事件之严重意义，似较数日前认识深切。祺问及共同行动一节，彼答美国似不赞同。再，英外长面告承蒋托英方转达日方之意，似应由我方径达东京，较为妥善，且不妨公布。又谓，与东京接洽或较与在华日方军事当局谈判稍有希望。日本究竟何要求亦未可乐观，其明白提出俾明真相云。祺。二时。

台北"国史馆"档案：外交部/中日纠纷/与英国洽商情形

蒋介石与英大使许阁森谈话记录

1937年7月21日

蒋院长于二十六年七月二十一日下午五时，接见英大使许阁森，外交部徐次长亦在座。

许略谓：中国此时一面固不能接受日方任何无理条件，一面似亦不宜与日方积极冲突，致受莫大之牺牲。倘日方要求之解决，只限于如近日传闻之数点，即道歉、惩罚，卢沟桥不驻兵，由保安队接防，及取缔排日、防共等，中国似尚可接受。院长答以，倘仅限于此数项，而并无其他所谓细目，我方非不可考虑为适当之解决。但吾人对于日人无信用，最

好请许大使为中间保证。许谓，英政府深觉调解甚为困难，因调解须经双方同意，而现在日方无意接受。院长谓，现在局势只有英美努力从中设法，或可变为和缓，而东亚和平亦可维持，请许大使即电政府。许答当照办。

台北"国史馆"档案：外交部/中日纠纷/与英国洽商情形

英报发表关于远东危局谠论

中央社伦敦二十二日哈瓦斯电　《泰晤士报》顷评论中日纠纷云：日本态度若此，殊有丧失英国同情之虞。日本已将小小错误，扩大为国际危机，匪特全世界为之惊异，即日本自身亦且莫明所以，又况此种错误，该国至少应负一部分责任乎。此其理由何在，实无从予以捉摸。中国军队系因保卫国土而有所调动，日本乃向全世界宣示为挑衅举动，世界各国既不为之所动。即以德国而论，虽曾与日本成立"反共"协定，德国各报对于其姊妹国此种行为，亦不加以重视。英对日本前项问题，虽以同情态度加以注视，兹因日本对于各项最大问题之一（即战争）多所留恋，亦难寄以同情云。

中央社伦敦二十一日路透电　伦敦《泰晤士报》载一社论称，中日冲突今尚有三种解决办法，第一办法即和平调解，此尚非不可能，中国应付和平相当之代价，而在日方则冤抑极微，自应限制其要求于中和限度之内。此外则为全副武装之战争，或局部的军事侵略，日本得自由选择于大战与小冲突或悲剧与反高潮之间。该报复称，倘日本与中国开战，最好能将中国军立即断然加以击败，但此实万无可能。日本对于中国之侵略亦属师出无名，且为无利之企图，因日本在华北经济利益，今已至飘摇不定之地位，此后战端一开，即使仅为局部之侵略，亦将使受严重之打击。该报末称，日本在华北之军事侵略，无一军事上、政治上或经济上之目标可以达到者云。

中央社伦敦二十二日路透电　《孟却斯德指导报》论远东时局，谓日当局虽表面上态度倔强，然其要求中有若干伸缩性，现已显然可见。究其所以稍事踌躇犹豫者，实因南京政府之坚强立场，蒋委员长之可钦佩的文告，以及距平不远有可畏的华军之驻扎也。战事可免，今犹有希望，英政府乃乘此适当时机通知日方，在此事未和平解决时，英日正式谈判不能在伦敦举行，此举殆足使东京改采和缓态度软。

天津《大公报》，1937年7月23日

郭泰祺致外交部电

1937年7月22日

南京。外交部。昨晚同孔副院长访艾登，据告部长与日高二十日谈话情状，英大使亦有详细报告，英方颇赞佩。艾登对华北严重情势殊为忧虑，除已面告日大使，在此种情势下英日谈判不便继续进行，并正在与美法政府商洽救济办法。祺谓，最好能共同行动。艾登答固英法所愿，但恐美政府仍难赞同。祺又问，万一不幸战争发生，英方能否与我物质上之援助。彼答，当详加考量。孔副院长谓，在美接洽贷款时，适华北问题发生，有曾以中立法案相难者，经彼解说美国为《九国公约》发起国，如中日有战争，似不能完全中立，美政府总统卒批准贷款。英方地位亦相同。嗣谈及在德义时，对英国与两国间之意见，曾从旁便为疏解。艾登表示感谢，并询对目前远东问题应否与德政府商洽。孔答以不妨表示合作之意。再，今晨又同访美大使。据称，英美完全取同样行动，彼迭告英政府关怀远东问题，美政府愿合作，不似对欧局之旁观。祺。

台北"国史馆"档案：外交部/中日纠纷/与英国洽商情形

蒋介石、许阁森谈话

1937年7月24日　南京

时间：二十六年七月二十四日下午五时

地点：中央军校院长官邸

许大使：前次，贵院长提示各点，业经详电敝国政府，现已接到复电，谨将大意转告贵院长。该电称：敝国外相艾登于接得鄙人前电之后，即接见贵国现在伦敦之孔副院长[①]，告以卢沟桥事件发生以来英政府已尽力于中日和平解决争端之调解工作，在本月二十三日，美国国务卿赫尔曾接见驻美中日两国大使，告以美国对于远东时局密切注意，甚愿中日两国，竭力维持和平，免除战争。同日敝国外相艾登亦以同样愿望面告日本驻英大使吉田茂，谓英政府对远东和平，极为关切，并请日使转告日政府，为维持日本在华北利益计，亦应竭力抑制一时激烈之绪，于卢沟桥事件，务求和平解决。须知中国此次虽然抵抗，但并未放弃和平之愿望，惟中国所要求之和平，亦有一限度，日本应予注意者也。最后艾登并以彼在下院答议员问之语——华北目前局势，若赓续不变，则英政府即认为不宜与日本进行双方合作之谈话——严正的面告吉田矣！敝国政府对于此次华北事件，在目前所能尽力者即止于此！

　　……

院长：此次日方因在北平丰台一带，事先未有确实准备，故卢沟桥事件发生，彼方每次均受损失，每次损失之后，即向敝国讲和，迨援军开到，又复失信进攻。故现在虽暂告一段落，其心未甘，必乘机再起事端。现在平津之所以表现和缓者，因宋哲元将军已下令

---

① 孔祥熙其时正以中国庆贺英王加冕典礼特使身份出使英国。——编者

戒严故也。

许大使：贵院长所观察者甚为精到！惟关于双方军队调动，吾夫曾获两方之不同宣传，实则贵国军队北调者甚少，而日军来华者亦尚未到达。

院长：据余观察，日本在不久之将来，对于华北方面，必将发动一更重大之事件！

许大使：但据余之观察，至少在现在尚不敢作如此断定。贵院长可否将宋哲元将军与日本此将所签订之和约见告？

院长：可以相告！

许大使：闻日方尚有请求贵国取缔排日教育一项，贵院长意见如何？

院长：此项要求，日方虽欲提出，亦不能在北平、天津一带实行，盖北方教育界势力极大，彼辈激于义愤，虽迫之以枪炮所不屈也！

英参赞：日本所要求之"取缔排日"，究竟"排日"两字之定义如何？

院长：此项名词之定义，恐只日本人始能知道！

许大使："排日"之定义，虽极难确定，但日本可将一切具体要求广义的包括进去。如此次撤退第三十七师之要求等是。

院长：余意亦觉日本为侵略华北计，必以此方式为借口，请贵大使特别留心，余并可预断日本在最近一二周内，必有一极强硬苛刻之要求，以最后通牒之方式，向敝国中央政府或宋哲元将军提出。此件如果不出所料，竟然提出，则敝国必不能接受，必至酿成战争，故特预告贵大使请转告贵国政府，约同美国一致设法，事先预为防止！

许大使：贵院长此种预断，有无何项消息作为根据？

院长：余此项预断，系根据一确切之消息得来，日本必将于两周内向敝国提出一强硬苛刻之通牒！

许大使：此项牒文是否即系贵院长前次所告本人者，为日本强迫贵国联合对付苏俄乎？

院长：恐即系逼我以此要求，且必出以最后通牒之方式，故甚盼在日本尚未提出以前，贵国与美国能联合一致，设法防止！

许大使：余闻贵院长此项预告，实甚担忧！当以此意即速转达敝国政府，及早注意！

院长：日本对敝国所施侵略行为，世界皆知！此次宋哲元将军所签订之三条件为敝国对日之最后让步，敝国最低限度之立场，已于本院长十九日所发表之谈话中详明宣示。经此退让之后，如日本再在华北或敝国其他领土以内掀起事变，则其居心侵略，违背信义，不仅敝国所不能忍受，即世界任何主持公道维护正义之国家，亦不能坐视！

许大使：贵国孔祥熙副院长在德国时，德国亦曾表示已劝告日本，希望维持东亚和平, 由此可知德与日虽订防共协定, 但其对贵国之态度尚属不恶!

院长: 贵国关怀远东和平, 盛意极为感谢。

秦孝仪主编:《先总统蒋公思想言论总集》卷38,（台北）中国
国民党中央委员会党史委员会1984年版, 第74—78页

蒋介石对路透社记者谈话

1937年

日本之侵略行动, 系以建立大陆帝国为目的, 我奋起抵抗, 已得显著之结果数点: 即一、我中华民族团结协力, 对此破坏国际法规, 毁灭人类正义之悍敌, 予以痛击。二、各国显见国际法规之废弃, 与不法事变之制造, 为侵我国领土者所用为护符。三、日本摧毁我国沿海重要商埠之一贯企图, 已完全暴露。四、日本虽或较强, 但我国不复能忍受其素来相待之无理待遇, 已给日本以确实证明。五、日本若以善意对待我国, 几可获致贸易上之专利, 而今则正将此项贸易机会, 自行不断扫除。我国之抗战, 不仅为自身而战, 抑且为信赖条约尊严之各国而战。尤其是为在华商务利益受损之各国而战, 若日本得志于我国, 则各国在华贸易之前途, 不难预言, 即政治上之影响, 亦不难估计, 发启《九国公约》与《非战公约》各国, 及组织国际联盟诸国, 对日本侵略皆有应加干涉之责云。

谢汇东、田体仁等编:《全民抗战汇集》（初集）, 上海
民族书局1937年版, 第105—106页

郭泰祺致外交部电

1937年7月24日

南京。外交部。昨日午后偕孔访英首相, 彼对远东时局甚关切, 谓当尽力维护和平。现在英美政策甚接近, 向所未有, 法国亦相与取同样行动, 迭分向日切实表示, 应为东京所重视, 益以中国抵抗决心, 谅日方不至轻启战端, 深冀我国复兴事业仍能继续迈进, 避免中途受挫。关于我国态度及东亚局势, 彼似甚了解。祺。

台北"国史馆"档案: 外交部/中日纠纷/与英国洽商情形

外交部致驻英大使馆电

1937年7月24日

驻伦敦使馆。五二八号。（极密）宋哲元电陈蒋院长与日方协商拟定:（一）表示遗憾, 处分负责者, 防范同类事件;（二）卢沟桥城廓及龙王庙不驻军, 由保安队维持治安;

（三）彻底取缔蓝衣社、共产党、抗日团体。宋请示是否可行。院长复以："如未签字，尚有改正之点。如已签字，中央可同意。"以上各节，中央与地方均未公布，但院长本日已密告英大使，并谓中央同意此三点，已到最后限度，若日方提出其他条款，万难接受。特电密洽。外交部。

台北"国史馆"档案：外交部/中日纠纷/与英国洽商情形

外交部致驻英大使馆电

1937年7月24日

驻伦敦使馆。五二九号。（极密）今日英大使请见蒋院长，述告二十一日孔部长与执事会晤艾登情形，并谓现在英政府可以为力之处已尽。于此英大使表示，现在北方局势似稍和缓，日本本部所调军队并未来华。院长告以自成立现地协定后（另电），虽似暂告一小段落，但日军调动自二十二〈日〉起更为积极，仍在准备挑战，恐于一星期内提出我方绝对不能接受之各种条款，务请英美方面从速设法预阻日本此种行动，以免引起中日大冲突等语。希即晤英外相，促其向日方劝阻，并建议双方同时撤兵，回复常态。外交部。

台北"国史馆"档案：外交部/中日纠纷/与英国洽商情形

郭泰祺致外交部电

1937年7月24日

南京。外交部。第三八八号。二十四日。英报载，日陆军部宣称，冀察当局已与日方订定办法三项：（一）取缔妨害中日邦交分子；（二）剿共；（三）取缔各项反日组织及其活动，并学校之反日教育。真相如何，乞电示。再，英方对我政府所持地方解决须由中央核准之原则，认为正当，否则纠纷无已，日方任意曲解，主权无形损失。顺陈。祺。

台北"国史馆"档案：外交部/中日纠纷/与英国洽商情形

外交部致驻英大使馆

1937年7月25日

驻伦敦使馆。五三一号。（极密）五二八、五二九号电计达。今日蒋院长接见美大使，略谓：日方或将利用其已经来华与准备来华之大军，再提其他条件，如共同防共即共同防俄、东北问题及中央军自河北撤退等项。我方接受宋哲元报告之三点已达最后限度，日方若再以其他要求相逼，战争必不能免，请美大使转电政府，速与英国协商，设法预阻日方之再提要求，以弭战祸等语。措词与昨日对英大使所谈相仿佛，希查照前电，速与英政府密洽，同时唤起英国之舆论。外交部。

台北"国史馆"档案：外交部/中日纠纷/与英国洽商情形

蒋介石致孔祥熙电
1937年7月26日

伦敦。孔特使勋鉴：倭寇今晨攻占廊坊后，继续向南苑轰炸进攻，大战刻已开始，和平绝望。弟决先对日绝交后宣战，请以此意转告英政府，英在新加坡、香港之飞机，能否让购一大部分于我国，请交涉。中正。印。

秦孝仪主编：《中华民国重要史料初编——对日抗战时期》，第2编《作战经过》（二），（台北）中国国民党中央委员会党史委员会1981年版，第66页

郭泰祺致外交部电
1937年7月26日

南京。外交部。五二八至五三三号电均悉。今晨访艾登，遵转蒋院长意旨。彼亦认我方让步已达最后限度，允训令其驻日代办，相机劝阻日方勿再提要求，并继续与美政府商洽，冀弭战祸。至蒋院长与英大使二十四〈日〉谈话经过，据艾登云，尚未接到报告。再，英报顷已登载日军在廊房已向我军轰炸，并限我军于后日退出北平等讯。似此战端已启，英美斡旋恐更不易。顷与少川兄商谈，我方似可要求请召集《九国公约》签字国会议。如何？乞裁夺。祺。

台北"国史馆"档案：外交部/中日纠纷/与英国洽商情形

程天放致外交部电
1937年7月8日

南京。外交部。第四八一号。八日。柏林《午报》载：中日军队在北平附近冲突，我方死伤多人。《晚报》载：局势似稍和缓。究竟真相若何，请速电示，以安侨望。程天放。

台北"国史馆"档案：外交部/中日纠纷/与德意两国商洽情形

程天放致外交部电
1937年7月10日

南京。外交部。四八三号。十日。昨日日内瓦转三电均奉悉。德报对北平事甚为注意，

《德意志公报》、《柏林日报》、《哥龙新闻》连日著论，或论各国驻平卫队极少，仅以保护使馆，日华北驻军达一师，自有引起事变可能；或论日在华北驻军行动屡越出东京政府本意限度以外等语。虽无明电商日本之意，实有衅由彼起之意。特闻。程天放。

台北"国史馆"档案：外交部/中日纠纷/与德意两国商洽情形

程天放致外交部电

1937年7月12日

南京。外交部。四八二号。十二日。今日柏林各报载日大使馆声明，大致谓日驻华大使馆因二十九军、华北党部及各地发生之反日运动，于七月九日向我外部要求制止，而我外部答称事变责任属于日方，使军队勇气更增。七月十日晚七时，中国军队重新开火，现中国已派援军四师，且已出动空军等语。彼既作此违反事实之声明，我如置之不问，不啻自承理曲，故亦于今日下午发表声明：一、日方年来增派华北驻军将近一军，且常在平津线以外作大规模演习，显系越出《辛丑条约》所允许之范围，经我政府一再抗议，置若罔闻，加以华北走私更引起中国人民对日不安及恶感，故责不在我。二、七日晚之冲突，由日方借词启衅，其后协议撤兵，日方并未履行，反增派军队及坦克等，致又发生冲突。凡此种种，责任全在日方（事实根据钧部迭电）。三、我方所有举动悉属自卫，且始终抱维持和平宗旨，不愿使事实范围扩大，但关键仍在日本云云。谨闻。再，钧部关于华北情报电，拟请径寄柏林，不由日内瓦转，以期敏捷。程天放。

台北"国史馆"档案：外交部/中日纠纷/与德意两国商洽情形

外交部致程天放电

1937年7月13日

柏林。大使馆。第四八三号电悉。据日本同盟社电称：德政府及舆论因甚谅解日本在华北之权益，对卢沟桥事件颇示好意，尤以我国抗日战线扩大后人民战线势力伸张之结果，使中苏之联系增强时，其对华关系当有再检讨必要等语。希严密注意，并就观察所得随时电部为要。外交部。

台北"国史馆"档案：外交部/中日纠纷/与德意两国商洽情形

程天放致蒋介石电

1937年7月14日

牯岭。委员长蒋钧鉴：〇密。昨又以使馆名义声明，日方一再违约启衅及陆海军出动，希图扩大事变情形，今德报已登载。今午访德外长，说明卢沟桥非《辛丑条约》规定之驻兵及演习范围，及七日晚迄现在日屡次违约启衅经过。渠深为了解。渠谓，渠已与德总理谈及，德政府对中日冲突深觉不幸，盼能和平解决，否则非世界之福。经放告以中国始终愿保持和平，以便致力于建设，如日方变更侵略态度，我仍拟随时与之协商，以外交方式解决，但如以武力迫我承认损害领土主权之条件，则决抵抗到底，破坏和平责在日本。因询其万一事变扩大，德态度如何。渠谓，德必维持不偏不倚之态度云云。又连日与各国驻使商谈，英美大使均极关怀，谓日方积极侵略，中国自只有抵抗，英美对远东行动必先求一致；但两国政府已磋商至何种程度，则未奉训令，尚不知。经放告以现只有英美力能维持世界和平，但举动必须[①]，否则和平一破，恐不可收拾。谨密闻。再，呈钧座电均分电外部。职天放叩。寒。

台北"国史馆"档案：蒋中正总统文物/特交文电/革命外交/对英法德义关系

程天放致外交部电

1937年7月14日

南京。外交部。四八四号。十四日。昨奉钧部十一、十二二电，两度以本馆名义发表声明，说明日方一再违约启衅，我方不得已抵抗及日方陆海空军发动情形，今日德报已登载。今午与德外长谈半小时，说明卢沟桥在北平南，即照《辛丑和约》，日亦无权驻兵。至我方对七日起事变经过，中央始终抱定和平解决之态度，但如日方坚持无理要求，及意图以武力压迫，决抵抗到底，一切责任应归日方。德国外长谓，日本大使今晨见彼，告以日方态度，并诿过于中国。但经放说明后彼已了然，对卢沟桥非和约规定驻兵及演习范围更为明了。放询德国政府持何态度，彼谓目前已与德国总理说明，德国政府觉中日间有此冲突，深为不幸，甚盼能和平解决，否则非世界之福。放谓，如日方改变侵略政策，我国仍愿与之协商，以外交方式解决，但能否办到则在日方。又谓，万一事变扩大，德方见解如何？彼谓，德国政府必抱定平允态度。再，连日与各国驻使交换意见，所幸各使均极关怀，且云如英美切实合作，可谓弭远东及世界危机，但未奉政府训令，未知二国对此事已接洽到如何程度。谨闻。程天放。

附注：十一、十二去电，系由日内瓦转关于卢沟桥事件宣传电。电报科谨注。

台北"国史馆"档案：外交部/中日纠纷/与德意两国商洽情形

---

① 原文如此。——编者

程天放致外交部电

1937年7月16日

南京。外交部。四八五号。十六日。五三八号电敬悉。放抵德后,曾备德文本中国反共斗争书籍数百部,分赠德政府要人及在野名流,个人谈话及公开演讲亦随时宣传中国反共经过,故德方朝野对此颇为明了。华北事变发生后,日方在德自思造成中苏连系,及我政府与共党妥协友好之舆论,但迄至现在止,可谓未生效力。德报对中日事件评论均尚持平,大都暗示日方在华北驻军太多,引起中国恶感。著名大报《佛朗克府新闻》十三日社评且谓:中国方面军力及民族自尊心均强,已非数年前之易于屈伏;蒋院长决不愿订立屈辱之条件,现仍愿交涉,但不免有一日至忍无可忍之境云云。除三月五日德党报社评曾提及中国之人民阵线外(详三九七号电),此后并未再提,同盟社所传,显系故意散放空气。惟十四日与德外交长谈话时,曾谈及见日大使时,曾告以中日纠纷扩大延长均不利,恐徒为共党造机会云云。此后仍当严密注意报纸论调,随时电陈。惟我方在海外无通讯社,不克直接供给消息于各报,为可憾耳。程天放。

附注:五三八号去电,系日同盟社所传中苏联系增强,德对华关系当再检讨,希就观察电部由。三九七号来电,系德国《国社党报》载文,讨论共党在远东之人民联合战线策略由。电报科谨注。

台北"国史馆"档案:外交部/中日纠纷/与德意两国商洽情形

程天放致外交部电

1937年7月16日

南京。外交部。四八六号。十六日。五四一、五四二号电均于今晨奉到,比即缮成德文节略,因德外长今日事繁,且节略内容已于十四日由放面告,故派谭参事于午刻送去,亲交德外部政治司长怀色克,并说明我政府愿明悉德政府对华北时局之态度。怀谓,外长与程大使谈后,对华北局势已甚明了,节略即转呈。关于德政府态度一层,所说与四八四号所陈完全相同。谨闻。程天放。

附注:五四一号去电:另发英文节略仰面递。五四二号去电,四八四号来电:关于卢沟桥事件本馆发表声明,日方一再违约启衅,及德政府所持态度等由。电报科谨注。

台北"国史馆"档案:外交部/中日纠纷/与德意两国商洽情形

程天放致外交部电

1937年7月20日

南京。外交部。四八九号。二十日。一、五四六号电已译成德文，用使馆名义送登各报。德报连日对远东事件论调甚公允，我方送去消息亦尽量登载，日大使曾因此向德外部表示不满。二、日大使现奉命秘密赴伦敦活动。三、俄大使优涅尼夫今午来谈，询我方对华北事件决心如何，苏俄完全对我同情，且暗示可为我助之意。比告以中国为维持独立国家、民族生存，必奋斗到底，世界爱和平之国家均应主张正义。谨密闻。程天放。

台北"国史馆"档案：外交部/中日纠纷/与德意两国商洽情形

程天放致外交部电

1937年7月21日

南京。外交部。四九〇号。二十一日。连日馆员与德报界、通讯社人员谈话，彼辈均表示中国方面消息恒较日方为迟，致彼辈愿多登中国情报而不可得，殊为可惜。商谈结果认为，如钧部情报司将重要消息逐日通知DNB南京分社，由该社径电柏林，必较现在敏捷。如何，请核办。驻德使馆。

台北"国史馆"档案：外交部/中日纠纷/与德意两国商洽情形

程天放致外交部电

1937年7月24日

南京。外交部。四九一号。二十四日。德官方主办之《政治经济通信》昨对华北事件有评论谓，华北形势似已缓和，可庆幸，希望双方以外交途径解决此事。德国对远东无政治念图，但有经济利益，任何国际纠纷均可影响此利益，故愿东亚能于和平中复兴经济，保障国际贸易。法国方面故意污蔑德国，引用与中日纠纷无关之德国日本反共协定以作佐证，完全不确。特电奉闻参考。程天放。

台北"国史馆"档案：外交部/中日纠纷/与德意两国商洽情形

蒋介石、陶德曼[①]谈话记录

1937年7月27日　南京

时间：二十六年七月二十七日上午十时

地点：中央军校院长官邸

---

① Dr.Oskar Paul Trautmann，德国驻华大使。——编者

陶德曼：上次晋谒，贵国秩序安好，此次奉访，适值华北多事，对贵院长之沉着应付，极表同情！

院长：贵大使此番从北戴河来，抑从北平来？

陶德曼：当卢沟桥事件发生时，余适在北平，旋因须南下，恐北平交通发生阻碍，故迁居北戴河，此次即从北戴河来。

院长：现在天气甚热，劳驾南下，甚感！

陶德曼：此次事件发生理应来京。

院长：贵大使对敝国与日本这次事件，作何观察？

陶德曼：余昨过天津时，知日本军态度和缓，迄抵南京，又有廊坊冲突发生，恐日本当局，意在占领北平。昨日报载日本已向宋哲元将军提出最后通牒，要求撤退驻平军队，虽路透社消息系指撤退第三十七师驻北平及其附近之部队而言，但同盟社所传者，所谓撤退军队，系将贵国在北平及其附近之全部军队包括在内。

院长：据余所知者，两军现尚在相持中，此刻尚未接到北平他项电报。贵国政府关于此事对贵大使有何指示否？

陶德曼：余最近接得敝国政府电报，敝国外交部长曾晤见程大使，谈及此次事件，极为关怀！敝国在贵国，现虽无其他政治关系，但为维持两国商业利益计，极希望贵国与日本能和平解决。昨日与王部长晤谈时，余曾表示敝国政府甚愿协同第三国对日本为友谊之劝告，或出而调解，但日本已申明不愿第三国干涉，故敝国虽欲调解，恐亦不能收效。

院长：贵国驻日大使近曾有何消息致贵大使否？

陶德曼：曾接东京方面敝国大使电报，据称日本政府对于此次卢沟桥事件，初亦不甚清楚，仍是少数军人欲借此生事，迨事变发生以后，到现在日本政府已全为军人所控制矣。

院长：日本政府最近对贵国曾否提起日德防共协定？

陶德曼：关于此项协定，日本尚未提起只字。余并愿坦白忠实奉告贵院长，自从此项协定签订以来，敝国与日本从未根据此约有何作为，即协定中规定两国应合组之共同委员会，迄今亦未成立，故敝国与日本虽订有防共协定，然两国外交仅限于普通关系，一如往时。

院长：如果敝国与日本此次事件不幸而引起远东战争，英国、苏俄或不幸而卷入漩涡，以致演成世界大战，贵国是否根据日德防共协定亦起而参加？

陶德曼：如贵院长所说之情况，与日德协定并无关系，盖此项协定之目的在防止共产党之活动，其中实无军事条款。

院长：果如贵大使所言，则余即知贵国政府之明确态度矣。殊觉欣慰！

陶德曼：贵国孔部长在柏林时，曾见敝国元首希特勒先生，其谈话内容不久即可接到。余曾于其未晤见前，电告敝国政府，请将日德防共协定对孔部长详为说明，以免发生误会。不知贵院长已接得孔部长报告否？

又如贵国与日本因此次事件而发生战争，苏俄最后是否参加？

院长：此事我虽不能预断，但此次华北事件不仅是中日问题，而为整个远东的问题。

陶德曼：对于贵院长日前所发表之演词，充分表现大国风度，实甚钦佩！盼望由此次演词之感动，或可使双方终归和平解决！

院长：余可明告贵大使，截至目前为止，敝国与苏俄尚无何项关系，惟此事如引起远东战争，苏俄态度如何，颇值注意。而战争之责任全在日本，盖敝国实无引起战争之意也。

陶德曼：但日本方面曾通知东京敝国大使，谓贵国有许多事情使日本发生反感，此次事件如引起战争，责任全在贵国！虽然，余甚知此说乃日本片面之言传也！

院长：对于此次事件，虽云日本已表示不愿第三国干涉，但现在与日本有条约关系者仅贵国。贵国与日所订防共协定，目的在对付苏俄，今日本必欲扩大华北事件，转而对付敝国。贵国政府即应乘此机会对日本进友谊之忠告，劝日本不可越出协定范围，使其态度趋于和缓。

陶德曼：敝国政府始终不愿日本在华北有何冒险行动！但日本方面则以此事为局部问题，敝国虽欲调解，恐亦无效！且日德防共协定目的在对第三国际，而非仅对苏俄，故虽本此协定向日劝告，亦恐效力甚小！但无论如何，贵院长之意见，谨当报告敝国政府。

院长：此次事件决非局部问题，决不能如日军侵占东四省一样，任日本以局部问题来欺骗世界。如日本不顾信义，继续其武力侵略，敝国决定正式与日断绝外交关系，以全国力量与之宣战，希望贵国政府注意！

贵国顾问现在敝国服务，情形甚好，亦甚努力，对贵大使特表谢意！

陶德曼：余日前曾晤见法肯豪斯。余今愿奉告贵院长，如果中日战争发生，希望勿派敝国顾问往前线工作。自从贵国满洲事变起至淞沪战争止，敝国始终抱定此一贯之态度，因彼等派往前方工作，恐妨碍敝国之中立也。

此意余并未对法肯豪斯等言，惟请贵院长注意而已！

院长：对贵国之外交困难，余甚知道。

陶德曼：今天承贵院长接见，得聆许多消息，甚为感谢！

再会!

院长: 再会!

秦孝仪主编:《先总统蒋公思想言论总集》卷38, (台北)中国

国民党中央委员会党史委员会1984年版,第79—82页

陶德曼与徐谟谈话记录

1937年7月30日　南京

七月三十日下午五时三十分,德大使陶德曼到外交部访问徐次长,略谓:前日与蒋院长谈话后,当经蒋院长所云一节电达政府。兹接复电谓:本人对于德日防共协定表示之意见,其为适当。德政府认为,不能以该协定为根据请求日方停止在华行动,反之,日方亦不能以该协定为根据请求德方为任何协助,但德政府业已再向日政府劝取和缓态度云云。

台北“国史馆”档案:外交部/中日纠纷/与德意两国商洽情形

程天放致外交部电

1937年7月28日

南京。外交部。四九三号。二十八日。报载德大使谒王部长,谈华北事,未悉内容如何,请速电示,以便与德方接洽时有所依据。程天放。

台北“国史馆”档案:外交部/中日纠纷/与德意两国商洽情形

程天放致外交部电

1937年7月29日

南京。外交部。四九四号。二十九日。五五四至五五八号电敬悉。我军克复丰台、廊坊、通州及击落日机等消息均交德报披露。此间日使馆因德报常载于我有利之新闻,拟再向德外部抗议。谨闻。程天放。

台北“国史馆”档案:外交部/中日纠纷/与德意两国商洽情形

程天放致外交部电

1937年8月4日

南京。外交部。四九七号。四日。并请译呈蒋院长。昨柏林侨民因华北事件开抗战后援会,到二百余人,决拥护政府抗战到底,即平日有反动嫌疑者,亦表示竭诚拥护中央,

现正募款慰劳。谨闻。程天放。

程天放致外交部电

1937年8月8日

南京。外交部。四九九号。八日。并请译呈蒋院长。德外部东方司长Schmieden今日约谭参事往谈二事：一、哈瓦斯社传德政府将召回其在华军事顾问不确。二、日外相曾声称邀请中国加入德日协定系日方片面主张，并未征求德国同意云云。程天放。

程天放致外交部电

1937年8月11日

南京。外交部。五〇一号。十一日。孔副院长昨抵柏林，应德经济部长沙赫特至彼乡居欢宴，由放陪往。德方到国防部长白龙培，外交部政务次长怀邑克等。因德外长、外次均不在柏林。散席，谈远东问题二小时。沙、白表示，德国希望中日纠纷能和平解决，曾以此意劝告日本，如不幸发生战事，德国必保持绝对的中立。惟如范围扩大，苏联卷入漩涡，则形势复杂，恐影响欧洲。谨密闻。孔副院长在德有三四日间逗留，再赴奥意等返国。程天放。

驻德使馆致外交部电

1937年8月11日

南京。外交部。五二〇号。十一日。自华北问题发生，日方在德肆意造谣，谓中国反日行动均共党造成。又谓苏俄在华如何活动，如何接济日本，目的不在侵略中国，而在与我方共同"防共"。德大报对此消息自属谨慎，但小报则最近时有登载，颇足荧惑观听。本馆对此事是否有正式声明我国立场之必要，请电示遵办。驻德大使馆。

程天放致外交部电

1937年8月13日

南京。外交部。五一三号。并请译致蒋院长钧鉴：近来德报对我态度渐变，时登不利于我之新闻或言论，今日下午访外次麦根生谈一小时，表示我方不满，请其注意。麦谓，德政府对中日战事始终保持中立态度，故顾问不召回，货物仍照常供给。关于报纸登载失实，允转达宣传部。但据外交界消息及哈瓦斯社等所载，则此显系国社党之政策，并党部重要人物向主亲日，订日德防共协定后尤甚。现因俄法各国对我极表同情，德方倾向日本之色彩遂益浓厚。现在世界大势，英、法、俄与日、德、意已形成两大集团，英、法、俄及德、意两方面之同情，势难兼得。故德外次虽如此表示，放甚虑战事愈延长，英、法、俄对我愈同情，德方态度将愈不利于我。但以世界整个局势论，则此或于我为有利之事。谨密闻参考。程天放叩。

秦孝仪主编：《革命文献》第106辑，《卢沟桥事变史料》（上），
（台北）中国国民党中央委员会党史委员会1986年版，第358—359页

程天放致蒋介石电

1937年8月14日

南京。外交部。五〇三号。十四日。蒋院长钧鉴：孔副院长昨午宴德国防部长白龙培，曾谈中日战事发生后，德对我军火供给问题，白允帮忙。下午六时半，由放陪同往见德外次麦根生，谈一小时二十分。孔副院长表示日本为侵略国，举世皆知，过去因德与日订反共协定，致他国对德亦不免误会。此次中日冲突，德如对华表示好意，则列强对德之误会亦可解。麦谓，当转达政府，并声明德对华必始终维持友好。晚十一时半，孔副院长离德赴捷京，定十九日乘Scharnhorst返国。谨闻。程天放。

台北"国史馆"档案：外交部/中日纠纷/与德意两国商洽情形

驻意大利大使刘文岛致外交部电

1937年7月15日

南京。外交部。第二六一号。十五日。一、卢沟桥事件，每次衅自彼开，责均在日，已遵训密告义外部。二、义大利为《九国公约》之一，应即预事运动。敬乞随时电示。刘文岛。

台北"国史馆"档案：外交部/中日纠纷/与德意两国商洽情形

驻意大利使馆致外交部电

1937年7月16日

南京。外交部。二六二号。十六日。二九四、二九五两电敬悉。节略已面递义外部。□

头询义政府态度，据答，各方消息中日尚有和解希望。谨闻。大使馆。

附注：二九四号去电系另发英文节略仰面递由。二九五号去电英文电。电报科谨注。

台北"国史馆"档案：外交部/中日纠纷/与德意两国商洽情形

蒋介石与柯赉①谈话记录

1937年7月27日　南京

时间：二十六年七月二十七日上午十一时

地点：中央军校院长官邸

院长：贵大使此次从北戴河来，抑从北平来京？

柯赉：此次直接从北戴河来，未去北平。上次在上海晋谒贵院长，彼时贵体尚未康复，现在贵体好否？

院长：谢谢！余已完全康复！

柯赉：贵国此次发生卢沟桥事件，敝国法西斯党甚为关怀！并愿尽力斡旋，以期获得和平解决！

院长：贵大使对于此次事件作何观察？

柯赉：此事甚难下断语，尤其对两方所陈事实，不甚明了，如时起冲突，时又言和。究竟订有何项和约，不仅普通人民不知道，即外交界亦不知其内容，故余亦未敢断言谁是谁非。

院长：贵国政府关于此事，对贵大使曾有何训示否？

柯赉：据所得消息，敝国政府准备从事任何足以获得和平解决之调解工作，并征求各国政府意见。贵国拟根据《九国公约》希望各缔约国出而斡旋，敝国甚为愿意，如缔约各国能为此事召集会议，敝国亦愿参加。敝国政府对于贵国及日本均有极深之友谊，实不愿两国之间发生何项冲突。尤其对于贵国，近数年来努力建设，极为钦佩！敝国在远东商业，实蒙其利，更不愿和平之局，从此破坏。

院长：贵国政府近来曾获日本政府何项意见否？

柯赉：未曾！惟接敝国驻日大使消息，谓日本此次系根据"何梅协定"出兵，其军人与政府意见甚一致，彼全国朝野亦有如贵国国民同样热烈之爱国运动！

院长：此次卢沟桥事件，责任全在日军，而此事之继续扩大，亦由日本主动。如日本

---

① Giuliano Cora，意大利驻华大使。——编者

对贵国未曾提出何项意见，敝国亦无何项意见向贵国提出。

柯赍：如余未至误会贵院长之意，此事和平解决，是否先由日本先向敝国提请，然后与贵国谈判。

院长：余意即此。

柯赍：但此事日本已表示不愿第三国干涉，最好仍由贵国邀请《九国公约》缔约各国，根据公约规定提出讨论。

院长：敝国政府已根据《九国公约》以备忘录送致各缔约国家。敝国并不愿引起战争，但日本如欲开战，敝国只有起而应战，反之，如日本愿意和解，敝国即与之和解，是和是战，敝国现已完全处于被动地位，主动责任，全在日本！

柯赍：贵国与日本如欲和平解决，其和约大纲如何？是否须以贵院长前次所发表之演词所定四项为限度？

院长：敝国政府对于日本之态度，无论为和为战，均于余前次所发表之谈话中，明白宣示。

柯赍：贵国政府对于此次事件，是否认为与日本和解之极好机会？抑或为一般国际交涉之惯例，尚有所待？

院长：敝国现在虽欲与日本和平解决，但日方已毫无诚意！敝国决不容许平津成为第二"满洲"，如日本继续其武力侵略，吾人宁愿与之拼战到底！

柯赍：余愿以此意请示敝国政府，促其根据日意两国之友谊，劝告日本设法求得对此事之和平解决，余对贵院长所表白之明确态度，极为钦佩！

院长：余曾言在和平未绝望之前一秒钟，敝国仍希望和平。但以现在日本所造成之情势观之，敝国虽欲和平，已非轻易可以求得，吾人为维持国家生存，保障全民族人格，只有应战！

柯赍：余甚了解贵国所取之立场，并愿尽力设法挽回此局势，现在不知有何新消息否？

院长：截至此刻为止，余已知北平近郊战事激烈，他无何项新消息见告。

柯赍：前阅报载日本向宋哲元将军提出要求，不知宋将军究已签字否？

院长：大概即如报纸所传，别无他约！此次劳驾南下，盛意极感！以后如有何项消息，随时可以交换。

……

秦孝仪主编：《先总统蒋公思想言论总集》卷38，（台北）中国国民党中央委员会党史委员会1984年版，第83—86页

刘文岛致外交部电

1937年7月29日

南京。外交部。二六七号。二十九日。齐亚诺（Ciano）密谓，列强疲于西班牙问题，不能制日；俄牵于德，不能战日。华北希和平了结，万一需人调停，而英美为日所忌，彼愿效力等语。姑陈参考。刘文岛。

台北"国史馆"档案：外交部/中日纠纷/与德意两国商洽情形

刘文岛致外交部电

1937年8月4日

南京。外交部。二七〇号。四日。《今晚报》评论稍有不利于我，当向义外部交涉，义外部允即制止。谨闻。刘文岛。

台北"国史馆"档案：外交部/中日纠纷/与德意两国商洽情形

刘文岛致外交部电

1937年8月4日

南京。外交部。二六九号。四日。三〇〇号电敬悉。一、义报对中日问题仅英文撰稿，于一日在Voceditalia及今在Giornale D'italia发表论文，皆叙日本侵略动机步骤，国际联盟之未能助我，对委员长多颂扬，并非以日本侵略动机为是，路透等皆反对义大利者，其断章取义恳注意。二、Ciano昨日密告，旬日前已劝告日本，今当再行劝告，日义间原无密约，故无如德国对中日问题明白宣言之必要云云。刘文岛。

附注：三〇〇号去电，罗马Voceditalia报载评论，谓日本进入亚陆，因地狭民众，并将在中国某部新土地建立政权，纯系侵略口吻，极易引误会，仰速促义外部注意等由。电报科谨注。

台北"国史馆"档案：外交部/中日纠纷/与德意两国商洽情形

刘文岛致外交部电

1937年8月8日

南京。外交部。二七一号。八日。齐亚诺密告，假使中日开战，彼守善意中立，在华义籍顾问留华效力，但未便直接参加战事云云。日来义报只记事实，未有评论。刘文岛。

台北"国史馆"档案：外交部/中日纠纷/与德意两国商洽情形

顾维钧致外交部电

1937年7月13日　巴黎

南京。外交部。四一二号。四二号电计达。援引盟约第十七条诉诸国联原是正办，惟目前英、法、苏联因西战问题与德义对峙，前途茫茫，人心不安。日现又必拒绝参加，我亦难望国联适用该条第三款施行制裁，徒增对方刺激，与调停之意相左。若引第十一款，范围较广，回旋较易，惟使美国参加手续较繁。若图友邦调停，第一步似可援引华府公约第七条要求设法。惟美国近年对该公约之态度游移，盟约与华府公约之间，何者应先援用，宜速探询美政府之意见。顷据美大使询问今晨钧与法外长谈话大概，并问是否拟诉诸国联，察其语气，似颇惊疑，经答以尚未决定，仅欲先征各国意见，以资参考云。钧。

秦孝仪主编：《革命文献》第106辑，《卢沟桥事变史料》（上），

（台北）中国国民党中央委员会党史委员会1986年版，第363—364页

顾维钧致外交部电

1937年7月15日　巴黎

南京。外交部。四一七号。顷法外长约谈，谓法主张英、美、法三国联合向中日劝告，愈加郑重，并愿居间斡旋，连日以此与英美接洽。惟美主分头单独劝告，业已与驻华盛顿中日大使接洽，英亦如是办理，故法亦只能照办。好在手续虽是分头，政策仍属一致，明知贵国处于被迫地位，意愿和平，但仍望益加郑重。一面已约日代办来见，届时拟告以法政府重视和平，愿任斡旋之劳，并望日政府勿使华北大局益转严重。至日前所谈诉诸国联一节，业与英大使商谈，渠以为不易见效，因值此欧洲大局未定，国联不能为力，当以援引《九国公约》与美一致进行为宜。旋晤美大使商谈，渠以为然，但须请示政府决定。法外长并谓，此事今晚阁议，因西班牙问题正待决定，不讨论，拟于明晨国务会议提出云。再据密报，苏俄了解此次日本在华北挑衅为对俄备战之第一步，惟因彼国国内正在清党，欧局又颇不稳，故不便积极援我，以免激成第二次欧战云。四一二号电备陈。已否与美方接洽，情形如何？祈酌示。

秦孝仪主编：《革命文献》第106辑，《卢沟桥事变史料》（上），

（台北）中国国民党中央委员会党史委员会1986年版，第364—365页

顾维钧与哈瓦斯社记者之谈话

1937年7月16日

中央社巴黎十六日哈瓦斯电　外交部长台尔博斯，顷于本日先后接见日本驻法代办内山、中国驻法大使顾维钧、苏联驻法大使苏里资，就华北事件有所磋商。事后中国大使

顾维钧向哈瓦斯社访员发表长篇谈话，谓中国政府顷已通告各国政府，凡日本强令华北地方当局所缔结之协定，非经中央政府核准者，中国概不加以承认。中国已抱决心，如日本方面对于中国领土主权再有任何种僭越侵夺之行为，当用一切方法加以抵抗云。继称假令中国北部竟由日本加以控制，则势将成为第二次日俄战争之序幕，其影响所及，固不难想像而得矣。抑尤有进者，国际法与国际关系之各项基本原则，现已因日本之态度而遭严重之威胁。中国之独立，不仅为维持东亚均势所必不可缺，即为维持全世界之均势计，亦属必不可少也。日本如一旦控制中国，则不仅欧美各国在中国之广大利益将悉被铲除，且对于欧美各国在亚洲之各属地危险亦至为巨大云云。此外，日本代办内山语哈瓦斯社访员，则谓：中日两国间现有纠纷，殊有良好解决之希望，日本保护其在华北利益之举，固未包含军事占领北平、天津在内也。又谓，英法两国并未在外交上向日本政府有所干涉，实仅本诸人道主义而进行之一种接洽而已。此在法国，认为远东和平，乃系全世界和平主要条件之一，其见解实极确当。法国并曾以友谊态度，申请日本与中国，务持温和态度，余对于法国此种公正不欹之态度，及其对于远东各项问题之充分理解，甚感深刻之印象。夫吾国人民倘遭"拘禁或虐待"，吾人自有权采取所认为最适当之"防卫"行动，特此非谓最恶化之局势已无可避免也。总之，华北中日两国当局，现有觅获解决办法之可能云。

上海《大公报》，1937年7月18日

顾维钧致外交部电

1937年7月19日　巴黎

南京。外交部。四二二号。顷晤法外部亚洲司长，渠云上星期，法、英、义三国已向东京表示希望和平解决，并声明愿任斡旋之劳，系非正式之表示，目前如无双方正式请求，不拟再有表示。日方对第三国向彼接洽，不表欢迎，但声言冀察自治前经中国政府所核准，故日视华北为地方问题，愿当地和平解决，不欲扩大事态，日政府一部分及重臣均如此主张，此或中日直接解决之基础。钧告以冀察政务委员会权限分明，凡关主权问题均应由中央主持，并非普通自治可比，日方意存缓兵之计，以便待援军到达华北。所云当地解决，意在使华北脱离中央，造成日本特殊地位，以便占领。即使中国设法与日直接谋解决，亦须友邦继续表示关切，使日军撤退。渠云，友邦必仍从旁设法促进，双方军队自宜彼此往后撤退。至三国联合向日表示，尚须待事态之变化，现与伦敦、华盛顿两方用电话接洽，每日数起，完全一致。旋询报载日递哀的美敦书，确否？答未接官报，谅不确云。钧。

秦孝仪主编：《革命文献》第106辑，《卢沟桥事变史料》（上），

（台北）中国国民党中央委员会党史委员会1986年版，第369页

蒋介石、那齐雅^①谈话

1937年7月27日　南京

时间：二十六年七月二十七日下午五时

地点：中央军校院长官邸

院长：贵大使身体好否？此次曾否去北戴河？

那齐雅：谢谢！余身体甚好！此次住在北平，天气甚热，温度高至百十五度，本拟于七月十四日敝国国庆日以后即去北戴河，旋因卢沟桥事件发生，遂中止，即准备南下。

院长：京中天气甚热，劳驾南下，甚谢！

那齐雅：余甚愿随时随地来见贵院长与蒋夫人！

院长：贵大使对于日本此次事件有何高见？

那齐雅：现在平津局势甚严重，且甚复杂。本月25日余离平时空气尚和缓，昨日复发生冲突，前途殊堪忧虑！不知此次冲突，贵院长系认作地方事件解决，抑认为关系贵国全国之事？

院长：此次日军进攻卢沟桥及北平近郊，实关系敝国整个存亡问题，决不能以地方局部事件看待。希望贵国和英美诸友邦对于此事，在外交上多多尽力于和平前途，必有裨益！

那齐雅：敝国政府本已提议与英美联合向日本劝解，今后仍准备随时与英美诸邦协同努力于和平调解。

院长：此次事件发生，贵国政府主张公道，态度甚为公平，中法两国邦交素睦，今后甚盼本此继续努力！但有一事须提起贵大使注意者，即苏俄于此次事件发生后，态度非常冷淡，殊出乎常理常情之外。敝国一般人士原来希望联俄者，现甚失望！对于苏俄非常不满，不知贵大使有何方法，能促起苏俄政府态度之转趋积极否？

那齐雅：余愿将贵院长此意报告敝国政府，但未审贵院长知苏俄为何采取此冷淡态度否？

院长：余不十分明了！也许因为苏俄正在清党清军，对于此事未曾注意，但苏俄应知日本正乘其清党机会来侵略中国，其对中国计如得逞，将来必进犯苏俄。中俄本为利害关系甚密切之友邦，此时日本进攻敝国，苏俄不出面帮助，将来苏俄被日攻击，敝国亦爱莫能助矣！

……

院长：贵大使对于日本此次举动采取何种态度？

---

① 　P.Naggiar，法国驻华大使。——编者

那齐雅：余甚愿首先知道贵院长对此局面采取何种态度！

院长：余之态度已于前次所发表之谈话中宣示明白，倘日本漠视敝国所定之最低限度，敝国政府为自卫计，当采取最后手段对付之！据报今天日军已在敝国故都北平四郊，作猛烈之轰炸与攻击，中日大战现已揭其序幕！

那齐雅：余阅报载宋哲元将军已下令抵抗，贵国中央政府对宋将军亦已明令有所指示矣。

院长：敝国政府认为宋哲元将军与日本所订之三条，如未超出余前次所表示之四项最低限度，当可商量和平解决。但签约未逾数日，日军现又违约进攻，敝国虽欲和平，亦不可得，局势实已逼上最后关头！

那齐雅：贵院长所谓"最后关头"，意即指战争乎？

院长：余意敝国到了最后关头，即须战争！

那齐雅：余此次由平南下，过天津时，敝国驻津总领事告余，谓曾晤香月司令，要求维持天津法租界之秩序，如遇战争爆发，请日军勿通过法租界，香月当面允诺，但谓现在并未发生战争。故余所得消息，只觉贵国与日本已发生冲突，而未至爆发正式战争。

院长：贵大使系误听日本之宣传，以为此次冲突仍系平津地方局部事件。敝国认为事件之演变，现至最后关头，第一步即须与日本绝交；第二步即宣布自卫战争……。还有一事须预为贵大使告者，即中法同为国联会员国，敝国此次为国际正义与自卫生存而战，将来如战事延长，拟请贵国尽量接济敝国军火！

那齐雅：由敝国运送军火来华，如经日本，恐不妥当。将来战争延长，贵国有些需要，可从安南运入。贵院长此意，余当预为报告敝国政府。敝国在历史上曾与英国有百年战争，当时英国伸其势力于欧洲大陆，以为敝国将永被其征服，但百年战争结果，英国势力仍须缩回三岛；现在日本在亚洲大陆得势，以为可以屈服贵国，但战争结果，日本必归失败，将来仍须退回岛上……

秦孝仪主编：《先总统蒋公思想言论总集》卷38，（台北）中国国民党中央委员会党史委员会1984年版，第87—91页

中日冲突无可避免
——顾维钧与法国《强硬报》记者谈话
1937年8月4日

目下日本行动，乃用以完成田中计划（按：即指日本故首相田中之奏折而言）一种步骤，日本垂涎华北矿产农田久矣，但欲一取民族之合作，绝非凭借枪刺所可幸致。尤其经济

合作，绝非武力所可济，时至此际，中日两国之严重冲突，在势已无可避免。战争开始之后，吾人当继续抵抗，以至最后一息。至于冲突结局，不出二途，或期望和平受人尊重各国，出而作强硬之干涉；或则侵略国财政经济破产，如是而已。世界各国，各有其本身之严重困难，固矣，但武力侵略之行为，无论来自何方，对于国际和平与各民族之安全，均直接加之危害。此亦吾人不可或忘者也。顾维钧大使嗣就此次中日两国冲突起因加以说明，略谓："日本方面托辞欲入宛平县城寻觅失踪日兵，为中国防军所拒绝，乃向该城开炮轰击，查日本军队在宛平城一带举行演习，乃系《辛丑条约》所载议定书明白禁止，此乃日本挑衅行为之第一步。抑数星期前，日俄两国在黑龙江上发生争端之际，日本用意原在试探苏联之反响，结果苏联态度极端妥协，日本遂以为对华可以实施侵略计划，然中国近数年来在政治、经济、军事上均有迅速而显明之进步，日本断不能为所欲为也。"

《卢沟桥》，前导书局1937年版，第40—41页

外交部致驻苏联大使馆电

1937年7月11日发

莫斯科。中国大使馆：卢沟桥事变自双方停止军事行动后，乃日方忽于日昨又向我军进攻，我方为推护领土主权计，不得不予以沉着之抵抗。顷日方又有自关外派兵来犯说，并自其国内派两师团来华。此种蓄意挑衅之行为，我方决以最大决心与之周旋。仰向驻在国政府剀切说明，并探询其意见：现在苏伪边境冲突正在若张若弛之中，苏政府对于此事态度如何？除电驻日使馆，促请日政府弗再扩大事态，力图和平解决外，盼即电复。外交部。

台北"国史馆"档案：外交部/中日纠纷/与英国洽商情形

蒋廷黻致外交部电

1937年7月15日　莫斯科

第一〇八四号。昨日晤苏俄外长李维诺夫，告以卢沟桥事件原委，以及日方行动之动机后，探询苏俄对此事之态度。李答，苏俄政府深悉日方侵略行为，对中国深表同情。其他国家，向中日双方劝告维持和平，实系规避。蒋大使询李氏：倘中国请苏俄出任调停，苏俄愿单独担任抑或联合他国为之？李答，鉴于日苏关系，单独出任调停，显不可能，至于与他国联合行动一节，愿加考虑，但须俟请示政府后方能答复。蒋大使询问以倘中国根据盟约第十七条诉诸国联，苏俄是否援助中国？李答，苏联愿助中国，但此事关键在于英

国，以是中国在诉诸国联之前必须商得英方援助。李氏续称，据东京方面消息，日本并未宣战，日商反对战争，而东京政府则以为大规模战争之准备，已足使中国屈服。蒋大使当指明，鉴于中国抗日情绪之紧张，则日本之伎俩实属危险。李氏承认此种危险，但称中国对鲍格莫洛夫之建议淡然处之，已铸成大错，使中苏关系密切则日本将有所顾忌。蒋大使于是促其表示，一旦大战爆发苏俄之态度如何？李氏答称，非俟与其政府当局缜密考虑，渠自身不能负责所有声明。蒋大使以为就上述谈话情形，苏俄之态度显而易见，即各国联合出任调停，与其有苏俄参加，无宁无之而较有效果，苏俄对我实际之援助决不可靠，因最近黑龙江中岛屿纠纷，实因苏俄之让步而解决也。蒋廷黻叩。

秦孝仪主编：《革命文献》第106辑，《卢沟桥事变史料》（上），

（台北）中国国民党中央委员会党史委员会1986年版，第375—376页

俄报评论远东大局

中央社莫斯科二十日哈瓦斯电　　苏联各报评论中日纠纷，金以为局势极端严重，不仅对于苏联如此，即就全世界言之亦然。《莫斯科日报》称：此项纠纷发生于卢沟桥、丰台及北平附近一带，并非出于偶然，日本所由择定该处为进攻地带者，诚以该地方乃华北各主要铁道线之交叉点，若能加以占据，即可经由平绥铁道，运兵前往察哈尔，借以对付察省境内日益滋长之抗日运动；不宁唯是，日本且复希望控制华北全部，借以开辟日本帝国主义向中国西北与中部侵略之道路，而外蒙古与苏联，亦为其侵略目的。《莫斯科晚报》则称：华北小麦产量占全中国百分之五五、棉花占百分之六五、羊毛占百分之九二、煤占百分之五二、铁矿占百分之六十、铁路线长度则占全国百分之四十六、户口数额约有一万万人，华北一旦失去后，中国当在经济上成为附庸于日本之农业国，煤铁既感缺乏，工业将无复发展之望，而独立亦自将成为问题矣。查最近一次日本向中国之挑战行为，乃日德军事协定之结果。日本现正与英国谈判在中国划分势力范围，故出此一举，借以压迫英国，造成华北向日本完全屈服之既成事实，以置于英国之前。结论则称，沈阳事件发生后，日本于七天内夺占满洲全部，但在华北虽经发生十数次事件，历两年之久，仅勉强成立冀东伪组织，亦徒见其心劳日拙而已。

天津《大公报》，1937年7月26日

俄报论华北事件　　盼英勿再事纵容

日本之侵略决非限于局部、英国应速决定肯定的立场

塔斯社二十二日莫斯科电　　《消息报》撰文痛论华北事件之意义，首称"一九三七

年七月的事件"与一九三一年"九一八"日本强占满洲事件颇有相同之点。此不难指出，日本与六年前相同，方调集大军，恫吓中国，同时则伪饰镇静，冀减轻列强之注意。此意义深长的类似点，使消息灵通的观察家深觉目前的华北事件，不过系日帝国主义业经长期布置周全的征服中国第二阶段计画之初步。"九一八"时日本占领满洲之成功，乃西欧列强采取消极态度之结果，此毫无疑问之事，而英国之公开纵容，尤为促成日本侵略之主因。彼时一部分英国政客完全错估远东势力之交互关系，以为日本占领满洲后，将不向华北、华中而向他方发展，今日英国乃复有采取一九三一年时立场之倾向，此诚非常可悲可异者也。

"英国保守党报纸，现在与六年前相同，仍然企图轻视华北事件，似以为与他国利益无关。换言之，即彼等竟乃支持日方军阀，借以掩饰其准备周到的军事行动之口实。英国保守党现正在远东重施过去不但在远东，并在东非及西欧早已失败之政策，保守党政客显已为恫吓、虚张声势及威吓之手段所慑服，而不问此种手段系来自远东抑中欧。"

《消息报》继指出一九三一年时日本曾宣布其侵略仅限于满洲境内，然结果则完全背约，继之以占领热河，创造冀东傀儡"政府"，强迫建立所谓冀察政委会，夺取察北六县。"今者，日本乃续图武力占领华北、平津，进一步更准备武力侵入华中，而其在台湾等地之活动，更切实证明华南亦在整个侵略计画之内。""形势如此，而仍企图邀得日方军阀之承诺，使其业已开始的扩张计画局部化，尚有何用？苟日本肯放弃其侵略计画者，则惟有在某一政府停止纵容此种计画之时而已。"《消息报》当回述英外次克兰波勋爵曾于一九三七年五月间否认英国"意欲不尊重中国之主权"，从而问曰："英国目前之抹杀华北事件的极端重要性，其意义岂非谓英国不尊重中国主权乎？不仅此也，其意义甚至可谓英国已在放弃其在华利益，同时并显示伦敦对于远东势力的交互关系，乃重复估计错误耳。"

最后《消息报》论及一九三七年七月八日事件与六年前九一八事件本质上之不同称："即不提苏联国力加强多倍之一决定因素，亦有两点应予指出，六年以来中国人民之复兴运动已非常发展，而日本之后方，则反因六年之冒险政策而大为削弱与骚乱。目前日本物价之高涨，罢工浪潮之扩大，财政之困难，以及其他多项因素，证明此次对华侵略新阶段之展开，乃在国内形势异常不稳定之条件下。别方面，自此次中日冲突爆发以来，吾人即眼见中国抗日运动之愈益坚强与发展，同时民族意识以及人民对侵略者愤恨亦极端发扬。"

上海《大公报》，1937年7月24日

驻苏联大使馆致外交部电

1937年7月30日 莫斯科

南京。外交部。一一〇〇号。今日《真理》登载Minageff长诗,略称十九路军沪战,足证护国者,民必护之;绥战证明华军不仅能卫土捍敌,且能反攻制胜。今日华北系抗战第三阶段,日华军队之数量及军备强弱有天渊之别,而华军卒克通州等地。然华人绝少自骄,深知来日大难、局部挫折或所不免,沉着应付,准备长期斗争与重大牺牲,虽暂失数城数省,亦不稍折抵抗决心。日军后方义勇军迭起,则其军力财力皆将预断,战事持久,曩者军心涣散,日阀轻举妄动,初未料及彼所深畏之持久大战也,最后优势必属华方云。谨闻。大使馆。

秦孝仪主编:《革命文献》第106辑,《卢沟桥事变史料》(上),
(台北)中国国民党中央委员会党史委员会1986年版,第379页

日本对外政策的侵略方针

——苏联《真理报》社论节录

1937年7月31日

目前在华北发生的事件,非常清楚地显示了侵略性的日本军部分子坚决而顽固地推行侵占和奴役整个中国的政策。日本军阀断定,目前时机对于把华北变成第二个"满洲国"是有利的,并决定采取铁血手段来解决这个任务。这一新的强盗行为被那些关于日本力求"稳定东亚局势"之类的完全虚伪和厚颜无耻的谎话所掩盖,而这些谎话我们在1931年9月已经听说,当时日本军队没有宣战就在满洲开始了军事行动。

日本从列岛向中国的心脏调运大量兵力进行入侵,对北平和其他中国城市进行轰炸,同时还对中国进行指责,说中国不愿意理解日本政策的"和平"目的,不愿意与日本在"制止共产主义对东方的侵入"方面进行合作……

日本侵略者的伎俩是全世界都知道的:他们挑起"事件",然后似乎是为了维持秩序而派出自己的军队,最后向和平居民射击,并侵占别国领土。当日本外交人士指责别人"虚伪"之时,正意味着日本军队在准备新的侵略行动。

中国人民从事实中完全理解"广田三原则"所曾表达的日本军阀的坚决要求意味着什么,特别是"共同与共产主义作斗争"的要求意味着什么。通过正在华北发展着的事件这一例证,全世界再一次看清所谓与共产主义的斗争,事实上是对别国领土的强盗式的侵占。

李巨廉、王斯德主编:《第二次世界大战起源历史文件资料集》,华东
师范大学出版社1985年版,第10页

华北战争扩展后之国际反响

东　序

卢沟桥事件发生后我方虽步步退让，惟日军仍源源增兵，进攻各地，以致事态更形扩大，因此在国际上所引起之反响亦随之紧张，兹将各国政府与民间之态度约略述之。

英国　先就英国说起，英国对于远东时局最为关心，故在事变发生后，即于十二日照会美国政府，采取相互咨询办法，并向中日二国提出照会，说明其所抱华北此次冲突，起因甚微，不应借此扩大纠纷之意见；并谓中国或日本苟有扩大此事化为国家尊严问题之任何企图，则将成为与英国至有重大关系之事件云。同时在下议院中，常有关于华北事件之责问，七月十九日艾登外相在下院对于远东时局有重要之演说。大意谓：

> 远东局势，现仍在不定之天，英国政府业向中日两国政府表示，期望此次纠纷获得和平解决。英国政府并与美法两国政府保持密切联络，此在美法两国政府，意见与英国相同，对于此次纠纷，极为关切，希望获得和平解决。但和平解决办法，或者由中日双方直接磋商最有成功之希望。至于第三国，则除对维持和平一层表示当然的关切之外，可不出而干预。然吾人已向中日两国当局，声明任何他国政府，对于此次中日纠纷之解决，若能有所补助，则自亦乐于在其能力范围内，尽其棉薄也。继则谓华北不定之局势，若长此存在，继续发生之事端，若仍以地方解决办法勉强应付，而此类解决办法效力与范围，又倾向怀疑，则时局仍将充满危险云。

二十一日艾登又在下院声明，首称："华北目前局势，若继续不变，则英国政府即认为不宜与日本进行双方合作之谈话，余曾以不获已而以此项见解告知日本政府。"又谓就"目前华北纠纷言，华盛顿《九国公约》及《巴黎非战公约》均未规定英国政府负有任何种之约束，若其有之，则惟《九国公约》第七条所规定签约各国互相咨询之条文而已"云。（按《九国公约》第七条内称："缔约各国，约定无论何时，遇有某种情形发生，缔约国中之任何一国，认为牵涉本约规定之适用问题，而该项适用宜付诸讨论者，有关系之缔约各国，应完全坦白相互咨询。"）

后来日军进攻廊坊等地，战事愈形扩大，于是二十七日艾登又在下院中报告，略谓：日军在北平城内外，据称将有举动，渠乃训令驻日英代办，向日政府表示避免此种举动之希望。英政府继续以其愿见和平解决之关切，向中日政府言之。渠知法美两国政府已在南京、东京有与此同样之行动，英政府现仍与其他有关系国政府，如苏联与美国政府等时常接洽。至于保护英侨之地方计划，今仍存在，如遇事变，即可实施云。

二十八日英下院讨论华北中日冲突事件，关于召集国联会议，处理中日问题之建议，外相艾登称，渠不能提议此项步骤，因日美两国与远东问题最有关系，而均非国联会员国也。艾登继称，英美各国在任何情势下，必尽力使纠纷获得解决。

至于英国之一般舆论，亦仍继续一致攻击日本之侵略行为，如二十二日《泰晤士报》评论中日两国纠纷云：

> 日本态度若此，殊有丧失英国同情之虞。日本已将小小错误，扩大为国际危机，匪特全世界为之惊异，即日本自身亦且莫明所以。又况此类错误，该国至少应负一部分责任乎？此其理由何在，实无从予以捉摸。中国军队系因保卫国土而有所调动，日本乃向全世界宣传指为挑衅举动，世界各国既不为之所动，即以德国而论，虽曾与日本成立反共协定，该国各报对于其姊妹国，此其所为亦不加以重视。英国对于日本各项问题，虽以同情态度加以注视，兹因日本对于各项最大问题之一，即战争多所留恋，亦难寄以同情云。

二十九日伦敦《新闻记事报》对英国所采之态度，颇表不满，其言云：

> 华北此次战事，西方诸国未必有何举动，非因其与吾人利害无关也，亦非因吾人赞成日本征服华北也，特因吾人在六年前，对于东三省事件，毫不活动，致吾人今日莫能有何举动耳。此次新战事，更证明一九三一年与一九三二年英政府之荏弱，不独已背弃集体安全，且亦背弃英人利益矣。自兹而后，阿比西尼亚与西班牙事件，相继发生，今又事变发现于中国，此皆英政府之示弱，有以致之也。

美国　美国方面对于此次华北战事，虽然非常同情中国，但政府仍采取独立政策。十七日国务卿赫尔发表措辞严厉之警告，暗示中日两国不得在华北开战，以免直接妨害美国利益。文中虽仅以强有力之语气，重申美国政策，而未直接指明中日两国，但适于华北危局千钧一发之际发表，其用意不言可喻。赫尔警告，措辞直捷了当，为美国近年来有数之文件，内称："世界各地，骚扰不宁，各方人士前来探询意见提出建议者，实繁有徒。任何局势，如武力冲突已在进行或武力冲突有发生危险者，则必使世界各国之权利义务，感受严重之威胁。严重之武力冲突，不论发生于何时何地，必致直接间接影响美国之权利义务。职是之故，余感觉职责所在，宜将美国政府之立场，昭示天下。美国志在保障世界和平，时加创导，不遗余力，美国并主张避免凭借武力以推行其政策，更反对干涉他国内政。"赫尔又称，美国始终不渝赞成和平谈判与忠实履行国际协定，各国对于他国权利务当加以尊重，而过分之贸易障碍亦当加以减少，以谋实现通商机会之平等及国际军备之限制云。此宣言发表后，南美各国咸皆为之声援。

又据华盛顿哈瓦斯二十六日电，美对远东时局，仍取审慎态度：

> 此间官方人士，对于远东事变，现仍加以密切之注意，但对于目前局势，则不欲

有所详论，美国政府，现仍保持审慎态度，与华北中日两国纠纷发生时无异。关于纠纷情形，自华北接得之报告，内容辄多互相抵触，美国当局不能借此以断定事变发生之原因。总之，国务院始终期望保留严格的中立态度。据官方人士所得印象，国务卿赫尔，力求避免效法前国务卿史汀生之所为，而宁使美国政府处于纯粹法理的立场。盖一九三一年九一八事变之教训，使美国目前执政者，相信提出强硬抗议，实属毫无效益，且足使美国与日本或美国与中国间，造成紧张之空气。据一般专家意见，中日两国纠纷，终始为地方事件，而美国一切举动，自亦以使纠纷地方化为其目的，但在目前为止，国务院方面表示对于华北事件，仍取观察态度，不拟向中日两国驻美大使，提出何种新交涉云。

但民间方面之反日态度，非常明显，如众议员波纳德、考维、康纳尔、希尔等四人曾于十四日致函国务卿赫尔，谓最近华北方面中日冲突已破坏《九国公约》，要求向日本政府提出抗议，为世界和平计，此举实属需要。彼等并引一九三四年密希尔少将对联邦委员会之证言，称日本为美国最危险之敌人云。

十五日美国《纽约泰晤士报》亦抨击日本之侵略手段，谓：

> 主张此项冲突为地方事件，并主张不得由南京中央政府干涉，乃日本一向破坏中国领土完整之故伎，日本声称开发华北富源，亦即侵略之一种。日本今日之所谓近卫意志自由内阁，实亦显然为日本军阀所操纵。日本政策之目标，究竟何在，姑不必论，但已使中国人民之自卫心增强，而使欧美人士之舆论鲜予以同情矣。

又据中央社二十八日纽约电报：

> 华盛顿当局宣布，美国曾与法英两国训令各该国驻中日大使向中日政府表示避免战事之希望。各重要报纸如《纽约泰晤士报》及《纽约讲坛报》等，今日社评均以严词抨击日本军人之态度，佥称日本武人屡次采取侵略伎俩，实使美国舆论界为之齿冷云。《纽约泰晤士报》社论，于论述日外相广田对议会之演词云：广田所称日本政策，纯在由中、日、"满"之合作协调，遂行东亚之安定云云。此种表示，在吾人视之，实为虚饰之词。日本发表此项官方声明后，竟随之在北平郊外施用重炮、手榴弹、来福枪，诚为一极大之谬举。日本揭橥其使命为维持其诚为东亚安定力之地位，实则日本为威胁东亚和平之唯一国家。该报继谓日本借口七月七日卢沟桥事件，竟图胁迫中国政府，放弃对冀察之管辖，并请求日本军队合作灭共。凡此种种，均足表示日本所谓"安定"者，实即"霸权"耳。日本现所采取之行为，均使中日两国之合作为不可能。日本屡次刺激中国人民之情感，无视中国领土之主权，致酿成此次不幸情形，日本应尸其咎。该国首相近卫，星期一向中国朝野呼吁请重行考虑并表示自制，实属可笑，良以日本内阁，

现正放纵日本在华北之军人任意向中国发出最后通牒也。最后该报谓,广田表示希望各列强充分了解日本忍耐及自制之态度,此种口吻,殊属乐观。缘除德国或意国外,其他各国均已向日本表示深虑,日本所提之要求,将使远东陷入战祸,此固为公开之秘密。日本自与苏联发生冲突,引起严重之危机后,辄以为各国对日本侵略中国之政策表示赞同,此实为日本曲解西方各国之态度云。《纽约讲坛报》社评称,日本认为将中国"好战"之一师军队换防,而易以比较温和之军队驻扎,则日本军队继续夜操,可无事件爆发之虞,此点实与事实大相径庭。广安门事件,日军官命军队由丰台开赴出事地点,该军官如非企图肇事,即属诸愚蠢之流。总之,不论中国任何军队驻扎该处,均不能避免不发生事端也。该报结论谓,华北所能享受之和平,良以华北和平之不能保持,正因日本之不欲和平。

八月三日举世闻名之哥伦比亚哲学及教育教授寇伯屈博士,今日语新闻记者谓:

> 日本在华之行为,实属无耻而愚蠢,天津南开大学之被毁,不足使该校归于消灭,良以日军炸弹残酷手段之结果,适足使该有名之学府,万古不朽。日本军人此种恐怖政策,不特不能使日本获些微利益,且日本以武力所获得之土地,其结果仍将物归原主,终为中国所有也。再则,日本以创造战争为扩充贸易之见解,彼以炸弹轰炸南开大学学生,夫学生为将来之统制阶级,此其行为实属荒谬,而不合逻辑。总之,按照余意,日本目前之行动,适足使中国抗日意志益趋一致,日本不久必将对此次暴行表示愧惜,吾人拭目待之可也。

关于美国施行中立法问题,各政治家及著名报纸多持反对态度。例如七月三十一日民主党领袖勒维斯,在参议院辩护美国对于华北不采用中立法之政策时谓:"要求立即实施中立法者,不知吾人一经宣布任何一方为侵略国,及宣布双方在战争状态中后,中国或日本或中日两国,皆将以美船载有物品供给敌方为理由,拘捕吾人在东方之商船,如已在海上之美船,被人拘捕而轰击之,美国势将被迫而反对此种侮辱举动,至是,则美国将对东方开战矣。因此理由,罗斯福总统不得劝告西班牙与东方两处互相冲突之双方,在可接受之条件下,复归和好,并设法不使美国陷入漩涡,致伤失其调解之势力。"

又八月一日《泰晤士报》社评,题为《美国外交政策》,谓:

> 美国国会议员中有促罗斯福总统,对于远东事件采取所谓一九三七年之中立法者。此种法律,规定美国不得以军火输供战斗国家,并授总统特权,在现金购买与运输自行负责之原则下,得准他项材料之输出。一九三七年过去五个月中,美国输至中日两国之货品,共值一万六千五百万元,大都为棉花、废铁、机件等,此类货品在情理

上，均得认为战争所用材料。倘总统确认亚洲已入战争状态，则现金购买与运输自行负责之交易，显然有害于中国，而无损于日本。缘日本藏有大量黄金与现洋，可作现金，有大批商轮可供运输，中国之金准备，仅及日本三分之一，既无近代商轮，复无近代海军之可言。是则中立法果真施诸亚洲两大国家，徒见其不中立而已。此种结果，自与美国无关，盖美国所冀诸中立法者，无非为维护自身地位，不顾其他结果。但此种法律，非惟不合中立原则，抑亦不能实行。国会外交委员会主席毕特门氏之言曰，总统现正力图保护中国战区内之美侨，但中立法一旦施行，总统调停战争与保护美侨之权力，立即受其摧残，易言之，徒使美国所处地位，愈增其危险。尚有一点为毕特门氏所未曾道及者，即历来美国之远东外交政策，为维护中国领土之完整与门户开放政策，易言之，各国在华须有商务上之均等机会，倘因中立法而使美国与国际事件相隔绝，则美国之外交政策，安得不遭障碍。要而言之，美国倘不准备维护海外之权利，担负本身之责任，对于牺牲者与侵略者不分其轩轾，则是自减其世界一大强国的势力。

此外八月四日纽约著名之《鹰报》发表社评云：日本以维持亚细亚和平自许，但对华侵略，仍在积极推进中。《九国公约》为中、美、日共同签字者，违犯此约，即违犯国际公法，故英法等国，近均对日表示，远东和平须由各国共同负责云。

法国　　　法国对于远东冲突，极对吾国表示同情，法政府曾同英政府采取一致态度，向日提出不扩大事件之照会，其舆论界之反对态度尤为明显。如前任越南总督社会党众议员范连尼，最近曾赴中国各地考察，顷在《巴黎晚报》发表长文，就中日两国纠纷之起源及其国际的影响，有所论列，略谓：

日本虽曾力谋避免堕入德国术中，然今仍不免落入德国之圈套矣。日本被卷入于三角同盟（按即指德、义、日三国），其所担当之任务无他，仅在牵制俄国一部分兵力，使其驻守远东而已。盖此际欧洲政治局势，异常复杂，大战有随时爆发之可能，故德义两国乃欲利用日本以分苏联之兵力，此就最近苏联与满洲边境之事端可以证之。日本既蓄志蚕食中国，乃先在苏联边境，作声东击西之计，苏联倘出而与日本作战，则其在欧洲之地位，将因之而削弱，反之苏联倘不加干预，则日本将益无所忌惮，以征服华北之全部，而日后大战爆发之际，日本可拥有巩固根据地，以对我作战矣。抑日本政府前曾准备就日军占领北平周围之问题（按当系指冀东伪组织问题），与中国政府谋友谊之解决，然以现内阁完全听命于军部，以致解决无从着手。日本军部蓄意控制全国政权，故于本年春间，迫令政府下令解散议会，四月三十日议会改选之结果，证明日本民意不直军部之所为，然军部并不因此而就范。驯至日本外交政策，均出自军部之授意，去年日德两国之反共协定，实际上并未经日本外交官之手，而系由军部代表之所签订。职是之故，就目前事变而论，向中国所放之大炮，是否系由柏林之所发射，诚令人不能无疑矣。

范连尼继称：

> 此次日本之行动，势将遭受中国方面认真抵抗，盖一则中国具有无穷尽之潜势力，二则目前中国之行动能力，已非数年前所可比拟。就中国军队而论，近年以来，显然大有进步，此在"一·二八"上海战争中，日本固已深感中国军队之不可轻侮矣。假令日本必欲轻于一试，则势必促成长时期之战争，且困难重重，耗费不赀，其最后结果，日本必将以重大之代价，获得一种教训。此教训为何？中国有四万万人民，且有二百余万久经训练设备完全之军队，欲加以灭亡，断非轻而易举是也。

最后范连尼说明法国之观点则谓：

> 法国绝无任何反对日本之成见，惟吾人固有万分理由，相信中国具有和平之意向，中国绝不欲威胁任何他国，其所孳孳以求者，无非在于民族复兴之工作，此吾人所以不禁向中国深表同情也。总之，日本国民，倘能明了其目前之统治者，正驱策其国家，以入于冒险之途径，甚或崩溃之途径，则庶几回复清平之理智，而为悬崖勒马之计乎云云。

其他各报每日亦载有反日之言论。共和社会联合党全国代表大会于闭幕后，该党常设代表团于二十六日就中日问题通过决议案，略谓："中华民国为国联会会员国之一，现正努力从事建设工作，今则和平组织，突然横遭侵略，彼侵略者目的何在，虽未明言，但已尽人皆知。本党对于中国，兹特表示同情，并予以鼓励焉。"决议案又主张，凡保障中国领土完整各项现行条约之各签字国对于此种武力企图，务勿予以承认，国联会亦当提出抗议，并考虑用各种方法以挽救和平，而保障公理。

八月七日法国诗人前驻日、驻美大使克劳德，曾在驻华公使馆任职多年，在右派《斐伽罗报》发表一文，评论中日争端，略谓，日本对华，乃"武力与政治手段并用"，务欲攘夺中国北部而后已，吾人倘在亚洲大陆划一直线，而以中国北部为出发点，必有一日可循此直线，自天津取道蒙古，直达西伯利亚……至北平地方，以政治言，原系中国首都，以地利言，则又偏处一隅，其为中国政治中心，为时甚久，过去虽曾迁移数次，终能恢复首都地位。彼侵略国用意所在，乃欲利用此种地位，以便私图。抑知称霸于中国者定必遭遇莫大之障碍，尤其是中国文化与精神力量整齐划一，实无法予以击破。日本定必遭受无形之抵抗，而欲克服此种抵抗，则非以极厚之兵力，极大之战事不为功。又况日本凭借军事优势，冀在经济上独霸中国，必为英、美、苏三国以及全世界各国所反对欤。要之，任何人凡曾与中国相经过者，无不谂知中国人赋性之明敏，及其消极抵抗力之巨大，他日全世界各国若果一致为之声援，其抵抗侵略力量之大，自更不言而喻矣。

苏联　　苏联各报仍对日本侵略行动加以抨击，对于英国态度有所指摘，如二十二日《消息报》撰文痛论华北事件之意义，首称：

一九三七年七月的事件，与一九三一年"九一八"日本强占满洲事件颇有相同之点，此不难指出，日本与六年前相同，方调集大军，恫吓中国，同时则伪饰镇静，冀减轻列强之注意。此意义深长的类似点，使消息灵通的观察家深觉目前的华北事件，不过系日帝国主义业经长期布置周全的征服中国第二阶段计画之初步。"九一八"时日本占领满洲之成功，乃西欧列强采取消极态度之结果，此毫无疑问之事，而英国之公开纵容，尤为促成日本侵略之主因。彼时一部分英国政客，完全错估远东势力之交互关系，以为日本占领满洲后，将不向华北、华中而向他方发展，今日英国乃复有采取一九三一年时立场之倾向，此诚非常可悲可异者也。

英国保守党报纸，现在与六年前相同，仍然企图轻视华北事件，似以为与他国利益无关。换言之，即彼等竟乃支持日方军阀，借以掩饰其准备周到的军事行动之口实。英国保守党现正在远东重施过去不但在远东，并在东非及西欧早已失败之政策，保守党政客显已为恫吓、虚张声势及威吓之手段所慑服，而不问此种手段系来自远东抑中欧。

《消息报》继指出一九三一年时日本曾宣布其侵略仅限于满洲境内，然结果则完全背约，继之以占领热河，创造冀东傀儡"政府"，强迫建立所谓冀察政务委员会，夺取察北六县。"今者，日本乃续图武力占领华北、平津，进一步更准备武力侵入华中，而其在台湾等地之活动，更切实证明华南亦在整个侵略计划之内。""形势如此，而仍企图邀得日方军阀之承诺，使其业已开始的扩张计划局部化，尚有何用？苟日本肯放弃其侵略计划者，则惟有在某一政府停止纵容此种计划之时而已。"《消息报》当回述英外次克兰波勋爵曾于一九三七年五月间否认英国"意欲不尊重中国之主权"，从而问曰："英国目前之抹杀华北事件的极端重要性，其意义岂非谓英国不尊重中国主权乎？不仅此也，其意义甚至可谓英国已在放弃其在华利益，同时并显示伦敦对于远东势力的交互关系，乃重复估计错误耳。"

最后，《消息报》论及一九三七年七月八日事件与六年前九一八事件本质上之不同称：

即不提苏联国力加强多倍之一决定因素，亦有两点应与指出，六年以来中国人民之抗日运动已非常发展，而日本之后方，则反因六年之冒险政策而大为削弱与骚乱。目前日本物价之高涨，罢工浪潮之扩大，财政之困难，以及其他多项因素，证明此次对华侵略新阶段之展开，乃在国内形势异常不稳定之条件下。别方面，自新中日冲突爆发以来，吾人即眼见中国抗日运动之愈益坚强与发展，同时民族意识以及人民对侵略者愤恨亦极端发扬。数年以前，英国的立场，事实上曾决定日本的胜利，今者严重的时机又已来临，世界列强尤其是英国，已复须采决肯定的立场矣。华北事件以及列强对该事件的态度其将成为国际形势中最重要之因素乎。

七月三十一日《真理报》评云："日本军阀已决定变华北为第二'满洲国'，此为适宜的时机。世人周知日人之侵略方法，首先自造'事件'，继则派兵镇压，最后则屠杀平民，占领邻邦土地，华北事件之展开，更使全世界深知日人所谓反共运动，实际全系侵占邻邦领土。"该报继论广田关于中日纠纷之演说称，"彼广田先生未尝不知中国人民决不延颈受日帝国主义之宰割，然渠仍貌示镇静，俟能完全确定在华利益有关的各资本主义国家，尤其是英国将坐视侵略，不加闻问之后，乃大放厥辞。广田之演说，证明日本政策毫无变更，仍系遵照军阀之命令行事。"该报复论及日苏交涉，谓"苏政府早对日方表示愿意组织解决边界纠纷委员会及勘界委员会，并要求在勘界以前，尊重北京及奉天条约规定的现存边界，而日方则悍然不顾，委员会迄今未能组织"。

《真理报》结论云："日内阁在特别议会发表的演说，证明该国外交政策自'九一八'以来毫未变更，佐藤充任外相之短期中，西欧政客曾以为日政策渐趋缓和，实属完全错误。"

八月五日《消息报》又著评论云：

华北事变初起时，英美一部统治者层，无视事变真象，有意低估所含意义，称为"常有的"地方事件。此种立场，当然适合日匪之意，彼既知美国采取孤立政策，不为和平积极夺斗，英国亦继续让步与妥协，乃肆意横行，展开全线的断然进攻。世界列强，尤其是英国的统治阶级中，颇有人士迄今仍冀日本对华北的侵略能改取另一方向，至少暂时不再继续向华中、华南及太平洋方面进攻。最近事件的发展，已证明此种幻想，乃完全错误。日本一方面既见英美并不切实反对，别方面又已切实经验"另一方向"困难极多，遂决计续向抵抗力最弱的方向前进，深入中国内部，并对华中、华南准备大规模挑衅，直接侵犯英国利益。同时，最近的事件，更证明日帝国主义决不以并吞中国为满足，其用意乃在变中国为演武场，替新的再分配大战造成有利条件。就最近形势观之，报载艾登先生曾邀请德义两国共同调解中日冲突一事，尤足使人惊异，此与眼见事主为盗匪所扼，不但坐视不救，且敦促其他专以劫掠为务的同党匪徒出任"调解"，亦夫何异。过去满洲之被占，已证明恳请日帝国主义放下屠刀，回复理智，实属无益之举，而期望日军阀尊重国际义务，亦属妄想。真象已完全明白，任何拒绝共为和平奋斗的孤立政策，任何不干涉日方侵略的政策，退让与妥协于日匪之前的政策，唯有促其更加肆意侵略，增加世界大战的危险。日本军阀仅承认惟一权威，即武力的权威。苟真欲制止日本军阀的暴行，避免世界大战的巨祸，惟有成立有效的国际和平组织，惟有全世界志愿和平的国家共同团结，为和平积极斗争，方能获收实效也。

此外德意二国之态度，无甚明显之表示，惟德国政府曾表示采取不干预政策。至国联会人士曾于二十二日，就中日两国纠纷发表意见云：当事双方，若不能成立和平解决方案，中国或当向国联会提出申诉，而以国联会行政院现行组织而论，中日纠纷苟欲予以处理，其事实较一九三一年满洲事件时为便，盖可按照先例，援引国联会盟约第十六条，并可援引十七条各项规定故也。此外某某方面并主张按照先例，对于侵略国禁运军火，又在财政上援助被侵略国，但一般人仍望中日两国，终能避免冲突。要之，国联会盟约第十六、十七两条所载各项规定，非俟友好解决方案悉数用尽之后，不致付诸实施云。

《东方杂志》第34卷第16号、17号合刊，1937年9月1日

三、向国际联盟申诉

中国国际联盟同志会致日内瓦国联同志会总会电

1937年7月19日　南京

原稿系法文，兹录其译文如次：

国联同志会世界总会鉴：日本军队在《辛丑条约》规定以外之地方（卢沟桥）任意实弹练习，并夜袭控制北平、汉口铁路交通之宛平县城，遂使负有守土责任之中国军队不得不正当抵抗。现日本更违约增派重兵，包围曾为七百年京都之北平，且轰炸火车，霸占车站，甚至侵入邮局。中国政府及人民因绝对之必要，将一心誓作合法之抵御。吾人谨电贵会，速将日本破坏世界和平之侵略事实，向本会各同志团体及世界舆论机关申告，希奋起为正义之声讨，并各促其政府与代表民意机关迅为实力有效之制裁，以维正义，借保和平。中国国际联盟同志会会长朱家骅暨全体理事胡适等同叩。

天津《大公报》，1937年7月23日

贾德干[①]致安德烈·科尔班[②]

1937年7月21日　伦敦

几天前，德马尔热里先生[③]打来电话，询问中国驻英大使是否曾就将华北的局势提交国联或华盛顿《九国公约》会议签字国讨论一事征询我们的意见。

中国大使曾于七月十四日来访。他告诉我，他已经收到本国政府电报，说政府正在考虑向国联申诉的可行性。我回答说，在我看来，这一行动不会有什么大的效用。中国政府只能援引盟约第十七条，但这一条款很难实行，在这一条款下所采取的行动将被日本政府所阻碍。郭博士说，他倾向于同意我的看法，他已向其政府建议不要向国联申诉。但是，他推测中国政府觉得日内瓦是一个把中国的情况告诉世界的绝好讲坛。我告诉他，在目前我并不赞成这样的观点，即认为日内瓦所做的任何事情都注定要引起罗马和柏林的令人不快的反应。尽管我不知道中国政府是否期望从这两国政府获得同情，但我认为，中国获得这一同情的机会绝不会因中国在目前这一时刻企图利用国联而有所增加。

---

①　A. Cadogan，英国外交次官。——编者

②　Andre Corbin，时任法国驻英大使。——编者

③　de Margerie，时任法国驻英使馆一秘。——编者

中国大使未就将目前的冲突提交《九国公约》签字国讨论的可行性问题征求我们的意见。如果他要作这类的询问，我们目前将倾向于不赞成这类申诉的想法。但是，如果法国政府有其他的看法，我们当然将乐于考虑。

《英国外交文件》第2辑第21卷，第185—186页

蒲立德①致赫尔

1937年7月30日午　巴黎

德尔博斯②今日对我说，中国的顾大使昨天曾向他作了一项绝密的重要陈述。他把此项绝密陈述的大意向我转述。这是关于意大利及德国两位驻莫斯科的大使的行动。在此以前顾也曾和我谈过，我在七月二十八日夜九点以一〇六七号文作过报告。我发现顾向德尔博斯说的话和顾向我说的话稍有出入，使我对顾说话的准确性有点怀疑。

根据德尔博斯的说法，意大利是向驻罗马的中国大使，而不是向驻莫斯科的中国大使申明立场的。

德尔博斯回避讨论远东问题。他说事实上中国是孤立的。他坚决反对中国向国际联盟提出呼吁。国际联盟今天已形同虚设，中国向它申诉，其结果只会使这个形同虚设的机构更显得有名无实而已。国际联盟在欧洲还有点用处，他不愿意看见它成为一个笑柄。

德尔博斯赞成中国向《九国公约》的签字国呼吁，昨天他已将此意向顾说了。

他还肯定在目前情况下苏联不会对中国进行帮助。实际上，他刚接到法国大使从南京打来的电报，说蒋介石对苏联很恼火。俄国人曾经使他相信他们会帮助他，可是现在却说他们无能为力。

《美国外交文件》，1937年，第4卷，第2页

孔祥熙致中央政要

1937年8月16日

中央执行委员会常务委员诸公、国民政府主席林、蒋委员长、中政会汪主席、王外交部长钧鉴：熙自抵欧美，即分向各国当局密询其对中日问题之意见及政策，英方态度在实力未充足前似怕多事，德国希氏表示，伊与日携手即为谋中日妥协，美罗总统秘称"满洲国"成立已有六年，兹不问法理若何，其存在已为事实。目下各国虽未承认，但将来未必不免有一二国家与日在互换条件下开始承认。其余俄法等国或实力不足，或态度暧昧。当

---

① William C. Bullitt，美国驻法大使。——编者

② Yvon Delbos，法国外交部长。——编者

此中日战争开始之际，除我以武力抵抗自求生存外，似不无考虑其他运用途径之必要。熙意（一）国联九月又开大会，我政府当事先将最近日人侵略者事诉诸国联，要求经济制裁，此举既可使各国不得借口袖手旁观，我方又重新唤起世人道义上同情。（二）同时并依《九国公约》请美国召开太平洋会议，届时再由签字各国求一解决方法，未尝非我监理财政之利。前熙与顾、郭两大使连日请政府提出《九国公约》，未得回复，熙恐政府尚犹疑未定。今事急矣，除抵抗到底以求最后胜利外，尚须及时运用外交，以壮声势。以上两点，经与各国要人谈及，均认与我有利。熙身在海外，心忧国事，一得之愚，未敢缄默，应请详加考虑后即日实行。

（台北）外交问题研究会编：《卢沟桥事变前后的
中日外交关系》，1965年，第345页

亨贝克备忘录

1937年8月20日　华盛顿

会谈者：国务卿

　　　　中国大使王正廷博士

出席者：亨贝克先生

今天中午，中国大使请求会晤。

国务卿首先谈了似乎日趋恶化的中日形势。大使表示同意。国务卿提到美国旗舰奥古斯塔号中弹的消息，大使说他获悉了这一消息。国务卿问到关于奥古斯塔号及最邻近日本舰只的水域位置，大使准确回答了这一问题，看来他对此知之甚确。

大使说，他奉命前来向国务卿通报中国的行动打算。中国准备：（1）向国际联盟申诉。尽管美国不属于国联成员，但外交部希望知道美国政府是否予以支持。（2）援引《九国公约》，就此点而言，外交部希望知道美国政府是否愿意召集各签约国进行磋商，因各签约国是在华盛顿议定该条约的。国务卿未做任何许诺。

国务卿把话题转到美国和日本海军舰只在上海的位置一事上，奥古斯塔号的位置被认定位于苏州河以南，离开外滩的江面上。随后，国务卿谈到按照公约和惯例，上海公共租界区域应不受军事行动的影响，安全应有保障。他强调对此地位应予以高度尊重。他说，中国当局突然命令美国军舰应与日本军舰相隔五海里之远。大使表示不知此事。国务卿问亨贝克先生。亨贝克先生解释：中国当局已通知我们，要求我们的军舰离日本军舰五海里远，或说服日本军舰移至距我国军舰五海里远之处。实际上，不可能遵照这一要求行事，双方对此作了一些讨论。

大使将话题转到中国向国际联盟申诉和援引《九国公约》问题上。他说他奉命要了解美国政府的反应。中国政府希望在行动之前与美国磋商，从而避免使美国为难，并招致拒绝。大使说，如果中国政府的正式请求遭到拒绝，并为世人所知，那么将会给中国带来非常不幸的影响和国内反应。国务卿表示同意。然后国务卿讲到他于7月16日发表的政策声明，询问该声明对这一问题是否说充分了。大使说是的，就原则而言是说到了，但中国政府目前正在寻求的是行动。国务卿询问亨贝克先生是否有什么评论或询问。亨贝克先生说：看起来，中国政府与其说是正在寻求"援引《九国公约》"，不如说是正在寻求与《九国公约》缔约国进行协商和讨论。他想知道中国政府是否已经有了议程打算，中国政府是否已考虑到这一行动所带来的具体影响。大使说，按说议程应由缔约国安排，不过中国政府可以为此效劳。他说，开头的影响可能是道义上的影响。他重申希望得知美国政府的反应。大使询问是否明天可以继续造访，国务卿表示将考虑这一问题，一旦有了想法，马上会告诉大使。

随后，国务卿和大使相互表示了对事态严重性的焦虑。会谈结束。

《美国外交文件》，1937年，第4卷，第3—5页

亨贝克备忘录

1937年8月21日　华盛顿

关于中国大使所提出的，我国政府是否支持中国向国际联盟提出类似申诉行动的问题，我认为应当给予答复。即如果中国提出了此项申诉而国联又予以受理，可以期望我国政府按一九三一至一九三三年满洲事变时期所采取的支持国联的路线行事：保持并行使我国完全独立的判断权，在原则上支持制止敌对冲突并为准备以和平手段解决争端作出努力。

关于"援引"《九国公约》由我国起带头作用的问题，我国似宜继续避免对此作出承诺。如果我们向若干国家发出电报，要求以其外交部名义公开表示现时对中日冲突危机的态度，可以将此电报分别发给《九国公约》各签字国，并可以将业已发出此项电报的消息告知中国政府，但不可指明这些国家为《九国公约》签字国。

《美国外交文件》，1937年，第4卷，第5—6页

国民党中央政治委员会致国防最高会议

1937年8月26日

中国应即将被日本侵略之事实通知国际联盟，并提请参加盟约各国，依照盟约履行

其盟约上所载之武力制裁与经济制裁之责任。国际联盟在近年来虽失其盟约上之有力地位，然既未正式解散，会员国之盟约责任依然存在。我国若诉诸国联，纵然不能得其实力上之援助，则至少亦可得国际舆论上之同情，而舆论上之同情在国际战争上，往往发生不可思议之助力。例如日俄之战，英美舆论最同情于日本，日本终以英美舆论之同情，而获其经济上之援助，而终胜俄国，此一例也。欧洲大战之始，美国对英对德关系原无轩轾，后来因德失国际同情，美洲诸国遂加入英方，而欧战胜败之形势遂以决定，此又一例也。总之，在战争时期国际间之助力无论如何微小，均有一顾价值，而况国际联盟会员六十余国，其心理上之同情与精神上之援助，其力量亦正不可忽视。闻9月初国际联盟开会，我国似应及早提出具体请求，此其三。

（台北）外交问题研究会编：《卢沟桥事变前后的
中日外交关系》，1965年，第348页

中国政府致国联照会

1937年8月30日

中国政府素抱妥协态度，除履行各项协定外，并向日本一再退让，中止战事，但因日本蓄意侵略，力事扩大，以致劳而无功。其结论共分四节，大要如下：（1）日本侵入中国领土，并用海、陆、空军在中国北部与中部，袭击中国城市，此乃纯粹侵略行动，已属毫无疑义。（2）中国虽用尽各种方法，防止暴力侵略，均归失败，迫不得已，惟有实行抗战，此乃中国行使正当的自卫权。（3）日本侵略中国，原系抱有预定计划，自一九三一年九一八事变开端后，迄今仍在赓续实行中，日本虽一再声明，对中国并无领土野心，但已占领平津一带，并决定进占整个华北，借以控制中国其他部分，观中国自十年来所惨淡经营之建设事业，日本均竭力加以破坏，可以见之矣。（4）现行各种国际条约，日本已一一违反。例如该国蓄意破坏远东和平，此中违反《国联盟约》各项基本原则，该国利用战争，以遂行国策，并不屑用和平方法，解决国联争端，此乃违反一九二七年《非战公约》。该国不知尊重中国主权独立与领土完整，此乃违反一九二二年《九国公约》。以上所述各项事实，通知国联各会员国，与一九三四年[①]二月二十四日因中国东三省事件所设置之咨询委员会各委员国（美国亦在其内）。

谢汇东、田体仁等编：《全民抗战汇集》（初集），上海
民族书局1937年版，第84—85页

---

① 有误，应为1933年。——编者

亨贝克备忘录

1937年9月3日　华盛顿

会谈者: 国务卿

　　　　中国大使王正廷博士

出席者: 亨贝克先生

今天上午十一点三十分, 应中国大使之请求进行会晤。

国务卿首先询问关于中国形势的最新消息。大使说, 中国的战争剧烈。国务卿询问官方报道是否与新闻报道不同。大使回答, 它们基本上是一致的, 因为不存在大量的新闻审查。

大使说, 中国政府已经决定, 在即将召开的国际联盟会议上, 援引盟约第十七条; 此举若不成功, 再援引第十六条。希望美国政府以咨询委员会成员的资格给予道义上的支持。国务卿提醒说, 虽说美国政府已经公开表示了积极的态度, 但是, 其他政府仍保持沉默。他说, 如果他们连口都不开, 怎么能期望他们有所行动呢? 国务卿说, 在我们方面, 国会已经通过了一个中立法案。这是摆在我们面前的事……如果其他国家连话都不说, 中国对美国还能指望什么呢? 大使说, 中国作为国联的一个成员, 感到她必须向国联申诉。中国想让美国政府从官方渠道了解他们的每一行动。

国务卿询问援引盟约第十六条后会出现哪些事。大使说, 方案步骤都已写出。国务卿提到在意大利和埃塞俄比亚争端中援引第十六条的经验。大使说, 他猜想他的政府并不指望能采取很多的行动。国务卿说, 正是由于这一原因, 他想知道中国政府期望达到什么目的, 此项申诉会带来什么好处, 会不会成为 "欲进反退" 呢? 大使表示, 只要引起世界对中国局势的关注, 中国就获得益处。国务卿提醒说, 不考虑从前的经验而提出制裁问题, 由于遭到失败而产生的不良影响, 有可能会抵消向国联申诉所带来的益处。如果对意大利制裁的经历重现, 那么中国会得到什么呢? 中国会不会受到伤害? 国务卿解释说, 这只是他个人意见, 并不代表官方意见。

大使说, 他猜想国务卿个人意见并不表明美国政府不愿给予支持。国务卿回答道, 中国必须考虑我们的经历, 必须注意我们的历史地位。大使表示理解, 并提到1932年的经历。国务卿回答说, 在那个时候并未尝试采取国际制裁。他提请大使注意, 由于大使现在要求我们做一桩实在的事, 因而他认为作为国务卿, 他提出这些问题应该说是合适的。

随后, 就剧烈的战况及整个局势的不利因素交换了各自的看法。会谈结束。

《美国外交文件》, 1937年, 第4卷, 第11—12页

赫尔致哈里森①

1937年9月7日下午6时　华盛顿

在你前往日内瓦之前,我想就若干当前问题简要说明我的看法,以便指导你在大会上可能参预的会谈。

请你再仔细地阅读一下我于七月十六日和八月二十三日发表的公开声明。你将看出,第一个声明提出了美国政府认为文明国家之间和平交往的基本的和必要的原则,第二个声明表明,美国政府认为如同适用于世界其他地区一样,这一原则也适用于太平洋地区。在日本与中国之间,美国政府严格奉行公正无偏的方针。然而,它不能不感到这些基本原则遭到了严重的破坏。遗憾的是其他国家尚未普遍地认识到这样公开发表和公开地反复重申这些原则,能够加强条约原则的有效性,能够促进发展世界范围的只以和平方法解决国际争端的决心。

你无疑会被人问起在目前情况下,为什么美国政府没有实施中立法。查阅一下中立法,你就会看到开篇上写着"无论何时总统发现两个或两个以上国家处于战争状态,总统将……"等等。因此,某种事实是否存在的问题决定着中立法实施与否,当这种事实状态出现时,中立法必将付诸实施。在日中争端中,断断续续的敌对行动已持续了很长时间,目前的争端规模虽较大,但在他们看来仍只是规模上的变化,而非性质上的不同。冲突双方都宣称他们没有进行战争,冲突双方都在对方国土内保留外交及领事代表。日本声称它的行动属于讨伐性,并再三否认有获取领土的意图。

我告诉你一机密情报:我们每日都在考虑中立法的实施问题,而中国的局势,随时都会出现必须付诸实施的情况。我们只能采取一种临时的政策,并逐日考虑其实施。

中国给国际联盟和咨询委员会诸成员分送了一份关于中日纠纷的报告。咨询委员会于1933年成立,随后,威尔逊②被指派出席该委员会但无表决权。显然,如果确定该委员会仍然存在,并召开会议,那么你将被授权按照此前威尔逊所得到的同一指示出席该会议。总之,你不得造成一种我们必须参预日内瓦对目前问题的任何讨论的印象。在这个问题上,我们宁愿完全地保留意见。

《美国外交文件》,1937年,第4卷,第13—14页

---

① Harrison,美国驻瑞士公使。——编者
② Hugh Wilson,美国驻日内瓦公使。——编者

英国外交部致马莱特[①]

1937年9月10日　伦敦

　　九月七日，中国大使通知贾德干先生，作为出席国联大会的中国代表，他已收到其政府关于要求援引《国联盟约》第十七条的指示。他给人的印象是，他本人并不完全赞成这些指示。他清楚地意识到，在日内瓦不可能做成什么有实效的事。他猜测南京政府正受到压力，要其不放弃任何一个机会去试图获得列强干预或至少使中国处境得到改善。不管怎么说，日内瓦的公开讨论，将会给中国代表团提供一个陈述中国情况的理想讲坛……

《英国外交文件》第2辑第21卷，第321页

中国政府致国联声明书

1937年9月10日

　　七月七日，日本军队在卢沟桥举行非法演习。卢沟桥邻近北平，系交通孔道，军事要冲，日军开赴该地，已无任何现行条约可为根据。旋又借口日兵一名失踪，于子夜要求进入邻城宛平，从事搜查。及中国当局拒绝其请，日军即以步炮兵力突袭宛平，中国防军乃被迫抗战。中国当局自始即曾表示愿以和平方法解决此卢沟桥事件，而日方借此谋遂其在华北之阴谋，致使中国不得〈不〉为武力之抵抗，因以促成东亚流血之惨剧，而日来之抗战，殆不过此惨剧肇端耳。中国当局为力求避免扩大衅端，并盼经由正常外交途径从事和平解决计，故曾对日军之一再挑衅行为，竭力容忍，并曾提议双方撤兵，以期隔绝两方对峙之军队。嗣后且在日军未撤前，先从冲突区域自动撤兵，中国维护和平之意向于此更属明显。但日方蓄意扩大事态，初则调遣大军进入河北，在宛平、卢沟桥一带重复进攻，旋又扩大军事行动地带，达于北平近郊，遂使当时情况愈趋于严重。日方虽一再严重挑衅，中国地方当局仍不断致力于和平解决，并于七月十一日，接受日方所提条件，内容如下：（一）二十九军代表对于日本军队表示遗憾之意，并将责任者处分，以及声明将来负责防范不再惹起同类事件。（二）中国军为日本在丰台驻军避免过于接近容易惹起事端起见，不驻军于卢沟桥城廓及龙王庙，以保安队维持治安。（三）本事件认为多胚胎于所谓蓝衣社、共产党〈及〉其他抗日各种团体之指导，故此将来对之讲求对队[②]并且彻底取缔。七月十二日日本大使馆参事受其本国政府训令，偕陆军副武官及海军副武官谒见中国外交当局，请中国政府对于十一日所订地方解决不必干涉。中国外交当局答以任何地

---

① 　Mallet，时任英国驻美代办。——编者

② 　原文如此。——编者

方协定，必经中国中央政府之核准，方能有效，同时并提议双方将其军队撤回原防，静候事件之解决。日方后复于中国地方当局依照解决办法撤兵之际，乘机扩张其军事行动及挑衅袭击，达于北平、天津区域，据七月十五日之估计，日本军队在平津区内已达二万人以上，且有飞机一百架，而关外更有大批军队准备待发。处于此种武力胁迫之下，地方代表之磋商至感困难，尤因日方擅提条件，以为七月十一日解决办法之补充，一切接洽愈见辣手。七月十六日中国对美、英、法、意、比、荷、葡（以上《九国公约》签字国）及德苏等九国政府提送备忘录，指日本以大量军力突袭卢沟桥，侵犯华北，显系侵犯中国主权，违背《九国公约》、《巴黎非战公约》及《国联盟约》之文字与精神，促请各该国政府注意。备忘录中并称中国虽被迫而使用一切方法，以防卫其领土及国家生存，但仍愿随时以国际公法或条约上之任何和平方法，与日本解决其争议。七月十七日日本大使馆致备忘录于中国外交部，要求中央政府不干涉地方交涉，并不为任何军事准备，同日日本陆军武官受东京陆军省之训令，向中国军政部表示反对中国方面向河北增兵，即为自卫目的，亦所不许，并以严重结果为恫吓。中国政府对于此种无理要求，经于七月十九日书面答复，重申前次提议，即双方停止军事行动，并约定日期，各将军队同时撤回原防。复文中，并明白申明中国政府为和平解决此次不幸事件起见，准备接受国际公法或条约上所公认之任何处理国际纠纷和平方法，如双方直接交涉、斡旋、调解、公断等等，不幸此种和平建议，竟不获所期之反应。而中国政府对于其地方当局七月十一日与日军所订之解决办法，亦未予以反对，于此可证中国政府一再容忍，已达最高限度。综上以观，日本欲从两方面利用卢沟桥事件，企图实现其在军事上、政治上及经济上宰制华北之目的，盖甚昭彰。在军事方面，日本为准备大规模侵略，不断派遣大军进入河北，而同时则阻止中国中央政府作自卫之准备，冀使中国地方当局易就范围。在外交方面，日本希图压迫中国中央政府，使其对于华北不加闻问，且使其对于地方当局，因独受日方武力压迫而接受之任何条件，事先预予同意。厥后日军既知中国不能唯日方之命是听，乃于七月二十日[①]向中国地方当局致最后通牒，要求中国军队自北平及北平附近撤退，是为七月十一日解决办法所未有之一点，乃日本最后通牒所定之限期犹未届满，日本陆军空军大举进攻平津区域，对于平民生命财产、教育文化机关恣意蹂躏摧残，为举世所震骇。洎乎中国军队既自天津撤退，日本军队复扩大其军事动作，深入冀南，犹以为未足，更北向对于冀察边境之南口要冲猛烈攻击，现尚未已。据八月二十日之估计，日本在华北约有军队十万人以上，日本在中国领土之上，集中如许大军，实已明示其居心，以武力征服为定策，在亚洲大陆遂行侵略也。中国政府鉴于已往事实，深恐日本复将抄袭故智，于上海方面，妄启戎端，扰我商业及金

---

① 原文如此。——编者

融中心，故于北方危急之际，曾一再训令上海地方当局时加防范，俾免不幸事件发生。无如八月九日日本海军官兵二人竟图违抗警令，擅入虹桥中国军用飞行场，与中国保安队发生冲突，日方死海军军官一人，兵士一人，中国保安队士兵亦死一人，于是中国方面保持上海商埠和平之努力又告失败。肇事以后，中国沪市府当局虽曾立即提议经由外交途径进行解决，而日本则仍凭恃武力扩大事态。二十四小时以内，日舰集中沪滨者达三十艘，其武装军力亦增加数千人，同时复提出要求，冀图取消或破坏当局之自卫措施。八月十三日日本海军陆战队以公共租界为根据地，水陆并发对江湾、闸北方面大举进攻，于是日方预定之进犯淞沪计划，乃于虹桥机场事件发生后四日揭开。自此以还，日本空军大事活动，鲁、苏、浙、皖、鄂、湘、赣诸省，无一幸免。南京为中国首都，日机每日来袭，几无间断，其他重要城市，亦遭蹂躏。揆日本之用心，殆欲凭借其空军数量上之优势，对于中国经济、文化及中外贸易中心所在之繁庶区域，恣意轰炸，以减少中国抵抗之实力。

　　以上所述，乃为日本自七月七日卢沟桥事件以来行动之大概，据此可知下列四点，至为明显确实，不容疑议。(1)日本武装势力，实已侵略中国领土，而其陆、海、空军对于中国北部、中部防地，大肆袭击，犹在进行之中，是为一纯粹之侵略行动，至属显然。(2)中国既已用尽一切方法，阻遏暴力而无效，现已采取武力行动，实行其天赋自卫之权，此原非中国素愿，实迫不得已。(3)日本现在中国之行动，实系继续其一九三一年九月十八日在东三省开始之侵略计划，日本现已不顾其"对中国无领土野心"之诺言，占据平津，更进而图夺取华北全部，并宰割其他区域，中国十年来坚毅辛勤所造就之建设工作，亦均在其企图破坏之中。(4)日本既如此居心扰乱东亚和平，实已违背《国联盟约》之基本原则，以战争为国策之工具，置一切解决国际纠纷之和平方法于不顾，则又违背一九二八年《巴黎非战公约》，不遵守其尊重中国主权独立及领土与行政完整之义务，则更违背一九二二年在华盛顿缔定之《九国公约》。

谢汇东、田体仁等编：《全民抗战汇集》(初集)，上海
民族书局1937年版，第86—90页

赫尔致哈里森

1937年9月11日下午3时　华盛顿

　　补充九月七日下午六时我的第五十一号函。我们多年的经验表明，国联成员国将努力获得美国对在假定条件下行动的保证。例如，他们可能会问："如果中国的申诉提交给第一委员会，并邀请美国出席，那么，将指派一个美国代表吗？"我们有时发现，假定的情况并没有发生，但由于我们回答了这种假设问题，使美国发现它自身比其他大国大大

超前做出承诺。鉴于此种情况，建议你拒绝与其他国家代表一起推测在一定条件下美国政府要做出的决定。我们国家的强大稳定就在于：我们有差不多五十个州，其中任何一州要在联邦组织以外接受他人请求就某项问题做出承诺，事先必须由所有各州就此项问题作出决断并充分表达其意志。

我们已经按此理解给蒲立德发出指示，他目前已和带着假设问题的德尔博斯进行接触。

有一个消极性的意见，可以在国联成员询问你时转告他们。即为了讨论中国问题，指望经过邀请，美国会主动要求参加第一委员会，或其他任何公共机构，特别是新成立的公共机构，这几乎是不可能的。接受这样的邀请将是一种显眼的重要的政治举动。

希望能收到你从各成员国特别是英法那里获得他们是否认为在中国已存在"战争状态"的印象以及（如果是这样）他们是否打算采取任何有关中立的行动，这是我非常关注的。我无须再向你叮嘱在进行探询时务须谨慎的必要性。

在你前往日内瓦时盼电告。

《美国外交文件》，1937年，第4卷，第15—16页

中国代表团致国联

1937年9月12日

鉴于日本侵略中国空前未有之严重，中国政府决再向国联会提出申诉。过去两个月间，远东局势已遭极端不幸之逆转，此种局势不仅威胁中国之生存与独立，且危害列强领土之安全与条约所享受之权益。于满洲事件发生时，中国参加国联代表已屡次声明，日本采取违背国际条约之政策，以征服中国，统治亚洲，称霸于太平洋，并采用武力为遂行其政策之工具。此为日本武装军队自一九三一年以来，所由不断对中国挑衅与侵略之真正原因，亦即日本强占东三省后，复继续侵入热、察、绥、冀之理由也。在最近两个月以来，日本制造七月七日卢沟桥事件后，遣派陆军二十五万人至中国，复于强占平、津、南口、张垣后，继续向晋进犯，沿津浦、平汉两线南侵。自八月中旬迄今，日本业已在淞沪区域，集中陆军六万员名，迭向中国防军攻击，以致数千人民丧失生命，中外人士财产之损失达数千万元。日本遣派如此重兵来沪，其目的无非欲控制富庶繁华之长江流域门户与远东主要商业城市之上海，继而进攻中国之首都南京。日空军对于不设防之城邑，起自张垣与大同，迄至汕头与广州，滥施屠杀与破坏，而此城邑，固多系毫无军事关系者也。各处平民以及集于各大车站之妇孺难民，已迭遭轰炸，虽友邦之外交代表，因公出外，远距战地者，亦复遭日机之轰击与机枪扫射。日本对于国际公法及尊重非战斗员之普通

人道，完全不顾，此实贻文明之羞。日本海军舰队集中扬子江口与黄浦江中后，无日不对于平民充溢之上海，与人烟稠密实业兴盛之浦东两区域，从事轰击。今日复宣布中国全部海岸之非法封锁，对于经营合法贸易之中外航业，悉加干涉，海上自由与贸易自由之原则，乃受日本此举之摧残。远东危局现已切实演成世界危局，日本之侵略，不独威胁中国之独立与其领土完整，且亦危及世界一般和平。故中国政府与人民，确信代表嗜爱和平的国家大团体之国联，应筹议并采行有效力之计划，以制止日本在华侵略与残暴行为之莫可忍受的赓续，而维护国际条约之尊严。中国并希望注重和平与国际公道之美国，今后赞助国联之行动，与昔日同。更希望其他各国之在远东有利害关系，而非国联会员者，亦各贡献其慷慨之努力，俾制止侵略，而促成和平。

谢汇东、田体仁等编：《全民抗战汇集》（初集），上海

民族书局1937年版，第90—91页

巴克内尔[①]致赫尔

1937年9月12日下午8时　日内瓦

二八五。参阅九月十二日下午五时发第二八四号领事馆电。

胡[②]信任地告诉我，中国今晚或明早将向国联秘书长递交二份照会。第一份照会为根据《国联盟约》第十、十一、十七条向国联行政院的呼吁。第二份照会是对八月三十日中国照会中所列举在华发生事件加以迄至目前的补充陈述。参见八月三十日下午九时我第二六二号电。这个照会并要求将其转致咨询委员会。

《美国外交文件》，1937年，第4卷，第17页

中国政府代表团正式申诉书

1937年9月12日

本代表兹奉本国政府训令，谨请贵秘书长注意日本以其陆、海、空军全力侵犯中国，且仍继续侵犯中国之事实，此系对于中国领土完整与政治独立之侵犯行动。中国为国联会员国，故此种行动明白构成应依国联会章第十条处理之案件。又日本之侵犯行动，如此造成之严重情势，亦在同会章第十一条范围以内，故亦为国联全体有关之事件。至于本案事实，则请参阅中国政府送达国联之事实声明书。该声明书已由国联转送各会员国，及一九三三年二月二十四日国联大会依照会章第三条第三项规定通过决议案而成立之咨询

---

① Bucknell，美驻日内瓦领事。——编者

② 中国驻瑞士公使胡世泽。——编者

委员会。鉴于日本现在对国联之关系及其在之行动①，中国政府认为国联会章第十七条亦同样适用。但国联大会暨行政院对中日纠纷，截至现在所为之一切决议，其继续有效性及拘束力，并不因此而受影响。本代表谨以本国政府之名义，请求适用国联会章第十条、第十一条及第十七条，并向国联行政院诉请对于上述各条所规所定之情势，建议适宜及必要之办法，并采取适宜及必要之行动。

谢汇东、田体仁等编：《全民抗战汇集》（初集），上海
民族书局1937年版，第91页

中国政府致国联补充声明书

1937年9月13日

自中国政府于八月三十日向国联提出关于日本侵略中国事实之第一次声明以来，日本在华之侵略，益趋严重凶残，对于非战斗员生命财产，乃至第三国人民之生命财产，均予任意蹂躏，残暴万端。中国政府鉴于情势之严重，认为有提出补充声明之必要，尤希对于下开重要事实，特别注意：（一）军事及政法状况，日本海军陆战队，暨于八月十三日造成上海战衅，其后日本陆、海、空军又继续增援，情势愈见紧张，估计日本于原有海军1万余人外，在沪增援之陆军计达五师之众，且携有最新式武器，及多数之军用飞机。日本既决心宰制中国之第一通商商埠，故对于第三国关于双方撤兵，"包括军舰"之提议，虽经中国原则上予以接受，彼亦悍然拒绝。现在沪战已予生命财产以极大之牺牲，而以两方大军对峙，为生死之决斗，沪战势将延长。至于华北方面，中国军队于奋勇扼守南口要隘，约历两周之后，终以日军使用毒气进袭，复以日本关东军自热河来犯，中国军队将不免腹背受袭，不得已而撤退。日兵更趁势西侵，占据平绥沿线各城，且进占察省省会之张家口，张垣中国军队，亦于八月二十七日被迫撤退，九月四日日方且宣称，即将在该地组织所谓"南察自治政府"之傀儡组织。平汉、津浦两路北段，续有战争，日军在该方面之兵力，计达九师之众，不下十五万人，至彼在日人掌握下之平津一带，则秩序紊乱，人心恐惶。北平有外籍教士十人，曾遭掳掠。日本军方亦自认北平日兵，迭有抢劫情事，现在设法杜防。日方为毁灭中国沿海商埠计，现已扩展其空军之活动，至于华南。八月三十一日日军飞机六七架，轰炸广州，同日汕头、漳州亦遭袭击。九月三日在日舰轰击厦门炮台以后，日本水上飞机复又轰击厦市，九月六日汕头再遭日机轰击，盖在中国全境内，除少数省份外，鲜有不遭日本空军之蹂躏者。而日本空军人员，于其实行轰炸荼毒之际，又复对于战斗员与非战斗员毫无区别，此种残暴行动，即将于下文详述之：（1）"日

① 原文如此。——编者

本宣告封锁中国海岸":八月二十五日,日本海军宣告封锁自上海至汕头南某点为止之海面,禁止中国船舶航行。东京方面虽称对于第三国"和平贸易"不加干涉,而在中国作战之日本第三舰队之法律顾问信夫惇平则对报界宣称,巡弋封锁洋面之日本军舰,得令外籍船只停止候查,并称如果日方认为船舶所载系为战时违禁品,则日方或将有适用"优先购买权"之可能。九月五日,日方更宣告将封锁区域扩大,北起秦皇岛,南迄北海,于是中国海岸全线,事实上均在封锁之内。同时日海军当局宣告,日方在中国领水内,对于一切船舶,均保留查验船籍之权,并要求各外国轮船公司,将其船舶在中国领水之行动,通知日方。(2)"日本飞机轰炸红十字会":日本虽系一九二九年日内瓦公约签字国之一,然其在华军队则悍然违犯该约规定,对于从事人道工作救护伤兵之红十字会,一再蹂躏。上海方面红十字会,救护车为日本飞机炸毁者共达七辆之多,红十字会会徽,本属极易辨认,而日本飞机,对于红十字会车辆,每多故意穷追,有时且对之掷弹。八月十八日,真如红十字医院遭轰炸。次日南翔红十字会救护队又遭日本飞机轰炸。八月二十三日,罗店方面日军枪杀红十字会人员之暴行,更属惨无人道。彼时救护队员四十三人,方在拯救伤兵,突遭日军包围,且自彼等白色制服上,撕去其红十字徽号,强令跪下加以枪击,医师一人,护士四人,当场毙命,乘间逃逸者,仅护士三人,而其一于逃逸时,为日军枪击受伤,次日亦死,其余队员迄今犹生死不明。日军如此横暴,遂使红十字会工作至感困难。目前该会人员后方工作,大部均须冒夜进行,借以稍避危险。至日方所说,红十字救护车运载军火之说,则全属无稽。(3)"日恣意攻击非战斗人员":日本空军对于非战斗人员,不加辨别,滥施攻击,案件繁多,爰举数例,借示日本之残暴。八月十七日,日机约十架,袭击距沪八十英里之南通,对美国教会医院,掷弹六枚,一中该院大厦,着火焚毁,死中国医师二人、护士二人,伤者甚多,中且有正在值班之美籍护士二人。八月二十八日,日机十二架袭击上海南市,南市人口稠密,系平民居住区域,绝无中国军队或阵地,日弹密集车站附近,死无辜平民二百余人,伤五百余人,被难者均系候车离沪之难民,尤以妇孺为最多。八月三十一日,日机轰击大场镇公共汽车站,当场毙命者二百余人。同日距天津南约七十五里之沧州,亦同遭惨剧,平民死伤于日本飞机之手者又数百人……九月五日清晨,日机十六架,袭击上海公共租界西边且并非战区之北新泾,多数房屋受毁,人民死伤亦众。日机于其飞翔该地上空之际,见苏州河中有满载难民之帆船两只,乃亦立予轰击,一只受炸,死四十人,伤二十人,另一只则为日机机关枪所扫射,亦死甚多。(4)"日军恣意摧残文化教育机关":自战衅爆发以来,日军对于中国教育文化机关,均将特殊注意,选为目标,恣意摧残。声望素著之南开大学及其附属中学,同遭日本纵火焚毁,是为其占领天津以后最早暴行之一。自此以后,各级学校局部或全部见毁于日方空军之轰炸者,不一而足。南通崇英女校、南昌葆灵女校、农学院及乡村师范、南京中央大学及其附属实验学校、贵族学校,以及吴淞同济大学,为其最著者。尤可注意者,受日方空军袭击之各校,除同济大学而外,俱系去战区极远与战事绝无关系。即以同济大学而论,亦不在实际之作战区域,而于其被毁之时,亦绝未有中国军队驻扎在内。以上所述日军队过去数周在中国领土内之行动,足以证明日本决心扩大其侵略行动于中国全境,且正如日方所自认冀以毁灭中国政治机构,消灭中国文化,以遂其征服大陆之迷梦。抑尤有进者,按照上述事实,可知日本全力于其侵略中国领土后,对于中国一切国际公法条约规定,与夫人道信条等,均已绝对蔑视不顾,法律道德退处无权,暴力蹂躏恣行无忌,醉心于征服之迷梦,遂以一味惨杀破坏为依归,是不特我中国四万万五千万人生命可危,即世界之文化与安全,殆亦若一发之牵掣,前途不堪着想也。

谢汇东、田体仁等编:《全民抗战汇集》(初集),上海
民族书局1937年版,第92—95页

詹森致赫尔

1937年9月15日下午3时　南京

1.外交次长徐谟九月十四日下午六时向大使口头通报,中国政府对美国及其他国家对待日本侵华行动采取这样一种冷淡的态度表示失望。他希望美国在国联应中国的要求而决定采取的任何有利于中国的行动中与国联合作,因为,美国不仅是咨询委员会的一个国家代表,而且是国联之外的国际公正原则的拥护者。他说,除非美国予以支持,国联本身对任何行动的成功可能均持悲观态度。

2.外交次长说,中国用全部力量保卫自己,比日本预料的更加成功,但是,除非中国接受某种外来援助,否则,最终将失败。他说,中国特别希望英国、法国、美国联合行动,他认为那些国家愿意甚至渴望与美国联合行动。

《美国外交文件》,1937年,第4卷,第18页

顾维钧在国联大会上的发言

1937年9月15日

远东局势,现已极端严重,此在国联会,不可不采取紧急之措置,和平原属不可分割,而集体安全之原则,则系国联会盟约之原来根据,今欲扑灭远东方面燎原之火,并使太平洋与欧洲之和平得以增强,则其一线希望,端在相互忠实履行盟约所规定之约束而已。抑中国现所防卫者,不仅为其本国领土,中国国境以内各国家之权利与利益,现亦赖

中国加以防卫，中国现谋得国联与前系各国之赞助，倘未成功，则日本必直接侵犯各外国在远东之利益，公然无所顾忌矣。日本谋实施在亚洲大陆扩张领土之计划，处心积虑，已非一日，今则以武力求此项政策之成功。其所根据之理由，系欲解决原料问题与人口问题，实则此项理由并未成立，盖中国始终表示，准备在经济上与日本合作也。

目前局势，实由于满洲事件发生以后，国联会盟约未能实施之所致。为今之计，国联会必须明白表示反对日本之侵略政策，而对于日本封锁中国海岸一事，尤当加以阻止，则以封锁中国海岸之举，乃对于海洋自由一项原则之第一次打击也。就目前欧洲与亚洲之危机，国联会倘欲求本身力量之增强，则必须接受中国之申请，按照中国政府所援引之盟约第十、第十一、第十七各条文，采取各项措置，至少亦当将本案提交1933年2月24日所设立而美国亦参加在内之咨询委员会，加以处理云。

谢汇东、田体仁等编：《全民抗战汇集》（初集），上海

民族书局1937年版，第103—104页

巴克内尔致赫尔

1937年9月15日下午4时　日内瓦

参阅九月十四日下午十时第二九六号领事馆电。顾的发言今天早晨递交国联大会，这是一份平静而适当的声明，概括述及中日冲突的最为重要之点。在大体按照最近中国向国联递交的照会内容作了关于最近事态发展的历史陈述之后，顾说到以下诸点：

(1) 反驳了作为日本帝国主义政策根据的人口过剩和原料需求的论点；

(2) 日本的最终目的是统治亚洲；

(3) 危及外国在华经济利益及中国的领土主权；

(4) 和平的不可分割性与允许这种侵略政策继续的危险性。

关于上述第(4)点，他引用七月十六日国务卿所作的原则声明的第三句……

关于日本滥肆轰炸的行为，他引用了英国就日本飞机袭击英国大使而致日本的照会。

《美国外交文件》，1937年，第4卷，第19页

爱德蒙[①]致英国外交部

1937年9月15日　日内瓦

以下是外交大臣[②]要我发出的电文：

今天早晨我与中国大使进行了长时间的谈话。考虑到未来的发展和中国要求国联实

---

① C. A. Edmond，英国驻日内瓦领事。——编者

② 艾登，时在日内瓦出席国联会议。——编者

施盟约第十、十一和十七条的申诉，我认为有必要在今晚安排一次与法国外交部长、中国代表及国联秘书长的会晤。

德尔博斯先生、爱维诺先生①和我一致向中国代表们建议，他们不应该坚持国联行政院应根据盟约第十七条而展开行动，因为这会给人们造成中国企图立即援引盟约第十六条的印象，而他们承认这并不是他们的意图。我们希望他们同意行政院将此事提交给由一九三三年国联大会所建立的咨询委员会。中国代表们似乎被我们所说服，他们说中国政府会同意这样做的，尽管他们还不能对此作出保证。我进一步向中国首席代表顾维钧建议，他在国联大会的讲话中应提及将此事提交咨询委员会的可能性，以避免将来出现这样的批评，说这一程序是强加给中国政府的。顾维钧先生也答应考虑这一点。

我指出，美国是咨询委员会的成员，因此，美国政府与该机构合作的可能性远远大于与行政院合作的可能性。我们都把与美国政府的合作视为头等重要的事。

我确信，我们这次坦率地讨论了我们面临的问题和国联处理这些问题时明显的局限性的会谈，是非常有益的。完全有理由期望，强调其与英国政府和法国政府合作的诚挚愿望的中国人，现在将不会采取任何行动突然宣布与日本处于战争状态，因为这将损害他们自己的利益。

《英国外交文件》第2辑第21卷，第322页

爱德蒙致英国外交部

1937年9月17日　日内瓦

以下是外交大臣要我发出的电文：

我从顾维钧先生处得知，中国代表团已经得到指示，要努力争取咨询委员会在下列几方面有所作为：

1.宣布日本人的行为为侵略，并谴责日本人所采用的非人道的战争手段。

2.拒绝向日本提供战争物资和贷款。可能的话，进一步拒绝向日本供应诸如毛、棉、油、铁及其他矿产品之类的原材料，并拒绝接收日本出口的产品。

3.为中国购买和运输武器提供便利，安排向中国贷款，并给予全面的财政援助。

关于第一点，顾维钧清楚地表明，它是要为第二点和第三点的协调行动获得一个道义的基础（如果实际上不是法律基础的话）。我向顾维钧先生指出，宣布日本侵略，可能将是一件非常困难的事情，且可能对中国也没有好处，因为这几乎肯定会迫使美国总统宣布适用中立法。对此顾维钧先生回答说，美国政府在朝着适用中立法的道路上已经走

---

① 　Joseph Avenol，国联秘书长。——编者

了相当的一段距离,它已禁止其政府拥有的船只向远东运输战争物资,并警告私有船只在从事这类活动时将自担风险。我还向顾维钧先生指出,咨询委员会很难不经过调查就宣布日本是侵略者。这一调查将花费相当长的时间。顾维钧先生说,他理解这一点,但是中国的公众舆论以及他认为世界上大多数国家都要求咨询委员会根据《国联盟约》、《凯洛格公约》和《九国公约》对这一问题清楚地表明它的看法。中国政府决心要求宣布日本为侵略者,是为了证明自从日本采取行动以来中国政府所采取的态度是正当的。

　　关于第二点,拒绝向日本提供武器和贷款实际上是最低限度的要求,中国政府希望这一范围能够扩展到以上所提到的原材料方面,并希望形成对日本出口产品的抵制。

　　对于第三点,顾维钧先生表明,为向中国运送武器提供便利将包括经过香港的运输。

《英国外交文件》第2辑第21卷,第328—329页

顾维钧致外交部

1937年9月18日　日内瓦

　　南京。外交部。大会皆以国内舆论界对于中日问题提出后国联态度如何,此间甚为注意,拟请向各大报接洽发表社论,要求国联对于:①日本违犯公法条约。②及一切人道主义种种行为,以及③非法封锁。④与利用上海租界为作战根据地,各项严加指斥。⑤并正式宣布日本为侵略国。此外⑥并说明我国向来拥护国联。⑦每年会费甚巨。⑧中籍职员在国际联合会秘书厅虽迭经要求仅有二人。⑨此次国联应重树威信,一方面在可能范围内积极援助,他方面对侵略国加以制裁。惟各报持论不必尽同,以免痕迹,其中一二报⑩并可主张此次国联倘仍无具体结果,在我实可无须继续拥护国联。再各报社论发表后请即电告,并授意路透社哈瓦斯尽量发电,钧、祺、泰。

(台北)外交问题研究会编:《卢沟桥事变前后的
中日外交关系》,1965年,第345—346页

赫尔致巴克内尔

1937年9月18日下午3时　华盛顿

　　致哈里森。收到咨询委员会召集会议的通知后,下述指示即生效。注意最后一段,并将你所确定的发表致爱维诺照会的日期,立即通知我。

　　1.在此之前我们已出席了咨询委员会会议,现在如拒绝出席,将会导致各种误解的产生,你有权按照以往休•威尔逊出席的性质及条件,在接到委员会开会通知后代表你

的政府出席会议。如下是威尔逊一九三三年三月十三日给秘书长照会的原文：

美国政府准备与咨询委员会以一种适当的、可行的方式进行合作。对于咨询委员会建议的各种提议或行动，美国政府有必要作出独立的判断，美国政府不能指派行使该委员会成员职责的代表。然而，请相信，本政府的一名代表参与委员会的审议是有益的。如果这种参与符合所期，我命令美国驻瑞士公使休·威尔逊即按此准备参加会议，但是无表决权。

2.你应相应致函秘书长，内容如下：

我国政府指示我通知您，授权我出席九月二十一日（星期二）在本市召开的咨询委员会会议，具有休·威尔逊以前出席历次会议所具的相同资格及相同目的，这些资格和目的在威尔逊一九三三年三月十三日致埃里克·德鲁蒙先生信中业已说明。

美国政府记得，咨询委员会是在国联行政院咨请国联大会，经大会作出重大政策性决定，随后以此项决议为根据建立的。按美国政府的理解，建立咨询委员会可以帮助国联各成员国内部及与非成员国之间，为实施国际联盟建议的政策协调其行动及态度。目前，在我国政府被告知国联对该咨询委员会所起作用的期望以前，我国政府不可能说明其有效合作的程度。

为了避免对我国政府立场的误解及避免由于不肯定而造成的混淆和延搁，美国政府不得不指出它不可能承担那些国联成员国因其成员身份而衍生的责任。我国政府认为国联成员国关于政策和可能行动的途径的共同决定，是通过国际联盟正常议事程序而达成的。我国政府信守通过世界上各国政府的合作寻求以和平方式解决国际争端的原则，准备仔细考虑国联向其提出的明确建议，但不准备对以假设性的询问向其提出的政策或方案表明其有关的立场。

3.在呈交这份照会、解释最后一段时，你应向爱维诺说明：我国政府认为，它对于和平问题的态度、在各种条约中承担的义务、对于国际关系准则的观点、对于远东问题的总政策、对于目前那里的冲突奉行的方针以及指导其行动的法律规定是众所周知的，这些应当能使联盟各成员国对我国的政策倾向有所理解。

也请说明，我们打算在九月〈二十一〉日的晨报上发表照会原文，我们猜想，秘书处定会愿意同时发表。

《美国外交文件》，1937年，第4卷，第24—25页

蒋介石对《巴黎晚报》记者谈话
1937年9月21日

目前之中日战事，乃日本蓄意侵略中国之结果，中国为排除侵略与自卫生存，自不得不以全力抵抗。日本军队大规模侵略之用意，无非欲图消灭中国整个民族生存，

吾人应付方针，亦当以整个民族生存为目的，上海或华北，皆为中国领土，视为整个问题，如日本在中国境内从事武力侵略一日不止，则中国抗倭战争一日不止，虽留一枪一弹，亦必坚持奋斗，直至日本根本放弃侵略政策，并撤回其侵略工具之武力之日为止。为维护世界和平、人类文明条约尊严与国际公法之效力计，本人热烈期望国联此次能切实执行其在国联会章下应有之义务，对日本作有效之制裁。一九三一年以来六年中，日本之暴行明证日本征服中国进为东亚盟主之野心，若列国仍不采取及时措置，遏止日本侵略，则不但各国对中国原有之贸易为之消灭，即各国在东亚之领土，亦必受严重之威胁。故对日制裁，非所以独助中国，亦所以保护各国联会员国及相关非会员国本身之利益，本人深信各国远大眼光之政治家，必当有见及此，遵照会章制裁日本，以尽其义务也。

谢汇东、田体仁等编：《全民抗战汇集》（初集），上海

民族书局1937年版，第105页

亨贝克备忘录

1937年9月23日　华盛顿

会谈者：国务卿

　　　　中国大使王正廷博士

出席者：亨贝克先生

今天上午应中国大使请求进行会晤。

大使首先提到国务卿最近的波士顿和纽约之行，愉快交谈。

大使说，他对美国政府强烈抗议日本对中国公民进行非人道的轰炸表示赞赏。他特别说到日本昨天对广州的轰炸。

大使说，他是来寻求"启发"的。他得到的报告说，如果国际联盟公开宣布日本是侵略者，美国将被迫实施中立法。他看不出为什么会是这样。他对此感到难以理解。国务卿提到国会关于强行实施禁运的授权问题。他说，在美国，对国际联盟问题争论剧烈，争论一再围绕着侵略和制裁问题而展开。威尔逊总统的班子已被彻底换掉，反对国联的人取得控制。实施禁运的问题是人们反复议论的一个问题。在国务院我们坚持执行自主原则。在国联机构中，极端的民族主义者反对制裁的原则。这种情绪的上涨与欧洲形势有关。说句心里话，他本人并不支持这种观点。

大使说，他理解澳大利亚的布鲁斯先生提出召集在太平洋"盆地"有利害关系的国家会议的主张，接下来就哪些国家参加进行了讨论。大使说，他认为可提出八到九个国

家；英国和法国都支持这个意见，他想知道美国的态度。国务卿回答，我们迄今为止还没有听到任何消息。大使请求，当国务卿有关于这方面的意见时，请召见他。

大使说，在中国，局势更加"火炽"。中国确信：轰炸袭击对市民的危害比其他更严重。他认为，中国人民在上海阻止了日本人的进攻（实际上他说"在赶走他们"）。然而，北方的情形不这么好。他确实不知道战略如何，但是，看上去有某种意图是在北方引日本深入内地，使他们远离其供给基地。

国务卿询问，在中国为什么流传着美国偏向日本的说法。大使回答，这与中国官方无关。他建议，美国驻华大使可以向中国新闻媒介提供事实情况，他（王）正将这些事实情况提供给中国外交部。国务卿说，有些时候在公众面前发布事实真相是很重要的。大使说，这就是为什么今早他来表示谢意的原因之一。

国务卿问亨贝克先生是否愿意说些什么。亨贝克说，他听大使提及得到报告，说如果国联宣布日本是侵略者时，美国将不得不实施中立法，他对此感到奇怪，他想知道大使得到的报告源于何处。大使说，源于在日内瓦的中国代表。国务卿谈到，国联的行动不会迫使我们采取任何行动。大使说他明白这一点。

《美国外交文件》，1937年，第4卷，第30—31页

蒋介石答外国记者问

1937年9月24日 南京

蒋委员长二十四日接见外国新闻记者，对日机轰炸南京，发表谈话称：中国首都之被轰炸，于中国之军事局面，并不发生影响，但将使中国之民众以及全世界之人民，更充分了解日本之野蛮。日本之侵略一日不止，中国之抵抗亦一日不停。委员长复称：彼觉美国现在之态度，并非其真实之态度，彼深信美国朝野素来尊重公道、法律与秩序，并因中美两国之友谊，有悠久之历史，故在此次中国抵抗日本侵略之奋斗中，必能予中国以同情及援助云。

关于美国之态度，委员长称：中国此次抗战，不仅在中国本身之存亡，且亦即为《九国公约》及《国联盟约》伸正义。因此，公约及盟约之签字国应对于中国之奋斗加以援助，在公约及盟约等有效期间，美国不应考虑中立法云。委员长继称：美国不能守中立，余信各签字国家之人民及政府，亦未忘却其义务。

有询以运输军火来华之片面禁令及美大使二十一日迁入吕宋号炮舰办公之二事者，委员长称：余觉余无须加以评论，因美国友人及驻华新闻记者，已在此目击一切，彼等所感觉者，与余必同也。

　　记者复询以各国之责任如何，委员长称：各签字国家均应遵守其义务，惟美国为华府会议之召集者，而《九国公约》及《国际盟约》之订立，胥属美国之力，故其责任尤为重大云。委员长继复对于各国目前之态度表示惊异，因彼等非但放弃其义务，且竟自处于日本控制之下，坐视彼等所签署之一切条约，撕毁无余也。

　　记者复询以中国是否犹希望国联之援助者，委员长谓：公理必占最后之胜利。有询以中日战争时期之久暂者，委员长称：中国抵抗日本之侵略，并无时限，在日本侵略继续进行之中，或在《九国公约》及《国联盟约》尚未实施之前，战争势亦不止，中国亦不能容许日本军队之以压力加诸中国，故战争时期之久暂，全视日本及列强之态度。凡一国家苟不尊重国际间人道之规律者，必不能持久。委员长复称：日军企图毁灭江阴方面之防御工事，俾日本军舰得上溯长江轰击南京，故派飞机前往轰炸，但结果江阴方面之防御工事，屹然未动。不论此次战争将延长至何限度，中国已有无限制抵抗之能力，因中国实一威力无穷、财力无尽之国家也。日本海岸封锁，或将给与他国极大打击，但于中国则影响极微云。

秦孝仪主编：《先总统蒋公思想言论总集》卷38，（台北）中国

国民党中央委员会党史委员会1984年版，第97—98页

广田弘毅致爱维诺

1937年9月25日　东京

致秘书长：

　　接准贵秘书长九月二十一日来电，邀请本帝国政府参与咨询委员会之工作，业经阅悉。兹奉复如下：

　　以中日两国之协和的合作，维持远东和平，原为本帝国政府之历来主旨，并曾从事种种努力，以促其成，无如中国政府却以反对日本及煽动反日活动为其国策之基础，种种挑衅行动，继续遍行全国，致酿最近之不幸事件。固此本帝国政府惟有希望中国政府鉴于目前情形，从速改变其态度。

　　关于本事件之解决，本帝国政府前已屡次声明，现仍坚信，凡涉中日两国之问题，其公正、持平以及切乎实际之解决办法，当能由两国自行求得之。

　　对于国际联合会之政治活动，本帝国政府现无改变其从来行动路线之理，故对于咨询委员会此次邀请，歉难予以接受。

中国第二历史档案馆藏国民政府外交部白皮书，第56号

中英法代表会谈纪要

1937年9月27日　日内瓦

应中国首席代表的要求，今天中午在爱维诺的住处举行了一个小型会议。出席者有德尔博斯、瓦尔特·埃利奥特[1]、克兰伯恩勋爵[2]、顾维钧、郭泰祺和爱维诺。

顾维钧先生说，他在讨论中日问题的咨询委员会上，提议该会作出一个声明，这是中国政府的希望，也是咨询委员会能够做到的。他将向委员会提出一份决议案。中国政府首先希望委员会能依据《国联盟约》第十条和第十一条，宣布日本的行为为侵略。同时，应对日本诉诸战争的办法进行谴责。中国政府还希望咨询委员会组织采取下列具体措施：

1. 国联成员国应禁止向日本提供贷款、军火以及像煤、铁、毛、棉之类的原料；

2. 委员会应组织对中国的医疗援助；

3. 委员会应呼吁国联成员国禁止向日本出口石油，还应与对日本空袭的谴责结合在一起。

德尔博斯先生说，他钦佩中国首席代表的说服力，并在有关诉诸战争办法的问题上与顾具有同感。然而，必须考虑到具体的可行性。中国实际上是在要求制裁，虽然没有援引第十六条。但他认为，根据盟约第二十三条和第二十五条，国联完全可以组织在中国的人道救援工作……

埃利奥特先生同意德尔博斯的看法，他说，如果顾维钧先生提出具体的制裁要求，这将是一个巨大的错误。

克兰伯恩勋爵说，他认为，国联在阿比西尼亚问题上所得到的教训是，如果没有以全部力量去支持的决心，实施制裁是毫无用处的。在目前的政治环境下，他怀疑国联能否走得像中国政府所期望的那样远。如果顾维钧先生提出具体的建议，委员会将必须修改它，使之和缓。

顾维钧先生说，世界舆论对日本的行为感到非常震惊，它们期望国联采取某些行动。他并不是在要求制裁，而是在呼吁有关大国采取一些援助中国的行动。尤其是完全可以基于人道主义的理由对日本实施石油禁运，禁运的成功将会限制对不设防城镇的空中轰炸。

埃利奥特先生解释说，如果国联未能依据盟约作出明确的决定，在法律上英国政府就无法采取任何限制性的措施。

克兰伯恩勋爵说，他非常同情中国代表团的处境。但是，他怀疑委员会是否能够接

---

① Walter Elliot，英国代表。——编者

② Cranbone，英国代表。——编者

受顾维钧先生所提出的那些要求，他认为他有责任特别向中方指出这一点。

然后，德尔博斯先生问顾维钧先生，他是否认为绝对有必要拘泥于这些要求。德尔博斯以含蓄的语言提到由提议中的小组委员会安排在国联之外采取行动的可能性。

顾维钧先生问，那样做是否会推延很长时间？

德尔博斯先生说，小组委员会可以立即开始举行会议。

埃利奥特先生也同意尽可能不发生拖延。关于中国政府所要求的制裁，他很怀疑中国提出这一不可避免将被拒绝的要求，与中国把这些问题留给那些在太平洋有特殊利益的国家，让它们悄悄地去做它们能够帮助它的事情比较起来，中国通过前者事实上能够得到的东西可能还不如后者为多。英国政府在法律上难以禁止向日本贷款，除非国联在这一问题上作出明确的决定。这样的决定很可能难以形成。而且，如果中国的要求被公开拒绝，其作用将是鼓励向日本提供贷款。但是，如果会议对这一问题什么都不说，伦敦倒可能在实际上作出阻止贷款的安排。

《英国外交文件》第2辑第21卷，第350—352页

远东咨询委员会关于日机轰炸中国平民的声明

1937年9月27日　日内瓦

咨询委员会紧急地考虑了日本飞机对中国不设防城市的轰炸问题，对因这类轰炸而造成的无辜平民包括许多妇女儿童的生命损失深感悲痛。我们声明，没有任何理由可以用来开脱这种行动，它在全世界已经引起了厌恶和愤慨，我们对此予以严重谴责。

《美国外交文件》，1937年，第4卷，第38页

汉密尔顿、崔存璘[①]谈话备忘录

1937年9月28日　华盛顿

崔先生要求会晤。

1.崔先生说，中国大使希望他询问我们对昨天国联咨询委员会关于日本空袭中国不设防城市所作决议的态度。他说，大使的最新情报是国联大会也通过了这个决议。我递给崔先生一份国务卿今天所作的政治声明副本作为回答。

2.崔先生说，大使馆接到指示，要求询问我们实施对日禁运原油决定的态度。他说，在日内瓦的中国代表建议英国代表提请委员会考虑这个问题，英国代表回答说咨询委员会可以考虑这个问题。他说，英国代表还提出美国对这类行动是否愿意合作的问题。

---

① 中国国民政府驻美使馆二秘。——编者

他又说,中国大使希望我能对这一问题有所评论。我说,我能作出两点评论:(1)如果英国对弄清我们的态度感兴趣的话,我想知道为什么他们不就这一问题与我们直接接触;(2)总的来说,我们对任何假设问题的态度都包括在九月二十日美国驻瑞士公使致国联秘书长的照会的最后段落里……接下来讨论了一些关于美国政府禁止出口原油的技术性问题和法律问题。我告诉崔先生,关于这些方面的问题,我不能表示意见。

3.崔先生说,普遍存在着这么一种印象,即美国政府不赞成召集一次专门的远东会议以讨论中日问题,由于美国政府的这种态度,国联咨询委员会放弃了最初的那种想法,现在则考虑组成一个咨询委员会下属的小组委员会。崔说,人们认为美国政府的观点大致是这样:即认为中日局势是一个比地区性问题要大得多的问题,是一个世界性的问题,应该在尽可能广泛的基础上来考虑。

我问崔先生这种普遍印象在什么地方流行,他首先说,他在报刊上发现大意如此的评论。然后我说,几天以前,我在报刊上发现一些报道,大意是说美国政府正认真地考虑按《九国公约》采取一些行动,几天之后,我发现另一些报道,大意是说美国政府漠视这种按《九国公约》采取行动的观点。我告诉崔先生,我不知道这些报刊报道的消息源于何处,我们对在报刊上出现的这些报道评论不发表意见。

然后崔先生说,这里的中国大使从日内瓦中国代表那里获得情报,大意是说,咨询委员会最初考虑在国际联盟之外召集对远东感兴趣的各国会议,后来,咨询委员会放弃了这一主张,取而代之的是主张成立一个咨询委员会下属的小组委员会。我说,我们从日内瓦得到的情报亦大体如此。我问崔先生,委员会是否已经决定成立一个小组委员会。他说,据他所知,还没有做出最后的决定。我又问崔先生,与成立咨询委员会小组委员会的主张相比,中国政府本身是否更倾向于召开远东会议的主张。崔先生指出,中国政府倾向于赞成成立咨询委员会小组委员会的主张,因为,召开远东会议意味着把中日局势置于国际联盟之外来考虑。

尽管崔先生没有特别表明,但我得出一个明确的印象,即这里的中国大使从日内瓦中国代表团那里获得一项报告,大意是说,美国政府不赞成在这种时刻将中日形势的讨论交给与远东有利害关系的各国举行的会议。

《美国外交文件》,1937年,第4卷,第38—40页

赫尔致哈里森

1937年9月28日下午2时　华盛顿

请马上与国联秘书长联系,建议他在国联大会开会时通报我今天所作的公开声明,

声明如下：

美驻瑞公使已将国际联盟咨询委员会关于日本空军轰炸中国不设防城镇一事于九月二十八日一致通过的决议案全文通知美国国务院。

美国政府一直向日本政府反复提出，特别是在九月二十二日致日本政府的照会中专门提出，美国政府所持的观点是："任何对大面积居住有众多从事和平职业居民的区域进行的广泛轰炸都是不应当的，是违背人性和法律准则的。"

如果在将上述声明递交大会以前有机会召开咨询委员会，请你向咨询委员会宣读这一声明。

《美国外交文件》，1937年，第4卷，第40—41页

哈里森致赫尔

1937年9月28日午夜　　日内瓦

顾在昨天咨询委员会会议上和我交谈并要求今天下午与我会晤。他问及我们关于建议成立小组委员会的看法和我们最终是否参加。我回答，如果成立小组委员会，并邀请我，那么我受权将在出席咨询委员会的相同条件下，出席该小组委员会。我强调，对于国联采取什么行动方针，我不能够发表什么意见。我解释说，一般来讲，此问题应从世界和平及总体利益的角度在尽可能广泛的基础上加以解决，我提到你在七月十六日和八月二十三日的声明。顾说，他已经读过你的声明，并认为有些声明和决议可根据其中提出的简要原则加以制定。至于提议成立小组委员会，他已经对英国和法国明确表示，他不反对，只要该小组委员会的设立不是用来取代咨询委员会的整体。他明白他的意见已被接受，小组委员会的成立是为了便利讨论、加快行动，它将向委员会报告。在这一点上，顾解释，他希望维护他向国联行政院的呼吁，希望不要因问题已按盟约第三条提交国联大会而取消它。至于提议成立的小组委员会的构成，他说，如果这一小组委员会要保持小型而有效率，那么他必须承认，那些与远东利害关系不大的政府代表们参加的可能性就不大了。

顾向我保证，他不寻求强制执行的制裁，但是他希望：首先，确认日本的行动为侵略；其次，不援助日本；第三，援助中国。然后，他让我看一份决议草案，他在这份草案中列举了急需做的事情。这一草案应由什么机构来考虑审查还有待确定，但是只要中国对行政院的呼吁得到适当对待，这个问题并非主要。在引用了若干"有鉴于"一词之后（据此，顾实际上已给日本冠以侵略者的名义），决议草案建议（尽管他不承认是制裁）国联成员采取如下措施：（1）禁止向日本出口或准许运输武器、军需品和石油，以及铁、钢、

橡胶、棉、羊毛、发动机、磁电机等物资；（2）不给日本信贷；（3）促进向中国提供武器、物资、信贷。草案并规定，此项决议也传达给非成员国。

顾解释说，之所以将石油放在第一类，是因为它使日本能够从空中轰炸未设防的城市和非战斗人员。他还提到了英国、法国、捷克斯洛伐克、瑞典、荷兰、比利时，特别提到这些国家与此决议提案的关系。

然后顾问我，我们持何种观点？我回答，对这一点我不能发表任何意见。我重申了我给爱维诺信中关于"假设性问题"的说法。顾说，他猜想他必须等待，看看其他国家同意做些什么。他说，他今天下午去见德尔博斯，然后向我通报进展情况。

《美国外交文件》，1937年，第4卷，第44—45页

英国内阁会议纪要

1937年9月29日　伦敦

有人提出，对于舆论界提出的对日本实行经济制裁的建议，政府应持何种态度？

首相希望任何人都不要支持这类提议。他非常急切地希望避免陷入过去在处理意大利入侵阿比西尼亚问题上的处境。

《英国外交文件》第2辑第21卷，第349页

国际联盟大会决议

1937年10月6日通过

本大会：

特将咨询委员会关于中日争议所提出之报告书多件予以通过，作为本大会自身之报告书；

对于上述报告书中第二报告书所载各项建议，特予认可；关于所拟邀请一九二二年二月六日在华盛顿所订《九国条约》各缔约国之现为国际联合会会员国者举行会议一节，特请本大会主席采取必要之行动；

对于中国，表示精神上之援助，并建议国际联合会各会员国应勿采取足以减弱中国抵抗力量，以致增加其在此次冲突中之困难之任何行动，并应就各该国对于中国之个别援助究能达如何程度一节，予以考虑；

决定本届会议，现在休会，并授权主席，得因咨询委员会之请求，再行召集会议。

中国第二历史档案馆藏国民政府外交部白皮书，第56号

国联大会决议采纳的远东咨询委员会报告书

1937年10月6日通过

大会前于一九三三年二月二十四日所设立之本咨询委员会,曾遵照行政院一九三七年九月十六日之决议案举行会议,对于中国所提请注意之局势,予以考查。

本委员会选定拉特维亚(Latvia)外交部部长蒙德施氏(M.V.Munters)为主席,并于本届会期中,举行会议五次。

本委员会随即邀请争议当事国中国与日本,以及德国与澳大利亚参与本委员会之工作,此项邀请,嗣经中国与澳大利亚予以接受,而为德国与日本所谢绝。兹将该四国政府之复文,作为本报告书之附件,一并陈阅。

关于日本飞机在中国实施空中轰炸一事,本委员会曾于一九三七年九月二十七日通过一决议案。该项决议案,嗣经送达大会,并经大会于一九三七年九月二十八日以全场一致之赞可,采为大会自身之决议案。

本委员会并组织一小组委员会(注一),其职责如下:

对于由中日两国在远东之冲突而造成之局势,予以考查;

对于因此而引起之问题,予以研讨;

将该小组委员会所视为适宜之建议,提供本委员会。

本委员会仍为受权向大会呈送报告书及提出建议之唯一机关。本委员会同时认为:如为该小组委员会所愿,不妨许其径将呈送本委员会之报告书,分送国际联合会会员国及非会员国,以供参考。该小组委员会如已依此办理,则该项报告书,自以概行公布为合于实际。

本委员会业经决定将其议事纪录呈送大会核阅。此项议事纪录,并将以本报告书附件之方式,尽速公布。

本委员会曾自该小组委员会收到报告书两件,并曾通过如下之决议案。

本咨询委员会特将其所属小组委员会于一九三七年十月五日所呈送之报告书两件,采为本委员会自身之报告书,并经议决将该项报告书分送大会、联合会各会员国及美利坚合众国政府。……

注一:该小组委员会,由如下各国构成:拉特维亚(主席)、澳大利亚、比利时、英国、中国、厄瓜多、法兰西、纽丝纶、荷兰、波兰、瑞典、苏联、美国——美国之参加条件,与其参加咨询委员会之条件完全相同。

中国第二历史档案馆藏国民政府外交部白皮书,第56号

远东咨询委员会小组委员会第一报告书（节录）

国联大会1937年10月6日通过

……

一

当一九三七年七月之初，华北日本驻军约有七千人。此项军队之驻屯，系根据一九〇一年九月七日中国与在北京设有使馆之各国缔结之议定书（及其附件）。依据该项办法，中国承认各国有权在北京使馆界内常期派驻卫队，并得驻扎军队于指定地点十二处以维持北京通海之交通。依据一九〇二年七月十五日至十八日所商定之补充办法，驻扎于各地点之外国军队"有权举行田野演习与来复枪实弹演习等事——除实弹演习外，不必通知中国当局"。

日本以外各国，现在北平（即北京）及依据一九〇一年九月七日议定书所规定地点中某某等地点，仅驻有极少数之部队。本年7月之初，驻华北英军之人数，为一千〇七名，此数尚包括使馆卫队二五二名在内。与此类似者，驻河北法国军队之军力，计自一千七百名至一千九百名不等，大部驻于天津，其余则分驻于山海关、秦皇岛、塘沽及北京。驻扎于北京之部队，即为使馆卫队。目前该国军队之总数，为兵士一千六百名，军官六十名，使馆卫队一百二十名。

满洲及热河境内之事态及演变而外，日本在华北之政治活动，日本军队较其他各国军队之大为增多，其操演与演习之频繁，在在均使中国人民感觉不安。当此空气紧张之际，竟于七月七日发生事变，此次事变，非与前次所发生者大相悬殊，第为此次日军在华北军事行动之导源耳。

此次事变之肇端，系在北平（即北京）西南十三公里之卢沟桥。中国驻军与在该处举行夜间演习之日军发生冲突。关于事变之说明，华方日方，各异其说。

依据日方说明，系由中国第二十九军之士兵开枪而起，中日双方军事当局，于七月八日午前约定暂时停止敌对行为，俾双方军事当局得以立即开始交涉，从事于该事变之解决，乃中国士兵既不遵守此约，而于翌日所订中日军队互相撤退之办法，亦不予遵守。中国军队此种侵略态度，实使日本军事当局与天津市长暨河北省保安处处长于七月十一日所订解决事变之协定，亦无效果。

依据华方说明，七月七日夜间，日军举行演习时，借口有一兵士失踪，要求准其入宛平（卢沟桥）城内搜查；此项要求，当被拒绝，日军遂以步炮兵攻击宛平（卢沟桥），中国驻军予以抵抗。情势之扩大，并非由于中国军队之行动，乃系由于日军之行动，因中国军队在日军未开始撤退以前已遵照撤兵之约定办理，而日军于增得大批援军以后，又复向宛平（卢沟桥）区域进攻，扩展其军事行动于北平之近郊。中国政府并不反对七月十一日中国地方当局与日军所成之约定所订各项条款，但日本方面，不独于该项原有约定之外，擅添补充办法，且不顾互撤军队之约定，而扩展其军事行动于华北。

中日双方对于事变之说明显不相符各点，姑置不论。所堪注意者，当地方当局正在进行就地解决之时，亦即中日两国政府正在进行商洽，日方坚持就地解决借以确立日方在华北之势力，不欲南京过问之时，大规模军队之调动，竟使情势愈趋恶劣。根据华方报告，日方迅即自满洲增调援军于天津及北平近郊之结果，截至七月十二日为止，日军人数，已超过二万人，日本空军实力，已进达飞机一百架之多。又据报告，中国中央政府之军队，亦正向北方移动。

关于中国中央军队向北方调动一事，日本政府曾向中国政府提出警告，正与日方劝告南京不干涉7月7日事变之解决一事，同出一辙。日方援引一九三三年五月三十一日《塘沽停战协定》暨华方曾有异议之一九三五年六月十日"何梅协定"，警告南京政府，谓调遣中央军队开入河北省境将引起严重之结果。

七月月底，当地方谈判犹在进行之际，敌对行为已在华北开始。日军旋占领北平、天津，并攫取联系平津与华中之铁路，亲日之新政府，亦在河北成立。

日军嗣沿平绥路，经过张家口、大同而向西进展，并沿冀察边区，攻取在北平西北八十公里之南口，俾日本调自满洲之军队易于侵入内蒙。

日军在华北之军事行动，激起中国活跃之反感。日本政治家所宣称中国必须屈服之主张、东京所采紧急财政办法以及留华日侨之撤退，使中国政府及人民断定日本决以武力击破中国之抵抗力量。

迨八月第二星期之末，上海地方，因中国与各国之利益交相密织，虽经力请将上海划出于敌对行为范围若干距离以外，然卒变为第二军事行动场所。中国政府暨人民之上述断言，于兹益信。

......

自此以后，剧烈战争，即在上海四周进行。七月之初，留驻于上海公共租界及越界筑路地方之日军，总计为四千人。迨九月底，据中国当局之估计，日本援军之在麇集于吴淞一带日舰三十八艘掩护之下登陆者，竟达十万人以上。

在过去数星期中，日本军事行动之进展，不限于扬子江流域以内，除其他军事行动外，其空军轰炸中国之首都，固属屡见不鲜，即中国沿海及内地各地方，亦常遭其空中轰炸。

目前,除日本陆军在华北及华中进行军事行动,及其空军轰炸商港及内地城市之外,日本海军舰队,复一面继续与陆军合作,尤于上海为然,一面巡防中国沿海地方,阻止中国船只将接济输入中国,其中不少中国船只,已被沉没。

溯自七月七日以来,日本所遇抵抗,方兴未艾,仍不断加紧进行其军事行动。调动之军队,日益增多;使用之军器,亦日益犀利。就华方估计,日军之在上海者,计有十万人。其运用于中国各地方者,已在二十五万人以上。

关于日本空军行动一事,咨询委员会曾就其对中国不设防城市施行空中轰炸一节,于九月二十七日决议中,加以谴责。此项决议案,并经大会予以采纳。

二

本小组委员会之当前目的,为就现今局势之事实部分予以研讨,故于中日各条约之对于通商事项暨留华日侨应享领事裁判权之法律地位以及其他类似事项有所规定者,似无论及之必要。其与本小组委员会当前目的有关之主要条约仅有三种,即一九○一年九月七日之最后议定书、一九二二年在华盛顿所订之九国条约暨一九二八年之《巴黎公约》。他如一九○七年十月十八日《海牙公约》之第一号,其性质虽略有不同,亦可纳入上项条约之列。此外,中日地方当局,复曾先后就地订有种种即数目亦无从确定之双面协定。此项协定之内容如何,以及其效力在解释上又如何,在在均有争执。然而此类协定,固不能影响或超越中日任何一方对上述多面条约所负之义务也。

依据一九○一年九月七日议定书及附属文件,日本连同某某其他国家,为维持北平使馆通海之交通,有沿北宁铁路在河北省境内某某地方驻扎军队之权利。该项驻军并"有权举行田野演习及来复枪实弹演习等事,除实弹演习外,不必通知中国当局"。

依据一九二二年九国间关于中国事件应适用各原则及政策之条约,中国以外之各缔约国,于协定各事项中,约定尊重中国之主权与独立暨领土与行政之完整,给予中国以完全无碍之机会,以发展并维持一巩固有力之政府。缔约各国(包括中国在内)并约定,无论何时,遇有某种情形发生,缔约国中之任何一国认为牵涉本条约规定之适用问题,而该项适用宜付诸讨论者,有关系之缔约各国,应完全坦白互相通知。

依据一九二八年《巴黎公约》,缔约各国以各该国人民之名义,郑重声明:彼等谴责恃战争以解决国际纠纷,并斥责以战争为施行与彼此有关之国家政策之工具。缔约各国并约定:各国间凡有争端或冲突发生,不论性质若何,因何发端,只可以和平方法解决或调处之。

三

本报告书第一部所载事实,即自表面上观之,已足构成日本违背其对于中国及其他国家在该项条约上所负义务之行为。在上述情形之下,日方以陆、海、空军在中国全境从事敌对行为,即自表面上观之,亦已与尊重中国之主权与独立暨领土之完整,以及与中国发生争端,不论性质或发端如何,只以和平方法解决之之义务不相符合。按日军在中国所处地位,必须能说明为自卫上之必要办法(所谓自卫,包括依法留驻中国领土之日军与日侨之防卫在内),始能使之与日本在条约上所负义务不相抵触。

当事双方在争议演变期中,截至现在为止,关于其态度暨政策所发表之声言,必可资为足以判断本问题资料之一。

上述各项声言,似揭示双方于事变初起之际,均信该事变可就地获得和平之解决,乃此项结果,卒不可得。

所值得注意者,日本官方声称:中国军队之调动暨中国政府之侵略意向,终使日本政府和平之意愿成为泡影。反之,中国官方声明,恰以同样攻讦,加诸日本——即日军之侵入及日本政府之侵略意向,竟使一地方事件变为重大之惨祸。

事变发生未几,日本于觅取地方解决之外,似复抱有将中日两国间一切争执问题予以解决之决心。

七月十一日晨间,日本内阁会议所拟之声言,于同日夕间由外务省发表。该项声言之旨趣,为日本政府对于华北之治安与秩序,虽切望予以维持,然仍拟采取一切必要办法,将军队调往该处。

近卫公爵于七月二十七日所发表之演词中,载有如下之声言:

余以为不仅所有对华问题,必须就地解决,吾人且须更进一步将中日两国间一切关系,获得根本之解决。

广田氏于九月五日在会议中声称:日本政府之基本政策,意在调整中、日、"满"三国之关系,以谋共同之繁荣与幸福。中国既漠视我方之真意,而调动大军,反抗吾人,吾人对于此项动员,不得不以武力相对抗……吾人确信根据自卫权暨正义,吾国对于此种国家(指中国),决予以彻底之打击,使其对于己身之误谬有所反省……日本帝国唯一可采之办法,厥为对中国军队予以上述之打击,使其战斗意志全行丧失。

其在华方,蒋介石将军于七月三十日发表声言,载有如下之语句:

余在庐山所为之宣告,及所举解决卢沟桥事变最低限度四点,绝无可以变更。今既临此最后关头,岂能复视平津之事为局部问题,听任日本之宰割,或更制造傀儡组织。吾人惟有发动整个之计划,领导全国,奋斗到底。总之,政府为应付日本侵略所采之政策,始终一贯,毫不变更,即保存中国领土之完整与政治之独立是也。

日本政府历经声述其"和平解决"与"中日间协和的合作"之愿望。但始终坚持此种结果，应仅由中日双方互商而得，不容有第三者之干涉。以是在七月二十九日预算总会中，有建议政府应发表坚决声明预防第三国之干涉者。日本外相答称：此种干涉，并非彼预料所及，倘竟有此项提议发生，政府必概予拒绝。

又广田氏对于咨询委员会邀请参加其工作一事，曾于九月二十五日复电拒绝，内称：关于本事件之解决，本帝国政府前已历次声明，现仍坚信，凡涉及中日两国之问题，其公正、持平以及切乎实际之解决办法，当能由中日两国自行求得之。

至于中国之态度，中国代表团在大会暨委员会中所为之声言，均可资为参考。而前述七月十九日之备忘录，仍足继续代表中国政府之政策，似不容疑。

四 结论

两国对于争议之根本原因，以及所以引起敌对行为之事变，均持有互相悬殊之见解。

然日本业以强有力之军队侵入中国领土，并将包括北平在内之中国广泛区域，置于军事控制之下；日本政府并已采取海军行动，断绝中国船舶沿中国海岸线之航行，而日本空军正在中国各地大施轰炸，凡此种种，均为不可申辩之事实。

本小组委员会根据所获事实加以检讨之后，不得不认为日本陆、海、空军对中国所实行之军事行动，实与引起冲突之事件全不相称；并不得不认为此项行动，对于日本政治家所声明日方政策之目标，即所谓中日双方之友好合作，不能予以便利或促进；更不得不认为此项行动，不能依据现行合法约章或自卫权以资辩护，且系违背日本在1922年2月6日所签订九国条约，及一九二八年八月二十七日所签订《巴黎非战公约》下所负之义务。

中国第二历史档案馆藏国民政府外交部白皮书，第56号

远东咨询委员会小组委员会第二报告书
国联大会1937年10月6日通过

一、中国目前之局势，及日本在条约上所负之义务，业经在本小组委员会所呈送于咨询委员会之报告书中，加以探讨。该项报告书并曾指出：日本所采行动，为违反日本在条约上所负之义务，不能认为正当。

二、建立以国际法为各国政府间行为之真正准则之理解，及在有组织之人民相互往来间，应维持对于条约义务之尊重，乃对于各国均有重大利害关系之事。

三、中国目前之局势，不仅关系冲突中之两国，且对于一切国家，均有多少关系。许多国家均已在其人民生命及物质利益方面，直接蒙受影响，而尤较重要者，厥维所有国家均必感觉和平之当予恢复与维持。此实为国际联合会所以存在之根本目的。故国际联合

会有依照盟约及条约上之现存义务，以谋迅速恢复远东和平之职责与权利。

四、本小组委员会已首先研究在此种情形之下，盟约对于国际联合会各会员国所加之义务。

五、咨询委员会，系依照盟约第三条（第三项）之广泛规定而设立。该条授权大会于会议中处理属于国际联合会举动范围以内或关系世界和平之任何事件。

六、上项条文对于大会之行动未设任何限制，而中国除其他条文外所援引之第十一条，复规定"联合会得采取任何视为适当而有效之行动，以保持各国间之和平"。

七、本小组委员会已就局势予以考虑，以冀决定何种行动为适当而有效。

八、远东目前之争议，牵涉日本之违反条约义务，业已指出如上，故不能认为仅能由中日两国以直接方法予以解决。反之，必对整个局势予以充分之考量，其尤要者，为对于与盟约及国际法原则暨现行条约相符之任何足以重树和平之适当办法，必须予以探讨。

九、本小组委员会深信：即在此次争议之现阶段中，于研求其他可能的办法以前，仍当作再进一步之努力，冀以彼此同意方式，恢复和平。

十、联合会在谋以谈判方式解决目前争议之际，不能不顾及争议之一方为非会员国，且对咨询委员会之工作，会明白表示关于政治事项拒绝与联合会合作之事实。

十一、本小组委员会查依据在华盛顿所订九国条约之规定，中国以外之各缔约国，于协定各事项中，曾约定尊重中国之主权与独立，暨领土与行政之完整；缔约各国，包括中国在内，并约定无论何时，如有涉及适用该约规定之局势发生而此项适用宜付诸讨论者，有关系之国家，应完全坦白互相通知。因此，本小组委员会认为：大会以联合会名义所应采取之第一步骤，似为邀请联合会各会员国中之同时为该九国条约之缔约国者，于最短期间内，发动此项商讨。本小组委员会提议上述会员国，应即开会决定实行此项邀请之最善与最速之方法。本小组委员会并希望关系各国，能与其他在远东有特殊利益之国家联合工作，寻求以彼此同意之方式，结束此次争议之方法。

十二、如此从事商讨之各国，或欲随时将其建议经由咨询委员会转向大会提出。本小组委员会建议：大会不应闭会，并应宣告联合会对于上述任何建议，愿考虑予以最充分而切乎实际之合作。无论如何，咨询委员会应于一个月以内，再行开会一次（地点或在日内瓦或在他处）。

十三、在所建议各项行动尚未得有结果以前，咨询委员会应请求大会对于中国表示精神上之援助，并建议联合会各会员国应勿采取足以减弱中国抵抗力量，以致增加其在此次冲突中之困难之任何行动，并应就各该国个别援助中国究能达如何程度一节，予以考量。

中国第二历史档案馆藏国民政府外交部白皮书，第56号

美国国务院声明

1937年10月6日　华盛顿

国务院顷由美国驻瑞士公使获悉国际联盟咨询委员会所通过的报告书全文，其中列述咨询委员会对于中国目前形势之事实及日本的条约义务考查的结果。该公使并报告国务院，此项报告于十月六日经国际联盟大会通过并批准。

自远东目前的纠纷发生以来，美国政府曾力劝中日两国政府避免战斗行为，并曾表示愿意协助努力寻求为争执双方所能接受的、用和平方式以调解远东局势的方案。

在七月十六日及八月二十三日公布的声明中，国务卿说明了美国政府对于全世界国际问题及国际关系所采取的立场，以及特别应用于中日间正进行着的不幸冲突的这种立场。按照美国政府的意见，如要维持和平，管理国际关系的原则应当是：一切国家避免运用武力来贯彻国策，并避免干涉别的国家内政；依和平谈判及协议的程序，调整国际关系问题；一切国家尊重他国的权利并遵守既定的义务；拥护条约神圣的原则。

十月五日总统在芝加哥详细阐明了这些原则，强调了这些原则的重要性，并且在讨论世界局势时指出，无论在国内或在国际间，安定或和平绝无可能，除非这种安定及和平是在所有国家所接受的法律与道德标准底下的安定与和平；国际的无政府状态破坏了一切和平的基础，它危及了一切大小国家的当前和未来的安全。因此，恢复对条约和国际道德的尊重实为美国人民的重大利益所在，且为美国人民所关怀者。

鉴于远东层出的发展，美国政府不得不得出结论，认为日本在中国的行动与国际关系中应遵守的原则不符，是违反了一九二二年二月六日《九国公约》中关于对华事件应遵守的政策及原则的规定及一九二八年八月二十七日《凯洛格—白里安公约》的规定的。因此，美国政府关于上述各项的结论与国际联盟大会的结论大体上是相符的。

《中美关系资料汇编》第1辑，世界知识出版社1957年版，第480—481页

日本对国联报告书的反驳声明

1937年10月9日

国际联盟断定现在帝国在中国采取的行动，违反《九国公约》及《非战公约》，美国国务院亦发表同一旨趣之声明，但纯属不理解此次事变实质及帝国真意之所致，帝国政府甚感遗憾。此次事变，发端于中国军队对根据条约明确承认之驻兵权合法驻在华北之帝国军队的非法攻击。当时，不仅是人数极少的小部队在卢沟桥进行演习，而且我中国驻屯军由于执行平时任务，正分散配置于各地。事变爆发后，日本忍受作战上之不利，始终坚持努力谋求就地局部解决。由此看来，我军显然并非出于任何有计划的行动，纯属

自卫措施。

再者，事变扩大及于上海以至华中各地，起因于中国方面破坏一九三二年上海停战协定，以四万余优势军队，进入非武装地带，意图歼灭三千左右我少数陆战队及包括妇孺在内约三万人的租界侨民。而且其后军事行动之发展，完全由于中国方面无视帝国就地解决及不扩大时局之方针，调集大军对我方采取全面敌对行为，我方不得已，以军事行动予以应付。总之，帝国今日在中国采取的行动，为对中国方面有计划的挑战行动之不得已的自卫措施，帝国政府通过目前对中国的行动，所要求于中国者，即：抛弃成为对日挑衅行为根源的排日抗日政策，通过日中两国真挚的协调，以实现东亚和平。帝国之对华行动，决非出于任何领土的企图，并不违反任何现存条约。与此相反，中国以被赤色势力所操纵为国策，固执实行恶性的排日抗日，依靠行使武力，排除在自己国内的日本权益。因此可以说，违背《非战公约》精神，威胁世界和平的正是招致此次事变的中国政府。

《日本外交史》第20卷，[日]鹿岛研究所1971年版，第172—173页

四、《九国公约》会议

蒋介石答美联社记者问

1937年10月7日　南京

美总统为人权与条约之尊严,已发表名论,力主拥护,此不独我艰苦备尝之中国人民闻之而有所感动,即彼列强中向来主张永久和平应建筑于国际道义之上者,亦必为之兴奋。

当九一八事变发生之时,国际间未能协力坚持遵守条约之义务,坐令世界遭遇种种严重影响。今日本复悍然不顾,在中国全部重施其侵略,是日本直自认为彼实超过任何条约或国际法规之上,日本以为关于东亚任何问题,世界各国均应听从其指挥。频年以来,中国方已进于统一,力谋和平建设,而日本竟欲一举而毁灭之。凡日本之行动与策划,不容各国有所过问与评论,是日本不啻自视为世界无上之法权。

日本之企图,无非欲令中国人民贫弱困苦,将其购买力消灭无遗,而中国购买力,为促进国际商业之要素,彼所不问。彼不独欲夺取我民族之生路,独占中国之市场,且将称霸于全太平洋区域。倘此征服中国之迷梦,中国自己之力不克制胜,其他有关系国家又不能依法加以阻止,则中国之伟大市场势将沦陷,而太平洋局势,亦将永无宁日矣。所幸本日消息,美国国务院与国联大会均已采取谴责侵略国之步骤,此中国人民所深为感动者也。

我人现正奋斗,并将继续奋斗,以期达到日本军队完全撤退之目的,俾吾人可继续和平建设之计划。吾人自卫之决心,始终一致,虽至战士之最后一人,领土之最后一寸,亦不稍变更初志,非俟正义确立,条约重伸其尊严,吾人之抵抗决不停止。倘有关系之条约签字国家仍放任国际正义与法律之被蹂躏,使日本得继续其残暴之侵略,是无异赞助其败我亡我之计;今美总统已发表其伟论,对于人权与和平均有阐明,足令我人确信,凡坚持正义者,必可如愿以偿也。

秦孝仪主编:《先总统蒋公思想言论总集》卷38,(台北)中国
国民党中央委员会党史委员会1984年版,第99—100页

余铭、周钰[①]致外交部

1937年10月9日

南京。外交部钧鉴:密译。呈同盟电讯如下:(1)华盛顿七日电,日本驻美大使斋藤

---

① 时任国民政府外交部驻沪办事处处长。——编者

今日下午访赫尔国务长官,斋藤首述美总统演说及国务院声明似与向来政策稍异,请问真意所在?赫尔答云:美国本心并无改变,只因国联大会决议,美国亦须有适应世界的空气之表示。斋藤又言国务院声明指日本侵犯《非战公约》及《九国条约》,称日本为侵略国,不能承受,盖日本行动并无侵略上述两条约,乃因保护其在华权益出此行动,诚非得已。且日本首当中国"赤化"危险之冲,其行动仅属自卫而已。至日美关系迄今未见恶化,殊为可喜,万一恶化,不独两国之不幸,抑亦未能改善中国之事态,日本当尽力设法速息战事,亦望美国谅解日本立场,慎重考虑,并谈半小时辞去。(2)东京八日电,日外务当局日内当发表谈话表示日本对华自卫行动并无违反《九国公约》,对此种以压迫日本为目的之会议,不能参加云云。职余铭、周钰叩。佳。

(台北)外交问题研究会编:《卢沟桥事变前后的
中日外交关系》,1965年,第350—351页

马莱特致艾登

1937年10月12日　华盛顿

我根据指示向美国副国务卿转达了你的意见。他把"隔离"解释成是一个遥远的模糊的目标,总统从未设想把它作为一项将要立即实行的政策。相反,侧重点应该放在演说的最后一句:"美国痛恨战争。美国期望和平。因此,美国积极地从事寻求和平的活动。"毕特门[①]的意见不具有官方性质。新闻界也把国务院的声明误解成"美国确认日本为侵略者"。事实并非如此。美国政府在《九国公约》会议上将为远东的和平倡导建设性的政策。总统今晚将要发表的讲话,将有助于阐明这一点。

《英国外交文件》第2辑第21卷,第387—388页

英国内阁会议纪要

1937年10月13日　伦敦

首相认为,内阁应该考虑我们在即将到来的《九国公约》会议上的目标,以及我们希望避免出现的情况,这是一件重要的事情。他还认为,非常有必要与美国的代表们就将要采取的方针达成共识,因为如果出现分歧,我们的地位就要受到削弱。他谈到罗斯福总统使用了"隔离"这个词,它已普遍被解释成是制裁。然而,首相本人注意到,罗斯福总统的讲话表述得很巧妙,他完全可以从那种解释中后退出来。……他本人一直在考虑这整个事情,在与外交大臣讨论之后,他已得出了一些结论。他认为,外交大臣也同意这

<hr>

① 　Key Pittman,又译毕德门,美参议院外交委员会主席。——编者

些结论：

1.如果不冒战争的风险，就不可能实行有效的制裁。

2.我们可以实行无效的制裁，但这种制裁将不会达到目的，并会（像在制裁意大利问题上那样）导致长期的痛苦和恶感。

3.即使能够劝使足够数量的国家实行有效的经济制裁，他也怀疑，这些国家能否及时地采取行动以拯救中国，中国的崩溃看来不仅有可能而且甚至已为期不远。日本军队看来正在席卷中国，他们将会按预定进程占领南京、汉口和广州。这样，中国人的状况将类似阿比西尼亚人，蒋介石的处境则将同阿比西尼亚的皇帝一样。

4.如果制裁证明是有效的，也丝毫不能保证日本不会在德国和意大利的怂恿下对东印度群岛的石油供应地、香港和菲律宾等地发动报复性的进攻。如果他们真的这样干，我们在目前的情况下能做些什么呢？处于现在的欧洲形势下，派遣舰队到远东将是不安全的。因此如果不能从美国得到保证，即他们准备正视可能落到在远东有重大利益的国家身上的一切后果的话，我们就不能实行制裁。即使到那时，要预见美国的公众舆论在这样的立场上准备坚持多久也是不可能的。因此首相的结论是，如果没有压倒性力量的支持，经济制裁将是毫无作用的。

《英国外交文件》第2辑第21卷，第390—391页

赫尔致戴维斯[①]

1937年10月18日　华盛顿

一九二二年二月六日在华盛顿签订《九国公约》的各国已决定召开一次会议。美国政府收到并接受了参加这一会议的邀请，你将代表美国参加该会议。

你应该记住这一点：比利时政府给我国政府的邀请书阐明这次会议的目的是：“检讨远东局势，研究以和平方式尽快结束那里所发生的令人遗憾的冲突。”

你在参加会议期间，大体上可遵循一九三七年七月十六日国务卿代表我国政府所公开阐明的原则纲要，以及一九三七年八月二十三日国务卿所作的进一步的政策声明。

你应该时刻记住已由华盛顿会议的各种条约所明示的和平时期美国在太平洋和远东的利益的性质和范围，尤其是《九国公约》所规定的美国的权益；十月六日国务卿所发表的关于美国政府立场的声明的要旨；十月五日总统芝加哥演说所作的有关外交政策声明以及十月十二日他在华盛顿的广播讲话。你要记住，我国外交政策的首要目标是我国的国家安全。为此，我们寻求保持和平，并促进维护和平。我们认为，应通过和平的切实可

———————————

① Norman Davis，又译台维司、台维斯。——编者

行的手段为维护和平而共同努力；我国作为一九二八年《巴黎公约》的签署国，否认把战争作为国家政策的一种工具，并保证自己将只诉诸和平手段来解决争端。你还要记住，美国公众舆论已表达了美国不想卷入战争的决心。

我国政府希望会议能取得有助于远东的持久稳定与和平的成果。我国政府认为，会议的主要作用应是提供建设性讨论的论坛，以形成解决问题的可能基础，并努力通过和平谈判把各方拉到一起来。

《美国外交文件》，1937年，第4卷，第84—85页

外交部致行政院

1937年10月19日

案准比国驻华大使馆照会，以比国准英国之提议，经美国之赞同，根据《九国公约》第七条之规定，邀请《九国公约》签字国于十月三十日在比京召开会议，讨论远东局势，期以和平方法，从速停止不幸之冲突。兹特通知中国政府请派代表届时参加会议等因。查前次国联会议讨论中日事件时，我方曾派驻法大使顾维钧、驻英大使郭泰祺、驻比大使钱泰为代表参加会议。此次《九国公约》会议在比京举行，拟请仍派该员等为我国代表参加会议，以资熟手……

(台北)外交问题研究会编：《卢沟桥事变前后的
中日外交关系》，1965年，第402页

外交部致顾维钧等

1937年10月24日　南京

顾、郭、钱大使鉴：

极密。政府对《九国公约》会议决定方针如下：

（一）依照目前形势会议无成功希望，此层我方须认识清楚。

（二）但我方对各国态度须极度和缓，即对意德二国亦须和缓周旋，勿令难堪。并须表示会议成功之愿望，我方求在《九国公约》规定之精神下谋现状之解决，此系我方应付之原则。倘各国以具体问题征询我方意见时，因日本以武力侵犯我领土，应先知日方之意思，故先请其转询日本后再由我方予以考虑。

（三）我方应使各国认识会议失败责任应由日本担负，切不可因中国态度之强硬，而令各国责备中国。

（四）上海问题应与中日整个问题同时解决，切不可承认仅谋上海问题之解决。

（五）我方应付会议之目的，在使各国于会议失败后，对日采取制裁办法。

（六）我方同时应竭力设法，促使英美赞成并鼓励苏联以武力对日。

（台北）外交问题研究会编：《卢沟桥事变前后的

中日外交关系》，1965年，第403页

日本拒绝参加《九国公约》会议之复文及声明要旨

1937年10月27日

（一）对英、美、比复文

帝国政府，关于美国政府所同意，英国政府所请求对于一九三二年二月六日《九国公约》签字国，根据同约第七条为检讨东亚之事态，及考究和协手段以促使该地遗憾纷争之终结，提议定于本月三十日在布鲁塞尔开会一节，业已正式接获本月二十日比国政府之请柬。

国际联合会，在本月六日关于中日事变所采择之行动，为对于中国之极端排日抗日政策，尤其以实力挑拨之行动，所不得不采取之自卫措置。其在《九国公约》范围之外，已由帝国政府加以声明。

联合会在其决议中对于中国更进而表示精神的援助，且对于联盟，凡足以减少中国之抵抗力及增加中国在现在纷争中之困难者，奖励停止其行动，且须考虑各别可以援助中国之程度。此点显系漠视对于欲中日两国之真挚的协调，以实现东亚和平并贡献于世界和平之帝国公明的意图，而参加纷争国之一方，以鼓励敌对的意识。此其所为，决非促进解决本事件之方。

比国请柬虽未言及此次会议与国联之关系，但国联在上记决议中，实已暗示《九国公约》当事国之联盟国会议。而美国政府，不但同意召集此次会议，且已声明支持国联十月六日之决议，故不得不使帝国政府认为此次会议显系出于根据国联决议而召集者。而国联既下有关帝国名誉之断案，且对帝国复采非友谊的决议，又不得不使帝国认为此次会议难期由关系国举行充分而无隔阂之交涉，以使中日事变导于根据现实之公正妥当的解决。

再则，此次中日事变为基于东亚之特殊事态，且与中日两国有生存攸关之重大关系，若由对于东亚利害关系不同甚至毫无利害关系之各国开会解决，其必反使事态益趋纠纷，而有妨碍正常之收拾，则为帝国所确信不移也。

根据以上观点，帝国政府不便接受比国的邀请，实深遗憾。

抑尤有进者，此次事变，实基因于中国政府扶植国民抗日意识，奖励其抗日运动，并与"赤化"势力相勾结,掀起排日抗日之风潮,以威胁东亚和平之多年所定之国策,故其解决之要谛自在中国政府自觉中日两国安定东亚之共同责任,并自省自戒以转向于中日提携之政策。帝国所期待于各国者,为充分认识此种要谛,惟根据此种认识之协助,始足以谋东亚之安定。

(二)声明要点

一、中国之一贯的对外政策在排外,尤其采取苏联"容共"政策以来,此种排外政策,益趋尖锐与露骨。而最近十年间,此项排外政策之主要目标,专对帝国。帝国向信东亚各国之提携亲善,为东亚安定之枢纽,故曾极力谋其实现。然而国民政府不但对于帝国此种态度未与同情,抑且以其排日武器对于帝国在华之权益,有非使之溃灭不已之概。帝国政府深忧此种事态,一再隐忍,几度促使国民政府之猛省,而终未获得效果。而自去年西安事变发生之后,国民党与共产党之间,成立妥协,共产分子,则在抗日旗帜之下,企图搅乱华北及"满洲国"之治安,势之所趋,遂致引起本年七月七日,华军在卢沟桥非法射击日军之事。

二、此事发生后,帝国政府,旋即立定就地解决与不扩大事态,以免酿成大事之方针,而忍受作战上多大之牺牲,中止派兵,决心放过战争之时机。故历二十余日之久,并未积极的军事行动,而仍尽其慎重处理之手段。不料国民政府,蹂躏"何梅协定",陆续调派直属部队,以威胁帝国之军队,并煽动当地之华军,遂使事态发展至于全面的冲突,而使帝国无由再取慎重态度,及施行就地解决之方针。由此可知此次事变之根源,显系由于国民政府之彻底的排日政策,故帝国亦不得不为自卫而蹶起,并乘此机,再求国民政府反省,以确立东亚百年之和平。因此关系,解决此事变要谛,仅在国民政府幡然痛改前非,抛弃其排日政策,并协助我国中日提携之国策而已。

三、顾使国民政府近年狂奔于排日之一重要原因,为在满洲事变时,国际联盟漠视东亚实情所作之决议,既已招致鼓励中国排日政策;此次国联又复接受国民政府之申诉,并仅据其虚伪的报告,对我九月二十七日轰炸防备最严之南京及广东之军事设备,则认为轰炸毫无防备之都市,而为责难帝国之决议;更于十月六日国联大会,断定帝国之行动,为违反《九国公约》及《非战公约》,且进而公然采取援华之决议。凡此所为,不外支持国民政府,欲以各国干涉以抑制帝国之奸策,益足以鼓励中国抗日之决心,而使事态更难收拾,实不得不谓为重演往年之错误。各国如能理解帝国之真意,而对国民政府,出以促其反省之适切措置,方足以开协同帝国解决事变之途径。

(台北)外交问题研究会编:《卢沟桥事变前后的

中日外交关系》,1965年,第382—385页

格鲁①致国务院

1937年10月30日　东京

我与我的英国和法国同行一直在考虑，我们是否能在这里提出一些有用的建议，以有助于对布鲁塞尔会议的慎重考虑。我和克莱琪②已同意发出下列内容相同的电文，我觉得法国大使也正发出同样意旨的电文：

1.任何形式的集体调停或斡旋，不管其措辞如何谨慎，都是不可能为日本政府所接受的，因为在日本人看来，这样的行动中包含着一种压力的因素。美英的调停甚至比其他大多数国家的调停更难令日本人接受，日本将对外国的压力反抗到最后。

2.将来在适当的时候，由单独一个国家（无论是美国还是英国）提供调停或斡旋也许会为日本人所接受，但是那种时机现在还未到来。如果日本人取得比最近在上海的成功更具打击性的重大军事胜利，或南京政府比现在更表现出乐于进行谈判，那种时机也许就会到来。

3.如果不想关闭调停的大门，布鲁塞尔会议就应该严格遵守力图以协商促进和平的委托，并避免对中日冲突的起源和责任再表示任何意见，这似乎是特别重要的。调停最终成功的机会将与奉行的公正程度成正比地增加。根据我们在这里的观察，最好的办法是由会议指派少数有关国家密切注视事态的发展，并准备在形势适合时提供集体调停，或由其中一国在其他国家同意下进行调停。如果会议通过决议实际上排除单独一个国家的调停，这将是不幸的，因为这将可能实际上完全排除调停。

4.会议应该时常考虑到它的进程对于日本国内局势的可能的影响。这里经常谣传广田的地位不太稳固，据说陆军和海军都赞成由松冈先生取代广田先生。我们必须考虑到这个事实：日本政界的这种变动可能会导致其在华作法更加残酷，其和平条件最终将更加严厉。广田先生的下台意味着日本温和分子的退却，将会对英美利益产生不幸的后果。

5.日本的战争锐气正显著地增长。

《美国外交文件》，1937年，第4卷，第124—125页

外交部致顾维钧等

1937年11月1日　南京

顾、郭、钱大使鉴：（一）美代表二项建议，前已由罗斯福表示。我政府意，倘英、美、法等果有热诚调停之意，而我能预先探明其所拟计划大致于我尚无不利，则我代表

---

① Joseph C.Grew，美国驻日大使。——编者

② Robert Craigie，英国驻日大使。——编者

为获得各国更多同情起见,可于陈述事实与我方希望后,各国开始试行调解时,自动声明暂行退席。但保留:(甲)仍得随时出席;(乙)任何问题未与中国代表商讨之机会,并未经中国同意者,不能为最后之决定。(二)关于日方需要原料与过剩人口出路一节,我方应主张近代各国均有若干经济上之困难,日本欲谋经济发展,无论依其主观见解具有何种理由,总应用和平方法、友谊态度与他国谋合作,若凭借武力夺取权益,不独违法背理,且离目的愈远。中国愿随时与日本谋经济合作,但必须根据《九国公约》之原则,尤须于不侵略不威胁状态中行之。但此节勿于会议席上自动陈述,可于他国提询时据以答复。

(台北)外交问题研究会编:《卢沟桥事变前后的
中日外交关系》,1965年,第404页

外交部致驻比大使馆

1937年11月2日　南京

此次会议我方应主张之原则,业经电达。我方不必在会内提出任何具体问题,各国如在会外有以具体问题或具体计划探询我意见者,应以下开各点为应付范围。

(一)东北　李顿报告书之建议,我方原已接受,最少主张照此建议解决东北问题。

(二)华北　日本所谓华北意义广泛,但历来纠纷皆在冀察,故交涉亦只以冀察为限。此次日本侵略则由冀察而及于其他各地,我方对于任何地方均应主张行政主权之完整,断不能容许任何傀儡组织,尤须注意不得使察绥特殊化,日军必须撤退至《辛丑和约》地点。倘各国均愿放弃和约驻兵权,并劝令日本同样放弃,以永弭战祸,则我方最所乐闻。

(三)中日经济合作　我方愿在以下条件实行中日经济合作:(甲)日本不再以武力威胁。(乙)合于《九国公约》原则。(丙)双方均有利益。(丁)经正当途径协商办理。

(四)上海　回复"一·二八"前状态于我自属最利,否则须回复《淞沪停战协定》规定之状态。

(五)排日问题　由日本侵略引起中国国民之反抗,如日本放弃侵略,国民之言论行动自然回复常态,政府亦必加以注意。同时日本政府亦须注意取缔走私贩毒及一切侮华之言论行动。

(台北)外交问题研究会编:《卢沟桥事变前后的
中日外交关系》,1965年,第405页

顾维钧等致外交部

1937年11月3日　布鲁塞尔

南京。外交部。会八号。三日。《九国公约》会议，今日上午开幕，由荷兰代表提议，英、法、美、意赞成，公推比国外长为会长，前驻华代办戴福被选为秘书长。首由比国外长致欢迎词，继谓西班牙事件后发生远东事件，几使今晨疑为世界大战之先声，德日不来，深为可惜。就德国复文观之，查其不来或为暂局。至日本复文应加以详细考虑。本会议并非一种国际法庭，目的在停止战争间之冲突，均可以调解或仲裁加以解决。台维司谓战争与世界各国皆有关系，损条约之尊严，造财政经济之恐慌，既无条约根据，吾人亦应讨论。华盛顿会议各国对于中国前途抱有一种信念，即深信中国民族必能自拔，年来中国进步，此项信念经已证实。不幸中日战起，不特中日受损，世界各国感受其害，吾人应设法寻觅双方可以接受根据条约之公平条件。美国此来除条约外，别无他种义务。英外长谓战争易于传染，即系局部战争，亦与全世界有关，日本虽未来，不能减少吾人恢复和平之努力，希望到会者努力合作，英国愿以最大之合作求和平之实现，应速即组织小委员会以利进行。法外长谓吾人应从速进行积极工作，不特对于人类之义务，亦为维持和平及公平之义务，如意存自私不加尽力，反有被牵入漩涡之危险。尊重条约为文明生存之原则。华盛顿会议各原则，诸君当公论其永久价值，希望双方同意予公平荣誉之条件，则世界恢复和平此其发轫。意代表谓此次会议之任务，首限于不能用强制方法并不能施行谴责，恢复和平固属愿望，但欲求争端不再发生，不应仅调查争端直接之起点。因何方启衅，往往不易判明，东三省、大厦谷两次国际调查，毫无结果，可为殷鉴。必须追求争端深远之来源或系内部或由外来，内部者即受中国民族爱家庭土地不相容之学说之影响，会议目的在邀请双方直接交涉，以后吾人即不必过问。又称对于不注意实际之会议结果表示保留，余不求诸君鼓掌，但余言与实际相合。下午李维诺夫演说，苏联应邀来会，此会乃根据国联议决案而召集者，苏联反对侵略，其他对于本案之意见业经详述，无庸再述。自国际情形日恶，各项国际会议往往忘其成立之目的，或竟与侵略者携手，其余侵略者利益冀获一时苟安，因之新侵略事件又发生，新会议又召集矣。加以各国向不一致，更与侵略者以机会，希望此项会议不蹈覆辙，得有结果，立成一公正之和平，不可因求会议之成功，牺牲被侵略者。嗣钧演说，大意另用新闻电，各国皆表同情（意大利未鼓掌），继谓以中立立场及地理关系将以诚意合作，期复和平。会外一般评论均谓措辞和平，主张坚决。顾、郭、钱。

（台北）外交问题研究会编：《卢沟桥事变前后的
中日外交关系》，1965年，第394—395页

顾维钧在布鲁塞尔会议开幕会上的发言（摘录）

1937年11月3日

中国祈求和平，但在日本侵略继续进行之中，中国决将抵抗到底，盖任何代价之和平，非但中国不能获得公道，即于文明亦无裨益。和平必须根据《九国公约》第一条之原则。吾人深知君等，均信条约神圣之原则，敢以中国政府全心全意之合作相贡献云。……日本武力侵略之事实，曾经二十三国代表详细审查其报告书并经五十一国一致通过，证实日本军队已侵入中国领土，占领广泛区域，北平亦在其中。而日政府并已派遣海军封锁中国海岸，复将日本巨大军事机构之压力，在陆、海、空三方加诸中国无辜民众之身。再则日本之军事占领，包括与英德两国土地同大之冀、察、绥三全省，及晋、鲁两省之一部分。因之目前战事之发生，其为日本一九三一年沈阳事件发生，占领东三省后，领土扩张政策之继续，实已无所疑义。……中国所抱憾者，即近年来之军备整顿，未能更迅速而广泛，俾得更有效的抵抗侵略，而使国内民众受惨杀之数目减少云。……日本屡言远东之局势，系西方人士难于了解者，实则唯一难于了解之点，即日本一意孤行之侵略，不惟破坏其诺言，抑与其本身之利益，亦相抵触是也。再则日本复时责中国缺少稳固有力之政府，而在其本国政府之内，今日所宣称之和平意旨明日即为其军人之行动证实其虚伪，故于日本亦毫无利益。……

《武汉日报》，1937年11月5日

顾维钧、程天放致外交部

1937年11月6日　布鲁塞尔

南京。外交部。会二十一号。六日。顷钧偕放[①]访台维司，为其介绍。放告以曾屡向德外长询问德国何以不出面劝日本变更侵略政策？因日本认德意为日本友，易于说话。德外长谓尚非其时，故外传希特勒出任调停之说不可靠。台维司询德国复比国文末段意真相，放答以德国意如日本表示可接受调停，彼愿与各国共同努力。台维司询中国是否愿德国单独调停，程便答此事未受政府训令，未能正式答复，但个人意见认为任何调停应有先决条件，即须恢复7月7日以前之状态。台维司谓德如再提及，中国可告以此事关系《九国公约》各国全体，非仅中日两国之事。次钧询以今后会议进行办法，彼谓不愿久候日本回音，拟先组织一研究委员会，现拟英、美、比三国，惟法国必加入，意大利以法加入亦欲加入，俄国则以意大利加入，彼亦加入。如该委员会成立后拟先询中国是否接受调停及何种条件可以调停？放询以日本如不接受则将何如？彼称只可想积极办法，但现在尚谈

——————————————
① 指程天放。——编者

不到。钧谓如美坚定采取积极办法必有他国合作，彼谓尚难逆睹。钧又晤英国代表，彼亦主张先组织委员会，日本如不来尚有其他办法，接洽办法可由少数委员会留比继续研究。放、钧。

（台北）外交问题研究会编：《卢沟桥事变前后的

中日外交关系》，1965年，第396—397页

外交部致驻比大使馆

1937年11月6日　南京

关于具体问题，他国征询我意见时，我方应取若何态度，已详248号电（即前电）。兹再将应付各问题之方略补充申述如下：

（一）如华北主权、领土与行政之完整确能得到切实之保证，则我国可于华北区域内关于经济之开发及资料之供给作相当之让步。又《辛丑和约》各国驻兵权如均能放弃自属最好，否则日本驻军应以《辛丑和约》规定之地点为限，其数额应与他国驻军按其实在需要另以条约确定之。

（二）关于上海问题，（甲）如一切仍照"八一三"前原状我方可予同意。（乙）如在《淞沪停战协定》规定之区域内，我方除警察外不得有任何武装队伍（包括保安队），并不得建筑防御工事，则须另订国际协定规定。日本及他国在上海之陆海军及军事设备须各减至其担任租界防守所需要之最少确定数额，现有之共同委员会，或重行组织之新委员会（包括中日代表）须随时予以稽查并提出报告，此项协定期间暂定五年。（丙）如（乙）项区域较现有停战区域大加扩充，或竟影响我国行政权或警察权，则我方不能同意。

（三）如走私确可停止，中国缉私权确可恢复，则关税税率可自动调整，但仍须顾及中国政府之税收与国内实业及国际商业。

（四）排日问题已详二四八号电（即前电）。

（台北）外交问题研究会编：《卢沟桥事变前后的

中日外交关系》，1965年，第405—406页

蒋介石答记者问

1937年11月7日　南京

问：比京《九国公约》会议，如有主张中日两国直接交涉者，委员长之意如何？

答：主张中日直接交涉，无异于增加中国之危机，且与《九国公约》会议之精神完全

相反。盖日本背义无信，目无公理，如由两国直接交涉，毫无其他保证，无论条件如何，其结果必使中国国家生命陷于随时随地可被消灭之危境，永无独立自由之机会，此不独中国所不能忍受，且亦为《九国公约》会员国所无法接受也。

问：目前军事形势如何？前途是否乐观？

答：我国此次抗战，其要旨在于始终保持我军之战斗力，而尽量消耗敌人力量，使我军达到持久抵抗之目的。过去三个月抗战情形，足以证明我方此种战略已获初期胜利。以淞沪言，我方在该地本无险可守，且毫无坚固工事可以凭借，敌人虽尽用其海、陆、空军之全力，凭借武器之优越，与海运之便利，而我军仍能与之周旋至今，且予以重创，敌方损失之重大，恐为日俄战争后之第一次。最近沪杭公路金山卫地方，虽被敌军登陆一部分，对于我军嘉翔本阵地仍丝毫不能动摇，故我军仍能进退自如，始终立于主动地位。北方战场，山西方面，我军亦步步为营，寸土必争，在过去两月中予敌军以重大打击。敌军费如此巨大代价，而所得者仍仅沿铁路之一线地，此后敌军深入腹地，其困难必更加多。总之敌军入我内地愈深，我方形势亦愈为有利，最后胜利终必属于我也。

问：委员长对《九国公约》国会议之观测如何？

答：余始终深信公理正义之力量，一经发动，必至贯彻目的为止，余意会议必能有所成就。若就中国而论，在国际公约不发生效力，正义公理未能伸张之时，唯有对侵略我国之敌人，坚忍抵抗，贯彻到底。

问：在《九国公约》国会议开会之时，近数日内盛传有会议外进行调解之说，其真相如何？

答：绝无其事。中国立场始终为尊重《九国公约》与国际一切条约，中国除竭诚与合法集团努力合作以外，决无单独行动之理。中国最重信义，断不自行违反一贯之立场。

秦孝仪主编：《先总统蒋公思想言论总集》卷38，（台北）中国
国民党中央委员会党史委员会1984年版，第101—102页

外交部致驻比大使馆

1937年11月8日　南京

会十九、二十一号电悉。现在《九国公约》会议既在进行，我方惟一途径，只求由此会议获得适当解决。日本于此时使用离间手段，自在意中。而德国亦未尝不欲利用时机以调人自居，借以抬高其在远东之地位。德大使在此已频频微露其意。我方答复语气，正如台维斯所云，事关《九国公约》各国全体，自应由与会各国本约文精神图谋解决。以

后德方如再提及，拟告以彼既有调停意，何不加入《九国公约》会议或与英美等国尽量合作？借以增厚调人之力。一面我代表团可斟酌情形，密商英美，如有关于调停具体计划，不妨于会外与德国随时商洽。盖德国本曾邀请参与会议，彼虽婉拒，但在会外与之合作，不独与各国本意无违，且于会议前途未尝无利。必要时并可请德国与英美等国向日本并行斡旋。又致日本复文第六节内所称另行选择之各国代表，实行选择时，不妨包括德国在内。如此既可打破日本离间计划，而以集体力量图谋解决之政策，亦可始终贯彻。希酌办电复。外交部。

（台北）外交问题研究会编：《卢沟桥事变前后的
中日外交关系》，1965年，第406—407页

郭泰祺致外交部

1937年11月10日　布鲁塞尔

南京。外交部。会二十六号。九日。午后访Eden[①]，据告接东京英大使电，日本将拒绝派人与会议接洽，明日开会如日方答复仍未到，彼不主张静候。今晨Davis[②]与彼商洽，云如日本不来，拟再向东京提询数点，意使美国舆论了解日本之不可以理喻。本月十五日美国会开会，总统致辞，对远东时局将有所表示，届时美国舆论或可望渐臻成熟，英美均以为如和解不成，会议不能了结，必须采取其他办法。嗣谈及制裁，Eden谓有两种，一为无效制裁，例如因阿比西尼亚问题所采用者；一为有效制裁，必须各关系国彻底做去，包括互助及战争之危险。祺谓果英、美、俄、法、荷诸国能如德、日、意之联合阵线，即足以制止日本，不惟无战争危险，且可避免之，对欧局亦可发生良好影响。Eden似以为然，并谓如得美国合作，英当无顾忌，已明告美国彼意。Davis亦决意使会议有结果，但如何做法，现似尚无定计，须相机进行。美国不愿中日问题回到国联，彼意亦然，因不欲失美之积极参加。祺谓如会议有办法，吾人亦愿不回到国联，但国联路线不能放弃，彼亦谓然。彼谓法国除对我国军火业经定购者外，尚非铁路停止运输，但香港运输，英国政府虽有多种困难必继续维护。彼今日接英国代办复电谓，中国人心上下团结一致，与前方士气一样坚决，似较战事开始时更好，彼表示佩慰。祺。

（台北）外交问题研究会编：《卢沟桥事变前后的
中日外交关系》，1965年，第397—398页

---

① 艾登。——编者
② 戴维斯。——编者

顾维钧等致外交部

1937年11月10日　布鲁塞尔

南京。外交部。会三十号。十日。密。本日下午开会,旋由会长报告驻日比使电称,日本复文十二日下午可到,定十三日上午开会,即散会。惟钧等午后在会外分别与Davis及英法外长谈及下次会议工作,彼等均以日本既决不来,是会议已仁至义尽,应即商讨第二步办法。彼等虽尚未明言,但据语气似首重给予我国物质上之援助,并维护海运以维持及增强我国抵抗力量,对日经济制裁或暂从缓,作为第三步。彼等午后又会商,虽均不愿争先,但似亦不甘落后。意大利之加入反共协定颇有促进英、美、法团结之势。今后会议当有重要进展,极盼我军能固守新阵线,以坚友邦信任。顾、郭、钱。

(台北)外交问题研究会编:《卢沟桥事变前后的
中日外交关系》,1965年,第398—399页

外交部致驻比大使馆

1937年11月13日　南京

会34号电悉。在《九国公约》范围内各国实行调停,我方自可接受。惟日本既一再拒绝参加会议,现再由大会去文提议调停,恐遭同样结果。我方为使会议易于成就起见,倘各国向中日正式或非正式促使日本仿照华盛顿会议解决山东问题办法,与中国直接商谈,同时受有关系国之协助,则我方可不反对。停战问题,倘各国提议双方先行停战,中国亦可同意。希速与英美代表密商进行。外交部。

(台北)外交问题研究会编:《卢沟桥事变前后的
中日外交关系》,1965年,第407页

顾维钧等致外交部

1937年11月13日　布鲁塞尔

今晨十一时开会,首由会长宣读日本复文,次由钧演说,略谓会议虽以种种平和方式及词句,而日本仅答一否字,中国自始即表示合作甚至提议暂行退席。日本复文并无新理由,所谓正当防卫完全与事实公平不符。即日本自信如此亦不能谓为在《九国公约》范围之外。直接交涉,中国已试行四年,中国每次让步,日本即认为示弱,致有此次事件。远东情形并不比《九国公约》签字时特别,中国决心抗战到底,各国决不能承认既成事实,希望各国维持条约尊严,制止日本侵略,停止日本财政、军火、原料之接济,予中国以精神、实质、经济之援助,并宜从速,否则范围日广,非世界战争外无可遏止。次法英外长及

台维斯演说，首言普通原则，查系先经商妥为对付日意协定之共同表示，故三人措词相同，大抵谓世界和平必须以谨守条约及尊重他国独立为原则，条约并非永久不变，但须用和平方法修改，不能以武力变更。至于各国内政制度，有自由选择之权，他国不能强行干涉。关于中日问题，三国均惜日本不来，法国谓由日复文发生新问题，须加考量，无论如何不能以武力为解决争端之基础。英外长谓中日战争不能认为仅系中日两国之事，会议应从速考量日本复文，声明对于日本复文之意见。台维斯谓中日间以前如交涉自行和平解决，岂不甚善，无如已发生战争，至解决争端，除遵守条约外，别无他途。九国条约为日本所手签，以日本利益着想亦宜依约彼此合作，希望日本尚能同意。苏俄代表谓，调停既已失败，应由各国采用共同切实办法，苏俄愿予赞助。意大利谓，关于条约神圣及条约非永久不变各节，意大利亦可赞成，但会中有提及办法者，则会议之目的有定，前已于开会词中述及，试问会议尚有何事可做乎？次会长提及英、法、美起草会议宣言，定下午4时再讨论宣言全文。另电英、美、法代表对我国演说立场均表示赞同，又台维斯密告，深盼我国抗战能继续撑持云。顾、郭、钱。

（台北）外交问题研究会编：《卢沟桥事变前后的
中日外交关系》，1965年，第399—400页

戴维斯在布鲁塞尔会议上的声明

1937年11月13日

我认为，对目前的形势需要作一些通盘的检查。如果我们总是拘泥于考虑细节问题，不去重申指导我们相互关系的普遍原则，那就会使人获得一种印象：我们的政策目标和深度仅限于对事件就事论事。我们召开这个会议是因为我们非常关心世界上的一个重要地区——远东的和平。恢复该地区的和平极为重要，这不仅对两个当事国而言，而是对全世界也如此。生灵涂炭、牺牲至大，物质的损失亦复惨重。但是假如我们不能维护我们认为是神圣的某些原则的完整性，那么丧失全世界的信任和动摇世界的稳定及安全所造成的损失就更重大了。历经若干世纪，这个世界已发展形成一套成为国际道德和行为根据的国际法体系，它提供了国家与国家间公平交往的准则，就像作为个人与个人间相互关系根据的公平交往的法规一样。遵循此国际法准则，可给各国以安全感，可使各国按自己的方式去发展自己的文化，按自己的意愿选择自己的政府形式，知道有解决自己内部的问题而不受外国干涉的自由。这是这个世界有秩序发展进步的要素。

国际法的条文和基础体现在一系列国际条约中，改变是可能的，而且往往是合乎理想的，但这种改变只能以和平方式和相互同意来实现才是合法的。归根结底，我们在此

考虑的问题，就是国际关系究竟是由专断的武力来决定，还是由法律和对国际条约的尊重来决定。事实上这看来才是今天全世界面临的最大问题，才是人类要求解决的最重大的问题。正如罗斯福总统在前些天所表明："那些爱护自己拥有的自由，并且承认和尊重其邻居也享有自由和生活于和平之中的平等权利的人，必须共同努力，取得法律和道德原则的胜利，从而使得和平、正义及信心能永存于我们的世界。"如果以暴力改变国际关系的观念得逞，我们将会面对国际上的无政府状态。只有尊重法律和条约的观念能够给我们以一个安全的世界，在此世界上良好愿望和信心得以存在，而遵守誓言是唯一不变的基础，世界和平的结构能依此而得以建立。如果我今天是用简单的语言重申这一原则，我只是强调我们的信念：除此而外没有任何其他基础可以求得中日冲突的平等和长久的解决办法，没有任何其他途径可以重建并维持远东的公正和平。

　　现在谈谈我们所密切关注的具体问题：我们已邀请日本来出席会议，我们欢迎它在会议上作出日本方面对这一导致敌对冲突的事件以及冲突潜在原因的全面解释。但日本未予接受。我们抱着体谅别人可能有的敏感性的愿望，又进而询问日本，它是否愿意指派代表与由本会为此目的指派的少数国家的代表交换看法。这种意见交换将在《九国公约》的架构内举行，并与《九国公约》的条款规定是相符合的，其目的是为了进一步弄清正在讨论的各项问题并促进对这次冲突的解决。但日本的答复仍是否定的。假如日本接受邀请的话，我相信我们会对日本有极大的帮助（就像我们对中国一样），而这一点以前是、现在仍是我们最诚恳的愿望。

　　　　　　　　　　　《美国外交文件》，1931—1941年，日本卷，上册，第408—409页

顾维钧等致外交部

1937年11月14日　布鲁塞尔

　　南京。外交部。会四十号。十四日。本日下午开会，意代表首对宣言大体及细目均声明不能赞同，加以保留。并谓日本复文中有请各国依现实情形帮助巩固远东一语应加以注意，询问日本真意。钧谓日本复文意甚明了，在使会议承认既成事实，如再往询问，徒延时日，每延一日，中国损失愈多，英吉利、纽丝纶、坎拿大[①]、台维斯亦均不赞成，未通过。墨西哥赞成宣言，谓吾人不必悲观，历史上已明说正义终有大伸之日。和[②]代表请修改四点：（一）删除第二节内国联一段。（二）删除第六节共产全节。（三）删除第七节内"如中日间能正当永久解决，各国虽认为事件系全体利益尚可不管"一段。（四）删除第

① 新西兰、加拿大。——编者

② 荷兰。——编者

十一节希望日本再行考量一语。讨论结果，一、三、四点均删去，第二点由法国提出对案通过。玻利维亚主张四原则：（一）尊重条约。（二）和平解决争端。（三）不承认原则。（四）不干涉他国内政。关于宣言末段，那[①]代表声明保留。关于宣言部分，其目的足以超出原请帖范围之外者，丹麦、瑞典作同样之保留。葡萄牙提议修改，将字句减轻，以便本案可全体通过，瑞典和之，法外长主张维持原文，英外长提议请瑞典请示其政府意见，结果宣言全文逐条宣读完毕无异议，俟星期一下午4时开会再正式通过。顾、郭、钱。

（台北）外交问题研究会编：《卢沟桥事变前后的
中日外交关系》，1965年，第400—401页

戴维斯致赫尔

1937年11月14日　布鲁塞尔

由于事先在日内瓦和华盛顿对日本作了谴责，本大会所进行的调解工作实在困难。法国的态度最近已明显改善，德尔博斯已乐于协作，并对我们颇有帮助。然而，他坚信，指望道德的压力会对日本产生什么明显的效果是徒劳的，因为日本倚仗武力，不讲道理。他认为既然日本已拒绝一切调解的努力，本大会就必须尽快决定各主要大国今后可能并愿意施加何种进一步的压力。

艾登似乎相信，存在着找到某种途径把日本拉到某种谈判上来的可能性。他认为，此事可由几个大国在大会之外办理，并由他们向大会汇报情况。他觉得，我们无法继续有效而不失尊严地把自己局限于表达原则，并乞求日本接受我们的总是遭到拒绝的斡旋。他确信，如果日本真正相信至少我们两个大国会采取一些积极行动的话，那么，我们努力争取的一项可行而公正的解决办法就可望成功。他一再对我说，英国内阁赞成做任何美国政府愿意做的事。他同意在处理任何事情时，不论是已经做的还是未曾做的，都不应该责怪对方或向对方推卸责任；我们所执行的路线不论何时都应是平行的。

艾登对谈论禁运的可能性缺乏热情，但表示如果我们愿意的话，英国也将跟着做。我已告诉他，我甚至连那种可能性都无权认真讨论。他声明，尽管由于欧洲目前的局势，大不列颠不可能单独向日本挑战，但是他们可以派几艘战舰去远东，等等。他倾向于认为集结海军力量也许是个可取而有效的姿态。

德尔博斯几次试图与艾登和我讨论积极的联合行动，但是我回避了这样的讨论。他在星期五告诉我们，日本驻巴黎大使已威胁法国说，假如法国不立即停止通过印度支那运输武器，日本将占领海南岛，并采取报复措施。他给我这样的印象：尽管他们不想屈服

---

① 挪威。——编者

于日本，但又为不屈服感到害怕，除非他们能得到大不列颠和我们的援助保证。我告诉他，我当然不可能给予他这样的保证。但是我认为，他们对于日本人将报复的担忧是多余的，因为日本人腾不出手来做这些事，而且给自己增添一些与其他大国的麻烦也是愚蠢的……

我将作一些详细说明，因为我感到，如果日本不在最近参加谋求和平解决的一些讨论的话，那么，除非我们准备采取一些积极措施，否则大多数国家将束手无策，茫然不知所措。在我看来，可以把他们联结在一起的最简单步骤就是通过一项决议，要求不承认由武力造成的变化，并禁止政府贷款及劝阻私人贷款。有迹象表明，日本对本大会感到紧张不安，正在以各种方法加以破坏。人们相信，除了对大不列颠和我国外，日本几乎对所有的国家都在暗中进行威胁。

我有些担心的是，正当日本紧张不安地害怕我们可能会同意采取某些积极行动时，如果我们继续长时间地显示我们除了告诫之外不想做任何事，这就会使日本立即确信，它可以继续它的侵略进程而毫无遭到干预的危险。

《美国外交文件》，1937年，第4卷，第183—185页

布鲁塞尔会议宣言

1937年11月15日

一、聚集于布鲁塞尔的各国代表们受权审理日本政府于一九三七年十一月十二日答复一九三七年十一月七日致日本公函后，遗憾地注意到，日本政府依然争辩说日中冲突不属《九国公约》的范围，并再次拒绝参加以力图达到和平解决这场冲突为目的的交换意见。

二、显然，日方对提及的冲突之争端与利害观点，同全世界其他大多数国家和政府全然不同。日本政府坚持认为，鉴于这场冲突发生在日中两国之间，事态仅仅涉及这两个国家。与此相反，现在聚集于布鲁塞尔的各国代表们则认为，这场冲突在法律上涉及一九二二年华盛顿《九国公约》所有国家，以及一九二八年《巴黎公约》的全体国家，实际上也涉及国际大家庭的所有成员。

三、不容否认，缔约各方在《九国公约》里还确认，采取一项为使远东局势稳定而制订的特定政策是各方之所望。缔约各方还同意在其对华关系及在华各国的相互关系中，应使用某些特定原则。而且，在《巴黎公约》中，各方同意"在它们中间可能产生的一切争议或冲突，不论属何性质或由何根源引起，均应一律用和平方式加以调停或解决"。

四、不可否认，日中敌对状态不仅不幸地损害几乎所有国家的权利，而且还危及它

们的物质利益。这些敌对行动已经造成第三国国民的死亡，并给第三国不少国民带来巨大损失，广泛毁坏了第三国国民的财产，使国际交通中断，国际贸易受阻遭损，给各国人民带来一种恐怖感和愤慨，使整个世界感到动荡不安，人心惶惶。

五、聚集于布鲁塞尔的代表们因此把这些敌对行动及其造成的局势视为必然要涉及他们所代表的国家，以至于涉及整个世界的问题。代表们认为，这个问题不仅出现在远东这两国关系中，而且出现在法律、秩序、世界安全以及世界和平各方面。

六、日本政府在其十月二十七日照会中断言，并在其十一月十二日照会中又提及，它在使用武力反对中国时，急于"使中国放弃其目前的政策"。这就促使聚集在布鲁塞尔的代表们指出，在法律上，根本不存在任何国家动用武装力量去干涉他国内政的法律根据；并指出，笼统地承认这样一种权利，将是冲突的永久祸根。

七、日本政府强辩说，此事仅单独限于日中两国，并在两国之间着手解决。可是，无法令人相信，用这样一种办法能公正而彻底地调解冲突。

日本武装部队大量出现在中国的土地上，并占领了大片重要地区。日本当局实际上已经宣称，它的目的正是摧毁中国抵抗日本野心的意志与力量。日本政府断言：是中国的行动与态度触犯了《九国公约》。然而，正是中国就此问题同该条约的其他国家进行充分而坦率的讨论，日本却拒不同其中任何一国进行商谈。中国当局已一再声明，他们将不会、实际上也不可能同日本单独谈判协议解决冲突。在这样一些情况下，如果听任它们自己解决，则日中两国在不久的将来对取得两国和平的承诺，对确保其他国家的权益，以及对远东的政治和经济的稳定这些问题的解决，是毫无任何可信任的基础的。

恰恰相反，倒有一切理由相信，如果这个问题让中日单独解决，则武装冲突——随之而来的生命财产毁灭、混乱不安、动荡不定、苦难、不和、仇恨，使整个世界不得安宁——将永无止境。

八、日本政府在其最近的公函中，吁请参加布鲁塞尔会议的大国根据局势的实际情况对东亚的稳定作出贡献。

九、聚集于布鲁塞尔的各国代表们的观点是：局势的基本实质就是他们前面提请注意的各项。

十、聚集于布鲁塞尔的各国代表们坚信，根据上述理由，不可能指望通过双方直接谈判取得公正而持久的解决办法。正因为如此，代表们在致日本政府的公函中，邀请该国政府同他们或为此目的而选定的少数大国代表进行磋商，期望这样交换观点可导致接受他们的善意斡旋，将有助于达成令人满意的协议。

十一、代表们依然相信，如果冲突双方同意停止敌对行动，以便给这项建议提供一个尝试机会，或许可能取得成功。中国代表团已经通知，它已准备参加这项行动。聚集于布鲁塞尔的各国代表们对于日本坚持拒绝讨论这项办法，感到难以理解。

十二、虽然希望日本不再坚持它的拒绝态度，但是出席布鲁塞尔会议各国不得不考虑：在一项国际条约中的一方坚持反对所有其他各方的观点，认为它所采取的行动不属于该条约的范围，并置其他各方于不顾，而其他各方认为在此情形下必须实施该条约的条款，面对这一局势，与会各国应一致采取何种态度。

《国际事务文件》，1937年，第743—746页。

赫尔致戴维斯

1937年11月15日　华盛顿

……

3.考虑到你和艾登都认为，计划中的你们这一阶段工作的结尾，将被视为是虎头蛇尾，我们感到，一个对国际关系基础原则的强有力的重申，尤其是如果不久大会决议采纳这一重申的话，它将是抵消这类批评的最好的办法。

4.你建议宣布一些与我们所重申的原则相符合的具体政策，如宣布不承认以违反条约义务的方法所造成的局势。我现在倾向于认为，发表这样的宣言的时机可能还未成熟，如果它被大会所采纳的话，在晚些时候再予以实施可能更为有利。但是，这样的思想现在可以用比较含蓄的语言表达出来。

5.至于你所提出的反对政府借债和贷款以及紧缩私人借债和贷款的宣言，你应该记得，这些措施是在会议邀请书所列会议内容的范围之外的。你还应该记得，参加日内瓦国联大会的国家明确地回避了采取任何这类的措施。

《美国外交文件》，1937年，第4卷，第187—188页

赫尔致戴维斯

1937年11月16日　华盛顿

来自布鲁塞尔的新闻报道，尤其是过去几天的，已经（并在继续）予人以一种印象，即其他与会国家愿意并热心采取对日施加压力的方法，只要美国也肯这么做。这些报道的语气似乎在说，美国应对决定此次会议对这一问题采取何种态度单独承担责任。

我要请你注意这一事实，出席日内瓦会议的约五十个国家，是一个明确地规定在某种情况下将使用压力手段的政治机构的成员，但当这些国家最近在日内瓦开会讨论目前的日中冲突时，它们明确地放弃采取任何这类手段，甚至还采取措施去转移公众对这一

问题的讨论。我还要请你注意布鲁塞尔会议开会的目的。请你注意对日施加压力的方法问题是在会议范围之外的。

……我希望，你和美国代表团的其他成员将尽你们所能，去反击出席布鲁塞尔会议的一些国家企图把在目前形势下行动的全部责任都加到美国政府身上的种种努力，我确信存在着这一企图，尽管他们自己不愿意采取明确的行动，这在私下他们曾多次明白地向我们表示过……

《美国外交文件》，1937年，第4卷，第197—198页

戴维斯致赫尔

1937年11月17日　布鲁塞尔

昨天，苏联代表波德金①来访，说李维诺夫打电话要求他与我讨论应该向下个星期一的会议提议采取何种行动。他非常坚决地敦促我们提出一些具体的反对日本的措施，因为他的政府坚信，除此而外没有任何其他办法能够阻止冲突。他重申，苏联愿意参加英国和我们准备进行的任何行动；它不希望单独行动，但是如果没有任何共同行动，而只能让它单独行动，它感到除了继续以"谨慎的方法"通过陆路向中国输送武器弹药之外，它无法做更多的事情。

我对他说，我怀疑现在是否能提议采取什么积极的措施；今后将采取何种行动的决定，必须要等到周末各位代表回来之后通过进一步的协商才能作出。我还解释了我们的总的立场，表示我们无法对共同行动作出任何承诺。

《美国外交文件》，1937年，第4卷，第198—199页

戴维斯致赫尔

1937年11月17日　布鲁塞尔

……

3.我同意你的判断，并希望能强有力地重申国际关系的基础原则，使它达到预期的效果。然而，所有的大国和绝大多数小国都认为，经过一个星期的休会之后，仅仅是重申一下原则，这对召集这次会议所讨论的、远东的实际形势现在所提出的紧迫的具体问题的解决，将不会有什么帮助。而且，它将被视为这样一个明显的证据，即参加会议的各国在它们的权益日益受到破坏及一个合理的解决方案越来越难实现的形势下，并不想采取任何比较积极的措施把它们的看法付诸实施……

---

① 苏联副外交人民委员，时为出席布鲁塞尔会议的苏联代表。——编者

4.如果你仍然认为日本可能会在一个适当的时候同意接受斡旋或调停,那么,我赞成我们应该推迟采取任何可能被视为是怀有敌意的行动。然而,这里的普遍看法是,除非我们显示更为坚决的态度,并对日本施加更大的压力,否则,日本将会继续拒绝任何可能导致建设性的解决的调停。我们希望你能同意在最后的宣言中重申不承认政策,并辅之以一个禁止借债和信贷的政策。我们一致认为这样做是明智的和适当的。然而,由于你显然不会同意我们这样做,我们想,你也许会同意宣言至少包括大意如下的内容将是明智的,即在可预见的将来,如果仍不可能进行我们希望能进行的旨在达到和平解决的谈判,那么:(1)将不承认以违反条约义务的方式所造成的局势;(2)只要日本拒绝履行条约规定的义务,有关各国就完全有理由认为,扩大或鼓励向日本政府的借贷是不正当的。

5.我们无法明白,遵循上述意在劝阻继续冲突并协助达成和平解决的路线的宣言,怎么会在召集本会时所确定的议事范围之外?我们也不明白,在日内瓦开会的国联各国避免采取这类措施与本会议的作用和它可能采取的行动又有什么关系?其他出席本会的身为国联成员国的主要大国似乎并没有这样的想法。而且,国联所采取的行动未能解决问题,这一遗留下来的问题正是要求本次会议去解决。此外,自从日内瓦会议以来,形势进一步地发展了,要求各国采取认真的积极的努力的需要已经增长了,并变得越来越明显。

《美国外交文件》,1937年,第4卷,第201—202页

赫尔致戴维斯

1937年11月17日　华盛顿

我将另外发给你一封电报,总结来自布鲁塞尔的新闻报道。你将注意到,这些新闻报道企图对美国政府的行动自由划上一条不适当的线,并企图限制我们坚持我们的原则立场的能力。

总统和我都认为,这些攻击是不公平和不正当的。我担心,这样继续下去将会危及你的地位。

法国和英国的驻各国使馆不仅不作任何努力来纠正这一印象,我还有理由相信,它们至少曾在某国首都扩散美国应对目前形势负全部责任的印象。

我们只能继续维持着我们自远东的纠纷开始以来所奉行的政策。此外,我还要强调指出这两点:1.美国人民在目前是不准备赞成采取压力和威胁的方针的;2.你在布鲁塞尔越久,你就越可能受到提倡采取这种政策并企图让布鲁塞尔会议采纳它的新闻界的指责。

……我注意到,你可以乘十二月二日的“华盛顿”号返航。我认为,不管怎样,在会

议结束后尽快离开布鲁塞尔总是明智的。

《美国外交文件》，1937年，第4卷，第203—204页

戴维斯致赫尔

1937年11月19日　布鲁塞尔

今天下午，顾维钧要求见我，我安排亨贝克会见了他。

顾维钧简要地说明了中国政府命他向美国、英国和法国代表团提出的来电的要点，并递交了一份相当长的备忘录。亨贝克询问中国方面是否在华盛顿也进行了类似的活动，顾维钧说他未得到通报。

该备忘录的要点如下：为了进行持久的抵抗，中国政府已经决定迁都重庆；但中国仍决心保卫南京及南京以西地区。尽管有一些别的国家表示愿意调停，但中国政府已拒绝接受，因为中国已经诉诸于国联和《九国公约》签署国。不幸的是，这两个机构只是把他们的努力限制在口头上，这已证明毫无作用。虽然给了中国一些经济的和物质的援助，但运输受阻，现在经过印度支那的运输便利已被取消。如果列强有意为远东问题找到解决办法的话，现在正是解决这一问题的时候。援助中国的最好的办法是向它提供物资，并对日本加以限制或武装干涉。采取前一办法现在也许已经太迟。一个联合阵线联合显示其军事力量，以促使日本改善其态度，是不会冒任何风险的。中国政府感到，苏联在援助中国方面之所以迟疑，就是因为法国、英国和美国拒绝保证它们将共同支持它。中国政府认为目前的形势已到了关键时刻。

在讨论备忘录时，顾维钧回答说，苏联显然愿意给予中国军事援助，至少对日本进行一次军事示威，如果列强愿意保证将帮助它对付来自欧洲的进攻的话。当然，亨贝克说，他相信顾维钧也知道美国不能作出这样的保证。

接下来，他们讨论了会议的各个方面。顾维钧敦促成立一个小型的委员会以处理向中国提供援助的问题和如何促成和平谈判的问题。他曾询问美国和英国是否不愿进行调停，后来又问美国是否不愿单独调停。亨贝克列举了采取这两类行动可能引起的困难。

顾维钧说，直到这次会议召开之前，中国实际上对从国外得到援助并不抱多大希望，会议的召开引起了中国相当大的期望，而会议的进程已使中国产生失望。他担心，如果会议没有任何建设性的结果而结束，将会在中国产生巨大的沮丧感。他希望，会议能够采取一些有助于防止这一情况出现的行动。亨贝克对这一期望能否实现并未给予乐观的回答。

《美国外交文件》，1937年，第4卷，第214—215页

戴维斯致赫尔

1937年11月21日　布鲁塞尔

……

3.在我们与麦克唐纳、克兰伯恩和贾德干的会谈中，他们表示再作进一步的原则声明是不明智的，因为他们想不出还有什么没有说过的东西。他们还急切地希望现在能在这里做些什么，以清楚地表明休会并不意味着会议的结束，否则，中国将会坚持再把这一问题提交国联，英国的公众舆论也将激烈地批评政府未能促使会议做一些有实效的事情。他们提议，英国和美国可以通告本会议，我们准备并愿意做些斡旋工作，这也可以为本次会议的休会提供一个合理的基础。但他们并没有提出更进一步的措施。他们还说，保持中国人的士气，不使其丧失国际社会总会做一些事的希望是极为重要的……

《美国外交文件》，1937年，第4卷，第219—220页

戴维斯致赫尔

1937年11月22日　布鲁塞尔

经过昨天一整天的商讨和起草，英国和美国代表团在今天早上就会议的报告和宣言的草案达成了一致意见。今天，我们分别向各个代表团出示了这两个草案，并加以说明。法国代表团要求与英美代表团一起作为提案国，我们接受了这一要求。下午晚些时候，在本会的一次非正式会议上，会议主席通报了这两个草案。中国代表团对这两个草案都表示了总的保留意见。报告已经进行了一读，它引起了广泛的讨论……

《美国外交文件》，1937年，第4卷，第226页

顾维钧等致外交部

1937年11月22日　布鲁塞尔

汉口。外交部。八十六号。二十二日。今午访英美代表，彼等交示所拟会议宣言草案，我方以内容空洞距我国期望太远，重提有效助我制日办法。彼等谓如各国明显助我，恐反促成日本实行封锁，使我国现有之物质援助亦不可续得，且此项办法难望通过大会。钧谓我方重实际，由英、美、法、俄、荷、比诸国会外商酌亦可。美代表反对共同商讨，谓应单独交涉，英代表嘱我方拟具策划分送上述各国酌量后再定应否共同商讨。嗣后祺提及贷款问题，美代表谓美国近曾给予中国五千万元信用贷款，于中国不无补助，但深恐直接借款须经国会通过，甚困难。钧谓或可设法用其他方式借垫，英代表则谓只须与英财

部商洽，不必经过国会手续云云。钧。

（台北）外交问题研究会编：《卢沟桥事变前后的

中日外交关系》，1965年，第401—402页

布鲁塞尔会议通过的报告和宣言（节录）

1937年11月24日

布鲁塞尔会议是接受比利时政府的邀请，应联合王国陛下政府的要求，在美国政府赞同之下召开的。一九三七年十一月三日举行开幕式。目前，会议已达到可将其工作的主要方面记录在案的时候了。

一九二一——九二二年的冬天，在华盛顿签订了一批相互关联的条约和协定，其中最重要的部分之一是有关中国问题应遵循的原则和政策的《九国公约》。这些条约和协定是谨慎审议的结果，也是自由缔结的。它们的缔结，主要是为了促成太平洋地区的稳定与安全。

《九国公约》第一条规定：

1.尊重中国的主权、独立、领土及行政的完整；

2.给予中国最充分、最顺利的机会，俾使其自行发展与维持一个有效而稳固的政府。

3.利用各缔约国的影响，以期切实制定并维护所有国家在中国全境商务、实业机会均等的原则。

4.不得乘中国状况之机，以减少友邦臣民或公民的权利，而谋求本身的特权和特惠，并不得支持危及友邦安全的行动。

遵循并根据这些承诺及其他条约中的条款，十年来太平洋地区的形势是以实际上的稳定为特征的，并向着条约所设想的其他目标有了很大进步。近几年来，日中之间却出现了一系列的冲突，而这些冲突已经达到敌对状态，迄今正在发展。

布鲁塞尔会议所以召开，其目的正如邀请书所述，"是为了根据《九国公约》第七条检查远东局势，并考虑迅速结束目前正在那里发生的令人遗憾的冲突的各种友好的办法"。除日本之外，所有一九二二年二月六日《九国公约》的缔约国和拥护者，都为达到邀请书所阐明的目的而接受了邀请，并派代表来到布鲁塞尔。

中国政府出席会议并参与了会议的讨论，业已就遵循该公约第七条问题致函《九国公约》其他各方。它在这里声明：该国目前的军事行动纯属抵抗日本对中国的武装侵略。中国政府已宣布自己愿意接受基于《九国公约》原则的和平，并全心全意同那些拥护条约的神圣原则的其他列强合作。

日本政府在答复中说，令人遗憾的是，它不能应邀赴会，并断言："日本在中国的行动是面对中国强烈的抗日政策和行动，尤其是中国诉诸武力的挑衅行动而使日本被迫采取的自卫措施。因此，正如帝国政府业已宣布的那样，这种行动不属《九国公约》条款之列。"它还提出这样的看法：集中如此之多的大国以求解决冲突的尝试，"只会使局势更趋复杂，为公正合宜地解决冲突的途径设置严重障碍"。

一九三七年十一月七日，会议通过比利时政府致函日本政府。在该函内，会议征询日本政府是否愿派一位或几位代表，同为此目的而选择的少数列强代表交换意见，这种交换将仅限于《九国公约》范围之内，并与该条约之条款相一致，以进一步表述不同观点，便于中日冲突之调停。布鲁塞尔的各国代表在该函中表达了使中日冲突得以和平解决的诚挚愿望。

一九三七年十一月十二日，日本政府对该函作了函复，内称：它只能维持其先前陈述过的观点，即日本目前在其对华关系上采取的行动是一种自卫措施而不属《九国公约》之列；只有中日双方努力，才能达成一种取得最公正、最平等的解决办法；诸如布鲁塞尔会议那样的集体机构的干预，只会招惹两国舆论而使冲突更难以得到使所有各方都满意的解决。

十一月十五日，会议通过一项宣言，确认南非联邦、美利坚合众国、澳大利亚、比利时、波利维亚、加拿大、中国、法国、联合王国、印度、墨西哥、荷兰、新西兰、葡萄牙和苏维埃社会主义共和国联盟等国的代表们"……认为这项冲突在法律上关系到签署一九二二年华盛顿《九国公约》的所有国家的利害关系，并关系到签署一九二八年《巴黎公约》的所有国家的利害关系，并认为它在事实上也关系到国际大家庭所有成员国的利害关系"。

面对会议与日本政府之间意见殊异的情况，目前会议似乎无机会在其职权范围内同日本进行讨论，以达成协议促使和平实现。因此，会议即就这一方面的工作进行总结，并在此即将进入休会的时刻，通过一项关于会议观点的宣言。

一九三七年十一月七日会议致日本政府公函全文如下：……

一九三七年十一月十五日会议通过的宣言全文如下：……

一九三七年十一月二十四日会议通过的宣言全文如下：

《九国公约》是大量国际约章的一个杰出典范。这些国际约章为世界各国阐明了某些原则以及在彼此交往时应接受的某些自我克制的规定，郑重保证尊重他国主权，不得谋求对他国的政治、经济控制，不得干涉他国的内政。

这些国际文件组成了一种机构，可借以在不诉诸武力的情况下保卫国际安全和国际和平。在这种机构范围内，国际关系将建立在互相信任、互相亲善、在贸易和金融方面互沾利益的基础上。

必须认识到，不论何时无视这些原则而使用武力，那么，由这些条约所提供的保障为基础的整个国际关系结构就将遭到破坏。于是，各国为求得安全便不得不一再扩充军备，结果处处造成不稳定感和不安全感。这些原则的有效性不容遭到武力的破坏；这些原则的普遍适用性不容否定；这些原则对于文明与进步的必要性不容否认。

本会议就是根据这些原则而在布鲁塞尔召开的。其目的正如比利时政府所发请柬中所说，是"为了根据《九国公约》第七条检查远东局势，并考虑迅速结束目前正在那里发生的令人遗憾的冲突的各种友好的办法"。

会议自十一月三日开幕以来，抱着制止战争行动、达成解决办法的希望，一直在尽力促进和解，并努力争取日本政府的合作。

会议相信，武力本身决不可能为两国之间的争端提供公正持久的解决办法。它相信，使争端双方在别国帮助下努力早日结束冲突，并以此作为达到一项普遍的持久的解决办法的前提，这是符合目前冲突双方直接利益和最终利益的。它还相信，由冲突双方单独进行直接的谈判，不可能达到满意的解决，只有通过同其他有关的主要国家进行磋商，才能达成一项协议，其条款将是公正的、一般可以接受的，并且可能是持久的。

会议坚定地重申，《九国公约》各项原则是对世界和平和国内国际生活有秩序地向前发展的必不可少的基本原则。

会议相信，立即停止远东的战争行动，不仅符合中日两国，也符合所有国家的最大利益。随着冲突一天天地延续，生命财产的损失与日俱增，冲突的最终解决也就会更加困难。

因此，会议强烈要求应该停止战争行动，必须求助于和平程序。

会议认为，对于通过和平程序而公正地解决冲突的任何可能步骤，都不能予以忽视或遗漏。

会议认为，为了让与会各国政府有时间交换意见，并进一步对依据《九国公约》各项原则、符合该公约目标、可能使争端得到公正解决的一切和平方法进行探索，暂时休会是适宜的。然而，鉴于在《九国公约》中的承诺以及在远东有着特殊利益，远东冲突仍是在布鲁塞尔集会的所有国家关注的问题，而那些受到远东局势和事件最直接影响的国家则尤为关注。其中，《九国公约》缔约国已明确采纳了旨在稳定远东局势并受到《九国公约》特别是第一条和第七条制约的政策。

不论何时，只要会议主席或任何两个与会国提出，认为重新开始会议的审议工作将是有益的,那么会议将重新召开。

《国际事务文件》,1937年,第749—753页

顾维钧在布鲁塞尔会议闭幕会上的声明(摘录)

1937年11月24日

中日战争,迄未终止,中国代表团深信仅口头复述原则,决无补于实际,尤其在此种严重情形之下。中国代表团对于大会,不能采取积极而完备步骤,实为遗憾。因此等一致行动,在阻止日本侵略,恢复世界和平上,实为必需。

《武汉日报》,1937年11月26日

伍　社会舆论与各界反应

一、各地各界声援二十九军活动

北平

【中央社北平十二日电】平市记者公会十二日下午三时召集各报社，组织平市新闻界慰劳抗战守土将士会，采办慰劳品，定十三日出发慰劳。

【中央社北平十二日电】卢案发生后，附近居民受灾甚重，世界红卍字会现组两救护队，每队十余人，定十三日晨赴前方，并携带药物，实行救护。

【北平通信】北平文化教育界领袖李书华、李蒸、潘光旦等昨午十二时半，在清华同学会举行聚餐，交换对时局进展中之消息与意见，到樊际昌、郑天挺、饶毓泰、袁敦礼、查良钊、沈履、李书华、李蒸、李麟玉、陈中平、杨立奎、潘光旦、张贻惠、方石珊、关颂韬等十余人。除对救护、募捐、慰劳等有所讨论外，并推李书华、查良钊、沈履三人，于午后三时赴市府慰问地方当局，并致电蒋委员长暨宋委员长，请对时局采取坚决有效之应付办法。两电均于昨日发出。

天津《大公报》，1937年7月13日

【北平电话】平教育界李蒸、李书华、张贻惠等五人，十四日下午三时访秦德纯，由秦亲自接见，报告平市现状。又平各界联合会十四日下时三时召开慰劳、救护两股职工会，对劳军、救护等办法多所决定。又平学术团体联合会十四日派慰劳团代表十余人赴卫戍部慰劳。

天津《大公报》，1937年7月15日

【北平通信】清华大学全体教职员，以时局严重，特于前晚开全体会讨论应付办法，议决全体先捐所得薪金一日，作一切救护与慰劳受伤官兵之用。师大、北大等校，昨晚亦均有同样决定，俟有必要，当继续进行募捐。

【北平电话】平市教育界对华北时局问题颇为注意，北大全体教职员于十五日电宋委员长哲元有所陈述。师大亦于十五日召开全体教职员会议，商讨一切。李书华、李蒸、张贻惠、查良钊等并定十六日赴津谒宋。

天津《大公报》，1937年7月16日

【中央社南京十九日电】北平市妇女会、女子学术研究会、妇女共鸣社、女子文化月刊社、基督教女青年会顷联合电宋哲元，请力抗强敌，谓二万万女同胞决劝夫训子，毁家纾难，誓为后盾。

天津《大公报》，1937年7月20日

天津

【天津消息】津市各院校当局受北平市教育界之委托,特于昨日下午赴进德社晋谒宋委员长,转达平教育界意见,请宋返平坐镇。宋答称尚须在津小留,再行返平,各校代表始兴辞。

天津《大公报》,1937年7月16日

南京

【中央社南京十一日电】辽吉黑热旅京同乡慰劳前方将士会、京回教青年会,以强寇压境,我忠勇将士奋勉抗战,至堪嘉佩,顷特去电慰劳,并誓为后盾。

【中央社南京十一日电】自日方不顾撤兵信义,再度挑衅消息传来后,全市市民莫不表示激昂,多数报纸均将此项消息刊出号外,或张诸馆门,以引起市民之注意。十一日,凡市内装有无线电收音机之商店门首,均拥有大批群众,以静听报告前线之捷音,此外多数人民团体多通电前方,以示声援,文化机关十二日有发起募捐慰劳抗敌将士者。

天津《大公报》,1937年7月12日

【中央社南京十四日电】首都新运会于十四日电慰二十九军全体将士奋勇杀敌,并发起募捐慰劳前方将士运动,函请各机关、学校新运会一致实行。

【中央社南京十四日电】津浦路党部及工会又陆军交通学校、陆军通信兵学校,顷均致电二十九军慰劳,并誓为后盾。

天津《大公报》,1937年7月15日

【中央社南京十六日电】京市地方自治研究会顷电宋哲元、冯治安、秦德纯、张自忠等,原电:侧闻督饬将士,力捍疆土,苦战支持,同人挥涕。今日之事,宁为玉碎,不肯瓦全,舆论至此,人心可知。伏维奋扬威命,为国宣勤,万世仰瞻,在此一役。谨电奉慰。

天津《大公报》,1937年7月17日

【中央社南京十九日电】自卢沟桥事件发生后,全国各界深为痛愤,纷纷电呈国府,请发动全力抗敌图存,誓为政府后盾,并对前方抗敌将士,纷致精神上或物质之上慰劳。兹将国府十九日续收到各方申请抗敌来电衔名志后:(一)模里斯全体华侨救国委〈员〉会;(二)贵阳商会率绸缎等业三十余同业公会;(三)津各界救国联合会;(四)安庆各界抗敌后援会;(五)纽约中华公所;(六)豫教育学社年会;(七)加拿大域多利中华民国抗日救国会;(八)粤民众御侮救亡大会;(九)檀香山中华会馆、中华总商会;(十)平市学生救联会;(十一)怡〔伊〕朗全体华侨;(十二)豫许昌县各法团暨全县五十万民众;(十三)闽建瓯县兵役扩大宣传大会;(十四)全欧救联会;(十五)沙市商会;(十六)桂文化界救国会；（十七）皖当涂县各界抗日后援会；（十八）冀清丰县各界抗日守土后援会；（十九）中国童军总会。

天津《大公报》，1937年7月20日

【中央社南京二十日电】京下关卖小菜人肖扫平，闻强敌侵境，至为愤激，顷将其五年内积蓄所得之私产三百元，全数送中央财委会，捐作御侮守土抗战将士费用，以尽国民职责，中央财委会已照收并即日送前方应用。

天津《大公报》，1937年7月21日

河北

【保定电话】教育界发起募捐慰劳二十九军守土将士，长辛店各界亦发起筹款劳军。

天津《大公报》，1937年7月12日

【保定十六日下午五时专电】河北省保定院校馆联合会今日电宋，文云："天津宋委员长钧鉴：现时势日迫，请我公回平主持。河北省保定院校馆联合会。"保育德学生组织慰劳队，十六日晨购大批食品及线袜等慰劳守土将士。又人民公团主任裴崇厚将私人游艇售款得二十元全数慰劳。又青年会干事史上达募款八十元，并购大批水果，慰劳卢战受伤官兵。

天津《大公报》，1937年7月17日

上海

【中央社上海十日电】沪文化界人士洪深、胡愈之、周寒梅、周剑云、郑振铎等一百四十余人，于九日晚七时假邓脱摩饭店举行聚餐会，决议组织一救国团体，公推诸青来、王其生、周寒梅、洪深、胡愈之等十九人为筹委，当场决议立电蒋委员长、汪主席及宋哲元、阎锡山、傅作义、韩复榘、石友三诸将领，请力保国土，努力民族复兴运动，当时复募捐百余元，慰劳二十九军守城兵士。该会复于十日开首次筹备会，议决加推党政军等各界领袖为发起人，同时广征会员，拟于最近期内正式成立。

天津《大公报》，1937年7月12日

【中央社上海十四日电】地方协会、市商会、市总工会等百余团体代表，十四日午召开首次联席会议，议决：（一）组上海市各团体援助抗战将士委员会；（二）推市商会等十五团体代表为筹备委员，并电二十九军将士勉勉。

【中央社上海十四日电】中国文艺协会、京沪沪杭甬路党部、海员党部等，十四日均电勖二十九军将士忠勇守土抗战。又，大学联合会十四日通函各界，请一致援助抗战将士，并函在庐三大学校长何炳松、刘湛恩、欧元怀，请就近向中央陈述一切。

天津《大公报》，1937年7月15日

上海各学校自日寇进攻华北,形势日益严重后,正在设法联合各学校的学生,组织学生抗日军,各校的抗日救国会非常活跃,并在准备与全国各学校取得联合,使学生抗日军具体成立,在这抗战的浪潮中,学生的爱国运动有更大的发展云。

《新中华报》,1937年7月19日

【巴黎《救国时报》报道】在上海召开了国民党党部所领导组织之"打倒国耻会",与各界救国联合会委员会的联席会议,共商援助抗战办法。

巴黎《救国时报》,1937年7月31日

(七月二十二日)上海各界抗敌会讨论提案如下:(一)由大会发表通电,拥护蒋委员长篠日主张案,议决通过。(二)电宋哲元本以往抗敌精神,继续效力,勿接受任何屈辱条件案,议决通过。(三)电慰吉星文团长抗敌受伤案,议决通过。(四)通告全市各界〈一〉致动员抗敌救国案,议决通过。(五)严厉制裁汉奸案,议决通过,交执行委员会办理。(六)征募抗敌救国捐案,议决原则通过,交执行委员会办理。(七)本会既经成立,所有本市合法团体,皆应加入本会一致行动,不得再有任何其他救国性质之团体单独行动案,议决通过。(八)由本会发起全上海话剧电影演员联合演戏筹款案,议决通过,交执行委员会办理。(九)联合各省市各界抗敌后援会成立全国各界抗敌后援会,议决交执行委员会办理。(十)请确定本会为长期统一抗敌救亡团体案,议决通过。(十一)授权执行委员会以各种有效方法完成本会使命案,议决通过,并分发通电。(下略)

《中国全面抗战大事记》第1辑,1937年7月份,

华美出版公司1938年版,第38页

山西

【太原十一日下午十一时发专电】晋牺牲救国同盟会以卢沟桥事态愈趋恶化,特会同军政训练委员全体出发,在并市及近郊开始宣传,并发动向各界捐款,慰劳二十九军抗战将士,电请中央及华北当局,力保国土,努力杀敌。并市各文化团体均有同样表示。

天津《大公报》,1937年7月12日

【太原十二日下午十一时发专电】"牺牲同盟会"发动双枚铜元捐款运动,援助二十九军抗战将士。

天津《大公报》,1937年7月13日

【太原十五日下午八时发专电】晋当局以宛平事件发生,民众激于爱国热诚,纷起募捐,并扩大宣传,恐汉奸乘机扰乱治安,特自十四日起派军警宪戒备。

天津《大公报》,1937年7月16日

【太原十七日下午八时发专电】并市各救亡团体并受军政训练之男女青年，为达救亡志愿，纷编志愿军及看护队，并联合东北旅晋同学高尚林等多人，定十八日离并，乘正太车赴前线参战服务。

天津《大公报》，1937年7月18日

陕西

【中央社西安十二日电】西安各界定日内召开谈话会，商讨〈对〉华北抗战守土将士作物质上、精神上之声援。

【中央社西安十二日电】东北大学师生十二日电慰二十九军将士，并将节省所得百元，汇平慰劳。

天津《大公报》，1937年7月13日

【中央社西安十七日电】陕各机关团体组抗敌后援会，现正积极工作，十六日第一次执委会开会，决定统一募捐及宣传等办法。

天津《大公报》，1937年7月18日

【中央社西安二十日电】陕学生集训总队各生，对卢案愤慨异常，近纷纷请求入军校肄业，并由十八日起节食捐款，共得二百八十六元五角，已送交抗敌后援会，转汇前方慰劳抗敌将士。

天津《大公报》，1937年7月21日

河南

【中央社开封十四日电】豫省党部及工农商妇女各团体十三日电宋、冯、秦、张及二十九军全体将士，略谓：日军无故袭击卢沟桥，我二十九军起与抗战，为国家争存亡，为民族争人格，凡属国人，莫不振奋，本部谨率各民众团体誓作后盾，灭此朝食。

天津《大公报》，1937年7月15日

【中央社郑州十五日电】郑商界十五日电慰宋哲元并汇款五百元，慰劳前方忠勇抗日将士。

天津《大公报》，1937年7月17日

【中央社洛阳十九日电】卢事发生，举国悲愤，洛各界民众十八日假县党部组抗敌后援会，并电宋及二十九军将士慰劳。

天津《大公报》，1937年7月20日

【开封二十日下午九时发专电】河南省党部于二十日下午三时在大礼堂召集各界

筹组河南各界抗日后援会，到张天放、王骥及各机关、学校、团体二百余人。首由王骥报告开会意义，续讨论议案，并以本会名义：（一）电蒋委员长，即日下令全国总动员，准备抗战；（二）电请宋委员长即日赴保定。下午五时半散会。

天津《大公报》，1937年7月21日

湖北

【中央社汉口十二日电】卢沟桥发生战事后，我军抗战守土，十分忠勇，平汉路长辛店办事处及工会即于九日购买罐头食品多件，前往慰劳受伤将士。又十一日该路工会慰劳抗战将士物品有背心、袜套、毛巾共一百打，饼干二一四斤，猪七只，现正组织慰劳队。

天津《大公报》，1937年7月13日

【中央社汉口十四日电】自卢沟桥战事发生以来，我前方将士忠勇用命，守土御侮，迭挫凶锋，连日各地慰劳团组织，风起云涌，平汉路员工特组织慰劳守土将士团，定十五日商讨慰劳办法。又汉商会已捐款两万元，日内购慰劳品北上劳军。

【中央社汉口十四日电】鄂省教育会、商联会、武昌商会、省农会等各业公会十四日电中央，请派劲旅，奋勇抵抗，并电二十九军将士及宋哲元保全领土。又汉市教育会、保安公业会、各区农会十四日均致电宋哲元，请速采有效之处置。

天津《大公报》，1937年7月15日

【中央社汉口十六日电】粤汉路员工慰劳守土将士办事处十六日成立，决定全路员工自动捐薪一日，慰劳前方将士，并电宋委员长慰勉，请以军事之胜利，作和平之基础。

天津《大公报》，1937年7月17日

【中央社汉口二十日电】湖北各界援助华北抗敌将士后援会，二十日发出通电，拥护蒋委员长在庐山谈话会对卢事报告我政府固守最低限度之立场，电中有凡我同胞，务须拥护此项主张，贯彻到底，如奉行征兵令，彻底肃清汉奸，统一意志，服从政府指挥，从事防护工作，维持社会秩序，为拥护此项主张之有效办法。

【中央社汉口二十日电】汉商会二十日电勉宋哲元，请力排异议，坚决主持，能平则和，不平则抗，万不可委曲求全等语。

天津《大公报》，1937年7月21日

湖南

【中央社长沙十三日电】卢沟桥事件发生后，局势日趋恶化，湘省民众对此甚为愤慨，纷纷电平声，援并慰守土将士，愿为后盾。

天津《大公报》，1937年7月15日

绥远

【绥远十二日下午十一时发专电】绥各界抗敌后援会十二日已成立，决定即派员赴平，慰劳二十九军守土将士。

天津《大公报》，1937年7月13日

【平地泉十四日下午六时发专电】卢沟桥战起，绥察联带紧张，惟民间尚极镇定。连日河北情急消息传出后，绥东军民危疆瞩盼，义愤同深，尤以二十九军之忠勇应战，此间闻讯殆已为之感激涕泣矣。一般相信二十九军将士必能本一贯忠坚之志，以负起其民族生存史上之伟大使命。

天津《大公报》，1937年7月16日

【中央社绥远十六日电】绥远民众对卢沟桥事件极愤慨，组后援会并派员携款物赴平慰劳外，新运会妇女工作委员会十六日复开全体会议，决组游艺会，扩大募捐运动。

天津《大公报》，1937年7月18日

甘肃

甘肃拉卜楞保安司令黄正清，以强邻压境，昨特电吴忠信，请转呈中央，明令出师，复兴民族，还我山河，愿率十余万藏民，誓为后盾。

天津《大公报》，1937年7月22日

安徽

【中央社安庆十四日电】卢沟桥事件发生后，此间各界无不义愤填胸，发指眦裂。十四日晨，千余民众团体联电宋哲元及守土将士致慰，并请其奋勇自卫、抗战，全皖民众誓为后盾。

【中央社芜湖十四日电】此间各界纷起募捐慰劳抗战守土将士，文艺学术界通电全国，一致奋起声援，并电宋哲元等慰劳，望本不屈不挠精神，抗战到底，一面电呈中央国府，请速出师北上。

天津《大公报》，1937年7月15日

四川

【中央社重庆十二日电】此间各界以日军又在华北挑衅,我守土将士忠勇抗战,殊为兴奋,纷起募捐慰劳前方将士。《新蜀报》十二日刊登启事,代收捐款,该报全体职员并捐百元以为之倡。又私立赣江中学全体师生亦捐百元,并电二十九军致慰。

天津《大公报》,1937年7月13日

【中央社成都十五日电】华北日军挑衅事件,震愤全国,此间各界闻讯,异常激昂,连日除电二十九军将士慰劳并鼓励奋勇抗敌外,复发起组织四川省抗敌后援会,为守土将士后盾。中农蓉分行及川省合作金库全体同人,十五日以一日所得共百余元,自动捐汇前方将士,借表慰劳。

天津《大公报》,1937年7月16日

【中央社重庆二十日电】各界今成立援助平津守土抗敌将士大会,通过组织大纲九条,计分设总务、宣传、劝募、监察四组,并推选胡文澜、温少鹤等九人为常务委员,即日开始工作。

天津《大公报》,1937年7月21日

云南

【中央社昆明十四日电】自卢沟桥事件发生后,此间民众极为激奋,对我二十九军之忠勇抗战深表钦敬,现纷纷发起募捐劳军。

天津《大公报》,1937年7月15日

贵州

【中央社贵阳十五日电】黔省各界对卢沟桥事件均极愤慨,省党部及各民众团体、各学校均电前方守土卫国将士,表示愿为后盾,省党部全体职员并捐一日所得为慰劳费。

天津《大公报》,1937年7月16日

西康

【中央社康定二十三日电】康各界发起捐款援助华北抗敌将士,现已收到六百余元,约可达千元之数,即汇往前线。

天津《大公报》,1937年7月24日

浙江

【杭州十二日下午十时发专电】杭青年励志社慰劳二十九军，除组织募款外，并电全国青年，拥护奋勇抗敌之二十九军将士。

天津《大公报》，1937年7月13日

福建

【中央社福州十四日电】福州各界以卢沟桥事变发生后，二十九军将士奋勇挺战，先后纷电慰劳，并将发起募捐运动，为物质上之声援。又各公私立小学亦将发起募集御侮储金。

天津《大公报》，1937年7月15日

【中央社福州十五日电】省会农工商文化妇女等各界团体，纷电慰二十九军将士，奋勇抗日，矢志守土，誓为后盾，并募款接济。

天津《大公报》，1937年7月16日

广东

【中央社广州十五日电】省市党部定十七日召开民众御侮救亡大会，筹商募款慰劳等事宜，并将在各县设分会，策动全省御侮救亡工作。

天津《大公报》，1937年7月16日

【香港十六日下午十一时发专电】粤民对卢事群情愤激，纷起作爱国运动，学生界组救亡会及宣传队，唤起民众救国。省党部联合民众团体组广东民众御侮救亡大会，统一各界集会组织，集中力量，定十七日召各团体会议，讨论关于宣传、筹募、慰问问题，策动全省救亡工作。

天津《大公报》，1937年7月17日

【中央社广州十七日电】粤市党部为日侵宛平，十七日发表告全市党员书，全文悲壮热烈，促市民沉着候命，勿轻举妄动，服从领袖指挥，整齐步伐，以期达到复兴民族之目的。

天津《大公报》，1937年7月18日

社会团体及各界人士

中华民族解放行动委员会（第三党）在卢沟桥事变爆发时，对国民党提出八大政治主张：

一、提前召集国民代表大会,制定全国上下一致遵守的政治纲领,俾全国各阶层力量,能迅速集中,各方政治意见能彻底融洽,以树立政府之坚实抗战基础。

二、实现最低限度之民主政治,以增强人民对政府之信赖,并使人民得以自由发挥其抗战能力。

三、建立特殊机关,统一各党派所领导之民众活动,俾全国宣传、组织与训练,完全趋于一致。

四、成立武装民众指导之机构,指挥全国义勇军之活动,使其与正式军队之动作,有适当配合,借收指臂之效果。

五、于全国各地成立在乡抗日志愿军,以备征兵制未完成之调用。

六、成立战时经济计划机关,计划战时必须之生产与分配,并分设于各省市以促成战时计划经济之实现。

七、对广大战区中之劳苦人民、自由职业者、中小手工业者、失业公务人员等须有妥善之救济方法。

八、除汉奸外,宜从速开释全国政治犯,并取消以前有碍民众运动之各项特殊条例。

一九三七年七月十日

中国人民大学中共党史系中国革命问题教研究室编:《中国农工民主党

历史教学参考资料》(民主革命时期),中国人民大学

中共党史系1981年版,第220—221页

【中央社上海二十三日电】何香凝等发起之中国妇女抗敌后援会于二十二日成立,二十三日发表告全国妇女书,谓敌人的枪尖已对准我们的心口,快与男同胞共负起救亡的责任。

天津《大公报》,1937年7月24日

救联会七领袖沈、章等号召坚持抗战,全国各界一致奋起援助二十九军:

当此日寇不断增兵,包围平津,准备向我大举进攻之时,我全国各界同胞莫不一致奋起,积极援助二十九军并要求实行全国总抗战。

现仍被羁禁于苏州之全国救国联合会领袖沈钧儒、章乃器、李公朴、邹韬奋、王造时、沙千里、史良等七人,自狱中联名致电二十九军全体将士,号召该军对日抗战坚持到底。救联会领袖九八老人马相伯氏亦有同样通电。按救联会七领袖,因爱国获罪,至今仍被羁未放。七领袖身在囹圄,犹大声疾呼,号召抗战到底,可见彼等为国为民之万分真诚。在日寇进侵,国难空前的今天,当局应即毅然以民族利益为前提,立刻释放救联会七领袖及全国政治犯,使一切爱国人士皆得为国自效。

……

我国各省军政领袖如川之刘湘,桂之李、白等,亦均致电南京,谓各该省健儿,无不痛恨日寇进侵,纷纷请缨北上抗敌。

二十九军驻沪代表李某于十七日对记者宣称:"二十九军在全国民众热烈赞助之下,誓必为保护自己底祖国而奋斗到最后一滴血!"

以上各条消息,可见我国民气之盛,实给抗战将士以莫大之鼓舞。我国民气士气之澎湃鼓荡,就是我国自卫抗战必然得到最后胜利之最大保证。我国海内外同胞,必须再接再厉给抗战将士以切实的声援。南京政府当局对于民众救国运动,应立即加以维护与鼓励,当立即给民众以救国之民主自由,使我国伟大之民族力量得以充分发展,尤其应立即动员全国力量,应援北方,抗战到底,以副全国人民之热望。

巴黎《救国时报》,1937年7月20日

蔡元培等号召反对日寇残暴兽行

据电讯,我国文化界诸人蔡元培、胡适、梅贻琦、蒋梦麟、李济、竺可桢、王星拱等人致电国联文化工作人员委员会,反对日寇轰炸平津,屠杀居民,毁灭南开大学等暴行。电中有云:"为着文化与人道,我们号召你们公开地裁判这种野蛮的暴行及对于教育机关无人道的摧残。我们请求你们设法影响你们底政府,使他们对于侵略国采取有效的制裁。"

巴黎《救国时报》,1937年8月5日

冯玉祥将军吊佟赵二烈士诗

七月二十八日南苑、团河之役,二十九军副军长兼军官教导团教育长佟麟阁将军,二十九军第一百三十二师师长赵登禹将军,率队激战,相继殉国。噩耗传来,海内外同胞莫不同声悲痛!本报当即专文哀悼。

兹按:佟将军为国民军名将,能与士卒同甘苦,尤富爱国忠义之气。二十二年冯玉祥将军在察组织抗日同盟军时,佟将军曾代察主席,兼任第一军军长,主持抗战甚力。赵将军行伍出身,累升军职,慨然以保国为〔卫〕民为天职。二十二年喜峰口抗日之役,赵将军亲率健儿一团,夜袭寇军,敌人为之落魄,旋因抗敌有功,擢任师长。此次南苑之役,赵将军四次冲锋,身负重伤,犹自亲冒弹雨,指挥作战,卒以身殉。佟、赵两将军此种忠勇壮烈的精神,实足为全国军人之模范。

佟、赵两将军皆为冯玉祥将军旧部。两将军殉国后,冯将军作诗以吊两将军,情辞诚

挚，一字一泪，大足鼓励我军民杀敌之志，固不仅诗藻动人已也。特转载于后。编者

吊佟赵

佟是二十六年的同志，

赵是二十三年的弟兄，

我们艰苦共尝，我们患难相从。

论学问：

佟入高教团，用过一年功，

赵入教导团，八个月后即回营；

论体格：

同样强壮，但赵比佟更伟雄。

佟善练兵，心极细。

赵长杀敌，夜袭营。

佟极俭朴而信教甚诚，

赵极孝义而尤能笃行，

二人是一样的忠，

二人是一样的勇，

如今同为抗日阵亡，

使我何等的悲伤！

但我替他们二人想想，

又觉得庆幸非常。

食人民脂膏，受国家培养，

必须这样的死，方是最好的下场！

后死者奋力抗战，都奉你们为榜样。

我们全民族已在怒吼，

不怕敌焰如何猖狂，

最后胜利必在我方。

你们二位在前面等我，

我要不久把你们赶上！

巴黎《救国时报》，1937年8月25日

反对日寇侵略，青岛、汕头等日寇企业工人实行总罢工

日寇猖獗进侵并在平津一带大施残暴，引起我全国民众之极端愤怒，要求实行全国总抗战，反对与日寇作任何妥协谈判之情绪，遍乎全国。各地都有抗敌后援会之成立，各界同胞积极从事援助及参加抗战之种种运动，对日寇经济绝交之运动也在各地日见开展。

在上海许多日人企业内中国工人与职员自动罢工，不替日寇作工。日商某钢厂工人一百九十名，一律辞工表示反抗日寇之侵略。对日经济绝交运动更见发展，不买卖私货运动委员会积极活动。自七月三十一日起，沪上华商不独不与日寇企业订立新的合同，而且纷纷将早已和日商订立之合同取消，因而日轮无货可载。上海市民联合会并组织了各界救国锄奸团，为铲除汉奸而奋斗。

在汕头、广州及粤省各地，日寇无理挑衅，要求将汕头我军李汉魂部撤退并要求取消逮捕汉奸各项法令，经我当局严辞拒绝，各界抗日运动，益见高涨。汕头日寇企业内中国工人职员数千人，宣布罢工，与海员工会一致行动，不为日寇服务做工。汕头民众除要求当局坚决拒绝日寇之要求外，并与当局亲密合作，一致动员，每家均储藏必须水量、食粮及沙土袋，以为防御之用。广州各商行于八月二日联合宣布实行对日经济绝交，并誓不买卖仇货。海员工会自决定不为日寇卸运货物后，现正从事扩大此项运动。

在青岛，因日寇不断派军到来，青岛民众纷起要求当局加以抵抗。青市日寇企业中国工人万余人，于八月三日宣布总罢工，反对日寇侵略。其他如汉口、西安、重庆、长沙以及全国各地，亦都有抗敌后援会之组织发展着募捐，抵制仇货及对日寇经济绝交之运动。

总观近来电讯，可见国内抗日运动之风起云涌，澎湃猛厉，但这只是在抗战声中之开始工作。上海以及各地日寇工厂与企业之工人职员的总罢工，及对日经济绝交等运动正在更大规模的开展中。此外应加紧肃清日寇奸细运动，并要求武装民众，以便实行以全国力量抵抗日寇。为得要使民众抗日运动之各方面工作更有组织，更归一致起见，各地抗战后援会应即联合起来，形成集中的民主的全国组织。

巴黎《救国时报》，1937年8月5日

海外侨胞

【中央社南京十四日电】国府十四日接纽约中华洗衣作联会及檀香山、夏威夷华侨联合会等团体来电，其大意均述日人进犯，请即抵抗，以保国土等语。

天津《大公报》，1937年7月15日

【中央社新加坡十六日路透电】此间华侨顷电中国政府，请坚决抗日，海外华侨定为

后援云。

天津《大公报》，1937年7月17日

【中央社南京十九日电】侨委会十九日接南非洲杜省中华公会来电：请坚决抗敌，勿稍退让屈服，以全国土，本会率全侨誓为后盾，有必要时，捐款请指定机关统收。盼复。

天津《大公报》，1937年7月20日

【中央社香港二十日电】蒋对卢沟桥事件发表后，此间侨胞对领袖公忠体国之苦心孤诣，及所采立场之严正，极表敬佩与兴奋，各种金融债券二十日大体均上趋。

天津《大公报》，1937年7月21日

【中央社二十一日电】自卢沟桥事变发生后，各地华侨极端愤慨，顷由马来半岛恩吉洪惠关汇来国币一万五千元，作慰劳前方将士之用，闻已照数汇交二十九军核收。

天津《大公报》，1937年7月22日

【中央社南京二十三日电】暹大年华侨捐三千元，槟榔屿华侨捐百五十元，已汇寄侨务委员会收转二十九军，借示慰劳。

天津《大公报》，1937年7月24日

巴黎华侨赴大使馆请愿要求政府坚决抗战

本市讯，七月二十三日巴黎华侨，以我国北方危急，特由全欧华侨抗日救国联合会联合巴黎中国书报社、巴黎中华民国国民抗日救国会、旅法参战华工总会、旅法华工总会、巴黎中国国联同志会各团体派代表八人至大使馆请愿，当由郭参事接见。华侨代表呈递请愿书，要求大使馆转达政府，请其迅速发动全国总抗战，保护国土并收复失地。其后华侨代表并要求大使馆对华侨抗日团体多多联络，以便于国际宣传上政府机关与民众有互相扶助之效，当蒙郭参事允诺。兹将请愿书原文披露于下：

为请愿事：日寇疯狂袭击我国防军，有意制造事变。侵略之师动员百万，已实行轰炸城市，围攻北平，强占京汉、津浦各交通命脉，犹复提出通牒，胁我服从。入人国境，何敢肆无忌惮，一至于此？因历年以来，凡有殊求，均如意而获。临之以兵威，诱之以交涉，上海协定、《塘沽协定》、"何梅协定"，均系如法炮制。我国当局退让之策，养成敌人无厌之欲，历史教训，至为痛心！传闻蒋委员长于此次事变之始，即电令前方不让寸土，不惜牺牲。政策似有变更，正符人民愿望。而且掷还通牒，不受顺从，为国家愿留人格，此五年来之特有，诚民族之生机，国际舆论亦为之稍变。然敌来侵我，深入腹心，消极之死守，固当运用于一时，终须作积极之反攻，驱敌人于国门之外。报载日兵日日增加，征发商轮卅余艘不断输送。虽我二十九军撤退阵线，表示诚意言和，而寇兵得寸进尺，有加无已，一再谈判徒为彼赢得备战时间。当趁其布置尚未周到之时，立即迎头痛击，并发动全国抗战，使敌人顾此失彼，疲于奔命，纵能据报载动员三百万寇兵，断不能一时飞渡，此诚灭敌千载一时之机也。若犹迟疑不决，甚至希望另寻转机，使敌人坐大，先发制我，则不惟平津不守，中部、南方亦将无可保全。据七月二十日《巴黎时报》载，驻日大使许世英在东京宣称，中国政府已决定使卢沟桥冲突地方化，并由外交途径解决此事件。如果政府诚有此项内定，则最后关头一行放松，国家前途，不堪设想。如果无此内定，故作承欢寇仇之词令，不仅怯于折冲，实属有辱国命，传疑传信，惶惧莫名。侨民等除电达南京国民政府请求迅速抗战外，特此备文，并推举代表请求大使转电政府，迅速实行国共合作及其他党派之合作，动员全国兵民，一致抗战，恢复张学良自由和军职，恢复十九路军及一切抗日部队，释放救国领袖及一切政治犯，给予人民集会、结社、言论、出版、救国的自由，发展民族力量，保障抗战胜利。就国家民族而言，生死存亡，在此一举，就政府当局诸公而言，为功为罪，亦在此一举。不胜迫切待命之至。谨呈驻法大使馆。

全欧华侨抗日救国联合会、巴黎中华民国国民抗日救国会、巴黎中国书报社、旅法参战华工总会、旅法华工总会、巴黎中国国联同志会。

巴黎《救国时报》，1937年8月5日

里昂中国学生救亡运动近况　里昂中法大学电请共赴国难

里昂通讯　在里昂的中国学生救亡运动，以里昂中法大学学生为中心。过去两年前是非常沉寂的。从"一二·九""一二·一六"发生以后，受着这个时代巨浪的冲击，才开始了一个新的时期。当时的工作除一方面设法与国内外各救亡团体谋取联络外，并在学校内部发行壁报，作种种推进的工作。但这还只是一个开始，而且由于过去的历史关系，也很少为外间人们所知道。

直至参加布鲁塞尔和平大会并在伦敦和平大会散发"la lutteheroique peuple chinois"这一有系统的宣传文件以后，才开始为人所注意，也就从这时候起，正式与国内外各救亡团体以及国际和平团体发生了联络。另一方面，尤其在华工华商之教育和训练方面，也作到了相当的规模。

一年以来，不但在华工华商的教育方面有了很好的发展，同时更负起了一个重大的任务，便是作了国内外学生团体联络间的一个连环。

卢沟桥事变开始了，更增长了这个运动的发展。事变发生后的几天，曾开过一次全体大会，当场通过致电国民政府请求抗战到底，闭幕后立时发一法文电报并于第二天又发一快邮代电致国民政府及各报馆,提供各项救国意见,如立刻抗战,开放民众运动,释放救联会七领袖等,情形非常激昂。最近更在里昂全体华侨中举行援助前线将士的募捐运动,已达二三千万。

此外,由于宣传委员会之组成(包括全里昂中国学生),里昂中国学生会不久即将正式成立。

总之,由于日寇猖獗进攻,我国命运日更阽危,所以救亡运动之统一几乎成为一种普遍的必然的趋势,即在里昂这一小的角落看来,也可肯定中国将来的前途是光明的,现在我们是一个意见,一条心,一个伟大的希望。

而且我们的苦乐都是一致的,每天这里的同学轮流去购买各种报纸,按次剪贴在墙上,更有热心的同学,画着最详细的平津一带的地图,一面看报,一面指着地图互相讨论,那种空气真是令人兴奋极了。

比如为听无线电报告消息,由几个同学发起,仅仅一天之内便将钱捐齐了,第二天便买来了无线电,现在是每天在大礼堂里拥挤着听新闻了。

我于十二万分高兴中来写这个简短的通讯,以后有机会时我更将作较详细的叙述。

总之,救亡运动在敌人的侵逼之下逐渐走向统一,而我们在这统一的运动中,绝对地保证了我们的胜利。

努力罢! 最后的胜利一定是属于我们的! 这是我们唯一的前进的路志。(昭)

中法大学学生会快邮代电:

国民政府主席林、军事委员会委员长蒋、各院部会长官并转全国各报馆钧鉴:卢沟桥事件发生以来,举世惊骇,侨胞等对政府所持不失寸土抗战到底之态度,极表拥护,愿为后盾,如有驱遣,即当应召回国。兹陈末议,伏乞鉴察采纳:(一)动员全国军队,武装民众一致抗日;(二)迅速实行三中全会决议案;(三)开放民众运动并释放救国会七领袖以增加抗日力量;(四)废弃有损国权之协定;(五)联合与国,共同对日。窃以此项事件为中国生死存亡之关键,极盼政府诸公领导全国共赴国难,一洗六年来之奇辱,则民族幸甚,国家幸甚。里昂中法大学学生会叩。

巴黎《救国时报》,1937年8月25日

二、各界声援及陈请抗战函电

云南省党务指导委员会致蒋介石电
1937年7月9日

分送京中央执行委员会、国民政府、军事委员会钧鉴：顷闻日军在卢沟桥演习，借故挑衅，炮轰宛平。警耗传来，怨愤无已，应请中央严重抗议，以保主权而维国体。迫切电陈，至祈垂察。云南省党务指导委员会叩。佳。印。

台北"国史馆"档案：蒋中正总统文物/特交文电/对日抗战/卢沟御侮

中国普及教育助成会、生活教育社致蒋介石电
1937年7月9日

牯岭。蒋委员长：敌犯宛平，敬乞动员北上，援助抗战，保卫国土，幸甚。中国普及教育助成会、生活教育社叩。佳。

台北"国史馆"档案：国民政府/国防（军事）/各方吁请政府抗日案

民族救亡协会筹备会致林森等电
1937年7月9日

抄送：牯岭。林主席、蒋委员长、汪主席、冯副委员长钧鉴：日寇进逼，全国震惊，幸廿九军忠勇将士誓死抵抗，敌谋不逞。但卢沟桥之役不仅关系华北存亡，并且关系全民族生死。我公领导中枢，当此紧急关头，请本向来保持领土主权完整之主旨，速调全国部队北上抗敌，本会同人自当与全国一致，拥护中央，为国效死。迫切陈词，延企待命。民族救亡协会筹备会周剑云、洪深、诸青来、叶灵凤、郑振铎、胡愈之等同叩。佳。

台北"国史馆"档案：国民政府/国防（军事）/各方吁请政府抗日案

北平各救亡团体联席会致蒋介石电
1937年7月9日

牯岭。蒋委员长钧鉴：日寇以攫我东北故技袭我平津，敬祈钧座本抗战国策，迅速武装，保卫华北，以慰国人喁望。临电迫切待命之至。北平各救亡团体联席会叩。

台北"国史馆"档案：国民政府/国防（军事）/各方吁请政府抗日案

巴黎《救国时报》通电

1937年7月9日

　　上海《申报》及各报馆、各通讯社并转南京国民政府与宋哲元将军及二十九军全体将士暨全国同胞公鉴：日寇在卢沟桥挑衅，决非地方事件，显系侵略北方，灭我全国之毒谋，民族危亡迫于眉睫，侨胞闻讯愤慨万分！恳请政府当局，迅即出师北上，援助二十九军抗敌御侮，并实行国共合作，允许红军东出抗日，开放爱国运动，释放救联七领袖及全国政治犯，恢复张学良军职，恢复卓著抗日功勋之十九路军，以谋全国抗日之团结与动员，海外侨胞誓为后盾。巴黎《救国时报》。佳。

巴黎《救国时报》，1937年7月10日

中共闽浙省委、红军闽北军区司令部致国民党中央等代电

1937年7月10日

南京国民党中央党部执行委员会、国民政府军事委员会诸位先生，牯岭蒋介石先生，衢州刘主任，浦城蒋主任，处州李主任，杭州朱主席、宣处长、蒋副处长，各军师旅团长，各分区司令，全国各党派、各报馆暨国内外同胞公鉴：

　　自西安事变和平解决，举国莫不庆幸，内战得以停止，御侮救亡统一战线当可继之而实现。这不仅人民之幸，实则民族之福。然而我们的敌人——日本强盗及其走狗——知和平统一的可怕，视团结御侮的可惧，则又从中挑拨内战，以遂其灭亡中国之阴谋。

　　当此日寇侵凌、中华民族存亡千钧一发之际，敝党中央委员会、中央政府与中央革命军事委员会，曾屡次致电于贵党及贵政府与诸位先生之前，号召和平，停止内战，一致抗日，此种为国忠诚可矢天日，不仅举国赞拥，实亦救国图存唯一出路。尤其西安事变和平解决后，与我主力红军共同停止军事行动，作全国性的停止内战、一致抗日，谋国共合作之再度诞生；及五月间，与敝省委、敝军区之数度致电，停止内战、一致御侮图存的磋商，诚为历史上重大的意义。

　　在抗日的原则下，我们把中华民族的利益看成高于一切。我们依然坚决赞助为中华民族独立自由解放的民族主义，给人民以民主权利的民权主义，改善人民生活、发展国民经济的民生主义，主张恢复孙中山先生的三民主义，继承孙中山先生的革命精神。

　　时至今日，国难日亟，和平久已绝望，牺牲无可侥免，非抗敌不足以图存，非合力不足以御侮。数月来，日本帝国主义调遣大军于华北，与七日卢沟桥之扩大挑衅，华北又将演成满洲第二。是种步步进攻、亡国灭种之迫眉睫，全国同胞莫不彷徨。两党中央及中央政府之谈判，此时应宜断然的排除一切离间和犹豫，促进和扩大已有的和平，而使停止

内战转上民族的抗战,让我们全民族的公敌——日本强盗及其走狗——在我们的面前发抖罢。

恳请贵党与贵政府及诸位先生听取全国上下停止内战、一致抗日的一致要求,对中国东南部宜立即停止军事行动,再度迅派代表至附属各县或我方代表派到贵处,谈判停战内双方应守之协定,具体问题待双方中央决定而实施。至于双方代表之安全,则由双方负绝对保障之责。谨此电达,专候明教,并致民族革命的敬礼!

中国共产党闽浙省委会(印)、中华人民红军闽北军区司令部(印)同启

七·十

台北"国史馆"档案:国民政府/国防(军事)/各方吁请政府抗日案

清华大学暑期留校学生致蒋介石电

1937年7月10日

牯岭中路十二号。蒋委员长钧鉴:日寇无端炮击宛平,沈阳事件复将重演,虽赖廿九军奋勇抵抗,而敌之围我未尝稍懈,若非举国动员,必蹈淞沪、长城覆辙。生等分属国民,愿倾热血,效命疆场。谨以至诚电请委座立即率师北上,为民杀敌,收回失地。临电不胜迫切待命之至。国立清华大学暑期留校全体同学谨叩。

台北"国史馆"档案:国民政府/国防(军事)/各方吁请政府抗日案

中国文化建设协会代表大会致
秦德纯转二十九军将士慰问电

1937年7月11日　上海

北平。秦市长绍文转二十九军全体将士公鉴:宛平事件,衅由彼开,我二十九军将士奋勇抵抗,并誓以卢沟桥为坟墓,壮烈精神,得未曾有,本会同人递听之余,无不感奋。中央御侮救国,早具决心,务祈努力守土,继续抗战,本会同人誓为后盾。中国文化建设协会代表大会叩。真(十一日)。

上海《大公报》,1937年7月12日

全国学生救国联合会致宋哲元暨全体将士函

1937年7月11日　上海

北平二十九军宋军长暨全体将士公鉴:

日军侵卢,贵军挺战,举国人士,愤慨同深。虽经我军一度退让,敌人复调兵遣将,大

举进攻，益征暂时忍辱，非为得计，退敌惟有抗战。务望贵军沉着应战，力保国土，中央
与民众定出全力，为贵军后援，断不使贵军单独应敌。敝会爱国，素不后人，兹特请《大
公报》转上国币百元，区区不腆，借表微忱，敌忾同仇，愿言携手。务望贵军坚守宋委员长
"河北即我军坟墓"之决心，保卫华北，民族幸甚。

此致民族敬礼！

全国学生救国联合会启

上海《大公报》，1937年7月12日

酆悌致蒋介石电

1937年7月11日

连日有平市学生及民众团体来电，请求委座北上抗日，如不答复，则又恐学生、民众
误会。凡此等电报、文案等，似以请布雷先生请示酌复，或一次用通讯式消息（代言人谈话
不可用委座名义）发表谈话一次，以表明之。如何？谨贡参考。职酆悌（印）。七月十一日。

旁注：一并移送第二处办理，不必说理由及办法。钱大钧（印）。

台北"国史馆"档案：国民政府/国防（军事）/各方吁请政府抗日案

教育部抄送中国教育学会致蒋介石电

1937年7月11日

蒋院长钧鉴：顷接中国教育学会第四届年会全体会员佳电一件，谨抄呈鉴核。教育部
叩。真牯。附呈抄电一件。

中华民国二十六年七月十一日

抄中国教育学会第四届年会全体会员来电

教育部王部长转呈蒋院长钧鉴：日军在卢沟桥无端启衅，炮击居民，群情愤激，务恳
严重抗议，并请驻军增厚军力，保卫疆土，不胜迫切待命之至。中国教育学会第四届年会
全体会员叩。佳。

台北"国史馆"档案：国民政府/国防（军事）/各方吁请政府抗日案

上海各界救国联合会致蒋介石电

1937年7月11日

牯岭。蒋委员长钧鉴：宛平关系华北，廿九军奋起抗战，全国震奋。恳即动员全国队
伍，星夜驰援，裁〔戡〕彼野心，保我山河，勿令华北为东北之续。全国民众在政府领导下

誓为后盾。上海各界救国联合会。

台北"国史馆"档案：国民政府/国防（军事）/各方吁请政府抗日案

第二中华职补校同学会致蒋介石电

1937年7月11日

牯岭。蒋委员长钧鉴：卢沟桥事是吾国存亡关键，乞速调大军北上助战。第二中华职补校同学会。真。

台北"国史馆"档案：国民政府/国防（军事）/各方吁请政府抗日案

西北各界救国联合会致蒋介石电

1937年7月11日

牯岭。林主席、蒋委员长钧鉴：日寇进扰卢沟桥，乃其夺取华北有计划之动，失地未复寇又起，再事忍让，国将不国。伏望迅调大军北上应援，扫寇复土，争取民族解放，并希开救国运动，发扬民气，以保障抗战之胜利。临电不胜企祷之至。西北合〔各〕界救国联合会叩。真。印。

台北"国史馆"档案：国民政府/国防（军事）/各方吁请政府抗日案

全国邮务总工会等致宋哲元等电

1937年7月11日　上海

北平。宋哲元将军、冯治安将军暨将士钧鉴：查卢沟桥日兵借演习阴谋，突向我驻卢步兵射击，且侵占附近煤厂，包围宛平，蓄意挑衅，居心叵测。消息传来，人神共愤。前线士气激昂，严阵以待，有为国服务、以死报国之心。将军等保卫疆圉，守土有责，务希本不屈不挠之精神，与日丑相周旋，饬令所属，枕戈待旦，以武力为求和平之后盾，宁出一战，勿失寸土。敝会誓率全国邮工，敬候鞭策，虽赴汤蹈火，亦所不辞。全国邮务总工会率各地邮务工会同叩。真。

上海《大公报》，1937年7月12日

劳动协会致宋哲元电

1937年7月11日　上海

北平。冀察政委会宋委员长钧鉴：惊报传来，日军又复挑衅，进迫卢沟桥，我军奋勇御侮，誓死守土，丹心碧血，照耀环球。本会谨代表全国劳动界特电慰问，借表微忱，并恳坚持到底，毋失寸土，为我民族增光，以杀强邻之焰，本会誓为后盾。

上海《大公报》，1937年7月12日

上海《新闻报》读者致该报编辑函

1937年7月11日

编辑先生：

卢沟桥的炮声响了，敌人以武力征服华北的计划，已经揭开了实行的序幕！关东军的大部出动，宛平县的再度被围，丰台日军的增援，以及平津、平汉路轨的被炸，凡此种种，都已显示着事机的急迫，事态的严重，而中华民族存亡的关键，也就进入了最后的阶段！千句话并一句说，中国已经到了生死关头，除了发动神圣的民族自卫抗战，便没有其他的出路！

现在，我以万分诚恳的血诚，向您提出一个请求，就是请求贵报副刊马上改变取材的方针，把一切风花雪月跟没有意义的文字一概摒弃，在连续登载中的长篇，假如不忍割爱，那么，至少限度，请作者掉转笔头，注入些民族意识的血液，以唤起读者救亡的责任。因为时势太严重了，一切歌颂功德，粉饰太平，名人逸事，消闲妙品等等，在民族存亡绝续的前夜，不但绝对的不需要，而且叫人看了头痛。

先生，这个请求，我相信您一定会接受的，请您不要顾忌，不要犹豫，除非甘心媚外的汉奸，便没有谁会来干涉您的！

先生，我在这里恳求着！恳求着！——

敬致民族革命敬礼！

刘圣旦
二六、七、十一

上海《新闻报》，1937年7月14日

全国各界救国联合会等致宋哲元暨全体将士文电

1937年7月12日

北平。二十九军宋军长暨全体将士公鉴：日寇袭卢，贵军守土抗战，全国震奋，日寇此次进攻，志在整个华北，局部屈服，适增寇焰，不但贵军生命线不保，亦华北存亡所系，务望继续抗战，勿蹈丰台覆辙，以保持贵军之光荣，维领土主权之完整。全国人民，决督促中央，共为后盾。全国各界救国联合会、全国学生救国联合会同叩。文。

巴黎《救国时报》，1937年8月5日

某法学家对日方声明的驳斥

1937年7月12日　南京

南京某著名法学家七月十二日对日外务省发言人七月十日所发表辩护日本驻屯军在华北演习的声明，发表意见如下：

日外务省发言人，对日军在卢沟桥附近的军事演习，似以一九〇〇年十二月二十二日列强关于庚子事变联合照会中第九条及一九〇二年七月十五日中国与各国（日本在内）关于交还天津照会的第四款，以为辩护根据，实则该发言人〈殆已〉忘却该列强的联合照会，要求保持北京与海口的交通，系以各国占据若干彼此同意的地点为条件。而此项同意，后即载入一九〇一年九月七日所谓《辛丑条约》。计沿北京奉天铁路共有十二地点，在此十二地点中，并无自二十五年秋以来即为日军所占的丰台，更无位置在平汉铁路线上的卢沟桥，〈盖此在〉平汉线上的卢沟桥〈固〉与北京至海口的交通绝无丝毫关系。日本发言人殆〈似〉又忘却交还天津照会第四款所谓"田野演习，〈及〉来复枪实习，除实弹演习外，不必知照中国方面"。照该项照会规定亦仅适用驻在天津的军队，天津以外的其他十一地的军队，即不适用；至不在北平、奉天铁路线上的卢沟桥，自更不适用。且所谓田野演习、来复枪实习，自有限度，不能解释为如最近两年来日本悍然不顾我国抗议所屡演大规模演习。最后该法学家以为日本在卢沟桥演习，不但无法律根据，且亦昧于适可而止之义，观于日军此次行动，使人相信侵略者行为绝无止境。

《卢沟桥》，前导书局1937年版，第43页

第二十九军致李广安电

1937年7月12日

上海。二十九军驻沪办事处李处长，请即分转上海市商会、地方协会、银行业公会、钱业公会及各公会钧鉴：蒸电敬悉。本军受国家人民付托之重，保卫国疆，义不容辞，向重合法合理之精神，素以不屈不挠为职志，故人不侮我，我不侮人，委曲苦衷，谅为中外所共鉴。顷者卢沟桥事变发生，为正当防卫计，自不能不予以坚强之抵御，且军之宗旨在战斗，凡我官兵，慷慨赴义，分所当然。惟此局部之冲突，当不得谓之战争，必须整个战争，始能为国争光。辱承电慰，全军感奋，特电奉复，敬致谢忱。陆军第二十九军全体官兵叩。文（十二日）。

上海《大公报》，1937年7月14日

交通大学等教师致宋哲元等电

1937年7月12日　上海

北平。宋委员长、冯主席暨二十九军全体将士公鉴：敌军犯境，举国愤慨，公等忠勇抗战，为国家守疆土，为民族争人格，毋任感佩。后方同人，募捐筹饷，责无旁贷，聚集成数，克日寄上。尚希奋勇杀贼，坚持到底，保我河山，全国幸甚。交通大学黎照寰，重庆大学胡庶华，同济大学翁之龙，复旦大学吴南轩、孙寒冰，大夏大学欧元怀、王毓祥，云南大学何鲁，协和大学林景润，中华大学陈时，暨南大学何炳松、杜佐周等同叩。

上海《大公报》，1937年7月13日

上海市和安小学致宋哲元电

1937年7月12日　上海

北平。二十九军宋军长暨全体将士公鉴：（上略）此次宛平事件，日军又重演故技，衅由彼开，责在彼方。贵军将士奋勇挺战，并誓以卢沟桥为坟墓，壮烈精神，得未曾有。敝校同仁逖听之余，无不感奋，敌忾同仇，愿为后盾。兹将所积御侮救国储金法币四百七十九元七角六分正，特请《大公报》转上，用示慰劳。区区不腆，聊表天真烂漫儿童敬爱抗敌国军之微忱，务望贵军坚守誓词，保卫华北，歼彼倭寇，毋失寸土，民族幸甚，国家幸甚。此致抗敌国军敬礼。上海市市立和安小学校校长许书绅启。计附法币四百七十九元七角六分正。

上海《大公报》，1937年7月13日

燕京大学中国教职员会及学生暑期特委会致汪精卫、蒋介石电

1937年7月12日

急。牯岭。汪主席、蒋委员长钧鉴：卢沟事件，举国愤慨，务祈充分发挥既定不失寸地国策，不胜嘱望。燕大中国教职员会及学生暑期特委会叩。文。

台北"国史馆"档案：国民政府/国防（军事）/各方吁请政府抗日案

中国农林经济研究会致蒋介石等代电

1937年7月12日

庐山。蒋委员长、冯副委员长暨各军政长官钧鉴：日本蚕食东北，鲸吞华北，爰本系一贯政策，去年借口占据丰台，平津要冲为其掌握，今又无端攻击卢沟桥，直欲进攻北平。幸赖我二十九军将士为民守土，为国争光，使敌人不能遽舒狡计，全国民众闻之无不感

奋。夫今日中国已非昔比，和平之局已成，统一之基已立，在公等领导之下，发动全国军队，组织全国民众，并心戮力，收复失地，此其时矣。否则敌人援兵蚁至，长驱而入，而我则孤军独战，顾此失彼，胜负之数盖可见也。公等为国家领袖，谋虑深远，行动坚决，早为全国所共鉴。聊供偏衷，伏希采纳。临电神驰，不尽欲言。中国农林经济研究会。七月十二日。

台北"国史馆"档案：国民政府/国防（军事）/各方吁请政府抗日案

华北救国同志会致蒋介石电

1937年7月12日

牯岭。蒋委员长钧鉴：卢沟桥事件发生，日寇侵我益甚，国亡无日，全国忧愤。伏祈委座迅速领导全国将士，立即抗战，以救危亡。华北救国同志会叩。文。印。

台北"国史馆"档案：国民政府/国防（军事）/各方吁请政府抗日案

甘霖上蒋介石书

1937年7月12日

介公院长钧鉴：

慨自东北沦陷，华北垂危，走私谓为特殊贸易，敌骑到处纵横，伪钞且已侵入南中，凡此种种，早不视我为国家矣。今卢沟桥之变突起，他人遣将调兵，志不在小，倘华北有失，三分天下已去其半，喧宾夺主，亦即所谓反客为主，高屋建瓴之势已成，长驱南下，恐将不可收拾，亡宋晚明之前车可为殷鉴。我公系欲救中国之人，亦为今日欲救中国之领袖人物，鉴兹时势，想必早有成竹在胸，无烦霖之杞忧，惟栋折榱崩，乔将是压。生死存亡，匹夫有责，谨贡刍荛，惟钧座图之。谨颂暑安！

甘霖谨上
民国廿八年七月十二日

台北"国史馆"档案：国民政府/国防（军事）/各方吁请政府抗日案

北京大学学生自治会致林森等代电

1937年7月12日

庐山林主席、蒋院长，南京王外长，乐陵宋主任，北平秦市长，暨各省市政府、各报馆、各法团公鉴：

本月七日日军在我卢沟桥一带非法演习，并向我当地驻军挑衅袭击。我军为正当防卫，不得不起而抵抗，遂发生此次严重事件。刻下武力冲突虽暂告停止，而外交谈判方在进行，将来解决途径或和或战，均与我民族存亡有莫大关系。本会全体同学，处此生死关头，谨掬至诚，向我中央及地方当局作下列请求，并望全国各界一致主张：

一、本会全体同学拥护中央及地方当局，于不丧国土、不损主权之原则下，迅速处理此次事件，并请求于外交谈判中，声明此次事件责任全在日方，要求日方道歉、赔偿损失，并保证此后不发生同样事件。

二、请求中央嘉奖此次廿九军抗战将领，抚恤阵亡军民，并继续进行收复冀东、察北工作。

三、请求地方当局声明此次保安队接防宛平，仅为暂时性质，不能列入文字协定，并坚决拒绝日方一切无理要求。

最后本会全体同学，吁请北平全市同胞，镇定团结，抱定城存俱存、城亡俱亡决心，作我地方当局及抗战将士有力后援，与侵略者以严重打击。谨电奉闻，尚祈鉴察。

国立北京大学学生自治会

台北"国史馆"档案：国民政府/国防（军事）/各方吁请政府抗日案

武汉大学学生救国会致林森、蒋介石电

1937年7月12日

南京。国民政府林主席、蒋委员长钧鉴：暴日犯卢，显欲夺我整个华北，和平可谓绝望，请即出兵抗敌。国立武汉大学学生救国会叩。

台北"国史馆"档案：国民政府/国防（军事）/各方吁请政府抗日案

李书华等致蒋介石电

1937年7月12日

牯岭。蒋委员长钧鉴：学密。卢沟桥事态日趋严重，务恳增厚军力，迅赴时机，以保国土而慰众望。李书华、李麟玉、李蒸、陆志韦、查良钊、潘光旦、饶毓泰、樊际昌、梅贻琦、张贻惠、沈履、袁敦礼、杨立奎、陈中平、郑天挺同叩。文。

台北"国史馆"档案：蒋中正总统文物/特交文电/对日抗战/卢沟御侮

云南省指导委员会致宋哲元电

1937年7月13日　昆明

宋主任勋鉴：蒸（十日）电奉悉。外侮之来，有加无已，捍患卫国，全赖我忠勇将士。

滇虽贫省,救国素不后人,兹先汇寄旧滇票一万元,希即转发前方抗敌将士,借表滇民慰劳微忱。

天津《大公报》,1937年7月16日

中国国民党广西省党部致蒋介石电
1937年7月13日

牯岭。蒋委员长、〈冯〉副委员长、孙院长、宋委员长、何部长、程总长,暨各院长、南京中央党部各委员、国民政府林主钧鉴:连日接读各方电报,日寇陆空并进,炮击我卢沟桥,威胁我平津,群情愤慨。现复阳假协议撤兵之名,阴行增兵侵略之计,征之东北沦陷,殷鉴不远,同人怆怀国难,心所谓危,务恳速决大计,立即发动全国一致之抗战,以大刀阔斧,复日寇之侵略,党国前途实深利赖。迫切陈词,诸乞垂察。中国国民党广西省党部。元秘。印。

台北"国史馆"档案:国民政府/国防(军事)/各方吁请政府抗日案

北平市各界联合会致蒋介石电
1937年7月13日

牯岭。蒋委员长钧鉴:学密。敌心叵测,危机益迫,乞睿衷立断,迅赴戎机,以卫国土而慰舆情。北平市各界联合会叩。元。

台北"国史馆"档案:国民政府/国防(军事)/各方吁请政府抗日案

全国学生救国联合会致蒋介石代电
1937年7月13日

蒋委员长勋鉴:此次日军侵卢,举国震愤,幸我委员长主持于上,二十九军效命于下,领土主权暂得保全。惟敌人一再失信,阳和阴袭,侵我早具决心,调兵易将,战事正方兴未艾。苟非中央大军克日北上,势难遏敌野心。况奸人正以"单独牺牲"包围华北当局,以"个别利害"挑拨二十九军,苟非中央八面支援,冀察更无法坚军心而破奸计。为此恳请我委员长动员全国军力、财力、人力,保卫华北,还我河山。凡此种种,想早在我委员长计画调度之中。但生等愚见,宁成赘语,不敢不言。临电迫切,不胜翘企之至。全国学生救国联合会叩。七月十三日。

台北"国史馆"档案:国民政府/国防(军事)/各方吁请政府抗日案

广西省学生抗日救国联合会致蒋介石等电

1937年7月13日

急。牯岭。蒋委员长、冯副委员长、孙院长、宋委员长、何部长、程总参谋长、各院长，南京中央党部各委员、国民政府林主席钧鉴：日寇进攻卢沟桥，事情日趋严重。警报传来，群情愤激。平津为我国防前线，万一失守，举国动摇。敬恳立即出兵援助廿九军奋勇抵抗，并本三中全会抗战救亡之意旨，立即领导全国上下一致发动大规模之抗战，收复失地，保卫平津。民族前途，实利赖之。迫切陈词，不胜盼祷之至。广西省学生抗日救国联合会叩。元。印。

台北"国史馆"档案：国民政府/国防（军事）/各方吁请政府抗日案

上海文化资料供应所致蒋介石等代电

1937年7月13日

庐山。蒋委员长、冯副委员长暨各长官钧鉴：暴日侵我领土，丧我国权，与时俱进，国人蒙耻受祸，莫不愤火填膺。不图日军今又无故挑衅，进迫宛平，关东军且进兵关内，意欲占领整个华北。幸赖我二十九军将士奋勇抵御，敌不得逞。然孤军作战，终难久持，尚望我公发动全国军队，领导全国民众，实行举国抗战，以保国土。公为一国领袖，行动早有成算，凡所陈言，实迫于目前形势之严重。临电不胜迫切待命之至。上海文化资料供应所谨叩。廿六年七月十三日。

台北"国史馆"档案：国民政府/国防（军事）/各方吁请政府抗日案

平津各大学教授致林森、蒋介石电

1937年7月14日

林主席、蒋行政院长、汪主席、王教育部长钧鉴：敌深入华北，垂危民族，危机已到最后关头。恳中央迅即发动全力，抗敌图存，并请转令牯北平津各大学校长、教授等，克日北返，领导青年，效忠国家。国运已届否极之期，民气亦达沸腾之点，成败兴亡，间不容发，临电迫切，莫知所云。平津各大学教授凌树声、王惠中、王之相、尹文敬、左宗纶、江之泳、李绍陆、丁西平、季陶达、陈启修、陈其田、徐绳组、黄得中、章友仁、梁侬南、董人骧、邓伯粹、赵进义叩。

上海《新闻报》，1937年7月16日

上海市大学联合会致刘湛恩等电

1937年7月14日　上海

湛恩、柏丞、愧安校长先生大鉴：敬启者。暴日挑衅，警报传来，举国愤慨。我二十九军将士捍御国家，愿与国土共存亡，忠肝义胆，可薄云天。本会居智识界领袖地位，援助前线，领导后方，均属责无旁贷。十二日发出专电，鼓励前方，奋勇杀敌。于十三日召集临时会员大会，讨论实行援助，全体会员一致出席，当经议决大学联会员各校教职员，一律捐薪一日，作为第一批捐款，并由各校先垫五千元之数，即行汇出，以资慰劳。一面分函沪上各团体，促为同样之进行。并函致在庐开会各大学校长，向中央当局陈请通盘筹划，全力抗敌，毋再中敌人个个击破之毒计等案，纪录在案。公等可就近转向中央最高当局，代陈一切，时机危迫，不罄欲言，诸希朗照。专此，并请大安。径启者。

上海《新闻报》，1937年7月15日

翁之龙等致宋哲元暨二十九军将士电

1937年7月14日

北平。宋委员长暨二十九军全体将士公鉴：暴日无端寻衅，我忠勇将士奋起周旋，誓死卫国，执事指挥若定，迭摧强敌，声威所播，寰宇敬仰。尚盼继续抗战，保我疆土，全国定为后盾也。国立同济大学校长翁之龙同全体教职员学生叩。寒。

《申报》，1937年7月15日

中国佛教会告日佛教徒书

1937年7月14日

亲爱的兄弟姊妹们：我们同生活在释迦牟尼如来同体大悲的教义之下，在地域上我们虽有国家的分别，在精神上我们无异于一家的人。到目前，眼看到两大民族陷入生死存亡的紧要关头，省察到我们佛教徒应负的责任，我们不能不代表中华民国全国佛教徒向你们作最忠恳的劝告。从"九一八"到今天，我们两大民族中间，摆着一串血腥的事实，这些事实，破坏了我们千余年来的友谊，破坏了我们文化合作的关系，破坏了东亚的和平，破坏了世界的和平，在我们中间造成了一座愤怒的火山，一片仇恨的大海，这是贵国少数军人所发动的空前浩劫，而使贵国人民担负了不可推诿的责任。敝国在物质上虽然已经受了不可胜计的损失，但是你们应记住，四万万七千万的人民，四千余年的文化，像这样一个伟大的民族，决不是他人武力侵略所能屈服的。同时你们应当看清，你们自己这几年来所受的影响，军备不断地扩张，造成大众生活之不安，社会经济之恐慌，民族道德文化之损失，尤其是最可痛心的，一批一批的纯洁青年，受黩武主义的麻醉，被派遣到我们的领土来，以疯狂的姿态，执行所谓"光荣的使命"。我们佛教徒知道世界一切是受因果律的支配，你们现在所种如此的因，我们不忍想像你们将来应受如何的果。近日卢沟桥事件，固然又是贵国军人执迷不悟的盲动，但想不到贵国人民竟会举国若狂，一致的表示拥护赞助这种盲从的举动，逼迫敝国人民不能不放弃最后的容忍，事实发展，必然地会使人类遭逢更严重的危难，而贵国亦将不能避免因果律的支配。在这千钧一发之时，应当讲起我们佛教徒的责任，尤其是贵国佛教徒的责任。贵国佛教徒占全国人口之大多数，在社会上居很重要的地位，我们相信你们能够在时局上做一部分挽救的工作。贵国佛教徒以研究佛学著名于当世，自能本所学我佛慈悲救世的精神见诸实行。我们诚恳的希望你们抱自觉觉他的志愿，放狮子吼出大雷音，唤醒一般迷信黩武之主义者，联合大众的力量，制止少数军人危险的行动。我们等待你们握手，共同致力于国际仇恨及不平等事件之铲除，以期维护东亚和平的局面，增强世界和平的力量，这不但是我们两大民族之幸，也是全体人类之幸。

上海《大公报》，1937年7月15日

华侨联合会致秦德纯转二十九军将士电

1937年7月14日

北平。秦市长转廿九军全体将士钧鉴：暴日背信毁约，一再挑衅，幸赖贵军将士奋勇抵抗，全国闻风，莫不感奋。尚期再接再厉，实行"以战地为坟墓"之誓言，完成守土救国之大愿。敝会除筹设有效办法电达在外侨胞积极援助外，谨电奉达，伫候捷音。华侨联合会叩。寒。

《申报》，1937年7月15日

上海市各团体援助抗敌将士联席会议致宋哲元等电

1937年7月14日　上海

北平。宋委员长、冯主席、刘主席、秦市长、张市长暨二十九军全体将士公鉴：此次暴日寻衅，举国共愤，存心侵略，阴谋显然。幸赖贵军将士沉着应战，努力杀敌，保疆卫国，同深感奋。尚希继续抗御，残彼倭虏，拯我危亡。本市各界誓为后盾。谨电慰劳，敬希垂察。上海市各团体援助抗敌将士联席会议叩。

《申报》，1937年7月15日

上海中国职业妇女会致蒋介石等代电

1937年7月14日

庐山。蒋委员长、冯副委员长暨各军政长官钧鉴：日本自"九一八"以后，既夺东北四省，又复侵占察绥，鲸吞华夏，本系一贯政策。去年借口占据丰台，扼平津之要冲，今复无端攻夺卢沟桥，数日以来，反复无常，意欲进攻平津，实行其华北特殊化之毒计。幸赖我二十九军忠勇将士奋勇御敌，为国争光，使敌人不能遽舒狡计，全国民众闻之无不感奋。夫今日中国已非昔比，和平之局已成，统一之基已立，中央领导有方。值此时艰，万望从速发动全国军队出师援助，并心戮力，收复失地，以其时矣。否则敌人大军麇集，长驱直入，而我则孤军作战，顾此失彼，胜负之数盖可见也。公等为国家领袖，深谋远虑，为国效劳，早为国人所共鉴。今为我民族前途计，决不致坐视不顾而中敌人之毒计也。聊供偏衷，伏希采纳。临电神驰，不尽欲言。专此。敬颂钧安。上海中国职业妇女会谨叩。七月十四日。

台北"国史馆"档案：国民政府/国防（军事）/各方吁请政府抗日案

西安学生救国联合会致林森、蒋介石电

1937年7月14日

牯岭。林主席、蒋委员长钧鉴：卢沟桥敌军暴行使全国人民愤慨，现今敌军仍继续增兵，日内向平津一带进攻，足证势非占领华北不已。时至今日，似无妥协之余地，举国人士，切望诸公从速遣派大军增援华北，已〔以〕免敌人深入，使华北不致沦为东北第二，则国家幸甚，民族幸甚！西安学生救国联合会叩。寒。印。

台北"国史馆"档案：国民政府/国防（军事）/各方吁请政府抗日案

小吕宋华侨董方城致蒋介石、汪精卫电

1937年7月14日

牯岭。委员长蒋、主席汪钧鉴：贤初兄见国难日急，表示无条件回国效命。祈电策。董方城叩。寒。印。

台北"国史馆"档案：国民政府/国防（军事）/各方吁请政府抗日案

国民党驻秘鲁利马直属支部致蒋介石电

1937年7月14日

中央组织部转蒋委员长钧鉴：闻公已派遣六师北上杀贼，侨民欣跃无比。日寇凶顽

无耻，非理可喻，请继续派兵，严厉对付，职部誓为后盾。寒。驻秘鲁利马直属支部。

台北"国史馆"档案：国民政府/国防（军事）/各方吁请政府抗日案

首都各界抗敌后援会电

1937年7月15日　南京

（原电略谓）华北之得失，关系全国之存亡，非在中央统一指挥之下，不能竟御侮救国之事功，非全国一致拥护中央之国策，无以解当前之急难。我二十九军将士此次奉命守土，忠义奋发，浴血抗战，捷报传来，凡属国人靡不感动。我前方将士，固因之慷慨赴义，捍卫国土；我后方同胞，更应发挥国民天职，输财输力，踊跃以赴。本会已于删（十五日）成立，谨代表首都百万民众，誓与侵略者不共戴天。

天津《大公报》，1937年7月16日

山西省党部致宋哲元及二十九军将士电

1937年7月15日

北平。宋委员长及二十九军全体将士勋鉴：敌犯疆土，贵军奋勇抵抗，薄海同钦。望再接再厉，坚持到底，本部誓为后盾。特电慰劳，伫候捷音。

天津《大公报》，1937年7月16日

宋哲元为海内外同胞捐款事通电

1937年7月15日　天津

全国各报馆并转全国各界同胞、海外侨胞均鉴：此次卢沟桥事件不幸发生，海内外各界同胞先后来电慰问，且有捐款劳军之举，热诚赞助，全军感奋。惟此次事件，仅系局部冲突，伤亡亦系少数，况国家养兵千日，用兵一时，效命疆场乃军人之天职。军队平时有饷，战时亦有军事费，哲元以为遇此类小冲突，即劳海内外同胞相助，各方盛意，虽甚殷感，而捐款则概不敢受。倘将来国际大战发生，全国动员，牺牲巨大之时，再由国家统筹，同胞捐助，未为晚也。谨掬诚意，敬布区区，诸维鉴谅是幸。宋哲元。咸（十五日）。

天津《大公报》，1937年7月16日

西北青年救国联合会致全国青年通电

1937年7月15日

南京国民党中央民众训练部陈部长转国民党全体青年，延安共产党中央转共产党全体青年，南京中华童子军蒋总司令转全国童子军，上海全国学生救国联合会转全国学生，北平民族解放先锋队总队部转全国民族解放先锋队员，上海中华基督教青年会总会转全国会员，上海青年文艺作家协会，西安青年文艺工作者协会，及全国各界青年团体、青年同胞公鉴：

卢沟桥的炮声是整个华北危急的信号！在这样的紧急关头当中，所有不愿当亡国奴的中华青年男女，不论政治、信仰、职业、宗教的区别，应该立即实现全国抗日青年的救国大联合，在一致抵抗到底，誓死不让日寇侵占中国一寸土地，坚决保卫平津、华北口号底下，准备立即驰赴抗日华北前线，为援助英勇抗战的二十九军与日寇拼战到最后一滴血！

日本帝国主义一面正用拖延的惯伎来完成其主力的集中，首先用以占领北平为其第一目的；另一方面对动摇分子威迫利诱来配合其军事占领的行动。本会远在四月中在第一次代表大会上就指出在国难严重期间，全国青年不分党派、性别、种族、宗教区别，实现大联合的必要，尤其在今日的情势下面，过去青年团体间的成见应该立即抛弃，互相的不融合态度应该立予消灭，应该紧密的团结起来。

我们向全国青年提议：（一）全国青年立即形成全国的青年救国组织，首先是各地各界各业的青年的立即进行合作与联合，目的在促进全国青年不分彼此的救国大联合；（二）各地的青年动员起来，组织战地服务团、抗战后援会、募捐运动、战地看护队等等；（三）扩大抗战的宣传运动，利用宣传队、戏剧歌咏队以及一切文字、口头，能宣传到工厂中、农村中、学校中、商店中、兵营中，掀起青年热烈的抗战运动；（四）在"全体青年武装起来"口号下，组织抗日学生军，厉行武装训练，动员千百万的抗日青年到抗日部队中去，首先到华北抗战第一线的部队中去，担负武装保卫平津的战斗任务；（五）立即组织青年的缉私队、民族监察队，协助政府坚决打击日寇间谍特务机关与汉奸亲日分子的活动。

现在已到最后关头，倘仍和平退让，中华民族前途殆将陷入绝境。我们要求负华北守土重责的冀察当局，应该立下决心，表明抗敌到底的态度，与英勇抗战的二十九军站在一起，为不让日寇侵占华北一寸土地而战斗。我们希望国民政府立即调动全国精锐军队，增援华北前线，并明令解除一切抑压爱国运动的禁令，给予全国人民和青年大众以民主自由。抗战的号炮发动了！全国抗日青年团结起来，抗战到底！坚决保卫华北，不让日寇侵占平津一寸土地！驱逐日本帝国主义出中国！中华民族解放万岁！西北青年救国会。七月十五日。

《新中华报》，1937年7月19日

西北青年救国联合会紧急动员通告

1937年7月15日

日本法西施蒂强盗的血手又来攫取华北了。第二个"九一八""一·二八"侵略中国的战争开始了。

卢沟桥的炮声,证明第一次代表大会认为,日本一切"经济提携"、"新政策"是企图缓和抗日运动的烟幕,是为了巩固已得阵地,是准备用战争来夺取中国的过渡时期的估计正确。

日本的炮火尚在通州、宛平、北平、卢沟桥与廿九军激战中,天津、丰台已集中了大批的飞机,日寇尚在不断的从日本、朝鲜,增调四十万日军来华北,大批日海军舰队已增调华南、华中。

平津危急!华北危急!整个中华民族危急了!本会除通电全国要求全国青年团结抗日外,特向全体会员作紧急的动员号召:

一、扩大抗战宣传:各级救国会立即召开各种会议,进行抗战动员,出版各种通俗的画报、传单、标语,组织各种宣传队、歌咏队、剧团,到工厂中去,农村中去,学校中去,军队中去,商店中去。

二、加紧组织民众,扩大救亡组织:利用一切关系,采取适当的方法,去创立抗战后援会、青年救国团、青年抗战同盟等各种青年的组织。各级救国会同当地各青年团体应立即进行合作与联合的工作。

三、加紧抗战准备与军事训练:立即创立各种青年抗战的军事组织,并加紧对于青年自卫军、学生军、青年义勇军、青年壮丁队、童子军必要的军事训练,随时准备出动抗日前线,以担负抗日军后备军之任务。妇女更应组织救护队,加紧救护训练。

四、严防日寇间谍、汉奸的阴谋活动:在各级组织部与俱乐部主任的领导下,立即建立秘密的监察队、侦查队、轻骑队等组织,坚决打击日寇的间谍、特务机关、汉奸的活动。

五、援助前线抗敌将士:在文字上、精神上、物质上,给抗敌军以实际的援助。建立募捐委员会,立即发起一个铜板的募捐运动。组织战地服务团、慰问团,选派代表到华北前线去。对于快要出动的及战地附近的军队,必须以一切的可能举行联欢会、欢送会、慰劳等。

亲爱的会员们!抗战号炮发动了!我们是中华民族的新青年,我们绝不愿意我们的国土、我们的同胞,受敌人蹂躏残杀。紧急的动员起来,誓为保卫平津、华北,驱逐日寇而流最后的一滴血!七月十五日。

《新中华报》,1937年7月23日

天津民众救国会致林森等电

1937年7月15日

　　林主席、蒋委员长、冯副委员长、汪主席、何部长转各院部长钧鉴：卢沟桥事件，已彰然证明日本以有计划之企图，破坏我国家和平统一，造华北成东北第二，吞灭我民族国土，屠杀我父老兄弟，举国民众，闻知激愤异常。证诸日本之侵略传统，咸知其野心决不能适渴〔可〕而止，以和平为烟幕，用武力为威胁，以期屈服我损权丧土，无论其为蚕食鲸吞，其目的则为灭亡全中国。东北、华北民众受其残忍屠杀，全国同胞处在其侵略蹂躏之下，已不能再事忍受，民族危机，已到千钧一发之最后关头。特恳电政府，望勿信其和平欺骗，与无诚意之日寇进行谈判。恳请即刻动员全国，收复失地，天津民众愿作前驱。谨陈所衷，盼即容纳实施，则民族幸甚。临电不胜迫切待命之至。天津民众救国会叩。删。

台北"国史馆"档案：国民政府/国防（军事）/各方吁请政府抗日案

北平文化界抗敌后援会致蒋介石电

1937年7月15日

　　牯岭。蒋委员长钧鉴：敌军已迫城下，应即发动全国抗战，为二十九军应援，以求生路，否则华北及全国不堪设想。请钧座当机立断，民众力为后盾。军机紧急，稍纵即逝。谨电陈。北平文化界抗敌后援会叩。删。

台北"国史馆"档案：国民政府/国防（军事）/各方吁请政府抗日案

江西临川各界统一救国大同盟致林森等电

1937年7月15日

　　牯岭。国民政府主席林、中政会主席汪、军委会委员长蒋钧鉴：暴日肆侵，得寸进尺，长蛇封豕，蚕食中华。本月庚日，复在卢沟桥肇衅，意图包围平津，囊括华北。现兵车绎络入关，不惜扩大事态。尚祈早颁明令，出师抗御，驱除倭寇，复我河山。本同盟除筹募捐款慰劳抗战将士外，谨率全县三十万民众，誓为后盾，赴汤蹈火，惟命是从。临电不胜迫切待命之至。江西临川各界统一救国大同盟。删。印。

台北"国史馆"档案：国民政府/国防（军事）/各方吁请政府抗日案

广西苍梧抗日救国会电

1937年7月15日

　　南京。中央党部、国民政府军事委员会钧鉴，北平宋委员长暨廿九军全体将士勋鉴：

近自卢沟桥事件发生，敌军大举入关威胁华北，图占平津，此为暴日对我整个民族决斗之前哨战，亦我国家存亡一线之机。幸廿九军全体将士尽忠守土，以铁血作卫国干城，奋斗牺牲，挫强敌于千里之外，消息传来，深致敬佩。惟念卢沟桥事件断非单纯华北问题，局部抵抗已懦前车之鉴，当此和平已告绝望，牺牲已到最后关头，应请中央立即发动全国一致抗战，尤望宋军长统率廿九军忠勇将士，本过去光荣历史，实效誓死守土主张，努力杀敌，为国争光，民族兴亡在此一举。苍梧各县愿以最大牺牲，竭救国热诚，为抗战后盾。临电神驰，不胜切祷之至。苍梧县抗日救国会呈叩。删。印。

台北"国史馆"档案：国民政府/国防（军事）/各方吁请政府抗日案

甘霖再上蒋介石书

1937年7月15日

介公委员长钧鉴：

　　昨函计邀清听，惟尚有不能已于言者，敬为我公一渎陈之。自失地未收，全国上下无不人怀义愤，即国际友邦亦俱抱不平，惟不能越俎代谋，徒呼负负，所谓正义自在人心，无间中外也。今者，他人又长驱华北矣。观其进逼之势，直欲使为华〔东〕北第二，再进而问鼎中原，完成其大陆政策。呜呼，此诚所谓危急存亡之秋也。因此各界对于前方将士，捐款慰劳，风起云拥〔涌〕，足征我民气沸腾，无不欲志在歼敌，灭此朝食。我公勋业之隆，本早已炳耀中外，若能于此时善用民气，速定大计，高举抗敌之旗，驱除丑类，解我华北之围，即以保我中国，则岂特当地军民从之者如归市，行见中外欢腾，而我公伟烈丰功，将更震耀环宇，民族英雄之呼号，空有史矣。否则，唇亡齿寒，山河破碎，亦即在目前矣。果尔，千秋万岁，将以我公为何如人耶？今入寇之敌亦不过数万耳，且陈而未定，含而未毕，如决心一战，何难一鼓而下。语曰：敌人之所欲者，吾土地也。我政府向采亲善睦邻之旨，今结果若此，亦可以悟矣。若犹希望和平，或犹冀外交途径解决，则诚属梦呓，而坐使敌势浩大，万一燕云不保，长江天斩〔堑〕真不能飞渡耶？尔时喧宾夺主，江南半壁亦不能幸存矣。证以往史，固不待知者而后知也。事机迫切，稍纵即逝，及今不图，后将无及矣。心所谓危，难安缄默，谨贡一得之愚，幸垂察焉。敬颂暑安。

甘霖谨上
民国廿六年七月十五日

台北"国史馆"档案：国民政府/国防（军事）/各方吁请政府抗日案

广西省教育会致蒋介石等电

1937年7月15日

牯岭。蒋委员长、冯副委员长、孙院长、宋委员长、何部长、程参谋长、各院长，南京中央党部各委员，国民政府林主席钧鉴：日寇阳假演习为名，阴袭卢沟为实，人民惨死，庐舍丘虚，恶耗传来，不禁发指，是而可忍，孰不可忍。务恳速决大补，立即发动整个抗战，以昭公愤而卫家邦，党国前途，实利赖之。急不择言，诸乞垂察。广西省教育会呈。删。借印。

台北"国史馆"档案：国民政府/国防（军事）/各方吁请政府抗日案

汉口市五文化团体宣言

1937年7月16日　汉口

目前的确是"非常时期"了，我们的敌人，是这样的呼喊，我们自己国度里也是这样的呼喊。敌人呼喊"非常时期"的意义，是因为敌人国内的矛盾一天天尖锐化，为了把民众的目标由国内移到国外，不得不喊出"非常时期"这个名称来煽动大多数国人加紧侵略狂，加紧略夺他人领土主权的非法战争，俾缓和自国的矛盾。我们呼喊的"非常时期"的意义，是指着这个时期，乃中华民族生死存亡的决斗时期。而促成这非常时期之到来的原因，完全是在国际方面，因为目前的世界，是疯狂侵略的国家横行的世界。侵略的国家，为了发展其侵略欲，必然地要向被压迫的弱小民族进攻。被压迫的弱小民族，为其自身的合法生存及发展，当然要准备防御战，即是说要准备对任何侵略的国家作自卫行动。我们所喊的"非常时期"的意义，就是要唤起所有的民众，认清目前我们所处的时代，认清自己的使命，起来担任合法的自卫工作，负起为国家民族的合法生存而奋斗的伟大历史任务。"非常时期"的名词之出现，在我们国度里，已经有五年多了，现在无疑他仍然未有超过这所谓"非常时期"。在这五年多中间，我们的领土被强占了几省，我们的富源也被侵夺了无数。在国际上，并未有哪一个国家，说我们的损失是应该的，敌人侵略是合法的，足见国际正义毕竟还是存在，而不可随便磨灭的。

今后，甚至于目前我们是不是还会受不应该受的损失，敌人是不是还会向我们施行不合法之侵略呢？在主观上，我们如能"求之在己"，固然不能肯定说敌人一定要继续侵略，我们一定要受损失，而在目前的客观事实上我们也不能加以否定。一切国际战争，尤其是侵略战，都有各个国内及国际的背景的，如前所述第一个原因，我们的敌人是具有的。至国际方面，自从西班牙战事发生后，欧洲各国，冲突日甚，方各为自己的利害在勾心斗角，在远东有切身利害关系之英国，以致不能全力东顾，美国亦表面似仍守沉寂，至于希特勒掌握下的德国,当然是向自己的同道表同情的。所以疯狂的侵略战事行动,绝对不能说不会发生,而且其前奏曲,已经在我们的领土的华北开始了。我们的国家一向是主张和平厌恶战争,这种伟大而光明的意旨,在我国政府的文字上及行动上,迭次表现无遗。我们对于任何国家,不是无条件的友视,凡是主张和平、平等互助的国家,才认为是我们的朋友。我们对于任何国家,也不是无条件的加以敌视,凡是非法压迫我们、侵略我们领土主权的,才认为是我们的敌人。今后和现在,如查有某一个国家,仍不愿作我们的朋友,只愿作我们的敌人,而发生侵略战的时候,我们为了我们国家和民族生存,不能不作防御战,不能不守土抗敌。这种守土抗敌的行动,是自卫,是伸张正义,即在国际法上,都是有合法的根据的。

守土抗敌,是每一个国民都应该尽的天职,是中华民族每一个分子都应该尽的天职。在最近几年中,为了尽一种应尽的天职而牺牲的确实不少,政府为激励国民抗敌守土,对于抗敌守土的将士及其阵亡者,本订有奖励和抚恤的办法,然关于阵亡将士家属之生活及保障,必须有特殊的规定,才能更加激励我们的生者,安慰我们的死者。尤其是我们各界民众,对于因抗敌守土而阵亡的将士家属,须特别的爱护,须特别自动的以团体行动对其生活负起责任,予以妥善的救济及维持,因为阵亡者不是为了他自己,而是为的中华民族的生存。我们中华民族的每一个分子对这为我们的生存而奋斗、而牺牲的阵亡将士的家属生活及保障负起责任来,是天经地义的事。这样,才能使我们每一个国人,都愿意效命疆场,都死亦有荣而无恨,这是抗敌守土声中,应注意的第一点。其次,任何一个国家,他的组成分子,都不是绝对纯粹的,有忠良,也有奸贼,中国历史上的所谓汉奸,尤屡见不鲜。目前的中国,犹有许多丧心狂病的或大或小的种种类型的汉奸。什么叫做汉奸,我们可以给他一个定义说,凡是在言论上或行动上,出卖中华民族,勾结国外敌人的就是汉奸。傀儡是汉奸,为敌人作军事、政治、经济等活动的是汉奸,不顾民族利益只图个人利益的,也可名之曰汉奸。汉奸是为虎作伥的,它的罪恶和辣毒,比较国外敌人,有过之无不及。我们为了肃清后方,剪除敌人的爪牙,保障抗战守土的胜利,不消说,除奸的工作,即铲除汉奸的工作,与抗敌工作是同等的重要,并且可说是一个工作的两方面。铲除汉奸,当然是捉着了就杀无赦,不过我们为使民众对汉奸都切实抱一种共弃的态度,都一致起来铲除汉奸,应该施行连坐法,子当汉奸,父应同坐,弟当汉奸,兄应连坐。在军队方面,连坐法是早已实行了,士兵战败,官长同坐,下级官长战败,高级官长同坐。军队作战的胜败,固关系国家,汉奸的作恶,尤直接关系国家,至重且大。军队方面都施行连坐法,政府对于汉奸,尤非施行连坐法,不能增加铲除汉奸之效能,不能彻底铲除汉奸。这是我们在抗敌守土声中应注意的第二点。抗敌守土,是伟大历史任务，是事实上迫得我们非发生不可的一种行动，我们每个人应该认清抗敌守土的意义，参加抗敌守土的行动，同时还须计划抗敌守土时各方面应做的一切工作，我们才能获得抗敌守土的胜利，保障国家民族的生存。虽然我们始终还是希望世界上每一个国家，都服从正义和平、平等互助，不发生侵略战，也不发生抗敌守土战的。认清时代，多方努力，这是我们今天联合贡献于国人，同是也就是每一个国人都应有的信条。汉口市新闻记者公会、武汉文艺作者协进会、中国文化建设协会汉口分会、汉口市教育会、汉口市戏剧学会。

《武汉日报》，1937年7月17—18日

陈彬等致蒋介石电

1937年7月16日

牯岭。蒋委员长勋鉴：此次暴日又扰中土，至再至三，人民共愤。恳请速令前线各将士努力杀贼，还我中原。彬虽退伍许久，恨不得率全场职工五百余人前往破敌。江西山下渡更新林场暨更新垦业场总经理陈彬谨率全体职工五百余人同叩。

台北"国史馆"档案：国民政府/国防（军事）/各方吁请政府抗日案

松江金融业同人联欢社致蒋介石电

1937年7月16日

牯岭。蒋委员长钧鉴：卢苑〔宛〕事起，华北告急。暴日欲壑难填，和平实已绝望。幸廿九军将士誓死守土，人民感慰。惟孤军挑战，难操左券，为特电请钧座迅令傅、韩、阎诸将领乘机发兵，收复失地，并令冀察当局停止一切屈辱谈判。临电不胜企盼之至。松江金融业同人联欢社叩。铣。

台北"国史馆"档案：国民政府/国防（军事）/各方吁请政府抗日案

上海特别市党部致宋哲元电

1937年7月17日　上海

天津。宋主席明轩先生台鉴：侧闻津议，有接受敌方条件之说，电讯传闻，当非实在。素稔先生微言大义，以保卫国权复兴民族为己任，且尝以郭子仪、曾国藩自居，可知决不愿冒天下之大不韪，而自毁其光荣之历史者。惟是今日之事，是非顺逆之辨，昭如日星。统一为国家所求，分裂为敌人所望，敌之利即我之害也。敌人始终欲使冀察冀东化，置两省于中国版图之外，先生身为两省长官，守土卫国，责有攸归，可全则全以奉国，不可全则

战以报国,绝无丝毫屈辱侥幸之余地。况华北为全中国之华北,非一二省之事,更非一二人之事,先生自必上本中央之意志,下察民意之归趋,审慎应付,以全国权,决不致操切决定于一二人之私见,而以国权民命为牺牲。况东北以不战而亡,绥远以抗战而全,前事不远,可为殷鉴,可知硬干常有胜利之可能,屈辱决无幸存之余地,以先生之明,岂有不之知者。今国人方以郭子仪、曾国藩视先生,亦望先生善自为郭、曾,以保国权而全令名也。临电不胜盼切之至,并望随时电示,以便辟谣。上海特别市党部叩。洽。印。

上海《新闻报》,1937年7月18日

贵阳县商会等致蒋介石电

1937年7月17日

牯岭。蒋委员长钧鉴:卢沟桥事件,实暴日亡我之预定计划。民族存亡,已至最后关头。务乞即日宣布率领全国人民抗争到底,属会同人誓为后盾。临电不胜迫切待命。贵阳县商会率绸缎业等三十余同业公会同叩。

台北"国史馆"档案:国民政府/国防(军事)/各方吁请政府抗日案

许玉麟呈蒋介石书

1937年7月17日

窃维御外侮与平内乱异,苟不统筹全局,迅调大军,全部配置,而任敌之逐段进逼,逐段宰杀,则中国之军人皆中国之同胞,钧座亦中国人也,于心何忍!况遭蹂躏区域之民众,落井沉河,散发跣足,同为刀下之鬼,偕作炮弹之灰,折胫流肠,断头破腹,哭哭啼啼,此道军民若无父母之孤儿,受凌辱残毒而无依,虽铁石心肠也当下泪。敌既云腾雨集而来,必具夺土争疆之欲,岂口舌之轻所能折冲于旦夕?事非儿戏,既来焉肯轻回,义许春秋,退缩偷安何可?镇静是指惊慌,和平乃于小事。下之逆上谓抗,气壮出师曰征。际斯一发千钧、火燃眉睫之时,中枢应伸大义于天下,布告遐迩,申罪致讨,倾全力以周旋。百姓皆兵,尺土皆财,必死或生,幸生则死。同一伤亡,可时短而少牺牲,同一牺牲,可灭寇而有价值,遗臭流芳,在此顷刻。

钧座功高望重,一举手何患天下不风从,而排山倒海以起效命。读史至"锦绣江山自我而亡之,天下后世将谓陛下为何如人"处,不禁痛哭流涕也矣。一世英名,成之非易,扫地而尽之则易易。玉麟不敏,敬爱钧座之劳苦,本知无不言、言无不尽之意,为樊哙关中入帐之陈。以武后之为人,尚读骆宾王之檄而叹曰:"有如此才而不用,宰相之过也。"想钧座明如日月,必知忠言良药之喻,恳祈当机立断,法真宗澶水之亲征,撤不力之将,除亲敌之贼，哭告黄帝在天之灵，令征全国忠义之士，效武王之大会诸侯于孟津，率天下英雄、各路豪杰，会师幽燕，痛饮黄龙，收复旧疆，诛彼元凶，将见高丽、琉球、台湾、库页之遗民重见中华之旗帜，岂仅东北失土归还而已哉。大书史册，千古辉煌，钧座之功，比隆汤武，万世景仰，至大至刚。玉麟生于中国，处此漏舟，协济时艰，天良未泯，幸惯征战，敢请长缨，执锐披坚，愿驱前敌，乞假符钺，敢扫烟尘，苍天昭鉴。涕泣陈词，痛彼亲爱仇敌之徒毫无心肝，忍教外寇之日深，竟纵胡马渡黄河。所谓冀察诸委员者，诚凉血之动物也。秦桧之肺腑、严嵩之心迹。夫倭贼不除，国无宁日，倭贼不死，国不能存。而此类贪和平以偷安之孝顺倭贼者不死，华北亦难以保。可怜者华北之军民，可杀者冀察之委员，贼子贼孙，其肉可捣之为浆而食之。悲夫，列祖列宗辛苦传下之中国，今将亡于倭贼与少数亲日之徒矣。钧座其速起而救之乎。谨呈委员长蒋。

旧属许玉麟谨肃

住杭旧隍牌楼巷19号

中华民国二十六年七月十七日

台北"国史馆"档案：国民政府/国防（军事）/各方吁请政府抗日案

甘肃民众守土抗战后援会致蒋介石、冯玉祥电

1937年7月17日

海会寺。蒋委员长、冯副委员长钧鉴：慨自九一八事变发生，六载于兹，我举国上下忍辱负痛，一再退让，原冀维护东亚和平，奈暴日欲壑难填，节节进逼，东北之血迹未干，平津之战云又急，狼子野心靡〔靡〕所底止。藩篱已失，堂奥堪虞，我全甘民众痛暴日之强横，凛困难之严重，为于寒日组织成立甘肃民众守土抗战后援会，本同仇敌忾之精神，作守土抗战之后盾。尚祈钧座速决抗战大计，并调派重军增援前方，俾早驱强寇，巩固国基。谨电泣电〔叩〕，无任屏营。甘肃民众守土抗战后援会叩。篠。印。

台北"国史馆"档案：国民政府/国防（军事）/各方吁请政府抗日案

上海新闻记者公会致宋哲元暨二十九军将士电

1937年7月18日　上海

北平。宋委员长暨二十九军全体将士公鉴：敌以有计划之挑衅行动，进而为大规模之侵略行为，包藏祸心，举世共见。当卢沟桥警报传来，血气之伦，罔不发指。幸赖公等英勇抗战，浴血杀敌，气壮河山，威震遐迩。敌不得逞，乃倡和议，借为缓兵，以俟后援，今果动员全国，倾师入我国门。在此情势之下，吾人求和平不可得，舍应战无他途。国族存

亡，系于一发，华北安危，全赖公等，祈速摒和议，继续抗战。全国同胞，自当在中央领导之下，一致为公等后盾。特电驰慰，敬候捷音。上海市新闻记者公会。巧。印。

上海《大公报》，1937年7月20日

李书华等致蒋介石电

1937年7月18日

牯岭。蒋委员长钧鉴：卢沟桥事件局部解决传闻将成事实，敌人大军深入华北，咽喉已被控制，时机迫急，人心愤慨，万望我公坚持以日方实行撤退军队为一切谈判先决条件，仍望积极增厚军力，以期万全。无任迫切待命之至。李书华、李蒸、陆志韦、李麟玉、张贻惠、赵畸、孙洪芬、饶毓泰等同叩。

台北"国史馆"档案：国民政府/国防（军事）/各方吁请政府抗日案

洪崇杰呈蒋介石书

1937年7月18日

呈为建议事。窃查此次华北卢沟桥日军挑战，系有计画试探我国军备虚实。盖自孔特使出国，受英、美、法、德、意热烈欢迎，日军阀闻之，相形逊色，于国际间既知中国与列强有所互惠，惟不知其内幕。当近卫内阁成立之始，首先宣布整理中日外交，以和平为原则。则最近内阁，又助日军以武力侵略，即探特使团重大任务告成，遂在其国内宣布以全力侵华，动陆军若干，空军若干。（孙子兵书云：行军之道，虚者实之，实者虚之。）其用意无非用威吓（前者以"中日亲善"、"经济提携"利诱），冀得华北富源，并以华北为特别区、名存实亡等计画外，并用军威，试探列强对华态度是否一致，硬化或软化。我国处此压迫，纵列强尚未明了我国状况，尚未一致，乘特使团在欧暂缓回国，再向列强进一步提携，救此危局。除以中日破裂、为世界战争导火线耸动列强素爱和平之心理，倘列强再未能一致，我国可援照西邦牙内战各国军舰云集其港口、维持其商业市场至战争终止为度。似此我国海口可请列强组织国际海军，维持其远东市场，再以暗行抵制日货进口，增进其列强商业发展。似此可引其市场利益关切，且可得列强源源输入军械军火，以陆空军向日军作持久特殊战。若一面制止日货进口，收入锐减，军费无着，日本国内必生变幻，或可间接缩减战争期间。杰本系同盟会干事，于清末宣统参加广州起义，因病留港未及赴义，敢再代表黄花岗烈士、革命前驱奋斗精神，又以救党救国请愿，勿再受其威吓，丧失华北，名存实亡。若华北丧失，华中不保，华南不保；华南丧失，川、滇、黔、陕、甘不保。既不能保全于后，无如牺牲于前，尚有一线生机，兴亡之数尚不敢卜谁得。是否有当，伏乞垂察。按日本输兵华北，我亦挥军北上自卫，或列强视大战爆发，出面调停，实为公便。谨呈军事委员长蒋。

洪崇杰

七月十八日

台北"国史馆"档案：国民政府/国防（军事）/各方吁请政府抗日案

北京大学全体同学致林森、蒋介石电

1937年7月18日

庐山中路12号。林主席、蒋委员长：日寇大举来犯，民族存亡已到最后关头，请即明令廿九军坚决抵抗，并饬大军迅速北上增援。北大全体同学。一。巧。

台北"国史馆"档案：国民政府/国防（军事）/各方吁请政府抗日案

上海市商会等十五团体呈国民政府电

1937年7月19日　上海

南京。国民政府、军事委员会、行政院、军政部勋鉴：日军挑衅，举国愤慨。二十九军将士忠勇抵抗，中央政府指示督励，凡属国人，共深振奋。本日沪市各团体议决组织后援会，努力工作，并以今后之事，欲和平必须抗战，惟抗战乃能和平。齐恳中央领导全民一致奋起，下大决心作全力战，并严令华北将士，积极准备应战，不得接受任何屈辱条件。临电翘企，迫切待命。市商会、地方协会、市总工会、市农会、市教育会、市妇女会、银行公会、钱业公会、第一及第二特区市民联合会、沪南区市民联合会、文化建设协会、各大学联合会、律师公会、会计师公会同叩。

上海《大公报》，1937年7月20日

上海市商会等十五团体致宋哲元电

1937年7月19日　上海

北平。二十九军宋明轩军长勋鉴：卢宛抗战，举国振奋，凡属同胞，共赋敌忾。本日沪各团体联席会议议决组织抗敌后援会，积极工作，到会各团体，均以今日之事，欲和平必须抗敌，惟抗敌乃能和平。贵军将士忠勇爱国，凤所钦佩，务祈秉承中央指示，发挥抗敌力量，拒绝屈辱条件，保存光荣历史。四亿同胞，共候捷音。上海市商会、地方协会、总工会、市农会、市教育会、市妇女会、银行公会、钱业公会、第一特区市民联合会、第二特区市民联合会、中国文化建设协会、各大学联合会、律师公会、会计师公会、沪南区市民联

合会同叩。皓（十九日）。

上海《大公报》，1937年7月20日

张申府等致蒋介石电

1937年7月19日

牯岭。蒋委员长钧鉴：寇已深，而和战不定，凡属国人莫不焦虑。万恳钧座当机立断，亲率三军北上御侮，华北幸甚，民族幸甚！张申府、刘侃元、许德珩、杨秀峰、程希孟、董松龄叩。皓。

台北"国史馆"档案：国民政府/国防（军事）/各方吁请政府抗日案

广西果德各界抗日救国联合会致蒋介石电

1937年7月19日

牯岭。蒋委员长钧鉴，南京中央党部各委员、国府林主席，天津宋委员长，广西省党部各委员、李总司令、白副总司令、黄主席，北平冯主席钧鉴，并转二十九军各将士公鉴：连日报载，倭奴借端挑衅，肆意依沩，噩耗传来，举国共愤。民族存亡，在此一举。务望前敌将士再接再厉，保土卫民，并恳中央速决大计，发动全国抗战，果民誓当一致拥护，枕戈待命，共赴国难。临电迫切，诸乞鉴纳。广西省果德县各界抗日救国联合会呈叩。皓。借印。

台北"国史馆"档案：国民政府/国防（军事）/各方吁请政府抗日案

李宗仁等致蒋介石号电

1937年7月20日

自蒋委员长发表关于卢沟桥事件之谈话后，第五路军李宗仁、白崇禧两司令及桂省府黄主席，联名电呈国府，表示拥护蒋委员长主张，略谓：顷读蒋委员长在庐山第二次谈话会发表关于卢沟桥事件之谈话，宣示政府对日方针，并明白昭示吾国应坚守四项原则，辞严义正，实为代表我全国民众公意，循环朗诵，感奋莫名。窃维卢案发生，我始终爱护和平，一再容忍，日方着着进逼，近更大举增兵，恣意挑衅。宗仁等欣聆国策已决，誓本血忱，统率第五路军全体将士暨广西全省一千三百万民众，拥护委座抗战主张到底，任何牺牲，在所不惜。谨电陈察。并希全国奋起，共为政府后盾，国家前途，实利赖之。李宗仁、白崇禧、黄旭初叩。号。印。

《中国全面抗战大事记》第1辑，1937年7月份，
华美出版公司1938年版，第38—39页

志丹市商人致二十九军将士函

1937年7月20日

二十九军的将士们：

卢沟桥事件是第二个"九一八"的号炮，当此日寇千方百计谋占我华北，并吞全中国的时候，幸有你们全体将士以坚决的英勇果敢行动来保卫我祖国，为中华民族解放而流血，你们的这种行动是值得我们全国人民赞扬与拥护的。

二十九军的将士们，英勇的前进吧，不要犹豫，誓不妥协，为祖国而奋战到底，我们誓做你们的后盾。我们除了在精神上来安慰与鼓励你们外，我们正在发起一个广泛的募捐运动，在物质上给你们以鼓励，我们坚信在四万七千万的人民一心一意的抗战下，胜利一定是我们的，中华民族一定能取得最后的解放！

志丹市商人市民启叩

一九三七年七月廿日

《新中华报》，1937年7月29日

中华救国十人团联合会致蒋介石电

1937年7月20日

京。蒋委员长勋鉴：号晨拜读谈话，宣示卢沟桥事件为民族坚决牺牲之最后关头，并列举四点为此关头之界线，倘敌人果敢侵此界线，立为牺牲到底之应战。全会会员闻声欢呼，除一体遵照指导准备效忠国家外，谨先电汇千元，以充军需而显民意。谨此电呈，伏乞赐察。中华救国十人团联合会叩。

台北"国史馆"档案：蒋中正总统文物/特交文电/对日抗战/卢沟御侮

汉口市商会致吉星文电

1937年7月21日　汉口

略云：本日报载，我公奋勇抗敌，身负创伤，为国牺牲，群情感痛。我公英雄本色，粉身碎骨，固所不辞，然大敌当前，战云密布，尚乞我公善自珍卫，备作前驱。北望燕云，同深愤慨。专电慰问，不尽依依。

天津《大公报》，1937年7月22日

李书华等呈蒋介石电

1937年7月21日　北平

南京。行政院蒋院长钧鉴：连日日军破坏我国主权之行动，如北宁路军运，实际占领天津车站,飞机扫射平汉列车,强占民地建筑飞机场,不一而足,应请于坚持日方撤兵为谈判先决条件外,立即作有力之制止,以维主权。李书华、李蒸、陆志韦、袁同礼、潘光旦、沈履、郑天挺、樊际昌、袁敦礼、陈中平、张贻惠、梅贻宝、孙洪芬、赵畸、方石珊、关颂韬、林伯遵等二十余人同叩。

天津《大公报》,1937年7月22日

上海市商会呈蒋介石电

1937年7月21日　上海

南京。蒋委员长钧鉴:恭读钧座篠日谈话,宣示国策,发扬正义,四亿同胞,莫不感奋。本会愿率全沪商民,誓死待命云。

天津《大公报》,1937年7月22日

沈钧儒等致蒋介石电

1937年7月21日

南京。蒋委员长钧鉴:家属来告,钧座昭告国人,以最后牺牲之决心,为渴求和平之后盾,而以卢沟桥事件能否结束,为牺牲最后关头之境界,其解决之条件,亦须一本领土主权不受侵害之原则,否则惟有以牺牲到底之决心,为民族生存之保障。义正辞严,不胜感奋。深信在此伟大号召之下,必能使全国人心,团结愈固,朝野步骤,齐一无间,同在钧座领导下,以趋赴空前之国难。钧儒等身羁囹圄,心怀国族,寇氛日亟,倍切忧惶,赴难无方,赤忧共抱,企望旌麾,无任神驰。沈钧儒、邹韬奋、章乃器、李公朴、沙千里、王造时、史良。马(二十一日)。

天津《大公报》,1937年7月22日

上海各大学联合会致蒋介石电

1937年7月21日

京。蒋委员长钧鉴:奉读钧座宣言,表示抗敌决心,至为感奋。当谨率全国青年学子追随钧座鞭策,与敌周旋。上海各大学联合会。马。

台北"国史馆"档案:国民政府/国防(军事)/各方吁请政府抗日案

广西省教育会致蒋介石电

1937年7月21日

京。蒋委员长钧鉴:暴日寇我,卢沟愈演愈凶,钧座为延续中华民族生命,毅然以完整领土、维护主权，宣布对日坚约四事。钧谕传来，举国欣庆，振奋莫名。本会同人除竭诚拥护此守土卫民四大主张外，誓与本省一千三百万同胞驰供驱策，为中华民族争最后生存。谨电呈核。广西省教育会叩。马。借印。

台北"国史馆"档案：国民政府/国防（军事）/各方吁请政府抗日案

上海市商会致蒋介石电

1937年7月21日

京。蒋委员长钧鉴：恭读钧座篠日谈话，宣示国策，发扬正义，四兆同胞，莫不感奋。本会愿率全沪商民誓死待命。上海市商会叩。马。

台北"国史馆"档案：国民政府/国防（军事）/各方吁请政府抗日案

马涤安致蒋介石电

1937年7月21日

京。蒋委员长钧鉴：日祸平郊，各界义愤填膺，咸愿毁家捐躯应战。职所此役亦不甘屈服。谨闻。财政部资简乐税务分所长马涤安叩。箇。

台北"国史馆"档案：国民政府/国防（军事）/各方吁请政府抗日案

中国文化建设协会等致蒋介石电

1937年7月21日

京。蒋委员长钧鉴：恭读钧座篠日谈话，宣示国策，义正辞严，全国同胞，莫不感奋。本会谨率全体会员誓死待命。中国文化建设协会暨三十一省市分会同叩。马。

台北"国史馆"档案：国民政府/国防（军事）/各方吁请政府抗日案

江苏常熟县抗敌后援会致国民党中央党部电

1937年7月21日

分送京中央党部、国民政府、行政院、军事委员会。蒋委员长、冯副委员长勋鉴：卢沟桥警报传来，全国老幼莫不愤慨。我廿九军将士英勇抗战，浴血杀敌，大义凛然，威震遐迩。今日和平已至绝望之时，牺牲已到最后关头，务恳中央领导全国作民族自卫之准备，积极应战，并严饬华北当局万勿接受任何屈辱条件。临电翘企，恳切待命。常熟县抗敌后援会叩。箇。

台北"国史馆"档案：国民政府/国防（军事）/各方吁请政府抗日案

北平市学生救国联合会致蒋介石电

1937年7月21日

京。蒋委员长钧鉴：奉读四项主张，危城军民同深感奋，谨电拥护。请即切实执行，领导全国一致抗战。北平市学生救国联合会叩。

台北"国史馆"档案：国民政府/国防（军事）/各方吁请政府抗日案

河南各界抗日后援会致蒋介石电

1937年7月21日

京。蒋委员长钧鉴：日本弃信背义，肆其鲸吞，顷又借口卢案，增兵华北，狼子野心，人所共晓。暴敌此种行动，决非徒事和平可使革面。惟乞钧座奋赫斯之怒，下讨伐之令，收复失地，期于今日。本会谨率河南三千万民众，愿效驰驱，复仇雪耻，义不容辞。河南各界抗日后援会叩。马。

台北"国史馆"档案：国民政府/国防（军事）/各方吁请政府抗日案

金边中华总会致蒋介石电

1937年7月21日

南京。中央党部转送庐山蒋委员长钧鉴：谈话会训词传来，普天同庆。恳迅统率全国将士，歼彼凶顽，本会誓为后盾。金边中华总会叩。马。印。

台北"国史馆"档案：国民政府/国防（军事）/各方吁请政府抗日案

广西桂林商会等致蒋介石电

1937年7月21日

京。蒋委员长钧鉴：报载钧座对卢事发表重要意见，坚约四事，仰见救亡图存大计早定，披诵之余，群情拥护。惟日寇节节进逼，倾师来犯，在吞我全国，不止企图华北，非与之决一死战，不足以慑敌胆而救危亡。应请本钧座不屈不挠之精神，立令全国动员，一致抗战，桂市全体商人誓为后盾。临电不胜激切愤慨之至。桂林商会率本市各同业公会全体会员同叩。马。印。

台北"国史馆"档案：国民政府/国防（军事）/各方吁请政府抗日案

国民政府致行政院等函

1937年7月21日

径启者：

　　奉主席交下安庆各界抗敌后援会、贵阳县商会等、天津各界救国联合会、纽约中华公所、河南教育学社年会、广东民众御侮救亡大会、加拿大域多利中华民国国民抗日救国会、檀香山中华会馆等、广西桂县妇女会、北平市学生救国联合会各电，为卢沟桥事件，日方无端构衅，请迅檄大军北上抗战、以剪凶顽各等情一案，奉谕"汇交行政院、军事委员会"等因。除天津各界救国联合会原电、安庆各界抗敌后援会、广东民众御侮救亡大会各原件已据分陈，不另抄送并分函外，相应抄同其余各原件，函达查照。此致行政院、军事委员会。

台北"国史馆"档案：国民政府/国防（军事）/各方吁请政府抗日案

上海市各界抗敌后援会致宋哲元电

1937年7月22日　上海

　　北平。宋明轩军长勋鉴：贵军浴血抗敌，全国钦奋。由此存亡关键，惟赖坚定毅力，务祈一本初衷，勿稍变渝，永保光荣历史，毋负国民期望。全沪各界，伫候佳音。上海市各界抗敌后援会叩。养。

上海《新闻报》，1937年7月23日

上海市各界抗敌后援会致吉星文电

1937年7月22日　上海

　　北平。二十九军司令部转吉星文团长勋鉴：台端杀敌致果，奋不顾身，本会敬代表全沪各界，致其无限之敬意与崇高之慰勉。上海市各界抗敌后援会叩。养。

上海《新闻报》，1937年7月23日

上海市各界抗敌后援会宣言

1937年7月22日

　　今何时乎，正中华民国五千年历史绝续之所关，中华民族四亿人生命存亡之所系。能抗敌则生，不能抗敌则死；能拼死则生，欲贪生则死。凡有血气，人同此心。盖自"九一八"迄今，六载于兹，吾民族爱护和平、委曲忍受之苦心，亦为世界所昭知。讵料我愈退让，敌愈进迫，迹其用心，非至灭绝我全民族之生命不止。即如此次卢沟桥事件，一再挑衅之不足，且假妥协之名，行调遣之实，冀以武力胁迫，图达蚕食野心。此而可忍，孰不可忍。现在中央已昭示自卫之国策，将士均抱有誓死之〈心〉，作抗敌决心。凡属国人，皆当奋起，统一组织，集中力量，以铁血求生存，作抗敌之后援，一心一德，念兹在兹，各竭其能，各尽其力，非达国土完整、民族复兴之目的，誓不稍懈。呜呼！我国家不欲图存则已，如果欲之，则此后十年，当无日不在抗战之中。战固战，和亦战，国人其自今日起，坚尔心志，厉乃戈矛，在蒋委员长领导之下，剑及履及，足食足兵，无凭一时之奋兴，共作永久之抗战。此耻不雪，此志不懈，父诏兄勉，永矢勿谖。谨此宣言，诸希公鉴。

上海《新闻报》，1937年7月23日

广州市商会整理委员会致蒋介石电

1937年7月22日

京。蒋委员长钧鉴：东北四省未复，卢沟桥事变又起，日本本有计画之挑衅，迫我临最后之关头，全国民众，莫不悲愤。委座训示不中途妥协，及牺牲到底、抗战到底，苦心孤见，公忠体国，实符全国一致之要求。国人虽不求战，已准备抗战。不平不能言和，不战不能共存。务请委座认定最后关头之一瞬，率全国四万万五千万人民为卫国殉国之悲愤抗战，本会谨率全市商民准备壮烈牺牲，大难当前，义无反顾。广州市商会整理委员会。养。印。

台北"国史馆"档案：国民政府/国防（军事）/各方吁请政府抗日案

上海市妇女运动促进会致蒋介石电

1937年7月22日

京。蒋委员长钧鉴：恭读钧座篠日谈话，宣示抗敌决心，义正辞严，曷胜感奋。本会全体会员谨当誓死待命，听候驱策。特电奉陈，敬祈鉴察。上海市妇女运动促进会叩。养。

台北"国史馆"档案：国民政府/国防（军事）/各方吁请政府抗日案

湖北省教育会等致蒋介石电

1937年7月22日

京。蒋委员长钧鉴：奉读十七日谈话，昭示对卢案四项原则，义正词严，莫名感奋，全鄂民众无不竭诚拥护，恳请转饬平津当局，严切遵守，不得私签屈辱协定以损主权，国家民族实深利赖。谨此电呈，诸惟垂察。湖北省教育会、省农会、省商联会、各业工会、武昌商会叩。祃。印。

台北"国史馆"档案：国民政府/国防（军事）/各方吁请政府抗日案

旅菲华侨文化界抗日救国会致蒋介石电

1937年7月22日

京。蒋委员长钧鉴：日寇挑衅，欲变华北为东北，诚如钧座宣示，容忍已至最后关头，必须决心应战。凡我国民均能遵循诲导，效忠国家。惟日来所传谈判结果殊〈不〉足厌全国民众之志，请速明令抗敌，并早日释放爱国七志士，以收举国一致努力之实效，是所切望。旅菲华侨文化界抗日救国会叩。养。

台北"国史馆"档案：国民政府/国防（军事）/各方吁请政府抗日案

向海潜致蒋介石电

1937年7月22日

京。蒋委员长钧鉴：暴日横行，举世震惊。读钧座昭示四原则，以牺牲到底之决心，为民族生存之保障，词严义正，中外共正。潜虽不才，愿以在野之身，统率海内健儿，与倭奴一决生死，一息尚存，义无反顾。悲愤待命，无任屏营。向海潜叩。

台北"国史馆"档案：国民政府/国防（军事）/各方吁请政府抗日案

广西桂林总工会等致蒋介石电

1937年7月22日

京。委员长钧鉴：日寇侵凌，着着进逼，恣意寻衅，放纵走私，非法飞行我领空，密设特务机关，陷我民族于万劫不复之地。卢沟桥事变以来，陆空并进，威胁平津，炮轰我军民、列车，强占我民房土地，提出无理要求，迫我承认，处心极〔积〕虑，盖欲吞并我整个国家，凡宵热血之伦，靡不发指。奉读委座训言，坚约四事，辞严义正，感奋莫名，谨电拥护。恳祈委座立即发动民族抗争，与日作殊死战，以保全我领土主权之完整，以争取国家民族之生存。临电迫切，伏维垂纳。广西桂林总工会、桂林工人救国会呈。养。会印。

台北"国史馆"档案：国民政府/国防（军事）/各方吁请政府抗日案

武鸣县抗日救国会等致蒋介石电

1937年7月22日

京。军政党、各省市、各报馆、各学校、各民众：此次日寇进攻卢沟桥，实为实行其武装掠取华北之预定计画。幸赖廿九军忠勇将士，本守土之责，沉着应战，使寇不得逞，全国闻讯，莫不震起，愿为后盾。顷读委座篠日在庐演词，提示对解决卢事之四点立场，实为外交之基本原则，属会同人誓竭诚拥护。惟日寇野心不已，万难期其觉悟，际兹和平最后关头，请即领导全国军民作保土卫国之抗战，同人等枕戈待命，愿作前驱。谨电陈请，祈赐鉴察。武鸣县抗日救国会、文化界救国分会、教育会、妇女会、商会同叩。养。印。

台北"国史馆"档案：国民政府/国防（军事）/各方吁请政府抗日案

宁波旅沪同乡会致蒋介石电

1937年7月22日

京。介公委员长：恭读篠日谈话，公忠体国，全民感奋，谨此电表拥护。宁波旅沪同乡会叩。养。

台北"国史馆"档案：国民政府/国防（军事）/各方吁请政府抗日案

国民党安徽铜陵县党部等致蒋介石电

1937年7月22日

京。蒋委员长钧鉴：恭读钧座十七日谈话，宣示国策，发扬正义，凡属同胞，莫不感奋。汉等谨率大通各界民众誓死待命。谨电。铜陵县党部特派员郑汗[①]、大通警察局局长秦澄洋、铜陵第三区署区长张学藩、大通商会主席胡朝溶同叩。养。

台北"国史馆"档案：国民政府/国防（军事）/各方吁请政府抗日案

中央军校特别党部致吉星文电

1937年7月23日　南京

（原电略谓）执事危城固守，寸土无亏。迭受创伤，壮怀益奋。杀敌致果，足寒敌胆。黄埔之精神于以发扬，领袖之明训庶几无负。下风遂听，举校咸奋。务祈一往直前，犁庭扫穴，复兴民族。本部当率全校同志，执戈待命，与同志共命疆场。

天津《大公报》,1937年7月24日

北平学生团体致全国同胞电

1937年7月23日　北平

平市学生团体电蒋表示竭诚拥护，该团体昨复通电全国同胞，有顷读蒋委员长在庐

---

① 原文如此，"汉"、"汗"不统一。——编者

山谈话,对卢沟桥事件之解决,声明严定四项原则,义正词严,实足代表全国人民公意。北平学生托身危土,时凛兴亡,钦聆国策,莫名感奋。除已径电蒋委员长表示,决本赤诚誓死拥护外,尚望举国同胞一致奋起,共为政府后盾。危城青年,愿作前驱等语。

天津《大公报》,1937年7月24日

唐三致蒋介石电

1937年7月23日

京。蒋委员长:钧驾离庐,未能恭送。谈话会训示国策,同深感奋,愿集同业,执笔从戎,宣扬法威,共伸义愤,整装待命,还我河山。敬祝捷福。职《青白报》随军记者唐三叩。

台北"国史馆"档案:国民政府/国防(军事)/各方吁请政府抗日案

平津国立院校教职员联合会等致蒋介石电

1937年7月23日

京。蒋委员长钧鉴:恭读篠日钧座宣布我国固守最低限度立场四点,义正辞严,本会极表同情,一致拥护。务乞钧座鼎力,坚决主持,贯彻到底,以保领土而固主权。临电激切,伫候鉴察。平津国立院校教职员联合会、北平市农会、教育会、银行公会、工厂联合会、中学校长会、律师工会、各工会、市立小学校长会、青年会、红十字会、红卍字会、私立小学联合会、女青年会、市立小学教员会、会计师公会、妇女会、私立中学联合会、国医公会、华北问题研究会等同叩。漾。

台北"国史馆"档案:国民政府/国防(军事)/各方吁请政府抗日案

湖北光化县老河口各界抗日后援会致蒋介石电

1937年7月23日

分送京国府、军委会:倭寇猖狂,侵我华北,彪其暴力,恣意凭陵。炮火连天,卢沟桥水变色;鼓鼙匝地,故都城月无光。人民罹难于锋镝,庐舍沦为丘墟。幸我廿九军忠勇将士,奋起抗敌,誓守国疆,不受任何条件与之周旋,爱国卫民,忠诚可感。当兹危急存亡之秋,非集全国之力不足以言抗敌,更不足以言救国。恭读钧座牯岭十七日谈话,更深激发卫国之心,凡属国民,均应在领袖领导之下,共同御侮,以救危亡。本会誓竭全力以为后盾。谨电陈词,伏乞鉴察。湖北光化县老河口各界抗日后援会叩。漾。印。

台北"国史馆"档案:国民政府/国防(军事)/各方吁请政府抗日案

汉口市商会等致蒋介石电

1937年7月23日

京。委员长蒋：恭读钧座对卢案发表四项主张，强毅宽和，举国振奋。救亡御侮，敌忾同仇，江汉朝宗，尤深拥佩。恳即严饬平津当局确切遵守，不得私签屈辱协定损害主权，民族国家，实深利赖。汉口市商会暨全市各业同业公会叩。漾。

台北"国史馆"档案：国民政府/国防（军事）/各方吁请政府抗日案

澳门商会主席范洁朋致蒋介石电

1937年7月23日

京。蒋委员长钧鉴：报载钧座十七日谈话，宣示国策，全国感奋。洁朋谨联络海外侨胞一致拥护主张，誓为政府后盾，共赴国难。澳门商会主席范洁朋叩。梗。

台北"国史馆"档案：国民政府/国防（军事）/各方吁请政府抗日案

贵阳商会等致蒋介石电

1937年7月23日

京。委员长蒋钧鉴：读报恭聆钧座庐山二次谈话，对卢案宣示四大原则，词严义正，举国同钦。谨电拥护，并率全黔商民誓为后盾。贵阳商会率各同业公会暨全体商民同叩。梗。印。

台北"国史馆"档案：国民政府/国防（军事）/各方吁请政府抗日案

宁夏各界抗敌将士后援会致蒋介石电

1937年7月23日

京。中央党部、国民政府、军事委员会钧鉴：卢沟桥敌军挑衅以来，平津震动，举国愤激，但我方始终表示和平，冀图日人悔悟，一切问题循外交常轨开诚协商。乃敌人一面提出无理要求，一面明令出兵，且复全国总动员，不惜扩大事态，以求一逞。其为有计划之侵略行动，实属昭然若揭。顷读报载蒋委员长庐山谈话，敬悉中央关于此一事变有一贯之方针与立场，不求战而是应战，对内求自存，对外求共存之主旨，已公告天下，敌人如仍一意孤行，思满足其华北特殊化，造成伪组织第二之野心，则全国民众当拼民族之生命，求国家之生存，以与东亚侵略者争最后之胜利，保我土地，护我主权，以尽国民之天职。本会谨代表宁夏百万人民，拥护中央决策，生死以之，无任奋激待命之至。宁夏各界抗敌将士后援会叩。漾。印。

台北"国史馆"档案：蒋中正总统文物/特交文电/对日抗战/卢沟御侮

广西苍梧县抗日救国会致蒋介石电

1937年7月23日

中央国府、军委会、各报馆：蒋委员长谈话发表关于卢事对日方针四原则，义正辞严，人民感奋，谨电拥护，务望发动全力，与彼倭奴抗战到底，苍梧民众誓为后盾。伏希垂鉴。苍梧县抗日救国会。漾。印。

台北"国史馆"档案：国民政府/国防（军事）/各方吁请政府抗日案

广西苍梧商会致军委会电

1937年7月23日

京。军委会：此次日敌在卢宛启衅，实为整个谋我计画，非坚持抵抗，实不足以救亡。顷读报载钧座在卢谈话，四项主张，理直气壮，无任感奋。商等为救国热诚，一致拥护抗战主张，兴废所赖，不胜屏营。广西梧州商会及阖市商民同叩。梗。印。

台北"国史馆"档案：国民政府/国防（军事）/各方吁请政府抗日案

国民党驻法总支部致蒋介石电

1937年7月23日

京。中央党部转委员长：哿电敬悉。日寇借端开衅，中央持态坚强，职员部属及华侨全体一致拥护。除遵照钧示宣传外，谨复。驻法总支部叩。梗。

台北"国史馆"档案：国民政府/国防（军事）/各方吁请政府抗日案

关仁甫等致国民党中央代电[①]

中国国民党中央执行委会会、国民政府、军事委员会、蒋委员长、各省政府、全国报界记者、全国社会团体均鉴：国于大地，必具有土地、人民、主权三者，苟失其一，则不能谓之国矣。我国自清政不纲，丧权失地，日益加甚。孙先总理深虞神明华胄沦于异族，乃起而革命。不知消耗几多金钱，抛掷几许头颅，始屋清社而建民国。无如政体虽新，人心未革，或则媚外称帝，或则割据称雄，国家之危，千钧一发。惟我先总理以大无畏之精神，前仆后继，誓扫国贼，重奠国基。不图大业未竟，大星遽殒，举国骇悼，皆惶然有亡国之忧。幸我蒋委员长继志述事，躬率健儿，歼除南北军阀。方期国家统一，同心戮力，以御外侮。而天不祚华，群帅错会，彼猜此忌，遂使锦绣山河形成破碎。木屐倭奴便乘此弱点，攻我上海，夺我东四省，渐至平津，将吞全国。我党军政要人，至此深知非致诚团

---

① 此电无日期。——编者

结无以救亡，于是披肝沥胆，破除成见，上下南北，混成一气。兴国之图，在此一举。倭奴恐我上下一心，难再逞蚕食鲸吞之志，故令浪人到处无理肇衅；复假演习，在我国土实弹操演，且预作包围之势。方伪称有一人持枪向他操演者射击，逃入宛城，非率队入城搜索不可，枪炮隆隆，向我攻击。试问天下间宁有是理耶？是而可忍，孰不可忍。深望政府诸公以最后之牺牲，督率国民与之一试，勿坐而待亡。古哲曰："宁为玉碎，勿为瓦全。"势局如此，苟不抱牺牲之决心，死里求生，则虽欲为瓦全亦不可得。况战之胜败，在心不在械，古今中外之往事历历可按，即以我上海与百灵庙之役亦可证明。切勿以贫富之悬殊、器械之利钝比较生懦，再退再让，苟安目前。则仁甫等虽均年逾耳顺，然数十年革命之雄心尚有加无已，愿唤醒国民，同赴前敌。谨泣血濡毫，驰电敬恳，乞为鉴核。

　　革命功勋党员：关仁甫　黄明堂　钟寿山　何仿泉　何拔南　陆军杰　陆辰光周福图　黄顺　钟举　梁大德　邝宏顺　梁少文　梁松　麦开　黄坤　钟干成　陶守真　赖满　鲁亮　邱俞明　刘辉庭　卢槐　卓福兰　简顺泽　黄明新　简光汉

台北"国史馆"档案：国民政府/国防（军事）/各方吁请政府抗日案

萧佛成致蒋介石函

1937年7月23日

介公赐鉴：

　　比闻公政躬康健，命驾莅京，主张抗救大计，佳音所至，人民莫不喜色相告，民族复兴，为期非远矣。窃以日本自占领我东省以还，直视我国为其征服地，凡我国之一举一动，被认为不满意者则横加干涉，甚至借口"防共"，欲强我承认叛逆为与国，割弃领土以资敌，此而可忍，孰不可忍耶。故中国与日本在此形势之下，绝无和平之可言，盖日本所施于中国之暴行日益加剧，致国民仇恨日本之情绪亦日益加深，两相磨擦，热度自生。况日军又时时在在故生事端，欲以中国反日为对我用兵口实。即此一端，已足使我无安宁之一日矣。迩者华北现象危险万分，望公迅出兵援平。苟稍犹豫，诚恐冀察非我有矣。今日我国大事，莫过于对日抗战。亟知我于国力及器械皆逊于敌，但与其日受宰割，坐而待亡，无宁出而抗战。以公之英武，士卒之训练，与及民气之激昂，未见暴日之必能胜我。况我内部一致，友邦同情，彼则军民水火，而共产主义与东北义勇皆实为彼大患，苟我处之有道，尤足以制其死命。国家与民族之生存唯公一人是赖，望毅然决然以应事机。国家幸甚，民族幸甚！

萧佛成拜启

中华民国二十六年七月二十三日　铁桥福建

台北"国史馆"档案：国民政府/国防（军事）/各方吁请政府抗日案

北京大学全体教授对卢沟桥事变宣言

1937年7月24日　北平

北京大学全体教授，为卢沟桥事件，顷发表宣言云：中华民族向来是爱好和平的，远在周秦，我们的先哲就提倡弭兵和非攻的大道理；数千年来，我们对于四邻，全抱着一个息事宁人的宗旨，以礼义相持，以仁信相期，苟非狼子野心，狡焉思逞者，我们决不忍以兵戎相见，这是稍读中国历史的人所共知道的。自一九三一年九月十八日以来，日本非法侵占我们的东北四省，构成傀儡的伪组织，强据榆关，侵入长城，以暴力胁迫平津，干涉我国的内政，以武装包庇走私，败坏中国的国税，更加纵容浪人，毒化华北，卵翼汉奸，扰乱地方，关内任意驻屯军队，城中强自演习巷战，像这类的举动，都是现在尊重公理的国家所不屑为的。我政府承革命之后，正在努力从少数以暴力侵略者的手中，移入大多数的国民，日本的国策，不决于谋孤注一掷的野心家，而决于贤明练达的老成人，则中日两国未始不可亲善，东亚和平当能日益巩固。不料我们这个希望，竟成空中楼阁，日本野心的军阀，理性日灭，气焰日张。去年十月中旬，已无理由的迫我撤去丰台的驻军。今年七月七日，又黩夜在卢沟桥附近实弹演习，想欲模仿袭击我沈阳的故伎，侵入我宛平县城，以控制我七百年来文化中心的故都；经我守军阻止，遂借端挑衅，开炮轰击。两周以来，日方不但毫无信义，屡违双方同时撤兵的约定，而且据我北宁铁路，运集重兵，侵占我农田，伤害我禾稼，在我国土之内，擅设日本军用机场；东则在我北方重镇的天津，占领车站，检查邮电，逮捕记者；西则在我平汉铁路的线上，用机枪扫射火车，杀害旅客，又随地强制拉夫，征用军需，依恃武力，欺侮良善。这些暴行，都是中外人士所共见共闻的。这些暴行，非特我们从国家的立点所不能忍，即从人道和正义的立点，亦不能再忍。我民族纵爱好和平，但不能放弃卫国的职责，更不能坐视人道和正义的被摧残而不奋起维护。现在和平的希望，已到了绝续的关头了，我们的政府，仍本着求自存与共存的政策，始终一意爱护和平，前日蒋委员长发表的谈话，当已得着全世界有理性者的同情了。中日两国是否结成永世不解的仇恨？日本是否愿作破坏东亚和平的戎首？这都系于日本政府的态度，和日本军队的行动。倘使日本还不悔悟，那么我们举国上下，惟有牺牲一切，抗战到底。不幸到了那个时候，我们就要为抵御暴力而战，为保其国土而战，为人道和正义而战，为人类的自由而战，为世界的和平而战。如果人类的大多数都有维持人道和正义的同情，都有爱护自由与和平的决心，我们自信终究会得着最后的胜利。同人等是从事教育的人，负有维持文化的责任，天天以宣传和平与正义为事；我们不忍见同文同种的邻邦，甘冒世界的大不韪，来首先摧残人类的文化，破坏东亚的和平。我们深愿世界文化界的同志，共同起来帮助我们，唤醒这些迷梦中的日本政客和军人。如不立即觉悟，逼迫我们这个爱好和平的民族，使不得不共起抗战，则非特中日两国同遭浩劫，即使世界的惊涛骇浪，也要从此掀动了。我们为人道，为正义，为自由，为和平而牺牲，自所不惜，维望全世界的明达，认清这个破坏和平、摧残文化的罪魁，是日本而不是中国！

《中国全面抗战大事记》第1辑，1937年7月份，

华美出版公司1938年版，第43—45页

浙江省农会等致蒋介石电

1937年7月24日

京。蒋委员长勋鉴：恭读钧座在庐发表演辞，义正词严，莫名感奋。四项原则，尤切要图，誓本血忱，一致拥护。浙江省农会、省商联合会、杭州市商会同叩。敬。

台北"国史馆"档案：国民政府/国防（军事）/各方吁请政府抗日案

江苏吴县各界抗敌后援会致蒋介石电

1937年7月24日

京。蒋委员长钧鉴：恭读篠日谈话，词义正大，民气为之振奋。本会愿率全县民众，拥护钧座主张，待命效国。吴县各界抗敌后援会叩。敬。

台北"国史馆"档案：国民政府/国防（军事）/各方吁请政府抗日案

南台市绸缎匹扎棉纱业同业公会致蒋介石电

1937年7月24日

京。蒋委员长：恭读报载宣述国策，义正词严，令人感奋，誓为后盾。谨电奉陈，伫候训示。南台市绸缎匹扎棉纱业同业公会叩。敬。

台北"国史馆"档案：国民政府/国防（军事）/各方吁请政府抗日案

东北救亡总会致蒋介石电

1937年7月24日

京。蒋委员长赐鉴：日寇侵逼，举国愤慨。钧座庐山谈话，明示对日方针，辞严义正，薄海同钦，凡在流亡，弥增感奋。窃维时至今日，挽危扶倾，端赖群策。张汉卿先生平昔志切抗日，值此发动全国御侮之际，允宜起用，俾获实效。钧座公忠体国，立贤无方。谨布区区，伏祈垂察。东北救亡总会叩。敬。

台北"国史馆"档案：国民政府/国防（军事）/各方吁请政府抗日案

广西苍梧县学生抗日救国会致国民政府等电

1937年7月24日

京。中央国府、军委会,全国各报馆、各机关、各学校、各团体:阅报载蒋委员长皓日在庐山谈话会第二次谈话中发表对卢沟桥事,以四原则昭示国人,义正辞严,举国振奋。日寇侵我,早具决心,非发动全国与敌周旋,实不足救亡图存。敝会誓本赤忱,拥护蒋委员长抗战主张,奋斗到底,尚望全国同胞一致奋起,敦促政府立即发动整个民族抗争,以求国家民族生存。临电不胜迫切待命之至。广西苍梧县学生抗日救国会叩。敬。印。

台北"国史馆"档案:国民政府/国防(军事)/各方吁请政府抗日案

广西省资源县抗日救国会致国民政府等电

1937年7月24日

京。中央国府、军委会:此次卢沟桥事件,日寇本其大陆政策,增兵华北,威胁平津,得寸进尺,有加无已。顷阅报载蒋委员长在庐山第二次谈话,发表中枢对解决卢事之立场四点,词义严正,举国欢腾。本会率全县人民谨当竭诚拥护,誓为后盾。尚冀举国一致,本此立场,共起努力,国家民族实深利赖。临电迫切,伏候垂察。广西省资源县抗日救国会呈叩。敬。印。

台北"国史馆"档案:国民政府/国防(军事)/各方吁请政府抗日案

山西翼城商会致蒋介石电

1937年7月25日

京。蒋委员长钧鉴:恭读钧座谈话会发表卢事对日方针,词严义正,莫不感奋。谨电拥〈护〉,誓死从命。山西翼城商会全体同叩。径。

台北"国史馆"档案:国民政府/国防(军事)/各方吁请政府抗日案

上海各界救国联合会致蒋介石电

1937年7月25日

京。蒋委员长钧座:篠日宣示,认最后关头已临,全国应战不惜。敝会矢诚救国,誓愿拥护。惟华北退兵,无异开门揖盗,乞迅予制止。同时敝会理事沈钧儒等,尚以救国被拘,并恳饬令即日释放,俾得为国效劳。上海各界救国联合会叩。

台北"国史馆"档案:国民政府/国防(军事)/各方吁请政府抗日案

福建邵武各界致蒋介石电

1937年7月25日

京。军事委员会委员长蒋钧鉴:顷阅报载钧座篠日在庐山对时局发表谈话,名言谠论,匡世南针,本县各界民众竭诚拥护。卢沟桥事已临牺牲最后关头,务恳严饬华北各部队,继续厉兵秣马,捍卫邦疆,本县十万民众愿为后盾。谨电奉闻,不胜恳祷。福建邵武党政军农工商学各界及全体民众同叩。有。

台北"国史馆"档案:国民政府/国防(军事)/各方吁请政府抗日案

吴江同里市政学会致蒋介石电

1937年7月25日

南京。蒋委员长钧鉴:恭读委座谈话宣示国策,热烈感奋。本会愿率全民誓死待命。吴江县同里市政学会叩陈。有。

台北"国史馆"档案:国民政府/国防(军事)/各方吁请政府抗日案

四川省教育会等致蒋介石电

1937年7月25日

京。蒋委员长钧鉴:顷闻卢沟桥事,该平方有签订协定之举,内容虽不可知,而日军未退,我军先撤,足证误中奸谋,先蒙耻辱。伏读钧座庐山二次谈话,声明我国立场及保持领土主权完整之四项指示,抗敌决心,昭然若揭,词严义正,薄海钦崇。慨自九一八事变以还,人心悲愤,赖钧座忍辱负重,一面抵抗强权,一面充实国力,浅见者或妄为苟安,有识者咸钦其远略。今日军横暴,又侵平津,其企图不仅并吞华北,正如钧座所示,已到最后关头,牺牲抗战,势非得已,若仍忍辱妥协,不特华北坐亡,资源日蹙,但恐民气消沉,指导愈艰。切恳严电冀察当局,拒签丧权辱国协定,一面派遣大兵,实力增援,本庐山谈话之精神,定抗敌救亡之大计。临电不胜迫切待命之至。四川省教育会、工会、地方建设研究会、民众救灾协会、川南旅省同乡会、川北旅省同乡会、各县旅省学会等叩。有。印。

台北"国史馆"档案:国民政府/国防(军事)/各方吁请政府抗日案

安徽祁门县各界抗敌后援会致蒋介石电

1937年7月25日

京。军委会委员长蒋钧鉴:恭读钧座庐山皓日谈话,宣示政府抗敌方针,并昭示我国应坚守四项原则，义正辞严，实我全民公意，循回朗诵，感奋不已。本会欣聆国策已决，誓本血忱，团结十万民众，拥护钧座抗战主张到底，任何牺牲在所不辞。谨电陈禀，不胜屏营待命之至。安徽祁门县各界抗敌后援会叩。有。

台北"国史馆"档案：国民政府/国防（军事）/各方吁请政府抗日案

广西梧州总工会致国民政府电

1937年7月26日

送京。中央国府、军委会：顷聆蒋委员长效日发表谈话，宣示四原则，义正词严，全国兴奋，一致决心，焦土抗战，以救危亡。本会誓竭赤诚拥护，奋斗到底，以求民族生存，国家前途实深利赖。梧州总工会及全市工人同叩。寝。印。

台北"国史馆"档案：国民政府/国防（军事）/各方吁请政府抗日案

上海崇义社致蒋介石电

1937年7月26日

京。军事委员会委员长蒋钧鉴：拜读篠日谈话，宣示政府国策，抱和平之素志，求民族之生存，义正辞严，廉顽立懦。尚祈本此原则，努力迈进，督励将士抗敌守土，为国家增光荣，为人类争正义。属社谨率全体社员拥护主张，誓为后盾。临电感奋，无任屏营。崇义社叩。宥。

台北"国史馆"档案：国民政府/国防（军事）/各方吁请政府抗日案

浙江邮务工会致蒋介石电

1937年7月26日

京。蒋委员长勋鉴：恭读钧座篠日谈话，义正辞严，竭诚拥护，并率全体会员集中待命。浙江邮务工会谨叩。宥。

台北"国史馆"档案：国民政府/国防（军事）/各方吁请政府抗日案

山东全省中等以上学校联合会致蒋介石电

1937年7月26日

京。蒋委员长钧鉴：钧座十七日谈话，词严义正，中外同钦。迩来华北、上海警报频传，形势日益严重，民族生存系于一发，毒蛇螫手，壮士断腕，于维护和平之外，何惜作最后之牺牲。本省教育界同仁誓愿听命钧座，竭忠尽智，共赴国难。谨电奉陈，敬祈垂察。

山东全省中等以上学校联合会叩。宥。

台北"国史馆"档案：国民政府/国防（军事）/各方吁请政府抗日案

荷属巨港（Palembang）华侨致蒋介石电

1937年7月27日

南京。外交部请转蒋委员长钧鉴：华北危迫，如敌不退兵，请武力抗拒到底，侨等誓为后盾。荷属巨港各华侨团体暨全体侨民叩。二十七日。巨港领馆代发。

台北"国史馆"档案：国民政府/国防（军事）/各方吁请政府抗日案

广州市鹏魂社致蒋介石电

1937年7月27日

京。蒋委员长钧鉴：卢沟桥事变，举国同愤，际兹民族存亡绝续、国难最后关头，伏愿委座率师抗战，以救危亡，同人等枕戈以待，备作前驱。广州市鹏魂社叩。

台北"国史馆"档案：蒋中正总统文物/特交文电/对日抗战/卢沟御侮

山东全省小学教职员致蒋介石电

1937年7月27日

京。蒋委员长钧鉴：敌军侵犯平津，形势日益严重，钧座发表谈话，揭示四点，义正辞严，同深感奋。全省小学界同仁誓愿拥护领袖，共赴国难，毁家捐躯，均所不惜。特电奉陈，伏祈垂鉴。山东全省小学教职员同叩。感。

台北"国史馆"档案：国民政府/国防（军事）/各方吁请政府抗日案

李书华等致蒋介石电

1937年7月27日

急。南京。蒋委员长钧鉴：学密。敌既轰炸廊坊，又炮毁广安门城楼，并公然向我提出最后通牒，危机一发，万难坐以待毙。务恳发动全国力量，即日明令应战，以保卫国家民族生存。李书华、李蒸、梅贻宝、袁同礼、孙洪芬、张贻惠、潘光旦、饶毓泰、赵畤等叩。感。

台北"国史馆"档案：国民政府/国防（军事）/各方吁请政府抗日案

西京市国民大会等致蒋介石电

1937年7月27日

京。委员长蒋钧鉴：恭读篠日谈话，誓和平奋斗之精神，求整个民族之生存，语重心长，良深欣奋。现在已达国家存亡最后关头，恳乞钧座领导全民，发动抗战，本市民众竭诚拥护，誓为后盾。西京市国民大会代表李芝亭、王普涵，工会、商会及全市民众同叩。感。印。

台北"国史馆"档案：国民政府/国防（军事）/各方吁请政府抗日案

广东潮安县医师公会致军委会电

1937年7月27日

南京。军委会均鉴：敌寇平津，殊深悲愤。叩祈迅调大军，决然御侮，本会代表全县医师誓为后盾。临电不胜迫切屏营之至。潮安县医师公会叩。感。

台北"国史馆"档案：国民政府/国防（军事）/各方吁请政府抗日案

四川合川县民众抗敌后援会致蒋介石电

1937年7月27日

京。蒋委员长钧鉴：自"九一八"后，日本蚕食之谋无时或已，揆其用意，势非将华北、华南、华中一举而囊括之不可。本年七月八日，日本借口日兵失踪，突又炮轰我守卫领土之国军，致将卢沟桥及宛平一带之民房炸毁殆尽，其横暴之行，凡世界各国所不欲为者，日本公然为之，侵略野心愈形显著。若仍忍辱偷安，国家民族将陷于万劫不复地位。幸我委员长当机立断，于庐山谈话会时表示最后关头已到，任何牺牲在所不计，国策既定，舆论翕然。惟是敌骑续增，堂奥深入，事机迫切，稍纵即逝，务乞迅颁动员，整齐步伐，挞彼凶顽，还我山河。合川民众虽处后方，原本匹夫有责之义，各作共赴国难之图，倘荷征调前线，愿率七十万健儿奋斗到底。合川县民众抗敌后援会主席何德新叩。感。

台北"国史馆"档案：国民政府/国防（军事）/各方吁请政府抗日案

浙江省宁波商会致蒋介石电

1937年7月27日

京。委员长蒋钧鉴：国难严重，至斯已极。奉读钧座篠日发表谈话，义正辞严，令人感泣。指示四点，实为解决卢案最低限度。报载日军以大队飞机连日轰炸，伤亡惨重，尤堪发指。吁恳钧座顾念民族存亡，争此呼吸，迅赐严令前敌将士共起抗战，勿稍顾忌，歼彼丑虏，还我河山。全甬商民，一致拥护，誓为政府后盾。谨电吁请，敬祈鉴纳。浙江省宁波商会主席王文翰，常务委员阮葭仙、周大烈、孙性之、朱旭昌同叩。感。

台北"国史馆"档案：国民政府/国防（军事）/各方吁请政府抗日案

暹罗清迈工商书报社致蒋介石电

1937年7月27日

京。侨务委员会转蒋委员长：拥护篠电主张，请速出兵抗敌，职等誓率各侨团为后援。暹罗青迈工商书报社。

台北"国史馆"档案：国民政府/国防（军事）/各方吁请政府抗日案

上海市各界抗敌后援会告全国同胞书

1937年7月28日　上海

全国同胞，上海市各界抗敌后援会代表全市全体公团于此强寇猖技之际，同仇敌忾之时，存亡绝续之交，前方初胜之日，敬掬至诚奉告全国同胞曰：

日本以"九一八"攫我沈阳，迄今将满六年，六年之间，肆其凶焰，鲸吞我辽宁、吉林、黑龙江、热河四省，蚕食察北，奴役冀东，扰我淞沪，窥我绥远，四百万方里陷彼掌握，三千万人民备受蹂躏，此诚不共戴天之仇也。只以我族爱好和平，多方隐忍，方期抱残守阙，先务本固邦宁，讵知狼子野心，贪得无厌，横行华北，觊觎平津。至本月八日启衅卢沟桥，袭击宛平县，彼不扩大之声明，早发东京，而关东军之应援夕入榆关，对我外交解决之提示，竟置不理，对我地方长官之谨愿，肆其诈欺。迫我军遵约换防，彼复攻我无备，夺廊坊站，袭彰仪门，先以最后通牒干涉我军驻地，复以最后通牒责我拱手以让平津，复牒之期未届，而环攻北平四郊之队伍毕集，凡此侵略经过，俱在我人眼底心头。察彼侵略目标，要惟我国国破族亡。呜呼，全国同胞乎，我人以历史上之使命，岂许割地求和，抑且野心如彼，又岂以求和而得不亡，实逼处此，惟有应战而已。

我国含垢忍辱，已经六年，而全力应战，始于今日。凡我同胞，必瞿然于艰危当头，惟有舍身赴难，相勖以一德一心，相期以群策群力，庶几难关可以克服，国族得以保全。虽然，自今日以迄却敌，在时间必经若干岁月，在空间必经非常困苦，盖非片刻之事，亦非儿戏之事也。我人固知人人有报国之心，心无二致，我人尤必知人人有报国之道，道非一端。然则全国同胞于救亡图存之共同目标之下，应如何齐一志行，各竭本能乎，此则于此应战之始必须体认者。

日本策略首在不战而胜，故历来多虚声恫吓，巧取豪夺。现在各个击破，故历年来皆分头滋扰，就地解决。我人既识破彼之诡谋，必须纵和全国朝野阶层，横合全国各省各界各业，浑然成为颠扑不破之一体，在政府组织、领袖领导之下，对军令、政令以及一切法令，决不视为具文，决不敷衍搪塞，不迟疑，不怨怼，而必竭忠诚智力以赴之，以保持整齐之步伐，发挥整个之力量。此应体认者一。

敌军在北方。我国应战于北方。惟北方胜败之有关全国安危祸福，故国人于北方之战，不可自处若隔岸之观火而必以全力应援之，诚使日本鉴于不战而胜之不可能，战事延扩之不利益，悔祸收兵，是属两利，然事在彼而不在我，不可期待也。局势演变至于今日，我国必须估量彼海陆空军能力所及，向我东南北三方发动，是以国人于应援北方之时，即须同时准备全国遭侵袭，准备全国成战区，准备全国武装应战；侵袭之下，战区之中，应战之际，准备无尽量损失，准备无尽量惨痛，性命财产悉置度外，则损失惨痛，有何不了。但须我有长期应战之决心，量彼绝无亡我灭我之可能，此必然之势，亦必然之理也。此应体认者二。

战争之得失，以最后之胜利为断。国人既必忍受无尽量之损失惨痛，以迄最后之胜利，尤必理解战事之始，决胜之前，其间局部之胜败进退，乃属兵家常事，万勿因偶败偶退而垂头丧气，万勿因偶胜偶进而气骄志懈。今日初胜于丰台、廊坊，捷报所至，爆竹震天，是可见国人爱国之切，亦以久郁之余，人情有所不能忍。然今后务必以沉着相劝，勉节耗费，以充国防之需，尤勿忧喜一时之进退，务取得最后之胜利，最后胜利之日，狂欢可也，抑亦必有其日也。此应体认者三。

何谓最后之胜利？曰不在军队之进退，不在军事占领地之广狭，不在军队死伤之多寡。是在我国言之，以国民之不能忍受损失惨苦，而不复应战，是为败，是为敌人之胜。在日本言之，以不复能继续进攻而放弃其侵略，是为败，是为我国之胜。易辞申言之，我国怯于应战，是为败兆，我国力战不已，则无论战在沿海，战在沿江，或战在内地，我国皆在胜利之中途也。昔拿破仑远征俄国，已得俄京莫斯科矣，而败者，乃拿破仑，而非俄国也；欧战之末期，德军据有法国东北半壁，而败者乃德国，而非法国也。最后胜利作如是观。此应体认者四。

今日才开始应战耳，最后胜利，在迢远之将来，国人今日之急务，除前线直接作战之外，应各尽其精力体力，各竭其物力财力，贡献之于国家。贡献之道，一曰万分节省，即毋使一切力量有丝毫无益之耗费，节省丝毫，即为国家保存巨万。二曰努力生产，即务使一切力量在滋长之中，滋长若干，即为国家增进若干。三曰接受统制，即一切力量，无论节省所剩，生产所积，悉依国家支配，用之于应战。一身之时间精神如此，一身之躯体血肉如此，身外之一切财物更如此，此乃战时国民之当然态度，亦国家制胜之必需条件也。此应体认者五。

全国同胞乎，含垢忍辱之余，毋以应战而快意，毋以小胜而快意，咎任彼之军阀黩武，毋辱及彼之善良侨民，故亦毋以零星泄愤为快意。盖必齐一志行，各竭本能，必遵从军政法令，必准备忍受无尽损失与惨苦，必牺牲小我之一切，必沉着以迄最后之胜利。全国同胞鉴之哉，全国同胞勉乎哉。

上海《新闻报》，1937年7月29日

国民党纽坚尼支部致蒋介石电

1937年7月28日

京。中央党部转国府蒋委员长：暴日侵凌太甚，希率国军抗战，同志等愿一致应援。纽坚尼支部。

台北"国史馆"档案：国民政府/国防（军事）/各方吁请政府抗日案

陈树人转旅爪华侨总会致蒋介石电

1937年7月30日

委员长钧鉴：顷接旅爪华侨总会艳电一件，特将原电转呈赐察。肃请钧安。附呈原电一件。

陈树人谨呈

七月三十日

附：侨务委员会笺转蒋委长钧鉴：捷报传来，全侨欢慰。敬恳统全国将士乘机收复东北，还我山河，旅爪全体侨胞誓为后盾。旅爪华侨总会叩。艳。

台北"国史馆"档案：国民政府/国防（军事）/各方吁请政府抗日案

国立武汉大学大学教职员救国会致蒋介石电

1937年7月30日

南京。军委会委员长蒋钧鉴：卢沟桥战事发生以来，日军图战〔占〕华北阴谋显露，民族国家存亡所系，再无退让之可能。乞贯彻素志，领导全国积极抗日，国民誓为后盾。国立武汉大学教职员救国会叩。

台北"国史馆"档案：蒋中正总统文物/特交文电/对日抗战/卢沟御侮

邹鲁致蒋介石电

1937年7月31日

京。蒋委员长介石兄勋鉴：晋密。读兄庐山及艳日谈话，诚中国救亡兴国之要旨，凡有血性, 同深感奋。顾二十余日来, 北方抗战, 皆陷敌人战而不宣之诡计, 其危害有三: (一) 国际方面仍〈为〉敌人局部问题所钳, 则国际间对于条约无从紧张运用; (二) 我既未尝宣战, 则无论战区与非战区, 敌得自由行动, 利用汉奸破坏我军事与政治种种之措施; (三) 既未宣战, 则仇货仍可自由输入, 括我膏血, 充彼透需。总上三因, 非即日正式宣战, 不足以资挽救及正国际之视听而振军民之精神。谨贡愚忱, 以伫钧断。弟邹鲁。世未。

台北"国史馆"档案: 国民政府/国防(军事)/各方吁请政府抗日案

延安八一运动大会致前敌抗战将士通电

1937年8月1日

南京蒋委员长, 保定宋军长、冯师长转前敌全体抗日将士官兵钧鉴: 中华民族已到生死存亡之最后关头, 华北国土之保存、平津失地之恢复, 全赖举国一致团结, 抵抗到底。先生等在前线奋力杀敌, 为国家求生存, 为民族伸正气, 第一边区全体民众, 誓为后盾, 希坚守阵线, 粉碎暴日之侵略部队, 长驱出关, 与敌决战。全边区民众业已准备完毕, 暨命令一下, 即奋起从戎, 为保卫中华民国之领土完整, 奋斗至最后一滴血。我们并热望中央政府毅然决心, 开放民主, 动员全国同胞参加救国运动, 吸收各方人才, 以充实国防力量, 唯有发动全民族的抗战, 才能抗拒日寇的大举进攻。临电神驰, 谨祝抗战胜利! 全边区抗日动员运动大会叩。八月一日。延安。

《新中华报·八一运动大会特刊》, 1937年8月3日

延水县人民致华北抗敌将士电

1937年8月9日

华北抗敌全体将士官兵们! 你们这次在日寇进攻华北时的奋勇抗战, 全国闻风莫不兴奋鼓拳, 誓为后盾。我延水县五万人民, 所见你们抗战号炮的响声, 无一不摩拳擦掌, 愿为国效命, 与敌周旋。除电达贵军, 要求坚决抵抗, 收复平津及失地外, 并请求南京政府军事委员会, 速定坚决抗战方针, 调动大军, 开往前线, 抗拒日寇, 保卫国土, 挽救华北危急, 求得中华民族彻底解放。当此之时, 全县人民正在加强抗日组织, 巩固抗日后防, 肃清汉奸, 誓为争取中华民族自由解放而奋斗到底, 同心合力, 齐为抗敌救国后援, 不为〔畏〕强暴, 枕戈待命, 为驱逐日寇出中国而血战到底! 延水县五万人民奉叩。

《新中华报》, 1937年8月9日

三、国内报刊评论

卢沟桥事件

——1937年7月9日天津《大公报》社评

昨日河北省宛平县政府所在地之卢沟桥地方发生日军借故向我军攻击事件,视去年九月之所谓丰台事件,情态尤重,实为不幸之至。昨晨最初消息,悉出日方传播,颠倒事实,殊堪遗憾。此事据吾人所获确报,至足证明是非曲直的责任之所在。盖中国近年自中央以至地方当局,对于外交咸取不惹事政策,一意于休养国力,振刷内政。二十九军忠勇官兵,虽志切救亡,痛心国难,仍能服从长官命令,体念政府苦衷,勉抑悲愤,力避纠纷。观于去年九月丰台撤兵,含泪屈让,事实俱在,尽可复按。此际冀察最高当局请假在籍,平津冀察军政各级官长受命负责维持地方,愈益小心翼翼,下至士兵,自皆重受约束,谓于夜间日军演习之时,敢于出而滋事,揆诸情理,殆直不可想像。此事据称系因日军声言兵士失踪,要求入城搜索,我方以深夜无法查找,彼遂出于攻击,甚且要求我军退出卢沟桥。综合此种情形,纯系日方放肆要挟,有意寻衅。参以最近平津谣言之多,奸人活动之盛,益令人不能无蛛丝马迹此呼彼应之感。兹案前途尚难逆臆,惟最要在申明事实,确立是非。吾人切望各国人士以及全国民众,务须辨明曲直,洞彻真象,勿为彼方片面的报告所惑,更望中央及地方当局能随时随事,宣布正确消息,发表交涉经过,使内外各方了解一切,然后不致为外人有力的宣传所蒙蔽。

夫中国尤其平津冀察一带,近年早入非常状态,军事要隘,作用几于全失,对外关系上,主客易位,更在在可以受人挟持。同时国际大势、日本内政,复时时可以影响彼邦对华政策之张弛缓急。吾人鉴于日本最近对我硬化之有效,迩日时有中日间不免发生新事态之危虑。今之卢沟桥事件,殆即日本对俄对华尝试政策之一环欤?果尔,则前途事态盖益难预测,此又国人所不可不知者也。抑中国对日方针固早确定,即不背外交立场,不愿向人挑衅,可避即避,决不孟浪。然而退避当有程度,屈让应合界限,若果我避而人逼,我退而人进,则横逆之来,攻击无端,其势有不容不慷慨自卫另作打算者。此在今日之非常时期,亦正时刻有其需要,斯又国人所不可不随时警惕抱定决心者也。

就事论事,卢沟桥事件,北方当局切愿以外交方式求解决,如果不涉丧权辱国之条件,国人自亦雅不愿事态之扩大。惟衡以国际环境、日本情况,与夫北方现状,来日大难,隐忧正多,枝枝节节的应付,蒙头盖面的敷衍,终必不适于今后的局势。吾人切望中央、地方务即商定切合实际之具体方案,预定缓急先后之因应步骤,共同负责,彻底一致,不特内外军政当轴精诚团结，见解从同，并应使社会各方有力人士认清现局，明了利害，以与政府呼应，是非祸福，荣辱毁誉，全国同之，夫然后始可望形成整个力量，以当不测之变。目前第一要务，自为促请冀察政务委员会宋委员长克日销假，返平主持，以重责任。中央则出全力以助宋氏，全国国民更于中央、地方团结协力之下，根据国策，拥护赞助，惟力是视。凡此皆属事实问题，必当出以有节制的步趋，有实效的行动，方克有济。此乃今后救亡图存之必要条件，无论卢沟桥事件结果如何，要为国人应有的觉悟也。

天津《大公报》，1937年7月9日

日军在卢沟桥挑衅

——1937年7月9日《武汉日报》社论

北平昨电，日军昨借故向我驻卢沟桥部队突击，其挑衅经过，本报今日已有揭载，其间是非曲直，盖已异常明白，吾人兹不欲多所论列，仅就事实扼要一述，借以明责任之所在。第一，据日武官松井向冀察当局声称，前夜有日军一中队在卢沟桥郊外演习，忽闻枪声，当即收队点名，发现缺少一兵，同时并认定放枪者已入宛平县城，要求立即率队入城搜检。查日军近年在我华北一带，事事强为喧宾夺主，行动本极自由，我为力求和平计，容忍已达极点，尚何致以细故引起不幸之事？！且夜间演习，枪声方向至不易辨，士兵于演习之后，或有落伍，乃系常事，纵有缺额，亦不能遽认此为被人伤害；乃竟武断有人放枪，且已入宛平城，而要求立即率军入城搜查中国部队，显系"借故向中国部队挑衅"，虽至愚亦能明辨。须知中国部队驻在城内，既未踏入日军演习之范围一步，日军自不能以片面之武断，要求强入中国驻军之范围强施搜查！设中国部队反其道而行之，试问日军果能忍受此片面之武断否？第二，日军要求入城一节，既经我方晓以大义，婉为拒绝，论理即应静候正当解决，始为适当；日军果非有意挑衅，即不应片面发动武力行动，遽向宛平县城取包围之形势，而于中国方面仍在期望以交涉方式谋顾和平之际，更不应于县城东门外遽尔枪声大作，故示威迫。夫日军对中国部队，既一再无理逼迫，若此，中国部队被迫于无能再忍之一步，自当起而作正当之防卫。任何愚懦，固不甘坐以待毙也。且中国部队全为步兵，并无炮队，而日军则炮火剧烈，以致中国部队伤亡甚众，似此，尤不特足证中国部队无挑衅之准备，即日军所谓前一晚之枪声炮声者，纵有此事，其枪声炮声发自何方，尤属显而可见。总之，日军如此借故威胁，更表示于永定河方面中国骑兵部队，一并要求中国撤去。是此次不幸事件，尤充分暴露日军方面之意志。兹续据电讯，不特卢沟桥之日军尚未撤退，抑自丰台至长辛店之日军续到甚众。果如此语，是日本殆不欲和平解决此事？

吾人不能已于言者，即无论日军如何借故挑衅，中国方面于中日关系之应付，自有其基本之信念。易言之，即中国为求维持东亚和平，绝不愿轻言所谓决裂。惟维持和平之道，自有其相当之限度，如超越此限度，即不能不采取极正当之自卫！中国固不欲此不幸之事件扩大，但不识日军当局亦果有此意向否？兹姑就事论事，暂待其事势如何推移。

《武汉日报》，1937年7月9日

卢事形势

1937年7月9日

卢沟桥中日军队的冲突，发动自日方，已全证明。两军自前夜十一时四十分开始冲突，我军既重受损失，昨晨四五时继续轰击，迄九时许暂停，十一时复战，下午消息较沉寂，晚六时许北平复闻炮声。深夜得天津来电，两军尚在冲突中。就此消息判断，战事有延亘至今晨的可能。

冲突发生之后，两方当局的表示，皆不愿事态扩大，但日方要求我军撤出卢沟桥，此层绝不能办，日方如必以此相逼，则我军必继续抗战。这是一个关键。

两方的外交谈判，据悉北平方面未获结果，天津方面由公安局长李文田任折冲，传闻已得妥协办法，尚难证实。冀察政委会委员长宋哲元在乐陵原籍，尚无返平消息，昨派门致中到平，代表折冲。

卢沟桥近在北平之西郊，故北平最为震动。驻通州的日军更向北平移动，企图入城，故北平各门已闭，全城戒严，已入军事状态。平津交通已失常态，但未断绝。驻津日军尚继续向平开动中。

这件事可大可小，一切视日方态度而定。日方如果借此为更大企图的机括，必无缩小了结之望。关于这事件的应付，中央及地方均应采取坚定的态度，能够就地以外交方法解决，固我所愿；如竟不能，则须立做坚决的准备，以免贻误事机。

上海《大公报》，1937年7月9日

卢沟桥案善后问题

——1937年7月10日天津《大公报》社评

卢沟桥日军向我军攻击一案，经中日代表斡旋结果，昨已双方撤退，停止战斗，紧张之局得免扩大，自系不幸中之幸。惟查此次之事，起因于日军声言演习兵士失踪，要求入城搜索，经我方拒绝，彼遂发炮攻城，致起冲突。本来日军深入中国内地随意演习，士兵地理不熟，往往落单迟归，此在天津、塘沽间演习时即曾有之，原属寻常事件，无所用其恶意推断。乃彼方神经过敏，指为我军放枪，致有强欲搜索之请，缘是惹起冲突，责任分明，无待争辩。讵在事发之后，竟首先要求我军撤退，我方拒不容纳，则又要求撤退后组特种保安队维持治安，并被拒绝。我军慷慨尽责，誓与卢沟桥共存亡，其气甚壮。昨日妥协办法，为双方同时撤退，而以石友三之保安队接防，虽视前日片面的撤退为差强，而保安队往维治安，则固完全接受日方意思。当局者应付危局，忍辱负重，诚值吾人同情，而其内心之悲痛苦郁，恐较去年丰台撤兵有过之无不及也。

此案虽因两方撤兵，稍纾危机，然善后问题亟待解决。吾人以为此际首应切实注意者：（一）保安队接防卢沟桥，只能认为暂时权宜处置，不应含条件性质。盖过去如所谓滦东战区与察北六县，皆用保安队代替军队，创巨痛深，思之心悸，此时不容再蹈覆辙。

（二）卢沟桥形势重要，不能容许外兵驻扎，更不容有不驻我军之诺言。以上两端，为今日国人一致关心之要点，以冀察当局之明，度必能善守中国立场，不负民众期望也。此外就地方性质言，则宛平县之损失，我军民之伤亡，胥应提出交涉，保证将来。至就全局言，则将欲根绝今后冲突之危机，调整北方之中日外交，更应从《塘沽协定》起始，将数年来北方中日间畸形关系，妥为清算，设法改良，如此方是治本之策。而其间先决问题，尤须日本认识中国国民拥护统一之强烈心理，不再强行所谓"华北特殊化"之政策。苟非然者，磨擦轧轹依然不免。此又愿日本识者郑重考虑之也。

抑吾人于此重有感矣！去年"九一八"之夕，丰台日军突将我军包围，连长被掳，双方均攀登屋顶，相隔仅一屋脊，彼此对峙十余小时，我军迄不为屈。其后终因当局顾念全局，忍痛下令退出丰台，士兵含恨，挥泪离营！以彼例此，则前日卢沟桥之牺牲更巨，官兵撤退时之悲愤当益深刻。此际益愿关系各方面加紧觉悟，即日方一再尝试之后，横逆之至，当更难测。如果长此孤立肆应，则屈辱之度必且愈来愈甚。今后惟有迅决大计，上与中央连成一片，下与民众结为一体，凭借强厚，犹可为有力的周旋。否则退让复退让，畸形复畸形，士气何堪再用，地方成何体制！此尤吾人心所谓危，并望地方当局于处理卢案善后与准备未来方略时，充分省察，则国家幸甚，地方幸甚。

天津《大公报》，1937年7月10日

卢沟桥事件应以确守条约为归束

——1937年7月10日上海《新闻报》社论

卢沟桥事件，吾人信任政府必能顾全大体，善为处理，故不欲多为该事件正面之评论。惟今日有最要之一义，不容忽视者，人与人之分际，有国家法律为之制裁，故能不致于相互凌夺。国与国之分际，则全恃彼此视条约为神圣，共同确守。庶几强者虽一方获得其优厚偏惠之利益，弱者虽已失其部分应有之权利，但强者与弱者之间，究有一不可逾之鸿沟，以为之界线。故势力虽属悬殊，彼此尚能相安。若有条约而视同无条约，则强者之权利，根本上已无所谓限度，可以日日伸张；弱者之立场，根本上更无所谓保障，〈惟〉有日日退让。如果稍有犹豫观望，不副强者之愿望，则冲突起矣。故吾人以为昔人有言，恶法律犹胜于无法律，今日可改为恶条约犹胜于无条约。而今日冀察之形势，则全在无条约笼罩之下。故吾国欲谋冀察两省之稳定，必自切实谈判，使对方确守条约始，否则十百于卢沟桥之事件，可以赓续迭演也。

日本之华北驻屯军，根据于《辛丑条约》。其内在之含义，至今日虽已多变化，但日人对外解释，亦未尝否认该约为今日驻军惟一之依据。但今日通州之驻军、丰台之驻军，该两地根本不在原约指定地点之内。当日军初驻丰台之际，尚以华北驻军增派之后，原有营房不敷分布，暂时停驻为词。此语虽属饰词，但可为旧约不容一笔抹煞之明证。其实增派军队，既暂无营房可驻，则何弗缓增？况旧约指定驻军之地点内，何尝不可临时腾出房屋暂住。邦交自邦交，条约自条约，约文所无者，不能以邻邦而曲徇。进一步言，两国为敦睦谊，乃订条约，故坚守条约，乃所以预杜纠纷，善全邻谊。日军擅驻丰台之时，我方不能坚持此点，与之交涉，不得谓非一着之错也。既驻军矣，于是有演习；既演习矣，于是与国军迫近而生事端，此实为必然之形势，亦系一贯之方针。往者日本增军华北之际，曾以《辛丑条约》，初未限定驻军人数，且日本侨民其时已有二万余，数目远在各国之上，故不能不多派驻军，以资保护等语。当时吾人即有两种疑问，其一曰侨之在冀省者，现在多系违约散居于内地，并不专在指定之通商口岸，然则日军为贯彻其护侨政策起见，凡日侨足迹所及之处，皆可认为应予驻兵保护之处。日侨为适应其国策起见，凡系认为兵路上应行布置之地，即可先以侨民杂居，其继乃驻军保护，丰台、通州，即系切近之例证。其二因两国驻军之迫近而摩擦，因摩擦而迫令一方撤退。然则日方驻军所至之处，皆可成为被迫解除武装区域。是则其应用之变化无方，乃远胜于以前之设立非武装区域，必先订立某种停战协定，经此一度演变，吾人自不得不赞叹其灵心妙算。凡此皆上年丰台驻兵后之收获也。两三万之日侨，即须设一混成旅以保护之。然则冀省三千万人民所托命之区，乃可不驻一兵乎？欲驻兵则终有摩擦之借口，故今后冀省之能否安枕，要在《辛丑条约》之能否确守，外国驻兵地点之有无限制，否则不揣其本而齐其末，欲无事适以多事而已。

上海《新闻报》，1937年7月10日

全国奋起抵御日寇之新进攻

——1937年7月10日巴黎《救国时报》社论

七月八日晨，日寇军队，悍然在北平附近卢沟桥武装挑衅，突向二十九军第三十七师兵营及民房轰击，致我方军民死伤二百余名，使我北方政治、经济、文化中心之平津均受极大之震憾。幸赖首当其冲的二十九军将士，深明大义，当机立断，英勇抵抗，续以肉搏，使日寇遭受迎头痛击之下狼藉败退。二十九军将士，这种抗敌御侮，保土卫国的精神，应受到全国人民之赞扬与钦仰。我们敢代表海内外一切爱国同胞，谨向抗日卫国二十九军三十七师将士们表示万分的敬意与拥护！

日寇在卢沟桥的暴行，不是偶然的又一"事件"，而是日寇夺我北方、亡我全国的侵略政策中一个有计划有准备的步骤。日寇久已视我国北方为"帝国必要的原料场与缓冲地带"，所以在"华北特殊性"这样无耻的借口下，不断对我国北方作多管齐下的侵略，得寸进尺，毫无忌惮。然而，日寇侵略益急，我国民众反抗亦愈烈。年来抗日高潮，澎湃发展。因之，南京政府以至冀察当局在全国民意督促之下，在对日政策上，虽仍未能尽符民意，实行坚决抗日国策，但亦不复如前此之一味退让，予取予求，日寇所谓"华北特殊性"的各种要求未能尽达目的。日寇情急智短，乃决施用所谓"断然手段"。善于"乘机应变"的日寇近卫内阁，趁着日英瓜分中国的谈判仍在进行，趁着德意法西斯更加公开侵略西班牙，欧洲局势紧张，趁着我国国共及其他党派合作，和平统一尚未完全成功的时机，就计划、准备并发动了对我的武装挑衅。很显然的，其目的不仅在威胁我国当局接纳其对北方之各种要求，而且欲一举占领我国北方之咽喉，以便侵占平津，进而再囊括冀、绥、晋、陕、鲁、豫等省以至全中国。日寇的挑衅，既然是原定的计划，既然有巨大的阴谋，则日寇绝对不会因在卢沟桥遭受挫折而放下屠刀。可见日寇所以签订停战协定，只是一种缓兵之计，以便更加调集大军，扼占要隘，乘机卷土重来，向我大举进攻，以求达到其原定的目标。形势危急，真到了空前的地步。

乃卖国无耻之亲日派分子竟极力宣传，谓卢沟桥的冲突为"地方"事件。这显然是企图麻痹我国的人心，阻挠及破坏我国援助二十九军及全国御侮抗战的运动，以便利日寇从容实现其侵占北方、灭我全国的毒谋。谁都记得，在九一八事变、上海战争、长城抗战等事变当中，亲日派分子都曾施用这种伎俩在所谓"地方"事件名义之下，拒绝了全国动员的援助，以至国土丧失，耻辱重重！国人如不善忘，如不愿永沦为日寇之奴隶，则对于亲日派这种卖国无耻之狡谋应立即与以一致之打击。

当此万分紧急关头，负国家重任的南京政府之一举一动，其影响于国家民族者殊为重大。据九日电讯，南京当局对于日寇之挑衅，表示三项愿望：（一）双方停止军事行动，

（二）避免事件扩大，（三）和平解决。南京当局于事变发展过程中有何重要设施，电讯简略，一时难得详尽之报告，但只就电讯所说而言，不能不使人感觉到南京当局在这样万分急迫的生死关头，仍未能坚决实行抗敌卫国的政策，而仍在亲日派挟持之下，做其"和平解决"的迷梦。既然日寇在我领土上悍然挑衅和武装进攻，则所谓双方停止军事行动，避免事件扩大，和平解决等等的主张，不特是损辱我国应有的国度，而且简直是等于与虎谋皮。"九一八"以来多次血的教训证明这种让步投降的"和平"，只是更加助长日寇的凶焰，放肆其侵略野心而更无所忌惮。这是全国人民特别是南京政府应当永矢不忘的教训。

我们要大声疾呼告我海内外全体同胞：卢沟桥的事件，实为民族生死存亡的严重关头，只有全体同胞一致奋起，抱宁为玉碎，勿为瓦全之决心，实行全国之总动员，准备全国之总抵抗，才能保卫国土，熄灭日寇的凶焰，并进而收复失地，争取中华民族的完全独立与自由。

首先我们希望南京政府能坚决改变其退让误国的政策，立即为实行全国总抵抗之动员。第一，在军事上立即动员全国军队，首先是沿平汉、津浦两路的军队，迅速北上，增援二十九军，同时加强沿海各地之防御；立即恢复张学良将军之军职，使更加巩固东北父老所寄托的东北军之团结与抗日的决心；立即恢复有沪战经验之十九路军，并派赴前线抗战；立即允许红军东出抗日，使抗日前线，能得此有觉悟、有纪律、最英勇坚决之人民红军为之中坚，以更加兴奋士气，而摧毁日寇之进攻。第二，为着更加巩固和平统一与全国之团结，须立即罢斥卖国无耻之亲日派，驱逐托洛茨基匪徒分子，以肃清南京政府中之日寇奸细，并巩固整个后方；立即实行国共合作，摈斥亲日派破坏国共合作，破坏民族团结之诡谋（如要求红军领袖毛泽东、朱德辞职之无理由的有害于民族的条件），以便集中全国人才，巩固抗敌御侮之全国最高领导。第三，为动员全国人民，一致赴敌，须立即开放全国救国运动与言论、出版、集会、结社之完全自由，首先是释放救联七领袖和全国一切政治犯，使四万万同胞能各自发挥自己的意志与能力，为抗日救国而牺牲。

在东〔华〕北各省的地方当局方面，首先是冀察政务委员会及二十九军当局，必须负起守土卫国之天职，坚决抗战到底，不对日寇作任何之退让妥协。晋、绥、鲁、豫各省当局，必须了解，在民族大难之前，实无"闭关自守"之可言，而且"唇亡齿寒"，冀察不保，北方各省势必随之俱亡，因此须立即奋起，动员各省的力量，增援二十九军，以抵御日寇之进攻。

在全国人民方面，首先是在抗日前线上的北方各省的民众组织、工人和学生的团体，必须发挥前此援助上海抗战、绥远抗战之经验，与日寇抗战的军队以一切精神上物质上的援助；同时更加统一自己的力量，肃清一切日寇奸细和托洛茨基匪徒分子，以巩固自己的组织，并要求政府武装民众，以便参加对日抗战。

有在喜峰口抗日光荣历史之二十九军，现在又为抵抗凶横日寇之新进攻而英勇喋血了。我国上下，必须明白，抗敌御侮不只是二十九军的责任，而是全国人民特别是政府当局与全国军队之共同天职。必须大家把国家兴亡的责任负担起来，学习东北抗日联军与日寇奋斗到底、誓死不屈的民族英雄的榜样，动员四万万之力量，筑成比钢铁还坚固的反日民族统一战线，发动积极的、全国一致的自卫抗战，才能打出一条民族的生路。

巴黎《救国时报》，1937年7月10日

不必诡辩

1937年7月10日

日外务省昨发表声明，谓日军在卢沟桥演习，系根据《辛丑条约》第九款及附属换文之规定"华北日本驻军并无地点与时间上之限制，得以实施演习，在上项规定之下，除实弹演习以外，凡属普通演习，亦无通告之必要"云云。这是诡辩。因为《辛丑条约》的驻兵权限于北宁路由北平至山海关之一段。据该约第九款载，各国驻兵地点，系黄村、廊坊、杨村、天津、军粮城、塘沽、芦台、唐山、滦州、昌黎、秦王岛、山海关十二处。该约附属换文，虽载有："该军队有操练打靶及野外大操之权，无庸预先照会，但发弹子时应预先通知。"但不遵用于卢沟桥。卢沟桥既非驻兵地点，且非北宁线，日本何得妄援《辛丑条约》，以欺饰天下？

日本欲对中国挑衅，则赤裸裸的行动可矣！既伸毒爪，何必再肆巧舌？徒增其伪而已！

上海《大公报》，1937年7月10日

我们只有一条路！

1937年7月11日

卢沟桥事件，我方忍辱退让，容纳日方以保安队接防而将二十九军撤退的要求，讵意我撤而彼不撤，反尔集结大军，重来挑衅，以致复行冲突，昨下午起我军抗战极为激烈。冀察当局以对方逼迫至此，决心抵抗；中央向抱不惹事不怕事的方针，人既着着进犯，当然也要努力自卫，因为我们现在除了抵抗，实在没有第二条路可走了！

前天天津日军已派人到长春和关东军接洽，关东军也曾发表过重大的声明，昨天下午各方盛传关外已有军队开来。昨夜据报丰台集有日军两万，可证关东军确已进关，而彼方进逼之猛，准备之周，更可想见。同时昨天日本中央军部发表声明，仍在指摘所谓"华北中央化"，其意依然要割裂中国，破坏统一。由此又可见日本此次举动，实有武力攫夺华北的决心，我们除非甘心放弃中国北部各省，否则除守土自卫外，还有什么路径可走？

时急矣，事迫矣，日方若果进逼不已，希望中央当局审度时势，领导全国，共走此不能不走的一条道路！

上海《大公报》，1937年7月11日

卢案的责任——日方应坦白负之

1937年7月11日

卢沟桥事件的演成，显系日方寻衅的结果，其责任全在日方，吾人已一再言之。闻各国驻日记者团，昨向日外务省提出的几问，可以说是"一针见血"，尤足证明责任所在，如问："日本军队是否有在北平附近任何地方演习之权？"又如问："日本军队夜间演习是何用意？"只要有这两问，日当局虽工于巧辩，亦不能委卸责任。至于日外务省发言人说到"所谓保侨"的话，要知道保侨绝不能以所谓走失一兵，就无故向中国部队突击，更不得炮轰中国人民集居的城区，即令果真走失一兵，这在夜间演习本是常有的事，日演习部队有甚么证据可以证明是被中国部队所害？同时，又有甚么理由可以不问情节，必须立即入城检查中国部队？这也可以说是保侨应有的行动吗？

这事件的责任已经摆得非常明显。现将从事善后谈判，依公理以求解决，当然不能不追论到"责任问题"。责任既在日方，那么，日方便应接受我方所提条件，表示坦白负责任的态度。

《武汉日报》，1937年7月11日

勿中缓兵计!

1937年7月12日

昨天卢沟桥方面自晨迄夜在陆续的冲突着。北平方面曾有和平谈判，日方宣传我已完全接受其条件，日军并已开始撤退。迄晚冲突又起，且更激烈，同时丰台之南黄土坡地方也有冲突。日方一面宣传不扩大，而调兵运械倍趋积极，其用意可知。日方惯用军事诈术，这次我们却不要中他的缓兵计。我们愿意把事态缩小，更愿意和平释争，但是自卫的准备和布置，却一步也不能松！

上海《大公报》，1937年7月12日

严守最后一步

1937年7月12日

卢沟桥之役，对方仍进逼无已，其前途颇有扩大可能。幸我中央及平津当局，一以镇静及坚毅处之，至究以何种方式解决，纯视乎对方之诚意而定，质言之，不惹事，不怕事而已！

故就目前形势而言，无论军事外交，均应严守最后一步。其属于外交者，则无理要求，决不承认；其属于军事者，即如冯治安氏之言，我军应以卢沟桥为坟墓是也。

《武汉日报》，1937年7月12日

危机一发的东亚大局

——1937年7月12日天津《大公报》社评

这两天日军在卢沟桥的几阵炮声，很可以变成远东和平的吊钟，在国际间将要酿出严重的局势，在历史上将要种下百年的浩劫。我们对这次事件推演的局势和结果，简直是不忍想像！所以我们衷心祈祷主动方面能够悬崖勒马。向来国际间发生军事冲突，双方一定要对责任问题互相指摘。此次之事，日方虽再三诬蔑中国，想要自固立场，而事实俱在：首先炮轰宛平县城的是谁？我军已经忍辱撤退，而故留二百余人，借辞不去，重又寻衅者是谁？一面宣称撤兵，一面厚集大队，并力猛攻者又是谁？国家有强弱，军队有好坏，然而是非不能不讲，曲直不能不分。我们愿以中国国民资格，在此处首对强权厚诬我方的种种措辞表示严正的抗议。

我们是五千年的文化古国，讲谦让，爱和平，却决不是没有羞恶之心的无耻民族。我们五六年来经验了无数的艰危困苦，深刻地感觉到人必自侮而后人侮的真理，认为国力亟需培养，攘外先要安内，所以近年政府的根本政策是自力更生，中心工作是积极建国，上下一致的努力目标是全国和平统一。又知道这事需要较长时间的内外安定，因此对于外交刻意强颜欢笑，持重求容，行动稳慎，万般含忍。这不是怯懦，而是有计划的自强自立。我们现在所求的只是生存，只是与人无碍的生存。因为要生存，所以不能容许领土再被人家攘夺，因为要好好地生存，所以愿意全国团结成功一个统一的国家，不愿意国内再有分裂，更不能容许他人再来硬替我们分家！冀、察、平、津是中华民国领土之一部，这些地方一律奉行中央政令，本来就不是军阀割据的独立区域和非法组织，说不上什么"中央化"。要是借口"中央化"，而想活生生地把他和全国拆开，即就等于攘夺我们的领土，和取销我们的生存权一样，政府在地位上是绝对不能答应的。而且因为近年国民的统一意志非常坚强，政府也没有力量敢于违反民意，默认外力割裂。不幸日方始终不肯认识此点，前年有所谓"华北五省自治运动"的纷扰，去年南京中日交涉之卒至不调，都是所谓"华北特殊化"的一念之差！观察这次卢沟桥事件发动的背景，大致仍是"特殊化"的梦在作祟。我们不问日方计划如何，真意何在，敢断言拆散中国民族，割裂中国领土，已是时代过去的陈腐思想！我们更敢断言：日本此次果把中国逼到无路可走，则我们全国国民决不能眼看着二十九军的忠勇官兵单独在北方挨打！所以说这事将成中日间扩大的冲突，尽有酿出严重局势和百年浩劫的可能。

我们认为如果日本硬要逼迫中国走上不能不走的一条路径，则实逼处此，中央政府除掉领导全国共上悲壮之途外，直无他路可走。所以事态推演的关键，毕竟操于日本之手。历史功罪决于俄顷，我们敢陈最后利害，以促日本关系方面之注意。昨晚消息说日本内阁昨天开会，又已决定了不扩大的方针，并且有人在双方间奔走交涉，甚至有第二次实行撤兵之说。但是看看日军这两天在前方剑拔弩张狰狞可怖的情势，令人实在不敢轻信其不愿扩大。我们以为除非日军无条件的扫数撤去，将卢沟桥一带完全恢复原状，尤其关外开来的日军，即刻开回，两国间的大危机是无法消灭的。日方果肯悬崖勒马，应切实表示诚意，勿再逞其感情，施其高压，当然为中国方面所愿。如仍徒为欺饰之谈，借作故入人罪之口实，不特中国不能一再上当，将来事件扩大，日本责任终无可逃。这又是我们今天愿意预为声明的几句话，并愿唤起我军方面的郑重注意。

天津《大公报》，1937年7月12日

日军积极扩大事态
——1937年7月12日《武汉日报》社论

日军侵袭宛平一案，已于九日经双方议定同时撤兵。夫我军驻扎我国领土之内，原无撤退之必要，乃为努力维持和平计，相与委屈求全，方以为我军既撤，日军绝对无暂留之余地，此后一切由外交途径解决，庶不致再有意外之虞矣。不意相约撤兵之日，适为日方增兵之时。昨据报载，卢沟桥、五里店一带，日军更一再向我军寻衅，频起激烈冲突，其形势之险恶，备见报端不赘。续据平津电讯：日军仍向丰台等处增援，昨日正午又向卢沟桥炮击，并有渡河之企图。通县南门外及平津间黄土坡车站，亦因日军向我驻军寻衅，小有冲突。是日军之故意背弃诺言，扩大事态，情迹显然，我军即苦心维持和平，亦不能不力求所以自卫自存也。惟另据东京电称：日内阁昨午紧急会议，声明仍努力制止扩大事态，并调田代归国，另以香月清司继任华北驻屯司令，似日政府之态度，尚较平津日军为缓和，而和平门户，亦未关闭。窃以为吾国值兹严重关头，惟有于保卫疆土之原则下，努力于和平之保持而已。

日政府果有不使事态扩大之决心，应由事实上表现其诚意，表现此种诚意之道无他，即消弭扩大事态之因素是已。此种因素所在，端由华北驻屯之日兵过量，日军之驻屯华北，乃以《辛丑条约》为借口。该约关系八国，所以有驻兵之规定者，系由于当年情势，不无侨民安全之顾虑，故驻兵之地点，限于由北平至海通道，即原约第九款所云"各国会同酌定留兵驻守，以保京师至海通道无断绝之虞"也。今则"京师"已改为北平市，由北平市至津沽海口，沿途异常安宁，吾人亦确保其绝无阻碍通道之虞，外国驻兵之意义，早已随时代而消逝，是以各国原有驻兵，久已自动撤去。日本果有与我国亲善之诚意，即不能完全撤兵，亦断无增加之理。即云据约驻兵，亦不能逾越原约范围，驻至平西一步，更无论以大量军队侵驻冀省之宛平也。且军队演习，应有其地点与时间，并应事先告知居民，免有惊恐，本国军队且然，客籍军队亦不能独异。乃日军任意演习，在条约上绝无明文，况于黑夜之间，复用实弹射击，东西古今，任何国家，敢断言无此演习之先例。是则日军系有计划的向我寻衅，无俟繁言而解。日政府诚欲制止事态之扩大，应即撤退侵入条约范围以外之驻兵，并切实核减其数量，庶可以保持地方之秩序，而维护两国之友谊矣。

至此次卢沟桥事件之近因，乃由日军声称演习后缺少士兵一名，竟欲入宛平县城搜索，显系捏造口实，并不能自圆其说，盖是夜适值晦朔之间，并无月光，即令军中备有探照灯或手电筒之属，亦不应长时照射宛平县城，以与夜间演习旨趣相违也。将谓逆知宛平有人将不利于此兵，因对该城特殊注意，微论无此情理，即有之又何不事先通知我军？且在日军暗夜演习之际，关于动作之联系，何等严密？外人绝对不敢侵入其演习区，讵能持枪射击？而夜间持枪单独出入城门，尤系绝无之事，此皆极浅近之理论也。日军捏造此种口实者，但稍加思索，度亦哑然失笑矣。迨既约定撤兵以后，又借何种口实寻衅，吾人初殊百思不解，及遍检平津电讯，则有日军要求划平郊周围二十里为所谓缓冲区之说，此尤绝无理由之要求，更不能引为攻击之借口，乃日军竟悍然为之，是其企图扩大事态范围，所谓醉翁之意，别有所在。坦率言之，直欲将华北造成第二"满洲"而已。夫日军居心叵测，其应负启衅之完全责任，本报已频言之矣。惟当兹日政府尚未切实消弭衅端之目前，我国应即善自为谋，故惟于保卫疆土之原则下，以努力远东和平之保持。

《武汉日报》，1937年7月12日

希望日本政府持重

——1937年7月13日天津《大公报》社评

这两天东京的对华空气，显然十分紧张。近卫内阁势将利用中国问题，加强他所谓"举国一致内阁"的地位，所以召集金融界、新闻界谈话，要求援助。一方面在军事上调兵遣将，极力作对华扩大化的布置。我们认为这是很危险的做法。以近卫公爵之明达睿智，我们衷心希望他不要成为政治上的冒险家，因为这一冒险，说不定要成百年历史的罪人！

卢沟桥事件发生以来，四日之中，情态一再变化。日本迭次宣传不扩大，我们又宁不愿作如是期待？然而一方盛气凌人，一方满腔悲愤，一骄一哀，时刻接触着，何能不起冲突？所以我们认为日本果真诚心要不扩大化，早就只有无条件的切实撤兵，先把爆炸性的因素搬挪开来，然后方可说得上和平。不幸日本总不肯彻底痛快地往息事宁人处去做，而要摆出战胜国的面孔，横施高压态度，如何能够于事有济！现在国内空气如此，无怪前方形势闪烁，纵令一时可以相安，而和平希望依然随时可以打破。这是我们所万分顾虑的。釜底抽薪，仍旧还望日方觉醒。

我们对于这次事件，就二十九军说是抵抗自卫，完全是被动的。就中央说，地方出了偌大变端，眼看着人家的援军利械源源而来，我们对北方何能如秦越之相视，漠不关心？所以中〈央〉政府即使在后方有所布置，也是为政府者应有的措施，绝对不能成为对方借辞扩大的口实。因为纵有准备，同样是被动的性质，而且是警戒非常的意思，毋宁希望其不用。况且据本报牯岭专电：蒋委员长的态度非当〔常〕镇定，根本并没有为北方事开过会议。日来东京发生宣传，仿佛日本之决定大举动员，是为应付中国而起，这完全是故意的设辞。我们根本没有对日挑战的意思，更无把事件扩大化的理由。日本先造出许多羌无故实的情报，又根据这种不确情报立定所谓对策，此种办法，可谓危险之至！我们尤其希望日本有识者注意。

最后，我们又希望政府注意：东京空气既然如此，我们倒真不能不切实有些准备。同时希望中央、地方当局在此人心不安的时候，格外要注意维持治安，尤其应该尽力保护日本侨民，防止各地突发的事件。好在现在政府的力量和信用已经不成问题，全国国民应当信任当轴，沉着镇静，举国一致，各各准备着走我们不能不走的道路。一切急躁和轻率，都是于事无济。这一点并望国民充分警省！

天津《大公报》，1937年7月13日

挑衅之责在日本——驳日报之所谓"中国不信行为"

——1937年7月13日上海《新闻报》社论

梦蕉

卢沟桥事件，日军夜操，忽缺一人，遂诬谓已入宛平城，遽尔开枪发炮，包围进攻。其后事已辨明，我军已改调保安队入城，而日兵尚逗留不去，乃又发生激战，至十一日双方已在平议定无条件双方下令撤兵，而日军又食言用武，其为有意挑衅，显然可见。乃观日人纪载,反厚诬中国,东京《朝日》且谓"中国不信",此则吾人所不能已于言也。

该报谓"每遇日本纠正中国不信行为,中国即用为抗日材料"。所谓"每遇"云者,是反责中国之失信非止一次。试问自《塘沽停战协定》以来,吾国守信不于该区驻扎一兵,而日本则掩护殷汝耕辈,以为威胁冀省之根据地矣。对于察北六县,始则要求我方撤军而易以保安队,继则由其卵翼之李守信等前来侵扰,乃又佯出周旋,谓保安队撤去以后,县政府可仍旧保存,由察省节制,今则沦为匪伪之窟穴矣。是中国因守信而吃亏,但愈吃亏亦愈守信,而该报犹反责吾国为屡次失信,是不幸而为弱国者,非但无势力可较,并且无是非可讲矣。国际信义,表现于条约,故守约即守信。以此次卢沟桥事件而论,起因于上年丰台之驻兵。假使日方而恪守《辛丑条约》,不于指定之十二处以外,擅自在丰台驻兵,则根本即可无卢沟桥演习肇祸之事。该报如肯一翻条约,探其原因,尚能责中国之不信乎?且国与国之纠纷,如有所谓"纠正"之举,亦应用外交方式谈判,而该报竟指此次宛平之炮轰为纠正,多数流血之不幸事件,竟轻轻以纠正两字开脱,是其本旨非鼓励和平,而为鼓励用武。吾人诚不意其持论之失当,乃如此也。

该报又谓冀察政权"原以独自立场,促进中日提携,调整中日伪满关系之基干机关,但征诸实际,一无成就"等语。冀察既系中国领土之一部,即无所谓"独自立场",此为国内行政组织问题,绝非他人所能擅自支配指派。调整中日关系之基干机关,自有两国互派之大使及我国之外交部、日本之外务省在。伪满在中国立场上,既未承认其存在,根本上谈不到所谓调整。至于经济提携一无成就,自由于冀东、察北之问题,日方避不肯谈,而芦盐抑价,通惠擅权,以提携之名,行垄断之实,中国方面,不能不详细考虑之故。该报又谓"因此日对冀察政权现状,有再检讨之必要"。此则不啻自白其卢沟桥事件之种种饰词均为借端,其主旨乃在再造一"第二伪满"或"准伪满"。凡不达此目的者,不惜用尽种种方法以遂行之。当此关头,吾人虽明知无是非可讲,然一任该报之饰词荧听,则于言责亦有所未尽,爰粗为驳议如右。

上海《新闻报》,1937年7月13日

卢沟桥事件

1937年7月13日

本月七日夜,日寇借口日兵失踪事件,向我驻卢沟桥与宛平城的廿九军部队进攻。廿九军官兵以职责所在,卢沟桥关系于平津的危亡,甚至于华北的存亡,不得不加以抵抗,于是双方发生冲突,战事延长至九日下午一时以前。

日寇向我挑战的行动,卢沟桥事件的爆发,绝对不是偶然的,而是日寇一贯侵略政策的必然结果,是日寇有计划的行动。只要看看在最近两月来平津的谣言纷纷,人心是经常处在扰攘不安的状态中,日寇不断的在华北军事演习,大举增兵华北,通县及冀东各地日夜赶筑工事,日人往返于平津间……等等,这一切都已经明显地象征出来了,第二个"九一八"的号炮将震荡于华北。卢沟桥事件的发生绝不是偶然,正如日报所载"事件的起因,由来已久"(同盟社东京九日电)。

日寇在卢沟桥的军事行动,我们显然可以看出,其作用是在压迫廿九军退出华北,以造成华北清一色的汉奸政权,把华北的咽喉——平津——完全控制在日寇的手里。所以当战事发动之后,日寇即提出"廿九军撤退卢沟桥"的要求,最后经各方面的周旋,该地由石友三的保安队接防(按:石友三是国人共知的汉奸)。对于日寇当然占着很大便宜。但日寇绝对不会因此而心满意足,故近日各方电称:日兵并未撤退,源源不断的援军,仍然往北平、丰台增援,朝鲜军准备出动应付事变,日驻华海军第三舰队亦待机出动(同盟社东京电)。这些消息,已经暴露了日寇侵华的野心。

日寇的这一挑战行动,受到了中国人民强有力的反抗,廿九军官兵与卢沟桥共存亡的宣言,证明中国人民是不好欺侮的,全国军队都在枕戈待命,开赴前线杀敌。每一个中国人民和军队现在已经清楚的知道了,退让不会满足侵略者的欲望,会助长强盗们的气焰,唯有坚决抵抗,才能打击日寇的侵略野心。

苏区人民和红军的将领对廿九军官兵的英勇抗战行为,表示深刻的赞助与拥护,并且盼望廿九军官兵坚决为祖国领土完整而奋战到底,不屈服,不妥协,把日本强盗赶出中国!

我们更要求南京国民政府立即动员全国海陆空军积极准备出动,以实力来援助廿九军,免使廿九军处于孤军作战而踏长城各口战役的覆辙。民族危亡已达最后的紧急关头,任何迟疑就会造成莫大的罪过。只有迅速抗战才能挽救民族于危亡之境!

《新中华报》,1937年7月13日

从军事观点上来观察卢沟桥事件

1937年7月13日

(新华社十二日)卢沟桥事件发生后,此间人士颇注意该事件的发展。据此地军事家观察:"日寇发动卢沟桥事件,系日寇有计划的行动。去年丰台事件以后,日寇实际上掠取了丰台,控制平浦、北宁路的咽喉。但暴日尚不以此为满足,故时刻准备进一步占领卢沟桥,截断平汉路,以达其武力占据平津,并依此为进攻山西并吞华北的据点。因为卢沟桥失守,则平津必陷于日人的手里,而华北亦不复为我国所有了,将造成日寇灭亡中国的有利根据地。故卢沟桥的得失，实关系于华北以至于整个国家民族的命运。我们不得不重视卢沟桥事变的发展，深愿中国当局及全国人民迅速动员准备抗战的发动，以保卫平津，保卫华北云"。

《新中华报》，1937年7月14日

坚决保卫平津华北！坚决抗战到底！

1937年7月13日

矢钺

卢沟桥的炮声，是日本帝国主义强盗发展其大规模攻略华北的号炮。第二个"九一八"出现了！在这中华民国生死存亡的关头，整个民族浮沉的关键当中，每一个愿与祖国共生死的黄帝子孙，应该立即动员起来，组织起来，武装起来，以沉着百折不回的坚韧性，担负起神圣的民族抗战任务！

由七月七日夜间起，直到最近（十三日）的情报，清楚地证明着日寇是重新用其五年前对付沈阳的办法对付平津，用他吞噬东北的战略来攫取我们的华北。谁都明白日本政府与外交部的"和平解决"与"不扩大"政策，只是用来作缓兵的惯伎，为的是利用时间以便集中其强盗部队。现在已经看得非常清楚了！卢沟桥一带日军一次凶似一次的攻击行动，援兵不断增加，整个关东军的准备开入关内，朝鲜军"准备应付任何紧急事变"的宣言，屠杀济南的老刽子手第五师团并且以板垣为师团长开拔到中国，舰队出现于厦门与汕头，华北前线上陆续不断的增兵，日本政府十二日以来连日发表"政府或将迫而采取可忧（！）的政策"与"唯有采取断然手段以求中国的反省（！）"等类似宣战的宣言，全日本东京帝国主义报纸动员起来散布"事件之解决唯有根绝中国抗日运动与情绪"，以及种种侵略战争的空气鼓动，军事行动已扩大到北平各门，天津近郊日浪人的乘机蠢动，天津日空军的大批的集中。连日以来日本内阁"紧急会议"中表现出来的空气，充分地证明着"和平"老实到了绝望时期。除了坚决下牺牲的决心，誓死与敌人周旋到底以外，我们再没有别的出路！

今日局面的严重性，是比较五年前东北沦亡的当日更要危急。而在日本帝国主义方面，他们有了吞噬东北当时的经验，他们有了五年来大规模行动的准备，他们在国内已建立下了爪牙与特务机关，以及华北军事行动的基础。可是在我们中国，倘若再重蹈"九一八"当时的覆辙，那么当时还有华北可以"退守"，现在连这"退守"之地都要转落敌人手中。倘若仍然幻想日本真会"满足"于华北，倘若仍然幻想日本会在吞噬华北之后，"可以""保证"华中、华南的别一帝国主义权益，因而仿佛可以借此徐图偏安之局，倘若仍然幻想妥协退让的屈辱办法会和缓日寇的凶焰，那么，华北沦亡以后，华南仍然可以成为"日满华北"的"天然的发展而存在"之必须"特殊化"之区。这样，第三个"九一八"仍然再接再厉的行将爆发于全国各地，而全中国将因是而完全的灭亡。倘若因军部自身也曾声明"中国是沙漠上的脚印，脚踵一离，沙迹即合，因而非长时间文化工作不可"的颇有暗示内容的言词，因而幻想日本帝国主义"不一定"会再在华北"敢"于举行大规模的侵略，那么，这只能是自欺欺人之谈。日本帝国主义在"九一八"以前，也何曾不是如此的论调？沈阳的炮声证明了什么？卢沟桥的炮声又证明了什么？我们只要将日本强盗历来的政策从整个方面观察时，就可以明白。近卫曾经声明"日本现时的政策非仅系维持现状，而须基于国际正义（！）上求其发展"。广田的重新强调三原则与华北系"适应满洲国生存与发展之天然的命运而存在"。军部许久以来故意的沉默更足以警惕我们使了然于其用意。不管日寇发动的侵略行动行将立即爆发成为大规模灭亡中国吞噬华北的战争，或是利用猛烈的军事行动，以作为外交上压迫中国使实际上放弃华北的手段，以期导入于将来的侵略战争，但一件事实已经证明得千真万确，即是华北已经危急，而日本帝国主义的"积极大陆政策"已证明其没有止境。这样，倘若我们不抵抗，华北就沦亡，倘若抵抗，华北将可以永保，再没有第三条道路。而再一次证明只有抗战到底，一切集中在抗日问题，这才是中国应定的唯一国策！

唯有媚日、降日，以备在东京、大阪过逍遥日子的汉奸或汉奸预备队，才会说华北的危急是夸大之词。我们久以〔已〕指出日本帝国主义的侵夺华北阴谋始终不曾"和缓"过一点，坚决揭露了日本帝国主义内阁每一次更迭都是执行一次凶似一次的灭亡中国战备的政策，毫不夸大地指出日本法西斯帝国主义强盗之所以疯狂地加紧进攻中国的特质，尽情暴露了日本在占夺华北中种种公开、秘密的准备与对民族的重大威胁，因此坚决地提出加紧准备抗战的任务。现在，事实已经明白摆在眼前，铁的事实证明了我们与爱国人民大众的认识与估计是正确的，而重新警告着过去把握不住这一真理，而得出完全错误结论的人们。这些人物，包括国民党中某些个别负责的人员，国民党官办或半官办的报纸刊物，以至《大公报》与《国闻周报》之流，他们不敢提出日本帝国主义进攻中国的趋势的问题。他们公然希望日本强盗会"反省"，他们甚至认定近卫内阁的上台是"可以因其中庸性格（！）而对东亚大局起明朗化之作用"。他们甚至公开提出"抗日是消极，建国才是主要口号"。殊不知坚决抗战的方针不确立巩固，任何国家都"建"不起来。这一切根本谬误的认识，完全基于顾虑与企图用妥协办法"保存"沿海工商业中心的私人权益。殊不知即便万分退让，在"工业日本农业中国"的大陆政策下，即便将这些"中心"完全让给日本而谋一安生之道，民族工业也唯有遭受尽情破坏而完全破产。这同样证实了"只有经济建设才是国家急务"的误算，这一理论的提倡者完全忽略了日本强盗侵略凶焰，不会让中国有从容时间来完成自己必需的军事工业。现在一切都暴露出来了，我们应该明白诚恳地指出，不管提倡这些理论的人物主观上如何为国家打算，但客观上，这些理论已经迷误了过去的国策而生了不少的恶果。这在过去，已经为民族国家留下了很大的毒害，已经偿付了许多血的代价，倘在现在的紧急关头还不清算这些错误的见解而站到坚决抗战的立场上来，就只能使国家民族的前途蒙上不堪形容的损害，实际上也只能是使日本帝国主义的大陆政策遂行更加顺利而已。

现在日寇的步骤，是谁也看得出来了，除了一般业已知道的要求中国军队退出卢沟桥这一项而外，其他可能想象的，当然自有，将平津、华北让出来给日本实现其华北特殊化，要求将全国抗日运动加紧镇压来保证"以后不再发生同样事件"，要求立即实现"防共"协定以"保证"取缔抗日运动的"诚意"，因为华北即是"适应满洲国生存与发展之天然之命运而存在"，则自然要求当局"承认满洲国"。目前近卫犹自声明"希望外交谈判手段仍能有效"，不外为贯彻上述目的的软硬并用的手段。可是必须要指出，日本提出这些要求，是和其军事行动同时并进的。因为在目前全国和平团结增进的今日，日寇知道依靠"和平"手段以实现"三大原则实非易事"（广田谈话），那么，上述的"要求"，只不过为其配合军事占领行动的政策，使其强盗的掠夺品蒙上合法烙印的"交涉"，借以巩固其军事行动的手段而已。这是必须要认清楚的一点，否则以为只要承认上述要求便可以停止暴日的军事行动，那只能是完全断送民族国家的前途。"九一八"是我们血的教训，日本帝国主义强占了东北，经过了五年，也未必完全需要一个条约或签字。这回强占华北倘不幸而实现，又何尝不会一样？

现在，二十九军的抗日官兵共同坚决抗战着，全国的抗日武装部队都一致声援英勇抗战的二十九军，并且许多部队都已请缨抗日。红军立即发出了通电，请求国民政府授命为抗日前锋与日寇决一死战。全国民众都哄动起来、行动起来，要求抵抗到底，要求誓死为二十九军后盾与暴日相周旋者不可以数量计。如果要说"民意"，那么全国民众的百分之九十九点九（只除少数的汉奸）是坚决要求抗战的，如果要说"军心"，那么全国部队的大部——由援绥军、国民革命军、中央军、直至红军——的要求请缨杀敌，已成为异口同声的呼吁。红军并且表示愿意立即更名为国民革命军，以便统一全国军事指挥，与暴日拼战到底。这样，在客观方面说，中国已到达非抗战则灭亡的命运，在主观方面，全国军民大众都一致认识非抗战无以求民族生存，而全国民众对抗战的支持、热烈，也已经达到最高点。

在这样的整个局势之前，国民政府当局，应该坚决地，确定不让一寸土地给敌人侵占，誓死保卫中国的领土主权，首先坚守华北、平津的抗战政策做基础，动员全国人民，立即集中华北部队首先增援卢沟桥与北平的前线，同时集中全国部队作全国抗战的准备。这就必须坚固地实现举国一致团结救国的政纲，开放党禁与实现联合各党各派以充实与巩固国家首脑部的威信与权力，无条件地给予全国人民以爱国的民主自由，立即释放一切政治犯，对藏在中国内部的通敌汉奸与日本间谍特务机关立即实行迅雷般的扑灭。在外交上立即实行联合同情中国民族运动的国家。在抗战方面，应该放弃被动的单纯防御的战略，应该主动的采用机动的，首先在华北方面开展大规模的运动游击战略，以配合正面阵地坚守不移的作战，首先集中优势兵力，歼灭华北的日本驻屯部队。

华北当局方面，应该彻底的认清不抵抗则全国将遭灭亡的危急万分的现状，认清倘若不抵抗，华北的灭亡只是时间上的问题，抵抗才是保卫华北的唯一道路，必须无条件地领略过去东北军的惨痛经验，必须坚决的排除对敌人的一切幻想，坚决肃清内部的汉奸分子，不要将私人的权利地位放在第一位，而应该把国家民族的利益视作高于一切。坚决与二十九军抗日官兵站在抗日国防的第一线上，为光明磊落的民族英雄，为担负起与平津共存之的神圣职责，抗战到最后一滴血。

现在除了汉奸以外，在主张抗战的人们内面约可以区分为两种：

一、抱着坚决抗战决心，坚决保卫平津，认识抗日为唯一道路的，坚决主张联合各党各派举国一致抗日的。这不独在广大抗日人民的各阶层中，国防前线第一线的各部队中，并且在国民党和南京政府的重要人员中，是占着全国人口的大多数。

二、是说平津一望平原，不好防守，中国器械不如日本“精良”，于是乎倘全国抗战发动，则沿海地区各城市将“不好保持”，“必被占领轰炸”，是以宁愿放弃平津；或者只主张小规模的“抵抗”一下以看日本动静，但对坚持抗战到底则万分动摇犹豫，直到现在还满口“中日两国本应和平相处”，主张“退守长江”徐图后起等等。是只占着全国人民的最少数。

从南京政府对华北抗战给以实力的援助看来，中国政府似已下抗战的决心，这是值得全国人民赞助的。但是抗战决心的程度，是局部的或坚持到底，这还待事变的发展给以证明。国民党当局方面，应该忠实于“倘若中国主权再被损害，则是最后牺牲时候”的诺言，应该忠实于三中全会上“抗战”的标榜。现在已经到达民族国家的生死存亡关头了！应该坚持抗战到底。

不愿当亡国奴的人民团结起来，动员起来！组织起来！

为誓死保卫平津、华北而战，保卫中国领土主权而战！

为驱逐日本帝国主义出中国，收复失地战斗到最后一滴血！

《解放周刊》第1卷第11期，1937年7月

恃力寡信

1937年7月13日

这两天的北方形势，极尽闪烁动荡的能事。卢沟桥的冲突，起了又停，停了又起，到昨午已确知停战办法签字了，中国军队已照约后撤，日军仍不守约，非特不撤，且复反攻，以是昨晚冲突又起。日军行动的诡谲及其不信，已是世人共见。对于恃力寡信的人，我们应该怎样对付？

上海《大公报》，1937年7月13日

玩火与救火

1937年7月13日

《华盛顿邮报》对日军在华北寻衅，发表社论，题曰《玩火》，结语谓玩火究属危险举动，而在火药库附近玩火，则危险尤甚云云，妙喻妙论，良堪玩味！

近自日军背弃撤兵诺言以后，更将卢沟桥所玩之火，纵令延烧于丰台，昨晨且延及平市西郊。是火也，倘无强有力之消防队努力灌救，则燎原之势成，宁不殃及池鱼？

吁！时急矣！势迫矣！吾侪应迅速参加消防队之救火工作，惩创"浮躁"的玩火者，遏止其"玩火"之企图，从早扑灭火种，庶免"不可向迩"之危险。

《武汉日报》，1937年7月13日

卢沟桥的抗战

1937年7月

铁

卢沟桥战争开始以来行将一星期，每日的消息，都是一天紧张一天，日军四个师团的增援平津、华北，战事已扩大到北平四门。日政府发表类似宣战布告的谈话，都显然说明暴日侵夺华北的疯狂步骤，是一天比一天的加紧。保卫华北、平津，坚决不让日寇侵占我国一寸土地，这成了整个中华民族当前的战斗口号。

站在平津第一线上的二十九军，由于长城各口抗战不可磨灭的回忆，五年来国土沦亡的惨痛，两载以来无处发泄的抗敌心情，丰台以来的血与泪，这一切造成了横贯二十九军官兵间的抗日决心。在一星期以来的血战当中，再次铸下了一片光荣的抗战纪录。卢沟桥的抗战，同时掀起了全国广大民众的回响，日寇的加紧侵略只加倍地燃烧起全国不愿当亡国奴的人民的愤怒。由绥东的守土将士起，直至上海、武汉各地的爱国民众，都纷纷动员起来，援助二十九军，要求立即开始对日抗战的声浪象暴风似的吹遍了全国各地。南京政府依据其三中全会后对日强硬态度的趋向，必能以实力援助，似无疑义。

中国共产党与中国人民红军方面，发表了要求全国团结立即开始抗敌的通电，中国人民红军全体指挥员、战斗员，也同时发表通电致二十九军宋哲元、冯治安以及蒋介石诸先生，表示对二十九军誓为后盾，并声明红军即日更名为国民革命军，请求授命为抗日前锋，立即开赴前线与暴日决殊死战。十三日，延安全市共产党员及各革命机关工作人员召集紧急会议，由毛泽东同志提出"每一个共产党员与抗日的革命者，应该沉着地完成一切必需准备，随时出动到抗日前线"的号召，这一号召得到了全体到会人员完全一致的热烈回答。

群众是动员起来了，全国不愿当亡国奴的人民是英勇地站立起来了。现在需要的，是在坚决抗战到底的共同目标下，全国各党各派、各阶层各职业，不分宗教、种族、信仰的男女老幼，象一个巨人似的紧密团结起来，将卢沟桥的血肉长城补充起来，扩大起来，扩展到全华北全中国各国防前线，誓死与日本帝国主义拼到最后一滴血。华北的守土部队，应该坚决地认清当前抗战到底对整个民族前途的重大意义，应该了解到这一牺牲是必要的光荣的牺牲，只要前线巩固起来，坚持起来，全国人民的力量集中起来，血债是终须用同等代价偿还的。应该领会到为民族解放的抗战是坚韧的，长久的持强的，战〈斗的〉事业，更应该了解到现在的抗战，我们是比任何时候都具有更有利的条件：国内的和平统一的确立，团结抗战的势力一天天成为国内重要的势力，全国人民对抗战热烈拥护的增涨，在抗战的英勇当中可以取得世界的同情与援助，日本国内政治经济危机的严重，与反对法西斯蒂的国际友军势力正一日日增强等等。自然，实现抗战需要同时反对国内汉奸的捣乱破坏，可是唯有坚决抗战才能更顺利地打击汉奸亲日分子的阴谋。

最近以来日本海军舰队出现于厦门、汕头，日军屡次在上海一带连日举行示威演习，福州又到达了驱逐舰队，郑州汉奸应声蠢动，这一切都明示着日本帝国主义一面企图分散我们的注意力，一面正用尽一切手段对倾向亲日的动摇分子尽量威迫利诱，来配合他们华北的军事行动。在这样的情况底下，全国上下一致的团结，紧守着抗战的决心与丝毫不要受妥协动摇分子的煽惑，是最重要的事。

当局方面，也应该立即排除所有对抗战无决心，动摇不决，对日保持幻想的倾向与分子，坚决站到抗战到底的立场来，从立即给予民众民主权利中，去发动广大人民的抗战运动。

第二个"九一八"的号炮已经发动了。一切革命者动员起来，准备立即到抗日阵地上去！

《解放周刊》第1卷第11期，1937年7月

日本侵华动机之认识

——1937年7月14日上海《新闻报》社论

卢沟桥炮声，继续于和平谈判中不断轰发，益形恶化。其动机所在，大可由东京海陆各省之紧张情绪，与及近卫首相解释对华政策之一席谈话求之。此种认识，诚吾每一国民所应共有之基本认识也。

日本对华军事一元化，不佞久已揭发无遗。军部幕后之少壮派军人，既不能实现理想于二二六政变，又不能要求兑现于林铣十郎，势不能不改循曲线而渐进，于是近卫现阁，乃无殊孕育法西政权之母体。吾人观于近卫登台之初，不以组织新党，刺激既成政党，唯吸引永井、中岛，备供施政之圆滑进行，且以企划应付诸马场，借为"庶政一新"之保证，即断言日本法西派必将循曲线演进而终于抬头。盖日本宪章，万不容轻易撕毁，而政民历史，更不许旦夕涂销。况激之则两党合流，已使林阁遭遇严酷之教训。唯纵之以松懈其团结，方易保育新党之孳生。近卫于此，固已筹之熟矣。此次卢沟桥事件，纯出自关东军策动。适当特别议会召开之前期，且值苏联厉行清党，国内摩擦加深，英日方在折冲，宜取威胁姿态。日本为消弭潜伏政潮，应付国际环境，均以积极侵华为得计。是毋怪宛平变起，近卫即诬指为中国排日之后果，并直承派兵来华，意在促中国重行考虑其态度，因而诱致政民各党，支持其侵略政策，强拽日本国民陷入于战争状态耳。

抑日本处心积虑，尚不止此。彼对华传统方针，无非欲贯彻"以华制华"之狡计。故东京舆论，对华北中央化之主权关系，竟公然指为引起事变之渊源。而其半官式通讯机关，复故散我已接受彼方条件之烟幕，借以尝试其挑拨技俩。倘国人漫焉弗察，不幸由苦闷悲痛驯至怀疑于中央负责当局，宁止举艰苦收获之统一尽付洪流，使时局重返于西安事变以前之阶段，且何异增加日本炮击声势，永沦国族于灭亡之深渊。此尤国人所当警惕策励，毋为客气所乘，致轻堕敌人彀中者也。

吾人基于上述认识，以为在日军积极侵华之严重情势下，中央固应尽其无可规避之责任，严督华北守土将士痛予侵略者以严厉之膺惩，国民尤应加强其对最高领袖之信心，出以沉着整齐之步骤，而在抗战中政府采取自上而下之统一方式，一切紧急措置，要为国族争取生存所必须，断无反对之余地。征诸现代国家，唯内部坚强团结，乃能发挥民族之硬性。而国与国之间，亦唯强硬摩擦之结果，始有真正和平之可言。西哲有言，"世界和平，建筑于枪刺之上"。不佞久服膺斯义，认为国族起死回生之唯一良方。因日本欲克服其国内矛盾，不惜大举侵华，欲分化中国民族意识，敢于胁我就范，爰引伸其义于此。

上海《新闻报》，1937年7月14日

应付华北现势之要则

——1937年7月14日《武汉日报》社论

迭据前昨两日电讯，驻我平市郊外之日本军队，既屡背约向我进击，而另一方面，则彼之大部实力，连日仍急集中于我通县（即冀东伪组织所在地）、丰台一带，于我平市东、西、南郊三方面，分别赶筑工事，架设大炮；同时，平北之古北口，亦发现由承德开来之关东军不少。我平市四周环境，实已陷于极严重之包围形势。不特我平汉、平津之交通，随时有被截断之危险，抑且我平北方面，交通亦已无形困难。他如关东军之大批奉调入关，朝鲜总督府第五师之檄调，以及严令彼第十师团整装待发，军用机之集中我锦州与我津市，彼十五艘潜艇奉令对我渤海方面之警备，彼第三舰队之重新分配防务，急驰我青、津、沪、汉等处，彼内阁之紧急决议对我增兵，彼五相之彻夜秘密会议，彼海、陆、外三省及其参谋本部之彻夜工作，彼军部发表声明之强硬，彼外务省训令其在我国之侨民速作撤退之准备，彼驻我上海军队之游行示威，彼华北驻屯军新司令之急速调任，以及其直接由日飞津之急迫情况……在在表现其军事准备确益积极，虽表面仍与我作和平之谈判，实则系缓兵之诡计。所谓白日谈判，晚则依然向我进攻；表示同意撤兵而终不撤兵，表面和缓而实则绝不和缓，凡此均日来彼方之事实表现。故我华北之现势，确已绝不容许吾人有乐观之期望。日昨又得一离奇之消息，即通县之"冀东伪组织"，即将暂移唐山；更有殷逆汝耕，在津晤香月密谈之后，已往唐山赶急布置等语。此讯如确，诚不知彼方究又具何种妙用？第由日军集中通丰一带观察，窃恐冀东伪组织之自动撤退，即为日军已具扩大行动之决心？！而由此以窥最近之将来，我整个华北，因彼侵略者之步步紧逼，或终难逃恶战？吾人绝非故为恶意之揣测，惟深觉事势之推移，实有如此之趋势。吾人今日为"最正当之自卫"计，实不能不举国一致，共谋应付华北现势之方，举其要则约如下述。

第一，吾人为顾全东亚和平，当仍不愿此事再有扩大，惟此为中日双方应有之共同信念与共同努力，否则吾人即不愿此事件之扩大，如日军方面仍无诚意以求和平解决，则我之片面期望固属乌有，而同时彼之片面破坏和平之行动，当益使吾人无法可以容忍。故如日军果真同意和平解决，则在日军方面，必须"尊重公理"，即时停止一切军事行动以及一切军事准备之行动，于极短期限，完全恢复卢案以前之状态。必如此，吾人方可信任，否则绝不应再有何言。矧此次事件之发生，本完全在我领土主权范围以内，我为维护我之主权领土，于期求和平之内，当更不能不表示我护权守土之决心！此种决心，即应付现势之一要则。

其二，如日方仍无和平解决诚意，抑或故为缓兵之计，时软时硬，则我当亦有一基本之原则，即凡遇其遣兵来犯，即须"随时抗战"，"随地抗战"，只须彼一进击，我应立即反攻，绝不能不抵抗也！须知"抵抗本弱者应有之自卫"，与其不抗而失败，孰若抗而自卫；须知死中求生，实亦弱者之唯一出路也！去年我绥察之得保，要即系得力于我将士之为国效力！前事不忘，后事之师，故抵抗实亦吾人今日应变之又一要则！

其三，无论日军果否诚意于和平解决，吾人在未得到和平保障以前，必须随时随地为充分之准备；须知"有备无患"，有备方较易于言和。我如有备，战固可，不战亦可；我如无备，不战虽无问题，战即不易应付。故军事家于战必先言"备"，良以有备始能一方保障胜利，同时另一面亦足保障和平，言战言和，均足应付。至此次第一次经过调停之后，我固遵约撤兵，表示诚意，日则乘机背约进攻，故结果反为其所乘。又如日军隔昨之进袭财神庙，我以早已有备，故结果即能将其击退。此即就此次事实上之教训，备与不备之胜败结果，两者固显有天渊，而由此益知无论前途之转变如何，究之吾人确不可不有所备也。吾人之为此语，绝非鼓吹求战；但战事之胜利抑或和平之解决，两者实均不能不于有备中求得！吾人为求战事胜利，固不能不有所备；吾人纵求和平解决，尤不能不有所备焉。

以上三点，皆为吾人今日应变之三大基本要则。能如此，即可言战，亦能言和；不如此，战既不能，和亦难得。故人如何对我，我即如何对人；人有备，我亦有备；我一切既不畏人，人果何得而欺我？我果有此战和两方面之充分之准备，深信以此御敌，何敌不摧？以此求和，何和不得？此诚和战均可从容应付之捷径，尤弱者自卫之绝好出路！我今日固欲顾全和平；但尤应切实认识明白，和平仍须于有备中求得！吾人始终不愿东亚和平之决裂，但人之一再逼我，我当不能不亟求自卫。兹因华北现势益趋恶劣，爰为一论吾人今日应变之三大要则，窃愿与我全国同胞共勉之！

《武汉日报》，1937年7月14日

昨天的情势

1937年7月14日

昨天的情势，仍是闪烁混沌。永定门外曾有一度冲突，此外似无大战事。但日军大举征调，用意不小。

在我们这方面，中枢当局坚定镇静，在前提上仍希望日本觉悟，俾和平了结。但在军事上，我们不能不作万一之备。就是说，日本果决心大举，我们自然要全力抵抗。同时冀察当局也应体会中枢的意旨及国民的期待，妥为肆应，不求苟免。总之，要持定坚固的决心，去卫护和平，伸张正义。

天津《大公报》，1937年7月14日

我们的主张

——1937年7月15日巴黎《救国时报》社论

日寇在卢沟桥挑衅之后，既一再破坏停战协定，步步进攻，复纷纷动员海、陆、空军，大举出兵，事变之发展，形势之严重，已完全证明日寇此次挑衅，显为抢夺平津、占领北方、亡我全国之重大步骤，而决非所谓"地方事件"。我们对此强暴侵凌，除奋力抵抗之外，别无出路！我全国同胞，如果不愿让北方政治、经济、文化中心之平津，沦于敌手，不愿让北方五省再为东北四省之续，不愿忍受国破家亡的惨痛，不愿自己之子孙，永沦为异族之奴隶，便只有奋身而起，团结一致，实行全国之总动员，为全国之总抵抗。只有在这样生死决斗之中，才能为民族打出一条生路！

形势之急迫，已再无徘徊犹豫之余地，因此，我们要再一次的申述我们的主张，告我海内外全体同胞。我们认为：

（一）要实行全国的总抵抗，须立即实行全国军事上的总动员。因此，南京政府应迅即征调全国军队，首先是沿平汉、津浦两线之军队，北上赴敌，增援二十九军，并加强沿海各地之防御。须立即恢复张学良将军军职，使统率已经饱尝亡省亡家之痛的东北军直赴抗日前线，必能发挥高度之抗日决心，来摧毁日寇之进攻。须恢复具有沪战光荣历史之十九路军，使能集中旧部，发展其对日抗战之经验，以共赴国难。须允许中国抗日红军，开赴冀察增援，使抗日前线能有此坚决英勇之军队为之中坚，更能兴奋士气，给日寇以迎头痛击，并争取抗战之最后胜利。

（二）要实行全国之总抵抗，须立即树立反日民族统一战线。国共合作之谈判，已迁延半载，虽共产党已再三再四有诚意合作一致抗日之表示与行动，但以国民党内亲日派之阻挠与破坏，以至至今尚未完成。现在南京政府应当立即摈斥一切亲日派破坏之诡谋，如要求红军领袖毛泽东、朱德辞职等之毫无理由而有害于民族之条件应毅然取消，迅速成立合作协定；以便树立全国团结之中坚。须立即召集全国各党派、各军队、各民众团体之代表会议，来确定全国动员，一致救亡的方策与计划。

（三）要实行全国之总抵抗，须立即实行民主自由。只有全国人民之总动员，全国人民在有钱的出钱，有力的出力，有枪的出枪，有技能的供〔贡〕献技能的原则之下，一致参加抗战，才能争取抗战之最终胜利。要发扬全体人民这样伟大的爱国热情、决心和毅力，首先就需要使人民有完全自由来进行抗日救国的运动。

因此南京政府须立即给与人民以集会、结社、言论、出版、罢工、示威之完全自由。须立即停止一切压迫救国运动的行动，立即释放救联七领袖与全国政治犯，以便全国人民能迅速开展救国运动，能迅速的组织起来，发动起来，以援助和参加对日抗战。

（四）要实行全国之总抵抗，须立即实行武装民众。民族自卫战争的优势，就在于动员全体人民的参加。任何民族自卫战争的胜利，没有不是由于全体人民参加所造成之结果。因此，南京政府须立即实行武装民众，使能与军队一致，在前线则参加作战，在后方则镇压和肃清日寇奸细，在敌人后方则进行游击战争，以辅助我军前线之胜利。上海抗战有工人义勇军、学生义勇军之参加，绥远抗战有壮丁团、义勇队之参加，都表现了光荣的成绩。现在全国同胞没有不愿舍身赴敌，誓死救国者，如果南京政府，决心武装民众，则数十万数百万的爱国武装健儿，可以一举而集，此实为对日抗战胜利的最主要条件之一。

（五）要实行全国的总抵抗，就必须全国人民一致奋起为抗战军队与政府之后盾。全国同胞在几年来国耻重重的当中，已积有无限的爱国义愤，同时在上海抗战与绥远抗战的时候已积有很好的全国动员援助抗战的经验。现在形势较之上海抗战、绥远抗战要严重千百倍，国破家亡之危险已在目前，海内外同胞，应当一致奋起，督促政府，确定御侮之方针，实行全国抗敌之严重步骤。并发挥全国人民前此援助上海、绥远抗战之经验，采用一切方法与抗战军队以精神上物质上之援助。并立即自动组织抗日义勇队、自卫军、救护队等，要求政府发给枪枝，以便与军队一致参加抗战。只有这样海内外同胞共同一致之奋斗，才能挽救民族之危亡。

（六）要实行全国之总抵抗，须立即肃清一切日寇奸细。日寇亡我计划当中，广施其奸细政策，不仅在我国各地设立各种公开的、秘密的侦探机关，而且极力勾引与收买各种卖国无耻汉奸为其侦探走狗，首先是国民党内部之少数亲日派分子与各地的托洛茨基匪徒。在政府机关、军队组织、群众团体当中都有这些奸细匪徒分子之混入，这是实行全国抗战当中莫大的危险。因此南京与各地方军政当局应立即驱逐一切亲日分子、托洛茨基匪徒，严行处决一切日寇奸细，取缔一切日寇侦探机关。民众方面更应首先在一切救国团体与各种组织之中肃清一切日寇奸细，尤其是托洛茨基匪徒；同时采用各种办法侦察与举发日寇奸细的行动，监视以至消灭日寇的侦探机关，以巩固抗日之后方与前线。

以上数端均为目前动员全国、抗战御侮最紧急之方策，时局前途，国家命脉皆系于此。南京政府近数日来虽有较强硬之表示，虽有若干军事上之布置，然而尚未有实行全国总动员，以为全国总抵抗之各种重要步骤，实令我们发生莫大之危惧！日寇动员全国之兵力以凌我，若我仍毫不警觉，束手待毙，则国破家亡之祸，立在目前！故敢提出主张，号召海内外全体同胞一致，要求南京政府：

实行上述六项主张！

实行全国总抵抗，保卫平津！

实行全国总抵抗，争取民族之生存与解放！

巴黎《救国时报》，1937年7月15日

日本报纸的"自供"

1937年7月15日

东京《朝日新闻》十三日社论，谈到这次"日本在华北引起的中日冲突"，除了说些"中国抗日意识旺盛乃今次事变不可避免原因"外，并且承认"日遂行大陆政策，与中国建设现代国家之两大使命，似形对立"；这承认，"确是事实"！

不过，我们要请日本人明白的，就是：甚么叫做大陆政策？所谓"大陆"，究竟是指哪处大陆？如果这大陆是指中国领土，以为日本过去强占中国东北四省，以及这几年日本在华北的侵略，就是所谓遂行大陆政策，那末，这所谓"遂行"，是否合理？日本如以为这遂行是合理，又试问中国人如果也仿效日本这个办法，也来一个所谓遂行海岛政策，强占或侵略日本的土地，日本人能否允许中国也这样做？我们想：假使日本人反躬自问，日本人自己也一定是很觉得好笑？！

至于说到中国建设现代国家，日本人应该明白：这是中国人的一种"自觉"，也是中国人应有的自觉；这自觉，正和日本的明治维新一样！如果连这一点也说中国人不对，那就应该首先承认日本本身的明治维新也不对。况且中国建设现代国家，绝不是像日本遂行所谓大陆政策那样，这明明白白，本是一件内部工作，并不是像日本人专门向外干专门妨害中国的工作。

现在日本既是一定要侵略中国，一定要积极侵略中国，这"自足以引起"中日的冲突，这冲突的引起，日本当然应负完全责任，《朝日新闻》这些话，就是日本人的自供词！

《武汉日报》，1937年7月15日

日本诚意何在

——1937年7月16日天津《大公报》社评

卢沟桥一带中国军队前晚业已复员，依常理与公道言之，日本此际应即简单明了完全撤兵，表示诚信，乃事实上不但彻底撤兵未见实行，援军利械且仍源源而来。日本通信社昨午更宣称，交涉在津接洽，尚无进展。诚不知在中国如此委屈退让的形势下，犹有何等交涉不了，此真令人惶惑愤惧者也。此次之事，从一种观点观之，则日方殆故于夜间在卢沟桥挑起冲突，然后从而扩大，希冀占据一二军事要点，以为要挟条件之地。即今之诱我迫我，先使撤兵，彼则从容增援，占得军事上极优越地位，而后以高压方式强我以严重要求，此类推断，皆有根据，非同臆造。日本果欲否认其说，惟有无条件的和平解决，痛快撤兵，即日恢复一切原状，庶可见谅于中外，否则万目睽睽，是非具在，纵有强权，其如公理未泯何！

揆日本之意，当因既已大举动兵，不能毫无所得，故必须乘此机会，于念念不忘之所谓"华北特殊化"者达到相当目的，一方以强力对地方有所收获，一方则以既成事实，请求中央承认，此至少当为其连日张弛不一，用迂回曲折的手段之真意所在。实则此事姑不问二十九军能否终听日方欺弄，借曰然也，而中央此时固断不能容许地方对外有政治性质或损失经济权利之外交谈判，其结果纵有所得，终必成中日间永久冲突之祸根，实际终将幻灭。抑二十九军对日，始终保持和平态度，试观卢沟桥冲突方起之时，以该军之力，只须动员一部，尽可进驻丰台，规复通州。乃数日之间，始终仅以小部队随地应战，忍受牺牲，其欲与日本平和共存，意旨显然。日本此际为使二十九军保持立场计，亦不应窘以难题，使无以自解于国民。就此点立论，吾人切期日方幡然省悟，以简单坦白之精神，迅速退兵，不留一卒，一了百了，多留两军后此相见余地。如果计不出此，卖弄巧谲，以种种面孔施诸地方与中央，虽尽威吓利诱之能，结果恐仍必无所得，可断言也。

现在北方局势犹在变化莫测之际，吾人一面希望日方省悟，速速收拾，惟观于昨日日本陆军大臣杉山在地方官会议演辞，对于中国尽情诬蔑，窥其意直不许中国自奋自强。盖凡中国之复兴运动，彼竟以"排日"目之，而不悟日本自身在中国之行动，乃时时刻刻予中国国民以反感，供给其恨惧日本之实物教材。如此不自反省，仍复加重武力压迫以求征服，将欲解决两国问题，何异火上浇油、缘木求鱼？抑吾人观于杉山所言，益觉日本于北方和平解决一无诚意。良以近日不特动员大军来相凌逼，且更准备召集壮丁从事大战。如此态度，岂有和平可望？因是切望全国民众严重注意时局之推移，尤望政府固守既定方针，不屈不挠。好在目前大局，视"九一八"及"一·二八"时代为佳，盖彼时"共祸"方炽，牵掣过巨，今则陕北服从中央，内乱清算终结，卢沟桥事件发生后，该方面业已申请蒋委员长领导救国，辞意诚挚，实为陕变以前未有之事实。中国统一强化决非虚矫，此点并望北方将士充分认识，安心应付。抑吾人尤有言者：国民同情至可宝贵，得之极难，失之却易。自本月八日以来，国民对于二十九军敬爱逾恒，前岁喜峰口浴血之光荣，业已完全恢复，或竟过之。此种历史也，本出艰辛创造，故望二十九军全体将领士兵加倍珍视之。

天津《大公报》，1937年7月16日

异哉日本陆军当局之谈话

——1937年7月16日上海《新闻报》社论

日本陆军当局，近对于我政府处理卢沟桥事件，加以种种讥评，殊可诧异。查卢沟桥事件，由于日军深夜演习，又无中生有，谓有一兵士失踪，遽欲派兵入宛平城搜查。我方一方阻止其进兵，一方即派员赶往与日员共同调查，而日军已经向宛平大举进攻，炮火横飞，致我军不得不取自卫之应付。其后彼所谓失踪之人已经归队，双方亦已商定撤兵事，彼一再食言，四出袭击，使危机愈甚，且增兵不已，其为有意挑起战衅，已为世所共见。彼乃谓由于我军发枪，我军深夜无人在外，且当时调查，在宛平驻军并无一人出城，彼为此言，尚欲谁欺乎。

又谓我政府压迫华北与日携手之要人，激发军人及学生之爱国心，为一种求统一之手段云云，更属谬谈。立国于世者，孰不以爱国教其军民，以此为攻击我国之资料，岂非奇特之至。至谓国府假日军之手，淘汰中央军以外之军队，尤不可解。中国军队编制，容有不同，而同属国军，绝无畛域，更无地方军、杂色军等名称。尤其自去岁以来，无间朔南，同心共体，任何国家，如对中国以武力侵略，当不惜以全国军力与之周旋。日人此时尚欲以挑拨离间为能事，可谓心劳日拙矣。

日人每自谓无侵略之心，然在中国境内，辄思为所欲为，苟不得逞意，则认为中国之暴行，颠倒是非，莫此为甚。中国爱好和平，然所望者互惠平等，苟不以平等待我，则万难缄默。日人权利，应以日本之国境为限，若在中国境内，图谋宰割，断非中国人所能容忍，一切责任，应由日人担负，实一定不移之理。巧言欺世，固无人能信之也。

上海《新闻报》，1937年7月16日

和平空气中应有之准备
——1937年7月16日《武汉日报》社论

日军在平市郊外数次寻衅，迭起冲突，而同时和平声浪亦复高唱入云。顾自另一方面观察，日本关东军既大批入关，朝鲜军复急驰津市，北平市已深陷于包围形势，他如丰台各重要地带，日军之集中者殆又不止二三万人之众，至日军之军事运输，工事建筑，依然紧张万状。此外，彼近卫内阁高呼之举国一致，积极进行之日俄战役以后第一次总动员运动，更益以所谓"彼华北驻屯军任正面，关东军任北面，朝鲜军任侧面"之说，此均自足使吾人于所谓和平前途之展望，实不能不有莫大之疑惑。而一般传说，咸谓此乃日本方面，除一面企图赶速完成包围平市之计划，一面期望预先切断华北、华中之交通外，当仍另含有一种"缓兵之作用"，一俟准备完全完成之后，即可一鼓而对我实施极强硬之压迫。根据历来事实教训，以及彼方最近行动之趋向，要又不能不使吾人有所置信。是故根据现实情况观测，所谓和平尚未绝望，而彼仍在积极布置之日，以常理论断，当不能不认为有酿成大战之可能。当此和平尚无把握之日，我为巩固"正当防卫"，自不能轻信"空洞的和平之说"，而稍忽现实情势。故吾人今日，除仍宜一本期求和平之旨、努力以求真正和平外，亦不能不有事实之准备。

其一，言和平必须勿忘军事上之准备，即依据军事策略，以作军事布置是也。例如防务之巩固，军实之补充，部队之调移，交通之维护，以及其他一切需要上之必要措置，要皆不能不于此"空洞的和平之日"，有一"充分"与"有把握"之准备，然后言战言和，皆足应付，而不致一旦发生意外，深抱应付不及之感。就军事策略言之，日方现亟谋包围北平市，集重兵以扼守"可以控制我交通"之通、丰一带，出兵古北口以企图于必要时干涉察绥方面之交通路线，其着眼点：（一）扰乱或竟占据平津一带，冀以遂其对我更进一步之阴谋；（二）利用其扰乱或竟占据平津一带之企图，实行妨害我华北、华中之交通，以期望隔断我中枢与察绥等省之联络，使察绥等省陷于孤立，而将热河及冀、察、绥打成一片。故此，吾人于彼第一步企图扰乱或竟占据平津之阴谋，以及第二步企图由扰乱或占据平津以隔断察绥等省之诡计，必须切实加以注意、以适宜其军事布置，尤应先于军事策略上，加以最详密之考虑，最妥善之应付，总期于事实上占有绝对优势，借作不时之需要，此即军事上应有之准备。

其二，言和平更须勿忘外交之准备。或曰：既经和平折冲，是已入外交途径，尚何准备之有？曰：外交途径甚广，并不仅于对手之双方也。欧美各国现方密切注视此役，我方态度严正，各国悉表同情，此盖公理与正义尚未泯灭之证也。自日军在卢沟桥启衅以来，我扼守平津之军政当局，除已严饬所属相机应付，同时于态度表示，尤多能以"不怕事，不惹事，不辱国，不丧权"之四则自勉自励，此点自足使吾人能得到精神上之安慰。而当和平折冲期间，尤应坚持上述之"四不原则"到底！使彼无名之师，终于无隙可乘。倘彼不顾一切，肆行暴戾，我则竭力自卫，彼亦无如我何。国际观听，亦咸直我而曲彼，此即外交上应有之准备也。

以上两点，似为今日我前线当局，于和平空气中应有之准备。御敌救亡之整个计划，中央久已胸有成竹，惟以举国一致之至诚，拥护其次第实现，勿俟喋喋多言矣。

《武汉日报》，1937年7月16日

国民一致的要求

1937年7月16日

我军撤退原地以后，日军昨尚不撤，且仍继续调兵运械。交涉前日移津办理，昨天毫无进展，北方大势随时有极端恶化的可能！

一般观测，日军在一切布置完竣以后，恐将不免提出重大要求，要求不遂，难保不即刻采取重大行动。日本的企图极为明了，所以表面和缓，固不可恃；局部妥协，尤无可能。此时负责当局须上承中央意旨，下徇全国舆情，立定脚跟，沉毅应付。苟安必不可求，寸土不容放弃。这是国民一致的要求，因为此外我们也没有第二条路可走！

天津《大公报》，1937年7月16日

拙劣的宣传

1937年7月16日

卢沟桥事件之发生及扩大，纯由日驻屯军无端挑衅及不遵守撤兵诺言而起。世所周知，日陆军当局，不自敛束其部下，反扬波助澜，发表荒谬谈话，可谓良知绝泯，殊深惋惜。

该谈话中最令人忍无可忍者，莫过于离间我中央及地方当局之感情与乎分化我整个军队组织之毒计。夫冀察当局，受命中央，其一切内政外交之措施，皆对中央负其责任，亦即与整个国家民族同其休戚，早为上下所共信。日陆军当局，乃妄欲挑拨离间之，多见其不自量耳！

至就军队而言，其编制与防地，容有不同，但在精神上则同为抵御侵略之健儿，亦同为求国家自由平等之斗士；在组织上，则均隶属于国府军委会。日陆军当局乃于此故分中央军、冀察军，谓非对我全国军队之诬蔑，其谁能信？

记者兹愿敬告日本之陆军当局，自"九一八"以后，中国所受于日本军人之蹂躏，亦至矣尽矣！中国现所求者惟自力更生，在此前提之下，凡助我者与之提携，凡阻我者亦惟有以全国上下之力与之周旋已耳。其他一切挑拨离间之词，诬蔑中伤之语，胥不值我人之一笑！日陆军当局欲借此以售其技俩，黔驴之技，亦徒自暴其拙劣而已！

《武汉日报》，1937年7月16日

时局真相的解释

——1937年7月17日天津《大公报》社评

平津时局在抱拥着极大的危险中又过了一日，这种沉闷绝不能久，至迟一星期必完全揭开，所以这一两天是真正重要关头。

现在我们将时局真相再彻底的解释一番，庶几易于澄清国际观点，决定一切是非。

第一，自八日卢沟桥发生事件之第一瞬间起，以至今日，我们冀察当局，我们中央政府，一直是求和平，不是求战争。其证据是二十九军在八日以后不断的努力与日方作和平撤兵交涉，而中央对于不附屈辱条件的和平撤兵，事实上是持着乐观其成的态度。这种态度,现在依然。所以时局关键始终只在日方能否撤兵,能否停攻我们的部队。据日方自称他们并未提政治条件,并非乘机另有企图。那么问题简单极了,何以在我们部队极力镇静决不挑衅之时,而日方反大举增援,进兵不已?

第二,问题之严重化,是从十日左右起,在九日北平方面认为己可解决,当局间的空气是乐观的,然不料十日又有严重的冲突。接着日本阁议就决议大举出兵。这几天从关外,从朝鲜,纷纷进兵,并且从日本内地也决定派遣师团来中国。最可注意的是宋委员长哲元到津数日,显然意在求和平解决,而十五日夜日本陆军省反正式发表了出兵令。依现状推论,在几天以内,平津间并且平津外,将有数万日军集中,那么这两天的比较沉静,只可解释为等候援兵齐集之后,要有严重动作。

第三,这两天天津方面还有交涉的接触,详情虽然不明,问题易于判断:就是中央与冀察当局实际是一个态度,一个意志。假若宋委员长认为可了,中央一定赞同,同时中央所反对之事,宋氏一样反对。这其间并无操纵离间之机会。全国同胞须知道,中国决没有一点再屈再退之余地。平津一带同淞沪一样,是中国的心腹,是几百代祖先惨淡经营的国土。日本此时对中国主权更进一步的任何打击,其意义是要中国的命!中国政府与人民固然不求战,并且避战,但到避不了之时,只有拼命自卫。因为要不然就是放弃华北,就是自杀。所以中国绝没有选择之余地,也没有观望之可能。关于此点,中央与宋是绝对一致的。换句话说,中国至今是求和平,和平之表现就是日本停攻击而撤军队,同时中国政府当然要尽责保卫国土及应援二十九军,但绝非求战事,只是准备万一之防卫。日本军上千上万的向中国开来,中国政府当然不能坐视,假若坐视,还成一个什么政府!

第四,我们客观的考察,感觉时局危机刻刻增大。日本除去从满、鲜不断的进兵平津之外,并且下了内地师团的出兵令,这是一个极严重的事实,世界舆论界要认清此点,大家为远东和平努力,再迟就来不及了!全世界人要明白,今天的危机是远东百年以来所未有。日本此次之大举派兵如不能中止,不能撤退,这当然要解释为决心征服中国之第一步骤。中国政府、人民当然不能受征服,当然不顾一切以拥护生存。这个危机,就中国说,是自有历史以来最大国难。就世界说,也是目前国际政局中之最大祸灾。然而挽回之法,却极容易,极简单,就是日本已来之兵速撤,未来之兵不来,先恢复平津间原状,日本不提打击中国主权的要求,一切依两国间正当轨道进行,那么这弥天大祸,顿时可以消释。如果日本对于这样容易做的事竟然不做,那么显然可知日本的目的是要打中国,不是要保和平。这个问题,最近就可明了了。国民各界当然要立于政府领袖指导之下,镇定应付,挽救国难,同时希望全世界关心远东的人,丝毫不可梦想,需要认识危机重大的真相,大家为防止远东大祸而努力！

天津谈判
——1937年7月17日《武汉日报》社论

　　近一周来，华北日军，频食诺言，迭起冲突。撤兵之约，似画饼无以充饥；增兵之声，则高唱而无所忌。似彼堂堂军事当局，且不惜以恶意谰言，颠倒是非，挑拨离间，其企图扩大事态，真可谓如见肺肝！是则和平解决之期待，亦惟酷爱和平之我国人，尚未醒其片面痴梦而已。顾消息传来，天津冲要之区，连日尚有人从事和平接洽，并于昨日开始正式谈判，足征和平尚未完全绝望。惟谈判之内容如何？虽未能明了，据津电所传，则实属毫无具体结果，以尚有待于川越晋京磋商；但不顾事态扩大，希望和平解决，固系我方之初衷，即日方亦深觉有此需要，此所以值剑及履及之际，仍不惮樽俎折冲之劳也。夫和平之一念，双方既未消释，则当进一步谋实现和平之方法。吾人之见，以为目前最切要之措置，仍应先践卢沟桥撤兵之诺言，同时停止关东军动员之计画，勿涉劫盟于城下之嫌，从根本上扫除冲突之诱因，其他问题，再由外交途径，觅取解决良方，保障和平，易如反掌，此则天津谈判之唯一使命也。

　　抑和平两字之联缀成一名词，乃系和好与平衡两种元素之化合物，不和固难获平，不平尤难求和，而所需平之成分且较多，方能成立和平，此盖老生常谈也。日本之与我国间，所以使吾人常感和平上之威胁者，即日本不以平衡待我之结果，我虽十二万分欲与彼和好，亦终于单恋而已。即如宛平之役，造因于日军之夜间演习，已违背平等之义，因在条约上绝对无根据也。至于夜间演习之余，复捏造口实，擅启衅端，致我当地军民于梦酣之中，饱受枪炮惊扰，或遭飞来惨祸，军队负保民自卫之责，处此种恶劣情势之下，倘再不还击相御，直是束手待毙；天下之酷爱和平者，宁有如是者乎？迫日军既肆行侵袭以后，又相约同时撤退，已非法理所应尔，盖日军撤退，理之当然，我军驻扎我国领土之内，非遇军事上有其必要，即不应无端移动，乃仍委屈求全，如议撤退，日军仍相侵袭，至再至三，遂致双方冲突，连续见告，在我军乃为自卫而抵抗，试问日军果何故相侵袭？所谓和平与不和平之关键，不过如是而已。

　　兹者天津谈判既已开始，和平门户之启闭，日方实司其枢纽，我国不处于被动地位。日方果有维持和平之诚意，我国自不愿使事态益扩大，则旬日内之恶劣空气，不难立即清明。但有一前提，即日方必须改正过去对华之心理，从事实上表现其诚意维持和平是也。万一自视过高，而视中国如无物，肆行欺凌，横逞侵略，蹂躏我人民，攘夺我权益，占据我土地，是直强迫我国家民族牺牲其应有之生存权利，斯不平莫甚，无和可言矣。国家养士之目的，端在御侮自卫，似此非常侮辱之来，则竭力以事抵御，宁牺牲个人之生存权利，决不放弃国家民族之生存权利，责之所在，义不容辞，日方不乏明达，倘称平心静气以思，度亦以此等主张为可哀也。若并此种可哀之主张而不获贯彻，乃永无和平之望矣。兹值天津和平谈判期间，甚望日方当局彻底反省，即日实行撤兵，先保障和平局面，其余问题，留待外交当局从长计议，度不难迎刃而解。吾人且濡笔以俟和平谈判之结果。

《武汉日报》，1937年7月17日

国际劝告

1937年7月17日

这两天来，北方并没有大规模冲突，但是日本仍在积极增兵，保不定最近就要大举。中国虽然爱好和平，抵不住日本处心积虑来破坏我们领土的完整，结果所届，恐不免要危及东亚的大局。

所以国际方面，昨天显已发生种种反响：英美两国政府已经分别照会日本，劝告勿为已甚；法国报纸，不分左右两派，一致不直日本所为；英国保守党议员并提议废止《辛丑条约》第九款各国在平、津、榆一带的驻兵权。这些固然足以代表国际间一点正义，但是我们并不存奢望，我们知道一切要靠自己努力。简单一句话，我们不求战，不过对方如果逼得太紧，我们决定自卫！

上海《大公报》，1937年7月17日

严重时期国人应有之觉悟

——1937年7月18日上海《新闻报》社论

国事至今日，可谓已到从来未有之严重时期。在此时期中，国人一举一动，皆足以影响国运前途，故非有朝野一致坚定之态度，莫能当此大难，此为第一应觉悟者。惟空言一致，究何所适从，苟无所适从，焉能坚定，则决定国策，为不可缓已。

自形势紧张，国人相见，辄互询和乎？战乎？意即以此为国策，实则有别。我国非侵略国，此两字殆非我所能决定，因我国既无黩武之心，断无向人开衅之事，或和或战，悉视应付环境。苟可以和平，固无需主战；倘不得不战，又何从主和。是以我国今日决定国策，但能就自己作主者着想。易言以明之，即至某一阶段，我必亟起自卫是也。近日冀省当局以不丧权不辱国之原则下求和平为宗旨，似已近于决定。惟仍感不确实者，即我国地位，积数十年之挫折，本非健全，我国土地，有割让于人者，有为人强占者；他人军队可以自由入境，可以任意设备，而我国军队反有不得通行不得设备之区域。倘以丧权论，则剑及履及，应早在多年以前，倘认为有例可援，则何堪设想？故今日宜由国家决定方策，划一界限，以前丧失者，暂勿置论，以后更不容有丝毫丧失。倘以前例为言来相尝试，我当坚决拒绝，庶其他各地不至再蹈冀东之覆辙，否则日蹙百里之祸，真无底止矣。

国策既定，即应视为铁案不移，同时亦应进行一切准备。所谓准备者，布置固为要端，即以后种种困难之遭遇，亦当预计应付之法，庶不至中途变计。全国人民，亦当遵守政府之指导，各尽其力，无轻躁无懈怠，如此方可望于国家有实益也。

上海《新闻报》，1937年7月18日

中日危机之分析

——1937年7月18日《武汉日报》星期专论

汪诒荪

中日危机之发展，其历史因素由来已久，责在日方而不在中国，固彰然甚明。自"九一八"以迄最近，此种危机之发展，已由量的增加达到质的改变。日本对中国所施之压力，亦愈趋愈紧，愈迫愈近。所谓"对华新认识"，所谓"经济提携"，早为识者认为发动侵略战争之信号，今日中日关系，真如千钧一发，矢在弓弦。彼纵火者正挑拨其火焰，驯至被难者焦头烂额，挽救无方，驱至必死而后已。明乎此，中日两国人士尚有求于中日关系之改善者，宁非梦呓乎？新近逝世前驻华大使有吉明氏于《中日关系再检讨》一文中曾谓："中日关系，每当正将好转之时，恒起一突发事件，驯至逆转或恶化。"不幸有吉之言，今又言中，在此半年来中日关系小康状态中——毋宁是僵化状态中，突爆发卢沟桥事件，消息传来，举国激昂，世界震惊。考其逆转恶化之由来，殆全为日本一手所造成，盖在不久日方所宣传"中日亲善"与"经济提携"之烟幕下，早已构筑其侵略进攻之阵营矣。

吾人述及近年来之中日关系，不能不追溯一九二七年田中义一首相之大陆政策。大陆政策系日本侵略整个中国之具体计划，曾将侵略步骤分为四个时期：第一个时期，征服台湾；第二个时期，征服朝鲜；第三个时期，征服满蒙；第四个时期，征服中国全土。大陆政策之历史的发展，已开始作第四个时期之尝试，故田中遗策迄今仍为日本军人奉为至宝，以为宰割中国之利刃。基于此种政策所招来最近中日关系恶化之主因，约有数端：第一，为欲囊括我华北经济利益，垄断我工业资源；第二，此次所谓举国一致，近卫新阁及其军部欲借攘外安内故智，以奠定其国内半年来叫嚣动摇之局，借缓和其政治上诸对立与经济上之矛盾；第三，日本全国舆论界类多囿于狭义的国家之成见，不仅不能对其军部侵略政策予以严峻批判，反从旁推波助澜，罔顾国际正义。此诸种原因，已使日本侵略的大陆政策迷途忘返，沉醉于武力主义而以东亚霸主自居。

现阶段中日危机之发展，间不容发，有酿成历史上百年浩劫之可能，而东亚同种同文两大民族心理上所以如此隔阂者，未始非日本朝野对华认识不足有以致之。今日民族国家统一建设迈进之中国，决非北洋军阀时代封建割据局面之可比，惜乎日本所谓"对华之新认识"仅存虚名，仍以昔日分化离间之惯技施之于今日。例如最近日本报纸宣传所谓"北支中央化"，曲意割裂即其明证。夫黄河北岸为中国民族数千年来祖宗之发源地，其在历史上建都之光荣，与日本之奈良、平安（京都）初无二致。故在此种领土主权内冀东伪组织之存在、特殊贸易——贩毒走私之横行、华北驻屯军之扩大、我领空内自由飞行等，在彼既属横蛮无理，在我已蒙奇耻大辱。此与强盗闯入人家住宅，劫持其财产威胁其生命，而犹强迫使之承认者几何不同？《朝日新闻》记者太田宇之助氏近在《中央公论》七月号著文曰："中国方面经本年二月召集之三中全会，对华北已决定具体方针，继续保持不退让态度。最近频传冀察中央化之工作，初难置信；但现冀察当局与日本，冀察当局与南京政府之间，关于华北经济开发之铁道问题、铁矿问题等，阻力横生，故为酿成华北空气不安之局。"太田氏已极曲意割裂分化之能事，但酿成此种不安空气之原因及其责任果何在乎？初不待繁言而解。近鉴我国家经济基础日趋巩固，政治意识渐统一，川康整军初告完成之际，对华北所施侵略分化之阴谋，思不得售，故酿成今日严重的华北事件，且欲扩大其危机。中国民族虽为酷爱和平民族，但非无耻之民族，在侵略者铁蹄下终不能避免此种命运，早在我全国国民常识意料之中。

自去年川越大使来华之际，即以经济提携为调整中日邦交之中心问题，而中日经济提携最重要内容，厥为华北经济开发；此种经济开发，乃为侵略中国征服中国全土大陆政策之彻底执行。如此种经济的资本的方法走不通时，大陆政策之本来武装侵略，必然发动。川越首次来华以后，中日双方本拟继续进行谈判，则因当时日方华北增兵与武装走私，中国抗议无效，旋使搁置。八月间成都、北海两案发生，日方一面借口保侨，增兵中国，一面即开始继续有田任内未终之中日谈判。嗣又因汉口、上海两事件，日方之要求愈多，谈判之距离愈远，致前张外长与川越大使八次会见，均无结果而终。南京谈判内容，除成都等四案偶发事件外，日方主要提出华北五省特殊化与共同防共两项，此外如通航、减税、聘请日方顾问、取缔所谓排日等。我方则提出废弃塘沽、淞沪两协定，取消冀东政府，撤退不必要之华北多余驻军，取缔在中国境内飞航等五对案。在南京谈判进行之时，突爆发太原事件与绥远问题，驯至绥远战事扩大，日方故意扩大事态，借为威迫获得华北五省特殊化与共同防共两项问题之如意解决，仍为大陆政策及广田三原则作祟。迄西安事变迅速解决后，中国真正和平统一运动渐形成功。绥远战事，因日方暂时放弃进攻计划,形势亦渐趋和缓。

本年初以迄最近,半年来日本国内频发强烈之政潮。自广田内阁之倾覆至宇垣组阁之失败,自七十届议会之解散至全国总选举,自林内阁之夭折至青年首相近卫之登台,政党、军部、官僚、财阀彼此间之斗争,已至短兵相接。其主要论点仍以对华政策为其内政抗争之引线。故中日关系在一九三七年上半〈年〉已转入于小康状态,盖日本军部因急于应付内争,非对华侵略暂时让步,乃在重整步骤,作重新对华宰割之准备耳。日本议会改选后,军人法西斯政党失败,林内阁因失去军部支持,渐陷于风雨飘摇之局。川越亦于四月二十八日奉外相佐藤电召离沪返国述职。先是在佐藤就外相职后,对华政策有从经济方面入手之主张,继之有儿玉经济考察团之来华,于是中日"经济提携"之说又复盛极一时。但日方考察团来华时,中国全国上下均主张先解决政治问题,日方于失望之余,则主张维持现状,并认维持现状为日本最大之让步,至冀东伪组织之取消与华北特殊贸易之取缔诸问题,则置之不理。林内阁任内对华"经济外交"之策动,实具最大决心,即广田三原则之起草人桑岛不能不对其原案加以修正矣。桑岛于四月初过沪返日时曾发表谈话:"日政府对华外交曾由前外相广田决定三原则,现因中日情形,均有变化,在事实上,日方已不能坚持该项三原则,应重新考虑现状,决定方针。"并谓:"任何政治问题,皆应以经济利益为根据,故经济合作与政治谅解,互有密切关系。"日方对华外交以经济合作为第一主义,显与中国坚持首先解决政治问题两者之间,发生对立。

夷考日方所谓经济合作者,实即对华北经济"开发"。换言之,"开发"华北经济,实不外下列二意义:一为剜中国之肉,以医日本之疮。即以中国之富源,供日本之开发;以中国之市场,为日货之销路;一为以中国领土为侵略中国之大陆政策军事上给养地。但自去年下半以来,喧传一时〈的〉华北经济"开发"未能如预期计划迅速进行者,实因日本财政危机及其经济矛盾,无剩余资本对华北输出;而日本资本家与军部在意见上亦发生龃龉,前者以先设法救济农村开展日本商品之销路,后者却以军需要求为"开发"之标准,故主张首先"开发"矿产与建筑铁道。另一方面则因关东军与华北驻屯军之间意见不能统一,关东军坚欲使其指挥下兴中公司为"开发"华北之主体,而华北驻屯军则持相反之主张,因之兴中公司与华北日军遇事扞格。日本自身步骤之不一致与资本力之薄弱,实为华北经济"开发"不能如愿进行之主要原因。最后,则为我全国民众与二十九军将士,绝不容华北完全为日本整个控制下之安全地带,同时日本军部之冒险行动,仍使日本资本不敢流入,中国资本亦不敢效劳,故中日苟安之局,暂得维持。

川越返国两月,于上月底来华返任,行前曾发表对华政策最后意见,据当时东京《读卖新闻》所载,如抽绎其主要内容,实无异说明:(一)维持华北现状为伪满政权之延长;

（二）华北经济"开发"由地方合作而处理之；（三）华北驻军根据条约绝对必要；（四）《塘沽协定》无意废止；（五）要求中国减低关税与调整贸易、航空等。对去年南京中日谈判中我方所提之对案，全置不理。所谓基于"对华新认识"下此种外交政策，乃完全置中国领土主权完整与平等互惠原则于不顾，是中日邦交前途之暗淡，早露其端倪矣。

此次卢沟桥事件，显系日军借故向中国部队挑衅，嗣复频食诺言，在北平近郊累次侵袭，一意扩大事态，迅将关东军及朝鲜川口师团源源内开，剑拔弩张，间不容发。而华北驻屯军司令田代因与关东军不能彻底合作，已改派香月清司继任，秘密乘机抵津。此种重大军事调遣，显系威胁平津，以便占领若干要地，逼我作城下之盟。其最终目的，不外将我领土主权使受外力之分割，自前年"华北五省自治运动"至久未得售之"华北特殊化"，欲借武力压迫，一鼓实现。其作控制华北、发展华北之最后准备早具决心。

吾人对此次事件之认识，不能视为偶发事件，显为日方预定之计划；非仅企图发动宰割华北之侵略战争，实乃吞噬整个中国大胆之尝试。中国自"九一八"后，五六年来亲尝重创巨痛，衰老软弱之民族，已渐由"兼弱攻昧，取乱侮亡"教训之下开始觉醒。中国政府与中国全体民众为争取生存权，已随时准备御侮救亡，踏入抗战悲壮之途。中国在辛苦步上新兴民族国家建设途中，惟有自力更生，奋发图强。当日本幕府末叶尊王攘夷论勃兴之际，外患频仍，更缔结神奈川、江户两条约，亦沦为欧美列强控制下之命运。日本民族就近代国家建设之事业，自庆应元年（一八六五）两次长征之后，迄明治十年（一八七七）西南战争，其封建势力之雄厚，较军阀时代之中国有过之无不及；而外国特殊势力在日本之盘据，为期亦复甚长。明治政府企图条约改正，用尽一切方策与手段，均不能达到法权收复与关税自主之目的，不意于中日、日俄两战役之间，一切对外要求，均迎刃而解。日本国民既有此种近代史上之经验，应恍然自悟于一个新兴民族自发的意识之觉醒，非任何能力所可阻止其前进。英国工党人士所著《和平之审判》一书（Conquest on peace）中曾谓："中国正走向光明之途，途中纵有障碍，但无人能阻止其接近光明。"吾人今日已具有此种信念，对努力克服前途之困难，曾不稍懈。兹当中日关系一发危机之俄顷，亟愿唤起东邻人士之反省！中日前途为祸为福，几全系此一念之差，东邻人士不乏贤达，当不河汉斯言。

《武汉日报》，1937年7月18日

中日现势

1937年7月18日

天津方面中日当局的折冲，迄昨夜止，仍无具体结果。昨午东京五相会议，认为交涉不容迁延,已决定促进谈判的计划,并已有训令致华北日驻军司令香月。眼看北方局势,将要推演到最后阶段。更证以日本积极由国内向中国增兵,大局趋势已很明了。

对北方现势,英美已发言,各国刻刻增加重视,我政府向《九国公约》签字国已提出备忘录。目前国际动向,也颇值得注意。

我政府对于应付当前危机,早有重大决心,即不求战也不避战。全体国民对于政府方针,都深切了解,热烈拥护。在昨天庐山谈话会中,已充分证明这一点。所以大局关键,端看日本态度,而其揭晓日期,将不出三五天内。

天津《大公报》,1937年7月18日

宝贵的训练

1937年7月18日

昨天庐山谈话会的情形,证明政府态度的坚定,并得到全国智识界的热诚拥护。这点朝野一致的精神,是中国向所未有的,这次却在卢沟桥事件中获得了。

卢沟桥事件已经过了十一天,在这短短的时期中,表现出"四万万人唯一心"的情绪,政府的坚定,兵士的沉勇,这种现象都不是两年前所能想像的。我们的国家行将步入重大时代,卢沟桥事件便已给予我们不少的宝贵的训练!

上海《大公报》,1937年7月18日

时局到最紧关头

——1937年7月19日天津《大公报》社评

时局果已到最紧急关头。事实是这样:一方面天津昨日有交涉,其结果如何,今明可揭晓。一方面日本向我外交部提出性质重要的照会,其内容已经发表。

此次事件的真相我们业已说过,就是中国所求只是寻常的和平解决,所以在不附辱国丧权条件范围以内,地方解决,中央并不反对。因此天津的谈判,如果无坏的条件,又何尝不可赞同?但国民要觉悟,事实绝不如此。现在日本表现出来的是决心大举进攻,盖如《朝日新闻》所说,乘机解决整个的华北问题。《朝日》平日持论比较留有余地,而昨天的主张如此,这是代表日本五相会议后的确定方针,应当觉悟已绝少希望平和的余地了。

最可愤的是指摘我们政府不应当派援军。这几年中国种种的委曲求全,简单说,是因为彼此相约维持和平。现在你们从国内,从朝鲜,从关外,几万几万的派大军来,眼看就要攻打平津,反而说我们政府不应当在我们自己地方派兵保卫,这种理由怎样说起!

不过现在已不需也不暇与对方讲理。人家若已决心要分割要征服中国，还有什么理可讲! 我们在这最紧张关头，只有向全国同胞报告形势，共同实行以下几项：

第一，全国同胞绝对站在一条线上，不要听任何离间挑拨，不要行动分歧。关于此点，我们盼望冀察军队最高指挥官宋哲元先生，尤其要注意。须知中国民族是荣辱生死与共，只有共同奋斗是活路，并且必定成功。全国对宋先生是信任其爱国的，当此时机，需要宋先生格外努力!

第二，我们政府方针是求和不求战。但无论如何，不能放弃国土，不能坐视我们部队受攻击而不救。我们前天已说过，中国绝无再退再屈之余地，再退就是弃地亡国，所以今天的中国是被置在不得不奋斗不得不拼命之境遇中。这种情形，全军全民人人了解。更盼望绝对共同认识中国是万不得已，是无所选择。

第三，但大家要注意，必须严守纪律，镇静服务。现在全军领袖的蒋委员长正秉承中央，指导全局，全国大家应当安心服从指导，各尽职分，行动思想要一丝不乱。

以上三点，其实是全国各界早有的常识，不用多讲。我们深知全国现在精神团结的坚定，是历史以来所未有。全国的军队都是枕戈待命，有绝对为国牺牲的决心，并且统制森严，专候最高领袖的指导。同时全国舆论毫无分歧，一致的拥护政府，应付一切。前天庐山谈话会气象之佳，就是全国精神团结的新写照。最后还有几句要紧话：现在日方形势虽然剑拔弩张，已达极点，但中国真意依然是求和平，不是求战争。我们外交当局对于日本就要有剀切详明的答复，我们又知道宋委员长与中央是一个意志，而政府派出的援军是警卫，是防堵，不是希求战事。所以若日本还有一点愿和之意，我方一定相应，东亚祸福，只看日本的决心。

天津《大公报》,1937年7月19日

华北事件所予欧洲国际之影响

——1937年7月19日上海《新闻报》社论

石龙

卢沟桥日军之炮火，已动摇东亚之和平，霞关策士，仍不断向华北增兵，直欲将今日之远东，造成一九一四年欧洲之状态，故远东国际风云之险恶，似已届千钧一发关头。在近日虽微露转机，但日方若不放弃其根本之企图，犹憬憧于华北特殊化之迷梦，则东亚大局，仍有继续恶化之可能。瞻念前途，不寒而栗。

在此东亚局势岌岌危殆之时，欧洲国际因亦现动荡不宁之象，最堪注目者，则为苏俄。俄之于日，最近本以黑龙江中堪察资与柴那摩哈两岛之争执，曾表现一度之紧张，及后俄兵撤防，日军重占两岛，复引起苏俄对日之严重抗议。华北事件爆发，苏俄远东军总司令部，即召集全体军官会议，遣派大批军队，增强西伯利亚东境之边防。时适瑞典外长游俄，亟谋俄瑞外交政策之一致，乃于北欧方面，平添一有力之友好，而商谈已久之近东四国公约，亦于此时告成，重使苏俄睦邻主张，为更进一步之成功。且于土耳其外长鲁斯第聘问莫斯科之余，解决俄土边境之纠纷，重修两国之旧约，并使苏俄减少在中欧与近东方面之顾虑。于此数点，均已充分表示苏俄自华北事件发生以来欲着力于远东之动态。其次德国态度，亦多令人注意之点。希特勒于华北事件发生之翌晨，曾在贝许德斯加登地方，召集亲信戈林、牛赖特诸人会议。此项会议，虽非由于远东局势而产生，但其会议后，一面将德国党军集中奥边，迫令奥人承认德国最近要求之四项条件，一面于汉堡运出大批军火接济西班牙国民军，更积极干涉西国之内乱。就此以观，大有利用远东局势乘机向欧陆进展之嫌疑。伦敦方面，于此亦深感重大之不安，工党领袖蓝斯白雷，遄赴意京，谒见慕沙里尼，亟欲消解两国对于地中海问题之对立，而不干涉西乱之折衷方案，亦于此时应运而生，废止海上监察办法与承认双方为交战团体两者，均足见英人对于不干涉西乱政策已放弃其本身之主张，而容纳德意两国之意见。即成见甚深之法国，对此亦愿于大体上赞同。英法两国所不惜对于德意迁就曲从，固自有其内在之因素，要亦远东之客观环境，有以促成。盖英法之在远东，均拥有若干利益，尤以英国关系为最深，故咸转移其目光，密切注视远东事态之变化，且亟欲求欧局之安定，俾有余力以应付远东。上述各情，均足显示欧洲最近之国际动向，似已深受亚洲局势之影响，而趋于新的发展之途程中，虽在表面上未见其与华北事件直接攸关，但细心寻求，未尝不可睹其轮廓也。

今日之世界，已成不可分离之个体，其相互交织之联系，有如水上波纹处处相通，一石之投，当可波及整个水面，又所谓牵一发而动全身者。华北卢沟桥日军炮火之一轰，其影响欧洲国际，已如此其剧，倘彼方再欲逞其私图，刻意制造未来之大战，则星星之火，可以燎原，其影响所及，岂不更有甚于今日者耶。

上海《新闻报》，1937年7月19日

辟日方宣传词令之谬

——1937年7月19日《武汉日报》社论

华北情势，连日虽有所谓和平之谈判，顾日军一切积极行动，绝不因谈判既经开始而稍和缓。处兹一切依然紧张之际，更征以历来之事实教训，实使吾人于和平之望，殆有梦幻泡影之感。原和平之说，为日政府一种缓兵之策略；彼既借此"假和平"以缓兵，更于宣传上制造种种谬说，以冀图淆惑国际，及挑拨离间我内部，诚不知是何居心？兹为伸张公理，为辨是非曲直起见，爰就其宣传词令中之尤谬者辟之，纠正一二，以见一斑。

　　第一，日本人常有所谓日本在华特殊权利之说，类此怪调，吾人惯闻已久；彼日军强占我东北，侵略我华北，其借口以肆行喧宾夺主之横蛮行动者，要皆以此怪论为其烟幕弹。夫此怪论究属有何根据，不特吾人始终未能明白，即彼日本人亦从未一言其故。吾人今日所欲问者，即日本在中国，究何以有此所谓特殊权利？如谓出自所谓友谊提携，然则我国在日本领土之内，何以从未闻有此权利？日方其何以自圆其说！其二，日本人于中国，除一面肆行不断之侵略外，其另一面，则诡言"提携""亲善"，惟提携、亲善之实际，必须双方于事实上真正互惠平等，乃日本近数年来，无端侵占中国土地，无端占犯中国主权，无端欺凌中国人民，无端破坏中国建设。反之，中国于日本，既未强占日本一分一寸之土地，亦从未越过东海以干涉日本任何一种之主权，更未曾派遣一卒一兵，沿三岛任何一隅登岸，抑或深入日本之内地，欺凌日本民众，破坏日本生产建设。即此对照观之，所谓提携亲善者，乃中国片面义务，直与日本无与，是则我固提携，无如彼不亲善耳。第三，即就此次之冲突而论，其起因乃由日军在卢沟桥借夜间演习挑衅，事实昭著，举世周知，乃日方不肯直负其责，而更滥引《辛丑条约》，以求诡避，竟忽于该约内容，外人虽有驻兵之规定，但不能越平西一步，更无论此次挑衅地点之卢沟桥，根本不在该约之列也。是其滥引《辛丑条约》，反足以昭彰"不法行为"耳。以上三点，俱日本宣传令中所未能自圆其说者也。

　　至于日方宣传上挑拨离间之技俩，则系将中国整个政权强裂为中央、地方之别，一若中国之中央与地方，未有若何连系者然，此其例。如有日本政府屡次宣称华北交涉，日政府必须以冀察政权为交涉之对象。类此怪调，吾人诚不知其说何自？谓中国之冀察，不应由中国之中央政府统治欤？然则日本之任何地方，曾有未统一于日政府否？此次挑拨冀察当局之又一怪论，不曰中央势力已北进，即曰中央有意淘汰中央军以外各军。类此之说甚多，日陆军当局，日前更有此公开之怪论。彼日本陆军当局，其所以有此怪论，要皆鉴于我国过去之军阀时代，一般军人莫不拥兵自固，故此以今例昔，以为此可间离今日之冀察当局，以为此必可以投我冀察当局之所好。不知我自革命之后，一般武装同志之思想，已渐日趋开明。国难以来，我全国尤能深觉我整个民族有"绝对不可分"之关系，此种国民心理上之所及，今日已多见诸事实。至为我国家民族今日捍卫冀察疆土之宋哲元等将领，更曾屡屡表示明白，誓死必为文天祥、史可法。关于此点，论理应早可打破日本对我华北之迷梦幻想，即退一步，今日谅仍无法以间离我冀察当局抑或任何地方对我中央之拥护与信仰！彼日本今日对我冀察当局之种种挑拨，其说适正等于日前诬我冀察当局之种种传说，其用意盖欲一面间离我冀察当局对我中央不能信仰，另一面更欲我全国对已誓死守土之冀察当局不能信任。此一反一复，已足参见日本在宣传中之作用。此吾人所尤不能不词而辟之者也。

总之，日本侵略中国，在事实上并不自最近始，任何巧言宣传，终无法摆脱其"侵略中国甘为戎首"之责任。此点任何人当知之。兹日本果能如其向素之宣传，自认对中日和平能有决心诚意，即请日政府暨日本一部分军人即日放弃其对中国之一切侵略，就此次天津谈判之便，毅然撤兵，退出华北，交还东北，则其一切，自不待辩而自白。否则宣传虽巧，而不能为日本摆脱侵略中国之责任。惟日本人其有以自明，日本如不欲放弃侵略中国之行为，即请勿作"世无能信"之宣传可也。

《武汉日报》，1937年7月19日

卢沟桥事件的现状

——1937年7月19日《新中华报》社论

最近以来，暴日采取的一切手段，如五个师团（五、六、十、十五、十六师团）增调华北，海军分途骚扰华南、北平各部门，日军游击侦察部队的窥探行动，重炮兵三千多人的向北平进发，日空军大量集中天津（约百余架），日本国家内部浓厚的战争空气。上面种种，都足以证明暴日目前正加紧利用一切时机集中力量，企图用最少的牺牲首先占领北平，也好像他"九一八"时的惯技。暴日连日来的大施恫吓，如近卫的宣言"日本国民应随时准备事态的最严重化"，都足以证明其所谓"和平谈判"实是争取主动的手段。

今天的形势，已达到不起来坚决抗战就不能保存平津、华北的地步，任何犹豫幻想，希望中日仍然能够"和平"，实在就是等于自杀。然而最令人怀疑的，就是冀察当局的态度，尚没有具体表明，全国人民都要求抗战，但宋哲元氏仍然满口和平，全国人民都希望宋哲元立即赴北平主持前方抗战，然而他仍然安住天津私宅，并且宋哲元、张自忠行将与香月举行谈判的声浪又甚嚣尘上。虽然事情的真相没有明了，然而华北当局态度的暧昧决不是抗战前途的福利。为着宋氏计，务必以国家民族为重，迅速回北平亲自主持战事，抛弃词令的折冲，多作干戈的周旋，这样则不特过去的长城各口的光荣，能够在今天再见，并且民族前途也多利赖哪。

廿九军的抗战精神，我们表示最大的敬意，并且还听到二十九军将领曾坚决的拒绝暴日提出的要求：（一）道歉；（二）由卢沟桥与永定河亦撤退，改为保安队驻防；（三）取缔抗日运动。这种不退让的精神，已经大白于天下了！我们诚恳的盼望他们切不要为亲日退让的奸言有所迷惑，坚决在华北最前线奋斗到底，只要坚持下去，全国民众亦将纷纷起来参加抗战。

南京当局的态度，已经表明他向抗战前途进了一步，这实在是可欣慰的一回事。中国固然不愿侵犯其他国家，但日本把中国领土由东北再而侵犯到平津，如再不坚决抵抗到底,那就对不起创造民国的先烈。我们非常赞成南京"如敌人侵我平津,决与周旋"的声明,然而事情既然如此紧急,我们愿对南京当局作如下的提议:

第一,坚决抗战到底的国策,华北战争应当采取持久的运动战略,首先歼灭华北日军,打击一切主张妥协的倾向。

第二,国民政府应当充实以爱国抗日的各方人才,立即摒绝一切亲日色彩的分子,以增强主要机关的权力。

第三,建立不包含各部队领袖的华北抗战的军事指挥机关,以统一部队指挥,增强抗战能力。

第四,立即给予民众以民主权利,动员全国民众参加抗战。

最后,我们要答复日本宣传"卢沟桥事件实由共产党发起"云云。倘问卢沟桥事件的原因,实在为日寇所发动,是日寇的有计划行动,这是世界共知的事实。中国人民对于日本强盗的侵略,已达忍无可忍的地步,只能出自于抵抗,才是出路。中国共产党对日本帝国主义绝不两立,这不是假话,倘日本果真愿避免中国人民的反对,则只有立即取消其帝国主义政策,将东北归还中国,取消其天皇制度,而换以人民民主共和国的制度,那么东亚和平就可以谈得到!

《新中华报》,1937年7月19日

看这两天!

1937年7月19日

日方对最后阶段各种准备似已完成,并向我政府提出威胁意味的照会。今明两日将为大局最严重关头。

宋哲元昨一度访香月,东京报载香月已向宋提出接受日方条件的要求,所以津方折冲结果,一两天内必可明了。日方一面步步逼我,一面源源增兵,一面更于昨天派飞机在冀豫境内扫射平汉路列车。其用意已甚明了,而大局趋势尤为显然。

现在大局关键,在日方省悟保持和平的重要,能够悬崖勒马。东亚祸福的分歧点,在日方一念,在目前一瞬。

天津《大公报》,1937年7月19日

日机深入我腹地挑衅

1937年7月19日

日本军用飞机昨在河南漳河桥、河北官庄站及元氏县等处用机关枪射击我经过之列车，死伤多人，外部特向日使馆提出严重抗议！

查卢沟桥之役，纯系日军非法演习，无端挑衅而起。然冲突结果，日方竟诬赖为我二十九军，首先开枪，且提出横蛮条件，要求"惩办肇事者"，希图推卸责任，并扰乱世界听闻，用心可谓险辣！然此次竟派遣军用飞机，深入腹地，射击列车，则又何故欤？

总之，日军人侵略为心，全无道理可讲。且当此和平谈判正在进行之际，乃又有此挑衅行动，具见华北问题，和平解决之希望至微！我朝野上下，应作万一而必要之准备，以应付未来之大变也！

《武汉日报》，1937年7月19日

要求制止丧权辱国的谈判

——1937年7月20日巴黎《救国时报》社论

日寇原想很容易的一下子占领卢沟桥。二十九军三十七师的英勇抵抗，使日寇的第一步计划遭受挫折。可是，日寇并没有放下手来，反更变本加厉。旬日以来，一方面增调海陆空大军，横行津沽，包围北平，几度进攻卢沟桥，同时又增兵察北，重图绥远；另一方面，提出种种灭我亡我的条件，来迫胁我冀察与南京当局谈判。北方的危急是更加严重！这更加证明本报的全国总抗战保卫平津的主张之正确。

事变横来，举国奋起。海内外同胞既一致要求动员全国团结御侮，爱国军人亦纷纷请缨杀敌，特别是抗日红军首先要求开赴抗日最前线。南京政府亦调遣一部分军队赴平汉线北段，在外交上亦曾有比较强硬的表示，国人都庆幸的鼓励南京政府，使从此不再屈辱退让，而走上坚决抗日的道路。

然而有不能已于言者。消息传来，有所谓天津谈判，或传我方已接纳日寇要求，而十九日南京给日寇的答复，还认为在中央准许之下，北方事件果为地方事件，则可由地方谈判，并向日本申述，必须双方撤兵至冲突前原驻阵地。这不能不使人惶惑疑惧。而且事变逾旬，日寇已积极动员，迅速增调大军到达平津，而我方则少数增援部队逡巡迟缓，南京精锐部队亦未见动员抽调，致使守土却敌者仍为二十九军之局部抵抗。这一切迁延贻误，使国人不能无疑于南京当局的抗日的决心。

二十九军的英勇抵抗已打退了日寇几次的进攻，南京为什么要提议双方撤兵至原驻阵地？中国军队在自己领土上驻扎，为什么要撤退？日寇在北方驻军达数万，把我国的领土主权蹂躏殆尽，为什么在外交文书中承认其"原驻阵地"，而对于日寇的驻兵增兵不作撤退的要求？应该记得日寇已经两次"撤兵"，每次被日寇利用来增调部队和组织新的进攻。

卢沟桥事件决不是"地方事件"，因为平津的存亡，关系于全国的安危，因为日寇已经动员了全国的力量来侵我北方，只有以全国总抗战的力量才能保卫北方。"地方谈判"正是日寇所迫胁的天津谈判。这里，日寇不仅企图在大军威胁之下，撤退三十七师，设立非武装区等，而且阴谋策动冀察"自治"，进行其分离运动，以吞并我北方。南京如果纵容"地方谈判"，纵容天津谈判之接受日寇要求，则丧权失地之祸立至，不仅便利了日寇强占北方和进攻绥远的阴谋，而是〔且〕给日寇以南下中原的门户，其结果的惨痛将远非《淞沪协定》、《塘沽协定》等所可比拟。

根据现在得到的各方面消息，显然有一种可能存在的危险，即日寇在天津谈判中得到亲日分子承认其所提的各种条件，南京政策尽管在表面上不承认这些条件，并将承认日寇条件的责任加诸冀察当局以卸责——但是，这种解决问题的方法，实际是愚民卖国的勾当。我国内外同胞不仅希望南京当局不出这种欺人自欺的下策，而且应当以广大民意和群众运动来制止这种丧权辱国的阴谋的实现。

要以外交途径来"解决卢沟桥事件"，这是十分有害的梦想。对于日寇的进攻，只有以坚决的武装抵抗来回答。固然不必反对作任何外交谈判，然而，第一，任何外交谈判之先决条件是完全撤退日寇在我国各地的——首先是北方驻军，否则便没有丝毫谈判的余地。第二，外交的力量基于国防，所以今天的基本问题在于动员全国的力量来武装保卫平津，保卫北方。第三，必须反对把卢沟桥事件作为"地方事件"，就地谈判。

国人再也不能容忍亲日汉奸作奉行日寇意旨、丧权失土、卖国辱国的谈判，再也不能容忍在敌人大举进攻之下作局部的消极的被动的抵抗，再也不能容忍以外交谈判而阻滞武装抵抗的动员。应该要求二十九军将领、冀察政委会内贤明爱国的当局，特别是南京政府，立即制止所谓天津谈判。应该要求当局即以严厉手段制止平津一带及其他各地的汉奸活动，特别是肃清冀察政委会内以致南京政府内的亲日分子。

要从局部的消极的抵抗进到全国总动员的积极的抵抗，其责任实在于南京政府。现在国内各方军事将领既已纷纷请缨杀敌，特别是人民抗日红军枕戈待发，南京便应该与各方军事力量推诚相与，和衷合作，应该停止其损人利己之所谓"整理缩编"，应该认为凡是中国军队皆是国军，迅即通盘筹划，下令动员，沿平汉线北上，以巩固卢沟桥、长辛店以至北平之防御；沿津浦线北上，以救天津而拊寇军之背。应该以淞沪之役的失败为殷鉴，而学习绥远抗战以攻为守的经验，主动的击退日军以保卫平津。

祖国危急！望海内外舆论一致主张，制止丧权辱国的阴谋，实现全国的总抗战！

巴黎《救国时报》，1937年7月20日

我们的坚决立场

——1937年7月20日天津《大公报》社评

本月十七日庐山谈话会第三次开会，行政院蒋院长曾有关于时局的演说，历时三刻钟，态度沉着而恳切，听者感动，鼓掌达数分钟不绝。演辞全文，昨天已经发表。文内除详述政府所持的一贯的外交方针之外，对于这次卢沟桥事件，仍旧宣称即在最后一分钟间，亦不放弃其经由正当外交机关觅求和平解决的希望，更将中国坚决的立场，坦白直率地披露出来。这可算是中国当局最鲜明的表示。我们盼望因此能促进日本方面的觉悟。按照蒋院长表示，我们所求的，只是不丧失领土和主权，不变更冀察政治机构，不更动冀察地方官吏，和不限制二十九军防地。要拿条件来说，可谓简单合理之极。日本如果不想占领中国土地，不愿予冀察当局以难堪，中国的这种立场，绝对不难顾到。果能如此，从前箭拔弩张的形势，岂非一反手间即可转变？

现在宋委员长已返北平，中国驻日的许大使也已回任，只要在上述范围之内，宋委员长认为可以答应的事，中央必定也可考虑。许大使在东京更可和日本当局直接商量，用正式外交方法解决一切。并且川越大使本有回至南京交涉的消息，我们同时希望他能够迅速由津入京，主持折冲。似此各方努力，共矢热诚，在这一发千钧的时机，消弭东亚浩劫。

本来自从卢沟桥事件发生，到今已近两星期，二十九军始终是应战而未出击，抵抗而未进攻，纯粹是消极的自卫性质。中央方面，直至得着日本大举出兵的消息，方始抽调相当部队北上应援，这自然也是警备万一之意，说不上是对日本挑战。况且日本在人家的领土内还要自由派兵，中国部队系在国内征调往来，有何不可？若说违反河北事件的约束，则须知彼时中国为求和平因而撤退在北方的关、黄两师，今则明明领土主权有受蹂躏的危险，事机急迫，如何能不准备自卫？日本动辄就主张发动自卫权，何独对于中国就要逼我们束手挨打？日本大使馆前天向外交部提出备忘录，虽然照样声叙日政府所谓不扩大的方针，却暗示反对中国派兵北上，并要求承认北方进行中的中日交涉。一方面驻华武官也向军政部长提出一种抗议文件，指摘政府派队北援，显然都是片面之辞。我方昨晚已有相当答复。再参以蒋院长十七日的演说，我们希望由此三种文字中，日方可以完全明了我方的真意，乘着宋、许两氏回任的机会，赶快把卢案和平解决下来。同时克日撤退增调部队，中国方面自亦可以停止军队北援。如此悬崖勒马，化险为夷，岂特目前两国可以相安，后世子孙同受其赐。这就全看日本政治家有无诚意和决心了。

最后我们还希望日方注意！连日日本大军源源而来，行动范围愈来愈广，飞机场自由扩张，交通权完全破坏，甚至在天津要检查邮件，几与军事占领地无所区别。似此事事进逼，渐已到了中国忍无可忍的阶段，若不赶速设法使此类事态彻底终了，势非演成两国全面的冲突不止。目前这么空前的大悲剧，正在时刻酝酿，日本当局责任实在太重。我们尤其希望日本全国识者郑重考虑，剑及履及，共起努力，勿令终陷于不可收拾的局势，使朝野同成历史的罪人！

天津《大公报》，1937年7月20日

我国致日本之备忘录

——1937年7月20日上海《新闻报》社论

日大使馆参事日高，十七日曾至我外部，会王外长，面交一备忘录，原文尚未公布，闻其大意，诬我挑衅，略谓日政府十一日曾声明不扩大事态，努力地方解决，而中国政府妨碍，任其推移，恐发生严重不测事态，应请勿妨害地方当局之实行解决云云，要求答复。现我外部复文已经发表，此为最有关系之文件，极堪注意者也。

吾人读外部答日本之备忘录，认为有数要点。其一，双方均言不愿扩大事态，而日本调遣大批军队入我国境，挑衅之责，实在日人。其二，自卫准备，乃我政府之天职，日人如此逼迫，我国断不能坐视。其三，王外长晤日高时，曾提议停止军事调动，并将军队撤回原地，而日方迄无表示，足征其有意用武。其四，卢沟桥事件，经日人如此兴师动众，决非地方性质，如经外交途径解决，必需由我中央政府与日商议，即属于地方性质者，亦必需得我中央政府同意，此点有关于我国主权统一。彼意图破坏我之统一妄谋分化者，决不容售其技。其五，我国处此等情势之下，现仍未闭和平之门，此后趋势如何，惟视日本有无悔祸之心而已。日本如尚念和平，宜迅速退兵，停止一切侵略行动，若欲在示威胁迫之下，求非法之解决，不可得之事也。

严重时期，宜决定国策，记者前曾言之，今蒋委员长已有明确表示，我国对于和平，如此爱护，可谓已尽万分之力，所举停止军事备忘录、维持中央主权各点，亦即最低之限度，苟仍不能得和平，则在我之责已尽，不能另作他计。全国军民，亦惟有追随政府，亟起自卫，以尽应尽之责耳。

上海《新闻报》，1937年7月20日

敬劝宋哲元先生

——1937年7月20日《武汉日报》社论

昨据北平电告，宋哲元昨晨由津抵平，值兹华北时局张弛未定之秋，宋氏所负冀察军政责任之重，而北平为我国北方重镇，文化要区，竟在非法势力包围状态之下瞬及旬日，宋氏于此时返平坐镇，其所裨益于非常局势者，无论在积极或消极方面，举非浅鲜。惟宋氏返平，甫及下车，仅于武衣库私宅，延见秦德纯、冯治安等军政要员。中央社记者往访，则派警察局长陈继淹代达意见，对卢沟桥事件，表示始终固持民族立场、国家立场及中央意旨三大原则，并谓"东亚两大民族平则和，不平则不和"，在津曾发表书面谈话，大意如此，现仍持此信念云云，此宋氏返平后之表示也。大凡物不得其平则鸣，国不得其平则争，争之而仍不获其平，于是冲突以起。中日历年之纠纷，其情形虽甚复杂，要以日本对待我国不平等为基因。宋氏现置身于双方冲突之焦点，固持三大原则以求"由平而和"之和平，自为爱护和平之群众所赞同。吾人所欲勖宋氏者，亦惟即平以求和，幸勿求和而遗平而已。

昨日报载津电，约谓宋氏前午曾访日方香月司令等，商谈达一小时，同时宋定昨日返平之说，即传播于津沽，而卢案和平解决之空气以浓，此前日之天津消息也。昨日宋氏果返北平，似表征天津谈判已获相当结果，但日军司令部同时又发表"双方派张自忠及桥本等协议一切"，则宋氏之晤香月，似系酬应性质，尚未谈及外交问题；且自卢案发生，忽忽旬余，关东军之动态，已逾山海关，跨平津线，继续开进，日有所闻，即昨日北宁路上，仍有日方兵车十三列西行，一列停秦岛，两列停唐山，其余十列抵津，彼如果有和平解决之意，又焉用劳师越境为？是则天津和平之空气，仍未容遽抱乐观。惟目前华北局势之症结，必须日军撤退，始有和平可言；若日军频进不已，则和平等于幻想，军队虽负有维持和平之使命，乃对其本国境内而言，倘侵入他国领土之内，则冲突之起，如响斯应。另闻宛平县城以东大井村一带，日军炮兵及障碍物已撤去，赵家村日机场守兵数百人亦撤去大部，似系和平之佳征，独惜无以解于北宁路之军运频繁耳。日本果欲与我国共维和平，应即以事实表现诚意，撤退于法无据之驻军，扫除妨害和平之因素，此乃最低限度要求。吾人不惮喋喋者屡矣，今值宋氏返平伊始，希望仍就此点与日方折冲，亦即所以为东亚两大民族努力也。

宋氏前于十二日在津发表书面谈话，希望局部冲突随时解决，尚属不幸中之大幸，此乃发于切望和平之衷诚。惟卢沟桥一役，显非局部冲突可比，乃日本不以平等待我民族之结果也。盖冲突之因素未去，斯随时随地有爆发之可能，即令甲地纠纷幸告解决，乙地纠纷又将踵接。试观近数年间华北之中日纠纷，大抵一波甫平，一波又起，症结所在，即日军驻屯逾量，不欲饱食终日，无所用心，遂以寻衅为快，我军民乃无端受其摧残矣。日方既以《辛丑条约》为驻兵之借口，则原约俱在，所可借以驻兵者除使馆卫队外，惟第九款有其规定，乃以"保护京师（即北平）至海通道不致阻隔"为限，虽复记明黄村暨山海关等十二处，乃指定"今诸国驻在之地"而言，此一"今"字，即辛丑以前之谓，距现在已三十有七年矣。今昔情势悬殊，姑俱勿论；日本虽尽量驻兵，其区域固不能超越平榆沿线，而地点亦不能多至三处，以八国分驻十二处，每国至多两处也。至于驻兵数量，约中虽无明文规定，此系当年外交当局之疏忽，今即曲解比附，更不能作无限制解释。纵让一万步言之，日军可驻之数量，至多不过庚子联军八分之一。似此解释《辛丑条约》，已系我国甘受委屈，苦求和平，万一日本仍持异议，即系无和平诚意，故留妨害和平之因素，我乃应迅作自卫之准备矣。吾人同情宋氏爱护和平之盛意，复念其所负责任之重大，是以遥致一言曰：勖哉宋哲元先生！

《武汉日报》，1937年7月20日

举国一致的精神

1937年7月20日

蒋院长在庐山演辞昨晚发表，由此可证明政府态度的坚定。全国国民对政府此项方针，都一致的热烈拥护。

在过去十几天中，国民的严肃沉着，兵士的忠勇，负责当局态度的坚定，都已充分的表现出来。这足以证明中国近两年中确有重大进步。尤其是目前举国一致准备拼命自卫的精神，真不是前几年所能想像的。只凭这种精神，即可保证我民族决不至衰亡！

天津《大公报》，1937年7月20日

和战关头

1937年7月20日

蒋委员长发表了在庐山谈话会席上的演词，诚挚详明，说明了我们国家的立场，并提示对于当前中日纠纷的解决途径。蒋先生说："我们是弱国，对自己国家力量，要有忠实估计，国家为进行建设，绝对的需要和平。"这是一位弱国领袖的赤诚的话，其中含有无限的悲与无限的勇。我们是在真挚的薪望和平，但这个和平必须在不损害国家的尊严立场之上取得；对方如必不给我们这样的和平，我们惟有拼国家的生命以取得之了。

外交部有一个备忘录送到日本大使馆，其内容精神与蒋委员长的演词吻合。以和婉的词意，表达严正的立场，并充分说明中国愿用一切和平方法、外交途径解决当前的纠纷。

同时传说天津的谈判已有结果，内容虽有传说，似尚未到公表的时期。宋哲元先生到了北平，这或许也象征天津的谈判告了段落。

但是，日军又在大井村开了炮，且报冲突甚为激烈。同时天津驻屯军于昨晚十时发表声明，仍谓华方不信，将于今日正午以后，采取独自行动。

故综合观察，我们虽诚意求和，或竟有终不能和的危险，和战的关头，渐近揭晓了。

上海《大公报》，1937年7月20日

北平在军事上的地位

1937年7月20日

日寇为完成它的大陆政策灭我全国的好梦起见，强占我东北四省后，就专心一志地想把平津拿到它的血腥手中。天津既已成了日寇"华北驻屯军"的根据地了。本月七日夜日寇军在卢沟桥挑衅以来，又立即由东北、朝鲜，及其本国三方面调集陆海空大军以进袭我北平城。

北平为我国故都，它的历史上、文化上、政治上的首要地位，已是尽人皆知。而日寇所以这样处心积虑，大举进攻，还因为北平在军事地理上，对于并吞全中国，控制全中国，都有第一等的重要性。清之统治中国，就是以北平为起点；元之能控制中国于一时，亦是以北平为根据；辽、金之能蹂躏中原，也是得北平形势之胜。这些史事，日寇早已研究有素了，自然要照法炮制。

我们看北平的地势罢！它扼踞冀北的高地，左山右海，驭北俯南，东控满蒙，西扼羌回，对于四方，如高屋建瓴，铁路四通，控制更为便利，实是我国形势优胜之地，为统治中国者所必争。因此，年来日寇久已怀抱夺取北平之野心。

长城榆关一带，早已完全为日寇所强占，天津也早已成日寇驻军的根据地。因之，现在日寇争取北平的着眼点，是怎样抓住北平的交通关键，和截断北平与西南铁路交通的联系。所以，日寇在民国二十五年夏间起，就着手强占丰台，控制北平的铁路交通，由丰台而更注意于卢沟桥、长辛店，今竟欲强占卢沟桥。若果日寇再强占了卢沟桥、长辛店，则不仅北平入其掌握，而且整个北方的铁路网，贯通中国南北交通的两大干线，都将为其控制。

丰台为北宁、平绥、平汉三干路及长丰支路的车站所在地；而北宁、平绥两路的列车，都由此出发或终止。其地有修车厂及材料厂。其东十里为著名的校兵场及驻兵处的南苑。因之，日寇在民国二十四年十一月二十六日，在制造冀东"防共自治政府"占领通州后数日，亦立即在此驻重兵。更不断地向该地的二十九军驻兵挑衅，逼使原有中国一团之驻兵减至一营人；日军则由数百名而增至二千名以上，成为北平郊外之日寇兵集中地，且曾企图强占南苑。

卢沟桥距丰台约十六里，濒永定河，又有铁路和长途汽车路的交通。跨永定河的大石桥，始建于金大定及明昌年间，长四百四十八公尺，宽十七公尺，环十有一孔，两侧石凡十四柱，柱端各镌狮子，无一雷同者，故世界驰名。意人马孛保罗曾纪载之，欧人因称之曰马孛保罗桥。这座著名的中国古建筑物，现已为日寇所炸毁。平汉路跨永定河的铁桥距石桥约半里，亦系伟大建筑物。从去夏来，便常有日兵从丰台到此实地"演习"，经常地实弹射击，向国人示威。去岁秋操时，又以此为其想象的战场。日寇之侵略野心可见一斑。

与丰台、卢沟桥成犄角之形的为长辛店。该地为平汉、平坨、长丰三路之车站；平汉路之机器厂、材料总厂、存车厂在焉，故有平汉路"神经系"之称。直皖、直奉之争中原，皆曾激战于此。日寇亦以此为其所必争之地；从丰台来之日兵，经常在此示威与作实弹射击之演习。

看去年十月二十六日起至十一月四日止的日寇军在平津一带的秋操罢！它的总题目，是幻想着夺取北平。参加这次秋操的人数，据报纸公开的宣布，称这六千七百八十人，实际上究竟多少，没有〈人〉能知道。因为它的居留民亦参加，或扮便衣队，或任看护等职。演习所占的区域，在五万方里以上。在这五万方里区域之内房屋被占，田禾被割，数十万人民流离失所。田代统率一部日寇军称白军，由唐山出发进攻所谓防守的"红军"；得海军的协助，"破"天津；由津平沿线进攻北平；于丰台、卢沟桥、长辛店三地鏖战数日夜，后得空军坦克、大炮、毒气以及便衣队之助，得占领丰、卢、长三地，切断北平与平汉路的联络。因之，所谓"防守"的"红军"，即河边所统率另一部日寇军的阵地动摇，沿平汉路溃退；而田代的白军占领北平，在北平西郊八宝山大奏凯歌，在豳风堂大开凯旋宴会。日寇军如此种种的"演习"，是今日的实际挑衅行动的先声！

今年六月二十五日起，日寇在我北方的驻军，又开始准备这样的进攻。不同的点：参加的人数和军队种类更多；不是"演习"而真是"实干"了。可略述在七月七日以前的平津日寇军布置的情形罢。根据丧失主权的《辛丑和约》第九款，北宁路由北平至榆关十二站得驻外兵，而日兵限于驻在北平滦县、昌黎。民国十二年时，日兵亦只在北平、天津、秦皇岛、山海关、滦县、塘沽驻扎，合计官兵一千一百六十人，机关枪二十二架。自《塘沽协定》、"何梅协定"后，所谓"华北驻屯军"的营帐，便逐渐满布之我北方。所谓《辛丑和约》日寇已完全破坏了。从民国二十五年五月正式大批增加日兵以来，平津一带的日寇驻兵，在去年九月间即已达一万四千至一万六千人上下，均取战时编制，且系从日本国内五个师团中抽调精锐编成，同时，包含着有机械化学战队、飞行战队和特别战队等组织，所以它的战斗力强于日本平时任何一师团。本年来，冀东的伪政府奉日寇命日夜加工赶造飞机场。从本年的二月二十八日起，又有大批日寇军步、炮、骑及坦克战车队、化学战队等在秦皇岛登岸，随即改乘北宁路车向平津出发。这样，总是不断地一大批一大批的开来。

日寇的海军亦增加力量。从今年起，日本海军省责令第三遣外舰队及川中将所率领的全部舰队驻扎我国海面。下村少将统率的一部，专配备在吴淞口以北、大沽口以南一段我国海岸。旅顺要港里的日本舰队，也担任大沽口和天津海面的所谓护侨任务，经常有三四只驱逐舰游弋于秦皇岛、天津间。从本年五月起，便时有日本的大队潜艇出现于我渤海中。六月二十五日起的所谓"华北驻屯军"全军大演习，上述这些，都在其配合中。尤其惊人的，是于五月底时，参加东京"二二六"军变要角崛中将所激赏之少壮派军官宫峋胜男、本田丽垣少佐等一行九人，亦奉命前来我北平任军职参加演习。至于日寇奸细的行动，更益形活跃：托洛茨基匪徒高唱"联日反蒋"论，致力于破坏民族统一战线；所谓流氓浪人遍地挑衅，例如五月三十一日下午在长辛店一地，便有五起强殴乡民事情。总之，日寇及汉奸的行动，从五月时起，特别在长辛店、卢沟桥方面，已是闹得鸡犬不宁，草木皆兵。由此可见，日寇七月七日夜在卢沟桥的挑衅，不是偶然的地方事件，而是日寇实行年来处心积虑的要占领我北方要隘，进攻北平，占据整个北方，以至灭亡我全国的计划的开始。

日寇在卢沟桥挑衅后，并已陆续调集大军，准备向北平大举进攻。我举国上下，必须一致起来援助二十九军抗战，为保卫北平天津，保卫北方，保卫全中国而奋斗到底！

巴黎《救国时报》，1937年7月20日

国民应有之觉悟
——1937年7月21日天津《大公报》社评

时局形势，已不待言。兹专述国民各界应有之觉悟数点，幸共鉴之。

第一，望共觉悟此次为国家民族存亡所关，断非仅局部之冲突，一时之利害。蒋委员长在庐山演说有云："我们既是一个弱国，如果临到最后关头，便只有拼全民族的生命，以求国家生存，那时节再不容许我们中途妥协。须知中途妥协的条件便是整个投降，整个灭亡的条件。最后关头一到，我们只有牺牲到底，抗战到底。惟有牺牲到底的决心，才能博得最后的胜利。"此所谓最后关头之具体说明，即该演词中之立场四点：即（一）任何解决不得侵害中国主权与领土之完整；（二）冀察行政组织不容任何不合法之改变；（三）中央政府所派官吏如宋委员长哲元等，不能任人要求撤换；（四）二十九军现驻地区不能受任何约束。质言之，日本苟非决心侵占分割我冀察，则中国必努力愿和，倘漠视此立场，即为最后关头已到，此必为我国民所一致认识者。惟须觉悟，一旦破裂，必须牺牲到底。故愿国民共同认识之第一点，为甘心牺牲，无尤无悔，所有一切力量，俱准备贡献于国家，勿希图作覆巢下之完卵。尤其一般有财力者，应绝对维持公益，共爱护金融，集中资源，勿有资本逃避及希图个人苟全之一切行动。

第二，蒋委员长演辞有最沉痛的一段云："眼前如果要求平安无事，只有让人家军队无限制的出入于我们的国土，而我们本国军队反要忍受限制，不能在本国土地内自由驻在，或是人家向中国军队开枪，而我们不能还枪。换言之，就是人为刀俎，我为鱼肉。我们已快要临到这极人世悲惨之境地。"国民应共同觉悟之第二点，即中国现时环境之悲惨的意义，须知迄现在止，我政府仍力求和平，前日外交部之备忘录提议外交交涉，并请约期同时撤兵，求和避冲之诚，充分披露。而东京竟认为毫无诚意，非常不满。由此观之，足知蒋委员长所称极人世悲惨之境地，已刻刻实现，我全军全民须觉悟平和绝非乞怜所能得，惟有整个团结一致奋斗，以事实证明中国不甘作鱼肉，方可免于作鱼肉耳！

第三，国民更有须觉悟之点，即必须行动、意志完全齐一，且严守纪律，服从指挥，方可能求最后之胜利。夫今日者为生死存亡所关之大事，丝毫不容出以轻心，且不许各存私见。蒋委员长公忠谋国，亦勇亦慎，领袖全军，当此大任，但有可和，彼决不轻言牺牲，一旦应战，则必为万不得已。且国民须知：在我国国力一切限度以内，蒋委员长必能为最善之努力，即对日之折冲与一般国际上之肆应，彼亦无不细心应付，绝不逸失机会。吾国在此重大危机中，幸有此公忠之领袖统率全军，躬当大难，凡我国民务宜一致信任，听政府之领导，公私行动俱恪守纪律，各尽职分。当局为策进万全之计，自将集思广益，博采意见。惟和战大计，可一切听领袖之裁决。关于此点，吾人尤望宋委员长注意之。试读蒋公演词，可知中央决赌国运以保冀察，保二十九军，则冀察当局必应静听指导，齐一步趋，不待论矣。

天津《大公报》，1937年7月21日

读蒋委员长对卢沟桥事件报告

——1937年7月21日上海《新闻报》社论

玄圃

中日和平，仅存一线，此一线之悬系于日本，今时机已迫，为和为战，决于俄顷，悬崖勒马，非大彻大悟者，不足与言。今日本军部与政府当局，果有此大彻大悟否乎？

和平固吾人所愿，战争亦吾人所不辞，能抱此决心，而后可以言和，而后可以应战，而后可以不丧权辱国，而后可以救亡图存，吾人之委曲求全，可谓至矣。东四省之沦陷，冀东伪组织之成立，《塘沽协定》也，丰台撤兵也，无一非委曲求全，其所以如此者，为和平也。孰料蚕食鲸吞，诛求无厌，奉之弥繁，侵之愈急，其结果非独不容吾人求全，而数年来渴望之和平，亦终成泡影矣。今者，无端进兵，竟谋夺我宛卢，扼我咽喉，制我死命，不再抵抗，我必无法图存，是我之自卫，为抵抗外来侵略，为求国家民族最后之生存，即蒋委员长之所谓"应战"。与好大喜功,穷兵黩武者,迥不相侔,故应战与求战之间,其意义不可以不辨。

非和平即战争,非战争即和平,其间无两可之词,决不能双方已起大规模之军事冲突,而犹认为非战。所应注重者,孰为戎首耳。宛卢一带我中国之土地也,在任何条约上,无驻兵之权利,日军在此作大规模之演习何哉?此其行动之非法,彰彰明甚。因非法行动而产生之事故,其一切责任,当然由非法行动者负之。演习之不足,复托故向我军挑衅,以搜查为名,希图占领宛卢,其侵犯我之领土主权,又复明甚!因侵犯我领土主权而造成今日之局势,孰为戎首,不言可知。脱日方无非法驻军与演习,复无攻击宛卢之不法行为,衅何自起?今日方一面提出侵害我领土主权之种种无理要求,一面派遣数十万军队入我国门,横施压迫,其平津一带之驻军,复不断向我挑衅,此非戎首而何?试问其一切行动中,有何者可使人认为合法?设以此种行动施诸欧美诸邦,有何国能隐忍苟辱,而不奋然一击乎!故孰为和平?孰为侵略?孰为抵抗?孰为戎首?当不待智者而后知焉。抵抗,应战也;侵略,求战也。国际间有制裁侵略之条文,而无禁止抵抗之公法,用作应战与求战之辨,以告世之误解而发生疑虑者。

蒋委员长有言:"在和平根本绝望之前一秒钟,我们还是希望和平的。"故在此尚未绝望前之一秒钟,吾人犹望日军能诚意撤退,为和为战,惟日政府决之。

最后又愿为国人告者,蒋委员长谈话中所揭示之四点立场,实为国家民族生存条件上最低限度之要求,非此将不足以言领土主权之完整,亦望日政府当局,予以严切之注意。尤愿吾全国人民对于蒋委员长之主张,一致拥护,坚持勿失,并抱定牺牲一切,牺牲到底之决心,而后国事前途,庶几有豸。

上海《新闻报》,1937年7月21日

誓死冲破最后关头
——1937年7月21日《武汉日报》社论

蒋委员长前于十七日出席庐山谈话会,报告中央对卢沟桥事变,已确定始终一贯之方针与立场,且必以全力固守此立场,原文已志昨报,兹勿复述。吾人以为此种最低限度之立场,倘有人妄图阻挠,而迫我不能固守,是即陷我国家于最后关头,我举国上下,即一致竭力效死,以共扑此民族之公敌,世界之戎首,公理正义之罪人,亦即所以冲破我所遭遇之最后关头也。自蒋委员长发表此次谈话以后,国民咸憬然于最后关头之境界,现已不远伊迩,即视日方对于卢沟桥事件,有无和平结束之诚意。如其有之,则和平之门方启,一切俱有途径可循,不难恢复常轨;否则治丝益棼,我国既迫于生存上之最后关头，任何牺牲，在所不顾，斯不仅东亚两大民族祸福所系，即全世界人类之安危，或俱不免受其影响矣。

　　值兹安危绝续之交，吾人仍希望日人最后觉悟，勒马悬岩，不意警耗传来，日方竟于昨午三时，在北平附近之丰台及卢沟桥等处，又向我军作极剧烈之射击，已形成不宣而战之状态。前之所谓不使事态扩大者，举属对方缓兵之诡计，而所谓保持东亚和平者，乃系我国片面之幻想。惟事已至此，我国纵不愿求战，终不能不应战，应战为应付最后关头必不得已之办法，盖为保持我国家民族之生存命运，及列祖列宗先圣先贤所付托之遗产，除应战一条路可走外，其他四面八方，已经过最大之努力，俱属此路不通，是则应战即系冲破最后关头之要道。吾民既决心走上此要道之后，则地无东西南北之殊，人无男女老幼之别，而负有守土抗敌之责任则一，断无苟且妥协之理。征诸近数年国民意识之进步，相信根本未存侥幸之心，此则奋起冲破最后关头者所当自矢者也。

　　抑更有为国民告者：政府此次所固持之立场，乃以国家生存为基点，例如主权领土完整不受侵害，乃系立国之通义；次如冀察行政组织不容改变；中央所派官不能任人要求撤换；第二十九军驻地不受任何约束，俱由主权领土完整之义演绎而来，若此种立场尚不能固守，即无异宣告其国家已失其存在矣。国家为民族所赖以托命之区，倘主权领土之完整，横遭非法之侵害，则皮之不存，毛将焉附？吾四万万五千万炎黄胄裔，其不陷于惨无人道之悲境者几希。是故为国家与民族之生存计，惟有拥护政府之立场，誓死为冲破最后关头而准备全民总动员。

　　虽然，总动员非谓人人参加战斗序列也。全民总动员之义，即各界一致以牺牲到底之决心，拥护政府应战之大计，服从纪律，严守秩序，随时随地准备自效而已。昔人有言曰："竭其股肱之力，继之以忠贞，不济则以死继之。"征诸史实，果能以死相济者，乃断无不济之事矣。吁！战神昨午已狞笑于平津之区，我国最后关头之信号既揭，吾民所以卫国而自卫者，惟群赴领袖指导之下，誓死冲破此最后关头。

《武汉日报》，1937年7月21日

时局

1937年7月21日

　　昨天的情形很紧张。外交未合拍，军事又开始。

　　日军于昨日下午二时后炮攻宛平，被我军击退，而未得逞，七时半又续进攻。传丰台附近昨有小冲突，本市昨夕一种传布，谓我军已进至丰台，则绝对不确。

　　日阁昨连开两次会议，情绪相当紧张，最后一次会议晚七时后开起至九时后始散，据同盟社公布,决定"讲求自卫上之适当处置"。本市昨夕一种传布,谓下午四时消息,日阁午后议决对华用兵。消息似乎太快。

最近几天的确是紧要关头,凡属国人,都应紧张情绪,以迎迓大时代的到来,但也不宜过事张皇。

上海《大公报》,1937年7月21日

日军积极扩大事态

1937年7月21日

自我当局迭次发表对卢案最低限度立场后,日方如果有悔祸诚意,事件不难和平解决。然而,前方日军昨竟再攻卢沟桥,炮轰宛平,据外电调查,实系日军首先挑衅。而窥其用意,一方面固在恫吓冀察当局接受其无理条件,另一方面实借此给日军以集中与布置之机会也。

我外长昨接见日高,说明我政府对卢案态度,事件之不能由地方解决,已甚明显。华北当局应始终遵守外交事听候国家解决之原则,为自卫抗战而誓死守土,其他固无丝毫顾虑。日军之继续挑衅前方,自在意料之中,在外交谈判未得结论之前,我将领实应誓死守此国土!

《武汉日报》,1937年7月21日

严重时局的新阶段

——1937年7月22日天津《大公报》社评

本文是根据截至昨日下午三时所知的北平情形起草的。但不论如何变化,论旨是不须变更的。

我想把时局现阶段的真相再作一次说明。

第一,经过前天日军炮轰宛平以致城内受甚大的摧残之后,昨早我方派保安队去接三十七师守城部队的防务,这是宋委员长负责求和之最大努力。大家记得在本月九日日本已约定双方在宛平前线的部队都撤开,而以石友三部保安队接防,但其后日军未撤,接着日本阁议大举出兵,才成了九日以后的严重局面。昨早我方的换防,仍是履行旧约,但迄下午止,我方已撤,日方仍未撤,怎样变化,断难逆料。不过我方部队换防一点是一重要新阶段,是二十九军当局勉求平和的最大表现,同时也是最后一着。

第二,纵令日方照样撤了,是否就算平和有望,也断不如此简单。因为经这十日的演进,问题太重大化,也太复杂化了。最要之点,是平津间已集中日军多数部队,并且昨早飞起了不少飞机，在我河北平原任意飞进，其他一切也完全是战时状态。我方当局虽然极力求和，但能否免于大破坏，是全无把握的。所以时局能否渐露光明，全看日方实际行动，而要点是能否撤兵，不是仅指宛平前线的小部队向后撤一点，是指卢案发生后新来的大批日军。这大军集中于我平津间，无异将东亚大局置诸喷火山口，时时刻刻是重大危机，而凡知道日方情形的人，当可想像他们是来易而去难。所以纵令宛平前线的事真正解决了，而全局的危机依然存在。

第三，中国方面的事，都极易明了，关于国家整个的态度，就是蒋委员长所说的立场四点，触犯这四条，就认做是最后关头，就一定拼命。另换句话说，这四条不抵触，就愿意和平解决。而这四条综合起来，只是一句话，就是冀察的领土主权及行政完整不容再受打击。政府的决心是以全力保护二十九军全军及冀察的地位，巩固宋委员长的职权，一言蔽之，是不容变更我冀察之政治军事现状。这就是蒋先生所谓最后关头。所以如宋哲元氏能施行职权，而其所解决之办法不抵触这四条的精神，中央一定是赞同的。所以地方解决或中央交涉，不是要点，要点是拥护这四条。换句话说，是死守冀察现在之地位，不容再退一步。这在中国真可以说最小限度的了。

第四，据以上所述，可知时局的推演完全在日本，中国政府的态度不变更，也无可变更。昨天中政会开会结果，更正式决定此项方针。所以若单据中国态度判断，不会有战争发生，只有日本犯上述四条而大举攻我，才是演成东亚战争之路。或者问曰："然则判断日本如何？"我可以回答说：绝对不容乐观。单看卢沟桥案才发生，而近卫内阁就决议大举出兵，并且立刻招各党及财界，请举国一致援助政府，如此小题，这样大做，俨然是要发动大战的威势。日本事本来难判断，而这样内阁下的日本，更不容用常识去推测了。

昨晚本文付印后，知道宛平附近我方部队都陆续实行撤开。我们冀察当局避冲求和的最后一着，可算是业已用尽。今天以后的局面，大而东亚全局，小而平津情形，一切专看日方的举动怎样了！

天津《大公报》，1937年7月22日

宛平前线我军后撤

1937年7月22日

宛平前线我方军队已撤，日军亦宣称将逐渐向丰台集中。这只是暂时的缓冲，还不能据此判断大局。

现在大局关键，端看日方有无诚意撤兵。如日军准能于今日开始撤退，而且迅速撤尽，完全恢复本月八日以前状况，然后和平谈判才可进行。不然，则前途如何尚难判断。

国民对于这闪烁的形势，一面要严密注视，一面却仍要具有最大觉悟，抱定最大决心，以应付当前这不测的局面！

天津《大公报》，1937年7月22日

我们未曾期待外援

——1937年7月23日天津《大公报》社评

昨天日本同盟通信社东京电声称：日本政府关于中日外交决本既定方针，坚持由当事国间解决，而排除第三国的干涉。文内指摘中国从此次事变发生以来，由传统的"以夷制夷"政策，诉诸关系国，以冀依第三国之容喙使事态得有利的解决。并称因为此项政策，今后之益形强化，乃为必然的状势。所以日本政府对于今后行将展开的外交战，将取积极的态势，而对于第三国的容喙问题，决坚持由中日两国解决，业于十六日由堀内外务次官在与英国代理大使会谈中间，对英国政府将此既定方针正式通知云云。我们根据这道消息，可以预料今后日本势将仍以大军压境的姿势，对我为外交的要挟。关于此点，后节申论。今就所谓第三国容喙问题，说明中国立场如次：

第一，世界一部外交史，根本就是以夷制夷的纪录。日本从前用日英同盟，现在用日德协定对俄国，何尝不是以夷制夷？不过中国国力太弱，实在不如日本之善于运用，所以这种指摘，在我们毋宁是受宠若惊。

第二，中国近年上下一致，完全觉悟到天助自助的真理，全国励行自力更生的政策，对于国际上的精神援助和经济合作当然欢迎，但也不敢过分期待。在外交上，中国根本不曾希望联甲对乙，或联乙对丙，因为我们深知道这是不必要，而且不可能的。况且把国家作为国际保障的共同标的，实在于独立国国民的自尊心理不合。所以中国现已决不愿借国际条约以自保。至于军事，越发没有企求外援的意思。因为我们认识明白，任何国家的国民不能为中国流血，我们只有拿自己的血，救自己的国。自从卢案发生以来，日本大举出兵，显有挑动大战的危机。我们为表示自卫决心起见，才于十六日通告《九国公约》各签约国，不过是声明责任，何曾有发动"外交战"的意思？

第三，根本上《九国公约》并无力量可言。按照该约第七条，仅称"关系各国于必要时，应完全坦白相互咨询"而已。以日本之强横，国际联盟且已不惜脱退，《九国公约》岂能制止他的暴行？况且事实上英国到前天不过宣称华北目前局势若赓续不变，则英国政府即认为不宜与日本进行双方合作之谈话。美国不得已，只说明美国志在保障世界和平，时加倡导，不遗余力，并主张避免凭借武力以推行其政策，更反对干涉他国内政，且暗示美国将于某种情势中增多其军备。苏联国内清党多事，对外更主和平，如伦敦二十日哈瓦斯社电称述之莫斯科最近消息，苏联方面对于中国抵抗日本一层，咸以极端同情之态度加以注视。苏联消息灵通人士则谓中国在苏联方面，除可在精神上独有声援而外，不必别有奢望云。此等事实情形，中国识者概都明了，所以从来就不属望外援。

我们虽然感谢从卢案发生之日起，英国朝野的关心，法美各报的同情，德国方面的注意，但是这类同情自始即没有打在我们抵抗强权的力量估计之内，只不过拿来和同文同种的强邻对我们的狰狞面孔比较比较，格外感觉到"同根相煎"的悲哀而已！

从上面看来，我们决没有用"以夷制夷"的政策求第三国的后援以对日本。而且实际上：（一）自事变发生，中国外交部即表示要和日本直接交涉，驻日中国代办杨云竹奉部令请川越大使入京。（二）驻日大使许世英奉命扶病回任，和东京当轴接洽。这都是铁一般的事实，何曾要请第三国容喙？

现在事势至此，危机尚多。我们希望日本外交家努力收束军事，依照中国意思，克日开始外交谈判。不过这其间有一要点，就是既言外交，便是和平商讨，善意折冲。如果以大军压迫，办强力外交，那是居心不要平和，根本缺乏诚意，中国纵弱，绝对不受威胁。这又是我们今天敢为预告的。

天津《大公报》，1937年7月23日

撤兵后之形势
——1937年7月23日上海《新闻报》社论

浩然

卢宛战事，经一度剧烈争斗后，忽然一转为双方撤兵，于是有可告一段落之说，然而观察形势，殊未能遽下断语也。

在目前局势，为根本和平计，惟有日本幡然悔悟，放弃侵略之心，完全撤兵，一切尊重我国主权，方可相安无事。今据所得消息，我国军队先行撤退，而日方则初未移动，其后虽有撤退之说，然仅向后稍移，仍盘据大井村一带，且闻关外开来之日军，仍在续进，其非毅然悔祸，殆可想见。根本和平，固谈不到，即就卢宛区域论，是否即脱离危境，亦甚难保。因双方停止军事行动，已屡有成约，皆因日军食言而重启衅端。今日军尚未退至丰台原驻地，又安保今后不再有反复乎。

即使目前之事，可以暂了，然彼方既非根本悔祸，难保不另有枝节。试思彼于夜间演习，走失一人，是何等事，乃遽借此用武，且其人后已归队，则更无强词余地，乃竟调遣大兵，多方威胁，苟非预定步骤，有所图谋，何至如此？彼所图谋者何事，虽无从悬揣，然决不止于调开冯治安部，盖可断言。然则今后必将于重兵环集之下，向我作种种要求，其事必非我国所能轻易允许者，亦在意料之中。如此则前途如何，又孰能预测乎？

是故对于卢宛之事，双方虽已退兵，我国仍不可不充分戒备，以防堕人术中。即使目前之事，可以暂了，仍当未雨绸缪，杜其窥伺。总之彼处心积虑，将以偿其大欲，而欲壑难填，断非我国所能忍受，彼既无餍饫之时，我国亦惟有随时随地作自卫之准备耳。

上海《新闻报》，1937年7月23日

我们所希望于冀察当局

——1937年7月23日《新中华报》社论

据连日来各方面的消息：宋哲元已向香月（日本华北驻屯军代理司令官）作口头的道歉。而同盟社于十八、十九两日来更加大事宣传宋哲元已经答应日本所提出的三项要求，就是：（一）道歉（包括二十九军三十七师的道歉，还有比这口头道歉更难堪的道歉）。（二）二十九军全部包括北平城驻军撤退至永定河以西。（三）严格取缔抗日运动，交付张自忠（天津市长兼二十九军三十八师师长）与桥本（日驻军参谋长）直接折冲。同时又闻冀察当局下令把北平城内二十九军撤回原防。上面这一类的消息，使我们听到了不胜惊异。卢沟桥事件发生之后，冀察当局的态度，就是非常模棱混沌的，然而根据上述消息来判断，最近冀察态度，已经超过了这一范围，而一天天的更加倾向到我们所最忧虑的方面去。暴日的态度则只有一天比一天凶恶，一切"断然手段"、"东京准备戒严"、"以严重的注视监视事态的发展"等等极平凡的恫吓，一串一串的发表出来。日寇的这种目的，已经很明显的了，不外乎在用大量牺牲的武力以前，要以恫吓的手段，企图不费一兵一卒、一枪一弹而占领华北。

今天的中国已到了最后关头，卢沟桥事件的爆发以至民族存亡最后关键，早已成为全国人民所共知的一个常识。中国人民为了认识这一很浅显的真理，已经耗费去了五年的血的代价。所以，如何认识这一事件的真相，实在再不足以判断他的民族忠诚。今天的试金石，就是看这个人是否再作"和平"的俘虏，或者看他能不能立即实行抗战。倘如仍为前者的论调，而使日本的奸计得以实现，那么一误再误，对国家的前途将会不堪设想。倘若敢为后者的行动，那么就是一个可钦佩的民族英雄，全中国的人民必然誓为后盾，而中华民族的生机也将有依靠于这种抗战行动。这一具体问题的怎么样答复，虽然到现在双方交涉的真相尚未明了，虽然我们对冀察当局的领袖仍然愿意加以善意的希望，但是时机已经非常迫切了，并且当此谣言纷纷的时候，冀察当局实有最大责任出面作斩钉截铁的表示，以消释全国人的疑云哪。

《新中华报》，1937年7月23日

最后忠告日本国民

——1937年7月23日《武汉日报》社论

卢沟桥事件发生，迄今已十有四日，在此十四日中，华北局面，忽张忽弛，日政府与驻华军事当局，对此事态之构成，别具怀抱，故对此事件之措置亦矛盾重生：一面增兵以图威胁，一面构和以为缓冲，撤兵谈判虽几度成议，而无故侵袭，乃频施靡已。我中央政府及地方守土将士，一本以求平而言和，不求战而应战之态度相与周旋，故旬日以来，日方虽尽其威胁侵袭之能事，仍未逞其"不劳而获"之野心，侵略者固剑拔弩张，自卫者亦激愤填膺，东亚同文同种两大民族之幸福，恍如置诸喷火口上，其危险殆有无可挽救之势。据昨日北平电讯，中日双方，又有将卢沟桥铁道右侧之双方军队，同时撤退之约定。我二十九军为不欲放弃最后一线之和平计，首先向后撤退二里，日军亦有向大井村、小井村移动一二里之说。日军果能守信，则暂时冲突，可望避免，中日关系之明朗化，或将基此以寻求。当兹最后紧急关头，全系日方一念之正谬为定，故吾人不得不向日本国民作最后之忠告。

缘卢沟桥事件之发生，纯出日本军人之非法寻衅行为，是非曲直，举世睽睽。在我固酷爱和平，侵略者乃误以为柔弱可欺，侵逼无厌，不知压力愈大，抗力愈增，乃物理之定律。侵略者之炮声愈烈，自卫者之团结愈坚，此华北日来战争之所由起，亦数年来日本对我和平无诚意侵略愈加紧之结果，日本国民固自知之也。今日本不欲和平则已，果欲和平，则惟有幡然悔祸，立即无条件撤退驻华军队，恢复半月前之正常关系，以外交正当途径，解决彼此间一切悬案，则两国邦交，不难达到调整目的。否则一意孤行，两民族间之仇视愈深，战幕不幸揭开，我委曲忍痛不可，自不容中途妥协，则只有牺牲到底，抗战到底之一途！

日昨法《晨曦报》载称："中日两国孰是孰非，不容加以曲解，世人若以日本为是，非失之幼稚，即属居心险恶。各种政制有等候战争者，有希望战争者，亦有制造战争者，日本帝国主义，即其一例。"《斐伽罗报》载称："日本好战不可不加以承认，恫吓之为事，虽不失为一种巧妙手段，但日本若欲借此而迅速致胜，其对于中国是否估价过低，实一问题。"论者对中日问题，观察极透，中国数年来忍辱负重委屈求和所得之代价，适得其反，或即所谓日本好战与对中国估价太低所致耶？须知中国今日已在中央统一完成局面下，一心一德，以求自存之际，华北领土行政权之完整，实为最低限度，超越此最低限度者，则中国全民必以全力拒之，亦中国任何地方官吏所不敢签订者，日本国民明乎此则可和，舍此则莫由也。

或谓日军屡次向我猛攻，因自开衅以来，伤亡倍多于我方，未得卢沟桥不甘心之故，实则日军每一行动，必欲占我一二土地以自诩，此不过为勋章主义所趋使，断非日本整个国民之素怀。目前局势若斯，但使野心者彻悟侵略之非计，迷途未远，觉路可寻，不仅中日两大民族之幸，亦世界酷爱和平者所希冀，日本国民不乏明达，幸有以促醒之。

《武汉日报》，1937年7月23日

日方应速撤兵

1937年7月23日

宛平前线我军已撤，日军原定昨日撤退，但迄今晨三时止，仅卢沟桥沿平汉铁道线的日军已开始后退一二里。就现势看来，日军有无迅速撤尽以恢复本月八日前状态之诚意，尚不能判断。

我军撤退，已是共见共闻的事实，这一方面是表示中国求和平，一方面也正是日本表现诚意的机会。日方应该遵守信约，赶快撤兵，俾双方走入外交谈判的途径，如此实为两国的大幸。若仍反复，使形势再告逆转，恐怕东亚大局的前途将真不堪设想了。

天津《大公报》，1937年7月23日

难题尚多

1937年7月23日

宛平前线的两方军队昨日证明均已后撤，前方既缓冲，局面转和缓，但日本的大军尚集中于平津间，交涉如何办，在在均有难关，危机正多。听说十九日夜间天津曾有一个协定，内容十余条之多，其真相虽不得而知，性质自甚复杂。所以前线虽已撤兵，却只是和平的初步，此后的难题尚多，我们一点儿也大意不得。

上海《大公报》，1937年7月23日

惨辱的"体面"

1937年7月24日

二十九军的三十七师部队不但从宛平撤退，一部分并且开出了北平，但是日军依然还没有大撤。

十二日的三条协定，十九日的细目交涉，对方已经一再宣布，而我方却始终模糊闪烁，甚至中央政府也得不着地方负责的确实报告，真正令人急煞。

昨天午后八时日本陆军省公开发表所谓"华北情形"，内中说道，据天津驻屯军报告：冀察方面曾于十九日自动发来文件，声明具体事项，包括排除阻碍中日国交之人物，取缔排日，彻底弹压共产党等等。究竟有无其事，我们希望关系方面速速宣布，证明虚实。

明是压迫承认的条件而偏用"自动"字样，看似顾全"体面"，实际等于被人杀害，而声言"甘愿挨刀"，世间有这样的"体面"，真是惨辱之尤。如果利用"自动"两字来作否认有协定条件的根据，更将何以对国民？因此我们切盼关系方面有以自解。

上海《大公报》，1937年7月24日

国家的重大时机
——1937年7月24日天津《大公报》社评

在我三十七师部队由宛平撤开以后，从下列事实证明大局反而真正严重：其一，日本两大政党——民政党、政友会——前天各开议员总会，都有极强硬的决议。其二，东京产生一个有力的运动战争的团体，名"对支同志会"，主张战争，正在开始活动。其三，同盟社消息，近卫内阁开始对于对华方针的再检讨，这再检讨的意义，必须认定是更强硬，更积极。

再看平津间的事实，日本大军依然增加着，集中着。这些大军，无论怎样乐观的人，也可以判断他们必不轻易撤退。现在判断：（一）无论十九夜天津商量的办法内容如何，日方不认做解决，一定说要监视实行到底。（二）无论冀察当局怎样实行，也不能认做解决，一定更要催促保定的援军撤走，并且拒绝外交部所提双方约期同撤的意见。（三）再让几步说，纵令我援兵撤出河北，依然不能满意，他们又可以说我全国抗日情绪太高，必须"拔本塞源"——按此语是卢案发生以后日本报常用的。

东京空气为甚么更硬化了？大家要知道：现时的日本，完全在军人手中，因为据他们的印象，以为还是军人的办法最有效。去秋川越交涉所不能得与今春儿玉考察所不能谈的，一出兵就可以得要领，所以现时的日本只有军人空气，没有其他空气。现在军人好容易取到了完全指挥之权，不少的军队已经在平津间，当然要乘此再做下去。其最近的目标是"冀察完全明朗化"，接着就要看见绥远危机的复燃。

时局形势如此，所以我政府只标榜"不求战而应战"，已不毂应付。因为那是态度，不是方针。方针是多含主动成分的，是应当有积极意义的。不求战之积极方面应当是求和平，中日之间能不能有和平，这是亟应当积极的与以最后之检讨的，而所谓应战者，也自然不是坐待来攻的意思。现在日本形势这样重大化，是我国家必须决定真正方针的时机。这个问题太机微，太重大，我们不应妄论。但有些原则的建议如下：

第一，政府现在统率着全国军民，蒋先生是共同信任的最高领袖，现在全国各界，若果为国牺牲，毫无怨悔，这种局面，在中国真是空前的。不过在这自决国家运命的前夜，政府对于团结全国，同担责任，还需要更进一步的努力。日本极端派认为中国虽统一,还不算凝固,并且低估中国人民的力量。我们想当此国家真正危急关头,还是自己的积极团结,实际共同负责,比甚么都要紧。有些具体建议,改日另论。

第二,中国对世界和平,对东亚祸福,本身负有责任,所以无论日方政策若何,决心怎样,中国必须再经过一度外交上的积极努力。这外交目的不是仅交涉撤兵,我们应当有积极的主张,以尽我们对于东亚和平最后的责任。

第三,日本军人认定现在国际形势是他们的机会,这种认识是错误的。本报昨天论过,中国并不期待外援,因为国际上只有互助,没有单援,而互助是由共同利害来的。日本若攻中国,受害的当然不只我们自己,在战争过程中,感觉利害迫切的国家自然要出来,并不管中国期待与否。中国近年实际上是专想平和建设,所以外交上并无锋芒色彩,现时东亚大局陷于这样危机,我们必须根据实际利害决定真正外交方针,对于全世界这几帮,必须决定自己的地位。

最后,我们对日本国民说几句话:你们不要太得意了!假若你们军人想就此征服中国或摧残中国到不能翻身的地步,这完全是错误的。中国怎样也征服不了,怎样也能翻身,而我们受重大损害之后,你们的损害恐怕更甚。两大民族为敌为友,今天要解决。这实在不是一个小问题。请看世界最繁荣的区域是实行善邻政策的美洲,便可以判断以侵邻为政的日本,实在是眼看陷于不可挽回的错误了!

天津《大公报》,1937年7月24日

日军用心极堪注意
——1937年7月24日《武汉日报》社论

所谓"天津撤兵约定"传布后,和平空气,复呈活跃。乃据昨日电讯所传:我军虽已履行约定,日军则无确实撤退消息,依然在杨村一带,大批增兵;卢沟桥尚未撤退之日军,且竟运到大批毒瓦斯及云梯,正在加紧配备;飞机仍不断西飞侦察,甚或任意投弹;陆地、铁道两用之铁甲车,并即换用橡皮轮,由丰台开卢沟桥前线;北宁路长途电话,亦续被占据;入关日军,仍源源开来;津市中国民众,随时无辜遭日军逮捕;所有日军沿通、丰一带,以及在平市郊外赶筑之机场及工事迄未终止;青岛日军正忙于军事准备,且令其侨民归国。总观以上消息,所谓"撤兵约定"者,乃极小局部暂时之和平,而与全局无关,日军用心之狡狯若此,国人容不深切注意乎?

"兵不厌诈"古人已尝言之。在日军侵华史乘中,其军略无一役不出于"诈",盖日本兵力总额仅十七师团,为其国防之基本部队,无论在国防上、财力上,及军事运输上,决不能因对我一时大量抽调,故必借其虚伪无信义之外交手段以为缓兵。如此次卢沟桥事件日政府借口一日兵之失踪，竟大吹大擂，一面疏通国内财阀及资产企业家，谓为日本整个国策，鼓动各界，冀其后援；一面则宣称决调四十万大兵来华，应付其所谓事变，同时又训令香月向我冀察当局进行和平谈判。在此半月中撤兵约定已传闻三次，而无一次不是日军之背信进攻，此种以"诈"而对我之侵略，事实俱在，国人可覆按也。此次之所谓"撤兵约定"告成后，日军反大量集中丰台，其欲控制北宁路线，断我二十九军之联络，企图截断我津浦交通，用心已至明显。抑今日之丰台，已为日军主要阵地，我之东路，实质已被截断，若卢沟桥一失，则西路冀、察、绥、蒙、宁夏、北平，势将受其包围，此在军略上吾人不可不注意日军缓兵之用心也。

日人侵略，夙具野心，当兹西欧多事之时，列强以西班牙战争蒙受威胁，法国财政，危机重重，苏联清党，无暇外顾，日德同盟，德意同盟，莫不予英美直接间接之打击，故日军在此时期中，毅然发动卢沟桥事件，且扩而大之，以冀达成其"不劳而获"之投机的野心。基此观察，则日军之放弃侵蚀华北政策，而诚意从事和平谈判，可谓绝无之事。容或有之，亦不过绝小局部暂时之和平，而非诚意对我调整者。且也，日本尝称平津为"满洲国"之第二支持点，欲使其所谓第二支持点布置缜密，则夺取平津之心，自无放弃之理。况日本对苏联战略，为求在大陆决战之迅速，自须向苏联底远东中心——赤塔——前进，而求决战于贝加尔湖之东岸。因此日必须穿过外蒙，故热河日军，积极经营多伦，以为进攻外蒙之据点。然多伦只可为前进军队云集之所，而不能解决其大军云集之经济来源，及军备补充诸问题。故其无论对苏对华，其战略必须占我华北，此日本既定之国策，实为我被侵略者朝夕不安之事，证以日军此次"撤兵约定"后，言与行之相悖情形，和平告成深恐素怀勋章主义之日军，不能悔祸若是之速也。

总上各点以观，今日之华北局面，只有加紧，而未放松，危机只有增加，而未减退。日军用心叵测，深望冀察当局，勿幸战祸之可免，而松懈应战之准备！深望国人勿以为"撤兵约定"已传布，而放弃以血救国自救之准备！

《武汉日报》，1937年7月24日

卢宛撤兵与民意测验
——1937年7月25日上海《新闻报》社论

天放

卢案发生之第一周，不佞即认定日本侵华动机在克服国内矛盾，贯彻"以华制华"，而期望国人同具此一基本认识，毋轻易堕敌彀中（见本月十四日社论《日本侵华动机之认识》一文）。今卢宛形势，虽因中日撤兵而暂呈和缓，然日兵络绎开津，则为无可掩蔽之事实，且撤兵之举，成立于华北当局与日方口头谈判，其内容既未尝宣示于国人，其办法尚未经中央所核准，危机潜伏，随在足以发生正面剧烈之冲突，甚至引起两国全面之战争，此其动态所示，果为暴风雨之前夕欤，或为"华北政治明朗化"之特征欤，抑宋哲元氏薄文天祥、史可法而弗为（根据宋氏前此谈话），独具有其真知灼见欤。凡此皆有待于事实之证明，绝不容事先臆断。吾人今所论列，唯在卢宛撤〈兵〉，是否抵触国策，与及撤兵以后，须着眼于民意测验而已。

我国国策之曾经明白昭告世人者，为蒋委长十七日在庐山第二次谈话时，对卢案报告之四要点，其一在求自存与共存，始终爱护和平；其二以卢案能否结束，确定最后关头的境界；其三临到最后关头，只有坚决牺牲，但只准备应战而不是求战；其四和平未绝望前，终希望和平解决，唯须坚守最低限度之立场，即主权领土完整，不受侵害；冀察行政组织，不容改变；中央所派官吏，不能任人要求撤换；二十九军驻地，不受约束是也。此项国策，实代表我中华全民族最后之决心，亦为生死线上必争之一着。持以衡量卢宛撤兵之经过与现实，我方于约定撤兵以后，首先遵约他移，而以保安队居间缓冲，已尽其爱护和平之最大努力。顾日军则仅沿铁道稍退，始终不放弃大井村等地，且大举增兵掘壕，显欲食言自肥，其武官今井且有撤退无期之表示，如此严重情势之下，能认卢案已告解决否乎？冯治安移防涿州，纵不出自日方要胁，然必易冯而赵，殆显有人地之分，似此国军进退之间，果曾好恶随人转移否乎？借曰卢案未告结束，驻军已失自由，则中央固早下执行国策之决心，而华北当局，宜无可逃其应负之责矣。

抑一国民气昂扬，辄由高度外铄所激刺，非有适宜之宣导，必形成内在矛盾之展开。德意统一建国之前期，均曾遭奥人控制，迫而内求解放，外抗强权，卒完成其建国程序；土耳其病夫蹶起，亦端赖凯末尔一战而驱希军于境外，乃始建立安戈拉统一之政权。往迹昭然，不爽丝黍。我国自东省沦陷，以迄于今，民气磅礴郁积，大有一发不可复遏之势。观于撤防将士，悲愤填膺，后方民众，争先效命，凭此敌忾同仇之朝气，何难竟奏卫国守土之肤功。是尤殷望中央与华北当局，亟起把握现实，服从民意，秉既定国策以与强敌周旋，一举而致国族于复兴者也。

上海《新闻报》，1937年7月25日

卢沟桥事件的因果

——1937年7月25日《武汉日报》星期专论

吴学义

去秋所谓丰台事件，日本驻屯军借口演习，向中国军队挑衅，华北军政当局忍辱让步，令二十九军退出丰台，日本军队反可驻屯丰台，以扼平津的咽喉，切断北宁、平浦、平绥各铁路（平绥线系以丰台为起点），使北平、察绥与南京中央政府减少联络；并利用丰台是各铁路的交叉点，可控制各方，作日军的大本营，大筑兵营及防御工事。

嗣经绥远抗战，中国军队奋勇御敌，毫不退让，做蒙伪军后台老板的日本，只得掩〔偃〕旗息鼓，另图机会。西安事变，连远在东京的广田内阁总理大臣，都以为有机可乘，预备混水摸鱼，不料反促进中华民族的团结，形成中国的统一，使日本大失所望。

本年以来，日本对于理所当然的"冀察政权中央化"，竟妄持异议，横加阻挠，例如平津办理国民大会代表选举；至本年年底止，全国一律停止发行地方银行钞票，数量最巨的"粤钞"，已如期整理，河北省钞亦当然不能例外。然日本在平津的驻屯军，为贯彻其分化政策，辄表示反对。又以冀察政务委员会宋委员长哲元，滞留山东乐陵原籍二月余，一时找不着交涉的对手，遂欲乘机直接行动。六月杪即盛传有自六月二十八日到七月一日在平津暴动的计划，表面上嗾使冀东傀儡出头，以抵制取消冀东伪组织，里面是欲反对"冀察政权中央化"，使冀东成为化外。

他方，日本乘苏俄清党，有内顾之忧，嗾使其卵育的伪满，于六月十九日与苏联发生黑龙江河流中勘察加岛及阿穆河岛土地主权的争执。二十九日日本驻苏俄大使重光葵与苏联外交人民委员长李维诺夫约定双方撤兵，竟违约不实行。三十日双方军队冲突的结果，伪满击沉苏俄二十五吨的小炮舰一艘。因为苏俄政府的忍耐，事件未曾扩大，但亦尚未解决。

一星期后——七月七日深夜，日军又借口演习，欲占据卢沟桥的宛平县城，与城内的中国军队发生冲突。由上述日本对中国对苏俄的野心，便可知决非偶然的冲突，乃是有计划有步骤的侵略。

自去秋日军在丰台驻重兵以来，华北的东线北路，实质上已被切断；今旧剧重排，借口演习而挑衅，要求中国军队撤退。若竟让日本军队驻扎卢沟桥，则华北西线的出路又被切断，冀、察、绥、晋、宁夏、新疆、蒙古，均在日军的包围封锁之中，等于请君入瓮。这一步军事侵略如达到目的，则所谓冀察政权固将不保，而对于绥晋等省，大可先政治而后军事，凭三寸不烂之舌，如探囊取物。无怪留日出身眼光深远的阎主任锡山，很重视卢沟桥事件，谓为华北的生死关头。

日军欲完全占领华北，以作进攻苏俄的根据地。因为日本深恐苏俄第二次五年计划成功之后，国势加强，不易对付。就是苏俄现在在远东的军备，亦已达飞机一千余架，装甲汽车六百辆，坦克车一千辆，总兵力号称三十万，并在国境沿线构筑现代式的要塞。日本对于苏俄以强大武力为背景的压力，感觉"不安"，故不惜挑起黑龙江事件，以试试苏俄的实力与决心。苏俄因为正值国内清党问题尚未解决，第二次五年计划亦未完成，不愿对外构兵，故极力隐忍，日本军部遂以苏俄为软弱可欺。

纽约《泰晤士报》批评此次苏俄与伪满即日本在黑龙江的冲突事件说："一九三一年的满洲事变，是乘欧洲国际政治及财政经济有难题的时机发生；这次对俄挑衅，又是乘欧洲列强，因西班牙战争受威胁，法国法郎贬值，财政上遇着危机，及苏俄清党，国防与产业上暴露弱点时发动。"同报又批评卢沟桥事件说："在黑龙江冲突事件之后，即引起卢沟桥事件，日本军部的意图何在，不难推知。因黑龙江事件，苏俄极力忍让，遂予日本军部对华北采突进主义的自信力。"其他外国报纸，并有直指卢沟桥事件是日俄大战的序幕者。

日本为实行其大陆政策，必须"征服"苏俄；为对苏俄作战，于军事上、人力上及原料的补充，均以占领中国的东三省乃至华北做后方根据地为最有利的战略。在"九一八"，日本毫不费力而席卷东北四省，并越长城而窥伺华北，遂予日本以加速度完成大陆政策及征服苏俄的机会与决心，打算先占领华北，然后对俄作战。

不过，像日本这样树敌不怕多，知进不知退的干法，此后也不能无往而不利。九一八事件，日本不劳而获东北四省，给侵略者以侥幸成功的机会，增长其自信心与侵略欲。

今年是一九三七年，距一九三一年九一八事件发生时，将满六周年。国际情形及中日两国的现状，均与六年前大不相同。尤其日本的野心，已为世界所周知，不复能隐蔽，欺骗，戴假面具。在"九一八"后的一年，如非英国外交大臣西门的近视眼外交政策的错误，则英美决不至不合作，史汀生的外交政策，亦不至孤掌难鸣，有始无终。今英国外交大臣艾登，青年明敏，非老朽昏庸的西门可比；法国则为左翼政党掌握政权，凤反对破坏和平的侵略。故卢沟桥事件发生后，英法二国均甚为注意。即平时埋头国内政治的美国罗斯福大总统，亦颇为关心。与日本曾缔结同盟性质协定的德意，尚且不左袒日本。苏俄懔于唇亡齿寒，更战战兢兢，感受重大的刺激与威胁。

固然，国际情势，只可善为利用，以增加外交上的力量，不可一味倚赖，致蹈"九一八"以来的覆辙。迎头抗敌与最后的胜利，仍须靠自己的力量与牺牲。去冬绥远的抗战，不过是绥晋军局部的抵抗，已予敌人以重大的打击，使其不敢越雷池一步。此次卢沟桥事件，如前所述，是欲封锁华北的出路，明知非空言恫吓所能奏效，故少不更事的近卫内阁，不惜大吹大播，每天召集阁议，宣传调五师团陆军，甚至妄称四十万兵力来华。实则日本的外强中干，早为识者所看破，一年以来，尤暴露无遗。因军费增加，预算膨胀，物价暴涨，人民生活困难，自三月到七月六日，五次输途美国的现金，已达二万万七千万元。万一发生战争，金融上的危机，即难以维持。日本人是孤岛上的灯塔，照不见自己——知彼不知己。

报载五师团是由朝鲜、满洲抽调。然朝鲜革命，随时有爆发的可能；满洲是新占领的土地，尤需要军队镇压。故日本欲想在华北作战，调动五师团，已是最大限度——恐怕不过是各师抽调一部分，四十万云云，乃是一种诳言。盖依日本国内的情形，决不能因对华北作战而下动员令，则于十七师团中调五师团来华，可谓已达最大的限度。且日本的陆空军，须留以对付苏俄，海空军，则须留以对付美国，决不能倾其全国大部分的兵力财力，在中国牺牲，致为俄美所乘。故要中国有抗战的决心，日本决不敢蛮干到底，如绥远抗战的成绩，即其实例。否则彼将师"九一八"以来的故智，以为仍旧懦弱可欺，得寸进尺。日本人是只怕铁拳的教训，不可怜磕头的哀求。中国越不怕打仗，反不会打仗；越怕打仗，越有仗打。日本依照其大陆政策，对华侵略，是无止境的，若敌来则拼，予以重大的打击与教训，反可惊醒其侵略的迷梦，促其回头。如民国九年出兵西比利亚，被俄国大败而回，其后即不敢轻于问津。否则若只知磕头求和，至多不过保一时的小康，苟安旦夕，不移时又必另借口实，重启衅端。切盼地方军政当局，不要只顾个人目前的利害与地位，应以国家民族永久的生存及利益为前提。

《武汉日报》，1937年7月25日

否认卖国协定　继续坚持抗战
——1937年7月25日巴黎《救国时报》社论

在国内和平统一、抗日救亡运动蓬勃发展的现在，在绥远的守土抗战胜利后的现在，自日寇在卢沟桥挑衅以来，我军屡次击破了寇军的进攻之后——真不料那接受日寇条件的所谓天津协定，在日寇汉奸摆布之下，已经由传闻而见诸实行了！我方除"惩办负责人员"和"道歉"而外，我英勇之三十七师已被迫令于二十一日起，自卢沟桥和北平的阵线撤退。此外还有些什么秘密条件，不得而知。日寇则更加增调大兵，窃踞平津，一方面声言压迫南京，使退出冀察，另一方面策动"自治"，使冀察更进而为冀东化。从此，国难痛史上，于《淞沪协定》、《塘沽协定》之后，又加上一个所谓天津协定。从此，北方大势，益加危急。

警报传来，我国内外同胞，莫不痛心疾首，愤慨万分，坚决不承认这一为日寇汉奸所摆布的所谓天津协定。正由于年来国内反日民族统一战线运动之发展，现在民力与国力之伸张，已远胜《淞沪协定》、《塘沽协定》的时候，而日寇的进攻也较之淞沪抗战、长城抗战时更为凶恶。不管汉奸辈缔结什么卖国协定，必不能阻止我朝野军民抗日救国事业之前进。我激昂的民气，奋厉的军心，必将撕破这一切日寇汉奸所制造的协定。

据电讯，十七日蒋介石先生在庐山会议上的演词中关于卢沟桥事件，说道：卢沟桥若失，则北平不保，如北平为沈阳第二，则焉知南京之不为北平第二。因此，蒋先生认为保守卢沟桥是关系整个国家的生存的问题，认为必须以全国一切力量去抵抗敌人。蒋先生这个说法一定能得到国人一致的拥护。可是，这里应该得出的结论是团结全国的力量，飞调援军，去援助二十九军，保卫平津。如果蒋先生能够这样做，岂仅北方之危可解，而且足以击破日寇的进攻而收复已失的领土主权。

然而痛心得很，蒋先生演说的音响未绝，而所谓天津协定已经签订和履行了。汉奸卖国，实堪痛恨！独怪南京方面，于蒋先生慷慨陈词之后，竟对天津卖国协定，默不作声，不仅使国人责备南京之纵容天津协定，而且协定竟已履行，或且疑南京实予以默契和同意。怎不令人痛惜！

蒋先生演词中说：决不签订损害领土主权之协定。然而天津协定的履行是三十七师从中国自己领土上撤退，日寇则大军陆续开来，平津要隘全入其掌握。蒋先生演词中说：二十九军驻地不能有任何限制或变更。然而天津协定的履行，又岂仅三十七师被迫撤退，日寇且企图压迫二十九军和南京军队一律退出河北。蒋先生言犹在耳，将何以征信于国人？

蒋先生力言保守北平与卢沟桥之重要，关系于全局之存亡，并主张于全国一切力量去抵抗日寇，国人一致欢迎这种言论。然而蒋先生力言：战争不开始则已，一开始必须坚持到底，同时却还说，和平未至绝望时期，决不放弃和平。细玩蒋先生语气，对于抗战一层，还是十分顾虑的。临时郑重是应该的，然而不应该迟疑犹豫。运用和平与外交方法，也可以无庸非议，然而应该认清战争是已经开始了，不应该把守土抗战的神圣事业，搁置到一边，推延到将来。正由于这种迟疑犹豫，所以援军集中保定而观望不前。也正由于这种迟疑犹豫，才会有丧权辱国的天津协定。国人属望之下，蒋先生将何以自解？

记得从前蒋先生对于"和平绝望时期"和"牺牲最后关头"的解释，是以决不再忍受领土主权的损失为限度。现在平津一带，寇军大集，日寇的进攻，汉奸的阴谋，并不以协定的签订和三十七师撤兵而稍缓，反乘所谓天津协定之便利，而进行益急。平津遭蹂躏之凶，冀察有分离之惧。在国人看来，这都已是领土主权上的新的损失了，日寇汉奸所摆布的已经是丧失领土主权的新的协定了。就依蒋先生的解释，现在也已到了和平望绝时期，也已到了决然牺牲的最后关头。

南京当局如果要取信于国人，决不应该观望等待，坐视寇军深入；而急应以外交手续，郑重声明不承认这一丧权侮国的所谓天津协定，并向日方抗议，制止汉奸的卖国谈判，惩办签订天津协定的罪犯；应该立即制止撤兵的乱命，增调援军北上；应该实行团结和联合全国各党各派一切力量，共同抗日。特别是蒋先生身兼行政院长与军委会委员长之重任，更应当机立断，实行其言论主张。希望蒋先生行使职权，一面严令二十九军固守原防不得撤退，一面飞调集中保定及平汉、津浦线驻军迅赴卢沟桥及平津一带增防，坚持抗战，同时对于身为现役军人而签订丧权辱国条约的张自忠氏，予以军法的制裁。

我海内外同胞，不仅应该发扬激昂的民气坚决不承认天津协定，一致声讨卖国的汉奸，而且应该以民意来督促南京当局实行抗日外交，制裁亲日汉奸，动员全国，实行抗战。

巴黎《救国时报》，1937年7月25日

阴郁的紧张

1937年7月25日

昨天大局形势是阴郁的紧张。

我们的兵是撤了，日方匪但未撤，反而不断加增，并且对我方挑剔不已，这由于他已取得主动地位，尽可张弛自如，我们却反成了俯仰随人的被动者。照日方宣传上看来，连赵登禹和冯治安换防都不合，仿佛北平城根本就不容再驻二十九军，这究竟是谁和谁商订的"协定"？

现在最要是赶快回复主动的地位，和战都要能够自由，否则着着失机，听人摆布，前途何堪设想！

上海《大公报》，1937年7月25日

冀察当局应有之认识

1937年7月25日

目前华北局势严重性，不减于撤兵约定前，且有恶化之势，大难当前，贵能明辨，主持华北者，确应有下列之认识：

一、国人愤强敌之节节进侵，民族生机之岌岌可危，无不统一于领袖意志下，愿以血为国牺牲，此种精神，实中国空前所未有。

二、中央不愿放弃华北寸土，丧失丝毫主权，凡超越中央所指示地方解决范围内之最低限度者，无异自绝于中央，自绝于国人！

三、二十九军前于喜峰、独口两役，守土抗战，伟绩昭然，卢沟桥事件发生，复英勇挫敌，未失寸土，此种光荣史实绝对不可磨灭，亦不容稍有污损！

《武汉日报》，1937年7月25日

我们的出路唯有抗战

——1937年7月26日《新中华报》社论

据近数天来的消息：冀察当局已经与日本驻军在天津成立口头协定，其内容我们尚不得而知，但据日本所透露出的消息很明显的，内面当包括有如下两点：

（一）二十九军冯治安部立即撤退北平与卢沟桥，由石友三之保安队接防。

（二）严厉制止共产党与反日活动。

这两点无疑义在冀察最高当局已经口头上接受了的，所以这数天来我们所非常忧虑的消息，就继续发生了，"二十九军三十七师于二十一日由卢沟桥撤退，石友三部接防"，"北平城之三十七师连日继续退出"等等。这样一来，什么北平的咽喉——卢沟桥，华北重镇——北平，将完全陷入日寇的手里，数百年的文化故都将不复为我所有了！而日寇发动这一事变的第一个目的，在冀察当局的"彼此互让""彼此相信"（宋哲元廿日的书面谈话）的宣言中实现了！

冀察当局在卢沟桥事件发生之后，始终没有一定的坚固的立场，全国人民对冀察最高领袖的态度始终表示着疑虑。在事件爆发之初，全国人民均热望宋哲元马上离开家乡到北平去主持抗战大计。可是事与愿违，宋哲元一溜烟跑到天津，与日寇进行什么"和平谈判"，因之全国群情愤慨，疑云百出，纷纷电讯宋哲元之态度，足证明全国人民是在如何热望宋哲元成为一个守土抗战的民族英雄，并实际地帮助与督促冀察当局的抗战之途前进。在近数天来的消息，不得不使我们失望，特别是宋哲元的书面谈话，什么"本人向主和平"，"卢沟桥事件发生决非中日两大民族之所愿"，"中日两大民族彼此互让相信，促进东亚和平"等等，不一而足的大篇丧权辱国的宣言出来了，今后的事实是要冀察当局负完全责任的。

宋氏的谈话，我们认为和蒋介石先生十七日所发表之谈话是两样的，蒋介石先生已经说明了我国外交立场，四点：（一）任何解决不能侵害主权及领土的完整。（二）冀察行政组织不容任何不合法之改变。（三）中央所派地方官吏如冀察委员长宋等不能任人要求撤换。（四）二十九军所驻地域不能受任何约束。上面这数点，我们认为是最低限度的立场，而为全国人民所一致赞助与拥护的。我们应该本着此立场与日寇相周旋。但是冀察当局甘愿冒大不韪，而与日寇订立为全国人民所一致反对的口头协定。宋哲元甘自弃于国人，我们不能不为之可惜。但是我们仍然希望宋哲元悬崖勒马，回过头来重新走上抗战的康庄大道。

目前华北局势的发展，很明显的摆着有两条道路：一是立即动员全国，发动大规模的民族革命战争，来抵抗日寇的新进攻，而这一条路也是全国人民急切需要的，是中华民族彻底解放的大道。一是和平妥协以求得日本帝国主义暂时缓进，把平津送给日寇，这条道路必为全国人民所反对，是断送华北，陷中华民族于万劫不复之地的绝路。因为日寇对中国的侵略是无止境的，东三省陷落、热河失守、察北变色、冀东伪组织的建立，无数次血的教训，已经清楚的告诉了我们，任何对日寇侵略会止步的幻想，实际上就是等于帮助敌人，全国上下应该立刻放弃任何与日寇和平苟安的希望与估计。

我们主张实行全国海陆空军总动员、人民总动员，发动全国性的抗日战争，来反对日寇的侵略，给日寇的进攻以有力的反击，以求得中华民族的彻底解放。

《新中华报》，1937年7月26日

时局需要迅速澄清
——1937年7月26日上海《大公报》社评

近两天的平津时局，更惹起全国各界的重大关心，而一致希望中央与宋委员长迅速的澄清局势，以慰国民。

现在问题可分四层研究：第一层，中央方针是拥护蒋委员长所说最小限度的四点立场，这是全国所同情，也就是政府所必守。所以就中国说，若这四点能维持，一定愿和平；若四点被侵犯，一定要拼命。那么现在需要首先检讨的就是：现在的局势，是不是与这四点有严重的抵触。我们知道中央前天已接到宋委员长关于处理卢案经过的报告，这个报告没有发表出来，民间不能作确切的判断。所以现在的第一问题是要问中央：究竟平津现局与这四点的关系怎样？这个决定，大家应当完全听蒋委员长主持。

第二层，民间虽不知卢案经过的正式内容，却看见表现的事实，所以也可以作一种常识判断。就事实看，固然平津领土并未搬家，但平津间完全充满了日军，《辛丑条约》所定以保护使馆与海岸交通为目的之驻兵权，怎样扩大解释，也到不了这样程度。简单说，日军若不能撤减到卢案以前的原状，平津随时有被占之危。第一点所说的领土主权，岂非空话？再进一步看，固然政委会依然存在，宋委员长依然驻平，二十九军也依然驻在冀察区域，但问题要讲职权，二十九军是否仍能尽其职守，而不受欺凌？在现时局势下，刻刻成了严重疑问。一言蔽之，蒋先生宣布的四点，其精神是绝对维护冀察、平津政治军事的完整，那么现时的情形，实际上可谓危险达于极点了！

第三层，纵令解决条件甚简单，而对方如何解释，却大有出入。你说履行了，他说不够。实际上恐怕宋先生业已非常困难。况且对方兵队越聚越多，这根本上就不是平和解决的征兆。我方当局纵然十分想妥协，也需要先有和平空气与不威胁的状态。现在兵临城下，一面百端挑剔，一面种种自由行动，这样局势，事实上如何能维持较长期的苟安！

第四层，再就全局说，此次对方这样动员，而集中平津间的已经这样多数，而事实上又断不能期待其速撤。平津本是我们的重镇，而变成对方的重镇。他们以此新形势为根据，一定又要想新的发展。在他们"拔本塞源"大策略中，谁能料断其止境？眼前最可虑的尤其是平绥路方面，所以纵令平津间一切如彼方之愿，而问题依然不能告一段落。根据这几层，我们感觉现在的危机，比三十七师撤出宛平以前更要严重。我们对于时局，始终主张一听中央主持，对蒋先生之演词，表示同感。相信中央与宋先生一定有相当确切的办法。蒋先生说："在和平绝望的前一秒钟，还是希望和平。"这可以证明政府到现在并未放弃和平。不过和平的前提，必须先能解除这种紧急的军事威胁。换句话说，至少须日军有撤退的确期及对我二十九军不再相迫。但现时情况，就万万做不到。我们愿请政府详察以上实情及民心之重大不安，应当迅速的澄清这阴郁苦闷的局势，使全国人有所适从。

天津《大公报》，1937年7月26日

读北大教授宣言有感

——1937年7月26日上海《新闻报》社论

步陶

北大教授为卢沟桥事，昨曾发表宣言，义正词严，诚为我国人民应持之态度。文中一再以维持文化宣传和平与正义为言，尤足见其宅心仁恕，而适合其教育界之立场。虽然，余窃因之有感焉。

卢沟桥事之是非曲直，早为中外人士所共睹，无待辞费，但在日人方面，则未尝不自有其片面之说词，且事前于国际间，亦早有相当布置，如隔昨苏联报纸所论列，殆不能谓其全无所见。盖有柳条沟冒险事件之得手，与中国人过于爱好和平，不惜委弃东四省之大，以求获旦夕之苟安，致引起日人无可满足之欲望。故今日之华北，在彼人视之，直与伪满一例同看。不过在事实经验上，一夕而不血刃以占沈阳之故事，既未能如法重演，乃不得不采取大规模之威胁，用从缓发展之姿势，以期获到最后占领之目的，是为此次华北事件之日人真正意志，且仅为今日中国状况下，其意志如此。倘华北如愿以偿后，则与华北为邻之各省，又将被日人视为华北第二，非至全部中华民国，尽与伪满、华北同一命运不止。在日人心目中，只知实利，根本不问何为人道？何为正义？今乃望其悔悟，望其不冒世界之大不韪，其能有何丝毫效力之足云。

今日之世界，乃有强权无公理之世界，无论如何违犯世界公例，如何破坏人类信誉，对待实力不如人之国家民族，无论如何残酷不合人道，如何蛮横不近人情，只须炮火机多，杀人利器能日进于科学化，捭阖纵横，国际间之布置能有兼人之运用，被其蹂躏者，除自行拼命挣扎，于万死中以求一生外，只有饮恨吞声，以自就灭亡。世人谁其对之一加有力援应者？纵使并世之号称负有声誉者，间有一二同情之言词，然亦止于言词而已，其无补于弱小者之灭亡如故也。且黑人之被征服，则有"白人之担子"之文明诗歌。义大利之征非，则有大文豪为之散布文化被于蛮族之高论。所谓"世界之文明"，所谓"人类之文化"，其解释不过如此，又何怪世界人类之暴行迄无已时，而国际警察之始终无人能负其巨责也。今此宣言，谓"我们深愿世界文化界的同志，共同起来，帮助我们唤醒这些迷梦中的日本政客和军人，不立即觉悟，逼迫我们这个爱好和平的民族，使不得不共起抗战，则非特中日两国同遭浩劫，即全世界的惊涛骇浪，也要从此掀动了"。措词可谓极恳挚。然吾人须知，豪夺强取之迷梦，非仅日本之政客军人未曾醒觉，亚洲以外与之同梦者，正大有人在。彼等之所结合，皆为实利，决非空洞之文词所能唤醒。且迷梦者之所以如此冒险而行，正为未来之世界洪潮，作实力之演习，以谋得他日之破浪乘风，又何心情问及吾人之爱好和平与否？吾人惟闻以实力制止战争，未闻以言词能制止战争者，窃愿热心和平之国人，进而求之。

上海《新闻报》，1937年7月26日

日本的进攻与中国所应取的对外政策

1937年7月26日

黎平

日本对于华北的新进攻，向全世界最清楚地指出：日本是在凶狠地实行其灭亡中国的广田三原则，是要进一步的并吞中国的领土，侵占平津、河北，切断察哈尔与中国其他各省的关系，加紧进攻绥远及华北其他各地，以图最后完全攫取中国作为自己的殖民地。这正如法国社会急进党的《事业报》所说："吾人相信日本志愿所在，乃从地方着手而蚕食全中国。"这是世界一切名达之士，所共见的显著的真理。如果国内尚有人以为妥协让步可以解决或缓和中日矛盾，那这不仅是可怜可悲的迷乱，而且是危害民族的毒药。

协助日军进攻的外交活动

卢沟桥事变发生以后，日本政府及陆军在其声明中清楚的表示出：（一）这一事变是日本实行一贯的灭华政策的一个步骤。"此事件之原因，由来已久。"（朝鲜军总部声明）"此事件之事因实由于中国历史以来之抗日情绪所致。"（近卫声明）卢沟桥事件，决不是如某些人所想象的为偶然的地方的冲突，而是日本有计划的一贯的进攻之一部。（二）

卢沟桥事变更是新的大规模进攻的一个引端。"倘事件因华方拒绝反省,而愈趋扩大,日方决取断然行动。"(日政府九日声明)"现在僵持之局面,不得不使政府下严重的决心。"(近卫十二日声明)广田与近卫、杉山,更向日本国民警告:"勿应过分对华北事件表示乐观,日本国民,应有充分的准备,以应付事态之恶化。"

谁要是以为华北事变能够妥协结束,日本进攻能够缓和中止,那只是最愚蠢的痴人的梦想。

在这样的侵略路线之下,日本就采取了双管齐下的手段。正如日海军当局的声明:"完全同意陆军之办法。现一面进行和平之解决,倘中国仍自采取抗日挑战之手段,决采取和战两用之断然的惩戒手段,以求中国之反省。"所以除大规模的军事、政治的进攻之外,日本政府更采取以下的外交方针。

甲、将事变之过失,完全诿之于中国身上,认为在中国领土上作大规模军事演习,占领中国地方,屠杀中国人民,摧残中国主权,都是"合法的",是根据《辛丑条约》与《塘沽协定》所赋予的"应有的权利"的。而中国军队在中国自己领土上的自卫办法,都是"非法的行动"(日政府声明)。这样据日本帝国主义意见:中国如要不犯"非法行动"之大罪,就应当"让人家军队无限制的出入于我们中国的国土,而我们本国军队反要忍受限制,不能在中国土地内自由驻扎,或是人家向中国军队开枪,而我们不能还枪,换言之,就是人为刀俎,我为鱼肉。我们已快要临到这极人世悲惨的境地,这在世界上稍有人格的民族,都无法忍受的"(见蒋介石先生七月十七日谈话)。日本帝国主义就是根据这种奴隶主的外交原则,推诿一切罪过,图使中国成为忍受一切罪过的"奴隶"。

乙、反对其他国家干预中日冲突。日外务省在说明其"一贯不移之政策"中公开声明:"倘若英国果真与法美诸国联合干涉中国时,则日本当本于日本之不容第三国干涉与上海战争之旧例,以当其锋。中日问题只容中日两国单独解决。""日本态度早定,如有干涉毫不介意。"而日本驻英大使吉田并曾正式向英外长艾登证实,日本对于中日之纠纷不能接受外国之调停。日本显然的是要袭用"九一八"以来的故智,直接压迫中国屈服退让,以便达到自己强盗目的。什么国际公约(如《九国公约》等)、国际信义,在日本已是一扫而尽的事了。

丙、但是日本之所谓"中日单独解决",还不是日本与整个中国间的解决,而是日本与地方当局的单独解决。日本政府公开声明,"坚持卢沟桥事件地方解决之方针",并威胁地说:"倘若南京不放弃干涉地方谈判的手段,则事态唯有恶化。"以大军相临,反对中央干涉地方谈判,企图将中央与地方分裂起来,再以"既成事实",强迫南京政府承认,并使各国不能置喙——这就是日本蚕食吞并中国的毒辣的狡谲的办法。

日本的侵略外交的真面目就是如此。每一个中国人，应该清楚地看到，要用外交手段解决中日冲突，早已是决然的不可能的事情。

牺牲已到最后关头，和平已达绝望地步。这已是铁一般的无可丝毫置疑的事实。

圈绕于华北事变周围的各国态度

卢沟桥事变发生，便引起了其他各国严重的注意与极度的不安。日本的新进攻与二十九军官兵的抗战行动，显然的决不是中日局部性质的行动。

卢沟桥事变发生后，中国政府曾建议英、美、法等国"对于远东危局有所举动"，英法两国曾提议由英、法、美三国联合行动，在英、法、美三国京城进行交涉。可是美国政府表示不欲参预任何外交阵线，对于英法提议，认为"未便接受"，于是三个国家，就决定分别向日本政府交涉，以期"维持和平，并使目前中日纠纷获得'友谊'的解决"（见十五日伦敦电）。这点表示这些民主国家在中日问题上还是不能采取一致的有效的行动，来对付日本的进攻。这种情况，客观上当然是有利于日本侵略的。

英国目前正忙于西欧方面的冲突（特别是西班牙战争以及意大利对于英国地中海地位的威胁等）。由于西欧的事变，美国的孤立政策，张伯伦内阁上台后英日企求在华划分势力范围的谈判，以及对于中国人民的群众运动的害怕等等的影响，英国对华北事变表示出明显的动摇与妥协的态度。一方面英国经过其外相艾登之口，表示："日本对中国态度充分强硬，足以损害英日间关系"，对于日本的猛烈进攻，表示不满，可是另外一方面则又"不愿表示在中国方面与俄国有任何一致的行动"（哈瓦斯伦敦电），而声明英国"愿意事件能在地方上解决，并不致扩大"（艾登与日大使之谈话）。"英政府仍诚挚希望尚可得和平解决，当任何解决中有须英国为助者，英政府无时不愿贡献其服务。"（外次克兰波声明）而英国政府半官方机关报伦敦《泰晤士报》简直更主张"和平调解，尚非不能，中国应付和平相当之代价，而在日方，则冤抑极微，自应限制其中和限度之内"。这就是说，要牺牲中国利益，来满足日本的一些要求，以图避免战争与求得事变之和平解决。英国的这种动摇妥协的态度，客观上只能是便利于日本的进攻。九一八事变中英国的中立态度，实际上正是帮助日本。这一教训，英国政府，是还没有充分领会的。

法国方面，则因忙于西班牙战争以及内部财政困难等等问题，对于中日冲突，也采取妥协解决的立场。"接近外部人士，深恐欧洲列强之忙于西班牙战争，业已鼓励日本对中国之侵略……据称英法已完全同意须力阻远东战争之爆发，且将经由外交途径警告中日两国，表示法政府对远东方面现在发生之事件，极为注意与焦虑。"所以法国在中日问题上，也和他在西班牙问题上一样，是追随于英国之后，采取实际上有利于日本的中立态度的。

美国则仍继续保持所谓"孤立政策"。美国国务卿赫尔分别照会中日大使署，声述："中日间之武力冲突将为和平与世界进化之重大打击。"这种意见，实际上是将破坏世界和平打击世界进步的日本侵略，与拥护世界和平争取世界进步的中国自卫，等量齐观，混为一谈。这样的孤立政策，除了便利于日本侵略以外，当然是不能有别的任何作用的。美国现在责备英国在一九三一年不应当对日本侵略采取冷淡态度，如参议院外委会主席毕特门所说："一九三一年美国曾以措辞严厉的牒文，送达关系各国，促其注意中国领土之完整，但英国未曾完全合作，反致文日本，请维持在华之门户开放。日本当即答曰：然。于是当时英外相西门，即在下院宣称英国不欲预料远东时局。"现在美国要以自身对于日本侵略的冷淡态度，来回答九一八事变中英国对于日本侵略的冷淡态度。实际上，这并不是对于英国的报复，而仅仅和"九一八"时英国的态度一样，便利于日本放手进攻罢了。这种政策，客观上正是有害于世界和平与进步的愚笨的错误的政策呵！

至于苏联，则他已经明白地指出："日本在华北的挑衅，已超出任何寻常的态度。""华北事变，是日本准备大战争的一个部分。"更指出，日本"所采取的步骤，证明更广大的进攻实有可能"。（《真理报》社论）同时苏联更清楚认识日本帝国主义同时向苏联挑战以便与德意共同造成世界大战的这种可能，因之特别着重的注意国防的加强，日德走卒（托派、卖国军官等）的肃清，与警戒的严密等等。苏联的这种办法，正是对于日本帝国主义的实际的严重的打击。

在日本的盟友德意方面，则他们虽然标榜对于中日冲突"保持中立"、"希望和平解决"，实际上则正以加紧对于西班牙人民的干涉，加强他们在东欧与巴尔干半岛的活动，来与日本对于中国的进攻互相配合，以图挑起全世界的大战。这种东西两方互相呼应的难兄难弟的行动，当然是显而易见的。

圆绕于华北事变周围的各国政府的态度，清楚的指出：除苏联外，法国还是采取懦弱的依靠英国的政策，而英国则还是动摇着，企图与侵略的国家成立妥协，美国则仍采取愚蠢的"孤立政策"。他们还是想使中国走上妥协屈辱的道路，是中国人民应当坚决反对的。

要使英、法、美等民主国家，真正能密切联合起来，去反对法西斯蒂侵略国家的挑战行动与凶恶进攻，那么一方面须要有全世界各国人民及一切民主力量拥护中国抗战的广大运动，同时须要有我们被侵略国家自己的抗战的有力的发动。

是的，全世界人民与舆论是非常热烈的同情并拥护中华民族的抗战行动的。

他们清楚的提出中国或是抗战或是灭亡的问题。例如《纽约前锋论坛报》指出："今日中国之命运，不外二途，或则视中国各省相继失陷，或则武装自卫耳。"

因为"中国对于外来侵略是能树立较为统一之战线,而予以抵抗,'九一八'故伎,今天不堪再用"。(法国《人道报》)

因为"中国全国统一之巩固,终将打破日本之迷梦"。(纽约《太晤士报》)

因为"中国人民抗日情绪及抵抗侵略的意志的高涨"。(《真理报》)

因为"中国军队今非昔比,其实力纵不优于日本,至少日本亦将发现其敌人不可轻视也"。(法国《工作报》)

因为"日本对于中国的侵略,亦属师出无名"。(伦敦《太晤士报》)"日本人民并不愿有战争"。(哈瓦斯东京电)

等等等等。

确实的,当我们中国能建立民族统一战线的坚固长城,实行民主政治,开放民众运动,动员全国人民,动员全国海陆空军,实现以国共合作为基础之各党各派合作等等……来一致实现全国对日作战的时候,我们是一定有强大的力量来战胜日本帝国主义的。

全世界人民以及一切进步的人士,一致的热望我们走抗战的道路。这正是我们所能走的唯一的求生的道路。

中国对于各国所应取的政策

从上面所说的,我们就可以明白地决定我们对于各国的政策。

首先,对于日本,我们唯一的方针是抗战,是驱逐日本强盗出中国。对于民族死敌之日本帝国主义,我们只有抗战到底,"如果放弃尺寸土地与主权,便是中华民族的千古罪人。那时候便只有拼民族的生命,求我们最后的胜利"(见蒋介石先生谈话)。现在谁要是还经过外交谈判,接受丧权辱国的条件,来媚日亲日,以求苟安,那他只能成为中华民族的千古罪人,而使我们民族陷于悲惨的耻辱地步。每一个有血气有良心的中国人,都应当奋起反对这屈辱投降的亲日外交。

其次,对于英、美、法、苏等国,我们应当开展广大的外交的活动,以求达到实际的有利于抗日的联合。在这些国家中,苏联反对法西斯蒂强盗侵略以及为世界和平而奋斗的伟大作用,是显而易见的。与这一最可靠的抗日的友国,订立政治的军事的同盟,这种必要也是每个真正爱国的中国人所清楚了解的。至于英、法、美三国,那么虽然他们现在表示了极大的麻木与动摇,但是日本及其盟友的侵略对于他们本身利益的威胁,在客观上将推动他们走上反日的道路。须要有广大的国际的舆论,有各该国民主势力的强大压力,有中国有力的抗战的行动,来促进他们的转变。应当清楚指出,过去所订的一些国际公约(如《九国公约》、《凯洛公约》等等),只能成为一种和平的愿望,对于法西斯蒂侵略的实际的制裁作用,是极端微弱的。现有的国际联盟组织,虽有某种维护和平的作用,但由于内部构造的复杂与意见的不一致，所以对于法西斯蒂侵略，也常不能起其有效的作用。现在日本在远东的侵略，不仅根本危害中国的生存，而且还直接威胁世界和平的利益，妨害英、美、法等国本身的利益，我们须要采取有效的步骤与这些国家订立实际的具体的有利于抗日的协定，以求在抗日战争中，他们能给我们以实际的帮助。

但在这上面，应该坚决反对依赖他国来决定对日政策的这种观点。我们对日的抗战的方针，应当是已经坚固确定，不能变更了的。我们联合英、法、美等国是为着抗日，而不是为着与日妥协。如果英、美、法等国能够很好的与我们联合，给予我们抗日以同情与帮助，那我们当然是非常需要与欢迎的。英、美、法等的帮助，可以促进或加速我们抗日战争的胜利，但这决不是说没有英、美、法的帮助，我们就无力抗日。相反的，抗日战争的基本力量，只能靠我们自己。不依靠自己力量，不动员自己力量，而一心一意盼望他国越俎代庖来解决自己问题，这不仅是表示最愚蠢的奴才的思想，而且在实际上可以给予我们民族以最危险的结果。"九一八"以来期望并失望于国际联盟的事实，正是中国当局与人民所不能一刻忘记的痛苦的教训，应当学会坚定得走自己的路，对于英、美、法等的政策，也应当如此。

但同时，我们应当反对另一种观点，认为我们只要联合苏联就够了，对于动摇、冷淡、麻木的英、美、法，不必理他。这种观点，也是错误的。自然我们应当分别苏联与英、美、法（其实我们不仅应当分别苏联与英、美、法，而且应当分别英、美、法等国的不同情形，因为他们本身的利益也是不同的）。但是问题并不在此。问题是在于：我们在抗日战争中，须要争取一切可能的，甚至是动摇的，不坚定的，一时的，具着自己目标的各种各样的同盟者，英、美、法等国能够不同情日本而同情中国，不帮助日本而帮助中国，这对于日本侵略将是不小的打击，对于抗日战争，将是不小的帮助。我们应当努力争取这种同情，这种帮助。谁要是不懂这点，那他不仅对于抗日的策略，是一窍不通，而且在客观上则是帮助日本争取英、美、法的外交活动。

但是有人或许会提出来问，联合英美，抵抗日本，这有没有"前门拒虎后门进狼"的危险呢？我们回答道：在动员民众争取抗日胜利的条件之下，这种危险是可以防止的。因为第一，英、美、法等国现在并不是法西斯蒂侵略阵线的国家，他们是有反日的需要的。第二，我们联合英、美、法等国，是以不侵犯中国领土与主权为原则的，超出这个原则之外，联合就失去其意义。联合当然是双方各有利益的，英、美、法等国，既可以从这上面得到某些便利，我们中国当然应从这上面，得到更大的利益。第三，在对日抗战过程中，在实现民主政治过程中，我们民众的组织与国家的力量，大大的增强起来，抗日的胜利，将无疑地能够给我们以充分雄伟的力量与有利的条件，使我们能够经过外交途径以及其他方法，来建立中国与英、美、法等国间的正确妥善与平等互惠的关系，来取得中华民族完全独立与解放。这是我们联英、美、法所应取的方针与所应有的认识。

其三，我们更不应丝毫忘记联合一切同情抗日的人民与民族之方针。我们已经看到，在华北事变发生后各国人民及进步舆论，是如何的同情与赞助我们的抗战行动。在大规模抗战的过程中，这种同情与帮助，更要普遍的热烈的扩大起来加强起来。我们的抗日战争，决不是孤立的，我们有着全世界工农、被压迫民族以及一切进步的民主的人士的同情与赞助。他们不仅能直接给我们以许多政治上的，物质上的，精神上的帮助，而且能够有力地推动他们政府（特别是英、美、法）来反对日本侵略，赞助中国抗战。因之采取各种方法，经过各种组织（如"中日之友社"、各种国际联合及团体等等）来联络各种同情抗日的人士与民众，发展他们帮助抗日战争的运动，加强他们对于自己政府的压力——这是我们抗日的对外政策的一个重要部分。

其四，上述的这种对外政策的方针，只有在整个坚定的国策——抗战的国策——及其实际的抗战行动之下，才能很好的得到成功。对外政策，不过是整个国家的政策的一部分。没有确实的坚强的国策，就不能有明确的坚定的对外政策。没有实际的抗战行动，也就不能有各国政府与人民对于中国抗战的切实的援助。只有土耳其抵抗外国干涉的战争的胜利，才能有洛桑会议上土耳其外交的成功；只有苏联社会主义的胜利与国际力量的巩固，才能有苏联外交上的伟大的成功。要想不经抗战与民主政治的实现，而即能取得外交的成功，那这只能成为无聊的空想。

在现在日本进攻如此严重的关头，南京政府应当根据蒋介石先生在七月十七日的谈话中所确定的"最后关头一到，我们只有牺牲到底抗战到底"的方针，来明确的规定中国的对外政策的方针。过去我们外交的活动，应当说是不能令人满意的，甚至是违反抗日利益的。现在南京国民政府除应当决定明确的对外政策以外，还应当改造外交机关及驻外使馆领馆，派遣坚强的抗日的外交人材进行积极的抗日的外交活动，务使我们的外交机构与其行动，也能够适合抗战形势的需要，使我们的外交活动，能够克服日本的侵略主义的外交活动，来帮助抗战的胜利。

中国对外政策的方针，就应当是如此。我们坚决反对亲日媚日出卖民族的耻辱外交（即所谓"东京路线"也者），我们主张抗日救国保卫民族的坚强外交。这决不是什么"莫斯科路线"，更不是什么"伦敦华盛顿路线"。我们所须要的，是抗日民族统一战线的对外政策，是争取抗日利益的积极外交活动。这种政策与活动，正是抗日战争胜利的一个必要条件。

《解放周刊》第1卷第13期，1937年8月

严重的时局

1937年7月26日

连日大局阴郁而严重，日军在平津一带着着准备。北方人民看着人家兵车络绎，日夜不停，同时各项军事布置也逐渐完成，实在怵目惊心，一致预感重大时期之即将到来！

这种情势，切不可、亦不能听其延长下去。北方大势，显然一天比一天的可虑。日方企图叵测，危机益增严重，所以我方在今日当然不能完全处于被动，而应由种种方面，随时为积极的因应。

天津《大公报》，1937年7月26日

和平绝望的前一秒钟

——1937年7月27日上海《大公报》社评

蒋委员长说过："在和平根本绝望之前一秒钟，我们还是希望和平的。"现在平津局势，就是到了这最严重的前一秒钟！

现在时机迫切情势显明的程度，已不容讨论，也不需讨论。现在需要的是决定！

这样机微大事，这样紧急关头，譬如我们这样一个民间报纸，便不应当对于现在国家的方针与行动，再作任何主观的主张。但我们的态度早已决定，就是遵守纪律，而甘作牺牲。

但我们对于今天怎样决定，在方法原则上，愿对当局有两点贡献：

第一，宋委员长对中央负责。怎样说对中央负责呢？据日方消息，日军昨又提出限时撤兵的通牒，据说因为关于三十七师调开的事有所约定。此事有无，及怎样相约，外间不知道。假若没有，我方应当声明；假若有，那么宋先生就应当自负其责。我们知道蒋先生屡屡告宋，中央与宋共同负责。现在局面，宋先生认为自己能负得起责任的，就自己负起；认为关系全国，自己负不起责任的，就必须请命中央。蒋先生本来是愿负全责的。这样严重关头，二十九军的行动，必须成为国家整个行动的一部分，最后决定要听命于蒋委员长。

第二，政府对国民负责。这几日全国国民日日时时受着激刺，而激刺太多了，转而茫然。刚听见我们撤退，接着就是廊坊被轰，昨天这一天更是十分的混沌。这澄清局面的最后责任，无疑的在中央政府。这多少天来，全国的空气是一致拥护蒋先生的演辞，大家对于演辞全文的精神，想必一致了解。现在既到最后之一秒钟，国家怎样行动，需要政府明白决定，对宋须有最后的指示，好使得我二十九军官兵不至于在混沌不安中，继续受莫明其妙的损害。政府责任现在万分重大，其负责的对象，不但是现在的国民，并且是未来的历史！

　　末了，对一般国民说几句话：现在时局变化刻刻不同，一切判断或观察都是无用，即使仅仅想知道完全的情形事实，也不可能。昨晚做报与今早出报之间，又不知有何剧变。所以社会各方面已不必单自观察判断，只有完全听政府的决定。具体的讲，只有听蒋、宋共同负责的主持。

天津《大公报》，1937年7月27日

逼迫愈急
——1937年7月27日上海《新闻报》社论
用言

　　当卢宛事件初传和平解决之时，记者即言，此后形势，仍多可虑。迨我军先撤，日军果食言不退，甚且增兵四出，遂致有昨晚强夺廊坊车站之事。经我驻军再三阻止，竟向我开炮挑衅。我军猝不及防，致损伤不少，始开枪还击。而彼竟调集四五倍之兵力，且以飞机多架，掷弹猛轰，致我军伤亡惨重，不得已遂退出廊坊。同时又有日机猛炸南苑之消息。而香月则以最后通牒致宋哲元，要求三十七师全部撤退。由此可知彼之多方挑衅，无所不用其极，且逼迫之程度，日甚一日矣。

　　据路透社电，宋哲元有电报告中央，已谕令所部抗战。同时又有北平仍与日方谈判之说。此两说虽似矛盾，然亦不甚违悟。我国不求战而应战，乃已决定之国策。既不求战，则进行谈判，仍是表示和平之旨。一方对于横逆之来，不能默尔而息，自不能不抵抗。惟今日当注意者，自炮轰宛平以后，日方已三次约定停战撤兵，而皆食言。反借此时间，从容布置，运械增防。今廊坊已失，必欲和平谈判，非日军先退出不可。否则屡受缓兵之欺，要隘尽失，故都将何以保守？此不能不望二十九军当局注意者也。

　　总之宛平之事，曲在彼方。一兵士失踪，事甚细微，而彼乃调兵数万，运军械十万吨，拨费用九千万，断非无意识之孟浪举动，实将以偿其大欲。此点记者早已言之，今则形势更明，试观冯治安之军队，因任卢宛抗战，故要求调开，然换防之赵登禹部，彼仍表示不满，非有意寻衅而何？今则竟以最后通牒，肆其威胁，无论彼所要求，断难接受。即使和平谈判，多方斡旋，得有转圜之法，而北平全失控制之能，则意中事。如此又安能持久？当此最后关头，尤不能不望二十九军当局善自为谋也。

上海《新闻报》，1937年7月27日

廊坊战事发动矣

——1937年7月27日《武汉日报》社论

自十九夜天津撤兵约定传布后，我冀察当局，一本爱好和平初旨首先履行约定，将卢沟桥驻防之三十七师撤退。二十四日起，并将平市戒严时间一再缩短，市内各地沙袋防物，竟夜撤除，恢复娱乐场所，用以安定人心。不期强饰和平措施未竟全功之际，而廊坊战事突于昨晨发动矣。

冲突起因，一说日军在廊坊布置军用电话线，不服当地驻军劝阻，致起战端。实则由于日军欲强占我廊坊，要求我驻军第三十八师撤退至永定河西岸，经我军拒绝，遂向我驻军进攻，并用飞机肆行轰炸，地方虽损害极重，我军迄仍在奋勇应战中。

日军挑起卢沟桥事件，原欲效"九一八"不劳而获之故智，图得我整个华北而甘心，其无和平诚意，本报曾一再为文揭示。盖就现实论：（一）日方增兵，络绎不绝，其数量在《辛丑条约》所定以保护使馆与海岸交通为目的之驻兵权，无论如何解释，亦不致达此限度；（二）沿北宁路及平郊一带，机场工事，昼夜赶筑，未尝稍懈，大批战具，源源运输，非别具用心，何致出此；（三）在日军侵我史乘中，一面缓兵，一面布置，布置既妥，则假一口实向我进攻，前事既可覆按，此次当无例外；（四）值此西欧多事，列强内部矛盾重见，无暇顾及远东之时，日军自认为实施大陆政策之最好机会，乃不惜乘机打劫，贪念既起，便不能不获而休。基此四端，故可断言日军绝无悔祸之心，所谓和平云云，亦不过依样葫芦之缓兵技俩，而廊坊战事之发动，固为意中事，毫无足怪者。

第就目前局势推论，可得以下之见解：

（一）津日军前日（二十五日）在津举行紧急会议，讨论如何贯彻其意向之方案，会议内容如何决定，虽未宣露，而强占廊坊事件，即于昨晨发生，并有飞机参加作战，似此大规模之进攻，显见为日军确定之计划。

（二）日本第七十一届特别会议，前日举行开院式，今日循例由内阁大员报告政府施政方针，以征同情于议会，借以博信任于国民。日内阁既为军人所操持，其黩武好战之政策，足使远东和平，蒙重大影响，当兹日本国民经济衰颓之时，实为日本国民所不愿为。加以卢沟桥事件之非法挑衅，无理压迫，势必引起中国举国一致之自卫行为，战事一发，则直接、间接必予日本国民重大之损害，亦日本国民所深忧者。日本军阀为欲撑持其政权计，不惜大吹大播，挑起战端，希图强化所谓举国一致之体制，要求各界支持，故在其政府大员向议会报告之前夕，造成廊坊战争事实，以为炮声苟不绝响，政潮即无由得掀，此固日军阀之鬼蜮技俩，亦足证此事件为日军预定计划者之一端。

（三）去年十月我军忍辱撤退丰台驻军后，日军已握得军事上之主动地位；北宁、平浦、平绥各铁路被其切断，使冀、察、绥远与中央间之联络减少，且利用丰台为各路交叉点，以控制各方。然丰台以南，永定河以东，仍为我军防地。日军欲使其计划全部达成，必先用尽方法占我沿线各车站，逐渐将我军迫退，使永定河东岸无一华兵，然后全线可以安然入其掌握，布置策应，进退自如。征诸七日深夜日军挑衅起，其屡次进攻我长辛店、宛平，以及十五日进攻我杨村、落垡镇，强占各段车站等事实，可知日军军略，一面在巩卫丰台阵地，以奠控制各方之基，一面在欲达成其肃清我北宁沿线驻军，彻底切断我南北联络之企图。廊坊位于平津线之中点（距丰台约五十五公里，距北平七十四公里），可谓丰台之后卫，彼既蓄意谋我，则此军事重要地段，自无放弃侵占之理，故昨日廊坊事件之起，实为其战略上之重要手段，亦可为其确定步骤之一证。

（四）日军目的最低限度在占我平津，此在昨日日军会议后，已有传露。故廊坊战事一起，日军即于昨晚进攻我广安门，而日军部所谓"今后不愿再向地方解决，决向所信方向迈进"之狂妄表示，以及向我冀察当局通牒，要求坚持我军撤退长辛店之无理要求等，更足以证其野心之不可或抑，而求和之不可能也。

局势如斯，吾人对和平固已尽最大之努力矣，而结果始终不能获得对方之满意，果使其满意，则我国家民族已不成其国家民族矣。故今日者，实我国家民族存亡之最后关头，亦我举国军民以血以肉为公理，为正义，为和平，为自存而牺牲之最后关头。欲冲破此最后关头，则惟有全国人人以严肃简约、悲壮凄厉之态度，集中于领袖下指挥誓死效命之一途！

时乎危矣，国人幸急起图之！

《武汉日报》，1937年7月27日

只有抗战

1937年7月27日

北平市已为敌人包围，廊坊之炮昨亦因敌人进攻而响。到这一步，我们根本毋庸多说，只有赶快去拿我们的血和肉，誓死以护卫我们民族到底！只有随时随地抗战，随时随地准备，随时随地谋战略上之先著。必如此，才是彻底办法！

和平之梦，应该已能打破一般图幸者的幸图。大家要明白前次和平空气，只是哄骗了我们自动撤兵，完成了敌人的布置。以后如果再信和平是有办法，则即纵不是〈为〉敌人谋方便，也必一定逃不脱"贻误本身戎机"的事实。

二十九军昨在廊坊奋勇应战，这的确又增添了我民族光荣不少，同时，也是增添了二十九军本身的光荣不少。要知道只有这事实，才足使顽敌敬畏，也只有这事实，才足以取信于我全国同胞。

《武汉日报》,1937年7月27日

广田的结束时局观
——1937年7月28日上海《大公报》社评

日本广田外相昨天在特别议会发表外交演说,提到华北时局,声言期待中国方面容纳日方所希望,迅速结束时局,处以适宜有效的措置云云。我们关于此点,愿以中国国民地位,说明中国立场。

第一,广田氏所谓结束时局关键在于中国一节,实际正相反对。我们看来,华北局面的转圜只看日本态度,因为中国对日根本是消极的,保守的,被动的。试看自七月八日卢沟桥案发生以来,始终是摆着准备挨打的架子,从没有表现过进击的决心。通州驻的少数二十九军,一直就未曾增加,也没有把他们调开,以致昨天又发生被迫害的情形,由此更可见二十九军是何等的没有积极计划。再者从十一〈日〉夜间,双方协商三条成立,到现在经过两星期,日本对我方新问题、新纠纷层出不穷,以致情势愈逼愈恶。此中症结,在于日方气焰太高,压迫过甚。如二十六日的最后通牒,直使二十九军没有回旋余地。我们中央的态度,蒋先生七月十七日所说最低限度立场,说得坦白诚实,只要日方不侵害中国领土主权,不变更冀察行政机构,一定可以容忍。地方对日既没有进击的本心,中央对日又尽有和平的意志,按理两国关系不应该恶化到如此地步。其所以越逼越紧,陷入绝境者,日方实有反省的必要。我们认为在此急迫关头,日本当局如能冷静考察中国真意,努力将现局缓和下来,腾出时间来迅速结束时局,处以适宜有效的措置,并非绝不可能。这只看日本近卫首相和广田外相有没有这番热诚与勇气而已。

第二,日方对华向来把军事与外交搅成一团,如此只有刺激中国国民的感情,增加外交的障碍,逐渐且使军人取得外交政策的指导地位。纵今一时或者得着便利,而武力高压之下,两国恶感越积越深,中国对日疑惧越逼越重,结局是得不偿失。这次卢案本甚简单,因为关东军随即入关,而十一日日本阁议派兵,尤使中国过分冲动,认为又是有计划的大规模侵略。一切判断与观察,都以此为出发点,所以人心越发激昂。日本当局若想收束时局,最要最急必须将外交与军事完全拆开,定明确期,撤退军队,这才算是适宜有效的措置。这一点我们切望日本善学北美,试看美国何尝不是美洲的盟主?但是他们多年来采取善邻政策,对南美中美决不使用武力示威,结局却关系异常圆满。日本对华如果改变了武力万能政策,两国关系必可好转。我们很望广田外相能够努力拿这次事变作日本外交转变的起点。

　　以上两点之外，我们还希望日本朝野注意：宋哲元将军是中国北方惟一负责长官，二十九军本来无意对日作战，上面已经说过，宋氏本人年来对于日本之委曲求全，在中国人中可说是没有第二位。以他之对日亲交，尚且不能免于被排；以他之能忍能让，尚且不能再事敷衍，那么中国人真正无路可走，除全国一致为宋将军声援外，更有何法？这又是我们迫切地希望日方当轴郑重注意的一点。现在事机太急，收束时局，刻不容缓，要想不作东洋百年历史的罪人，近卫、广田诸公务须立刻起而自拔！

天津《大公报》，1937年7月28日

宋哲元氏已下令抗战

——1937年7月28日上海《新闻报》社论

玄圃

　　日军之野心与其侵略步骤，具载于所谓田中奏折中，其内容早泄漏于世，吾全国上下，无有不知之。其步骤为先东北而华北，而后华中、华南。今东北已入其手中，由是顺次而侵及华北。吾全国上下，亦无有不知之。冀东伪组织之成立，为其蚕食华北之第一步；促成冀察冀东化，为其蚕食华北之第二步。同时提出"华北特殊化"之口号，是将整个华北一口鲸吞矣。此种方式，极其简单，其手段，亦直捷了当，无精微奥妙存其间。吾全国上下，亦无有不知之也。我中央政府与冀察当局所以虚与委蛇，自有其不得已之苦衷。蒋委员长报告云："我们是弱国，对自己力量要有忠实估计，国家为进行建设，绝对的需要和平。过去数年中，不惜委曲忍痛，对外保持和平，即是此理。"一此为政府所以采取和平政策之一个总答复。

　　冀东伪组织之成立，日人既完成其吞噬华北之第一步骤，由是第二步骤，遂在其积极进行中。侵略者之本意，本欲鲸吞，不耐蚕食，然而事与愿违，华北地方当局，非如东北四省之不抵抗。由是日人乃采取渐进办法，以遂其蚕食之志，乃鼓吹所谓冀察冀东化。其结果，冀察当局不愿为汉奸，不甘为殷逆第二。由是日军之侵略步骤，停顿于第二阶段，希望以阴谋的政治方式解决者，不获实现。利诱不成，继以威逼，卢沟桥之炮声，从此发作矣。

　　北平为我国六百余年来之故都，其政治地位之重要，不言可知。今国都虽南迁，犹不失为华北政治中心，抑亦华北之重镇，绾北宁、平汉、平绥、平通、平门诸路之中心。日欲图我冀察，必先争夺北平，其近年来之军事布置，完全对北平取大包围之形势。通州今为伪组织所盘据，平绥铁路，随时有中断之虞，丰台撤兵，北宁路亦为之遮断，今完全沟通者，惟平汉一线。卢沟桥为北平门户，扼平汉、丰卢支线之交点，为兵家必争之地，宛卢一失，北平将完全孤立，日军可唾手而得北平，故平汉线已为北平仅有之大动脉，亦北平唯一之生命线，日后两军在卢沟桥一带必有恶战，可预卜也。

日军以演习为名，企图偷袭我宛卢，今复提出通牒，要求三十七师全部撤退，然其阴谋，实欲使北平成一空城，俾长驱直入，以建立所谓"华北国"；或驱溥逆入关，重演一幕滑稽剧。是可忍，孰不可忍。秦德纯谈话云："似此无限制侵略我土地，和平尚从何谈起？"宋哲元氏所以决心拒绝日方要求，下令抗战，其故胥在乎是。蒋委员长有云："和平未绝望前，终希望和平，临到最后关头，只有坚决牺牲。"如何是最后关头，蒋委员长对此亦有明白之界说。"所以卢沟桥事变的推演，是关系中国国家整个的问题，此事能否结束，就是最后关头的境界。"换言之，对卢沟桥事件，决不于主权领土方面，再有所让步也。

今日军已逼迫中国临到最后关头，我当局已奋起抗战。于此，国人对当局委曲求全之苦心，抱有焦灼疑虑之念者，今亦可以释然矣。

二十九军在中华民族之抗敌史上，曾占有极光荣之一页，其军士同仇敌忾壮烈牺牲之决心，于今次事变中吉星文团已充分表现之。昨日宋氏之表示，亦已明白显露，抗战既决，义无反顾，惟有全国一致，共起努力。

上海《新闻报》，1937年7月28日

实行抗战时期
——1937年7月28日《武汉日报》社论

日军既以强占廊坊，大规模向我进攻后，黄村、卢沟桥、平市近郊及广安门等地均先后发生战事，和平谈判，昨传已完全停止，华北全面战争，显有立即展开之势。

日军之欲占我平津，实处心积虑，谋定而后动，本报昨已言之。在昨日七十一届议会杉山陆相报告华北情况中，无论其如何危言耸听，以求掩饰日军在华之一切侵略行为，然其弦外之音，尤足以暴露其故意扩大事态乘机侵我之决心与准备。且对我华北侵略经费，已确定九千六百余万元，愈使驻华日军当局，肆行无忌。今后华北局势之愈趋尖锐，中日关系之绝对恶化，不问可知。当兹最后关头，国人亟应速下决心，实行全国总动员，抗战到底，其理由有二：

一、就国际关系言，日军此次掀起华北事件，实违反《国联盟约》、《九国公约》之精神，日军在华北，固毫无权利足以根据，此次致送我冀察当局之通牒，竟限我驻卢沟桥一带之三十七师全部，于昨日正午为止，撤退长辛店；北平城内及西苑驻军于今日正午为止，撤至永定河西岸。似此毫无根据无理由之狂妄要求，不啻迫我将大好河山拱手奉让，我虽软弱，亦决不致无耻接受。我既不能再事屈服，战事则无可幸免。在我则为维护公理正义与自存而战，战争责任，已至显明。且我对和平已尽最大之努力，事实昭著，可告无罪于天下，在我此时实行全国总动员与之周旋，实为合理之政策。我虽不期待外援，然因我抗战，理直气壮，最低限度，亦可获得精神上同情之援助。

二、就河北地形之重要性言，平津乃我数千年文化会萃之区，政治、经济、交通之重镇，其占军事、国防地位，尤为重要。昔岳飞曾论河北之形势云："昔人有言，河北视天下为珠玑，天下视河北犹四肢，言人之一身，珠玑可抚，而四肢不可暂失。本朝都汴，非有秦关百二之险也。平川旷野，长河千里，首尾绵成，不相应援，独持河北以为国。苟以精甲健马，凭据要冲，深沟高堑，峙列重镇，使敌入吾境，一城之后，复困一城，一城受围，诸城或挠或救，卒不可犯。"此实为千古名论。洞察河北形势，在政治、军事上之重要，诚入骨三分。倘当时高宗果听岳飞之言，汉族绝不致受害于金。目前形势，天津已在日军势力支配下，北平又几在其包围之中，若不赶速发起全国总动员抗战，起全面攻势，先恢复我军事上之重要地位，则平津一失，华北整个将有动摇之虞，此就军事观点言之，绝不容稍事疏懈者。

时已至此，和平前途，殆已绝望，吾人对付侵略者必先发以制之。彼既不惜掷最后之孤注，与我一赌国运，我又何必偏爱和平而失戎机耶？深望国人速下决心，吾人相信此一种民族决心，意义深大，盖民族复兴之史乘中，无一而非此民族决心所流之血成功之也。

《武汉日报》，1937年7月28日

和平绝望

1937年7月28日

昨天业已到了和平绝望，已不是绝望前之一秒钟。

宋哲元是真心想负责解决卢案的，但三条件虽承认，而无济于事。处处压迫，重重要求。怎样迁就，也追赶不上。宋先生除非束手待擒，无法满足对方的欲望。

平津消息：宋先生在最后关头，下了决心了。对方本来步步逼着要打，昨夜今晨间，恐怕就要对我开始攻击了。

最后关头到了。我们全国人心，倒是从此安定。只有亿兆一心，保卫国土，应援前线，其他一切，不必谈了。

上海《大公报》，1937年7月28日

谁应该反省

1937年7月28日

日阁员昨日出席特别议会，首相近卫及外相广田，出席演说时，皆有希望中国反省之言。我们却很莫明其妙！卢沟桥事件发生后，双方同时约定撤兵，中国首先撤退，表示诚意，日兵不独不撤，而且大量援兵，不断开来，不知是谁应该反省？北平为中国的故都，其为中国领土，谁亦不能否认，而日兵屡次挑衅，究以何种资格？近卫和广田，如果真能明白"反省"二字的意义，远东局势，也许不会闹到这个地步吧？

不错！中国人也有需要反省的地方，就是在侵略者的铁蹄下，而去乞求和平，那是一个大傻瓜！"与打击者以打击"，中国人实在要有这个觉悟！

《武汉日报》，1937年7月28日

艰苦牺牲的起点

——1937年7月29日上海《大公报》社评

老实说，除非日本相逼，中国是永不会与日本战争的。而且寻常的逼迫，还打不起来。这个理由，极容易了解。因为交战是整个在我们领土内，一切的战祸，都是我们受。所以即使我们国防充实，也当然要尽力避免破坏。

这二十天的卢沟桥事件，证明对方逼着要打，怎样回避，也避不开。试回想十一日成立三条件，表明中国地方当局绝对要和。宋委员长赴北平，无疑的是为解决问题而往。至于中央呢？则蒋委员长的四点，简单说，只是维持宋及二十九军的职权地位，所以宋如以为可了，中央自然赞同。但是事实上，订了条件，还免不了挨打，怎样执行，也赶不及。宋到北平，接着就是日军大举攻宛平。此蕞尔小城，竟受惨虐的轰击，死了多少军民，而我方仍然忍受。宛平部队，仍然与保安队换防了。最可怜的，是三十七师部队，已纷纷调开平郊，而廊坊三十八师部队又被轰炸。日军接着提最后通牒，限二十八日将三十七师退尽，这条件当然十分难以接受，但事实上彼方并不等候答复，而二十六夜又攻打广安门。接着惨轰通州部队，同时在平郊各地轰炸。所以事实的表现，彼方乃并非盼待我方接受最后通牒，而是一味进逼，想逼得宋哲元拱手让北平，同时想把二十九军各地部队，都个个击碎。

所以今番的特色，不是条件问题，而是任何条件换不来免于挨打的问题。宋哲元氏因虑地方牺牲，竭力谋和，因此误了多少军事利益。这充分证明我方之求和不求战，同时证明宋委员长二十七日之通电，便是真到了最后关头。我们军队在忍无可忍退无可退之后，昨天只有悲愤应战。因为中国今天整个是背水阵，要想独立自由，就必须拼命，不然，就必须降服，并且降了还不给留余地。日本是侵略邻国毫无不得已的理由，中国是生存问题，只有彻底牺牲，才能自救。我们当此历史上重大的日子，除慰勉前线的军士外，望国民全体，注意下列几点：

（一）大家要觉悟，今天才是艰苦牺牲的起点，任重道远，勿怯勿骄，要一致守纪律，做工作，随国家需要，准备任何牺牲。

（二）大家要知道，这真是非常时〈期〉。中国要成为一个坚牢灵活的机器，大家要全力拥护国家中心，而听中心的指挥。

（三）眼前各地人士，应当迅速有大规模救护组织，帮助救护前线的伤病官兵，这个工作，比甚么都要紧。大家捐药，男女智识青年，去慰劳，去看护。

（四）各地官民，要十分注意保护日侨，尤其注意日侨妇孺，我们反对的，是日本军人的政策行动，不敌视日本人民，他们以暴，我们以仁。

（五）政府的军机，不必问，国家大计之运用，在于领袖，我们大家要完全信赖，而各尽其能。

上海《大公报》，1937年7月29日

愤怒之中国

——1937年7月29日上海《新闻报》社论

天放

中国以应战之决心，当求战之强敌，乘举国愤怒之余，一鼓而将廊坊、丰台先后克复，同时告捷于卢桥，歼敌于通州。原不难举日方借词《辛丑条约》所惨淡经营之军事根据地，扫荡净尽，对东京钩心斗角所手造之冀东伪政权，根本铲除。不谓沙河形势突变，宋哲元身居主帅，竟尔率先离平，事虽至堪痛惜，然已痛予侵略者以严厉教训，俾知我为不可轻侮之民族矣。

吾人覆按宋哲元氏感日通电，沥述日方无理要求经过，直令人闻而发指。其所以刺激吾民族意识者，至为深切。而吉星文之愿以身殉宛平，效死弗去，更充分反映前方将士杀敌致果之决心。唯日方压迫愈甚，而军民抗战之心亦愈坚。宜我方仅以二十九军一部劲旅，已足摧挫日本集结兼旬号称数师团之新式武器兵而有余也。

日本辄欲以阿比西尼亚视我，而妄诩为"东亚安定势力"，抑知中国自有其数千年之文化，与先天传来不屈不挠之精神，焉能与黑大陆之半开化民族等量齐观。中国自东省沦陷以后，所以甘于隐忍迁就，不欲遽酿国际战争，无非期待日方最后觉悟，共维东亚和平。乃关东军必欲得寸进尺，迫之至不能堪，卒至撄中国之怒，日本实自取之。现华北战局，我方虽占优势，日军如能依限出关，返我侵地，以我国人酷爱和平之天性，断不驱人于绝境以求快。借曰不然，是求共存共荣而不可得，终必演至不惜共毁共灭以争最后存亡之阶级。其责任所在，日本将百喙而无以自解矣。

抑不佞尚有为国人告者，此次廊坊、丰台之捷，不过为中日局部冲突之开始，其全面战争，仍有待于逐步之展开。中国唯一战略，端赖坚苦卓绝，持续应战，以求最终之胜利。在战局展开以后，举凡国民之生命财产与自由，悉应贡诸政府，因而社会之生活形态，亦将有重大之变更。具体言之，如意大利大举征非之日，某影戏院主，甚至许观众以废铁购买戏券，即以所集之铁，献纳于国家；德国在备战期中，因感资源不足，特提倡小学生拾荒运动，以为涓埃之助。此虽至细至微之事，已足表现其国民爱惜物力之精神。推而至于节衣缩食，克制不合理之奢侈习惯，备供战时征发所急需，胥为集中国力必然之趋势。是尤殷望国人于情绪紧张之际，各自警惕于心，慎勿迷恋当前享乐而忽视未来危机者也。

上海《新闻报》，1937年7月29日

昨天的军事

1937年7月29日

昨午我军收复丰台、廊坊的消息传播以后，全市腾欢，鞭炮大作，这是民众爱国兴奋的自然表现，但是我们还是希望大家要沉着警惕。

因为军事须算总账，一时一地的得失，几反几复的胜负，原本不足计较。昨夜消息日军反攻，炮火甚烈，北平四郊，应战尤激，所以我们必须要闻胜不骄，闻败不馁，全国沉毅果决地准备着到最后结账的一天。

上海《大公报》，1937年7月29日

华北事件的国际反响

1937年7月

钱俊瑞

记得去年我在巴黎，有一位法国朋友告诉我一段幽默的插话。他说，现在欧洲人都以为世界上有三个字绝对不能拼合在一起。这三个字是什么字呢？第一个是honest（诚实或忠实），第二个是intellgent（聪明），第三个是fascist（法西斯）。他说，一个人假使是既聪明而又忠实的，他一定不会是法西斯；一个聪明的法西斯，他一定不可能忠实于法西斯；同样，他假使是个忠实的法西斯，那他一定不会是聪明的。

　　日本的军阀法西斯们真不能算得聪明呢？因为照一般的想法，日本帝国主义从去年绥远战争碰壁了以后，尤其是从中国的西安事变和三中全会加强了中国内部的和平团结，一致御侮的过程以后，它应该对于我们中国真的"再认识"一下，用软的中日提携的手法来完成它侵略的企图了，

　　然而他们竟不想专来这一套，他们却在我们的华北再度开起炮来了。他们是笨的，至少比起我们中国全国人民为了争取自身的解放，采取一致团结，对付共同的敌人的步骤来，他们是笨得多了。

　　可是他们虽然笨，他们正同我们中国人民忠实于中华民族的利益一样（中国人已经把聪明和忠实两个字拼在一起了），对于日本帝国主义的利益却是万分忠实的，唯是他们忠诚于日本少数军阀和财阀的利益，他们才能以一种"知其不可而为之"的精神来蛮干一下，这种蛮干在日本帝国主义看来，却是一种解决它自身经济和政治危机的必要手段，同时也是一种打击它今天国外一个强大的敌人——一个觉醒了的中华民族——的唯一的手段。

　　而且，在日本军阀看来，这一次他们在华北丢下的炸弹，是在比较顺利的国际环境下丢下来的。他们看准他们的盟友希特勒和墨索里尼先生在西班牙正干得相当得手，比利牛斯山麓的烽火已经相当烫焦了欧洲列强的手足，这些列强已经很少可能在世界别的部分放开手来活动，尤其是英国这一位远东的劲敌，它现在正忙着应付西班牙的事件，而且可怜的很，伦敦的绅士们在最近期内，正给德意两国交替地牵制着。其次苏联当然是日本可怕的敌人，然而在目前，西班牙的问题和德国在中欧、东欧的阴谋，在日本看来，已经使得苏联疲于应付；同时苏联最近又厉行清党肃军，他们认为苏联在远东未必能行强硬的政策。

　　此外在太平洋上还有一个国家可以牵制日本在中国的行动的，那就是美国。然而，照日本看来，美国到现在还没有完成它在太平洋上的防御工程；罗斯福虽然抱着大海军主义，可是几年来美国在太平洋沿岸和各岛屿上的设防，显然还不足以强有力地干涉太平洋西岸的事件。尤其使日本衷心喜欢的，就是美国至今有一部〈分〉人还在高唱退出远东的政策，他们甚至主张把菲律宾全部放弃把美国驻华的军队全部撤退，免得牵入大战的漩涡。

　　最后，而且最使日本得意的就是英国在今天不仅不想干涉日本在华北的军事行动，反而还能从旁帮他一手，在五月中英皇加冕的外交节里日英谈判的声浪传出来了。是的，英国到今天已经很可以和日本谈一谈，论论价钱了，因为它在近两年来对于中国已经有甚大的"贡献"，它在中国的财政金融和一般建设事业上，已经建立了不朽的"功绩"。日本呢，它就看准英国只愿在中国实行"和平建设"，它却决不愿和任何人开仗；

它看准英国当欧洲多事之秋，是可能和日本来讲妥协的。于是英日就开始谈判了，谈判的主要内容自然是怎样分割中国。到今天它们的谈判虽然还在进行，同时虽然它们谈判所得的结果，现在是讳莫如深，然而我们相信，英国之同意于日本取得华北和日本之暂时答应英国分得华中和华南，这一点大概是已经双方确定了的。日本为了要迅速地"开发"华北，同时又为了要保证它在伦敦谈判中的胜利，它就想到在华北有发动军事行动的必要。

就在这样的国际环境里面，日本军阀的大炮在我们北平的郊外响起来了。

※　　　※　　　※

卢沟桥事件起来了。这是日本帝国主义在远东丢下的一枚富于爆炸性的炸弹，它显然要和德意两大法西侵略国家在西班牙的干涉行动配合起来，掀起一个空前残暴的世界大战。

这枚炸弹的爆炸性，似乎没有为英国绅士所觉察。伦敦保持着一种弹性的缄默。然而，别的国家却"鼓噪"起来了。

首先就是美国。当卢案一发生，美国报纸就指责日本军人，称它们在火药库附近弄火，将引起世界严重的危机。一部分有力的言论界并且指出就在事变当时中美两国签订的金银交换协定，可以加强中国的国力，应付外来的事变。七月十二日国务卿赫尔向中日双方提出警告，说中日两国在华北的冲突，将使世界的和平进步，受一打击。十三日他又申称："华盛顿海约虽然已经结束，然而美国政府以为和它同时缔结的其他公约如《九国公约》等，至今仍然有效。"据十四日华盛顿传来的电讯，美国愿意采用下列各项程序，调解中日间的纠纷。第一步，由关系各国劝告中日两国政府采取妥协办法；第二步，由《九国公约》各签字国家相互咨询，来定应付的办法；第三步，由中国向国联会提出申诉；第四步，事变如果扩大为中日两国战争，美国或须实施中立法。

在这里，我们应当指明美国对于这次事件所采取的步骤，始终坚持着单独负责的精神，换言之，它不愿和其他各国，尤其是英国负联带的责任。比方，当美国国务院在十三日宣布收到英国政府关于中日纠纷的照会之后，美国官方就表示美国并没有准备遵照英政府的建议，对华北事变采取共同的行动；它宁愿等待局势完全明了之后，再来决定较有效率的步骤。因为美国在过去九一八事件中间，已经上过一次英国的大当，当时史汀生的不承认主义，终于被英国的对日妥协全部断送。美国明知道这次英国论理应该采取和"九一八"时完全不同的政策，因为英国近几年来在中国的控制力量已经大大地增加，它要保持它已经获得的势力，不得不对日作比较强硬的表示。然而同时美国方面又知道，英国在目前的政策又跟半年以前不同了，它和日本妥协的趋向又很强烈了。

七月十六日赫尔发表了一篇措辞严厉的警告，暗示中日两国不得在华北开战，以免直接妨害美国的利益。他声明国际间各种条约务须加以尊重，如果要想修正，必须经过谈判的途径。当天参议院外交委员会主席毕特门也表示意见，声明美国应和《九国公约》签字国共同行动，不过他又指出一九三一年英国没有和美国合作的经验；同时说明中国是《九国公约》签字国之一，它当然有权可以邀请各国作完全而坦白的接洽。

和美国同样积极的态度我们还可见之于法国。法国的舆论界对于中日问题的见解和"九一八"当时可以说完全不同了。在六年前巴黎多数的大报纸，它们接受了日本外务省的津贴，拼命宣传日本的进攻中国是日本应尽的义务。在"一·二八"淞沪战争的当时，法国对于日本的帮助，完全公开的进行，上海的法租界就容许着日方的大量的活动。可是在今天，情形就完全不同了。当卢沟桥事变发生之后，法国左右各派的报纸都能表示公允的论调。如急进社会党的机关报《事业报》七月十六日的社论称："日本所抱的目的是要征服中国，这一点中国知道得很清楚。在这时，英、法、美三国应当尽可能的防止事态的严重化。"右派的《裴伽罗报》也说目前日本的政策"已经为关东军所压倒"。巴黎《回声报》十九日的评论也指出，日本这次行动和满洲事变相类似。法国的外交当局于事变发生后，曾屡次和中国驻法大使晤谈，表示同样的关心。最可注意的，法国虽然希望英、法、美三国对于华北事变能够共同出面调解，然而它对于英国的态度也极端怀疑。右派的报纸和人物甚至公开声明，这次远东的危局，主要地要靠美国的力量来挽救。

苏联对于这次华北事件的态度是非常显明的，它以深切的同情注意我们对日本的抵抗，同时以极端的忿恨，斥责日本军阀侵略中国的野心。苏联政府的机关报《消息报》曾经论及卢沟桥事变，尽管在日本帝国主义者看来是要完全第二个"九一八"，然而它和"九一八"在本质上是不同的。"六年以来中国人民的复兴运动已经非常发展，而日本的后方反而因为六年来的冒险政策，大大地削弱和纷乱。"这样，它就预言中国的对日抗战必然有最后胜利的把握。我们相信，国际的情形以后无论如何险恶，苏联对于遥远的西班牙人民还能给予那样雄厚的援助，如果中日开战，苏联无论在物质上和精神上，必然能以几倍于援助西班牙的力量来援助中国的。

最后我们要指出的，就是英国当局对于这次事件的态度。我们知道，英国执政的保守党分子近年以来实际上并没有执行过赞助国联和集体安全的政策，恰巧相反他们常以孤立主义的面貌，拼命加强自己的军备，来维持整个世界的均势。他们在欧洲也从来没有坚决地站在法国和苏联这一边，反对德意的侵略轴心，恰恰相反，他们常想联络德意两国中间的任何一国，妄想拆散德意的联盟。结果德意轴心没有解体，它跟和平国家之间的纽带倒反解松了。他们在意阿战争的时候，满想联络德国共同制裁意国，结果是失败了；到今年年初，英国又以英意绅士协定的方式联络意国来牵制德国，结果德意的关系更进一步的密切起来。到今天，英国的绅士正用一切的力量联络德国，来打击意大利在地中海上的优势，他们甚至想和德国缔结一种联盟式的协定。这种政策从鲍尔温辞职，张伯伦上台以后，进行得格外积极。所以在内阁改组的当时，比较接近于国联政策的艾登外相，一时盛传将被迫让贤，同时伦敦对于德国国防部长和外交部长的热烈欢迎，英国新任大使到柏林以后的谈话，英国代表团在日内瓦的行动，以及英国完全同意于德国在西班牙（尤其是轰炸亚尔美利亚一役）的暴行，都能表示出这一种倾向来。而常任外次凡西泰特（Vansittart）因为他一向主张亲德，今天他差不多垄断了英国的整个外交政策。

不错，英国近年以来在远东采取了一种积极的政策。它眼看着日本在东亚的着着进攻，将使它在远东的利益根本溃灭，因此它不得不一面用财政金融的力量，加强它自身在中国的地位，一面在军事上竭力巩固它在新加坡、香港甚至中国南部的防务，来对抗日本势力的扩张。英帝国主义这种积极的政策自然是有它一定的限度的，它看清楚中国人们在日本的压迫之下，很快地觉醒过来，同时中国的国力在它的推动之下，已经逐渐强盛，因此中国本身已经产生了一种强烈的抗战的要求。英帝国主义感觉到中国这种要求对于它自身的利益，也许比日本的侵略野心更加危险，因此它从去年年底以来，对于日本就重新开始采取一种非常妥协的姿态，同时对于中国就加强它消极的钳制作用。本月五日英日谈判的开始，就是英国政策转变的具体信号。

在目前国际情况之下，英国的愿意和日本合作还有两种重要的作用。第一，老实说，英国对于日德协定是异常不满的，同时它又认为日本也只有在日英关系恶化的场合，才有巩固对德友谊的必要；如果日英亲善，日德的纽带是可能解松的。因之，它这次力主日英妥协，是要在实际上消灭日德协定的作用。然而第二，英国目前在欧洲正想联德以抗意，所以又想透过日本的友谊，来完成英德的亲善。

英国绅士能不能打它们的如意算盘，那只有历史才能告诉我们，然而伦敦就在这样的立场上面决定了它对华北事变的态度了。当事变发生之初，英国保持着完全缄默的态度，到后来，英政府和美法两国接洽也只是探问的性质。十九日艾登在下院声明，华北事件"初次冲突的原因和责任，到现在还没有明了"。同时说："我们以为英日关系的改善，可以促成远东局势的和缓。"关于援用《九国公约》，他说："英政府还没有考虑到。"后来看到日军在华北扩大挑衅，艾登方才表示："日本对于中国过分强硬的态度，会损害英日两国的关系。"同时通知日方，声明英日谈判只得暂时停止。在这里我们看到英国又感觉到日方在华北的行动显然超过它愿望的限度了。

我们在这里应当正告英国当局，中国已经不是几年前的中国了，中国人民要求独立自主的伟大力量，将摔掉伦敦绅士们一切对于我们的消极影响。同时全世界的人民，尤其是英领殖民地和自治领的人民，对于英帝国主义将提出严重的警告。澳洲、加拿大和南非联邦正在热烈地要求建立集体安全制度，联合美国共同制裁侵略；如果伦敦的绅士不顾到这些，而只想和侵略者妥协，那末大英帝国是可能立刻解体的。

我们要向美国、法国和苏联表示我们高度的敬意。是的，美国的孤立态度是不够应付目前紧张的国际局面的，它必须联合英国、中国，尤其是苏联，来制裁太平洋上的疯犬。同时，中立法案是偏颇的。中日战争一旦开始，美国如果实施中立法案那无异于帮助日本侵略中国，因为日本以现有的交通工具和国际关系，是可能避免美国中立法的影响，而中国将因美国的实施中立法，而陷于物资上困乏的地位。同样的，法国现有的外交政策也不够阻制侵略者的狂焰，特别在远东，法国今天所能发挥的作用比较上是有限的。然而我们希望它能以民主与和平保护人的资格，参加太平洋方面的反侵略共同阵线，来削弱它的敌人（德国）的盟友的力量。

我们不反对任何国家来参加太平洋上的集体安全制度。即如德国和意大利是我们敌人的盟友，我们也欢迎它们加入。是的，这次华北事件爆发以后，德国的态度是相当出乎日方的意料之外的。德国当局和报界似乎采取了中立的态度，七月二十一日德国驻美大使向美国当局保证，"德国对于华北中日两国的纠纷，采取和美国相同的态度"。德国当局还发表声明，日德防共协定和中日关系绝无关系。所有这些，在我们中国都只能用保留的态度来接受。我们明知道，日英的接近事实上必然会减弱日德两国的关系，同时日本如果允许英国霸占华中和华南，那必然会加强英德在中国中南部的冲突。所以德国最近的态度，与其说它是表示对中国的同情，不如说它对日本和英国发出了警告而已。

有人说，今天国际的局势对中国并不利，这话一部分是对，一部分是不对的。我们应当承认，今天的国际局面较之"九一八"时对于我们已经有利得多了，这首先是因为美国、英国尤其是苏联的国力已经比六年前强大的多。同时，如果今天的国际关系对我不利，我们要用自己的力量，来推动和转变国际的关系，使它对于我们更加有利。国际关系也决不容我们等待的，如果我们只是消极地等待下去，国际关系一定变得对于我们更加不利。到今天，我们应当立刻发动全面的抗战，给敌人的外交运用以严重的打击了（比方因为我们二十九军的抗战，伦敦的英日谈判已不得不停止）；同时应当用战斗的精神，进行独立自主的积极外交——尤其是博得各国人民同情和援助的国民外交，建立集体的反侵略阵线，来孤立敌人，削弱敌人，这才是我们今天对外政策的基本原则。

《世界知识》第6卷第10号，1937年8月1日

唯有坚决抗战到底才是中国的出路!

1937年7月29日

丰

卢沟桥事件发生后,中国共产党发表的通电和宣言中,都是主张只有坚决抗战到底才是中国人民的出路,并指出应放弃任何与日寇和平苟安的估计与希望,反对接受任何退让屈辱的条件。这一主张是获得了全国上下各界人士广大的拥护与同情,同时最近华北事件的发展,也证明了这一主张是完全正确的。

蒋介石先生在七月十七日的谈话中,亦站在坚决抗战,反对中途妥协的立场上,宣布中国政府对华北事变的方针。

全国舆论与人民情绪都被华北的号炮所激昂着,沸腾着,义愤着!都在一致的主张抗战。

举国上下都一致的站在坚决抗战的方面,这已足够证明中国内部的团结,抗日运动的增涨,抗日的信心的提高。不但唯有坚决抗战到底才是中国的出路,而且在现在的中国已经具备了坚决抗战到底的基本条件。

当天津谈判一开始的时候,全国人民就为之担忧,各方纷电责问,并勉以民族国家为重。当七月十一日口头协定成立后,日方不但毫无诚意撤兵,而且关东的援军不断的向平津开进,并向中国撤退的部队射击。因此事变愈趋扩大,于是又有七月十九日的口头协定,中日双方监视撤兵,但日军并无丝毫撤兵诚意,而三十七师则于二十二日开始由北平卢沟桥撤退,遗防由赵登禹部和石友三保安队接替。日本又于二十五日夜突攻廊坊,并用飞机三十架向廊坊轰炸,死伤中国军民达一千余。同时向冀察当局提出最后通牒三条:(一)三十七师部队立即在二十七日以前由八宝山、卢沟桥撤至长辛店。(二)驻北平西苑的部队在二十八日以前撤退至永定河以西。(三)所有三十七师部队立即撤至保定以南。

从卢沟桥事件到廊坊的抗战,这整整的二十天的时间中,更在事实上证明与日寇"和平苟安"的希望是完全不可能的了。不管怎样的退让,是不能满足日寇的侵略的。在这些事实中使冀察当局也深深的体验到非抗战无以自存。于是冀察当局和二十九军有七月二十八日对日军的反攻。

根据电讯的材料,二十九军将丰台、廊坊各地克复,缴获飞机七架及军用品无数,俘获日军甚多。同时中国军队士气大为提高,伪保安队纷纷反正,全国各地民众举行盛大的庆祝。不管是否确实占领丰台,不管缴获确有多少,但这是对日军第一次的反攻,这是中国最近六年来第一次的伟大的举动!这是中国实行全民族抗战的开始!只有坚决抗战,才能打退日寇的侵略，也只有坚决抗战，才是中国的出路。

冀察当局宋哲元氏和二十九军这次对日军反攻的壮举，是值得全国人民的同情与拥护。冀察当局应当从长城各口的抗战中，从一九三五年十二月的华北事件中，从最近一年来华北的各事件中，尤其是从这次卢沟桥的事件，深刻的认识到：只有坚决抗战到底才是华北的出路，才是中国的出路。

冀察当局宋哲元氏应本着这次反攻日军的立场与精神，坚决干下去，坚决抗战到底，必能获得全国人民的同情与拥护，必能把日寇从华北打退。当然在抗战的中间，要遭受某些曲折和困难，但这些曲折和困难，唯有在抗战当中，才能求得解决和克服。应该本着蒋介石先生的谈话中所说的："再不容许我们中途妥协，须知中途妥协的条件，便是整个投降，整个灭亡。"只有决然"牺牲到底，抗战到底，才能博得最后的胜利"。

二十八日的反攻是第一次的胜利，我们不应当停止在这些胜利上，我们不应当因这些胜利而骄傲。我们应当清楚的估计到日寇在这次失败之后，将采取更大规模的进攻。日本内阁和军部已发表了对中国大规模侵略战争的宣言，正在继续动员大批的军队和军火向中国输送。我们应当下定坚决抗战到底的决心，当日军尚未完全集中以前，立即开始收复冀东察北，把日军驱逐出华北，使华北完全巩固在国军的手里。我们认为要实现坚决抗战到底的方针，必须全国上下一致团结，立即实行在毛泽东同志的那篇文章内所提出的八项办法。这是保障坚持抗战到底，保障全国上下一致团结最好的办法。

只有坚决抗战到底才是中国的出路！

《解放周刊》第1卷第12期，1937年8月

廊坊抗战的发动

1937年7月29日

铁

卢沟桥的炮声还在继续的时候，廊坊的血战接踵而起。二十九军的将士，拒绝了二十六日日军向冀察当局提出的最后通牒三条：

一、三十七师部队立即在二十七日以前由八宝山和卢沟桥撤至长辛店；

二、驻北平西苑的部队在二十八日以前撤退至永定河以西；

三、所有三十七师部队立即撤退至保定以南。

二十八日以来，平津、平汉沿线都开展了英勇的抗战行动。丰台、南苑、西苑、廊坊一带，全中华民族二年来渴望着的战号，第一次雄亮地吹奏于全国不愿当亡国奴人民之前。丰台的捷报风传以后，全国人民的欢呼，震开了二十二日以来沉闷的空气。抗战发动了

呵! 二十九军将士的抗战行动,宋哲元氏的深明大义,博得了抗日民众的赞扬,换取了全国同胞的声援。

夜郎自大的日本帝国主义军队,在华北受到了第一次的打击。日本帝国主义自夸的"皇军",其实也证明了并没有什么了不起。华北一万万抗日人民的不屈辱不退让的意志,经过了抗敌的二十九军将士,证明了团结的抵抗力量之不可侮与巨大。可是,我们必须诚恳地指出,抗战才在发动的开始,我们收得的胜利还不曾巩固,要彻底战胜日寇,要彻底收复失地来保卫平津,还有待于将抗战广布至更大的范围,坚决地采取攻势的行动来扩张已收的战果,将华北全民众动员起来开展全人民的抗战。这样的情况底下,我们不能自满于现在的形势,我们不能以为抗战已经发动,就仿佛以为一切都已圆满。要抗战,要保障这抗战的胜利,我们〈要〉做的事情还多着,我们要克服的也还多着。不要因为小小的挫折就落胆失望,要研究这挫折的经验,来准备反攻的胜利;不要因为收到捷报就兴奋欢狂,而致忘掉了艰苦的任务,要引出致胜的教训,来争取更大的胜利到来。这是一个全民族生死关头的抗战,我们要在坚定抗战到底的方针底下,誓死为保卫平津、华北流最后一滴血。我们都如此地准备着!

在尝到打击以后的日本帝国主义,是唯有更加露出狰狞本相,来从事于更大规模的进攻的。

二十九日,妄想夸大狂的日本军队就公开声明:"日军惩戒二十九军行动,在未完成目的以前,决不休止。"二十八日,日本军部老早公布其疯癫症的宣言:"自由行动。"二十七日,日本军部就已经声明:"倘若中国军队不全数撤出河北,同样事件之继续爆发完全可能。"华北驻屯军明白宣言"放弃和平之方针"。由侵略者口中听到"放弃和平"的话! 难道这还不够明白么?

这里应该要明白看到一个血的教训。卢沟桥血战爆发的当初,日本利用了一切时机,加上其"力求和平解决"的毒素的散布,利用了某些负责方面"力求表示和平"因而未出防御战线一步的弱点,完成了自己必要的准备。日本的"自由行动"正是这完成准备以后,大规模行动再开始的第一步——然而仅仅是第一步。现在,敌人自己反来供说"放弃和平"了,"誓不休止"了! 倘若在现在,仍要幻想"友邦的最后觉悟",仍去希冀"友邦""自愿撤兵",那末华北唯有彻底沦亡到底! 天津已成为日本轰炸的瓦砾场,南苑、西苑、廊坊已成为灰烬,平津线上一百余中国人民鲜血染成的红场,正是我们前仆后继的前进阵地。在这里,我们不得不再次回忆蒋介石氏十七日的谈话:"倘若北平变成沈阳,南京又何尝不会变成北平?"任何都市,何尝不会成为天津?

暴日的侵略行动扩大,我们的抗战行动应有十百倍的扩大。平津华北的危急,是整个中华民族生死存亡的最后关头。华北抗战的发动，是我们全民族紧急动员的最后警钟！

全国人民武装起来！

拥护二十九军抗战到底！

勖二十九军

1937年7月29日

平

二十九军已是抵抗日寇与保卫华北的旗帜，这不只二十九军的将士们有着这样的自信力，华北以至于全国的民众亦是这样的期望着！

二十九军对日抗战的英勇不是自今日始，数年之前的长城抗战便已显出了它的伟名。那时全国的民众以至于全世界的民众，谁不知道英勇抗日的二十九军，谁不知道抗日将军宋哲元？

正是因为二十九军有着光荣的抗日历史，才获得了华北民众热烈的拥护，亲密的合作！

经过"一二·九"、"一二·一六"北平学生、大众两次的抗日示威运动，二十九军对民众的救国的伟大与热诚有了更深切的认识。它渐次了解到，要实现抵御日寇与保卫平津的任务，要保持二十九军的地位与令名，只有与广大的人民大众联合起来。我们还记得，宋明轩将军在去年的双十节献辞里曾剀切地说出"与人民站在一条线上"的名言！

"与人民站在一条线上"，这句颠扑不破的名言，同时也是实现民族解放的唯一方针！二十九军不但深刻地认清了这条大路，而且也勇敢地向着这条大路走！

因为二十九军与平津民众实行了亲密的军民合作，因为这种亲密的军民合作大大地妨碍了日本强贼侵略华北的狂欲，于是日本强盗对宋哲元将军与二十九军施以种种的压迫，在平津安置下精密的侦探网，利用许多汉奸混进各机关中来。威吓、利诱、挑拨、离间，日贼施尽一切阴险的伎俩企图着软化平津当局，破坏二十九军与平津民众的合作，以达到它囊括华北的侵略欲。

为了这个目的，日本强贼去年在丰台曾施以蛮横的军事挑衅，结果占据了对于平津交通有着颇为重要作用的丰台，控制了平津的交通。日本强盗又沿着平津铁路、北宁铁路、平绥铁路以及在平津近郊与冀东等处设置重兵，对我二十九军施以军事的威胁。这还不够，日贼在"经济提携"的名义下，威逼着宋明轩将军签订修筑津石铁路的条约，企图经过这条铁路的修筑，在经济上、军事上与交通上控制河北全省以至于华北的全部。

在强敌临境难关重重的环境下，二十九军的将士竟执行了保卫平津的重大任务，亦颇见其苦心了。这固然是二十九军将士们忠勇报国的大无畏精神之所致，同时亦是亲密的军民合作所获得的成果！

二十九军将士在日贼无所不用其极端的压迫下，更形坚决了他们的抗日救国的职志，增进了他们奋勇杀敌的精神！

果然日贼发泄了更残忍的兽性，有计划地在卢沟桥放起了攻取华北的号炮，在平市近郊施以残酷的攻击。自然这遭遇到二十九军与华北人民英勇的痛击，使日贼不能实现它的毒谋。二十九军团长吉星文氏在宛平前线上"誓死与城共存亡"的壮语，响亮地贯入每个中华儿女的耳鼓，这种以血泪与勇力交织而成的壮语引起了一切黄帝子孙的无限同情，鼓励起了更大的誓死杀敌的决心！

我们誓死保卫华北，誓与英勇抗日的二十九军共存亡！这是华北人民众口一声的呼声。他们伸出了他们的铁拳，与二十九军一致抗战到底！

虽然曾有一些人士怀着"和平解决"的幻想，与日军进行了交涉，企图苟安于一时。但是结果呢，廊坊被轰炸了，北平落在敌人的控制中了，天津直到现在还是在飞机的轰炸中与硫磺弹的燃烧中！死难的同胞以万计，被破坏的财富更不计其数！

我们对于这重大的损失，没有眼泪来悲愤，没有闲情来哀叹，我们只有更多的愤怒，更大的决心，与誓不两立的日本强盗拼战到底，用我们的血肉把日贼驱逐出去，保卫我们大好的河山！

这无止境的野蛮的进攻也就打破了任何人士的和平幻梦，坚强了二十九军更大的抗战决心！二十九军虽然因战略关系暂时退出了平市，但我们相信它永远与华北人民一起，对日军施以勇猛的还击以至收复我们的阵地！我们不但这样来勖勉我们的二十九军，并愿誓死以全力协助之！

以全力援助二十九军！

打倒日本帝国主义！

《解放周刊》第1卷第12期，1937年8月

抗战中应具之精神与行动

——1937年7月30日《武汉日报》社论

六年来日军阀肆其凶焰，攫我东北，奴我冀东，扰我淞沪，窥我绥察，近复贪餍益炽，进攻我平津，觊觎我华北，以谋统制我整个国族。人为刀俎，我为鱼肉，吾人实已临到

此人世悲惨之境地。试问世界上稍有人格之民族，孰能容忍至此！彼既以在人格上所不能容忍之行为步步逼我，而我奚不立下牺牲到底之决心以与周旋？所谓"今日欲死，犹战而死；他日即死，恐不能战"也！

卢沟桥事件发生兼旬，我地方官吏，过爱和平，不忍使两大民族相煎一旦，故虽明知在军事上屡失利机，亦不愿迫于最后关头，尤冀对方稍事悔悟，就我最低限度之要求。乃狼子野心，罔顾信义，撤兵虽双方约定，大兵反步步前移。外交程序未竟，廊坊之争夺战起；通牒时期未届，平郊之炮声已喧，使我军于忍无可忍之中，迫于二十七之午夜，实行最后之抗战矣。

抗战之价值，本报昨已论列，第以抗战序幕既明朗揭开，人民之责任即从此加重。当兹科学昌明，战争工具、战争技术无不有长足之进步。战争方式，已由平面而兼立体；战争区域，已由前方扩至整个国土；战争人员，已不限于陆海军之专门人材而为全国人民，故战幕一揭，则整个国土，每个人民，均有遭受侵袭之危险。且今日之战，乃为维护我数千年历史绵延之国家民族自由生存之战，即不能不坚定牺牲到底之决心，在时间上不知延长几何岁月，在空间上更不知遭受若干惨痛，故国人在抗战中应具有之精神与行动，不可不有充分之认识，请申论之。

精神方面：闻败勿馁，闻胜勿骄，竭力抑止个人情感，镇静应付大难，一息尚存，绝不悲观，敌人未除，不容乐观。盖战争之事，胜败无常，有时失所不免，有时败所不辞，不可以偶失偶败而垂头丧气，亦不可因偶胜偶得而气胜志懈，因吾人只求最后之胜利，局部偶然之得失非所计也。所谓最后者，具体言之，自抗战之日起，无论战在华北，或沿海，或沿江，至于内地，皆在战争之中途，除非对方已完全悔祸，或敌我之一方已完全无战斗能力时，斯为最后胜败之判。明乎此，则抗战中应具之精神已明。前晚丰台、廊坊克复消息传来后，本市民众，欢声雷动，鞭炮之声，不绝于耳，此为我国民数年因爱国积郁申于一旦之表征，事固可原，惟望此后以沉着相劝勉，亦节耗费以充国防所需之一端也。

行动方面：厥为临危不乱，受命勿避两点：（一）敌人侵我目标，要惟我国国破家亡，我既不愿忍辱而亡，自惟有起而抗战，既已抗战，则惟有准备全国遭侵袭，准备全国成战区，准备无尽量之损失，准备无尽量之惨痛。有斯准备，则不怕危，虽危亦不乱矣。临危而乱，如无益之集合，或失态之叫嚣，既违纪律，又碍秩序，间接影响于战局甚大，不可不知也。（二）今日之抗战，乃吾民族最后之决心。凡属国民，在政府组织领袖领导下，必须一心一德，同赴国难，举凡一切军令、政令、法令，均应确实遵行，不敷衍搪塞，不迟疑，不怨怼，竭其忠诚，尽其心智，人人如此，则步伐划一，整个力量，自易发挥，国族之安全可保，最后之胜利可达，斯为受命勿避之义，亦不可不知也。

上述二者，极为重要，时危事急，国人幸充分体认之。

《武汉日报》，1937年7月30日

要求全国一致坚持抗战

——1937年7月31日巴黎《救国时报》社论

据电讯，七月二十九日我军退出平津，日寇嗾使汉奸在平津进行新的伪组织，寇军的炮火正在屠杀我平津同胞，炸毁我平津城市。不仅北方各省更加危殆，而且我全国的形势也更加紧急。警耗传来，举国痛愤！

平津的存亡关系于全国的安危。从政治上说，平津不仅为北方各省的中心，而且是全国各方所瞩望，亦国际观瞻所系。从文化上说，平津为五四运动的发祥地，为我国的高等教育和文化界、思想界的首府。从经济上说，平津为我国北方及西北、东北商业荟萃之区，河北为棉花、小麦之重要产地，供给轻工业的原料，平津又为我国轻工业的重要中心，而冀、鲁、晋三省的煤产量占全国总产量之三分之二，察省等处铁藏也极丰富，都为国防的重要原料。冀、察、晋、绥、鲁等北方五省的铁路占全国总长度之百分之五十八，而平津实为平汉、津浦、平绥、北宁四大干线之枢纽，有极大的战略意义。对于中国，平津是全国的门户；对于日本，平津可以成为进攻全中国的根据地。因此，日寇侵夺平津，不仅企图夺取我北方的财富，而且企图从北方来侵略全中国，这正是日寇的大陆政策的预定计划上"九一八"后的第二个步骤的开始。这比起"九一八"来要更加严重无比！这第二步计划的实现，不仅使我北方五省的一百万方公里的领土和九千万的同胞有遭受掠夺与屠杀的厄运，不仅使我全国的国民经济、工农商业，以至文化教育等等都受到莫大的打击，而且使我全国的国防都受到寇军直接的威胁。无论为抗日救国、收复失地计，或为保障未失的领土主权计，都必须保卫平津，保卫北方。

卢沟桥抗战以来，才三个星期，而竟已退出平津！从简单的电讯中，未能臆测退出原因之所在。如果平津可守而不守，轻易放弃给敌人，那末，我全国同胞必不能对此失土误国之罪，轻易加以宥谅。然而据各方事实看来，推原平津之所以沦陷，有不能不为全国同胞痛陈者：第一，这三星期之中，我二十九军将士奋不顾身，英勇抗敌，曾屡次打败优势的敌军。我平津的民众也纷纷援助二十九军，共同抗战。通州的军民亦奋起响应抗战，举行武装起义，反抗日寇殷逆的统治。然而我国军民的英勇抗敌，未能阻止寇军的前进。这首先是因为日寇以全国的动员、优势的兵力、一切最新设备的武器来进攻我们，而我方的抗战还是局部的、被动的，甚至自发的。第二，在日寇汉奸威胁阴谋之下，我冀察和南京当局曾经接二连三的进行妥治议和，签订协定，甚至接受日寇条件而撤兵。这种屈辱退让的失策，正中了寇军的奸计。我军的抗战既时受阻挠，援军亦集中保定而不进，而寇方每次都利用我方的撤兵停战，来增调大军，布置新的进攻，竟得从容为所欲为。第三，抗战将士正在敌人炮火下英勇喋血，而亲日汉奸积极的捣乱破坏于后。张自忠既议和于天津，张绍曾、齐燮元辈更认贼作父，卖国谋叛。军事机要亦且为汉奸告密，使我军布置尽为寇军洞悉，得以制我。现在平津竟已沦陷，我全国同胞，根据这种种血的教训，惕然于民族危亡之祸，莫不要求肃清亲日汉奸，要求全国一致坚持抗战。

怎样才能达到全国一致的抗战呢？

两年前，中国共产党发表著名的《八一宣言》，号召国共及各党各派大联合，主张组织国防政府、抗日联军，给人民以民主自由。本报站在不分党派信仰、一致抗日救国的立场，对于中共此项主张，曾经一贯竭诚拥护，并号召国人为实现此主张而奋斗。中共《八一宣言》到现在是恰恰两年。两年以来，中共的政策有了初步的成绩，国内和平统一在基本上已经实现，反日民族统一战线有了开始的成就。然而国共及各党各派的合作尚未具体实现，南京政府中亲日派依然盘踞着，各方军事力量也还没有能统一起来，而人民也还没有应有的民主权利。因此，尚未能团结全国的力量，进行全国一致的总抗战。现在平津沦陷，大局危急，正是在今天，比从前任何时候，都更加清楚的证明着，只有中共自《八一宣言》以来所一贯主张的反日民族统一战线的政策及其具体办法，才是挽救中华民族的唯一政策与办法，只有实现这个政策，只有实行这些具体办法，才能实行全国一致的总抗战。国人应该一致要求国民党迅速实行国共及各党各派的真诚合作；要求南京政府肃清亲日派，采行抗日的国策，担负起国防的任务；要求南京的军队与全国各方军事力量在抗日前提下，开诚布公，联合一致，共同抗战；要求政府给人民以完全的民主自由，实行真正民主的政制，以消除政府与人民间的隔阂，而发扬人民的伟大力量。只有这样，才能达到全国一致的总抗战，以收复平津，保卫北方，并收复失地，取得民族的独立解放。

巴黎《救国时报》，1937年7月31日

敬悼赵、佟二将军

1937年7月31日

赵登禹、佟麟阁两将军的殉国，现全证实，尸身昨已寻获，在平成殓。

赵、佟二将军是中华民国的忠勇军人，此次抗敌殉国，给北平战役立下两具鲜血的础石。这两具础石将永远竖立在我们的文化首都的北平，作为抗敌卫国的记垤，等待我们踏着鲜红的血迹去涮涤六年来的耻辱。

中华民族的子孙们，我们要踏在敌人的尸身上高呼：

赵、佟二将军永生！

中华民族不死！

上海《大公报》，1937年7月31日

卢沟桥事件与日本政府的态度

1937年8月1日

符涤尘

七月七夜卢沟桥事件发生以来，由于日本的一再增兵，加重时局的严重，中日的关系已入最危险的阶段了。今后时局的推移，是否会演成中日两大民族全面的大冲突，目下，自然无人敢作确定的断语，但日本的态度如何，将是决定中日战争与否的一大因素，却是无庸多说的。在这意义上，我们来分析日本的态度和政策，也许不是无意义的事吧。

若果我们的分析不错，我们可以说，一九三五年九月前后，日本对华北所采的方策，始终是以政治工作为中心的。这个政治工作，日本原有一个基本的信念，他们始终认为中国是一个封建色彩颇为浓厚的社会，军阀便是封建社会关系的残余，此种封建残余的军阀，现在还没有失了封建的独立性，因而，在对华的政策上，仍有利用军阀使中国分裂的余地，纵事实上不能使华北完全独立，至少总可使其在半自治的形态之下特殊化起来，成为日本得畅所欲为的所在。这种政策的表演，所谓华北五省（河南、河北、山西、绥远、察哈尔）联省自治运动的传说。

由日本人的立场说也许是太不幸了吧。随着中国国势的发展，以及中国民族团结图存意识的激昂，华北联省自治运动，事实上已无成功的可能。于是，一时风起云涌的华北联省自治运动便如昙花一现，不久便偃旗息鼓了。自然这并不是说日本已因此而放弃了对华的政治工作，但在这种情形之下，日本已开始感到此路不通了，因此，主张"暂时搁置政治的积极工作先由经济方面入手"的一派便开始抬头。日本对华北所采的方策，至此，便由政治上造成华北独立的作法，转入先由经济伸张势力的阶段。

在这个转换的阶段上，日本内部显然仍有一部分势力主张坚持过去政治的作法，可是，因为华北联省自治运动的失败，已无法压制经济伸张派势力的抬头，结果，在事实上的表现，一方面便是日本在华北的政治工作较为消极，而经济提携的呼声日见高张。依他们的看法，政治上的发展既遇最大的阻力，则对华的政策，自不能不转入经济发展的策略，在经济提携的名义之下，既可避免中国的反对，且在经济发展的原则之下，日本援助华北冀察当局，则冀察政府自有日渐倾向日本的可能，此时日本若能一心致力于华北经济提携而解除华人畏惧日本有领土欲望的怀疑，则华北民众反对经济提携既失其目标，南京政府纵表示反对，冀察地方政府亦必不为所动，所以经济提携的结果，表面可以发展到冀察地方政府与南京政府斗争，而不是日本与中国的正面冲突。冀察自然成为特殊化，若果问题真发展到此种地步，冀察地方政府的态度若果带有积极性，则取消冀东伪组织加强冀察地方政府的权力亦无不可。——这是主张经济提携入手一派的想法。

这样，日本便积极着开始了所谓经济提携的工作。不久以前，日本儿玉经济使节团的来华，便是经济提携工作达到最高潮的时候，当时取消冀东伪组织的空气曾盛极一时，亦即为此。他们希望以取消冀东伪组织为饵，使冀察政府更表示其自治的积极性，借此实现日本的理想。

然而，事情太使日本失望了。经济提携工作的进行，非特不能发展到冀察和中央对立的局面，而且单纯的经济开发工作亦无法进行，日本方面虽一再以开筑铁道，以及其他中日合办事业的具体借款计划迫着冀察政府，可是始终仍获不到好结果；日本虽反对冀察地方政府接受中央命令举办选举，同时也反对二十九军接受中央的军训，可是结果日本又是失望。于是，日本不禁又嚷着"冀察中央化了"。

这样，经济提携的方策，既无法进行，当然的结果，便是军事克服论的抬头。

说到军事克服论，我们还得说一说日人对华的一个传统观念。在所谓"支那通"的日人中，他们常常存有一个牢不可破的信念，他们以为中国民族有一个特性，这个特性，可由中国人口头禅的"没法子"一语表现。依他们的看法，对付中国，不能采取优柔的手段，最适当的方法却是用武力征服，必须在强力的压迫之下，使中国人知道"没法子"的时候，才可使中国信服。——这是日人对华军事克服派的论据。以此种论据为出发点，于是军事的动作便代替了经济提携方策的地位。

卢沟桥事件的发动，正是经济提携方策失败后，以武力使中国"没法子"的做法，依日本的估量经济开发既因冀察倾向中央而难于进行，若不早为之计，则冀察恢复正常的状态，中央统一的政策成功，日本所企图的华北特殊化，便有根本幻灭之虞。日本要完成华北特殊化的工作，唯有对华加紧武力的压迫而已——这是日本军人所提出的结论，也是卢沟桥事件发生的原因。

这个策略是在七月七夜实行了，他们初步的工作，是占领平汉路入北平的要道卢沟桥，完成通州、丰台、天津至卢沟桥的侵略战线。此举成功，非特使北平成为瓮中之鳖，且可为向南发展的根据。依着过去夺取丰台的经验，他们以为卢沟桥的收入握中，正是易如反掌的事。所以卢沟桥事件的发动方法，几如丰台事件如出一辙，因为这是最合于日人所标榜"少消耗实力,多收获实益"的原则的。

可是出乎日人意外的,二十九军已不如丰台事件那样容易说话了,威吓交涉,已失了效力,小规模的进攻,亦失了效力。从此罢手,固然失了所谓帝国的威信,心中也实在不甘。不罢手则唯有继续武力的行使,但继续武力的行使,第一,未免牺牲太大;第二,若果局势扩大,难免不成为世界战争的序幕,将成为日本运命所系的问题,不能不慎重将事;第三,纵或局势不会扩大到大战,但亦难免不引起各国间的反对;第四,国内各阶级是否一致拥护政府的武力政策,亦成疑问。这些问题的难于解答,反映到近卫内阁政策上的处置,便是不能对华立即采取坚决的战争政策,而采取既不丧失威信亦不即战的方针。这个态度的决定,在日本政府的言行上,便是一方面派重兵前往华北,一方面声明不扩大局势;对外声明"对列强的权益予以充分的注意"(见十一日日政府的出兵声明),对内则召集日本政界、财界、言论界等请求一致援助政府(见七月十二日东京《日日新闻》)!

日本政府上述四项态度的决定,无疑的,这是说明这时期日本政府的根本态度,系加强压力使中国屈服政策的坚持;而声明注意列强权益及要求日本国内各界的一致拥护政府政策,都不过是加强对华压力的另一手段而已。

这种对策的决定,到了七月十七日,美国国务卿赫尔发表了直截的声明!认为"世界任何纠纷均与美国权利义务有重大的关系",同时英法等国亦表示不直日本的行为,证明了七月十一日日本政府出兵声明中"充分注意列强权益"的宣言,已失了效力;同时中国又着着准备抗战,并不稍见退缩。这使日本政府更感到恐慌。他们很知道,若果迁延下去,决非日本之利。因此,日本政府十七日"采取断然的有效方法以促进华北交涉"底决定。由于这个决定的发动,暴露在世人面前的,便是七月十八日日本日高代理大使向我外交当局提出的备忘录,以及七月十九日华北日本驻屯军类似最后通牒的声明。备忘录中提出的二点,暴露了日本企图切断中央和冀察的联系,俾得于武力之下,使冀察地方政府承认其无理的要求。十九日的重大声明则为促进其政策实现的手段。

日本政府这种态度的决定,显然系由"最高的压力之前必能屈服中国"的观点出发。这种态度今后是否改变,抑或因此种政策的坚持,终至不能不变成全面的冲突,我们固无法预断,不过,这里,我们却愿正告日本当局:中国被迫,已到无可再退的地步了,此种政策不知止境的运用,必至无可收拾,非至中日全面冲突不止。为着中日前途的光明,我们唯有希望日本早日觉悟而已。

以全人格者图生存

——1937年8月2日杭州《东南日报》社论

平津沦陷，北门之锁钥尽失，时局至此，诚我全国家民族存亡生死之最后关头也！血气之伦，莫不知自求生存，俨然万物之灵，而忍作俎上肉，釜中鱼，屠宰割烹，任从客便，是不亦自失人格而禽兽之不如乎？是故我民族领袖蒋委员长既有"不求苟安""准备应战"之宣言，而汪主席且有"最后关头，一齐牺牲"之讲演，是皆所以表示宁玉碎，毋瓦全，以自保人格者求取生存之必要条件也。今者吾人亦既尽知敌人谋我，志在不战屈人，则惟有有效的抵制方法，自惟服从蒋、汪两先生所诏示之必要条件，合全国之心力，而一致奔赴，一致奋斗，始能从死中求得生路，从绝处获得生机。吾人之见，我全国人除出入枪林弹雨之前方壮士外，凡属后方民众，最低限度，不可不为下列之工作与准备。

其一，敌人谋我，本有经济、武力两种手腕，而彼之所以谋我者，实亦非两种手腕双管齐下不为功。吾人固习知敌方因穷兵黩武之故，年年经济早濒破产，最近华北事件发生，更增加巨大支出，此次战局，不幸而旷日持久，我方固拼作重大牺牲，彼邦财政上，必先陷于不可收拾之地步。吾人为免借兵资粮之计，宜如何先绝其经济之来源，使彼方不能以取之于我者，凭为灭我之工具，此今日国人所宜率先注意者也。

其二，敌人既抱不战屈人之旨，故所在多利用汉奸，扰我后方，以逞其以华人杀华人之毒计。此次华北之战，平津竟落敌手，要非我军作战之不力，而实则仍是误中奸人之计，致有引狼揖虎之举。同时华中、华南各都市要隘，亦无一处不有此辈之踪迹，一旦战事发生，彼辈必在日方提线之下，演出其造谣生事、破坏建设、摇动前方军心之活剧，则作战之力量减少，而敌人之恶计售矣！今当局固已竭力之所能，预为防范，而严密监视，侦查报告，以助当局耳目所未及，又民众所宜共起协助者也。

其三，扰乱后方，尚不仅汉奸已也。汉奸受豢于敌人，供走狗驱策之役，罪应万死，固无足论。其有并非汉奸，而行同叛国，厥罪惟均者，尚有投机操纵之奸商，与造谣惑众之妄人。此二种人者，固未必有勾通敌人颠覆国族之用心，而一则紊乱市面，一则摇惑民心，皆足以扰秩序而误大局，当战事发生之际，当局或未必能以全力作有效取缔，其应如何互相警策，互相规劝，共以大局为重，毋增当局内顾之忧，是又后方民众所应共同致力者也。

其四，应战开始，当局对军事、外交，应付至感丛脞，关于后方治安，需要民众严密组织，共守纪律。诸如关于空袭之准备，火警之防救，与夫一切可以避免灾害增加防卫力量之种种工作，悉应在轨道范围之内，当局指导之下，整齐步骤，一致动作。毋谓乡邻之斗，与己无关，毋以疆场之争，肥瘠漠视，庶几全国各地，如指臂之互联。而对于前方战事，无形有形，间接直接，均有莫大之助力，此又全国人所宜切实从事者也。

其五，吾国以爱和平之故，历届对日交涉，每于可能忍耐范围内，吞声忍气委曲求全，数年来南北各地，虽不时发生冲突，终能迅速了结，不致扩大，此皆我方力求和平之苦心，当为世人所共见。惟今兹平津之役，威胁及于生存，屏藩被其摧坏，中央既决心应战，战事当非短期间内所可结束。我人为长期准备之计，凡本身生存所需，无论食用一切，固应竭力撙节，毋有丝毫浪费；其或有关军用，足供前方需要者，更应不待命令，预为储备，庶以便征发而利戎机，此尤民众所应尽之天职也。

国难至此，已无我人喘息之机会，输财输力，固当各本天良，后方前方，胥宜有所报效。右列五者，仅举大凡，要之皆切实准备之方案，实死中求生必要之工作也。大难临头，危机已迫，我国人而果欲有以全人格图生存者，此殆为最低限度之条件矣。

杭州《东南日报》，1937年8月2日

迎接大规模的民族革命战争

——1937年8月3日《新中华报》社论

连日以来，华北形势是一天天的越来越严重了，日寇灭亡中国的大规模的侵略战争，在卢沟桥的炮声中已经发动，特别是最近数日内，我们为保卫祖国而战斗的民族战士们的鲜血，洒遍了平津、平汉路上。看吧！大规模的民族革命战争已经迫临，中华民族最后解放，也在此一举！

中日战争已经在华北爆发，丰台、通县、卢沟桥变成了大战的战场，双方争夺丰台、卢沟桥等重要战略地点的血战，得而复失，也不下数次，平镇截至今日止已完全陷入日军之手，日军并继续向长辛店、保定前进，同时日机二十余架在保定、正定一带投弹轰炸（卅日中央社）。上面这一切消息告诉了我们，日寇对华北的进攻是一步步的紧逼着，他的目的是在于攫取华北，以至于整个中国，这也就是日本帝国主义一贯的侵略政策的必然结果。

在卢沟桥事件开始发生的时候，我们曾经再三的指出，这一事件的爆发决非偶然的，是日寇有计划的挑衅，冀察当局在开始的犹疑态度，结果使日寇利用这些时间，有着充分的准备机会，从容不迫地调集其援军，集中于平津之线，而我们缺乏整个计划。"和平"的幻想在个别领袖中的残留，致使我们的准备不充分，所以在日寇一旦大举进攻的前面，虽有二十九军将士与华北人民为国牺牲的重大决心，但是临时仓惶失措，究竟无补于事。所以冀察当局的动摇犹豫，决心下得慢，是平津失守的重大原因之一。

平津的失陷，当然是我们在战略上的一个重大损失，造下了日寇南进西伸的战略根据地，但是这绝不能就认为是我们抗战的失败。战争的最后胜利，不在于一块土地的得失，而是在于我们本身的坚决与牺牲决战奋斗到底的决心。军事上的一进一退是丝毫不足为奇的，我们的战术须要灵活运用，特别是在中日战争中敌人物质条件优良，我们更须要机动，只有这样，在军事上才能制胜敌人。所以平津的失守，丝毫不应因此而悲观，而丧失我们抗战胜利的信心。只有更加鼓舞起我们的杀敌精神，以不屈不挠、百折不回的志愿求得抗战的最终胜利。

最近数日内，大炮炸弹的声音已震醒了每个中国人民，打破了"和平解决"的幻想。日寇的狰狞面目，在隆隆的炮声中捣破，华北万分危急，中华民族的生命已经临到最后的一刹那，假如政府再不决心抗战而表示犹豫时，只有断送华北，断送四万七千万中华民族的生命。此其时关，非坚决抗战不足以挽救目前的危机。

我们要求南京政府立即下最后坚决抗战的决心，采取积极的军事进攻行动，发动广大人民的抗战动员，组织与武装民众来收复平津，保卫华北，争取抗战的最后胜利！

《新中华报》，1937年8月3日

要求立即实行总动员
——1937年8月10日巴黎《救国时报》社论

卢沟桥日寇武装挑衅到现在已经一个多月。在这一个多月中，我方曾经至再至三的表示愿意和平解决，然而日寇却飞调大军，占领我平津，屠杀我同胞，在我平绥、平津、津浦各线进攻，并且还在向我沿海岸布置进攻。从日寇进攻的局势看来，全国每一个角落都必须作抗战的准备与动员。的确，今天谁也不能反对抗战。

我国当局确已采取相当的抗战的步骤，但还在希望"最后一秒钟的和平解决"，而前方将士的英勇守土至今还是局部的被动的抗战，应有的增援都还没有到达前线。

应该指出，今天早已没有和平的可能。日寇进行着侵略战争。在敌人炮火侵略之下，我方想求得息事宁人的和平，结果必然是丧权失地的屈辱。只有打退敌人的侵略，才能有真正的和平。其次，寇军是用和平谈判来掩护他的布置与进攻。淞沪战争时，败退的寇军便以停战三天来组织新的进攻。卢沟桥挑衅以来，我方也已经三次的片面撤兵，寇军每次都乘机大举进攻。此次川越重开谈判的阴谋，显然是又一次大举进攻我的烟幕。再次，和战不定的政策之下，决不能有真正的抗战的动员布置，"和平"的空气反足以懈怠我军将士的决心和斗志。

应该指出，军事上的等待迟疑是失策的。试问等待什么？等外交谈判与"和平解决"么？这是没有丝毫的可能。其次，抗战是在我们的领土上进行的。寇军还有巩固的阵地，我方本无国防设备，所以我军急应抢先占据自己的阵地。再次，敌军的迅速增兵，急剧进攻，没有给我们以丝毫犹豫的可能。我方的动作迟一天，则敌人更深入一分，抗战的困难增加一分。最后，兵贵神速，应该一鼓作气，作主动的进攻，迟疑等待是徒然增长敌人的凶焰，消磨我军的锐气，使局部抗战的军民多受敌人的摧残。

所以，负担着国家重任的当局不应幻想和平，不应迟疑等待。为今之计，只有立即实行总动员抗战。

我们有一切可能来立即实行总动员抗战。第一、我们在基本上已经实现了和平统一，我国所有的军队，包括南京的军队、红军、东北军以及其他各省各地方的军队，都可能用来进行抗日的自卫战争。第二、我们的军队是现成的，全国各方面的将士都已纷纷请缨杀敌，执戈待命。第三、全国各党各派都要求南京实行抗战动员，全国同胞也莫不一致作同样的要求，只要政府下令动员，全国各党各派及各界同胞必能起来为政府后盾。第四、粮食械弹的供给首先依赖于全国的经济动员，其次是需要友邦的帮助。这都是能够解决的问题，只要政府已经实行动员全国的武力去抗战，全国人民必能起来帮助政府作经济的动员。也只有在已经实行抗战的条件之下，才更能取得爱好和平正谊〔义〕的人士和爱好和平的友邦政府的帮助。第五、我国军队的总动员一定能得到平、津、热、察和东北的抗日义勇军、全体人民，和匪伪部队中绝大多数的响应，来袭击敌人的后方。

赶紧实行总动员，将使目前的局部抗战转入全国一致的总抗战，将使目前的消极的守卫一地一隅的抗战，转为主动的消灭敌人队伍，击退敌人进攻的抗战，将使目前的零星散乱的各自为战的抗战，转为有全盘联系的有计划的抗战，这就使我方在军事上取得很大的便利与优势，以便抓住敌人布置尚未全部就绪的时机，去打破寇军的计划。

如果"九一八"至卢沟桥挑衅以前是日寇实行田中奏折的第一步计划，即所谓"欲征服中国，必先征服满蒙"，那么，现在日寇是企图实行第二步计划，即是"欲征服世界，必先征服中国"。他的侵略北方正是第二步计划的开始。如果在这第一个时期中，我们不断的失土丧权是由于委屈求全，幻想和平是由于迟疑等待，是由于坐视局部抗战的失败；那末，敌人现在要"征服中国"，我们再不能等待，再不能退让求和，再不能坐视局部抗战。现在不应该损失一时一刻，国人必须督促南京政府立即动员全国，首先是动员各方兵力到抗战的前线去！

巴黎《救国时报》，1937年8月10日

动员起来，组织起来！争取全民族抗战的胜利！

1937年8月10日

平津已失陷了！敌人已在大规模的动员，有决心的向着我们进攻。在北平，在热河，已集中了四十万以上的兵力，正节节的向着南口、察绥进逼，企图夺取我们整个华北。大规模的战争是已经开始了。现在已经不是我们要不要战的问题，而是要怎样打破敌人进攻，夺回我们的平津，争取全民族抗战胜利的问题。

动员与组织全中国广大群众，围绕着抗敌战争，一切为着抗战的胜利，紧紧的把握着全中国广大群众热心救国的怒潮，把他们团结得像铁一般一样，上下一心，来抵抗敌人的侵略，这是战胜敌人的先决条件。

在敌人大举进攻的侵略战争已经开始的今日，我们看到：现在已有不少的救亡抗敌的群众组织涌现出来了。募捐队、慰劳队、反对日货会、抗战后援会等等，都在动员自己的力量，来帮助与拥护抗敌的战争，表示愿为政府后盾的决心。这已经表示了群众运动是在活跃着，这是很好的现象，是必需的。尤其是抗战后援会，更能以统一的组织形式，把各方面的群众都组织在一起，来共同为国家民族争生存，这更是一个最广泛组织全国群众的方式，我们很赞同，在今天，亟须有这样一个全国统一的抗战后援的群众组织。但是，我们觉得，必须注意以下几点：

第一，抗战后援会，应该是成为真正的团结全国群众的组织，无条件的容许各方面各团体参加（汉奸组织除外），尤其是早就站在抗敌前线的救国会、学联会等团体参加。把各党各派的救亡的组织，在抗敌与民主的原则下，真诚的亲密的统一起来，筑成全民族抗日统一战线的坚固长城，这是非常迫切的。这里，需要有一致的明确的抗敌纲领，共同忠诚的为着执行这一纲领而奋斗，应该坚决摒弃一切对于群众运动的控制政策，应该尽量发扬群众团体的独立与自由。只有坚决抛弃控制与包办，才能最高度的发扬群众的积极性，才能保障这一团体真正成为政府抗战的有力的后盾。

第二，应该最高度的动员广大的群众参加，抗战后援会应该深入到各工厂中、学校中、农村中、兵营中去，不仅仅只是有一个上层空架的组织，必须有着雄厚的群众基础。随时随地能够经过这样的组织，动员组织中的群众，来执行一定的任务。这里，绝对不能采取命令主义，应该紧密的与群众联系在一起，一切问题，都要经过群众大会的讨论与通过，使每个后援会的会员，都能了解自己是后援会的一分子，自己应该负些什么责任，真正的自愿的为着挽救中华民族危亡而斗争。

第三，必须真正建立抗敌后援的实际工作。在抗敌后援会，不仅仅只是发表电报，不仅限于起号召作用，应该最切实的建立各种后援工作。如动员募捐，充实抗战经费，组织运输担架救护，以帮助前线部队作战，组织纠察队、侦查队，以防止并肃清汉奸卖国贼的阴谋捣乱。尤其是对于后方的巩固防守，后援会须以极大的力量负担，要使每一个抗战后援会的分子，都能负担一个一定的工作，以全力贡献给我中华民族，为着争取全民族抗战胜利而战争到底！

简短的回顾
——1937年8月10日《中央日报》社评

卢案发生于七月八日，到今天，正是一个月又两日。今天中国全国已入战时状态，战时状态的空气，已经布满在都市及乡村间，这种对外普遍的意识，真是百年来空前的好现象。

日本驻华大使川越茂氏恰在此时由北方回到上海，从他途中所发表的谈话，尚愿以最大之努力，挽回两国的危局。前天我外部发言人谈话："两国关系，刻已至最险恶时期，和战之分，瞬息间事，倘彼方果以最大之决心与努力，挽回危局，尚未为晚。……"今当和平战争间不容发的时机，我们愿将这一个月的经过，尤其中日两国当局在此时期中的表示，作一个简单的回顾：

（一）七月八日晨，日军在卢沟桥演习而炮攻宛平城。十日，日军续攻宛平城。十四日，日军大批入关，川口师团全部抵津。十五、十六、十七日，日军陆续入关，积极布置军事，造成大包围北平形势。十八至二十日，日军继续增加，轰击卢沟桥。二十六日，日军进攻廊坊及北平广安门。同日，香月驻屯军司令向宋哲元提最后通牒，限二十九军退出平津。二十九日至本月一日，日军大轰炸平郊及天津。

（二）七月十二日，我驻日杨代办向日外务省提出抗议。十九日，蒋委员长发表对卢沟桥事件意见。同日外交部致日使馆备忘录。二十六日，宋哲元通电表示决心应战。二十九日，蒋委员长发表政府对平津局势方针。八月七日，川越大使回抵上海。八日，我外交部发言人发表谈话。

从这个简短的回忆，一个月的经过，我国政府当局正式发表的文件，最重要的，共有三件，第一是蒋委员长对卢案意见；第二是七月十九日我外部致日本大使馆的备忘录；第三是七月二十九日蒋委员长对平津局势方针。中国政府的态度，在这三个文件中已有最明显的表示。在过去一月中，中国政府有这样三个重要明显的表示，而在日方，除了七月二十六日香月驻屯军司令对宋哲元所提最后通牒，要求二十九军退出平津，只有在报纸上零星看见东京特别议会席上日当局的报告，这种态度的差别，是造成今日局势的总因。

在中国政府各种文件中，每个文件都有显明的表示，如七月十九日蒋委员长的对卢案意见，有四点最低限度的立场。同日我外部致日大使馆备忘录中："再向日本政府提议两方约定一确定之日期，在此日期，双方同时停止军事调动，并将已派武装队伍撤回原地。"七月二十九日蒋委员长对平津局势发表谈话："总之，我政府对日之限度，始终一贯，毫不变更，即不能丧失任何领土与主权是也。"一月来的情势，如果逐日作一个检查，又逐步研究演化的阶段，今天中国全国战时状态的造成，实是日本逼迫我到此地步。中国政府上下，谁不明白战时状态下公私所感的异常，但是今日中国人民，没有一个人口上哼出"不愿"两个字。因为人人精神上有个大目标，就是保持祖国的生存。

川越大使到上海后，还没听见他对时局的重大意见，他屡次表示时局的渐趋险恶。在中国人民普遍的求死心理中，险或夷的观念，感觉渐渐麻木下去，但是到现在，中国人民还坚持民族的理智，为祖国的生存而应战，为保持祖国的领土主权而应战。时局险夷安危的关键，仍在日本的态度。即在今天，日本政府若犹能注意一月来我政府当局三个重要文件，这三个文件中所说的限度，在两国外交关系依然存续之际，真如我外部发言人所谈："挽回危局，尚未为晚。"

《中央日报》，1937年8月10日

积极抗战和长期准备
——1937年8月11日杭州《东南日报》社论

在生死存亡已迫最后关头的今日，凡是中国的人民，我想没有一人会说一句且图苟安不必抗战的话的。但这次战事的发动，既不是一部分的战争，也决非一时期所能终了，不预备抗战，结果是亡国，预备抗战而不作长时期的准备，结果也于事无补。我以为这都不是救国之道！本报昨天社论《速战与持久战》文中，已说得很明白了。

但昨论所述，还只就本国情势立言，现在请再从国际形势和对方国情略为阐述。我们知道日方财政的恐慌，比我国还厉害，他们的侵略人家，最好是不劳而获。不幸而遇到剧烈的抵抗，他们惟一的计划，是力求速战。只有速战，他们可以一鼓作气，先克服反对他们作战的财政家、企业家；只有速战，可以鼓动他们民众爱国的情绪，使他们的目光一致向外，而消灭国内一切的纠纷。同时国际方面，至今还是免不了一种苟安的态度，假如日本能在短时期内，征服了我国的一部分土地，掠夺了我国一部分主权，虽然这不是各国所愿意，但是事态已经造成，至多他们只能力谋补救，和防止未来，而未必能毅从日本手中夺回我们所失的领土主权，而交还于我们之手。那么，日本的所谓既成事实的权利，又写写意意的取得了。反之，而遇到旷日持久的战事，日方当军费不能充分接济的时候，国内的金融界，必立起恐慌，而发生非常的纷扰。并因直接间接的影响，酿成种种政治上的极度不安，这都是题中应有之义，到了那个时候，固然中国是筋疲力尽，而日方所受的痛苦，一定比我们更为深刻。而且兵连祸结，相持不下，有关各国的商业损失，将不可以数计；他们纵然不为东亚及世界和平计，也不能不替本国的工商业打算。同时因为中国能毅然和日本作持久战的缘故，一方面引起了他们兴奋的情绪，一方面可以使他们在外交上、军事上，得到从容布置的机会。以现时日本在国际间地位的不稳，可以测知将来必因各方环境逼迫，而陷于四面楚歌的地步，无论如何，于我是利多而害少的。

我们早已说过，在现世界中求生存，非自力更生无他道。我们决不愿虞人之难，我们更不想倚赖他人，但本过去的教训，深信必须积极抵抗，才能消灭敌人不劳而获的野心，必有长期准备，才能抵制敌人"既成事实"的演出，然后守其在我，以应天下之变，这是以逸待劳、以静制动之法，论我国现在情势和环境，非此殆不足以得最后的胜利！

杭州《东南日报》，1937年8月11日

悼抗日战争中的阵亡将士

1937年8月12日

冰

当日寇发挥着残忍的兽性又复向我平津进攻的时候，我守卫平津的将士虽然在准备不足、实力不继的险恶情景下仍然是英勇的抗战！

负守土重责的宋哲元将军竟退出了华北重镇的北平，但留在北平的忠勇将士却抱着与城共存亡的伟大决心，对侵略我国土的日寇施之以冲锋，继之以肉搏！

壮哉，这些英勇的战士们，保持了我中华军人的人格，撑起了民族抗战的大旗，给了我黄帝子孙以最崇高的英勇的模范！

我二十九军副军长佟麟阁将军与我一百三十二师师长赵登禹将军竟在这百折不回、前仆后继的冲锋肉搏中阵亡了，数千尽着卫国天职的士兵同胞亦牺牲了他们的宝贵生命，数十万无辜的妇孺及同胞亦死难在日贼飞机大炮的轰炸下，一幅多么残酷与悲痛的景象哟！

惊耗传来，全国为之悲痛！在这悲惨的沉痛里，我们对于佟、赵二位将军，对于死难的英勇将士及一切死难同胞表示最大的悼敬！

我们很沉痛地知道，这些死难的民族英雄不是亡在英勇抗战——不，英勇抗战是我们中华儿女唯一的活路——上，而是牺牲于事先竟无充分准备，无立即抗战决心与孤军独斗的情势下！

但是一切这些罪恶政策不是这些死难烈士的责任，而是当局负责者应负的责任呵！在这万般不利的环境下，这些民族英雄们还能坚决执行抗战以至于战死，这更显现了他们的大勇，更暴露了过去的妥协退让政策的罪恶。

如果当局的负责者事前不幻想什么饮鸩止渴的和平，断然肃清周围那些汉奸分子，厉行不屈不挠的抗战方策,把广大群众动员起来,武装起来,与军队密切联系起来,共负守城之责,那么平津不但不至失陷,这些死难的民族英雄们亦不至于牺牲,而还能长久地领导着军队与华北民众们对日贼作持久战,以至于民族抗战的最终胜利!

但是这些民族英雄们竟遗留下未完的职志,舍我们而去了!他们的死难不但给了我们最大的悲痛,也更给了我们最大的教训!

他们的死难也给了我们最大的教训,促使我们深自反省,省悟到妥协退让只是束手待毙,只是葬送更多的大好国土,只是牺牲更多的中华儿女的宝贵生命!呜呼痛哉!

但是,他们的死难也给了我们最勇敢的模范!赵登禹将军竟亲自率领着敢死队向日寇冲锋至四次之多,手榴弹与大刀齐下,给日寇以血肉横飞的重创!日贼虽然终于占据了南苑,但不得不付以极大的代价!这不是我们中华儿女所应深切学习的最好模范吗?只要我们全国人民坚决地动员起来,团结起来,武装起来,追随着这些死难烈士的底〔英〕勇模范向着日本强盗冲杀,那会是无往而不利,无坚而不摧的!这就是这些民族英雄们的碧血所指给我们怎样抗战的出路,也就是他们指给我们怎样求民族生存的南针!他们的死难是伟大的,是神圣的!

中华民族之不能亡的原因也就在这里!

但是中华民族最宝贵的战士们竟舍下我们而去了!他们遗留下未竟的职志与更困难的任务须由我们担负起来,实现起来!这些民族英雄们的英灵这样呼唤我们,警醒我们!为中华民族而死,为中华民族而生,这是每个中华儿女应有的信心,应有的天职!一切都是为着中华民族的生存而奋斗!

我们在这些死难烈士的英灵之前不只是万分的哀痛与悲愤,我们敢以最大的赤诚在他们的英灵前誓言:"死难的弟兄们!我们要继续你们抗战的职志,完成你们所指示给我们的救国天职!我们以民族抗战的最终胜利来为你们复仇!"

《解放周刊》第1卷第14期,1937年8月

拥护中共八大纲领

——1937年8月13日《新中华报》社论

冀察当局在卢沟桥事件发生后,因为没有抗战决心,在抗战与妥协中间摇摇不定,所以没有任何抗战准备,于是惧怕群众,不敢组织与武装群众参加抗战,华北重镇——北平、天津——很顺利地被日寇占领,而造成日寇吞并华北的前进阵地,造成了我们在发动抗战中很不利〈的〉困难条件。

平津失陷以后,日寇侵华的行动表现得更为急剧了,暴日正利用这一良好机会,准备

更大规模的发动一个侵略战争。连日来，华中、华南各地日侨纷纷离华回日，日军不断的向中国增兵，并准备抽调卅个以上师团来华，南口形势严重等等，无一不是大战发动的信号。根据近数日来的消息，日军正集中其全力猛扑南口，大举西犯，平汉路、津浦路上虽有小的接触，亦不过是日寇掩护其西进的诡计罢了。日寇大举西进的目的，是在于将冀东、平津与伪"蒙古国"联成一片，武力控制着平绥线，以便在绥东发动战争时，更便利军队的运输，同时占领察哈尔与绥远时，可以南下威胁山西，西入宁夏、甘肃，收买一些蒙回内奸，以建立起在日本操纵下的"自治政府"。这样，中国北部各省实际已完全落入暴日的掌握。察哈尔、绥远与外蒙、苏联有着地理上的联系，日寇是尽力企图来隔断中苏的联系，使中国在地理上无实际后援的地位。日寇这种企图，早为全国人民所了解的。

最近数天来的形势，虽然没有大的战事发生，然而这种外弛内张的局势，正是日本帝国主义大举行动前的暂时的沉寂。"和平"、"让步"、"妥协"等方法是丝毫不能阻止日本的积极进攻，天津失陷的惨痛教训，我们应该深思熟虑，日本帝国主义绝不会以取得东北、华北为满足，而这仅是暴日大陆政策中的第二步计划。此一计划完成后，紧接着必然就是第三步计划，他所要的是灭亡全中国。因之，在平津失陷的教训中，中国当局应立即醒悟，和平事实上已属不可能了，中国领土主权已被敌人破坏无遗，在敌人的枪刀下，仍幻想与敌人言"和平"、"妥协"，实际上就是投降屈服，这是全国人〈民〉所一致反对的，所以我们应该立刻下最后坚决抗战决心，再不要重复平津失陷的错误，只有发动一个大规模的抗战、全面的抗战，才是中华民族的唯一出路。

抗战！抗战！现在已成为全中国人民的要求了，要满足全国人民的要求，中国共产党曾提出八大纲领，即是：

（一）立刻命令冀察当局率领廿九军全部武装，抵抗、拒绝日本所提任何要求；

（二）立派大军增援华北，实行全国海陆空军总动员，召集国防会议，决定积极抵抗的方针；

（三）实行全国人民总动员，开放民主权利，释放政治犯，组织与武装民众；

（四）立刻实行全国的对日抵抗，停止对日外交谈判，实行武装缉私，抵制日货，没收日寇在华一切银行、财产，封闭日大使馆、领事馆……等；

（五）立刻改革政治机构，中央与地方政府民主化，吸收各党各派参加国民会议与政府；

（六）立刻实现国共两党亲密合作，以两党合作为基础，团结一切抗日救国的党派，创立民族统一战线；

（七）立刻实施财政、经济、土地、劳动、文化教育等各种新政策；

（八）立刻实现抗日的积极外交政策，拥护国际和平阵线，与英、美、法、苏等国订立有利于抗日的各种协定。

中国共产党的这一纲领，是挽救目前中国危机的唯一救国办法，要求南京中央政府，立即执行中共所提出的八大纲领，立即实行全民族抗战的坚决方针，反对一切动摇不定、妥协，苟且偷安的倾向，全国人民应该一致的拥护中共的八大纲领，并为实现这一主张而奋斗到底，使中国走上彻底解放独立自由的康庄大道！

《新中华报》，1937年8月13日

神圣抗战的展开
——1937年8月14日《中央日报》社评

从七月八日卢沟桥的炮声，到昨天上海的炮声，抗战的局面开展，牺牲的境界也开始了。这种局面的开展，正是中华民族解放的曙光，九十几年的压迫，尤其六年来的忍受，我们民族的境遇太黯淡了。长期的黑暗，现在开始透露一点光明！

光明必需有代价的，代价就是牺牲，将来光明的程度，必然与我们牺牲的程度，成一个正比例。牺牲愈大，光明必多；牺牲愈彻底，光明也永久。牺牲是我们这一时代中国人的运命，跟着牺牲必有光明降临，抱着牺牲决心的人，不必计算牺牲的收获，收获终是丰富的。

这一次的抗战，意义是神圣的。为国家的生命，为民族的尊荣，为人类的正义，我们不能不奋勇地发动抗战。这种神圣抗战的阵线中，中华民族的全体人民，都是参加战争的斗士，中华民国全国的领土，都是抗战的资源。世界自有历史，人类自有战争，性质意义，没有像这次的神圣庄严。

神圣抗战阵线中的斗士，明白抗战的意义，必须认清这个神圣抗战未来的过程。这个过程前途，大概是长久的，过程的进行，大概是有波折。必须大家认识这个前提，然后可以应付未来必至的各种运命。意识中对各种运命预先有了准备，我们的情绪格外凝练，意志格外沉着。在抗战过程中，各个人民不必先存何希望，而只是尽量尽自己的本分，尽量把自己的一切供献于国家。

抗战开始后，人民的牺牲，必然随着抗战局面的展开而增加。牺牲就是对国家的报效，也就是对自己良心上的交代，现在人民所感受的，不过是牺牲的初步。初步的牺牲，是初步胜利的基础。最后的牺牲，是最后胜利的基础。要望最后的胜利，必须抱着最后牺牲的准备与决心。我们要记着领袖的话，"我们是弱国"，弱国的最利武器，就是牺牲的决心。大家抱着悲愤的情绪，必死的决心，抗战的神圣性，当然格外扩大。抗战的胜利，也更有把握。

我们抱着这样的意志,等待神圣抗战的开展罢。意志的力量,是无可限量的。神圣抗战的进展,凭着全民族伟大的意志力沉着挺进,是必然无疑的。全国意志的一致,全国情绪的平衡,真是数千年来未有的盛事。

全国的人民,摩厉伟大的意志力量,拥护这个神圣抗战的挺进!

《中央日报》,1937年8月14日

我们到了最后限度

《申报》

今日我军的防守卢沟桥,即是防守整个的华北。我当局过去曾表示对日之外交,有一定容忍之限度,若越过此限度,则任何牺牲,在所不惜;现在我们即当以卢沟桥为最后限度的界限,我们全国军民当誓为二十九军的后盾,使侵略者不能越雷池一步。

目前我国全民族正以最大的关心,注观华北局势。日军向卢沟桥炮击挑衅,已引起我国上下的震愤。但我们正以沉着应战的步骤,坚决应付,使侵略者的威胁压迫,都不能奏效。不过在这严重的关头,我们关于交涉应付的一切发展,除了军机上的秘密不容披露外,凡属外交上折冲的内容,必须尽量公布,使民众明了。这在一方面可使侵略者的片面宣传无所用其技,一方面又可使我们整个人民的力量,成为外交的后盾。我们必须以全民族的一切力量,保持华北,给侵略者的野心以最大的打击。

谢汇东、田体仁等编:《全民抗战汇集》(初集),上海

民族书局1937年版,第119页

只有抗战之一途

《立报》

国家和个人一样,是要靠了自己的奋斗,才能生存的。列强的关心中国,决不是不愿意我们再失领土主权,而是怕损失了他们自己的所谓"权益"。所以中国今日要生存,决不能再徘徊因循,只有发动保卫领土主权的抗战之一途。

谢汇东、田体仁等编:《全民抗战汇集》(初集),上海

民族书局1937年版,第119—120页

人人抵抗处处抵抗

《中华日报》

我们需要保卫我们国家民族的生存,为了我们国家民族的生存,我们将不惜任何

代价。这次二十九军之保卫国土而奋起抵抗，是极应该的。日本采取的策略将是蚕食，而不是鲸吞。它将不断的挑衅，而每次都想占到一点便宜，使中国在众人面前成为渺小、微弱，以反衬日本在东亚的主人地位。所以我们的对策，也正好对其他一切的侵略一样，要不断的抵抗，人人抵抗，处处抵抗，只有这样子抵抗才能阻碍蚕食政策的顺利进展。

我们需要和平，然而不需要片面的和平。我们不但不希望事件扩大，更要防止事件的继续发生。我们需要和平，我们愿意在平等互惠原则之下与任何国家和平相处，然而我们不能忘却了自卫的责任，更不能放弃了自卫的权利。

谢汇东、田体仁等编：《全民抗战汇集》（初集），上海

民族书局1937年版，第120—121页

为反抗侵略而自卫

《时事新报》

吾人对付侵略只有自卫。自卫有二要义：（一）自卫对侵略而言，自卫为图存而动；故在自卫之意念之下，只有国族整个之抗战，而无取乎零星泄愤。（二）侵略我者在事实上之扩大若斯，我国虽渴愿和平，亦惟有比照侵略之事实而强化自卫。以地言，今日首当侵略之冲者北平，北平守土有人；然在北平发动自卫之后，必在整个国族自卫之认识之下，举国为北平作有效之援助。否则全国且继北平而遭殃，辽吉亡而黑热陷，四省亡而平津危，殷鉴不远也。以人言，今日首当侵略之冲者，二十九军之冯治安师长所部，冯部浴血抗战，自属义不容辞；然在冯部发动自卫之后，不但张自忠、刘汝明诸师长应同在宋哲元军长领导之下支撑冯部，抑全国军民对二十九军作有效之后盾，亦属责无旁贷者也。何也？东北军退而汤玉麟溃，长城不守而平津为所压迫蹂躏，彼惯于分化我，而肆其各个击破之诡计也。总之，国族机械，在平时则划区而治，因地设防；及对抗侵略而自卫，则胜败荣辱，远近一体，无主客，无彼此矣。

谢汇东、田体仁等编：《全民抗战汇集》（初集），上海

民族书局1937年版，第121页

不能再让敌人蚕食

《神州日报》

日本之不希望战争扩大，确为真情；然彼之目的，乃在中国不事抵抗，而达到其不战而胜所企图之目的。"九一八"以前日本每以东三省为日本之生命线，绝对不肯放弃，今日

本已取之为"满洲国"矣。不久,又藉口保障伪国之安全,又取得热河。又未几,以冀察为伪国之安全线,进行其特殊化工作。察北、冀东,事实上早已得手,今次之事件,不过求达其完成而已。然冀察之特殊化如告完成,其紧邻之山西、山东又将为日本所认为"特殊化冀察"之安全线,又重演一套旧戏,非达到山东、山西之特殊化不可。日本之欲实现其大陆政策,已无法望其有改变之一日。过去种种事件,本已足使吾人认识其根本企图,而今次卢沟桥事件,应更加一层认识。若时至今日,而犹未认识日本以蚕食方法以进行其大陆政策者,则诚非愚即盲也。

谢汇东、田体仁等编:《全民抗战汇集》(初集),上海

民族书局1937年版,第121页

拿出我们的决心来

《群众新报》

我们不找事,但也决不怕事。果敌人有计划的来进攻我们,我们不拿出最大的决心来从事抵抗,那只是便利了敌人来屠杀我们。现在敌人的外交官和驻中国的海陆武官是一再向我们表示他们的政府有最大的决意来同我们大干一场了,我们这时不下出最大的抗战决心来对付敌人的侵略决心,便没有机会下决心了。中央当局和蒋委员长最近的处置,我们认为是很对的,因为我们认为可以从这些处置中间,推测到中央是下出了相当的决心了。不过我们认为为了加强抗敌阵容起见,我国当局还应当对于以下的四件事要马上下出最大的决心来:

一、对全国军队下出紧急动员令,使他们随时可以奉令到前线去杀敌。

二、积极组织民众,并且开放民众救国运动,使全国上下抗敌力量更加坚固的团结起来,并广泛的展开起来。

三、排除党政军各机关的媚日分子,以肃清内部的奸细。

四、释放全国政治犯,使一切爱护中华民族的有用人材都有机会为国效死。

谢汇东、田体仁等编:《全民抗战汇集》(初集),上海

民族书局1937年版,第122—123页

只有抗战是有力量

《大晚报》

卢沟桥事件现在已扩大了,前途有发展成大规模冲突的可能。挑衅者是日方,扩大事态者也是日方,日方应负责任。日军于我忍痛撤兵之后,最初是隐藏部队不撤,其后竟

又以炮火猛攻,这种奸诈无信的行为,充分表现出侵略者的狂态。事到如今,我们只有一句话,"唯抗战而已"。对付侵略者的进攻,只有予侵略者以打击,和平退让是自取灭亡而已。现在关东军已出动了,平津、平汉交通已断绝了,北平已被包围,宛平也如处瓮中了。敌人从四面八方增援,炮火从前后左右集中,我们已只有一条出路——浴血抗战的路。和平谈判徒劳无益,外交抗议仅属点缀,只有抗战,是有力量、有效果的,我们唯抗战而已。

谢汇东、田体仁等编:《全民抗战汇集》(初集),上海
民族书局1937年版,第123页

决心准备最后牺牲
《大美晚报》

今日中华民族之出路,惟有努力自卫抗敌图存,从死里求生,庶能转危为安。中央最高军事当局,应运筹决策,迅速决定抗敌大计,动员抗敌部队,向华北挺进,盖保障华北,即所以保障全国,宜无所用其踌躇也。

冀察当局,处此环境,应付固感困难,然保国卫民,职责所在,义无反顾。上应秉承政府之救亡政策,下应顾念民众之抗敌情绪,振作士气,激励军心,严阵以待。敌如来犯,必予迎头痛击,只有前进,决不退让,不贪生以求和,宁一死以卫国,即不能驱敌人于国门之外,然亦决不让敌人越雷池一步。晋绥为华北之后防,豫鲁为中原之屏障,各该省将领,应同仇敌忾,率领健儿,准备抗敌,盖万一平津危急,则敌人北进可夺取晋绥以为根据,南下可进窥中原,延长战线。故此时晋、绥、豫、鲁等省将领,实宜有非常之准备,抱死国之决心。至于全国各地将领均应作同样之准备,枕戈以待。盖万一事态扩大,非仅局部之战争,实有牵动全局之可能也。

至于全国民众,救亡心切,报国情殷,发挥其救国力量之时机已至,宜迅速作非常时期动员之准备。惟为谋行动之一致,力量之集中,应有一系统的整个组织,在统一的指挥之下,各尽所能,贡献于国家,或拼命于沙场,作光荣之死亡,或效劳于后方,谋地方之安全。有力者出力,有钱者输财,一齐杀奔前线,直捣敌巢。胜则中华民族得以保存而复兴,败亦不失为光荣之牺牲。

时急矣,势危矣,全国上下,速起下最大之决心,作最后之牺牲,中国之存亡,悉在此一举,勉哉勉哉!

谢汇东、田体仁等编:《全民抗战汇集》(初集),上海
民族书局1937年版,第123—124页

宁为玉碎绝不瓦全
《实报》

七日晚十时，日军在卢沟桥以演习的姿态，变作真实的攻击，二十四小时以来，枪声不绝，炮声间作。我国军民遵从睦邻的命令，本着和平的原则，至退无可退让无可让的时际，才出于正当防卫。这件事传播以后，全国愤慨，世界震惊，哪个对于日本不表示遗憾！以后怎么样呢？

我中央政府已向日本政府提出严重抗议，保留合法要求，这是第一步应有的手续。还望详细指示地方当局：最低限度之忍受如何？最大范围之应付方式，不能出于空洞的言辞，准备负起最后的责任。地方当局，从事变以后，沉着应付，具见苦心，一方面固不忘放弃和平，一方面切记守土有责。饱经忧患之市民，应晓然于大义，服从命令，严守秩序，作前方志士的后盾，为全国同胞的先锋。

日本这两年来，颇知幡然改变政策，我们也予以极大的期许。近卫组阁成功，川越新近返任，都倡言调整中日关系，但调整方式，岂如卢沟桥之事变耶？倘手段真果如此，中国只有周旋到底，宁为玉碎，绝不瓦全。或言此次事件纯为一时误会，我们亦但愿其不为有意，不过系铃解铃，全在友邦！

谢汇东、田体仁等编：《全民抗战汇集》（初集），上海

民族书局1937年版，第124—125页

再无尺寸土地可让
《世界日报》

卢沟桥事件已充分证明今日之中国，绝非"九一八"、"一·二八"、长城战役前中国可比。而国军及地方当局之沉着应付，尤足说明中国已无人能再以尺土寸地，拱手让敌，过去兵不血刃，而可一夕下数十名城者，在今日绝难重见。我们因此遂不能不一方面更唤起"友邦"对现中国能确实再认识，一方面我们自身尤应持续发扬此数十小时已经表现之精神，拥护守土不屈的军事领袖和地方当局，捍卫疆国，坚持到底。

谢汇东、田体仁等编：《全民抗战汇集》（初集），上海

民族书局1937年版，第125页

抗战才是出路
杭州《东南日报》

我们既抱定寸土尺地不失于人，则卢沟桥虽区区弹丸之地，亦必不可失，其他更不

待言。惟此乃全国上自政府下至人民的共同责任，至少在政府方面，目前应速增援北上，以便会师杀敌；在人民方面，应尽量从精神上的供给，激励前方士气。此种努力，并不当因双方有何谈判进行而稍呈松懈，因为谈判是靠不住的，抗战才是出路！

谢汇东、田体仁等编：《全民抗战汇集》（初集），上海

民族书局1937年版，第125—126页

陆　中国全面抗战大事记

（1937年7月7日—8月3日）

七月七日

◇卢沟桥事变今晚发生，华北中日两军开始冲突。至发动原因，由于日军在卢沟桥附近举行夜间演习，称有"若干人"向之射击，日军一人因而"失踪"，于是日军借口开抵宛平城外，要求入城搜查。当时中国驻军为二十九军三十七师冯治安之部队，第一一〇旅廿九团团长吉星文所率之部队，以日军要求为非法者，坚决拒绝。日军遂开始进攻，华军亦予还击，炮火颇烈，时在晚十一时四十分。

◇卢沟桥事变突发后，日大使署立即派卫兵数百名前往增援。未几，中日当局均到场图劝解。

◇中日军双方冲突之结果，互有死伤，据冀察当局发表，中国士兵死伤达二百余人。

◇蒋委员长今午在牯岭与汪精卫商谈国事，及召集庐山谈话会事宜。

◇中国军政部长何应钦今晨在重庆出席川康军事整理会议，报告我国军备近状。

◆日军在卢沟桥挑衅事件，中央社记者于八日晨向冀察当局探悉其经过如次：七日晚十二时许，日松井武官用电话向冀察军政当局声称，昨夜日军一中队，在卢沟桥郊外演习，忽闻枪声，当即收队点名，发现缺少一兵，同时认为放枪者，已入宛平县城，要求立即率队入城，搜查该兵云云。我方当以时入深夜，日兵入城，殊足引起地方不安，同时我方在卢部队昨日竟日均未出城，该种枪声，决非我方所放，遂婉加拒绝。但不久松井又来电话，声称：我方如不允许，彼方将以武力包围前进云云。同时我方已得报告，日军对宛平县城已取包围前进形势，于是我方再与日方商定，双方即派人员前往调查，并防止日军行动。日方所派为寺平副佐、樱井顾问，我方所派为冀省第四区行政专员兼宛平县长王冷斋、外委会专员林耕宇暨绥靖公署交通处副处长周永业，至八日晨四时许，到达宛平县署。寺平仍坚持日军须入城搜查，我方未允，正交涉间，忽闻东门外枪炮声大作，我军未予还击，俄而西门外大炮、机关枪声又起，连续不绝，我军仍镇静如故。继因日军炮火更烈，我军为正当防卫，万不得已，始加抵抗，我军伤亡颇众，牺牲甚大；但仍请其停止进攻，调回原防，否则责任应由彼方担负。日方答以永定河方面，尚有廿九军骑兵，要求退去，方能再谈其他，现双方仍在对峙中。我方驻卢者均为步兵，并无炮兵，七日晚炮声均为日兵所放，我方军政当局均极镇定，不愿事态扩大，希望立即停止战斗状态，入于外交状态，倘对方一再压迫进攻，不得已为正当防卫起见，不得不与周旋云。

◆卢沟桥事件，一般观察者认为并非偶发事件，事前汉奸及朝鲜浪人在北平滋事，显系卢沟桥事件之先声，故"九一八"沈阳事件势将重演于北平。英文《大陆报》刊载北平通讯一篇，颇为详细。其原文云：北平现状，犹如火山，有随时爆发，酿成九一八事变之虞，汉奸暨滋事之鲜民，被警务当局捕获者，已有两百余名。而过去五日来，据报第二十九军部队暨另有某部军队，开近城厢驻防，以备意外事变。数日前，中外各报载称，某夜有宋哲元军队数十名，随同日军七辆铁甲车，在城内开过，沿街捕去中鲜人民多名，经审讯后，锒铛入狱。居民晚上恐生误会，大都相戒不出。外表观之，政局似甚平静，而某高级官员亦声称并无恐怖之事，不稳分子拟在河北、天津、北平、保定各地发生事故，以此有关当局戒备甚严，平警已实施夏防规则，曾有一两晚，类似戒严性质之状态。记者已悉冀察政委会暨第廿九军双方，已探悉日军收买中、鲜无赖，在平市企图生事，以便造成事故。此种情形，已有多时，幸军警当局机警，悉多于事前设法破获消弭。约五日前之上午一时半，突有军用车七辆，满载日军，由日领馆驶出，在市内四处巡逻。日军去后十分钟，第二十九军亦即侦悉，即派出兵士多名追踪其后。据记者所得报告，谓第二十九军探悉，约有鲜人二百名，由日兵指挥，分布重要各处，以便乘机生事，可能时即攫占北平，而必要时日兵即进予援助。谓日方暗中布置生事，亦属言之有理。然谓其不过随时在街道中巡逻，亦属可能之事。日军去后，廿九军方始得悉，遂设法追踪其后，经过马立生街，其地本多外商店铺，如此在街道中追寻，约历二小时之久，捉得身藏武器之便衣鲜人多名，幸以后未有事故发生。或谓此次所以未能酿成事故者，实因我方军力不弱之故云。由此以观，我行动迅疾之第廿九军，对有企图生事或攫占平市之某方，固无时不抱深切反对之态度也。而第廿九军此种态度，实属绝对需要，诚以六年前之沈阳事变，亦由此些须军队所造成，而当时我方驻军，亦对之固未采取监视戒备之态度也。自日兵车深夜在各马路出行后，即随之捕获汉奸数名，前昨两日又捉到三名，若辈方在冀察政委会后门逗留张探，经察问后，始悉亦系日方所收买者。此时北平市长秦德纯、天津市长张自忠、察省主席刘汝明、河北主席冯治安，即举行联席会议，讨论防卫办法，当即决议联合维持冀察两省两市之治安秩序。宋氏久假不归，颇觉不安，其逗留鲁冀交界之乐陵，据称为扫墓及休养身体。惟据观察者称，宋氏此去，意在与韩复榘氏讨论某项国难问题之合作办法云。

七月八日

◇昨夜卢沟桥中日两军发生冲突后，相持至今晨，历五小时之久，以北平中日当局进行谈判，战事暂告中辍。

◇中日双方谈判时，日方要求华军于今日十一时先自卢沟桥撤退，经华方加以拒绝，谈判遂无结果。上午十一时许，战事复作。

◇事件发生后，平汉路交通已中断，平津间电话，今日亦两度不通。

◇北平中国当局宣布戒严令，晚六时后，各街除能证明有正当事务者外，不许行人往来。至通州之交通，已加封锁。日军由通州开抵平，被阻不得入城，惟日军由津开抵丰台者为数颇多。

◇日武官今井少佐今夜向秦德纯提出要求，完全撤退驻宛平之华军，但秦氏提出反要求，主张日军应退至原驻之地。

◇中国外交部，以日军在卢沟桥挑衅酿成事变，今夜向驻京日大使馆提出口头抗议。

◇日本驻华大使川越茂，前晚由京返沪，今日下午二时乘轮赴青。

◇抗日宿将马占山氏，今日离沪赴津。

七月九日

◇今晨卢沟桥又发生冲突，经中日调停委员于六时四十分派中国林耕宇、日本中岛中佐等赴卢沟桥传达命令，双方遂开始撤退。宛平自本日黄昏起，一切已恢复常态。日方所要求将石友三所统率之北平保安队开往宛平接防之队伍，亦于黄昏起正式接替该城防务。惟一部分日军仍据宛平城北车站不去。

◇庐山半官消息称：当局虽愿将卢沟桥事件，力求缩小范围，勿使扩大，但日方若提出无理要求，决予拒绝。

◇日政府重视卢沟桥事件，今晨举行四相紧急会议，进行准备。外相广田，昨晚训令现在青岛之川越大使，赶回南京，从事交涉。

◇中国外交部长王宠惠，原在牯岭参加暑期军训，今日下午三时飞返抵京，日代办日高当于四时往谒，商讨卢沟桥事件解决办法。外次陈介今日晤日高时，曾提口头抗议，声明对日方所提保留绝不接受。

◇平津交通今日仍停。

◇庐山谈话会决如期举行，各方应邀人员已纷纷起程。庐山暑期训练，今行开学礼。

七月十日

◇北平局势，突趋严重，因日方反悔由卢沟桥撤退之诺言，华方为防事态扩展，亦往北平一带增防。卢沟桥战事，今日下午六时起复作，至八时始停。日军大队开赴北平附近，关外尚有日军十一列车源源开入，二列车抵达天津。

◇中国外交部向驻京日大使馆提书面抗议，声明卢沟桥事件责任应由日方担负；王外长接见日高参赞时，亦曾声明此点，惟表示尚愿谋和平解决之途。外部决派员赴平协助冀察政会办理交涉，随时请训指示。

◇秦德纯电廿九军驻沪办事处，称冀察政会改组说不确。

◇北平仍在严密戒备中，昨晚八时后，市上行人即绝迹，今日各城门依然坚闭，防止不良分子潜入；普通民众经检查身体后，准其通行。

◇北宁、津浦路交通，今已照常恢复，平汉线仍未通。

◇中国军政部长何应钦，今日下午由四川返抵南京。立法院长孙科，今日出京抵沪。

七月十一日

◇日军再度挑衅，今晨四时发生激战，旋即沉静，至上午十时半，战事复作，直至下午二时半，双方冲锋肉搏，开卢沟桥冲突以来最高之激烈纪录，北平可闻炮声。后以双方进行同时撤退之谈判，休战数小时，卒无成效，至晚十时二十分战事复爆发，在国际跑马厅一带相持不下。

◇日军再度挑衅后，北方时局突转严重。一般观察：关东军及津驻屯军少壮派幕僚，已取得联络，将乘机图实现"利用冀东吸收冀察"之策略，促成"华北特殊化"，故事态演变，极堪重视，廿九军上下一心，决忠勇抗战。据东京消息，日本战争狂热已达极点，日军军火、军用飞机等不断输运。

◇北平各城门今仍紧闭，并在各要冲堆置障碍物，防汉奸、浪人蠢动。平津间铁路被掘毁，未通车。

◇华北日军驻防军司令部今日发表声明，大意谓冀察政务委员会业已接受彼方对于解决卢沟桥事件所提出之要求，内容为：一、华军撤离卢沟桥；二、惩办引起事发之中国官员；三、充分取缔反日活动；四、实行反共设施；五、中国向日本正式道歉。惟据中国方面所发表之公报，大意均与上相左，并谓双方仅属口头约定同时退出宛平区域而已。

◇宋哲元今晚由故乡山东乐陵乘汽车返平。途经保定时，曾与冯治安、刘汝明，及廿九军各军官会商。

◇中国外交部发言人今日斥责日本，说明日军违法行动经过情形。

◇日本陆军部干部人员开紧急会议，协议紧急对策。日海军第三舰队司令长谷川，今日返沪。

◇中国立法院长孙科，在沪对新闻记者称：卢沟桥事件有扩大可能，中央决不容再失寸土。

◇日军司令田代因病不能就事，日政府今特提前下令以香月代替，足视为日军有意造成严重局势之准备。香月今已由东京飞大连，今明可抵津接任。

◇自卢沟桥中日军冲突事件发生后，日本驻沪海军陆战队即于九日起，连日举行演习打靶，似系示威，演习地点多在平凉路、杨树浦路、虹口公园一带。今晨四时许，又有陆战队四百余名，自江湾路司令部出营，在越界筑路施高塔路一带演习，直至六时半始演毕归营。

◆关于日军不依约撤兵，再度进犯卢沟桥驻军事，中国外交部发言人顷声明如下：据所得报告，日军不遵照双方约定之停止军事行动办法，拒绝全部撤至指定地点，首则遗留队伍二百余名于卢沟桥东北之五里店，继则调动大部军队千余人集结于卢沟桥东北三里许大瓦窑，于十日下午六时起，连续向我卢沟桥驻军猛烈进攻，同时并调集日本国内外大军，络绎向平津进发，意图作大规模军事行动，而贯彻其最初目的，至是卢沟桥事件，遂又趋于严重，其责任自应由日方负之。查此次事件发动于七日深夜，日军在卢沟桥非法演习时，声言演习兵士一名失踪，要求入城搜查，经我方拒绝，彼遂发炮攻城，致起冲突，其为日方有计划有作用之行动，至为显然。而卢沟桥原非条约所许外人可驻军演习之地，其行为之不合法，尤无疑义。我方除由卢沟桥驻军守土自卫奋勇抵抗外，一面并由外交部向日本使馆提出严重抗议，要求立即制止日军之军事行动，并声明留保一切合法要求，一面由地方当局与日军代表折冲，期事件之早日和平解决。我方维护和平苦心，可谓举世共见。差幸八日晚双方议定办法：（一）双方停止军事行动；（二）双方出动部队各回原防；（三）卢沟桥仍由我方驻守。方谓事件于此可告一段落，初不料所谓撤退办法，竟系日本缓兵之计，毫无和平解决之诚意。中国国策对外在于维护和平，对内在于生产建设，举凡中日间一切悬案，均愿本平等互惠之精神，以外交之方式，谋和平之解决。深盼日本立即制止军事行动，遵照前约，即日撤兵，并为避免将来冲突起见，切实制止非法之驻军与演习，庶使事态好转，收拾较易，否则一误再误，日方固无以自解其重责，远东之安宁，或将不免益趋于危险，恐尤非大局之福也。

七月十二日

◇今晨一时许，平西大井村日军向财神庙进犯，华军早有准备，当即予以猛烈之还击，约历三十分钟，日军不支而退。惟和平谈判，以日方反复无常，毫无诚意，故卒告破裂，至晚十点卅五分，在宛平一带展开较前范围扩大之冲突，陷入激烈混战，战局从此更难收拾。据路透社东京电，日本外务省舌人声称，日本已决定在华北"一显身手"。

◇新任华北日本驻屯军司令香月中将今晨抵天津，即行代理正在病中之田代中将之职务。

◇廿九军驻京代表李世军，今晨与宋哲元、秦德纯先后通电话。宋谈日方增兵不已，有意扩大事态，秦谈：今晨平西八宝山方面战事极烈。李旋往谒何应钦报告。宋哲元今日发表书面谈话。

◇中国外交部今日向南京日大使馆递一备忘录，声明关于解决卢沟桥事变之办法，大意谓倘未经中央政府核准，均归无效。日使署代办日高今晨十时三刻偕两武官往谒王外长，至十二时始辞出，对北方时局有所商谈，态度颇强横。王旋往访何应钦，商应付，并即电蒋报告。

◇中国驻日大使许世英，前曾提出辞呈，现以中日时局紧张，自动打销辞意，今派黄伯度入京，向王外长请示，俾短期内东渡回任。

◇日海军省首脑部通宵协议警备中国海面及舰队行动之计划，其情形宛如战时状态。

◇美国务院今日声称，国务卿赫尔已分别照会中日驻美大使，告以中日间之武装冲突，将为和平与世界进步之重大打击。

◇驻英中国大使署今日发表公报，指华北局势严重，谓日本此种行为，乃欲化华北为满洲第二之预定计划；中国虽不愿事态扩大，但必要时决不恤任何代价，抗拒敌人侵略。

◇中国国民政府，制定《军事征用法》，今日明令公布。

◆国民政府今日明令云：兹制定《军事征用法》公布之。此令。兹志该法原文如次：

第一章　总则

第一条　陆海空军于战事发生或将发生时，为军事上紧急之需要，得依本法征用军需物及劳力。陆海空军机动演习之征用，依第五章之规定。

第二条　前条第一项军需物及劳力，具备左列各款情形时，始得征用之：（一）确为军事上所必需者；（二）确为应征人所能供给而不致妨害本人及其家属之基本生活者；（三）不能依其他方法取得，或虽能依其他方法取得，而需时过久，足以贻误军机者。

第三条　职业上所必需之物不得征用，但于紧急危难之时，已无从执行其职业或该物之征用并不妨害本人及其家属之基本生活者，不在此限。

第四条　军事征用权限于左列各长官行使之：（一）陆海空军总司令；（二）军政部长、海军部长、航空委员会委员长；（三）陆军总司令、总指挥、军长、师长、独立旅旅长；（四）海军舰队司令、分遣舰长、陆战队独立旅旅长；（五）要塞或要港司令；（六）空军区司令指挥官；（七）兵站总监。

第五条　军事征用应视征用标的之性质、人民之便利、地方之供给力，适宜划分区域行之。

第六条　实施征用之时期及区域，由最高军事机关决定之，但遇战机紧迫，不及由其决定时，有征用权者，得先行决定，呈请补行核准。

第二章　征用标的

第七条　左列物除本法有特别规定外，得征用之：（一）弹药枪炮、电信器具材料，其他作战之工具；（二）粮食、饮用水、饲〈料、燃料、饮食及烹饪器具〉；（三）服装及服装材料；（四）卫生医药之器具材料；（五）房屋、厩园或仓库；（六）乘驶辇用之牲畜、车辆、船舶、铁道、火车、电车、航空器暨各种搬运及交通设备；（七）造船厂、航空器制造厂，及其他可供军用之工厂；（八）医院；（九）土地；（十）其他军事上所必需之动产、不动产，经国民政府以命令指定者。

第八条　征用物以征用区域或应征人现有者为限，但制造物得由有征用权者酌量制造者之能力，限令于相当时期内装就，以便征用。

第九条　养老院、盲哑院、慈幼院、托儿所、贫儿院、孤儿院、栖留所、战时救护组织，及其他慈善机关使用之必要场所、建筑物及设备，不得征用之。

第十条　左列各款非在合围地内或紧急危难之时，而有征用之必要者，不得征用之：（一）政府及自治机关使用之场所、建筑物，及执行职务所必要之物；（二）消防机关使用之场所、建筑物，及执行职务所必要之物；（三）图书馆、博物馆、学校习艺所，及其他教育艺术机关使用之场所、建筑物及设备；（四）公务或交通用必要之车马及供孳育之种牛种马。

第十一条　外国使馆、领事馆，及其所属人员之财产，不得征用；外国人之财产，除条约另有规定外，依本法之规定。

第十二条　有征用权者，对于征用标的，得视军事上之需要为左列之处分：（一）使用；（二）其他军事上必要之处分。

第十三条　征用左列之物时，得并征用其操业者：（一）轮船、铁道、火车、电车、汽车、航空器、骡车、马车；（二）造船厂及其他供军用之工厂；（三）医院。

第十四条　年满二十岁，未逾四十五岁，身强健全之男子，为军事上必需之服务，得征用之。前项规定于左列之人，不适用之：（一）正在服兵役中者；（二）公务员；（三）外国使馆、领事馆所属人员及依条约应免征者；（四）学校之教职员，及在学校肄业者；（五）独自经营农、工、商业而因征用其所营事业无法维持者；（六）因被征用而家属之生活难以维持者；（七）职务上对于所在地之民众有重大贡献，而为该地民众所不可缺少者。

第十五条　人之征用次序如左：（一）无职业者应先于有职业者；（二）年少者应先于年长者；（三）多壮丁之户应先于少者。

第十六条　被征用之人，应按其职业、经验、学识、技能，及体质等分配适当之工作。

第十七条　被征用之人，关于给养、卫生、纪律、裁判事项，准用关于现役军人之规定。

第十八条　被征用人之财产，除第十三条所规定者外，不得征用。

第三章　征用程序

第十九条　征用由有征用权者签发征用书，交付于省行政长官，由省行政长官酌量地方之供给力，令其所属市长、县行政长官，自行或委托区长、乡长、镇长实施征用，直隶于行政院之市征用书，应径交付市行政长官，由市行政官酌量地方之供给力，自行或委托区长，实施征用。

第二十条　遇左列情形之一时，征用书得径交付市县行政长官、区长、乡长、镇长：（一）征用标的为土地、房屋、饮用水，应就地征用者；（二）事机危急，不能依前条之规定办理者。

第二十一条　轮船、铁道、火车、电车、汽车、航空器，与其他类似之交通运输物，及设备不归省或直隶行政院之市管辖，或归二以上之省、直隶行政院之市管辖者，征用书应交付与中央主管行政机关，由该机关斟酌情形，自行或委托所属机关，实施征用。

第二十二条　遇必要时，征用书得径交同业公会，由该会负责人酌量同业之供给力，实施征用。

第二十三条　应征人无正当理由拒绝，或怠于交付征用之物或供给征用之劳力时，得强制征用之。

第二十四条　有征用权者，收到或占有征用物后，应立即填发受领证，径行或转由征用区域之行政长官，交应征人收执。征用区域之行政长官或受委托征用者，应用〔于〕应征人交付征用物时，发给临时受领证与物主，或占有人。于实施征用时，不在征用地者，其受领证及临时受领证由受委托征用者，或所在地之警察机关，或自治团体暂行保管，并应立即通知物主或占有人，无法通知者，应将征用标的物名称及被征地牌示，或登报公告之。

第二十五条　有征用权者，应按已征用之劳力填发证明书，交由应征人收执；前项证明书，应于征用期终填发之，但征用期在一月以上者，应按月填发之。

第二十六条　有征用权者，征用区域之行政长官及受委托征用者，应将征用之人及物，详细登记簿册。

第二十七条　征用区域之行政长官，受委托征用者，或应征人，如认征用为不当或不法，得向有征用权者，或接受征用书者，或受委托征用者，请求纠正。如不为纠正时，得依左列规定声明异议：（一）对于行政长官或受委托征用者之处分，得向其直接上级机关声明异议，如不服其决定，得以次再向其上级机关声明异议；对于区长、乡长、镇长之处分，得径向市县行政长官为之；对于同业公会之处分，得向其所在地之市县行政长官为之；但对于行政院之决定，不得声明异议。（二）对于有征用权者之处分，得向有征用权者之直接上级机关声明异议，如不服其决定，得依次再向其上级机关声明异议，至最高军事机关为止。前项所列受理机关收到声明异议后，至迟应于三十日内予以决定。

第二十八条　前条之声明异议，无停止征用之效力，但有征用权者，征用区域之行政长官或受委托征用者，认为必要时，得自动停止或暂缓实施征用。

第四章　赔偿

第二十九条　应征人因征用所受之损害，除本法另有规定外，应赔偿之，其损害之赔偿，以现实直接者为限，赔偿金额，应参照征用物之买卖，或使用价格，或劳力之代价定之。前项价格，或代价，依征用时之法定标准定之，无法定标准者，依有征用权者或征用区域之行政长官，或受委托征用者，与应征人之协议定之；不能协议时，依征用地于战事发生前三年之平均价格，或代价定之。

第三十条　战事发生后，由外国进口之物，以买入之价格，及必要费用，另加周息五厘，为法定标准买卖价格。

第三十一条　非现存之物，其成本高于战事发生前三年间之平均价格者，如不能协议价格，应以其成本及周息五厘为法定标准买卖价格。

第三十二条　依第十三条被征用之操业者，应按期征用时由服务机关或雇用人所得之报酬，给以劳力之代价。

第三十三条　被征用人工作完毕后，应资遣回原征用地，但供使用之征用物，应于使用完毕后，发还原物主或占有人，除依第廿九条给予使用代价外，并应就其因使用而生之损坏或减少之价值，予以赔偿。前项损坏之减少，以非日常使用所生之当然结果者为限。依第二项发还之物，如有损坏或减少价值情形，原物主或占有人未即当场验明者，应于发还后五日内，向有征用权者征用区域之行政长官，或有受委托征用权者，提出书面声明，但其损坏或减少价值之情形，于五日内不能发现者，应于发现后五日内提出声明，其不提出声明或其发见在发还后逾一月者，不得请求赔偿。

第三十四条　对于左列各次之使用，除有损坏或减少价值之情事外，不得请求赔偿：（一）无建筑物之空地；（二）牧场；（三）森林地；（四）私有之街道、巷弄、桥梁及其他类似设备；（五）空余之寺庙、祠堂，及其他类似之公共建筑物。

第三十五条　对于应征人因应用所受之损害，应于填发征用物受领证或征用劳力证明书后三个月内赔偿之，损害之程度，不能即时确定者，其赔偿金应于损害确定之日起，三个月内发给之，但有征用权者与应征人另有约定者，依其约定。

第三十六条　征用物运至交付地之搬运费及保管费，由实施征用者所属之机关先行垫付，于交付时，由有征用权者偿还之。

第三十七条　应征人因征用所受损害之程度，于填发第廿四条之受领证或第廿五条之证明书时可以决定者，应由填发者于受领证或证明书内载明赔偿金额；其损害程度，于发还征用物时始可决定者，应由发还人于发还时出具证明书，载明赔偿金额；损害程度不能于前项时期决定者，应由有决定权者于决定后填发通知书，载明赔偿金额。

第三十八条　前条第二项赔偿金额之决定，由有征用权者，或其代表为之，如有征用权者或其代表，不在征用地、损害发生地，或不为决定时，由该地行政长官为之。

第三十九条　应征人接到受领证、证明书或通知书后，对于所载之赔偿金额，认为不足时，得于五日内向征用地之地方军事征用评定委员会声明异议。

第四十条　不依第卅七条之规定，填发受领证、证明书或通知书，或怠于决定赔偿金额时，应征人得向地方军事征用评定委员会申请补填或决定。

第四十一条　不服地方军事征用评定委员会所为之决定者，得于决定书送达后十日内，向高等军事征用评定委员会再声明异议，但赔偿请求额在三百元以下，或所争执之利益不满百元者，不得再声明异议；对于高等军事征用评定委员会所为之决定，不得声明异议。

第四十二条　地方军事征用评定委员会，由左列人员组织之：

（一）市县地方法院，或其同等司法机关之推事或审判官一人。（二）市县行政长官或其所指派之代表一人，在直隶于行政院之市为社会局长，或其所指派代表一人。（三）所在地较高级军事机关之代表一人。（四）市县立法机关之代表一人，无立法机关者，由市县行政长官指定当地有资望之公民一人代之，如征用径由同业公会实施者，由该同业公会之代表一人代之。（五）当地商会代表一人。地方军事征用评定委员会，以推事或审判官为主席。

第四十三条　高等军事征用评定委员会，由左列人员组织之：

（一）高等法院或高等分院之推事一人。（二）或直隶于行政院之市行政长官或其所指派之代表一人。（三）所在地较高级军事机关之代表一人，如系同级，其公推之代表一人。（四）省或直隶于行政院市立法机关之代表一人，无立法机关者，由省市行政长官指定当地有资望之公民一人代之。（五）省或直隶于行政院之市商会代表一人。已参与地方军事征用评定委员会者，关于同一事件，不得参与高等军事征用评定委员会。高等军事征用评定委员会,以推事为主席。

第四十四条 第三十九条、第四十条之声明异议,在地方军事征用评定委员会未组织前,得向征用地行政长官声明保留其声明异议之权利;第四十一条之再声明异议,在高等军事征用评定委员会未组织前,得向省或直隶于行政院之市行政长官声明保留其声明异议之权利。

第四十五条 因征用而受损害者,应于第三十五条所定赔偿金发给期开始后,或于赔偿金额经决定确定后,即将受领证、证明书或通知书,或地方或高等军事征用评定委员会之决定书,提示于市县政府,汇经上级机关,向最高军事机关具领。

第四十六条 征用物之发还,由有征用权者或其代表,会同征用区行政长官,或受委托征用者行之。

第五章 陆海空军机动演习之征用

第四十七条 陆海空军为实施机动演习,得征用不动产。前项不动产具备左列各款情形时,始得征用之:(一)确为演习时所必需者;(二)其征用不妨害应征人及其家属之职业,或使其生活发生困难者;(三)不能以其他方法取得者。

第四十八条 第九条、第十条,及第十一条所列之不动产,不得征用之。

第四十九条 第四条、第六条,及第廿三条之规定,于本章之征用准用之,第六条之但书不在此限。

第五十条 本章之征用,由有征用权者签发征用书,交付与演习地之市县行政长官,由市县行政长官,酌量地方情形,自行或委托区长、乡长、镇长,实施征用,接受征用书或受委托征用者应于实施征用前,以书面通知应征人。

第五十一条 被征用之不动产,应于演习完毕后,立即由有征用权者,会同接受征用书者,或受委托征用者,交还原物主,或占有人。交还被征用之不动产时,应给与使用之代价,如被征用之不动产,一部或全部损害或毁灭,并应予以赔偿。前项代价与赔偿之数额,依所在地当时同行之标准定之,凡因演习而受第二项以外之损害者,亦得依第三项所定之标准,请求赔偿。

第五十二条 前条第二项及第四项之有赔偿请求权者,应于征用之不动产交还或损害可发见之日起,五日内径行或经由第五十条第二项之人员,向有征用权者提出书面声明。

第五十三条 有征用权者,对于第五十一条第二项,及第四项之使用代价,及赔偿金额,应于决定后,以书面通知不动产之原物主或占有人,或请求赔偿者。

第五十四条 不动产之原物主或占有人,认征用为不当或不法,或征用代价为过低，或有损害请求权者，不服有征用权者之决定时，得于收到征用之书面通知或征用代价或损害赔偿之书面决定后，十日内，向所在地之第一审法院起诉。

第五十五条　前条起诉，无停止征用之效力，但法院于判决前，以裁定停止征用者，不在此限。第廿八条但书之规定，于前项情形准用之。

第五十六条　第五十一条之使用代价及赔偿金，由征用地行政长官汇经上级机关，向最高军事机关具领分发；最高军事机关接到具领使用代价或赔偿金之申请后，至迟应于一个月内发给之，征用地行政长官领到使用代价及赔偿金后，至迟应于十日内分发之。

第六章　处罚

第五十七条　应征人无正当理由〈而拒绝〉或怠于应征者，处一月以下之拘役，或一百元以下之罚金；其教唆他人拒绝或怠于应征者，亦同。

第五十八条　接受征用书后，或受委托征用者，无正当理由而拒绝，或怠于实施征用时，处一年以下之有期徒刑、拘役，或一千元以下之罚金。

第五十九条　第四条之有征用权者，或接受征用书者，或受委托征用者，实施征用时，滥用职权，拒绝或怠于履行第廿四条、第廿五条、第卅七条、第四十五条，或第四十六条之义务者，处五年以下之有期徒刑、拘役，或一百元以上三千元以下之罚金。

第六十条　第五十条第一项之接受征用书者，或受委托征用者，无正当理由，而拒绝或怠于实施征用，或滥用职权，或怠于履行第五十条第二项，及第五十六条第一项，或第三项义务者，处拘役，或五百元以下之罚金。

第六十一条　第五十条第一项之有征用权者，滥用职权，或拒绝或怠于履行第五十一条第一项，及第五十三条之义务时，处一年以下有期徒刑、拘役，或一千元以下之罚金。

第六十二条　依第五十七条、第五十八条，及第六十条应处罚者，及依第五十九条应处罚之第十九条人员，依刑事诉讼法，由普通法院审判之。

第六十三条　有征用权者，应依第五十九条，及第六十一条处罚时，由军事法庭审判之。

第七章　附则

第六十四条　本法施行细则，由行政院会同最高军事机关定之。

第六十五条　本法施行日期，以命令定之。

七月十三日

◇中国国民政府，以华北情势日益严重，下令集中于牯岭军训之高级官吏，立即专程返京。

◇日军蓄意扩大事态，今日战区已扩至北平四郊。日军四百余，今午携大炮、坦克车，在永定门外铁路桥，向华军进攻，拟冲进城内，经华军力抗，至下午一时，日军败退。此役日军损失不小，同时日军一部分向南苑进犯，亦被击退。据同盟社消息，今晨十一时，北平南方，突然发生猛烈枪击，传日军由丰台前进赴第一线，被华军阻止，以致发生冲突。

◇日方坚称中国方面业已书面接受日方之要求，但不愿泄露签字者姓名。宋哲元将军对此曾发表否认中国当局接受日方要求之声明。

◇据路透社电告：二十九军内部，发生对日政策意见不同之裂痕。一派以北平市长秦德纯与冀省府主席及卅七师师长冯治安将军为首领，主张武力抵抗；一派由宋哲元本人领导，意欲表示屈服。

◇中国行政院副院长孔祥熙，今日发表谈话，称日对华北侵略系预定计划，中国决不甘休。

◇华盛顿中国驻美大使王正廷，今日访赫尔，称中国现仍力谋和平，如日本继续其侵略行为，则中国除自卫外，别无他策。

◇伦敦密切注意远东发展情形，外相艾登随时与美接洽，亟愿中日冲突早告解决。

◆中国行政院副院长兼财政部长孔祥熙，因华北时局关系，拟提早归国，今晨曾与驻英大使郭泰祺用长途电话会谈，午刻赴信托公司人员之宴会，旋接见纽约新闻记者，发表关于中日情势之谈话，略谓：日军在卢沟桥附近演习，显系一种预定计划，图完成确定目标。中国对日本所持之极端忍耐政策，已数年于兹，此际竟发生有严重后果之事件，诚属遗憾！本人热诚希望与各邻邦保持和平友好关系。敝国人民近七月以来，渐信日本已有较具理性之人物当政，其结果或能使狂热分子稍具戒心，盖掀起中日两国间之纠纷，即系彼狂热分子也。日本前内阁，如藏相结城丰太郎、外相佐藤尚武、驻华大使川越茂等，均曾表示两国亲善，对两国大有裨益之意，现内阁首相近卫文麿，亦曾表示希望中日两国为远东和平计，应相互合作。惟不幸日本军人之某种侵略分子，现仍如往昔以彼等手创之事件，破坏中日两国之和平。吾人应知卢沟桥位处平汉铁路，彼处日本无遣兵举行实弹或演习之权，当日军于晚间遣军至该处举行演习时，彼等显在遵照其预定之计划，以完成其确定之目标。吾人翻阅地图，即可了然，丰台及卢沟桥地带，一方面可以控制北平及北方之交通，另方面又可控制北平及华中之联络。日本军人之目标，于此已了若指掌矣。是故余希望无人误信日本宣传机关在世界各处所作之宣传，中国固希望与日维持友好关系，但不能再屈服与忍受日军在华北，继续援用侵略政策，强力占据中国之土地，中国政府已被

〈迫〉采取防御方策，掀起冲突之日军，应负此种后果之责任。眼光远大之观察家，必同意余之意见，即日军所造成之华北异状，不仅为中日两国政府之烦恼问题，且亦为世界和平之危机；又不只损害两国之关系，且亦将破坏各关系国之利益。星火不灭，足以燎原；如火如荼之侵略，苟不加以制止，势将蔓延及各国，此种局势，必须改变也。吾人仍不愿放弃希望日本明达之士，鼓其勇气，以公理战胜强权，而制止军事当局之继续不断纵容在华及其他各处之挑衅行为。在敝国方面，如和平与敝国主权不相违背时，仍亟愿与日本保持和平，但若惟有自卫始能保障敝国领土之完整时，吾人决行自卫也云云。

七月十四日

◇中日谈判虽在继续进行，但今日午后五时许，日骑兵数百人，突由丰台向南苑华军进攻，经华军奋勇击退。至晚九时，落垡站忽发生战事，爰有日军六七百名由津向丰台进发，途经落垡之中国军营，日军忽向之射击，华军回击，遂起冲突，而华北危局，又形扩大焉。

◇日外务省舌人声斥外人将欲干涉华北事变之观念为无稽，同时外务省复发表拒绝华方要求日军撤离卢沟桥及停止派遣援军来华之声明。川越今日由青飞津。

◇平市今日有大批日机侦察。石家庄昨午亦到日机一架侦察。天津续由关外开到日军甚多。目前日本对平似取包围形势，企图胁迫冀察当局承认城下之盟。京、庐与北平间随时有电讯往来，平当局决遵中央指示，愿以铁血保卫国土。

◇同盟社传出消息：谓本月十一日日方所提出之休战协定，系由天津市长张自忠将军及二十九军参谋长张允荣二人联名签订。惟今日北平市长秦德纯正式加以否认。

◇返自牯岭之中国高级官员一致声称：和平未至绝境，中国决不放弃和平，但政府尤不愿不抵抗而眼见又是一大块土地沦入异国之手。今晨由王宠惠主持之行政院会议，亦讨论此事。

◇孔祥熙今日由美启程赴欧。

七月十五日

◇今日战事沉静，惟日方继续调派大军至津，沿北宁路及天津东站及中央站附近，正在开掘战壕，且据路透社东京电，日政府已决议由日本本部派兵来华，故空气紧张，战事之沉静，仅系暴风雨前之一刹那回光返照。

◇日军当局在丰台发表宣言，称彼等行动，目的在排斥二十九军，故众信日军在南苑集中，待援军抵达，即将开始积极行动。香月今曾往访宋哲元，提出新要求，冀使华北形成与中央完全脱离之地步。宋哲元则在北平发一宣言，劝告民众，当此危机，力持镇静。宋之代表戈定远，本在沪养病，因北方时局紧张，今晨到京谒何应钦，晚乘轮赴庐谒蒋请示。

◇英驻华大使许阁森，今日下午抵京，邀请日代办日高，询问中日两军在华北冲突原因及其后情形。许阁森称：余未奉本国政府训令，然如此事件扩大，于中日两方不利，故望早时解决。许氏似在探询日方意见，准备英国之调停。

七月十六日

◇庐山谈话会，今日九时，在牯岭图书馆大礼堂开始举行，到一百五十余人，蒋、汪亲临参加。张群报告谈话日程后，由汪致词，旋由来宾相继发言。中午由蒋、汪设宴招待，下午休息。

◇卢沟桥事变以来，日政府先后派遣赴华之军队，已达五师团之众，人数达十万人。青岛传将有大批日军开到，市长沈鸿烈，表示拥护中央，誓死守土。

◇中国驻日大使许世英，今夜离沪赴日，销假视事。上海各界，于下午五时设宴欢送，许氏曾发表关于中日局势之意见。前华北日军总司令田代，今晨在津逝世。上海及察哈尔之日侨今日开始撤退。

◇中日双方代表在津继续进行和平谈判，故华北危机之焦点已移津。今日前线无战事，日方否认香月昨曾往访宋哲元。

◇法国外交部长台尔博斯今日先后接见中国驻法大使顾维钧、日本驻法代办内山、苏联驻法大使苏里宾，就华北事件，有所磋商。事后顾维钧发表长篇谈话，称日本侵略，中国决心抵抗。

◇中国驻英大使郭泰祺，今日访谒英外相艾登，面递中国政府所送出之节略。中国驻苏大使蒋廷黻，今日亦访苏外长李维诺夫，作同样之举。

七月十七日

◇庐山谈话会今晨九时至十时举行二次共同谈话会，由蒋报告河北情形，并发表卢沟桥事变之最低限度四项办法。旋由来宾发表意见。第一期共同谈话今日结束。

◇在今日拂晓时，北平又听得清晰之枪炮声。据华军方面报告：日军曾三次向大教场之华军挑衅，华军不得已而还击，以资自卫。同时，日援军继续开抵平津附近，大战开始，迫在眉睫。据路透电传：廿九全体抗战情绪，至为激烈，全体并一致声言：纵廿九军之长官自甘接受解决卢沟桥事变之屈辱条件，全体士兵及下级军官必誓死反对到底，必要时，且将不惜牺牲，以声讨违反众意及苟安于一时之罪魁。惟天津之和平谈判，仍在进行中。

◇廿九军驻沪办事处声言，冀察现局，和战听命中央。

◇中国驻苏联蒋廷黻大使，临往访李维诺夫，亲将国民政府外交部关于华北局势之宣言，交与李氏，宣言内声明日军此次突破卢沟桥，并在华北大批增兵，实属公然侵犯中国主权，并违犯《九国公约》、《巴黎和平公约》，及《国联盟约》，中国政府拟用和平方式解决中日间一切纠纷。蒋大使并声明宣言业已送达《九国公约》所有缔约国云。

◇日政府今日召开五相会议，结果决不容华北事件谈判，再行迁延，并有重要训令，分致川越、香月等。内阁并通过以日圆一千万元为华北事件经费之预算案。

七月十八日

◇庐山暑训第一期学员毕业典礼于今晨十时在海会寺举行，由蒋委员长主持并训话，在山各长官及参加谈话会人员前往观礼者甚众，情况盛极一时。蒋于当午即行返牯。

◇华北局势，日趋恶劣，日军用机三度轰炸中国火车，死伤累累。日军在天津，强自建筑飞机场。北平形势紧张。南京中国外交部向日大使馆提出严重抗议。

◇宋哲元将军往访日军司令香月中将，对于卢沟桥事变，表示遗憾，惟宋氏坚决拒绝签订解决事变之书面协定。同盟社自东京传出电讯，谓日本不能对宋氏之"形式道歉"表示满足，并谓，此事之解决，须待乎中国政府之立即改变其抗日态度，如态度不即改移，日军将采取断然手段云云。

◇上海市各界各民众团体，先后电慰廿九军忠勇卫国。

◇莫斯科《消息报》论，日本军阀在河北省挑衅而起之中日冲突，颇有掀起大战之可能。

七月十九日

◇蒋委员长前日在庐山之重要谈话，今日将原文公布，因此为代表中国之言论，故中外均甚注意。

◇庐山谈话会今晨九时举行分组谈话式，即举行政治谈话会，下午举行经济组谈话会。

◇宋哲元将军自天津返抵北平后，立即召集一冀察政委会高级人员之紧急会议，以商讨时局。宋哲元之返平，颇使平市紧张情势为之一松。据外间传闻，宋已与日军当局另获有新发展，以期解决卢沟桥事变云云。今日宛平区战事复作，惟为时甚短。

◇中国外交部今日向日大使馆递送一备忘录，重申中国政府对于卢沟桥事变愿以和平方法解决之之愿望。该项文件曾建议双方同时停止军事行动，并各自将军队撤退。

◇中国驻日大使许世英，今晨抵神户，午乘火车赴东京。

◇《大陆报》称日舰由长江等各地开拔，集结吴淞口外，同盟社加以否认。惟沪东日军，确有调往沪西丰田纱厂驻防，今晨并有铁甲车数辆驶往驻防。

◇前十九路军军长蔡廷锴将军，今日由马尼剌启程返国。

◆同盟社神户电称：华北事件发生后，奉中国政府重要训令返任之许世英大使，十九日上午九时乘克立普兰总统船抵神户，十二时半转搭火车赴东京。许大使在船上对日记者发表谈话，谓：余因回国之后得病，未赴庐山，并无携行华北事件之具体的解决条件，然中国政府现已决定解决方针为：（一）不扩大事件；（二）以外交交涉解决事件之两项，日方所谓中国之抗日论，实与吾人观念不同，故中国并无纯粹之抗日。余回国四月间，未曾由任何要人听过抗日议论，余确信不论任何方面，如以诚心诚意，对付事态，则不难解决本事件。对于中日两国人民，今年为最严重之关头，两国朝野之最大努力，与改善目前状态之热心，乃为必要。余切望日本当局不拘泥于目前事件，应就东亚大局之立场，努力解决事件。

七月二十日

◇中日局势愈演愈紧，蒋委员长特于今晚由牯岭飞返南京。

◇卢沟桥战事复作，日军劫持华人在塘沽方面之码头设备，天津已成风声鹤唳，市民纷纷迁避租界。

◇日大使馆参赞日高趋晤外长王宠惠，讨论华北事件。日高要求王外长对于日本下列要求予以确切之答复：（一）南京应承认华北之一切地方协定；（二）立即停止反日煽动，并停止中央军开赴华北。当时外交部长之答复为：（一）中国政府并无取消任何地方协定之企图，惟规定任何协定之签订，须先得中央政府之核准；（二）中国政府不独无引起战事之意想，且愿在不扩大及纯粹地方之原质下，找寻和平解决之途径。

◇中国驻日大使许世英，今日访晤日本外相广田，商谈中日一般局势。

◇国民政府行政院今日议决，特派顾维钧、郭泰祺、钱泰为出席国联第十八届大会代表。

◇中国交通部接到日军在津邮务管理局检查信件之报告后，即咨请外交部向日方提出抗议，并电令津邮务局长严加拒绝。

◇日政府今晚开紧急阁议，陆相杉山报告华北情形后，主张采取适当行动断然处置。

◇庐山谈话会，今晨九时举行教育组谈话会后，第一期谈话即宣告结束。

七月二十一日

◇宋哲元昨返平，原系协定昨日中日两军同时撤退，由中国保安队于今晨接防宛平及卢沟桥，惟届时日军忽又反悔，要求华军先撤，而华军坚持双方同时撤退，日军不允，少数已撤退之华军遂赶回原防。下午开始，日军又向华军进攻，因此又陷僵局。今日大批日机飞平侦察示威，丰台又开抵大批日军。

◇第五路军李宗仁、白崇禧两司令，与桂主席联名电国府，拥护蒋委员长庐山谈话。

◇许世英氏再访日外相广田，晤谈之下，广田催促中国政府"重行考虑"其对目前事变之态度，并中止干涉地方协定签订。

◇上海市商会今日电呈蒋委员长，表示全沪商民誓死待命。金融界及各业，纷纷作非常准备。

◇英内阁今晨举行会议，专事讨论远东时局，知中日纠纷，目前虽似缓和，惟恐日后或复趋紧张。官方人士称：英国政府现仍与法美两国保持密切接洽，外相今日会晤法国大使考宾，就远东局势有所商谈。外相并于下午在下院就中日两国纠纷发表宣言，称："华北目前局势，若赓续不变，则英国政府即认为不宜与日本进行双方合作之谈话，余曾不获已而以此项见解告知日本政府。"外相嗣后接见日大使吉田，予以证实。

◇美国务卿赫尔，今日分别接见中日两国驻美大使，事后称国务院当赓续向中日两国政府努力斡旋，以期维持和平。

◇冯玉祥将军今日在牯岭接见记者，发表对卢沟桥事件之谈话。

◆自蒋委员长发表关于卢沟桥事件之谈话后，第五路军李宗仁、白崇禧两司令，及桂省府黄主席，联名电呈国府，表示拥护蒋委员长主张，略谓：顷读蒋委员长在庐山第二次谈话会发表关于卢沟桥事件之谈话，宣示政府对日方针，并明白昭示吾国应坚守四项原则，词严义正，实为代表我全国民众公意，循环朗诵，感奋莫名。窃维卢案发生，我始终爱护和平，一再容忍，日方着着进逼，近更大举增兵，恣意挑衅。宗仁等欣聆国策已决，誓本血忱，统率第五路军全体将士，暨广西全省一千三百万民众，拥护委座抗战主张到底，任何牺牲，在所不惜。谨电陈察。并希全国奋起，共为政府后盾，国家前途，实利赖之。李宗仁、白崇禧、黄旭初叩。号。印。

◆自卢事发生，记者久欲访谒冯副委员长，聆取意见，以冯氏公务繁忙，二十一日始得暇畅谈。冯氏精神奕奕，态度严肃，对所叩询者，均恳切作答。

问：副委员长对于日军此次行为之观察如何？

答：卢沟桥事件之发生，绝非偶然，日本有些军人，好大喜功，亦为此次挑战之一因；彼等鉴于东四省之不战而胜，热中于升官如拾芥，故又欲以"九一八"之故技，复演于华北，而忘记古训顿兵临城之下，将不胜忿而蚁附之；杀士卒三分之一，而城不拔者，此攻之灾也。予相信日本人民中不乏明智之士，日本政府中亦不乏明达之人，如果迅速彻底放弃侵略政策，犹不失为亡羊补牢之措置，否则追随少数轻躁者之后，续调大军，扩大事态，则不仅破坏东亚及世界之和平，其自身恐亦遭受不可挽救之后果。

问：卢沟桥抗战之经过，副委员长所知如何？

答：事变经过，据余所知，决非二十九军挑衅，乃日方假借非法演习之名，完成进攻准备，后以一士兵失踪为借口，猛向卢沟桥及宛平城进攻，企图一举占领，以控制北平。当时我军守卢沟桥者，只兵一连，而敌兵则以三连及大炮、机关枪集中于卢沟桥轰击，致我死守该桥之官兵，全做悲壮牺牲，其未死亡者，不过四人而已。我守宛平城者，为吉星文团长之一部，即沉着抗战，将卢沟桥克复，继又组织袭击队，利用夜袭，杀伤敌兵甚多，总计我伤亡者达二三百人，但侵略者之损失，当过于此。予在知战事消息后，即复廿九军将士一齐电，内云："诸君乃革命军人，抗敌守土之责，断不容丝毫退让，以保千万年至光荣历史也。予深信廿九军及华北民众，正准备捍卫国家而继作更勇敢之奋斗，更伟大之牺牲也。"

问：副委员长对此事前途之观察如何？

答：此事前途，全视日本有无觉悟，我国固望和平，但断不能容忍侵略事态之存续与扩大，因为国家之独立自由，为全国上下不惜牺牲一切以求之者。且华北官吏与军民，忍辱负重，数年于兹，其忠勇爱国之教育与历史，以及救亡图存之一致信念，断不能轻自断送。关于我国军民应有之态度，已见委员长之谈话，恕不重复。全国军民应团结一致，不畏不骄，忠诚勇敢，就各人之地位，贡献一切力量。在政府统一领导之下，为民族生存，为国家复兴来坚决奋斗也。

七月二十二日

◇廿九军卅七师一部分由北平撤退，下午五时三刻开赴涿州，平汉路少数步哨亦撤去，一部分仍分驻宛平城内。卢沟桥及国际跑马厅一带亦有日军驻扎，双方防线甚近，随时可能一触即发。

◇中国外交部以平津谈判，外间颇有传述，曾电宋哲元询真相，宋今晨电复，谓至现在止，此间各种谈判，并未缔订任何具体文件。

◇上海市商会、地方协会、总工会、市农会、新闻记者公会等五百余公团，组织上海市各界抗敌后援会，今日成立，分电蒋委员长、宋哲元军长，及卢沟桥事件忠勇主角吉星文团长，表示拥护慰勉。

◇德国汉堡保险公司，今日发出通函，拒保远东货运战险。

七月二十三日

◇卅七师之一部分仍在宛平及卢沟桥一带防守，以未见日军撤退，故亦不愿撤退。且日驻平武官今井否认日军当局曾允许如华军撤退，日军亦撤退之约定；并谓日军之行动，全以时局之需要而定，决不因华军之撤退与否而放弃其原有之地位，局势或有较大需要时，不特不能撤退，且将增调大军至宛平前线。且据中国官方报告，自卢沟桥事变后，开赴华北之日军，除关东军外，尚有新自关内到之八个师团。视此，则华北危机，有增无减。

◇中国军事委员会副委员长冯玉祥，今日由牯岭返京。

◇中国外交部长王宠惠，今午在官邸邀徐、陈两次长商外交问题。

◇前东北抗日健将马占山将军，昨日由津返沪，据谈廿九军官兵均抱誓死决心，吾人尤不能忘怀东北土地和同胞。

◇阎锡山以伪军迹来纷集绥边，为防万一起见，令前方部队严防，并召王靖国、李服膺、赵承绶等面授机宜。

七月二十四日

◇中国中央当局，以全力注视北方局势之发展，今晨各要员间相互交换意见，检讨过去，慎重未来，以期策安全于万一。据路透社南京电：中央领袖对宋哲元与日方之地方协定，深表不满。

◇日军当局发表声明，对于华军卅七师之迟迟撤退，深表不满，因卅七师之一旅虽自北平撤退，而入城者反有一百卅二师之两旅之众。日军乃派代表谒宋，要求中国军队赶速撤离北平。

◇华参谋本部次长熊斌由保抵平，即与冀察政会高级官员协商时局。据同盟东京电：如南京政府干涉华北地方协定之执行时，日本军部即将予以断然对付。

◇上海日军水兵宫崎一名失踪，日军因诬称此必为华人所架去，上海形势因之突趋紧张。

◇粤省府主席吴铁城，由庐过京，今日到沪，候轮南旋。

◇国民政府财政部，今日公布《妨害国币惩治条例》。

◇国立北京大学教授，为卢沟桥事件，今日发表宣言。

七月二十五日

◇卢沟桥忠勇抗敌之卅七师何旅吉星文团，因日军背约不撤，仍驻防宛平城与卢沟桥一带。吉团长表示，在日军未撤退前，决死守原防。宛平前线，两军仍僵持中。

◇驻防北平城内之三十七师冯治安部，原定与一百三十二师赵登禹部对调，因平郊日军不撤，且积极布置军事，显有重大企图，故停止调动。卅八师师长兼天津市长张自忠将军今日抵平。

◇日水兵失踪事件发生后，东京日海军当局今日发表谈话，表示现在时局严重，拟以慎重态度，议定适当措置。上海日本总领事冈本，今晨赴上海市政府谒见俞代市长，对中国方面协助调查，并处理本案态度，表示感谢。

◇中国财政家宋子文氏，今晨飞南京谒蒋委员长，下午原机返沪。

七月二十六日

◇昨晚七时，日军二百余，由津搭车赴廊坊车站，借口修理电线，意图占领车站，经华驻军廿九军三十八师刘旅劝阻，相持至十一时半，日军乃开机枪扫射，驻军亦以手溜弹还击。至今晨一时半，日军增援赶到，刘旅一面向平当局请示并告急，一面奋勇抵抗。晨六时，日空军出动，至七时展开血战，历八小时之久，华军即退至丰台以南，当时因日机轰炸，受损至巨。日军则因占有廊房，华北铁路之统系，于兹更深入彼等之掌握中矣。

◇今夕中日两军在北平西门之广安门发生冲突。此事发生于下午四时，因有日军五百名由丰台开抵城外，强欲要求入城。经日军指挥官和防守该处之华军协商后，决定容许一百五十名日兵进城，但日军一经入城，即向华军开枪，守防军队不得不重行闭门，以阻止后来者之侵入。南京国民政府接得宋哲元将军电谓，彼已下令二十九军全部实行抵抗。

◇宋哲元、张自忠、秦德纯、张允荣今晨会商应付办法后，向平日军方面提出质问。惟至下午，日方反以日本皇军名义，向宋哲元将军提出哀的美顿书，要求卅七师在指定时间内自北平及其附近撤退。该牒文系由日军驻平情报部松井太郎大佐代表华北日军司令香月呈递，文中要求：（一）三十二〔七〕师在卢沟桥之部队，应于明日午前撤退至长辛店；（二）同师之其他部队，不论其驻在北平城内，抑西苑者，均须于星期三（七月二十八日）撤退至永定河西。该牒文最后复称：卅七师自上述地点撤退后，更应全部撤退至保定府。

◇美大使参森，昨夜曾先后谒见蒋委员长及王外长。法大使那其亚，定今夜到京。德大使陶德曼今日下午四时，意大使柯莱今日下午五时，谒见王外长，探询中日时局情形。闻各国使节集京，均系奉本国政府令严密注视事态发展，随时报告各该国政府。

◇庐山谈话会第二期今晨十时开始召集，蒋委员长因公在京，故由汪主持一切。

◆日华北驻屯军最后通牒，着北平特务机关松井大佐于本日午后三时半，面交第二十九军军长宋哲元。其内容如下：昨念五日夜间因贵军非法攻击我军派往廊坊守护通信交通兵之一部分，致两军发生冲突，不胜遗憾。至惹起此种事态，当系贵军对于实行协定仍无诚意而挑战态度亦未知缓之故，倘贵军仍有意不欲扩大事态，则应迅速将驻卢沟桥及八宝山附近之第三十七师，促其于念七日正午以前，退至长辛店，又将北平城内之第三十七师与西苑之该师部队，同时退往平汉路以北区域。至本月念八日正午为止，须迁至永定河以西之地带，嗣后仍须将此项军队运往保定方面。倘上述各节，不能见诸事实，则认为贵军无诚意，我军出于不得已，当即采取独自之行动。届时发生之事态，当然应由贵军负责者也。此致第廿九军军长宋哲元。昭和十二年七月廿六日。华北驻军司令官香月谨启。

七月二十七日

◇北平西城彰仪门外，昨晚因日军图占车站，与华军发生冲突，卒为华军击退。今晨六时，朝阳门外与永定门外，到有大队日军，配置机枪、小钢炮，对准平城，形势甚严重。下午二时，日军攻广安门，不逞，至三时止。

◇天津日军续有八千余人开赴廊坊增援，退守黄村之华军，昨夜亦获得援军后，向日军猛烈反攻，激战至烈。

◇国府外交部发言人发表重要谈话，声明华北事件之责任应由日方负之。

◇日内阁今晨又召开紧急会议，决定依照既定方针，随时采取临机办法，陆军省亦开会议，商日军应取方针。海军令部长伏见宫殿下，今晨拜谒日皇，奏知海军对付华北事件之方针。

◇中央社讯：通州保安队反正后，与华军联合向日军攻击，城内日军退出。

◇天津日租界呈战时状态，毗连华界一带之各街道，堆积沙袋，建设有刺铁丝防御物，置兵守卫。

◇路透社北平电称：据现势观之，日军似袭行"九一八"后之故伎，逐步侵占华北至囊括全部而后已。

◇国民政府行政院今日开会议决，任命俞鸿钧为上海市市长。

◇在上海失踪之日水兵宫崎贞雄，在靖江附近寻获，为一中国船夫所救出。

◆外交部发言人对于日军在廊坊等处重启战衅事，廿七日发表谈话如下：自本月七日夜，日军在卢沟桥无故向我驻军袭击以来，虽其责任完全不在我方，但我当局为顾全东亚和平，始终表示愿以外交方式谋适当之解决，我外交部长并曾迭次向日方正式提议，双方约定日期同时撤兵。不幸日方对于我方历次和平表示及提议，不独不予接受，且大举增兵集中平津，同时与我地方当局议定解决办法。我中央得报后，察其内容，与我既定方针，尚无重大出入，为贯彻和平之初衷，不予反对。我方极度容忍，维护和平之苦衷，应为中外人士所共见，方谓日方前线之军，从此可以撤退，后方之军，亦可以停止进发，乃一周以来，日军不独毫无撤退模样，且日本国内及朝鲜各地，仍续派大量军队络绎向平津出动，念五日晚间并无故向我廊坊驻军袭击，继之以飞机轰炸，廿六日复向我地方长官，提出无理要求，兼在北平近郊四出挑衅。其蓄意扩大事态，别有企图，盖已昭然若揭。两旬以来，我方已尽和平最大之努力，嗣后一切事态之责任，自应完全由日方负之。

七月二十八日

◇日军派松井特务机关长今晨一时访宋哲元，再提无理要求，限驻平二十九军立即撤退，否则即采独自行动，宋当加拒绝。宋氏今并发表通电。

◇南京华官方公布，宋哲元决心应战后，今晨全线总攻，先后收复廊坊、丰台、卢沟桥及通州方面，反攻亦获胜利。塘沽日军，今晨三时渡河攻击大沽华军，发生激战。

◇日军司令香月，通知各使馆今晨轰炸北平。今晨四时，津东局子日机场派机一队飞平空掷弹，五时半又一队飞西苑、八宝山及南苑一带掷弹，损失奇重。

◇上海失踪之日水兵，经华方护送至南京，旋即移交驻京日本总领事署。该水兵签字招承，前在上海出入一未经驻沪日本陆战队司令部认可之妓馆时，为一其他之日水兵所见，因即畏罪潜逃。

◇中国驻英大使馆今日发表宣言，表明中国政府维护和平之志愿。

◇英外相今日接见中美两大使，有所商谈。

◇美总统罗斯福，今日召见国务卿赫尔，商讨中日两国冲突事件。

◇庐山谈话第二期谈话，昨晨举行分组谈话，今晨十时举行共同谈话，即行结束。

◇上海市长俞鸿钧，今日发表告市民书。

◆今日下午捷报传来，丰台、廊坊业已先后克复，挞伐甫张，军威已振，上海人心，极度兴奋，市民纷纷自动购买爆竹燃放，以表欣忭，各马路劈拍之声，继续不断者，达数小时，家家户户，国旗飞扬，盛况不亚于闻蒋委员长飞离西安之夕，各报纷出号外，传播捷音，租界上之西侨，亦争睹狂热情况。俞市长特发表告市民书如下：

迩因平津形势异常紧张，益以沪日水兵失踪，陆战队武装戒备，侵入市区，故沪市人民，对各种谣言，每轻于置信，迁徙络绎，不遑宁处；迨今午丰台告捷，遂乃燃炮庆祝，跳跃若狂。凡此民情之表现，一惊一喜，都属事理之常，毫无足怪。弟鸿钧窃有不能不掬诚为我亲爱之市民告者，际此国难严重，整个民族生死存亡决定之时，凡我国民，应抱镇静沉着之精神，以应付一切事变。头脑宜冷静，措施宜审慎，勿畏事勿生事，有所思，思大局之安危；有所筹，筹全民之利害，勿徒知近忧而忽远虑，勿因小不忍而乱大谋。须知国家果亡，则一切均无可幸免，反不若抱达人之观念，转意定而心安，准备当求其适宜，步骤断不容稍乱，此其一。中国积弱，本非一朝，国运重光，亦不能一旦，是以不必因一时之挫折而志馁，尤万不可因一时之胜利而气骄，咬紧牙关，抱定目标，宜哀矜，宜坚毅，举凡精神、财力，俱为复兴之要素，均宜爱惜而不应浪费，即如今午万家之爆竹，虽足以表民众之热诚，何如将有限之金钱，用诸于实际之事业；舒泄此间民众之热情，何如救济前方将士之创伤；文电慰劳，何如物品救护。此我市民于欣欣告捷之余，所应一顾及者也，此其二。总之，我国现在中央与贤明领袖指导之下，本固定之方针，趋救亡之途径，凡我同胞，应统一意志，整齐步骤，我大中华民族，终有扬眉吐气之一日也。

七月二十九日

◇天津日军今晨图侵占市区，二时起分四路出动，经四郊华军及保安队抵抗，并对日租界取包围势，大举反攻，三时后展开血战。七时半日机飞市区轰炸，并以机关枪扫射，至午时枪声渐稀。

◇路透社电称：今晨二时，华军卅八师与日军战于天津东车站与城中各车站间之热闹区域，上午五时炮火甚为猛烈。

◇同盟社电称：东京日海军发表，中国军今晨八时以迫击炮轰击大沽日军舰，海军队与陆军协力开始攻击大沽。

◇各国领事晤津市府秘书马彦翀，愿负调停责；但马表示本人对此事不能作主。

◇宋哲元、秦德纯今晨三时抵保定，平市已告失守。冯治安将军在卢沟桥指挥作战。北苑一带之廿九军由阮玄武率往南口集中。赵登禹将军昨晚在平郊南苑率部激战，与廿九军副军长兼军官教育团教育长佟麟阁将军同时阵亡。

◇宋哲元离平时，手谕张自忠就平市市长，今日北平城门已洞开，四郊枪声已沉寂。张自忠与日方商谈日兵入驻问题，市内有"地方维持会"类之组织出现。

◇蒋委员长以平津形势突变，发表中英文谈话，对平津失败，自愿负用人不当之责，今后当力挽危局，对日抗战，决不屈辱妥协。

孙科今日在沪发表谈话，主张抗战。

七月三十日

◇津市华军抗战情形，昨夜二时后，发生与北平同样之急变，马彦翀与张自忠有密切联络，此为变化之大原因。今晨六时，四郊枪声不闻，警察四千，奉命均解除武装，驻军之不同意急变局势者，已退静海一带，天津遂告失陷。亲日分子筹组地方维持会，明日可实现。

◇大沽华军今晨亦已撤退。

◇津法领因日军违反尊重外人权利提抗议，声明法租界不准日军通过。

◇南京消息：宋哲元表示决牺牲到底，所部二十九军共十余万，均集中平绥线，此次平郊战争，损失约万人。三十八师除师长张自忠变节外，所部均愿为国家民族而应战，津郊战事，即系该师副师长李文田指挥。

◇驻通州伪保安队，今日通电反正，决服从蒋、宋命令。

◇路透社电：美国人士观察，以为《辛丑和约》规定外兵卫守平津铁路者，因日军目前之行动，签字国不加抗议，已成废文。

七月三十一日

◇国民政府外交部，以华军退出平津，发表声明，对平津日人所制造之一切傀儡组织，绝不承认。

◇国民政府明令褒恤佟麟阁与赵登禹。

◇日军向平汉线推进，长辛店发生战事，颇为激烈。向平绥线北开者，在沙河与华军发生冲突。

◇日机今日飞保定轰炸，损失颇巨。平汉路黄河铁桥上空，下午三时亦发现日机侦察。

◇天津失陷后，日军到处活动，无辜人民被诬为抗日分子而遭枪杀者，不知凡几，逃难居民，被枪杀者亦甚众。日军此种行动，与"九一八"攻陷沈阳时无异。

◇殷汝耕因其部下之保安队长张庆余部反正，被捕枪杀。日军司令香月任命池宗墨为"代理长官"，代办一切"冀东"职务。

◇日临时阁议，决定追加预算案约三万万元，以充华北事变经费，提付众院审议。

◇南京中国童子军总会，通令组织战时服务团。

◆童子军总会近拟订中国童子军战时服务大纲，令饬各级童军理事会督促全国五十万童子军，切实服务，为国效忠。

八月一日

◇北平日军当局宣称：日军河边部队，现已进抵平汉路长辛店以南廿哩之琉璃河，昨晚在该处与华驻军，及由保定北上之华军激战通宵，日军增援部队，已急向该处开去。南京所得消息称：昨晚日军绕道袭犯琉璃河，由华军迎击，日军败退；后日军援到，重又进攻，遂展开剧战。

◇路透社息：天津日军炮击华界，欲逐出抗日军队，东站与总站间各区域，如凤林村等悉遭炮火，居民大为惶骇，相率避入租界。天津"治安维持会"今日成立，由年已六十九岁之高凌霨出任傀儡。

◇蒋委员长今晨出席中央军校纪念周，讲中国已至最后关头，勉军人尽忠卫国，应效法古之忠烈。

◇鲁主席韩复榘，偕省委张钺，今日由济抵京，九时前谒冯玉祥，有所商谈。十一时至军校晋谒蒋委员长，报告省情，并请示一切。晚应中枢各军政长官欢宴。

◇天津苏联领事馆，遭便衣浪人及白俄强劫捣毁，苏大使向日高提出抗议。

◇关于日水兵宫崎失踪案，上海日本陆战队司令为此案发表谈话，对中国官宪协力搜查，表示感谢，并称：当时局重大之际，惹起本事件，使社会骇然，诚不胜遗憾之至。

◇蒋夫人宋美龄女士等发起之中国妇女慰劳自卫抗战将士总会，今日在京成立。

◇因组救国会被捕入狱之沈钧儒、章乃器、邹韬奋、王造时、李公朴、沙千里、史良等七君子，昨夜在苏州出狱，本定赴京请训，兹以时局紧张，今日由苏返沪。

◇巴黎今日有世界和平大会之举，中国方振武将军出席作沉痛演说，称中国有现代陆军二百万，日本如进攻，将遭打击。

◆蒋夫人宋美龄女士等发起组织之中国妇女慰劳自卫抗战将士总会，于一日下午四时在京励志社开成立大会，到各机关代表约七百余人，由蒋夫人主席，并致开会词后，即由吴贻芳报告该会筹备经过。旋即开始讨论，当经一致通过该会组织大纲，及执监委员名单，计宋美龄女士、李德全女士、沈慧莲女士、吴贻芳女士、任培道女士等十五人为执委；居正夫人、戴季陶夫人等五人为监委。会后即接开首次执委会议，推定蒋夫人、冯夫人、马超俊夫人、罗家伦夫人等为常委，并通过其他要案多起。蒋夫人之讲演词略谓："诸位同志！我们今天在这里开会，正当强邻压境，可说是历史上最严重危急的时候，因为战争是一件凶险可恶的事情，这次战争，我们必要牺牲很多的官兵与平民，损失国家无穷的财产富源，眼见得我们十年来埋头苦干的建设，要被这很残暴的敌人摧毁了，但为国家的生命，有时我们需要这样极度的牺牲。我们政府态度现在已经明白表示了，凡是自爱的民族所能忍耐的，我们都已经忍受了，我们不要再迟疑，要勇往向前，用尽我们全副力量,来救国家的危急。我们与全国同胞,只有绝对服从政府的命令,共同一致,来求得民族最后胜利。我们要保全国家的完整,保护民族的生命,应该尽人的力量,来抵抗敌人的侵略。我们妇女也是国民一分子,虽然我们的地位、能力和各人所能贡献的事项各有不同,但是每人要尽量的贡献她的能力来救国。今日西班牙妇女同男子一样站在火线上,欧洲大战的时候,各国的妇女都尽力帮助她们的国家得到胜利。我们中国的女同胞,要向世界上表示我们爱国精神,今天开会的意思,就是我们要团结一致组织起来,我们不是想出风头求虚名,是要救国家的生命,我希望大家都能够实地的担任工作,出尽全力去做。打仗的时候,男子都要上前线去杀敌,后方工作是我们妇女的责任,我们须要鼓励着男子,使他们知道我们有我们的方法来拥护他们,使他们无后顾之忧,不是来阻碍他们。我们也能够牺牲一切,就是我们的生命也能牺牲,来拥护我们前线的忠勇将士。我知道各妇女团体,已经开始组织,我们预备要做的工作,我希望我们大家能联合一起,成功一个大团体,使我们的力量更加雄厚。真的团结便是力量,前线将士的勇气,全靠后方的拥护。我们永远不要忘记,应该时常牢牢记着,国家最后的胜利,无论延迟到哪一天,终久会达到目的,我们一定能扫清重重叠叠堆在我们心头的日历的国耻!

八月二日

◇东京及华北之日本军人,颇具不到黄河心不死之意,准备揭开二次大战之幕,国内援军,纷纷动员。华北日军司令部发表消息称:已命空军待机,作大规模出动。

◇中国方面,以日本之步步侵略,为求中国之生存,咸抱同仇敌忾决心。某要人谈:酝酿时期即将过去,中央已下决心,望全国上下,整齐步伐,听命政府,勿焦燥勿气馁,镇静沉着,以待事实开展。

◇平汉线日军,向保定仍取攻势,派机掩护逼击廿九军。津浦线华军,在马厂集中,准备反攻。

◇北平陷死寂状态,商民均多闭户简出。张自忠连日与松井接洽,图掌政权,尚无结果。"维持会"似深得日方欢心,俨成对立状态;张自忠拟自任"维持会委员长",遭日方反对,颇抑郁。

◇石友三反正后,所部保安队决心抗敌。石语人:"没有做过汉奸的人,不知道做汉奸的味道;做过汉奸的人,忘〔王〕八蛋再要做他妈的。"

◇法国外长台尔博斯今日接见中国大使顾维钧,讨论远东时局问题。

八月三日

◇天津日军于占据前德租界后，进占津西十二哩之杨柳青，因无华驻军，故无战事。日军沿津浦线推进者，在独流镇与华军发生激战。

◇南口昨晚发生战事，现由廿九军扼守。中央军汤恩伯部，原驻绥东，已积极向南口增援，大战即将爆发。平汉路日军受阻后，飞机出动侦察轰炸；华便衣队在良乡击落日机一架。

◇宋哲元将军今日通电将军事交冯治安代理，并派秦德纯、石敬亭入京报告。石友三今日到保定。

◇粤省军事领袖余汉谋，及湘主席何健，均到京谒蒋请示。

◇苏联天津领事馆被搜劫事，苏政府向日本〈大〉使重光葵提出抗议，具体要求三点：（一）立即逮捕滋事匪徒加以严惩（其中一部分已知匪徒姓名，并经通知日方）；（二）立即返还该领馆被劫财物，亦赔偿捣毁之损失；（三）对于该领馆应立即采取必要措置加以保障。

◇日本在华各地领事馆纷纷收束，侨民亦纷纷撤退，可见日本有意扩大事态。

《中国全面抗战大事记》第1辑，1937年7—8月份，

华美出版公司1938年版，7月份第1—60页，8月份第1—4页

附录　远东国际军事法庭判决书（选摘）

山海关事件

一九三三年一月一日，发生了严重的"山海关事件"。山海关在北京、沈阳之间，为万里长城的终点，一般都认为它具有极大的战略重要性。该地处于由满洲入关意欲侵入河北省的侵略者的通路上。并且，从河北进热河是最方便的道路。

日军自占领锦州以后，就侵入山海关——长城沿线——控制了沈阳至山海关的铁路。这条铁路一直通到北京——张学良的司令部所在地。山海关车站在长城的稍南，但从沈阳开出的日方列车却直通到这个车站，于是以保护列车为口实，日军在这车站驻扎了军队。从北京开出的华方列车也通到这个车站，因此，中国方面在这里驻有军队。据中国司令官报告，在发生"事件"前并无异状。

日本方面说：在一九三三年一月一日有若干中国人曾投掷手榴弹。这就是立即袭击山海关的口实。于是附近的村庄被机关枪扫射，美国传教士的财产被轰炸，并且战斗发展成为旧式的堑壕战，在北京至长城间的华北平原上，展开了数百英里的堑壕网。而数千和平居民就因此被杀戮。

国际联盟谴责日本及日本退出国联

一九三三年二月二十四日国联大会通过了十九人委员会为大会所草成的谴责日本在中日战争中为侵略者的决议，并且通过了该委员会劝告结束战争的报告书。

日本不但不履行根据国联规约它所负的义务，反在一九三三年三月二十七日宣布退出国联的意向。在通告中说，日本退出的理由是："关于国联规约、其他条约以及国际法原则的应用，特别是在其解释上，日本与此等国联会员国之间经常在意见上有深切的分歧。"

侵入热河

在国联大会通过谴责日本为在华侵略者的第二天，日本侵入热河，公开反抗国联。沿长城的重要地点像山海关和九门口，因"山海关事件"后的战斗结果，都已落入日军手中，使热河的战争情势在一九三三年二月二十二日已极为严重。二月二十二日，以伪满洲国傀儡的名义，日军向中国发出最后通牒，说热河不是中国的领土，要求热河省的华军在二十四小时内撤退。因为中国不接受这通牒，于是一九三三年二月二十五日，日本陆军开始进攻。日本从通辽和绥中基地分三路前进，占领了长城的北部和东部的整个地区以及沿长城的一切重要关隘。板垣和小矶以关东军参谋的地位，协助了一九三三年三月二日所完成的对整个满洲的占领。

《塘沽停战协定》

由于侵入长城的结果,日本在侵入中国本土上处于方便的地位,但日军为准备下一阶段的侵略,需要一个加强和组织其已占领地带的时间。于是在一九三三年五月三十一日签订了《塘沽停战协定》。武藤(信义)司令官派全权代表与中国代表在塘沽谈判,并且该代表还携带了由关东军所准备的停战协定草案。所签的停战协定,规定了长城以南的非武装地带。其条件为中国军队首先应撤退至一定的线上,并给日本军随时派飞机视察华军已完全撤退与否的权利。如认为撤退满意时,日军然后撤退至长城沿线,且不准华军再进入非武装地带。

第三节　进一步侵入中国的计划——天羽声明

当一九三三年春《塘沽停战协定》签字后,日本完成了对满洲和热河的占领。热河西面与内蒙古的另外一省的察哈尔相邻,南面与华北的河北省相对,这就成为新制的傀儡伪满洲国的国境。如果日本要从已占领的地区进一步侵略中国,它的侵入就是从热河西向察哈尔或南向河北,此外的道路就只有通过万里长城东端山海关附近辽宁省狭小走廊,使伪满洲国与中国其他部分相连结。

一九三四年四月十七日,日本外务省发表了"天羽声明",警告《九国公约》缔约国说:日本政府不容许对日本在华计划作任何干涉。虽说后来广田在回答质问时曾向美国格鲁大使说明:"天羽声明"是没有经过他批准并且未经通知他所发表的,但"天羽声明"真正表明了日本的对华政策仍旧是事实。这可能已表明了日本对中国的野心不是仅仅占领满洲和热河就能满足的,其后不久,在一九三五年的五月和六月又发生了两起事件。

河北事件

一九三五年五月中旬,在天津日本租界内,有两名中国新闻记者不知被谁所暗杀。据说这两个记者有亲日的感情。梅津是当时的华北驻屯军司令官。他的参谋长得到梅津的批准对北京的中国军事机关长官何应钦提出了某些要求。一九三五年六月十日,中国方面的当局同意了下列条件,解决了这一事件。条件内容为:第五十一军自河北撤退;取消河北省内的国民党党部,禁止一切国民党的活动;禁止河北省内的一切反日活动。

这一解决就是所谓"何梅协定"。

北察哈尔事件

一九三五年六月,正以"何梅协定"来解决河北事件的时候,有四名日本军人进入了察哈尔省的张北县。该县在察哈尔省西南部、万里长城的稍北。因为这些日本军人没有察哈尔省所发的必要护照，被带到了中国军队师长的司令部。那个师长将这事报告了中国第二十九军的司令官。该司令官命令释放这四名日本军人，并准许他们继续往张家口和北京的预定旅行。但附以警告说：今后必须领取所需的护照。这事件最初由张家口的日本领事办理，曾向中国第二十九军副军长秦德纯提出抗议，说中国警备兵强迫检查日本军人的身体，用来复枪指对着他们，在师司令部中扣留达四五小时，是对于日本陆军的侮辱。其后不久，该领事说：问题很严重，不是他的权限所能解决，于是把问题移交给了陆军。在一九三四年十二月，南①做了关东军司令，板垣做了他的副参谋长。任命了当时配属在关东军的土肥原与秦德纯谈判。最后成立了协定，对事件有关的团长及师部军法处撤职惩处。中国第二十九军的整个部队，从张北县及其以北撤退，实际上是自全察哈尔省撤退。关于这个地区的治安，交保安队即交警察性的组织去维持。此后，不准许国民党在察哈尔省有任何活动。禁止察哈尔省内的一切反日机关和反日活动。这就是所谓"土肥原•秦德纯协定"。

伪内蒙古自治政府

一九三五年初，内蒙古族的首领德王，继续努力建立该地的"蒙古自治政府"。这个运动的后半的历史，是根据田中隆吉少将的证言。这个人经常因检查方面或辩护方面的要求而出庭，并因必要而被检察方面作反讯问，认为他是个不合格的证人。但是关于树立内蒙古自治政权问题，他的陈述并无不能信任的理由，因为他的确是处于一个能熟知其详情的地位。

关于这个问题，田中的陈述如次。南和板垣热心支持树立"内蒙古自治政府"。他们企图这个政府能按照日本的希望行事。一九三五年四月，南派遣田中和另一名军官和德王见面，目的是为了树立上述的自治政府，但这时德王没有答应。接着到了一九三五年六月，缔结了所谓"何应钦•梅津协定"及"土肥原•秦德纯协定"，而后一协定对于内蒙北部的察哈尔省实在有重大的影响。根据田中说，一九三五年八月他会见了德王。在这次会面中德王保证与日本合作，南答应给德王以财政上的援助。一九三五年十二月，南派遣了两个骑兵大队援助德王占领察哈尔北部。一九三六年二月十一日，德王的自治政权所在地从百灵庙移到了西苏尼特（West sunito）。于是派遣了日本人文官去该地做他的顾问。

一九三五年十月二日，北京日本大使馆事务总长在致广田外相的电报中，包含有如下的重要内容："关东军的对蒙古工作正在着手进行，已见本人及张家口领事的屡次报告，

---

① 指南次郎。——编者

最近土肥原少将往来于张家口和承德之间，与察哈尔省主席及德王会面，他的使命毫无疑问是为了促进内蒙自治。"

一九三六年一月十三日传达给在华日军的《日本陆军华北处理要纲》中，也明白的说，这个"内蒙古自治政府"受着关东军的援助和支配。这个文件稍后还要详加考察。

树立伪华北自治政府的企图

根据田中少将的证言，一九三五年九月，南派土肥原到北京并给他在华北树立所谓自治政权的命令。田中说：他当时是关东军的参谋，曾参与起草给土肥原的指示。田中还说：土肥原、板垣及佐佐木认为必须增加"反共"这一口号作为创设所谓"华北自治政权"的目标。本法庭承认这项证言是可靠的。因为这与后来的事情发展相符合，并且关于所谓华北自治运动牵线人的陈述，已由今后将要论及的出自日本方面的各种文件加以证实了。

最初土肥原想诱劝吴佩孚做"华北自治政府"的首领，但没有成功。后来土肥原又努力劝诱当时的平津卫戍司令宋哲元来领导这个政府，也未成功。于是土肥原和日本大使馆武官高桥放弃劝诱办法，提出了树立伪华北自治政府的要求。而土肥原和特务机关长松井更提出了在华北应给日方以特殊经济权益的要求。

当用劝诱办法建立自治政府的企图终于失败时，一九三五年十一月，土肥原为了保证建立这样一个政府，就以武力威胁，甚至竟发出了最后通牒。关东军为了支持土肥原的恫吓胁迫，在长城东端的山海关，集中了由坦克、机动部队、飞机所组成的攻击部队，准备进入平津。这些事情都是已获证明了的。

在一九三五年末，华北出现了两个新形态的政府。一个是由于土肥原努力的直接结果而树立的所谓"冀东防共自治政府"。这是一九三五年底以殷汝耕为首而树立的。他在这之前是冀东地区长城以南非武装地带的行政督察专员。这个伪政府曾宣言它已脱离国民党政府而独立，它的首都在北京东北方非武装地带的通州。日军在该地设有守备队。这个伪政府统治及于非武装地带内的许多县。证人歌德（Goette）在这个伪政府成立后，曾在那里旅行过许多回，他看见了日本守备队及由日方所招募训练且以日人为军官的伪政府的中国人保安队。

与此同时，在华北出现了另一个政治机构，这就是"冀察政务委员会"。这是由于土肥原施以压力的结果，由国民政府为符合土肥原的希望而设立的。根据日本年鉴，这个新政治机构为了维持友好关系具有与日本和伪满洲国谈判的权限。

一九三六年一月十三日，日本国内的陆军当局对在华日军传达了《华北处理要纲》，其中说明，要纲的目的在实现华北五省自治。因此令人想起来这正是一九三五年九月南派遣土肥原到北京的目的。要纲中的指示如下：日本应给"冀察委员会"以建议和指导；在"冀察政务委员会"尚未令人满意前，必须支持冀东的独立，俟该委员会巩固得确足信任时，再令两政权合并起来；应避免采取使人认为日本在扶植一个与伪满洲国相同的独立国的措施，因此日人顾问的数额应有限制；对于内蒙古仍继续执行原来的施策，但应暂且抑敛妨碍"冀察政务委员会"自治力的施策；华北问题的处理应由中国驻屯军司令官负责；该司令官当处理问题时应借其与冀察及冀东当局的直接接触而以非正式的方法来实施为原则。

日本陆军的侵入华北的计划

土肥原向关东军司令官南（次郎）报告说：他期望"冀察委员会"大体可以听从关东军的话，并可能以"冀察委员会"为中心来树立华北政权。当土肥原作此报告时，关东军正将一个具有极重要意义的关于日本对华意图的宣传计划送往东京。一九三五年十二月九日，由关东军参谋长将这个计划致送陆军次官。这个计划的某一部分有引用其全文的价值。关于计划的实施时期，其中说："在关东军进入关内以前，这个计划的实施，主要的是从侧面援助在华驻屯军及日本政府的宣传工作；在日军出动以后，则以便利日军的行动为主旨而实施之。"关于方针则说："当关东军进入关内时，同时就要使全世界彻底认识其行动的正当性，煽动华北民众的反国民党、反共产主义的意识，酿成华北一带脱离中央的气氛，并鼓励其他地方的中国军队及中国民众的反战热情。"

（下略）

板垣的蒙古政策

当广田内阁在国防的名义下制订它的向外扩张的外交政策时，关东军的注意是指向着北方的蒙古。早在一九三六年三月二十八日，即在板垣升任关东军参谋长五天以前，当板垣会见有田大使时，对于外蒙古和内蒙古在战略上的重要性，曾表明了他的意见。板垣说："外蒙所处的地位，对于目前的日'满'势力是极为重要的，因为它是联系苏联远东和欧洲领土的西伯利亚铁路的侧面掩护地带。如果外蒙古一旦与日'满'合并，那么苏联的远东领土就陷于极危险的地步，并且在万一之际，也许可以不战而使苏联退出远东。因此，军方不惜用一切手段，企图将日'满'势力扩展到外蒙古。"

接着关于内蒙古问题，板垣说："西部内蒙古及其以西的地带，在实行日本大陆政策上有着重要的价值。如果该地带一旦入于日'满'方面的势力之下，积极地可以成为进一步怀柔同民族的外蒙古的根据地,更向西进可以遏止自新疆侵入的苏联势力并切断中国本部与苏联的陆上联系……根据以上的见解,日军数年来已对西部内蒙古逐步进行着工作,日军决心排除一切困难,将来更将其工作加以推进。"

板垣的这番谈话,显示关东军已在这些地区按照日本"大陆政策"的路线加以执行,并将继续执行。这不禁使人回忆到由于土肥原及其他关东军军官的努力,在一九三五年树立了以德王为首的"内蒙古自治政权",已使一部分内蒙古处于日本的势力之下了。剩下的工作只是把日本的势力更向西推进,扩展到外蒙古而已。那么,为什么一九三六年二月德王把他所率领的"内蒙古自治政权"的首都从百灵庙迁移到西苏尼特,又在同年六月移往德化,道理就很显然了。

蒙古的"建国会议"

由于日本采取积极的蒙古政策的结果,内蒙古的所谓"自治运动"进展得很快。一九三六年四月,德王和李守信在西Wuchumuhsin和日本特务机关长田中会见。在这次会上,蒙政会、锡林郭勒盟、察哈尔盟、乌兰察布盟、土默特旗(Tumotechi)、阿拉善·额济纳旗(Alashan Koshimouchi)、伊克昭盟、青海及外蒙古均有代表出席。这次的集会被称为"建国会议",从一九三六年四月二十一日起继续到二十六日止。这次会议所决定的主要事项如下:(一)以内外蒙古和青海为一体建立"蒙古国"案。(二)设立君主制案,但目前暂且采用委员制。(三)设立"蒙古国会"案。(四)组织军政府案。(五)与伪满洲国缔结互助协定案。

一九三六年六月,这个政权的所在地迁移到德化,并设立了"独立"的"蒙古政府"。一九三六年七月,这个"政府"和伪满洲国曾缔结一个规定了在政治上、经济上互相援助的协定。在缔结这个条约以后,德王就开始着手装备他的军队,目的是将原有的三个骑兵师扩充为九个师。无论是南或板垣,都对树立"蒙古国"热心加以支持。陆军的政策是在极秘密中执行的。日本陆军对于承认内蒙古的独立已有所准备。

日本对华北的政策——一九三六年至一九三七年

一九三六年八月十一日,由广田内阁的有关各省决定了《第二次华北处理要纲》。其中说明这个政策的主要目的是援助华北民众完成分治政治,建设亲日"满"的"防共地带",获取日本国防上所需的资材,扩充交通设施以防苏联的可能侵入,借此使华北成为日、"满"、华合作的基础。华北五省最后要建立自治政府。为使冀东政权成为整个河北及察哈尔的模范,应指导其改革内政。又称,开发华北经济的目标是以自由投资促进相互经济利益为基础来形成日华一体的关系，并借此伸得在平时、战时来保持日本和华北的"友好"关系。华北各省的铁、煤及盐均应为了日本的国防及交通设施、电力而加以开发利用。在这个计划中，关于统一改善运输机关及开发天然资源的方法都有详细的规定。

丰台事件

一九三六年五月因日军和华北中国当局谈判的结果，允许日军一个大队驻扎在北京西方的丰台镇。一九三六年九月十八日，当日军一个中队在丰台举行演习时，发生了一个事件。即当日军通过华军驻区时，中国哨兵制止了他们，于是引起了冲突。虽然事情立即获得了解决，但日方以此一事件为借口，加以增援并占领了丰台。日军占领丰台后就处于可以支配京汉铁路的联络及切断华北与华中关系的地位。这就是为一九三七年七月七日爆发的"卢沟桥事件"，有时被称为"马可波罗桥事件"所布置的舞台布景。这个桥在从丰台到北京的铁路线上，如果日本能够控制这座桥，就容易从西面控制北平。因此驻扎在丰台的日军，就不断要求中国撤退在卢沟桥至北平铁路上另一战略地点长辛店的中国驻军。一九三六年冬，日军企图增加在这个重要战略地带的驻军，并计划建筑兵营和飞机场。因此，日军想在丰台至卢沟桥间收购广大的土地。但中国方面拒绝了日方的要求。

张群和川越的会谈

一九三六年秋，中国国民党政府外交部长张群和日本大使川越为了调整中日外交关系，举行了一连串的会谈。在一九三六年十一月底，川越还会见了蒋介石，当时曾互述了关于实现调整两国关系的希望。日本方面在与中国国民党外交部长会谈时，曾提出了包含下列重要内容的建议案：（一）中日经济合作；（二）中日"防共"协定；（三）鉴于华北与日本的关系，将华北划为特殊地区。张群回答说：对于中日经济合作，当然是赞成的，但希望以互惠平等的原则为基础。对于中日防共协定，他也极为赞成，但他也希望这一协定不致侵犯中国的主权。关于有鉴于华北与日本的关系，将华北划为特殊地区一节，张群说：他只能同意特殊的经济关系，不能承认作特殊的行政变更。由于中国国民党政府的态度与日本的政策，特别是在关于华北的政策上有着分歧，张群和川越的会谈没有得出结果。

广田内阁的崩溃

一九三七年一月二十日，日本二大政党之一的政友会，发表了攻击广田内阁的声明书。在所举出的许多攻击理由中，其中有下列各点：内阁阁员太陷于官僚及军部的武断偏见；陆军想对任何方面都加以干涉的欲望，对日本的立宪政治是一种威胁。一九三七年一月二十二日，陆军大臣寺内（寿一）提出辞呈，关于辞职的理由，据寺内说是因为在内阁中占有席位的政党，对于时局的认识与陆军的认识有根本的分歧。在当时的情势下，要找到一个可以调和陆军的过激政策和政党政治的新陆军大臣，几无可能，所以广田内阁只得辞职了。

宇垣组阁的失败

广田内阁辞职后，一九三七年一月二十四日宇垣奉敕命组阁。因为陆军对宇垣没有好感，于是陆军采取了适当而有效的手段阻碍宇垣就任。这是一个重要而有深刻意义的突发事件，当在本判决书的其他部分作更详细的检讨。因此这儿只把它当作关于种种突发事件的叙述中的一部分，略加提及。

林内阁及其华北政策

林（铣十郎）内阁是一九三七年二月二日成立的。梅津留任陆军大臣，贺屋被任命为大藏大臣。政府并未改变其一般政策。对华北问题仍踏袭了广田内阁的离间政策；一九三七年二月二十日由有关各部决定了《第三次华北处理要纲》。处理华北问题的主要目标是使伪满洲国坚决亲日反共，获取国防资料，保护交通设备，准备对苏防卫，并建立日、"满"、华集团。为达到上述目的，日本应在华北实施它的经济政策，暗中援助华北政权，使中国国民党政府承认华北的特殊地位及日、"满"、华的结合。

一九三七年四月十六日，又由外务、大藏、陆军、海军各大臣决定了"华北指导方策"。指导华北的要点为："使华北地区事实上成为坚固的'反共'、亲日、亲满地带，并且使其有助于获取交通设施，一则以之防备'赤化'势力的威胁，一则以之为实现日、'满'、华三国合作互助的基础。"关于经济开发，则规定开发铁、煤、盐及其他国防重要军需资源，设置交通设备，必要时并得用特殊资本使其迅速实现。在这个文件中也规定着必须避免采取使第三国误解日本意图的行动。在有关各大臣出席的阁议中所制订的这些政策，显示了不仅是陆军，而且政府的其他各省对于即将在华北实行的积极计划也已准备竣事了。

第一次近卫内阁及其对华北的计划

林内阁崩溃后，一九三七年六月四日近卫公爵就任总理大臣，并以广田为外务大臣，贺屋为大藏大臣。

在军部里面正在煽动着对华采取进一步的军事行动。当时的关东军参谋长东条英机，在一九三七年六月九日致参谋本部的电报中，曾建议说：关于目前的中国情势，从准备对苏作战的见地来看，如果日本的武力能够办到的话，就必须首先对中国政府"予以一击"来除掉日本背后的威胁。果然不出一个月，就如所建议的对中国政府"予以一击"了。

我们从以上所检讨过的事件中，可以明白，强占满洲和热河，仅仅是日本逐渐统治全中国计划的第一步。借着统治全中国，则给日本制品提供了一个广大的市场，并且中国丰富无比的天然资源将帮助日本成为东亚的盟主。早在一九三四年春，日本就主张着华北五省的特殊地位，那时日本能否强占住满洲和热河尚属未定，而这些地方几乎还未开始转移为对日本经济的卫星供给地。迄至一九三五年六月止，日本强迫缔结了所谓"梅津•何应钦协定"及"土肥原•秦德纯协定"。这样一来，就使中国政府在华北五省内的河北和察哈尔两省中的势力，大为削弱。在一九三五年底，由于日本的支持，成立了两个所谓"独立政府"。这就是日本所制造的以德王为首的"内蒙政府"和以通州为首都的"冀东防共自治政府"。当时，还成立了"冀察政务委员会"，而日本期望它脱离中国而独立并能变成一个完全服从日本意志的华北五省政府。日本意图在预期中的华北五省独立宣言发表后，就对它进行军事占领。关于这一占领及随同这一行动进行宣传的军事计划，在一九三五年底已有随时可以实施的准备。总理大臣广田及其内阁中的陆军、海军、外务、大藏各大臣，对于陆军所主张的侵略政策都完全表示赞同。所以在一九三六年的下半年中，由他们全体或其一部分人通过了一九三六年六月的《国策大纲》，一九三六年八月的《国策基准》及《第二次华北处理要纲》。其间，由于陆军稳固了丰台的立足点，于是借此乃足以占据卢沟桥，切断华北五省与南方中国各地的联系，并得以控制北京。但是广田内阁的阁员中，也有对于军方支配政府力量的增大感觉不满的分子。因为有必要除掉他们，所以陆军在一九三七年一月使广田内阁垮台，使宇垣组阁失败。最后，到一九三七年六月初短命的林内阁瓦解后，近卫公爵组织了他的第一次内阁，陆军的冒险终于获得了政府的可靠支持。

第四节　从卢沟桥事件（1937年7月7日）到近卫声明（1938年1月16日）

自一九三七年六月起，日军就在卢沟桥附近每夜不停地举行激烈的夜间演习。中国方面曾要求在夜间演习前作预先通知，以免使该地居民惊惶不安。日本方面也曾经同意此项要求。可是在一九三七年七月七日晚，事前未经通知就举行了演习。因此，当晚的"卢沟桥事件"是在紧张和不安的气氛中爆发的。

在当晚十点钟左右,中国当局接到北平日本特务机关长松井太久郎的电话。在电话中说,宛平中国驻军向演习中的日本部队开枪,事后一名日兵失踪,因此要求准许日军进入宛平实行搜索。宛平在卢沟桥附近,因为在北平西方的主要交通线上,所以在战略上有相当的重要性。一九三七年七月以前,在丰台的日军就不断要求撤退驻丰台的华军。

在一九三六年,日本为了想建筑兵营和飞机场,曾努力想收购北平西方的丰台至卢沟桥的土地,这件事情的失败经过,前面已经说过了。撤去卢沟桥的中国驻军和在丰台——卢沟桥间设置日军驻地,在战略上给与华北的影响,是很显然地。这样一来,北平与南方和西方就要完全被隔绝了。

当时因为宋哲元正请假回家,所以由秦德纯代理第二十九军军长。秦德纯命令中国联络官答复日方说:在当晚情况下所举行的演习是违法的;因此,中国当局对于日方所称的日兵失踪不负任何责任。但秦德纯说:他已命令驻宛平的中国军队自行搜查。日方对于这一答复不满意,坚持要由日方实行搜查。

宛平的行政督察专员王冷斋奉秦德纯的命令调查和报告日军的演习情形及日军是否有人失踪。就在这时候,中国当局接到报告说:携有大炮六门的日军一大队正从丰台向卢沟桥前进。于是中国军队奉命戒备,并派王冷斋去与松井交涉。王冷斋进行调查后,没有找出所谓失踪的日军,后来与松井的交涉也毫无结果,于是决定双方在现地实行共同调查。在王冷斋和日本代表寺平进宛平城后,日军从三方面包围宛平并开始射击。中国军队于是据守城墙保卫宛平。一九三七年七月八日午前五时,当调查还在进行中的时候,在卢沟桥附近的龙王庙,日军大队长一木就指挥一个大队向华军进攻。六点左右,日军开始用机关枪攻击宛平城。

以后的作战和停战谈判

一九三七年七月八日早晨,日军占领了通往长辛店的铁桥。当天午后,日方以最后通牒送给宛平城的司令官,要他在当夜七点以前投降,否则开始炮击。但是中国方面坚决不让步,于是到了七点钟的时候日军就开始炮击。第二天,一九三七年七月九日,日方通过松井及其他人通知秦德纯说,失踪的日兵已找到了,但要求以下列条件实行停战:(一)双方立即停止军事行动。(二)双方军队各自撤退至最初之线。(三)第三十七师对日本怀有极强烈的敌意,应改调第二十九军所属的其他部队驻守宛平。此外还成立了一项谅解,即双方在今后避免引起同样性质的事件。就在九号那天成立了这个停战协定。

吉星文中校所指挥的中国部队撤退到了原来的位置。另一方面,日军也向丰台撤退。

如果日方遵守停战条件，事件当然可能就此解决。但是后来确知在铁路隧道附近约有一百名日军并未按照协定撤退。一九三七年七月九日夜半，在该处的日军又向城内开炮。后来日军又继续开进了纷争地区。到七月十二日，已有日军两万名和飞机一百架进入那个地区。接着在那个地区，两军之间就发生了零星的冲突，到了七月二十七日，于是发生了后面所说的大规模的敌对行为。

日本政府的态度

报告爆发敌对行为的官方电报是一九三七年七月八日到达东京的。第二天，近卫内阁在临时内阁会议中决定了政府的态度，为坚持不扩大纷争规模的方针并应迅速在当地解决问题。尽管内阁有这样的决定，可是一九三七年七月十日，参谋本部决定由关东军派两个旅团，由朝鲜派一个师团，由日本国内派三个师团增援驻屯部队。以广田和贺屋为阁员的这个内阁，在七月十一日同意了陆军的方案。于是，关东军的部队开往北平和天津地区。但是在一九三七年七月十一日晚接到华北军的报告说，中国方面业已妥协后，统帅部于是决定中止日本国内师团的动员。一九三七年七月十三日，统帅部通过了《华北事变处理方针》。其中决定：日军坚持现地解决的方针，国内部队的动员将视今后情况的发展如何来决定；如果中国方面漠视其业已同意的条件，或者显示了向华北移动军队这类无诚意的情形时，就要采取断然地处置。

在一九三七年七月十七日以后，当华北驻屯军和第二十九军间在现地正进行交涉而日本外交官和中国国民党政府正在南京进行交涉时，日本统帅部却从事于一九三七年七月十一日中止了的日本国内动员的准备。就是在接到了第二十九军军长兼冀察政务委员会委员长宋哲元在一九三七年七月十八日业已妥协的报告后，日本统帅部以中国政府尚未表示诚意为理由，仍然继续推进着动员准备。一九三七年七月二十日，近卫内阁批准派三个师团增援。一个礼拜以后，华北驻屯军司令官报告说：求取和平解决的一切办法都已用尽了，他决心以武力"膺惩"第二十九军，并请求批准。统帅部批准了这个要求，同时，又下令动员了四个师团。又用保护上海和青岛日本侨民的名义，准备向两地各派兵一师团。

在一九三五年十二月二日的《华北各铁路军事处理要领计划》中，曾规定日军要扫荡山东、河北、山西各省，在这个计划中，青岛是参加扫荡战的日军援兵登陆港口。这件事是大大值得加以注意的。

在外交方面，当一九三七年七月十一日内阁会议中通过关于派兵赴华北所需采取的必要步骤这一重要决定后，日本外务省立即采取了加强华北外交阵容的手段。

廊坊事件

尽管有了停战协定,一九三七年七月十四日战斗再度爆发。日军炮兵继续炮击宛平。宋哲元在七月十八日(一九三七年)访问日本驻屯军司令官香月(清司),依日军的要求表示歉意。但是紧张依然未能缓和,还发生了许多事件。七月二十五日,在北平与天津间的廊坊,日军一中队和华军发生了冲突。第二天,日本步兵一大队借口保护日本侨民,硬要进北平市,于是在广安门和华军发生了冲突。二十六日,日方对华方发出最后通牒,除其他要求外,并要求中国第三十七师在二十四小时以内撤离北平,否则日军即以大军进攻。

日本的最后通牒被拒绝了

一九三七年七月二十七日,即日方递交最后通牒的第二天,总理大臣近卫发表声明说:日本政府派兵赴华北只是为了维持东亚的"和平",此外别无其他目的。日本的最后通牒未被接受,一九三七年七月二十七日,在丰台和卢沟桥附近发生了战斗。日本驻屯军司令官香月,命令增援部队由天津和通州出发,这些部队的装备优良并且附有飞机三十余架。一九三七年七月二十八日清晨,日方以飞机大炮进攻北平市郊的南苑,给中国方面以莫大的损害。这样一来,就展开了大规模的敌对行为。

德国的反应

一九三七年七月二十八日,日本大使武者小路访问德国外交次长魏斯札克时说:日方感觉德国对于日本在华行动中所表现的"反共"努力,并未理解。他试图说明,日本在华的"反共"事业也是为了德国的利益。但是魏斯札克回答说:他认为日本的行为有助长中国共产主义的充分可能性,这适与德日双方的目的正相反对,因此不能作出德国有在精神上加以援助的推论。

当天,魏斯札克电告驻东京的德国大使,训令他忠告日本采取稳健的态度。魏斯札克告诉大使说:要把日本在华行动说成是根据"防共协定"和共产主义作斗争是错误的,因为"防共协定"并不以在第三国领土内和布尔什维克作战为目的。不仅如此,日本的行动勿宁说是与"防共协定"的目的恰相反对,因为它将妨碍中国的"统一"(指蒋介石反动派的"统一"——译者),以致促进了共产主义的蔓延。魏斯札克还说:日本在德国用广播宣传,要把日本对华战争说成是"反共"战争,这并不受欢迎。

占领北平

一九三七年七月二十八日,蒋介石命令宋哲元退到河北省南部的保定,在该地指挥作战。此后两天中，即一九三七年七月二十九日和三十日，在天津发生了激战，中国军队在坚强抵抗后沿津浦路向南撤退，其他部队也沿京汉路撤退。北平于是陷于孤立，终于在一九三七年八月八日被河边正三指挥的日军占领了。河边率领他的部队进入北平市，他以军政长官的名义在要道上张贴布告，并以违背他的命令均处死刑相威胁。根据中立的观察家说：在敌对行为发生后的八周中，在华北从事作战的日军，总数约达十六万人。

张效林译：《远东国际军事法庭判决书》，

群众出版社1986年版，第313—337页